CORRESPONDANCE DE
MADAME DE GRAFFIGNY

I

1. Portrait de Mme de Graffigny par Maurice Quentin de La Tour.
Collection particulière.

Correspondance

de

Madame de Graffigny

TOME I

1716 - 17 juin 1739

Lettres 1 - 144

Préparé par

ENGLISH SHOWALTER

avec la collaboration de

P. Allan, P. Bouillaguet, N. Boursier, J. Curtis,

J. A. Dainard, L. C. Kerslake, D. W. Smith,

D. A. Trott et E. A. Walker

THE VOLTAIRE FOUNDATION

TAYLOR INSTITUTION

OXFORD

1985

ISBN 0 7294 0300 9

Printed in England at the Alden Press, Oxford

Table des matières

Liste des illustrations

Remerciements

Nous désirons exprimer toute notre reconnaissance envers les personnes qui nous ont aidés à la préparation de la présente édition : les professeurs Laurence L. Bongie, Ralph A. Leigh, Roland Mortier et Laurent Versini, qui ont bien voulu examiner une version primitive de ce texte et nous faire profiter de leurs remarques; l'abbé Albert Bruneau, qui a mis à notre disposition les fruits de ses recherches dans les documents d'état civil de Lunéville; Marjorie Wynne (Beinecke Library, Yale University), qui au cours des ans nous a facilité l'accès aux manuscrits des Graffigny Papers. Nous remercions également Mlle B. Adam, Annie Angremy, Michel Antoine, Christine Appleton, John Bosher, Herbert Cahoon, Carol Carter, Judith Colton, Patrick Daubignard, Nancy Fraser, Richard Kidder, Edgar Mass, Mary Muzika, R. Nablow, Lynne Newberg, John S. Shaw, Henry de Surirey de Saint-Remy, Ildiko Trott, Annette Wajsbard, Diane Woody et T. R. Wooldridge. À titre tout à fait spécial nous tenons à remercier John Bradley du Centre d'informatique de l'université de Toronto, qui a surveillé la mise sur ordinateur de notre texte, et Dolorès Signori, qui s'est chargée de la lourde tâche de le mettre sur bande magnétique.

Nous tenons également à dire à quel point nous sommes redevables envers le Conseil de recherches en sciences humaines du Canada, l'Office of Research Administration et le Département de français de l'université de Toronto pour les nombreuses formes d'aide qu'ils nous ont procurées. Nous sommes également redevables envers les organismes suivants: National Endowment for the Humanities, John Simon Guggenheim Memorial Foundation, Research Council, Rutgers University (New Jersey) pour l'aide qu'ils ont accordée au professeur Showalter. Il nous faut également exprimer notre gratitude envers les différentes institutions qui nous ont communiqué les manuscrits utilisés dans le présent volume : Beinecke Library, Yale University (New Haven); Pierpont Morgan Library (New York); Princeton University Library; Bibliothèque nationale (Paris); Bibliothèque municipale de Laon; Bibliothèque municipale de Nancy; Bibliothèque municipale de Nantes; Bibliothèque publique et universitaire (Genève); Bibliothèque de la Comédie-Française.

Enfin, il nous reste à adresser tous nos remerciements aux descendants de Georges Noël, le biographe de Mme de Graffigny, et surtout à M. et Mme Armand Du Roselle, au baron et à la baronne Mangin de Ravinel, et à M. Pierre Noël, qui ont chaleureusement accueilli les membres de notre équipe, et qui nous ont fourni avec beaucoup de grâce et de générosité des documents précieux pour nos recherches.

Abréviations et symboles

À moins d'indication contraire, Paris est le lieu d'édition des ouvrages cités dans ce volume.

*	Source utilisée pour établir le texte de la lettre.
⟨...⟩	Mot(s) rayé(s).
A.M.M.	Archives départementales de Meurthe-et-Moselle.
A.N.	Archives nationales, Paris.
d'Argenson	R.-L. de V. de Paulmy, marquis d'Argenson, *Journal et Mémoires*, 1859-1867, 9 vol.
Asse	*Lettres de Madame de Graffigny*, éd. Eugène Asse, 1879.
Barbier	E.-J.-F. Barbier, *Chronique de la Régence et du règne de Louis XV*, 1857, 8 vol.
Bengesco	G. Bengesco, *Voltaire : bibliographie de ses œuvres*, 1882-1890, 4 vol.
Bescherelle	L.-N. Bescherelle, *Nouveau Dictionnaire national, ou Dictionnaire universel de la langue française*, s.d.
Best.	*Voltaire's Correspondence*, éd. Th. Besterman, Genève, 1953-1965, 107 vol.
Best.D	*Correspondence and related documents*, éd. Th. Besterman, dans *Les Œuvres complètes de Voltaire / The Complete works of Voltaire*, Genève, Banbury, Oxford, 1968- (vol. 85-135, 1968-1977).
Bibl. mun.	Bibliothèque municipale.
B.N.	Bibliothèque nationale, Paris.
Boyé	P. Boyé, *La Cour polonaise de Lunéville*, Nancy, 1926.
Brenner	C. D. Brenner, *A Bibliographical List of Plays in the French Language, 1700-1789*, Berkeley, 1947.
Butler	R. Butler, *Choiseul*, Oxford, 1980, vol. I.
CAIEF	*Cahiers de l'Association internationale des études françaises.*
Consiglio	F.-A. Devaux, *Poésies diverses*, éd. A. Consiglio, Bari, 1977.
Corblet	J. Corblet, *Glossaire étymologique et comparatif du patois picard*, 1851.
D	Devaux (ex.: D13 : lettre à laquelle Devaux donne le numéro 13).
DNB	*Dictionary of National Biography*, Oxford, 1917-.

Desnoiresterres	G. Desnoiresterres, *Voltaire et la société française au XVIIIᵉ siècle*, 1867-1876, 8 vol.
Dubuisson	S.-H. Dubuisson, *Mémoires secrets du XVIIIᵉ siècle : lettres du commissaire Dubuisson au marquis de Caumont, 1735-1741*, éd. A. Rouxel, 1882.
France	H. France, *Dictionnaire de la langue verte*, 1907.
G.P.	Graffigny Papers.
Gueullette	C. Gueullette, *Répertoire de la Comédie-Française*, 1885-1891, 8 vol.
Hillairet	J. Hillairet, *Dictionnaire historique des rues de Paris*, 1963, 1972, 2 vol. et supplément.
Jones	S. P. Jones, *A List of French Prose Fiction from 1700 to 1750*, New York, 1939.
Leroux	P.-J. Leroux, *Dictionnaire comique, satyrique, critique, burlesque, libre et proverbial*, 1735.
ll	Livres de Lorraine.
lt	Livres tournois.
Luynes	C.-P. d'Albert, duc de Luynes, *Mémoires sur la cour de Louis XV (1735-1758)*, 1860-1865, 17 vol.
Mangeot	G. Mangeot, «Une biographie de Madame de Graffigny», *Pays lorrain* XI (1914-1919), pp. 65-77, 154-163.
Marion	M. Marion, *Dictionnaire des institutions de la France aux 17ᵉ et 18ᵉ siècles*, 1923 et 1968.
M.C.	Minutier central, Archives nationales, Paris.
m.p.	Marques postales.
Meaume	E. Meaume, *La Mère du chevalier de Boufflers*, 1885.
Michel	J.-F. Michel, *Dictionnaire des expressions vicieuses*, 1807.
MLN	*Modern Language Notes*.
Moland	Voltaire, *Œuvres complètes*, 1877-1885, 52 vol.
Morgan	Pierpont Morgan Library, New York.
Morris	T. Morris, *L'Abbé Desfontaines et son rôle dans la littérature de son temps*, Studies 19, 1961.
n.a.f.	Fonds français, nouvelles acquisitions (B.N.).
Nicoletti	Mme de Graffigny, *Lettres d'une Péruvienne*, éd. G. Nicoletti, Bari, 1967.
Noël	G. Noël, *Une Primitive oubliée de l'école des «Cœurs sensibles» : Madame de Grafigny (1695-1758)*, 1913.
orig. aut.	Original autographe.
par.	Paragraphe.

Richelet   P. Richelet, *Dictionnaire de la langue françoise ancienne et moderne*, 1732.

Showalter   E. Showalter, *Voltaire et ses amis d'après la correspondance de Mme de Graffigny, Studies* 139, 1975.

Studies   *Studies on Voltaire and the Eighteenth Century*, Genève, Banbury, Oxford, 1955-.

Trévoux   *Dictionnaire universel françois et latin* («Dictionnaire de Trévoux»).

Vercruysse   J. Vercruysse, «Bibliographie des écrits français relatifs à Voltaire, 1719-1830», *Studies* 60, 1968.

Vie privée   F. de Graffigny *et al.*, *Vie privée de Voltaire et de Mme Du Châtelet*, 1820.

Wartburg   W. von Wartburg, *Französisches Etymologisches Wörterbuch*, Basel, 1928-.

Yale   Beinecke Library, Yale University, New Haven.

Zéliqzon   L. Zéliqzon, *Dictionnaire des patois romans de la Moselle*, 1922-1924, 3 vol.

Introduction

À sa mort, le 12 décembre 1758, Mme de Graffigny s'était, selon toute apparence, assuré une place honorable dans la littérature française. Son roman, les *Lettres d'une Péruvienne* (1747), réunissant les qualités sentimentales des *Lettres portugaises* à une critique sociale qui n'est pas sans rappeler les *Lettres persanes*, avait connu un succès triomphal auprès de la critique comme du grand public. Cet ouvrage devait avoir de fréquentes rééditions et de nombreuses «suites», et, de plus, il serait traduit en espagnol, en italien, en portugais, en allemand, en russe et en anglais. Sa pièce *Cénie* (1750) avait été représentée à l'époque où le public se passionnait pour la comédie larmoyante; elle eut 25 représentations à guichets fermés, ce qui la place parmi les pièces du XVIIIe siècle qui, avant celles de Beaumarchais, connurent le succès le plus retentissant. Elle fut reprise quatre ans plus tard, pour être jouée 32 fois entre 1754 et 1760. En outre, vers 1750, Mme de Graffigny avait fondé un salon, qui était fréquenté par des gens d'une grande diversité, des personnages le plus en vue de l'époque jusqu'aux visiteurs les plus obscurs venus de sa Lorraine natale.

Dès la dernière année de sa vie, pourtant, la célébrité de Mme de Graffigny commençait déjà à diminuer. Sa seconde pièce, *La Fille d'Aristide* (1758), échoua si complètement que Collé, Duclos et Voisenon, qui avaient prodigué leurs conseils dans l'espoir d'en partager le succès, en furent réduits à la désavouer. Les huit représentations de *Cénie* pendant la saison 1761-1762 furent les dernières. Et si les *Lettres d'une Péruvienne* trouvaient toujours des lecteurs assidus, le nombre des éditions passa de 30 au cours des trois premières décennies à 12 durant le reste du siècle. Deux courtes pièces, *Ziman et Zénise* et *Phaza*, qui faisaient partie d'un ensemble plus vaste commandé pour les enfants de la cour impériale de Vienne, furent publiées en 1770. Une pièce apocryphe, *Le Fils légitime*, qui parut à Lausanne, montre qu'on attachait encore une valeur commerciale au nom de Mme de Graffigny.

Aux environs de 1800, Mme de Graffigny avait perdu le prestige dont elle jouissait un demi-siècle plus tôt, et cinquante ans plus tard, Sainte-Beuve se sent obligé d'assurer à ses lecteurs que ce n'était pas à son œuvre littéraire, passée de mode, qu'il consacrait un «Lundi», mais bien à ses lettres écrites de Cirey de décembre 1738 à février 1739, au moment où elle fut reçue par la marquise Du Châtelet et Voltaire. En fait, de 1820 à nos jours, elle doit le maigre renom qu'elle a conservé à ces 31 lettres, rédigées alors qu'elle faisait étape en Champagne entre la Lorraine, le pays de ses aïeux, et Paris, où elle allait s'établir définitivement.

Les lettres de Cirey sont adressées à son jeune ami, François-Antoine Devaux, de Lunéville. Dès novembre 1733, sinon plus tôt, ils avaient échangé des lettres, mais c'est à partir du jour où elle quitta Lunéville – le 11 septembre 1738 –

qu'ils s'engagèrent dans une correspondance régulière qui allait continuer, avec seulement quelques interruptions, jusqu'à la mort de notre épistolière. Dans son testament, elle légua à Devaux, connu sous le nom de Panpan, tous ses papiers, qui comprenaient ses manuscrits et les réponses qu'il avait faites à ses lettres. Il était censé publier ses œuvres complètes, accompagnées d'un choix de ses lettres. Mais le paresseux Panpan fit peu de chose de cet héritage. Il n'est même pas certain que les deux petites pièces posthumes furent publiées par ses soins. Quand il mourut en 1796, il légua à son tour tous ses papiers à son amie Mme Durival, qui elle-même les laissa à ses héritiers, Joseph-Louis-Gabriel Noël et sa femme. C'est vers cette époque que le célèbre chevalier de Boufflers fit la découverte des lettres de Cirey. Il en aurait donné connaissance à un Russe, le comte Orloff qui, si l'on en croit la tradition, les fit publier en 1820 sous le titre alléchant de *La Vie privée de Voltaire et de Madame Du Châtelet*. Enfin, un descendant de la famille Noël, Georges, publia en 1913 *Une Primitive oubliée de l'école des «Cœurs sensibles»*, la seule biographie importante de Mme de Graffigny jusqu'à présent. Il s'appuyait sur les papiers que possédait sa famille, mais la plus grande partie de la collection originale avait disparu.

C'est seulement en 1965 qu'on a pu apprendre ce qu'étaient devenues les lettres qui manquaient : elles parurent dans la Biblioteca Phillippica qu'on vendait aux enchères – qu'on continue à vendre – chez Sotheby. Leur préservation avait été assurée par le collectionneur sir Thomas Phillipps qui, entre 1820 et 1872, constitua une bibliothèque remarquable. C'est vers 1820 qu'il aurait acquis les papiers de Mme de Graffigny, et peut-être directement du comte Orloff, car, à cette époque, ses agents parcouraient l'Europe entière à la recherche de nouvelles acquisitions. Dans la vente Sotheby, les papiers Graffigny étaient répartis en 101 volumes reliés dans une couverture de carton. Soixante de ces volumes constituaient un lot, et contenaient presque toutes les lettres adressées à Devaux de septembre 1738 à décembre 1758, ainsi que les réponses de ce dernier jusqu'en 1751. Ce lot, plus cinq autres qui groupaient 18 volumes de pièces et d'autres manuscrits littéraires, et quelques volumes de papiers divers et de documents biographiques, furent achetés par M. H.P. Kraus de New York. Plus tard, celui-ci en fit don à la bibliothèque Beinecke de Yale, à l'exception du volume 6 qui contient les lettres de Cirey, et du volume 96 qui contient des manuscrits littéraires. Ces deux derniers furent acquis en 1980 par la bibliothèque Pierpont Morgan à New York. La Bibliothèque nationale à Paris avait acheté à Sotheby les 21 autres volumes, qui renfermaient des documents variés : des lettres adressées à Mme de Graffigny, d'autres manuscrits d'intérêt littéraire, des fragments biographiques, et quelques lettres de Mme de Graffigny.

Les volumes rassemblés à Yale et à la bibliothèque Pierpont Morgan contiennent presque toutes les lettres que nous possédons de Mme de Graffigny. Nos références sous la rubrique «Manuscrit» renvoient à ces volumes originaux, qui ont été gardés dans leur reliure en carton. Les volumes qui se trouvent à la Bibliothèque nationale ont été défaits, et les lettres et les papiers ont été reclassés dans un ordre plus systématique. Jusqu'à la fin de 1751, Devaux a numéroté les lettres dans l'ordre où il les recevait et, à l'occasion, il a ajouté un résumé de leur contenu. En tête de certains de ces volumes, on a inscrit des remarques destinées à faciliter le classement : les unes, en français, ne sont dues qu'en partie à Devaux; d'autres, en anglais, ont été faites sans doute pour la collection de sir Thomas Phillipps. En règle générale, les lettres de Mme de Graffigny sont groupées selon l'ordre chronologique, par liasses de 25 dont chacune couvre 8 ou 9 semaines. Pourtant, l'organisation de ces liasses paraît relever du hasard. Les réponses de Devaux, classées dans un ordre plus satisfaisant, se répartissent en volumes correspondant chacun à une période de six mois. Parfois, dans la succession des lettres, on note des interruptions qui coïncident avec des disputes, des séjours de Devaux à Paris, des retards de la poste. Certaines lettres ont été détruites, vu leur caractère personnel ou compromettant. Mais les deux correspondants écrivaient en moyenne trois fois par semaine, c'est-à-dire à chaque poste, et en fait ils écrivaient quelques lignes presque tous les jours. Au total, nous possédons environ 2 500 lettres de Mme de Graffigny et 2 000 de Devaux.

Ces manuscrits étaient presque inconnus lorsqu'ils furent déposés à Yale, mais ils ont fait l'objet de quelques travaux au cours de ces dernières années. E. Showalter, qui consacra sa thèse (1964) aux *Lettres d'une Péruvienne*, a dressé des index et des tables de matières préliminaires pour l'ensemble de la correspondance. Sous le titre *Voltaire et ses amis* (*Studies* 139, 1975), il a publié un volume rassemblant les extraits de cette correspondance relatifs à Voltaire pour les années 1738 et 1739, textes qui, en quelque sorte, constituent un prolongement des célèbres lettres de Cirey. Il a rédigé aussi plusieurs articles sur la carrière de Mme de Graffigny, et travaille actuellement à une étude plus vaste de sa vie et de son temps. Cependant, l'idée d'une édition de la correspondance complète ne s'est fait jour que lorsque l'équipe de chercheurs qui travaille à l'édition de la correspondance d'Helvétius sous la direction de D. W. Smith a pris connaissance de la grande richesse de cette collection. L'épouse d'Helvétius, née Anne-Catherine de Ligniville, était la nièce à la mode de Bretagne de Mme de Graffigny. Elle fut l'un des ornements du salon de celle-ci entre son arrivée à Paris en 1746 et son mariage en 1751. Parmi les papiers de Yale se trouve un volume entier des lettres de Minette – c'est le surnom de Mlle de Ligniville – adressées à Mme de Graffigny, et datant de 1745 et 1746. Ces lettres, que P. Allan avait préparées pour sa thèse de doctorat à l'université de Toronto, ont été incorporées par la suite dans le premier volume de la *Correspondance générale d'Helvétius*, en même temps que certains passages des lettres de Mme de Graffigny et de Devaux se rapportant à Helvétius et à Minette. C'est à la suite de consultations entre E. Showalter et D. W. Smith que la présente édition a été conçue, et qu'un groupe de recherche s'est constitué. Cette équipe est donc au travail depuis 1975.

Qu'est-ce qui peut justifier une telle édition? Depuis la publication des lettres de Cirey, les spécialistes déplorent n'avoir qu'une partie infime de cette correspondance à leur disposition. Pour Gaston Maugras, par exemple, «en ne recueillant pas ses lettres et en ne les publiant pas, Panpan nous a privés d'une œuvre charmante qui aurait classé Mme de Graffigny parmi les meilleurs et les plus spirituels épistoliers du dix-huitième siècle» (*Dernières Années de la cour de Lunéville*, 1906, p. 90). Aux yeux de bien des lecteurs, le principal intérêt d'une telle publication résidera sans doute dans les renseignements qu'elle donne sur des personnalités de premier plan de l'époque. Car on trouve des écrivains dans les lettres de Mme de Graffigny comme dans son salon : citons Caylus, Crébillon fils, Duclos, Fréron, La Chaussée, Marivaux, Marmontel, Maupertuis, Palissot, Piron, Prévost, Rousseau, Saint-Lambert, Voltaire, pour ne parler que des plus connus. Fontenelle et Montesquieu n'ont sans doute pas fréquenté son salon, mais leur nom paraît à plusieurs reprises dans ses lettres; et si, seul parmi les auteurs le plus en vue du milieu du siècle, Diderot semble ne l'avoir jamais rencontrée, elle mentionne plusieurs de ses ouvrages. Mme de Graffigny compte aussi des amis célèbres dans d'autres milieux : dans le monde du théâtre, notamment la grande famille des Quinault et Mlle Gaussin; parmi les hauts fonctionnaires de l'administration, d'Argenson, Choiseul, Malesherbes, Maurepas, Saint-Florentin, Turgot; dans les finances, Du Vaucel, Helvétius et La Popelinière; dans le milieu des salons, la duchesse d'Aiguillon, le duc et la duchesse de Brancas, le prince de Conti, le duc de Nivernais, le duc et la duchesse de Richelieu, ou encore Mme Dupin, Mme Geoffrin, et bien d'autres; dans l'administration lorraine et à la cour du roi Stanislas, le prince de Beauvau, la marquise de Boufflers, et le chancelier Chaumont de La Galaizière, ainsi que divers membres de la famille ducale de Lorraine. On ne peut nier qu'une bonne partie de ce qu'elle écrit présente un caractère anecdotique, mais le volume et la portée de sa correspondance n'en demeurent pas moins exceptionnels, et la richesse de son contenu ne pourra être appréciée et utilisée que si l'on y accède aisément. Bien plus, sa continuité donne à cette correspondance une valeur comparable à celle des journaux de Barbier, de Marais ou de Collé, ou encore de certaines publications comme la *Correspondance littéraire* de Grimm ou les *Mémoires secrets* de Bachaumont; jour après jour elle nous rend compte de la vie littéraire au siècle des Lumières.

Pour l'historien et le sociologue, ces lettres présentent un plus grand intérêt encore. Une très grande familiarité règne entre Devaux et Mme de Graffigny; elle s'attarde à noter le genre de détails que la plupart des épistoliers auraient laissé de côté, les jugeant insignifiants ou embarrassants. Elle nous livre ainsi une abondante documentation sur la vie d'une femme au XVIIIe siècle : état détaillé de ses moyens d'existence, organisation de sa vie domestique, passe-temps, santé, vie sexuelle, tout nous est conté. Elle n'était pas assez riche pour vivre de ses rentes, et l'époque n'aurait pas permis à une femme de sa naissance de travailler pour vivre. Bien qu'il lui fût possible de gagner quelque argent, le caractère précaire de sa situation financière lui causa de constants soucis, et c'est cette insécurité, les mille ruses auxquelles elle a recours et dont elle entretient fidèlement son correspondant, qui amènent Mme de Graffigny à construire, dans lettre après lettre, le tableau merveilleusement précis de la vie d'une femme de la petite noblesse qui était sans ressources et obligée de compter sur la «générosité» des grands pour survivre. Cette circonstance l'amena à rechercher des contacts fréquents avec ceux qui étaient proches du pouvoir, les gens riches et les membres du gouvernement. Ses talents et ses goûts la mirent en contact avec les institutions qui régissaient le monde littéraire : de ce point de vue-là encore ses lettres méritent notre attention. Elles nous décrivent la vie de son salon dans tous ses détails, et de plus nous introduisent dans les assemblées sans cérémonies qui se réunissaient autour de Mlle Quinault comme dans les réceptions raffinées de Mme Geoffrin. Mme de Graffigny fréquenta les théâtres publics de Paris, elle assista à des représentations privées dans le théâtre de Voltaire et dans celui du prince de Clermont à Berny. En tant qu'auteur, elle rencontra toutes les difficultés qui attendent celui ou celle qui veut voir publier ou jouer ses œuvres. Armée de son expérience, elle guida ensuite plus d'un jeune protégé sur ce chemin difficile : elle patronna des pièces de Devaux, de Guimond de La Touche, de Palissot et de Saint-Lambert; un roman de Nicolas Liébault; des ouvrages de La Rougère et de l'abbé Joseph Gautier. Elle avait des relations chez les éditeurs, les libraires, les acteurs, chez les administrateurs royaux du théâtre, chez les censeurs, les critiques et les chefs de claque, chez les riches mécènes : lancer un livre, monter une pièce à succès n'étaient pas une entreprise administrative de tout repos. Certaines de ses activités donnent un aperçu fascinant des mécanismes sociaux dissimulés derrière des institutions ou des pratiques acceptées comme la perception des impôts, le mariage, la vénalité des charges. Mme de Graffigny faisait plus ou moins office de ce qu'on pourrait appeler un courtier ou colporteur d'influence dans tous les domaines. Ici encore, l'amplitude et la précision de ses observations en constituent l'intérêt exceptionnel.

En préparant l'édition de cette volumineuse correspondance, nous avons rencontré peut-être moins de difficultés que dans d'autres entreprises analogues, mais cette édition n'en a pas moins apporté son lot de problèmes spécifiques fort complexes. Le fait qu'une si grande partie de la collection soit encore rassemblée, accessible et classée selon un semblant d'ordre facilite notre tâche. À l'exception des lettres de Cirey, fort peu de lettres de Mme de Graffigny ont été publiées jusqu'à présent. Nous avons écrit à environ 900 bibliothèques et nous avons pu découvrir l'existence de quelque 20 nouvelles lettres seulement. D'autres lettres, pour la plupart écrites à Devaux, n'ont laissé de trace que par leur passage dans les salles de vente.

Nous avons réussi à retrouver les héritiers de Georges Noël et de sa famille : ils se sont montrés tout à fait désireux de nous aider, et ont eu l'extrême amabilité de mettre à notre disposition les papiers qu'ils ont encore en leur possession, essentiellement des lettres adressées à Mme de Graffigny ou échangées entre des tiers.

La plus grande difficulté à laquelle nous nous heurtons réside dans l'annotation du contenu de certaines lettres. Bien souvent en effet Mme de Graffigny et Devaux se servent d'un code pour désigner les personnes dont ils parlent, et le déchiffrage de ce code représente un travail passionnant, certes, mais capable de créer d'innombrables frustrations. À ce propos, les éditions antérieures des lettres de Cirey contiennent plusieurs erreurs, comme le souligne E. Showalter dans *Voltaire et ses amis* : «le Saint» n'est pas Saint-Lambert, mais le marquis d'Adhémar, par exemple. Certains de ces surnoms ont changé parfois rapidement et à maintes reprises. Comme leur raison d'être, le plus souvent, était de tromper censeurs ou espions qui auraient pu intercepter le courrier, bien des fois les épistoliers ont délibérément tenté de brouiller les pistes à l'intention d'un lecteur indiscret qui, hélas, se confond en l'occurrence avec le chercheur moderne. Il arrive ainsi que dans des paragraphes successifs se rencontrent surnoms et noms réels, ce qui donne l'impression qu'il s'agit de personnes différentes. Ou bien des événements sont déplacés de Lorraine à Paris, et vice versa. Qui plus est, la correspondance fourmille de gens inconnus autant que de personnes célèbres. Une fois que nous savons qu'«Atis» est Voltaire, le problème est résolu; mais des dizaines d'amis de Lunéville ne peuvent être identifiés qu'au prix de recherches sans fin dans les archives locales. Un de nos buts, cependant, est de fournir dans la mesure du possible une identification, si sommaire soit-elle, pour toute personne dont il est fait mention dans la correspondance.

Gaston Maugras, en regrettant que Devaux n'ait pas fini par publier les lettres de notre épistolière, songeait certainement avant tout à leur grand intérêt stylistique, car elles nous offrent un magnifique exemple de ce qu'était la langue familière du XVIIIe siècle. La plupart du temps, elles furent écrites à la hâte et sans être relues. Mme de Graffigny jetait les mots sur le papier à peu près comme ils se présentaient à son esprit. Elle se répétait beaucoup, et elle était souvent interrompue. La structure de la lettre dépend presque toujours de deux éléments : l'ordre des incidents qui constituaient sa vie quotidienne, et l'ordre des articles dans les lettres de Devaux qui invitaient une réponse. C'est dire que Mme de Graffigny ne vise que bien rarement à un style littéraire, et son écriture porte toujours la marque de la plus grande spontanéité. On finit par apercevoir un style qui se fait de plus en plus personnel. Néologismes, régionalismes, expressions idiomatiques, inventions stylistiques savoureuses y foisonnent. Elle se plaît à s'essayer dans différents registres, à jouer avec les mots, à imiter les conversations, à transmettre à ses amis absents les sentiments parfois intenses qu'elle éprouve. Il ne faut pas douter que cette superbe coulée de langue soit un des aspects les plus intéressants de cette correspondance.

Principes de la présente édition

De façon générale, la méthode que nous suivons s'inspire de trois éditions précédentes, celles de Besterman (Voltaire) et de Leigh (Rousseau), et celle, plus récente, de Smith (Helvétius), les deux premières depuis longtemps consacrées par les spécialistes du XVIIIᵉ siècle. La correspondance de Mme de Graffigny étant des plus prolifiques, il serait bien vain de prétendre vouloir en donner une édition définitive; nous nous proposons toutefois de rendre accessible aux spécialistes toute lettre connue de Mme de Graffigny. De plus, dans les notes, le lecteur trouvera des allusions à un grand nombre de lettres écrites par elle, mais qui n'ont pas été retrouvées.

i. *Choix et nature des textes édités*

Toute lettre de Mme de Graffigny est imprimée intégralement. Lorsque nous ne disposons que d'extraits, comme par exemple dans le cas des textes cités dans les catalogues de vente, les passages qui manquent sont indiqués au moyen de trois points de suspension entre crochets [...]. En règle générale, nous ne donnons pas intégralement le texte des lettres adressées à Mme de Graffigny, et notamment celles de Devaux; notre édition, déjà assez vaste, s'en serait trouvée grossie démesurément. Par contre, pour expliquer ou pour commenter tel passage dans le texte de Mme de Graffigny, nous citons des extraits des lettres de Devaux ou d'un autre correspondant. Ce n'est qu'exceptionnellement, afin d'éclairer une situation confuse, et pour restituer la saveur du style épistolaire de Devaux, que nous citons intégralement une de ses lettres dans les Remarques.

Pour ce qui est des lettres dont nous n'avons pu obtenir le texte intégral, nous en donnons tous les éléments disponibles, y compris la référence à nos sources d'information, le plus souvent un catalogue de vente.

ii. *Présentation générale des lettres et désignation des correspondants*

Chaque lettre a été numérotée selon l'ordre chronologique. Nous donnons les prénoms et le nom de famille de tous les correspondants de Mme de Graffigny sauf Devaux.

iii. *Datation*

Les dates indiquées par l'expéditeur sont reproduites à la place qu'elles occupent dans l'original. La plupart du temps il faut à Mme de Graffigny plus d'un jour pour écrire une lettre, et chaque section est, le plus souvent, datée séparément. L'auteur met généralement une date en tête de la lettre; lorsqu'elle omet de le faire, nous fournissons cette date entre crochets. Les dates portées au début ou au milieu de la lettre sont placées à droite sur la ligne; les rares dates écrites à la fin sont placées à gauche. La place de la lettre dans l'ordre chronologique de la correspondance est déterminée par la première date (v. surtout les lettres 80 et 103).

Pour toute lettre non datée, nous indiquons, en haut du texte et entre crochets, la date exacte, approximative ou supposée de sa rédaction. Une date erronée donnée par l'expéditeur est reproduite, suivie de la date véritable (ex. : 25 novembre [=décembre] 1744). Si la date que nous proposons est approximative, nous la faisons en général précéder de : «vers», «avant», ou «après», et l'explication est normalement fournie dans le commentaire. De plus, nous présentons les dates par ordre de précision croissante (ex. : [Vers 1742]; [Vers mai 1742]; Le 6 mai 1742).

Pour la présentation de la date nous nous conformons à l'usage moderne en écrivant les mois et les jours avec des minuscules initiales, et en standardisant la ponctuation.

iv. *Établissement du texte*

Comme Besterman, Leigh et Smith, nous nous sommes fixés pour but de conserver autant que possible le texte original de la lettre. Par conséquent, nous respectons intégralement l'orthographe de Mme de Graffigny. Cependant, puisqu'elle n'utilise que très rarement la ponctuation ou les majuscules, nous avons décidé d'introduire ces signes graphiques, facilitant ainsi la lecture du texte sans nuire à la saveur particulière de l'époque ni au style de notre épistolière. Voici le détail des changements que nous avons effectués :

1. *Orthographe* : Nous remplaçons les lettres qui ne sont plus utilisées (*s* allongé et *s* double) par leurs équivalents modernes, et nous adoptons la distinction moderne entre *i* et *j*, *u* et *v*. À part ces détails, nous conservons l'orthographe particulière de tout manuscrit original autographe dont nous disposons. Signalons cependant que la similitude est si grande entre les graphies du *s* et du *t* placés en fin de mot que nous avons décidé de les transcrire selon les règles de l'orthographe. Nous suivons l'orthographe du texte imprimé dans les cas où nous ne possédons pas de texte manuscrit.

Nous adoptons l'usage moderne en ce qui concerne les majuscules et minuscules. De plus, nous employons une majuscule pour les pseudonymes ou surnoms qui abondent dans cette correspondance (ex. : le Saint, le Docteur, la Petite Horreur).

2. *Accentuation* : En principe nous ne suppléons aucun accent, sauf dans le cas de l'accent aigu exigé sur la syllabe terminale en français moderne (bonté, allé) comme en français du XVIIIe siècle (assés, vous etiés).

3. *Ponctuation* : Afin de permettre une lecture aisée du texte, nous ajoutons la ponctuation, ce que Mme de Graffigny faisait rarement.

4. *Espacement et liaison graphique des mots* : Là encore nous modernisons sans exception en vue de l'usage irrégulier de Mme de Graffigny. Ainsi, nous ajoutons le trait d'union («pet-etre») et l'apostrophe («aujourd'huy»). Nous séparons ou relions les mots selon l'usage moderne (ex. : parce que; quoyque). Nous rétablissons les majuscules, les espacements et les signes orthographiques pour aider à l'identification de certains noms propres (ex. : Du Chastelet; d'Arbaud).

5. *Procédés de mise en relief* : Les titres d'ouvrages cités dans une lettre sont imprimés en italique, quel que soit l'usage de l'expéditeur. Parfois de nouveaux paragraphes ont été créés pour aérer le texte souvent très compact de Mme de Graffigny; par contre, nous avons respecté la succession de paragraphes très courts qu'elle utilise fréquemment lorsqu'elle répond à une lettre de Devaux.

v. *Problèmes textuels*

Les lettres et mots raturés par l'expéditeur ne sont pas restitués mais, quand leur intérêt le justifie, nous les reproduisons dans une note textuelle entre parenthèses angulaires. Qu'il s'agisse d'une lettre ou d'un mot omis, ou qu'il s'agisse d'un mot superflu, nous reproduisons le texte dans son état initial, sauf si le sens n'est pas clair. Dans ce cas nous mettons nos corrections entre crochets, ou nous indiquons la correction dans une note textuelle. Les mots répétés par inadvertance font aussi l'objet d'une note textuelle. Les mots indéchiffrables sont indiqués par le signe [...] et accompagnés d'une note textuelle.

vi. *Adresse*

L'adresse du destinataire est reproduite intégralement. Parfois, lorsqu'elle écrit à Devaux, Mme de Graffigny adresse la lettre à une autre personne (Liébault, Clairon Lebrun, le marchand Dauphin) afin que les parents de Devaux ne s'inquiètent pas du coût du port.

vii. *Appareil critique*

Notre appareil critique comprend cinq rubriques : Manuscrit, Imprimés, Texte, Notes, Remarques.

1. *Manuscrit* : La description du manuscrit comprend quatre parties :

a. Nous indiquons le lieu où se trouve le manuscrit. Presque toutes les lettres qui figurent dans cette édition faisaient partie de la collection Phillipps, et sont maintenant à la Beinecke Library à Yale University. Ces «Graffigny Papers» sont désignés ici par le sigle «G.P.» (ex. : Yale, G.P., II, 97-102), le chiffre romain étant le numéro du volume, et le chiffre arabe, le numéro de la page. Dans le premier volume, le manuscrit des lettres 60 à 91, celles écrites à Cirey, sont conservées à la bibliothèque Pierpont Morgan.

b. Pour les lettres envoyées à Devaux, nous indiquons entre parenthèses le numéro attribué par Devaux lui-même : ex. : (D19). Dans les cas où il s'agit d'une erreur de Devaux, nous rectifions; par exemple, quand il répète le numéro par inadvertance, nous ajoutons «bis».

c. Le nombre de pages du texte autographe est précisé, à l'exclusion des pages blanches et de celles ne comportant que l'adresse.

d. La nature du manuscrit est le plus souvent indiquée comme étant un original autographe (orig. aut.) ou une copie. La description du manuscrit comprend aussi l'indication du cachet, s'il y en a, et des marques postales (m.p.) : le timbre de la poste, la taxe postale, et toute autre marque relative à l'acheminement postal.

2. *Imprimés* : Toutes les éditions du texte sont présentées par ordre chronologique. Nous signalons aussi les ouvrages qui citent des extraits du texte.

3. *Texte* : Nous renvoyons aux notes sur le texte par des lettres minuscules en italiques en position supérieure. Ces notes sont relatives à l'état du texte de la lettre. Nous signalons les lectures incertaines, les trous à l'endroit du sceau, les ratures; nous corrigeons les graphies qui pourraient prêter à confusion, les lapsus, les inadvertances de toutes sortes. En règle générale, nous n'indiquons pas les nombreuses additions que Mme de Graffigny fait en marge, en haut de la page, et dans tout espace disponible. Nous incorporons de telles additions dans le texte de la lettre, sans ajouter inutilement à l'appareil critique.

4. *Notes* : Nous renvoyons à ces notes par des chiffres arabes en position supérieure. Elles sont destinées à éclairer le texte, à en faciliter la compréhension. Par exemple, nous identifions les personnes, les lieux, et les œuvres; nous décodons les surnoms utilisés par nos correspondants; nous expliquons la continuité des lettres et des événements; nous citons des extraits des lettres de Devaux ou d'autres correspondants qui peuvent jeter la lumière sur la lettre de Mme de Graffigny; nous situons les événements contemporains; nous proposons des notes sur le langage de Mme de Graffigny chaque fois que cela nous semble nécessaire.

5. *Remarques* : Sous cette rubrique on trouvera des observations qui ne se rapportent pas directement au texte, mais qui aident de façon ou d'autre à comprendre la suite des événements. C'est aussi sous cette rubrique que nous avons reproduit le texte intégral de certaines lettres de Devaux.

Biographie de Mme de Graffigny :
la période 1695-1739

Françoise d'Happoncourt, future Mme de Graffigny, naquit en 1695. La première lettre que nous connaissons d'elle date d'avant 1718, mais sa correspondance
régulière, du moins la partie qui nous en est parvenue, ne commence qu'en
septembre 1738. À partir de cette date, ses lettres constituent un journal de sa vie
dans ses détails intimes aussi bien que dans ses contours généraux. Peu d'existences
ont été si fidèlement transcrites au jour le jour. Par contre, il faut assembler
l'histoire des quarante-trois premières années de sa vie à partir de sources diverses
qui laissent bien des lacunes. La correspondance ne nous est pas d'un grand
secours; Mme de Graffigny raconte au présent et non pas au passé, et les
réminiscences ne surgissent guère parmi la foule des faits contemporains. Même
les rares accès de nostalgie ne fournissent la plupart du temps que des allusions
vagues. De son vivant, cependant, elle rassembla un certain nombre de papiers
personnels qui ont été conservés avec la correspondance, et ces documents révèlent
plusieurs faits essentiels. Elle garda aussi bon nombre des lettres qui lui étaient
adressées pendant cette première période, en particulier plus de cinquante lettres
de son correspondant principal, François-Antoine Devaux. Aussi les lettres de
Devaux, qui n'ont pas été étudiées jusqu'ici, constituent-elles une des sources
essentielles de notre édition. De plus, les archives de Lorraine possèdent certains
documents concernant Mme de Graffigny et sa famille. À partir de ces sources il
nous a été possible de reconstruire la vie de Mme de Graffigny dans ses grandes
lignes jusqu'en 1738.

Le certificat de naissance et de baptême de Mme de Graffigny se trouve à la
bibliothèque municipale de Nancy[1]:

Françoise, fille du Sr François Henry d'Issambourg Du Buisson, seig[r] Du Buisson d'Apponcourt, escuyer, lieutenant de cavalerie au regim[t] de Mons. le marreschal de Bouflere, et de
Dam[le] Marguerite Calot, ses pere et mere, est née l'onzieme et a esté baptisée en la parroisse
de St. Epvre le treizieme jour du moy de febvrier de l'année mil six cent quatre vingt quinze
et a eu pour parrein haut et puissant seig[r] messire Charle de Stainville, comte de Couvonge[2],
et pour marreine dame Marie Remy, veuve du Sr Antoine Du Hand[3], escuyer, lesquels ont
signé

De Stainville Couvonges   M. Remy Duhan

1. Nancy, Bibl. mun., dossier Graffigny.
2. Charles-François de Stainville, comte de Couvonges (1636-1706), conseiller d'État, diplomate et
grand maître d'hôtel du duc Léopold. Il épousa en premières noces Henriette D'Haraucourt, veuve
de Charles, marquis de Bassompierre; et en secondes noces, Catherine-Diane de Beauvau, veuve
d'Anne-François-Joseph, marquis de Bassompierre, fils de la première femme de Couvonges.
3. Nous n'avons pu identifier ce membre de la vieille famille lorraine des Du Han.

Ce document, griffonné par un clerc, nous renseigne bien sur le monde dans lequel la petite Françoise se trouve dès sa naissance. Son père et sa mère venaient tous deux de familles nobles; le tableau généalogique (pp.xxxviii-xxxix) retrace les quatre lignes principales de ses ancêtres. Les Callot, Cachet et Gillet de la Vallée étaient depuis longtemps établis en Lorraine; les d'Issembourg Du Buisson étaient venus d'Allemagne plus récemment, et prétendaient être alliés à des maisons princières, y compris celle de Brandebourg, comme en témoigne un document préparé pour Mme de Graffigny par un ami archiviste en Lorraine, et dont elle se servit sans doute pour obtenir quelque pension [4]. Si l'ancienneté de la noblesse était d'une grande importance pour les d'Happoncourt, il semble néanmoins qu'une certaine considération ait été accordée à la fortune puisque le père de Françoise et ses deux grands-pères avaient épousé des veuves nanties de dots séduisantes. En 1695 François d'Happoncourt est donc sur le point de s'établir parmi les familles les plus importantes du duché de Lorraine. La famille de la jeune Françoise appartient non seulement à la noblesse mais bénéficie également d'une certaine fortune; elle compte aussi de puissants amis et protecteurs tels que le parrain de l'enfant, le comte de Couvonges, chambellan du duc Léopold, et Antoine de Soreau, oncle par alliance de Françoise, futur maître d'hôtel du duc de Lorraine.

Après cent ans de misère et de conflit, à l'aube du XVIIIe siècle il semble qu'une époque de plus grande stabilité s'ouvre pour la Lorraine. Le XVIIe avait apporté une série presque ininterrompue de calamités. Les armées françaises, s'avançant vers le Rhin, avaient envahi, occupé et pillé le territoire. La famine, la maladie, la misère arrivèrent à leur suite. Les célèbres gravures de Jacques Callot, grand-oncle de Madame de Graffigny, sur les horreurs de la guerre en portent témoignage. Le duc héréditaire de Lorraine, Charles v, partit en exil, suivi de beaucoup des notables lorrains, qui l'accompagnèrent à Vienne et en Italie où il fut protégé par l'empereur. Mais tout changea avec la paix de Ryswick en 1697, selon laquelle Louis XIV reconnaissait l'indépendance de la Lorraine comme article d'un règlement général des conflits entre la France et le reste de l'Europe. Le duc Léopold épousa Élisabeth-Charlotte d'Orléans, sœur du futur régent de France, et ayant installé de nouveau sa cour en Lorraine, il travailla avec beaucoup de succès à ramener la prospérité. Voltaire, qui visita la Lorraine à cette époque, décrit de façon émouvante le règne du duc Léopold :

Il trouva la Lorraine désolée et déserte : il la repeupla, il l'enrichit. Il l'a conservée toujours en paix, pendant que le reste de l'Europe a été ravagé par la guerre. Il a eu la prudence d'être toujours bien avec la France, et d'être aimé dans l'Empire; tenant heureusement ce juste milieu qu'un prince sans pouvoir n'a presque jamais pu garder entre deux grandes puissances. Il a procuré à ses peuples l'abondance qu'ils ne connaissaient plus. Sa noblesse, réduite à la dernière misère, a été mise dans l'opulence par ses seuls bienfaits. Voyait-il la maison d'un gentilhomme en ruine, il la faisait rebâtir à ses dépens : il payait leurs dettes, il mariait leurs filles; il prodiguait des présents avec cet art de donner qui est encore au-

4. G.P., XCIX, 153, 157 et 159.

dessus des bienfaits; il mettait dans ses dons la magnificence d'un prince et la politesse d'un ami. Les arts, en honneur dans sa petite province, produisaient une circulation nouvelle qui fait la richesse des États. Sa cour était formée sur celle de France; on ne croyait presque pas avoir changé de lieu quand on passait de Versailles à Lunéville. A l'exemple de Louis XIV, il faisait fleurir les belles-lettres. Il a établi dans Lunéville une espèce d'université sans pédantisme, où la jeune noblesse d'Allemagne venait se former. On y apprenait de véritables sciences dans les écoles où la physique était démontrée aux yeux par des machines admirables. Il a cherché les talents jusque dans les boutiques et dans les forêts pour les mettre au jour et les encourager. Enfin, pendant tout son règne, il ne s'est occupé que du soin de procurer à sa nation de la tranquillité, des richesses, des connaissances et des plaisirs [5].

De l'enfance de Françoise d'Happoncourt, il ne reste presque plus de traces. Son père était un vieux soldat, brusque et bourru, mais généreux. Bien des années plus tard, en lisant *Tom Jones*, Mme de Graffigny le retrouvait parfaitement dans le personnage du squire Western [6]. Son impression est appuyée par le rapport d'un diplomate français, d'Audiffret, qui le décrit comme «assez bon enfant, un peu ivrogne, grand parleur» [7]. Sa mère n'est guère connue que par l'anecdote racontée par Fréron, qui avait entendu dire par Mme de Graffigny que sa mère avait fait fondre «une grande quantité de planches en cuivre gravées par Callot... pour en faire une batterie de cuisine» [8]. Mme de Graffigny cite souvent sa mort, survenue en 1727, comme l'exemple d'une grande douleur. Elle nous dit avoir refusé une invitation de la marquise de Stainville de l'accompagner à Paris, pour ne pas quitter sa mère dans sa vieillesse [9]. Il semble donc que l'on puisse parler d'une véritable affection entre la fille et la mère. On peut imaginer que Mme d'Happoncourt avait très bon cœur, mais qu'elle était humble et timide, probablement dominée par un mari à la personnalité beaucoup plus forte [10].

Les parents de Françoise s'étaient mariés en 1693, deux ans avant sa naissance. Elle avait, selon dom Pelletier, trois frères et peut-être une sœur, mais tous durent mourir en bas âge [11]. Monsieur d'Happoncourt, qui avait été en Flandre avec le régiment de Boufflers en 1695, retourna en Lorraine à la paix et devint commandant de la gendarmerie à Saint-Nicolas-de-Port, à mi-chemin entre Nancy et Lunéville. On retrouve parmi les papiers de Mme de Graffigny une lettre adressée à son père, «Sous-lieutenant des Chevaux Leger et Lieut. des gardes du Corps, Major de la Jandarmerie de S.A.R. et Comandant en Chef a St-Nicolas», qui contient

5. *Le Siècle de Louis XIV* (Moland, XIV, p. 325-326).
6. Lettre du 22 février 1750 (G.P., XLVI, 186).
7. Cité par Noël, p. 13.
8. *Année littéraire*, 1759, I, p. 327; cité par Noël, p. 13.
9. Lettre du 21 octobre 1751 (G.P., LVI, 138).
10. Voici comment Mme de Graffigny elle-même commence ce qui a l'air d'être son autobiographie : «Je suis née fille unique d'un gentilhomme qui n'avoit d'autre mérite que celui d'être bon officier. La douceur et la timidité de ma mère jointes à l'humeur violente et impérieuse de mon père ont causé tous les malheurs de ma vie. Séduite par l'exemple de l'une, intimidée par la sévérité de l'autre, mon âme perdit dès l'enfance cette force sans laquelle le bon sens, la raison, et la prudence ne servent qu'à nous rendre plus malheureux.» (B.N., n.a.f. 15589, f° 4.) Mais il s'agit peut-être là d'un roman.
11. Pelletier, *Nobiliaire ou Armorial général de la Lorraine*, 1758, article «Gillet de La Vallée».

des compliments pour «Madame et Mad^{lle} d'Apponcourt»[12]. C'était le 11 janvier 1702; elle n'avait pas encore sept ans. Dans la même liasse de papiers, il y a des copies de nombreux documents concernant les litiges de M. d'Happoncourt, notamment ses efforts pour se faire payer une dette de 3 500 livres par un laboureur nommé Pouvette demeurant près d'Épinal[13]. On ne saurait dire si le père de Mme de Graffigny était dépensier, ou imprudent, ou malchanceux; toujours est-il que, malgré l'apport de sa femme et l'appui de son beau-frère, il était parfois à court d'argent, ce qui sèmera la discorde dans le ménage de sa fille, comme nous le verrons.

En 1711 la petite vérole sévit en Lorraine; le duc et la duchesse perdirent trois enfants. Entre 1699 et 1711 ils avaient eu dix enfants, dont cinq étaient déjà morts. Les parents affligés se retirèrent à la campagne, chez Antoine de Soreau, oncle de Françoise, qui avait une maison à Houdemont[14]. Quoiqu'il n'y ait pas de preuves irrécusables, il est vraisemblable que ce fût à cette occasion que Mlle d'Happon-court se fit remarquer par la duchesse, qui lui témoigna sa bienveillance pendant le reste de sa vie.

C'est à un autre déplacement du duc et de la duchesse de Lorraine que Mlle d'Happoncourt doit d'avoir rencontré celui qui allait devenir son époux. Lors d'un voyage à Neufchâteau (alors ville importante et centre administratif dont dépendaient Happoncourt et les terres de nombreuses familles apparentées à la petite Françoise[15]) le duc et la duchesse furent reçus par le maire Jean Huguet. Selon un «Mémoire pour servir à la vie de Mme de Graffigny», qui se trouve parmi les papiers de celle-ci[16] mais qui fut dressé par un parent de son mari, la famille Huguet s'était fait remarquer par «la générosité, on peut dire la magnificence» avec laquelle elle avait accueilli le duc et la duchesse. Jean Huguet avait trois filles et deux fils, dont le cadet, François, avait environ vingt-cinq ans à ce moment-là. Le duc Léopold récompensa l'hospitalité des Huguet en emmenant le jeune François à sa cour, où il le fit gentilhomme de sa chambre et exempt des gardes du corps. Il était «d'une belle figure, grand, et bien fait», toujours selon le Mémoire. Ce serait Mme de Soreau qui jeta l'œil sur lui «comme un parti avantageux pour sa nièce», y voyant surtout «un moyen de tirer M. d'Happoncourt de l'embaras ou il etoit par rapport aux dettes qu'il avoit contractées». L'auteur du Mémoire, ne l'oublions pas, écrit longtemps après l'événement, et exprime le point de vue des Huguet, qui s'estimaient les victimes dans la brouille qui suivit le mariage. «M. Huguet, flatté de l'alliance proposée pour son fils» – à cause de la noblesse de la

12. G.P., XCVIII, 133-136.

13. G.P., XCVIII, 25-92.

14. Jean-François Nicolas, «Journal de ce qui s'est passé à Nancy depuis la paix de Ryswick conclue le 30 octobre 1697 jusqu'en l'année 1744 inclusivement», éd. Charles Pfister, *Mémoires de la Société d'archéologie lorraine*, XLIX (1899), p. 252.

15. Par exemple, les d'Arbois, Civalart, Du Han et Du Houx de Vioménil sont tous nombreux dans les registres de l'état civil de Moncel-Happoncourt, à Coussey, Neufchâteau; v. l'Inventaire des archives départementales des Vosges, série E Suppl.

16. G.P., XCIX, 119-126.

famille et de l'influence des Soreau auprès du duc – «se chargeat du payement d'une partie considerable de ces dettes, et se determinat à beaucoup avantager son fils.» Une note marginale nous apprend que François Huguet reçut 40 000 livres à son mariage. Il eut aussi la terre de Graffigny, terre dont le jeune couple prit le nom. On célébra les noces le 19 janvier 1712 à Nancy; le duc et la duchesse signèrent le contrat, et le mari fut promu chambellan. On ne pourrait commencer la vie conjugale sous de meilleurs auspices.

Hélas, tout alla mal dès le début. D'après le Mémoire, des disputes sur le règlement du contrat «altérèrent la paix du ménage en même temps qu'ils dérangèrent la fortune de M. et Mad. de Graffigny». M. d'Happoncourt avait donné à sa fille les revenus de la terre de Rehaincourt, qui montaient à sept ou huit cents livres de Lorraine (environ 340 livres tournois), mais des créanciers les firent saisir. Il fallut vendre la terre, ce qui ne suffit pas à payer toutes les hypothèques, dont M. de Graffigny se chargea, à la condition qu'on lui abandonnât la terre de Greux. Greux aussi souleva des difficultés, car elle était en Champagne, et de nouveaux créanciers inattendus se présentèrent. D'autres documents plus dignes de foi suggèrent que cette version n'est pas tout à fait juste. Il fallut bien vendre Rehaincourt, mais ce fut assez tard, vers 1718, et les Graffigny avaient déjà donné une quittance à M. d'Happoncourt de toutes ses obligations. Les beaux-frères de M. de Graffigny achetèrent Greux, moyennant une pension viagère à son épouse[17]. Et l'on dut vendre aussi une maison à Villers, où demeurait le couple à cette époque[18].

Le Mémoire insinue de plus que Mme de Graffigny avait éveillé la jalousie de son mari : «La beauté de Mad. de Graffigny, ses graces, et la vivacité de son esprit luy attirèrent bien des homages.» L'un de ses admirateurs éconduits aurait écrit au mari une lettre qui «contenoit des choses tres desobligeantes et capables d'echauffer l'imagination d'un jeune homme». Dans l'explication qui s'ensuivit, M. de Graffigny «leva la main sur Mad. de Graffigny comme pour la frapper, mais il ne toucha que foiblement sa coëffure; c'est la seule querelle forte qu'ils ayent jamais eu». François-Antoine Devaux, qui avait probablement obtenu qu'on lui prêtât ce Mémoire en vue d'écrire une biographie de son amie, n'est absolument pas de cet avis, comme on peut le voir par les annotations qu'il a griffonnées dans la marge. Plusieurs autres documents vont dans le même sens que le fidèle Devaux et il est sûr que M. de Graffigny était un mari brutal, quoi qu'en puisse dire le Mémoire.

En 1723, Mme de Graffigny parut devant le conseiller Léopold de Maimbourg à Nancy, pour demander une déclaration de séparation d'habitation et de biens; ils vivaient séparés déjà depuis cinq ans. Elle appela huit témoins, qui devaient jurer ne pas être «parent, allié, ni domestique des parties», et qui attestèrent sous serment avoir vu M. de Graffigny menacer, humilier et frapper sa femme à maintes

17. G.P., XCIX, 119-126.
18. G.P., XCIX, 103-114; v. aussi l'inventaire des archives communales du département de Meurthe-et-Moselle, Nancy, Nancy-Nord, Villers, p. 452.

reprises[19]. Françoise Bagard, domestique de Mme de Soreau, assura dans sa déposition qu'un jour «le sieur de Graffigny prit le chandelier qui estoit sur la table et le jetta a la teste de la dame son epouse», et qu'un autre jour Mme de Graffigny lui avait montré «les blessures que le sieur de Graffigny son epoux luy avoit fait avec un ganivet et a coups de pied tant aux doigts qu'un peu au-dessus des genoux». Claudinette Baquilor, voisine à Villers, déposa avoir vu «le sieur de Graffigny par deux fois donner des coups d'épée et tirer le nez a la dame son epouse», et aussi avoir «ouÿ souvent ladite dame crier et demander pardon a son mari». Barbe Cholor, femme d'un ancien cocher, dit qu'elle avait vu M. de Graffigny «prendre la dame son espouse et la coucher par terre en luy mettant le genouil sur l'estomaq». Charles Vuator, tonnelier de Nancy, dit «qu'il y a environ quatre ans qu'il demeuroit chez le sieur de Graffigny, lequel un jour donna tant de coups a la dame son epouse avec une canne que Mons. d'Apponcourt son beau-pere luy avoit donné que la canne fut cassée en deux morceaux». Dans sa propre déclaration, Mme de Graffigny dit que «dès les premieres années elle se vit exposée aux mepris et aux insultes», que «des injures il en vint aux coups et la chose fit tant d'eclat qu'estant parvenue à S.A.R. il y eut ordre de le mettre aux Tours Nostre Dame de Nancy», qu'après être sorti de prison «il y est arrivé plusieurs fois de la terrasser à coups de pieds, et de poings, et dans cet estat de luy mettre l'epée nuë sur l'estomac», que «ces premiers excés furent suivis de quantité d'autres, et surtout lorsqu'apres une couche facheuse qu'elle eût, il l'obligeat au bout de dix ou douze jours de petrir le pain de ses domestiques et de le mettre au four toute seulle», et enfin «qu'ayant enfermée la suppliante avec luy dans une chambre apres luy avoir donné sur les bras et sur les mains une infinité de coups d'une grosse clef dont elle étoit toute contuse, ayant voulu appeller du monde a son secours, ledit son mary se saisit d'un couteau en forme de canivet et la menaceat de luy en donner, en luy serrant la gorge de l'autre main, de maniere qu'en se deffendant elle en eût les doits coupés, et que les choses n'en seroient point demeurées la sy les personnes de la maison n'estoient accourus».

Plusieurs des incidents auxquels il est fait allusion ici sont mentionnés aussi dans les deux premières lettres que nous ayons de Mme de Graffigny, toutes deux des supplications pathétiques pour demander à son père de l'aider. Il est difficile de fixer exactement les dates, mais voici une chronologie approximative. Immédiatement après le mariage, ils habitaient à Saint-Nicolas-de-Port; leur premier enfant, une fille, Charlotte-Antoinette, y fut baptisée en juin 1713. L'une des lettres parle d'un voyage de M. de Graffigny en Allemagne, d'où il revint plus brutal que jamais; l'année 1714 semble une date probable. En mars 1715 naquit un deuxième enfant, Jean-Jacques; il vécut assez longtemps pour recevoir le baptême, mais nous n'avons pas trouvé d'autres traces de sa vie ni de sa mort. Comme plusieurs contemporains disent que Mme de Graffigny n'eut que deux enfants, on peut conclure que Jean-Jacques mourut rapidement. Vers cette époque le ménage s'installa à Villers, où

19. G.P., XCIX, 41-56 et 89-96.

naquit le troisième enfant, une fille, Marie-Thérèse, en mars 1716. C'était sans doute l'accouchement difficile auquel elle fait allusion dans sa déposition; et si elle suit fidèlement l'ordre des événements, M. de Graffigny avait déjà passé quelques mois aux Tours Notre-Dame. Nous n'avons pas trouvé son dossier de police, mais ce dut être en 1715 ou 1716. Mme de Graffigny se retira dans un couvent et se laissa persuader d'accepter une réconciliation quand son mari tomba malade en prison et, disait-on, était près de succomber.

Leur premier enfant mourut le 4 décembre 1716, et le dernier un an plus tard, le 1er décembre 1717. Le 11 décembre 1716, M. et Mme de Graffigny signèrent la quittance des obligations de M. d'Happoncourt, comme il était entendu dans le contrat de mariage, ce qui semblerait indiquer qu'on espérait encore que le mari arriverait à modérer ses emportements et que l'union des deux époux pourrait être préservée. En fait il en alla tout autrement et les époux décidèrent de se séparer. Peut-être faut-il attribuer cette décision au fait qu'après la mort de leurs enfants et le paiement des dettes de M. d'Happoncourt, il était difficile aux époux de trouver des raisons suffisantes pour rester ensemble; quoi qu'il en soit, c'est dans les premiers mois de 1718 que la séparation eut lieu.

On trouve dans les papiers de Mme de Graffigny une copie de l'acte de vente de la maison de Villers qui fut vendue en août 1718 à Antoine Dubois de Riocour, vieil ami des Happoncourt. En fait il s'agissait là d'un arrangement assez curieux. Antoine Dubois n'avait pas versé d'argent aux Graffigny mais s'était engagé à une partie des dettes encourues par le couple pour une somme équivalente au prix de la maison de Villers, soit 15 000 francs (v. lettre 3). C'est à cette époque qu'ils cédèrent Rehaincourt à d'autres créanciers. Tout semble indiquer que c'est M. de Graffigny et non sa femme qui est responsable du gaspillage de la fortune du ménage et du désordre de ses affaires. Si l'on en croit le témoignage porté en 1723 par Claude Antoine, vigneron de Villers, M. de Graffigny revenait souvent de Nancy de mauvaise humeur «de ce que la fortune ne luy avoit point esté favorable au jeu car c'estoit son ordinaire de perdre». Il est certain que M. de Graffigny donna à sa femme une procuration en 1718 pour vendre la maison de Villers, et le 15 mars 1719 il signa une procuration générale, donnant à Mme de Graffigny le pouvoir «de gérer, négocier, et administrer toutes leurs affaires»[20]. Cela fait, il quitta la Lorraine pour Paris, où il resta apparemment jusqu'en 1725. De la vie qu'il y mena, nous ne savons à peu près rien. Le Mémoire dit qu'il entra dans les armées françaises. Mais dans l'un des actes passés en 1723, Mme de Graffigny dit que son mari est à Paris «où il est resté longtemps à mener une vie indigne d'un honnête homme»[21].

Les terribles souffrances auxquelles Mme de Graffigny avait dû faire face pendant les premières années de sa vie conjugale prirent donc fin vers 1718, mais de nombreux soucis persistaient : finances en désarroi, tracasseries du côté des Huguet, crainte, peut-être, d'un retour éventuel du mari. Des activités de Mme

20. G.P., XCIX, 99-102.
21. G.P., XCIX, 93.

de Graffigny à cette époque, nous ne savons pratiquement rien. Elle passait sans doute beaucoup de temps à la cour ducale, où, si l'on en juge par ce que fut sa vie ensuite, elle devait attirer bien des admirateurs, car elle était alors dans la fleur de l'âge. Sans doute avait-elle gardé des relations assez étroites avec ses parents qui vieillissaient. Son oncle Antoine de Soreau mourut en 1714, laissant trois enfants, dont le plus jeune avait huit ans. L'aînée, Élisabeth-Charlotte, épousa Jean-Jacques de Ligniville le 23 avril 1715 – elle n'avait que quinze ans – et un an plus tard accoucha du premier de ses vingt et un enfants. Comme Mme de Graffigny garda toute sa vie des rapports affectueux avec ces cousins, il est vraisemblable qu'elle était mêlée à la vie de ces familles.

On se rappelle que Mme de Graffigny avait déposé une demande de séparation officielle en 1723, mais il nous est impossible de dire si son mari y fit réponse. Il revint en Lorraine deux ans plus tard, et mourut dans des circonstances mystérieuses. Encore une fois, le Mémoire le dépeint comme une victime infortunée, qui tenait en mourant des discours édifiants à l'intention de son neveu Collenel (âgé de huit ans à l'époque et auteur probable du Mémoire). L'examen des documents de police pourrait permettre de conduire à des conclusions tout à fait différentes[22]. M. de Graffigny fut arrêté près de Vignory en mars 1725 par un officier de la maréchaussée de Joinville, et accusé d'avoir lâché un coup de fusil sur un habitant du village de Vouécourt au cours d'un vol. Le blessé ne le reconnut pas cependant, et il fut libéré. Il avait pourtant donné un faux nom, de Courcelles, et présenté de faux papiers, une commission d'employé des gabelles de Bourgogne, qui «ne valoit rien», et commis diverses actions dans la région qui le rendaient suspect à la police. Il était d'ailleurs si malade qu'on ne l'envoya pas en prison; on le confia aux soins d'un imprimeur de Joinville. Après qu'il eut été libéré vers la fin du mois, ses beaux-frères Collenel et Chinoir de Beine le ramenèrent à Neufchâteau où il expira le 27 juin 1725. Mme de Graffigny conserva aussi une lettre de Marie-Anne de Collenel, sœur du défunt, datée du 5 juillet 1725, qui raconte sa mort dans des termes émouvants. Elle affirme que son frère avait toujours vraiment aimé Mme de Graffigny et regretté la peine qu'il lui avait faite, et elle supplie Mme de Graffigny de ne pas nourrir de rancune contre lui[23]. Il est visible que les rapports entre les Huguet et Mme de Graffigny s'étaient envenimés.

Veuve à trente ans, Mme de Graffigny fut bientôt à peu près aussi indépendante qu'une femme pouvait l'être à cette époque. Sa mère mourut le 17 mai 1727 et ce fut une perte douloureuse. Son père se remaria quatre mois plus tard à Antoinette de Goujon, fille d'un prévôt de Boulay, et s'en alla demeurer à Boulay. Il semble qu'à cette époque ses rapports avec sa fille se soient refroidis[24]. M. d'Happoncourt devait d'ailleurs mourir assez rapidement, en novembre 1733. Mme de Soreau étant morte en 1728, Mme de Graffigny, bien que comptant de nombreux cousins et cousines, ne dépendait plus de personne.

22. B.N., n.a.f. 15579, f⁰ˢ 97-99.
23. B.N., n.a.f. 15579, f⁰ˢ 100-101.
24. G.P., XCIX, 155.

Avec la mort des membres de la famille de Mme de Graffigny, c'était toute une génération qui passait, et le duc Léopold lui-même disparut en 1729. Son héritier, François-Étienne, revint de la cour impériale, resta à Lunéville assez longtemps pour se faire couronner, et retourna à Vienne où il avait grandi et où il voyait son avenir. Il laissa sa mère, qu'on appelait tout simplement Madame, comme régente. Pour Mme de Graffigny, c'était une époque extraordinairement heureuse. Madame lui accordait toujours sa protection bienveillante, la province fleurissait après trente ans de paix, et Mme de Graffigny jouissait de sa liberté. Nous possédons, pour les années suivantes, beaucoup de documents personnels, même s'ils sont incomplets. Mme de Graffigny a gardé les lettres que Devaux lui a écrites pendant l'hiver 1734-1735, le printemps 1736, l'hiver 1736-1737 et l'été 1738[25]. En outre, un petit nombre de ses propres lettres sont connues. Elles ont été écrites pour la plupart entre l'été 1735 et le printemps 1736. À partir de 1733 environ la correspondance de Mme de Graffigny nous offre une image de plus en plus précise de son existence quotidienne, elle nous renseigne sur ses occupations, ses lectures, et, bien sûr, le lecteur fait connaissance avec ses chers amis; elle restera en relation étroite avec certains d'entre eux jusqu'à sa mort.

Dès avant 1733 Mme de Graffigny fréquentait un cercle de gens cultivés, hommes de lettres, hommes de science, artistes, comédiens, et elle s'était fait parmi eux la réputation de femme d'esprit. Parmi ses amis on compte le savant lorrain, Valentin Jamerai-Duval, et deux peintres parisiens qui étaient venus en Lorraine travailler pour le duc, Bernard Duvigeon et Nicolas Vennevaut. Mme de Graffigny voyait aussi une famille de comédiens de la troupe de Lunéville, les Lebrun, et surtout la jeune et belle Claire-Claude-Louise, dite Clairon ou le Ron. Saint-Lambert, qui n'avait pas encore vingt ans mais qui versifiait déjà, semble avoir été un des habitués de ce cercle. Mais deux hommes occupent une position tout à fait privilégiée parmi ceux et celles qui gravitent autour de Mme de Graffigny : François-Antoine Devaux, dit Panpan, et Léopold Desmarest[26].

François-Antoine Devaux naquit en 1712. C'était le dernier enfant, et le seul à survivre, d'un chirurgien-major des Suisses de la garde du duc de Lorraine, Nicolas Devaux, qui fut anobli en 1736 par François III en considération de ses services. Entre 1730 et 1733 Devaux fit des études de droit à l'Université de Pont-à-Mousson; c'est Claire Lebrun qui vers cette époque le présenta à Mme de Graffigny. Une fois ses études de droit terminées, Devaux se rendit à Paris où il séjourna pendant l'hiver de 1733 et, à la demande de Mme de Graffigny, il lui envoya régulièrement des nouvelles de la capitale. Ils se passionnaient tous les deux pour la littérature, et surtout pour le théâtre. Devaux lisait toutes les nouveautés, hantait les spectacles, et fréquentait les cafés. Il avait aussi apporté quelques manuscrits, auxquels il avait collaboré avec son amie, – une pièce appelée

25. Ces lettres se trouvent dans G.P., I et XLIII, et B.N., n.a.f. 15579.
26. Sur Devaux, consulter Pierre Boyé, «Le Dernier Fidèle de la cour de Lunéville : la vieillesse de Panpan Devaux», dans *Quatre Études inédites* (Nancy, 1933), p. 35-102; sur Desmarest, voir Michel Antoine, *Henry Desmarest* (Paris, 1965).

L'Honnête Homme, un petit roman et d'autres morceaux. Il ne réussit point à les faire publier, mais il ne cessa d'encourager Mme de Graffigny à écrire.

Le ton des lettres de 1733 prouve que la correspondance était à ses débuts, elle devait continuer pendant vingt-cinq années, toutes les fois où Panpan et sa chère Abelle (ce sont là les noms qu'ils s'étaient donnés) étaient séparés. Jusqu'en 1737, Devaux passait en général la plus grande partie de l'été à Lunéville et le reste de l'année à Nancy chez son cousin, Jean-Baptiste Michel, avocat. Malheureusement, au début de leur correspondance, il ne conserva pas les lettres de Mme de Graffigny aussi fidèlement qu'il devait le faire par la suite. Il était inévitable qu'une amitié si durable et si intime entre un homme et une femme amenât à supposer qu'ils étaient amants, mais il n'en est rien. De nombreuses allusions, tant sous la plume de Devaux lui-même que sous celle de Mme de Graffigny, suggèrent que celui-là se fût mal sorti de toute aventure sexuelle avec une femme. C'était plutôt une sympathie mutuelle, le bonheur de pouvoir tout se dire, qui les unissaient. Jour après jour, lettre après lettre, ils ont échangé des confidences : joies, peines, maux de tête, difficultés financières, écriture d'un poème, angoisses amoureuses – tout est dit. Souvent, une bonne partie des lettres de Mme de Graffigny est consacrée à des confidences en ce qui concerne celui qui fut le grand amour de sa vie, Léopold Desmarest.

Elle fit sa connaissance vers 1730. C'était un officier de cavalerie, de treize ans plus jeune qu'elle. L'histoire de sa famille est des plus romanesques. Son père, Henry, était un compositeur célèbre en France, qui avait séduit, épousé et enfin enlevé la fille d'un président de Senlis, Marie-Marguerite de Saint-Gobert. Le père de la mariée le poursuivit en justice, et il fut condamné le 19 mai 1700 à être pendu pour rapt. Mais le couple avait pris la fuite; ils allèrent d'abord à Bruxelles et puis à Madrid, et c'est seulement en 1707 qu'ils s'installent à Lunéville où Henry Desmarest est nommé surintendant de la musique du duc Léopold.

La liaison de Léopold Desmarest avec Mme de Graffigny dura jusqu'en 1743, non sans remous de part et d'autre. Desmarest, qu'on appelait le Docteur ou l'Autre Moi, était jaloux; mais comme leur liaison était censée être secrète, Mme de Graffigny était entourée de soupirants plus ou moins assidus. En 1735 elle dut avouer son amour pour Desmarest à l'un des plus persistants, un certain Villeneuve, ce qui ne radoucit pas Villeneuve et fâcha Desmarest. C'est un des moments où le fidèle Devaux la conseilla et la consola. Par contre, Desmarest ne se croyait pas tenu d'être fidèle, et Mme de Graffigny eut maintes fois l'occasion de se croire trahie et de se livrer à de douloureuses réflexions sur sa situation de femme amoureuse et délaissée. Desmarest, en tout cas, devait passer beaucoup de temps avec son régiment, et Mme de Graffigny avait l'habitude des longues absences. En 1738 elle l'aimait toujours passionnément, comme ses lettres le prouvent; et si le jeune officer se détachait déjà un peu, il vint néanmoins la sauver de Cirey et ils partirent ensemble pour Paris où ils connurent ensemble un véritable bonheur.

En mai 1735 Voltaire et Mme Du Châtelet se rendirent à Lunéville où ils furent rapidement au centre d'une agitation joyeuse qui transforma pour quelques semaines la paisible vie de la cour ducale. Mme de Graffigny était parmi ceux qui laissèrent à Voltaire une impression si vive de cette cour. L'ingénieur Vayringe, plusieurs Anglais, la belle Mlle Clairon, Jamerai-Duval, Saint-Lambert, le marquis d'Amezaga et son cousin le marquis d'Adhémar lui furent présentés. Devaux resta à Nancy à attendre les nouvelles, car, même s'il idolâtrait Voltaire, il était trop timide pour oser se faire présenter. Voltaire logeait chez la duchesse de Richelieu, née Marie-Élisabeth-Sophie de Lorraine, et auprès de laquelle Mme de Graffigny occupait les fonctions non officielles de dame de compagnie; c'est la duchesse qui en 1739 lui donnera l'occasion d'entrer dans la société parisienne. Mais si l'on en croit le petit poème qu'il adressa à un certain M. de Pleen, ou plutôt Bleine, Voltaire rendait également visite à Mme de Graffigny. Ce poème est connu depuis longtemps, sous le titre «À M. de Pleen qui attendait l'auteur chez Mme de Graffigny, où l'on devait lire *La Pucelle*». Voltaire y loue Mme de Graffigny dans les termes suivants : «Car cette veuve aimable et belle, / Par qui nous sommes tous séduits, / Vaut cent fois mieux qu'une pucelle» [27].

La situation était trop belle pour durer. En effet, le jeune duc François III, qui ne s'était jamais beaucoup soucié de son duché natal, signa un traité en 1736 qui cédait sa couronne au roi déposé de Pologne, Stanislas Leszczynski. Stanislas, beau-père de Louis XV, retrouvait ainsi un trône, même si c'était seulement celui d'un duché qui à sa mort devait revenir à la couronne de France. Le duc fut récompensé par son mariage à Marie-Thérèse, fille de l'Empereur, dont la dot devait comprendre le grand-duché de Toscane à la mort du grand-duc régnant. Madame, mère du duc François III, dut déménager sa petite cour à Commercy, érigé en principauté viagère.

Les Lorrains accueillirent la nouvelle du traité au printemps 1736 avec consternation. Un an plus tard, la dispersion de la cour ducale avait déjà commencé. Mme de Graffigny en fit la description dans une lettre à Mme Du Châtelet de décembre 1736 ou janvier 1737, mais seule la réponse est connue. Le 6 mars 1737 Madame elle-même quitta Lunéville pour se rendre à Commercy en passant par Haroué. Un des familiers de Mme de Graffigny, Jamerai-Duval, raconte la scène : «La régente et les princesses s'arrachèrent de leur palais le visage baigné de larmes, levant les mains au ciel et poussant des cris. Le peuple voulait arrêter les voitures. Il est presque inconcevable que des centaines de personnes n'aient point été écrasées sous les roues des carrosses ou foulées aux pieds des chevaux en se jetant aveuglément comme elles faisaient au travers des équipages pour en retarder le départ.... Les habitants des campagnes arrivaient en foule sur la route par où la famille royale devait passer et, prosternés à genoux, ils lui tendaient les bras et la conjuraient de ne les point abandonner.» [28]

Personne ne devait éprouver ces regrets plus profondément que Mme de Graffigny, dont la situation devenait rapidement désespérée. Madame était obligée de réduire son train de vie et, rapidement, elle ne pouvait plus se permettre le luxe

27. Moland, X, 540.
28. Cité par Noël, p. 67.

d'un entourage de parasites comme Mme de Graffigny. D'autres protecteurs possibles avaient suivi le duc à Vienne, en attendant de continuer jusqu'à Florence. De sa famille elle ne pouvait rien espérer, les Ligniville n'ayant guère plus de ressources qu'elle.

Elle demeura chez elle pendant l'installation de la nouvelle cour, et parvint ainsi à connaître les administrateurs les plus notables du nouveau gouvernement. Le plus important de tous, c'était Antoine Chaumont de La Galaizière, chancelier de Lorraine. Nommé par Louis XV, il détenait le pouvoir réel dans la province. Il était chef d'une famille nombreuse et puissante, et plus tard, à Paris, Mme de Graffigny retrouvera certains membres de cette famille qui deviendront ses amis, notamment deux des frères du chancelier, le comte de Mareil et l'abbé de La Galaizière; notons en passant que le contrôleur général, Philibert Orry, était le beau-père du chancelier. En attendant, Mme de Graffigny cherchait une solution permanente à la difficile situation dans laquelle elle se trouvait (elle n'hésita pas, par exemple, à entrer en contact avec l'entourage polonais du roi Stanislas), mais elle se vit bientôt contrainte vers avril 1738 de quitter sa propre maison, rue Neuve-des-Capucins, et d'accepter l'hospitalité de ses amies, la comtesse de Grandville et peut-être aussi Mme Du Han de Martigny. Après tant d'années d'indépendance, vivre constamment chez autrui était pénible, et les rapports entre elle et ses amies en souffrirent.

Enfin la duchesse de Richelieu offrit de l'accueillir à Paris, sans en faire pour autant une des dames d'honneur en titre, puisque le duc de Richelieu ne semblait pas avoir toute la sympathie souhaitable pour Mme de Graffigny. Elle devait surtout accompagner la duchesse à Montpellier, car le duc venait d'être nommé gouverneur du Languedoc. Restait à trouver le moyen de gagner Paris. Mme Du Châtelet l'invita à passer l'hiver à Cirey; Mme de Stainville lui proposa de passer par Demange-aux-Eaux. Son départ de Lunéville le 11 septembre 1738 a tout l'air d'une démarche impulsive. Elle n'avait pas eu le temps de prévenir certains amis, elle laissait ses effets personnels un peu partout, et ses nombreux créanciers s'alarmaient comme si elle avait pris la fuite. C'est sans doute que l'occasion de partir s'était présentée, et elle avait compris qu'il fallait la saisir : il avait été entendu, en effet, qu'elle arriverait à Commercy avant la mi-octobre pour y rejoindre Mme de Stainville. Comme on le verra dans ses lettres, le départ de Demange et ensuite celui de Cirey dépendront aussi d'occasions inattendues. Il est probable qu'en septembre son vieil ami Protin de Vulmont lui offrit sa voiture pour aller à Commercy. Le marquis d'Adhémar voulut bien la conduire, et elle décampa.

En quittant Lunéville pour Commercy, Mme de Graffigny venait de faire le premier pas vers une destinée que rien ne laissait prévoir : dix ans plus tard la publication des *Lettres d'une Péruvienne* la ferait connaître de toute l'Europe et à sa mort en 1758 elle serait non seulement au centre d'un salon littéraire fort distingué, mais sa réputation de femme de lettres, romancière aussi bien que dramaturge, serait des mieux établies.

Comme on le verra dans les lettres de cette époque, tant celles de Cirey que celles de Paris, les débuts de Mme de Graffigny dans le monde des lettres et dans le monde tout court furent très difficiles et les revers de fortune les plus cruels pour son amour-propre ne lui furent pas épargnés. À la faveur de douloureuses circonstances dont ses lettres nous révèlent en partie la complexité, elle se vit rejetée par ceux-là mêmes, Voltaire, Mme Du Châtelet, la duchesse de Richelieu, sur lesquels elle comptait le plus. Mais il y eut toujours quelqu'un pour lui tendre une main secourable et, sa nature généreuse et tenace aidant, elle arriva à surmonter les pires obstacles. Au bout de quelques années, progressivement, les milieux littéraires s'ouvrirent devant elle, elle sut se faire une place dans le monde peu connu du comte de Caylus et de Mlle Quinault la cadette, parmi ces «francs-parleurs» qui se réunissaient autour d'eux. En 1747 et en 1750, coup sur coup, elle connut deux triomphes littéraires avec les *Lettres d'une Péruvienne* et *Cénie*, et enfin ce furent les années de gloire.

Mais ce sont à ses propres lettres qu'il faut laisser le soin de raconter en détail cette vie fertile en rebondissements et qui la met en contact avec certaines des personnalités les plus illustres de son époque. Ce premier volume, qui va de 1716 jusqu'en juin 1739, retrace son voyage à Paris avec les étapes de Commercy, de Demange et de Cirey. À Paris nous apprenons ses premières amitiés et ses premières difficultés; à la fin de ce volume, nous laissons notre héroïne, selon toute apparence, bien établie au service des Richelieu et en train de se faire une place dans leur société. Mais ce n'est qu'une illusion de sécurité, et le second volume nous révélera l'incident bouleversant qui sera à l'origine de son enracinement à Paris et de ce qu'il faut bien appeler sa carrière de femme de lettres.

TABLEAU I

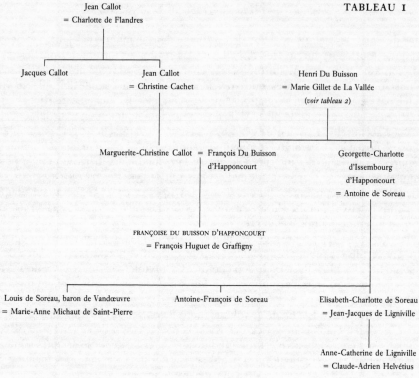

Jean Callot
= Charlotte de Flandres

Jacques Callot

Jean Callot
= Christine Cachet

Henri Du Buisson
= Marie Gillet de La Vallée
(voir tableau 2)

Marguerite-Christine Callot = François Du Buisson
d'Happoncourt

Georgette-Charlotte
d'Issembourg
d'Happoncourt
= Antoine de Soreau

FRANÇOISE DU BUISSON D'HAPPONCOURT
= François Huguet de Graffigny

Louis de Soreau, baron de Vandœuvre
= Marie-Anne Michaut de Saint-Pierre

Antoine-François de Soreau

Elisabeth-Charlotte de Soreau
= Jean-Jacques de Ligniville

Anne-Catherine de Ligniville
= Claude-Adrien Helvétius

a. Tableaux généalogiques de la famille de Mme de Graffigny.

TABLEAU 2

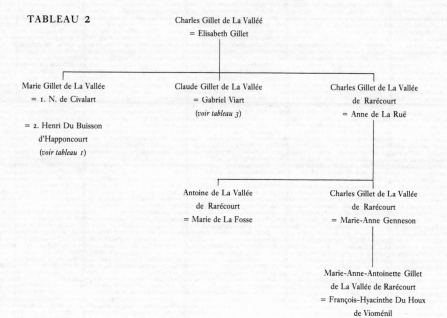

Charles Gillet de La Valléé
= Elisabeth Gillet

Marie Gillet de La Vallée
= 1. N. de Civalart

= 2. Henri Du Buisson
d'Happoncourt
(*voir tableau 1*)

Claude Gillet de La Vallée
= Gabriel Viart
(*voir tableau 3*)

Charles Gillet de La Vallée
de Rarécourt
= Anne de La Ruë

Antoine de La Vallée
de Rarécourt
= Marie de La Fosse

Charles Gillet de La Vallée
de Rarécourt
= Marie-Anne Genneson

Marie-Anne-Antoinette Gillet
de La Vallée de Rarécourt
= François-Hyacinthe Du Houx
de Vioménil

TABLEAU 3

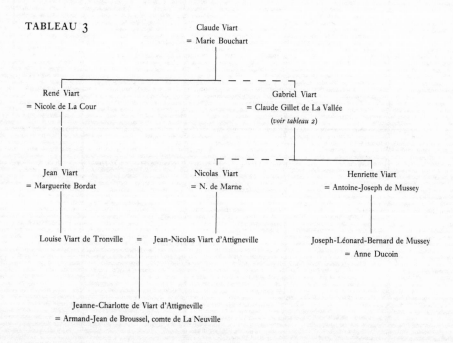

Claude Viart
= Marie Bouchart

René Viart
= Nicole de La Cour

Gabriel Viart
= Claude Gillet de La Vallée
(*voir tableau 2*)

Jean Viart
= Marguerite Bordat

Nicolas Viart
= N. de Marne

Henriette Viart
= Antoine-Joseph de Mussey

Louise Viart de Tronville   =   Jean-Nicolas Viart d'Attigneville

Joseph-Léonard-Bernard de Mussey
= Anne Ducoin

Jeanne-Charlotte de Viart d'Attigneville
= Armand-Jean de Broussel, comte de La Neuville

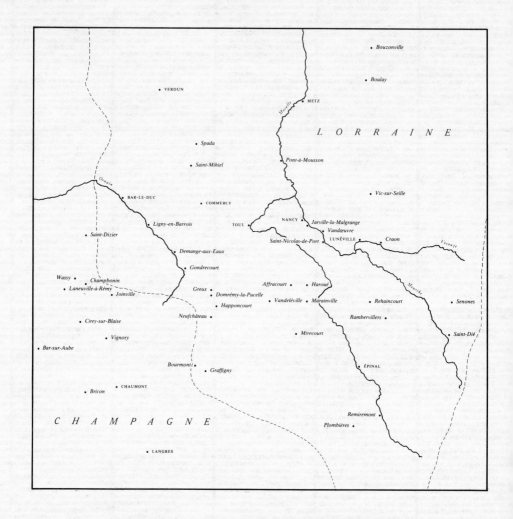

b. Carte de Lorraine et de Champagne au XVIIIe siècle.

Résumé chronologique de la vie de Mme de Graffigny jusqu'en 1739

Vers 1662	Naissance de Marguerite-Christine Callot, mère de Mme de Graffigny.
Vers 1665	Naissance de François-Henri d'Happoncourt, père de Mme de Graffigny.
7 janvier 1693	Mariage des parents de Mme de Graffigny à l'église Saint-Epvre à Nancy. Selon l'acte de mariage, le mari n'a pas de domicile, «estant dans les troupes depuis quinze ans».
11 février 1695	Naissance de Françoise d'Happoncourt; baptême à l'église Saint-Epvre le 13 février.
Avant 1702	M. d'Happoncourt nommé major de la gendarmerie à Saint-Nicolas-de-Port.
Septembre 1711	Le duc et la duchesse de Lorraine séjournent chez Antoine de Soreau, oncle de Mme de Graffigny, pendant une épidémie de petite vérole.
19 janvier 1712	Mariage de Françoise d'Happoncourt et de François Huguet de Graffigny.
12 juin 1713	Naissance de Charlotte-Antoinette, première enfant de Mme de Graffigny.
Vers 1714	Voyage de M. de Graffigny en Allemagne.
14 mars 1715	Naissance de Jean-Jacques, deuxième enfant de Mme de Graffigny; il meurt bientôt après.
Mars 1716	Naissance de Marie-Thérèse, troisième enfant de Mme de Graffigny.
4 décembre 1716	Mort de Charlotte-Antoinette.
11 décembre 1716	Quittance donnée par les époux Graffigny à M. d'Happoncourt pour ses obligations suivant le contrat de mariage.
Vers 1717	Emprisonnement de M. de Graffigny aux Tours Notre-Dame à Nancy, pour violence envers son épouse; maladie grave du mari; réconciliation du couple pendant cette maladie.
1er décembre 1717	Mort de Marie-Thérèse.
10 août 1718	Vente de la maison de Villers à Antoine Dubois de Riocour; abandon de Rehaincourt aux créanciers; Mme de Graffigny vit déjà séparée de son mari.

Résumé chronologique de la vie de Mme de Graffigny jusqu'en 1739

Août 1719	Départ de M. de Graffigny pour Paris.
Mars 1723	Procédures par lesquelles Mme de Graffigny obtient la séparation définitive d'avec son mari.
1er mars 1725	M. de Graffigny arrêté près de Vignory, soupçonné de vol et de meurtre.
27 juin 1725	Mort de M. de Graffigny à Neufchâteau.
17 mai 1727	Mort de la mère de Mme de Graffigny.
22 septembre 1727	Le père de Mme de Graffigny épouse en secondes noces Antoinette de Goujon, de Boulay.
Vers 1730	Début de la liaison de Mme de Graffigny avec Léopold Desmarest.
Entre 1730 et 1732	Mme de Graffigny est chargée de l'éducation des petites Ligniville.
Avant 1733	Mme de Graffigny fait la connaissance de Clairon Lebrun et de François-Antoine Devaux («Panpan»); elle forme déjà des projets littéraires.
Octobre 1733	Devaux va à Paris, d'où il écrit régulièrement à Mme de Graffigny.
Novembre 1733	Mort du père de Mme de Graffigny à Boulay.
Vers avril 1734	Retour de Devaux en Lorraine.
Automne 1734	Devaux passe l'hiver à Nancy chez son cousin Michel, avocat.
Mai 1735	Voltaire et Mme Du Châtelet à Lunéville.
Été 1735	Passion de Villeneuve pour Mme de Graffigny.
Automne 1735	Devaux passe encore cet hiver à Nancy, où il se lie avec Christine Thiery.
Avril 1736	Nouvelles du traité de Vienne, qui signale la fin de la cour ducale en Lorraine.
Novembre-décembre 1736	Devaux est encore une fois à Nancy; Mlle Thiery est à Lunéville.
Janvier 1737	Dispersion de la cour ducale.
6 mars 1737	Départ de Madame, duchesse douairière de Lorraine, pour Commercy.
Vers 1737	Villeneuve poursuit Mme de Graffigny de ses assiduités.
1737-1738	Devaux sans doute à Lunéville.
Vers avril 1738	Mme de Graffigny quitte sa maison place Neuve-des-Capucins et s'installe chez la comtesse de Grandville.

xlii

11 septembre 1738	Mme de Graffigny quitte Lunéville, accompagnée du marquis d'Adhémar, qui la conduit à Commercy chez Mlle Frassinetti.
5 octobre 1738	Mme de Graffigny quitte Commercy avec la marquise de Stainville, qui l'emmène chez elle à Demange-aux-Eaux.
3 décembre 1738	Mme de Graffigny quitte Demange et arrive à Cirey chez la marquise Du Châtelet et Voltaire.
29 décembre 1738	Mme de Graffigny accusée d'avoir fait circuler des copies de *La Pucelle*.
12 février 1739	Mme de Graffigny quitte Cirey, accompagnée de Desmarest, qui la conduit à Paris, en passant par Vendeuvre et Provins.
14 février 1739	Arrivée à Paris; après une nuit à l'hôtel de Modène, Mme de Graffigny s'installe chez Mme Babaud, rue du Gros-Chenet.
17 mars 1739	Retour du duc et de la duchesse de Richelieu à Paris.
Vers le 10 mai 1739	Voyage à Versailles, chez Masson.
19 mai-9 juin 1739	Séjour à Arcueil, chez les Richelieu.
Juin 1739	Mme de Graffigny s'installe dans une chambre chez Ringard, baigneur, rue Saint-Antoine.

1. à François-Henri d'Happoncourt[1]

[Vers 1716][2]

Mon cher pere,

Je suis obligés dans l'extremité ou je me trouvee de vous suplier de ne me point abandoner et de m'envoier au plus vite chercher par Mr de Rarecour[3] car je suis en grand danger et suis toutes brisé de coups. Je me jete a votre misericorde et vous prie que se soit bien vite. Il faut dire que c'est d'autre que moy qui vous l'on mandé, car tout le monde le sait. Je suis avec bien du respect,

Vostre tres humble et tres obeisante servante,

F. d'Haponcour de Grafigny

MANUSCRIT

Isographie des hommes célèbres, ou Collection de facsimilé de lettres autographes ou de signatures, 1828-1830, 3 vol., II, p. [133]; fac-similé de l'orig. aut.

IMPRIMÉ

Noël, p. 22.

NOTES

1. D'Happoncourt (vers 1672-1733); v. Introduction, pp. xxv, xxvii et *passim*.
2. Noël place cette lettre «aux abords de 1720», donc, après la lettre 2. Pourtant, Mme de Grafigny doit avoir écrit cette première lettre assez tôt, puisqu'elle insiste sur le secret, alors que la lettre 2 ne précède que de peu la séparation; v. Introduction, p. xxviii-xxxii.
3. Antoine de La Vallée de Rarécourt (vers 1670-1742), chambellan du duc de Lorraine et capitaine au régiment des Gardes, puis colonel; il était cousin germain du père de Mme de Graffigny, et servira de conseiller en 1718 lorsqu'il s'agira de mettre en ordre les affaires de la jeune femme.

2. à François-Henri d'Happoncourt

[1717 ou 1718][1]

Mon cher pere,

Permeté-moy, s'il vous plait, de vous ouvrir mon cœur sur les ambaras dont ma vie e[s]t continuellement traversée. Vous savez la situasion de nos affaire, qu'il nous est important de les finir, puisque de jours a autre les rante feron de nouvau capital. Cependant je vois que les chose traine fort en longueur et que les gens qui voudroit acheter notre bien craigne les ipoteque. Pour remedier a cela nous n'avon point d'autre party a prendre que de faire paier Mr Huguet[2]. Cela se peut fasilement a mon nom et il nous en reviendroit pret de neuf a dix mil livres, mais pour faire la chose plus fasilement il faudroit que Mr de Grafigny[3] soit esloigné et que m'ayant doné une procurasion pour faire a son absense tout ce que je jugerois a propos touchan le bien, je me serve de cette ocasion pour ne rien

I

relacher[4]. Apres avoir bien cherchés des moien, on m'a conceillié cela pour le mellieur et pour qu'il se mette hors de l'ocasion de ce laiser atandrir au pleur de sa mere[5], qui essaye dejas de le tenter a refuser son consentement; sy les creancier voie[n]t que l'on comance a paier pour une some qui sera assés considerable, nous trouveron plus de marchan qu'il n'en faudroit, et[a] je vandrois bien mieu le bien qu'a present que l'on le croit chargé de tant de dette. La difigulté est de savoir ou il ira en atandant ce temps. En Alemagne[6]? Il n'est pas posible qu'il y retourne pour devenir encore plus farouche. Je voudrois bien qu'il aille a Paris, il aprendroit ce que c'est du monde, et pet-etre en seroit plus resonable dans la suitte. Je sais qu'il en coute baucoup, mais c'est pour le regagner d'aillieur, car je preserois tant les afaire que son pere m'auroit bientost paié[7]. J'ay parlé a ma tante[8] de luy faire doner une lettre de recomandasion de S.A.[9] ou Madame[10]. Il pouroit obtenir une charge de capitaine reformé; quoyqu'il y en ay baucoup, l'on en fait encore. Il n'a des amplois que comme s'il n'en avoit point et puisqu'il e[s]t sy resolu de se conduire avec baucoup de sagesse, cela feroit honeur a la famille puisque je suis seule de mon coté. Ma tante pour reponse me paru fort fachés contre moy d'estre rentré avec luy. Vous savés, mon cher pere, mes raison et que je ne l'ay fait que[b] dans l'extremité ou il estoit et m'y croien obligés. Je vous ay dit mes raison quand vous vinte a Nancy[11] et vous ne me desaprouvate pas. Se seroit bien mettre le comble a mon malheur sy l'on m'abandonoit puisque je ne suis pas cause de mes meaux[c]. J'ay estés touché plus que je n'ay jamais estés de conoitre combien ma tante croit que j'ay de tors. L'on est bien enbaracé; une fame a mon age, acablé de douleur, n'est pas trop capable de prendre d'autre party que celuy que l'on luy fait voirs estre celon la consience, n'ayant persone a Nancy pour me conseiler dans ce moment-la. Elle me dit ausy que l'on ne s'avansoit guere a produire[12] des esprit comme le sien. J'en convien et j'entre parfaitement dans sa raison mais pet-etre fera-t-il bien, comme je l'espere, des promesse qu'il continu a faire, et qu'il deviendra plus sage; et s'il fesoit mal se seroit un pretexte pour l'abandoner pour jamais.

Entré un peut dans mes peine, mon cher pere, je vous en conjure, et voié sy ce que je vous propose e[s]t bien esloigné de la raison. Pet-etre ne vous paroitront-elle pas comme je les vois dans l'esperense ou je suy que son absense me fasiliteroit fort la fin de mes afaire, mais dans les inquietude ou je suis a qui aurai-ge recour qu'a mon pere? Ne regetté[d] pas d'abort[13] ma priere, consideré l'etat ou je suis, et apres cela je me remet antierement a la volonté de Dieu qui me sera signifié par la votre. Ayé la bonté de me faire reponce. Je l'atan comme je ne saurois vous dire, tant j'ay de crainte que vous ne trouvié pas bon le seul party que je vois a prendre dans ma peine.

J'ay l'honneur d'estre avec un tres profon respect, mon cher pere,

Vostre tres humble et tres obeisante servante,

F. d'Haponcour de Grafigny

MANUSCRIT

Nancy, Bibl. mun., dossier Graffigny; 4 p.; orig. aut.

IMPRIMÉS

I. Noël, p. 18-21.
II. Nicoletti, p. 441-445 (transcription littérale suivie d'une version modernisée) avec un facsimilé du manuscrit, p. 73-74.

TEXTE

a Le ms : «et sy», suivi d'un mot rayé. *b* Le ms : «de». *c* Deux ou trois mots rayés. *d* rejetez.

NOTES

1. La plupart des projets annoncés par Mme de Graffigny dans cette lettre seront réalisés en 1718 et 1719 : éloignement de M. de Graffigny à Paris, procuration donnée à Mme de Graffigny pour régler leurs affaires, vente de plusieurs biens, remboursement des créanciers. D'autre part, cette lettre suit une séparation et une réconciliation, et doit donc se placer vers la fin de leur vie en commun. Voir Introduction, p. xxx-xxxi.

2. Jean Huguet (mort en 1730), beau-père de Mme de Graffigny; v. Introduction, p. xxviii.

3. François Huguet de Graffigny (1685-1725); v. Introduction, p. xxviii-xxxii.

4. Les documents sur l'éloignement et la procuration se trouvent à Yale (G.P., XCIX).

5. Anne-Barbe Monnel (morte en 1726).

6. Sur ce voyage en Allemagne, v. Introduction, p. xxx.

7. Ce sera surtout en vendant une maison à Villers-lès-Nancy que Mme de Graffigny cherchera à rétablir les finances du couple; v. la lettre suivante. Elle devra aussi céder la propriété de Rehaincourt, et vendre celle de Greux aux beaux-frères de son mari; v. Introduction, pp. xxviii-xxix, xxx-xxxi.

8. Georgette-Charlotte d'Issembourg d'Happoncourt (vers 1676-1728), veuve d'Antoine de Soreau (vers 1654-1714), maître d'hôtel du duc Léopold. C'est Mme de Soreau qui, grâce à l'influence de son mari, fit protéger son frère, le père de Mme de Graffigny, et qui arrangea le mariage de sa nièce avec François Huguet de Graffigny.

9. Son Altesse Léopold, duc de Lorraine (1669-1729).

10. Élisabeth-Charlotte d'Orléans, duchesse de Lorraine (1676-1744).

11. Les parents de Mme de Graffigny habitaient à Saint-Nicolas-de-Port.

12. Produire : avancer dans le monde, faire connaître; il faut avoir quelque patron à la cour qui vous produise (Trévoux, 1743).

13. D'abord : à la premiere vûë, du commencement. Quoyque je n'eusse point vu cet homme il y a longtemps, je le reconnus tout d'abord. (Trévoux, 1743.)

3. à Nicolas-Joseph Dubois de Riocour[1]

[29 avril 1719]

Je prie Monsieur Dubois d'avancer pour nous a Mr de Rozier[2] la somme de cent cinquante livres pour les deux anée d'interet qui luy sont deü de son contrac de 1500ᴵᴵ, lesquel cent cinquanteᴵᴵ Monsieur Dubois retirera de nos fermier de Greux[3] en vertu du present billet, qui luy servira de delegation pour les recevoir.

Fait a Nancy le 29 avril 1719,

F. d'Haponcour de Grafigny

MANUSCRIT

Yale, G.P., XCVIII, 123-126; 1 p.; orig. aut.

TEXTE

De Rozières ajoute : «Je soubsigné reconnois avoir reçu par les mains et des deniers de Monsieur Du Bois de Riocourt, maitre des requestes, a l'aquit des sieurs et dames de Graffigny, la so[mm]e de cent et cinquante livres pour deux années de rente du contract de quinze cents livres qui me sont dûs en principal pars lesdits Srs et dames de Graffigny, desquelles cent cinquante livres Monsieur Dubois se poura faire payer et rembourser par eux ainsy et de mesme que j'aurois pû faire, a l'effet de quoy je le subroge par ces presentes dans tous mes droits a cet égard au moyen de laquelle avance que ledit sieur Dubois lui a fait a la priere desdits Srs et dames de Graffigny. Je promets de signer l'acte d'accomodement fait par-devant Gerard, tabellion a Nancy[4], entre lesdits Srs et dames de Graffigny et leurs creanciers. Fait a Luneville ce 8e juin mil sept cents dix neuf, de Rosier.» Dubois de Riocour ajoute ensuite : «J'ay remis a M. de Graffigny les 150[ll] que j'avois avancés pour l'aquits et d'autres pars. Le 27 janv[r] 1720. Du Boys De Riocour.» Et il ajoute à la dernière page : «Subrogation pour 150[ll] que j'ay payés a M. de Rozier pour M. de Graffigny».

NOTES

1. Dubois de Riocour (1689-1757), chevalier, conseiller d'État et des finances, et maître des requêtes à la Cour souveraine, succédera à la baronnie de Domblain en 1736.

2. Charles-Gabriel, comte d'Euvezin de Rozières (mort en 1751), colonel d'infanterie au service de la France, puis chambellan du duc de Lorraine.

3. Terre près d'Happoncourt (aujourd'hui Moncel), octroyée au père de Mme de Graffigny par le duc de Lorraine le 20 janvier 1704, et qui faisait partie de la dot de la jeune femme; elle sera aliénée au profit d'un sieur de Ramerupt, et puis cédée à la famille de M. de Graffigny moyennant une pension viagère de 500 livres pour Mme de Graffigny. Elle sera aussi une source de contestation entre Mme de Graffigny et ses beaux-frères, surtout Chinoir de Beine (v. 68n15), jusqu'en 1738 et après.

4. Jean-François Gérard était tabellion à Nancy entre 1712 et 1726.

4. *à Philippe de Courcillon, marquis de Dangeau*[1]

[Avant le 9 septembre 1720][2]

[Épître en bouts rimés.]

MANUSCRIT

L'orig. aut. de 3 p. figurait aux ventes Charavay (18 décembre 1880) et Bayle (23 juin 1884).

TEXTE

Il s'agit peut-être d'une épître littéraire et non d'une lettre expédiée.

NOTES

1. Le marquis de Dangeau (1638-1720) avait poursuivi une carrière militaire avant de s'attacher à la cour de Louis XIV. Sous la Régence il vivait retiré à Paris et fréquentait beaucoup l'Académie, où il avait son fauteuil. Il est difficile de s'imaginer quelles relations il aurait pu nouer avec Mme de Graffigny, qui n'avait jamais quitté la Lorraine.

2. C'est-à-dire, avant la mort du destinataire.

5. *à Marie de Saint-André, marquise de Joyeuse*[1]

À Mme la marquise de Joyeuse, au premier jour de l'an 1725[a]

Le temps qui court et qui s'envole
Prend toujours en courant quelque chose sur nous,

C'est un assassin qui nous vole
Par un art insensible et doux.

MANUSCRIT

L'orig. aut. de 1 p. figurait aux ventes Waldor (10 mai 1873), Charavay (24-25 mars 1876), Reignarg [Grangier de la Marinière] (29 mai 1876), Dubrunfaut (23-24 mai 1883) et Dubrunfaut (20-22 décembre 1886).

TEXTE

Lettre dont le texte n'est peut-être pas intégral dans les catalogues et dont le caractère épistolaire est douteux (*cf.* la lettre précédente). *a* Dans deux des cinq catalogues : «1723».

NOTE

1. Marie de Saint-André (1639-1736), fille d'un fermier général, et veuve de Charles-Albert de Fussembourg, grand maître des eaux et forêts à Metz, avait épousé en secondes noces, le 7 février 1707, Daniel, marquis de Joyeuse (1681-1759), qui avait des relations dans la région lorraine. Mme de Joyeuse ne sera plus mentionnée dans la correspondance de Mme de Graffigny.

6. à ?

Mardi soir [1727]*a*

[Demande de gratification pour plusieurs Anglais anglicans convertis au catholicisme.]

MANUSCRIT

L'orig. aut. de 2 p. figurait aux ventes Alfred et Paul de Musset (6 avril 1883), Charavay (10 juin 1886) et Dubrunfaut (24 juin 1890).

TEXTE

a Date indiquée dans le catalogue Musset; selon la description du catalogue, la maréchale de

Gramont[1] serait l'auteur de trois lignes qui suivent la demande.

NOTE

1. Marie-Christine de Noailles (1671-1748), mariée en 1697 à Antoine, duc de Gramont (1672-1725), maréchal de France en 1724.

7. à Devaux[1]

[Octobre 1733][2]

J'ay suivi la maxime d'un vieux reveur de l'antiquité dont j'ay oubliez le nom[3]; j'ay dit mon alphabet avant de comancer ma letre, sans quoy vous seriez grondez de la belle maniere sur toute les extravagante loulange*a* que la prevansion vous arache[4]. Croiez-moy, mon cher Panpan, je ne suis pas la seule femme qui pence bien. Quand vous seray rependu dans un plus grand monde, en regardant deriere

5

vous, vous me trouveray un peut au-desus du comun de nostre sexe, mais bien loing du galant homme qui e[s]t le but ou j'aspire. Par cette expresion j'entens l'honete homme aimable; l'un sans l'autre a des inconveniens qu'il me semble que le galant homme esvite, du moins comme je l'entens. Vous n'ete point quitte de me montrer vos plaidoier[5]. Donez-les a Desmarets[6], je vous en prie; je vous en diray mon avis bien naturelement. Je ne me souviens pas de vous avoir mandez que vous estiez content de vous[7]. Ce seroit une pure distracsion, puisque je vous crois le defaut oposée. J'ay deu vous mander qu'il faloit l'estre et sentir sans presomsion ce que l'on vaut. Je suis ausy fachez contre la modestie qui nous aute l'asurence, que contre l'orgeuil qui nous en done trop. Je n'ay garde de ne pas justifier la contradicsion dans laquelle vous pretendez que je suis tombée. Ce n'est pas estre contraire a soy-mesme d'aimer les odes morale et de ne point aymer La Mote[8]. Voisy comme je pense la-desus. Cette partie la plus belle de toute la philosophie a le droit aquis de plaire au cœur bien fait, mais elle ne soufre pas le mediocre. Il faut qu'elle soit exprimée avec le langage le plus simble de la nature, ou avec le feux et les tournures les plus sublime de l'art. Jugé-moy la-desus. Vous me faite enrager avec vostre petit poette[9]. C'est une espese d'exorsime de vostre part de me forcer a dire que je ne trouve point ces odes anacreontique belle. Celle de la rose n'a rien que de tres comun, ausy bien que le comancement de l'autre. Les deux derniere strophe sont for jolie et pouroit estre versifié plus noblement. Je n'aime point a vous deplaire, mon cher Panpan, et surement je le fais en desaprouvant un jeune homme qui promest sans contredit beaucoup mais qui deveroit moins travaillier et coriger davantage. Sy vous le laisés s'acoutumer a la negligense, les aplaudisemens que l'on done a sa muse precose seront pris, de sa part, pour des desision sur la perfecsion de ces ouvrage et dans la suitte il ne poura plus sentir ces defaut. En verité voila un acses de misantropie qui me coute bon, mais je suis ausy esloigné de la fauseté que de l'envie de desider, et quand mes amis me forcent a parler, je ne puis resister a la verité qui se presente. Pet-etre n'en esse[b] une que pour moy. Je peus tres bien la voir de traver, mais enfin telle qu'elle me paroit, il faut que je la dise.

Oui, mon cher Panpan, j'aimerois mieu faire des fagot que des odes[10]. Il faut encore vous justifier mon gout. Je conte pour rien la gloire, sy un certain bien moral n'y est atachés directement ou indirectement en tout ou en partie. Il y a un grand nombre d'odes ou aucun de ces avantage ne se rencontre. Il y a un bien reel a faire des fagot; a la premiere gelée vous en conviendray. Donc,[c]

Vous tirez aysement la consequense de mon second gout. Il est sans doute plus utille de plaider que de faire des comedie[11]. Cette comparaison[d]

[c][Mme de Graffigny s'excuse de la longueur de ses lettres[12], et charge Devaux d'une commission auprès de Jeanroy[13] au sujet d'une pièce qu'elle a écrite[14].][c]

MANUSCRIT

Princeton Univ. Library, Scheide French mss; 4 p.; orig. aut. Lettre publiée avec l'autorisation de la Princeton University Library.

TEXTE

a louanges. *b* est-ce. «Esse» : c'est là l'orthographe employée le plus souvent par Mme de Graffigny, et désormais nous ne la signalerons plus au lecteur. *c* Phrase inachevée. *d* Le reste manque. L'orig. était incomplet lorsqu'il a passé à la vente Miller du 1er avril 1887. *e* Résumé d'après la réponse de Devaux.

NOTES

1. François-Antoine Devaux (1712-1796), dit Panpan, ami de Mme de Graffigny et son correspondant régulier; v. Introduction, p. xxxiii-xxxiv et *passim*. «Panpan», diminutif de François, est aussi le nom d'un personnage dans «La Puissance de l'amour», conte de fées de Mlle de La Force, paru dans le recueil *Les Fées, ou Contes des contes* (1697); v. 52n35.

2. Cette lettre se situe entre deux lettres de Devaux (G.P., XLIII, 5-8 et 13-16) écrites en octobre 1733.

3. Athenodorus : Mme de Graffigny se rappelle sans doute *L'École des femmes* (II, iv), où Arnolphe fait allusion à «un certain Grec».

4. Devaux : «N'allez pas me gronder sur les louanges que je vous donne, elles sont sincères.» (Octobre 1733, G.P., XLIII, 7.)

5. Devaux : «Vous jugez bien par ce que je vous dis que vous ne verrez pas mes plaidoyers.» (XLIII, 8.) Devaux vient de terminer ses études de droit à cette époque.

6. Léopold Desmarest (1708-1747), officier, amant de Mme de Graffigny depuis 1730 environ; Devaux est confident de la liaison. Voir Introduction, p. xxxiii-xxxiv.

7. Devaux : «Je ne scais ce qui vous a fait presumer que j'etois content de moy.» (XLIII, 8.)

8. Devaux : «Vous vous contredites puisque vous aimez les [odes] morales, et vous haïssez La Motte.» (XLIII, 7.) Il s'agit d'Antoine Houdart de La Motte (1672-1731), dont les *Odes* eurent plusieurs éditions entre 1707 et 1719.

9. Les lettres de Devaux prouvent qu'il s'agit de Jean-François de Saint-Lambert (1716-1803), qui à l'âge de dix-sept ans avait apparemment déjà commencé ses *Saisons* (publiées en 1769), car Devaux écrit : «Vous ne me dites rien des odes anacreontiques de notre jeune poete; il corrige

son ‹Printemps›.» (XLIII, 7); et en réponse à la présente lettre il écrit : «Vous me charmez en me disant sincerement votre avis sur le jeune St Lambert.» (XLIII, 14.)

10. Devaux : «Vous aimeriez mieux, dites-vous, faire des fagots, que des odes....» (XLIII, 8.)

11. Devaux : «...et des plaidoyers que des comedies.» (XLIII, 8.)

12. Devaux : «Loin de trouver vos lettres longues, je voudrois qu'elles durassent des heures entieres.» (XLIII, 13.)

13. Probablement Sébastien Jeanroy (vers 1692-1761), avocat à la cour, et fils de Sébastien, ancien assesseur à Saint-Nicolas-de-Port, ou bien son oncle Charles Jeanroy, tailleur, traiteur, hostellain à l'enseigne du Dauphin de 1702 jusqu'en 1737, ou encore le fils de celui-ci, Charles-Augustin Jeanroy (1711-après 1766), avocat.

14. Devaux : «Je manderai a Jeanroy tout ce que vous m'ordonnez. Je ne scais qui il soubconne, a moins que ce ne soit Mr Guillerant, avec qui il m'a vu souvent a Lunéville, et a qui il scait beaucoup d'esprit; vous avez tort de desesperer du succez de votre piece, j'en pense bien differemment; je crois qu'elle ira a merveille.» (XLIII, 16.) Nous sommes mal renseignés sur Guillerant, que Devaux appelle parfois «le Prieur»; vers 1735 il semble être attaché au service de Jean-Philippe, comte de Cardon-Vidampierre (v. 21n8). La suite des lettres de Devaux montre que la pièce dont il s'agit est *La Réunion du bon sens et de l'esprit*, dont une copie a été conservée à Yale (G.P., LXXXIII).

REMARQUES

Nous possédons une série de 21 lettres que Devaux adresse à Mme de Graffigny entre octobre 1733 et mars 1734 (G.P., I, 7-14, 19-38, 69-72 et 127-142; G.P., XLIII, 5-12; et B.N., n.a.f. 15579, f os 42-43, 47-50 et 59-61.) Il y est souvent question des lettres qu'il a reçues de Mme de Graffigny. La présente lettre, la seule à nous être parvenue de cette période, n'est pas la première qu'elle lui ait envoyée, car Devaux accuse réception (G.P., XLIII, 5) de deux lettres antérieures à celle-ci. Dans ses autres lettres, Mme de Graffigny le tient au courant de ses activités littéraires, de ses amours, et des faits et gestes de leurs amis communs à Lunéville. D'autre part, elle lui demande d'envoyer des nouvelles de Paris, qu'il visite entre octobre 1733 et mars 1734, de faire des visites et des commissions, et d'expliquer les malentendus que fait naître leur correspondance.

8. à Devaux

[Vers 1735][1]

Bonsoir, mon cher Panpan, tu es vraiment l'ami de mon cœur et selon mon cœur... Je n'ai pas beaucoup de temps à te donner, mon cher Panpan, mon amitié en souffre et je voudrais te dire à tous les instants que je t'aime plus parfaitement que jamais ami ne l'a été.

IMPRIMÉ

Meaume, p. 77.

TEXTE

Meaume signale en note : «Lettre *inédite* faisant partie de nos anciennes collections.» Faut-il entendre qu'il l'avait déjà vendue avant 1885, et que, par conséquent, elle ne fut comprise ni dans les quatre lettres qu'il dit encore posséder ni dans les six pièces vendues par Charavay après sa mort? Voir les Remarques.

NOTE

1. Meaume donne si peu de renseignements qu'il est impossible de dater cette lettre avec certitude. Il dit pourtant que les lettres qu'il possède sont adressées à «Monsieur de Vaux, chez Monsieur Michel, advocat au Parlement, Ville-Neuve, à Nancy.» Dans ce cas, il est très probable qu'il s'agit de 1735, car c'est à cette époque que Devaux servait de secrétaire dans le cabinet de son cousin; v. 18n18.

REMARQUES

Édouard Meaume était avocat et professeur à l'École forestière de Nancy; il s'intéressait à l'histoire de la Lorraine et, au cours de sa vie, il rassembla une importante collection d'autographes. Il fit paraître en 1885 un livre intitulé *La Mère du chevalier de Boufflers*, tiré à cent exemplaires, dans lequel il donna quelques extraits des lettres de Mme de Graffigny qu'il possédait. Voici ce qu'il en dit : «Il est certain que la correspondance de la dame avec son cher Panpichon est pleine d'excentricités les plus étranges et souvent inintelligibles. C'est ce dont témoignent non seulement les lettres publiées en 1820, par le comte Orlof (*Vie privée de Voltaire et de Madame Du Châtelet*), mais encore une correspondance inédite, antérieure au séjour à Cirey, en décembre 1738, et les premiers mois de 1739. Cette corres-

pondance était échangée entre Madame de Grafigny et Devaux, qui était censé travailler alors chez M. Michel, avocat à Nancy. Nous possédons quatre lettres de cette période, écrites de Lunéville par Madame de Grafigny. Elles sont adressées à Monsieur de Vaux, chez Monsieur Michel, advocat au Parlement, Ville-Neuve, à Nancy. Les lettres que nous avons sous les yeux ne sont pas datées, mais il y est question de Madame de Richelieu, mariée en 1734 et morte en 1740. Leur auteur parle aussi de la célèbre Mademoiselle Clairon qui courait alors la province avant de débuter à la Comédie française, en 1743. La grande tragédienne séjourna quelque temps à Lunéville, où elle était liée avec Madame de Grafigny. Devaux y faisait de fréquentes apparitions et se permettait de donner des conseils à Mademoiselle Clairon, qui l'appelait Boniface. Les lettres dont il s'agit sont certainement antérieures au mois de décembre 1738, époque à laquelle commença près de Madame Du Châtelet et de Voltaire, à Cirey, le séjour de Madame de Grafigny, qui dura deux mois.» Meaume se trompe sur l'identité de Clairon (v. 9n6). Il donne en note une citation de la lettre où elle appelle Devaux Boniface; cette lettre a reparu plusieurs fois dans les catalogues de vente (v. lettre suivante).

Meaume mourut à Paris le 5 mars 1886, et Charavay mit sa collection en vente l'année suivante, le 15 février 1887. Le catalogue porte le titre : *Catalogue de l'importante collection d'autographes concernant la Lorraine et composant le cabinet de feu M. Edouard Meaume*. La préface attire l'attention sur les lettres les plus remarquables, parmi lesquelles cinq lettres de Mme de Graffigny, qui se trouvent dans les lots numérotés de 169 à 172. Le n° 169 est un document daté du 27 mai 1745, que Meaume avait publié à la page 79 de son livre; ce n'est pas une lettre mais une instruction de la main de Mme de Graffigny sur la manière de disposer de ses lettres après sa mort. Le n° 170

8

est la lettre où il s'agit de Clairon. Le n° 171 donne une citation qu'on retrouve ailleurs avec la date du 14 mars 1755; elle figurera à sa place dans la présente édition. Le n° 172 porte seulement : «3 l. aut. à Panpan, 8 p. in-4. Très intéressantes lettres.» Il n'est pas possible de dire avec certitude si les citations proviennent de lettres différentes ou non, ni de les retrouver dans le catalogue.

9. à Devaux

[Vers mai 1735]*ᵃ* ¹

ᵇ[Elle accepte la ressemblance que Devaux lui trouve avec La Fontaine. Elle regrette plaisamment son départ de Nancy pour prendre garnison à Brisach². Tous les «olibrius» en sont furieux. Elle raille Monsieur de la Vertu³ et fait un long éloge de Madame l'Amour⁴. Elle vient de lire *Rodogune*⁵.]*ᵇ*

Ah! que j'eus du plaisir à me moquer du vieux Panpan, passionné pour Corneille. Je n'avais jamais vu cette pièce qu'avec l'illusion du théâtre. Ah! la plaisante chose, et que j'étais fâchée de ne point rire avec toi.

Clairon⁶ qui est là présente pour me démentir me dit que tu ne mérites pas qu'elle t'honore d'une réponse, puisque tu oses la comparer à une comédienne de campagne. Sur cet article je m'associe à elle; pour le reste je te dirais ce que j'en pense si elle n'était pas à côté de moi. Vertuchoux, je ne m'y joue pas aujourd'hui.

*ᶜ*Parlez donc, maître Boniface⁷, excrément de collège, petit grimaud, barbouilleur de papier, rimeur des halles, fripier d'écrits, cuistre, vous êtes un temps infini à m'écrire pour ne me dire que des impertinences. Ô vous aurez à faire à une seconde Mlle Beauvalle⁸, Monsieur; plus d'éloge de votre part, car ce serait de mortelles injures pour moi.*ᶜ*

MANUSCRIT

L'orig. aut. (3 p., cachet camée) figurait aux ventes Charavay (12-13 mars 1855), Milan (15 avril 1862), Charavay (2 juin 1869), Alfred Bovet (19-20 juin 1884), Meaume (15 février 1887) et Charavay (15 novembre 1888).

IMPRIMÉ

Meaume, p. 76.

TEXTE

ᵃ Le catalogue de la vente Charavay (1869) indique la date de 1737, mais Meaume dit formellement que la lettre ne porte pas de date. *ᵇ* Résumé dérivé des catalogues de vente. *ᶜ* Post-scriptum de la main de Clairon. Meaume ajoute : «L'adresse de cette lettre est de la main de Mademoiselle Clairon. Devaux demeurait alors à Nancy, chez M. Michel, avocat.»

NOTES

1. C'est vers mai 1735 que Devaux semble avoir fait la connaissance de Mlle l'Amour (v. n4 ci-dessous). D'autre part, dans une lettre à Mme de Graffigny, écrite vers le 10 mai 1735, Devaux se donne le surnom de «Boniface», qui paraît désigner un rôle qu'il adopte parfois auprès de ses amis (v. n7 ci-dessous).

2. Neuf-Brisach, ville du Haut-Rhin, fortifiée par Vauban. C'est sans doute Desmarest plutôt que Devaux qui part en garnison, à moins qu'il ne s'agisse d'une plaisanterie.

3. Sans doute Devaux.

4. «L'Amour», que Noël et d'autres ont pris pour un surnom de Desmarest, est de toute évidence celui d'une femme, Christine Thiery, dont Devaux était amoureux à cette époque. D'après ses lettres du printemps 1736, leurs relations seront

affectées par la dispersion de la cour de Lorraine, ce qui laisse croire qu'elle était probablement la fille de Jean-François Thiery, qui occupa plusieurs postes au service de la famille ducale de Lorraine entre 1719 et 1741. Il suivra François III en Toscane, où il sera secrétaire du cabinet, avant de l'accompagner à Vienne (v. Introduction, p. xxxv-xxxvi). D'après une lettre de Mme de Graffigny du 21 juillet 1741 (G.P., V, 13-14), l'Amour est mariée et réside à Vienne; d'après une autre du 10 février 1754 (G.P., L, 311), elle est l'épouse d'un chirurgien de Bruxelles.

5. Tragédie de Pierre Corneille (1646).

6. Il ne s'agit pas de la célèbre comédienne du Théâtre-Français, mais de Claire-Claude-Louise Lebrun (1711-1779), actrice lorraine. D'après les lettres de Devaux, c'est elle qui l'avait présenté à Mme de Graffigny vers 1733.

7. Devaux : «Panpan est las de vous repondre. Boniface va prendre la plume.» ([Vers le 10 mai 1735], B.N., n.a.f. 15579, f° 87v). On trouve dans Regnard, *Critique du Légataire universel*, un personnage nommé Boniface qui, comme Devaux, aspire à être poète.

8. Jeanne-Olivier Bourguignon, dite Mlle Beauval (vers 1647-1720). Selon Lyonnet, *Dictionnaire des comédiens français*, (Genève, 1911-1912), elle était connue comme chicaneuse et avait porté plainte «contre un particulier qui avoit proféré contre elle de grossières injures» (I, 116-118).

10. à Devaux

Ce samedi matin [entre le 14 mai et le 18 juin 1735][1]

[Détails sur Voltaire.] [...] Que cet homme est charmant, mais qu'il me fait une peine horrible. Il était hier mourant, il n'a pas laissé de venir faire répéter Clairon deux fois. Sa voix s'est éteinte tout net, et au moyen de deux tasses de thé au lait, il a repris la déclamation et nous a tous fait pleurer jusqu'aux Anglais. Je ne connais pas une complaisance qui puisse se comparer à la sienne. [...] Nous pendons demain la crémail[2] à souper avec Voltaire[3], s'il ne meurt pas d'exténuement[4] aujourd'hui; l'état de consomption où il est me touche comme s'il était mon ami de vingt ans. [...]

MANUSCRIT

L'orig. aut. de 3 p. figurait à la vente Mme M. de S*** (catalogue Charavay du 27 juin 1882).

IMPRIMÉ

*Noël, p. 53.

NOTES

1. Voltaire arriva à Lunéville vers le mardi 10 mai 1735, et y resta jusqu'au samedi 18 juin environ; son adresse était «chez Madame la d. de Richelieu» (v. Best. D870 et D882).

2. Crémail : crémaillère (lotharingisme).

3. C'est apparemment à cette époque que Mme de Graffigny a fait la connaissance de Voltaire, rencontre qui devait tant affecter le cours de sa vie trois ans plus tard. Voltaire, lié d'amitié avec la duchesse de Richelieu (v. 11n3), venait de recevoir la permission de rentrer à Paris après quelques mois d'exil provoqué par la publication des *Lettres philosophiques*; mais c'était à condition de ne plus donner aucun sujet de plainte, et l'on parlait déjà de *La Pucelle*. Voltaire cherchait donc à s'installer ailleurs, et pensait se fixer à Lunéville, mais il ira bientôt s'établir à Cirey, chez sa maîtresse la marquise Du Châtelet.

4. C'est-à-dire, exténuation.

REMARQUES

De cette période de la correspondance entre Mme de Graffigny et Devaux, seules deux lettres de ce dernier sont parvenues jusqu'à nous (B.N., n.a.f. 15579, f°s 87-88 et 51-52). Dans la première, écrite vers le 10 mai 1735, il dit : «J'aurois presque deviné sans que vous me l'eussiez dit que vous sortiez de chez Madame de Richelieu.

Tetebleu, une femme qui a eu envie de voir Voltaire, qui l'a presque vu, respire le meme air que luy, et qui n'a pas eté sifflée dans une conversation parisienne, n'a garde de trouver bon les miserables vers d'un petit provincial.» (B.N., n.a.f. 15579, f° 87v-88r.) Dans la seconde, écrite le lendemain, il enchaîne : «Vous avez beau badiner sur la connoissance que vous devez faire avec Voltaire. Je gage qu'elle est deja faite depuis que vous m'avez ecrit. Il faut des hommes a cet homme-là. Il en est peu dans Luneville. Il cherchera le peu qu'il y en a, et surement il vous rencontrera bientost. Qu'il sera etonné d'en trouver un dans une jolie femme! [...] Revenons a Voltaire. Je ne scaurois quitter mon heros. Quelle mine fait-il a Luneville? Comment vont ses affaires? Est-il raccomodé avec la justice? Instruisez-moy de tout cela.» (F° 51r-51v.)

11. à Devaux

[Vers juin 1735][1]

[Elle parle de l'entrée de Desmarest dans un régiment qui ne sera pas licencié à la paix.]

Le pauvre ami part demain[2]; je n'exagère pas, Panpan, les larmes qu'il a versées depuis deux jours ne tiendraient pas dans un gobelet.

[La duchesse de Richelieu[3] a invité Adhémar[4] à venir à Lunéville. Que Devaux règle sa correspondance en conséquence.]

MANUSCRIT

L'orig. aut. figurait à la vente Charavay du 18 juin 1883.

NOTES

1. L'année 1737 proposée dans le catalogue Charavay vient sans doute de l'allusion à la paix; mais le traité de Vienne, qui ne fut signé qu'en 1738, fut dressé dès l'automne 1735, et on en avait déjà beaucoup parlé. L'allusion à la duchesse de Richelieu suggère aussi 1735 (v. n3 ci-dessous et la lettre précédente).

2. Devaux : «Est-il vray que cet Ami de Nous part mercredi?» ([Vers le 11 mai 1735], B.N. n.a.f. 15579, f° 52v.) «L'Ami de Nous» est un surnom de Desmarest; «le pauvre ami» est sans doute le même homme.

3. Marie-Élisabeth-Sophie de Lorraine, princesse de Guise (1710-1740), mariée en 1734 à Louis-François-Armand Du Plessis de Vignerot, duc de Richelieu (1696-1788). Mme de Graffigny appartiendra à la maison de la duchesse à Paris en 1739; v. Introduction, p. xxxvi-xxxvii.

4. Antoine-Honneste de Monteil de Brunier, marquis d'Adhémar (vers 1710-1785). Le père d'Adhémar était au service du duc Léopold. C'est une famille d'une noblesse très ancienne, dont Mme de Graffigny parlera souvent. C'est à tort que le catalogue Charavay indique qu'Adhémar est Saint-Lambert, erreur fort compréhensible pourtant, puisque le surnom d'Adhémar était «le Saint», ou «le Petit Saint».

12. à Devaux

A Nancy, ce jeudi soir [vers juin 1735][1]

[Elle est toute désolée. Elle croyait se divertir hier au souper chez Mme de Ligniville[2], avec la belle duchesse[3]; point du tout, voilà Bagard[4] de Nancy qui arrive, et qui lui dit qu'un de leurs amis[5] a le ver solitaire. Elle envoie au malade des pilules qu'elle a fait faire pour lui.]

Ah, Panpan, si tu savais dans ma douleur le plaisir que j'ai de penser que mon amitié et ma diligence lui procurent un remède plus tôt qu'il ne l'aurait eu, tu verrais comme je sais aimer. Tu ne le sais guère, toi, de ne pas vouloir quitter ta méchante habitude. [...] J'ai le cœur trop attendri pour gronder, mais je t'ai assez touché pour que ta paresse ajoute à ma peine[6]. Adieu, tu n'auras de moi que cela; je voudrais être morte, mon cœur se rebute de souffrir de tant de façons. [...]

MANUSCRIT

L'orig. aut. de 2 p. figurait à la vente Lucas de Montigny du 30 avril 1860.

IMPRIMÉ

*Noël, p. 35.

NOTES

1. Noël ne propose pas de date, mais il indique que l'ami malade est Desmarest. Dans ce cas, cette lettre doit suivre d'assez près la précédente, qui raconte le départ de Desmarest.
2. Élisabeth-Charlotte de Soreau (1700-1762), cousine germaine de Mme de Graffigny, mariée en 1715 à Jean-Jacques de Ligniville. Ce sont les parents de la future Madame Helvétius.
3. La duchesse de Richelieu.
4. Charles Bagard (1696-1772), médecin du duc Léopold, puis de la duchesse douairière et de Stanislas, président du Collège royal de médecine, et directeur des hôpitaux.
5. Desmarest.
6. Devaux : «Vous me taxez de paresse, tandis que vous etes la seule personne au monde pour qui je ne suis pas paresseux.» ([Vers juin 1735], B.N., n.a.f. 15579, f° 58r.)

13. à Devaux

Vendredi soir [vers juin 1735][1]

[Alarmes sur le sort d'un de leurs amis, atteint du ver solitaire,] maladie très longue et qui use la vie par des accidents continuels; c'est une chose qui conduit au tombeau.

MANUSCRIT

L'orig. aut. de 2 p. figurait dans le bulletin Charavay (n° 53288) et dans le catalogue de vente Charavay (15 juin 1893).

NOTE

1. Cette lettre tourne autour du même sujet que la précédente; c'est peut-être la même lettre, mais il est plus probable que Mme de Graffigny, inquiète, écrit deux fois en deux jours.

14. à Devaux

[Vers juillet 1735][1]

Je ne puis me refuser le détail d'une scène dont très sérieusement j'ai pensé mourir. Mardi dernier j'étais seule à six heures du soir. Tout d'un coup je le[2] vois entrer les yeux égarés, le ton... ah! quel ton! Dufrène[3] ne saurait jamais outrer à ce point-là. Il se jette à genoux en entrant, et en me cassant une main il me dit : «C'est fait, Madame, je ne vous verrai plus. Je viens de mettre le sceau à mon éloignement!» La foudre tombée à mes pieds ne m'aurait pas tant saisie.

Je fais des questions, et les mêmes paroles me sont répétées avec le même ton et le même geste... Enfin, après bien des questions, touché peut-être du saisissement où il me voyait, il me dit... que sa femme était jalouse et que, pour la contenter, il allait être quelque temps sans me voir. Ah! Panpan, que mon amitié le servit bien! Sans elle, je l'aurais traité comme mon premier mouvement me porte de traiter les gens affectés.

Ah! ma foi! ce n'était pas la peine de le prendre sur ce ton; il y en avait deux mille à rabattre avant d'être au naturel, et cela pour dire une chose qui a été dite mille fois et qui ne peut jamais avoir lieu.

Après, il me prit des vapeurs affreuses. J'en eus encore après souper. Cela n'est rien. Il se fit chez moi une révolution si prompte et si dangereuse aux femmes que la nuit je fis peur à Dubois[4]. Elle crut que je devenais folle; les yeux me sortaient de la tête, je souffrais tout ce qu'on peut souffrir dans tout le corps; je sentais ma tête se troubler au point de voir des fantômes! Je fus dans cet état depuis trois heures jusqu'à sept (du matin). Je pris deux lavements, qui me calmèrent. Il ne m'en est resté qu'un redoublement de mal de côté. Depuis ce temps-là, si le ton est baissé, les plaintes ne le sont pas ni les raisonnements cornus. C'est un homme méconnaissable; je ne puis t'en donner une autre idée que celle de Dufrène, héros malheureux. J'en ai jusque par-dessus les oreilles! Va, Panpan, il me sert bien. Je ne sais pas de meilleur préservatif. Si je l'estimais moins, je le haïrais d'un bel air.

Ne crois-tu pas, mon cher Panpan, que le contraste affreux que fait cette déraison avec la simplicité de ta raison me rende ton absence encore plus insupportable...? Voilà comme mes jours se passeront tant que cette folie durera. En vérité je n'y trouve de consolation que dans la satisfaction de sentir que j'aime mieux mes amis que moi, et je le sens par la douceur dont je traite ce pauvre insensé, car par ma foi il m'ennuie si fort que je le mènerais bon train si je ne respectais son cœur!

Mon Dieu, Panpan, pourquoi tous les hommes n'aiment-ils pas comme toi? Et pourquoi n'avons-nous pas été destinés à nous aimer? Nos chaînes légères par notre façon de penser n'auraient eu que le pouvoir de nous unir!

[a][Elle a composé un ballet que Desmarest montrera à La Bruère[5]. Elle y parle aussi de Tavanes[6], du bonhomme, etc. Elle lui recommande de brouiller son style,

car on décachette les lettres à la poste. D'autres personnes sont désignées sous les noms d'Iris[7] et de l'Amour.][a]

MANUSCRIT

L'orig. aut. de 4 p. figurait à la vente Charavay du 29 mai 1902 et appartenait en 1913 à Mme W. Brolemann (v. Noël, p. 64, note).

IMPRIMÉ

*Noël, p. 62-64.

TEXTE

[a] Résumé tiré du catalogue de vente.

NOTES

1. Le catalogue de vente propose à tort la date de 1737. Il nous semble que 1735 est une date plus probable, puisque, en premier lieu, le sujet traité par Mme de Graffigny dans cette lettre sera repris dans les quatre suivantes, que nous datons de juillet 1735. En second lieu, «l'Amour» (v. la fin de la présente lettre), qui figure dans cette correspondance à partir de 1735, sera nommée de plus en plus rarement après la dispersion de la cour ducale en 1736 (v. 9n4). Enfin, plusieurs thèmes traités dans la lettre 16 (lettre de Mme Duvigeon, indiscrétion de Devaux auprès de Moulon, lettre et vers de Saint-Lambert, lettre de l'Ami de Nous, la maîtresse de Devaux – sans doute l'Amour) se retrouvent dans les lettres de Devaux écrites en mai et juin 1735.

2. Il s'agit d'un certain Villeneuve, probablement Léopold de Villeneuve (1702-avant 1780), fils d'un gouverneur du château d'Einville et commissaire général des troupes de S.A.R. Il était lui-même écuyer, et capitaine du parc et du château d'Einville en 1733, date à laquelle il était déjà marié à Élisabeth de Thorel (avant 1718?-après 1780). On sait qu'il faisait partie du cercle des amis de Mme de Graffigny car sa signature apparaît en 1733 sur le testament de Jean-Étienne Hayré (v. 15n3). Il sera plus tard capitaine des gardes du grand-duc de Toscane (1744) et gouverneur de

Porto-Ferraio (1748). Il ne peut s'agir ni de M. de Graffigny ni de Desmarest, comme le proposent respectivement le catalogue de vente et Noël (p. 62). Cette scène, où Villeneuve fait à Mme de Graffigny une déclaration d'amour, déclenche une première crise dont nous verrons les suites dans les lettres 15 à 17. Pour décourager Villeneuve, Mme de Graffigny lui avouera sa liaison avec Desmarest (v. 15n2), sans réussir à le faire revenir à la raison; finalement elle devra le congédier. Villeneuve sera également à l'origine d'une seconde crise, qui doit se situer en 1737 ou 1738 et à laquelle Mme de Graffigny fera allusion par la suite. On devine que Villeneuve finira par trahir le secret, peut-être en allant jusqu'à la calomnie. En 1736, cependant, il figure assez souvent dans les lettres de Devaux, et à ce moment-là il semble avoir retrouvé l'amitié de Mme de Graffigny.

3. Abraham-Alexis Quinault-Dufresne (1693-1767), comédien célèbre. Devaux l'avait vu, et avait même, peut-être, fait sa connaissance à Paris en 1734. Son père, Jean Quinault, comédien et chef de troupe, était établi depuis longtemps dans la région, à Verdun, à Metz, et enfin à Strasbourg; il se donnait à une époque le titre de «comédien de Son Altesse de Lorraine». Il est donc vraisemblable que son fils ait joué en Lorraine.

4. Femme de chambre de Mme de Graffigny jusqu'en 1739. Elle était originaire de Remiremont, mais son prénom et son état civil nous sont inconnus.

5. Charles-Antoine Le Clerc de La Bruère (1714-1754), écrivain, auteur de *Dardanus* (1739).

6. Louis-Henri de Tavannes-Mirebel (1705-1747), officier, issu d'une illustre famille bourguignonne, les Saulx-Tavannes. Il se réfugia en Lorraine après avoir été condamné à mort pour l'enlèvement de sa cousine, fille du marquis de Brun.

7. Surnom non encore identifié.

15. à Devaux

[Vers juillet 1735] [1]

Pourquoy n'est-tu pas icy, Panpan? Il me semble que tu soulagerois beaucoup le tourment que l'on me fait souffrir. J'ay eté forcée a faire l'aveu [2] sur lequel je te demendois conceil, il m'a couté tout ce que je ne saurois dire, mais il le faloit car sans cela il auroit pu croire que je flatois l'exes d'amour qu'il me faisoit voir. En ne luy parlant que raison, tu crois bien que je ne traite pas cet ami comme un autre homme. Je voulois doucement luy rendre la raison, et je ne faisois que la detruire. Je me suis servie de ce dernier remede, et c'est cent fois pis. Tu aurois surement donné des larmes a l'etat ou je l'ay vu; le pauvre Heré [3] n'etoit qu'un froit amoureux en comparaison. De tous les homme que j'ay vu nul n'aproche de celuy-cy. J'ay enfin obtenu de luy de retourner chez luy ce matin, et de ne venir icy que pour monter les gardes et de prendre sur luy de ne me point voir. Mais cela ne m'aute pas les inquietudes affreuses ou il m'a mise. Il ne veut pas que je parle de luy a l'Ami de Nous [4]. Tout ce qu'il peut faire, dit-il, est de ne le point hair a present, mais sy je luy donnois cet avantage sur luy rien ne le retiendroit, et il me le dit d'une fason a me persuader. Voicy donc mon embaras : quoyqu'il me promette bien qu'il saura ce contraindre assés pour que l'autre ne s'en doute pas, la moindre chose qui peut luy echapper, me voila perdue, ce sera un reproche continuelle que la deffiance en chause et en pourpoint [5] me fera sur le secret que je luy en auray fait.

IMPRIMÉS

*I. *Galerie française*, 1821-1823, 3 vol., III, suivant p. 205, facsimilé d'une page du manuscrit.
II. Mangeot, p. 147, reproduit le I.

NOTES

1. Voir la lettre précédente, note 1.
2. Selon le contexte, il semble que Mme de Graffigny avoue à Villeneuve sa liaison avec Desmarest, dans une vaine tentative de le décourager (v. 14n2).
3. La famille des Héré ou Hayré était nombreuse et bien connue. Mme de Graffigny en connaît plusieurs, y compris le célèbre architecte, Emma-nuel Héré (1705-1763). Le Héré dont il s'agit ici était Jean-Étienne (vers 1713-1733), fils de Fiacre Hayré (vers 1662-1735), frère d'Emmanuel et fourrier des écuries des ducs de Lorraine. Il avait été amoureux de Mme de Graffigny aux alentours de 1730. Il était marié depuis 1727 à Anne-Marguerite Lévrier (morte en 1736) et ils eurent trois enfants : Charles (né en 1729), Anne-Louise (née en 1730), et Jean-Fiacre (né en 1731).
4. Desmarest.
5. Cette phrase reviendra plus tard; v. la lettre 17. L'expression, qui décrit le costume d'un officier, semble désigner Desmarest.

16. à Devaux

[Vers juillet 1735] [1]

Ah, Panpan, que ta lettre est arrivée a propos. Elle a remis une sorte de calme dans mon cœur qui m'avoit quitté depuis quatre jours pour faire place aux plus vives inquietudes. Ta lettre est la reponce de celle que je finissois d'ecrire lorsqu'elle est arrivée. Tu me tire de l'embaras ou l'exes de [a] la sincerité que j'ay toujours euë avec l'Ami de Nous [2] m'avoit mise. Tu crois donc qu'il faut luy epargner le tourment de la jalousie, et a moy le ridicule de luy faire encore un sacrifice, qu'il ne meriteroit pas s'il l'exsigoit, mais que je sens pourtant que je luy ferois encore. Ma franchise souffrira, mais je sens bien mieux qu'il est necessaire de luy cacher depuis que tu me le conceille. Que je suis heureuse d'avoir un ami qui pense pour moy, et qui entre assés dans la delicatesse de mon cœur pour me prevenir sur les conceils que je luy demende. Ah, mon cher Panpan, eloigne toute idée de suivre le mauvais exemple; ne me fais pas meme de plaisanterie qui y ayent raport; il me semble a present que je n'ay que toi qui me connoisse parfaitement et a qui je puisse laisser voir mon cœur tout entier. Dans ce moment-cy tout ce qui a quelque raport a l'amour m'est odieux. Je serois, je crois, fachée de revoir l'Ami de Nous avant que je n'ay eu le temps de me reconcilier avec les passion. Mon Dieu, Panpan, combien de femmes feroit leurs bonheur de ce qui me cause une peine veritable et sincere. L'amour-propre a beau me dire qu'il est flateurs d'etre aimée avec exces, et vouloir me persuader qu'il faut donc avoir une sorte de merite pour faire de tels miracle, je ne scaurois gouter seulement l'idée de ce plaisir, je n'aime point a tourmenter mes amis. Je voudrois leur donner le meme plaisir que j'ay a les aimer sans consequense, et je ne sens en aucune facon la gloire de les faire souffrir. Enfin, mon cher Panpan, je te proteste que je verse des larmes aussi sincere sur le tourment que le pauvre Vil[neuve] [b] souffre que sur celuy que la jalousie feroit eprouver a l'autre. Tu as une fort bonne idée de garder ma lettre comme je garderay la tiene, quoyqu'aucune preuve n'ay jamais servit a calmer les soubsons injuste de notre ami. Si nous etions obligé a les montrer, il nous diroit froidement qu'il nous les avons ecrite de concert; mais n'importe, pet-etre un jour la verité persera. Donne-moy la consolation de me dire qu'il est bien malheureux, avec tant de bonne foy, d'etre toujour soubsonnée. C'est un satisfaction que je n'ay jamais eprouvé.

Tache de venir a la Ste-Ane [3], mon cher ami, j'ay cent mille choses a te dire qui ne peuvent s'arenger dans une lettre sans en faire un livre. Tu ne m'a point envoyé celle de l'Ami de Nous; pourquoy l'a-tu oubliée [4]? Celle de Md. Duvigeon [5] est charmante et celle de St-Lembert [6] a des traits excelens [c] quoyque un peu tortillié d'allieur. Je ne te renvoye pas les vers de St-Lembert; il m'est impossible de les entendre aujourd'huy, mon esprit n'est pas assés tranquile. J'ay beau chercher a me tranquiliser, les horreurs que j'ay eprouvé me reviennent sans scesse, et je prevois malgré moy que je souffriray de tout cecy. J'ay un saisisement de cœur qui m'anonce des peines plus reelles. Je ne scaurois te mender aucuns details de Moulon[7], il te les diras. Je t'ay mendé ce qui m'avoit fait agir comme j'ay fait et je crois avoir tres bien agit. Je repugneray toujour a l'idée d'avoir une amie meprisée[8]. Ce n'est point pruderie, comme tu peus croire, mais une sorte de respect que l'on se doit a soit-meme. Les discours que Moulon m'a tenu sur ce chapitre m'ont presque auttant offencée que s'il m'eussent regardé. Adieu, cher Panpan, aime-moy bien et de la bonne façon. Je ne trouve que ton amitié qui ne me cause point de peine. Ecris-moy et beaucoup, je t'en prie. Bonsoir, je t'embrace cent mille fois. Ah, que n'est-tu icy!

Je ne suis point etonnée que tu n'ay pas trouvé le dernier bout de seine[d] sy bien que l'autre. On ne scauroit mettre des pensée partout. Il ne m'a pas plus mais j'ay l'autre presque faitte qui te plaira, je crois, davantage. Renvoye-moy donc le chifon pour le mettre au net[9].

MANUSCRIT

Laon, Bibl. mun., 12[e] Carton, n° 72; 4 p.; orig. aut.

TEXTE

[a] Le ms : «de ⟨ma⟩». [b] Les lettres après «Vil» sont à demi effacées. [c] Le ms : «exlelens». [d] scène.

NOTES

1. Voir 14n1 et 15n1.
2. Desmarest. Ayant fait à Villeneuve l'aveu de sa liaison avec Desmarest, Mme de Graffigny se demande maintenant si elle doit en rendre compte à Desmarest. Pour le moment, elle décide de ne lui en rien dire.
3. Le 26 juillet.
4. Devaux : «Je vous envoye la lettre de l'Ami de Nous.» ([Vers juin 1735] B.N., n.a.f. 15579, f° 54r et G.P. I, 5. Il s'agit d'une lettre unique dont le manuscrit a été divisé.)
5. Marie-Anne Aubry (1684-1773), mariée en 1734 au peintre Bernard Duvigeon (vers 1683-1760), qui était venu en Lorraine en 1730 travailler pour le duc. Devaux le revit à Paris en 1734 et fit la connaissance de Mlle Aubry à ce moment-là. Devaux : «N'oubliez pas de me renvoyer la lettre de Mde Duvigeon.» ([Vers juin 1735] B.N., n.a.f. 15579, f° 57v.)
6. Devaux : «Je vous envoie une lettre de St-Lambert ou il y a de petits vers charmants.» (I, 5.)
7. Claude-Georges Mathieu de Moulon (1708-1767), avocat, ami de Devaux à Nancy. Devaux : «Vous vous plaignez de mon indiscretion a l'egard de Demoulon. Je vous avoüe que je luy ai lasché quelques mots des sentiments que son pere a pour

vous, mais je ne vois pas ce qu'il y a de criminel la-dedans. [...] Quant aux autres choses que vous soupconnez que j'ay dite a Demoulon, je permets a votre penetration de vous en eclaircir.» (B.N., n.a.f. 15579, f° 53-54); v. la note suivante.
8. Devaux : «Je suis bien aise que vous ayez trouvé jolis mes deux couplets, et que l'aventure qui les a occasionnés vous ait fait rire. Je m'imagine que vous n'en aurez pas parlé a Demoulon. Si cela etoit, j'en serois au desespoir. Vous semblez me faire entendre que je luy en ai deja dit quelque chose. Je vous assure qu'il n'en est rien, et que vous seule et Clairon en etes instruite, vous scavez ma discretion la-dessus. Je ne scais meme si je vous l'aurois dit si j'eusse pensé que vous pouviez deviner la personne dont il s'agit. Mettez-moy en repos sur cet article. Au reste je suis mieux que jamais avec elle. Vous avez beau me recommander la fuite des occasions. Elle est impossible, elle couche aupres de moy, et la porte ne se ferme pas. J'en enrage. Il faut que tous les soirs je fasse le malade, mais cela ne peut pas toujours durer, et j'ay bien peur qu'il n'en faille decoudre cette nuit. Si je rate encor, jugez ou j'en suis. En verité je creve d'orgueil quand je pense que j'ay une amie comme vous et une maitresse si jolie qui m'aime a la rage. En bonne foy, elle fait le role que je devrois faire, si j'etois le plus passionné de tous les hommes.» (I, 5-6.) Cette histoire n'est pas tout a fait claire, mais il semble que Moulon, que Devaux voyait beaucoup a Nancy, soit venu à Lunéville où il a parlé à Mme de Graffigny. D'abord les propos qu'il a tenus ont inquiété notre épistolière, qui a cru que Devaux avait manqué de

discrétion à son égard (v. n7 ci-dessus). Ensuite il est probable que Moulon se soit exprimé en termes peu respectueux au sujet d'une amie de Devaux, sans doute Mlle Thierry. Devaux, à la même date, a dû envoyer à Mme de Graffigny des vers où il parle de ses mésaventures avec la jeune femme, mais sans la nommer; en écoutant les bavardages de Moulon, Mme de Graffigny a compris de qui il s'agissait. Elle a donc grondé Moulon en lui imposant silence et elle a écrit à Devaux pour le réprimander. Devaux nie avoir été indiscret.

9. Dans la lettre 14, Mme de Graffigny parle d'un ballet qu'elle écrit; elle travaille aussi à une pièce intitulée *Héraclite* à cette époque.

17. à Devaux

[Vers juillet 1735][1]

[Elle a congédié un jeune officier, qui en est fou de douleur. Elle a tout dit à son autre ami, qui a eu un bel accès de jalousie. Elle a dû prendre ce dernier parti pour ne point s'exposer à la défiance en chausse et en pourpoint.]

Je maudis l'amour, mais cela ne me guérit de rien; je crois quelquefois que c'est un rêve, car j'ai toutes les peines du monde à convenir qu'à mon âge, de ma figure, je puisse faire tourner la tête à quelqu'un. [...]

MANUSCRIT

*L'orig. aut. de 4 p. figurait à la vente Charavay du 7 avril 1864.

IMPRIMÉS

I. Desnoiresterres, II, p. 228, d'après le catalogue Charavay.

II. G. Maugras, *Dernières années de la cour de Lunéville*, 1906, p. 86.

NOTE

1. Voir les trois lettres précédentes. Mme de Graffigny a apparemment changé d'avis depuis sa dernière lettre, et a tout dit à Desmarest sur la déclaration de Villeneuve et sur l'aveu qu'elle lui a fait. En même temps, soit pour mettre fin à une situation devenue insupportable, soit pour apaiser la jalousie de Desmarest, elle a congédié Villeneuve.

18. à Devaux

[10 août 1735][1]

Tu est aussi sot que ton ami[2], et je commence a me lasser des gens qui n'ecrivent point du tout et de ceux qui ecrivent[a] au moment que la poste part affin de finir par cette belle phrase : «La poste part, je ne puis en dire davantage». Enfin, tout resolument je veux que l'on reponde a mes attentions, ou je vous envoye tous au diable. Tu as dormi comme un cochon, nesse[b] pas, la nuit de lundi a mardi, tandis que sur mes deux pieds comme une oye, je souffrois comme un compagnon de damné. Elle est enfin accouchée a trois heures du matin appres des meaux affreux[3]. J'ay tout fait dans la maison, j'ay fait baptiser l'enfant, et a huit heur je suis allée me coucher jusqu'a midi. Ce n'est pas trop, et sependant je n'etois pas plus fatiguée hier que si j'avois dormi douze heures. Et aujourd'huy que j'ay bien dormi je suis assés forte pour te donner vingt coup de pieds dans le visage si je te tenois. Tu n'ecrira donc pas? Eh bien, voisi ma derniere lettre. Je me servirai contre toy du conceil que tu me donne contre les autres. Non seulement mes lettres seront froide, mais je les rendray nûles. Je n'ay pû prendre sur moi de faire ce que nous etions convenu pour l'Ami de Nous[4], et je me sens cette force pour toy, et voila ce qui caracterise la difference, car d'aillieur je m'y meprendrois.

A propos, si tu avois scû que la signora accoucheroit d'une fille[5], tu n'aurois pas eté si empressé la veille de ton depart[6] a lui dire bonsoir par la fenêtre. Ton instin n'est pas bon, ou c'est la grace qui vouloit te ramener a la bonne voye. La mamant se porte comme le Pont-Neuf[7]. Je ne me sousie guere que tu sois a Nancy a present que je monte la garde chez elle; je ne te verois pas. Mais j'aimerois mieu que tu fusses a Constantinople si tu n'ecris pas davantage. Du moins je m'en prendrai aux poste, et je ne puis m'en prendre qu'a ton cœur, que j'aime pourtant a la rage malgré ton indolence.

Le mercredi.

[*adresse :*] A Monsieur / Monsieur Devaux / chez Mr Michel[8], advocat / en Parlement / Villeneuve / a Nancy

MANUSCRIT

Genève, Bibl. publique et universitaire, Ms. suppl. 358; 3 p.; orig. aut.

TEXTE

a Le ms : «ecrirvent». *b* n'est-ce. «Nesse» : c'est là l'orthographe employée le plus souvent par Mme de Graffigny, et désormais nous ne la signalerons plus au lecteur.

NOTES

1. La pochette dans laquelle cette lettre est conservée porte : «début 1735», mais, si l'on tient compte de l'allusion à l'accouchement (v. n3) et de l'indication du jour de la semaine, il est très probable qu'il s'agit du 10 août.

2. Probablement Desmarest, dont Mme de Graffigny se plaindra souvent comme correspondant.

3. Selon les registres de l'état civil de Lunéville, Marie-Louise, fille d'Étienne-Julien Locquet de Grandville (v. 46n3), naquit le mardi 9 août 1735 et mourut le 30 du même mois. Mme de Grandville, née Charlotte-Élisabeth-Léopoldine Royer (morte veuve après 1752), est une des grandes amies de Mme de Graffigny à cette époque.

4. Desmarest. Il s'agit ici probablement de la

promesse faite à Devaux de ne rien dire à Desmarest de ses démêlés avec Villeneuve, promesse qu'elle n'a pas pu tenir.

5. Allusion au conte «L'Ermite» de La Fontaine, qui se termine par la phrase : «La signora mit au monde une fille.» Mme de Sévigné avait cité le vers dans une lettre à M. de Grignan (n° 114, *Correspondance*, Gallimard, Pléiade, 1972, I, p. 113).

6. Dans la lettre 16, Mme de Graffigny prie Devaux de venir à Lunéville à la Sainte-Anne; c'est ce qu'il a dû faire.

7. Se porter comme le Pont-Neuf : se porter bien. Cette locution, que Mme de Graffigny utilise souvent, ne paraît pas dans les dictionnaires de l'époque; Littré la donne au siècle suivant, en citant l'abbé Galiani.

8. Jean-Baptiste Michel (1699-vers 1768), reçu avocat à Nancy en 1726, cousin germain de Devaux par leurs mères, les sœurs Joly.

REMARQUES

Notre connaissance des activités de nos deux correspondants à cette époque est fragmentaire, car il n'y a que quelques-unes de leurs lettres qui nous sont parvenues. De nouveau, les lettres de Devaux nous permettent de reconstituer en partie celles de Mme de Graffigny. Pour les mois du printemps et de l'été 1735 nous n'en avons que quatre de la main de Devaux. Nous avons déjà cité les deux premières (v. la lettre 10, Remarques) et la troisième (v. les notes de la lettre 16). La quatrième, datant probablement, elle aussi, de l'été 1735, permet de résumer ainsi celles de Mme de Graffigny : elle gronde Devaux parce qu'il n'écrit pas (il est à Nancy), et traite une matière affligeante dans un dialogue plaisant (probablement la critique d'une œuvre de Devaux). Elle fait allusion à trois de leurs amis en citant leurs surnoms : Le Beau Petit (Saint-Lambert), la Belle Comtesse (Mme Elliot; v. 28n21) et la Belle Marquise (probablement Mme de Boufflers; v. 27n10). Finalement, elle parle de livres qu'elle veut faire relier, et de feuilles périodiques qu'elle veut se procurer (B.N., n.a.f. 15579, f° 57-58).

19. à Devaux

[Vers janvier 1736][1]

T'a-t-on dit, mon cher Panpan, avec quel chagrin je vois mes pots de chambre propres[2], combien je trouve désagréable la sécheresse de mon plancher et avec quelle impatience je souffre l'immobilité de mes chaises? Tout cela est vrai, Panpan, et on peut juger de là à quel point je te regrette.

Sais-tu que tu m'occupes trop? C'est passer les bornes de l'amitié. Je conçois à présent cette façon d'aimer que tu avais tant de peine à me faire comprendre. [...] Rien ne me dédommage du plaisir de t'entendre dire des bêtises; les équivoques ne me feraient pas rire en mille ans. C'est toi enfin que je ne vois plus et que je regrette, sans aucune exagération, à chaque instant du jour.

[a][Mme de Graffigny parle encore d'un ami jaloux de Devaux[3], des mauvaises relations entre Devaux et sa mère[4], et de Blene[5].][a]

MANUSCRIT

*L'orig. aut. (3 p., cachet brisé) figurait à la vente Dubrunfaut du 30 juin 1884.

IMPRIMÉ

Meaume, p. 77 (extraits).

TEXTE

[a] Résumé proposé d'après la réponse de Devaux ([vers janvier 1736], G.P., I, 123-126).

NOTES

1. Date dérivée de la réponse de Devaux (v. la note suivante).

2. Devaux : «Mon Dieu, que les marques de votre amitié me sont cheres; et qu'elle paroit bien dans les petits details dont votre lettre est pleine. J'aime que vous me voyiez jusque dans vos pots de chambre.» (I, 123.) Cette lettre fait partie d'une série qui va de décembre 1735 jusqu'en mai 1736 (v. les Remarques de la lettre 24).

3. Devaux : «Que ce pauvre ami ne se fasche pas des regrets que je vous cause. Je suis bien plus jaloux de son bonheur qu'il ne l'est du mien. Peut-on regretter le plaisir d'etre regretté de vous quand on jouit de celuy de vous voir tous les jours?» (I, 123-124.) Il s'agit probablement de Villeneuve, redevenu ami de Mme de Graffigny; Devaux le nomme ailleurs dans sa lettre. Desmarest, en revanche, est apparemment avec son régiment; Devaux l'attend à Nancy.

4. Devaux : «Je ne scais d'ou peuvent venir les craintes de ma chere mere, car je vous proteste que je n'ai parlé de mon dessein qu'a vous seule.» (I, 125.) La mère de Devaux est née Claude Joly (vers 1682-1754). Le dessein dont il parle reste inconnu, mais il est brouillé avec ses parents à cause de sa liaison avec Mlle Thiery (v. les lettres suivantes).

5. Devaux : «Je suis bien obligé a ce cher Mr Blene de son ressouvenir.» (I, 125.) Blene est un

Écossais, dont le nom s'écrit aussi Bleine, Blaine, et Pleen. Voltaire le voyait à Lunéville en mai 1735, et lui adressa un petit poème (Moland, x, p. 540); v. Introduction, p. xxxv. Mme de Graffigny essaiera en vain de le retrouver à Paris en 1739. Le 19 mai 1743 elle apprendra sa mort aux Indes (G.P., XXI, 169).

20. à Devaux

Lundi 5 mars [1736][1]

[Elle rapporte une conversation qu'elle a eue avec la mère de Devaux, l'entretient des obstacles que celle-ci met au mariage de son fils avec l'Amour, et émet des jugements peu favorables sur la conduite de Mme Devaux, dont le but est «de noircir l'Amour et de t'en dégoûter»[2]. Elle lui parle de la maréchale de Richelieu, dont elle était dame de compagnie.]

J'ai bien de l'impatience de faire le Danchet[3] sur ton plan[4]. Pourquoi ne me parles-tu pas de la conversion de Voltaire[5]? Le docteur Lanternon[6] m'en parle.

Mon Dieu, qu'il est aimable, le Docteur, j'en ai déjà reçu trois lettres plus charmantes l'une que l'autre.

Si tu t'avises encore de me faire des excuses de sot provincial sur la longueur de tes lettres et sur tes affaires, je t'envoye au diable. Ah! le vilain air que celui de Nancy.

Il faut, mon cher Panpan, que je te gronde, premièrement de ta crédulité, ensuite d'avoir rendu l'Amour malade en lui donnant un gros chagrin[7].

Oublie tes projets de retraite; aime-nous bien, l'Amour et moi, et envoie faire lolote[8] tous les mauvais propos.

Clairon vient d'arriver, et par conséquent le fameux plan. Ah! qu'il est beau; je n'ai pas encore déroulé le papier, mais qu'importe? J'admire et je te jure que je ne lirai le billet qu'après lecture faite, j'en prendrai l'Ami[9] et l'Amour à témoin.

Je n'ai écrit à Voltaire que pour lui demander raison de son _César_[10]. Je venais d'écrire à La Bruère[11], j'étais en train de parler aux beaux esprits; je me mis à attaquer Voltaire de conversation. Je t'envoyerai sa réponse.

MANUSCRIT

L'orig. aut. de 6 p. figurait aux ventes Charavay (8 mars 1862 et 23 janvier 1892) et prince A. Galitzin (19 juin 1896), et dans le _Bulletin d'autographes_ 670 de Charavay (juin 1946, n° 20395).

IMPRIMÉS

I. Desnoiresterres, II, p. 228.
II. Noël, pp. 36 et 56.

TEXTE

*Les I et II reproduisent les catalogues de vente.

NOTES

1. Les sujets dont il est question dans cette lettre, surtout la querelle de Devaux avec sa mère au sujet de Mlle de Thiery, rattachent cette lettre à l'année 1736. Noël ne se rendait pas compte qu'il s'agissait de la même lettre dans les deux extraits qu'il tirait de deux catalogues différents. Ayant cru, comme Desnoiresterres, que la mère en ques-

tion est celle de Mme de Graffigny, il date la première de 1727 et la seconde de 1736. Trois des catalogues proposent l'année 1735, peut-être à cause des allusions à Voltaire; mais le 5 mars 1735 n'est pas un lundi.

2. Devaux écrira plus tard: «Mon Dieu, quelle tracasserie vous m'avez faite avec ma chere mere. Clairon dit qu'elle est outrée. Que ne m'écoutiez-vous?» ([Vers fin mars 1736], G.P., I, 106.)

3. Antoine Danchet (1671-1748), académicien, connu pour son air toujours étonné.

4. Devaux: «J'ay fait un plan de tragedie [...]. Je vous l'enverrai par Clairon.» ([Vers février 1736], G.P., I, 116.)

5. La correspondance de Voltaire est muette au sujet de cette «conversion».

6. Il faut comprendre: «Le Docteur (Desmarest) qui lanterne d'habitude.»

7. Devaux: «J'ay reçu une lettre foudroyante de ma chere mere, ou elle se plaint beaucoup des discours de Mdelle Thierri la mere et meme de la fille. Elle ne me menace pas moins que de me

desheriter. [...] Cependant je vous prie de faire comprendre a l'Amour que les imprudences de sa mere, loin d'avancer notre bonheur ne fait que le reculer.» (I, 114.)

8. Faire lolotte: le sens général de cette locution est clair; c'est, semble-t-il, une tournure propre à Mme de Graffigny et à Devaux, qui écrira le 28 novembre 1738: «Vous vous en lollottez l'une et l'autre, n'est-ce pas? Mais patience, j'aurai ma revanche.» (I, 74.)

9. Probablement Villeneuve.

10. *La Mort de César* (1735), tragédie de Voltaire. Noël pense à tort qu'une lettre de Voltaire du 5 août 1736 (Best. D1123) est la réponse à celle-ci.

11. Devaux écrira plus tard: «J'ay écrit [...] a la Bruëre, a qui je n'ai pas parlé de ses amours. Vous me prenez donc pour un homme qui ne connoit pas notre homme. Sa lettre que vous m'avez envoyée m'a fait plaisir. La reponse que vous y faites est pleine d'esprit. J'en aime tout excepté la deification du public, qui est trop allongée. Le reste est charmant.» (I, 105.)

21. à Devaux

[Vers fin mars 1736][1]

Je n'ai pas eu finis de t'ecrire ce matin, mon cher Panpan, que ton pere[2] est entré. Il m'a dit que tu arrivois samedi. Je lui ai dit que j'en etois bien aise, que sependant tu m'avois mandez que tu craignois tant de lui deplaire que tu aimois mieux passer tes vacances a Nanci que de lui donner l'inquietude de croire que tu serois tout le jour chez l'Amour, quand meme tu n'irois pas. Que d'allieur tu etois accoutumez a ces bontés, et que la mine qu'il t'avoit fait les derniers jours de ton sejour ici t'avoit fait trop de peine pour risquer de la voir encore, tant que tu ne serois pas assuré qu'il t'a rendu toute sa bienveillance. A peine m'a-t-il écouté. Il a empaumé[3] la kirielle sur l'Amour d'abord. Il a repeté tout ce que tu sais. J'ai eu beau l'interrompre et lui parler raison, c'est parler a un sourd. Il n'a oublié ny les cartes ny le lard, dont j'ai pensé bouffer[4], ny les buches de Pont-a-Mousson[5]. Enfin, tout ce qui a jamais eté dit a eté repeté.

Le diable ne le feroit pas demordre de l'idée que l'Amour se fera faire un enfant, affin de te le donner. Il en est aussi persuadé qu'il l'etoit des trezors[6]. Il a dit que, si tu venois, qu'il iroit plustot garder sa porte jour et nuit, que d'imaginer que tu puisse la voir. Un de ses grief est que jamais tu ne lui a proposé de projets[7]. Pour ton bien, ou pour autre chose, il veut des projets enfin.

Ah, mon cher Panpan, garde-toi bien de venir. Tu souffrierois trop. Je lui ai dit que j'aprouvois fort que tu restasses a Nancy, que tu lui epargnois par la bien des inquietudes. Il entre en fureur la-dessus, et dit que voila une belle obeisance. Il meur d'envie que tu viene, et veux que tu renonce absolument a voir l'Amour.

Que je suis fachée, mon cher Panpan, de te faire de la peine; mais j'ai si peur que tu ne viene essuier du chagrin que je voudrois faire voler ma lettre pour t'enpecher de venir.

Je ne te dis pas ce que j'ai dit a tout cela. Tu peus l'imaginer, mais c'est parler a la muraille. Il a dit que s'il savoit que tu ecrivisses a l'Amour, il ne te le pardonneroit jamais. Que n'a-t-il pas dit? Sependant, il a laché deux ou trois fois qu'il ne te presseroit pas de t'etablir, et il me paroit bien convaincu que tu travaille de tout ton cœur a ton metier. Voila les seule bonne chose que j'aye entendu.

Sais-tu bien que je pleure de la peine que te fera ma lettre? Ah, mon cher ami, pourquoi ne pui-je t'eviter un redoublement d'inquietudes? Je n'en dirai rien a l'Amour. La pauvre souffre assés, et comme elle s'atânt a ce que tu ne viendra pas, elle n'a pas besoin de ce chagrin.

Mais, Panpan, n'y a-t-il donc pas un petit coin sur la tere ou on puisse vivre a l'abrit de l'injustisse? Ayons passience, mon cher ami. J'imagine un moien de nous voir. Il faudra passer tes vacances de l'autone a Vandeleville. J'irai a Marinville, et tu y sera plus que chez le Prieur[8]. Ce seront de beaux jours sans trouble. Il faut y penser pour effacer les idées de peines que je te donne.

Va, si se pauvre Amour prend un parti ou avec son pere, ou autrement, si tu ne tiens pas bon contre le tien, tu sera bien poulle mouillïé. Tu ne lui donne que des chagrins imaginaires, il ne faut pas qu'il t'en donne de réels.

Adieu, mon cher Panpan, au nom de l'amitié ne prends pas ceci trop a cœur. Ce n'est rien de nouveau. Tu etois resolu a ne point venir. Je te l'aurois epargné si tu ne m'avois parut ballancer a cause de ma santé, et s'il n'etoit necessaire que tu seusses dans quelle disposition est ton pere. Tu t'en doutois ainci. Prends cela pour ce qu'il est, et n'use pas ta santé a avoir du plaisir noir. Il te fait plus de mal qu'a un autre. La vie, mon cher Panpan, le tems, mon cher Panpan : medite bien ces deux point.

Ce jeudi soir.

[*adresse :*] A Monsieur / Monsieur de Vaux, chez / Mr Michel, advocat en / Parlement / Villeneuve / a Nancy[a]

MANUSCRIT

Bibl. de la Comédie-Française, dossier Graffigny; 3 p.; orig. aut.; cachet; m.p. : 3.

TEXTE

[a] La page d'adresse porte l'inscription suivante : «Autographe de Mme de Graffigny, auteur des *Lettres d'une jeune péruvienne*, etc, etc. Je puis la garantir, car j'ai vu toute sa correspondance et ses

papiers de famille. [signé :] Fr. Cartu.» La lecture de la signature est incertaine; c'est sans doute un marchand antiquaire.

NOTES

1. Cette lettre doit précéder de peu les vacances de Pâques (v. la lettre suivante).
2. Nicolas Devaux (1671-1753), chirurgien ordinaire de S.A.R., maintenant en retraite.

3. Empaumer : se dit aussi figurément d'un homme qui dans une délibération, dans une conversation, saisit vivement une idée, une ouverture, la suit vivement, et tâche d'y faire entrer les autres (Trévoux, 1743).

4. Bouffer : Enfler les joues exprès et par jeu. En ce sens il n'a guère d'usage. Bouffer de colère se dit familièrement de celui qui témoigne sa colère par la mine qu'il fait. (Trévoux, 1771.) Mme de Graffigny, qui dit aussi «bouffer de rire», semble vouloir dire plutôt, s'enfler sans pouvoir éclater.

5. Devaux fréquenta l'université de Pont-à-Mousson de 1730 à 1733. L'allusion ici reste obscure.

6. Encore une allusion obscure, mais dans la lettre 23 Mme de Graffigny parlera de «maudits millions» qui constituent un obstacle au bonheur de Devaux et de Mlle Thiery.

7. C'est-à-dire que Devaux ne pense jamais à trouver un emploi sérieux.

8. Le Prieur est Guillerant (voir 7n14); en décembre 1735 il essaya en vain d'apaiser la querelle entre Devaux et ses parents. Vandeléville et Marainville sont des villages au sud de Nancy, non loin de Haroué. Mme de Grandville a une terre à Marainville; son mari est comte de Marainville, titre qu'il a hérité de son beau-père. Guillerant habite à Vandeléville, attaché à la maison du comte Jean-Philippe de Cardon-Vidampierre (mort en 1744), qui est aussi seigneur de Vandeléville.

22. à Devaux

[Le 1ᵉʳ avril, dimanche de Pâques, 1736][1]

Ah, mon cher Panpan, que ta lettre m'afflige. J'etois combatue entre les peines que tu aurois a etre ici, et les consolations que je pourois te donner; mais, mon cher ami, je suis bien desidée depuis que ta mere a dit a Clairon que j'étois la maitresse de recevoir chez moi qui je voulois, mais qu'elle etoit la maitresse de ses volontés et de t'enpecher d'y venir. Vois jusqu'ou ils portent les choses. Tu serois ici et tu ne pourois me voir. Ah, garde-t'en bien. Elle a fait mille autre rabachages a Clairon, qui lui a parlé raison tant qu'elle a pû, mais c'est comme si elle ne disoit rien. J'ai eu comme toi toutes les idées de retraite, mais voici ce que je crois qu'il convient que tu face. C'est aussi l'avis de ce pauvre ami[2] qui prend presque autant de part que moi a ton chagrin. Voila l'assau de Pasque passé, tu n'est point venu; tu ne viendras pas, il n'en parleron plus. Tu as quatre mois devent les mains pour prendre une resolution. D'ici a ce tems-la les affaires de Lorraine seront decidées[3], et le pauvre Amour le sera aussi pour suivre son pere[4], au cas que Madame[5] sorte d'ici. Si elle reste, en verité, mon cher Panpan, nous serons tous de l'avis de la retraite, car tu ne serois de lontems delivré des persecutions. Prend ton parti avec un peu de fermeté, mon cher Panpan, ne perds pas ta confiance au tems, et ne te mets pas hors d'etat d'en profiter. Je tremble pour ta santé. Je n'avois encore senti combien tu m'est cher que par les charme de l'amitié. Je le sens bien vivement par l'affliction ou tu es, qui penetre mon ame. Je le disois il n'y a qu'un moment a l'ami. Ma vanité est bien flatée par mon cœur. En verité j'y trouve tout ce que je puis y desirer pour toi, et je doute que personne sente mieux la peine de son ami que moi. Elle m'est devenue propre, tout ce que tu veras de bon dans la derniere lettre de l'Ami de Nous[6] ne me distrait pas de mon attantion sur toi. Ah, que j'aime a sentir que j'aime mes amis comme ils meritent de l'etre, et que leurs affliction redouble ma tendresse. Je t'aime mieux a present que tous les autres ensemble. Mais je [ne] t'aimerai plus si tu te livre trop a ta douleur. Ne me fais pas craindre pour ta santé, mon cher Panpan. C'est un menagement que je te demande, et je n'ai point d'autre motifs de consolation a te presenter que l'amitié et le tems.

Tu peu bien croire que des que les livres seront arrivés, je te les envoyerai. Je t'ecrirai, je te ferai part de toute mes lettre. Que ne voudroi-je pas faire pour te dissiper? Je te donne ma parolle, des que je serai hors de cette fonte d'humeur[7], d'aller passer deux jours a Nancy qui ne seront que pour toi. J'ay trouvé un gite ou personne ne viendra me deterer, et nous parlerons tout a notre aise de tes peines et des remedes qu'on peut y aporter. Je suis ocupée de ce projet depuis hier, et je maudis ce chien de rume qui m'enpeche de l'executer des demain. J'ay vu l'Amour avant-hier. Je ne lui ai rien dit, crainte de l'affliger, mais si elle vient demain, comment me parer[8] de lui mont[r]er ta lettre, et par la elle saura tes peines. Elle y est si sensible qu'elle me touche au dernier point.

Je ne sais ce que c'est que le conte des franc masson[9], et je n'ai pas entendu parler de ce que tu dis de Monseigneur[10]. Mais on dit que nous sommes cedé, et qu'avant un mois Mde ne sera plus ici. On dit que Monseigneur est d'une fermetez inouie la-bas, qu'il ne plie devent personne, et qu'il a soutenus notre pauvre Lorraine jusqu'au dernier moment. C'est un prince adorable la-bas pour la grandeur comme il etoit ici pour la bonté.

Adieu, mon cher Panpan, je n'aurai point de repos que tu ne m'ai mandé que tu a pris une bonne resolution de laisser faire le tems.

Le dimanche soir

J'ai eté a la grande messe, et j'ay bien soupiré en me souvenent de l'année passée ou je te voiois dans l'eglise.

MANUSCRIT

Nantes, Bibl. mun., liasse 674, pièce 104; 4 p.; orig. aut.

IMPRIMÉ

Noël, p. 59 (extraits tirés d'un catalogue de vente).

NOTES

1. Les détails du traité réglant la cession de la Lorraine, dressé en automne 1735, furent révélés au printemps 1736. En outre, comme Mme de Graffigny dit que «l'assaut de Pâques» est passé et qu'elle vient d'aller à la grand-messe, la date la plus vraisemblable pour cette lettre est le dimanche de Pâques.

2. Probablement Villeneuve ou Liébault.

3. Les conditions du traité de Vienne sont les suivantes : François III, duc de Lorraine, cédera son duché à Stanislas Leszczynski, ancien roi de Pologne et beau-père de Louis XV; à la mort de Stanislas, la Lorraine sera réunie à la France; François III, ayant épousé Marie-Thérèse d'Autriche (12 février 1736), deviendra grand-duc de Toscane à la mort de Jean-Gascon de Médicis (9 juillet 1737). Madame, mère de François III et Régente, aura Commercy comme principauté viagère.

4. Voir 9n4; elle l'accompagnera en Italie où il rejoindra François III à la cour de Toscane.

5. La mère de François III quittera Lunéville le 6 mars 1737.

6. Desmarest.

7. Fonte d'humeur : nom donné aux évacuations abondantes de liquides intestinaux, bronchiques, salivaires, et parce qu'on les croyait dues à la

liquéfaction des matières (Littré). Mme de Graffigny est très enrhumée; v. suite de la lettre.

8. Se parer : se défendre.

9. Il se peut que Devaux fasse allusion à son
désir d'être franc-maçon; il va évoquer ce désir et
les angoisses qui l'accompagnent dans une lettre
du 31 décembre 1738 (G.P., I, 389).

10. Le prince Charles-Alexandre de Lorraine
(1712-1780), frère du duc François III, futur gouverneur des Pays-Bas. Il est très populaire en
Lorraine, et il joue un rôle dans les négociations
qui culmineront dans la signature du traité de
Vienne (v. P. Boyé, *Stanislas Leszczynski et le troisième traité de Vienne*, 1898, pp. 392-393, 405).

23. à Devaux

[Vers mai 1736] [1]

Je suis entre vous deux, mon cher Panpan, et je sens que mon cœur ne peut
que sentir sans avoir l'esprit de vous consoller. Que fait ce cher Amour? Sent-elle
le prix de l'amitié? Ce doit etre sa seule consolation. Persuade-la bien, mon cher
Panpan, que ce revers de fortune develope mieux ce qu'elle vaut et lui fera mieux
sentir le plaisir d'avoir des amis comme nous. Elle vera que nous n'aimons qu'elle,
et que nous l'aimons come elle merite de l'etre. Elle en auroit pu doutter. Ces
maudis millions sembloient mettre une gaze entre notre amitié et son cœur. Nous
alons l'aimer sans voile. Nous connoissons son cœur, elle conoitra le notre. C'est
ici, mon cher Panpan, qu'il faut estimer bien haut les avantage de l'amitié. Avec
un peu de metaphisique ils pouront l'emporter sur l'argent compté, et lui former
un bonheur que son ame est faite pour gouter. Je serois aussi fachée de te voir
que je la suis de ne pouvoir etre entre vous deux. Tien la place de l'amour et de
l'amitié aupres de cette chere amie. Fais bien ma charge en attendant que je la
face moi-meme. Je vous embrasse tous deux, les larmes aux yeux, non des larmes
d'affliction mais de tendresse. Mon cœur en est penetré pour vous deux.

MANUSCRIT

Nantes, Bibl. mun., liasse 672, pièce 158; 2 p.;
orig. aut.

IMPRIMÉ

Mangeot, p. 148 (extraits tirés d'un catalogue de
vente).

NOTE

1. Cette lettre a dû être écrite quelque temps
après celle du 1er avril, car le père de Mlle Thiery
semble avoir pris la décision d'aller rejoindre
François III en Toscane (v. 22n4), ce qui constitue
pour les deux jeunes amants un «revers de fortune.»

24. à Devaux

[Vers mai 1736] [1]

[Invitation à dîner, qu'elle termine ainsi :] J'accepte bien volontiers la physiono-
mie du petit cochon d'autant plus que je joins mon souper au dîner. [...] J'embrasse
un million de fois l'Amour [2].

MANUSCRIT

L'orig. aut.(1 p.) figurait aux ventes comte d'Auffray (28 mars 1863) et Charavay (6 novembre 1920).

REMARQUES

De nouveau, les lettres que Devaux envoie de Nancy à Mme de Graffigny répondent souvent à des lettres perdues. On peut distinguer deux périodes distinctes dans leur correspondance à cette époque et, d'après les réponses de Devaux, il est possible de reconstituer en partie les lettres de Mme de Graffigny. La première période va de décembre 1735 jusqu'à mai 1736 : Mme de Graffigny, qui reproche à Devaux de ne pas dater ses lettres, lui donne des conseils littéraires sur sa pièce *Hadis et Hunnon*, et donne des nouvelles de sa santé et de leurs amis de Lunéville. Les lettres de Devaux de la seconde période (de novembre 1736 à janvier 1737) sont beaucoup plus nombreuses : Mme de Graffigny continue à donner des nouvelles de leurs amis, et notamment de «l'Amour», maintenant à Lunéville. Elle parle aussi de ses lectures, de Desmarest, qui est à Lunéville aussi, et finalement elle fait part de la mort de Gellenoncourt («le Major»)[3] et de Mr de Soreau[4].

Enfin, il est clair que Mme de Graffigny a d'autres correspondants que Devaux, et on retrouve parfois leur trace. Vers mars 1736, elle écrit deux fois à La Bruère, par exemple, et en même temps à Voltaire. Elle écrit à Saint-Lambert, comme l'indique une lettre de celui-ci datée du 1er mars 1736 (Morgan, liasse Du Châtelet-Saint-Lambert). Elle écrit encore une fois à Voltaire pendant l'été 1736, pour lui envoyer des vers de Saint-Lambert; Voltaire lui répond le 5 août 1736 (Best. D1123). Elle écrit encore plus souvent à Mme Du Châtelet[5]; vers janvier 1737 elle décrit la dispersion de la cour de Lunéville, dans une lettre à laquelle Mme Du Châtelet répond le 14 janvier 1737 (Best. D1254). En terminant, Mme Du Châtelet écrit : «Adieu, Madame, je me souviens qu'autrefois v^s^ finissiés vos lettres sans façon et que v^s^ me permettiés d'en user de meme et d'y substituer les assurances de mon amitié.» Il semblerait donc que Mme Du Châtelet et Mme de Graffigny aient correspondu avant 1737, peut-être déjà en 1735. Mme de Graffigny continue sans doute à lui écrire après janvier 1737; de toutes manières elle écrit en août 1738 pour demander la permission de passer l'hiver à Cirey, et Mme Du Châtelet répond favorablement le 27 août 1738 (Best. D1511, mal datée par Besterman du 27 [mai 1738]; c'est en août que Voltaire est malade). Pour le détail des événements de cette époque capitale dans la vie de Mme de Graffigny, et qui aboutirait à son départ définitif de Lunéville, v. Introduction, p. xxxv-xxxvi.

NOTES

1. Réponse à une lettre de Devaux (v. n2), qui est vraisemblablement la réponse à la lettre précédente de Mme de Graffigny.

2. Devaux : «Mandez-moy a quelle heure de nuit je pourrai aller chez vous pour n'y rencontrer que des gens avec qui je puisse etre seul. [...] Je n'eus pas le courage de lire votre lettre haut. Je la lus bas en versant un torrent de ces larmes qui me font tant de plaisir. L'Amour la lut apres moy et l'hon[ora] de meme. Ah Madame, qu'elle est aimable depuis qu'elle est malheureuse! Je n'ai jamais cru tant l'aimer. Je ne croyais pas que l'infortune fut le creuset de l'amour aussi bien que de l'amitié. Si vous soupez chez vous, j'y mangerai un morceau, ou peut-etre plusieurs, si votre presence me rend l'appetit que j'ay perdu. Ma chere mere demande si vous aimez le cochon de lait. Elle en a un qui est le plus joli du monde. Elle voudroit bien vous l'envoyer, mais elle veut que vous le luy permettiez.» ([Vers mai 1736], B.N., n.a.f. 15579, f°s 76-77.)

3. Nicolas-François-Gabriel, baron de Hennequin de Gellenoncourt (1695-1736), dit le comte de Gellenoncourt, lieutenant-commandant d'une compagnie de chevau-légers, et major de gendarmerie au service du duc de Lorraine, fut tué en duel le 7 décembre.

4. Louis de Soreau, seigneur de Vandœuvre et baron d'Houdemont (1706-1736), capitaine des gardes du duc, épousa en 1730 Marie-Anne Michault. Fils d'Antoine de Soreau et de Georgette-Charlotte d'Issembourg Du Buisson d'Happoncourt, il était cousin germain de Mme de Graffigny; il se noya accidentellement au début de décembre 1736 (Noël, p. 10).

5. Gabrielle-Émilie Le Tonnelier de Breteuil (1706-1749); elle épousa en 1725 le marquis Du Châtelet-Lomont (v. 40n1).

25. à Devaux

De Comercy[1], a deux mille lieux de Luneville
pendant qu'on me frise [11 septembre 1738]

Il est vray, mon cher Panpan, et tres vray que ma figure est bien loin de mes amis, mais c'est ici ou je sens demonstrativement que l'esprit peut s'en separer. Je ne vous ai point quittés. J'ai passé hier la journée avec vous. Je t'ai remercié mille fois, mon cher ami, de la plus forte marque d'amitié que tu ai pu me donner. Tu m'a caché une partie de ta douleur. Tu menageois la miene. Je t'en tiens un compte infini car je sais ce qu'il en coute. Enfin quand il m'auroit manqué quelque conviction sur ton amitié, je ne pourois plus en douter. Juge donc de la miene.

Mais nous en sommes surement plus loin que ces protestation et tu aimera autant savoir comment je suis arrivée. J'ai fait taire mon compagnon[2]. J'ai voulu etre toute entiere a mes idées. Nous somes arrivés a midi a Nancy. Nous n'en sommes parti qu'a deux heures et nous sommes arrivés ici a la nuit fermante. Il est vray que depuis la poste des Bois de Hait[3] ªj'aurois crus etre emportée par le diable si je n'avois eu un Petit Saint[2] avec moi. Il est vray que Rousseau[4], qu'il a lu tout le long du chemin, moderoit ma confiance et me donoit un peu de fraieur. La petite chiene a degobillée partout. Lise[5] m'a fait enrager pour sauter dehors. Je suis arivée moulliée, brisée. J'ai vu le moment que mon hotesse[6] m'envoyeroit coucher au cabaret. Enfin moiennant que Lise et Dubois[7] mangeront chez Melle Dumont[8], je suis gitée. J'ai eté au point de ne point souper; a pres de dix heures, j'ai envoyé demander un morceau a Baillot[9]. Le Tu[10] m'est venu voir et m'a fait mille amour.

Me voici de retour de la cour ou j'ai reçeü des caresse sans fin. Madame[11] m'a reçeue avec toute la bonté imaginable. J'ai eté saisie en la voyant au point de ne pouvoir lui repondre. Je lui ai vu les larmes aux yeux. Tu pense bien que j'ai bien fait hum hum, et je parie que tu le fais aussi. Elle m'a trimbalé tete-a-tete dans tous les recoins de sa maison. Je me suis remise et je lui ai dit mille douceur. Je la faisois pleurer a chaque chambre. La Belle des Belle[12] a proportion ne m'a pas si bien reçue, quoique fort bien. Mais voici le diable[13] que j'ai toujours craint. On avoit servi. Madame me trainoit toujours. Il a falu la remener jusqu'a sa table et m'en aller seule. Pas une de ces demoiselle n'oze manger chez elle. Il faut donc que je viene manger avec Md. Fracinetty. La Belle m'a envoyé a diner, mais cela fait toujours un sot diner. Mon corps ne m'a jamais eté tant a charge, car reelement si la Belle ne m'envoyoit, je jeunerois, car Md. Fracinetty ne veut point que l'on mange chez elle. Elle me fait cependant melieur mine aujourd'huy, mais huit jours comme cela me seront bien a charge. Md. de Stainville[14] n'est pas encore arrivée.

C'est pour le Docteur et pour toi que je mande tous ces détails; je ne les lui repete pas. Je sais que tu les aime, mon cher Panpan, et je te donne le plaisir de les lui lire. Md. Royer[15] m'a receu comme si j'avois diminué les fonds de sa fille[16] de mille ecus. Cependant quant elle a vu la bonne mine de Madame, elle s'est un peu rechaufée.

Je viens de recevoir ta lettre, mon cher Panpan. J'ai bien mellé mes larmes aux tienes. Qu'elle est tendre, qu'elle exprime bien cette parfaite amitié qui m'est si bien connue! Pas une de tes delicatesse ne m'echape, mon cher Panpan. Tout ce que tu dis de l'Autre Moi[17] retourne bien a toi. Tu me marque de l'amitié dans toutes les circonstance les plus delicates et les plus flateuse. A peine mon cœur peut sufire a vous aimer tous deux. En verité je ne[b]

Il faut que je finisse mes tendresse. Elle n'en sont pas moins dans mon cœur. Voila le Petit Saint qui vient de demander a Md. de Lixemn[18] si elle vouloit me voir. Elle m'atant de tres bonne grace. Madame avoit fait courir apres moi et fait dire par un valet de pied qu'elle ne vouloit pas que je vinse diner ici, que j'alasse chez Md. de Lixin qui dinoit dans sa chambre. Je n'ai osé y aller sans savoir si elle me recevroit. Md. va monter en caleche, il faut y aller. Je m'arache a toi, mon cher, mon tendre ami. Je meurs de chagrin de ne[c] pouvoir te dire tout ce que je pense. Recois mes larmes. Tu vois assés qu'il m'est impossible d'ecrire a mes autres amis. Embrace-les. Dis-leur que je les aime et fais-leur entendre toute ma sensibilité pour eux.

MANUSCRIT

Yale, G.P., II, 9-12 (D1); 4 p.; orig. aut.

TEXTE

[a] Mme de Graffigny écrit d'abord «nous» et ne le raie pas. [b] Elle est interrompue par l'arrivée d'Adhémar. [c] Le ms: «ne ne».

NOTES

1. Ville lorraine, située sur la Meuse, à une cinquantaine de km à l'ouest de Nancy et à environ 70 de Lunéville. Commercy, où se trouve l'un des châteaux des ducs de Lorraine, fut érigé en principauté viagère en faveur de Madame, la duchesse douairière de Lorraine, par le traité de 1736 qui cédait la Lorraine à Stanislas.

2. Le marquis d'Adhémar (v. 11n4).

3. La Forêt de Haye, située à l'ouest de Nancy, existe toujours.

4. Jean-Baptiste Rousseau (1671-1741).

5. Chienne de Mme de Graffigny, dite aussi Lison et le Zon.

6. Mme de Graffigny descend d'abord chez Mme Frassinetti, c'est-à-dire, Claudine Jaquemot de Bussy (vers 1672-vers 1745), veuve de Laurent Frassinetti (vers 1669-1711). Celui-ci, natif de Gênes, mena une vie aventureuse, gagnant sa vie comme joueur de paume. Vers 1690 il s'installa à Lyon, où il épousa Mlle de Bussy le 30 janvier

1699. Ensuite il passa au service du duc de Lorraine et entreprit une mission pour lui auprès du duc de Mantoue. Il fut dénoncé comme espion à Paris en 1711, et se suicida en prison la nuit du 5 au 6 août 1711. Son dossier est conservé aux Archives de la Bastille. Il laissa sa veuve et deux enfants : un fils Marie-François dont nous ne savons rien, et une fille Françoise (1699-1754). La famille alla en Lorraine. Le duc accorda une pension à «la demoiselle Francinetti» le 6 août 1722. Mme de Graffigny connaît surtout Françoise, qu'elle appelle le plus souvent Fanchon.

7. Femme de chambre de Mme de Graffigny (v. 14n4).

8. Non identifiée.

9. Probablement François Baillot, qui avait été secrétaire, intendant, et grand maître de l'hôtel du duc de Lorraine en 1733; il restera en Lorraine jusqu'en 1754, et il suivra ensuite la princesse Anne-Charlotte à Mons.

10. Mme de Lenoncourt, née Thérèse-Angélique de Ligniville (1693-1770), mariée en 1710 à Charles-Louis-Henri, marquis de Lenoncourt et de Blainville (avant 1680-1735); elle est dame d'atour de Madame.

11. La duchesse douairière de Lorraine (v. 2n10).

12. Anne-Charlotte de Lorraine (1714-1773), sœur de l'ex-duc François III; elle sera abbesse de

Remiremont en 1738. Malgré sa beauté, elle ne se mariera pas.

13. Le diable : c'est là le diable, termes bas et burlesques, pour dire, c'est là la difficulté, ce qu'il y a de fâcheux dans une affaire (Leroux, 1735).

14. Françoise-Louise de Bassompierre (morte en 1758), fille d'Anne-François-Joseph, marquis de Bassompierre, et de Catherine-Diane de Beauvau-Craon (v. 27n12). Dame d'atour de Madame, elle épousa en 1717 François-Joseph de Choiseul, marquis de Stainville (vers 1696-1769), diplomate, ministre en Angleterre, puis en France, du duc François, qu'il suivit en Toscane. Ce sont les parents du duc de Choiseul, qui sera ministre de Louis XV. Mme de Graffigny les connaît depuis longtemps; ils avaient habité les étages supérieurs de la maison des Devaux vers la fin du règne du duc Léopold.

15. Marie Boudet, femme de Charles-Antoine

Royer, comte de Marainville (vers 1661-1731), mère de Mme de Grandville.

16. Sur Mme de Grandville, v. 18n3. Il semble que Mme de Graffigny vienne de passer six mois chez elle, ce qui explique un peu l'attitude de la mère.

17. Desmarest.

18. Anne-Marguerite-Gabrielle de Beauvau-Craon (1707-vers 1790) épousa le 19 août 1721 Jacques-Henri de Lorraine, prince de Lixin (ou Lixheim), lequel fut tué en duel le 2 juin 1734 par le duc de Richelieu, dont la femme est l'amie et la protectrice de Mme de Graffigny. En septembre 1738, Mme de Lixin s'apprête à épouser Pierre-Louis de Lévis, marquis de Mirepoix (vers 1699-1757), parti considéré par certains comme indigne d'une princesse de Lorraine. Il en sera souvent question dans ces lettres. Le mariage aura lieu le 2 janvier 1739.

26. à Devaux

Le samedi apres-diner [13 septembre 1738]

Je ne sais quel moment prendre pour t'ecrire, mon cher et tendre ami. Quand je me couche, je m'en donne au cœur joye avec l'Autre Moi[1], de façon que comme il m'est impossible de vous ecrire a l'un et a l'autre sans fondre en larmes, quand je n'en puis plus il est tems de dormir. Le matin, il faut s'habillier et ne point arriver les yeux rouge. Je prends ce moment-ci ou toute la cour est encore a table. Je ne t'ai pas encore dit que je t'aime et, depuis ma lettre commencée, j'ai deja essuié trois fois mes yeux. Et voila un valet de pied qui vient de me voir parce que chaque dame envoye l'une apres l'autre m'aporter de tout et m'offrir de tout. Je me creverois si je voulois, mais tu sais comme l'on menge quand on a le cœur continuellement seré entre deux pieres. C'est mon etat depuis que je vous ai quitté. Je comptois sur la necessité de parler a tant de gens qui ne savent pas qu'il y a des amis parfaits dans le monde pour me distraire. Cela n'y fait rien, mais rien du tout. Mon cher Panpan vient ce fourer au milieu de tout, et mes yeux de rougir et mon cœur de ce serer. L'Autre Moi vient me dire : «Je vous[a] aime, je vous reverrez.» Je t'en demende pardon, mon cher ami, il essuie mes larmes sans toucher a mon amitié. Je ne puis vous separer; vous vous aimez pour moi. Je vous aime l'un dans l'autre. Mais comme tu es le plus a plaindre, je veux que le Moi[1] te console et t'aime pour toi, pour lui, et pour moi. Du moins qu'il te le dise, puisqu'il en a le moien, car pour t'aimer je m'en charge toute seule.

Le croirois-tu? Depuis le premier valet de pied il en est encore venu trois. J'en suis exedée, car je n'ose pleurer. Cela me soulageroit, et les efforts que je fais me sufoquent. Hier avant souper je me mis dans la galerie sur un sopha que l'Autre Moi connoit. Je m'y mis a cause de quelque chose qu'il m'a conté. Demande-le-lui. On ne voioit pas clair. Je ne fis pas comme lui, mais j'etois absorbée en lui et en toi. Heré[2] m'apercu. Il vint avec Rebour[3]. Je parlai de mes amis, de mes chers amis tant que je pus avec eux. Et comme de raison je pleurai. Le Petit Saint[4] vint qui les gronda et moi aussi. J'enmenai Heré et je l'ai fait souper avec moi. Il me sembloit tenir un bout de ton habit. Je le renvoyai de bonne heure pour ecrire au Moi. Je n'avois osé lui en parler et il me faloit l'aimer a mon aise.

Ce matin j'ai eté a la cour. Ma future hotesse[5] m'a enpaumé. Ah Dieu, que ferai-je chez elle? Pour trois quart d'heure j'en suis exedée. Jamais elle n'a eté si begeule[6] et ne m'a tant deplut. Elle m'a chanté pouille de ce que je parlois a la Petite Princesse[7]. Elle m'a dit qu'elle disoit mille horreur de moi, que c'etoit de la bassesse de ce raccomoder. Enfin elle m'a mise d'une humeur de chien. Je n'ai jamais pu lui faire comprendre que de la princesse a moi je ne pouvois avec bienseence tenir mon quant-a-moi. Mon Dieu, quel ennui.

Je ne t'ai pas encore parlé de Md. Dumont et de la vielle Francinetti. Des que je suis un moment a la maison, elle m'exede. J'ai pris le parti de manger dans la chambre de Md. de Stainville. Je m'y fais servir par Dubois et au moins j'y suis seulle et n'ai pas tant a trauler[8] car elle loge chez Md. de Lenoncour. Demaretz sait ou c'est. Rejoignez vos lettre, vous trouverez tous mes quart d'heure[9].

Tu as bien fait, mon ami, de dire a ta mere de vendre tout ce qu'elle poura, et tout sera bien fait[10]. Fais-lui mille amitiés de ma part, et a ton papa. Je les aime mille fois plus puisqu'ils sente que tu dois m'aimer[11]. Je t'avois deviné a Luneville pour ce cabinet, mais je n'allois pas si loin. Je croiois que tu serois bien aise de l'avoir pour l'amour de moi et de l'attachement que j'y avois. Je veux que tu n'aille pas plus loin; mais ne disputons pas[12]. Plut a Dieu en etre la. Toussaint[13] m'a dit qu'il m'avoit écrit que mon argent etoit tout pret. Sache de Mr Courtois[14] si l'on m'envoyera le billet.

J'ai eté bien fachée de l'affaire de St-Lembert[15]; je le plains de tout mon cœur. Que fera-t-il? Que dira-t-il a son pere[16]?

Je suis bien sensible aux larmes de l'Autre Toi[17]. Je t'avoue que je ne le croiois pas si touché et je ne lui en savois aucun mauvais gré, car il y a bien de la difference de notre connoissance et de la siene. Je lui tien d'autant plus de compte de son amitié. La miene sera toujours pour lui en proportion de celle qu'il aura pour toi et de la douceur qu'il repandra sur tes jours. Je l'aime pour lui assurement, mais je sens que des qu'il te tourmente, je ne lui pardonne pas. C'est bien a lui a te consoler. Il n'y a que l'amitié d'un ami comme lui qui adoussisse un peu l'amertume des peines affreuse que notre separation te coute. C'est donc a lui que je te reccomande. Reccommende-moi a cest Autre Moi dont tu fais un eloge si flateur pour mon cœur.

As-tu dit au facteur de te donner mes lettres? Je lui ai dit, mais il l'oubliera peut-etre.

As-tu montré la derniere lettre de Tavanne[18] a la Granville? Montre-la-lui et toutes les autres, si tu peus. Je lui ai ecrit mille amitié. Ne t'en a-t-elle rien dit?

Je te quitte; a revoir. Je vais faire des visite que je n'ai pu faire hier, apres que j'aurai dit un mot a mon cher Moi.

En finissant le mot au Moi je me suis ressouvenue de deux mouvemens dont je veux te rendre compte. En voiant la Figuette[19] je me suis faite une violence extreme pour repondre aux amitiés qu'elle m'a faites. Je n'osois l'envisager. Une heure apres je la retrouve, je la regarde, je la trouve si laide que je n'ai plus de rancune. A propos encore, nous sommes comme j'ai projeté d'etre avec le marquis[20]. Nous nous disons des injures obligentes sans aigreur et sans amitié.

Autre a propos. Le Premier est arrivé d'hier. Le pauvre Second ne sait quelle contenance tenir[21]. Pour ne pas nomer ce Second, j'en parle a l'Autre Moi; demande-lui. Ils sont, ma foi, en charge tous deux. Mais l'un plie et l'autre *a*mene haut a la main*b*.

MANUSCRIT

Yale, G.P., II, 13-16 (D2); 4 p.; orig. aut.

TEXTE

a Le ms: «Je vous je vous» *b* Lecture incertaine.

NOTES

1. Desmarest.

2. Probablement Jean-Nicolas Hayré ou Héré (vers 1715-1745), fourrier du logis à Commercy, frère cadet de Jean-Étienne et neveu de l'architecte Emmanuel (v. 15n3).

3. Philippe-Sigisbert Rebour (né en 1704), écuyer, conseiller secrétaire des commandements et finances de Madame, fils de Simon, ancien valet de chambre du duc Léopold.

4. Adhémar.

5. Mme de Stainville.

6. Bégueule : terme de mépris qui s'applique dans le style familier à une femme sotte, impertinente, ridiculement avantageuse (Trévoux, 1771).

7. La princesse de Lixin.

8. Trauler ou trôler : aller en divers lieux, mener quelqu'un deçà et delà. Courir çà et là. Il est bas. (Trévoux, 1743.)

9. Quart d'heure : se dit de façon indéterminée pour «moment» (Littré). Mme de Graffigny veut dire qu'à la lecture des lettres qu'elle envoie à Devaux et de celles qu'elle envoie à Desmarest, on peut se faire une idée précise de l'emploi du temps de sa journée.

10. Mme de Graffigny commence à répondre à la lettre de Devaux du 11 septembre 1738 (G.P., I, 155-158); l'article sur la vente de ses affaires se trouve à la page 157.

11. Devaux : «Mon cher pere et ma chere mere compatissent bien a mes peines. J'aime a les voir assez convaincus de ce que vous valez pour me plaindre autant que je suis a plaindre.» (I, 159.)

12. Devaux : «Il m'est insupportable de penser que le dernier meuble qui vous reste d'une mere que vous aimiez tant, passe en des mains etrangeres. Je vais faire tout ce que je pourrai aupres de ma chere mere pour l'engager a l'acheter. Si elle n'en donne pas ce que vous voulez avoir, j'aurai soin d'achever de moy-meme. Je me fais deja une image charmante du plaisir que j'aurois de vous le rendre un jour.» (I, 157-158.)

13. François-Joseph Toussaint (mort en 1762), conseiller secrétaire et trésorier des ducs de Lorraine. Originaire de Dieuze, il avait servi sous Léopold, il avait été attaché au marquis de Stainville, et il suivra François III en Toscane. Mme de Graffigny le connaît bien, et continuera à parler de lui et à lui écrire, car il sera chargé de payer les pensions de l'Empereur. Frévois-Léopold Toussaint, contrôleur des bans de la saline de Dieuze, et sans doute frère de François-Joseph, avait en 1734 acheté à Mme de Graffigny une rente qui provenait de la successions de la mère de celle-ci (A.M.M. 8E8, f.43).

14. Peut-être Jean-Baptiste Courtois (1695-1758), doyen des avocats ès conseils du roi au moment de son décès; mais l'état civil de Lunéville cite aussi Henri et Jean, également hommes de droit, et Devaux avait été étudiant à Pont-à-Mousson avec Robert Courtois (1709-1780). La famille était établie à Einville.

15. Devaux : «Le Professeur vous mande le mau-

vais succes de l'affaire du Petit [v. n16 ci-après]. C'a eté un nouveau coup de foudre pour nous, mais comme l'autre fumoit encor, il a moins fait de degat que dans un autre temps. Nous en sommes extremement faschés et pour nous et pour luy, parce qu'en verité il le merite bien.» (I, 158.)

16. Charles de Saint-Lambert (mort en 1747) avait été capitaine des gardes sous le duc Léopold. La famille habite à Affracourt, au sud d'Haroué. Nous ne savons pas quelle est l'affaire dont il s'agit. Il y a peut-être une confusion ici entre Saint-Lambert et d'Amezaga; v. n20.

17. Devaux : «Je fus aussi extremement content du Professeur. Je ne pouvois arrester ses sanglots, et je vis la fin de mes pleurs avant celle des siens.» (I, 158.) «L'Autre Toi», «le Professeur», dit aussi «le Chien», c'est Nicolas-François-Xavier Liébault (1716-1800), professeur d'histoire des cadets du roi Stanislas. Son père est avocat à la cour souveraine à Nancy, et il a encore deux frères. Devaux le connaît depuis 1735 au plus tard, et éprouve pour lui une amitié qu'on peut qualifier de passionnée; si Desmarest est «l'autre moi» pour Mme de Graffigny, Liébault est «l'autre moi» pour Devaux. D'ailleurs, à certains moments, Devaux donnera la préférence à Liébault sur Mme de Graffigny, qui s'en fâchera. Mais Liébault est l'amant de Clairon. Il jouera un rôle important dans la correspondance jusqu'à la fin.

18. Voir 14n6. En ce moment Tavannes est avec les armées impériales à Belgrade assiégée par les Turcs.

19. La Figuette : surnom d'Anne-Marguerite (1714-1772), fille de Charles-Henri, comte de Ficquelmont, baron de Parroy (mort avant 1745), chambellan du duc de Lorraine, capitaine commandant les chevau-légers de S.A.R. et grand

bailli de Lunéville; et d'Anne-Marguerite de Chauvirey (vers 1691-1735). Leur fille épousera en 1746 Étienne de Thomin (1712-1781), capitaine de cavalerie, chevalier de Saint-Louis.

20. Il y a tant de marquis à Lunéville que Mme de Graffigny et Devaux eux-mêmes s'y perdent parfois; voir le dernier paragraphe de la lettre 49. Ce marquis doit être Balthasar-Joseph-François-Nicolas-Antoine-Michel Hurtado, marquis d'Amezaga, qui signe Ignace Urtado (1710-1792), militaire, lieutenant général en 1780, et courtisan. Il sera grand bailli de Rosières et premier gentilhomme de la chambre de Stanislas. Il épousera en 1754 la veuve du ministre d'État, Amelot. Il est d'ailleurs cousin germain du marquis d'Adhémar par leurs mères, nées Sublet d'Heudicourt, et il fait partie du cercle des amis intimes de Mme de Graffigny. On l'appelle aussi la Petite Horreur, et même le Petit, qui sera aussi le surnom de Saint-Lambert.

21. L'identité des personnages de ce triangle amoureux reste fort douteuse, parce que Mme de Graffigny, comme elle l'explique ici, brouille les pistes, en réservant une partie des détails pour Desmarest. Malgré cela, Devaux aura de la peine à comprendre. Mais il semble bien que la dame soit la princesse Anne-Charlotte de Lorraine. Quant au Premier, ou Véritable, c'est-à-dire, l'amant de la Princesse, certaines indications découvertes dans les lettres des volumes qui suivront permettent d'avancer l'hypothèse qu'il s'agit du baron Charles Ogara, chambellan de la princesse Anne-Charlotte et de S.A.R. le grand-duc de Toscane. Le Second est très vraisemblablement le prince Marc de Beauvau-Craon (v. 27n8). Pour la suite de cette histoire, v. aussi 27n9, 30n23, 33n12-16, 36n22-23 et 39n19.

27. à Devaux

Le mardi soir [16 septembre 1738]

Tu as raison, mon cher Panpan, ta lettre est si brouilliée que je ne sais comment y repondre [1]. Tu seras grondé d'abort. Comment! Moi qui ai mille devoir a remplir ici et mille ennuis a essuier, je trouve assés de tems pour t'ecrire des bibles [2], outre celle de l'Autre Moi, et toi dans ton chien de fauteuil, n'ayant qu'a niaiser [3] tout le jour, tu atens a m'ecrire un chifon a la hate et au risque d'etre necessairement areté par des choses imprevue et que l'heure de la poste passe. Avoue que cela n'est pardonnable que par un cœur comme le mien.

Au fait, car je suis pressée. Je mande au Docteur pourquoi cette femme[4] me fera sauter la tete. Je m'en etois sauvée hier comme tu le vera. Elle m'en a chanté pouille.

Peus-tu croire que je n'aye pas ecrit a la Grandville?

Il me semble que j'avois mis dans ma premiere lettre des papas, des mamants[5] que tu pouvois montrer.

J'ai recu le billet de Toussaint. Demain cela sera fait.

J'ai soupé hier avec Md. de Lenoncour tete-a-tete, qui m'a comblée de caresse sans que je l'en prie. Elle m'a dit qu'elle vouloit faire en sorte que Mde me donne quelque chose avant que je ne sorte d'ici. Tant mieu si cela arrive. Nous[6] n'en partons que de dimanche en huit. Cela fait presque encore quinze jours. J'en suis bien aise. J'ai bus mes hontes pour le manger. Je n'ai a me plaindre que d'etre trop aimée, au moins en apparence, car c'est a qui me fera plus d'am[i]tié, jusqu'au valet de pieds. Je crois qu'ils sont fous, car je ne les connois pas, et il me servent comme s'il etoient trop heureux de troter pour moi.

Tu veras dans la lettre du Docteur ave[c] qui j'ai passé hier l'appres-souper. C'est une autre miserable comme Lubert[7], mais point furieux; affligée, desesperé comme un homme resonnable qui sent tout le pois de sa chaine. Tu vois que je suis heureuse en confidence. Je t'amuserois bien de celle-la, mais je n'ose tout ecrire.

Mr de Beauveau[8] m'est venu voir ce matin. J'etois encore au lit. C'est une faveur car il est d'une humeur de chien. C'est un vray Proffesseur[9] a ce qu'on dit, car tu crois bien qu'il ne me le dit pas.

Md. de Bouffler[10] est arrivée cette nuit a deux heures. Elle a vu un moment Madame ce matin et est partie ave[c] sa sœur[11]. C'est une belle enbassade. Tout le monde en jase. La sœur s'est presque mise a jenoux devent sa tante[12] pour anoncer son mariage. Elle l'a rabrouée comme un chien. Elle ecrira a Madame. Je crois que ce sera un beau carillon[13]. J'ai prié qu'on dise a Md. que je ne suis pas si bien avec elle qu'elle le croit, car elle m'adresseroit les criailleries et je m'en passerai bien. La Belle[14] le sait et me l'a dit hier soir. Elle en est indignée.

Tu as bien fait de me dire que le Docteur m'aimoit toujours de meme. J'etois affligée de son peu d'empressement a voir ma lettre. Embrasse-le bien pour moi.

Md. de Neiberg[15] est ici.

Ma foi, je ne sais plus rien a te rabacher. En relissant ta lettre j'ai vu, quoiqu'elle ne soit pas datée, qu'elle est de lundi. Et que tu as eu la miene dimanche matin. Et que Demaret n'a eu la miene que lundi. En verité cela est pitoiable et cela m'inquiete. Ecoute bien et foure-toi cela dans la tete et a lui aussi. La po[s]te arrive le samedi, lundi, et mercredi soir. A la rigeur on pouroit les avoir le soir en les envoyant chercher. Mais le facteur doit les avoir distribué avant dix heures du matin les lendemains. Comment est-il possible qu'il ait gardé celle du Docteur un jour de plus? Cela n'arrive que quand on les ouvre, et j'en suis inquiette. Que sa prudence au deffaut de son empressement les lui fasse avoir du moins aussi tot que tout le monde.

Je te declare que rien ne m'inpassiente comme une lettre sans datte. Table ladessus.

Mille amitié a nos chers amis. Je prends toute la part imaginable a la crise de St-Lembert[16]. Mon Dieu, comment s'en tirera-t-il?

Je veux, ou je ne t'aime plus, que tu baise Papa et Mamant des deux cotés pour moi, que tu leur dise que je les aime et les aimerai tant que je vivrai. Je veux que tu leur parle de moi, que tu les engage a m'aimer. Tu sais si je fais cas de cœurs comme les leurs.

Adieu, mon cher Panpichon. Quant tu ne me dirois pas un mot de ton amitié, je ne la croirois pas moins solide, et la miene va le meme train que ma vie. Ce sont deux choses inseparables.

Le Petit Saint est devergondé au point qu'hier chez sa seur[17] il pisoit dans un cabinet, la porte ouverte, et me faisoit la conversation, comme de me demender si j'entendois bien et d'autre jentillesse de cette espese. J'ai promis que je te le manderois.

MANUSCRIT

Yale, G.P., II, 17-20 (D3); 4 p.; orig. aut.

NOTES

1. La lettre de Devaux à laquelle celle-ci répond est perdue. Elle était du lundi 15 septembre, mais ne portait pas de date. Les premiers articles de la présente lettre semblent être des réponses, et certains suggèrent que Devaux avait déjà répondu à la lettre 25 du 13 septembre.

2. Bible : Mme de Graffigny utilise souvent ce mot pour désigner un long écrit, surtout une longue lettre; les dictionnaires ne connaissent pas cette acception.

3. Niaiser : signifie aussi badiner, s'amuser à la bagatelle, consumer son temps à de vaines occupations, à des choses inutiles. «Il ne fait tous les jours que ravauder et niaiser.» (Trévoux, 1743.)

4. Mme Frassinetti.

5. C'est-à-dire, des expressions d'amitié que Devaux pouvait montrer à ses parents; Mme de Graffigny a utilisé de telles expressions dans la deuxième (lettre 26), mais non dans la première (lettre 25); v. vers la fin de cette lettre-ci.

6. Mme de Graffigny et Mme de Stainville, pour aller à Demange-aux-Eaux.

7. Louis-Pierre de Lubert (vers 1710-après 1767), exempt des gardes du roi Stanislas; fils d'un président de la Chambre des comptes à Paris, il a une sœur que Mme de Graffigny verra beaucoup à Paris.

8. Marc de Beauvau, prince de Craon et du Saint-Empire (1679-1754), conseiller d'État de S.A.R. et grand écuyer de Lorraine, chef du conseil de régence du grand-duché de Toscane; son épouse Anne-Marguerite de Ligniville (vers 1687-1772), avait été la maîtresse du duc Léopold.

9. Le Professeur est un surnom de Nicolas Liébault; la phrase semble comparer M. de Beauvau à Liébault. Mais en réponse à Devaux, qui ne comprend pas non plus (v. 30n23), Mme de Graffigny dira que «La Princesse est le Professeur» (v. 39n19). Il s'agit probablement ici d'une inadvertance; Mme de Graffigny pense à la princesse Anne-Charlotte, oubliant qu'elle ne l'a pas nommée, même sous un code. C'est ce passage qui permet d'identifier le Second comme le prince de Beauvau (v. 26n21). Le sens de la comparaison semble être que la Princesse se trouve entre un homme qui l'aime et un autre qu'elle aime, comme Liébault entre Devaux qui l'aime, et Clairon qu'aime Liébault (v. 26n17).

10. Marie-Catherine de Beauvau (1711-1786), fille de Marc (v. n8 plus haut) et sœur de la princesse de Lixin (v. 25n18), mariée en 1735 à Louis-François, marquis de Boufflers (1715-1751), brigadier et maréchal de camp. Elle sera une des personnalités les plus célèbres des cours de Lorraine et de France, et Mme de Graffigny parlera souvent d'elle.

11. La princesse de Lixin, qui doit épouser le marquis de Mireproix (v. 25n18).

12. Fille de Marc de Beauvau-Craon, la princesse de Lixin a six tantes. Du côté des Ligniville, ce sont Mmes de Gallo, de Lambertye, de Lenoncourt, et de Messey. Mais il vaut mieux chercher cette hautaine dame du côté des Beauvau-Craon. C'est donc ou Marie-Louise, enfant du premier lit de Louis de Beauvau-Craon, qui épousa Charles-Louis de Bassompierre, ou plus probablement, Catherine-Diane (1671-1752), enfant du second lit, mère de Mme de Stainville par son premier mariage avec Anne-François-Joseph, marquis de Bassompierre (mort avant 1698); les deux sœurs ont donc épousé les deux frères. Catherine-Diane épousa en 1699 Charles-François de Stainville, comte de Couvonges (v. Introduction, p. xxv-xxvi) et en troisièmes noces, Eugène, comte de Rouerk, major du régiment des gardes, chambellan et conseiller d'État du duc Léopold.

13. Carillon : se dit aussi, mais bassement, des crieries que font les femmes de mauvaise humeur, ou les personnes du bas peuple, lorsqu'elles querellent ou injurient quelqu'un. «Quand ce mari va au cabaret, sa femme lui fait un beau carillon.» (Trévoux, 1743.)

14. La princesse Anne-Charlotte.

15. Maria-Franziska-Theresia, Gräfin Khevenhüller (1702-1760), épouse de Reinhard, Graf von Neipperg (1684-1774). Il est feld-maréchal au siège de Belgrade en 1738; il avait été gouverneur du duc François III, et diplomate.

16. Voir 26n15.

17. Madeleine-Françoise d'Adhémar de Monteil de Brunier de Marsanne; elle épousera en 1745 Léopold, comte Du Han et de Hemstroff, premier écuyer de Madame.

28. à Devaux

Le jeudi apres-diner [18 septembre 1738]

Or ça, mon Penpichon, il y deux jours que je ne t'ai ecrit, et il me semble qu'il y a un mois. J'ai fait mon journal a l'Autre Moi. Je ne sais pourquoi, car je crois qu'il s'en soussie moins que toi. Mais comme je ne saurois me retenir de lui ecrire des que j'ai un moment a moi, il faut que je lui mande des faits pour ne pas l'ennuier de sentimens.

J'ai parlé hier de toi avec Mr Dupuis[1] en allant voir ses tableaux. Je ne le connois pas. Qu'importe? Il te connoit, je l'aime.

J'ai eté hier voir Babiche[2]. Je lui ai aussi parlé de toi, et j'ai eté bien aise, je la trouve toute aimable. Dis-le au Ron[3], en l'embrassant de tout ton cœur pour moi.

Je suis bien grosse[4] de savoir la fin des bouderies de Md. Lolote[5]. Cette Francinetty ne sait rien ou ne veut rien dire. Elle m'a cependant parlé de toi et de tes regrets. J'en suis touchée, j'en pleure, et je serois bien fachée de ne pas pleurer. J'ai esté si aise de voir cette petite Marsanne[6] qui aime mes amis, et qui les avoit vu depuis moi. Je l'ai baisé de si bon cœur.

J'ai été hier et aujourd'huy chez Toussaint. Enfin, comme il est ecrit qu'aucune de mes affaires ne finiras jamais sans dificulté, il y a des erreurs dans le decompte des rente qui retardent mon payement. J'espere que Francois[7] a qui j'écris pour anvoi[e]r les nottes me tirera d'affaire. Si non, il me manqueroit plus de cent livres pour rembourcer Herei, bien loin d'avoir de reste. Et tu sens bien quel embaras cela me feroit. En attendant que j'ai la reponce de Francois, je ne puis rien faire. Par bonheur que Md. de Stainville ne veut partir que de dimanche en huit jour, et j'en suis bien aise car je megrirai seurement a Demange[8] si je n'y meurs. Du moins ici je me dissipe quand je ne le voudrois pas.

Mde Mathieu[9] m'a ecrit qu'on lui avoit dit que je partois incessament pour Paris. Il faut, mon cher Panpan, que tu prie ta chere mere de lui parler et de lui dire qu'elle ait un peu melieure oppinion de moi. Des que j'aurai fini avec Toussaint, je t'envoyerai quelque chose pour lui donner. Pas tout, car je ne pourois, mais je ne partirai pas sans la paier. Je lui ai trop d'obligation pour ne pas y repondre.

Je te prie aussi de passer chez ce Chevaillier[10], marchand de vin dans la rue des Capucin[11], et de lui dire que je t'ai mandé que je t'envoyerois de l'argent pour lui par Hademart. Je meurs de peur qu'il ne viene ici.

Il faut que tu aille prendre dans le coffre chez Md. de Granville ma robe de taffeta et que tu me l'envoye par les cocher qui vont rechercher la berline que Fanchon[12] a laissé. Ne les manque pas. Fais-le dire aussi à Lubert, pour m'envoyer ma commission de Paris. Ma robe de tafeta (car il te faut tout expliquer; tu croirois que j'ai trop chaut quand il gelle) est pour doubler un genillon[13] d'un louis que je fais acheter a Nancy, avec quoi je compte passer mon hivert. Ah mon Dieu, que je suis lasse d'etre pauvre.

J'ai vu hier un instant le pettit marquis[14]. Il vous fait a tous des complimens. Il dit qu'il vous aime. Vous le croirez si vous voulez.

L'abbé de St-Mihiel[15] m'a ecrit ce matin pour m'inviter a l'aller voir. Nous yrons dimanche diner, Fanchon et moi. Il nous envoye sa voiture.

Le vendredi soir [19 septembre 1738]

Tu es charmant, mon cher Panpan, je serois morte a present sans toi. J'ai devoré ta lettre pour voir si tu ne me dirois pas pourquoi je n'en ai point de l'Autre Moi. Tu n'en dis mot; mais la datte de la tiene me rassure. Elle est d'hier soir[16]. S'il etoit malade, s'il lui etoit arrivé quelque chose, tu me prepareois a n'avoir point de ses nouvelles. Je ne puis donc croire autre chose que sa negligence a faire mettre les lettres a la poste. Mon Dieu, dis-lui bien de n'avoir point de distractions la-dessus. Si par malheur tu en avois fait autant, ou en serois-je? Car comptez sur une chose, c'est que je ne vis qu'en vous deux, que je mourrois infailliblement si vous ne m'aimiez plus, et que je ne saurois me passer des marques de votre amitié. Je compte d'une poste a l'autre les momens de son arrivée. Je n'ai de consolation qu'a relire vos lettres, et a vous ecrire dans tous les momens ou je puis etre seule. Tout ce qui m'environne me devient plus etranger a mesure que le tems mest de la distance entre le plaisir d'avoir vu mes chers amis et la douleur de les avoir quitté. Ah, brisons la-dessus, mon cher Panpan. Je te[a] couterois trop de larmes si je te parlois des mienes.

Je me suis sauvée chez la Petite Sœur pour t'ecrire. Je n'ai pu retourner chez moi a cause que depuis hier j'ai les deux petits doits des pieds enflés et qui me font des douleurs horrible. Si j'etois restée chez mon fleau, j'en avois pour mourir, car je suis fort triste aujourd'huy, et quant l'ennuy s'y joint, tu sais ce qui m'en arrive. Il est vray que depuis une heure le St me fait enrager a me faire ecrire ses vers. La tete lui en saute. Il en fait tous les jours et je suis son secretaire. L'autre frere[17] joue du tembourin et moi je pleure. Le St me gronde. Tout cela se passe dans ce moment.

Ou as-tu pris que j'aye mangé avec Madame[18]? Il n'en est rien. Ne va pas me donner ce ridicule. J'ai mangé a sa table, mais elle n'y étant pas; c'est toujours une faveur. Mais je dis comme elle – tu sais bien quoi. Tu veras par la lettre de l'Autre Moi que ton augure[19] n'est pas meillieur que les plus mauvais. Crois-moi, jamais presentiment sur mon compte ne se verifiera s'il n'est mauvais.

On a enfin dit à Md. le mariage[20]. Elle a clabeaudé. Je crois l'avoir deja mandé a mon ami. Elle a etudié le compliment qu'elle feroit a la marié. Elle le repete tout le jour; le voici : «Vous avez eu tord, Madame, de ne pas me dire plus tot votre mariage, car il me fait grand plaisir. Vous n'etiez pas digne d'entrer dans la maison de Lorraine. Je suis fort aise que vous en sortiez.» La Belle Comtesse[21] m'a dit ce que j'ai peine a croire, qu'elle avoit eté a confesse au pere Antoine[22] pour le mettre dans ses interetz. Je ne saurois encore croire qu'elle ait poussé l'hipocrisie jusque-la.

Sais-tu bien que ton voyage[23] me chagrine? Je n'espererai plus de letres; tous les jours me seront egeaux. Je sais bien bon gré a l'Autre Moi de vouloir aller ave[c] toi. Mais il me semble que vous m'abandonnez tous deux. Je ne sais ce que je deviendrai. Cela me fait une separation. Je n'ecrirai point chez Guillerant[24]. Le mesager ne va qu'une fois la semene. Il faudroit donner bien juste pour que tu ais ma lettre. Ecris-moi ici tant que je te le dirai, car je ne sais quant j'en partirai, et en tous cas je chargerai le Tu de me les renvoyer quant je serai sur la montagne[25].

Tu m'as envoyé une lettre de Grosbert[26] tres inutile. Si je m'en souviens bien, je t'avois prié de lire toutes celle qui me viendroient et de ne m'envoyer que les necessaire. Le petit resonnement de ton envelope[27] est charmant, mais je ne veux pas que tu me remercie tant des attentions que j'ai pour toi. Ah mon Dieu, ai-je rien a faire dans ce monde que d'aimer mes chers amis? Et quant j'y vivrois mille ans, en trouverois-je un comme toi? Plus[b] je pense a toi, mon cher Panpan, plus je sens le prix de ton amitié. Tu me flate trop en voulant me persuader que je t'ai procuré quelque tranquilité, mais il ne faut pas moins que cela pour calmer les regrets que me causent les meaux que je t'ay fait. Sans mes malheurs, aurois-tu eté malheureux? Que ne doi-je pas faire pour reparer les teribles heures que je t'ai fait passer? Voila encore les larmes, les remontransces du Saint et les vers. Il faut finir.

Embrasse l'Autre Toi pour moi. Je suis bien aise de ce que tu me mande pour lui, pour toi, et pour moi, car cela me fait aussi du bien.

Voila les vers du Saint:

> L'amour en traversant les airs
> Pour retourner dans l'Idalie,
> Rencontra la jeune Celie,

Qui dormoit sous des mirthes verts.
Eh quoi? dit l'enfant de Cithere,
N'esse point la cette bergere
Qui veut se soustraire a mes lois?
A ces mots il prend son carquois,
Et penetrant l'epais feuillage
Qui la couvroit de son ombrage,
Tent son arc, et d'un trait vanjeur
Le petit dieu perce son cœur.
Ah, dit-il, l'heureuse conquete;
Pour mieux en celebrer la fete,
De son cœur passons dans ses yeux,
Et de la commendons aux hommes et aux dieux.

Ainci que la mere des graces,
Iris a reçu la beauté;
Dans son port, meme majesté,
Et les plaisirs suivent ses traces.
Elle a de la deesse et la bouche et les yeux,
Elle a ce souris gracieux
Devent qui tout cœur doit se rendre. *a*
Enfin l'on pouroit s'y meprendre,
Si les tendres amours qu'elle amene en ces lieux
Portoient comme les siens des bandeaux sur les yeux. *d*

L'auteur vous embrasse tous.

[*adresse :*] A Monsieur / Monsieur Devaux / le fils / a Luneville

MANUSCRIT

Yale, G.P., II, 21-26 (D4); 6 p.; orig. aut.; cachet sur cire brunâtre représentant une femme debout.

TEXTE

a Le ms: «de». *b* Le ms: «pusl». *c* Remplace un vers rayé : ⟨devent qui tous les cœurs se rendent⟩. *d* Les six premiers vers du deuxième poème sont écrits en bas de la page 26, les quatre derniers en haut, et l'adresse au milieu.

NOTES

1. Probablement Philippe Dupuis, peintre ordinaire du duc de Lorraine. Son père, Nicolas, également peintre, originaire de Pont-à-Mousson, fut anobli en 1706.
2. Non identifiée.
3. Clairon Lebrun.

4. Gros de : être gros de, pour avoir envie de, a été tout à la mode à Paris dans le XVIIe siècle et au commencement du XVIIIe siècle. Cette locution passablement ridicule, qui provenait du XVIe siècle, est tombée en désuétude. (Littré.)

5. Lolotte est un diminutif de Charlotte, et comme c'était un des prénoms de Madame, il était fort répandu parmi les dames lorraines. Mme de Graffigny parle de trois Lolottes différentes dans ses lettres qui datent d'avant le 12 octobre : Mme de Grandville, Mlle de Lenoncourt, et Mlle de Spada. Il s'agit probablement de Mme de Grandville.

6. La sœur d'Adhémar et de Marsanne (v. n17 ci-dessous).

7. Probablement Jean-Gabriel François, avocat à la Cour souveraine, qui avait été anobli en 1716.

L'*Almanach de Lorraine* pour 1738 donne aussi un Ignace François, lui aussi avocat à la cour.

8. Village à une vingtaine de km au sud-est de Ligny, dont la seigneurie appartenait aux Stainville.

9. Marie Leclerc sera en 1740, selon des documents notariaux, veuve de Jean-Claude Mathieu, marchand de Lunéville. Elle finira par faire saisir les meubles de Mme de Graffigny vers le 20 mai 1739.

10. Mme de Graffigny avait signé (12 août 1738) une promesse de payer 149 livres à Chevalier (vérifié à partir des actes des notaires).

11. L'actuelle rue du Général Leclerc.

12. Mlle Frassinetti.

13. Guenillon : vieux lambeau de linge, ou d'étoffe (Trévoux, 1743).

14. D'Amezaga.

15. Louis-Antoine de Lenoncourt (vers 1690-1744).

16. Lettre du 18 septembre 1738 (G.P., I, 189-190).

17. Alexandre d'Adhémar de Monteil de Brunier, comte de Marsanne (1714-après 1792), frère puîné du marquis d'Adhémar.

18. Devaux : «J'ay eté charmé d'apprendre que vous aviez enfin diné avec Madame.» (I, 190.) Il est possible que Devaux ait mal compris la lettre précédente, ou encore qu'il ait tiré cette conclusion d'une lettre à Desmarest.

19. Devaux : «J'avois toujours eu en teste que

vous reussiriez mieux aupres de la mere que de la fille. Je souhaite que l'evenement justifie les pressentimens que j'ay la-dessus.» (I, 190.)

20. Il est clair qu'il s'agit ici du mariage de la princesse de Lixin avec le marquis de Mirepoix (v. 25n18).

21. Jeanne-Thérèse Du Han, comtesse de Martigny (1707-1748), mariée à Mannheim en 1735 à Joseph Grenville, comte d'Elliot de Port-Elliot, officier général au service de l'électeur palatin.

22. Le père Paul-Gabriel Antoine (1678-1743), capucin. C'est Mme de Lixin qui est allée à confesse.

23. Devaux projette d'aller à Vandeléville (I, 187, 189).

24. Devaux : «Si vous vouliez addresser vos lettres a Guillerant, chez Mr de Vidampierre a Nancy, je causerois avec vous la comme ici.» (I, 187); v. 21n8.

25. La montagne : terme employé souvent par Mme de Graffigny pour désigner un lieu de retraite, d'exil, ou d'isolement; les dictionnaires de l'époque ne connaissent pas cette acception.

26. François Grobert, ancien secrétaire du marquis de Stainville, est en 1738 secrétaire au cabinet du grand-duc de Toscane à Vienne. Anobli en 1737 pour vingt-trois ans de service aux ducs de Lorraine, il avait commencé au bureau des écuries.

27. Les enveloppes sont perdues.

29. à Devaux

Le dimanche soir [21 septembre 1738]

Je ne t'ai pas ecrit hier, mon cher Panpan, parce que je t'ai cru parti et j'etois meme fort en peine de savoir si tu aurois mes lettre, surtout a cause de ce maudit diner avec Madame que tu t'es mis en tete, je ne sais pourquoi. Mande-moi donc si tu l'as dit a quelqu'un. Tu me donnerois un beau ridicule.

J'arrive de St-Mihiel[1] ou j'ai eté diner. Je n'ai pas mangé un bon morceau qu'il ne me soit venu dans la tete de le mettre dans ma poche pour le manger avec mes chers amis. Vous m'etes toujours present. Un devot se croiroit un pied dans le paradis s'il avoit une habitude actuelle de penser a Dieu comme celle que j'ai a penser a mes bons et tendres amis.

Tu peux dire tout bas a la beguelle[2] qui veut me rendre servisse qu'elle aille ou tu ne peus aller. Je m'en lave les mains. Tu m'entens bien. N'en parle plus car cela me degoute, elle, ces chiens, et tout ces rabachages. Tu peus assurer sa fille[3] qu'elle ne m'a pas ecrit, car par bonheur pour moi les lettres ne se perdent pas.

Je sais il y a trois jours le secret de Mr de Choiseuil[4]. Il le confie a tous les gens qui l'approche. Je desire de tout mon cœur que cela soit bon a notre petit ami[5]. Embrasse-les. Il est trop tard pour leur ecrire.

J'ai recu deux lettre du Docteur. Ainci j'ai bien deviné son encien traint[6] d'oublier de les faire mettre a la poste. Il n'y a que des douleurs de tete dans la premiere. Si tu ne me rassurois, je le croirois bien malade. Je ne suis cependant pas fachée, quoiqu'il le croye, car je connois assés ses humeurs pour les lui laisser passer. A l'entendre, il ne fait que jemir et souffrir de vapeurs et de letargie. Ce n'est pas cela qui m'alarme, car si cela etoit si fort qu'il le dit, tu en saurois quelque chose, et vos deux lettre font un vray contraste. Mais admire ma misere. C'est que cette nouvelle d'envoier des troupes pour secourir l'empereur[7] me fait fremir.

Le St dit qu'il ne reste ici que pour moi, et je ne le vois que quand je vais chez sa sœur. Je le renvoyerois si l'affaire de Toussaint etoit finie et que j'eu de l'argent a lui donner. Il a parlé hier a sa sœur devent moi pour parler a la Belle, mais elle a repondu si froidement que c'est une confirmation du neant que j'ai prevu. J'ai encore recu une lettre inpertinente de la Foler[8] qui en terme honnete me traite de bancroutiere. Il faut, mon cher ami, que tu lui parle encore, et que tu dise ce que tu poura pour la faire taire. Ces misere-la me chagrine bien fort, et je n'y vois guere d'issue si l'affaire de Mr de Lenoncour manque[9].

Bonsoir, mon cher Panpan. Tes lettres me ravissent, m'enchantent. Ne dis donc plus que tu rabache. Cela me desole. Ecris-moi que tu a bu, mangé, pissé – tout cela me plait. J'ai deviné le proverbe[10].

MANUSCRIT

Yale, G.P., II, 27-28 (D5); 2 p.; orig. aut.

NOTES

1. Ville sur la Meuse, à 18 km au nord-est de Commercy, site de l'abbaye de Saint-Mihiel (v. le texte de la lettre 28 à la note 15).

2. Devaux : «J'allai hier matin chez l'Hotesse avec le Vous [Desmarest] [...] La dame le reçut a merveilles, et moy coussi coussi. [...] Dans une conversation d'une heure et demie elle me repeta tous les griefs qu'elle m'a deja tant dit; l'histoire du chien et toutes les autres ne furent pas oubliées. Tout cela pourtant avec de grandes protestations de vous servir en tout pour peu qu'elle en trouve l'occasion.» (19 septembre 1738, G.P., I, 179.)

3. Il est question sans doute de Mme Royer et de sa fille Mme de Grandville (v. 18n3 et 25n15).

4. Voir 25n14.

5. Devaux : «Mr de Choiseul a dit a St-Lambert que son affaire etoit faite, qu'il etoit assuré de la charge du Petit Comte.» (I, 181.) Il est probable-

ment question des débuts de la carrière militaire de Saint-Lambert. Choiseul est sans doute Charles-Marie de Choiseul-Beaupré, marquis de Choiseul (1698-1768), lieutenant général.

6. Train : a ici le sens d'habitude, mode de vie (Littré). C'est l'emploi de ce terme avant un infinitif qui est surprenant.

7. Charles VI (1685-1740), empereur d'Autriche de 1711 à 1740, alors en guerre contre les Turcs. L'ex-duc François avait épousé sa fille Marie-Thérèse, et beaucoup de Lorrains servaient déjà à Belgrade dans les armées impériales.

8. Devaux répondra : «J'allois hier chanter pouille a Foler. Il me fit des excuses et se plaignit de ce que vous ne luy aviez pas dit que vous vous en alliez.» ([Vers le 23 septembre 1738], G.P., I, 166.) Henry Foller était marchand bourgeois à Lunéville; son épouse était Anne Cuny.

9. L'affaire doit être le projet de Mme de Lenoncourt, rapporté dans la lettre 27, par. 6, de faire donner quelque chose à Mme de Graffigny par

Madame. Le texte dit bien «Mr», mais le mari était mort en 1735; il s'agit peut-être de son frère, Jean-Baptiste-François, marquis de Lenoncourt et de Blainville (mort en 1763), comte du Saint-Empire, grand-maître de la garde-robe du duc Léopold et guidon de gendarmerie; il épousa en 1728 Catherine-Antoinette-Louise de Lambertye (1713-1786), ancienne chanoinesse du chapitre de Mons.

10. Devaux : «Deux bergeres sans amans se servent de leur houlette, quoyqu'elles ne soient pas garnies de velours, et qu'elles ne soyent que de bois.» (I, 182.) Il est clair que Mme de Graffigny a su reconnaître le proverbe grivois dissimulé dans l'énigme que lui propose Devaux.

30. à Devaux

Le lundi matin [22 septembre 1738]

Je m'eveille, mon cher Panpichon, je fouille dans ma poche, je relis ta lettre d'hier, et je te fais une reponce plus emple. Mais auparavant je crois qu'il faut reprendre le fil de mon histoire. Vandredi je soupai toujours avec Md. de Lenoncour. Je petillois d'envie de vous ecrire en me couchant, mais je pensay que c'etoit parler a des hermites de Vandleville[1] et je n'en fis rien. Samedi j'alai toujours clopin clopant diner ave[c] ma Dame d'Honneur[2]. Apres diner, quoique j'aye bien mal au pied, je remontai chez la Petite Sœur, qui etoit de fort mauvaise humeur. J'y passai la journée a lire *Md. de Cleve*[3], que par parentaise j'ai laissé la, car cela ne me fait aucun plaisir. Je t'en demande pardon; il faut, mon cher Panpan, passer quelque defaut a ces amis. Le soir je dessendis chez la Belle, toujours trainant mes vielle mules car je ne puis mettre d'autres chaussures. Elle me fit beaucoup d'amour. Quand je voulu sortir, elle me fit rester et me parla de milles choses qui ne vallent pas la repetition. Elle me questiona tant sur l'humeur de la Petite Sœur que, joint a beaucoup d'autres circonstances trop legeres et trop longues pour etre detailliées, que je ne doute presque pas que la Petite *"ne soit"* [...]*[b]* Je veux suivre cela[4] pour voir jouer les resords du cœur humain. Ce qui m'a le plus marqué, c'est que dans l'apres-diner le St en badinant avec sa sœur lui dit tout plat qu'il le croioit. Elle rougit, et son humeur en ogmenta de moitié. Je pensai dire au St qu'il fesoit de la prose sans le savoir, car je parie qu'il ne s'en doute pas. Cependant comme je relevai un peu la negative, il dit et me soutin que ce ne seroit pas la premiere. Je me divertis un moment de cette conversation ou la bonne foy du St brilloit par mille ridiculités[5] au depend de la miene que je laissois traiter d'imbecile.

Je soupai chez la Dame d'Honneur et je me couchai.

Hier je me levai tres matin apres avoir mal dormi. J'avois des commencements de colique qui m'auroient empeché d'aller a St-Mihiel si Fanchon n'avoit pas eté seule; mais comme je vis que cela lui deplaisoit, je me farci de serviettes chaude, j'avalai je ne sais quoi, et je parti. Je ne m'en suis plus sentie. Nous avons fait la plus grande chere du monde, nous avons couru tout le couvent qui est bien beau. La biblioteque n'est pas si belle que je croiois. Ce qui m'a le plus attaché, ce sont les meubles qui reste de notre aimable cardinal[6]. Je me mis presque a genoux devent sa croix pectoralle qui est au-dessus du soleil. Quand je vis sa crosse, je fis comme le petit enfant pour l'epée de Charlemagne[7]. Enfin je ne pensai qu'a lui et a toi. Je te desirai pour en parler. Le diner fut d'un autre ton. Jamais ma chere compagne n'a eté si ridicule. Elle brailla, lorgna, timballa[8] ses bras. C'etoit une pitié. Je ne dis pas un mot. Nous avons ramené l'abbé[9] qui, tout honteux de tant de folie, parla phisique tout le long du chemin et bon gré mal gré il falu *s'y faire*. Je m'etois tant gaffée a la pose[10] que je me suis couchée sans souper et me suis endormie a neuf heur. Je me porte tres bien ce matin. Tu vois comme le doux penchant a la bavarderie m'entraine. Je croiois te faire reponce et pas un mot. Voila mon hotesse qui s'eveille; je vais lui faire ma cour.

Je recois dans ce moment une letre du 15 de la Granville. Elle est comme une letre d'amour. Je ne serai pas en reste de fausseté. J'en recois aussi une de Cireï[11] pleine d'amour que je crois plus vray en attandant que je me desabuse. Je saisis tout ce qui me fait un[e] ombre de plaisir. On me mande que Voltaire m'a envoyé un *Neuton*[12] et qu'on en est en peine. S'il arrive, tu n'a qu'a le lire, le garder si tu veux. J'en aurai a Cireï. Dieu sait quand j'y serai, mais j'en ai bien envie.

Le mardi [23 septembre 1738] a sept heures du matin

Bonjour, mon cher ami, je m'y prend bien matin, n'esse pas? C'est que j'ai de la prevoyence, et tu vas le voir. Je passai la matinée hier avec mon hotesse, l'abbé, et le sieur de Rutant[13]. Je dinai avec eux malgré les priere de Md. de Stainville, qui m'avoit envoyé chercher. Je m'amusai assés parce que je mis le cardinal de Retz sur le tapis et que l'abbé m'en conta quelques anecdoctes. Je crains de te ruiner en port de lettre, je ne te menderai que la plus courte. Il s'amusoit de tout, au point qu'il pissoit sur les chenets pour entendre pssssss. Son esprit etoit aussi remuent en petit qu'il l'avoit eté en grand, en quoi je trouve le merite de sa retraite bien plus grand.

Apres diner j'allai chez Mde de Stainville comptant que j'en sortirois. Je la trouve ave[c] la fievre et dans le train d'avoir un abses au bras d'une seignée qui est restée ouverte depuis deux mois. Elle c'est laissé froter de sa manchette. Depuis huit jours que j'ai vu son bras, je l'en ai averti. Elle n'a rien fait. Enfin pressée par l'ogmentation des douleurs, elle l'a fait voir a Thomin[14] qui le fait aboutir et surement cela sera considerable. Me voila donc garde-malade pour me renforcer car elle ne veut pas rester seule une minute. C'est le bras droit, ainci il faut ecrire ses lettres. Je vais bien me divertir. Resolution prise, malade ou non, nous ne partons que le lendeman de la St-Francois[15]. Je m'amusai assés le soir. Malgré son mal, elle ne tari pas. Elle me conta beaucoup d'histoire du duc d'Orleans regent[16], de ses filles[17], et de dames que je verez surement. Cela m'interessa. Je ne pu jamais ecrire en me couchant. Je n'avois pas soupé, car je ne digere pas ici. Je me couchai. Me voici.

Je prends ta lettre pour repondre aux articles qui le demande. Le premier est sur le raccomodement du Docteur et de L...[d][18]. Tu me dis froidement qu'il m'a sans doute ecrit ce qu'il t'a dit[19]. Ne te mests pas cela dans la tete. Il ne me mande rien. Il ne me repond rien. Il ne m'ecrit que pour me mander qu'il ne sauroit ecrire. Aincy ecris-moi, mon cher ami, tous les details interessans sans craindre les repetition. Je grillois de savoir celui-la, et je n'en sais pas un mot.

J'ai repondu avant-hier soir au second article. Je t'assure pour le troisieme que la reverberation du bort de la Meurte[20] passe bien vite de toi a moi, puisque‘ rien ne m'affligeroit tant que le trouble de ta vie.

Je n'ai point encore eu de nouvelle de Lubert[21].

Ne crains pas de m'ecrire aussi bien vos folies que vos amitiés. Dans quel tems elles puissent arriver, elle seront toujours les bien reçues. Je ne suis pas en reste de delicatesse avec toi, mon cher Panpan. Je suis gaye de tes amusemens et c'est m'en donner de reels que de me les conter. Il n'y a pas une phrase dans tes lettres qui ne me prouve la vraye amitié jusqu'a l'impertinence de ton lit[22]. Helas, que ne puis-je la faire changer. Sans rien risquer pour mon honneur, je ferois bien du plaisir a mon esprit et a mon cœur.

Je ne saurois te detailler la confidence que l'on m'a faite[23] autrement que celle d'un homme resonnable qui est maitrisé par une passion dont il ne se doutoit pas et qui lute sans cesse contre avec le bon sens et la raison, sans violence, sans emportement, enfin comme il faut etre pour interesser les cœurs les plus insensibles a l'humanité. Sans doute que celui qui fait le furibon est au fait, et comment n'y seroit-il pas? Rien n'a tant l'air d'un second que l'autre, quoiqu'il n'atrape que quelques lorgnades, mais il est recu si assidument qu'il est dificile de ne pas juger autrement.

Me voici a l'article qui me tient a cœur. C'est celui de la partie carée qu'on te propose[24]. Au nom de mon amitié, mon cher Panpan, n'en fais rien. Voici mes raisons. La premiere, c'est que tot ou tard on se repend de s'etre encanaillié, et surement la femme qu'on te propose ne peut etre que cela pour toi. Tu sais quelle distance il y a de la facon de penser de Luneville a celle de Paris sur ces sortes de choses. Cela ne sauroit manquer de transpirer et en verité il ne te convient [en] aucune façon d'etre ny la compagnie ny le galant de ces filles-la, moins encore d'etre melée dans leur caquets. Tu n'y aurois pas eté deux fois que tu serois tout cela. Je ne doute pas que l'Autre Toi ne sente qu'une telle societé est toujours honteuse pour des gens qui pensent et qui doivent soutenir le titres de gens sage. Je lui pardonne de s'i livrer parce qu'il a une passion, mais toi qui n'en a point, c'est te donner a credit un travers qui t'aporteroit bien des chagrins. Cette femme e[s]t bien faite pour garder les manteau[25]. Ton ami n'en aura pas moins de plaisir. Ai[n]ci mon cher Panpan, n'en fais rien, je t'en prie. Mon interetz se joint au tien. Je ne souffrirois qu'avec une peine extreme que tu justifia ce que l'on a tant dit, que je ne voiois que de la mauvaise compagnie. Tu sens bien que cela iroit tout de suite. Que la complaisance ne te ferme pas les yeux a l'amitié. Sans cette complaisance je ne t'aurois dit qu'un mot, mais j'ai cru qu'il faloit de grosses raisons et une grosse amitié pour la balancer.

Si tu peus m'envoyer plus tot ce que tu as de hardes, tu me fera plaisir. La berline ne part qu'aujourd'huy ou demain. On ira chercher celle qui est demeurée a Girecour[26]. Cela sera long. Prie nos amis sortant de s'informer de quelque comodité.

J'adresserai toujours mes lettres a Dauphin[27] parce que l'on porte celle des marchand les premiere et que tu les auras plus tot. Je ne me sens pas de joye de ce que tu ne voyage plus. Mande-moi si je puis me dispenser de la double envelope. C'est de la peine et de l'argent epargné.

N'ai-je pas dit, mon cher Panpan : «Je recois ta letre»? C'est deja la reponce de celle d'avant-hier. Cela est charmant.

Je ne sais pourquoi tu me gronde tant sur le compte du Docteur[28]. Qu'ai-je donc fait? Je me suis plaint avec tendresse d'avoir manqué de letre un ordinaire. Je n'ai pas dit un mot aigre; au contraire, j'ai bien demendé pardon de celui que j'avois dit sur le peut d'attention qu'il avoit a envoyer chercher mes lettres a la poste. Eh bien, elles iront comme elle pouront. Les tienes m'arrivent juste, je m'en contente puisque tu me parle toujours de lui. Et je te prie de l'engager a ne me point ecrire pour peu que ces vilaines vapeurs le tracassent. Je sais ce qu'il en coute. J'en sais autant par toi que ce qu'il m'en mende. Ainci c'est assés pour moi tant qu'il se portera mieux. Me feras-tu encore un proces la-dessus? En attendant mande-moi donc que je le sache ce que c'est que cette chiene d'explication.

On ne parle pas plus ici de Tavanne que du mogol[29]. On ne sait rien d'Allemagne.

Fais bien des complimens et des amitiés de ma part a Pernot[30]. [Laisse]*f* voir toutes les serviette que l'on voudra et envoye-[moi m]es*f* paquets. Cette chiene de voiture ne part que jeudi. C'est la mer a boire.

Je viens encore de recevoir une lettre de la Mathieu[31]. Je lui ecris. J'espere que je la payerai bientot. La Petite a assuré hier son frere que j'aurois les vingt louis promis avant mon depart.

J'ai diné avec mon hotesse qui a pris medecine. Depuis que j'ecris j'ai eu la visite du Tu et de la Petite Sœur. Je me depeche de finir, car la Belle a demandé hier pourquoi elle ne m'avoit pas vu depuis deux jour, et n'en deplaise au bras de Md. de Stainville, je veux y aller. Me voici encore dans un autre embaras. C'est que la Granville vient a la St-Francois, a ce que dit son fils[32]. Il faut que je lui cede ma chambre. Je vais tacher d'en avoir une a la cour. Quant ce ceroit une goutiere, je m'en accomoderois.

Bonsoir, mon cher Panpan, mon cher ami, je t'embrasse encore mille fois. Je te prie d'en faire autant a nos amis. Dis-leur bien mes embaras. Et fais-leur trouver bon que je ne leur ecrive qu'a la premiere poste.

Je te prie de m'envoyer avec mon paquet deux tasse de rouge que tu fera acheter par le Ron, et deux millié d'epeingle de fort grosses et des moienne. Ma petite hotesse ne me fournira pas un fetu, je t'en repons.

[*destinataire* :] A Monsieur / Panpan[33]

45

MANUSCRIT

Yale, G.P., II, 29-34 (D6); 6 p.; orig. aut.; cachet (femme debout) sur cire rouge.

IMPRIMÉ

Showalter, p. 32-33, (extrait).

TEXTE

a Mots rayés. *b* Mots raturés et illisibles. *c* Lecture incertaine : se taire? *d* Lecture incertaine. *e* Le ms : «puisque je rien». *f* Trou.

NOTES

1. Voir 21n8 et 28n23.
2. Mme de Lenoncourt.
3. *La Princesse de Clèves*, le roman de Mme de La Fayette.
4. Mme de Graffigny parlera à plusieurs reprises des sentiments passionnés qu'éprouve la sœur d'Adhémar pour la princesse Anne-Charlotte (v. par exemple la lettre du 6 octobre 1739).
5. Ridiculité : action ou parole ridicule. Ce mot n'a point été reçu et n'a été approuvé de personne. Il peut passer dans le style familier. (Trévoux, 1743 et 1771.)
6. Paul de Gondi, cardinal de Retz (1613-1679) passa sa retraite à Commercy à partir de 1662; ses *Mémoires*, qu'il y rédigea, parurent en 1717. Il légua ses livres à l'abbaye où, en 1675, il avait pensé se retirer.
7. Allusion non identifiée.
8. Timballer : probablement, agiter ses bras comme un timbalier (Littré); le mot n'est pas dans les dictionnaires de l'époque.
9. L'abbé de Saint-Mihiel (v. 28n15).
10. C'est-à-dire, «je m'étais tant gavée à la pause.» L'abbé Corblet, dans son *Glossaire du patois picard* (1851), dit : «Gaffer : manger avidement. De même en Lorraine.» «Gaffer» et «gaver» ont la même origine, c'est-à-dire le substantif «gave» : jabot des oiseaux; en wallon, gaf; en champenois, gueffe (Littré).
11. Château du marquis Du Châtelet, situé à l'extrême ouest de la Lorraine, à peu près entre Saint-Dizier et Bar-sur-Aube, célèbre à cause du long séjour qu'y fit Voltaire à cette époque. La lettre vient de la part de Mme Du Châtelet.
12. *Éléments de la philosophie de Neuton* (1738) de Voltaire.
13. Pierre de Rutant (mort en 1759), chambellan et capitaine dans le régiment des gardes de S.A.R., ou son père François de Rutant (1657-1739), dès 1717 contrôleur général des finances de Lorraine.
14. André Thomin (Tomin ou Thoumin) (vers

1696-1760), conseiller et premier chirurgien de S.A.R., marié à Jeanne de Vesvres.
15. Le 4 octobre.
16. Philippe II, duc d'Orléans (1674-1723), régent pendant la minorité de Louis XV, de 1715 à 1723; il était le frère de la duchesse douairière de Lorraine (Madame).
17. Le duc d'Orléans avait plusieurs filles, dont les trois aînées, Mlle de Chartres, duchesse de Berry (1695-1719), Mlle d'Orléans, abbesse de Chelles (1698-1743), et Mlle de Valois, duchesse de Modène (v.61n55), s'étaient rendues notoires, comme leur père, par le dérèglement de leur conduite.
18. Les lettres suivantes feront apparaître qu'il s'agit de «la Plotte», et que Mme de Graffigny le devine, car Devaux n'en dit rien – à moins que la visite que nous avons supposée être chez Mme de Grandville n'ait été en réalité chez la Plotte (v. 29n2-3). La Plotte est Béatrice-Clémentine-Désirée Du Han de Martigny (1711-1793), sœur de Mme Elliot (v. 28n21). Elle est la maîtresse du prince Charles de Lorraine. Elle se mariera en 1744 à François-Honoré-Maximilien de Choiseul-Meuse (vers 1717-1746), colonel d'infanterie et chambellan du roi de Pologne, presque un an après la naissance de leur enfant. Mme de Graffigny ne l'aime pas, car la Plotte compte Desmarest parmi ses amants.
19. Devaux : «Je ne vous conte pas ce qu'il m'avoit dit auparavant, il vous le contera sans doute luy-meme.» (19 septembre 1738, G.P., I, 179.)
20. Devaux : «Ensuite je bavardai avec le Petit en attendant mon Gros Chien qui filoit le parfait sur les bords de la Meurthe. [...] Il revint plus content et plus amoureux que jamais. Je sus tout cela aussi bien que luy par reverberation.» (I, 179-180.) La Meurthe est la rivière qui traverse Lunéville.
21. Devaux : «Si [Lubert] vous écrit, dites-moy quelque chose de luy.» (I, 181.)
22. Devaux : «Je fis d'abondance de cœur la plus plaisante phrase du monde : je disois, allant me coucher, ‹Ah mon Dieu, je m'en vais au lit et je n'y trouverai pas Madame de Grafigni.›» (I, 182.)
23. Devaux : «Mon Dieu, taschez de me detailler un peu la confidence que vous avez euë. Envoyez-nous une clef, et nous vous entendrons a demi-mot. Il faut donc que quelque chose ait transpiré puisque le Beauvau est Professeur.» (I, 182.) Pourtant, c'est plutôt la princesse Anne-Charlotte qui joue le rôle du Professeur dans ce triangle (v. 27n9 et 39n19).
24. Devaux : «Cet enrageur voudroit m'accointer avec la Berci pour faire la partie quarrée quelque-

fois pendant notre hyver.» (I, 183.) La Berci n'a pas été identifiée.

25. Garder les manteaux : n'être pas de la fête, de l'affaire qui se fait. On dit d'un homme qui demeure à ne rien faire pendant que les autres sont occupés, qu'il garde les manteaux. (Trévoux, 1743.)

26. Ville à une cinquantaine de km au sud de Lunéville, à 150 km environ de Commercy.

27. Devaux : «Cependant, comme le Professeur reste surement, addressez-luy vos lettres, si vous l'aimez mieux qu'a Dauphin.» (I, 184.) En effet, beaucoup des lettres auront l'adresse de Jean Dauphin, marchand, rue du Château, à Lunéville. À cette époque Devaux habite dans la même rue.

28. Devaux : «En verité vous luy faites injustice de l'accuser de refroidissement. Il m'a protesté qu'il n'avoit pas manqué un ordinaire.» (I, 175.)

29. Devaux : «Hier matin j'allai chez l'Hotesse que je trouvai fort inquiete du Grand. [...] Les nouvelles de Comercy n'en parlent-elles point?» (I, 175.) Tavannes est avec l'armée impériale à Belgrade.

30. Devaux : «Pernaut et Contrisson dinoient avec nous.» (I, 176.) Charles-Bernard de Contrisson (1690-1742) était conseiller aulique et commissaire de la maison du roi Stanislas. Il avait offert de présenter Devaux à Voltaire en 1735. Il avait aussi un fils, Pierre-Gabriel Collin de Contrisson (1724-1758), qui sera reçu cadet en décembre 1739. Pernaut était peut-être membre de la famille Pernot Du Buat, soit Étienne-Thomas (mort en 1781), chevalier, gentilhomme ordinaire de Louis XV, soit Nicolas-Rémy, chevalier, major de cavalerie au régiment Royal Piémont. Leur père, Rémy Pernot Du Buat (mort en 1754), écuyer, était conseiller secrétaire du roi et de ses finances honoraires.

31. Devaux : «Ma chere mere parlera a Mde Mathieu.» (I, 177); v. 28n9.

32. Léopold Locquet de Grandville. Né en 1719, il mourra en 1745 de la petite vérole, selon une lettre de Devaux (26 décembre 1745, G.P., XXXII, 410).

33. L'enveloppe a dû porter l'adresse de Dauphin, marchand (v. n27 ci-dessus).

31. à Devaux

Le mercredi apres-diner [24 septembre 1738]

Me voici enfin avec toi, mon cher Panpan. Il me semble qu'il y a mille ans que je ne t'ai rien dit. C'est que le tems double quand on s'ennuie. En te quittant hier je fus a la cour. Je trouvai la Belle qui se promenoit dans la cour. Je me promenai ave[c] elle. Elle m'enmena gouter dans la cuisine de Madame. C'est un furieux metier que celui de courtisans. Je n'avois pas plus d'envie de gouter que de me promener. Cependant je fis l'un et l'autre a mon detriment car mon pied s'est renflé de plus belle, et j'ai encore mal de l'estomac. Il est vray que ma soirée n'etoit pas propre a la dijestion. Je ne me suis jamais tant ennuié. Mais il faut avouer aussi que ma future [1] ne fut jamais si insuportable. Elle etoit si mechante que sa jolie figure en etoit alterée. La Dame d'Honneur et Fanchon qui souperent avec nous en furent toutes stupefaite.

L'arrivée de la Princesse Marquise [2] t'amusera ou ne t'amusera pas, elle contentera au moins ta curiosité. Elle avoit depeché un de ses gens au pere Antoine pour qu'il se trouva chez Mde a son arrivée. Ainci fut fait. Ils eurent, elle metant pied a tere, une conference d'une demi-heure, les portes fermées. Elles sortirent toutes deux le visage fort serein. Nul gros mots n'y fut prononcé. La princesse pria l'autre princesse [3] de lui donner a son tour son audience. Elles allerent se promener tete-a-tete dans la cour. On remarqua que la petite parla toujours et que l'autre ne repondoit mot et ne deridoit pas son front. Cest *on*-la, c'est moi, car j'etois demeurée en bas pour voir tout cela. On se mit au jeu. Cest *on*-cy n'est plus moi. On soupa et la Petite Princesse parti apres avoir encore eu une longue conversation avec la mere et la fille. Le pere Antoine a si bien preché que Md. n'en dit plus mot. Elle va a Saverne[4]. De la elle revient ici dimanche. Le tems me paroit court pour tant de chemin. Pressée par Md. de Stainville, je lui ecrivis un mot touchant les trente-deux louis[5]. J'ai donné ma lettre a Vogue[6]. Elle s'en torchera le cul. C'est toujours un servisse que je lui rend.

Ce matin le Saint m'est venu voir, et comme j'avois fort mal au pied, et que d'allieur la Belle est a la chasse, je me suis amusée a renger les lettres du Docteur et a en faire des paquets cachetés. Le St est venu tournailler pour lire quelque chose. Je lui ai dit de se retirer. Il m'a repondu : «Et pardi, je connois l'ecriture.» Je lui replique apres : «Je ne veux pas que vous lisiez.» Il fait un grand eclat de rire et dit : «Ah, je m'en etois toujours bien douté.» Je l'ai fort pressé de m'expliquer son exclamation. Il a batu la campagne. Qu'en dis-tu[7]?

Nous venons d'avoir une autre scene. Apres mon ennuieux diner il est venu des dames chez ma malade. Je me suis sauvée chez la Petite Sœur. A propos d'un endroit d'une ode de Rousseau que le St lisoit, il a eté question des signes du zodiaque[8]. Il a dit qu'il les savoit tous. Je l'ai prié de les dire. Il a dit : «Les poissons et les cerseaux.» J'ai ris. Voila le premier grief. Il n'en a jamais pu dire davantage. J'ai dit qu'il avoit la memoire courte. Il s'est faché, et a dit pour preuve qu'il les savoit, que le Proffesseur lui avoit dit qu'il savoit la sphere aussi bien qu'on pouvoit la savoir et qu'il sauroit la geographie en huit jour quand il voudroit[9]. Je lui ai demandé les orisons. Il s'est mis en fureur. Il ne vouloit pas les dire. Enfin en ecumant de colere il les a dit. Son frere et sa sœur sont sortis. Il m'a chanté pouille, en me disant que je lui faisois des question devent le monde comme a un cocher, que quelque ami que l'on fut, j'insultois toujours. Je l'ai fort pressé de me dire ce que j'avois dit d'offensant. Il n'a pu trouver que le ton ironique dont j'avois fait les questions, et il a raison, car je n'ai jamais eu moins de vivacité et plus d'envie de rire. Meme toutes ses injures ne m'ont point emue, mais si j'avois eté moins douce nous en avions pour huit jours. Le voila honteux qui me tournaille, et je fais comme s'il n'avoit rien dit. Je t'ai un peu detaillié cela pour que tu t'en fasse une image de son amour-propre ecorché vif sur lequel j'ai posé une plume.

A revoir, mon cher Panpan, me voila un peu a l'aise d'avoir causé avec toi. Je vais retrouver mon chagrin de medecin en attandant que la Belle reviene, car quand mon pied devroit en crever, je dessendrai encore chez elle.

Le jeudi apres-diner [25 septembre 1738]

Grace au Ciel, me voici donc avec toi. Je meurs de peur d'etre dans le cas de perorer toujours &c, mais je n'y saurois tenir apres avoir passé la moitié de ma journée a entendre des impertinence et a ne pas dire un mot de ce que je pense, il faut que je m'en dedomage. C'est pet-etre a tes depens. Ce n'est pas la premiere fois que mon amitié te coute, mon cher Panpan, il faut aller jusqu'au bout.

A propos d'impertinence, il m'en est revenu deux que j'ai oublié de te mander. Ces jours passés Md. de Stainville disoit du mal des Allemandes. Elle s'aperçu que Mdle de Chak[10] etoit dans la compagnie. Elle lui en fit des excuse. La baronne lui répon : «Ah, mon Dieu, Madame, vous pouvez en dire tout ce que vous voudrez. Je n'en prends pas le parti car je n'en ai ny le ton ny les manieres.» Mets-y le ton et tu trouvera cela fort bon. J'ai fait promettre au St de te le conter, car il la contrefait a merveille. Voici l'autre. Le lendemain du diner de St-Mihiel, la femme de chambre de Fanchon lui fit repeter quelque chose qu'elle n'entendoit pas. Elle se facha et me dit : «On m'accusoit autrefois de parler un peu haut et il en etoit bien quelque chose; mais a present tout ce que je hais dans le monde, c'est d'ellever la voix.» Elle me dit cela a moi qui etoit encore sourde du diner de la veille.

Reprenons le fil de ma vie, pet-etre aussi ennuieuse a lire qu'a filer. Je fus hier un moment chez la Belle. Elle alloit sortir. Je remontai dans l'ennuieuse chambre de mon ennuieuse malade. J'y fis mon ennuieux contenence a souper, car je ne mange pas. Je ne digere pas un diner dans 24 heure. J'alai me coucher ennuieusement. Il m'est impossible d'ecrire les soir. Je suis plus fatiguée d'ennui que je ne le serois d'une course a cheval. Je me suis levée a sept heure. J'etois a huit et demi chez la Belle parce que je savois qu'elle devoit etre[a] sur pied de bonne heure a cause que Madame a pris medecine. Elle n'en etoit pas revenue. J'ai lu chez elle jusqu'a dix. Elle s'est habilliée et je suis montée sur la maudite montagne. Fanchon y a diné. Elle etoit encore d'un degré plus impertinente aujourd'huy que l'autre. Je n'ouvrois pas la bouche sans etre seure d'un dementi. Je me suis donné le plaisir de m'en faire donner dix. A la fin cela m'a ennuié. Je n'ai plus dit mot. Ah, mon Dieu, que n'ont-elle pas dit! Les secrets des cabinets des prince depuis la tsarine jusqu'a ton roi, le regent, Leopold[11] – tout leur etoit connu; les nom de toutes les couturieres de Paris ont succedés, le prix de toutes les marchandises. Enfin on en est venu a l'astrologie judiciaire. Elles lisent toutes deux dans les astres comme dans un livre. De monde et de cahos ayant la tete troublée[12], je les ai laissée au prise. Et me voici dans la chambre de la Figuette parce qu'il ne faut pas dessendre et monter. Je ne sais ou je n'irois pas pour etre seule et t'ecrire. Je meurs de peur d'etre aussi insuportable que les gens dont je me plains, mais ma foi, ma tete saute.

T'ai-je mandé de parler a Courtoi sur le retard de mon payement? Ils vont croire que je mange l'argent. Je n'ai point encore de nouvelle de Nancy. Cela me chagrine. Il ne me restoit que trois gros ecu[13]. Le St me les a demandé. Je n'ai pas un sol mais je n'en suis pas en peine, car si j'en avois besoin, je suis persuadée qu'Hairé m'en preteroit.

Mon Dieu, mes chers amis, je n'avois pas besoin d'etre exedée d'ennui pour vous regretter, mais je ne soufre jamais un mal tout seul.

Le vendredi matin [26 septembre 1738]

Bonjour, mon Panpichon, je vais te faire rire et pleurer du reste de ma journée d'hier. Apres que je t'eu quitté par pure discretion, car j'aurois encore bien jasé si je m'etois cruë, je ne pu me resoudre a retourner sur la montagne et j'etois si mal chez la Figuette, qui est logée dans une etable, que je pris le parti de dessendre a la cour, du moins pour changer d'ennui. J'y restai jusqu'au soir. En remontant au second degré je pose mon pied de façon qu'il me fait une douleur si vive que les jambe me manquent et je tombe a la renverse. Je ne sonjai qu'a ma tete et bien m'en prit, car si je ne l'avois retenue avec mes deux main, elle donnoit contre un mur. Il faut sentir tous ses bonheur. C'en est un de n'avoir monté que deux escallier. S'il y en avoit seulement eu six, je me fesois pet-etre bien du mal, au lieu que j'en suis quitte pour une contusion au cul qui me fait un peu de bobo. Le garde du corps, qui n'est pas loin de la, quita son poste pour venir me ramasser. Je remontai un peu tremblante. Un moment apres je me trouvai mal. Un vere d'eau fut mon remede. Mais ce qui t'etonnera, c'est que ma belle dame ne me dit pas un mot. Quand ce ne seroit que pour la forme, on a l'air de prendre part a un accident. Elle n'y a pas mis cette forme. Cela me deplait, car si j'etois malade chez elle, je ne crois pas que je serois trop bien. Elle bavardoit toute seule des visite qu'elle avoit eues et d'autre misere, sans dire un mot sur ma chute ny sur ce que je me trouvois mal. Cela est extremement singulier. Cette avanture me mest mal a mon aise, car je ne saurois me tenir debout a cause de mon pied, ny assise a cause de mon cul. Se seroit une belle ocasion de me tenir au lit, mais il n'y a pas moien a cause du manger, et de la vielle Francinetty qui me tourmente quand je reste ici. Je compte cependant y rester au moins jusqu'a l'arrivée de la poste, et puis j'irai comme je pourai. En attendant je veux te conter une assés bonne plaisanterie de Md. de la Prudotterie[14].

J'avois commencé a t'ecrire a huit heures, il est midi. Depuis ce tems, Melle Dumont ne m'a pas quitée. Je ne sais ou me fourer pour etre a l'abrit des insectes. J'ai vu Tomin qui dit qu'il faudroit des cataplasmes a mon pied, mais il n'y a pas moien quand il faut toujours aller. Je continue l'onguent qu'il m'a donné il y a quelques jours. Il dit que les muscles de mon cul sont froissés, qu'il faut y mettre de l'eau de Toule[15]. Je ne saurois non plus, car il faudroit etre au lit. Tout cela ira comme il poura.

Revenons à notre conte pendant que l'on va chercher mon diner. Md. Honesta[16] (ce sera son seul nom a l'avenir) contoit les amours de Mr de Lassé[17] et de Md. de St-Jus[18], et entre autre elle dit que, commme il étoit fort vieux, il ne s'aidoit plus de ces mains, et que Md. de St Jus le menoit pisser et faisoit tout. «Ah! fi! s'ecrie Fanchon, cela est horrible.» «Remettez-vous, dit-elle, dit la Dame Honesta, pour la dessence, il y avoit une ficelle.» Je trouve le mot et l'image tres plaisant.

J'ai encore entendu hier une inpertinence dans le gout de celle que j'ai deja ecrite. C'etoit la Figuette qui disoit que la timidité la faisoit passer pour sotte et que si elle etoit un peu hardie elle parleroit fort bien. Mde de Neiberg qui causoit avec nous eclata de rire et lui dit qu'elle n'avoit jamais vu une impudente petite creature comme elle. La conversation fut poussée. Elle lui cita plusieurs trait, entre autre une grosse sotise qu'elle avoit dite quelque jours avant, en lui demandant d'ou elle en savoit tant. La pauvre Figuette fut embarassée de la question. Elle fit des sermens que ce n'etoit pas par experience. L'autre lui soutin que si. Elle se retrancha sur un livre et dit que c'etoit l'histoire d'Abelar[19] qui l'avoit instruite. Tout cela fut dit assés plaisament pour me divertir un moment.

Ma foi, je ne sais comment tu trouvera tous mes rabachage, mais en tout cas il n'y a qu'un mot a dire et tu n'en aura plus. Le plus grand regret que j'y ai, c'est le port qu'il t'en coutera. Je mest en pratique autant que je puis la maxime de Duval[20] d'ecrire menu et de serer les lignes. Sy je voulois me crever, voila un beau champ. J'ai envie de te detaillier ce que la princesse vient de m'envoyer pour mon diner : de la soupe, deux cotelette, un poulet, une grive, douze rouge-gorges, une grosse truite de Bar et de la tarte.

Voila la poste arrivée et ta lettre lue. Je n'en suis pas de melieure humeur pour cela. Au nom de Dieu, detache-toi de dire : «Demaretz vous mande ou vous mandera cela»[21]. Mest-toi dans la tete une bonne fois que Demaretz ne m'ecrit point, ou si peu que c'est de meme. Je n'ai point de letre de lui aujourd'huy, et ses deux dernieres ont chacunes huit ou dix lignes au plus. Mest-toi encore bien dans la tete que je ne me plains pas de lui. Retranche de tes lettres ces deux article et me laisse en repos. Je suis extremement touchée de lui savoir des vapeurs. Je sais ce qu'il en coute. Je ne lui ecrirai pas aujourd'huy, sans humeur et sans bouderie, mais je crains qu'il n'ait autant de peine a lire qu'a ecrire, et qu'il ne se croye obligé de me faire reponce. Je l'aime trop pour ne pas le menager au depens de mon plaisir. Embrasse-le pour moi.

Je suis bien fachée que Mr de Beauveau soit parti hier. J'aurois eu bien du plaisir a lire la lettre que Demarets a dicté. Je lui suis bien obligé de t'avoir donné la comission de me mander cette plaisanterie[22]. J'ai besoin d'amusement aussi bien que lui.

Tu pourois t'epargner aussi les remontrances sur ce que je n'ai pas ecri a la Granville[23]. Je ne suis pas garen si sa lettre a eté huit jours et plus en chemin. Je te l'ai mandé, elle ne le croira pas, je m'en ris. Je lui ai ecrit trois jours apres l'avoir reçue. Au nom de Dieu, laisse-moi en repos. Je fais plus que je ne peus et que je ne dois, eu egard a l'etat de mon cœur et de mon ame. Si tu y voyois plus clair, tu verois bien qu'il ne me faut que des consolation de ta part puisque c'est la seule de qui j'attende.

Autre remontrance. Je dois menager mon hotesse[24]. Et que fai-je donc, bon Dieu? Et qu'ai-je fait toute ma vie? Il est vray que cela ne m'a guere reeussit, mais je ne me rebute pas pour cela, et ma vie ne seroit du moins que douloureuse si je savois me soustraire aux attention que j'ai pour tant de sotte gens qui y ajoutent l'ennuis le plus assommant.

Tu aurois bien pu te passer aussi des recommendation de Clairon et de la Legere[25]. Ne sais-tu pas que je n'ai pas un sol? Que je suis desolée de ne pas finir avec Toussaint? Je t'ai mandé tout cela. Peus-tu croire que je prendrai l'argent pour me divertir? As-tu oublié l'envie que j'ai de payer? Si je pers les deux année en dispute avec Toussaint, tes reccommondation seront vaines, puisque il s'en menquera plus de cent livres pour le contract. Je voudrois faire mieux mais en verité je ne sais ou j'en suis. Si j'ai de l'argent, je te l'envoyerai. Tu le distribuera au plus pressés.

Tu ne dois pas t'ettonner de ce que dit cette beguelle[26]. Ce n'est pas d'aujourd'huy qu'elle dit que nous disons du mal d'elle. Qui est galleux se grate. Si j'etois suseptible de plaisir dans ce moment-ci, le portrait de cuivre m'en auroit fait[27]. C'est un trait parfait et qui ne peut etre mieux apliqué.

L'histoire de la pension est admirable[28]. Mon Dieu, que les sots sont sots, mais ils reeussisent. On les aime. Les pension sont reelles. Grand bien lui fasse.

Enfin je ne saurai jamais ce raccomodement[29]. Tu me dis le sujet de la querelle, et que c'est a un souper que le raccomodement s'est fait. Je savois tout cela; mais comment en est-elle revenue? A quelle raison s'est-elle rendue? Car elle ne se rend jamais. Voila ce que personne ne veut me dire. Il me prend envie de ne te plus rien conter puisque tu es si avare de detail. Songe donc que rien dans le monde ne m'interesse que ce qui te touche et l'Autre Nous. Que tout le reste m'est insuportable et que si vous ne me soutenez l'ame et le cœur par des choses qui les occupe, le triot deviendra bientot duo puisque je ne vis qu'en vous deux et non en moi, qui ne peus me regarder ny penser a moi sans mourir de douleur.

Je me sousie bien de tes complimens des un et des autre[30]. Cela doit aller sans dire entre nous. Je fais les tiens tous les jours. Faits les miens sans user nos yeux a les lire.

Je te prie meme de tacher que nos amis ne m'ecrivent que rarement. Je les aime de tout mon cœur, mais je n'aime que vous deux. Tu entens bien cela. Tout me coute dans l'etat ou je suis quant ce n'est pas pour vous deux. Par bonheur que ces deux letres etoient ecrites avant l'arrivée de la poste, car ils n'en auroient encore point eu. Je ne puis plus ecrire.

Le St est venu me faire ecrire une lettre pour son pere. Il m'a encore sermonné sur mes pleurs. Comment les retenir? Je n'ai que ce soulagement-la. Adieu, mon cher ami. Je t'afflige surement. Je t'en demande pardon. Tu es mon ami, c'est tout dire.

Embrasse bien l'Autre Nous pour moi. Dis-lui bien que je l'aime, et que sans la crainte de lui donner de l'aplication, je lui dirois moi-meme. Dis-moi quelque chose de sa part, et qu'il n'ecrive pas. Je le trouve fort bon.

A propos, tu dis que c'est la faute de son valet si je n'ai pas eu de letre l'autre jour. Je dois regarder cela comme une de ces chose qui sont faite pour moi, car il n'a jamais manqué d'exactitude. Dubois qui est si negligente n'est pas si maladroite.

MANUSCRIT

Yale, G.P., II, 35-42 (D7); 8 p.; orig. aut.

TEXTE

a Lecture incertaine.

NOTES

1. Mme de Stainville, la future hôtesse de Mme de Graffigny.

2. La princesse de Lixin, future marquise de Mirepoix.

3. La princesse Anne-Charlotte.

4. Importante ville d'Alsace, à plus de 150 km de Commercy.

5. Ce doit être à la princesse Anne-Charlotte que Mme de Graffigny écrit, car la princesse lui avait apparemment promis de l'argent; il est vrai que dans la lettre du 22 septembre, Mme de Graffigny parle de 20 louis plutôt que de 32. C'est Mme de Lixin, en revanche, qui va à Saverne.

6. Vogue n'a pas été identifié.

7. Devaux répondra : «La doutance du Petit St me paroit bien singuliere. Pour moy dans cent mille ans je ne me serois pas douté qu'il s'en doutat. Ma foy, nous luy avons donné des yeux.» (29 septembre 1738, G.P., I, 162.)

8. Peut-être «Ode à M. Duché, dans le temps qu'il travailloit à sa tragédie de *Débora*,» où se trouvent les vers suivants : «Ainsi, dès que le Sagittaire / Viendra rendre nos champs déserts.»

9. Devaux répondra : «Les cerceaux m'ont bien fait rire. Le Professeur nie l'éloge qu'on luy suppose.» (I, 162.).

10. Sophie-Amélie, née baronne de Schack, était l'une des filles d'honneur de Madame. Elle était sans doute la sœur d'Ulrich, baron de Schack (vers 1673-1753), qui avait été l'envoyé de Lorraine à Londres de 1718 à 1723, et directeur de l'Académie des cadets sous François III et Stanislas. D'origine danoise, la famille Schack avait vécu en Allemagne avant de s'installer en France.

11. Catherine Ire, veuve de Pierre le Grand de Russie; elle gouverna de 1725 à 1727, et Anna, sa nièce, gouverna de 1730 à 1740; «ton Roi» désigne Stanislas Leszczynski (1677-1766), duc-roi de Lorraine.

12. Mme de Graffigny cite souvent ce vers des *Plaideurs* de Racine (III, iii).

13. Le gros écu valait six francs.

14. Mme de Stainville. La Prudoterie est un personnage du conte «La Matrone d'Éphèse» (1682) de La Fontaine : «La Prudoterie, / Antique et célèbre maison». Voir aussi Molière, *Georges Dandin*, I, iv.

15. Toul est situé entre Commercy et Nancy; on attribuait autrefois des propriétés médicinales à l'eau de la fontaine Sainte-Valburge (Chaudeney-sur-Moselle fait partie des biens de l'abbaye de Saint-Evre à Toul); et aussi à l'eau d'une source près du village d'Écrouves, dans l'arrondissement de Toul.

16. Mme de Stainville encore une fois. Mme Honesta : personnage du conte «Belphégor» (1682) de La Fontaine : «Traiter ainsi les filles de mon rang! / Méritait-il femme si vertueuse?»

17. Armand-Léon de Madaillan de Lesparre, marquis de Lassay (1652-1738); v. aussi 135n12.

18. Marie-Thérèse, comtesse de Saint-Just, chanoinesse de Remiremont (morte en 1741).

19. Pierre Abélard. L'histoire de ses amours avec Héloïse avait été remise à la mode par la traduction que Bussy-Rabutin avait donnée de leurs lettres en 1697.

20. Valentin Jamerai Duval (1695-1775), bibliothécaire et érudit lorrain au service de l'ex-duc François III, qu'il suivra en Toscane, puis à Vienne, où il fondera et dirigera le Cabinet impérial des médailles. Il a laissé des *Œuvres, précédées des Mémoires sur sa vie*, 2 vol., 1784.

21. Devaux : «Desmarets a du hier vous mander la pension de la Plotte, et ce qui l'a precedée.» (23 septembre 1738, G.P., I, 166); v. n28 ci-dessous.

22. Mme de Graffigny semble répondre à la lettre de Devaux article par article, mais on ne voit pas clairement à quoi elle fait allusion ici.

23. Devaux : «Elle [...] m'a paru un peu piquée de ce que vous ne luy aviez pas encor repondu. Au nom de Dieu, chere Abelle, faites-le, et faites-le de la bonne sorte.» (I, 169.) Abelle est le surnom affectueux de Mme de Graffigny que Devaux est le seul à employer.

24. Devaux : «Menagez bien [votre hotesse], de grace, quand ce ne seroit que pour faire avoir tort aux gens qui oseroient se plaindre de vous.» (I, 170.)

25. Devaux : «En revenant je rencontrai la Leger qui m'a prié de vous faire ressouvenir d'elle [...] [Le Ron] m'a prié de vous mander le detail des depenses qu'elle est obligée de faire, afin que vous taschiez de vous ressouvenir d'elle.» (I, 167.) Léger est un nom d'une famille de Lunéville.

26. Devaux : «[Mme de Grandville] m'a dit : ‹Je ne scais pas pourquoy je t'aime, car tu as dit bien de mal de moy, je n'en scaurois douter›.» (I, 169.)

27. Devaux : «Elle a fait present a la duchesse d'une toilette de 2 000 francs. La duchesse l'a pressée de luy dire ce qui luy agreoit; elle luy a repondu qu'elle ne vouloit que son portrait. Ces jours-ci la duchesse la tire a part chez elle et le luy donne bien misterieusement dans une boete de cuivre. Par bonheur qu'il etoit si mal peint qu'elle l'a pu refuser, elle en est furieuse.» (I, 169-170.) D'après le contexte, «elle» est la Plotte.

28. Devaux : «La pension de la Plotte est du meme genre. Quand Mr de Stainville passa ici, le roy luy parla de la maison de Monseigneur. Il luy dit qu'il croyoit qu'il la cederoit si l'on donnoit une pension de deux mille livres a la Plaute. Quelle imprudence! Les Martigins ont été furieuses. Cela est tombé comme vous jugez bien. Cependant le roy veut toujours donner une pension de mille

livres pour rien.» (I, 170.) La Plotte, Béatrix Du Han, est la maîtresse de Monseigneur, le prince Charles de Lorraine; le roi est, bien entendu, Stanislas. Le père de la Plotte, Louis-Philippe Du Han, est comte de Martigny.

29. Devaux : «Je croyois qu'il [Desmarest] vous avoit fait l'histoire de son raccommodement. Elle [la Plotte] l'a boudé deux ou trois jours, cela ne finit qu'a un souper chez Mr de La Galaisiere. Ils se trouverent l'un aupres de l'autre, et là se fit la reconciliation. Du Chaffa et d'Aigrefeuille ont été furieux, jusqu'a vouloir se battre. St-Victor, plus sage, a dit qu'il serviroit de second a Desmarets s'ils en venoient là. Enfin grace au ciel, tout s'est passé tranquillement.» (I, 169.) Devaux écrira plus tard : «Je vous ai mandé tout ce que je scavois du raccommodement. Je demandai hier de nouveaux eclaircissements au Nous. Il me dit qu'il n'y en

avoit pas plus que ceux que je vous ai donnés. Elle s'est raccommodée parce qu'elle etoit lasse d'etre brouillée, et qu'elle a senti le ridicule de l'etre. Voila les raisons qui l'ont fait revenir, et revenir d'elle-meme, car pour luy, il est toujours allé son train comme si de rien n'etoit.» (29 septembre 1738, G.P., I, 160-161.) La Galaizière est chancelier de Lorraine. Du Chaffa, d'Aigrefeuille et Saint-Victor sont officiers du régiment de Navarre, qui accompagna Stanislas en Lorraine : Du Chaffa, lieutenant en 1727 et capitaine en 1733, mourra par suite d'une blessure reçue à Dettingen en 1743; d'Aigrefeuille, lui aussi lieutenant en 1727 et capitaine en 1733, sera tué en 1742; sur Charles-Frédéric de Lort de Saint-Victor, v. 52n28.

30. Devaux : I, 170, par exemple.

32. *à Devaux*

Le samedi apres-diner [27 septembre 1738]

Tu ne sera pas surpris, et cependant tu te recriera a la nouvelle que je vais te mander. C'est la grossesse de Lolote[1]. C'est une besogne toisée[2]. Son page[3] est hors de page[4]. Il veut bien epouser, mais il est mineur, et cette qualité entraine bien des affaires qui trainent en longueur et le tems presse. Il n'y a plus guere que trois mois pour s'aviser. On prend des mesures, on s'en demene, et devine qui est a la tete de ce prudent conseil? Le marquis[5]. C'est a lui seul a qui elle l'a avoué. Voila pourquoi il n'y a qu'environ trente personne qui le savent. Je n'ai pas encore pu prendre le fil de cette menée[6]. Tout ce que je sais, c'est que la Belle lui a fait parler par le curé afin qu'elle prene des precautions avec defence de la nommer. Elle a pensé devisager[7] le curé. Elle a dit qu'il n'y avoit que deux p...[8] qui puisse la perdre, mais que si on la timpanisoit[9], elle demasqueroit tout le monde. Toute la clique fait dans ses chosses[a] de peur. Ils sont ventre a tere devent elle. Elle avoit ajusté un voyage chez sa sœur[10], qui etoit ce qu'elle pouvoit faire de mieux. Elle devoit partir lundi. Point du tout. Son pere[11], qui ne se doute de rien, ne veut pas qu'elle parte. Elle veut s'enpoisonner. On ne s'en douteroit pas a la façon dont jusqu'ici elle s'etoit conduite. Le moment d'apres elle en rit. Pour lors elle est a son naturel. Il n'y paroit qu'a son ventre dans le monde, car le propos est le meme. Je m'en etois apersu, mais on m'avoit tant dit qu'elle avoit un abses dans la matrisse que j'ai pris cette enflure pour un abses. Apres cela elle s'habille fort a son avantage sous pretexte de ses meaux d'estomac. Elle n'a ny ceinture ny rien qui la sere, et toujours un manteau. Ce qui va te surprendre, c'est que le St le sait, mais le petit vilain ne veut pas me dire la suitte de la menée. Ne lui dis pas que je te l'ai mandé.

Du moins souviens-toi de cela et recommende-le au Docteur, car il ne me le pardonneroit pas. Je te manderai la suitte.

Mon cul et mon pied alloient mieux ce matin, mais je viens de tant marcher que je n'en puis plus. J'ai eté le matin a toute les cour. J'ai diné seule. Ma malade est dessendue aujourd'huy. Apres diner j'ai senti qu'il n'etoit pas bon pour moi de rester seule. Je suis dessendue chez la Belle. Elle est allée se promener sur l'eau. Je m'en suis allée chez Mde qui sortoit pour aller la voir monter en bateau. Il n'y avoit que Fanchon et moi. Nous l'avons suivie. Je ne pouvois plus rester sur mes jambes. Nous somme rentrée, Fanchon et moi. Il m'a pris envie de voir la biblioteque. Nous y avons eté. Ensuite nous nous sommes amusées a voir les marabous [12] des cabinets de Mde. J'en ai trouvé un petit si joli que je l'ai mis dans ma poche, et ce vol n'est fait que pour toi. Il te ressemble comme deux goute d'eau quand tu es en robe de chambre et que tu grimasses un clou*b*, car il crie.

Voila mon rabachage finis pour aujourd'huy. J'ay honte de toutes les misere que je te mande. Tes lettres sont remplies de gentillesses et d'amitié. Les mienes ne sont qu'un ramassis de mes faits et gestes, tous plus maussades les uns que les autres. Il me semble meme qu'il y a lontems que je ne t'ai dit que je t'aime; mais tu le sais bien, nesse pas, mon cher ami? Et mon ennui et le plaisir que j'ai a t'ecrire te le prouvent assés.

Encore ce rabachage-ci. Quand j'arrivai hier a sept heures du soir chez Md. Honesta, je la trouvai dans son lit disant qu'elle avoit la fievre d'ennuis d'avoir passé la journée avec la Dame d'Honneur qui ne lui avoit parlé que d'ajustement. Et tout de suitte elle me repete tout ce qu'elles ont dit. Pour moi je leur vois a toutes des poutre dans les yeux. Peut-etre m'y vois-tu une foret toute entiere. Allons, finissons. Elle est allez a la campagne, Mde Honesta; je respire. Et je vais lire des lettres de la mere de Pimpette [13] que j'ai trouvée par hazard. Il me faut cela ou des almanacs [14]. Tout ce qui est du resord du sens commun m'est totalement etranger.

Le dimanche [28 septembre 1738]

La poste vient d'arriver. Il y avoit une letre de Demaretz, mais celle de jeudi est restée en chemin. Cela est singulier que ces letres seules se perdent. En verité il se fait une peine horible de m'ecrire. Tache donc de lui persuader de n'en rien faire. De la façon dont il crie que ses lettres lui coutent a ecrire, je crois que tu mens quant tu me parle de sa santé. Ce n'est assurement pas le seul mensonge que je me faits sur son compte. Passons. Vous vous renvoyez la basle pour m'ecrire. Il dit qu'il te dit toutes les petites nouvelles pour me les mander. Tu est toujours pressé en m'ecrivant. Il y a trois fois dans ta lettres : «Je n'ay pas le tems» [15]. Lui a des meaux singuliers qui l'enpeche d'ecrire des lettres et non des o[pé]ras*c*, puisque tu dis qu'il y tra[vaill]e*c* [16]. Messieurs, je suis votre tres [hu]mble*c* servante. J'ai aussi ta[nt]*c* de devoirs a remplir et ma tete e[s]t si occupée que desormais mes lettres ne feront pas mal au yeux a l'un et ne prendront rien sur les grandes occupations de l'autre.

[*adresse :*] A Monsieur / Monsieur Deveaux le / fils, rue du Chateau [17] / a Luneville

MANUSCRIT

Yale, G.P., II, 43-46 (D8); 3 p.; orig. aut.; traces de cire brunâtre; m.p. : de Commercy.

TEXTE

a chausses. *b* à cause d'un clou. *c* Déchirure.

NOTES

1. Charlotte de Spada (née en 1715), fille d'honneur de Madame.

2. Toisée : on dit proverbialement qu'une affaire est toisée pour dire qu'elle est réglée, manquée ou perdue, qu'il n'y a plus rien à faire, qu'on n'y peut plus revenir (Trévoux, 1743).

3. Charlotte de Spada finira par épouser Jacques Neuillant, gentilhomme flamand, originaire de Bruges; leur fille, Marguerite-Claudine, naîtra le 7 décembre 1738, avant le mariage.

4. Hors de page : on le dit figurément de ceux qui se sont affranchis de quelque puissance ou autorité qu'on prenoit sur eux (Trévoux, 1743).

5. D'Amezaga.

6. Menée : intrigue et cabale secrète et artificieuse dont on se sert pour réussir une affaire (Trévoux, 1743).

7. Dévisager : dévisager une personne, c'est-à-dire, lui égratigner le visage, se jeter sur son visage et le défigurer avec ses ongles (Richelet, 1759).

8. Probablement «putains».

9. Tympaniser : pour, décrier quelqu'un, médire, satyriser, critiquer, déchirer la réputation, mettre en mauvais renom, décréditer (Leroux, 1735).

10. Gabrielle de Spada (1713-vers 1785), abbesse d'Épinal depuis 1735; ou plus probablement Yolande de Spada (1712-1742), fille d'honneur de Madame, épouse de Léopold Du Han depuis 1731 (v. 27n17).

11. Sylvestre, marquis de Spada (mort en 1752). D'une illustre famille italienne d'Arezzo, il fut page de la mère du duc Léopold de Lorraine, et suivit celui-ci lorsqu'il eut regagné ses états. D'Audiffret rapporte qu'en 1709 il épousa Mlle d'Agencourt (v. 36n10), maîtresse du duc Léopold, par complaisance pour son maître. En 1721 il fut envoyé lorrain à Rome; en 1737 il fut conseiller d'État de Sa Majesté Impériale. La terre de Gerbeville, non loin de Commercy, fut érigée en marquisat pour lui, avec le nom de Spada.

12. Marabout : se dit bassement et populairement d'une personne qu'on trouve laide et malpropre (Trévoux, 1743). C'est proprement une sorte de religieux de l'Islam. Il y a peut-être une confusion (délibérée?) avec magot, qui désigne une figurine de porcelaine orientale très à la mode au XVIIIe siècle, et aussi un homme laid.

13. Pimpette, c'est-à-dire Olympe-Catherine Du Noyer (1692-vers 1769), connue surtout pour sa liaison avec le jeune Voltaire. Sa mère, Anne-Marguerite Petit, dame Du Noyer (1663-1720), publia des *Lettres historiques et galantes de deux dames de condition* (Cologne, 1704, 7 vol.), avec des ré-éditions en 1720-1732 et en 1739.

14. Almanachs : quelqu'un fait ou s'amuse à faire des almanachs quand il s'occupe à des imaginations vaines et grotesques (Trévoux, 1743). Peut-être ici faut-il prendre le terme littéralement.

15. Lettre du 26-27 septembre 1738 (G.P., I, 171-174).

16. Devaux : «[Desmarest] travaille enfin au ballet.» (I, 173.)

17. La rue du Château se trouve près de l'ancien hôtel de ville, devenu le Tribunal.

33. *à Devaux*

Le mardi apres-diner [30 septembre 1738]

Je commence, mon cher Panpan, par te faire des excuses des gros mots que je t'ai dit a la fin de ma derniere lettre. Ce n'etoit pas contre toi que j'etois fachée. Tu a bien du le demeler. Ou du moins ce n'etoit qu'en second. Je vais t'ouvrir mon cœur, quoique je n'en espere pas grand soulagement. Je suis persuadée que le Nous a renoué ou continué avec la Plote. Et voici sur quoi. Est-il naturel que de la plus exessive tendresse qu'il m'a marqué avant de partir et dans ces deux premieres lettres, il passe a la froideur la plus marquée? Quesque*ᵃ* les repetitions sans fin des plaintes qu'il fait sur ce qu'il ne peut ecrire? La premiere fois qu'il me mande qu'il est malade, tu n'en sais rien, toi qui le vois tous les jours. En meme tems qu'il me mande les exessives souffrances que lui cause quatre ligne qu'il m'ecrit, tu me mande qu'il travaille a l'operas[1]. Je connois son stille. Il se bat les flancs pour me dire qu'il m'aime en ajoutant qu'il est ridicule de le tant repeter. Je le connois trop pour m'y tromper. Il ne sort pas de cette maison qui seroit la plus ennuieuse du monde pour lui s'il n'y avoit un amusement de cœur. Il m'a trop bien peint le violent amour qu'il a eu pour cette fille pour que je l'en croye gueri. Et mille sensée*ᵇ* ne me rassureroit pas apres les faits circonstentiés que j'aprends tous les jours ici qui prouvent que deux et un font trois. Je ne soubsonne pas pour cela D. de fausseté. Je crois qu'au moment de me perdre, sa tendresse s'est reveillié. Il a dit ce qu'il pensoit. Un autre objet lui a fait de nouvelles impressions. Il m'a mandé froidement qu'il m'aimoit, il l'a senti de meme. Je ne l'accuse donc de rien. Mais voici de quoi je te charge, et a quoi j'engage ton honneur, ton amitié, et ce que tu as de plus cher : c'est de savoir de lui en honnete homme quel sont ses sentimens pour moi, et de ne pas craindre de me les annoncer. L'absense me les rendra suportables et m'aidera a m'y conformer. Il seroit inhumain de me tenir toute ma vie dans un[e] chaine si douloureuse. Qu'il parle et qu'il parle vraye. Il n'aura de moi aucun reproche. Je n'en ai point a lui faire, mais s'il continue a me tromper, il doit en attendre et les plus cruels et proportionés a ce que je soufre. Tu connois mon cœur pour lui; je ne t'en dis rien. Je te le repete, ne m'abuse pas, je m'en prendrois a toi du tourment de ma vie. Que la crainte de m'en epargner un a present ne t'engage pas a m'en preparer pour toute ma vie. Tu sais que je n'ai jamais compté que sur l'absense pour me guerir. La circonstance doit decider. Je t'avoue que j'etois fachée contre toi, croiant que tu cherchois a me consoler en me disant toujours qu'il m'aime, sachant le contraire; mais avec un peu de reflection j'ai compris que tu n'etois pas assés fin pour demeler le vray et que tu pouvois tres bien etre de bonne foy. Je te fais donc reparation, mon cher ami, et je me livre a ton amitié pour le bonheur de ma vie. Je ne demande que du vray. Je ne lui ecrirai pas aujourd'huy, quoique sa lettre ait l'air plus naturelle que les autres. Je veux avant de lui ecrire savoir a quoi m'en tenir. Je ne cesserai pas pour cela de lui ecrire. Je prendrai facilement le stile d'amitié en attendant que mon cœur y soit reduit[2].

Sa lettre de jeudi est toujours perduë. Je ne laisse pas d'en etre en peine puisque tu m'assure qu'il m'a ecrit, car il ne m'en dit mot.

Ta lettre d'aujourd'huy est charmante[3]. Au non de Dieu, mon cher Panpan, ne me mande jamais que tu es pressé ou que tu n'a pas le tems de m'ecrire. Je sens si fort que l'on trouve ce tems-la quant on veut que je prendrai toujours ces phrase-la pour des manque d'amitié. Je sais que tu n'aime pas a derenger l'ordre de ta journée, quelque peu interessante qu'elle soit. Mais mon cher ami, pense que tu n'a pas d'autre marque a me donner de ton amitié, qu'elle fait le seul bonheur de ma vie parce qu'elle est la seule sur laquelle je n'ai point de deffiance. Quand j'en serai a l'amitié avec l'Autre Nous, je les metré au pair, mais il y a encore bien du chemin a faire. Helas, le bonheur qu'il m'avoit si bien fait sentir s'est bientot evanouïs. Plus je vois de monde, plus je m'attache a vous deux. Vous etes seuls digne de mon cœur et je n'aimerai jamais que vous. Mets*ᶜ* bien cela dans ta tete et dans ton cœur, mon cher ami, et pense qu'isolée du re[s]te du monde, ne vivant qu'en vous deux, vos seules lettre peuvent me soutenir. C'est mon unique bien parmis tant de meaux.

Je suis desolée de toute façon. Mr Richard⁴ a les etats dans son bureau. Il reviendra peut-etre a la fin du mois. J'atens la fin pour finir avec Toussaint. Le Petit St, qui n'est pas plus precausioné que vous le connoissés, attant que je lui donne de l'argent pour partir et ne m'en parle pas. Je crois qu'il passera encore la St-François ici, quoi qu'en dise la Petite⁵. Je doute de l'efficassité des promesses. Je vois et j'entens des choses qui me donnent aussi mauvaise opinion de la generosité que du cœur. Je ne desespere pas, mais je doute bien fort. Ce ne sera pas faute de soins et de flaterie. Je leur en donne comme elles le meritent, et je dis comme le philosophe qui baisoit les pieds au tiran : «Ce n'est pas ma faute»⁶.

Je ne suis pas mignogne ici, je t'en reponds. J'ai regardé ma fesse, elle est noir comme le ron d'un chapeau. Et je vais toujours. J'ai plus mal en marchant qu'assise. Je n'ai point eté seignée, cela ne se pouvoit pas. Depuis hier mes pieds vont beaucoup mieux. Il me semb[l]e etre au paradis. C'etoit des soufrances qui me faisoient pleurer a tout moment malgré moi.

Nous partons toujours dimanche. Je vais te rejouir. Je suis seure du tems ou j'irai a Cireï. On pressoit Md. Honesta de revenir ici a la St-Charle⁷. Elle s'en deffendoit sur ce que j'etois avec elle et que je n'etois pas assés agreablement ici pour y revenir. J'ai su cela. Je lui ai dit que je prendrois ce tems pour aller a Cireï. Elle veut etre ici la veille de la Toussaint⁸. J'irai a Cireï deux jours avant, a cause que ses cheveaux me menent a moitié chemin et qu'il faut qu'ils se reposent. Voila notre arrengement pris. Ainci je n'y serai guere que trois semeines. Quand je serai a Cireï elle ne m'envoyera pas chercher. Ainci j'en serai quitte pour dire que Md. Du Chatelet ne veut pas me renvoyer, car la bonne dame c'est figuré que je passerois l'hivert avec elle. Elle ne va plus a Paris.

Devine qui est encore tombée des nuë ici pour m'ennuier. La Mandre*ᵈ*⁹.

Tu as raison, mon cher ami, il faudroit toujours songer que je suis hors de Luneville. Mais je ne puis y penser sans sentir que tout ce qui m'est cher y est, et que je ne les verez plus ou bien rarement. A propos de cela, Demaret, qui n'y pouvoit durer, n'a cependant pu se resoudre a venir ici ny a Chatel¹⁰. Quel changement! Est-il vray que leur regiment passe en revue a Luneville? Les Marsannes pretendrent que c'est moi qui le leur ai dit. Ma foi, cela n'est pas vrai, car je n'en sais rien.

Marsanne a la fievre. Il rend enfin justisse au marquis. Il m'a avoué qu'il le connoissoit a present. C'est a l'occasion de l'affaire de Lolote ou il a tout gaté.

Mon Dieu, comme tout cela se conduit! C'est une pitié. Il faudroit faire des volumes si on vouloit racconter toutes les fausses demarches, les impertinences qui se font tous les jours, les caquets insenssées. J'ai mieux connu là[e] la tete de la Belle que partout allieur. Je vous garanti qu'il n'y a ny bon sens ny bon cœur ny raison. Tout cela est si deresonnable qu'il n'y a pas moien d'en rire. Je donne des conseils indirect. Dieu veuille qu'ils en profitent. Ne t'inquiete pas car je ne m'y foure pas, je ne fais que repondre sensement quant on m'en parle. Le St tripotte[11] aux orreille, mais il me fait mistere de tout. Je le sais par les autres, et il ne resonne pas mieux qu'eux. J'atens a chaque quart d'heure que l'affaire eclate. Il y auroit cependant encore du remede si l'on vouloit. La Petite Sœur a tous les jours la fievre. J'ai diné en bas aujourd'huy. On est a la chasse. Elle n'a mangé pour toute chose que de la croute de tourte bien grasse et du paté de lievre. Quant on lui dit, elle se fache. Je ne dis plus rien. C'est encore une bonne tete.

On ne sauroit etre mieux que je suis avec mon hotesse.

Il faut que je te dise un rabachage dont je ferai mon profit. Ma duchesse[12] a ecrit au Veritable[13] pendant qu'il etoit en Flandre que l'on en avoit pris un autre. A son retour, pour justifier ses bouderies il a montré la lettre. Tire tes conclusions sur les indiscretions de part et d'autre, et sur la fausseté de la dame interessée[14], qui se jour-la meme me parla de la duchesse en terme d'amour de façon que je crus qu'elle l'adoroit. Le soir meme le Caporal[15] me conta l'histoire. Il est bien malade, le Veritable, chez sa sœur a huit lieues d'ici. Il etoit parti quand je scu la letre de la belle Plote[16]. Quant il auroit eté ici, je n'en aurois pas eté curieuse puisque c'etoit par ce meme ordinaire que le Docteur me mandoit qu'il ne pouvoit ny penser ny ecrire. Il auroit du ajouter «a vous.»

J'ai reçu hier le paquet. La coeffur est infame[17].

Je ne t'ai pas deffendu de me parler de la Granville[18]. Au contraire, je suis bien aise de savoir ses deportemens mais je ne veux pas que tu me sermonne, sachant mon exactitude et mon attantion a metre les gens dans leur tords. Esse qu'elle n'a pas reçu ma lettre? Cela seroit singulier. Tu devrois bien savoir si elle a demandé au cardinal[19] ou on paioit les pension. Ou bien dis au Docteur de le demander. Je suis bien aise que tu sois content de ton Toi. Ne me trompe pas, mon cher Panpan. Que la crainte de m'affliger ne t'enpeche pas de me dire tes peines. Je sais trop que c'est un soulagement.

Je voudrois bien avoir reponce a cette lettre vandredi, et tu le peus car tu aura tout le jeudi pour faire ta comission. C'est la derniere fois qu'il faut m'ecrire ici. Nous partirons dimanche avant l'arrivée de la poste. Ainci il faudra m'ecrire samedi chez Md. de Stainville, a Demange-aux-Eaux, par Ligny[20]. Voila encore mon unique plaisir bien derengé. Je ne pourai jamais te repondre par la meme poste, car encore faudra-t-il que j'envoye souvent chercher mes lettres, car elle n'a d'empressement pour les sienes qu'a proportion de l'amitié dont elle est capable.

Tu ne saurois croire combien je sais de gré a ce pauvre Mareil[21] de t'avoir aimé en passant. Je ne saurois plus souffrir Lubert. C'est une horreur de ne t'avoir pas eté voir un moment.

Je te remercie des caresse que tu as fait a mon petit Panpan[22]. J'y songe bien souvent. Le pauvre[23] est bien etonnée de me voir pleurer toute les fois que je la caresse. Elle est charmante pour la fidelité et pour l'esprit. Elle connoit qu'elle n'est pas chez elle et les gens qui ne l'aiment pas. Elle ne regarde pas Md. de Stainville et saute sur la tete a Md. de Gallo[24] et a Tutu quand elle les rencontre.

J'ai un bien plus beau remerciement a te faire, mon cher ami, c'est de ta lettre d'aujourd'huy. Elle est charmante. Mon Dieu, que mon pauvre cœur avoit besoin d'etre aimé. Je me vois toujours isolée. On souhaite d'etre roi pour faire du bien. Aime-moi, mon Penpichon, tu me fera plus de bien que si tu me donnois des provinces. Comment vivre sans penser que quelqu'un s'interesse a nous. Helas, pour mon malheur je suis presisement l'oposé du St et, par surcroit de malheur, c'est que je suis dans le vray. Son aveuglement vient du peu de connoissance des hommes, mes lumieres vient du contraire et m'enpeche de desirer d'en etre aimée. Si tu pense bien a tout cela, tu sentira sans peine le cas que je dois faire de ton amitié. Sans vous deux je mourrois sans qu'il y eut une larmes rependue dans le monde. Voila une misere, mais c'est la derniere. Le courant de la vie donne bien d'autre ocasion de sentir le besoin d'etre aimée. Ce besoin entraine necessairement a aimer aussi. Je t'aime bien et pour tout le tems[f] qu'il plaira a la nature de ne pas me faire changer de modification.

Adieu, je t'embrasse. Je suis bien soulagée. J'atens vandredi avec bien de l'impatience. Embrasse le Nous pour moi. S'il m'aime, qu'il ne se chagrine pas et ne me sache pas mauvais grée de ma defiance. Je la crois fondée de toute façon. Je l'avois deja tant prié de me rassurer. Il n'a repondu a aucune de mes letres. Je serois tentée de croire qu'il ne les lit pas. Enfin il doit sentir que je n'ai pas tant de tords puisqu'il ne tien toujours qu'a lui de me contenter.

MANUSCRIT

Yale, G.P., II, 47-52 (D9); 6 p.; orig. aut.

IMPRIMÉ

Showalter, p. 33 (extraits).

TEXTE

[a] qu'est-ce que. [b] Peut-être veut-elle dire «Mille personnes sensées» par opposition à «insensées». [c] Le ms : «Met m'est bien». [d] Lecture incertaine. [e] Le ms : «la». [f] Le ms : «tout ⟨bien⟩ le du tems»; le mot «du» n'a pas été rayé.

NOTES

1. Voir 32n16.

2. Devaux : «Je vais donc vous le dire au vray. Je suis persuadé qu'il n'aime ni la Plotte ni sa sœur ni aucune autre femme ici. À votre egard je le crois en effet un peu refroidi. Il me semble qu'il est dans cet etat dont vous m'avez souvent fait la peinture, et ou le jette dans votre absence tout le mauvais manege des autres femmes. Il semble qu'il mette a votre compte toutes leurs miseres et leurs tromperies, et cependant je suis persuadé qu'il n'y en a point qu'il aime tant que vous. Voila, je vous jure, chere amie, tout ce que je pense de luy. Quant aux autres accusations que vous faites contre luy, il y en a qui ne sont [que] trop fondées.

Il repond a la lettre de Mr Beauvau qu'un badinage n'est pas une explication. S'il a dit qu'il avoit travaillé a l'opera, ce n'a eté que pour contenter St-Lambert qui le tourmentoit, et je crois en effet qu'il n'a pas fait quatre lignes la-dessus. Il est tres vray qu'il a eu beaucoup de vapeurs et qu'il a eté deux ou trois jours sans sortir a diferentes fois. C'est a dire jamais deux de suite. Il est faux qu'il soit toute la journée chez Mde Elliotte.» (2 octobre 1738, G.P., I, 197.)

3. Lettre du 29 septembre 1738 (G.P., I, 159-164).

4. Probablement François Richard (1712-1759), horloger du roi et directeur des postes.

5. La sœur d'Adhémar avait parlé à la princesse Charlotte pour faire donner de l'argent à Mme de Graffigny.

6. Allusion non identifiée.

7. Le 4 novembre : c'est la fête de Madame.

8. Le 1er novembre.

9. C'est sans doute Louise Bermand (1688-1744), qui épousa en 1709 Charles de Ramden-raedt ou Vanderode, écuyer, seigneur de Mandre-sur-Vair, chevau-léger de la garde de S.A.R. Il réside à Pulligny, et est parent lointain de Mme de Graffigny.

10. Ville sur la Moselle, à une cinquantaine de km au sud de Lunéville.

11. Tripoter : particulièrement, intriguer, calomnier, médire en vue de brouiller les affaires. C'est un homme qui aime à tripoter. (Littré.) Mme de Graffigny entend par cette expression que le Saint s'occupe beaucoup de l'affaire de Lolotte, qu'il bavarde et qu'il écoute ce que les autres disent.

12. La duchesse de Richelieu.

13. Sur l'identité du Véritable et sur toute cette histoire d'une passion «singulière», v. 26n21.

14. Vraisemblablement la princesse Anne-Charlotte.

15. Élisabeth de Roquelaure (1697-1752), princesse de Pons, épouse de Charles-Louis de Lorraine, comte de Marsan (1696-1755). Il était frère du prince de Lixin. Le surnom de la princesse est le Caporal Dindon, ou parfois simplement le Caporal.

16. Mme de Graffigny a l'air de dire que c'est la Plotte qui a écrit au Véritable, mais Béatrix Du Han n'est point duchesse et Mme de Graffigny n'a aucune raison de vouloir mieux connaître son caractère (v. 36n23). Il semble que Desmarest ait écrit à Mlle Du Han.

17. Devaux : «Je viens d'etre eveillé par le laquais de Luber, qui m'a apporté une cœffure de blonde, qui me paroit bien jaune, du ruban blanc, ni grainé, ni ondé, et des mitaines. Mandez-moy comme vous voulez que je vous envoye tout cela.» ([20 septembre 1738], G.P., I, 183.)

18. Devaux : «Je ne vous parlerai plus de la Gran-dville, chere amie, puisque cela vous deplait.» (29 septembre 1738, G.P., I, 160.)

19. Armand-Gaston, cardinal de Rohan (1674-1749), grand aumônier de France. Devaux répond qu'on ne lui a pas parlé (2 octobre 1738, G.P., I, 200).

20. Ligny est à 24 km à l'ouest de Commercy, sur la grande route de Paris à Nancy; au sud-est se trouve Demange-aux-Eaux, à 20 km en amont de Ligny, sur l'Ornain.

21. François-Albert Chaumont de La Galai-zière, comte de Mareil (1702-1773), militaire, frère du chancelier de Lorraine. Devaux avait parlé de son passage à Lunéville (I, 163).

22. Rien dans les lettres de Devaux ne semble correspondre à cette réponse; Devaux avait peut-être écrit sur l'enveloppe. Le petit Panpan est un chien que Mme de Graffigny a laissé à Lunéville.

23. C'est le dernier mot de la page; Mme de Graffigny oublie sans doute le mot «Zon», car il s'agit de sa chienne.

24. Marie-Charlotte de Ligniville, mariée en 1711 à Jean-Claude Lopez de Gallo, premier écuyer et chambellan du duc Léopold; elle est sœur de Mme de Lenoncourt, dont le surnom est «Tutu» ou «le Tu».

34. à Devaux

Le jeudi apres-diner [2 octobre 1738]

Il n'est pas possible de pousser l'ennui plus loin que je l'ai hier poussé. C'est ce qui m'a enpeché de t'ecrire, car je ne le pu faire de la journée et tu sais que je suis trop fatiguée le soir pour cela. Je ne sais si les nouvelles qu'on a reçu[a] ici sont suees a Luneville. En tout cas les voici. Les Turqs avec une grosse armée alloient entourer celle des Imperieaux, qui n'estoit que de 20 mille homme[1]. L'epouvante s'y est mise. Toute l'infanterie c'est jeté dans Bellegrade[2] et Monseigneur[3] y est enfermé aussi. S. A.[4] est retombé malade et on le reporte a Viene. J'ai vu la lettre de Monitoris[5] a Poirot[6]. C'est une vray desolation. La peste et la famine sont a Bellegrade et cent cinquante mille Turqs qui l'entourent. Poirot ne l'auroit pas dit a Madame, mais on lui a porté le paquet a la chasse. Quant elle a vu qu'il n'y avoit point de letre pour elle, elle a ouvert les autres. C'est une desolation ici, du moins pour la cour, car Md. a pleuré un moment, et puis elle c'est fait frire une carpe pour son gouté. Elle a dit qu'elle seroit bien folle de se faire mourir pour un fils qu'elle haissoit et sur cela elle a enfilé les louanges de S. A. telle que pouroit les donner son plus grand ennemi. Elle a dit que son fils Charle l'inquietoit mais qu'il se tireroit d'affaire. Pour la princesse il n'en est pas de meme. Je passai hier la matinée, la journée et la soirée a la voir pleurer. On fut a une benediction ou tu aurois bien fait hum hum. Le curé s'avisa de recommender Monseigneur qui est a la merci des ennemis de la foy. Tout le monde fondoit en larmes. On continuera les prieres tant que[7] les nouvelles seront meilleures. Crois-tu pour le coup que le pauvre Tavanne en echape? On ne sauroit s'empecher de penser a tant de malheureux enfermés dans cette ville. On ne sauroit etre insensible a l'affliction de tout ce qui est ici, ny s'empecher de sentir les suites affreuse que peut avoir la situation des deux freres qui rejailliront sur nous; mais on ne sauroit aussi n'etre pas impatientée de tous les mauvais propos que l'on entent. C'est a qui deresonnera.

Je ne savois hier ou m'en mettre. J'ay de l'impatience d'etre sur la montagne pour n'en entendre plus qu'une. Les vapeurs s'en melent. Je n'eu hier qu'une bonne heure. C'est le St qui me la procura en me disant des sotises. Tous les jours il m'en dit. Quant je me retiens d'en dire, c'est qu'il me persecute pour achever. Ce n'est plus le tems ou il sortoit de la chambre quand on en disoit. Il m'en lacha encore une bonne. Il parloit de ta misere et tout de suite il dit que s'il pensoit comme nous qu'il s'en donneroit au cœur joye sans crainte d'ogmenter sa famille, parce qu'il savoit a merveille comment il faloit faire et qu'il lui en coutoit beaucoup pour etre sage. Il parla du Docteur, et comme il parloit entre ses dent je cru qu'il disoit qu'il etoit aussi sage que lui. Je me mis a rire et je dis : «Bon, quel conte.» Il saute de sa chaise en rougissant et me serant la main, il s'ecrie : «Ah, ma pauvre Grosse[8], est-il possible?» Je ne ceu ce qu'il vouloit dire. Enfin en nous expliquant c'est qu'il avoit dit que le Docteur etoit aussi fort que lui, et que sur ma reponce il avoit entendu que non et son exclamation etoit pour me plaindre. Je lui ai chanté pouille en faisant cependant semblant de ne pas si bien l'entendre, car toute les plaisanteries qu'il me faisoit etoient fine et bien tournée. Rougissant toujours, il les poussa jusqu'a dire qu'il se rejouissoit de lui dire qu'il savoit son tout[b 9], et qu'il le savoit d'un endroit seur. Que ne m'a-t-il pas dit? Il parle de lui tant qu'on veut. Il m'est convenu qu'il n'etoit pas faché quand Dieu le favorisoit de quelque grace pendant la nuit. Il rit comme un fou quant je lui dis que c'est une recompense pour les tourmens du jours. Il est charmant car tout ce qu'il dit la-dessus sont des bon mots, ou des epigrames, car il est aussi relaché sur son prochain que sur les sotises. Je ne sais ou il c'est si bien ajusté car je ne l'ai pas beaucoup vu ici et nous avons presque toujours parlé tristesse. Ce n'est que depuis deux jours qu'il ne me rencontre pas sans un bon mot sotisié[10]. J'en avois retenus

quelqu'uns pour te les mander, mais j'ai l'ame et le cœur si noir qu'il n'ont pu s'y
tenir. Je les ai oublié. Il vous en dira et je veux que tu me les mande car il sont
charmants. Je ne doute plus qu'il ne pense bientot de meme sur tout le reste.
Alons, voila Madame Honesta qui arrive. A demain, mon Dieu, comme je l'attens,
ce demain.

Le vendredi [3 octobre 1738]

Ce n'est pas la milliemme fois de ma vie que ce que j'attendois avec le plus
d'impatiance et qui paroissoit le plus seur n'est point arrivé. Voila la poste et point
de lettre[11]. Cela n'est-il pas desolant? A qui m'en prendre? Si je n'en attendois
que du Docteur, cela ne me surprendroit pas, mais toi, comment m'as-tu negligée?
Je ne gronde pas, cependant; je ne suis qu'affligée car je m'imagine que tu m'aurois
ecrit si tu l'avois pu. Si tu et[ois]*c* malade, tous nos amis ne le sont pas en [meme]*c*
tems. Qu'esse donc? Je m'y pers, et je p[ars]*c* dimanche. Je ne saurez plus rien
que qua[nd]*c* il plaira a Dieu. Je n'ai pas le courage de t'ecrire davantage. Je m'en
vais chercher de l'ennui pour dissiper mon chagrin. Adieu, je t'embrasse, mon
cher ami, et je suis bien inquiette.

[*adresse :*] A Monsieur / Monsieur Deveaux le fils / rue du Chateau / a Luneville

MANUSCRIT

Yale, G.P., II, 53-56 (D10); 3 p.; orig. aut.; cachet
sur cire rouge; m. p. : de Comercy.

TEXTE

a Lecture incertaine; le ms : «ceçu» ou «eue»,
peut-être. *b* Lecture incertaine; par inadvertance
Mme de Graffigny a probablement écrit «tant» au
lieu de «tout». *c* Trou.

NOTES

1. En 1736 une guerre éclata entre la Russie et
l'Empire ottoman. L'Autriche se joignit à la Russie
et occupa rapidement quelques territoires dans la
région de Belgrade. Beaucoup de Lorrains partici-
pèrent à la guerre par suite du mariage du duc
François III avec Marie-Thérèse d'Autriche. Les
Turcs reprirent bientôt l'avantage et signèrent en
septembre 1739, à Belgrade, un traité de paix qui
leur était très favorable. Devaux répondra : «La
cour d'ici est charmée de ce qui fait la desolation
de la votre. Les nouvelles que vous me mandez y
avoient deja percé, mais pas bien positivement
pour nous autres Lorrains. Nous en sommes deso-
lés. Toutes nos femmes en pleuroient ici hier.
Pour moy, je dis : ‹Sauve Monseigneur et Tavannes, et que tout le reste aille au diable s'il veut.›
Je voudrois que vous m'entendissiez jurer contre

le benest d'empereur. Je ne me soulage qu'en
disant du mal de luy. Tout affligé que j'etois du
peril de notre ami, la consolation de Madame n'a
pas laissé de me faire bien rire.» (6 octobre 1738,
G.P., I, 208.)

2. La ville de Belgrade était sous la domination
turque depuis 1389.

3. Le prince Charles-Alexandre de Lorraine.

4. Son Altesse, l'ex-duc de Lorraine, François
III.

5. Urbain-François, baron de Molitoris, conseiller-secrétaire du duc de Lorraine, et chargé de
l'émigration des Lorrains en Toscane, où il sera
encore secrétaire de François III.

6. François Poirot avait accompagné le jeune
François de Lorraine pendant son voyage à Prague
et à Vienne. Il entra au cabinet du duc Léopold
vers 1717, et en 1730 il était conseiller-secrétaire
du cabinet, des commandements et des finances,
et greffier en chef du Conseil d'État. Il est maintenant conseiller-secrétaire intime de Madame.

7. Tant que : jusqu'à ce que (Littré).

8. Surnom de Mme de Graffigny.

9. Son tout : on dit de quelqu'un qui est extrême-
ment chéri d'un autre, que c'est son tout, qu'il en
fait son tout (Trévoux, 1771).

10. Sottisier : recueil de bons mots; celui qui
débite des sottises (Trévoux, 1743). La forme

participiale «sottisié» est probablement une formation plaisante qui veut dire : fait comme pour
un sottisier.

11. Mme de Graffigny attend celle du 2 octobre
1738 (G.P., I, 196-200).

35. à Devaux

Le samedi soir [4 octobre 1738]

Ah, mon Dieu, Panpan, quelle journée pour moi que celle d'hier. La tete me
sautoit. Quand je vis qu'il n'y avoit point de lettre pour moi, je t'ai crus mort. J'ai
cru Demarez enteré. Que ne croioi-je pas? Je senti que je n'etois plus ma maitresse
et en meme tems que je devois eviter de donner des scenes ici, et que je n'avois
pas le tems d'etre bien malade. J'imaginai de m'en aller chez Bertrant[1], esperant
que de parler machine et peinture, cela me distrairoit. Cela areta du moins mes
larmes. J'y restai jusqu'au souper. Apres souper je dessendis a la cour pour voir si
le St avoit parlé a sa sœur. Il a la bonté de m'anoncer que je n'aurai rien. Ce fut
le coup de grace. Point de nouvelles de Nancy, rien de la princesse. Que faire,
sentent que je ne pouvois arriver a Cirei avec une genille sur le corps pour toute
chose? Je devins folle. Je senti par les verbiage du St qu'il y avoit peut-etre un peu
de sa faute. Je pris le parti de parler a Marsanne et pour cela je le pris pour me
remener. Comme nous sommes devent la porte, la femme de chambre de Fanchon
nous jete un pot de chambre sur la tete. Au lieu de parler affaire il faut nous laver.
L'habit de Marsanne est perdu, et ma robe. Par bonheur c'etoit la vielle. Fais-lui
conter notre avanture. Je n'ai pas fermé l'œil la nuit. Mon Dieu, quelle nuit! J'ai
eté prete de bon matin. J'ai eté attendre Marsanne a la cour et je lui ai fait sa
leçon. Il faut te dire qu'il y a quelque jours qu'en parlant avec Toussaint, je le
tatay pour savoir s'il ne preteroit pas de l'argent a la princesse. C'est un homme
transporté de joye, qui veut partir pour lui porter mille livres. Il falu le tenir a
quatre pour l'en empecher. Je contai cela au St, qui se recrie que j'ai bien mal fait,
que tout est perdu s'il dit que je l'ai questioné la-dessus. Enfin il falu me quereller
avec lui pour avoir la paix. Tu reconnois la ses travers. Je ne pu jamais lui faire
comprendre que c'etoit un moien de la metre au pied du murs si elle se retranchoit
sur le manque d'argent. Voila ce que j'ai dit au Grand Frere[2] et ce qui a reeucit,
car cet apres-diner elle m'a envoyé 20 louis.

D'un autre côté Md. de Lixeim m'a parlé de son argent. J'ai apercu Morice[3] ce
matin. J'ai couru a lui comme si c'etoit mon melieur ami. Crois-tu que c'etoit pour
lui parler de Md. de Lixeim? Ah, mon Dieu, non, c'etoit pour parler de toi. Il m'a
un peu rassuré en me disant que tu voulois lui donner une lettre et que tu a mieux
aimé la mettre a la poste. On ne l'y a donc pas mis, cette lettre a la poste, ou on
l'a mis trop tard. Dans cette incertitude j'ai prié Md. de Stainville de ne partir
qu'apres l'arivée de la poste de demain. J'etois si folle hier que j'envoyai apres les

gens de Md. de Lixem des qu'elle fut arrivée pour savoir *ᵃs'il ne savoitᵃ* point de nouvelle de Luneville. Je croiois qu'il parlerɵit de vous deux. Prend garde a tes lettres, mon cher Panpan. Tu sais trop ce qu'il m'en coute pour ne pas m'epargner ces crises affreuse. Dans un autre circonstance je n'aurois pas tant soufert, mais tu me connois. Pouvoi-je croire que tu me neglige quant tu as a me dire la plus importante chose de ma vie, et que tu sais qui m'est si sensible?

Le dimanche matin [5 octobre 1738]

Je fus hier interompue par Md. de Lenoncour et le souper. Je vais te croquer quatre mots ce matin pour te donner du plaisir. Apres que j'us parlé de toi a Morisse, je le rapelai pour parler argent. Je n'ai pas le tems de te conter tout cela. Bref, Md. de Lixeim me donne une delegation sur lui et il m'a promis de la faire acsepter a mes creenciers. Tu n'en sera plus tourmenté, mon cher ami, c'est ce qui m'en fait plus de plaisir. Il faudra pourtant que tu fasses tout cela avec Morice. Je t'envoyerai un memoire par la premiere poste pour ces arrengemens-la.

Je donne a Hademart tout mon argent. Il [faut]*ᵇ* deux mille cinq cent livres pour le contr[at]*ᵇ* et cent vingt-cinq livres pour la rente. Sur mes vingt louis j'a[i] mis le surplus de quatre cent quatre-vingt livres. J'ai donné neuf louis a Fanchon pour me faire venir une robe de Paris. N'es-tu pas epouvanté de la somme? Cela coute tout autant. Il me restoit sept louis, je n'en garde que cinq. Ce n'est pas trop, nesse pas, et j'en ai mis deux de surplus dans le caq*ᶜ* que tu donneras a Clairon. Il ne faut pas lui dire que j'ai eu vingt louis, car peut-etre elle n'entreroit pas dans la necessité ou j'etois d'avoir une robe honnete pour Cireï. Le St prendra dans cet argent ce qui lui faut pour son voiage, mais il dit bien qu'il le remplacera outre un louis que je lui ai donné ici et qu'il faut laisser pour celui que sa mere⁴ m'a preté l'année passée⁵.

Bonjour, je suis dans les balots. Si je n'ai point encore de letre par la poste, je m'en irai bien tristement, quoique toute ces affaires-la me donne un peu de tranquilité. Mais tu connois mon chien de cœur. Lui seul peut me rendre heureuse. Embrasse le Nous pour moi.

[*adresse :*] A Monsieur / Monsieur Devaux le fils / ruë du Chateau / a Luneville

MANUSCRIT

Yale, G.P., II, 57-60 (D11); 3 p.; orig. aut.; m.p. : de Commercy.

IMPRIMÉ

Showalter, p. 34 (extrait).

TEXTE

ᵃ s'ils ne savaient. *ᵇ* Trou. *ᶜ* sac.

NOTES

1. C'est peut-être François-Gabriel Bertherand, capitaine du château, valet de chambre de S.A.R. à Commercy en 1743.

2. Le comte de Marsanne.

3. Antoine Maurice (1696-1771), avocat à la cour. C'est l'homme d'affaires de Mme de Lixin qui revient de Saverne en passant par Lunéville. La procuration lui permettant de percevoir la pension de 24 000 livres pour la princesse de Lixin est conservée aux Archives départementales de Meurthe-et-Moselle (8E15, 26 septembre 1738).

4. Charlotte - Gabrielle - Victorine - Marguerite Sublet d'Heudicourt (1678-1769), chanoinesse d'Épinal en 1685, mariée au marquis de Marsanne en 1710.

5. Devaux répondra: «Je n'entends pas bien votre decompte avec Toussaints.» (7 octobre 1738, G.P., I, 211); v. aussi le texte de la lettre 33 aux notes 4 et 5). C'est Toussaint qui paie à Mme de Graffigny la pension dont il est question ici.

36. à Devaux

*ª*Le lundi soir [6 octobre 1738]

Me voici sur la montagne[1], mon cher Panpan, apres avoir eu bien de la peine a y arriver. Nous avons pensé coucher dans un bois d'ou les cheveaux rendus ne pouvoit nous tirer. Enfin partie a pied, partie en carosse, nous sommes arrivée a une heure et demi de nuit. Tu pense bien que j'ai eu peur; mais enfin j'en suis quitte pour cela. J'ai eté un peu etonnée de la maison qui est un vray galetas, un vieux chateau en desordre. On m'a conduite par un escalier comme une echele dans un grenier dans lequel on entre par une trape. Dans ce grenier on a fait des retranchemens qui composent deux chambre assés bien ajustée. C'etoit la chambre que la dame du chateau a habité jusqu'ici. Elle me la donnoit de preference a cause qu'etant au-dessus de tout le monde je n'aurois point de bruit. Il faut que je te parle de la garde-robe de cette chambre. C'est un beau tapis de Turquie etendu dans le grenier entourés de jolis paravent des Indes, des tables et des pots de chambre charmants. Dans le desordre meme elle trouve le moien de pisser proprement.

A propos de cela, j'ai oublié de te dire qu'un jour a Comercy elle me proposa, etant en bas, de monter a sa chambre. Comme je craignois d'y demeurer trop lontems, je lui dis que ce n'etoit pas la peine de monter si haut pour redessendre dans une heure. Elle se recria: «Ah, pour cela, il faut etre bien paresseuse pour craindre de monter trente escalier pour pisser proprement.» Oh ça, on pisse donc proprement ici, n'en parlons plus.

Le Petit St t'aura dit qu'elle eu la complaisance d'attendre que la poste soit arrivée pour partir. Nous montames tout de suitte en carosse. Je n'ai eu le tems de lire mes lettres qu'en me couchant. Nous en parlerons apres. Je veux que tu sache ou je suis aujourd'huy.

La journée s'est passé a me faire meubler une chambre dans un etage plus bas a coté de celle qu'elle a pris. C'est un coridor carelé et ciré qui y conduit. Ma chambre est boisée, non encore vernisée. La cheminée n'est pas platrée, mais les parquets tout neuf sont comme un miroir. J'ai un lit exelent de damas vert, des fauteuil, des careaux a choisir, une jolie table, une comode, un echaut[2]. Voila tout mon meuble. La chambre est gaye, quoiqu'il n'y ait qu'une croisée, mais c'est qu'elle va presque jusqu'a tere et que ce sont de tres grands careaux. Dubois couche aupres de moi dans une garde-robe que la maitresse de ceans a fait ajuster elle-meme, des bidets, des pots de chambre comme pour elle, c'est tout dire. Voila ou tu dois me prendre quant tu pensera a moi. Sa chambre est comme la miene. Se sont les seules de la maison. Encore n'ont-elle eté finie que depuis que nous sommes a Comercy. Il a fait assés beau aujourd'huy pour nous promener. Le jardin e[s]t beau mais mal tenu, une allée de c[h]armille haute a perte de vue l'entoure et les racines de ces grosses charmilles sont dans une petites riviere fort claire qui sert de muraille au jardin de deux coté. Si elle n'etoit pas pendue apres moi, j'irois souvent lire dans ces allées, que je trouve charmantes. Voila tout ce que je puis te dire de mon nouvel etablissement. Je lui ai demandé permission de venir ecrire. Elle a un peu rechigné. Je prevois que l'esclavage sera dur. Venons a ta lettre[3].

J'etois contente de l'avoir dans ma poche en chemin. Je l'ai eté bien davantage apres l'avoir lue. Tu n'avois pas besoin de me deffendre de lire la premiere page; elle est bien douce pour toute la mechante humeur que je t'avois marqué. Tu es mon plastron[4], tu le sais. Ne t'en chagrine pas, je t'en prie, s'il m'en revient encore, ce que je ne crois pas, et pour cause. En tout cas tu y gagne, car il n'y a pas un mot de ta lettre qui ne me prouve que tu m'aime veritablement puisque maussade, impertinente, tu es toujours mon ami. Tu entre dans mon cœur, tu y lis, et tu m'excuse. Si ce n'est la de l'amitié, en est-il dans le monde? Je te parlerai pet-etre encore quelquefois d'ennui, mais tu me vera d'allieur plus tranquille a tous egards.

En suivant ta lettre je trouve que le second article c'est sur la grossesse[5]. Tu veux que je t'en conte la suite. Le voici. Il sera long mais drole. Le St ny personne ne vouloit parler au pere, quoique je les pressasses tous de le faire. Enfin une personne inconue l'a fait. Sur cela il parle a sa fille qui l'assure qu'il n'en est rien. Devine ce qu'il fait. Il est pendant deux jours a dire a tous ceux qu'il rencontre : «Voyez qu'on est mechant. On m'avoit dit que L. etoit grosse, mais je lui ai demandé et je suis bien seur qu'il n'e[s]t pas vray.» Il lui avoit recommendé de mettre un corps[6], et c'est ce qui a produit le denouement. Je pressois tous les jours Fanchon de parler au pere. Elle disoit bien qu'il n'y avoit qu'elle qui pu lui faire entendre raison, mais qu'elle ne pouvoit s'y resoudre dans la crainte que par impossible[b] cela ne fut pas vray. Deux jours avant la St-Francois le pere demenda a Toumin[7], le St en tier, ce qu'avoit sa fille. Il lui repont : «Ah, Mr, cela se passera. Si j'avois seu, je ne l'aurois pas seignée du pied.» Je conte cela a Fanchon, elle s'obstine a douter. Enfin le jour de galle[8] c'est la demoiselle qui arrive en corps, en habit sans mantille. Oh, pour le coup, il faloit etre aveugle pour n'y pas voir. Tout le monde se regardoit et baissoit les yeux. Fanchon fut convainquee et prit son parti. L'apres-diner je causois dans la galerie avec l'abbé de St-Mihiel, qui par parantese me faisoit une declaration d'amour dans toute les formes. Je vis arriver Fanchon qui trainoit le pere apres elle. Il vont fort loin de nous, et comme ma conversation ne m'ocupoit pas beaucoup je regardois les jeste de l'autre[c]. Ils etoient si forts que je crus qu'elle le batroit. C'est qu'il ne vouloit rien croire. Enfin il promit de s'eclaircir et il l'a fait. Le petit garçon a avoué le premier, la petite fille ensuite. Elle n'a plus que cinq ou six semene pour acoucher. Elle a du partir aujourd'huy pour sa tere[9]. Comme la mere[10] n'y est pas, elle poura y acoucher en feignant une colique. Tomin y sera dans une heure. D'alieurs on va prendre des mesure pour les marier avant, si cela ce peut, mais en tout cas on ne laissera pas partir le galant qui pouroit bien ne pas revenir, quoiqu'il soit de bonne foy, mais ses tuteurs pouroient bien n'en pas etre. Voila ou cela en est. Il n'y a que Md. seule qui n'en sache rien. Il faut que je te conte quelqune de ces impudence. Il y a quelque tems que chez la p...[11] elle dit a un abbé qui y est toujours de lui compter combien il faloit de tems depuis le cinq de mars pour faire neuf mois[12]. Une autre fois elle demandoit en pleine table a la[c] doiene[13], si elle etoit grosse, si elle se confieroit plustot a Toumin qu'a Tirion[14]. Avant-hier elle dit a la baronne[15] : «Je crois que vous etes grosse et que vous ferez un enfant qui me ressemblera.» Il y en a deux mille comme cela. La clique a toujours bien peur car elle ne cesse de menasser, elle.

J'ai encore volé un petit torreau blanc qui a les pieds, les cornes et la queu dorrée[16]. Il est charmant. Je l'aime pour lui-meme, celui-la.

Ta tirade sur tes lecture est charmante[17]. Ecris toujours, mon cher ami, tout m'est bon. Helas, que tes lettres sont courtes a comparaison du tems que je voudrois emploier a causer avec toi.

J'ai recu hier un lettre de l'Exemp[18]. Elle est fort jolie. Il me mande tou[t] plaint de nouvelles, entre autre ses douleurs. Il est persecuté par la sœur[19] qui l'aime et qui le fait enrager. On l'epie, on ferme les porte, il faut sauter des murailles. Enfin il s'eloigne pour laisser passer l'orage. C'est a Hyacinte[20] que j'avois donné sa lettre.

Dubois a remis l'argent le lendemain de notre arrivée. Tu as fort bien fait ma commission interessante[21]. Je t'en remercie, mon cher ami. J'en suis extremement contante. Tu le vera dans la suitte.

Je crois la passion dont je t'ai parlé toujours existante[22]. Je ne saurois t'en dire de particularité parce que l'on ne m'a point fait de confidence. Mais toutes les demonstrations me le persuadent. J'ai vu de plus la jalousie contre le Caporal. Elles se detestent. Cela peut n'etre que de l'amitié mais tous les jestes – et qui sont violens car ils vont jusqu'au cul – sont d'amour aussi bien que les discours. Et tout cela est recu du plus grand sang-froid du monde, quelquefois meme avec impatiance. L'humeur prend et par bonté on tache de la rapaiser. Tu peus dire : «C'est tout comme ici.» Le profit que je peus faire de la tracasserie de soixante lieu[23], c'est de connoitre que celle[24] qui l'a faite est tracassiere et imprudente. Conte-tu cela pour rien?

Je crois avoir repondu a tous les articles de ta lettre. J'en suis demeurée la pour aller souper. J'ai fait debasler la viele. J'en ai joué. Elle est exelente. Cela m'a fait un moment d'amusement. Depuis le souper elle[25] m'a conté les tenans et aboutissans des amours du roi[26]. Il est vray qu'il a deja eu des petites fille et qu'il est fort amoureux de Md. de Mailli[27]. Elle sait cela de sources par Mr de Courtenvaut[28]. Elle m'a donné le tout sous un grand secret que je te menderois s'il etoit possible mais se seroit ecrire un romant. Elle m'a promis de me conter tous les jours une histoire, que je n'avois qu'a la mettre sur les voye. Cela m'amuse et j'en profiterai. Je vais t'en faire une des histoire. Le marquis me dit hier matin qu'elle avoit un galant, qui est ce Mr de Courtenvaut, qu'il etoit venu ici, qu'il avoit contredit un ouvrier qui lui avoit repondu insolament et qu'il l'avoit batu, et que cet ouvrier, se plaignant a la maitresse, avoit dit qu'il etoit bien dur d'etre maltraité par un etranger, et qu'elle avoit repondu : «Aprenez, coquin, que Mr n'est point etranger chez moi.» Ce discours qui me paroit tout simple fait une histoire. On le prend a la lettre. Je ne sais ou le marquis a pris cela, il n'a pas voulu me le dire. Comme j'ai vu qu'elle ne me parloit pas de cette visite, je lui en ai parlé. Il a falu lui repeter trois fois avant qu'elle me reponde enfin. Un «oui» a eté toute sa reponse. Je n'ai osé parler de l'aventure de l'ouvrier. Je veux pourtant savoir si elle est vray. En me contant l'histoire du roi, elle n'a jamais apelé Mr de Courtenvaut que «ce Mr». Je lui ai demandé son couplet[29]. Elle n'a pas voulu me le dire. Je ne sais s'il y a du mistere, mais elle en a la mine. Cela seroit drole. Envoye-moi le couplet; je l'ai oublié.

MANUSCRIT

Yale, G.P., II, 63-66 (D12); 4 p.; orig. aut.

TEXTE

[a] La p. 61 porte, d'une main de l'époque : «22 / Lettre de Demange / aux eaux, 12eme Lettre / et 33eme inclusivement 1738». [b] Il semblerait que certains mots manquent en fin de page. [c] Lecture incertaine.

NOTES

1. Le château de Mme de Stainville à Demange, détruit vers 1813. Sur cet emploi du mot «montagne», v. 28n25. On trouve dans Rohan Butler, *Choiseul*, vol. I (Oxford, 1980), un compte rendu détaillé et très vivant du séjour de Mme de Graffigny chez Mme de Stainville (v. surtout le chapitre VIII).

2. «Echaut» pour «réchaud», sans doute une inadvertance de Mme de Graffigny.

3. Lettre du 30 septembre-2 octobre 1738 (G.P., I, 191-200) qui commence : «Ne lisez pas cela, ni la moitié du revers.»

4. Plastron : on le dit des cuirs rembourrés dont les maîtres d'escrime se servent, quand ils donnent leçon, pour recevoir les bottes qu'on porte (Trévoux, 1743). Par extension, le sens courant d'homme en butte aux sarcasmes de tous.

5. Devaux : «Je suis bien curieux de scavoir ce que cela deviendra si le pere s'opiniâtre a ne pas la laisser sortir.» (I, 193-194.)

6. Mettre un corps : le corps est la partie des vêtements qui s'applique à la partie supérieure du corps, une espèce de corset (Littré).

7. C'est-à-dire, Thoumin (v. 30n14).

8. La St-François est le 4 octobre. Galle : signifiait autrefois, réjouissance, joie, plaisir (Trévoux, 1771).

9. Le 14 octobre Mme de Graffigny dira que Lolotte est à Spada.

10. Claude ou Claudine-Gabrielle-Marguerite de Saint-Martin, dame d'Agencourt (morte en 1747), mariée en 1709 à Sylvestre de Spada (v. 32n11).

11. P[rincesse].

12. La petite Marguerite-Claudine naîtra le 7 décembre, neuf mois et deux jours après le 5 mars. L'abbé n'a pas été identifié.

13. Sa doyenne, ou la Doyenne? Dans le deuxième cas, ce peut être Catherine Doyen (1719-1741), épouse de Charles-Alphonse-Henri-Pierre Pilotte de La Barolière (1699-1763), gentilhomme ordinaire de Stanislas.

14. Joseph Thirion, valet de chambre et accoucheur de Madame en 1721.

15. Probablement Mlle de Schack.

16. Voir aussi 32n12, où on trouvera un exemple d'un autre petit larcin commis par Mme de Graffigny.

17. Devaux écrit longuement sur les lectures qu'il fait avec Liébault, et reproche à Mme de Graffigny son manque de goût pour *La Princesse de Clèves* (I, 195).

18. Lubert.

19. C'est probablement une première allusion à

une fille de la famille Lambertye (surnommée Piètremine). Plus tard, il sera question de relations de Lubert avec au moins trois femmes de cette famille (v. 87n7).

20. Hyacinthe n'a pas été identifié, mais plus tard Mme de Graffigny donnera son adresse : ‹Chez l'Amoureux Cordier›, en priant Lubert d'y prendre des étoffes. C'est donc probablement un marchand ou un voiturier de Lunéville.

21. Il s'agit de l'explication que Devaux a eue avec Desmarest sur ses sentiments pour Mme de Graffigny (I, 197); v. 33n2.

22. Mme de Graffigny soupçonne Mlle de Marsanne d'avoir une passion lesbienne pour la princesse Anne-Charlotte, et donc d'être jalouse de la princesse de Pons, sa confidente (v. 30n4).

23. Devaux : «J'admire qu'il vienne des tracasseries par la poste de soixante lieues loin. En vérité je n'aurois pas cru votre duchesse capable de ces miseres-la. Je n'imagine pas quel profit vous en pourrez faire. Que la Belle est fausse!» (I, 200); v. 33n12-15. C'est cette allusion à la Belle, surnom de la princesse Anne-Charlotte, qui permet de confirmer l'identification.

24. La duchesse de Richelieu. Soixante lieues est la distance de Commercy à Paris.

25. Mme de Stainville.

26. Louis XV.

27. Louise de Nesle, comtesse de Mailly (1710-1751), favorite de Louis XV de 1736 à 1739 environ.

28. Louis-Charles-César Le Tellier, marquis de Courtanvaux (1695-1771), petit-fils de Louvois, maréchal de France, un des héros de Fontenoy, vainqueur du duc de Cumberland à Hastembeck en 1757, sera mieux connu comme duc d'Estrées; en 1758 il sera ministre d'État.

29. Devaux répond : «Voici le couplet; je ne vois pas pourquoy elle vous en fait mistere. C'est sur l'air ‹Tu croyois en aimant Colette› : ‹Courtenvaux seroit trop aimable / S'il vouloit ne parler pas tant, / Qu'il fit un peu moins le capable, / Et ne mentit pas si souvent›.» (I, 221.) Ce quatrain se trouve dans le *Recueil Clairambault-Maurepas* (éd. E. Raunié, 1879-1884, 10 vol., VI, p. 295), avec la date de 1741.

37. à Devaux

Le mardi apres-midi [7 octobre 1738]

A peine ma lettre est partie pour la Ligny[1] que me voici deja a t'ecrire, mon cher Panpan. Qui ne prendroit cela pour de l'amour? Il faut meme etre aussi seure que je le suis de n'avoir que de l'amitié pour ne pas tomber dans quelque doute. J'ay un plaisir a t'ecrire dont les conversations les plus amusantes ne me dedomageroient pas. Je tremble en recevant tes lettres qu'elles ne soient trop courtes. Je viens de me promener, j'ai laissé mon hotesses s'entretenir avec ses ouvriers et je suis sortie du jardin par une petite porte qui donne dans une prairie. Ah, quelle prairie, mon Panpichon, car j'ai pensé que tu l'aimerois. Il n'y a pas une topiniere. L'herbe y est comme du velour. La riviere l'entoure. Cette riviere dont je ne sais pas le nom[2] n'est guere plus large qu'un ruisseau et son eau est aussi claire. Je voulois te persuader que cela etoit plus beau qu'un tableau et il me semble que tu te rendois. Je me suis presque toujours promenée avec toi, car je cherche autant que je puis a ne m'ocuper que d'idées agreables. Mde Deshouilliere[3] c'est avisée de venir s'y fourer malgré moi. J'ai dit et repeté cent fois sans le vouloir : «Quittez, mes chers moutons, le cours de la riviere, etc»[4].

Je ne sais si cela n'est pas bon a ma santé, mais au retour j'ai eu un grand acces de vapeurs. Par bonheur, mon hotesse n'en a rien vu. Me sentant mal, je suis revenue, et elle tracasse encore dans ses gregniers; je proffite du tems pour causer avec toi. Je n'en pers pas un, je te foure partout, jusque dans les plats d'ecrevisses qui sont ici a trois sols le cent, et les truites a proportion. Je voudrois avoir un mesager pour t'en envoyer. Voila ce que fait la confiance, mon cher ami. Je suis seure que je te fais plaisir de penser a toi, et cela m'en fait, quoique tu ne le sache pas. Je suis seure que tu vois mon amitié dans toute les misere que je t'ecris, qui feroient hausser les epaules a d'autres, et j'ai du plaisir a te les ecrire.

Je veux pourtant t'amusser tout de bon d'un conte que le St m'a fait, apres m'avoir fait jurer sur mon honneur que je ne le dirois jamais. Le voici. Une femme que son mari caressoit comme une Lise[5] se douta qu'il y avoit la-dedans une tournure qui pouvoit etre desaprouvée de notre mere la ste Église. Elle choisi un jesuite pour se confesser, esperant peut-etre qu'en faveur de la forme, il pardonneroit la chose, mais celui-ci etoit avec le ciel sans accomodement. Il renvoya la penitente sans absolution et lui promi de la lui refuser jusqu'a ce qu'elle ait converti son mari. La chose etoit dificile. Il savoit la geometrie et opossoit des raisons de proportions toujours triomphantes de celle de l'opinion. Enfin la pauvre femme, voulant metre d'accord sa concience et son plaisir, crut qu'un cordelier seroit plus propre a faire cet accomodement qu'un jesuite. Elle fut le trouver et lui dit son cas. «Gout de mari, passons», dit cordelier. «Mais mon pere, dit la dame, un tel jesuite m'a renvoyé depuis tant de tems sans absolution.» «C'est un ignorant, dit le pere, allez, allez lui dire qu'il aprene a ...... avant de confesser.» Voila les jolis petit conte de notre joli petit St. Je n'avois pas promis de ne point l'ecrire, et je lui ai juré de te le mander. Lis-lui affin que si j'ai obmi quelque circonstances, il puisse te les dire. Je voulois lui faire mettre en vers, mais son devergondage n'en est encore qu'a la prose, et je te jure qu'elle est plus energique que la miene. Je l'ai envelopé du mieux que j'ai pu.

Je viens de recevoir mes lettres. C'est presque aussi tot qu'a Comercy. Cela est charmant. Il y a un mesager qui les aporte pour un sol des que la poste est arrivée, mais il y a toujours l'inconvenient de ne faire reponce qu'un ordinaire apres.

Madame dessent. Je vais la retrouver. A demain.

Le mercredi matin [8 octobre 1738]

Le reste de ma journée d'hier c'est passé a tendre un metier de tapisserie – c'est une ressource; a devaller deux caisses de livres ou je n'ai trouvé de nouveau que quelque brochures que je parcourerai tantot. J'avois hier tant de vapeurs et mon hotesse fut si ennyeuse l'apres-souper que je ne pu que me jeter dans mon lit. M'y voici encore avec toi, mon cher ami. La lettre d'hier[6] etoit bien propre a m'auter mes vapeurs. Elle n'en a cependant rien fait, la deffience l'emporte. N'en parlons plus. Je vais te lire et te repondre. C'est causer.

Ton premier article est sur le Docteur, et j'y repond par te deffendre de le presser pour m'ecrire. C'est lui qui m'en prie. Aparament que tu le persecutes. Je t'en suis bien obligée, je reconnois bien ton amitié toujours attentive sur mon cœur, mais enfin n'en fais plus rien car cela le fache, et cela ne me fera point de mal si ce n'etoit de peur de grand carillon. Je serois bien aise qu'il ne m'ecrivi point du tout pour le parti que je prend. Car vois-tu, il faut profiter de l'absence pour me metre a son niveau. Sa deffiance lui tiendra toujours lieu de caprice et, quand je me suis livrée a la vivacité de sa tendresse, il m'est insuportable de le voir tomber dans le froit et l'indiference a propos de botes[7]. Je suis seur qu'il croit que j'ai fait l'amour au pere Antoine a Comerci et que je fais l'agreable avec le curé d'ici, mais il a la goute. Ah, mon Dieu, il y a deux compagnie de cavalerie[8], a ce qu'on dit, car la dame ne veut pas voir deux officiers qui y sont, et au fond je crois qu'elle fait bien. Je supose qu'il est a son regiment et qu'il ne vera point cette letre. La peur de me perdre le feroit revenir. Je dissimulerai; je suis lasse du balotage[9]. Je n'ai pas eté trop contante de ses plaisanteries. J'en connois le ton, je lui ai repondu de meme et mon stile sera toujours conforme au sien. Plus de querelle, plus de reproches inutils. Je tacherai de le prendre tel qu'il est. Aussi bien ne nous verons-nous plus guere dans notre vie. Quant mon cœur ne sera pas contant, il prendra des cartes[10]. Voila la derniere fois que je t'en parle. Cela est aussi trop ennuieux.

Je ne saurois croire que Md. de Lixein ait dit tout cela a la Chanceliere[11]. Elle n'est pas encore a ce point d'extravagance-la.

Nous [nous] sommes quittée, mon hotesse de Comerci et moi, comme les deux doits de la main. Je l'aime casi. Elle a du bon et du mauvais comme bien d'autre.

Tu demande des nouvelles de Dubois. Elle est toujours de meme. Elle est transportée de ton souvenir. Je voudrois bien vous voir tignogner[12] vous deux.

Je prend bien de la part a tous tes chagrins de chiens[13]. J'ai pensé a ta fete, je t'ai donné mille tendre bouquets et j'ai oublié de te le dire[14].

Le recit de ta journée de chez la G.[15] m'a diverti en quelques endroit et faché dans d'autre. Je suis furieuse de l'indiscretion de Clairon[16]. Mais mon Dieu, qu'en dit le Docteur? N'est-il pas au champ? Mande-moi cela. Je crois que le melieur est de n'en rien dire a cette creature[17]. Mon Dieu, que cela me fache. Le portrait de la Grandville est chez vous avec celui de ma tante[18]. C'est la faute de Dubois a qui j'avois recommendé de les rouler et de les enfermer dans le gros coffre, parce que je les emporterai. Tu peus le dire a Lolote. En verité je payerai bien le port de son portrait. J'en aurai plus besoin a Paris qu'a Luneville. Tu peus le lui dire. Je me suis divertie de votre partie de piquet presque autant que vous.

Il n'y a plus dans ta letre que de sotes excuses de l'ennui qu'elle doit me causer. Le diable t'emporte, et t'emporte tout de bon si tu en fais encore. Quand il n'y auroit dans tes lettres que des zigzag sans formation de lettre, je l'aimerois encore mieux que d'en recevoir d'une simple feuille de papier. Je suis tentée de ne les point ouvrir quant je n'y vois point d'emvelope[19]. Bonjour, il faut me lever. A revoir, mon cher Panpan. Je suis un peu moins vapeureuse depuis que j'ai causé avec toi.

Le jeudi apres-midi [9 octobre 1738]

Je ne t'ai point ecri ce matin, mon Panpichon, parce que j'avois la colique. Hier je fus a la promenade d'abord apres diner. Je grimpai une montagne pour aller dans un petit bois fort joli, mais cette situation-cy e[s]t presque comme celle de Plombier[20]; quand on est en haut des montagnes on voit qu'on ne voit rien. Cependant j'aurois bien eu du plaisir si j'avois eté seule, car c'etoit marcher sur le velour de la pelouse. Les bois sont encore vert. Au diable les gens qui ne sente rien des beauté de la nature et qui bavarde sans cesse! J'en eu hier tout du lon. L'histoire de Toussaint[21] et l'etablissement de Paris fut traité en detail, centieme edition. L'histoire de tous les cloux qui on eté fichés ici, et de tout ce qu'elle a dit aux ouvriers sur chaque coup de marteau, ce qu'ils ont repondus. C'est au moins la dixieme edition, tant a Comerci qu'ici. Le plan en ridicule de la maison de son beau-frere[22]. Je me tue de dire : «Ah, oui, Madame, je sais cela, vous me l'avez dit», rien ne l'arete. Les petis chaudrons sont partout. Il est inouis, inconsevable, incroyable jusqu'ou vont les details. C'est une chose unique. S'il y avoit de la perfection dans l'inutilité des discours, elle en feroit au dernier point. Les resonnemens qu'elle fait a ces ouvriers et qu'ils n'entendent point sont unique; aussi font-ils tout de travers. Ce que j'ai le plus demelé dans son caractere, c'est de vouloir etre aplaudie sur tout sans exception. La moindre objection la met en fureur. Je ne dis mot. Je vais perdre la parolle. Pour en conserver l'usage et ne pouvant plus y resister, car je n'avois pas eu un moment a moi dans la journée, je lus apres souper *La Femme juge*[23], qui me tomba sous la main. Elle l'ecouta assés bien. Cela fit meme divertion a la chiene de conversation qui n'avoit pas fini depuis le matin. Je ne sais comment nous en vimes a Md. de Verus[24]. Je lui fis detailler sa maison et sa vie. Ah, quelle femme! Tu serois a jenoux devent. Je voudrois te dire tout, mais cela iroit trop loin. Un fait seulement. Tous les jours aloit chez elle qui vouloit; deux galeries bien eclairée et meublée par les mains de la volupté, ou regnoit l'air du printems dans le plus fort de l'hivert par les caneaux que tu sais et par des casolette divines et intarissables, etoient a tout le monde. On ne la voyoit pas si on vouloit. Des livres, des ecritoires partout, on en usoit comme chez sois. On jouoit ici, la on causoit dans un coin, la on lisoit, la on ecrivoit. Le souper servi, soupoit qui vouloit a table, sinon, on vous aportoit a souper seul ou avec votre ami. Il y a cent details plus charmans les uns que les autres. Pourquoi des gens comme ceux-la ne sont-ils pas imortels? On lui venoit lire toutes les nouveauté avant de les faire paroitre. Cela nous a mené jusqu'a pres de deux heures. Ma colique m'a tenus au lit jusqu'a midi. Apres diner nous avons encore fait une longue promenade. Ensuitte nous avons eté debasler huit ou dix caisses. J'ai enfin [v]u ce divin fauteuil de cette divine Md. de Veru. Je te souhaite pour tout bien d'en avoir un pareil. Le Docteur l'a vu; demande-lui comme il est. Elle a [a]cheté beaucoup de meuble a son encant. Combien j'ai vu d'encognures, de table, de chaisse persée; cela m'a amusé. J'en arrive et je prends le moment qu'elle traule encore pour te dire un petit bonsoir, et en comemoration de toi, voila devent moi un petit goblet avec du Sonini[25] que j'avale de tems en tems. Ma caisse n'est arrivée qu'hier. Je voudrois pouvoir t'envoyer le catalogue des livres de Md. de Verus. C'est un gros livre[26].

Le vendredi matin [10 octobre 1738]

Bonjour, mon cher Panpan. Tu ne le croira pas, je t'entens dire «Cela ne ce peut pas», et cependant il n'est que trop vray que Taupe Ma Mie[27] a recomencé hier a neuf heure et demie l'histoire de Toussaint et l'a fait durer jusqu'a une heure et un quart; non qu'elle soit finie, car elle n'en finit aucune, mais n'y pouvant plus tenir, je lui montrai sa montre. Je suis perdue si sa memoire a la fievre tierce[28]. C'est pis qu'un romant, car elle sait toutes les letres qu'elle a recueës et ecrites, elle en dit la substance et puis elle les raconte jusqu'au dessus[29]. Cela est a la letre, et cela sans se douter un instant qu'elle ennuie. Je croiois hier avoir une ressource. Elle avoit envoyé chercher sa belle-sœur[30]. Je me preparois a la mettre a ma place, mais son mari est malade et je reste plastron. Je meurs de peur de m'acoutumer a la prolixité, a laquelle j'ai deja un penchant naturel. Je te somme au nom de l'amitié de m'en avertir. Il me semble que mes letres en prenent deja la tournure. Mais ma foi, je ne sais ou j'en suis. Cela m'abrutit. Je n'ai pas encore fait de reponce a Mdle Lubert[31]. Je ne sais comment m'y prendre.

A propos je lui ay promis de lui faire venir de la semence de cette belle chicorée que l'on a a Luneville. Vois si l'on peut en avoir et donne-la a Mr de Concitron[32] (c'est ainci qu'elle l'apelle). Bonjour, mon cher ami, a travers ma betise je sens mon amitié qui ne peut etre alterée. Embrasse le Chien et le St pour moi.

MANUSCRIT

Yale, G.P., II, 67-70 (D13); 4 p.; orig. aut.

IMPRIMÉ

Butler, pp. 114, 187-190, 194 (extraits traduits en anglais).

NOTES

1. La [poste de] Ligny.

2. L'Ornain.

3. Antoinette de La Garde (1638-1694), femme de Guillaume de La Force de Bois-Guérin, seigneur Deshoulières, auteur de poésies pastorales, ou sa fille Antoinette-Thérèse (1662-1718), qui publia ses œuvres avec celles de sa mère à partir de 1699.

4. Nous avons cherché ce vers en vain dans les œuvres de Mme Deshoulières. Elle écrivit une idylle, *Les Moutons*, avec le vers «Hélas, petits moutons, que vous êtes heureux!»; c'est une complainte amoureuse qui sied assez bien aux idées de Mme de Graffigny. Mais une églogue intitulée *Iris*, de Mlle Deshoulières, semble encore plus proche : «Errez, mes chers moutons, errez à l'aventure... / Ainsi l'aimable Iris, sur les bords d'un ruisseau, / Livrée à sa douleur mortelle, / Éloignoit à regret pour jamais d'auprès d'elle / Son triste et fidelle troupeau.» Remarquons que Devaux ne reconnaîtra pas le vers, qui est donc probablement mal cité.

5. Chienne de Mme de Graffigny.

6. Lettre du 3 octobre 1738 (G.P., I, 201-206).

7. À propos de bottes : on dit proverbialement, à propos de bottes, quand on prend occasion de parler en attendant quelque chose de semblable. On le dit aussi quelquefois de toutes sortes d'interruption. (Trévoux, 1743.)

8. Pour secourir l'empereur à Belgrade.

9. Ballotage : on dit figurément, balloter quelqu'un, pour dire, se jouer de lui, s'en moquer, l'amuser par de vaines promesses, le renvoyer de l'un à l'autre, sans vouloir rien conclure en sa faveur (Trévoux, 1743).

10. Prendre des cartes : on dit proverbialment à un homme qui se plaint et qui est difficile à satisfaire : Si vous n'êtes pas content, prenez des cartes (Trévoux, 1743).

11. Devaux : «Quand [Desmarest] vint ici, il sortoit de chez la Chanceliere. [...] Elle luy conta que Mde de Lixin s'etoit ouverte a elle et luy avoit dit qu'elle sentoit bien toute la perte qu'elle [faisoit] et la pesanteur des entraves qu'elle alloit s'imposer; que Mr de Mirepoix etoit l'homme du monde le plus jaloux, le plus altier, et le plus rangé a present, et elle la plus coquette et la plus dissipée de toutes les femmes; qu'elle ne doutoit point

qu'elle ne fut bientost malheureuse, et qu'elle n'esperoit pas vivre quatre ans avec luy sans en etre separée. Que malgré tout cela elle se jettoit dans l'abisme, entrainée par un penchant invincible; qu'elle voyoit bien que tout le monde sentoit sa folie, et que personne n'osoit luy en parler; que pour elle, elle meurt d'envie d'en parler a tout le monde, et qu'elle n'oseroit en parler a personne.» (I, 201-202.) La Chancelière est Élisabeth Orry (1709-1761), mariée en 1724 à Antoine-Martin Chaumont de La Galaizière, chancelier de Lorraine (v. 82n7).

12. Tignogner : se prendre par le tignon. Il est du style familier. Tignon : coëffure de femme qui a les cheveux gras et mal peignés : les harangères qui se battent se prennent par le tignon. (Trévoux, 1743.)

13. Devaux : «Ma chere mere vient d'entrer pour me dire que la femme ni elle ne vouloient plus de Pichette. J'ay pris le parti de la donner au Professeur.» (G.P., I, 203).

14. La fête de Devaux est le 16 septembre.

15. Le récit de cette journée se trouve dans G.P., I, 203-205; les quatre notes suivantes y renvoient.

16. Devaux : «L'autre interruption vint de Desmarets. Il me demanda si je ne trouvois pas que [le portrait] qui est dans le cabinet ressemblat un peu a Mdelle de Fiquemont. Là-dessus Pernaut sourit et luy demanda pourquoy il se ressouvenoit d'elle, si c'etoit a cause du bal et du corridor. Nous voila tombant des nuës. Je vis le moment ou il alloit detailler l'aventure. Je crois pourtant qu'il n'en scait que cela. Vous vous imaginez bien d'ou il peut le scavoir. Il nomma Clairon et dit que c'etoit par elle qu'on le scavoit. Elle l'a apparemment dit a cette fille que Pernault connoit.» (I, 204.) Françoise-Gertrude (née en 1722), était fille de Charles-Henri, comte de Ficquelmont (v. 26n19). Sa fille sera chanoinesse d'Épinal. Sur Pernaut ou Pernot, v. 30n30.

17. C'est-à-dire, Clairon.

18. Georgette-Charlotte de Soreau (v. 2n8).

19. On utilisait une enveloppe s'il y avait plus de quatre pages (c'est-à-dire plus d'une feuille pliée en quatre) dans une lettre.

20. Plombières, station thermale renommée, à une centaine de km au sud de Nancy.

21. Toussaint, qui avait été secrétaire du marquis de Choiseul-Stainville, réclamait environ 5 000 livres en gages non-payés. De plus, il avait tendance à favoriser de mauvaises relations entre Stainville et son nouveau patron, François III (Butler, pp. 114 et 120-121).

22. Non identifié.

23. *La Femme juge et partie*, divertissement muet en 3 actes avec prologue, 1711; anonyme.

24. Jeanne-Baptiste d'Albert de Luynes (1670-1736), mariée en 1683 à Joseph-Ignace-Auguste-Mainfroy-Jérôme de Scaglia, comte de Verrue (mort en 1704). Maîtresse du duc de Savoie, Victor-Amédée, Mme de Verrue était célèbre par sa collection de livres et de tableaux.

25. Un alcool distillé par Nicolas-Charles-Philippe Sonini (1702-1786), originaire de Rome, qui vint en Lorraine comme officier du marquis de Spada quelques années avant 1728; il épousa Barbe-Françoise Bainville en 1728 et il eut huit enfants entre 1729 et 1757, dont l'un, Charles-Nicolas-Sigisbert (1751-1804) sera un savant assez bien connu; depuis 1733 il est «parfumeur et distillateur de S.A.R.» Plus tard il partagera la charge de receveur des finances avec Devaux, et pour cette raison son nom paraîtra souvent dans cette correspondance après 1745. Vers la même époque il recevra le fief de Manoncourt et deviendra Sonini de Manoncourt.

26. Gabriel Martin, *Catalogue des livres ... de la Comtesse de Verrue*, 1737.

27. Mme de Stainville. Le nom vient d'un roman de Crébillon fils, *L'Écumoire* (1734). La taupe est en réalité la fée Moustache, et elle est très bavarde (v. surtout le chapitre 35).

28. Fièvre tierce : celle dont les accès reprennent tous les trois jours inclusivement, c'est-à-dire, qu'il y a un jour d'intervalle entre deux accès (Trévoux, 1771). Figurément donc, tout ce qui arrive tous les deux jours.

29. Dessus : on dit le dessus d'une lettre, pour dire la suscription, l'adresse. On appelle aussi le dessus d'une lettre, l'enveloppe qui couvre le paquet où est la suscription. (Trévoux, 1743.)

30. Non identifiée.

31. Marie-Madeleine de Lubert (née entre 1700 et 1710, morte entre 1777 et 1786), auteur de plusieurs contes de fées, sœur aînée de Louis-Pierre de Lubert (v. 27n7). Mme de Graffigny la verra beaucoup à Paris. On sait qu'il s'agit de la sœur aînée de Lubert grâce à des détails relevés dans des lettres ultérieures (v. 99n19 et 104, par. 2). Mme de Graffigny ne fera la connaissance de la sœur cadette qu'au mois de mars 1739; celle-ci s'appelle Françoise-Henriette-Constance de Lubert.

32. Contrisson (v. 30n30).

38. à Devaux

Le samedi matin [11 octobre 1738]

Je suis en peine d'une de tes lettres, mon cher Panpan[1]. Je n'en avois pas suivi exactement les dattes et comme j'ai eté une poste sen[s] en avoir a Comerci et que je n'y sonjois pas, je ne me suis apercuë de la perte de cette lettre que par les choses dont tu me parle dans celle que j'ai recu hier et que je n'entens pas[2]. Tu comence par me dire que tu n'a negligé qu'une fois de m'ecrire et que hier tu m'en a demandé pardon. Ce hier-la etoit lundi et je n'ai point un[e] de lundi. Cela m'a fait rechercher tes lettres et, en suivant les dattes, je vois clairement qu'il y en a une de perdue puisque celle que je recu le lendemain de mon arrivée ici est du samedi, jour de St-Francois[3], et que de dimanche et lundi il n'y a rien, puisque celle d'hier recommence au mardy. Ce ne peut etre que par la faute de ceux qui les portent a la poste, car il ne s'en pert point autrement. Au nom de Dieu, prends-y garde. Tu sens trop qu'il seroit bien facheux que le publiq ou des particuliers lussent dans notre ames comme nous-memes. Tache de savoir ce qu'est devenue cette lettre, je t'en prie. J'avois aussi mandé au Docteur de demander au porteur a qui il avoit donné la siene ce qu'il en a fait. Je suis seur qu'il l'a oublié. Enfin vous ne me persuaderai ny l'un ny l'autre que ce n'est pas de votre faute, car jamais il n'y en a eue de perdue des mienes. Ce qui m'a encore fait voir que nous ne nous entendions plus, c'est ce que tu me dis de la banque de Md. Eliot[4]. Je ne savois point du tout que le Docteur en fut. J'en suis bien aise. Je souhaite bien fort que cela le conduise a Paris.

Le second article de ta lettre est le decompte de Toussaint, que tu n'entens pas bien. Je le crois car je ne savois moi-meme ce que j'ecrivois quand je te l'ai fait[5]. Le voici, car il faut que tu sache tout. Au lieu de trois mille et cent livres que je devois toucher, les deux années de rentes en dispute font qu'il ne m'a donné que deux mille quatre cent quatre-vingt-neuf livres. Il a donc falu que j'y ajoute onze livres pour faire les deux mille cinq cent livres du fond et cent vingt et cinq livres pour la rente qui sera echus a la fin des trois mois d'avertissement. Pour ma robe, en voici le decompte. Elle sera de canelé brun. Il coute autant que le damas, c'est-a-dire onze ou douze livres de France[6]. Il en faut douze aulnes comptés[7]. Il y faut une bavaroise[8] encore d'un louis ou un louis et demi[9]. Il me faut une coeffur honnete, car tu a vu celle de Melle Lubert. Elles sont inmetable avec une belle robe. Pet-etre mes neuf louis n'iront-ils pas tous. Mais comme Fanchon me les a demandé pour faire ma comission, tu sens bien que je ne pouvois pas disputer. S'il y a trop, elle m'en rendra bon compte. Au reste ne sois pas inquiet de la durée. J'ai ris quant tu dis que du moins je ne suis pas obligée d'en acheter l'année qui vient. Je compte bien qu'elle me fera quatre ou cinq hivers parce qu'etant brune elle est toujours de mode, et que ces etoffes-la ne s'use ny ne se salissent de lontems. A propos de robe, je veux que tu sache comme est celle que j'ai fait faire a Comerci. Elle me coute un louis. C'est de ces petites etoffes des Indes raiée comme tu m'en a vu une grosse cotonée[10] quant j'etois malade, mais celle-ci est charmante. C'est une rai d'un fort beau vert brun et une rai jaune. Meme en la touchant on la prendroi pour un petit satin. Je l'ai bien fait cotonner, et vois comme je suis menagere; comme on ne poura plus mettre de toile quant je serai a Cirei, et que si je metois cette petite ici elle seroit fripée, je reste avec ma robe de toile. J'en ai eu la colique de froit, mais depuis hier je me suis garnie en dessous et je suis bien.

Pendant que je suis en train de decompte, je te vais parler de ceux que tu as a faire. Mais non, il vaut mieux attendre que tu m'aye dit ce que tu auras fait avec Mr Maurice. Je te dirai seulement que mes deptes n'alant pas au-dela des mille francs de Md. de Lixeim, tu vois bien que je serois bien heureuse s'il se trouvoit que Toussaint me redu sept cent livres. J'ai pris son billet comme il me les payera au cas que les notes de Mr Richard prouvent qu'elles me sont duees, ce que je crois tres fort[11]. Pour lors j'envoyerois de l'argent a Clairon et a Md. Carel[12]. Il faudrat voir ce qu'on poura faire pour elle. Si tu avois des meubles vendus pour une couple de louis, en les lui envoyant elle ne diroit mot et on auroit le tems de la paier. Pourquoi trouveroi-je mauvais que ta mere les fit metre a des ancants[a]? Elle fera tout comme bon lui semblera. Je n'ai point fait de marché avec Mr Grandjean[13]. Les cabinets sont existans[14]. S'il n'en donne pas assés, il n'y a qu'a les faire estimer a l'amiable. S'il veut s'atermoier, tant mieux; c'etoit par politesse et pour repondre a ces bon procédés que je n'ausois le faire, mais cela me metroit encore une ame de plus en repos.

J'ai eté surprise en lisant ta lettre de la joye exessive que te cause l'arrengement de mes affaires[15]. Ta joye m'a eclairé sur celle que je devrois avoir et que je n'ai senti qu'en diminutif de la tiene. J'en ai recherché la raison et je sens que c'est manque d'habitude pour les choses agreables, et parce que je crains toujours les retours. Je sens que je ne puis encore gouter ce repos que je ne sache que l'arrengement est fait avec Mr Maurice et mes creancier. Quoiqu'il m'ait dit le jours que je parti que c'etoit une chose faite, je tremble encore. Ce sera toi, mon cher ami, qui m'aprendra cette bonne nouvelle, et je crois que tu y auras bien du plaisir, car pour lors j'en sentirai. Je te suis bien obligé de celui que tu as. En verité tu es bien l'ami de mon cœur, de mon ame, de mes affaires, de mon humeur, de tous les tens, de tous les lieux, mais je t'assure que je te le rend bien, et que je me fais mille delicatesses sur ton compte que je n'eprouverois pas pour tout autre. Tu n'as pas besoin de me recommender de sentir la joye que je te fais. En verité je la sens mieux que la miene.

Vous etes bien impertinent de m'exposer sur le Pont-Neuf a toutes les sotises des fiacres[16]. Il faut l'etre pour tenir de pareilles conversations. Venez, venez yci, vous verez comme on vous y recevras. Je suis quelquefois furieuse contre le Docteur. Te souvient-il des propos qu'il faisoit tenir a Md. Honesta qui te firent tant rire? Eh bien, c'est pour moi la rengaine latine du trictrac. A tout moment ils me revienent dans la tete pendant ses longues narrations et j'ai des peines infiniees a m'enpecher de lui rire au nez.

Suivons ta lettre[c]. J'ecrirai au Ron puisque tu le veux, et comme tu le veux, quoique je croye que son eloignement seroit le melieur remede a tes meaux[17]. Ce que tu souffrirois ne seroit pas de la meme espesse que ceux qui nous ont tant tourmenté, et enfin la tristesse que cause l'absence se passe. Peut-etre pourai-je encore avoir ta reponce avant de lui ecrire, parce qu'a peine ai-je le tems de t'entretenir et c'est une chose sur laquelle rien ne peut avoir la prefference. D'alieurs j'ai encore son indiscretion un peu sur le cœur[18]. Tu ne m'as pas dit si le Docteur en avoit eté bien faché. Mande-le-moi.

Mais, mon Dieu, finis donc tes exuses sur tes rabachages. C'est le plaisir de ma vie. Je veux tout savoir. Ou bien il faut donc que je me taise aussi, car mes volumes sont encore moins interessans que les tiens.

Je ne sais ce que c'est que ton anatomie[19].

Je sens et je partage le plaisir que te fait le balaiement de ta chambre[20].

[b]Tu sais[b]

J'ai ris de ton sabre et de ta peur[21]. Tu vois bien que les Scanarelles[22] avoient des origineaux.

Puisque tu es voluptueux de mes aise, je vais encore t'en dire quelqunes[23]. Mon hotesse est pleine d'attention pour moi, trop meme, car il faut toujours etre en complimens. Je fais tres bonne chere et de ces choses qui n'incomode pas comme celles que je menjois a Comerci. Elle cherche mes gouts et les ordonne. Elle me fait mettre des que je ne travaille pas dans le fauteuil de Md. de Verus. Ah, Panpan, quel delices. Je ne m'i couche jamais, car c'est se coucher, que je ne t'y souhaite, car il y a presque place pour deux. J'ai des lunettes qui font mon bonheur, car sans reproche je m'aveugle a t'ecrire, [c»]est pis que de lire, mais a present que j'ai des yeux de relais je suis heureuse. Le viele me fait aussi bien du plaisir. Tous les bouts de moment qui seroient trop court pour t'ecrire, je joue vite un air ou deux. Elle joue seule, tant elle est bonne. Tu m'admi[r]erois. Il est vrai que tout cela ne rempli qu'une des plus petite partie de la journée et que le reste est bien fort. Elle m'avoit tant ennuié hier pendant le jour que je me mis en tete de l'ennuier apres souper, et j'y reeucis. Devine a quoi? A lire *Le Geolier de sois-meme*[24]. Je tournaillai tant que par politesse elle y consenti. Je me divertissois plus de son ennui que de la piece. Cela nous fit coucher a minuit, car elle etoit exedée et n'eu pas la force de recomencer une naration.

Mon Dieu, mon Panpichon, que la fin de ta lettre est tendre, et que je suis flatée d'une amitié si aimable, si douce, si seure, si solide[25]. En verité je ne lis ny ne relis ces endroits de tes letres sans y donner des larmes. Mais ne les epargne pas, mon cher Panpan. Elle sont douces a mon cœur, et c'est la seule chose qui peut me dedomager de ton absence. Quant il ne faudroit pas me lever, je finirois, car j'ai le cœur gros et je ne m'areterois plus si je n'enrayois sur tout ce que mon cœur me dicte.

Le samedi soir

Je croiois en etre quitte pour aujourd'huy, mon cher ami, mais il faut que tu sache le petit bonheur que j'ai eu cet apres-diner. C'est que j'ai recu ta lettre perdue[26], une du Nous et une tres tendre de la Granville. En bonne foi, sens-tu bien le plaisir imprevu que cela m'a fait? Voici comme la chose s'est faite. C'est que le mesager d'ici, qui est faché que l'on envoye prendre les letres a Ligni parce que cela lui aute le sol qu'il a pour les aporter ici, va les prendre a l'arivée de la poste avant que le Mr qui est chargé de les retirer a Ligny n'ai le tems d'y aller. Il avoit donc pris celle-la. Il a d'autre endrois ou il en porte. Il m'a fait la grace de promener les mienes jusqu'a aujourd'huy, mais cela n'arivera plus.

Je vais donc repondre a cette chere lettre qui m'a tant rejouie. Tu comence encore par des exclamations sur l'ennui qu'a du me causer la precedente. En verité tu es insuportable et je gronderai tout de bon si j'en vois jamais un mot.

Me voila au fait de tes lectures[c] d'anatomie[19]. Je t'en fais mon compliment sur le gout que tu y prends. Outre qu'il étoit honteux de n'en avoir aucune idée, c'est que c'est une source d'admiration et d'amusement. Cela me fait tout plaint de plaisir.

Me voila aussi au fait de la banque[4]. Dieu conduise la barque et la mene a bon port[27].

Tes coleres contre l'empereur me divertissent[28]. Je pense comme toi sur tout cela. Si on sait un mot de ce pauvre Tavannes, ne manque pas de me le mander, car je n'espere pas en rien savoir par moi ny par ici.

Belle recommandation que tu me fais de garder tes lettres[29]. Je ne voudrois pas en perdre le cachet. Je les mets en ordre a mesure pour les rabacher un jour. Tu l'espere donc, mon cher ami, de rabacher un jour avec moi. Mon Dieu, que ce sentiment me plait dans ton cœur et que l'esperance m'en est flateuse.

Je t'assure que je suis bien detrompée sur les yeux du St[30]. Il sont melieur que tu ne pense. S'il te parle jamais aussi naturellement qu'a moi, tu le vera. Mais ce qui nous a trompé, c'est le prodigieux mistere dont il est qui est insuportable. Il a bien falu pomader son amour-propre pour l'engager a dire quelque chose, et le drole me le dit un jour en propre terme : «Vous etes une peste qui me prenez toute la journée par mon amour-propre pour me tirer des choses qu'en mille ans je ne dirois. Je le sens et le piege e[s]t si adroit que j'y tombe a tout moment. Au diable les gens qui connoissent si bien les hommes.» Croirois-tu cela de lui? Tu en tirera tout ce que tu voudra par la. Il ne tient pas a une louange adroite, mais il la faut fine. Je crois qu'il ne seroit pas impossible de le metre a mal par ce chemin-la. Et cela est dans le caractere de son amour-propre ecorché vif. Je veux bien qu'il fournisse a tes lettres, mais je voudrois aussi que tu me manda en gros ce que c'est que des tracasseries que le Docteur dit qu'il y a partout; et s'il y a du singulier dans le detail, que tu l'y ajoute. Je crains toujours que tu ne me cache les humeurs de ton Chien, quoique je ne puisse guere imaginer qu'il en puisse avoir d'exessives. C'est que tu dois passer legerement sur les autres apres les crises violentes. Il faut regarder les autres comme un zephir apres borrée. Ou diable ai-je pris cette belle comparaison? Oh, pour cela, je n'ai pas tenus a la promenade[31]. Elle est aussi originale que toi et j'en ai eclaté di rire. Tu fais bien cependant car tes jambes te deviendroient inutilles et se coleroient enfin a ton fauteuil. Je prends pour moi tes pleinitudes et tes langueur d'estomac. C'est ordinairement l'effet que me fait l'ennui. C'est la sorte de vapeur qu'il cause. Je t'en suis bien obligé, mon ami, mais j'aimerois mieux que tu te porta bien. N'oublie pas de me mander ce que cela deviendra.

Je me porte comme je t'ai mandé. Les vapeurs dominent un peu, mais doucement. Il n'y a que les grands soupirs qui vont leur traint. Et qui n'en feroit pas pour des amis que j'aime tant?

Le Plombier de l'esprit est fort plaisant[32].

Or ça, voila ta lettre repondue. Parlons du Nous. Tu dis toujours que tu va lui lire mes lettres. Esse qu'il les ecoute? Tu l'ennuie donc a mourir car ce n'est plus son gout comme autrefois que ces details. Ne lui lis plus, mon ami. Par honneur il ne veux pas te dire ce qu'il en pense, mais epargne-lui ces mauvais quart d'heure, je t'en prie. Tu dis que c'est a cause de moi qu'il va chez toi. Je le connois mieux et je sais bien qu'il t'aime. D'allieurs il n'est pas toujours agreable. Il est souvent bien aise d'etre resonnable, et ou peut-il l'etre si ce n'est chez toi? Je ne prends aucune part a ces visites. Sa lettre d'aujourd'huy a deux mots a la fin qui ont l'air de sentimens. Voila depuis lontems les premiers qui n'ont point eu le ton forcé. En tout cas je sais a quoi m'en tenir, et je suis persuadée qu'il ne m'aime plus ou si peu que c'est pour moi la meme chose. Quant il m'aimoit, ces letres etoient de la taille des tienes et ne commencoit pas toujours par dire : «Je me fais un effort pour vous ecrire.» On a beau faire, il est tres vray que l'on a rien a dire quand on ne sent rien et jamais on a trouvé ridicule de dire que l'on aime quand on le sent. Peut-etre qu'un jour je pourai te montrer ses lettres, tu en jugera et tu vera s'il a raison de me crier si deresonnable.

Je voudrois bien voir l'ode de St-Lembert[33]. Fais l'ecrire bien menu au Professeur et me l'envoye. J'ai cinq louis pour mes ports de letres. Je n'ai point d'autres depense a faire.

Bonsoir, mon ami. Mon Dieu, que dira Taupe Ma Mie, qui a encore si bien recommencé l'histoire de ces ouvriers aujourd'huy? Voila deux heure que je l'ai quittée. J'y cours. Bonsoir, bonsoir, encore bonsoir, je ne puis te quitter.

Me voila heureuse. J'ai trouvé un homme de Ligny fait pour entendre les histoires de Ma Mie[34]. Je reviens ecrire au Nous, a Lolote. Je vais tacher de deblaier quelque letres qui me pesoit et auquelles je n'ose penser de peur d'acourcir les tienes. Le Toi[35] veut bien que je ne lui ecrive pas ce soir. Il faut que je profite du tems pour des devoir que l'amitié seule sait excuser. C'est lui donner une marque de la miene que de lui confier la preference que je donne aux autres. Je l'embrace de tout mon cœur et ses jolis vers aussi.

MANUSCRIT

Yale, G.P., II, 71-76 (D14); 6 p.; orig. aut.

IMPRIMÉ

Showalter, p. 34 (extrait).

TEXTE

a Elle écrit d'abord : «a l'ancant». *b* Ces deux mots, écrits dans l'interligne, sont tout ce qu'on peut lire d'un alinéa de trois lignes rayé. *c* Mot répété.

NOTES

1. Mme de Graffigny recevra la lettre égarée avant de terminer la présente lettre; v. n26 ci-dessous.

2. Lettre du mardi 7 octobre 1738 (G.P., I, 211-218).

3. La lettre du vendredi 3 et du samedi 4 octobre 1738 (G.P., I, 201-206).

4. Devaux : «[Desmarest] arrange deja son voyage de Paris sur le gain de la banque; il va deja a dix ou douze louis. Quand il y en aura vingt, il s'en tirera. Pymont est roide en diable, et toutes ces femmes ont la rage du jeu.» (I, 214.) Dans la lettre du 3 octobre, Devaux avait dit : «Il y eut hier un pharaon chez [Mme Elliot]. Elle y perdit, a ce qu'elle fit dire a notre hotesse. Pymont de moitié avec la Plotte faisoit la banque.» (I, 205.) François Grenelle de Pimont (vers 1707-1769), chevalier de Saint-Louis, capitaine de cavalerie, était lieutenant-colonel au service du roi de Pologne et un de ses gentilshommes. Il épousa en 1732 Marie de Borstel, dont c'était le troisième mariage, mais apparemment le ménage ne fut pas heureux, et Mme Pimont retourna à Paris, où son mari lui rendit visite environ une fois par an.

5. Mme de Graffigny avait fait ce décompte dans la lettre 35, du 4 octobre.

6. Sept francs lorrains valent trois livres de France. La France compte en deniers tournois : 12 deniers le sol, 20 sols la livre. La Lorraine compte 16 deniers le gros, et 12 gros le franc. Une livre de France vaut donc 2 francs 4 gros de Lorraine; un franc lorrain vaut 8 sols 6 et 6/7 deniers tournois. Le mot «franc» s'emploie en France également; c'est l'équivalent d'une livre.

7. Une aune est 1,188 mètres.

8. Bavaroise : apparemment une sorte de coiffure, probablement en dentelle.

9. Un louis vaut 24 livres.

10. Cotonner : mettre du coton dans quelque chose pour la rendre plus douce, plus molle (Trévoux, 1743).

11. Voici, croyons-nous, l'explication de ces comptes. Pour payer ses dettes à Lunéville, Mme de Graffigny a en effet emprunté mille livres à Mme de Lixin sous la forme d'un crédit chez M. Maurice, qui s'occupera des créanciers; Mme de Graffigny croit que les mille livres suffiront, mais en attendant le règlement définitif, elle doit payer quelques-unes de ses dettes les plus criantes. Pour cela, elle a chargé Devaux de vendre ses effets personnels. Ensuite, elle a besoin de 2 500 livres pour une affaire non identifiée. Elle comptait recevoir 3 100 livres de rentes de Toussaint, ce qui aurait laissé un surplus de 600 livres; mais une partie des rentes est en litige, de sorte qu'elle n'a reçu de Toussaint que 2 489 livres. Elle a donc ajouté 11 livres pour faire 2 500 livres. Mais il lui fallait encore 125 livres pour les rentes échues pendant les trois mois d'avertissement; elle les a aussi réglées, soit 136 livres. Ces 136 livres ont été prises sur les 20 louis que la princesse Anne-Charlotte lui avait accordés. Le louis valait 24 livres : donc 480 livres moins 136 font 344 livres; moins 9 louis (216^{lt}) pour la robe et un louis (24^{lt}) rendu à Adhémar; restent 104 livres. Mme de Graffigny prétend avoir gardé 5 louis (120^{lt}) pour ses frais ordinaires. Le compte est approximatif, ce qui est typique. Quoique ses dettes soient à Lunéville, et ses pensions et rentes payées sur des caisses lorraines, Mme de Graffigny semble compter entièrement en livres de France.

12. Devaux : I, 212. Mme Carel n'a pas été identifiée; c'est encore une créancière.

13. Devaux : «Avez-vous fait un prix avec Mr Grandjean pour les cabinets? Je crois qu'il ne feroit point difficulté de s'attermoyer.» (I, 217.) Il s'agit probablement de Jean-Nicolas Grandjean (1673-1746), avocat à la cour et receveur des finances du roi au bureau de Lunéville, dont l'épouse était Catherine de Bourgogne (1692-1752). Grandjean semble être le propriétaire de la maison où Mme de Graffigny avait habité à Lunéville.

14. Existant : Vous ne sauriez rien saisir sur lui, il n'a aucuns meubles existans, il les a tous vendus (Trévoux, 1743). Mme de Graffigny veut dire que les cabinets n'ont été ni saisis ni vendus.

15. Devaux : «Au nom du notre amitié, chere Abelle, goustez un peu la tranquilité dont vous allez jouir. Regardez-la comme un heureux presage de l'avenir. Que les delicatesses de votre cœur ne viennent point empoisonner votre etat.» (I, 213-214).

16. Devaux : «Nous [Devaux et Desmarest] parlames longtemps de vous, nous vous vimes a Demange, a Cyrei et meme a Paris. Nous vous sou-

haitames pour quelques momens sur le Pont-Neuf a pied avec le bras de Dubois. Les F. et les B. que vous recevriez des fiacres nous firent bien rire.» (I, 214.) Fiacre : on appelle fiacre tant le cocher que le carrosse de louage (Trévoux, 1743).

17. Devaux : «Si vous luy ecrivez un mot, comme je crois que vous le devriez a son amitié, engagez-la en general de ne nous point quitter, car je ne scais ce que nous deviendrions.» (I, 216.) Cette demande est certainement faite au nom de Liébault, qui est amoureux de Clairon.

18. Voir 37n16.

19. Devaux : «L'anatomie me plait toujours davantage.» (I, 216.) Il en avait parlé dans la lettre retardée : «Je me mis a lire le pere Regnaud. Je tombai sur le chapitre de l'anatomie qui m'amusa tant que je vous oubliai.» (I, 207); sur Regnault, v. 39n9.

20. Devaux : «Je passai [mon apres-dinée] presque toute entiere a deranger et a ranger ma chambre, parce qu'on la netoya d'un bout a l'autre. Me revoila en paix pour mon hyver.» (I, 216.)

21. Devaux : «Nous sortimes de chez eux a minuit. Ils m'affublerent d'un grand sabre de cavalier que je fus obligé d'apporter chez nous bon gré malgré moy. Cette deffence m'effraya plus qu'elle ne me rassurat. Nous rencontrames un maudit portier yvre, qui se prit d'amitié pour nous et qui nous suivit toujours impitoyablement. Il me fit une frayeur affreuse, car en verité il eut tout le manege d'un voleur. Ce n'en etoit pourtant pas un.» (I, 216-217.)

22. Allusion à Sganarelle de *Dom Juan*.

23. Devaux : «Marsanne dit que, quand il avoit bien soif pendant la petite verole, il faisoit boire devant luy pour se desalterer. Je fais la meme chose quand je pense a vos aises. Elles augmentent les miennes.» (I, 217.)

24. Comédie de Thomas Corneille (1656).

25. Devaux : «Je me fais une gloire de vous etre attaché et de vous l'etre jusqu'au tombeau. Je perdrois trop aupres de moy-meme pour cesser jamais de vous aimer.» (I, 218.)

26. Lettre du lundi 6 octobre 1738 (G.P., I, 207-210).

27. Citation non identifiée.

28. Voir 34n1.

29. Devaux : «C'est l'histoire de ma vie et de mon ame que je fais en vous ecrivant. C'est pourquoy je vous prie de garder mes lettres, toutes mauvaises qu'elles sont. Je me fais un plaisir de rabacher un jour avec vous en les relisant. Cela me rappellera mille choses qui pour lors seront toutes nouvelles pour moy. Vous concevez bien que je ne perds pas une ligne des votres. Elles se recommendent d'elles-memes, celles-là. Je les numerote pour en retrouver la suite. Faites de meme des miennes.» (I, 208.) Nous mettons sous la rubrique «Manuscrit», entre parenthèses, le numéro que donne Devaux (par exemple, «D14»), mais Mme de Graffigny ne numérote pas les lettres de Devaux.

30. Devaux : «[Adhémar] n'en demord donc pas sur le Nous. D'ou diable a-t-il scu cela? Car je ne scaurois m'en prendre a ses yeux, tout beaux qu'ils sont. Je ne les crois pas assez fins pour avoir vu.» (I, 208.)

31. Devaux : «Je ne quittai ma lecture que pour aller me promener. Devinez ou. Je me souviens que je ne vous l'ai pas encor dit. Il faut que je vous en fasse rire. Depuis que je ne sors plus, je sens plus que jamais la necessité de l'exercice. Comme je ne scaurois me resoudre a aller trimballer la campagne, j'ay pris le parti de me promener tous les jours par nos escaliers. Je les monte et les descends tant que je suis hors d'haleine et tout en sueur.» (I, 209-210.)

32. Devaux : «J'attends tout de Cyrei, c'est le Plombieres de l'esprit.» (I, 210.) Sur Plombières, v. 37n20.

33. Devaux : «[Desmarest] reçut hier l'ode de St-Lambert, elle est charmante.» (I, 210.)

34. Mme de Stainville (v. 37n27).

35. Liébault.

39. à Devaux

Le dimanche soir [12 octobre 1738]

Oh, pour le coup, je crois qu'elle a le diable au corps. Encore hier apres souper et aujourd'huy apres diner la meme histoire. Au vray je ne le concois pas. Mde

Thirion[1], oui, ta Md. Thirion, est une compagnie [plus] agreable. Il faut le voir pour le croire. J'admire autant la force de sa poitrine que l'impertinence de ces discours. Je me souviens comme j'etois lasse de parler pour peu que j'aye vu du monde, et cette femme parle depuis le matin jusqu'au soir sans la moindre interuption, sans respiration, sans changer ny de sujet ny de ton. C'est l'histoire d'un menuisier qu'elle a pris en guignon[2] qui l'ocupe jour et nuit. C'est une rognonerie sans relache apres ces gens. Je ne saurois trop te le dire, cela est unique. Il ne lui vient pas dans la tete qu'elle peut ennuier. Elle n'imagine pas qu'on puisse parler d'autre chose. Elle feroit revenir a son menuisier et a un valet de chambre et a un cuisinier qu'elle hait aussi l'histoire de Confusius. Elle n'a que du fiel dans l'esprit et il se tourne en betise : «d'un autre coté», «je ne peu pas vous dire», «c'est une deraison' – voila trois phrase qui sont placée entre chacune des autre comme un tiq. Elles tienent au moins la moitié de ces oraisons. Il faut que je te donne un exemple de tout ce que j'entens. Elle etoit acharnée a contrauler[3] Lolote Lenoncour[4], qui est charmante au demeurant. Entre autre elle dit : «Voiez-moi la betise de cette creature qui loue sa femme de chambre de ce qu'elle est sage? D'un autre coté, nesse pas une deraison insuportable? Je ne peu pas vous dire. C'est la mausade education de ce paiis[a]-ci. Une femme de chambre sage? Quelle betise! Le beau merite! Mais parle-t-on comme cela?» Voila un echantillon bien cour de ses constructions et de ses resonnemens. Joins-y le ton de l'aigreur la plus dure. C'est ce qui me frape les oreilles du matin au soir. Je ne t'en parlerai plus car je te ferois ce qu'elle me fait.

Je n'aurai pas mes lettres aujourd'huy. J'avois[b] données les mienes a un homme que j'envoyois chercher les autres. Elle l'a su, je ne sais comment. Pendant que je m'habillois, elle l'a fait rapeler et il a falu s'en passer parce que le maitre de poste de Ligny etoit ici qui les a emportée. Et quand j'ai voulu dire que je voudrois avoir celle qui m'arive, elle m'a repondu : «Bon, il ne faut se soucier d'avoir des nouvelle de personne.» Bref je n'ai pas pu y envoyer. Une autre fois j'envoyerai mes mesagers plus secretement. Ma foi, je vais finir et prendre ma viele, car je sens que je suis trop ennuiée pour t'amuser. Elle a un homme avec elle. Je respirerai un moment.

J'ai oublié de te faire reponce pour le chien. Dubois dit qu'elle n'a promis qu'un petit ecu par mois[5]. Je veux pourtant te dire encore que je viens d'ecrire a Md. Duvigeon. Taupe Ma Mie m'a dit que si je ne m'y prenois de bon heure a gueter un logement, je n'en aurois point, ou de fort vilain. J'ai cru que Md. Duvigeon etoit plus propre que personne a me le choisir et a m'en rendre compte. Outre qu'elle est assés bonne pour ne pas trouver mauvais la peine que je lui donne. Je lui ai ecrit ventre a tere comme tu peus croire. C'est en ton nom que je lui demande cette grace. Tu serois fort joli si tu voulois lui ecrire un mot la-dessus.

Le lundi soir [13 octobre 1738]

Tu es bien heureux d'avoir mes lettres bien regulierement. Je suis desolée de n'avoir pas les mienes; demain j'aurai celle de deux ordinaires. Je suis friande et non goulue; j'aime mieux mes plaisir partagés que tout a la fois. D'alieurs j'aimerois mieux te faire des reponces ou causer avec toi au lieu que je vais te rabacher toute seule.

La journée d'aujourd'huy n'a pas eté si ennuieuse que celle d'hier. Nous nous sommes promenées d'abord apres diner. Apres cela j'ai fait debaslés quatre caisses de livres et je les ai rangés dans une armoire qui est dans le lembris de ma chambre en attendant que sa biblioteque soit montée. Elle m'a laissé la clef. Tu vois qu'il ne me manque que du tems, car il y a de tres bons livres. Cependant rien que nous ne connoissions, hors le Moliere in-quarto[6]. Ah, quelles estempes, quelle edition! Je l'ai baisé en pensant : «Que ne le pui-je examiner avec mes deux amis?» car je crois que le Docteur l'aime encore mieux que toi et qu'il seroit plus aise de le voir si bien habillié et si bien paré. Je n'ai pas eu le tems de le parcourir mais ce sera mon divertissement au quart d'heure que j'aurai et ou je ne pourai pas t'ecrire, car tu passe avant tout autre plaisir. Il y a une admirable edition de Mr de Thou en quinze volume in-quarto[7], des dictionnaires, des atlas, tres peu de livre de gout, Lok[8], le pere Reneaud[9], enfin de tres bons livre et bien cinq ou six cent volumes. Elle m'avoit fait esperer qu'elle avoit *Le Triomphe de l'armonie*[10]; il c'est trouvé que c'etoit *Pirame et Tisbé*[11]. Elle m'a promis de me montrer un recuiël de chansons et de vers. J'en copierai tout ce que [je] croirai que tu n'a pas vu pour te l'envoyer. En attendant voila un couplet d'une longue romance que Md. de Lixeim m'a donné a Comercy. C'est l'histoire d'Alexis et d'Alix[12] que leur parens accorderent et puis la marierent a un conselier. Le galant se deguise en marchant armenien pour voir sa maitresse qui l'aimoit toujours, quoique mariée depuis cinq ans. Le mari le surprent qui lui baise la main et il tue Alix. Cela seroit trop lon a t'envoyer. Voila le plus joli couplet, que tu donnera au Docteur de ma part[13]. Je ne luy ecris pas parce que je le crois en campagne. Tu lui dira qu'il trouve l'air comme il poura, que je l'ai copié sur les tons de ma viele. Il faut le chanter tres lentement et dans le gout de romance plaintives. En voici encore un couplet que je ne hais pas:

> Pourquoi rompre ce mariage,
> Mechants parents?
> Ils auroient fait si bon menage
> A tout moment.
> Que servent joyeaux et dentelle
> Pour ce parer?
> Ah, la richesse la plus belle
> Est de s'aimer.

C'est l'air a la mode a Paris a present.

Il me vient un scrupule, mon Panpichon. J'ai peur qu'a cause que je t'ai tant rabaché hier de mon ennui, tu ne croye que je le prend trop a cœur. Je t'assure que je suis d'une raison qui me surprends. Des que je sens qu'il me surmonte, je secoue les oreille, je pense aux crises affreuses ou j'ai eté et je fais la comparaison de ce tems-la a celui-ci. Je pense que tu m'aime. Je jouis de mes aise, surtout du bon feu qui est toujours dans ma chambre que j'y sois ou non, de bruler de la bougie sans qu'il m'en coute rien, sans crainte des creanciers. Je lis *La Theorie des sentimens agreable*[14] que tu sais que je desirois tant, et qui par bonheur n'est sur aucun catalogue, moiennant quoi je m'en enpare. Il me fait du bien. Et quand tout cela ne me fait rien, je vais jusqu'a penser que le Docteur m'aime, et c'est le fruit de la *Teorie des sentimens* qui dit qu'on forge les idée agreable quand on n'en a point. Dans le detail de mes jouissance j'en oublie deux. C'est la comparaison que je fais de la derniere maison que j'ai quitté avec celle-ci[15]. Je suis seure que l'on m'aime ici autant qu'on peut aimer et que je n'y suis point a charge, et j'ai le plaisir d'etre adorée de tous les domestiques qui volent a mon moindre signe. Voila ce que je fais et voici ce que je ne fais pas. Je chasse tant que je puis la comparaison de causer avec mes amis ou d'ecouter des lenternes. Il m'en coute mes grands soupirs a chaque minute quant a table je dis : «J'aimerois mieux un platt de choux avec mes pauvres ami.» Je parle vite d'un gros chien qui fait le seul et unique entretient du repas, car elle ne parle jamais a table. C'est un chien deux fois gros comme Tonton[16], qui est encore plus paresseux que toi. Il est toujours couché sur son dos, et mange dans cette posture. Il est vray que cela est singulier. Et si on lui jete un os a deux pas de lui il ne se leve pas pour l'aler prendre. Il est aussi jeune que toi car il n'a qu'un an. Il a mille ressemblance avec toi, for une que je te souhaite tous les jour. Tu ferois de belles niques aux goguenards. Tu vois, mon ami : «Tout me parle de ce que j'aime»[17].

Quand le soir je pense : «A present j'atendrois le Docteur ou il seroit avec moi», je dis : «Chouë, papillon»[18]. Je [me] mest à dire : «Bon, il seroit pet-etre au deshabillier[b] d'une belle demoiselle, tandis que je conterois les minutes a l'atendre.» Il est vray que cette idée ne reussit pas toujours. Je gagne mon lit, je fais lire a Dubois des contes de fées, et je ne dors pas mieux pour cela.

A propos je me souviens que j'ai oublié de te donner une troisieme explication de la passion singuliere. Sans doute que la princesse est le Professeur[19]. Voila une de tes sottes question. Y a-t-il a soubsonner qu'elle soit l'autre? Tan mieux, mon Panpichon, je vois que tu ne change point, et par ce moien-la tu m'aime toujours.

Oh, ma foi, je suis a bout de rabachages. Il tient furieusement de betises dans une letres quand elle est écrite aussi menue.

J'ai ecrit a St-Lembert en reponce d'une letre de douze jours. Je lui mande de te demander le conte que le Saint m'a fait et je lui conseille de le mettre en vers et de le lui adresser. C'est un bon tour a lui faire qui me diverti. Mon Dieu, comme je sens le plaisir de rire avec vous autre et de causer sur des rien. Quant il devroit m'en couter les yeux, il faut que j'ecrive et que je lise et relise tes lettres. J'ai une rame de papier au moins; ainci, allons notre traint. J'ai deja eu quelque inquietude sur les port de lettre que je te coute. Mais mon cher Panpichon, je crois que tu ne les regrete pas. Adieu donc. Je t'embrace mille et mille fois.

MANUSCRIT

Yale, G.P., II, 77-80 (D15); 4 p.; orig. aut.

IMPRIMÉ

Butler, pp. 127-133, 186-193, *passim* (extraits traduits en anglais).

TEXTE

a pays. *b* Lecture incertaine.

NOTES

1. Il semble que Marguerite Fauquignon est le nom de l'épouse de Joseph Thirion (v. 36n14); ou bien s'agit-il de Françoise Colson, épouse de Charles Thirion, huissier de la chambre de S.A.R.; ou bien d'Anne Cognel, qui épousa en 1735 Jean-Claude Thirion, médecin à Bruyères.

2. Guignon : malheur, accident dont on ne peut savoir la cause; style familier (Trévoux, 1743). Les dictionnaires ne donnent pas la locution : «prendre en guignon», que Mme de Graffigny utilise ici et ailleurs avec le sens de prendre en grippe, d'avoir de l'aversion pour, ou de voir d'un mauvais œil.

3. Controler : critiquer, examiner, satyriser, trouver à redire à tout (Leroux, 1735).

4. Gabrielle-Charlotte de Lenoncourt, fille de la dame d'honneur de Madame, née le 21 septembre 1720.

5. Devaux : «Voila tous les chiens du monde qui sautent dessus moy, et qui me mangent. Panpan, Pichette et leur gouvernante viennent de me rendre visite. Le Professeur a mis la sienne avec le votre. A propos, est-il vray que vous luy donnez un gros ecu par mois? Mandez-le-moy, je vous prie, tant pour la payer que pour regler la pension de celle du Cagnot, mon ami.» (7 octobre 1738, G.P., I, 213.) Le gros écu valait 6 livres; le petit écu en valait 3. Cagnot est un autre surnom du Chien, c'est-à-dire, de Liébault.

6. Édition dite des Comédiens, de chez Prault, 1734, 6 vol.

7. *Histoire universelle de Jacques-Auguste de Thou depuis 1543 jusqu'en 1607, traduite* [par les abbés Desfontaines et Prévost, entre autres] *sur l'édition latine de Londres*. Londres [=Paris], 1734, 16 vol. De Thou (1553-1617) publia *Historia sui temporis* entre 1607 et 1620.

8. Parmi les traductions en français des œuvres de Locke, on pourrait citer *Du Gouvernement civil* (1724), les *Œuvres diverses de M. Locke*, nouvelle édition (1732), et la troisième édition de l'*Essai philosophique concernant l'entendement humain*, traduit par Pierre Coste (1735).

9. Noël Regnault (1683-1762), auteur des *Entretiens physiques d'Ariste et d'Eudoxe*, 1729.

10. Ballet héroïque (1737) avec 4 entrées et prologue de Jean-Jacques Le Franc de Pompignan (1709-1784), musique de François-Lupien Grenet (vers 1700-1753).

11. Tragédie lyrique (1726) de Jean-Louis-Ignace de La Serre (1662-1756), musique de François Rebel (1701-1775) et de François Francœur (1698-1787); à moins qu'il ne s'agisse de la tragédie du même nom de Théophile de Viau (1621).

12. «Les Constantes Amours d'Alix et d'Alexis», de François-Augustin Paradis de Moncrif (1687-1770) (*Œuvres*, 1791, II, p. 164, 1ère strophe). On trouve dans le même volume une «Chanson à Madame la princesse de Lixin sur l'air de la Romance d'Alix et d'Alexis» (p. 280-281).

13. Mme de Graffigny a probablement inscrit ce premier couplet sur une feuille séparée.

14. Les *Réflexions sur les sentiments agréables* par Louis-Jean Lévesque de Pouilly ont paru dans le *Recueil de divers écrits sur l'amour et l'amitié* [...], 1736. Il est fort curieux que Mme de Graffigny utilise déjà le titre définitif, *Théorie des sentiments agréables*, de l'édition de 1747.

15. Pense-t-elle à Commercy ou à Lunéville? Le 30 avril 1739 elle écrira : «As-tu pensé aujourd'huy qu'il y a un an que je sorti de chez moi?» Elle passa donc quatre mois, probablement chez la comtesse de Grandville, avec laquelle ses rapports sont devenus assez aigres.

16. Ou Toutou? En tout cas, chien familier de Devaux.

17. Citation non identifiée.

18. Choue papillon : c'est-à-dire, chassez ces visions noires, ces idées lugubres (Littré).

19. Devaux : «Je m'imagine que c'est la Princesse qui est le Professeur de l'affaire. J'aimerois mieux que ce fut l'autre. Cela me divertiroit davantage. Mandez-moy ce qui en est, car cet endroit n'est pas bien expliqué.» (7 octobre 1738, G.P., I, 218.) En effet; v. 26n17 et n21, 27n9, 30n23, 33n12-16 et 36n22-23. «L'autre» ici serait le prince de Beauvau.

40. à Devaux

Le mardi soir [14 octobre 1738]

Je suis toute desolée, mon cher ami. Voila le postillon revenus de Ligny et je n'ai pas mes lettres. Ce vilain mesager d'ici est allé les prendre et il ne reviendra que demain. Voila ce que c'est de ne pas envoier. Sans interet on ne prend point les heures et tout cela va de travers. C'est une des chose qui me fait le plus desirer Cirei, car Mr Du Chatelet[1] m'a dit qu'on envoyoit toute la nuit chercher les letres et que l'on renvoyoit les autres. Il y a deux hommes qui ne font que cela.

Que te rabacherai-je ce soir? Je suis de mauvaise humeur. Je ne puis te conter mes pensée car je ne pense point ici. Il faut donc te dire ce que j'ai fait. J'ai joué de la viele tout le matin parce que je profite du tems pour aprendre. Je lirai a Cirei et peut-etre n'y aura-t-il point de viele. L'apres-diner nous avons tracassés a renger des meubles. Ma chambre en est embelie d'une glace sur la cheminée, d'un paravent des Indes qui me recrée la vue, car il est charmant, et comme les figures sont petite il y a des choses imence. Il m'a plu, je l'ai demandé, il n'y a qu'un mot a dire pour avoir ses aises. Elle veut jouir et que l'on jouisse chez elle mais elle ne donneroit pas une epeingle. J'ai encore une bergere de plus et des careaux de duvet grands comme des lits et qui ne pese pas une demi-livre. Nous avons vidé un gros cofre de la Chine presque aussi grand que celui ou est mon linge, tout remplis de piece d'indiene fine, moiene et grosse, toute de gout, singuliere et charmantes. C'est une boutique de marchant. Il y a des piece qui n'ont couté que deux louis. En seroit-elle plus mal quand elle m'en auroit donné une? Cela ne lui tombe pas dans la tete. Ensuite nous avons causé. Du moins selon la lois imuable j'ai ecouté, mais c'étoit du Paris, qui m'a amusé. Elle renge des comode a present. Je l'ai quittée pour te venir donner un petit bonsoir, te dire que je suis bien fachée de n'avoir pas mes lettre, et en ecrire quelqune que j'ai encore en arriere. Bonsoir donc, mon Penpichon que j'aime tant, qui fait tant de bien a mon cœur quand je pense a lui. Bonsoir, mon cher ami.

Le mercredi soir [15 octobre 1738]

J'ai reçu mes lettres de bon matin, mon cher Panpan, mais il n'y a de toi que celle que j'aurois dus avoir dimanche[2]. Cependant tu m'a sans doute ecrit. Je ne comprend pas pourquoi cela. Nous verons. Quand elle arrivera elle sera la tres bienvenue. Repondons toujours a celle que nous tenons. Le comencement m'inquiete, mon cher ami. Apres avoir fait l'histoire du souper du jeudi chez la Granville tu dis : «Je revins me coucher plus tranquilement que la veille.» J'ai relus la letre precedente me reprochant deja de n'avoir pas fait attention a ce qui t'avoit troublé; mais je n'ai rien trouvé. Tu me cache donc tes chagrins, mon cher ami, et tandis que je t'acable des miens et que ta lettre de ce jeudi n'est pleine que du plaisir que tu as de l'arengement de mes affaires, tu soufre en-dedans. Je ne veux pas cela, mon cher Panpan. Je veux etre triste de tes chagrins comme tu es a ton aise des bons fauteuils de ma chambre. J'ai meme vu dans tous les jours de cette lettre que tu etois contant du Toi. Qu'as-tu donc qui puisse te faire coucher plus tranquilement un jour que l'autre? Il faut absolument que tu eclaircisses cette affaire.

Je suis desesperée, mon cher ami, du tourment que te font mes creanciers[3]. J'en suis honteuse, confondue. Je ne sens plus le plaisir de ne pas les voir puisque tu en essuie la persecution. Mon Dieu, a quelle epreuve je mets ton amitié. Voila assurement la plus desagreable de toutes. Je t'en demande des excuses du plus tendre de mon cœur. J'espere que Mr Maurice qui en a tant fait venir a conte[a] y fera encore bien venir les miens. Avoue qu'il sont plus facheux que d'autres. Je ne comprens pas pourquoi Mr Maurice n'estoit pas de retour samedi, puisque l'on me mande de Comerci que la princesse est a Luneville de mercredy. Je ne sais pourquoi tu es si embarassé a cause des cinq louis qui manquent dans l'argent[4]. Il n'y a qu'a y en mettre un et signifier toujours le remboursement. [a]Puisque les quatre[a] autres louis, etant pour la rente qu'il n'est pas necessaire de consigner et qui n'echoit qu'au mois de janvier, donnent le tems a Hademart de les remettre et partant Md. de Vileneuve[5] ne diras[b] pas que[c] je l'amuse[6]. J'espere que cela est fait puisque c'est le parti que tu as imaginé mais il faloit le prendre sans inquietude, mon cher ami. Ques que[d] cela fait à Md. de Villeneuve que la rente y soit ou non, pourvu que le contrac soit rembourcé dans trois mois et que l'argent soit consigné. Je crois tres inutile de lui ecrire la-dessus. Il ne faut pas laisser de presser le Petit Saint, car tu le connois. Cela n'est pourtant pas trop honnete car je n'ai rien payé de la poste mais contre la force nul ne peut. Quand je serai riche je la lui rendrai. Il m'a fait bien une autre tracas. J'ai recu une lettre fort aigre de Vulmont[7] sur sa chaise. La lettre est dattée du neuf et il avoit recu une lettre que je lui ai ecrite par le St et qui ne devoit etre rendue qu'avec la chaise, et cette chaise n'etoit point arrivée. Voila qui est pitoyable et j'en suis serieusement faché. Cela m'aura fait un ennemi de cet homme. J'ai renvoyé aujourd'huy a Comerci une clef de coffre de cette chaise que Dubois avoit oublié. Je prie Fanchon de te la faire tenir. Tu la renvoyera chez Vulmont.

Puisque l'article suivant de ta lettre e[s]t de Lolote, je t'y repondrai en te disant que Fanchon me mande qu'elle a eté la conduire a Spada mais que le mariage n'avance guere[8]. Madame sait tout et l'a tres bien pris. Apparament qu'on l'a fait prevenir de la bonne sorte, mais gare le retour ou le vin de Champagne.

Il est vray que j'ai passé legerement sur la declaration que l'on m'a fait a Comerci[9]. C'est qu'elle ne m'a inspiré autre chose que l'indignation. Ces sorte de gens-la me revoltent. Le Docteur n'a pas trop de tord. C'est un peu un bavard. Il sait beaucoup mais toutes ces siences sont scolastiques. Je lui crois l'esprit de Rome au supreme degré. Enfin j'en ai fort mauvaise opinion a present. Je ne l'ai pourtant guere vu car il n'a eté a Comerci que le jour de St-Francois.

Ne crains pas que l'on me pende pour mes vols[10]. Personne ne[e] les a vu, pas meme mon hotesse. Tu crois donc qu'ils sont comme des maisons. J'en metrois trante dans ma poche.

Tu me demande les*ᶠ* conte de Taupe Ma Mie. Cela est impossible, le narré est si long, si diffu, si decousu. C'est positivement le romans de *Cirus*[11]. Des qu'il se trouve un personnage dans l'histoire principale elle la quite pour prendre celle de ce particulier. La meme chose arrive de l'un a l'autre successivement. Non a la fin, car il n'y en a jamois, mais quand le diner, le souper, ou le coucher l'interompent, le dernier personnage dont on parle est souvent a deux mille famille de celui qui avoit commencé le sujet. Il faudroit etre fée pour rejoindre tout cela. Toute la sagassité et l'attention humaine n'y sufiroient pas. Il faudroit de plus etre devine-resse car tout est commencé et rien ne finit. Mest-toi donc l'ame en repos la-dessus, c'est une chose infesable. D'allieurs le tems se passe encore en minutes. Si une dame dont elle veut conter une avanture a acheté un boete*ᵃ* de la Chine ou un couvre-pied a un ancant on fait le detail de l'ancant, de ce que les meubles etoit vendu, le plan de la maison sans oublier le nombre des marches de l'escallier, les discours qui s'y tenoient, et jusqu'aux envies differente qu'elle supose a chaque particulier d'avoir une chose ou une autre. Et l'avanture est au diable et mon attention aussi. Je te dis que c'est pis que Taupe Ma Mie[12] car a la letre elle dit ce que les autres on eu envie de penser. Cela me sert par-ci, par-la a connoitre les chaqu'un des chacunes et puis c'est tout. Outre que les trois-quart du tems il n'est question que de ponpon et de dantelle. Elle n'est que l'heroine en second du Mr dont elle m'a envoyé le couplet[13]. J'ai eclairci cela. C'est la femme du Bacha a trois queuës[14] qui est la premiere. Elle n'est que l'amie.

Je te suis bien obligée de la peine que tu as pris de me conter la tracasserie du pere d'Avignon[15]. Cela m'a amusé et la renguene ne m'a quitté plus depuis ce matin. Helas, je voudrois bien te l'entendre dire.

Encore une crainte de m'ennuier. Ma foi, j'effectuerai les menaces. J'ai tramblé en ne voiant point d'envelope a ta lettre, mais la demi-feuille m'a un peu remise.

Md. Aigrelette[16] dit bien quant elle m'ecrit mais elle ne dit pas que je lui ai deja ecrit deux fois depuis que je suis ici. Tu m'as si bien exorté, tu devrois donc me louer.

Tu es bien joli, mon Penpichon, d'avoir deviné que les question que tu voulois faire au Grand[17] m'avoient inquietées. Tu es, ma foi, bien joli de me rassurer. Voila ce qui s'apelle entendre et penser plus finement qu'a Panpan n'apartient.

Tu es encore bien plus joli de me parler du Nous[18]. Ce n'est peut-etre pas vray qu'il t'ai dit sur l'escalier qu'il m'aimoit, mais je n'en sens pas moins la delicatesse de ton amitié qui aime a faire bien aise la pauvre miene.

Voila ta letre repondue, mon Penpichon. Je vais te dire en deux mots ce que j'ai fait depuis hier. Mais non, j'ai encore une petite remarque a faire sur tes lettres. Tu les dates non seulement du jour de la semene mais encore du jour du mois. Ah, coquin, ton amour-propre a donc acheté un almanac.

Hier jusqu'a une heure apres minuit nous avons rangé des vieux papiers. A tout moment je metois la main sur un gros paquet qu'elle m'avoit dit etre celui des chansons et vers. Elle n'a jamais voulu l'ouvrir.

Aujourd'huy matin j'ai recu mes lettres. Il y en avoit une de Fanchon. Je t'ai dit ce qu'elle me mandoit. Une de Cireï que je vais te copier car elle est courte[19] : «Nous avons joué *Alzire*[20] ces jours passé. Nous vous avons bien regretté. Quand viendrez-vous donc? Croiez que vous serez contante de Cireÿ. Votre *Neuton* vous attant ici et deux personne qui vous aiment veritablement. Vous ne serez point contente de la santé de Mr de V. Vous m'aiderez a lui persuader de se menager et de travaillier moins.» Cela ne te fait-il pas venir l'eau a la bouche? Non, car tu n'es pas a Demange. Oh, oui, je serai contente de Cirey. Je ne suis pas si difficile.

J'ai recu une lettre du St avec autant de lettre au second etage des lignes que de mots. Elle m'a fait eclater de rire, et je ris encore en te l'ecrivant, ce qui inquiete beaucoup Melle Dubois qui travaille la dans un bon fauteuil. Elle croit que je suis fol. Mais la lettre que j'ai recu et qui embelit toute les autres est du Nous. Il me dit bien des pouille, mais les bonnes pouilles. Que n'est-il faché comme cela toute sa vie, car c'est le bon ton!

J'ai passé la journée jusqu'a present a voir des prodige en toile et a les ranger. Il y en a plus que la Granville n'a de mousseline. Je disois hier qu'elle ne donnoit rien; j'ai tort. Elle m'a donné aujourd'huy *un[e] image de velin* et une boete de pain a chanté[21] de cinq sols. Bonsoir. A demain.

Le[g] jeudi soir 16 octobre

Bonsoir, mon ami. Il y a bien du changement depuis hier. Je te mandois comme je me rejouissois de Cirey. Eh bien, je passe encore tout le mois de novembre ici. Quand je m'avisai hier soir de demander a mon hotesse quel jour j'aurois ces chevaux pour mander a Md. Du Chatelet d'envoyer les siens a la moitié du chemin, elle me les refusa tout net. Je dis que je manderois a Md. Du Chatelet d'envoyer coucher les siens ici. Elle dit d'abord qu'oui et puis a rabacher qu'elle n'iroit point a Comerci a la St-Charle, que cela etoit bien dure a moi de la quitter enfin, et me pria tant et de si mauvaise grace que j'ai consenti a passer ici le mois de novembre. Mais tu vas bien reconnoitre ma misere. J'avois l'esprit contant de la lettre du Nous. Je m'imaginai que j'en recevrois toujours de pareilles, et je ne trouvai presque pas dur d'etre ici. La clef etoit tournée du bon coté. Tu sais que rien ne me pese ny ne me chagrine a un certain point quant cela est. M'y voila donc. Je m'en suis presque repentie aujourd'huy. Elle est insuportable, mais c'est de la colere. Elle l'a poussé jusqu'a jeter de sa hauteur et de toute sa force une petite chiene dont elle fait une idole. Et tout de suite l'histoire de Toussaint d'entrer en dan[se][h]. Elle l'a encore racontée d'un bout a l'autre. Tout cela est venu de vingt bote de foin que le cocher a eté chercher sans son ordre. Apres tout cet orage qui a duré quatre heures, elles s'est calmée et j'ai trouvé le moment. Le Docteur alloit a Paris dans quelque tems. Elle n'a pas attendus la suite de ma harange et s'est recriée : «A mon Dieu, Madame, il passera a Ligny. Mandez-lui de me venir voir. Vrayment cela seroit beau qu'il n'y vint point. Je ne lui pardonnerois de ma vie.

Qu'il prene son avance pour etre quelques jours ici.» Dis cela au Docteur car sa letre est cachetée et je ne veux pas l'ouvrir.

Or su[22], puisque je reste ici, je veux me medicamenter. C'est toujours autant de tems passé, et d'allieurs j'en ai besoin. J'ai oublié de te mander qu'il y a cinq jours que je suis boiteuse par des douleurs dans un genoux qui m'enpechoient de dormir et de marcher qu'avec des douleurs tres vive. Enfin hier soir je n'y pouvois plus tenir. Dubois me conseilla de me froter avec du suif de cerf. Je suis beaucoup mieux aujourd'huy, ce qui prouve que c'est un rumatisme. Et comme j'en ai dans la tete et dans les bras tous les jours, je veux prendre mes cheres tisanes qui m'ont tant fait de bien et que je neglige depuis si lontems; mais ce ne peut etre que par ton moien. Il n'y a point d'appoticaire par ici. Il faut que tu demande a Mr Joli[23] des trois bois, car je ne veux point de celui qui pue si fort. Qu'il m'en donne ce qu'il en faut pour en prendre pendant six semene a trois vere par jour. Je n'en prendrai que la moitié et je ferai prendre l'autre a Dubois. Il faut qu'il meste cela par paquet et qu'il ecrive combien d'eau il faut mettre et la facon de la cuire. Tu y joindra deux paquet de sel de Seignet[24] qui se vent chez l'apoticaire du roi. Et puisque tu est a envoyer, tu metras dans le paquet deux aulne de ruban vert, deux couleur de cerise, une jaune, une bleu, une violet que Clairon achetera. Je n'en ai pas un, ce qui s'apelle un. Ce sont des rubans de taffetas au moins. Il y en a de fort bons chez Claudel[25]. Un paquet de curedent. Tu diras : «Ou diable veut-elle que je prene de l'argent pour tout cela?» Cela ne coute guere, mon Panpichon. Et ta mere aura pet-etre vendu quelque guenilles pour cela. Si Mr de Contrisson ne peut les envoyer, il faudra voir si le cocher de Paris voudroit s'en charger a l'adresse de Mr de Lescaille[26], avocat a Ligny. Je le prierois de l'aller prendre de peur que le cocher ne le porte a Paris.

Je ne suis guere en humeur de dire de jolies choses ce soir, mon Penpichon. Cependant je voudrois te dedomager de cet ennuieux detail. Cela t'amusera-t-il de savoir que la soirée d'hier s'est passée a faire des commentaire sur l'accouchement ridicule de la grande duchesse[27]? «Cela n'est-il pas pitoiable que cette maussade Almande ne fasse que des fille? Elle est bien assés sotte pour en faire jusqu'a cent an.» Enfin elle ne trouve a cela que du ridicule et de la maussaderie. Apres nous passames a l'armée et on donna des modelle resonnés des actions, des discours, des pensée et des volonté de penser que les genereaux auroient du avoir. Quoique je ne prene plus l'ennui si a cœur, cependant je sens l'impression actuelle qu'il me fait en ce que je ne pense point. Tant de galimatias font malgré moi leurs trasses machinalles, et si elles ne sont pas assés fortes pour m'occuper, du moins font-elles un espesse de glacé[28] sur les bonnes qui les enpechent de se presenter quand je les apelle. Bonsoir, mon cher ami, voila me semble un assés bon résonnement, il faut s'en tenir la de crainte d'accidents. Mon cœur va son traint. Du moins il n'y a point de glacés qui puisse y prendre. Je t'aimerai et le Nous uniquement et eternellement. Mille amitiés au Toi. Quand tu veras Courouski[29], dis-lui des complimens d'abord, et puis qu'il en fasse de ma part au grand aumonier[30].

MANUSCRIT

Yale, G.P., II, 81-86 (D16); 6 p.; orig. aut.

IMPRIMÉS

I. Showalter, p. 35-36 (extraits).
II. Butler, pp. 130, 186-194, *passim* (extraits traduits en anglais).

TEXTE

a Lecture incertaine. *b* Lecture incertaine : diroit? *c* Le ms : «je je». *d* qu'est-ce que. *e* Le ms : «de». *f* Lecture incertaine : des? *g* Mot rayé : «⟨vandredi⟩». *h* Masqué.

NOTES

1. Florent-Claude, marquis Du Châtelet-Lomont (1695-1765), brigadier des armées du roi, maréchal de camp en 1738, lieutenant général en 1744, chevalier de Saint-Louis; c'est l'époux de la maîtresse de Voltaire.

2. Lettre du 10 octobre 1738 (G.P., I, 219-224).

3. Devaux : «Il n'y a plus que les creanciers qui nous desolent, mais ce sont d'insupportables gens. Je ne scais comment nous nous en tirerons.» (I, 219.)

4. Devaux : «Je vis hier enfin le Petit Saint. Il me dit qu'il avoit pris cinq louis de votre somme et qu'il alloit vendre son cheval pour les remplacer. Comme je connois sa negligence, je suis inquiet des retards qu'elle y apportera et des soupçons qu'elle pourra causer a Mde de Villeneuve.» (I, 221.)

5. Probablement Barbe-Marguerite de Barret (1676-1754), veuve de Georges-Jean de Villeneuve (mort en 1709), gouverneur du château d'Einville, et mère de Léopold de Villeneuve (v. 14n2).

6. Amuser : tromper, repaître les gens de vaines espérances (Trévoux, 1743).

7. Léopold-Henry Protin, seigneur de Vulmont (1697-1743), conseiller à la cour souveraine depuis 1723, président à la chambre des comptes à sa mort.

8. Devaux : G.P., I, 219. Il s'agit de la grossesse de Lolotte de Spada (v. lettre 32 et *passim*).

9. Celle de l'abbé de Saint-Mihiel (v. 36, par. 6). Devaux : «Rien ne doit etre plus drole qu'un amour encapuchonné. Contez-moy donc cela.» (I, 220.)

10. Devaux : I, 220; v. le texte de la lettre 32 à la note 12 et le texte de la lettre 36 à la note 16.

11. *Artamène ou le Grand Cyrus* (1649-1653), de Mlle de Scudéry.

12. Le personnage de *L'Écumoire* (v. 37n27).

13. «Elle» est un lapsus; c'est Devaux qui envoya

le couplet sur le marquis de Courtanvaux (v. 36n28).

14. Le Bacha, ou Pacha à trois queues, est Claude-Alexandre, comte de Bonneval (1675-1747), dont les *Mémoires* (qu'il désavoua) avaient paru en 1737. Il avait épousé, en 1717, Judith-Charlotte de Gontaut de Biron (vers 1700-1741), qu'il délaissa bientôt après.

15. Devaux : I, 222. Il s'agit d'une indiscrétion du père d'Avignon, qui répéta des propos de «la baronne»; celle-ci avait mal parlé de Mme de Castéja, qui s'en plaignit à la Reine, qui demanda à Mme de Grandville d'arranger l'affaire. Mme de Castéja est Jeanne-Henriette-Josèphe de Jacquiers-Rosée, mariée en 1732 à René-François de Biaudos, marquis de Castéja (vers 1705-1774); elle est dame d'honneur de la reine de Pologne, Catherine Opalinska (1680-1747), épouse de Stanislas. Ni la baronne ni le père Avignon n'a eté identifié.

16. Ici, Mme de Grandville.

17. Il ne s'agit pas du Grand (Tavanes) mais du Grand Frère (Marsanne). Devaux : «Comme j'achevois ma promenade du matin, le Grand Frere est entré. Je vous ai dit que je tascherois de me faire conter quelque chose. J'ay peur que cela ne vous inquiete et que vous craigniez que je luy eusse dit quelque chose de ce que vous m'avez mandé. Je ne me suis point trop avancé, je vous assure. Aussi ne m'a-t-il pas lasché un mot de la Lolotte [de Spada], mais bien du petit marquis [d'Amezaga], dont il ne me paroit pas trop content.» (I, 223.)

18. Desmarest.

19. Best. D1624a.

20. Tragédie de Voltaire, 1736.

21. Pain à chanter : se dit du pain à cacheter (Littré). C'est proprement, le pain dont on fait l'Hostie.

22. Or sus : or est quelquefois adverbe excitatif, pour exciter quelqu'un à prendre courage. Or ça recommençons. Or sus, c'est tout de bon. (Trévoux, 1743.)

23. Jean-François-Étienne Joly (1698-1780), maître apothicaire, qui épousa en 1726 Agnès Le Pan, dont il eut six enfants. Il était cousin germain de la mère de Devaux, Claude Joly.

24. Sel de Seignette : tartrate de soude et de potasse, ainsi nommé de Seignette, apothicaire de La Rochelle, qui l'a obtenu le premier (Littré).

25. Jean-Baptiste Claudel (vers 1699-1773), marchand de modes à Lunéville.

26. Jacques de Lescaille (mort en 1753), avocat fiscal de S.A.R. au comté de Ligny, et maire de

la ville de Ligny, anobli en 1736. Il était aussi attaché à la maison des Choiseul-Stainville comme verdier du marquisat de Stainville, et ensuite comme prévôt du domaine.

27. Marie-Thérèse (1717-1780), grande duchesse de Toscane puis impératrice d'Autriche, et épouse de l'ex-duc François de Lorraine (v. 22n3). Elle eut d'abord deux filles : Marie-Élisabeth (5 février 1737-1740) et Marie-Anne-Joséphine-Jeanne-Antoinette (6 octobre 1738-1789); c'est la naissance de cette dernière qui occasionne ces remarques. Marie-Thérèse aura seize enfants, onze filles et cinq garçons, parmi lesquels l'empereur Joseph II (1741-1790) qui lui succédera, et Marie-Antoinette, reine de France (1755-1793).

28. Mme de Graffigny, contre son habitude, met un accent aigu sur la voyelle finale; c'est donc un adjectif substantivé, procédé de style de la «nouvelle préciosité».

29. Stanislas Gurowski, ancien partisan du roi Stanislas en Pologne, major général, envoyé à Istanbul vers 1735, et actuellement officier de la cour lorraine.

30. Joseph-André, comte de Zaluski (1702-1774), référendaire de la cour de Pologne et aumônier de Leurs Majestés en 1737.

41. à Devaux

Le vendredi soir [17 octobre 1738]

Je recu tes deux lettres avant souper[1], mon cher ami. Quoiqu'il soit fort tard il faut que je t'ecrive ce soir parce qu'on n'envoira pas dimanche a Ligny. Ainci tu perdrois un ordinaire et tu serois peut-etre en peine. Il a falu que j'envoye un expres aujourd'huy a mes depends et, comme on va demain a la provision, tu auras toujours ce mot-ci. Il me paroit meme necessaire pour mes affaire. Je suis a genoux devent toi, mon cher ami, et je renouvelle tous mes pardons de toute les peine qu'elles te donne. Cela te coute plus qu'a un autre, car tu n'y es pas accoutumé et tu t'en fais des monstre. Je vois meme que tu n'est pas dans le juste par tout ce que tu me mande. A propos de quoi me fais-tu un beau discours pour me prouver que Mr Maurice ne peut pas s'engager pour moi apparament? Esse que tu me crois assés folle pour l'avoir pensé? S'engage-t-il pour ceux de Md. de Lixeim? Non, assurement. Et bien, les miens ne sont pas de melieure condition. Il faut bien qu'ils y passent. Pourquoi trembler que quelqu'un des creanciers ne fasse saisir chez Mr Maurice? A la bonne heure. Comme il y a de quoi pour tout, il ne pouroit aller plus loin et ce seroit une espesse d'accomodement. Ne t'en tourmente pas, mon cher ami. Demande seulement a Mr Maurice ce qu'il faut dire et laisse-le faire comme il a fait avec les autres. Tu vois bien aussi que tu es une bete de me proposser de faire une cession. Esse que je sais comme cela se fait? Et d'allieurs je ne sais pas a quelque sol ou livre pres ce qu'il y a partout. Il faut donc que tu voye tous les memoire des gens que je t'ai nommé, que tu en fasse un detail, et que Mr Maurice aist la bonté de mettre a la tete la delegation que je fais. Tu me l'envoyera, je la signeray, et je te la renvoyerai. Si tu ne peus venir a bout de cela, prie Mr Aliot[2] de ma part de s'en meller avec Maurice. J'ai dit a Maurice que j'irois a Luneville. Eh, mon Dieu, ton amitié t'a-t-elle aveuglé au point de le croire? Tu vois bien que tant pour Md. de Villeneuve que pour les autres, il ne faut pas dire que je n'y retournerai plus. Prie ton Chien de te soulager la-dedans; il est bien plus expeditif que toi et ne s'efarouche pas comme tu fais. Je suis vraiment desolée de la peine que je te cause. Mon Dieu, mon cher Panpan, je voudrois ne te donner que du plaisir. Tu es encore un sot a l'egard de Md. de Villeneuve, ou je me trompe fort[3]. Pourquoi donc la faire venir? Qu'a-t-elle a voir dans cet argent? Je crois qu'il faut faire sinifier le rembourcement quand le tems sera venu et qu'on aura paié, lui porter le contrac quitancé et lui faire rendre le contre-billet du cautionement de Corni[4] que j'ai fait a son mari. Je ne saurois comprendre ce qu'elle a a voir la-dedans a present.

Ne crains pas que tes conseils me fasse de peine. Il sont bien resonnable et je la suis plus que tu ne crois[5]. En un mot, sois contant de moi jusqu'a nouvel ordre. Je ne te cacherai jamais rien de ce qui me regarde de pres ou de loin. Tu as bien fait de ne pas montrer ma lettre. Cela auroit peut-etre fait de nouvelle querelle. Vivons en paix, c'est tout ce que je demande. D'ici a mardi j'aurai le tems de répondre a tous les articles de tes lettres. Je t'en remercie. Elles m'ont fait un grand plaisir proportioné au nombre des page. C'est tout dire. C'est mon unique bien. Je creve de vapeurs aujourd'huy, je ne sais pourquoi. Le robinet tourneroit pour une épeingle[6]. Bonsoir, mon cher ami, tu sais si je t'aime.

En envoyant tout ce que je t'ai demandé, n'oublie pas une petite phiole d'essense de gerofle pour les dents de Dubois. Elle me desolle. Je l'ai oublié hier. J'en aurai bon besoin aussi car j'ai tous les jours mal a une dent depuis Comercy.

[*adresse :*] A Monsieur / Monsieur De Vaux, fils / rue du Chateau / a Luneville

MANUSCRIT

Yale, G.P., II, 87-90 (D17); 2 p.; orig. aut.; cachet sur cire brunâtre; m.p. : Ligny.

NOTES

1. Lettres du 13 octobre 1738 (G.P., I, 225-230) et du 14 octobre (G.P., I, 231-238). Mme de Graffigny répond surtout aux pages 225 et 226, où Devaux parle de ses affaires.

2. Probablement François-Antoine-Pierre Alliot (1699-vers 1781). La famille des Alliot était originaire de Florence. Le bisaïeul de celui-ci, Pierre, fut médecin du prince Ferdinand de Lorraine. Son fils, Jean-Baptiste (vers 1640-1726), fut médecin du roi de France; il fit ses études à Pont-à-Mousson vers 1663, mit les eaux de Plombières à la mode vers 1683, accompagna Madame en Lorraine en 1698 et fut anobli par Léopold la même année. Il eut plusieurs enfants, parmi lesquels Jean-Pierre (1672-1745), conseiller d'État, grand-maître des cérémonies et introducteur des ambassadeurs sous Léopold. À son tour, Jean-Pierre eut plusieurs enfants, parmi lesquels Fran-

çois-Antoine-Pierre, qui en 1739 tient les offices de maître des cérémonies, de conseiller-secrétaire du conseil aulique du roi, et de lieutenant général de police de Lunéville; il se rendra assez célèbre par ses démêlés avec Voltaire en 1749, et deviendra fermier général en 1757. Il épousa Marie-Rose Mathieu vers 1725, et ils eurent au moins onze enfants. Sa famille et lui figureront souvent dans ces lettres.

3. Mme de Graffigny confond peut-être Mme de Villeneuve et Mme Mathieu. Devaux : «[Maurice] parlera luy-meme aujourd'huy a Mde Mathieu, et ma chere mere luy parlera aussi pour qu'elle consente a passer.» (I, 225.)

4. Armand-Louis Balthazard de Corny (vers 1706-1742), capitaine et commandant de carabiniers du régiment Royal Allemand cavalerie, épousa vers 1733 Mlle Le Vayer, fille d'un conseiller au parlement de Metz. Major en 1742, il fut tué à Prague. La terre et le nom de Corny passeront en 1743 à Charles-Joseph de Rutant, et en 1753 à l'architecte Emmanuel Héré (v. 15n3).

5. Devaux : «Je suis extremement content de la

facon dont vous parlez du Docteur. [...] Profitez donc de son absence, puisque vous croyez le pouvoir, et taschez de tourner en une amitié delicieuse un amour trop orageux.» (I, 229.)

6. C'est-à-dire : «Je pourrais pleurer pour un rien».

42. à Devaux

Le dimanche matin [19 octobre 1738]

Bonjour, mon Panpichon, ayant trouvé la comodité je n'ai voulu manquer. Je t'ecris pendant la messe. Le mauvais tems a enpeché que les domestique n'alla a la messe a un autre vilage. Il ne s'est trouvé personne pour garder la maison. Tu sais qu'il ne me coute rien de rendre servisse quant je le puis. J'ai pris cet emploi.

Je ne sais comment te rendre compte du tems que j'ai passé sans t'écrire. J'ai peur de t'inquieter en te disant que c'est l'acablement d'esprit, la paresse, les vapeurs. Peut-etre y a-t-il un peu de negligence, du moins pour jeudi. J'eus assés de tems a etre dans ma chambre parce qu'il y avoit un homme d'affaire ici. Je m'amusai a regarder les estampes de Moliere, a lire l'avertissement sur l'edition qui n'est pas trop bon.

Il faut avouer qu'il n'y a qu'a moi a qui cela arrive. Croirois-tu qu'il y ait des facheux ici et pendant une grande messe? Eh bien, elle va etre finie et je n'y eu le tems de t'ecrire que ce que tu vois. Un homme[1] qui a servi ma tante autrefois, et qui est deja venu me voir, ne me voyant point a l'eglise, se met dans la tete que je suis malade et qu'il vaut mieux venir me servir que d'entendre la messe. Il ne s'est pas contenté de me voir en bonne santé, il a falu qu'il me bavarde et voila mon tems perdu.

Reprenons le fil de notre histoire. Pendant que j'en etois a Moliere, je veux t'en parler. L'edition est admirable; mais les estampes ne sont pas aussi belle que quelleques-une que j'avois vu en courant m'avoient paruees. C'est de cette gravure que j'apelle croquée et que je crois qu'on nomme a grands traits. Je l'aime assés, mais il s'en faut bien qu'elle ne soit parfaite. Il y a quelques visages qui anoncent leur caractere, mais peu. Une vignette m'a divertie, c'est a *Porsognac*[2]. Ce sont quantité de petits Amour avec des seringues. L'un est vetu en medecin, avec un rabat, une robe ouverte, partant on voit son cul. Un autre donne un lavement a son camarade qu'il a jeté par tere et qui a l'air de n'en point vouloir, mais il le retient par la seringue qu'il a dans le cul. Si ces marmousets, car il y en a vingt en attitudes differentes, etoit aussi bien gravés que l'imagination en est bonne, cela seroit parfait. A mon avis les editteurs ont encore fait une autre faute, c'est de repeter cette vignette a toutes les pieces ou il y a des medecins. Des qu'ils vouloient faire une si belle editon, il faloit caracteriser toutes les vignettes comme celle de *Porsognac*. Les culps-de-lampes sont aussi trop repetez. C'est presque toujours une Renommée a deux trompettes qui m'a fait souvenir de celle de Voltaire[3], car il y en a une qu'elle a l'air de tenir pour son cul. D'allieurs tres bien gravée. Les editeurs s'excusent dans leur avertissement d'avoir repeté les vignettes en disant qu'ils savent bien qu'il auroit falu y caracteriser les pieces, mais que les nuances des caracteres que Moliere a peint sont si fines qu'il eut eté impossible de les representer parce qu'au font c'est presque la meme chose[4]. Cela ne veut-il pas anoncer au publiq qu'ils sont des betes qui ne savent que faire un bel a b c de cuivre? Le *Misantrope*[5] est assés bien. Il n'y a point de bouteilles aupres de lui. Il est dans un fauteuil ayant bien l'air de chanter pouille a Philinte, qui a aussi l'air qu'il doit avoir. Voila que l'on arrive. A tanto.

Voici le tanto. Jeudi donc je m'amusai a voir des estampes; apres cela je pris ma vielle. Un tendre engagement va plus loin qu'on ne pense[6]. Je fus toute surprise d'entendre sonner le souper, avant d'avoir satisfait au remors qui me pressoit de t'ecrire et auquel je repondois avec l'accompagnement de ma vielle, «mais je n'ai pas grand chose a lui dire, ce sera bientot fait», et ce bientot fait ne le fut point.

Vendredi je t'ecrivis un mot le soir a minuit. A peine avois-je eu le tems de lire tes lettres. Je n'avois pas eu celui de lire celle[a] du St. Hier ç'a eté encore pis. Taupe Ma Mie a tenu le lit ces deux jours; il a falu tenir le fauteuil de Md. de Veru en cousant une tapisserie d'indiene pour une garde-robe. Je suis trop heureuse de me crever les yeux a travaillier; c'est au moins un contenence qui m'aute l'embaras d'etre comme un terme[7] a ecouter le claquet[8] qui va toujours. J'en avois hier par-dessus la tete; point lire, pas dire un mot de notre langue; en entendre une etrangere, ne pas dire un mot de ce que je pense, obligée a dire au moins des ouis et des nons contre ma concience; il n'y a point de theorie de sentimens agreables qui puisse l'emporter quand il n'y a aucun moment de relache comme ces deux jours-ci. Enfin cette nuit je m'en suis donné machinallement. J'ai revé que j'etois avec vous autres, que je vous disois adieu et qu'on m'assuroit que je ne vous reverois jamais. Je me suis eveillée baigné de larmes et je les ai laissé aller tant qu'elles ont voulu.

Cependant hier apres souper j'aurois du m'amuser, car a force de priere je lui fis ouvrir le paquet de ces vers et vois a quelle condition, car je ne saurois me refuser ce petit merite aupres de toi. Pour qu'elle me les lache, je lui ai promis de les lui copier et d'en faire un livre, le tout pour pouvoir t'en copier quelqune[9]. J'ai eté bien etonné, le marché fait, de ne trouver presque rien de bon, et encore moins de nouveau. Ce qui devoit m'amuser m'a impatienté. Elle a toujours voulu lire et chanter, et Dieu sait comme elle lit les vers! Comme Dubois lit la prose. Tu petille avec moi, nesse pas? Il y avoit une resource, c'etoit de rire des omus[b][10]. Tous les nons et les mots etoient metamorphosés dans le gout de celui-la, mais avec qui rire? Elle n'est pas assés sote pour lui faire croire que c'est de la chose et non de ces ignorances. Il n'y a donc qu'a enrager. Eh bien, j'ai enragé. Elle les a fait renfermer. Dieu veuille qu'elle n'en parle plus. Il y a cependant un gros caier de Md. de Lembert[11] que je voudrois bien voir. Elle dit qu'il n'est pas imprimé. Ce n'est peut-etre pas vray, car en honneur elle ne sait rien ny ne connoit rien. Cela est inconsevable, depuis le tems qu'elle demeure a Paris et qu'elle voit du monde du bon ton. Enfin elle ne savoit ce que c'etoit que *Les Precieuse ridicules*. Vois ce qu'on gagne avec les gens d'esprit. Elle sait du moins depuis deux jours que c'est une comedie et qu'un nommé Moliere en est l'auteur. Une autre fois je lui aprendrai ce que c'est qu'un acte, et petit a petit j'en ferai une femme instruite. Il est innombrable la quantité de paperasse et de guenillon qui lui passent par les mains. Cela ne finit pas. Ces affaire n'en sont pas plus en ordre. C'est son gout. Les genillons, elle les enfille ou les couds ensembles pour faire des couvre-pieds que ta mere ne voudroit pas ramasser dans la rue, tandis qu'elle en a au moins trante a changer. Je ne finirois pas, et je crois tout cela aussi ennuieux a lire qu'a voir. Elle m'a proposé d'abord apres diner de lire bas dans sa chambre parce qu'elle veut etre tout entière a des pilles de vieux papiers qu'elle change de liasses sans lire seulement l'etiquet. J'ai saisi l'ocasion et me voici avec toi tant qu'elle m'y laissera. Je reparerai le tems perdus.

Avant de m'enbarquer a repondre a tes lettres, je veux te rendre raison des brochures dont tu parois curieux. Il y en avoit une en trois volumes dont le titre m'avoit seduite. Le voici : *Essais sur la fausseté des oppinions vulgaires*, traduitte de l'anglois [12]. Qui n'y seroit trompé? C'est pour nous apprendre que c'est une erreur de dire que le cœur est a gauche puisqu'il est presque au milieu du corps. Tu sais cela a present, aincy je ne t'envoyerai pas le livre. Et[c] pour prouver par des resonnement historiques et quantité d'auteurs en *us* et en *es* que les Juif ne puent pas plus que les autres hommes qui ne seroient pas plus propre qu'eux. Je crus que sur cet article il y auroit quelque resonnemens interessans. Rien du tout. Le reste est de la meme force.

Une autre brochure etoit *Discours satirique* [13]. Il y avoit un air de mistere dans la preface qui avoit excité ma curiosité. Elle n'en a pas été mieux satisfaite que de l'autre. C'est dans le gout de Lucien. C'est Mercure qui se laisse voler le livre des destinée que Jupiter envoye relier. Je m'attendois a voir quelques articles du livre; point du tout. Mercure jure et puis c'est tout. Je n'y entens rien au monde. S'il y a un sens caché il ne peut tomber que sur les dispute de religion d'a present, et cela est impenetrable pour moi. Un autre gros journal de la calote [14] miserable a cracher dessus. Le reste ne vaut pas &c. Ce n'est que pour te complaire que je te rends compte de pareille fadaises. Venons a tes lettres.

J'ai repondu au premier article qui est sur mes afaires, hors a l'article de Mr Grandjean [15]. Je t'ai deja mandé que je n'avois point fait de prix avec lui pour les cabinets, qu'ils m'avoient couté quarante-cinq ou cinquante livres. Tu peus en faire tel marché que tu voudras. Il faut faire considerer a Mr Grandjean que j'ai laissé la boisure des fenetre et des planches autour des chambres, une taque [16], et les cheminées que j'ai fait accomoder qui etoient inpratiquables pour la fumée. Celle de ma chambre m'a couté plus de trente livre et celle du cabinet douze ou quinze. Je ne lui demande rien de tout cela mais il n'y a pas beaucoup a rabatre sur les cabinets. Ma generosité est une reconnoissance de ses bons procedés.

J'ai aussi répondu vandredi au second et au troisieme articles de ta lettre [17].

Eh, mon Dieu, rend le portrait[18]. As-tu eté assés sot pour croire que j'y ai du regret? Je le ferois clouer deriere ma chaise de poste mais il a bien falu faire des mines. Je lui ai ecrit la letre la mieux assortie aux siene qu'il m'a eté possible. Ce seroit une belle choses que de confronter nos lettres et nos cœurs.

Tu m'as fait plaisir de me mander qu'on avoit eu des nouvelles de Tavannes[19]. Je ne sais point d'autre adresse que de donner la lettre a Mr d'Arnoncour[20] ou de l'envoyer a Grosbert, secretaire du cabinet du grand duc a Viene, et l'affranchir. Pour moi, je ne lui ecrirai qu'a son retour a Viene. Je n'imagine pas de faire aller une lettre a Belgrade. Le Turqs ne la laisseroit jamais passer.

Il faut que le Gros Chien, mon ami, aye la bonté de parler tous les jours a Mr de Contriçon, car c'est un homme plus distrait que le Docteur, plus oublieux que Dubois[21]. Il laissera partir cent comodité avant d'avertir. Fais-lui faire mes complimens et ceux de Md. de Stainville. Il faut lui dire qu'elle a ecrit a Paris pour ce qu'il sait et qu'elle ecrira encore.

Il me semble que tu n'as pas trouvé le conte du St assés extraordinaire dans sa bouche ny assés joli[22]. C'est pet-etre que tu aurois depensé toute ta vivassité a lui faire vergogne.

En te remerciant du petit extrait des feuilles, cela m'entretiendra a savoir ce qu'on fait dans les entipodes d'ici[23].

Je serois fort aise d'avoir l'etui et le garde-vue[24] de Courouski mais je ne veux point d'expres[25]. Ces plaisanteries-la ne vont point ici. Offre-lui une comodité de Contriçon et du paquet que tu m'envoye. Dis-lui que je serai bien surprise d'y trouver plus que je n'ai demandé. Enfin sois assés jenti pour l'y engager. Mes yeux t'en remercieron par des ogmentations aux bibles[26]. Le Petit St manieroit bien cela comme il fait pour la Belete[27].

Non, mon ami, je ne crois pas que ton impatience vienne du bonheur de ton Chien[28]. J'ai vu tout le contraire, mais je crains bien que ce ne soit mes vilaines affaires qui te tourmentent. Tant qu'elles seront jugé je n'aurai point de repos, car je ne t'en croirai point.

Je te reconnois bien a la reponce que tu me fais sur ma prairie. Tu dis : «Je ne comprends pas que l'on puisse prendre des vapeurs dans un si bel endroit»[29]. Heü, esprit bouché, ne t'avois-je pas mandé que Md. Deshouilliere s'y etoit fourée et que j'avois dit : «Quittez, mes chers moutons, le cours de la riviere.» Lis le reste, butord, si tu n'a pas ces canards-la[30] dans ton poulallier, et tu veras ce qui m'avoit donné des vapeurs. On lui fait des jolis demis-mots et ils devient marguerites[31]. Si tu n'entends pas cela, ce n'est pas ma faute. La dessence du papier ne me permet pas de dire les injures plus clairement.

Me voici a la lettre du mercredi 14 octobre 1738[32].

Je sais mieux que toi d'ou me viene mes bonnes ou mes mauvaises humeurs. Tu vois assés que j'en suis de bonne cet apres-diner et je crois que c'est de ce premier article de cette lettre que j'ai pris la peine de lire avant de comencer a t'ecrire pour me metre en train de stille plus aimable que le miens. C'est donc ce premier article qui m'enchante ou tu me peins le plaisir que t'a fait ton Chien[33].

Tu sais que j'en etois en peine. Non seulement je vois que tu ne soufre pas comme je le croiois, mais que tu as eu une satisfaction nouvelle et imprevue et de ses satisfaction qui peuvent seule rendre heureux quand on a le malheur d'avoir une pation. Je le sens, ton bonheur, cher ami, je le partage. Je te remercie de m'en faire part. J'en aime ton Chien jusqu'a le trouver beau. Je l'embrasserois s'il etoit la et plut a Dieu que vous y fussiez tous et que ce fut a moi. Je ferois bien v[o]eu de n'en sortir jamais quoique ce soit le desert le plus desert qu'il y ait au monde. Ne crains jamais, mon cher Panpan, d'etre l'ami dont se plaint Clephant[34]. J'ai plus de plaisir a te metre au net mon cœur, mon ame, mes affaire que tu n'en as a les savoir. Tu sauras, quelque part ou je sois, ce que j'acheterai, ce jusqu'au dernier sol que j'aurai dans ma poche, pour peu que cela ne te soit pas a charge.

Que j'aime, mon cher Panpan, a lire l'histoire de la presence actuelle que tu conserve de moi[35]. Je t'assure, mon ami, que pour que le messager d'ici ne prene pas mes letres et que je ne les ais pas un jour plus tart et qu'elles ne me coutent pas un sol de plus, il faudroit y mettre une double envelope a Mr de L'Escaille, advocat a Ligny. Si cela te fatigue trop, n'en fais rien.

C'est par raison si je ne te raconte pas toute les ocasion ou je pense quelque chose de toi. Je te l'ai deja dit, je te foure partout, jusque dans les ragouts et dans le pot de chambre, mais je serois pis que Taupe Ma Mie si je te rabachois tout cela. Tu vois assés par mes letres que loin de t'oublier – ah Dieu, ce mot me fait horreur – que loin de diminuer d'attantion, j'en ogmente, et ne crois pas que ce soit l'ennui qui occasionne le plaisir que j'ai a t'ecrire. Au contraire, hors jeudi je ne puis prendre le moindre delassement de mon esclavage qu'apres que mon amitié est contente.

Dis au Petit Saint que je le remercie de son bon cœur, mais je ne crois pas avoir besoin d'argent, a moins que quelque creanciers retif ne voulu pas passer a la delegation. En ce cas, tu le saura mieux que moi.

Je te suis bien obligée des histoire de Dais[36]. Elle m'ont fort amusés, surtout celle de la baronne. Mais tes sottes refflections te couteroient une bonne querelles si nous etions vis-a-vis l'un de l'autre. Ou tu me fais des reproches tacites de ma confiance en toi, ou tu me fais une leçons. Il y a lontems que tu sais que cela m'offence et je l'ai eté veritablement en lisant cet endroit de ta lettre. Mille secret plus important que celui d'une catin que je t'ai confié me sont repassé dans la tete. Celui de Lubert par exemple, et tant d'autres. En verité il faut, si tu crains de faire une faute, que je meurs de honte de celle que j'ai faite et que je ne te dise jamais que ce que le publiq voudra bien m'apprendre. Je veux croire que tu n'as pas senti l'injure que tu me faisois en chatouillant ta probité, mais c'en est une dans toute les forme.

Pour te prouver, mon ami, que c'est sans fiel que je te fais apercevoir de la peine que tu m'as faite, je vais etre douce comme un mouton sur l'article de Cirei. Je comprend et je l'ai dit au St qu'il te faloit des menagemens infinis avec ton pere pour y venir, et meme avec toi-meme. C'est sotise de ta part, mais enfin tu es sot, il faut s'en metre l'ame en repos. Je sais, je crois, je compte que tu n'y viendras pas. Je ne t'en querelle et ne t'en querellerai jamais. Je ne sais meme si huit ou dix jours que nous passerions ensembles me dedomageroit de l'adieu qu'il faudroit refaire. Ainci ne te fais pas une peine d'esprit de cela. Laisse bavarder le Saint. Quand je t'aurai mandé ce que c'est que Cirei, tu tatera ta timidité. Si elle se porte assés bien pour affronter le terible visage de Md. du Chatelet, je veux bien te dire encore une fois adieu, car ce n'est pas trop paier le plaisir de te voir.

Pardi, tu es bien drole d'etre etonné de la plaisanterie que j'ai fait au St[37]. Nous en avons dit bien d'autre. Et tu peu bien croire que ce n'est qu'apres qu'il s'est deboutonné que j'en ai parlé. Demande-lui a ton tour s'il est encore bien aise des grace dont Dieu recompense ses elus. Ce sont les songes agreables. Je les ai només des graces de Dieu. Il m'a bien avoué que la Belle des Belle lui en procuroit souvent, mais jamais le Tu. Je lui ai conté l'histoires des betises de l'abbé Soreau[38], et tres communement je lui demandois si les phenomenes ne l'imcomodoient pas beaucoup. Tu vois bien par les plaisanteries qu'il te fait qu'il ne demande qu'a etre a son aise, car il meurt d'envie d'en dire; mais il y a quelque chose qui m'etonne bien plus que tu ne l'as eté, c'est que tu lui ais confié ce que tu sais et que je n'oze dire, que tu lui ai nommé ton aumonier, et que tu sois confondus d'une pareille bagatelle[39]. Le crois-tu assés sot pour croire qu'on s'en passe? Oh pardi non. Il m'a repeté mille fois que s'il pensoit comme nous il ne feroit autre chose. Tu es quelquefois trop sot aussi.

J'espere que Melle Des Euillet[40] ne te fait pas peur. Pour moi je ne puis en etre effrayée un moment.

Tu me fais resouvenir d'une fort bonne recette contre Taupe Ma Mie, mais elle n'est guere praticable[41]. Quand je lis un livre sans l'entendre il ne s'en fache pas. Et Taupe voit quant on l'ecoute.

Je te le repete parce que je le trouve encore a la fin de ta lettre[42]. Ne crains pas que tes conseils m'ayent fait de la peine. Il sont bon, resonnable. Ton amitié y est bien peinte, j'en proffiterai et n'en ferai part a personne. J'ai casi envie de me facher de la recommandation que tu m'en fais. Tu sais bien que ce n'est pas la ma façon de penser. Il s'en faut bien. Sois en repos sur cet article. Tout vas bien.

Il me semble que tu aurois bien pu trouver joli le couplet noté de la romance, mais cela n'est pas assés tortillié pour toi.

Je ne voudrois pas que tu envoyasses mes lettres au Nous. Cette poste est de huit jour. Il sera de retour avant de les avoir et elles courreront le monde. Cela est peut-etre deja fait. A la bonne heure.

Je voudrois bien que mes lettres ne te coutassent que de l'argent. J'y ai bien plus de regret que je n'en avois, et je me corige comme tu vois. Je tacherai de mettre ordre a cela.

Puisque le St mest tant d'esprit dans les proverbes, dis-luy d'en garder un peu pour ses lettres. Elles n'ont pas le sens commun. Me voila comme j'etois a ne savoir que lui repondre. Celle que j'ai recu avec les tienes est de quatre pages. Oh pour le coup, il exelle en ortographe. En voila un echantillon. Il comence par : «Me vela de retour.» Dans un autre endroit : «Nos volonté qui seroit si dosse et si raisonable et non point celle d'une personne qui vous haime a la rage et qui treine le se gret[d]». Toute la lettre est dans ce gout-la. Tu dira que c'est Grosjean qui remontre son curé[43]. Tu rira. Eh bien, ris. Tant mieux pour toi. Je ris aussi.

Trouve-tu que c'est assés ecrire tout d'une traite? N'est-elle pas charmante, ma Taupe? Il y a une heure que ma bougie est emprise[44] et je n'ai encore point de semonse de sa part. Je luy passe d'avance tout ce qu'elle racontera ce soir. Je vais un peu faire resonner ma vielle pour me debrouillier la tete, car ma foy, je n'en puis plus. Bonsoir, mon bon, mon cher ami. Je t'embrasse mille et mille fois. Juge de mon amitié, je t'en prie, par la longueur de ma letre.

Le lundi soir [20 octobre 1738]

La soirée d'hier n'a point eté ennuiente. Taupe Ma Mie m'a conté le mariage de Monsieur de Meuse[45]. Je voudrois pouvoir t'en conter un trait, mais il est impossible de le rendre avec grace. Tu en rira si tu peus, mais je ne le crois pas, car il faudroit avoir entendu les details et le ton. Je demandai a Taupe Ma Mie si elle voioit Md. de Monmartel[46]. Elle me repond : «Oui, je l'aimois assés, mais je suis fort en froit avec elle depuis le mariage du petit Meuse. Je vais vous dire pourquoi.» Tu t'atens comme je fis que cette alliance l'avoit choquée, et tu va voir. Apres avoir narré tout au long les negotiation, les contracs, elle dit que Md. de Monmartel l'avoit priée de choisir les habits avec elle. Elle furent chez une lingere et apres le choix des belles garnitures, il fut question des manchette pour le courant. On les pris de tres belles dantelle. Taupe vouloit qu'elle fusent a trois rang. Md. de Monmartel dit que deux sufisoient, et s'i opiniatre. Enfin apres bien des dialogues tous repetés, voiant qu'elle ne gagnoit pas les trois rang, elle dit en particulier a la lingere de les faire, ce que celle-ci refusa, crainte de deplaire a la dame fermiere. Enfin voila les manchette a deux rangs. Au bout de huit jours elle aprent que Mde de Monmartel a fait mettre un rang de plus au manche de la marié. Non seulement cela, mais : «Je vais voir la fermiere et je la trouve habillié et avec des manche a quatre rang, non pas tout a fait quatre rang, mais une petite dantelle frisée sur les plis. Oh, pour celui-la, je ne lui pardonnerai de mes jours. Quand on est capable de pareil procedé on ne merite aucune consideration.» Et tout de suitte, Dieu sait l'eloge. Peut-etre je te rend cela assés maussadement pour que tu le trouve insipide, mais il est bien bon et bien original.

La journée d'aujourd'huy c'est passée a travailler. Un laquais nous lisoit *Zaide*[47]. Ah mon Dieu, que je trouve cela beau. Je n'avois lu que l'intrigue. J'en vois l'echafaudage. Que le cœur y est bien suivi sans que l'affectation du stile vous dise de la part de l'auteur : «Voyez comme je suis naturel.» Qu'il est simple et noble, ce stille! Que les caracteres sont vrays sans etre frapés! Enfin je le trouve charmant. Je compte par ce petit eloge rendre homage au dieu du gout et de l'amitié. Bonsoir. Je ne veux pas charger ma lettre d'une autre feuille de radotages. Peut-etre es-tu assés ennuié.

MANUSCRIT

Yale, G.P., II, 91-96 (D18); 6 p.; orig. aut.

IMPRIMÉS

I. Showalter, p. 36 (extrait).

II. Butler, p. 192 (extrait traduit en anglais).

TEXTE

a Le ms : cette. *b* Lecture incertaine. *c* Le ms : «Est». *d* ⟨secret⟩ : Mme de Graffigny raye la forme correcte, qu'elle utilise d'abord par inadvertance. De plus, elle ajoute dans l'interligne des corrections à trois mots, ainsi : dousse, raisonnable, segcret.

NOTES

1. Non identifié.

2. *Monsieur de Pourceaugnac* (1669); la gravure est de Joullain, d'après Boucher.

3. La «Renommée» de Molière est signée par Laurent Cars, et l'on voit bien ce que Mme de Graffigny veut dire : l'une des trompettes est placée de façon très maladroite. La vignette ne paraît que trois fois, tome I, pp. 128 et 245; et tome II, p. 446. La «Renommée» de Voltaire, gravée par Carol Dupuis d'après Vleugels, parut dans la *Henriade* de 1728, chant X, et fut réimprimée dans d'autres éditions, comme les *Œuvres* de 1732. La représentation de la trompette y paraît moins plaisante que dans l'édition de Molière.

4. Avertissement, p. i-ii.

5. *Le Misanthrope* (1666), gravure de Cars, d'après Boucher.

6. Il est fait allusion à cette chanson populaire dans *Le Divorce* de Regnard (1688), au premier acte, scène 6.

7. Comme un terme : comme une statue.

8. Claquet : on dit populairement d'une personne qui parle beaucoup, que la langue lui va comme un claquet de moulin (Trévoux, 1743).

9. Voir plus loin, la lettre 51, premier paragraphe.

10. Peut-etre «aux Muses» ou «Ô, Muse», mal compris et lu comme un seul substantif.

11. Anne-Thérèse de Marguenet de Courcelles, marquise de Lambert (1647-1733), femme de lettres. Elle composa divers ouvrages, dont des traités de morale et de pédagogie; son salon, que fréquentèrent entre autres Montesquieu et Marivaux, était célèbre.

12. Jean-Baptiste Souchay (tr.), *Essai sur les erreurs populaires, ou Examen de plusieurs opinions reçues comme vrayes qui sont fausses ou douteuses*, traduit de l'anglois de Thomas Browne, 1733. Les passages cités se trouvent tome I, pp. 436-437 et 478.

13. Bonaventure Des Périers (mort vers 1544), *Cymbalum mundi, Dialogues Satiriques* (1538), souvent réimprimé au cours du XVIIIᵉ siècle; c'est probablement l'édition dite de La Monnoye (1732) que lisait Mme de Graffigny. L'histoire de Mercure constitue le premier des quatre dialogues.

14. Probablement «*Journal calotine, en deux dialogues* par M. Bosc du Bouchet, Moropolis [=Paris], 1732, avec le Portrait gravé de M. Aimon», qui figure dans le catalogue des livres de la comtesse de Verrue (v. 37n26).

15. Devaux : «Mandez-moy ce que vous etes convenuë de luy rabattre pour les cabinets.» (13 octobre 1738, G.P., I, 226.)

16. Taque : appelé partout ailleurs «contrecœur» (Trévoux, 1743); plaque de fonte ornée placée dans les cheminées, spécialité de la Lorraine.

17. Voir la lettre 41, premier paragraphe, sur ses créanciers à Lunéville, et l'acte que Maurice doit préparer.

18. C'est le portrait de Mme de Grandville.

19. Devaux : «[Il] mande que le dix-sept, ils se sont jettés dans Bellegrade avec l'infanterie, que la cavalerie a eté attaquée au passage de la Save par cinq ou six mille Turcs, qui furent repoussés tout de suite. Le Grand Visir a Nissa. Il a separé son armée en plusieurs petits corps pour faciliter les vivres, en sorte que l'on ne craint point pour Bellegrade. La peste n'y est pas comme on l'avoit dit.» (I, 227.)

20. Philippe-François, vicomte de La Fontaine et d'Harnoncourt (né en 1666), gentilhomme de la chambre du duc de Lorraine; ou son fils, Jean-Everard (né en 1695).

21. Devaux : «J'avois eté aussi chez Mr de Concitron. Il m'avertira des qu'il y aura des voitures.» (I, 227.) Sur l'orthographe de ce nom propre, v. 37n31.

22. Devaux : «Je passai ensuite chez Adhemar. Je luy lus une partie de votre lettre, et luy fis bien vergogne de son conte. Je l'ai trouvé fort joli, et vous en suis bien obligé.» (I, 227.) Voir la lettre 37, par. 3.

23. Devaux : «Apres diner j'allai m'ennuyer chez Solignac pendant une bonne heure, mais en recompense j'en emportai trois feuilles des *Observations* [*sur les écrits modernes*], périodique de l'abbé Desfontaines] qui m'ont assez amusé.» (I, 227-228.) Solignac, ou Pierre-Joseph de La Pimpie, chevalier de Solignac (1684-1773), était secrétaire du roi Stanislas depuis 1733.

24. Garde-vue : cône tronqué que l'on plaçait autour de la flamme d'une lampe pour en rabattre

la lumière au-dessous des yeux (*Grand Larousse de la langue française*).

25. Devaux : «[Gourouski] veut vous envoyer les bijoux qu'il vous a promis par un expres. Je le luy ai fort defendu.» (I, 228.)

26. C'est-à-dire, quand elle pourra mieux voir, elle écrira des lettres encore plus longues (v. 27n2).

27. Allusion non identifiée.

28. Devaux : «[Mon Chien, ou Liébault] revenoit d'aupres du Ron sautant de joye. Elle luy a dit que Bertaut luy avoit ecrit, mais qu'elle ne luy repondroit point. [...] Je ne scais ou j'ai pris de l'impatience mais tout m'en donne. Je suis fasché de vous avoir dit cela. Vous croirez peut-etre que c'est de ce qui se passa hier aux Bosquets. Je vous jure et je vous proteste que non. Helas, bien au contraire, je n'ai de bon temps que celuy que me procure le leur.» (I, 228.) Bertaut est un comédien cousin de Clairon, qui lui avait proposé un place à Turin (8 octobre 1738, G.P., I, 215-216). Les Bosquets sont un parc créé par Stanislas près de la Vesouze, derrière le château de Lunéville.

29. I, 229.

30. Canard : Mme de Graffigny utilise ce terme ailleurs, par exemple, dans la lettre 51, premier paragraphe, où elle dit de Voiture : «Il y auroit de quoi faire bien des canard en prose, car j'y trouve partout de jolie plaisanteries», et Devaux l'emploie dans sa réponse (51n3). Le sens paraît être : «belle phrase pleine d'esprit»; mais aucun dictionnaire ne donne cette acception.

31. Marguerites : on appelle les Marguerites Françoises, un livre qui contient les plus beaux compliments qu'on faisoit au siècle passé, & qui sont méprisez, parce qu'ils sont devenus trop communs (Leroux, 1735). Pour l'allusion à Mme Deshoulières, v. la lettre 37, premier paragraphe.

32. G.P., I, 231-238.

33. Devaux : «A propos de ce Professeur, il faut que je vous dise combien je suis content de luy. J'en suis si rempli que vous trouverez bon, s'il vous plait, que je commence par là. Apres notre souper [...] nous allames jetter du platras aux vitres de Clairon pour la faire venir a la fenestre. Elle s'opiniatra fort longtemps a ne pas ouvrir, et elle ne s'y determina que pour nous dire en grognant que nous etions des fous. Elle se recoucha et il ne nous fut pas possible de la revoir. Le Chien revint beaucoup plus triste que je ne m'en doutois. Il ne me le dit que quand nous fumes coucher. Non seulement il me fit toutes sortes d'amitiés, mais il sentit encor toute la mienne. Il me dit qu'il voudroit etre tout a luy pour etre tout a moy, qu'il

etoit convaincu de ma tendresse, et qu'il scavoit que son amour luy devoit tout. Enfin il me tint tous ces discours que j'aurois pu attendre de l'homme du monde le plus delicat et le plus tendre. Je vous fais tout ce detail, chere amie, parce que je suis persuadé que vous m'aimez trop pour ne pas aimer a partager mes plaisirs. Celuy-la a eté d'autant plus sensible pour moy qu'il m'etoit nouveau. Il me conta ensuite que le Ron luy avoit fait entendre qu'elle alloit l'aimer et que c'est ce qui l'avoit mis de si bonne humeur tous ces jours-cy.» (I, 231.)

34. John Clephane (vers 1700-1758), Écossais, docteur en médecine en 1729, personnage bien connu (v. *DNB*). Il s'est créé une espèce de légende autour de l'ami de Cléphane à Lunéville; voir, par exemple, le début de la lettre 78. Cléphane servait souvent de précepteur à certains aristocrates anglais qui voyageaient ou qui étudiaient en Europe. On sait qu'en 1734 et 1735 il était à Nancy avec Lord Sherard Manners (né après 1713), fils du second duc de Rutland, et que le frère de celui-ci, Lord Robert Manners, les accompagnait parfois. Tout porte à croire qu'il s'agit ici de Lord Sherard.

35. Devaux : «Je suis si continuellement occupé de vous que je vous crois toujours presente.» (I, 232.)

36. Devaux : I, 234-235. Dais, peut-être le chevalier de Soupire (v. 51n15), a raconté des histoires fort scabreuses qu'il tient «d'une fille avec laquelle il couche», et qui concernent le dépucelage de celle-ci par le prince Charles, l'habitude de ce prince de la caresser devant Béatrix Du Han, sa maîtresse, les goûts lesbiens de la baronne (v. 135n12), et certains incidents qui impliquent Saint-Victor (v. 52n28) et le comte de Croix. Gabriel-Louis de Wavrans, comte de Croix (mort en 1780), colonel en 1742, est un familier de la cour, ami de la marquise de Boufflers.

37. Devaux : «A propos, le St me fit hier une plaisanterie dont je suis confondu. Je ne concois pas comment vous l'avez instruit; depuis qu'il est revenu, il ne fait que me parler de ma sainte en me donnant force conseils de n'etre pas libertin pour l'amour d'elle. Enfin je ne scais plus comme cela vint, mais il me dit en me montrant sa main : ‹A moins que ce ne soit cela.› La facon dont il me paroit prendre la chose fait que je n'en suis pas fasché, mais vous auriez bien pu vous dispenser de le mettre au fait.» (I, 235-236.)

38. Antoine-François de Soreau (1703-1747), chanoine de Saint-Dié, cousin germain de Mme de Graffigny.

39. La confidence que Devaux aurait faite à Adhémar ne semble pas être racontée dans ses lettres. Il s'agit de la relation Devaux-Liébault, sans doute, d'où l'emploi du mot «aumônier».

40. Devaux : I, 236. Sa mère veut le marier à Marie-Anne Desœillets (vers 1717-avant 1757), fille de Louis Desœillets, conseiller de l'hôtel de ville de Lunéville; en 1745 elle épousera Louis-Joseph Viot.

41. Devaux : I, 237. Il conseille de ne pas écouter.

42. Devaux : I, 237-238. Il s'agit toujours de Desmarest.

43. Proverbe : c'est Gros-jean qui remontre à son curé, se dit de celui qui veut enseigner un plus savant que lui (Littré).

44. Empris : pour entrepris, vieux mot (Trévoux, 1743).

45. Jean-Maximilien de Choiseul-Meuse (vers 1714-1738), colonel d'un régiment d'infanterie, marié en 1734 à Anne-Justine Pâris La Montagne (1716-1778). Il mourra soudainement à Fontainebleau de la petite vérole le 28 octobre 1738, c'est-à-dire, neuf jours après cette lettre.

46. Antoinette-Justine Pâris (1710-1739), mariée en 1724 à son oncle Jean Pâris de Montmartel (1690-1766); elle était cousine germaine de la future Mme de Choiseul-Meuse et par son père et par sa mère, et tante par son mari.

47. Le roman de Mme de La Fayette (1670).

43. à Devaux

Le mercredi matin 22 octobre [1738]

Je vais commencer, mon cher Panpan, par l'article qui satisfera davantage ta curiosité. C'est au depend de mon amour-propre, mais que ne sacrifierai-je pas a un ami comme toi? Je suis a tes genoux pour te demander grace et pour la chose et pour le secret que je t'en ai fait[1]. Ouvre la lettre du Docteur que je t'envoye, tu y verras de quoi il est question. Tu es si porté a excuser les foiblesses de tes amis que j'espere que tu me pardonneras celle-la. Je ne te l'aurois pas cachée si tu n'avois pas eté prevenus comme tu l'etois pour le marquis. Voila ma seule justification sur le secret. Sur la chose, tu sais que nous avions de la demoiselle une opinion bien differente de celle d'a present. Independament de mon interet, peut-etre l'auroi-je fait egalement parce que ce seroit un servisse a rendre a une personne qui le meriteroit quant l'homme est un fripon de l'espesse du marquis. A propos de cela j'ai toujours oublié de te dire que la Dindon[2] me conta toute cette histoire a Comerci. Elle me dit que le marquis le lui avoit conté et a la Belle. Elle rapela la conversation qu'elle avec eu avec nous deux ou elle crioit si sottement contre la Granville. Je ne lui dis point que je savois qu'elle avoit tord. Je lui dis que j'etois seur que la Granville n'y etoit pour rien, mais que je ne savois pas la veritable.

Revenons a nos moutons. Voila la reponce que le Docteur me fait a la lettre la plus delicate et la plus tendre. Peut-etre ne remarquerois-tu pas l'injure qu'il me dit; je l'ai barrée. Il faut savoir que j'ai voulu cent fois ecrire au Petit[3] ce que la Plote lui a dit, qu'il m'en a empeché en me disant toujours que son grand grief etoit de ce qu'il avoit couché avec elle. Cependant je l'aurois dit au marquis a Comerci et j'avois projeté depuis lontems de le lui dire a la premiere vue, parce qu'une lettre me paroissoit un peu hazardée. Je ne l'ai pas fait parce que tu sais

comme ils etoient ensemble les derniers voiages qu'ils ont fait au regiment. Le
Docteur ne nous dit-il pas que l'autre lui avoit dit qu'il n'aimoit plus la Plote et
qu'il n'avoit plus nulle rancune contre lui? Elle lui avoit repris. La Plote a tres bien
fait de lui dire. Je lui en suis pour le moins aussi obligée que le Docteur. Je ne
l'en remercierai pas si bien, faute de pouvoir, car si je l'avois je t'assure que je
ferois comme l'Imtimé[4]. Mr le Docteur auroit pu s'epargner la surprise ou il sera
de ce que je ne suis pas fachée qu'on lui ait epargné une affaire. Je ne me doutois
pas que nos interest soient si differens. Je ne reponds pas a sa lettre car si j'y
repondois comme elle le merite, ce seroit moi qui ne pourois vivre en paix. Je
serois la femme du monde la plus injuste. On a jamais compté pour rien les injure
que l'on m'a dites et la moindre humeur de ma part est ecrite en lettre rouge. Il
faudroit en verité finir un comerce si inegal et si fardé. Je me sens bien le courage
de ne point recevoir de ses lettres et je n'ai pas celui d'etre insensible a ses froideurs
et a ses injures. Au nom de Dieu, qu'il me laisse trainer en repos ma miserable
vie. Elle n'est que trop malheureuse sans ce qu'il y adjoute. Je n'ouvre ses lettres
qu'en tramblant. Ce qui feroit et devroit faire mon repos le trouble sans cesse. Je
n'en ouvrirai plus. Cette resolution me coute moins que ces haut et ces bas.
D'allieur un pareil servisse de la Plote et qu'il sent si bien merite un cœur tout
entier, quoiqu'il n'ai pas grand-chose a se reprocher envers elle depuis mon depart.
Je veux que sa consience soit tout a fait en repos et qu'il ne promette pas meme
de dire des tendresses a une autre quand il en aura le tems.

   Je viens de faire partir son portemanteau pour Comercy. Je l'adresse a Heirei
pour te le faire tenir.

   La lettre du Docteur est venue tout a point hier pour m'accabler. Outre que
l'ennui m'avoit surmonté parce que la Taupe n'avoit jamais eté si mauvaise
compagnie ny si mechante, c'est que j'avois reçu une heure avant la siene une letre
de la duchesse[5], qui me mande que je puis toujours compter sur la pension de
cent ecus qu'elle m'a promise et qu'elle commencera au mois de janvier prochain.
Je crois que tu sens comme moi ce que cela doit me faire. Le melange de vilenie
et de generosité de cette femme ne me plait pas. Mais ce n'est pas la le plus fort.
Tu sais que je comptois au moins que cette pension alloit du tems ou elle l'avoit
reformée qui estoit a Pasque, et qu'en passant l'hivert de maison en maison, je
trouverois quelque argent au printems pour mon voiage et pour mes meubles. Il
n'y a rien du tout que les deux cent livres du roi[6] car tu sais que je n'ai que cent
livres sur Greux[7] cet année. Or assurement ce n'est pas la de quoi partir, ny de
quoi me meubler. Que deviendrai-je donc? Si j'avois la force de secouer les
prejugé, je m'entererois a Cirei. Etre a la charité pour etre a la charité, j'aimerois
autant dependre de gens qui y donneroit un nom plus honnete, mais je ne le puis.
Et j'aime mieux me jeter dans quelque couvent par ici ou j'aurai du moins la
satisfaction d'etre ignorée de tout le monde. Si je vis bien ici, je vivrai bien dans
un endroit ou j'aurai la ressource d'etre seule. Tu ne m'abbandonneras pas, n'esse
pas, mon ami? Tes lettres me tiendront lieu de tout. Puisque tu es le seul qui
m'aime, je n'ai que faire du reste du monde. Encore si ce couvent pouvoit etre ou

tu es, mais cela est impossible. J'ai Luneville en horreur plus que jamais. Pour peu
que tu examine le vrai de ma situation, tu veras que ce n'est pas le chagrin seul
qui me fait penser comme je fais et que c'est une necessité ou je ne vois point de
remede. Tu sais que j'en cherche tant que j'en puis trouver. Je n'ai jamais passé
une soirée plus triste que celle d'hier. Tu vois tout ce que j'avois dans l'ame.
Imagine ce que c'est que d'etre vis-a-vis de quelqu'un qui n'entre dans rien. Je
lui lus la letre de la duchesse. On croiroit qu'on repond quelque chose qui y a
raport. Point du tout. On se jete a perte d'allaine dans les traver que cette duchesse
se donne parce qu'elle s'habille mal, parce qu'elle est jalouse de son mari, et on
ne dit pas un mot de ce qui interesse. Je vivrois mille an avec cette femme que je
n'y serois pas a mon aise. Juge de ce que je soufre quand il me survient du chagrin
par-dessus l'ennui. Mon Dieu, mon ami, je te demande pardon. Tu as du chagrin
et je t'accable. Je sens le tien a travers du mien. Je meurs de peur que tu ne
sucombe a la persecution et que, pour eviter une peine momentanée, tu ne
t'embarque dans une eternelle[8]. Tu ne sais pas encore ce que c'est que de vivre
avec quelqu'un a qui on ne sauroit parler. Si tu t'impatiante quant Courouski passe
une heure dans ta chambre, songe ce que c'est que la journée entiere et tous les
lendemains qui suivent. Tous les jours je songe au peines legeres d'une visite
ennuieuse de deux heures et j'ai l'esperence de sortir de celle[a] que je fais. Mest-
tois bien cela dans la tete, mon ami, et soufre un peu des humeurs pour eviter un
mal egal a la mort. Je voudrois bien que ton Chien te donna le courage de dire
non une bonne foi, mais par malheur tu ne fais que ce que tu veux et tes amis
n'ont d'empire sur toi que par raport a eux. Je ne puis donc que te plaindre et
partager tes peines. Je t'assure que c'est bien tendrement et que les mienes ne les
absorbent pas.

Le jeudi matin [23 octobre 1738]

Il faut bien que je t'ecrive le matin car je ne mets plus les pieds dans ma chambre
que des minutes et je les employes Dieu sait a quoi, a soulager la contrainte ou je
suis.

Plus j'y fais de reflection, et j'y en fais, plus je sens qu'il faut pour notre bien
commun que le Docteur et moi nous n'entendion plus parler l'un de l'autre. Je
sais qu'il prend fort a cœur les querelles ou nous sommes si souvent. Mais je ne
suis pas plus la maitresse d'endurer ses injures que lui de me les dire. Mon amour-
propre me consolera. Je n'ai surement aucun tord dans celle-ci, et je l'aurois passé
sy elle etoit moins offensante, car j'avois pris mon parti de m'acomoder a ces
froideur et de m'accoutumer insensiblement par l'absense a ne l'aimer que comme
il m'aime. Je ne tien pas a l'idée qu'il a de moi. Nos interets sont differens dans
une affaire ou il y va du tout pour lui. Eh depuis quand, bon Dieu? Puisqu'une
egratignure a son cheval etoit une affaire qui[b] m'a fait plus d'une fois oublier les
miene, puisque sa memoire n'est jamais emploiée que contre moi, a quoi sert
d'entretenir une trame qu'il faudroit toujours rompre? Il ne dira pas que la fermeté
de ma resolution vient de quelque amusement. Je suis assurement hors de soubson

ici et la suite me justifiera sur mes intentions. C'est un grand point pour cette sotte facon de penser a laquelle je n'ai manqué qu'une fois[9] et dont j'ai fait une assés bonne penitance pour n'avoir plus rien a me reprocher. Enfin mon cher Panpan, sois seur que je ne recevrai aucune de ces lettres et je te prie par l'amitié que tu as pour moi de ne pas me dire un mot de lui. Ne me fais pas meme de reponce a tout ce que je dis. Je me suis consultée et je me sers du seul remede que j'ai contre moi. Je n'en sais pas d'autre. Tu n'as vu que trop echouer mes resolution a sa vue ou a un mot de sa part. Sens bien la necessité ou je suis d'en user comme je fais et donne-moi cette marque d'amitié puisque tu es le seul ami que j'aye. Tu me sufira, mon cher ami. Ton idée me soutient. Je pense qu'au moins je suis sure que tu t'interesse a mes jours, que mes biens et mes meaux en sont pour toi. Qu'es que l'amitié, sans cela? Je connois trop le monde pour en souhaiter d'autre. Je vais repondre a tes lettres.

Tu as fort bien fait de donner l'argent a Md. de Villeneuve[10]. Elle fera tout ce qu'elle voudrat pour le contrac. Je ne m'en soussie guere, mais je crois qu'il y a encore quelque chose a faire avec elle pour ma seureté. Tu sais que le lendemain que j'eu donné mon billet a cet autre bon ami, il m'ecrivit pour en avoir un autre, disant qu'il avoit perdu le mien. Ainci je crois qu'il faudroit ravoir ce billet, ou que Mde de Villeneuve en donna un qui desavoue celui qui pouroit dans la suitte se trouver chez elle ou chez son mari.

Il paroit que tu as emprunté de l'argent a ta mere[11]. Explique-moi cela, je t'en prie. A moins que ce ne soit pour remplacer celui d'Hademart, je ne puis deviner pourquoi, car pour les commission que je t'ai donné, il me semble que tu en aurois du avoir assés de dix livres que tu m'as dit que le paravent etoit vendus, et les dix-sept livres du tapissier dont tu ne parle pas. Je t'avois dit de prier la Granville de ne le point payer qu'elle ne te donne ce qu'elle lui doit. Si tu l'as oublié, il n'y a pas grand mal. Enfin dis-moi ce que c'est que l'argent de ta mere et s'il ne faut pas que je lui ecrive pour la remercier. Eh mon Dieu, j'ai bien raison d'etre sensible aux gens qui s'interessent a moi. Il n'y en a guere. Je ne saurois encore me refuser ce mot-ci. Le Docteur ne m'a pas dit un mot sur l'arangement de mes affaires, mais pas un mot, pas un sur ma situation, sur le retard de mon depart d'ici. Je lui en avois fait une galanterie assés delicate pour qu'il y repondit. Quel cœur, bon Dieu! A-t-il le front de dire qu'il m'aime?

Je te demande excuse, mon ami. En relisant ta lettre, j'ai vu que tu avois fait quitancer le billet de Md. de Villeneuve en bonne forme[10]. Pourquoi me l'envoye-rois-tu? Mets-le avec les papiers. Je ne t'en dirai pas davantage aujourd'huy. C'est beaucoup pour moi. Je serai peut-etre de moins mauvaise humeur l'ordinaire prochain, car tu sais que la machine, lasse de soufrir, se remet d'elle-meme. Je ne sais que cela ou un miracle qui puisse moderer ma tristesse. Ce ne sera ny la dissipation ny la consolation d'etre en bonne compagnie. Les mauvais propos m'inpatientent bien plus dans l'etat ou est mon ame qu'il ne faisoient. Tu as raison de dire qu'a brebis tondues, Dieu mesure le vent[12]. Je ne sais comment je resiste a la violence que je me fais a tous egard, car tu sais comme les resonnemens biscornus m'inpatiente. Je n'en entens pas un sensé et cependant j'entens resonner tant que le jour est long, ou harpouiller [13] les domestiques, et je ne dis mot. J'etouffe. J'avois envie de faire son portrait mais je ne sais ou prendre tous les fetus [14] qu'il faut pour le composer. Quand elle projete, car cela fait un projet de dire a un valet de chambre tapissier de mettre un rideau a une fenetre, cela dure une heure a raconter ce qu'il dira, ce qu'il repondra, ce qu'il pensera. Elle l'a pris en guignon, c'est comme quand elle disoit autrefois a sa femme de chambre qu'elle metoit de l'arsenit dans son café. Voila ce que j'entens sans relache.

Il faut que je te fasse un de ses propos d'hier. Elle ne savoit comment couper une poire. Je lui demandai pourquoi elle n'avoit pas un couteau d'or et pourquoi je ne lui voyois nul bijoux. Voici sa reponce : «Bon, a quoi cela sert-il? Toutes ces sottes femmes en ont sans savoir pourquoi. Cela n'est bon a rien. D'un autre coté c'est une deraison insuportable, pour moi j'aime mieux metre mon argent a une certaine quantité de jolis couvre-pieds. D'un moment a l'autre, si on marie son fils, on a du moins un joli present a faire a sa femme.» Voila en honneur le propos le moins insuportable du jour. Que repondre? Que dire? De quoi parler? Si je n'etois devenue tapissiere, je perdrois la tete. Tu peus toujours me voir cousant dix aulne d'indiene bleu, car je commence en sortant de diner jusqu'au moment du souper et, le moment du souper finit, jusqu'a une heure, car c'est une rage. Elle ne veut point se coucher. Elle travaille de meme, ou a un metier ou a des vielle couverture qu'elle depique ou a des haillon qu'elle recout ensemble. Elle crie comme un aigle si je laisse tomber un point de mon fil parce que cela gate sa chambre. Elle se leve tout d'un coup de son fauteuil et avec sa consolation – c'est ainci qu'elle apelle une serviette qu'elle a toujours dans un coin – elle se met a froter tous ses meuble et puis elle dit qu'elle est heureuse.

Je n'avois nule envie de te faire tout ce bavardage-la. Je crois que c'est machinalement, pour evaporer ma bille, puisque la feuille de papier iroit aussi bien vide que plaine. J'ai envie de te faire un invantaire de sa chambre, car avec cette extravagante propreté elle veut que sa chambre soit un taudis [15]. Elle dit que c'est son gout et le bon gout. Tu vas voir sy ce n'en est pas un. La chambre n'est pas si longue que celle ou etoit mon lit a Luneville et un peu plus large. Il y a un lit plus grand de beaucoup que le mien, une table de nuit, un paravent a six feuille, un encognure des Indes aussi grande qu'[u]ne armoire et qui va jusqu'a tere, le grand coffre des Indes presque comme celui que j'ai dans le gregnier de la Granville (je le crois meme aussi grand), une toilette, deux metiers de tapisserie, un petit bureau fort etroit, une comode des Indes, deux petite table, le grand fauteuil de Md. de Verus, un autre grand fauteuil, deux fauteuils de canne, deux autres fauteuils garnis, un tabouret de pied, deux careaux piqué pour les pieds, quatre ecrans avec des petite table comme le miens, deux gros pot pouri qui sont gros comme des tabouret. Tu vas me soutenir que cela n'est pas vray. Cela l'est. Il est vray que nous ne metons point de pagnier et que nous ne pouvons gagner nos places sans derenger quelque meubles pour passer. Voila son delices. Le cofre, les comode et les encognures sont surmontées de cent coffres de la Chine, de pagnier d'ouvrage, de petits pots-pouris. Si elle pouvoit en mettre jusqu'au plafond, elle trouveroit le taudis bien plus beau.

Tu es bien lasse de moi, n'esse pas, mon ami? Tu auras encore un mot qui me revient. Il me semble que j'ai vu quelque chose dans ta lettres qui a l'air d'avoir pris du mauvais coté les excuses que je te fais sur mes affaires, comme si tu croiois que j'eusse crus que tu t'en plaignois. Mon Dieu, non, mon cher ami. Je sais et le sais bien que tu y travaille de tout ton cœur et je t'assure que j'en ai eté honteuse et de la bonne façon. Il faudroit que je fusses pis que ce que je vois pour me plaindre de toi. Eh mon Dieu, si tu ne m'aimois, a qui tiendroi-je? Toi seul t'interesse a mon sort. Ne sui-je pas bien heureuse au milieu de tant d'abandons et de tant de meaux de pouvoir penser : «Un ami me reste et me restera toujours»? Eh mon Dieu, le Docteur m'avoit fait acheter assés cher le retour de son cœur, je croiois que vous deux me resteriez. C'etoit bien de quoi satisfaire tout mon cœur. J'espere, mon cher ami, que je ne decompterai pas plus loin et que mon Panpan me restera.

Embrasse ton Chien pour moi. Je voudrois qu'il ne s'apercu pas meme a ton humeur que j'ai des meaux.

MANUSCRIT

Yale, G.P., II, 97-102 (D19); 6 p.; orig. aut.

IMPRIMÉ

Butler, pp. 131, 186-187, 190-192, *passim* (extraits traduits en anglais).

TEXTE

a Le ms : «cette». *b* Mot répété.

NOTES

1. La réponse de Devaux n'explique pas de quoi il s'agit (28 octobre 1738, G.P., I, 266).

2. La princesse de Pons, dite le Caporal Dindon (v. 33n15). Sur la situation dont il est question ici, v. 26n21.

3. Le Petit est probablement le même que le marquis, ou le Petit Marquis, c'est-à-dire, d'Amezaga. Il semble avoir été le rival de Desmarest auprès de Béatrix Du Han, avec laquelle Desmarest vient de se réconcilier. Mme de Graffigny envoie donc une lettre de rupture; mais le secret qui sert de prétexte reste mystérieux.

4. Mme de Graffigny fait sans doute allusion ici à un de ses vers favoris des *Plaideurs* : «De monde, de chaos, j'ai la tête troublée» (III, iv); v. 31n12 et *passim*. Mais elle se trompe de personnage : ce n'est pas l'Intimé qui prononce ce vers, mais le juge Dandin. Ajoutons cependant que l'exclamation de Dandin résume une tirade de l'Intimé sur

le chaos initial de la création, tirade qui s'accompagne d'une citation d'Ovide en latin.

5. La duchesse de Richelieu.

6. Le roi Stanislas.

7. Voir Introduction, p. xxix et 3n3. Cette terre, octroyée par le duc Léopold à M. d'Happoncourt, fit partie de la dot de Mme de Graffigny. Elle dut la céder aux beaux-frères de son mari, Chinoir de Beine et Collenel, moyennant une pension viagère; mais il y eut des litiges.

8. Allusion au mariage proposé avec Mlle Desœillets (v. 42n40).

9. Peut-être une allusion à Villeneuve (v. 17n1).

10. Devaux : «Je viens de chez Mde de Villeneuve. Elle n'a voulu que l'argent de son billet, parce qu'elle en a besoin. Elle m'a dit que vous luy avez laissé le choix. [...] J'ay fait mettre une quittance au bas du billet que j'ay retiré, qui annulle celuy qui est perdu en cas qu'il vint a se retrouver.» (20 octobre 1738, G.P., I, 247.)

11. Devaux a peut-être fait allusion à cet emprunt sur la partie découpée de la feuille (I, 247-248).

12. A brebis tondues, Dieu mesure le vent : Dieu ne nous envoie pas plus de mal que nous ne pouvons porter (Trévoux, 1743). Devaux : «Par bonheur que, pendant que je suis triste de mes chagrins, j'ay a etre guay de leur joye [de ses amis]. A brebis tondue, Dieu mesure le vent, diroit elegamment notre ami Sancho.» (I, 243.) Sancho

est le surnom de François-Antoine-Pierre Alliot (v. 41n2), et bien entendu, le nom du compagnon de Don Quichotte, célèbre entre autres choses pour ses proverbes; c'est peut-être là l'origine du surnom.

13. Se harpailler : se quereller, se jeter l'un sur l'autre (Trévoux, 1743); lorrain, se harpouiller (Littré).

14. Fétu : au figuré, très peu de chose ou rien (Leroux, 1735). Pour le portrait de «Belinde», v. la lettre 69.

15. Taudis : on le dit aussi des lieux où les meubles sont en désordre, en confusion (Trévoux, 1743).

44. à Devaux

Le samedi soir [25 octobre 1738]

Mon Dieu, mon cher ami, que je suis affligé de ton affliction[1] et que j'ai de regret de l'ogmenter par la lettre qui n'est partie qu'aujourd'huy et que tu n'auras qu'avec celle-cy. Peut-etre ne l'envoyeroi-je pas si je la tenois encore, non que j'aye changé de sentiment mais pour t'epargner la peine qu'elle te ferat par celle que tu crois que j'ai et qui est pourtant moindre que tu ne t'imagine. Je te vais facher en te disant que la lettre de ton pere[2] n'est pas si terible que ton chagrin te la fait voir et tu as beau dire, si tu n'etois pas si trembleur tu en tirerois melieur parti. Que te fera-t-il enfin? On ne desherite pas son fils parce qu'il ne veut point epouser une gope[3] et il craint trop le monde pour faire aucun eclat qui tourneroit contre lui. Il criera contre toi, eh bien, c'est un chagrin qu'il faut comparer a celui d'etre marié pour le trouver leger. Je ne sais que trop, mon cher ami, que les resonnemens n'ont guere de pouvoir sur les ames timide; cependant j'ai eprouvé plus d'une fois que le courage se fortifioit par les conceils. Celui que je te donne de tenir bon ne m'enpeche pas de te plaindre bien tendrement. Je n'aurai pas un moment de repos que je ne té sache hors de cette crise. Je sens le bonheur que ton pere prene le parti de t'ecrire; tu ne restera pas court la plume a la main, au lieu qu'en fasse[4] je craindrois que ton oysonnerie[5] ne t'entraina dans le precipisse. Je ne sais que te dire et si[6] je meurs d'envie de parler. Mais je crains de t'impatianter par des resonnemens que je sens qui seroient bon cependant, et je crains d'acabler ta[a] delicatesse si je te dis a quel point je suis touchée de ta situation. Mon Dieu, que la lettre de ton pere seroit drole si tu pouvois rire! Au moins sens le bonheur de voir ton Chien tranquil et en etat de compatir a tes peines. Il faut tout sentir. J'aprens tous les jours a fouillier deriere les chagrins reel pour trouver des repos imaginaires. Ils ne durent pas, mais ils ont la minute, et puis une autre minute quand on les rapelle, et la vie se passe. Surtout il ne faut pas songer au bien-etre qu'on pouroient avoir si [on n'][b] avoit que des parens ou des amis resonnable.

A propos d'ami resonnable, tu ne l'est guere, mon cher Panpan, d'avoir pris les excuse sinceres que je t'ai faites sur l'embaras de mes affaires pour de l'humeur[7]. Je n'en fus jamais si loin. Pourquoi m'auterois-tu la satisfaction d'entrer dans les peines que tu prends pour moi, et de te dire ce que j'en pense? Quelque imtime que soit l'amitié, je crois qu'elle ne mest pas en droit d'etre ingrate. Eh bien, mon cher ami, je ne t'en parlerai plus puisque tu ne le veux pas, je ne suis point fachée de l'aigreur dont tu a pris cela. Nous sommes bien loin d'etre en compensation d'humeur et de travers. Je voudrois avoir porté toute celle que ton pere te donne. Au nom de Dieu, mon cher Panpan, ne me dis plus que tu tremble en recevant mes lettre[8]. C'est ce qui peut me faire le plus de peine et la plus sensible. Je ne sais que trop ce qu'on pense des gens que l'on craint. Je veux que mon comerce flate ton cœur, qu'il ogmente ton amitié, qu'il te fasses connoitre la miene mieux que tu n'as jamais fait, et qu'il ne te donne que les peines inseparables de l'attachement a une personne aussi malheureuse que moi. C'est bien assés, mais mon cher ami, de moi a toi, sois seur que tu n'en auras jamais.

C'est manque de memoire, mon ami, si tu n'entems pas que j'avois raison sur Md. de Villeneuve, puisque dans notre derniere conversation, elle, Mr Courtois et moi, il fut convenu que je rembourcerois le contrac et qu'on prendroit d'autre mesures pour son billet[9]. Courtois le lui conseilla et enfin ce fut une chose aretée. Ainci tu vois que je n'avois pas tord. Elle a changé d'avis, j'en suis bien aise, et tu as bien fait. Je suis bien loin de l'avoir trouvé mauvais, puisque j'ai senti un plaisir delicat a penser que tu avois assés de confiance en moi pour l'avoir fait sans me le mander. Tu as eu raison, mon cher ami, et je t'assure que cette affaire a eté un plaisir de mon cœur aussi bien que de mon esprit. Mon cœur a tressailli au deux louis[10] que tu as preté a ton Chien, mais ce n'est pas preté, mon ami, je lui en dois deux et demi et les flambeau[11] je ne sais plus de combien. Ainci il ne faut pas qu'il rende rien. Il a des creancier, deux louis font beaucoup a des pauvres gens comme nous. Arange sa tete et son cœur la-dessus, je t'en prie. Je ne lui ecrirai pas encore aujourd'huy. Je suis trop triste et trop vapeureuse. Fais-lui-en mes excuse. Embrasse-le, dis-lui que je l'aime de tout mon cœur et que je le constitue un autre moi-meme pour te consoler. Je prends bien de la part a la satisfaction de son cœur. Elle double et triple a cause de toutes les cause qui en emanent.

Je ne savois rien de tout ce que Lubert t'as dit[12]. Tu dis que je l'en remercie. Esse qu'il veut bien que je le saches? T'as-t-il avoué qu'il me l'avoit dit? Il faut savoir cela avant de lui ecrire. L'avanture de sa belle sœur m'a bien surprise[13]. Cela est-il bien possible? Je n'en puis revenir.

Tu fais profit de tout, mon ami, de vouloir que je prene pour moi la visite que le Docteur vous a faite dans la loge[14]. Il faudroit avoir plus de foy que n'en exige notre religion pour croire ces petits rafinements dans un homme qui oublie de m'ecrire ou qui m'ecrit pour me mander qu'il n'en a pas le tems. Je cede de bon cœur a ses grandes ocupation; sans doute que son projet eclora bientot, car s'il n'est pas amoureux, il doit avoir du tems de reste. Il a prevu que je ne voulois plus voir de ses lettres, car il n'a pas encore eu le tems de m'ecrire aujourd'huy. En verité, mon pauvre Panpan, tu est ou bien dupe ou tu a bien envie de me tromper en me mandant que tu es contant de lui. Quant il n'y auroit que la plus froide amitié entre nous, n'auroi-je pas lieu de me plaindre? Tout me confirme dans ma resolution, et je crois que s'il fait mine d'en etre faché, ce sera bien contre son sentiment, car s'il faisoit cas de ma simple amitié, il la menageroit davantage. Enfin, Panpan, si tu m'aime, j'exige de toi de lui dire mes sentimens et de ne pas me dire un seul mot de reponce la-dessus. S'il se souvenoit combien il avoit engagé l'honete homme a me rendre heureuse et que par honneur il voulu m'ecrire, c'est mon affaire et je suis seure d'avoir la force de ne point ouvrir sa lettre, mais comme il faut que je lise les tiene, je te prie de m'eviter des verbiages inutils ou mon cœur sucomberoit sans doute comme il a fait tant de fois, sans que ma raison soit persuadée, car je sens mieux encore que je ne le puis dire qu'il n'a aucune sorte d'amitié pour moi et rien ne m'autera cette idée. Tous ses mouvemens en sont des preuves et je ne vois son cœur parler en rien. Un miracle ne me desabuseroit pas. Ainci je ne puis trop saisir l'occasion ou je suis de l'oublier. Je souhaite qu'il trouve un dedomagement a un attachement comme le mien. Il ignore le bonheur de savoir qu'il y a dans le monde une personne occupée de nous et qui s'interesse aux moindres evenemens de notre vie. Pour mon malheur je le connois et ne le trouve pas. Ne prends pas cela pour une injure, mon cher ami. Tu connois trop la difference d'interet a interet pour m'en faire un crime. Tu es tout ce que tu veux etre, et je me vois a chaque moment seule dans le monde avec toi. Tu es tout, mes parens, mes amis, ma consolation; que n'est-tu pas, puisque je n'ai que toi? Combien de larmes accompagnent ces reflection! Elle se secheront, mon ami. Il vaut mieux en rependre une bonne fois que d'en etre noyée toute sa vie. Je suis bien heureuse que tu connoisse toute la foiblesse du cœur humain pour me pardonner cette tirade si deplacée a traver de ton chagrin. J'en meurs de honte mais tu me pardonnera.

Il faut donc repondre a l'article^c de Mr Grandjean. En verité elle ne vas pas bien avec moi a present[15]. Alons. Eh bien, je crois qu'il ne faut pas etre la dupe des planches. Comme il n'y a rien dans ma lettre qui puisse faire croire que je les lui donne, il faut lui dire que je lui laisse assés d'allieurs et que j'ai mandé qu'on les detache. La crainte d'avoir un proces avec Nicolas[16] le fera peut-etre entrer en composition. Tire-en le melieur compte que tu pouras, rien du tout s'il n'y a pas moien de faire autrement. C'est cependant beaucoup perdre.

Mon hotesse a recu aujourd'huy des couplets que je vais te copier. Ils t'amuseront. Montres-les a Lolote. Je ne saurois en verité lui ecrire aujourd'huy. Il faut que ce soit toi. Fais-lui des amours pour moi. Dis-lui que je n'irai pas a Comerci. Elle me le demande.

Sur l'air, «Si j'ai quitté l'illustre nom de Chaulnes»[17] :

> Pauvre Lixeim, a l'exemple de Chaulne,
> Vous renoncez a l'eclat du grand nom
> Pour Mirepoix, mais il n'a pas cette aulne
> Qui d'Hauterive avoit fait le renom,
>   Et ton relon ton ton, &c.

>   Quoi, ce heros a face toujours bleme*,
>   L'esprit tortu, ce politique oison,
>   Par ses discours d'une sotise extreme,
>   Trouble vos sens, seduit votre raison
>   Et ton, &c.
>
>   Que ferez-vous de ce ministre fade?
>   Chacun le dit en chantant sur ce ton,
>   Voila vraiment une belle ambassade,
>   Pour votre cul comme pour votre rime,
>   Et ton, &c.

d*On dit que Mr de Mirepoix ressemble a un heros blessé; l'apostille est de moi pour te mettre au fait.*d*

J'ai encore recu une lettre de Cirei aujourd'huy. On m'y demande toujours avec le meme empressement. Sans doute dans l'etat de mon ame j'y soufrirois moins qu'ici mais il faut remplir son sort... Je ne te rends point compte de mes jours. Quand il n'y auroit que leur uniformité, cela seroit ennuieuse. On n'a pas eté hier a Ligny. C'est pour cela que tu auras deux letres a la fois et que tu en manqueras demain. J'en suis desolée, car dans l'idée ou tu es, tu croira que je boude. Mon Dieu, que de contretems pour des amitiés comme les notres! Je les sens tous pour toi et pour moi. Adieu, je ne saurois achever la page, car ce seroit toujours des lamentations sur toi et sur moi qui ne servent qu'a nous desesperer.

MANUSCRIT

Yale, G.P., II, 103-106 (D20); 4 p.; orig. aut.

IMPRIMÉ

Showalter, p. 37 (extrait).

TEXTE

a Lecture incertaine. *b* Masqué *c* Lecture incertaine. *d* Apostille dans la marge de droite.

NOTES

1. La lettre de Devaux est celle du 21-23 octobre 1738 (G.P., I, 251-256). Ses parents le pressent de se marier et de s'établir, et critiquent son amitié pour Mme de Graffigny (p. 252).

2. Devaux a fait copier la lettre par Liébault (I, 249).

3. Gaupe : pour sot, bête, innocent, ignorant, qui n'a point d'esprit, stupide, niais (Leroux, 1735); style populaire (Trévoux, 1743). Voir *Tartuffe*, I, ii.

4. En face : dans le cas contraire (*cf. Trésor de la langue française*).

5. Oisonnerie : bêtise, sottise d'oison (Littré).

6. Et si : «si» s'emploie quelquefois dans le langage familier, pour, de plus, avec cela, néanmoins (Trévoux, 1743).

7. Devaux : «Je ne scais ou je vous ai laissé voir que j'étois fatigué du soin de vos affaires. [...] Je vous avertis que je suis furieux des pardons que vous me demandez, et que je les prens pour autant d'injures.» (I, 254.)

8. Devaux : «La façon charmante dont vous repondez a des conseils que j'ay cru hors de saison me console un peu du reste. Elle me faisoit craindre vos lettres. Je tremblois d'y voir le chagrin que je vous aurois fait.» (I, 255.)

9. Devaux : «J'ay encore dit hier a Mde de Villeneuve que Mde de Stainville vous retenoit jusqu'au mois de decembre, et que vous passeriez ici avant que d'aller a Paris. Je ne puis m'empecher de vous dire que je ne conçois point comme vous ne concevez pas que cet argent ait du passer par les mains de Mde de Villeneuve. Auroit-ce eté repondre a la bonne foy avec laquelle elle vous a confié le billet que vous luy aviez cedé? Car il ne tenoit qu'a elle d'aller elle-meme toucher cet argent sans avoir de compte a vous en rendre.» (I, 254.)

10. Devaux : «Il avoit donné sa parole d'honneur a Mangenot de luy payer deux louis avant la fin du mois. Cela nous mettoit fort en peine. J'etois deja determiné a tout plustost que de l'y laisser manquer. Comme il me restoit deux louis de votre argent, je me suis imaginé que si vous etiez ici, vous les luy preteriez.» (I, 256.) Nicolas Mangenot (1705-1741) était avocat au bailliage de Lunéville; il épousa Marguerite Jeanjean. Il pourrait également s'agir de Dieudonné Mangenot, receveur des finances du roi.

11. Flambeau : chandelle de suif ou de cire qu'on allume pour éclairer l'intérieur des maisons (Littré). Liébault semble avoir acheté des flambeaux pour Mme de Graffigny qu'elle ne lui a pas remboursés.

12. Devaux : I, 255. La confidence de Lubert est difficile à interpréter; il semble être amoureux, et le frère de la femme aimée s'opposerait à cet amour.

13. Devaux : I, 255. La sœur serait la personne aimée, et le frère de cette femme lui aurait dit que Lubert «s'était vanté devant toute la cour des faveurs qu'elle lui avait faites.» Lubert aime une des sœurs Lambertye; une autre sœur et la mère aiment Lubert. Il y avait au moins trois frères Lambertye assez âgés pour être mêlés à cette affaire (v. 87n7).

14. Devaux : «[Desmarest] nous vint a la loge pendant une partie de la comedie. Il venoit vous voir dans vos amis [Devaux, Liébault, Lubert].» (I, 256.)

15. Devaux : «Mr Grandjean veut bien etre payé par Mr Maurice, mais vous aurez bien des difficultés pour les cabinets. [...] Mr Grandjean est bien loin de compte avec vous. Votre derniere lettre luy a fait croire que vous luy faisiez politesses du cabinet comme du reste. Il ne veut que payer les plancher, ce qu'il pretend ne pas monter plus haut qu'a 2 [?] livres. Je luy avois dit que vous ne vouliez point de difficulté avec luy. Dites-moy votre dernier mot.» (I, 252.)

16. Peut-être François Nicolas, avocat à la cour, fils de François (1673-1753), contrôleur général des postes de Lorraine et Barrois.

17. Henri-Louis d'Albert d'Ailly, duc de Chaulnes (1621-1653) avait épousé Françoise de Neufville-Villeroy, veuve du comte de Tournon; redevenue veuve, celle-ci épousa le marquis d'Hauterive. Comme elle, la princesse de Lixin avait, par un premier mariage, gagné un nom illustre qu'elle perdra bientôt lorsqu'elle épousera un simple marquis.

45. *à Devaux*

Le dimanche soir [26 octobre 1738]

Bonsoir, mon ami. J'ai envoyé expres a Ligny. Il m'en coute trente beau sols pour l'esperance de savoir si ton proces etoit jugé, et je n'ai que le chagrin de te savoir toujours triste [1]. Cependant il me semble que samedi tu l'etois un peu moins, sans que tu t'en apersoive. Le raion de la bonne humeur de ton pere apres ta lettre ecrite avoit reflechi. Tu as raison de dire que j'en augurerai mieux que toi. Je suis persuadée que tu es plus tranquil a present et il me semble que je suis moins triste, quoique je le sois beaucoup.

J'ai passé ma journée sans relache a ecouter Taupe Ma Mie, ou du moins elle l'a cru, car depuis quelques jours je ne l'entens plus, et cela sans que j'en sois la maitresse. J'ai beau tacher d'ecouter pour n'avoir pas l'air si impoli. Je ne puis. Je lui ait fait croire que mes creanciers feroit beaucoup de difficulté, que mes affaires alloient mal pour que ma mine insurmontable pour le present la scandalise moins. Ce soir je me suis sauvée en sortant de table sous le pretexte d'un mal au dent, qui est tres existant, qui m'a tenue alerte [2] toute cette nuit. Je sens qu'il m'en prepare une pareille. C'est de quoi je ne me sousie guere. Je voudrois bien n'avoir qu'un corps, je serois aussi heureuse que je suis le contraire.

[Que] tu me fais de plaisir, mon cher Panpan, de me mander un peu de detail sur ton ame et sur tes entretiens avec Mamant! Ne me laisse rien perdre, je t'en prie. Je veux avoir la letre que tu as ecrite a ton pere. Cela m'est necessaire pour avoir l'ame en repos sur ta façon de penser a ce sujet. Ne crains pas de me ruiner[3]. Je n'ai que le bien que me font tes lettres et, quelque mal que je sois, j'aurai toujours de quoi les paier. Quand je serai dans mon triste couvent, je n'aurai plus besoin que de cela.

Je recois tous tes pardons sur la querelle que tu m'as faite avec ton Chien[4]. J'espere que tu l'a deja reparée. Je ne me souviens guere que nous eussions dit ensemble que l'on ne pouroit vivre avec toi, mais nous avons dit dans le tems ou tu etois un peu intraitable que tu etois vetillieux. Tu le dis toi-meme, ainci soit-il.

Je suis bien fachée de l'accident du St[5]. Eh bien, avois-je raison d'avoir peur en chaise? Grace a Dieu je n'irai de ma vie, selon toute apparence. Il faut sentir tous ces plaisir. Je tacherai de lui ecrire demain. Ce soir tout ce que je puis faire c'est de causer av[e]c toi pour endormir ma douleur de dent et peut-etre une autre.

Mr Demarets a raison d'etre etonné de ne pas recevoir de mes letres[6]. Par l'habitude ou il est d'etre toujours prevenus, pour le coup je ne me plaindrai pas. Il court au-devant de ce qui me fait plaisir, car il ne m'a pas ecrit aujourd'huy. Il devine, on ne peut etre plus aimable. Ah mon Dieu, mon ami, tu te plains d'une letre trop longue! Ce n'est peut-etre pas vray. Je ne laisse pas d'en etre flatée, car je meurs de honte de la longueur de mes bavarderies.

Tu as bien fait pour Joli[7]. Tu fais bien pour tout. Bonsoir, mon cher ami, je n'y puis plus tenir. Je vais me coucher, Dieu sait pour quoi faire, car je souffre comme un chien.

Le lundi matin [27 octobre 1738]

Bonjour, mon ami, je ne saurai toucher mon ecritoire sans que tu t'en apercoive. Il faut toujours que je comence par toi. En te quittant hier au soir j'eu une rage qui me dura deux heures. Peste! quelle douleur que la douleur de dent! Je ne savois que faire. J'emplis ma bouche d'eau de lavande, qui m'a brulé le palais et la langue de façon qu'il en tombe des peau. Ma nuit a eté assés tranquille, mais je sors d'un acces de douleur comme celui d'hier a cause que j'ai pris mon caffée. Il me faut donc devenir ange, car je ne soufre ny chaut ny froid. J'ai la joue enflée ce matin. J'espere que la fluction est dans son fort et qu'elle diminuera.

Je m'etois souvenus cette nuit de deux choses dont je voulois te parler. J'en ai oublié une, voici l'autre : c'est que tu ne m'a jamais parlé des bonbons que je t'ai envoyé par le St. C'etoit mes deserts de Comerci que j'avois mis de coté pour vous autre. J'aime mieux croire que le St les a oublié que de penser que tu les a mangé comme un gourmant sans faire comemoration de moi[8]. Tu ne m'as jamais rien mandé de cette voiture de Vulmont[9]. N'avoit-elle point de mal quand on l'a rendue? As-tu recu la clef que je t'ai mandé que tu devois recevoir? Ce n'etoit pas encore cela dont je m'etois souvenue. Quant il reviendra, il dansera. Puisqu'il faut ecrire au St, alons donc. Mais je lui ai deja ecrit.

Bonsoir, mon ami, j'ai passé une vilaine journée a trainer de fauteuil en fauteuil. Je n'etois pas meme a mon aise dans celui de Md. de Verus. Enfin devers cinq heure je n'ai pas pu y tenir, je me suis mise au lit avec la fievre. J'avois peur que la dame de ceans ne me fut a charge. Je me suis bien trompée. Je ne l'ai pas vu, elle n'a meme pas envoié savoir comme j'etois. Je n'en ai eté que mieux a mon aise, mais cela m'a paru singulier [10]. Sais-tu bien que j'ai pleuré en me metant au lit en disant : «Ah mon Dieu, ou sont mes amis?» Je viens de faire une bonne sueur. Je t'ecris pendant que l'on fait mon lit. Tu vois bien que je ne suis pas bien malade. Mes dents vont mieux depuis la sueur et je n'ai pas mal a la tete. Dubois a lu tout le jour un conte de fée que nous avons lu ensemble, c'est *Le Prince Titi* [11]. Le tems ou elle ne lisoit pas, j'etois a peu pres comme les betes, sans penser. Je suis bien mieux ce soir. Je crois que le nerf qui me fait mal dans ma dent repond a tous les autres, car j'ai eu ces vilaines agitations que tu me connois, et mes saisissemens. Enfin, j'ai eu une vilaine journée, mais je suis si bien ce soir que j'espere qu'il n'y paroitra pas demain. Je cachete ma letre ce soir parce qu'on envoye demain chercher mon paquet. L'essence de canelle ou de gerofle arivera tout a propos. Bon soir, mon Penpichon, je te voudrois bien voir la, quel tart il soit[a], car il est minuit. Bonsoir, j'espere que je vais dormir.

[*adresse :*] A Monsieur / Monsieur Dauphin / marchand, rue du / Chateau / a Luneville

MANUSCRIT

Yale, G.P., II, 107-110 (D21); 3 p.; orig. aut.; cachet m.p. : Ligny / 3.

IMPRIMÉ

Butler, p. 192 (extrait traduit en anglais).

TEXTE

[a] quelque tard qu'il soit.

NOTES

1. Devaux : 16 octobre 1738, G.P., I, 236. Il s'agit toujours du mariage projeté avec Mlle Desœillets.
2. Alerte : éveillé, en alerte.
3. Devaux : «Je passai hier ma journée a faire cette maudite reponse et a gemir de mon sort. Si je n'avois peur de vous ruiner, je vous l'enverrois.» (24 octobre 1738, G.P., I, 257.)
4. Devaux : I, 258. Il dit qu'il a, dans une querelle, accusé Liébault d'avoir parlé de lui avec Mme de Graffigny.
5. Devaux : I, 259. Sa chaise à porteurs avait versé.
6. Devaux : «[Desmarest] se plaignit qu'il n'avoit point reçu de vos nouvelles jeudi. Il m'a dit qu'il vous avoit mandé votre tracasserie. Dites-moy donc ce que c'est.» (I, 259.)
7. Devaux : I, 260. Il rappelle à Mme de Graffigny qu'elle doit de l'argent à Joly, l'apothicaire.
8. Devaux répondra : «Le Petit Saint a oublié les bonbons fort longtemps depuis qu'il me les a donnés. J'ay eu d'autres choses a vous mander, et j'ay oublié de vous en parler, mais je n'ai pas oublié de les manger avec vous et avec nos amis.» (30 octobre 1738, G.P., I, 274.)
9. Voir le texte de la lettre 40 à la note 7.
10. Devaux répondra : «Je suis indigné de la negligence de votre Begueule. Quoy, elle n'a seulement pas envoyé scavoir de vos nouvelles? Cela est horrible.» (I, 274.)
11. *Histoire du Prince Titi*, 1736, d'Hyacinthe Cordonnier, dit Thémiseul de Saint-Hyacinthe.

46. à Devaux

Le mercredi 28 [octobre 1738], a six heures du soir

C'est l'ordinaire, mon cher ami, tout vient a la fois. J'estois assés malade et d'assés mauvaise humeur sans manquer encore de tes lettres. Je n'eu rien du tout hier. Je m'imaginai que le mesager qui les prend quelquefois me les aporteroit ce matin, mais il n'avoit rien non plus. Je t'avoue que c'est une peine bien sensible pour moi, car je ne suis pas la maitresse de mon imagination qui n'epargne rien pour se forger des sujets de douleurs. Je crois un moment que tu as eu quelque scene terible qui t'as empeché de m'ecrire. Je dis : «Mais le Chien, ne pouvoit-il m'ecrire un mot pour m'aprendre l'etat de leur ame?» Et puis je m'imagine d'autres chose dont j'ai fait veux de ne point parler, mais qui n'en sont pas moins dans mon cœur, dans mon esprit et dans l'interet que j'y prend. Je crains pour tout : pour toi, pour ce que tu aime, pour tout ce qui t'environne[1]. Enfin je ne sais ou j'en suis. Je crois qu'un grand mal en fait passer un autre. Je n'ai presque plus mal au dent. J'eu hier encore un peu de fievre au soir. Je suis cruellement tourmentée de saisissemens aujourd'huy. Eh mon Dieu, ce sont la de legeres peines! Et j'ai encore jusqu'a vandredi au soir a soufrir ceux de l'incertitude et des imaginations.

Il n'y a qu'a etre bien malade pour etre debarassée de son hotesse. Je n'ai pas entendu parler d'elle. Je sorti de ma chambre hier a une heure. Elle n'avoit pas envoyé savoir si j'etois morte ou en vie. Elle a compagnie ce soir. Tu devinerois bien tout le monde avant de trouver qui c'est. C'est d'Arbeau[2], qu'elle a trouvé si aimable a Comerci qu'elle l'a prié de venir ici. Il vient d'arriver. Je ne suis restée que la minute de bienseance et je viens avec toi. Je profiterai bien de sa visite pour habiter ma chambre. Il m'a aporté la robe que la Francinetty m'a fait venir de Paris. Elle n'est ny canelée ny d'hivert. C'est du droguet d'un fort beau brun de maron. Les façons sont comme celle de l'habit bleu de Mr de Marinville[3]. Te voila au fait de ma robe. Je la metrai l'hivert, car assurement je n'en acheterai point d'autre.

Je ne suis pas heureuse en comission, car celle que je t'ai donné est au plus mal faite. Premierement, on ne peut plus mal empaquetée. Toute les drogues mellée ave[c] les rubans et le sel parce que le papier trop mince [est] crevé. Je t'avois mandé de prendre le sel de Seignet chez l'apoticaire du roi. Tu ne l'as pas fait[4]. Cela fait une forte grande diference. Pour les rubans, c'est une chose unique. Je meurs d'envie de savoir qui les a acheté, car c'est surement un homme. Une femme sait par cœur que l'on ne peut rien faire d'une aulne de ruban large, ny de deux meme, puisque ces sortes de rubans ne servent qu'a des corcets et qu'il en faut trois aulnes pour chaqu'un. Une femme sait aussi qu'a moins que l'on ne specifie du ruban large, c'est toujour du ruban pour les coeffur. Ainci si tu avois fait faire ma comission par Clairon[5], je n'aurois pas cinq ou six bouts de ruban dont je ne sais que faire et qui sont cher. Tu me mets en depense malgré que j'en ai, car il faut que tu me renvoye une aulne de ruban vert et *a* une de couleur de cerise parce qu'il y en a deux aulne de ces deux façons et qu'avec encore une j'en ferai des ruban de corcet. Les trois autres aulnes qui sont de trois couleur j'en ferai mes poupée. Or ca, il faut donc que tu me renvoye une aulne de ruban vert large. Je t'en renvoye un chantillon *b* pour reprendre le meme, et une de ruban couleur de cerise, voila aussi le chantillon *b*. Ensuitte tu fera prendre du ruban etroit, puisqu'il faut tout dire :

     2 aulne de vert
     2 de bleu
     1 de violete
     2 couleur de cerise.

Ce qui m'a enpeché d'en acheter avant de partir c'est que je pensois qu'en arivant de Paris on avoit de cela par piece et que l'on m'en donneroit, mais comme on ne donne pas meme le bonjour, il faut acheter. J'avois compté de meme sur la pomade. Il faut aussi m'en envoyer un pot de chez Claudel[6], de la bonne, et bien prendre garde comme on l'emballera que les rubans n'en soyent pas tachées. Il la faut mettre dans un pot de fayance. Il faudroit pour bien faire une petite boete. Tu feras metre aussi un paquet de mouche. J'ai un manton qui m'en use tant que je veux. Jamais je n'ai tant eu de bouton. Je crois que l'air d'ici ne me vaut rien, car tous mes meaux s'y renouvellent.

    Ma letre a eté imterompue par une bonne rage de dent. L'essence de gerofle a fait son effet, je reprends. Autre interuption, c'est mon hotesse qui a peur apparament que l'on ne se scandalise de ce qu'elle reste avec son hote. Elle me l'a emmené. J'ai fait une si vilaine mine pendant une heure et demie qu'ils ont eté ici qu'a la fin elle a bien vu que je souffrois. Ils vienent de sortir, mais j'ai encore bien mal au dent et le souper sonne. Bonsoir, mon ami, je meurs d'inquietude sur tous vous autres. Il n'y a de bonheur dans ce monde que de n'etre attachée a rien, moienant quoi je n'en espere point.

Le jeudi soir [29 octobre 1738]

    Bonsoir, mon ami, me voici encore toujours geignante. Les dents vont mieux, mais les vapeurs me desollent. Je suis bien mal ici pour en avoir. Cela n'est pas honnete vis-a-vis d'une belle dame qui se croiroit deshonnorée si on la soubsonnoit d'en avoir, et la violence que je me fais pour les empecher les ogmentent. J'ai eté obligée de sortir deux ou trois fois cet apres-midi pour respirer et leur donner de l'air par mes yeux. Je n'ausois rester dans ma chambre crainte qu'elle ne fit comme hier. Ah mon Dieu, la vilaine chose que de n'etre pas avec les amis quant on a le cœur navré! Enfin, comme elle m'a prié d'ecrire a Melle Lubert pour une negociation de mariage pour son fils[7], j'ai le tems de te dire bonsoir.

    Je viens d'ecrire cette grande lettre et qui est tres bien. Je suis dans le meme etonnement que Sosie[8], car j'ai baillié autant de fois qu'il y a de mots. Ce n'est qu'en t'ecrivant que cela se passe, parce qu'il n'y a que ce moment ou je sois a mon aise. Encore y manque-t-il quelque chose sur laquelle je ne veux pas me laisser entamer. O Dieu, quelle misere!

Il faut que je te conte deux mots du prince d'Elbeuf[9] que je trouve fort bon, mais l'un bien plus que l'autre. Il dit au roi de Pologne[10], quy lui raccontoit quelque circonstance de ses voiages et de ses campagnes : «J'ai suivi votre Majesté dans tous ces malheurs, dans toutes ces campagnes, dans tous ses voiages. Je l'ay toujours admiré jusqu'a Bar[11], ou je l'ai perde du vuë.» Cela dit par un prince lorrain y ajoute un double sens que je trouve admirable. L'autre est a la reine[12], qui se recrioit sur l'heureux etat de Madame, en disant que si le roi son mari mouroit elle ne sauroit que devenir. Le prince d'Elbeuf lui reponds : «Votre Majesté a-t-elle oublié que Madame est petite-fille de France»[13]?

On dit que Md. de Lixeim[14] ne se marie plus. Ce seroit pour le coup une belle embassade.

Je vais te dire une chose qui t'etonnera bien. C'est que je n'entens aucun livres. Ce n'est pas cela qui t'etonnera, mais c'est que j'entens Lok[15] comme une comedie. Voila deux ou trois jour que j'en lis un peu le matin dans mon lit. Il faut qu'il y ait une furieuse disposition dans ma tete a recevoir les resonnemens concequens pour qu'ils y trouve place a present. Que ne pui-je donner la meme faculté a mon cœur? On a achevé *Zaide*. Il s'en faut bien que je ne trouve la suitte comme j'avois trouvé le comencement. Consalve[16] est si sot qu'on voudroit le soufleter. Une begeule qui meurt pour un homme qui ne l'a jamais aimé, passe encore pour un infidel. Enfin cela est si romant que je ne l'aime plus. On a lu de belle chose depuis : les prophetes, du moins une partie, car cela est si pitoiable qu'il n'y a pas eu moien d'y tenir. Toute devote que veut etre mon hotesse, j'ai eté bien aise de connoitre un peu ces messieurs. Ce sont de ces gens qu'il ne faut voir qu'en passant, comme on s'amuse un moment d'un ivrogne dans la rue, quand on n'a pas le talent des commentateurs pour donner une sainte lumiere a des tenebre si marecajeux. On a repris des lettres de St Bernard[17], qui ne vallent assurement pas les tienes, tant saint soit-il. Enfin, j'aime encore mieux entendre lire le laquais normand[18], quoi qu'il puisse lire, que d'etre obligée a repondre. Je laisse aller mon esprit Dieu sait ou, et toi aussi. D'Arbeau part. Demain nous reprendrons nos lectures. Tu m'as mandé que cela t'amusoit de t'en rendre compte. Je le fais.

Que leur contez-vous là? Peut-etre ils rendent l'ame. Mon Dieu, que j'ai peur de contraster avec ta tete, quoique la miene ne valle pas mieux! Peut-etre je t'ennuie, mais il me semble que nous causons et qu'apres avoir bien gemi, nous disons ce qui machinalement nous passe par l'imagination. Helas, mon cher ami, tes meaux et les miens sont toujours en point de vuë[19]! Meme a present les tiens m'ocupent davantage par l'incertitude ou je suis. Le desir de deviner ne me quitte point et forme mille monstres contre lesquels je sucombe toujours. Si, par un bonheur que je n'ose esperer, tu n'avois point eu de raison pour ne point ecrire, que tu m'eusses ecrit et que je n'eusses pas eu la lettre par la faute de ta vieille nourice qui les porte sans doute a la poste, gronde-la bien, je t'en prie, car c'est le moins pour tout ce que je souffre depuis avant-hier. Si tu etois exedés de m'écrire, mon cher ami, et que tu vouluse te reposer quelque ordinaire, arrenge-toi avec le Chien ou le St. Les lettres de ce dernier me deviendroient bien precieuse si c'etoit au defaut des tienes. Je saurois du moins qu'il n'y a point de malheur arrivé. Je crois qu'une simple envelope ou je verois de l'ecriture de quelqu'un de nos amis me rassureroit sur tous les autres. Bonsoir, voila encore le chien de souper qui sonne. Je puis cesser de t'ecrire, mais non de t'aimer ny de penser a toi.

Je decachete ma letre pour te dire que tu as oublié la semence de chicorée que je t'ai demandé il y a lontems[20]. Mon hotesse me tourmente apres. Ne l'oublie plus, c'est de cette belle chicorée a large feuille.

MANUSCRIT

Yale, G.P., II, 111-114 (D22); 4 p.; orig. aut.

IMPRIMÉ

Butler, p. 201 (extrait traduit en anglais).

TEXTE

[a] Le ms : «est». [b] échantillon.

NOTES

1. Devaux répondra : «[Votre lettre] a pleinement rempli le triste pressentiment que me donnoit ma gayeté involontaire de samedi soir. L'etat ou vous etes me fait une peine affreuse.» (3 novembre 1738, G.P., I, 279).

2. C'est sans doute Joseph d'Arbaud (mort en 1754), capitaine de cavalerie au régiment de Lorraine, et gentilhomme du prince d'Elbeuf. Devaux répondra : «Je n'aurois jamais deviné que ce fut Mr d'Arbeau qui troublat votre solitude. Cela prouve bien le goust de Taupe Mamie. Tout ennuyeux qu'il est, je crois que vous le regretterez encor. Il vous sauvoit bien des fascheux momens.» (I, 280-281.)

3. Probablement Étienne-Julien Locquet de Grandville, comte de Marainville (1685-1752), officier des armées françaises, ancien chambellan du duc Léopold, et époux de Mme de Grandville.

4. Devaux répondra : «J'ay cru que vous ne m'indiquiez le sel de Saignet de chez l'apoticaire du roy, que parce que vous croyez que les autres n'en avoient point. Mandez-moi s'il faut vous en renvoyer.» (I, 281.)

5. Devaux répondra : «Ne gagez point que c'est un homme qui a acheté vos rubans, vous perdriez. C'est Clairon. Je lui ai dit a la verité que je croyais que c'etoit du large. Je ne devinois point ce que vous en vouliez faire, mais je n'imaginois pas que vous voulussiez mettre des rubans de couleur avec le brun autre part qu'a des corsets. Je suis bien

mortifié que cela vous couste. Jeudi prochain je mettrai au carosse ceux que vous me redemandez, et je tascherai que le tout soit mieux empacqueté que la derniere fois.» (I, 281.)

6. Marchand de modes.

7. L'aîné des trois fils de Mme de Stainville est Étienne-François, duc de Choiseul (1719-1785), futur ministre de Louis XV, qui ne se mariera qu'en 1750. Devaux répondra : «Je ne suis point surpris que vous ayez bien ecrit a Mdelle de Luber. Je vous ai toujours vu maitresse de votre esprit dans les scituations les plus propres a tourner la teste. Qu'est-ce que c'est que ce mariage? Est-ce qu'elle pense a etablir son fils en France?» (I, 281.)

8. Allusion au saisissement de Sosie après le soufflet donné par Mercure : «Tudieu! l'ami, sans vous rien dire, comme vous baillez des soufflets!» (Molière, *Amphitryon*, I, ii).

9. Emmanuel Maurice, prince d'Elbeuf (1677-1763), fils de Charles III de Lorraine et d'Élisabeth de La Tour de Bouillon, connu pour sa bizarrerie.

10. Le roi Stanislas.

11. Le traité de Vienne (v. 22n3) accorda à Stanislas les duchés de Bar et de Lorraine. Un Lorrain peut donc l'admirer jusqu'à Bar, mais non après; après, il est un usurpateur, il vaut mieux ne pas le voir.

12. Catherine Opalinska, femme du roi Stanislas.

13. La duchesse douairière était, en effet, petite-fille de Louis XIII.

14. Voir 50n11.

15. Voir 39n8.

16. Héros de *Zaïde* (v. 42n47). Devaux répondra : «Je suis outré que vous soyez revenuë de *Zaïde*.» (I, 282.)

17. Saint-Bernard (1091-1153), fondateur de l'abbaye de Clairvaux, auteur de plusieurs traités

de théologie, de sermons et de lettres. La plus récente édition française de ses lettres était celle de 1715, en deux volumes.

18. Sans doute un laquais de Mme de Stainville.

19. Point de vue : on appelle point de vue non seulement le lieu où il faut se placer pour bien

voir un objet, mais encore le lieu où l'objet doit être mis pour être bien vû; et encore toute l'étendue d'un lieu où la vue peut se porter (Trévoux, 1771).

20. Pour cette commission, v. la lettre 37, dernier paragraphe.

47. à Devaux

Le samedi 1 novembre [1738]

Enfin, mon cher ami, on m'a raporté hier au soir cette lettre que je devois avoir mardi, et qui m'a causé tant de meaux par son retard[1]. Je voudrois que tu pus sentir par toi-meme le bien qu'elle m'a fait. Au lieu de l'etat ou je craignois que tu ne fus, tu as un peu de repos. Les seconde parolle de ta mere ou du moins les premieres que ton pere a dites vallent mieux que le terme de Pasque[2]. Tranquilise-toi et prend ton parti sur la bouderie. D'allieurs puisque la peine que tu leur fais t'en cause, prend sur toi de les en dedomager par plus d'attention. Tu sais que c'est le sujet des plaintes assés bien fondées de ton pere. Soulage ta concience par là. Il vera du moins que si tu refuse une satisfaction, tu tache de lui en procurer d'autre, et la contrainte que tu te feras sera soulagée par l'extinction de tes remords. Grace au ciel, voila donc deja une article de tranquilité. J'espere que tu es sans nulle inquietude aussi sur ma pretendue bouderie. J'admire comme le hazard nous maltraite. J'ecrivis a Hairé[3] en meme tems qu'a toi. Je ne comprends pas, ci fait je le comprend; c'est que je lui ecrivis par un homme que Md. de Lenoncour avoit envoyé ici et qu'il eu ma lettre assés tot pour t'ecrire par la poste par laquelle ma lettre ne partit point. Il est vray que je luy mandois que tu avois disposé de l'argent autrement, mais pour mon bien et mon arrengement. Il seroit bien mechant esprit s'il t'avoit mandé cela autrement que sur le ton de plaisanterie, parce que c'estoit une griffe[4] a cause qu'il pretent que je ne pense que par toi. Enfin je crois n'avoir plus rien a te dire la-dessus et que tu as l'ame bien en repos a present.

Je te renvoye la delegation[5]. Si Mr Maurice en veut d'autres, tu n'as qu'a dire. Je ne comprends pas comment je pourois les mettre au dos de mes billiets, a moins que les creanciers ne voulusse que j'en fisse de nouveaux. Mande-moi ce que tu veux que je fasse.

Tu es admirable de dire toujours : «Demarets me quitte. Il va vous ecrire»[6]. Aparament qu'il ne veut pas encore t'avouer qu'il se moque de toi et de moi, ou qu'il mest a ses lettres une adresse qui ne va pas si loin, car je n'en ai recu aucune depuis celle que je t'ai renvoyé et qui etoit ecrite au lendemain du retour de son regiment. Tu n'as qu'a compter et voir comme il est vray dans ce qu'il te dit. L'epigrame du Petit Saint est charmante; je ne veux rien perdre de ces bons mots, epigrames, satire et sotises. Tu m'en rendras raison. Mais a l'inquietude que tu dis qu'il a que je ne le boude, il n'as donc pas recu ma premiere lettre[7]? Elle a du arriver a Luneville le jour qu'il revint du regiment. Je serois fachée qu'elle fut perdue.

Quant tu ne sais que dire, je voudrois bien que tu me conta quelqu'un des jolis proverbes que vous jouez et je tacherois de les deviner. Je voudrois aussi que tu me noma toute les comedie que l'on joue[8]. Tu vois que, comme les gens qui se noyent, je m'acroche a tout. Je me rejouis aussi bien que toi du retour des Navarois[9] et pour la meme raison.

Le dernier article de ta lettre est sur ton Chien. Elle me fait souvenir que Lubert me mande son avanture des Bosquet[10] en me disant de te mander de l'en gronder. Pourquoi ne me l'avois-tu pas mandée?

Je n'ai guere de nouvelles a te mander de moi que celle d'Agnes[11]. Le tems est beau mais ma fluction m'empeche de sortir; j'ai pourtant eté a la messe aujourd'huy, peur de scandal. Ma toile est cousue pour la tapisserie de la garde-robe. J'ai repris hier le metier de tapisserie. Je travaille comme a la journée, malade ou non; je t'en ai mandé la raison. Le laquais normand a commencé hier l'*Histoire* de Mr de Thou[12]. A la verité, dans trois ou quatre heures qu'il a lu, je n'en ai pas entendu un mot. Je ne saurois meme te dire si elle est bien ecrite; j'avois la tete a la poste et le cœur au diable.

Aujourd'huy s'a eté la causerie jusqu'a six heures, ou nous somes separée pour ecrire. Elle ne m'a point ennuié; elle m'a conté des ravodages[13] de Paris et l'amour d'un vilain homme[14] pour elle qui a pensé en mourir et qui a eté dans la rage de la passion pendant quatre ans sans qu'elle lui ai dit : «Dieu vous assiste». Elle etoit fort amie de sa femme et de sa belle-mere; elle leur a fait ses plaintes de l'amour du monsieur. Il y a eu des moines en campagne pour le guerir; cela duroit encore quant elle est partie, apres que le Mr c'etoit exilé pendant un an dans ces tere pour se guerir par l'absence. Cela fait trembler pour les sottes gens qui aiment malgré eux. Ce n'a eté qu'a force de persecution que je lui ai fait conter cela, car j'imaginois bien qu'etant fort jolie, elle avoit du plaire. Je tacherai de lui en tirer encore quelqu'autres. Au reste elle deteste Lubert; elle dit que c'est un petit egrefin, un sot, un tout ce qu'elle dit quand elle meprise. Elle dit bien en trouvant *La Chartreuse* sous ma main : «Ah, si c'est de ce petit sot de Gresset»[15]! Je ne sais si c'est habitude ou le denigrement ou je suis pour la vie, mais il m'est egal d'etre ici a present; je ne serois pas plus heureuse allieur. Je ne pense plus a Cireï. J'ai peut-etre plus de repugnance que d'envie d'y aller. Je ne penserai sans doute pas toujours de meme, mais tel est mon etat present. Mon indolence va jusqu'a ne savoir de quoi remplir le reste de mon papier. En verité, mon cher Panpan, ce n'est pas faute de sentir l'amitié. Je pense bien que celle que j'ai pour toi est imuable, puisqu'elle existe au travers de l'anéantissement ou je suis. Je crois que les vapeurs y contribuent beaucoup. J'en suis persecutée et je n'ose prendre de cette potion qui me soulageoit a cause de l'opiomes qui y est et qui me paroit tres peu propre a mon abbatement. Ce n'est en bonne fois pas la mort que je crains, mais je ne suis pas en lieu d'etre malade, et par raison, je fais ce que je puis pour

ma santé; je commencerai demain les tisannes. Je fais toute sorte d'effort pour me
dissiper jusqu'a me priver d'etre seule des momens ou je le pourois.

Je ne sais si je t'amuserai avec l'histoire de Melle Pantoufle. La Pantoufle est
une fille de la sœur de la Quinaut[16] a ce qu'on dit. Or Mr le duc de Nevers[17] est
amoureux de la mere et Mr le prince Charle[18] de la tante. Ils ont a eux deux marié
Melle Pantoufle a un officier d'une tere de Mr de Nevers. Le mariage s'est fait a
Paris pompeusement : ces deux messieurs avec tous leurs amis et les carosses du
roi; les comediens firent aussi plaisantin[19]. Cela fit une scene qui a mon avis ne
leur fesoit pas grand honneur, comme Mr de Nevers avee fait des depenses
considerable pour le mariage; on dit que si Mr de Nevers avoit la paire de pantoufle,
Mr de Nivernois son fils[20] n'auroit point de souliers. Trouve-tu cela bon? C'est
que je n'ai pas mieux a te dire.

Je suis presque honteuse, mon cher ami, d'etre si sotte aujourd'huy. La confiance
me rassure; ce n'est pas la centieme fois que je t'aurai ennuié sans diminuer ton
amitié[21]. Ah, mon cher ami, c'est cette confiance qui me fait vivre! Il n'y a pas un
instant ou je ne sente le bonheur d'etre seur d'etre aimée et de l'etre sincerement.
Je n'imagine rien qui puisse me priver de cette consolation et j'en jouis tant que
je puis. J'espere en jouir bien mieux dans quelque tems et te rendre mon amitié
moins a charge. Je te demande pardon de n'etre pas plus aimable. Je voudrois ne
te donner que des idées agreable et que mon amitié fit ton plaisir. Jusqu'ici elle
n'a fait que ta peine. Sauve-toi dans l'amour-propre. Jouis du plaisir d'etre si bon
ami, de l'etre a toute epreuve. Je n'ai que cela a t'ofrir pour dedomagement.
Embrasse ton Chien pour moi. Aime-moi bien et tien bon, mon cher Panpan. Ne
te laisse pas seduire par tant de mauvais exemple.

J'ai ajouté au memoire Sonnini et un menusier a qui je te prie de le faire dire.
Comme tout cela ne fait pas encore neuf cent livres, il faudroit savoir qui est chargé
de toucher les cent 20 livres de Mr Francois et les faire accepter.

[*adresse:*] A Monsieur / Monsieur Dauphin, marchand / ruë du Chateau / a Luneville

---

MANUSCRIT

Yale, G.P., II, 115-118 (D23); 3 p.; orig. aut.;
cachet; m.p. : Ligny / 3.

IMPRIMÉ

Butler, p. 141 (extrait traduit en anglais).

NOTES

1. C'est la lettre du lundi 27 octobre 1738 (G.P.,
I, 261-264). Devaux répondra : «Vous ne me dites
point par quelle aventure ma lettre a eté retardée.
Je ne scaurois croire que ç'ait eté par la poste. Ne
seroit-ce point celle que j'avois addressée a Mr de
Le[s]caille? Je ne luy en addresserai plus jusqu'a ce
que vous m'en ayez eclairci.» (4 novembre 1738,
G.P., I, 284.)

2. Devaux : «Quand je fus seul, ma chere mere
monta et me dit que mon cher pere me faisoit dire
que ce [le mariage de Devaux] ne seroit pas pour
si tost, et que cela ne se feroit qu'apres Pasques.
Elle ajouta d'un ton plus serieux, qu'apres avoir
lu ma lettre, il s'etoit ecrié : ‹Dieu soit loué. Puisqu'il ne veut pas, je ne scaurois que faire».» (I,
263.) Devaux répondra : «Mon cher pere boude
toujours un peu. Cependant, il ne manque point
d'attention pour moy. [...] Je voudrois pour le jour
de sa feste, luy faire une epitre ou je luy rendrois
compte de mes sentimens.» (I, 284.)

3. Devaux : «Au lieu d'une lettre de vous, [la
poste] m'en apporte une de Hayré, par laquelle il
me paroit que vous etes mecontente de moy. Il

me dit que vous luy ecrivez qu'il ne sera pas remboursé parce que j'ay disposé de votre argent autrement que vous n'aviez projetté. Ce sont ses termes, je ne scais si ce sont les votres.» (I, 261.)

4. Griffe : On dit figurément et familièrement, donner un coup de griffe à quelqu'un, lui rendre quelques mauvais offices, particulièrement par des discours désavantageux (Trévoux, 1771).

5. Une délégation est l'acte par lequel on transmet une créance; v. la lettre 41, premier paragraphe. Devaux : «Voila votre delegation. Comme vous ecrivez mieux que moy, vous ferez bien de la copier, et de mettre les sommes en ecrit. Je mettrai celle de Joli suivant son memoire, et celle de Mr Grandjean comme vous me l'ordonnerez. Mr Maurice aimeroit mieux que vous fissiez des delegations particulieres au dos de vos billets, parce que cela contenteroit davantage vos creanciers. S'il y en a quelques-uns qui en veuillent, je vous les manderai, et vous m'en enverrez.» (I, 261-262.) Il répondra : «J'ay eté prendre votre lettre, mais je n'ai pas jugé a propos de donner votre delegation [à Mr Maurice]. Je vous la renvoye. Vous avez oublié votre marchand de vin. Vous luy deviez deux cents onze livres. Je luy en ai donné 62, reste a 149^{lt}. C'est cet oubli qui vous a fait croire qu'il y auroit assez pour payer Mr Francois. [...] Faites donc une autre delegation, et avant d'y detailler vos dettes, voyez-en le total, afin qu'il ne monte pas plus haut que ce que vous doit la princesse.» (I, 283.)

6. Devaux : «Samedi Desmarets me vint voir l'apres-dinée, et me quitta pour aller vous ecrire.» (I, 262.)

7. Devaux : «Me voici a present au coin de mon feu a costé du Petit Saint qui lit Chaulieu et fait des epigrammes contre moy. Tenez, en voila une qu'il me dicte : ‹Tu voudrois de ton fils tirer progeniture, / Et voir passer a la race future / Maints rejettons qui soyent issus de luy. / Or pour cela, tu pretends aujourd'huy / Le marier a certaine donzelle. / Pauvre Cleon, tu me la bailles belle / Si de Phenix il n'a la faculté, / Jamais on ne verra de luy posterité.› Il partage avec moy la crainte d'etre boudé de vous, parce qu'il n'a point de vos nouvelles.» (I, 262-263.) Devaux répondra : «Le Petit Saint vous ecrivit hier. Il n'a point recu la lettre dont vous luy parlez, et il croit que vous ne l'avez point ecrite. Il vous aime en verité au mieux. Nous ne faisons point de chateau, que vous ne soyez dans le donjon.» (I, 284.) Château : pour la locution proverbiale, château en Espagne, projet chimérique ou fantaisie agréable, Mme de Graffigny emploie presque toujours «château» tout

court, mais souvent avec un développement de l'image, comme le fait Devaux ici.

8. Devaux répondra : «A propos, vous voulez scavoir quelle comedie on joue quand je n'ai plus rien a vous dire. Hier, ce fut *Amphitrion* et *Crispin rival de son maitre*.» (5 novembre 1738, G.P., I, 290.)

9. Devaux : «On dit que les Navarrois reviennent bientost. Je me rejouis de voir quelle mine on nous fera a leur retour, et si l'on ne changera pas de ton avec nous.» (G.P., I, 264.) Il s'agit probablement de Duchaffa et d'Aigrefeuille, du régiment de Navarre; *on* est sans doute Béatrix Du Han, «la Plotte» (v. ce qu'écrira Devaux au mois de décembre, G.P., I, 371).

10. Devaux ne répondra pas à cette question. Il a déjà écrit dans sa lettre du 30 octobre : «Luber m'a dit qu'il vous avoit conté tout ce qu'il me disoit. Cependant, je crois que vous devez ignorer ce qu'il m'a conté, jusqu'a ce qu'il vous l'ecrive. Remerciez-le seulement en general de sa confiance pour moy. Il scait que je vous en ai rendu compte. Je ne scais si vous devez croire l'aventure de la sœur. Je n'ai rien de nouveau a vous dire pour vous la confirmer.» (I, 273.)

11. Il s'agit ici, bien sûr, du fameux «Le petit chat est mort» (*L'École des femmes*, I, v).

12. Voir 39n7.

13. Ravauder : importuner par de sots propos, par des discours impertinens (Trévoux, 1743). *Elle* est toujours Mme de Stainville.

14. Non identifié.

15. C'est l'*Épître I* (1734) de Louis Gresset (1709-1777). Devaux répondra : «Son denigrement pour le Petit [Poucet] ne m'etonne pas plus que son mepris pour Gresset. Elle n'a garde de les aimer; ils sont trop aimables. Si vous voulez que je vous dise une galanterie, j'ajouterai a cela que je ne concois pas son amitié pour vous.» (I, 288.)

16. Jeanne-Françoise Quinault, dite Mlle Quinault la cadette (1699-1783), comédienne du roi, fera plus tard connaissance avec Mme de Graffigny, dont elle sera à Paris la meilleure amie. Une de ses sœurs, Marie-Anne-Catherine, dite Mlle Quinault l'aînée (1695-1791), a eu du duc de Nevers une fille («la Pantoufle»), qui passe pour la nièce de sa mère. Nevers l'a mariée à son lieutenant général (Ravaisson, *Archives de la Bastille*, XII, 306-307); il s'agit sans doute du marquis de Myennes-sur-Loire, lieutenant général dans le Nivernais, province dont le duc de Nevers est gouverneur.

17. Philippe-Julien-Jules-François   Mancini-

Mazarin (1676-1768), d'abord duc de Donzy, puis prince de Vergagne, enfin duc de Nevers.

18. Charles de Lorraine (1684-1751), marié à Françoise-Adélaïde de Noailles en 1717 et séparé vers 1725, amant de Mlle Quinault la cadette. À ne pas confondre avec le frère du duc François III.

19. Faire le plaisantin : aux cours plénières de nos anciens rois, il y avoit l'après-dînée jeu, chasse, danseurs de corde, plaisantins, jongleurs, panto-mimes. Les plaisantins faisoient des contes, les jongleurs jouoient de la vielle. (Trévoux, 1743.)

20. Louis-Jules-Barbon Mancini-Mazarin, duc de Nivernais (1716-1798), littérateur et diploma-te.

21. Devaux répondra : «Je ne scais pourquoy vous craignez de m'ennuyer. Il faut que vous contiés bien peu et sur ma tendresse, et sur mon goust.» (I, 290.)

48. à Devaux

Le dimanche matin [2 novembre 1738]

Je viens, mon cher Panpan, de recevoir ta grande lettre; c'est le coup de grace. Enfin il est donc vray que l'on ne m'aime plus, mais une verité encore plus affreuse qui me dechire c'est que l'on aime cette petite fille plus que jamais[1]. Pardonne-moi ma foiblesse et mon desordre, je suis hors d'etat de resonner. Je vois tout cela dans ta letre sans que tu me le dise. Ah, que tu connois mal ce cœur malheureux, puisque tu crois le servir en lui cachant ce que l'on a repondu, non que je veuille avoir l'assurance qu'il aime allieur. Garde-toi bien de me l'avouer jamais, mais je veux savoir positivement qu'il ne m'aime plus. Qu'es-que ces souper qu'on lui fait faire[2]? C'est dont pour me faire hair que l'on lui rapelle des idées qu'il avoit eu tant de peines a oublier et qu'il m'avoit cependant tant assuré que c'est en honete homme qu'il effacoit de son cœur pour me le rendre? Mon Dieu, que je suis malheureuse! Je meurs de douleur! Cependant, il faudra que mon cœur ou mon corps cede; l'effort est trop violent pour qu'il dure. Je ne sais ce que je demande; je voudrois savoir ces sentimens; je me les represente sous des aspect qui me desespere. Pet-etre ne sont-ils pas si affreux. Je ne sais ce que je veux; je ne sais ce que je suis. Ne me repond rien si tu veux; je n'atens que de la douleur et du desespoir quoy qu'il arive. S'il n'aime pas allieur, qu'il m'ecrive. J'aime encore mieux essuier ces froideurs que son oubli, cela est trop violent. Mon cher Panpan, je ne sais ce que je veux. Des lueurs de raison me revienent et me font sentir la honte d'etre attachée a ce point-la a un homme qui ne soufre pas la moindre peine de celle qu'il me cause. Je le vois se divertir et pet-etre comblé de plaisir, tandis que je meurs pour lui etre ataché plus qu'a ma vie.

Pardonne, mon cher ami, je ne puis refuser le soulagement a ma douleur. Ce mouvement violent passera sans doute de facon ou d'autre. Adieu, je n'ai pas la force de te parler d'autre chose; je sens trop vivement pour penser. Adieu, je t'aime de tout mon cœur. Ah, bon Dieu, que feroi-je sans toi?

[*adresse*:] A Monsieur / Monsieur Dauphin / marchand, rue du Chateau / a Luneville

MANUSCRIT

Yale, G.P., II, 119-122 (D24); 2 p.; orig. aut.; cachet; m.p.: Ligny / 3.

NOTES

1. La «petite fille» est Béatrice Du Han de Martigny, «la Plotte». Devaux: «J'ay cru devoir lire votre lettre a qui vous scavez. Je ne vous dirai rien de l'effet qu'elle a produit, jusques a ce que vous me l'ordonniez. Vos resolutions me paroissent si raisonnables, que je serois au desespoir de les troubler. Vous voulez qu'on vous laisse en repos. Je crois qu'on vous y laissera. Je concois tout ce qu'il doit vous en couster, pour prendre un parti si violent, mais chere Abelle, songez que vous ne trouverez jamais d'occasions plus favorables pour vous delivrer d'une passion qui vous tyrannise depuis si longtemps. Vous souffrirez pendant quelques jours, mais je connois votre cœur. L'absence vous adoucira tout, des que vous n'entendrez plus rien qui reveille des sentimens trop chers, ils s'evanouiront. Pour moy, je vous promets de ne vous rien dire qui puisse vous les rappeller. Je ne prononcerai pas meme son nom, et je commence des aujourd'huy. Si vous changerez de pensée, je changerai de conduite. Je scais conseiller mes amis, mais je scais me conformer a leurs decisions.» (30 octobre 1738, G.P., I, 269.) Il répondra: «Je viens de diner avec [Desmarest] chez le Petit Saint. Je vous assure que, malgré sa gayeté ordinaire, le repas a eté assez triste. Desmarets avoit lu vos lettres. Cela ne l'avoit point rejoui, et je vous jure qu'elles m'avoient fort affligé. Je vois avec la derniere douleur l'etat ou vous etes. Ce qui me desole le plus, c'est que c'est moy qui vous y ai plongée, et que je ne scaurois m'en repentir. Notre ami m'a chargé de vous dire qu'il etoit toujours le meme a votre egard, et qu'il alloit vous l'ecrire. Pour moy, je ne puis vous dire autre chose que ce que je vous ai toujours dit. Je suis convaincu, non seulement qu'il n'aime point La Plotte, mais qu'il n'y a point de femmes au monde qu'il aime plus que vous. Cependant, je persiste toujours dans mes conseils, et je tremble que ce que je vous dis, ne vous empeche d'en profiter. [...] Si vous vous contentiez d'un amour ordinaire, son amitié pour moy seroit une preuve suffisante de sa tendresse pour vous. [...] Si cela ne vous contente pas, chere Abelle, joignez-y la persuasion ou je suis que vous etes l'unique femme pour qui il puisse avoir une passion. Toutes les autres ne feront jamais que l'amuser.» (6 novembre 1738, G.P., I, 289.)

2. Devaux répondra: «Les soupers dont vous vous plaignez, et dont vous faites des armes, sont de purs hasards. J'en suis temoin, et je puis vous l'assurer. D'ailleurs, ils n'ont fait aucune impression sur luy.» (I, 289.)

49. à Devaux

Le lundi soir [3 novembre 1738]

Me voici un peu moins agitée et par consequent plus en etat de repondre a tes lettres, mon cher Panpan. Tous les premiers articles sont des reponces auxquelles je n'ai rien a repliquer. Tu t'imagine donc que c'est une peine pour moi que la fureur ou est le Petit[1]; je t'assure que cela n'est pas seulement dans ma memoire, a plus forte raison dans mon esprit. Je meprise les incecte, et j'ai du contrepoison contre leurs morsures dans ma consience et[a] dans ma raison. Mes amis me sont tout, le monde ne m'est rien, et d'alieurs que veus-tu? Qu'il dise des horreurs de moi? N'en disoit-ils pas avant? N'en dit-il pas de ses melieures amie? Il me paroit que les roles sont egeaux aupres de lui; si la Plote le meritoit, bien loin de me repentir je le ferois encore. Si l'on demasquoit tous les coquins de son espesse, il n'y en auroit pas tant. C'est pour toy que je dis tout cela, car je ne me suis en verité pas donné la peine d'y penser. Je n'ai senti que le plaisir de voir finir toute rencune entre lui et[a] Demaretz, et je n'en ai eu de peine que l'injure que cela m'a attiré de sa part. Oh, je vois bien que tu ne connois pas encore a fond ma façon de penser; elle est decidée; je me moque de tout le re[s]te de l'univers. Il est vray que j'y gagne peu, car je m'atache davantage a ce que j'aime, et cela ogmente ma sensibilité, mais je suis ainci et j'y serai sans doute tant que ma peau sera sur mes os, car je desespere de me changer a certains egards. Je vois, par la reserve que tu opose a ce que tu voulois me dire la-dessus, que tu traite cela tres gravement, en quoi nous differons totalement. Comme j'aime le Grand Frere! Je suis bien aise qu'il pense bien la-dessus.

Tout ce que tu me dis sur la duchesse et sur la princesse part de ton amitié, mon cher ami, mais tu veras. Je suis encore loin de marcher a pas de geant dans le chemin du bonheur; j'ai besoins de bertelle[2] bien fortes pour me tenir sur mes jambes. Pour la pension de la princesse, ce sont des reveries d'Hademart[3]; sa sœur ne m'en a jamais rien dit et, de la façon dont on lui a arraché les viengt louis, je ne crois pas qu'elle y retourne.

Je suis toute surprise de ne trouver aucun article a repondre a cette grande lettre; il est vray que je t'ai tant ecrit que ce n'est qu'une reponce. Je n'ai pas grand-chose de nouveau a te mander non plus. Une nouvelle seulement : le petit Stainville[4] mande a sa mere que Mr de Mirepois se defent beaucoup de son mariage quoiqu'il soit aussi publiq a Viene qu'ici et que l'on croit qu'il est rompu; on le croit partout a ce compte-la. Mon Dieu, quelle cacade[5]! Ou se mest-on apres une scene si ridicule?

Il est arrivé ici une compagnie du regiment de jadis Lixeim[6]; j'esperois que c'etoit celle de Du Queron[7], et comme Md. de Stainville aime assés ce fretin-la, elle l'auroit reçu, mais il faut que ce ne soit pas lui car nous n'avons rien vu. Les chiene de trompettes que j'entens a tout moment me font penser que ce pouroit etre celle d'un autre regiment et que je ne me sousierois guere de Cirei. A propos de Cirei, j'y serai le 25, car la dame de ceans doit etre a Comercy le 26. Je ne m'en sousie en verité guere.

Il faut que je te dise une de mes situation; tu juge de l'etat ou j'etois au moment que je t'ecrivis la lettre de dimanche. Elle m'envoya prier d'aller dans sa chambre; c'etoit pour lire un gros livre de compte de son receveur. A chaque article elle faisoit un comentaire, en les trouvant ridicule et me disant toute les pouille qu'elle auroit dit au receveur. Je m'admirois en dedans de pouvoir autant me contraindre. Cela dura cinq heures sans relache; ce ne sont pas la des malheurs, mais ce sont de furieux contretems a surmonter.

Bonsoir, mon ami, voila deja deux fois qu'elle m'envoye chercher; il faut finir. C'est que j'ai ecrit d'autres lettres qui m'ont pris du tems. Renvoye-moi, je te prie, l'adresse de St-Lembert[8]; je ne la sais plus et je ne lui fais point de reponse : cela n'est pas honnete. Dis-moy de qui tu parle en disant le marquis par ci, le marquis par la; esse du St? Je le devine, mais pourquoi ce nouveau nom qui ressemble trop a celui qui me deplait, ou seroi-se lui-meme[9]? Bonsoir, mon cher ami, je suis encore bien bete, comme tu vois. Il est vray que je n'ai pas le mot a dire, mais tu pardonne si bien que je ne crains pas de paroitre telle que je suis.

[*adresse :*] A Monsieur / Monsieur Dauphin / marchand, rue du Chateau / a Lunéville

MANUSCRIT

Yale, G.P., II, 123-126 (D25); 3 p.; orig. aut.; cachet; m.p. : Ligny / 3.

IMPRIMÉ

Butler, p. 194 (extrait traduit en anglais).

TEXTE

a Le ms : «est».

NOTES

1. D'Amezaga. Voici ce qu'en dit Devaux : «Je fus un moment seul avec le Grand Frere. Je l'amenai a parler le premier de votre tracasserie, mais je ne pus luy arracher que quelques paroles, car il est d'un boutonnement affreux. Il me dit que d'Amezaga pretendoit etre convaincu que vous l'aviez trahi, que pour luy, il ne pourroit vous en blamer. Quand meme cela se voit, je suppose, comme il n'en doutoit point que l'interest de la Plotte vous eut conduite.» (28 octobre 1738, G.P., I, 267.) Quelques heures plus tard et dans la même lettre, Devaux ajoutera : «Nous [Devaux et Mme de Grandville] fumes seuls pendant quelque temps. Comme en m'instruisant plus a fond de votre querelle, j'ay scu qu'elle en etoit instruite, je luy en ai parlé, et luy ai fait votre cour du commencement de votre lettre. Elle a vu le marquis [d'Amezaga] a Nancy, qui a fait tout ce qu'il a pu pour se raccommoder avec elle. Tout son fiel s'est tournée contre vous, si bien qu'il n'en a plus pour les autres. Son premier projet avoit eté de vous ecrire une lettre foudroyante, mais il a dit a Mde Elliotte qu'il n'en feroit rien, et qu'il ne vouloit vous punir que par le mepris.» (I, 268.)

2. C'est-à-dire, bretelle : terme de rubanier; il signifie un tissu pour soutenir le corps du rubanier lorsq'il travaille, de peur qu'il tombe en devant (Trévoux, 1743).

3. Devaux : «Je suis plus outré que vous contre la vilenie de votre duchesse, mais comme vous voyez plus clair que moy dans mes sujets de consolation, je vois plus clair que vous dans les votres. [...] Je scais bien que vous contiez sur les arrerages pour vous etablir a Paris, mais croyez-vous, chere Abelle, que quand elle vous y verra, elle ne fasse pas tout ce qu'il faudra faire pour vous y arranger? [...] [Adhémar] m'a fort assuré que vous ne le suivriez pas, et qu'on trouveroit bien moyen de vous faire aller a Paris. Je m'imagine qu'il conte sur la princesse [Anne-Charlotte de Lorraine]. Mde de Grandville, a qui je parlai de votre chagrin, me dit qu'on l'avoit assuré qu'elle vous faisoit une pension. Peut-etre est-ce son dessein. [...] Des qu'on a fait un pas dans le chemin du bonheur, on y marche a pas de geant.» (30 octobre 1738, G.P., I, 270, 272.)

4. Le futur duc de Choiseul.

5. Cacade : décharge de ventre. Se dit figurément et familièrement du mauvais succès de quelque folle entreprise, où un homme s'était vanté de réussir. Ce mot est du style bas, au propre et au figuré. (Trévoux, 1743.)

6. L'ancien régiment de Lixin (ou Lixheim) est devenu, en 1734, Lordat-cavalerie et, le 24 février 1738, Rosen-cavalerie. Sous le prince de Lixin, ce régiment s'appelait Lorraine-cavalerie.

7. Charles-Arnauld Duqueiron, ancien écuyer du prince de Lixin, était lieutenant au régiment de Rosen-cavalerie.

8. Devaux répondra : «L'adresse de St-Lambert est chez Mr Longin de Vrecourt, avocat, pres de la Visitation.» (I, 290.) On relève dans l'*Almanach de Lorraine* (1738) le nom de Charles-Bernard de Longin, avocat; il s'agit sans doute de celui qui est également identifié comme chevalier, seigneur de Vrécourt, et qui épousa en 1731 Élisabeth-Marguerite de Mory d'Elvange.

9. Devaux répondra : «Je crois que c'est du Petit Saint que je vous ai voulu parler. Le sens a du vous l'indiquer.» (6 novembre 1738, G.P., I, 289.) Le marquis qui déplaît à Mme de Graffigny est d'Amezaga, mais dans ses lettres récentes, Devaux utilise parfois le surnom «le Marquis» pour désigner Adhémar.

50. à Devaux

Le dimanche matin [9 novembre 1738]

Je crois, mon cher Panpan, qu'avant toute chose il faut te dire pourquoi tu as eté deux ordinaire sans recevoir de mes nouvelles. Ta lettre du lundi 30 que je recu le mercredi me mit hors d'etat d'y repondre[1]. Je l'avois bien prevu que la machine y sucomberoit. La fievre me prit. Je l'eus encore hier avec des meaux de tete come tu m'en as vu et des vomissemens[a] et le diable. Je te veux faire admirer les contretems et les situations ou je me trouve dans un desert.[b] Je passois hier ma journée moitié au lit, moitié sur une bergere avec mille oreillié sur la tete. Sur le soir j'envoyai Dubois attendre le mesager qui devoit aporter mes lettres. Je passe deux heures dans des crises bien plus forte de l'ame que du corps. J'entens des postillons; Dubois vient m'anoncer l'arrivée de Mr de Courtenvaux. Je pense : «Bon, je serai en repos». Je la renvoye; une demi-heure apres elle m'aporte des lettre au nombre de huit. Comme il n'y en a point de Demaretz, je decachete vite la tiene[2]. Dans la minute, sans que j'aye le tems d'en lire une ligne, arive mon boureau avec son monsieur. Je suis confondue; j'espere cependant qu'elle s'en ira. Point! Je montre toutes mes lettres; je dis deux ou trois fois que je suis bien curieuse de savoir si l'on ne me dit rien de Md. de Lixeim dont on parloit. Tout cela ne fait rien. On en demort pas. Le souper sonne. Je dis que je vais me remettre au lit. On dit que l'on fera aporter la table dans ma chambre. J'etois bien loin de le vouloir. Enfin il faut aller souper. N'admire-tu pas cette femme qui n'a pas envoyé savoir une fois les matin ce que je fesois; que je n'ai vu que des minutes pour rabacher contre les gens sans me dire un mot de ma santé; qui vient me metre vis-a-vis de mes letres, de ces lettres qui decide de ma vie, sans que je puisse les lire? Enfin je revins d'abord que l'on fut hors de table, et vois si j'etois malade. Il falut me coucher avant de lire. Ta lettre fut interompue par un vomissemen du peu que j'avois mangé. Si j'avois eu le tems de lire, j'aurois pu du moins t'ecrire un mot et tu aurois eu une lettre mardi, mais tu vois que ce n'est pas ma faute. Voila l'histoire du retard de mes lettres. Je me porte un peu mieux ce matin. Je n'ai pas de fievre du tout, mais le mal de tete ne m'a pas encore quité, quoiqu'il soit diminué. Je t'ecris pendant que l'on est a la messe. J'espere avant mardi trouver assés de momens sur ma santé et sur l'ennui pour t'ecrire une grande lettre.

Je vais commencer par l'article de ta deraison, qui est au point ou je ne l'ai jamais vue. Je sais par une longue experience que de tems en tems elle s'empare de toi, mais ce n'est pas pour l'ordinaire si totalement. Je commencerai par la delegation[3]. Si vous aviez calculé, vous auriez trouvé que le marchand de vin adjouté a tout ce que j'ai delegué, ne fait que 1 015[lt]. Or les trente-deux louis font mille sept livres quinze sols. Donc les sommes n'exedent pas comme tu dis de beaucoup. Il est vray que Mr Francois ne peut pas entrer, mais comme je n'avois pas compté le marchand de vin, je n'avois pas tort de dire que Francois pouvoit en etre.

C'est un bonheur ou un malheur, comme tu voudras, que la semence de chicorée[4] ne soit pas du poison, car ce seroit une besongne toisée. Pour l'ordinaire on mande ce que l'on envoye, et le plus sot homme du monde auroit mis un etiquette sur le cornet de papier. Je le trouve moitié melé avec les autres drogues, qui faisoient en gros un bouilli de rubans, de drogue et de coliers de reste[a]. Je mele ensemble tout ce qui a l'air drogue et j'avalle les tisannes. Tu serois, je crois, un peu faché contre ta negligence si elle m'avoit nui.

Tout ce que tu me dis dans tes deux lettres me fait resouvenir de ta delicatesse sur Md. de Caufour[5]. Je vois avec douleur, mon cher ami, que ma facilité a te confier les secrets que mes amis en l'air me confient te jete, sans que tu t'en apersoive, dans l'idée que j'en use de meme a l'egard de tes secrets, puisque tu decide souverainement qu'il faut bien que j'aye parlé de l'intrigue du Proffesseur au St[6] et que tu me demande en douceur '⟨si je ne lui ai pas parlé de ta passion⟩'. Mais tu n'as donc pas senti l'injure que tu me fis par cette question a laquelle je m'avillirois de repond[r]e? Voici ma façon de penser, qu'il est bon, a ce que je vois, que je te retrasse. Je ne compte avoir d'amis que vous et[d] Demaretz, et sur ce pied-la je n'ai jamais cru que ma confiance du[t] avoir des bornes. Avec vous deux je n'y ai mis qu'une reserve, c'e[s]t de ne point vous dire a l'un et a l'autre ce que reciproquement vous me recommendiez de taire. '⟨Sy je n'ai pas parlé de ta passion⟩' a Demaretz que lontems apres que tu m'avois expressement chargé de la lui anoncer, comment te tombe-t-il dans la tete que je puisse le dire a un autre? A l'egard de l'autre, tant que tu aimera le Chien, il est mon ami comme partie de toi-meme, et ses cecrets me sont sacrés comme les tiens. Noté que je vous ai averti de Comerci de prendre garde au St, qu'il voyoit plus clair que nous ne pension. C'etoit sur beaucoup de chose qui avoit peu de raport a nous que je l'avois remarqué, car il ne m'a jamais parlé que de l'humeur noir du Chien sans me laisser voir qu'il en soubsonnoit la cause. Mais j'ai eté si surprise de trouver qu'il savoit des choses dont nous ne l'aurions jamais soubsonné, que j'ai vu clairement qu'il etoit plus dissimulé qu'aveugle. As-tu fondé aussi tes soubsons sur les plaisanteries et les sotisse? Si tu n'en sens pas la diference, ce n'est pas ma faute.

L'homme qui voiez tant de choses, ou diable avez-vous vu dans ma lettre a l'Exemp[7] que je lui avois dit l'etat de mon cœur? Je tremble qu'en consequence vous ne fassiez le sot. Moi, confier quelque chose de cette espesse a un homme qu'a peine je connois; a un homme qui a beaucoup de choses aimables, mais qui a deux defaut qui sont incompatible avec moi : l'ivrognerie et l'emportement? Jamais un homme fougueux par temperament ne sera mon ami. Il y a trop a craindre avec les gens sans tete. Je suis fachée d'avoir trouvé des obstacles. Je serai toujour amie de L....[7], mais il ne sera jamais mon ami, ce que j'apelle ami a confiance. Tu dis que je lui dois bien cela. Ah, pauvre sot, je ne lui dois rien. Il faloit bien qu'une tete aussi folle s'en ala. Il est bien heureux d'avoir a faire a nous deux. Ma foi, je t'admire! Il semble que tu ne connois plus les hommes depuis que nous sommes separez. Je le vois mieux que je ne puis te le dire, car je l'eprouve par moi-meme.

Le dimanche soir

Tu compare ma passion a tes cloux[8]. Ah, bon Dieu, quel exes de betise! Quoi, la douleur vive d'un coup de lancette que je te conseillois de souffrir et qui est l'affaire d'un claint d'œil, a-t-elle quelque proportion avec une habitude de huit ans; avec un attachement que les injustisses et les injures les plus affligeantes n'ont pu detruire; qui a persisté un an a s'entendre dire et ecrire que l'on ne m'aimoit plus; qui au bout de cela est ranimée par son retour; qui a eu l'air de la melieur foy et de la plus grande sincerité du monde, et tu crois qu'il n'y a qu'a vouloir pour s'en deffaire? Dans quel tems? Dans le moment ou le cœur tout remplis de ma tendresse, je ne trouve qu'en elle des ressources contre l'eloignement de mes amis; dans le tems, qu'isolée, n'ayant d'azile qu'en l'hospitalité des etrangers (tu sais si j'exagere), sans espoir de te revoir jamais, je ne compte que sur mon autre ami qui peut se trouver ou je suis et ou j'irai; dans le tems ou, livrée non seulement a moi-meme mais a l'ennui le plus affreux, il faut que je devore mes chagrins et que pour toutes dissipation j'ecoute des details pueril. N'avoi-je pas assés a faire a me contraindre a cacher mon ennui sans y ajouter de cacher ma douleur, et par-dessus cela, tu veux que je me deffasse d'une passion[9]? Tu me dira que j'ai eu tord d'en faire le projet, mais cela est dans la passion meme, et dans le depit resonne-t-on? Je veux croire que ton amitié pour moi t'a aveuglé aussi, mais conviens que c'etoit a cette meme amitié a voir si mon projet estoit possible ou non. Enfin j'en ai souffert tout ce qu'on en peut soufrir, et j'en soufrirai encor lontems. Cependant mon parti est pris. On m'aimera ou on ne n'aimera pas. Je ne ferai de ma vie nul effort pour m'en detacher. Il n'y a pas de comparaison d'un suplice a l'autre. Je ne ferai de ma vie aucune plainte a personne. Puisque telle est ma destinée, je la suporterai du mieux qu'il me sera possible jusqu'a ce qu'il plaise au tems d'y remedier de façon ou d'autre. Venons a present a tes lettres.

Je reprends de loin. Tu m'a demandé si j'avois recu un billet de Panpan. Je ne sais pas trop ce que cela veut dire, a moins que ce ne soit une plaisanterie que tu fais sur le Petit Chien[10]. En tout cas, je ne l'ai pas recu.

En suivant, je trouve Md. de Lixeim[11]. Puisqu'elle vient, elle dansera. Quoi, tu ne savois pas que le Mr etoit amoureux a Viene? Je l'ai su aussitot que le mariage, mais c'est une femme qui a un mari, lequel mari est fils de celui que l'empereur a tué. Ainci il ne l'epousera pas. Il y a meme de fort plaisante chose sur cet amour que Md. de Neiberg nous a conté a Comercy, mais cela seroit trop long. On assure toujours qu'il n'y aura point de mariage. Mr de Courtenvaux vouloit tanto parier cent louis qu'il ne se feroit pas. Mr de Mirepoix est son ami. Si la dame a pris ce projet sous son bonnet, comme elle en est bien capable, voila une furieuse cacade. Quand il reussiroit, il faut avouer qu'elle[12] est partie trop tot.

Herei, que je trouve dans ta letre, me fait souvenir d'une petite attantion a laquelle tu as manqué. Sachant Toussaint a Luneville, tu pouvois t'informer si ce n'etoit pas pour payer. Heirei me l'as mandé, ainci j'aurai encore deux louis de plus, car pour du reste de la robe de chambre il n'y a rien. Elle coute autant que si elle etoit comme je l'ai demandée. Il faut en passant te rendre raison des rubans, car tu n'entens rien[13]. Crois-tu, grosse bete, que je metrois tous les jours la belle robe? Apparamant que non, puisque je veux qu'elle me dure trois ou quatre ans. Or, je n'yrai pas nue pour cela et je ne metrai pas des rubans brun avec une robe de couleur, et comme cette robe de couleur n'est qu'un chifon, il faut au moins, en bonnet de nuit, avoir quelque ruban qui eut l'air d'une dame en deshabillier. Mon Dieu, que tu es bête! Je manderai a Heirei de te faire tenir les deux autres louis de mon quartier. Tu sais que je les ai delegué a Idelete[14]. Tu les lui donnera et tu en prendra un recu.

La lettre que je n'ai point recue a tems n'a pas eté a la poste a temps surement, car ce jour-là ce fut le maitre de poste qui les envoya lui-meme. Je me suis arrengée avec lui; ainci ne les adresse pas a Mr Lescaille, ce n'est point la siene qui a eté retardée[15]. Je crois si inutil de donner des conceils a ta fantaisie que je me contanterai de dire que tu ferois tres bien d'ecrire a ton pere comme tu le projete. L'epitre[16] le consolera de tes sentimens si tu lui en demande bien pardon et que tu le loue a tour de bras sur sa condessendence et sur ses deffauts. Ce n'est pas la paresse qui te tient, c'est la fantaisie, car tu as eprouvé que tu fais quand tu veux a propos de vers[17].

Je recu hier une lettre de Fanchon qui n'est pas trop contente que tu lui ai ecrit pour presenter des vers a la Granville. Ah mon Dieu, le bel amour, et le beau mistere que tu m'en a fait! Tu lui lechera bientot le cul, mais elle te petera bientot au nez quand les autres tenants[18] y seront. Tu ne me parle que de Du Chafa; elle a encore besoin de vous autres pour n'avoir pas si fort l'air tete-a-tete, mais baste[19]!

En verité je vous admire tous. Vous m'aimez, dittes-vous; tu me crois non seulement indiscrete mais perfide, et le St me croit menteuse. Je lui ai ecrit, rien n'est plus vray[20]. Tant pis pour lui que la lettre soit perdue; son adresse y est et mon nom n'y est pas. Je lui rapelois toutes les sotises qu'il[a] m'a dites a Comercy. Je trouve son madrigal tres joli. Je voudrois que Mr Bernouilli[21] pu calculer combien il m'en auroit couté de port de plus si tu l'avois ecrite en vers a quatre sol la lettre a envelope. Il n'y a qu'un homme qui sait diviser a l'infini qui puisse aller jusque la. Tu me l'a gatée aussi bien que le conte de St-Lembert, que je trouve charmant[22]. Tu crois casi, et je n'en doute pas, que la fureur du Saint ne soit de ne l'avoir pas fait. Au nom de Dieu, ne l'apelle donc plus le marquis. Rien ne me deplait tant; il faut que j'aille le chercher deriere l'impertinen[23] que ce mot me presente.

Tu me fais rire moi-meme en me contant comme tu riois de pitié sur les detours grossiers dont le St se servoit pour te persuader qu'il ne devoit qu'a sa penetration la decouverte de la passion du Chien[24]. Tiens, ne te melle pas d'etre fin; ce n'est pas ton metier – tu l'es trop sottement. Tu te moquois de ses finesses et tu te glorifiois de n'en etre pas la dupe; et moi, qui savois en lisant ta lettre que je ne lui avois rien dit, je riois de toi dans le meme gout. Ne me mande plus les sotises de ton Chien ny les tienes; il faut que je brule tes letres quand elles sont si grossiere, et cela me fache. Si vous ne jouez pas plus finement vos proverbe que celui que tu m'as envoyé, je vous l'aplique.*

Mr de Courtenvaux venoit de nous conter le dialogue de la reine et de Mr de Castegea[25]. Il vient de Fontainebleau ou on sait aussi bien les plus petites misere de notre pays que si l'on etoit dans la bouteille[26]. Je t'avoue que cela me surprend, car je croiois cela si petit qu'il devoit se perdre en chemin. Tu enrage d'entendre nommer un beau de la cour de France et de n'entendre que son nom, mais tu n'en aura que cela jusqu'a ce que j'aye fini de repondre a tes lettres.

Tu n'es guere consequent toit-meme quand tu es etonné de l'amitié de Taupe Ma Mie. Ne crois-tu pas que je lui parle de Neuton, ou de Boileau? Je ne parle de rien, j'ecoute; c'est tout ce qui lui faut. Je fais comme le minime dans un contresens parfait. J'ai un moien de l'endormir quand je me porte bien, c'est de lire Moliere. J'ai lu l'*Avare* en sept ou huit jours. C'est un plaisir de la voir baillier et puis dormir, elle a pourtant ri a l'equivoque de la cassette[27]. Je crus qu'elle l'entendoit, tu l'aurois cru aussi; point du tout! C'est que vers la fin de la scene elle me demande qui est Valere et pourquoi il a pris l'argent. Ah ma foy, on ne sait que dire! Je pensai lui geter le livre a la tete pour finir en un seul coup. Voila ma compagnie et ma dissipation. Pardi, la Grandville, qui nous a ennuié bien des fois, entent et sent ce qu'on lui lit. Cependant on ne sauroit dire que celle-ci n'ait point d'esprit; je t'envoirai son portrait quand ma tete me permetra de le faire.*

Le lundi matin [10 novembre 1738]

Je n'ai plus rien a te repondre; je vais te dire ce que je fais. C'est que je n'ai pas eu de fievre hier et peu de mal de tete, que je pourois bien en avoir eu quelque ressentiment cette nuit que j'ai fort mal passée, mais cela n'est rien; je me porte assés bien a present. Il faut contenter ta curiosité sur le compte du beau Mr de ceans[28]. C'est un sot en trois lettres, mon fils[29]. Ce sot a une tres belle figure, gros et grand, l'air noble, beaux yeux, belles dents, belle phisionomie, quoiqu'un peu brutale. Je ne suis point etonnée qu'il ai batu un ouvrier icy de son autre voyage. Je crois que si l'on manquoit a l'aplaudissement quand il a dit un pretendu bon mot, l'injure suivroit de prets. C'est un bassoteur[30] comme le prince de Lixeim[31]. Le premier soir qu'il arriva il ce saisit d'un marteau et raccomoda un ecrant et un gueridon. Je ne suis plus surprise de sa liaison avec Taupe Ma Mie; il dit des rien tout comme elle. Les anecdotes de ses chiens ne finissent pas. Il m'a semblé etre en Bretagne. Taupe Ma Mie se pame de rire des qu'il ouvre la bouche, et moi je demeure toute ebaÿe. Il ordonne, il chiffonne dans la maison sur un pois, sur une feve. Par galanterie il nous a apporté des romants des halles[32] qu'il lit et qu'il trouve assés jolis. Je lui demandai s'il n'y avoit rien de nouveau au theatre : «Ah mon Dieu, Madame, vous vous adressés mal; il y a six ans que je n'ai mis les pieds aux spectacles.» «Mais Mr, on peut l'entendre dire.» «Moi jamais, j'ai trop a faire pour m'occuper de ces sotises-la.» Et pour justifier ses grandes occupation, il me demontra qu'il savoit exactement le nombre de vents coulis que le cardinal[33] avoit laché dans l'interieur de ses apartement durant ses maladie, et l'esplication de chaqu'un tant pour que contre les interets de l'etat et des grands comme lui. Il fait aussi regi[s]tre de tous les soupirs que le roi fait en caressant Md. de Mailli et conjecture tres anplement sur leurs influences. Voila l'homme ocupé. Hier apres souper j'eu du plaisir; j'etois dans un bon fauteuil dans un coin de la cheminée ou la lumiere ne donnoit pas. J'etois comme seule et j'avois pour spectacle la conversation du *Misantrope*, mais sans exagerer. En voisi un trait. Taupe Ma Mie etoit la questionente : «Et Md. de Rufeq?[34]» «Le Biron[35] en est toujours amoureux et honteux comme un loup.» Taupe : «Mais il doit l'etre.» Le Beau : «Cependant elle est fidelle du moins en aparence, car elle ne parle plus de ceux avec qui elle a couché.» Taupe : «Mais elle est donc brouilliée avec tout la cour?» Le Beau : «Oui, pour moi il y a deux ans qu'elle me refuse la reverance.» Taupe : «Que fera-t-elle si le comte de Biron la quitte?» Le Beau : «Ah, elle s'est menagé les laquais! Elle est tres bien avec eux.» Cette dame est la fille unique de Mr d'Angervillier[36]. Toute la conversation fut dans ce gout-la. Ne pouroi-je pas dire «Courage etc»[37]? Il sait toutes nos histoire de Comerci depuis la naissance de la princesse[38]; il en parle comme de Md. de Rufeq. Je fis un peu le Dom Quixote, mais comme je vis que je ne faisois qu'exiter les details, je me tus. D'Amezaga eut son tour comme un autre, car on ne fait pas faute de dire d'un homme : «Je ne l'aime ny ne l'estime parce qu'il ne merite ny l'un ny l'autre.» Je n'en ai jamais tant entendu et avec tant de naturel. Rien n'est epargné, rien n'est sacré. Il hait le cardinal; il l'apelle «le cardinal la Fleur». J'ai trouvé cela plaisant. Notre gouverneur s'apelle communément «Chose le cadet», c'est son soubriquet, et le cardinal, «Chose l'ainé»[39], c'est pour changer. Bonjour, si je vois quelque chose d'assés ridicule pour t'amuser ce soir, je te le manderai, mais ce n'est pas pour toi tout seul, ces contes-la. Du moins amuse-en nos amis. Au reste c'est parfaitement l'homme qui se plaint que le merite a la cour est mal recompensé et qui demande toujours, par un coup d'œil, d'aplaudissement pour lui et imposant pour vous que vous l'aplaudissiez.

Le lundi soir

Ma foy, je ne sais qu'en dire. On dit des sotisses, mais des groces, et Mde Honesta rit et y repond. Il la lorgne, il lui touche de menton, elle ne lui arache pas les yeux. Il reste encore huit jours ici; quel diable y fait-il? Il a lu depuis le diner jusqu'a present un mauvais romant pendant que nous travaillons, et le coude apuié sur son metier il lui prenoit la main a tout moment et la gardoit dans la siene. Je l'ai surpris a faire deux ou trois fois le jeste de la baiser. Il est vray qu'elle ne le voioit pas. Que dis-tu de tout cela? Pour moi je suis toute ebaubie. Cependant j'en verois bien davantage que je ne croirois rien, car cela me paroit incroyable de l'humeur dont je la connois, quoique fort aprivoisée. Il la fait quitter son ouvrage a tout moment pour le regarder. Il lui dit des injure. Il l'apelle folle, menteuse et mille autre propos si peut allant a la dame qu'en bonne foy, je ne sais qu'en penser. Dis un peu tout cela a Demaret, qui la conoit mieux que toi. Je crois qu'il sera aussi etonné que je le suis. Fais-lui aussi une autre peinture que j'ai vu beaucoup de fois depuis que je suis ici. C'est cette belle dame si delicate, si pinsée, sa robe retroussée dans ses poches, avec un balet a la main, lequel balet elle a envelopé d'une serviete qu'elle est une heure a attacher avec des epeingle, et puis elle se met a balaier la chambre, a renger tous ses meubles ayant des laquais la qui rient et se moque d'elle. Je ne savois pourquoi depuis quatre ou cinq jours je la voyois requinquée, frisée, un pagner. Je le vois a present; c'est qu'elle ne vouloit pas qu'il parut que se fut pour le Mr.

Voila tout ce que je puis te dire ce soir. Je me porte mieux. Je ne suis que foible, et [j'ai] quelque battement dans la tete. Comme j'ai eté mal cette nuit, je vais faire un petit someil si je puis.

J'ai encore recu une lettre de Cirei plus pressante que toutes les autres. Tu ne croirois pas qu'on m'y desire a present par interet. Voici le fait : dernierement Md. Du Chatelet m'envoya une letre pour Toussaint, en me priant de prier Md. de Stainville de l'envoyer; cesi pour avoir par lui des connoissances sur leur proces de Flandre[40], qu'il possede a fond. Je mandai que je l'avois donnée a Md. de Stainville mais qu'elle ne se mit pas en peine a l'avenir, parce que je connoissois Toussaint, et que quand je serois chez elle je lui ferois tenir celle qu'elle vouloit lui ecrire et dont elle me paroissoit embarassée. Elle me fait des grands helas la-dessus et me demande ma protection tres serieusement. Elle est mediocre pour des graces mais pour ce qui ne coute rien peut-etre elle *[...] teras*. Je pouroi peut-etre lui etre utille aussi par l'abbé Marcy[41], qui est tout-puissant sur le conte d'Arak[42]. Cela seroit plaisant, car en verité je me regarde comme un pois inutile a la tere.

Je t'ecris ce mot a part pour te dire ce qui a causé mon desespoir complet. C'est ta derniere lettre de vandr[e]dy ou je ne sais quand, enfin celle qui m'a fait sucomber. Voici tes parolles apres avoir harangué ma raison : «N'esperez pas me faire changer de ton a moins que des ordres reiterez de votre part ne m'y oblige. Quand vous voudrez que je vous trompe, je ne croirai plus vous tromper.[43]» Voila des mots bien cruels pour moi et qui empoisonne le reste de ma vie. Tu crois bien que, quoi que tu puisse me dire a present, je serai toujours convainque que tu me trompe parce que je veux etre trompée. Je l'ai deja bien eprouvé depuis hier au soir. Ce que tu me mande m'auroit comblée de satisfaction par la raison qu'a qui craignoit de tout perdre, un bien mediocre est un tresor. Ainci l'amour mediocre que tu m'anonce[44] m'auroit satisfait, au lieu que je ne puis plus atribuer qu'a la pitié ce que tu me mandera, et l'autre aussi. Il ne se peut que tu m'ayes parlé si affirmativement s'il ne t'avoit pas avoué qu'il ne m'aimoit plus du tout. Et s'il n'avoit pas un gout peut-etre passager, mais n'importe, pour quelqu'autre. Ah Panpan, que ta prudente amitié a eté en deffaut cette fois! Pourquoi metre des bornes a la confiance dont on ne peut jamais revenir? Tu pourois bien me conseillier ce que tu croiois possible, mais il faloit tabler sur le peut-etre et te garder une porte pour me calmer quelquefois. Tu m'as auté cette douceur. Je sens que jamais je ne puis esperer d'etre trompée. Tes parolles sont gravées pour jamais dans mon cœur. Quoi! dans cette meme lettre tu t'aplaudis d'avoir conseillié a Lubert de s'en raporter au tems; tu t'aplaudis de l'experiance que tu as contre les remede violent a l'ocasion de ton Chien; et tu te sers avec moi du plus extreme, sans egard a la situation ou je suis qui me tient toute entiere attachée a mon objet sans dissipation et sans consolation. Je regarde cet aveuglement de ton amitié comme un des plus cruel malheur de ma destinée. Ne crois pas que je t'en sache mauvais gré; je suis trop seur du font de ton cœur. Ton intention etoit bonne mais bien imprudente, et il me semble que tu aurois du me faire sentir que mon projet n'etoit pas formé dans un temps favorable. Enfin, mon ami, sois seur que je ne t'en aime pas moins et que bien sincerement, je ne t'en sais nul mauvais gré. Je m'imagine que ta sincerité t'a porté a avouer a D. que tu me conseilliois de l'oublier. Cependant je crois qu'il n'est pas a propos qu'il voye ce que tu m'as ecrit. Quelque peu de vanité qu'il puisse avoir a me racrocher, je ne pourois qu'en etre choqué. Ah mon Dieu, peut-etre trouve-tu cette reflection bien ridicule, et qu'au lieu d'etre flaté de mon attachement, il lui est a charge, pet-etre odieux. Qu'es que tes parolles ne me font pas entendre? Je te connois trop pour y donner un autre sens, surtout en les comparant avec les conseils que tu donne aux autre. Il faut bien qu'il y ait des raisons bien horribles qui t'aye obligé a me mettre hors de toute esperance. Toi qui a tant de condessandance et qui en apelle toujours au tems, enfin juge de l'impression qu'elles m'ont faite. Si je ne m'etois representé le caracter de D., qui n'est pas noir, j'aurois craint quelque horreur, quelque danger pressent d'autant plus qu'il y a encore. Si je vous flatois peut-etre, m'en sauriez-vous bientot mauvais gré? De tous les meaux du monde, le desespoir e[s]t le plus terible, et tu m'as auté toute sorte d'esperance. Enfin j'en apelle au tems et a la dissipation quand je serai a porté d'en avoir. Le mot de plaisir n'e[s]t plus qu'un mot pour moi auquel je n'atache aucune idée.

Le galimatias de la fin de ta lettre est indechifrable. Quoi! le desespoir ou tu me sais ne t'arete pas? Tu continue de me dire : «Mourez, getez-vous par les fenetre plustot que de ceder a votre cœur», car c'est me dire cela que de te faire un efort pour me parler de lui, d'avoir balancé a tenir la parolle que tu m'avois donnée, de te repentir, de me dire ce qu'il a repondu. Ah, mon Dieu, quelles horreurs tu me fais envisager! En verité je n'y comprends rien. En meme tems tu me dis qu'il n'aime point la Plote, qu'il me doneroit la preference sur toutes les femmes pour l'attachement[45]. Ho dame, accorde-toi, car je n'ai jamais pretendus en faire un amoureux bien exact et bien empressé. Encore un coup, je n'y comprends rien. J'envisage des choses affreuse que tu me cache. Dis tout ou ne dis rien, car cela est insoutenable. Je m'y pers. Tu ne serois pas acharnez a me desesperer, toi qui crains tant de m'affliger, sans des raisons que je ne puis comprendre, surtout apres avoir vu un echantillon de mon etat. Je ne saurois trop te le repeter, je m'y pers. S'il y a des choses si affreuses, tu es obligé de me les dire en honneur et en amitié, mais au nom de Dieu ne me laisse pas languir plus lontems. Il faloit bien mieux me dire tout a la fois. T'es-tu figurez que les exortations detruise une passion? Il faut des faits: donne-moi donc ceux que tu me cache, car quand tu me dirois mille fois qu'il n'y a rien autre chose, tu peux bien penser que je ne le croirai pas⁴⁶.

Le mercredi 12 novembre [1738]

Je ne saurois donc plus ouvrir une de tes lettres, mon cher Panpan, sans avoir mille poignards dans le cœur⁴⁷. Quoi! tu ne quittera pas l'opiniatreté a me persecuter sans m'en dire le sujet? Plus elle dure, plus j'en conçois d'horreurs. Ah, mon Dieu, je n'ai jamais tourmenté le cœur de personne a ce point-la, puisque dans Clairon j'ai respecté son indigne passion, et tu sais que je ne lui en parlois presque jamais, crainte de l'affliger. Toi-meme, comment aurois-tu trouvé un acharnement comme celui-la a vouloir te guerir de la tiene qui, je crois, ne te rendra jamais fort heureux⁴⁸. La miene est-elle donc plus honteuse que celle que tu aprouve tous les jours de ta vie? Qu'i a-t-il? Veut-t'on m'enpoisonner? Me deshonnore-t-on? Enfin, explique-toi, car je ne puis plus y resister, et je te jure que ce seroit une chose finie, si j'avois eu hier au soir ce qui faloit pour cela. J'ai eté jusqu'a quatre heures du matin dans le meme etat ou tu m'as vue le jour de la mort de Md. Du Rouvroi⁴⁹. Si j'avois eu le meme secour qu'elle, tu n'aurois pas de mes lettre aujourd'huy. Je perirai par la, je le sens. Comment! toi seul qui a eté dans tous les tems mon unique consolation, c'est toi qui sans nule consideration de mon etat m'accable de propos inouis? Tu aime mieux t'exposer a ma ruine, a ce que tu dis, que de ne pas me poursuivre sur une chose dont je ne suis pas plus la maitresse que de vivre. Toute mes letres t'ont assés prouvé que j'etois toujours la meme, et rien ne t'arete. Quelle raison as-tu donc? Chaque circonstance me les fait envisager plus horribles, et tu est aussi obstiné a me les taire qu'a me tourmenter. Je crains que tu ne viene apres cela me dire que ce n'est que mon bonheur que tu as en vue. Sois sure que ce propos-la, que je ne croirai de ma vie, ne me donnera que la plus complete indignation. Tu sais trop par l'experience de ton pere que notre bonheur ne depent pas de la façon de penser des autres. Tu sais trop bien cela et je te l'ai trop entendu dire. Je t'ai vu toute la vie trop de condessendence pour les foiblesse du cœur pour te croire, quoi que tu puisse me dire. Tu m'as bien dit que l'on ne m'aimoit plus. Une fois dans ta vie pourquoi ne pas me le redire? Mais il faut que ce soit bien autre chose pour t'obliger a un silence et a une persecution si obstinée et dans le tems que, livrée a moi-meme, tu me sais sans aucune ressource de consolation ou de dissipation. Toi qui crains la douleur d'une minute, tu me propose vingt jours de desespoir comme un rien. Tout cela cadre si mal a ton caractere que je suis toujours forcé d'en conclure qu'il y a des raisons plus forte, plus horible que je ne puis les penser pour te faire sortir toi-meme comme tu fais.

Je recu hier ave[c] ta lettre de samedi⁵⁰ une de D. dont je suis tres contante, mais elle n'a servi qu'a me doubler mon desespoir par tout ce qu'il y a dans la tiene. Il ne me promet point d'amour, mais il me parle convenablement. C'est donc le plus fourbe et le plus indigne des hommes, puisque tu as d'allieurs des raisons si forte de m'engager a l'oublier. Je m'y pers. Ah mon Dieu! que ne gardoistu tant d'horreur pour Cirei? La dissipation et la fason de penser des gens qui l'habitent m'auroit aidé. Ici je n'ay que le desespoir et la contrainte le plus affreuse. Voila mon alternative. J'atens encore aujourd'huy ta lettre de lundi. Si elle est de meme, je ne reponds de rien. Quand la seule consolation que l'on esperoit manque, que reste-t-il a faire? Je suis bien malheureuse que des tourmens si exesifs et des incomodité du corps assés considerable ne se terminent a rien. Malgré tout cela je ne te hais pas. Il s'en faut bien. Je m'imagine que tu as des raison plus fortes que celles qui devroient te retenir et c'est ce qui me les fait envisager affreuses. Dis-les-moi donc; c'est tout ce que ton amitié peut faire pour reparer ton impru- dence d'avoir si mal pris ton tems, mais garde-toi de ne m'en point donner, car cette fausseté feroit ce que le tourment n'a pas fait [51].

Le mercredi soir

Je viens de recevoir ta lettre de jeudi [52]. Je l'ai ouverte avec un tremblement universel. Je ne puis que te repeter ce que je t'ai dit, puisque tu sens que ce doit etre des poignards pour moi que tes lettres. Il faut donc que le demon de mon malheur se soit emparé de toi pour te forcer a me tuer. Eh bien, soit! Tu peus continuer. Aussi bien je crois qu'apres toute les reflection que tu fais sur la douleur, il faut ou que tu ai perdu toute humanité ou que tout ce que je ne puis penser ny imaginer l'emporte. Rien ne me paroit naturel dans ton procedé; tout y est contraire a ton caractere et a ton amitié, qui sait si bien aimer les gens comme il faut les aimer pour leur bonheur. Ah mon Dieu, quel demon te pousse a parler toujours de la meme chose [53]? Je m'y pers et n'en reviendrai qu'apres que je saurai les raisons qui peuvent l'emporter sur ma situation, enfin sur l'impossible. Je traiterois de fou quelqu'un qui voudroit me persuader de sentir l'air chaut au mois de janvier, mais je ne puis comprendre l'obstination sans menagement de me vouloir persuader la meme chose, comme si cela dependoit de moi, sans adoucir les termes : «Guerissez-vous! guerissez-vous! Je ne vous dirai jamais autre chose. Vous n'avez point de remede? N'importe, il faut vous guerir; j'aime mieux me faire hair que d'en demord[r]e.» Donne-moi des remedes, cruel medecin, et ne me devore pas le cœur par des discours inutils! Adieu, etois-se de toi que je devois attendre de pareils tourments? Si je ne raportois pas tout a ton amitié et a ton caractere, tu crois bien que tes discours sont inutils, je m'en metrois l'ame en repos. Mais encore une fois je ne me figurerai jamais que, sans de puissante raison, tu me persecute, pensant, sentant que tu me tourmente et que je suis livrée a mon desespoir. Adieu, je t'envoye cette cession; c'est tout ce que ma raison et mon honneur peuvent prendre sur moi. Comme Demaret me mande qu'il ira peut-etre au regiment, je t'adresse la letre que je luy ecris.

Je viens d'ecrire et de calculer encore cette cession. Sonnini y pouroit entrés, mais comme il vaut mieux voir celui qui seras le plus pressé de lui ou de Francois, je ne l'y[h] ai pas mis. Pour Joli, comme il y a peu de choses, ou je lui envoyerai ou tu lui donnera quant tout sera vendus. Ce n'est pas la peine de rompre Soninie, a qui il ne faudroit adjouter qu'un gros ecus, ou Francois, a qu'il ne faudroit que quelque chose de plus[54].

MANUSCRIT

Yale, G.P., II, 127-140 (D26); 14 p.; orig. aut.

IMPRIMÉ

Butler, pp. 190, 192, 195-199, *passim* (extraits traduits en anglais).

TEXTE

[a] Lecture incertaine. [b] Environ quatre mots rayés, dont les deux premiers sont «cette femme». [c] C'est sans doute Devaux qui a rayé ces mots. [d] Le ms : «est». [e] Cinq ou six mots rayés. [f] Deux lignes rayées. [g] Les premières lettres sont masquées : l'achètera? [h] Le ms : «lui».

NOTES

1. Il règne ici une certaine confusion au sujet des dates. Il est probable que Mme de Graffigny se trompe tout simplement de jour : elle aurait dû écrire «ta lettre du *jeudi* 30 [octobre]» (I, 269-274). Toujours est-il que dans la présente lettre, elle répond principalement à la lettre commencée le lundi 3 novembre, mais qui ne sera terminée que le jeudi 6 (I, 279-290), donc, qu'elle ne peut avoir reçue le mercredi. Cette confusion, plus la façon désordonnée dont elle reprend les articles de Devaux, ne sont que les signes de son émoi. Devaux répondra : «Quoyque vous soyez de bien mauvaise humeur, je ne puis m'empecher de me plaindre de vous a vous-meme, chere amie, sur l'inquietude que vous m'avez donnée. Au nom de notre amitié, qui est je crois ce que vous et moy avons de plus cher, epargnez-la-moy desormais. Ne laissez pas passer le second ordinaire sans me dire, ou sans me faire dire quelque chose. Encor un coup, un mot de Dubois suffiroit.» (13 novembre 1738, G.P., I, 306.)

2. Devaux répondra : «Je suis surpris que dans vos huit lettres, il n'y en ait point eu de Desmarets. Si je m'en souviens bien, ce fut pourtant ce jour-la qu'il m'assura qu'il vous avoit ecrit. Il me l'a encor dit une autre fois depuis.» (I, 307.) La lettre de Devaux qu'elle vient de recevoir est celle du 3-6 novembre.

3. Pour l'article de Devaux, v. 47n5 (I, 283). Il répondra : «Ma deraison n'est pas si deraison que vous croyez, au moins pour l'arithmetique. Relisez ma lettre. Vous verrez que je vous mandois qu'en comptant Mr Francois, cela excedoit de beaucoup, et cela est vray. Il est vray aussi que le reste ne va

qu'a I 015[lt], mais c'est sans y comprendre Joli, ni 10[lt] de plus que la Pierre pretend que vous luy devez pour Dubois; au reste 32 louis, quoyque vous en puissiez dire, ne font que 992[lt].» (I, 307.) La Pierre est peut-être Anne Galland, épouse de Jean Pierre, marchand bourgeois de Lunéville.

4. Voir le dernier paragraphe de la lettre 37, et le deuxième avant la fin de la lettre 40. Devaux : «Je vous ai deja dit que ce n'etoit pas moy qui avois fait le paquet. Vous scavez que je n'y entends rien. Je m'en etois remis a des gens que je croyois plus intelligens. Je vous ai mandé en gros que je vous envoyois tout ce que vous m'aviez demandé. La chicorée y etoit compris comme le reste. L'etiquette m'a paru inutile.» (I, 307.)

5. Peut-être une erreur pour Chauffour, nom d'une famille de Lunéville. La personne en question n'a pas été identifiée.

6. Devaux : «A propos, dites-moy si vous n'avez pas mis le St au fait de l'amour du Chien. Il nous parle avec un air d'intelligence qui nous etonne. Votre autre lettre m'a fait soupconner qu'il scavoit aussi quelque chose du mien. Vous en a-t-il parlé? En auroit-il eu quelque soupcon?» (3 novembre 1738, G.P., I, 282.)

7. C'est Lubert. Devaux : «Il me paroit, par ce que vous luy avez ecrit, qu'il scait l'etat de votre cœur. Mandez-le-moy, je vous prie, afin que je puisse vous plaindre avec luy. C'etoit le moins que vous luy dussiez pour recompenser sa confiance.» (5 novembre 1738, G.P., I, 285.) Il répondra : «Je suis fasché de l'inquietude que je vous ai donnée sur le compte de Luber. J'aurois la-dessus de plus justes reproches a vous faire, que ceux que vous me faites. Ne vous mandois-je pas, que j'attendrois que vous m'eclaircissiez? J'approuve fort votre reserve avec luy. Je ne vous en ai soupçonnée que parce que je me suis souvenu que l'hyver passé, je vous avois vuë toute preste a luy en parler, et je ne vous ai dit qu'il le meritoit que pour vous engager a me l'avouër. Tout sot que je suis, je ne crois pas cela mal raisonné.» (13 novembre 1738, G.P., I, 308.)

8. Devaux : «Je souhaiterois que vous prissiez pour vous le conseil que vous me donniez sur mes clouds.» (6 novembre 1738, G.P., I, 290.)

9. Devaux : «Un peu de courage, chere amie. L'ouvrage est bien avancé. Achevez-le. Songez que le bonheur de vos jours en depend, et que celuy de vos amis depend du votre.» (3 novembre

1738, G.P., I, 280); et encore : «Decidez-vous la-
dessus, chere Abelle, et songez qu'il y va de votre
bonheur.» (6 novembre 1738, G.P., I, 290.)

10. Devaux : «En arrivant, j'ay trouvé Pichette et
Panpan, que j'ay caressé de tout mon cœur. Ce
sont les meilleurs enfans du monde, et vous scavez
combien je les aime. L'un est a mon amie, et
l'autre a mon ami. A propos de luy, mon Dieu,
mandez-moy si l'ordinaire dernier je vous ai envoyé un billet de luy. J'ay peur de l'avoir oublié,
et je ne scais se que j'en ai fait. En tout cas, que
cela ne vous inquiete pas. Il n'y avoit, a ce que je
crois, rien qui vous regarde.» (1 novembre 1738,
G.P., I, 278.) Il répondra : «Je sens vivement l'amitié
que vous voulez bien voir pour le Chien. [...] La
lettre dont je vous demandois des nouvelles n'etoit
point une plaisanterie. Elle etoit de luy. Je l'ai
egarée dans mes papiers. N'en soyez point inquiete.» (13 novembre 1738, G.P., I, 308.)

11. Devaux : «Votre nouvelle de Madame de
Lixin m'a bien etonné [v. le texte de la lettre 46 à
la note 14]. Je n'en avois encor point entendu
parler. On m'a dit hier, que l'on disoit que Mr de
Mirepoix etoit amoureux de Mde d'Altheim, riche
veuve de Vienne, qui a cinquante mille ecus de
rente. Le marquis n'a dit aujourd'huy que c'etoit
la dame qui etoit amoureuse de luy. On pretend
qu'elle a ecrit dans ce pays-cy, pour scavoir si le
Mr n'etoit point trop engagé. Je crois que tout
cela n'est point fondé; s'il l'etoit, rien ne seroit
plus cruel pour la princesse.» (3 novembre 1738,
G.P., I, 282.) Il s'agit peut-être de Marie-Anne-
Josèphe Pignatelli (1689-1755), qui suivit Charles
VI en Autriche quand il quitta l'Espagne pour
devenir empereur. Maîtresse de Charles, elle
épousa Michel-Jean III, comte d'Althann, dont
le père allait mourir subitement au service de
l'empereur. L'influence de Mme Althann paraît
avoir été considérable; elle fréquentait notamment
les ambassadeurs.

12. Mme de Lixin.

13. Pour l'article de Devaux, v. 46n5.

14. Jean-Baptiste Idelette, marchand drapier de
Lunéville. D'origine flamande, il avait fait son
apprentissage à Toul et à Nancy.

15. Voir 47n1.

16. Voir 47n2.

17. Par cette construction confuse, Mme de
Graffigny veut dire que Devaux, en écrivant des
vers, a prouvé qu'il était moins paresseux que
fantaisiste.

18. Tenant : «Il y a plusieurs personnes qui vont
galantifier cette dame, mais un tel est le tenant le
plus assidu.» (Trévoux, 1743.) Amants d'une

jeune femme qui en a plusieurs l'un après l'autre
(Littré).

19. Devaux : «Ce matin, j'ay eté chez la Grandville un instant. Du Chaffa est de retour. Jusqu'ici
sa mine va bien.» (1 novembre 1738, G.P., I, 278.)
Il répondra : «Vous finissez cet article par un *baste*
bien singulier. J'allois m'en fascher, si la reflexion
n'etoit venue.» (I, 310); et encore : «Je vais chez la
Grandville parce que j'ay la barbe faite, et que je
pourrai me tenir chez moy plusieurs jours de suite.
Votre *baste* ne m'empechera pas de faire ce que je
dois. Je ne veux pas developper tout ce qu'il veut
dire, cela me deplaira.» (13[=14] novembre 1738,
G.P., I, 318.)

20. Voir 47n7.

21. Jean Bernouilli (1710-1790), professeur d'é-
loquence à Bâle, qui allait hériter de la chaire de
mathématiques à la mort de son père, Jean, le
célèbre mathématicien suisse. C'est le fils qui va
en visite à Cirey au mois de mars 1739.

22. Il semble qu'un feuillet de la lettre de Devaux
manque; la dernière phrase de I, 284 est en effet
inachevée, et le départ de I, 285 traite d'un tout
autre sujet. Du madrigal d'Adhémar il ne sera
plus question, et c'est, selon toute apparence, un
conte de Saint-Lambert complètement différent
que nous retrouverons dans une lettre ultérieure
de Devaux (v. 51n16).

23. «L'impertinen» serait d'Amezaga.

24. Devaux : «Je retracte la question que je vous
fis hier, car le St, a qui je la fis a souper, me jura
que vous ne luy en aviez point parlé. C'est donc a
sa penetration que l'honneur est du.» (5 novembre
1738, G.P., I, 288.)

25. Devaux parle à plusieurs reprises de cette
affaire. En présence de Gourouski, le comte de
Tenczyn-Ossolinski, fils du duc Ossolinski, aurait
dit que son père souffrait que sa femme couchât
avec le roi Stanislas pour des motifs intéressés.
La médisance fut rapportée au roi, qui obligea
Gourouski à la répéter au duc lui-même. La reine
se serait fâchée contre Mr de Castéja, qui aurait
rendu l'incident public, plutôt que contre le roi
son mari, sa maîtresse la duchesse Ossolinska, ou
contre le jeune comte Ossolinski. À la fin, le comte
de Tenczyn-Ossolinski fut conduit à Belchamps
par Mr de Mandre, et Castéja et sa famille furent
disgrâciés et envoyés en exil. Sur la famille Castéja, v. 40n15. Le duc Ossolinski est François-
Maximilien, duc de Tenczyn-Ossolinski (1676-
1756), grand-maître de la maison du roi. Il épousa
d'abord, en 1706, Catherine Miaczynska, morte
en 1731, dont il eut trois enfants; et ensuite,
en 1732, Catherine, princesse Jablonowska (vers

1708-1756), dont il n'eut pas d'enfant. Le jeune comte, son fils, est très probablement Thomas-Constantin, comte de Tenczyn-Ossolinski (mort en 1788), chevalier d'honneur de la reine. (Sur cette famille, v. Boyé, p. 54-57). Sur Mandre, v. 33n9. À Belchamps se trouvait une abbaye de chanoines réguliers de Saint-Augustin, une des quatre abbayes dans l'arrondissement de Lunéville avant la Révolution.

26. Être dans la bouteille : être dans le secret d'une affaire (Trévoux, 1743).

27. *L'Avare*, IV, vii.

28. Courtenvaux.

29. Allusion à *Tartuffe*, I, i.

30. Bassotter : s'amuser à de menus travaux; lotharingisme (Zéliqzon).

31. Jacques-Henri de Lorraine, prince de Lixin ou de Lixheim (1698-1734); v. 25n18.

32. Langage des halles : termes dont se servent les harengères et le bas-peuple (Trévoux, 1743). Un roman des halles est donc un roman sans distinction de style ou de sujet.

33. Hercule-André, cardinal de Fleury (1653-1743), premier ministre de France à partir de 1726. Vent coulis : l'emploi du verbe «lâcher» montre clairement à quel jeu de mots Mme de Graffigny se livre, et quelle valeur elle accorde à l'opinion du vieux Cardinal.

34. Marie-Jeanne-Louise Bauyn d'Angervilliers (vers 1715-1755) épousa en secondes noces en 1733 Armand-Jean de Saint-Simon, marquis de Ruffec. Son premier mari, Jean-René de Longueil, marquis de Maisons, président à mortier, parlement de Paris, mourut en 1731.

35. Louis-Antoine de Gontaut, comte, puis duc de Biron (1700-1788), inspecteur général de l'infanterie (1734), lieutenant général (1743), maréchal de France (1757), gouverneur de Languedoc (1775), épousa Pauline-Françoise de La Rochefoucauld de Roye.

36. Prosper-Nicolas Bauyn, seigneur d'Angervilliers (1675-1740), successivement intendant d'Alençon, de Dauphiné et d'Alsace (1715), conseiller d'État (1720) et depuis 1728 secrétaire d'État au département de la Guerre. Il épousa en 1694 Marie-Anne de Maupeou.

37. Voir *Le Misanthrope*, II, iv : «Allons, ferme, poussez...»

38. Anne-Charlotte de Lorraine.

39. Sur le cardinal, v. note 33 ci-dessus. André-Hercule de Rosset de Rocozel, duc de Fleury (1715-1788), gouverneur général de la Lorraine et du Barrois en 1737, et de Nancy en 1738, est

le petit-neveu du cardinal Fleury; c'est lui le «cadet».

40. Sur le procès de Flandre, v. 60n8.

41. L'abbé Jean-François Marci (vers 1700-1791), érudit de la cour de Lorraine, plus tard directeur du Cabinet impérial à Vienne, et puis chancelier de l'Université de Louvain.

42. Frédéric-Auguste-Gervais Le Bali, comte de Harrach (1696-1749), diplomate, depuis 1733 chef de l'administration autrichienne en Flandre, il deviendra ministre plénipotentiaire à la cour impériale et chancelier de Bohême.

43. Ce sont les mots précis de Devaux (I, 280).

44. Devaux : «Si vous vous contentiez d'un amour ordinaire, son amitié pour moy seroit une preuve suffisante de sa tendresse pour vous.» (6 novembre 1738, G.P., I, 290.)

45. Voir 48n1.

46. Devaux répondra longuement, dans sa lettre et, sur une feuille séparée (I, 321-322) à tout ce que dit Mme de Graffigny sur sa passion pour Desmarest. Voici quelques extraits : «Desmarets n'aime point la Plotte. Il n'en fait pas meme le semblant. Il n'a aucune passion, et je n'en crois son cœur susceptible que pour vous. [...] Il ne vous aime pas comme vous devez etre aimée. [...] Cette passion a toujours fait votre malheur, et [...] j'ay cru que vous ne trouveriez jamais d'occasions plus favorables pour vous en defaire.» (I, 321-322); et encore : «Ne vous imaginez donc point que je vous cache des choses affligeantes. Si je voulois vous tromper, je vous en dirois de plus agreables, mais je ne vous dis que ce que je pense, et encor une fois, je ne changerai point de ton, que vous ne le vouliez. [...] Je ne vous pas finir cet article, chere amie, sans vous remercier de la façon dont vous avez pris le mal que je vous ai fait. J'en suis confondu, et je regarde votre douceur comme la plus grande preuve d'amitié que vous m'ayez jamais donnée.» (13 novembre 1738, G.P., I, 309.)

47. Devaux : «J'espere que, quelque parti que vous ayez pris, nos lettres vous tranquiliseront un peu, mais malgré le plaisir extreme que j'aurois a vous scavoir en repos, je crains qu'elles ne vous tranquilisent trop, et qu'elles ne vous rengagent plus que jamais dans une passion qui, bien loin d'adoucir les disgraces de votre fortune, seroit plustost capable d'en empoisonner les faveurs. [...] Si a present j'accrois vos chagrins, ce n'est que dans la vuë de les diminuer. [...] Ce sont vingt mauvais jours a passer. Je vous scais un gré infini des moments que vous vous arrachez a vous-meme.» (7 novembre 1738, G.P., I, 293.)

48. On ne sauroit être certain si Mme de Graf-

figny fait ici allusion aux amours de Clairon et de Liébault, ou à une passion antérieure. Quant à Devaux, c'est de son amitié passionnée pour Liébault qu'il s'agit.

49. C'est sans doute Marie-Marthe d'Olivier, dame de Manoncourt, qui en 1726 épousa Jean-Charles Labbé, seigneur de Rouvrois, Génicourt et autres lieux, comte de Coussey, conseiller secrétaire d'État du roi de Pologne, et premier président de la cour souveraine. Ils eurent sept enfants. Mme de Rouvrois mourut à Lunéville le 29 novembre 1737. La lettre de Mme de Graffigny suggère qu'elle s'est suicidée.

50. Lettre du 7-8 novembre 1738 (G.P., I, 293-296).

51. Devaux répondra : «Ah, mon Dieu, me les pardonnerez-vous un jour, les peines que je vous cause? [...] Mais ce malheur que je vous ai causé, vous l'aggravez, chere amie, par des chimeres que l'on ne concoit pas. Quelles autres raisons pouvez-vous imaginer que celles que je vous ai dites? Quoy, vous osez croire que Desmarets touche a

votre reputation, et que je le crois? Cette injure n'est pardonnable que dans l'etat ou vous etes. Desmarets vous aime et vous estime, et moy, je l'estime assez pour n'en point douter.» (17 novembre 1738, G.P., I, 313-315.)

52. Les dates posent de nouveau un problème. Mme de Graffigny a déjà reçu la lettre datée du 3-6 novembre (I, 279-290), à laquelle elle répond dans la présente lettre. À moins qu'il n'y ait une lettre qui manque, elle parle ici de la lettre du vendredi 7 novembre (I, 291-292 : Devaux écrit par inadvertance «ce vendredi 5»).

53. Parmi d'autres observations aptes à tourmenter la pauvre Mme de Graffigny, Devaux fait la suivante : «[Desmarest] est toujours plus aimable. Cela va jusqu'a m'empecher de souhaiter que vous le revoyez. Je crois, pourtant, qu'il compte encor vous faire sa cour en passant [à Cirey]. Ma foy, chere Abelle, si cela arrive, ne vous en tourmentez pas, et jouissez.» (5[=7] novembre 1738, G.P., I, 292.)

54. Voir n3 ci-dessus.

51. à Devaux

Le samedi soir [=vendredi 14 novembre 1738][1]

Je vais tacher de repondre a tes lettres, mon cher Panpan[2]. Je suis un peu mieux de corps et d'esprit. Pourquoi cela? Les memes inquietudes existent, l'exes de sensibilité est epuisé. C'est que tel est la machine jusqu'a recommencer. Je pris hier medesine; elle me fit fort bien; elle me donna beaucoup de vapeurs, mais comme j'ai le loisir de les laisser aller, je m'en embarasse moins. Ma chere Taupe ne s'est point dementie; elle n'a pas envoyé savoir ce que je faisois et elle ne m'a pas demandé comme je m'en portois. Je ne t'ai pas dit comme je vivois depuis huit jours que le beau Mr est ici. Je ne sors de ma chambre qu'a une heure, quand la cloche du diner sonne. Apres diner je travaille jusqu'a ce que le jour baisse, qui est a environ quatre heures et demi. Je rentre dans ma chambre et la cloche du souper m'en tire. Des que les gens ont soupé, je reviens. Cela ne me deplait, ny a personne, je crois, et c'est peut-etre cette liberté qui m'a un peu remise. Je m'en suis tant donné que je n'ai plus rien a penser, a dire ny a sentir. Tu vas dire : «Puisque vous avez tant de tems, pourquoi ne dormez-vous pas par jour comme les autres fois?» Le voici : premierement il me faut lontems pour epuiser les reflection; ensuitte je veux lire pour me remettre, mais il faut ouvrir quinze volume avant d'en trouver un que j'entende. C'est Voiture[3] qui m'a le plus amusé. Je n'avois jamais lue beaucoup de ses livres. Il y auroit de quoi faire bien des canard en prose, car j'y trouve partout de jolie plaisanteries, mais dans de fades complimens qui exede. J'ai aussi parcouru un livre de feuille comme *Le Spectateur*[4], qui a pour titre *Le Misantrope*[5]. Si tu ne l'as pas lu, mende-le-moi, je te copierai un endroit sur Homere qui te divertira bien, je t'en repon. Il y a eu des jours ou je n'entendois ny dieu ny diable. J'ai ecrit quelque chose de ce recueil[6] dont je t'ai parlé auquel je me suis engagée pour tes beaux yeux[7], et je n'y trouve rien du tout a t'envoyer que cette chanson. Juge du reste :

> Deux Cloris avec leur galants
> Alloient se promener au champs
> Lorsqu'en chemin la lune, eh bien,
> Des deux s'empara d'une,
> Vous m'entendez bien.
>
> L'autre d'un air assés plaisant
> Dit : «Messieurs, que cest accident
> Point ne vous inquiete, eh bien,
> Je ferai la choüette[8],
> Vous m'entendez bien.»

Cependant cela m'a servi, car ne pouvant ny penser ny entendre, cela m'occupoit.

Je ne sais encore que juger de la visite qu'on fait ici. Je ne vois presque rien et cependant cela ne me paroit pas simple. Tout le tems que je suis dans la chambre, le Mr lit. Apres souper on s'endort, et cette femme, qui trouvoit que je me retirois de trop bonne heure quand je sortois a une heure de sa chambre, ne peut attendre que les gens soient remontés pour se coucher. Le Mr s'endort et dit qu'il se couche toute la vie a dix heures. Cela est vraysemblable comme si l'on disoit que tu cours les filles. Voici les faits et geste que j'ai remarqué. Il y a deux jours il lui auta son colier; elle lui demande tranquillement : «Pourquoi cela?» «C'est, dit-il, que je vous aime mieux sans colier.» On laisse auter le colier et l'on ne dit mot. Hier apres souper elle pretendoit etre malade et faisoit une grogne a la souffleter. Il se mit a genoux pour lui tater le pouls; il lui parla fort pres et fort bas. Je n'entendis rien. Aujourd'huy il tenoit un rouleau de papier dont il lui faisoit un geste tres malhonnete. Elle a marmoté je ne sais quoi. Il s'est jeté sur elle et l'a baisé. Elle n'a pas dit une parolle. Tout cela est bien fort pour elle, et cependant je ne puis rien croire. Mais j'en reviens a dire : «Quel diable feroit-il ici?» Il ne parle point encore de s'en aller. Me voila comme l'Olive[9]. Fais aussi un peu tes comantaire, car de ma vie je n'ai eu tant de curiosité pour rien au monde. S'il y a quelque chose en verité, il a bien de la bonté, car elle est comme un glaçon. Elle ne repond pas un mot a toutes les agasserie qu'il lui fait. Depuis deux ou trois jours elle est d'une humeur de chien. Il couche entre sa chambre et la mienne; il dit qu'il laisse sa porte ouverte toute la nuit a cause de la fumée. Il est vray qu'il fume quand il y a du feu, mais la nuit cela m'est suspect. Je ne sais ce que je ne donnerois pas pour le savoir. Je me garderai bien de l'en plaisanter; je suis seure comme je la vois qu'elle m'egratigneroit. Elle est plus insupportable que jamais, mais je ne m'en sousie guere depuis que j'ai vu que je pouvois rester dans ma chambre sans essuier le moindre reproche. En voila, je crois, assés sur ce sujet. Ah non! il faut que je te dise une façon de parler du Mr. Il disoit hier fort elegament que tres souvent il lui faloit un bout de chandelle pour trouver ce qu'il vouloit dire. Voila un aimable de la cour. Les conversations des chiens ne finissent pas parce qu'on les recomence tout les jours. Il faut avouer que c'est une belle paire. Il a pourtant parlé une fois d'Horace et cite Md. Deshouilliere pour une chose qu'elle n'a jamais dit. Je l'ai oublié. Je peris entre ces deux mortel-la, car il m'a tiraillé pour parler. Ils croyent qu'il est de la politesse de m'adresser la parolle et, en verité, je les en quiterois [10] bien, mais comme ce n'est que pendant les repas et une heures apres souper, je m'en console.

J'ai demandé des cheveaux a Md. Du Chatelet pour le 24. Je vais chez elle avec un peu plus de plaisir depuis que j'ai pensé a l'abbé Marci, qui peut peut-etre leur etre fort abille dans leur proces aupres du comte d'Araq. L'amour-propre tire partie de tout. Il me semble que j'y serai avec un peu plus de consideration que comme une miserable qui a besoin d'azile s'il pensent que je puis leur etre de quelque utilité. Tu n'as plus que lundi et jeudi a m'ecrire ici, car samedi il faudra ecrire a Cirei. Je ne veux pas qu'il reste ici la moindre trasse apres moi. Je n'ai plus rien a dire de moi, voions tes lettres.

Je ne consois pas comment Md. Duvigeon desaprouve la situation de la tragedie de St-Lambert. Il fait fort bien de la presenter telle qu'elle est [11].

Ah oui! je savois tres bien que le sang faisoit dix-huit fois le tour du corps pendant une heure, mais il faut avouer que les ignards on[t] des ressource dans la surprise que les autres n'ont pas. Tu me regardois du haut de Parnasse quant je te proposois de l'anathomie. Tu vois donc a present que cela est utille et amusant, mais sais-tu que le sang n'est pas rouge et qu'il n'y a que quelque globules par-ci par-la qui sont si brillante de cette couleur qu'elle la comuniquent a cette liqueur blanche dans laquelle elle se promenent? Si ton Dionis ne sait pas cela, je le lui aprends [12].

Quoique j'aime mieux que Md. Ro[u]ot [13] s'ennuie que moi, cependant je suis bien aise que tu m'en ais dit quelque chose. Dis-lui en tant que tu poura de ma part. Invante, imagine; c'est autant de tems employé avec elle.

On a donc rien fait avec Mr de Lenoncour puisque le Petit St cherche de l'argent allieurs [14].

Je n'ai point du tout deviné le spadille de Soupir [15].

Il m'est impossible de separer les vers du conte du St [16]. Je n'y entens rien du tout. En verité ta lesine est outrée. Tu auras la bonté de me le renvoyer mieux ecrit.

> L'amour parle de vous si resonnablement,
> Et la raison d'un air si tendre,

Qu'a la raison on croit se rendre,
Quand c'est a l'amour qu'on se rend.

Voila comme je trouve bon le madrigal [17], sans comparaison avec les autres façon. Tu as bien pris la peine de les ecrire corectement, ceux-la. Ah! mon Dieu, dans quel taudis ne trouve-t-on pas l'amour-propre! Je ne suis pas si avare que toi : je vais t'ecrire tout au bon trois couplets sur l'air du Prevot des Marchant [18] que je n'ai cependant pas faits; il sont encore du recueil. J'y ai changé une letre:

Cher P..., qui peignez si bien,
Voudriez-vous nous peindre un rien,
Mais un rien indeffinissable,
Dont l'espesse nous surprend tous?
Doux, colere, bon, intraitable :
A ces traits le connoissez-vous?

Ennuieux par temperament,
Ce rien est souvent amusant.
Des deux sexe, c'est grand domage,
Que cet emphibi caressant
Soit d'un aussi mauvais usage
Par deriere que par devent.

Ce rien plein de futilités,
Fait des lois de ses volontés.
Qui le contredit est coupable,
Et cependant nous l'aimons tous:
C'est que surtout il est aimable.
P..., ne seroit-se point vous? [19]

Bonsoir, je suis au bout de mon rolet, comme tu dis. Je vais tacher de faire reponce a quelques lettres que j'ai negligée depuis lontems. Il faut profiter d'un bon moment. Je m'etonne moi-meme et je crois que tu te recrira comme moi. Il faut avouer que l'esprit humain e[s]t indeffinissable. J'oubliois de te dire que Taupe Ma Mie m'avoit proposé en douceur de ne sortir d'ici qu'au Nouvel An, et qu'elle n'iroit qu'a ce tems-la a Comerci. Je lui ai remontré en douceur aussi que l'on trouveroit mauvais qu'etant si pres elle y ala si peu, et que Mr de Stainville, qui la presse pour y aller, seroit faché. Elle a dit oui et j'ai vite demandé les cheveaux, car il faut qu'ils vienent jusqu'ici. Elle ne veut pas me preter les siens. Il y a onze grande lieu. Je ne sais comment je m'en tirerai en un jour.

[*adresse :*] A Monsieur / Monsieur Dauphin / marchand, ruë du / Chateau / a Lune-ville

MANUSCRIT

Yale, G.P., II, 141-144 (D27); 3 p.; orig. aut.; cachet; m.p. : Ligny / 3.

IMPRIMÉ

Butler, p. 198-199 (extraits traduits en anglais).

NOTES

1. Dans sa lettre du samedi 15 novembre, Mme de Graffigny écrira : «La datte de ma letre me fait voir que celle d'hier etoit fausse.»

2. Les lettres de Devaux auxquelles elle répond sont celles du 7-8 novembre 1738 (G.P., I, 293-296) et du 10 novembre (G.P., I, 297-300).

3. Vincent Voiture (1598-1648), le poète précieux familier de l'Hôtel de Rambouillet. Devaux répondra : «Vous etes plus avancée que moy. Je ne connois presque point Voiture. Je prendrois ses canards pour des poulets, si vous m'en mandiez quelques-uns.» (18 novembre 1738, G.P., I, 324.)

4. *Le Spectateur* (1711-1712), le périodique d'Addison et de Steele, traduit en français dès 1714.

5. *Le Misantrope*, publié par Justus van Effen en 87 numéros entre mai 1711 et décembre 1712. Imitation du *Spectateur*, ce périodique a été souvent réimprimé, parfois avec des additions.

6. Voir 42, par. 7.

7. Pour tes beaux yeux : pour rien, sans salaire (Trévoux, 1743). Mme de Graffigny a promis à Devaux de lui recopier quelques pièces intéressantes.

8. On appelle au jeu de piquet, faire la chouette : jouer seul contre plusieurs qui jouent alternativement (Trévoux, 1743). Cette chanson est imprimée, avec quelques variantes, dans le *Recueil dit de Maurepas* (Leyde, 1865, 6 vol., IV, p. 81).

9. Dans *Le Grondeur* de David-Augustin de Brueys (1640-1723) et de Jean Palaprat (1650-1721), l'Olive est le valet qui comprenait ce que d'autres disaient simplement en voyant leurs gestes (I, iii).

10. Quitter : Se dit en parlant des obligations, des menus devoirs, et signifie : exempter, céder, se désister, rejeter (Trévoux, 1743).

11. Devaux : «Je ne vous quittai hier que pour ecrire a Mde Duvigeon pour la tragedie de St-Lambert. Je ne scais si je vous ai mandé qu'elle desapprouve la scituation du temple comme inouie au theatre francois. Nous ne nous rendrons la-dessus que forcement. Elle trouve trop d'obscurité dans l'exposition, et trop de mots repetés. Vous connoissez la docilité de l'autheur. Il est resolu a changer ce que l'on voudra, mais il veut qu'on la presente telle qu'elle est, et je crois qu'il a raison.»

(I, 294.) Saint-Lambert travaille à une tragédie intitulée *Psammis*, dont il sera souvent question dans ces lettres. Cette pièce ne sera jamais publiée.

12. Pierre Dionis (1643-1718), professeur d'anatomie et de chirurgie, puis chirurgien de Marie-Thérèse, de la Dauphine et des enfants de France, auteur de l'*Anatomie de l'homme suivant la circulation du sang* (1690). Devaux : «Dionis me conte tous les jours des choses fort curieuses. Je vous les rendrois, si je ne crains qu'il ne vous eut pris pour confidente, aussi bien que moy. Scavez-vous, par exemple, que dans une heure il passe 430 livres de sang par le cœur? Si vous ne le scavez pas, je parie que vous en etes bien etonnée. Je scais ou j'en suis quand j'en pense, que durant 60 minutes que je passe a vous ecrire, tout mon sang a fait 18 fois le tour de mon corp, et cela sans que je m'en doute.» (I, 295-296.)

13. C'est probablement Marie-Dieudonnée Baudinet (vers 1686-1761), femme de Christophe-Martin Rouot (vers 1690-1760), chevalier, seigneur de Flin, conseiller d'État en 1738. Devaux : «Hier, j'allai chez la Dame Rouot a neuf heures et demie. Elle me retint jusqu'a onze, a me parler de la chevalerie. C'est a dire de ses anciennes tracasseries. Elle etoit si bien en train de m'ennuyer, qu'elle auroit oublié la messe pour jouir plus longtemps de ce plaisir-la, si son mari n'en fut revenu.» (10 novembre 1738, G.P., II, 298-299.)

14. Devaux parle des efforts que fait Liébault pour avoir de l'argent afin qu'il puisse en prêter à Adhémar (I, 299). Il répondra : «Mr de Lenoncour, ni le Petit Saint, ne sont jamais prets. On ne cherche de l'argent qu'en attendant qu'ils se soyent ajustés [...] Je ne scais ou ils en trouveront.» (I, 324.) Le 4 mai 1739 Joseph-Michel-Nicolas Sublet d'Heudicourt, marquis de Lenoncourt (mort en 1763), colonel du régiment Lenoncourt-cavalerie, et oncle maternel d'Adhémar, sera «caution solidaire et principal payeur» à l'occasion d'un emprunt fait par son neveu (A.M.M., 18E12, étude du notaire Thiery, de Commercy).

15. Antoine-Séraphin Baudoin, chevalier de Soupire (1697-1770), capitaine en 1719, major en 1742, lieutenant général en 1762, et chambellan, puis gentilhomme de la cour de Stanislas, et grand bailli d'épée de Bourmont (1751). Devaux : «La Chanceliere est a Frescatti avec Soupir. A propos de Soupir, il faut que je vous dise une de ses tavannades, que je trouve charmante. Il dit que Mr de Castegea, le vieux, ressemble a Spadille. Devinez pourquoy.» (I, 299.) Il répondra : «Mr de Castega ressemble a l'Espadille parce qu'il est

toujours a Jouï.» (I, 325.) Spadille ou espadille : as de pique au jeu de l'hombre (Trévoux, 1743). L'énigme est fort obscure.

16. Devaux : «[Saint-Lambert] a fait le conte du St. Le voici. ‹Par son epoux en levrette exploitée, aupres d'un noir Alix se confesse. Le St apotre oyant la levrettée, en se signant au diable la chasse. Aupres d'un gris son crime elle exposa. – Passons, dit-il, ja ne tenons registre de rien pareils. Pourtant, sur ce chapitre un moine noir trop bien m'a scu tanser. – Allez, vous dis-je, allez. Que le belitre apprenne a ..... avant de confesser.› N'est-il pas bien rendu?» (I, 299.) Mme de Graffigny, de toute évidence de très mauvaise humeur, prétend ne pas pouvoir reconnaître dans ce conte, que pourtant elle connaît bien (v. 37, par. 3), le travail de versification auquel s'est livré Saint-Lambert. Devaux lui renverra ce conte dûment retranscrit en vers le 27 novembre (v. 58n25).

17. Devaux : «Pendant que je suis en train de vous conter des vers, voici deux madrigaux que je fis un jour en revassant au lit. Dites-moy, je vous prie, lequel vous aimez le mieux [...] : ‹L'amour parle de vous si raisonnablement, / Et la raison d'un air si tendre, / Que c'est l'amour qu'on croit entendre / Quand c'est la raison qu'on entend. / Qu'a la raison, on croit se rendre / Quand c'est a l'amour qu'on se rend;› ou bien : ‹L'amour parle de vous si raisonnablement, / Que lorsqu'on devient votre amant, / C'est la raison qu'on croit entendre. / La raison, Philis, a son tour / Parle de vous, d'un air si tendre / Qu'on croit entendre l'amour›.» (I, 300.) À ces deux derniers articles, Devaux répondra : «Sont-ce les vers du St, ou le conte de St-Lambert, que vous voulez? Ma lesine etoit bien raisonnable. Je n'avois plus de papier, ni d'argent pour en acheter, et je n'osois en demander, parce que depuis huit jours, j'en avois usé quatre cahiers. Je suis charmé que vous soyez de mon avis sur mes madrigaux. Vous etes la seule, mais il me semble que vous le chatrez. Il est de six vers. Je crois les deux autres necessaires pour completer la pensée. J'ay prevu votre reflexion en les ecrivant en vers, ceux-la, mais j'avois de la place.» (I, 325.)

18. Yves Guiraud dans «Le Génie chansonnier et la nation française» (*CAIEF* 28, 1976, p. 162) classe l'air des Prévôts des marchands parmi les chansons très anciennes.

19. Devaux exprimera assez longuement et d'un ton ironique le déplaisir que lui causent ces vers (I, 325-326).

52. *à Devaux*

Ce samedi soir [15 novembre 1738]

La datte de ma letre me fait voir que celle d'hier etoit fausse[1].

Je voudrois, mon pauvre ami, que tu eusses le miroir de Madame Jobin[2] pour me voir a tes jenoux, te demander pardon, les larmes aux yeux, de t'avoir montré tout mon chagrin dans le tems que tu en as de l'amour et de l'amitié. Nous sentons bien ces contrecoups-la, mon cher Panpan. Tu sens mes peines bien vivement, mais je t'asure que je sens les tienes au meme degré. Je voudrois qu'il fut mardi, car la lettre que l'on a porté aujourd'huy a la poste n'arrivera que ce jour-la. Tu veras que j'etois deja moins triste hier et je voudrois que tu visse que je n'ai a present de peines que les tienes, et celle que je te cause.

Apres avoir lue ta lettre j'ai eté chez ma Begeulle pour tacher qu'elle envoye demain du grand matin a Ligny, parce qu'Heré demande une prompte reponce pour un postillon qu'elle m'a prié de lui demander. Jamais, quelque raison que j'aye pu lui dire, elle n'a voulu y envoyer. Je ne balancerois pas a donner quarante sol pour y envoyer de mon cru si je n'etois seure que ma lettre d'hier te rassureras sur mon etat, et je crois meme que tu me gronderois si je faisois cette depence puisque tu n'auras cette lettre que jeudi. Elle sera grande, car il me semble que j'ai tant de choses a te dire que je ne sais par ou commencer. Mon Dieu! que je voudrois ravoir celle que tu recevra demain au matin. Beau regret que tu n'entendras que jeudi. Je deteste ma sotte Begeule. Pour mettre de l'ordre dans ce qui va sortir de ma tete il faut que je suive ta lettre[3].

Tu commence par les plaintes que tu fais sur le retard de mes letres[4]. Tu te plains doucement, mais je me souviens que dans un autre endroit tu semble croire que c'est de ma faute. Il me sembloit cependant t'avoir bien expliqué que le premier ordinaire j'avois la fievre de façon a ne pouvoir ecrire. Conviens que si je te faisois ecrire par Dubois cela t'inquieteroit encore plus, car tu sais trop qu'il faut que je sois bien mal pour ne pas prendre bien des choses sur moi. Le second, je t'ai mandé que l'arrivé de ce Mr en fut cause, car quoique j'eusse un mal de tete affreux je boullois de t'ecrire un seul mot. Il auroit falu envoyer un expres et je l'aurois fait, mais comme je n'eu a moi que l'apres-souper, il auroit falu faire courir le vilage et reveillier tous les paissans pour en avoir un. Il n'y avoit pas moien. C'est qu'il faut te dire que pour rendre le sejour de sa maison plus aimable, cette sotte femme n'envoye plus qu'une ou deux fois la semene a Ligny, et que ce ne sont pas les jours de postes. C'est sa fason de s'arenger ci bien que tout vas de travers. Je te fais ce long verbiage, mon ami, parce que je ne puis soufrir que tu ais quelque sujet apparant de te plaindre de moi.

Ta querelle ne m'etonne point du tout[5]. Si c'etoit avec un autre j'aurois quelque soubsons que ton opiniatreté pouroit y avoir contribué, car tu sais qu'on se fache avec toi, plus souvent sur les branches que sur le tronc, mais je te donne gain de cause plain et entier, et plaisanterie a part. Je sens que c'est une peine du cœur que de vivre avec des amis que l'on aime et qui d'un moment a l'autre vous disent de grosses parolles qui transportent l'ame. Tu sais bien que j'ai pleuré quand le St me dit des injures. Il m'en diroit mille a present que j'en rirois comme je fis a Comercy. Je voulois l'aimer tout de bon. J'ai vu qu'il etoit intraitable. Je ne l'aime que comme une dousaine d'autres dont les hauts et les bas ne me font rien. Crois-moi, mon ami, c'est bien assés d'avoir un ami ou deux qui aillent jusqu'a la sensibilité. Il faut traiter tout le reste legerement. C'est un sisteme dans lequel je me confirme a chaque tour que mon sang fait de la tete au pieds. Autre marote qui trouble la vie : c'est de conserver ou gagner l'estime particuliere et intime de quelqun. Crois-moi, c'est une des grandes erreurs qu'il y ait. Les hommes et les amis meme donnent les interpretation a nos actions suivant que leur prevention ou la disposition de leur ame les leur presente et presque jamais telle qu'elles sont. Cela nous afflige et ne mene a rien. Je crois avoir la tiene telle que je la desire. J'ai renoncé a tout autre et je sens que j'aurai bien des peines de moins, puisque c'etoit l'endroit sensible. Faisons bien, mon ami, ayons le cœur droit et laisons penser. Je te dis tout cela parce que je vois que tu as plus soufert des vilains mots que t'as dit le St que de sa colere. Il est vray qu'il sont indignes, mais ils ne te chagrinent que parce qu'ils marquent une diminution d'estime. Or comme tu ne la merite pas, allons, gaye!

Je te vais faire une belle parentese : c'est que j'ai peur de l'oublier. Quand j'ai eté tout a l'heure haranguer la dame, j'ai trouvé le monsieur dans sa chambre entourez de farine, de coques d'oeuf, bref, il fait une tarte. Que ne fait-il pas? Puisque tu veux des dialogue, tu en trouvera un beau d'hier apres souper a la fin de ma lettre. Suivons la tiene.

Je crois que tu as encore raison dans l'autre querelle[6]. Je te plains de tout mon cœur parce que je sais ce que vallent celle de cette espesse. Rien n'en console. Si tu pouvois prendre le parti que tu dis a la fin de ta lettre, tu serois bien heureux. Cela me mene tout droit a te dire celui que j'ai pris et que je crois que je tiendrai. C'est dans le gout du tiens. Je ne ferai pas mine d'entendre les injures, ny les froideurs. Il me sera plus aisé de ne point repondre de loin que de pres. Je crois que la lime sourde reuissira mieux que l'effort violent. «Il[7] n'y travaillera que trop bien, l'infidelle[8],» mais enfin puisqu'apres l'effort que je viens de faire, il m'est prouvé demonstrativement que je ne puis rompre tout d'un coup, il faut plier et tourner toute ma pauvre raison delabrée a passianter et a mettre tant de douceur de ma part en enragent pour mon compte toute seule, que je le convainc qu'il a tords avec moi ou que le tems et les differente situations me rendent ma liberté. Mais je t'assure que je suis si bien batue que je ne sais ce que je ne souffrirois pas avant d'en faire une querelle. Il dit qu'il les craint. Ah! je lui deffie de les craindre tant que moi, avec cette diference que ce sont des poignard pour moi tantdis que ce ne sont que des picures d'epeingles pour lui, proportion gardée a notre façon de penser l'un pour l'autre, car ne crois pas [que] je m'imagine qu'il m'aime. Ah, mon Dieu, non! Je suis bien convaincue du contraire et je lui sais d'autant plus de gré de l'espesse de menagement qu'il a pour moi. Je lui tiens compte d'une lettres comme d'un servisse d'ami qu'il me rend.[a] Celle qu'il m'a ecrite a Vic n'est pas encore ici[9]. Cela est plaisant; je ne me sousie pas de les lire car je suis bien seure qu'elle ne seront jamais telle que je les voudrois, mais je lui suis si obligée de la moindre attention que l'envelope me donne le meme plaisir que le dedans faisoit autrefois. Voila mon ame. Je te dispense de me flater ny meme de me parler de ses sentimens comme je vois que tu recommence a faire. Mande-moi : «Je l'ai vu, il se porte bien.» Cela me sufit, car tu sais que ses letres arrivent comme d'Hademart a la messe.

Fais de meme, mon ami, si tu peux, s'entent; detache-toi d'avoir raison. Evite les querelle. Helas! ma pauvre chere amie, nous serons toujours batues, et on trouvera toujours mauvais que nous soions sensibles. Mon Dieu, ne te facheras-tu pas[10]? Cette façon de parler et le rire qui en fait l'accompagnement est partie d'abondance de cœur. Il faudroit faire une autre lettre. Tu ne t'en est pas faché tant d'autre fois que j'espere avoir grace pour celle-cy.

Tu me fais grand plaisir de me dire des nouvelles de Tavannes[11]. Je suis ici comme je serois aux Indes. Mr de Stainville ne mande jamais rien de personne. Je ne savois si ce pauvre diable etoit mort ou vivant. Je lui ai ecri une fois depuis que je suis ici, mais je n'ai pas eu de reponce, et si il y a lontems.

Si tu ne faisois pas abjuration a la fin de ta lettre de jeudi de tout ce que tu me dis au comencement, je te harpouillerois bien[12]. Je ne repond qu'a un article : c'e[s]t a l'envie que tu as eu de jeter le comencement au feu[13]. Crois-moi, mon cher ami, des qu'il est question de tes peines, tout y cede. J'ai bien lu tes riens ces jours dernier, et je puis t'assurer que j'ai plus connu mon amitié pour toi dans ces momens-la que je n'ai fait de ma vie, car je lisois tes letres et malheureusement les poignards etoient toujours au comencement. N'importe, je les achevois. Il est vrai que la froideur du reste m'inpatiantoit un peu, car a la lettre c'etoit des riens et qui n'etoit pas meme interessant pour toi. Je ne laissois pas de sentir de la satisfaction de te savoir tranquil, et je t'assure qu'il faut estre bien amie pour cela, car c'etoit un furieux contraste avec mon etat. Juge donc ce que je pense quand il y a des choses qui sont vives pour toi, elle persent a travers tous les nuages. Je t'assure, ne t'avise jamais d'acourcir tes lettres de propos deliberé. Je ne te le pardonnerois pas si aisement que les chagrins que tu m'as donné.

Tu me repete adroitement les sept ou huit lettre que je recu. Puisque tu te melle d'etre fin, c'est aparement afin que je te dise de qui elles sont : la tiene, de Richecour, d'Herei, de Fanchon, de Melle Lubert, de Mareil, de Md. Du Chatelet et de Mr de Lescaille[14]. Cela n'est pas bien merveillieux hors celle de Mareil, qui me chante pouille de ce que je lui ai mandé que je lui savois bon gré de s'etre souvenus de toi en passant a Luneville. Il dit que je n'ai nul raport a l'amitié qu'il a pour toi et sur cela il s'etent sur ton merite et sur la consideration que l'on doit avoir pour toi. Si je n'avois peur de choquer ta lesine, je t'envoyerois la letre, mais ce seroit bien autre chose que d'ecrire des vers en ordre.

Tu as encore menti pour les trente-deux louis, car c'est Maurice qui me l'a dit. Je ne l'ai pas compté[15].

Je te suis bien obligée, mon cher ami, de l'esplication que tu donne aux questions que tu m'as faite[16]. J'en suis tres contente, elle remettent le calme dans mon ame qui etoit bien troublée par tes soubsons. Plus je deteste le monde, plus je veux etre aimée purement de mes amis et meriter leur estime.

Si je n'avois l'ame moutonné aujourd'huy, je te savonerois ta cornette comme il faut sur l'article de Lubert[17]. Je te le conseille de me faire des feinte, mais voiez le benet dont je ne m'aviserois pas en mille ans de deffier. J'y prendrai garde. Je t'en reponds.

Tu m'anonce une lettre du Petit Saint; il faut donc en dire un mot. Puisqu'il les ecrit chez toi, pour Dieu, force-le par amour-propre a te les montrer. Elle sont a mourir de rire pour l'ortographe et pitoyables pour le stile. J'ai envie de les suprimer en lui faisant des plaisanteries sur ses progrets dans la sience de l'ecriture. Sy je le fais, je les assenerai si bien qu'il ne m'ennuiera plus[18].

Si c'est le billet de ton Chien dont tu parlois, je l'ai eu[19]. Tu me parlois de Pichete et de Panpan, et tu dis toute de suite : «Avez-vous un billet qu'il vous ai ecrit?» J'ai cru que c'etoit une boufonnerie que tu avois ecrit avec sa pate. Baise-le bien pour moi. Tu ne saurois croire, et j'en suis etonnée moi-meme, comme j'ai sa phisionomie aussi bonne que noire dans la tete. Je l'aime a la folie.

Le dimanche [16 novembre 1738] apres la messe

Pour ton Chien, je compte si fort sur lui que je n'ai pas la moindre inquietude sur mon peu d'exactitude pour lui. Je n'ai eté en etat que de faire le necessaire et point du tout l'agreable; si ma lettre ne me mene pas trop loin je lui ecrirai. Si non, tu lui baisera la pate et tu lui dira : «Il faut pardonner Abelle, elle t'aime bien.»

Je suis fachée que tu m'ai fait remarquer que tu avois mis la derniere feuille de ta lettre la premiere, et pour cause. Ton attention m'avoit sauté au cœur avant que j'eusse vu l'avertissement. Sois seure, mon cher Panpan, qu'il ne m'en echape aucune, fut-elle comme un atome[20].

Tu es charmant, mon ami, dans les excuse que tu me fais de quelque petite aigreur bien douce[21]. Je t'assure que le stile de ma lettre, qui t'as paru aigre, ne l'etoit point. Mon humeur influoit sur mon langage, mais je n'ai pas eu un moment de ressentiment contre toi. Tu reprend bien toute ma confiance par la facon dont tu me parle. Je ne veux pas etre plus trompée que cela. Si tu me trompe, c'est bien adroitement, car je te crois malgré les reste de defiance qui gargouilloient encore au fond de mon cœur, mais ce qu'il y a de seur, c'est que je ne demande pas d'etre mieux trompée. Table la-dessus, et sois seure que je sens mieux que jamais la delicatesse de ton amitié par la douceur avec laquelle tu entre et dans mes chagrins et dans la facon dont je te les mande. Ah, mon Panpan, il n'y a pas un second ami comme toi au monde, et je suis bien heureuse de t'avoir trouvé. Je crois inutile de te dire combien je t'aime; ne le vois-tu pas dans tout? Il me semble que je ne forme pas une letre qui ne du t'en etre une assurance. J'ai fremis tout en m'eveillant de la peine que ma lettre te cause. A present cela ne me sort pas de la tete. Je fais mille souhaits inutiles pour faire avancer mardi, car je ne me flate pas que celle qui est partie hier arrive avant.

Apres que je fus couchée hier, tout d'un coup je pars d'un eclat de rire si fort que Dubois, qui lisoit, me cru folle. C'est que je me souvin de ma phrase sur les vers de la Granville et de ce que tu dis que tu en a presque ri[22]. Cela me fait un image si plaisante que j'en ris toute les fois qu'elle me revient et je t'assure que je n'ai pas imaginé en l'ecrivant que cela fut visible. Je veux que tu me les envoye, ces impertinens vers que tu as cependant fort bien fait de faire.

Ce n'est pas par humeur que je t'ai deffendu de ne plus me parler de tes sotises[23]. C'est par le regret que j'ai a bruler tes lettres. Je suis bien aise que vous ayez senti comme moi qu'il est plus agreable d'arriver quelque part comme quelque chose que comme rien.

Le dimanche soir

Me revoici et je ne trouve plus rien a repondre a ta lettre, qu'a l'article de la Taupe, et cela ira tout de suite. Tu as raison; je lui nie l'esprit[24]. Je ne sais ou j'avois pris qu'elle en avoit. C'est qu'au milieu de tant d'impertinence quand je lui entens dire par-ci par-la quelque chose qui a le sens commun, je crois qu'elle le pense, et point du tout. Ce n'est qune convultion[b] de sa memoire. Passe-moi le terme, je n'en sais pas d'autre pour exprimer un acte involontaire. Elle est depuis ces jours-ci plus aigre, plus meprisante, plus denigrante que je ne l'ai jamais vu. Elle en est laide, car il n'y a rien de si vray que ce joli visage n'est plus le meme quand elle est livrée a son humeur. Je ne suis pas trop en trains de te rendre la conversation que je t'ai promise au comencement de ma lettre; enfin la voici a peu pret. J'etois rentrée un moment dans ma chambre en sortant de table; quand je revins, le Mr disoit : «Elle n'y fait que des folies, je crois.» T. : «Des folies sans nombre, pitoiable, miserable; ah fi! il valoit bien mieu demeurer a Paris.» Le B. : «Il n'est jamais tombé dans la tete qu'a elle d'etre tous les jours de sa vie vetuë a la romaine et de jouer la comedie toutes les nuits.» Et puis, s'adressant a moi : «Vous voiez, Mde, que nous parlons de Md. Du Chatelet.» Moi : «Non, Mr, je ne le voiois pas, car Md. Du Chatelet ne fait ni l'un ny l'autre.» Le Beau : «Oh, pour cela, vous ne sauriez nier la vie qu'elle fait, car je la sais, et je vais vous la prouver. Elle passe six heures a sa toilette, c'est-a-dire, jusqu'a neuf heure du soir. On s'atant a souper. Point. On vous fait aporter de la limonade, on n'en boit guere soi-meme, on a point diné, la soif n'est pas violente. On atent ce souper qui n'arive point. Enfin, a onze heure, le maitre d'hotel vient demander si l'on doit servir. On dit : ‹Pas encore, il faut jouer la comedie.› On la comence. A une heure on croit qu'on soupera enfin. Point. On fait l'esprit, on se nouri de sublime, et a cinq heure du matin on vous donne a souper, et l'on ne vous laisse aller au lit qu'a huit heure, et cela n'est-il pas pitoiable? Ces gens-la ne sont du gout de personne. Aussi passoit-elle pour la plus ennuieuse personne du monde a Paris.» Moi : «Cependant elle a bien de l'esprit.» Le B. : «Oh oui! de l'esprit, mais ce n'est point du tout de l'esprit comme les autres.» T. : «Non, elle n'a point du tout l'esprit comme les autre, cela est tres vray; pour moy, je l'ai vue partout; elle ne parle que fort peu, et l'on ne sait ce que c'est que cette femme ny ce qu'on en veut faire. Elle parle maussadement meme.» Moi : «Elle est donc bien changée; quand je l'ai vu, elle parloit a merveille. J'ai meme ouï dire a bien des gens que c'etoit son talent.» «Mais vraiment, reprend Taupe, rouge de colere, elle parle francois parce qu'elle ne seroit recue nule part si elle parloit le langage des hales, mais il y a des gens qui parlent tout aussi bien qu'elle au moins, et au moins de melieur sens sur lesquelles on ne se recrie pas, mais il n'y a rien a dire, c'est le gout qui decide, et quand on trouve tout admirable on se trompe souvent. Qu'es qu'elle fait a Cirei, voions? Pourquoi quitter Paris? Elle etoit decriée? Point du tout, elle etoit fort bien; on auroit oublié son empoisonnement[25] au lieu qu'elle se ruine la, car il n'y a ny rime ni raison a ce qu'elle fait; c'est une depense mal entendue, tout va de traver. Pourquoi batir, a propos de quoi, des apartemens recherché? Car tout cela est pitoiable.» Moi : «Son mari m'a dit qu'elle rangeoit fort bien ses affaire, qu'elle avoit bati une forge qui lui valoit beaucoup.» T. : «Cela ne se peut pas; elle ne s'entent a rien. Qu'es que c'est que cette forge? Ou est-elle? Qu'es qu'elle en veut faire? Que ne restoit-elle a Paris?» Le B. : «C'est aparament pour tenir compagnie a V. dans son exil.» Moi : «Il n'est plus exilé, il est retourné a Paris quand on a joué *Alzire*[26].» T. : «Oh non, j'en suis seure; qui voulez-vous qui lui donne sa grace?» Le B. : «Il n'y a surement pas eté, car je le sais; le garde des seaux²⁷ m'a dit a moi qu'il lui avoit fait dire que, si jamais il laissoit paroitre une certaine chose, une piece, un je ne sais quoi en vers..., qu'il ne lui pardonneroit jamais.» T. : «Oui, oui, je ne sais ce que c'est, mais ne le savez-vous pas, Madame?» Moi : «C'est peut-etre un poeme.» T. : «Oui, mais quoi?» Le B. : «Oui, un espesse de poeme qui est je ne sais quoi, ditte donc, Madame.» Moi : «C'est sur la Pucelle d'Orleans.» Le B. : «Peut-etre bien. Qu'es qu'il y a donc la-dedans?» T. : «Ah, pouvez-vous le demander? Des horreurs, cent mille choses!» Le Beau : «Il montre donc les sience a Md. Du Chatelet?» T. : «Oui, toutes sorte de chose. On dit qu'elle sait toutes les siences du monde, mais vous m'avouerai que cela n'est pas une grande ressource dans la societé, et qu'elle n'en est pas plus aimable, car pour les gens qui savent l'histoire, ils ne se soussient pas d'en entendre parler pusiqu'ils la savent, et ceux qui ne la savent pas ne s'en soussissent pas non plus parce que cela les ennuie.» La conversation dura deux heures.

En verité je suis lasse d'ecrire des impertinences. Voila un echantillon des propos les plus suivis et les plus sensés que j'entens. Ne t'imagine pas que j'y ay mis un mot du mien. Je t'assure que je ne pourois pas imaginer de pareilles choses, pas meme le «soussissent», car elle le dit cent fois par jour, et bien d'autres dans ce gout-la. Tu n'auras pas le portrait de si tot. Il faut avoir de l'esprit pour le faire, et je n'en ai avec eux que pour leur dire mille mechanseté que j'ai toujours envie de leur lacher et qui pouroient bien m'échaper, car comme j'ai pris le parti de ne parler qu'a toutes forces, je reve et je fais des reponces en-dedans a les assommer, ou pour mieu dire, a me faire assommer. Fy, j'alois oublier que je suis avec eux. Tu peus en juger par ceci. Hier il tripotoit pour racomoder une aiguille de tapisserie de la dame et vouloit la metre au feu. Je lui dis que cela la gateroit. Il me repondit d'un ton d'oracle : «Madame, je vous prie de croire que tout ce que je fais, je le fais bien, et qu'il n'y a rien a me dire.» C'est bien celui-la qui te feroit peur; il est cent fois et encore cent fois pis que Demaretz ne nous peignoit St Vigor²⁸. Il faut encore que je te rende un de ses propos, puisque cela vous amuse. Hier d'abord apres diner, le lieutenant²⁹ qui est ici et le capitaine²⁹ qui y est par hazard pour deux jours, tous deux Alssassiens, plus mausades l'un que l'autre de figure et de manieres – par parentesse, c'est le regimens de Roye etrenger³⁰ qui est ici, et point l'enciens Lixxim³¹, comme je te l'avois mandé. Autre parentesse, c'est qu'il y a huit ou dix jours que le lieutenant, arrivant, vint voir la dame, et Md. Dubois qui, d'une fenetre, le voit entrer dans la cour, s'en tient a l'habit blanc, car le visage l'auroit assurement detrompée, et se mest a battre des mains et a lui crier : «Mr Demaretz, Mr Demaretz!» trante fois, tant qu'elle a de gorge. Quand il fut tout pres de la fenetre, elle ne su autre chose que de faire le plongeon et se cacher.

Or donc, apres que ses messieurs furent sortis, comme j'avois vu que le capitaine avoit nommé notre monsieur, je lui demandai son nom. «Moi, me repondit-il, je ne le connois point.» «J'ai cru, lui di-je, que vous le connoissiez de la façon dont il vous parloit.» Il me repond, avec un regard majestueux : «Tous les capitaines de cavalerie peuvent me connoitre, mais pour moi, je ne les connois point.»

Quand il veut dire que quelque chose ne vaut rien, il dit : «Cela est lorrain.»
Enfin la benite tarte d'hier ne valoit rien. Il en mangea le premier et dit qu'elle
n'etoit pas excellente, mais que ce n'etoit pas de sa faute. J'en mangeay et je dis
qu'elle n'etoit pas bonne. Il pensa me menger moi-meme, en me soutenent que
je n'y trouvois a dire que sur sa parolle, et qu'assurement je n'aurois pas seu si
elle etoit manquée s'il ne l'eu pas dit. Je ne dis mot et cela me diverty. Il obligeat
hier la dame d'envoyer prier les deux officiers a diner pour aujourd'huy, car elle
dit qu'il ne font que croter son plancher et qu'elle n'aime point le fretin. Elle les
recoit, Dieu sait. Enfin ils ont diné ici. Il faloit voir l'air du Mr : il ordonnoit, il
faisoit le maitre, il a plus recité de bagatelles aujourd'huy que l'Accademie francoise
n'en metroit en deliberation en un siecle. Apres diner, il nous a conté ses revenus
jusqu'aux deniers et oboles, il nous a fait le denombrement de tous les arbres qu'il
faut plainter. Noté que c'est a la letre pour faire une foret ou il n'y en eu jamais a
Monmirel[32], qui esta a lui. Enfin il en a deja deux millions de pieds de planté, mais
il n'y a pas une branche dont il n'a suputé la valeur quand il seront en etat d'etre
coupés dans cent ans. C'est sa folie, dit-il, de travailler pour ses desendans. De la
il nous a promené dans ses paturages de Normandie. Il a evalué ce qu'un poil
d'erbe pouvoit faire de graisse a un bœuf, car il se pique de calcul. De quoi ne se
pique-t-il pas? D'economie qui vas, je crois, plus loin; de talent de la guere. Ah
quel officier! son regiment trembloit a sa vue. Il fait des plan dans la perfection
pourvu qu'il ai du papier huilé et un dessein dessous comme il a fait hier. La
politique, c'est son fort, la tendresse et la constance, c'est ou il brille, mais je crois
que c'est a beaux coups de pieds dans le ventre, du moins disoit-il ses jours passé
que c'etoit le plus seur moien de se faire aimer. Oh Louvois[33]! si tu pouvois voir
ton petit-fils par quelque fente de la voute, que tu serois content de son impertinence! Voila une exclamation qui me devient si familliere que je meurs de peur
de l'echaper. Il est detesté des paiisans qu'il fait enrager pour les offrages[e] qu'il
font dans le jardin. Des domestiques le voudroit envoyer dans les fosses la tete la
premiere. Il n'y a pas jusqu'a Md. Dubois qui se melle d'ecouter quand je suis
couchée s'il ne sort pas de sa chambre, et qui pretent l'avoir entendu ouvrir et
fermé la porte de la dame a deux heures cette nuit[34]. Pour moi qui ne l'ai pas
entendus, je n'en puis rien dire. C'est que Dubois est encore plus pres de sa
chambre que moi, et qu'ier ta lettre m'avoit si bien reveillée que je ne pouvois
m'endormir. A force de se fourer du tabac dans le nez, Melle Dubois avoit lu la
fin de *Tourbillon*, *Vert et bleu* tout entiere, et la moitié du *Paiis des delices*[35]; c'est ce
qui a fait qu'elle a entendus du bruit, car les autres jours elle sort de bien mellieure
heure de ma chambre. Tout ceci soit entre nous, au moins il ne faut pas meme
dire qu'il est ici. Elle en fait mistere. Je te defend Lubert. Tu sens bien que je
veux bien vous amuser, vous autres, mais que je crains le plus mechant couple que
je connoisse. Est-tu content, Coussi[36]? La reponce va de suitte, je crois. Je ne sais
si cela vaut mieux en copie a cause de l'eloignement, mais pour moi, je voudrois
bien entendre mon ramage et le parler. Il n'y a plus que courage. Bonsoir, mon
Panpichon. Je n'ecrirois pas au St aujourd'huy, fusse pour le damner. J'ai les yeux

crevés. Embrasse tous nos amis et embrasse-toi toi-meme. La comission n'est pas remplassé?

Sais-tu bien que l'empereur[37] a ecrit au valet de chambre du cardinal[38] pour savoir des nouvelles de sa santé? On dit que cela est tres vray. On l'avoit mendé a mon hotesse.

As-tu vu cette chanson sur la reception de Mr de Vilard[39] a l'Accademie sur l'air «Voici le jours solennel de Noel»[40]?

> Tu fais bien de quitter Mars
>   Beau Villars,
> Que Chabot[41] meme epouvante   (C'est que Mr de Chabot
> Fils du heros de Denein[42],   est decidé poltron)
>   Fait demain
> Un des heros de quarante.
>
> Ouvre-lui ton magazin
>   Pelegrin[43],
> Viens lui donner sa harangue.
> Tu fais parler les muets,
>   Les Mallets[44]
> Sans toy n'auroient plus de langue.
>
> Qui es-ce qui lui repondra?
>   Ce sera
> Le chantre de la goutiere[45],
> Qu'il l'habille en capuchon
>   Le lutrin
> Lui va comme a son beau pere[46].

La voila comme je l'ay trouvé. Je suis bien dans le cas des gens qui disent : «On me l'a apris comme cela, car je n'y entens rien.» Il me semble qu'il y manque quelque chose que tu entendra peut-etre, car tu es plus au fait des grimeaux du Parnasse que moi[47].

MANUSCRIT

Yale, G.P., II, 145-152 (D28); 8 p.; orig. aut.

IMPRIMÉS

I. Showalter, p. 39-42 (extrait).

II. Butler, pp. 127, 195-196, 199 (extraits traduits en anglais).

TEXTE

a Cinq ou six mots rayés. *b* Lecture incertaine.
c ouvrages.

NOTES

1. Voir 51n1.

2. Non identifiée; lecture incertaine.

3. La lettre du 11-13 novembre (G.P., I, 301-312).

4. Devaux : «Qu'est-ce donc qui vous empeche de m'ecrire? Car enfin, je suis obligé de croire que vous ne l'avez pas fait. La poste ne manque pas deux fois de suite. Seriez-vous malade? Je n'ose m'arrester sur cette idée. Elle me fait fremir. Si c'etoit cela, ne pourriez-vous pas me le mander par Dubois?» (I, 301.)

5. Devaux raconte sur deux pages s'être brouillé avec Adhémar pour un malentendu (I, 302-303). Il ajoutera plus tard : «Au moyen de quelques interpretations, j'ay tout pardonné au Petit St. Nous resommes comme cochons, et je vous avoue que j'en suis bien aise, car je l'aime veritablement.» (20 novembre 1738, G.P., I, 333.)

6. Devaux : «Je vous contai hier la querelle que j'avois euë avec le Petit Saint. En voici une autre avec le Professeur, qui me fait d'autant plus de peine, qu'il m'est plus cher. Malgré la parole que j'avois tirée de luy, de ne jamais tascher de faire dire a sa maitresse ce qui s'etoit passé entre elle et moy, il luy a fait des questions si vives, quoyque je n'y fusse point nommé, qu'il faudroit qu'elle fut bien beste pour douter que je luy ai tout dit. Cela me chagrine extremement. J'esperois qu'il avoueroit son tort, et que les excuses qu'il m'en feroit me causeroient plus de plaisir que son indiscretion ne m'avoit causé de peines, mais bien loin de là! Vous connoissez son froid, il m'en accable, et l'on croiroit que c'est luy qui a a se plaindre, car il semble que ce soit luy qui me boude.» (I, 304.)

7. Desmarest.

8. *Andromaque*, II, i.

9. Devaux : «Voila le Desmarets qui entre. Il dit qu'il vous a ecrit de Vic ce matin.» (I, 311.) Vic-sur-Seille : petite ville à mi-chemin entre Nancy et Metz, siège du régiment de Desmarest.

10. Devaux répondra : «Je vous pardonne bien aisement le titre de chere amie; il couste au moins quelque chose, qui me flatte.» (I, 333.) Ce n'est pas la première fois que Mme de Graffigny s'adresse à Devaux au féminin (v. aussi plus tard, 55n32).

11. Devaux : «Mr de Tavannes se porte bien. Il a obtenu de faire sa quarantaine avec Monseigneur. Il est bien aise que la campagne soit finie, et moy aussi par rapport a luy, car en verité il m'interesse extremement.» (I, 305.) Dans sa lettre du 20 novembre Devaux ajoutera : «Tavannes est avec Mgr chez Mr de Mercy. Ils attendent là leurs ordres pour le lieu de leur quarantaine. Il se porte bien.» (I, 333.) Il y a trois frères Mercy, tous avocats récemment annoblis, qui habitent soit à Saint-Mihiel, soit à Pompey.

12. Devaux : «J'espere que la fin de ma lettre retractera une partie de tout ce que j'y dis au commencement.» (I, 305.) ; et encore : «S'il y a quelque chose dans ma lettre qui ne vous plaise point, pardonnez-les-moy, je vous prie, et croyez que rien ne me tourmente plus que l'idée de vous tourmenter.» (13 novembre 1738, G.P., I, 312.)

13. Devaux : «Je veux vous dire auparavant que

j'ay eté tenté de jetter au feu mon verbiage de ces jours passés, parce que je ne doute pas qu'il ne vous ennuye.» (I, 306.)

14. Pour l'article de Devaux, v. 50n2. Les correspondants cités ici par Mme de Graffigny ont déjà été identifiés à l'exception d'Emmanuel-François-Joseph-Ignace-Dieudonné de Nay, comte de Richecourt (1697-vers 1768). Il est vice-gouverneur du duché de Toscane, sous le prince de Beauvau-Craon. Après 1745 il remplira des postes militaires et diplomatiques au service de l'empereur François Ier, ex-duc de Lorraine. Cependant, il pourrait s'agir de son frère, Henri-Hyacinthe (1699-1752), lui aussi comte de Richecourt, d'abord avocat, et en 1738 chargé d'affaires du marquis de Stainville à Paris. Lui aussi servira l'empereur et Marie-Thérèse dans des postes diplomatiques.

15. Pour l'article de Devaux, v. 50n3. Il répondra : «Ce n'est pas moy, vous dis-je, qui ai menti pour les trente louïs. C'est vous, Mr Maurice et le diable, meme quand ce seroit luy qui vous auroit assuré qu'ils font plus de 992^{lt}.» (21 novembre 1738, G.P., I, 337.)

16. Devaux avait demandé à Mme de Graffigny si elle avait parlé à Adhémar de ses amours avec Liébault; il se dit convaincu que ce n'est pas le cas (v. 50n6).

17. Pour l'article de Devaux, v. 50n7. Moutonner : par plaisanterie, v. réfl., se faire mouton, doux, traitable (Littré, qui cite Bescherelle, qui cite une phrase de Mme de Graffigny; v. 64n6). Savonner : se dit figurément et populairement pour maltraiter ou réprimander (Trévoux, 1743); laver (ou savonner) la cornette à une femme : la gronder (Littré).

18. Devaux : I, 308. Il répondra : «Ne faites point de plaisanteries au St sur ses lettres. Cela le demonteroit trop. Vous devez ce menagement a son amitié pour vous, qui est en verité extremement vive. Je les ai luës presque toutes. L'ortographe m'en a fait rire, mais je ne scais pourquoy vous n'y voyez pas bien de jolies choses. Par exemple, le billet ou il vous rend compte de son diner, n'est-il pas joli?» (I, 333-334.)

19. Voir 50n10.

20. Devaux : «Je viens de vous ecrire la feuille (I, 321-322) que vous trouverez en ouvrant ma lettre. Comme cela m'a mené plus loin que je ne pensois, je n'ai pu achever. Voici le reste.» (I, 309.) Il s'agit de la passion de Mme de Graffigny pour Desmarest.

21. Devaux : «L'aigreur de bien des endroits de votre lettre m'a d'abord fait bien de la peine, mais tout bien considéré, j'ay conçu que vous etiez

encor trop douce, et que je n'avois qu'a vous rendre grace de votre indulgence.» (I, 309-310.)

22. Pour la remarque de Mme de Graffigny, v. le texte de la lettre 50 à la note 19. Devaux : «Le ton dont vous me parlez [des vers de la Grandville] me feroit rire dans un autre temps.» (I, 310.) Pour sa réponse, v. 61n50, quand il enverra ses vers à Mme de Graffigny.

23. Devaux : «Je ne vous manderai plus rien du Chien, ni de moy, selon vos ordres. Ah mon Dieu, comme vous traitez mes sottises de tous les genres!» (I, 310.)

24. Devaux : «Vous avez beau dire, les balourdises de Taupe Mamie me paroissent bien contraster avec l'esprit.» (I, 311.)

25. Selon un bruit répandu, Mme Du Châtelet aurait tenté de s'empoisonner après une déception amoureuse (v. Besterman, *Voltaire*, Chicago, 1976, p. 179).

26. *Alzire* fut jouée le 27 janvier 1736, quand Voltaire était à Cirey, mais il alla à Paris à cette époque (v. Besterman, *Voltaire*, p. 203).

27. Germain-Louis Chauvelin (1685-1772); ses relations avec Voltaire n'étaient pas des meilleures. En écrivant à Voltaire le 2 mars 1735 pour lui signifier la permission de rentrer à Paris, René Hérault s'exprimait ainsi : «Son Eminence et M. le garde des Sceaux m'ont chargé, Monsieur, de vous mander que vous pouvés revenir à Paris lorsque vous le jugerés à propos. Ce retour a pour condition que vous vous occuperés icy d'objets qui ne donneront plus aucun sujet de former contre vous les mêmes plaintes que par le passé» (Best.D848).

28. Charles-Frédéric de Lort de Saint-Victor (né en 1710); lieutenant au régiment de Navarre en 1729, capitaine en 1733, major en 1750, lieutenant-colonel en 1759, brigadier en 1761, il fut nommé en mai 1762 lieutenant du roi à Strasbourg et quitta son régiment. En 1766 il fut promu commandeur de l'ordre de Saint-Louis et en 1767 maréchal de camp.

29. Non identifiés.

30. Régiment de cavalerie Royal-étranger, le 7e cuirassier, régiment créé en 1659 par le comte de Roye.

31. Voir 49n6.

32. Montmirail en Champagne, propriété de la famille Le Tellier.

33. François-Michel Le Tellier, marquis de Louvois (1641-1691), le célèbre secrétaire d'État à la Guerre de Louis XIV.

34. Devaux répondra : «Je n'ai d'autre regret de vous les voir quitter que le doute ou nous serons

de la façon dont ils sont ensemble. Ce que Dubois a entendu devroit decider, mais quand le fond du caractere dit que non, les faits ne prouvent souvent rien.» (I, 338.)

35. Contes de fées de Charlotte-Rose Caumont de La Force (1650-1724), publiés dans un recueil intitulé *Les Fées, ou Contes des contes*, qui eut plusieurs éditions entre 1692 et 1725.

36. Citation d'*Adélaïde Du Guesclin* (1734) de Voltaire (v, vi).

37. Charles VI.

38. Le valet de chambre et homme de confiance du cardinal de Fleury était Honoré de Barjac (mort en 1748), qu'il avait connu quand il était évêque de Fréjus. On disait qu'il était maître de toutes les nominations. Il mourut très riche. Devaux répondra : «Je ne scaurois croire que l'empereur ait ecrit au valet de chambre du cardinal, mais je le voudrois, et que tout l'univers le scut. Oh, la lippe au diable!» (I, 338.)

39. Honoré-Armand, duc de Villars (1702-1770), fils du maréchal Claude-Louis-Hector (1653-1734). Il entra à l'Académie française en 1734, à la place de son père.

40. Air non identifié.

41. Guy-Auguste de Rohan-Chabot, dit le chevalier de Rohan, ensuite le comte de Chabot (1683-1760), connu surtout pour avoir fait donner la bastonnade à Voltaire par ses laquais en 1726; il eut aussi une affaire avec le marquis de Villars en 1728, d'après un nouvelliste de la police, qui confirme également sa réputation de poltron et le fait que Villars se déroba (Foulet, *Correspondance de Voltaire*, 1913, p. 63n).

42. Denain, village de Hainaut (Nord), célèbre par la victoire que le maréchal de Villars y remporta le 24 juillet 1712 sur le prince Eugène.

43. L'abbé Simon-Joseph Pellegrin (1663-1745), écrivain trop facile qui avait la réputation de vendre sa plume.

44. Jean-Roland Mallet (mort en 1736), premier commis du contrôleur général des Finances, Nicolas Desmarets, fut reçu à l'Académie française en 1715 grâce à l'influence de son ministre, nomination qui fit scandale à l'époque. Mallet est connu aujourd'hui pour son ouvrage, *Comptes-rendus de l'administration des finances du royaume de France* (1720).

45. Moncrif (v. 39n12) est appelé «chantre de la gouttière» à cause de son *Histoire des chats* (1727).

46. La plaisanterie de cette conclusion reste obscure, qu'il s'agisse du «beau-père» (Adrien-Maurice, duc de Noailles, 1678-1766), ou du «beau père» (n39 ci-dessus). Ces couplets se trouvent

dans le *Recueil Clairambault-Maurepas* (éd. E. Rau-nié, 1879-1884, 10 vol., VI, 100-101). La dernière strophe manque; le dernier vers de la première strophe substitue «zéros» à «héros», et le vers 3 de la deuxième strophe est «Vends-lui bien cher sa harangue».

47. Devaux répondra : «Je ne connoissois pas les couplets. Je les trouve passable. Je crois que rien n'y manque, mais je n'entends pas la fin. Ce sont des anecdotes sur Mongrif qu'il faudroit scavoir.» (I, 338.)

53. à Devaux

Le mercredi matin [19 novembre 1738]

Les arrangemens des postes sont toujours si bien pris que je recu hier a minuit ta lettre de dimanche[1], mon cher Panpan, et que je n'aurai celle qui doit etre arrivée hier que vandredi. Si tu me demande pourquoi je ne t'ai pas ecrit un mot ces jours derniers, je te le dirai. C'est que je me suis crevée apres Mr Lok[2]. Pendant les grands mouvemens de ma tete il a falu l'abbandonner mais comme je veux arriver a Cirei resonnante et consequente, je veux l'avoir fini ici, parce qu'en arrivant il faudra lire *Neuton* qu'on dit qui m'y attent. Et j'espere que l'un m'aidera a entendre l'autre, quand ce ne seroit que par l'habitude de lire des choses abstraites. Enfin j'ai lu depuis huit heures du matin jusqu'a midi. Comme on ne dine qu'a une heure je re[s]te dans mon lit qui est tout pres du feu, jusqu'a midi sonné, je reprends a cinq heures jusqu'a neuf, hors une demie-heures que je donne a ces maudites chansons que je maudits et toi aussi qui n'en profitera pas. J'ai aussi fait l'esquisse du portrait[3] que je t'ai promis mais je ne l'acheverai qu'a Cirei. Je ne sais rien de si difficile a faire; les traits en sont si petits et si peu decidés qu'on ne sait comment les joindre. Je ne sais pas encore si j'en viendrai a bout, non plus que mon Lok car ...[a]

Il est enfin parti, cet homme incomparable[4], ce matin a cinq heures et voila ma tache qui reccommence. J'ai une ressourse que je crains bien qui ne manque, c'est la belle-sœur[5] qui doit venir aujourd'huy ou demain, et qu'on a retardé jusqu'ici pour qu'elle ne fut pas avec le Mr. Je crois qu'elle est un peu dame de vilage et qu'on en a honte, ou bien c'est que l'on avoit peur de l'avoir sur le dos. Quoi qu'il en soit, on l'a envoyé prier de venir a present, mais la neige que je vois tomber me fait craindre que je n'acheve pas mon Lok. A propos de Lok, tu va bien dire que je fais l'impertinente, mais il est pourtant vray qu'il me fait positivement l'effet du maitre de philosophie de Mr Jourdain[6]. Je ne croiois pas qu'il me soit resté dans la tete si exactement, et en meme tems si incognito. Il me sembloit n'en avoir qu'une idée vague et je trouve qu'il ne m'aprend presque rien. Enfin le gout de la nouvauté n'y etant plus, j'ai besoin de rechercher la beauté et la justesses de ses resonnements pour ne pas le traiter de bavard[7].

Or voyons ta lettre. Pourquoi donc esse que tu continue a donner mes lettres a lire a D.[8]? Il me sembloit que je t'avois recommendé de ne l'en point ennuier. Il n'aime pas les niaiserie comme nous. Il les lit par bienseence ou de peur que tu ne le tracasse. Laisse-le en repos, je t'en prie, et ne le tourmente pas a chercher a lui parler de moi. Je le trouve bien tel qu'il est. Mest-toi bien dans l'esprit que mon attachement pour lui n'a point de retour sur moi; que toi, Dieu, ny le diable ne me persuaderoient pas qu'il m'aime. Ainci pourvu que je sache ce qu'il fait, s'entant ce que je dois savoir, je te dispense de me dire ce que tu supose qu'il pense. C'est bien assés qu'il ait la complaisance de m'ecrire de tems en tems sans que tu l'impatiante a lui parler de moi. Sa lettre de Vic arrivera quand elle poura. Comme je n'en attens plus, quand j'en vois elle me font un double plaisir. Puisque je suis a parler de lui, il faut achever sur un autre article de ta lettre. Detourne-le si tu peus de passer a Cirei.[9] Je connois ces artifices et mon cœur. Quoique je l'ennuie par mon acharnement a l'aimer, il a une arriere-vanité qui l'engage a me rengager de tems en tems. Il ne sait que trop bien réeusir et puis c'est tempis[b] pour moi. Je ne m'atens a rien; je l'aime par le seul interet que je prends a lui; je ne veux plus de l'esperance d'etre aimée. Je voudrois me maintenir dans l'etat ou je suis, qui est passablement tranquil.

Envoye promener tous les impertinens qui trouve tes lettres trop longues, mon cher Panpan[10]. Ce sont des cœurs pouris qui ne connoissent pas le plaisir de causer avec ses amis. Y a-t-il un autre moien de tromper l'absence? On aime guere quand on ne veut de ses amis que des letres brillante ou l'on a que de l'esprit. L'on aime guere quand on se contante de savoir que l'on est pas mort. L'on aime guere quand on a rien a dire. Disons toujours, mon Penpichon : «Ne me conterois-tu pas tout ce que tu m'écris?» Qu'es que l'amitié si l'on en aute le confiance? Pour moi, qui ne peus rien faire pour mes amis, je ne sais pas d'autre preuve a donner de mon attachement que de leur rendre compte des mouvemens de mon corps et de mon ame – quand je suis seure de ne pas les ennuier, s'entant. Mais demande un peu a ce beau St et a ce vilain Chien, s'ils etoient a l'armée ou a la cour, s'ils ne manderoient pas a leurs amis ce qu'ils feroient. Nous n'avons que de petits mouvements; nous n'ecrivons que de petites choses. Il est vray qu'il faut aimer pour les trouver bonne, car par exemple le St m'ennuie et m'exede avec ses recit d'un diner chez Mr Cat[11]. Ses letres sont dans le meme gout. Il faut du stile, j'en conviens, quand le cœur n'y est pas. Voila pourquoi je ne condamne personne, mais qu'ils nous laissent faire!

Dame! je n'entens plus le proverbe, mais je ne veux pas le perdre[12]. Ma curiosité en est piquée; explique-le-moi. Je ne croiois pas que Demaretz en joua, non qu'il ne les fit aussi bien qu'un autre mais c'est qu'il ne s'amuse pas de tout. Et les eche[c]s, est-il bien fort a present? Il sont a veaut-l'eau[c], je pense. A propos de cela, la Taupe dit qu'elle ne soufriroit pas dans sa maison quelqu'un qui sauroit jouer au trictrac ou aux echets. Je me recriai : «Ah Mde! j'aime le trictrac a la folie et j'aprenois les echets.» Helas! elle n'a pas tenu parolle. Comment veus-tu que l'on peigne quelqu'un qui n'a que de ces choses-là?

Il faut que le *baste*[13] qui te tient tant a cœur soit bien peu de chose, car je ne me souviens pas de l'avoir ecrit et je n'y ai pas repondu dans ma derniere lettre parce que je l'ai regardé comme rien. Mais puisque tu en crains l'analise, il faut la faire. Je t'assure, mon ami, que ce n'est tout au plus qu'un mot d'humeur qui ne sinifie rien du tout a present, et qui surement ne sinifioit pas grand-chose, car je l'ai oublié totalement.

Si je puis rendre servisse a Mlle Durant[14] je le ferai de bien bon cœur. Nous serons peut-etre bientot au pair, car on mande a Md. de Stainville que les affaires de S.A. sont si mal que les pensions sont bien hazardée. Je serois une jolie demoiselle. La montagne[15], mon ami, tu veras qu'il faudra y venir. Ne prends pas cette reflection plus a cœur que moi. Voila bien encore une epreuve de mon chien de cœur. Tu croiois que la lettre de Md. de Richelieu m'avoit mise au desespoir et c'etoit celle de D. Je ne me plains pas de lui. Je ne songe pas a la pension qui est un bien autre jeu pour moi. Voila ma misere, mon ami; elle ne t'es pas nouvelle. Vois par la comme mon cœur se porte.

L'idée de la comedie que le roi fait jouer[16] me diverti. Gage que c'est une piece de Solignac que l'on propose a nos amis. Je leur en fais mon compliment d'avance et je ris de l'embaras ou ils seront pour refuser. Si cela ne se trouve pas vray, j'aurai toujours ris.

J'embrasse de tout mon cœur ton Chien. S'il est vray qu'il m'aime bien, il n'a que faire d'esprit pour m'ecrire mais, mon Dieu, il est bien honnete, car je lui dois tout plaint de reponce. Voila ce qui s'apelle aimer ses amis. Je prends bien cela en preuve et je l'en remercie bravement.

Comment, tu relis tes lettres? Ah! tu as bon foye[17]. Les miennes vont comme elle vienent, aussi je crois qu'il y a de belle phrase et une belle ortographe. Ce seroit la mere[d] a boire que de les relire. Pourvu que je ne rabache pas les memes choses, je suis bien contente.

Tu aime le Mr d'ici a la folie[18]? C'est donc en contre-verité, ou tu a mal saisi son caractere. Tu l'as pris pour un petit-maitre a cause de son indiscretion. Il en est a cent lieu. C'est un brutal, plus brutal cent fois que Tavannes, plus opiniatre que toi, plus contrariant que le Professeur, plus imperieux que...je ne veux pas dire qui[19], plus remplis de rien que la Taupe, plus «je» que Forester[20], plus sufisant que d'Arbeau, plus bavard que Mr d'Arnoncour[21]; enfin dont l'amour-propre est ecorché jusqu'aux os. L'aime-tu encore?

Il faut que je te compte une de mes vaillance : c'est pour[e] revenir a lui. Avant-hier, j'avois la tete si brouillée (car par parentaise hors hier je n'ai pas une heure de santé) j'avois donc la tete brouillié a ne savoir ou j'etois. Je vis un beau soleil; je fus me promener avant diner avec mon Zon[22] dans la prairie. En traverssant le jardin je vis le beau Mr avec un fusil. Je m'araitai assés pres de lui pour savoir ce qu'il cherchoit. Comme il me disoit que c'etoit une becasse, elle partit. Il la tire. J'etois assés pres, point deriere lui, et je n'eu pas peur. Je regardai tirer comme je regarderois jeter un vere d'eau. Le pauvre Zon pensa mourir; si elle n'avoit trouvé mon panier a se cacher elle etoit morte. Mais ce n'est pas la le beau, c'est que cest homme qui fait tout si bien la manqua. Je passai mon chemin. Depuis ce moment jusqu'a celui de l'adieu, il n'a eté question d'autre chose que de repeter toutes les circonstances de ce coup pour prouver que le premier tireur du monde, et c'est lui, ne pouvoit que la manquer. Il nous a tué plus d'un milion de piece de different gibier pour nous faire voir qu'il ne manquoit jamais. Je disois tout bas : «En peu de tems, voila bien du sang rependus.» Il a passé hier la journée a coudre, a monter un metier de tapisserie, et a devider vingt echeveaux de soye, le tout par opiniatreté, car la dame ne vouloit pas, mais pour faire voir qu'il vient a bout de tout ce qu'il entreprend. Quand j'arivai pour souper il me fit un trophé de ses gros pelotons comme s'il devoit reparer la becasse. Pendant qu'il montoit le metier il y etoit. C'etoit d'abord apres diner, il offrit a la Taupe de lui envoyer une chose dont tu aurois grand besoin; c'est le nerf d'un animal des Indes qui est si semblable a ce que tu n'as pas que les yeux ferméz on s'i trompe[23]. Il a, dit-il, le meme ressort quand il a chaux et enfin tout ce qu'il faut. Le detail fut long; je pourois l'ecrire puisque Taupe l'a entendu et en a rit, mais en verité je n'oserois. Il n'y en a que trois en France. La Taupe demanda tranquilement qui possedoit ces tresors; pour moi, je ne pensai qu'a toi.

Le jeudi soir [20 novembre 1738]

J'avois prevu tout le chagrin que te donneroit ma lettre, mon cher Panpan, et je t'en ai fait d'avance mes gemissemens et mes excuse. Cela n'a rien auté a ma sensibilité en recevant la tiene. J'avois beau dire : «Mais il n'est plus en peine a present.» Il a falu que mon amitié te paye son droit. Je te promets bien que cela n'arriveras plus et que je ne me laisserai plus aller a cette habitude de rependre mon cœur et ses horreurs dans le tienes. Quand on est ensemble cela passe, mais je sens que par lettre on est trop lontems a consoler son amis. Je ne te dirai rien de plus, mon cher Panpan. Ce seroit te retrasser des idées qui, j'espere, sont chassées. Je te promets que ta lettre a bien fait son effet sur moi comme la miene sur toi, et ta douceur me confond a un point que je sens mille fois au-dela de ce que je puis exprimer. Mon Dieu, quel ami, et combien j'en sens le prix! Jusqu'au precautions que tu prends contre toi-meme me touchent jusqu'au fond de l'ame; j'y vois ta candeur et ta confiance. Ne crains rien sur la miene, mon cher ami; elle est trop bien fondée pour se detruire. Seulement ne cherche pas a me persuader que l'on m'aime; cela est incroiable et je prendrois malgré moi ce que tu me dirois pour des flateries et pour une obligation ou tu croirois etre de reparer ce que tu avois fait. Par exemple, la lettre que je viens de recevoir de lui, je gagerois que je ne la dois qu'a tes persecution[24]. Il me semble le voir te la jeter et te dire : «Tiens, ennuiant, puisque tu veux etre seur que j'ai ecrit, mest le dessus toi-meme.» Au nom de ton amitié, mon cher Panpan, ne le tourmente pas pour moi. Je crois te l'avoir deja mandé. Je ne m'atendrai jamais a ses lettres. Quand elle viendront, elles me feront grand plaisir, mais quand elle ne viendront pas, je n'en serai pas en peine parce que je ne m'atens a rien. Pourvu que tu me dise : «Je l'ai vu ou je ne l'ai pas vu», laisse-le en repos. Crois-moi, je sens assés l'humiliation ou je suis d'etre au point de lui etre obligé de la contrainte qu'il se fait pour m'ecrire quelquefois, sans avoir encore la peine de croire que je ne le dois qu'a tes persecutions, et que tu ogmente par la sa repugnance. Je conois trop bien le terain pour m'y meprendre. D'allieurs, moins je recevrai de ses lettres, plus je m'accoutumerai a le laisser en repos, et j'espere qu'enfin je le delivrerai de mes empressement. Il me semble a tout moment lui entendre dire comme a Menehme : «Cette femme est sur moi diablement acharnée»[25], et tu crois bien que, n'aimant pas naturellement l'humiliation, celle-la me coute, mais je la soufre avec une douleur tranquille qui me laisse vivre du moins, au lieu que les tourmens que je me faisois pour m'en detacher ne me presentoit que le desespoir. Enfin, apres de pareilles secousses, il n'est point de peines qui ne paroissent douces.

Je n'entens rien du tout a cette signature de comedie. Je n'en puis rien dire que je ne sache ce que c'est, qui, et comment[26].

Voici qui te vas encore chagriner, mon cher Panpan, car cela me chagrine. Je ne sais plus quand j'irai a Cirei. Je viens de recevoir une lettre de Md. Du Chatelet qui me propose de m'envoyer un phaeton[27] a Bar[28]. La voiture est legere par le tems qu'il fait[29]. Elle m'en fait des excuses, mais je ne laisse pas d'en etre un peu piquée. Elle dit que ses cheveaux sont trop jeune pour venir me chercher et que Md. de Stainville peut bien m'envoyer a Bar. Md. de Stainville n'en veut rien faire; elle est charmée de cest avanture, car elle a pris son parti de n'aller a Comercy qu'au Nouvel An. Je suis morte, car l'ennui me surmonte. J'en eu hier tout du long. Elle se dedomagea bien d'avoir cedé au plus fort en babil. Elle étoit mise comme Marie Froufrou[30], d'une humeur de chien. Tous ses vieux rabachages revinrent comme s'il ne faisoient que de naitre. Md. sa belle-sœur ne viendra que dans huit jours et peut-etre n'y resterait-elle que deux ou trois. Me revoila au ferts.

Il me vient une idée que je vais executer. Je vais ecrire a Herei pour savoir s'il seroit impossible d'avoir une chaise a quatre roue avec deux cheveaux de colier quite pour coucher a Bar et faire le chemin en deux jour. Je ne sais que ce moien de sortir d'ici. En tout cas, probablement au Nouvel An les cheveaux de Md. Du Chatelet ne seront pas encore assés vieux pour marcher, et seurement Md. de Stainville ne me donnera pas sa voiture. Si j'en avois une, je prendrois des cheveaux de paissants. Ce qui me fache le plus d'etre ici, c'est a cause des lettres qu'elle ne veut plus envoyer chercher. Je recu avant-hier la tiene par les postillons qui amenerent les cheveaux du beau Mr[31] et aujourd'huy par le mesager de Gondrecour[32]. A moins de hazard comme cela, on ne les a point que le samedi parce qu'il faut aller a la provision. Il faut que j'envoye celle-ci par un mesager qui me coutera trente sol. Il le faut bien, car tu ecrirois toujours a Cirei. Il y aura ta lettre de samedi. Je vais ecrire pour que Md. Du Chatelet me la renvoye[33].

Tu ne saurois croire combien de menu chagrin j'ai eu par-dessus tous les autres. Il faut que je t'en dise un. Mdle Dubois, que je soubsonnois depuis lontems d'aimer un peu le vin et les liqueur, m'a fait il y a huit ou dix jours un tour de sa façon. Elle a craint que je ne m'apersusse qu'elle buvoit de mon Sonini[34]. Elle a fait venir de Ligny de l'eau-de-vie sous pretexte de ses dents et l'a mi dans ma bouteille; partant je n'en peus plus boire. Comme j'ai eté lontems sans en gouter a cause de la fievre, il y a quatre jour que je m'en avisai. Je crus etre empoisonnée, car c'est de l'eau-de-vie detestable. Elle me soutin a sa façon qu'il n'y avoit rien d'extraordinaire. J'etois pressée de sortir. Cela resta la. Enfin le soir je lui reparlai de cette eau-de-vie. Elle me dit qu'esfectivement elle l'avoit gouté et qu'elle y trouvoit le gout d'eau-[de]-vie, mais qu'il faloit que ce fut quelqu'un qui lui eut joué ce tour-la. Or cela est imposible parce que personne au monde n'entre dans ma chambre, que j'ai toujours fait tenir la bouteille cachée dans la male affin qu'elle ne scandalisa pas la dame qui auroit pu la voir allieurs. Et puis les domestiques d'ici ne sont point du tout dans ce gout-la. Et la plus forte raison de tout, c'est qu'il n'y a point d'eau-de-vie dans la maison. Que dire? J'ai grondé, mais pas tant que tu crois, car j'ai senti qu'il faloit la chasser ou faire semblant que je croiois ses mensonge. J'en suis fachée premierement parce que le gout pour l'eau-de-vie ne m'est point passé. En second lieu, c'est que c'etoit ce magot qui me l'avoit donné et que c'etoit un grand merite, et d'allieur il me fache de sentir qune creature qui me sert si mal n'a pas seulement la qualité d'etre fidelle, et plus que tout l'insolence de ses mensonges.

J'ai recu une lettre de la duchesse[35]. Desmarest te dira ce qu'elle chante et tu devinera avec lui si tu peus.

Je viens d'aller savoir de ma Taupe si elle ne se resoudroit pas a envoyer a Ligny. Voici son marché : il ne m'en couteras pas trente sols, mais quatre lettre de compliments aux Meuses et aux Paris[36] qu'il a falu lui ecrire. N'esse pas bien paier les trente sols? Il est vray qu'elle m'en a dedomagé par ce qu'elle m'a rabaché apres. Je ne sais comant qu'elle est venu a parler de la Plote. Elle m'a conté tous les ridicule qu'elle et sa sœur[37] s'etoit donné a Paris, que l'on y alloit comme chez une fille de l'opera, que le duc Durfort[38] a dit qu'il n'en etoit point amoureux mais qu'elle etoit aussi bonne qu'une autre pour ce qu'il en avoit fait. Enfin elle m'en a dit tant que j'en ai voulu, et je t'avoue que cela m'a diverti. Elle apelle Md. Eliot un «houssoir»; tu ne sais peut-etre ce que c'est – c'est un grand balet de plume. J'ai trouvé que la ressemblance n'etoit pas mal. Leur jeux, leur maintie[n], leur façon de parler, tout a été mis en jeux, le conte que Mr de Flavacour[39] et Mr d'Argens[40] en ont fait – enfin, elle sont bien timpanisée a Paris.

Bonsoir, mon ami. Embrasse nos amis pour moi. J'ai tant ecrit et j'ai encore tant a ecrire que c'est une pitié. Je n'y vois plus. En verité je suis bien bonne de vous amuser tous pendant que vous me faites enrager. Fais acheter un echeveaux de fil a broder chez Claudel. Tu l'aplatira bien et tu la metra dans une lettre si cela est possible. Il ne faut pas qu'il soit si fin.

MANUSCRIT

Yale, G.P., II, 153-160 (D28bis); 8 p.; orig. aut.

IMPRIMÉ

Butler, pp. 189-190, 199-200 (extraits traduits en anglais).

TEXTE

[a] La phrase n'est pas achevée. [b] tant pis. [c] à vau l'eau. [d] mer. [e] Elle écrit «prour», ayant mis d'abord «a propos».

NOTES

1. Il s'agit à la vérité de la lettre du vendredi 13 [=14] novembre 1738 (G.P., I, 317-322).

2. Voir le texte de la lettre 46 à la note 15; elle lit sans doute l'*Essai sur l'entendement humain*.

3. Le portrait de Mme de Stainville; v. 52, par. 2 sous «Le dimanche soir».

4. Courtenvaux.

5. Mme de Stainville avait deux belles-sœurs: celle dont il s'agit ici est Claire-Madeleine, sœur puînée du marquis de Stainville, mariée en 1712 à Charles-Joseph de Choiseul-Beaupré, colonel d'infanterie; l'autre est Marie-Anne, mariée à François Du Hamel, capitaine dans le régiment royal des Carabiniers.

6. Mme de Graffigny pense qu'à l'instar de M. Jourdain, elle a fait de la prose sans le savoir.

7. Devaux répondra: «Je ne suis point etonné de l'effet que Locke fait sur vous. La raison ne surprend jamais la raison.» (24 novembre 1738, G.P., I, 340.)

8. Devaux: «Je ferai demain ce que je voulois faire aujourd'huy, si je ne vois pas le Nous [Desmarest] ce soir en particulier. Je luy donnai hier votre lettre pour la lire a part luy, parce qu'Adhemar ne nous quitta pas. En descendant, il me dit a peu pres ce qu'il vous a ecrit, et j'en fus assez content. Je souhaite que vous approuviez son ton.» (14 novembre 1738, G.P., I, 317.) Il répondra: «Je ne scais pourquoy vous me dites de ne plus montrer vos lettres au Nous. Est-ce qu'il vous a mandé qu'elles l'ennuyoient? Pour moy, il m'a toujours paru qu'elles l'amusoient.» (I, 340.)

9. Devaux: «Desmarets, voyant de la lumiere en passant, m'appella, et revint causer avec moy. Il me rapportoit vos lettres. Il m'en a paru touché, mais il m'a dit qu'il ne vous y repondroit guerres, parce qu'en allant a Paris, il vouloit passer a Cyrei et vous confondre de vive voix. Il m'a montré quelques legeres inquietudes sur votre beau monsieur, mais ce n'a eté qu'en badinant.» (15 novembre 1738, G.P., I, 319.) Il répondra: «J'approuve fort tout ce que vous me dites a son sujet, mais je ne crois pas que je doive me haster de le detourner d'aller a Cyrei. D'ici a ce temps-la vous serez peut-etre plus contente de luy. Je ne vous dirai donc plus qu'il vous aime, puisque vous ne le voulez pas, mais je vous repeterai que je vous ai toujours dit vray.» (I, 340.)

10. Devaux: «Je suis honteux de toutes les balivernes que je vous fais lire. Tous nos amis s'en mocquent et m'en font la guerre.» (I, 317.)

11. Non identifié.

12. Voir la lettre 50, dimanche soir, par. 8; c'était

la réponse à un article de Devaux qui a été, de toute évidence, perdu. Voici la réponse de Devaux: «Je ne vous ai ai repondu sur le proverbe. Vous l'avez presque deviné. Il est de l'invention de Demarets, et je le trouve bien joli. On le croit si aisé que chacun le devine, et alors on l'applique a ceux qui l'ont deviné. Vous l'avez retourné dans un autre sens qui luy convient fort bien.» (I, 318.) Mme de Graffigny y répond dans la présente lettre. Devaux répondra: «Le proverbe s'applique a ceux qui le devinent. Cela veut dire que l'on les croit assez sots pour ne leur en donner que de pareils. Desmarets y jouoit fort bien. Il n'est plus question des echets. Il y a mille ans que je n'y ai joué moy-meme.» (I, 340.)

13. Voir 50n19.

14. Devaux: «Bonjour, chere Abelle. Je ne vous dirai guerres que cela ce matin, parce qu'un beaufrere de Mdelle Durand, qui m'est venu parler pour ses affaires, a mangé toute ma matinée; il va etre midi. Pendant que je vous parle de Mdelle Durand, vous serez bien aise d'apprendre qu'elle est placée en qualité de gouvernante dans le pays ou vous serez bientost, chez le marquis de La Neufville. Son adresse est par Vassi; ainsi, je conjecture qu'il est voisin de Cyrei. Si, par hasard, il y alloit quelquefois, je vous prie de la luy recommander.» (I, 318-319.) Mlle Durand n'a pas été identifiée. Sur le comte de La Neuville, v. 62n17.

15. Devaux répondra: «Ah, ne me parlez plus de cette maudite montagne. Tout de bon, chere Abelle, ne vous mettez pas cela dans la teste. Eh mon Dieu, les malheurs ne viennent que trop tost. Il ne faut pas en jouïr avant qu'ils arrivent. Celuy que vous craignez n'est point probable. Toussaint se deshonoreroit en vous abandonnant.» (I, 340.)

16. Devaux: «On dit que le roy veut qu'on jouë une comedie. Le St et Desmarets en seront. On m'avoit nommé, mais j'ay prié Mr Adhemar de m'en tirer.» (I, 320.)

17. Devaux: «Je ne scais si vous aurez pu lire ma derniere lettre. Elle etoit si longue que je n'ai pu me resoudre a la repasser.» (I, 317.) Tu as bon foie: pour, «Vous avez bon foie, Dieu vous sauve la rate», ironiquement pour: vous êtes un joli garçon, vous nous la donnez belle (Littré).

18. Devaux: «Mandez-moy bien des choses de votre Mr, car je l'aime a la folie.» (I, 317.)

19. Certainement Desmarest.

20. Probablement William Forster (mort en 1771), militaire anglais qui avait été à Lunéville en 1736; Mme de Graffigny le reverra souvent à Paris.

21. D'Harnoncourt.

22. La chienne de Mme de Graffigny.

23. Littré définit le nerf de bœuf comme étant «le nom vulgaire de la partie épaisse du bord supérieur libre du ligament jaune élastique cervical postérieur du bœuf ou du cheval, desséché et artificiellement disposé en forme de cylindre.» Littré ajoute : «C'est par erreur populaire que cette partie est prise pour le membre génital du bœuf arraché et desséché.» La lettre de Mme de Graffigny ne laisse pas de doute quant à l'usage auquel ce «nerf d'un animal des Indes» était destiné. On remarquera que le caractérisant «animal des Indes», substitué à «bœuf», fait de ce nerf un objet érotique surdéterminé. Mme de Graffigny fait ici allusion aux problèmes sexuels de Devaux (v. par exemple 16n8), en le taquinant affectueusement. Devaux répondra : «Je trouve fort impertinens les commentaires que vous faites sur son conte. Je ne vous les pardonnerois pas si je n'etois attendri par toutes les douceurs qui les suivent.» (24 novembre 1738, G.P., I, 341.)

24. Devaux répondra : «Je vous assure que je n'ai point persecuté Desmarets pour vous ecrire, et qu'il l'a fait de tres bonne grace.» (I, 341.)

25. Il s'agit du héros de *Les Ménechmes, ou les Jumeaux* (1705) de Jean-François Regnard. Le vers que Mme de Graffigny cite est en réalité une reconstitution imparfaite des deux vers où Ménechme se plaint des poursuites de la vieille Araminte : «Mais peut-on sur les gens être tant acharnée?» (IV, iv); «Cette femme est sur moi rudement endiablée!» (v, iii).

26. Devaux : «Ils se sont assemblés hier chez le Solignac pour trouver des pieces a jouër. Je crois que cela ne luy plait pas trop, car on leur a fait signer une espece d'engagement, que je trouve bien ridicule. Ils promettent de jouër plusieurs pieces cet hyver pour divertir Sa Majesté. Il n'y a eu que le Saint qui n'a pas voulu mettre sa paraphe et je crois qu'il a bien fait. Si cela se scait a Paris, cela leur donnera du ridicule a tous.» (I, 316.) Il répondra : «Je ne concois pas pourquoy vous n'entendez pas leur signature. Lubert, luy, Solignac, Pymont, d'Arnoncourt, Massot, etc., ont signé un ecrit qui commence ainsi : ‹Nous soussignés promettons et nous engageons a jouer de jour en jour pendant cet hyver des comedies devant le Roy pour divertir S.M.›.» (I, 341.) Massot n'a pas été identifié.

27. Phaëton : chaise roulante fort propre, qui n'est ordinairement que pour une personne, qui est tirée par un cheval, et qui va fort vite (Trévoux, 1743).

28. Bar-sur-Aube, à une trentaine de km au sud-ouest de Cirey, est sur la route des coches à destination de Paris, mais Demange est au nord-est de Cirey; la proposition est donc bizarre.

29. Voir le deuxième paragraphe de la présente lettre, où elle fait mention de la neige qui tombe.

30. Marie-Froufrou : on trouve dans le *Glossaire* de Corblet, sous Rouf-Rouf, Marie : «femme qui fait tout avec une grande vivacité et des gestes brusques» (p. 237), et encore «une femme qui veut tout faire et qui pourtant ne fait pas grand-chose ou qui ne fait que de la mauvaise besogne» (p. 553). Le sens particulier ici, est que Mme de Stainville, en essayant de s'habiller avec élégance, s'est rendue ridicule.

31. Courtenvaux.

32. Maintenant Gondrecourt-le-Château, chef-lieu de canton du département de la Meuse, arrondissement de Commercy. Le village de Gondrecourt est situé à 30 km de Ligny au sud-est, et à 9 km de Demange-aux-Eaux.

33. Devaux répondra : «Il y a une de mes lettres a Cyrei. Vous vous en doutez bien, puisque vous allez ecrire pour la ravoir. Quand on n'enverra pas a Ligni, je ne veux pas que vous y envoyiez, chere Abelle. Ce que vous me mandez la-dessus suffira pour m'empecher d'etre inquiet quand je n'aurai point de vos nouvelles.» (I, 341.)

34. C'est-à-dire, la liqueur fabriquée par Sonini.

35. Mme de Richelieu.

36. C'est-à-dire, à des membres de la famille Choiseul-Meuse et Pâris-Montmartel.

37. Mme Elliot.

38. Emmanuel Félicité de Durfort (1715-1789), duc de Duras, nommé maréchal de France et élu académicien en 1775.

39. François-Marie Fouilleuse, marquis de Flavacour (1708-1763).

40. Jean-Baptiste de Boyer, marquis d'Argens (1704-1771), romancier, auteur des *Lettres juives*, des *Lettres chinoises* et des *Lettres cabalistiques*.

54. à Devaux

Le vendredi soir [21 novembre 1738]

Je ne m'attendois pas a avoir de tes nouvelles ce soir, mon cher Panpan. J'ai eté surprise bien agreablement par ta grande letre dont le comencement est bien ridicule[1]. Tu as pris ma letre de mardi[2] a gauche de point en point aussi bien que la chanson. Je t'assure que je n'etois pas plus fachée que je le suis a present quand je l'ai ecrite, et celle de jeudi, dont tu es si contant[3], t'en est un bon garent, puisque tu auras vu comme je desirois que tu receusses celle qui t'a tant faché[4], croiant qu'elle feroit un effest tout contraire. J'aurai l'honneur de refuter ton in[j]ustisse une autre fois. Pour ce soir, comme il est minuit, je crois sufisant de te donner le bonsoir. Je ne t'ecris[a] qu'afin que tu ais ce chifon mardi car, comme on ira pas dimanche a Ligny, si je n'ecrivois ce soir, tu passerois une poste nulle, et cela te chagrigneroit. Voila l'unique sujet qui m'a engagé a mettre la main a la plume ou la plume a la main, car il me faut toute mon amitié pour m'engager a t'ecrire ce soir. J'en ai vingt pieds par-dessus la tete; je ne puis attendre d'etre dans mon lit pour ne plus entendre parler de rien. A peine ai-je eu le tems de lire ta lettre. Ne vas pas encore croire que je suis fachée de ce que tu t'es faché; je t'assure que non, et quand je le serois, le manche de ta lettre m'auroit bien rapaisé[5]. Va, tu es un bon Penpichon! La beche de ma reconnoissance fait un trou encore plus profon que celle de mes bontés n'en a fait pour toi[6]. Fi! voila de vilaines images. Je n'y prenois pas garde. On aprend a hurler, dit l'autre, ave[c] les loups. Tu m'afflige avec ton papier[7]. Et mon Dieu, faut-il qu'on te gronde pour des choses qui me font tant de plaisir? Ecris toujours, mon ami; songe que j'ai [plus besoin][b] que jamais de vos amitié et de vos nouvelles.

Si Demarets est a Vic, tache d'avoir du facteur une lettre que je lui ai ecrite hier; ne l'ouvre pas, garde-la-lui, j'ai peur qu'en son absence elle ne soit comme la premiere du St[8].

Tu peus t'attendre a une bible pour jeudi, car je t'ecrirai tous les jours. Je ne suis plus pressé d'achever Lok, ainci tous mes moment seront a mes amis. Enbrasse ceux qui m'aime bien pour moi, et envoye les autre ou tu ne saurois aller.

[*adresse :*] A Monsieur / Monsieur Dauphin / marchand, ruë du / Chateau / a Luneville

---

MANUSCRIT

Yale, G.P., II, 161-162 (D29); 1 p.; orig. aut.; restes de cachet; m.p. : Ligny.

TEXTE

[a] Le ms : «te'cris». [b] Trou.

NOTES

1. C'est sa lettre du 18-20 novembre 1738 (G.P., I, 323-334) qui commence : «Bonjour, chere Abelle, je viens de recevoir votre lettre de samedi [=vendredi], dont je ne suis pas plus content que de raison, mais baste! Je commence par y repondre. Je vous dirai ensuite tout ce que je scais,

quoyque votre laconisme semble m'avertir de vous imiter, mais il faut quelque chose de plus positif pour arrester mon verbiage.» (I, 323.)

2. C'est-à-dire, celle que Devaux a reçue mardi; c'est donc la lettre 51 du samedi 14 novembre 1738. Prendre une idée à gauche : la comprendre, l'interpréter dans un sens tout différent du sens réel (Littré).

3. Devaux : «J'ay reçu votre grande lettre ce matin, et j'en suis enchanté, mais si enchanté que je ne touche pas terre.» (20 novembre 1738, G.P., I, 330.)

4. Il s'agit de la lettre 50. Devaux : «Votre lettre de lundi m'avoit fort affligé. Il me sembloit que vous y repondiez a ma grande, et je n'etois point content de votre ton.» (I, 330.)

5. Devaux : «Il faut etre vous pour oublier si genereusement les chagrins que je vous ai donnés. Mon Dieu, que je m'en repens, et que j'ay souffert de tout ce que je vous ai fait souffrir.» (I, 330.)

6. Devaux : «Par ma lettre de lundi, vous verrez que j'avois fait un trou en terre. Je ne le bouche pas encor. Au contraire, la beche de vos bontés le fait plus profond que jamais.» (I, 332.) Il répondra : «La beche de votre reconnoissance m'a bien fait rire. Je craignois que vous ne fussiez plus au fait de cette plaisanterie.» (25 novembre 1738, G.P., I, 343.)

7. Voir 51n17, où Devaux parle des problèmes qu'il a pour avoir du papier à lettres.

8. Pour la lettre de Mme de Graffigny qu'Adhémar n'a pas reçue, v. 47n7.

55. à Devaux

Le samdy soir [22 novembre 1738]

Alons, voions, butor, pourquoi tu t'es si fort faché de ma lettre. Premierement, l'injure qui est au comencement n'est que dans ta tete. Tu fais bien de dire «tacite»[1], car cela me prouve que je n'en ai point dit, chose que j'aurois peine a croire, parce que je n'en avois pas l'intention. Je passe sur une douzaine d'impertinence et je trouve Voiture[2]. Ne crois-tu pas, inocent Danchet[3], que je vais transcrire*a* Voiture pour te faire une basse-cour? Ah oui! je n'ai que cela a faire. Ne faut-il pas que je m'ennuie regulierement huit ou neuf heures par jours et que le re[s]te, je le passe a t'ecrire et cent mille autre gens qui vallent mieux que toi, quoique je ne les aime pas tant? Pour lire, il n'en est plus question; pour la vielle, quelque petit moment quand j'en joue. Je me souviens toujours des *Facardins*, ou l'on passait ses bras dans des trous pour filler vite[4], et vite en passant je fais de meme quand j'atrape un moment. Vite, vite je joue deux ou trois air et puis je passe mon chemin.

Tu veux savoir qui m'a apris que le sang n'est pas rouge[5]. Et bien, il faut se mortifier; pour l'amour de Dieu tu ne le sauras pas. Je suis comme Vairinge[6] : j'oublie toute les jolies chose que j'entens dire. Il y a mille ans que j'ai entendu dire celle de Spadille[7] et je n'en avois nulle souvenance.

Ce sont les vers du conte de Fanchon et ceux du Saint que je veux avoir[8], mais ce que je veux mieux que cela est que tu relise l'endroit de ma lettre ou est le mot de lesine : tu verois, cervelle a l'envers, que je croiois que c'etoit pour m'epargner le port que tu menagois le papier, et tu me repond tres serieusement, et en justification de ton papier, ce qui fait un sens tout differend. Je veux que tu relise cet endroit et que tu m'avoue en bonne forme que quand tu te mets a te facher, tu prends les rossignols pour des corbeaux.

Je ne veux absolument que quatre vers a ton madrigal[9]. Il y a trop de repetition avec six pour ne dire que la meme chose. Mon Dieu, comme les fant[a]isies s'alongent et se racoursissent! Tu crie toujours contre les alongemens si cela n'est pas beau, et tu as tes raisons. Depuis quand les aimes-tu? Seroit-il arrivé quelque miracles?

Les couplets t'ont donc bien choqué? Tu es donc toujours une vilaine bete qu'on ne sauroit toucher sans qu'elle grogne[10]. Vas-t'en au diable si tu ne veux pas que dans un moment de gaieté, sans en avoir de raison, on puisse te faire un badinage; faits-m'en, tu me feras plaisir. Il est pourtant vray qu'en ecrivant les chansons qui m'ennuient tant, j'ai trouvé ces couplets-la qui me firent venir l'idée de te les parodier. Pour te le prouver, les voila. Il t'en coutera du port :

> Cher Y..., vous qui peignez si bien,
> Voudriez-vous me peindre un rien?
> Mais un rien indeffinissable
> Dont l'espesse nous surprend tous,
> Sans forme constante et durable.
> A ces traits le connoissez-vous?
>
> Ce rien quelquefois seduisant,
> Tourne, change comme le vent.
> Ce n'est qu'un confus assemblage,
> Des contraires qui sont en vous,
> Froit rossignol dont le ramage
> N'a jamais alarmé d'epoux.
>
> Enfin le rien est indiscret,
> Complaisant, bizarre et distrait,
> Amusant, ennuieux, aimable,
> Aimé des sages et des fous,
> Jouant assés bien le capable,
> Cher Y..., ne seroit-se point vous?

Eh bien, ou est ce grand mal d'avoir un peu barbouillé cette bouffonnerie? Je suis casi faché. Pas tout a fait pourtant. J'admire le beau verbiage aigre-doux que tu fais la-dessus qui tombe tout a faux, car bien loin d'avoir imaginé de faire le dernier vers ironique, je crus en dire plus par la qu'il n'y en avoit de mauvaise polissonneries dans le reste. Autre travers sur ordre que tu pretens que je te donne de les montrer : je t'assure que je n'y songeois pas. Je comptois parler des chosse que je te disois du Mr et des traits de ma Taupe, pensant sur les couplets que tu te recrierois. Tenez, ne la voila-t-il pas? Elle n'a d'esprit que contre moi; elle ne sort de l'abime de sa mauvaise humeur que pour me dire des injures. C'est dans ce gout-la que j'avois mandé a la Granville de te les demander pour que tu sois surpris de ce qu'elle le savoit deja. Tout cela a tourné a l'oposite de mes idées. Encore une fois va-t-en au diable. Quand je voudrai faire ton portrait serieusement, il sera sur un autre ton, et au bout de tout cela il y a autant de bon que de mauvais dans celui-la. Examine-le de sang-froit. Quand c'est un badinage, peut-on moin dire?

Ou as-tu trouvé dans cette fichu lettre que j'étois degoutée d'entendre ton journal[11]? Ma foi! quelqu'un y a ecrit quelque chose en chemin.

Mr et Md. de Castegea me font pitié comme a toi[12]. Je lui sus bien bon gré d'avoir refusé la pention des le comencement de cette affaire. Je n'ai pas douté que Courouski n'ait tripoté la-dedans. C'est le trains du monde : ce ne sont pas les coupables que l'on pends.

Mais je crois en bonne foi que je suis plus en peine que toi de ce renouvellement de semonce sur Melle Desœillets[13]. Cela me chagrine. J'ai peur que l'on ne te remette encore comme tu as eté. Tache, mon cher ami, a te faire un peu a leurs propos, et atans-toi a en recevoir affin d'avoir le tems de te fortifier.

Le dimanche soir [23 novembre 1738]

«Mon frere, reprenons l'histoire commencée»[14]. Grosbert[15] vient d'arriver; c'est un petit bonheur. Je ferai de lui come les vieux cerf font aux jeune quand il sont las. Comme il ne faut que des orreilles avec la Taupe, il en a une aussi bonne paire qu'un autre.

J'aime assés le rien pour que ces riens m'amuse beaucoup, ainci fais le detail de tes lectures[16]. J'avois une idée bien differente de la preffase de Mr Rolin[17], sur ce que j'en avois vu je ne sais ou. Ne seroi-ce pas parce qu'elle est moulée[18] que tu la trouves belle?

J'aime bien mieux la parodie du Professeur que la question et la dession; je la trouve charmante[19]. Mais je t'averti une bonne foi que la premiere fois que tu m'ecriras des vers en prose, je te renvoyerai la lettre entiere, eut-elle cent pages. Prends-y garde. Et la premiere fois que tu metras le marquis pour le St, je te garde une punition dont tu ne te doute pas[20]. Ne vois-tu pas, tete de bœuf, qu'il faut plus d'ancre pour ecrire l'un que l'autre?

Ah! la foret est passée, nous voici dans la plaine : tu es donc contant de ma lettre de jeudi[21]. Ma foy! tu devois l'etre de l'autre : le stile en etoit moins tendre, mais je ne comprends pas sur quoi tu a cru que j'etois aigre. Enfin tu es contant, mon Panpichon, c'est assés pour que je le sois. Tu me donne bien le plaisir de t'en avoir fait.

Je voudrois voir jouer ces comedies, mais je doute qu'elles aillent a bien[22]. Pourquoi le St ne joue-t-il pas? Je ne trouve plus du tout [étrange][b] que D. ait signé des que Soupir et Lubert en sont. C'est le St qui est ridicule de ne l'avoir pas fait. Dans ces sortes de chose le ridicule ne tombe que sur ceux qui pretendent se distinguer. Voila mon avis. Tu as raison pour Clairon : elle a eu assés de chagrin sur la perilleuse parolle de D. pour qu'il le repare dans une petite ocasion. Je le lui pardonne, parce que la tete l[u]y saute des qu'il projete une comedie. Mais qu'il tache du moins de le reparer.

Le bon mot du St sur son oncle est charmant[23]. Cela me fait souvenir d'un du cardinal la Fleur[24] : il a mis Mr de Chatillon[25] gouverneur du Dauphin[26] parce qu'il est fort bete. Il se plaigni au cardinal que le Dauphin l'avoit apelé sot. «Et qui ece^e qui lui a dit?» repondit le cardinal.

Quel galimathias me fais-tu de tablettes sans le dire[27]? Tu me fais entendre que D. t'en as donné. Si cela est j'en suis jalouse. Ques que Mr de Marsanne, que je trouve tout a traver des choux[28]? Est-ce le pere? Si c'est le Grand Frere, ou vit-il? Tu ne m'en parle dans aucun de tes journeaux[29].

J'ai dit sur votre querelle entre le St et toi[30]. Je ne suis pas etonnée que tu ne sois pas encore en etat de suivre les [concei]ls^d que je te donne. Outre qu'il faut avoir vecu, c'est que tu ne connois encore que par l'experience des autres combien il est facheux de ce croire des amis. Quand tu auras fait autant d'experience que moi, ce que je ne souhaite pas, ta faculté affectionalle[31] sera aussi rebutée que la mienne. A l'egard du parti que tu as pris de ne plus bouder, ou du moins de faire les avance, il te reussira mieux qu'a moi, car quand je les fais je suis toujours seure qu'on me repond d'un stille qui fait une disparade complete, et je n'ai pas la satisfaction de savoir si tout au moins la vanité en est contente. Cela ne me fait pas changer d'avis. J'irai mon traint; je n'espere que du tems.

Comment, bouviere[32], tu rognone encore sur les plaisanteries que je fais a la Granville, et tu me les passe parce que c'est du tems de ma colere[33]! Mais lis donc cette lettre que tu trouve si charmante; tu y vera les souhait que je faisois pour que tu eusses celle qui t'a choqué. C'est une grand preuve que j'etois bien loin de penser qu'elle fut desobligeante. Mais cela est inutil. Tu l'a vue telle; tu n'en demordra pas.

Tu ne saurois sortir de la prevantion pour ou contre. Tu trouve tes letres du St jolies[34]. Grand bien te fasses. Je ne doute pas que tu ne trouve aussi fort jolie *La Fille Capitaine*[35], que tu vas voir jouer. J'ai recherché les billets du Chien : le dernier que j'ai recu est celui qu'il avoit joint a la copie de la lettre de ton pere[36]; esse-ce celui-la dont tu etois en peine? Me voila au bout de ta lettre.

Que te dirai-ge de moi? Rien de bon. Le palfrenier qui a amené Grosbert m'a aporté la reponce d'Herei; il est impossible d'avoir une voiture de Comercy. Me voila plus que jamais attardée sur mon depart. Cela ne m'etonne pas; je ne m'atens pas que rien me reussice a souhait. A propos, je ne t'avois pas mandé que mon reve m'avoit anoncé que je n'irois pas a Cirei de crainte que tu ne t'en chagrina. C'est une chose singuliere, mais ces chien de reves me laisse moins que jamais ignorer ce qui m'arive. Au vrai je ne sais que te mander, car les rabachage de Taupe Ma Mie sont trop plats; c'est toujours la meme chose et la vie que nous faisons aussi. Depuis midi jusqu'a une heure tant qu'il gellera, tu peus me voir a la promenade avec elle comme deux triste bergerre le long des prairies. Diner, travailler c'est tout. Comme elle a des affaires avec Grosbert, j'espere que tant qu'il sera ici, je prendrai la lissence que je prends aujourd'huy de venir dans ma chambre a cinq heures. Tu peus me voir, ecrivant ou lisant, mon Zon a coté de moi. Quand il ne vient point de mauvais vent du coté de Luneville, je suporte cette vie-la, mais quand le chagrin s'y joint, ma foi! je ne sais plus. Mes tisannes m'ont fait du bien, car depuis ces jours-ci je me porte tres bien; il n'y a que ma dent qui me tracasse un peu de tems en tems.

Quand je t'ai dit tous les rapsaudie[37] que je lisois, je ne t'ai pas parlé des *Sinonimes Francois*[38] que je lis sur ma chaise persée. Il ne m'aprenent rien de nouveaux; c'est comme la prosodie, mais c'est assurement un homme d'esprit qui l'a fait. Il donne assés bien la definition des mots et presque toujours par des maximes; elle ne sont pas si bonnes que celle du cornette La Rochefoucaut[39], mais qui peut faire ce qu'il fait? Bonsoir, le combat finit faute de combatants[40].

Le lundi matin [24 novembre 1738]

Je suis encore morte une fois. Grosbert part tout a l'heure et ne reviendra pas. J'avois encore imaginé qu'il avoit une chaise et qu'a son retour il me meneroit a Cirei; rien de tout cela. Il a des ponifes[41] a Luneville qu'il va rechercher. Enfin je deviendrai ce que je pourai, mais quand je songe qu'autrefois je pleurois d'ennui quand j'avois passé trois heures avec la Taupe et que j'y ai deja passé deux mois, que j'y passerai encore je ne sais quel tems, je ne comprends pas comment j'y resiste, car elle n'est pas plus aimable. Vois, mon ami, les vingt jours que tu m'anoncois, comme ils s'alongent. Mon Dieu, mon cher ami, ecris-moi bien pendant ce tems-la, et sans emploier la persecution, tache de faire entendre au Docteur que si l'envie lui vient de me chagriner, qu'il remette la partie jusqu'a ce que je ne sois pas noiée dans l'ennui, qu'il juge un peu par lui-meme de ce que je dois souffrir, car je prefererois d'etre seule sans dificulté[42]. Tu recevra cette letre par Comerci; je la donne a Grosbert pour la metre a la poste, sans quoi tu n'en aurois pas eu jeudi. Elle n'envoye pas a Ligny.

Comme j'ai vu Grosbert disposé a faire des questions a ton pere sur ce que tu n'etois pas a Nancy, je lui ai bien recommendé de ne rien dire ny sur cela ny sur le mariage. Enfin je lui ai fait promettre qu'il ne parleroit de toi ny en bien ny en mal. Comme Grosbert repasse a Ligny, voilà une ocasion pour m'envoyer une robe de toile bien sale que tu trouvera dans le gros coffre[43]. C'est que je prevois que j'en aurai besoin, et que nous ne trouverons pas une si belle ocasion. Je te prie aussi de prendre chez Idelete un dessus a toilette d'indiene; je n'ai pas voulu en acheter un a sa boutique de Comerci pour un gros ecus et demi, croiant en trouver a Bar ou a Ligny. Il n'y en a point. Envoye-m'en un par ledit Grosbert. Herei m'a mandé qu'il t'avoit envoyé les deux louis pour Idelete; il donnera bien de la marchandise pour un gros ecus et demi. Mets aussi dans le paquet cinq ou six [e]cheveaux de fil de broder de chez Claudel, il faut le prendre un peu gros : c'est pour ocuper Mlle Dubois. Tu ne croirois pas une chose : c'est que n'ayant ny menage ny comission a faire ici, elle ne fait pas plus d'ouvrage. Cela est a la letre; je veux lui en donner a la tache, car cela est impatiantant. Je voudrois bien aussi que tu m'envoya mon La Bruiere, il n'est pas ici; tous les jours il me fait faute.

Adieu, mon Panpichon, je t'aime bien. Va, sur quel ton que soient mes lettres, celui du cœur ne change et ne changera jamais. Ne va pas encore te fourer dans la tete que je sois fachée de ta facheries. Si tu pouvois me chanter pouille sans que cela te chagrina, je te laisserois faire, mais des que je te ferai quelque plaisanterie ou que je prendrai le stille grognon, je ferai ma protestation pour te tranquiliser.

Je comptois ecrire au Professeur pour le remercier de ces couplets, mais Grosbert part. Embrasse-le pour moi; je trouve celui de Soupir bon et les autre guere. Il faut bien prendre garde de ne pas laisser soubsonner qu'on en fait; tu dois sentir que ces choses-la se prenent quelquefois de travers. Si je trouvois dans le paquet l'ode de St-Lembert[44] et la lettre que tu as ecrite a ton pere[45], je serois bien aise. Prends garde que Grosbert sera jeudi a Luneville, qu'il ne fera que coucher et que peut-etre tu ne le verras pas; il loge chez Sonini.

[*adresse:*] A Monsieur / Monsieur Dauphin, marchand / rue du Chateau / a Luneville

---

MANUSCRIT

Yale, G.P., II, 163-168 (D30); 5 p.; orig. aut.; cachet; m.p. : de Comercy.

IMPRIMÉ

Butler, pp. 189, 197 (extraits traduits en anglais).

TEXTE

a Lecture incertaine. *b* Mot omis par inadvertance. *c* est-ce. *d* Déchirure.

NOTES

1. Mme de Graffigny répond à sa lettre du 18-20 novembre 1738 (G.P., I, 323-334). Devaux : «Je passe sur l'injure tacite qui est a la teste [de votre lettre]. Je la craignois trop pour la developper, et d'ailleurs, le ton de votre lettre me fait voir que vous n'etes pas si criminelle que vous le dites.» (I, 323.)

2. Voir 51n3.

3. Allusion à une épigramme de J.-B. Rousseau contre l'académicien Danchet : «Je te vois, innocent Danchet, / Grands yeux ouverts, bouche béante, / Comme un sot pris au trébuchet, / Ecouter les vers que je chante» (*Œuvres*, 1820, II, 421-422); v. 20n3.

4. «Je vis deux bras secs et décharnés avec deux mains assortissantes, qui, par deux ouvertures pratiquées dans la porte de cette chaumière, faisaient tourner la roue de cette machine; [...] elle avoit fermé la porte de chaque chambre avant de

m'y laisser entrer et, passant ses deux mains au-travers de chaque porte, elle se mettoit à filer pendant quelques momens» (Hamilton, *Les Quatre Facardins*, 1805, II, 303, 306).

5. Devaux : «Je ne suis pas plus etonné de votre prodige que vous l'avez eté du mien. Je scavais que ce qui est rouge dans le sang n'en est qu'une fort petite portion. Mais, dites-moy qui vous l'a dit?» (I, 324.)

6. Philippe Vayringe (1684-1746), mécanicien, surnommé l'Archimède lorrain. Horloger de la ville de Nancy, il inventa divers instruments de physique, comme une pendule à équation et un planisphère d'après le système de Copernic. Dès 1731 professeur de physique expérimentale à l'Académie de Lorraine, il suivra François III en Toscane.

7. Voir 51n15.

8. Voir 51n16 et n17. Pour la réponse de Devaux, v. 58n25.

9. Voir 51n17. Devaux répondra : «Je vous soutiens que mon madrigal est manqué a quatre vers.» (I, 345.)

10. Voir 51n19. Devaux répondra : «Les couplets ne m'ont pas choqué autant que vous le croyez, et meme le Professeur, a qui je ne veux pas souffrir ces plaisanteries-la, trouve fort mauvais que je vous les passe plus tranquillement qu'a luy.» (I, 345.)

11. Devaux : «Je devrais etre degousté de vous ecrire [mon journal], puisque vous l'etes de l'en-

tendre, mais peut-etre qu'un jour ce qui vous a ennuyé vous amusera.» (I, 327.)

12. Devaux : «Mr de Castegea et sa femme sont partis. Ils me font une pitié affreuse. On a vendu tous leurs meubles presque pour rien. Ils portent la peine d'une affaire que bien des gens attribuent toute a Gourouski. Le roy lui avoit offert une pension de 1 500. Il l'a refusée.» (I, 328.) Sur cette affaire, v. 50n25. Sur le rôle de Gourouski, Devaux a déjà écrit : «Le Chien m'a dit hier que le Gourouski etoit bien intrigué, qu'il trembloit qu'il ne fut meslé la-dedans. On nous a dit que Mr de Castegea vouloit se battre, et nous craignons sur quelques propos que ce ne soit avec luy. Je vous ai mandé que le Gourouski avoit eté a Beaupré pour voir le comte.» (5 novembre 1738, G.P., I, 287.) L'abbaye de Beaupré appartient aux Cisterciens; dans la lettre 50, c'est l'abbaye de Belchamps que Devaux a nommée par erreur. L'essentiel à retenir, c'est qu'on a confié le jeune comte Tenczyn-Ossolinski aux soins de religieux.

13. Devaux : «Des que je fus seul, ma chere mere me fit descendre pour me parler de Mdelle Desœillets. Mon cher pere en est toujours enthousiasmé. Elle dit qu'elle le combat, mais qu'il n'entend pas ses raisons. [...] Il veut une femme, et ma chere mere, une charge. J'aime mieux cela que si tous deux ils vouloient la meme chose.» (I, 329.) Il répondra : «Je suis assez tranquille a present sur Madelle Desœillets. Vous scavez que je prends le temps comme il vient.» (I, 345.)

14. Probablement une citation de *Rodogune*, I, iv : «Mais, de grâce, achevez l'histoire commencée», discours adressé en fait par Timagène à sa sœur Laonice. Mme de Graffigny n'aime pas Corneille, trouve cette pièce ridicule (v. 9, par. 2), et citera ce vers plus d'une fois.

15. Grosbert est l'ancien secrétaire du marquis de Stainville.

16. Pour la réponse de Devaux, v. 58n26.

17. Devaux : «Lundi, quand je vous eus quitté, je m'amusai a lire la preface de *L'Histoire romaine* de Mr Rollin. C'est un morceau excellent, et a mon gré, ce qui est sorti de meilleur de sa plume. Si l'edifice repond au vestibule, je me trouverai un mauvais prophete, et l'ouvrage aura un grand succes.» (I, 327.) Charles Rollin (1661-1741), historien et professeur, termina une *Histoire américaine* (13 vol.) en 1738. Il mourut après la parution du septième des seize volumes de son *Histoire romaine*.

18. Moulé : il ne sauroit pas lire l'écriture à la main, mais il lit bien le moulé (Trévoux, 1743). Il croit tout ce qui est moulé, se dit d'un homme simple qui défère à l'autorité de quelque livre que ce soit (Littré).

19. Devaux : «Ce matin Gourouski m'a ecrit pour avoir mon sentiment sur ce probleme de morale. Un pere est blessé a mort par son ennemi. De trois fils qu'il a, l'un va le venger, le second meurt de douleur, et le troisieme vit pour le secourir. Lequel aime le mieux? Voici mon avis : est-ce le votre? Trois fils, de diverse maniere, prouvent leur amour pour leur pere. L'un court pour le venger. Ce zele furieux, me paroit Gourouski, le moins digne d'envie. Des deux autres, l'un meurt, l'autre a soin de sa vie. Le premier l'aime plus, le second l'aime mieux. Le Professeur dans un instant, l'a parodié ainsi : trois sots sur scavante matiere signalent leur sottise en diverse maniere. L'un ne veut pas repondre, et comme un furieux, envoye au diable la partie. Des deux, l'un questionne, et l'autre verifie. Le premier est plus sot, et le second l'est mieux.» (I, 329.)

20. Voir 49n9. Devaux répondra : «Le St, puisque St y a, vous embrasse. Il ecrit a costé de moy a St-Lambert. Je ne me souviens pas de l'avoir appellé Marquis depuis longtemps, mais je suis tenté de l'y appeler pour scavoir la punition que vous me preparez. Epargnez-moy la peine de vous en faire.» (I, 345-346.)

21. C'est la lettre 52; v. 54n3.

22. Devaux : «On m'a dit qu'il devoit y avoir ce matin une assemblée generale chez le Solignac, ou les actrices se trouveront. Je ne scais pas encor ce qui aura eté resolu. [...] Hier, Desmarets entra comme je vous quittois. Il venoit nous rendre compte du resultat de leur assemblée. Ils jouent *Le Prejugé a la mode*. Il y a Damon, le valet dans *L'Usurier gentilhomme* (ces deux pieces seront pour le nouvel an, pour les Rois), Sosie dans *Amphitrion*, et Orgon dans *La Pupile*. Nous ne sommes pas trop contens de luy pour ce qui regarde Clairon. Nous luy avions recommandé de luy faire donner de bons roles, pour braver la Barnou. Point du tout : il a laissé decider cette impertinente, et notre amie n'a que ce que les autres n'ont pas voulu. Vous m'avouerez que Desmarets luy devoit bien cette consolation pour tous les deboires que luy a occasionnés le faux engagemen de Manheim. Cela me chagrine. Vous devinez bien pourquoy. Je luy fis si bien sentir sa faute qu'il a promis de se liguer avec Luber pour la reparer, mais je ne crois pas cela faisable. Jamais Pymont ne voudra oster Constance a sa begueule. Luber joue un marquis, Mercure, je ne scais quoy dans *L'Usurier*, et Valere dans *La Pupile*; Pymont, Durva[l] et Jupiter; Solignac, Amphitrion et Argant; d'Harnoncourt, les

valets.» (I, 331.) Il s'agit des pièces suivantes : Pierre-Claude Nivelle de La Chaussée, *Le Préjugé à la mode* (1735) (Constance, Durval, Argant, Damon); Marc-Antoine Legrand, *L'Usurier gentilhomme* (1713); Molière, *Amphitryon* (1668) (Sosie, Jupiter, Amphitryon); Barthélémy-Christophe Fagan, *La Pupille* (1734) (Orgon, le marquis, Valère). La Barnou était une actrice de la troupe, rivale de Clairon, et apparemment protégée par Pimont, mais son état civil est inconnu.

23. Devaux : «Il faut que je vous dise une phrase du Petit St qu'il veut mettre en epigramme. C'est sur les courbettes de son oncle. Attendez, je vais prendre mes tablettes. M'y voici : ‹Il n'a pas assez d'esprit pour scavoir qu'il est sot, mes a ses façons, on croiroit qu'il l'a deviné›.» (I, 332.) La mère d'Adhémar avait deux frères : Joseph-Michel-Nicolas Sublet d'Heudicourt, dit le marquis de Lenoncourt (v. 51n14); et Goëry-Maurice-Raphaël Sublet, comte puis marquis d'Heudicourt (né en 1689), propriétaire du régiment d'Heudicourt après 1735. Il est peu probable qu'il s'agisse d'un oncle paternel, car le père d'Adhémar quitta la région de Toulouse, siège de la famille, pour se fixer en Lorraine en 1710, l'année de son mariage à Charlotte Sublet d'Heudicourt.

24. Le cardinal Fleury.

25. Charles-Alexis-Marie-Rosalie, chevalier puis comte de Châtillon (1690-1754), militaire, gouverneur du Dauphin, gentilhomme de la chambre, disgrâcié et exilé en Poitou en 1744 pour avoir amené le Dauphin auprès de son père, malade à Metz.

26. Louis, le Dauphin (1729-1765), fils de Louis XV, père de Louis XVI.

27. Devaux : «Vous souvient-il qu'autrefois je desirois avoir de[s] tablettes pour y mettre nos bons mots? A present ce sont les bons mots que je desire pour mettre dans les tablettes. Cela veut dire que vous n'etes plus ici, chere amie. C'est Desmarets qui m'en a fait present.» (I, 332.) Tablettes : feuilles d'ivoire, de parchemin, de papier, attachées ensemble et qu'on porte ordinairement sur soi pour écrire les choses dont on veut se souvenir (Littré).

28. À travers des choux : sans doute extension des expressions citées par Littré : «aller à travers choux», ou «tout au travers des choux», signifiant agir en étourdi, sans réfléchir. L'expression utilisée par Mme de Graffigny signifierait : découvrir par hasard.

29. Devaux : «Le Professeur rentre, qui vient de le [Desmarest] rencontrer. De la je conclus qu'il n'est pas sorti. Apparemment que Mde de Mar-

sanne luy aura dit que son colonel n'est pas a son regiment.» (I, 332.) Il répondra : «Je ne me souviens pas non plus de vous avoir parlé de Mr de Marsanne. Le Grand Frere est a Commercy.» (I, 346.) Mme de Graffigny a sans doute mal lu. Mme de Marsanne est la mère d'Adhémar, et le colonel serait son frère Joseph (v. la note 23 ci-dessus). Le Grand Frère est le comte de Marsanne, frère cadet d'Adhémar. M. de Marsanne, le père, est Honnête Adhémar de Monteil de Brunier, marquis puis comte de Marsanne (mort en 1758), chambellan, premier maître d'hôtel, grand bailli de Nomény.

30. Voir 52n5.

31. Affectional : néologisme inconnu des dictionnaires.

32. Bouvière : v. 52n10. *Cf.* «Voyez cette bouvière, cette maladroite, cette butorde», *La Comtesse d'Escarbagnas* (cité par Littré).

33. Devaux : «Vous vous seriez bien passée des plaisanteries qui sont dans votre lettre a la Grandville, mais la date les efface; elles sont encor du temps de votre colère.» (I, 333.)

34. Voir 52n18.

35. Comédie d'Antoine Jacob, dit Montfleury (1640-1685), jouée en 1671 à l'Hôtel de Bourgogne et imprimée en 1672.

36. La copie de la lettre que le père de Devaux a écrite à son fils se trouve dans G.P., I, 249, mais il n'y a pas moyen de savoir quand Mme de Graffigny l'aurait reçue; elle n'a pas gardé les lettres de Lubert.

37. Rhapsodie : ce terme ne signifie plus parmi nous qu'une collection de passages, de pensées, d'autorités rassemblées de différens auteurs pour en composer un ouvrage. Quand on veut mépriser l'ouvrage d'un auteur, on dit que c'est une rapsodie. (Trévoux, 1743.)

38. L'abbé Gabriel Girard, *Synonymes francois, leurs significations et le choix qu'il en faut faire pour parler avec justesse*, 1736.

39. Il n'est pas certain que La Rochefoucauld ait eu le grade de cornette, mais on sait qu'à 16 ans il a été «mestre de camp» dans un régiment de cavalerie.

40. «Et le combat cessa faute de combattants», (*Le Cid*, IV, iii).

41. Poniffe : prostituée; argot des voyous et des souteneurs (France).

42. Devaux répondra : «Je vous jure que le Nous ne pense pas de vous comme vous l'imaginez. Il scait vous distinguer des femmes qu'il voit et qu'il meprise. Il est beaucoup moins que vous ne croyez

aussi chez les poniffes, et je suis sur qu'il ne les aime point.» (I, 346.)

43. Devaux répondra : «Puisque vous me demandez une robe de votre coffre, je me vois dans la necessité de vous dire une chose que je vous ai cachée jusqu'ici, de peur de vous faire de la peine, mais qui n'est pourtant rien. Ce coquin de Chevalier a fait saisir tout ce que j'ay et [que] j'aurai entre vos mains, et nommément la clef de ce coffre. J'ay eté parler a Geneval, son avocat, qui m'a promis qu'on ne passeroit pas plus avant,

mais on ne pourra faire lever la saisie que quand Mr Maurice aura de l'argent a donner.» (I, 346.) Il manque la dernière page de cette lettre. Chevalier est un marchand de vin (v. 28n10). Charles Geneval (vers 1691-1773) était avocat à la cour, exerçant au bailliage de Lunéville.

44. Voir 38n33.

45. Devaux répondra : «Je ne scais ce que j'ay fait du brouillon de ma lettre a mon cher pere. D'ailleurs, il ne valoit guerres la peine d'etre lu.» (I, 348.)

56. à Devaux

Le mercredi matin [26 novembre 1738]

Il me semble qu'il y a un siecle que je n'ai un peu causé avec toi. Mon esprit en est tout detraqué. Je viens de passer trois furieux jours. Je ne puis m'imaginer qu'il n'ont eu que vingt-quatre heures chacun. Je t'avois mandé que Grosbert etant ici, j'etois venue dans ma chambre; c'etoit dimanche. Dans le moment que je finissois de te le dire, elle envoye chercher. Lundi les gens me prierent de leur obtenir la permission d'aller a la fete d'un vilage ici pres. Je l'obtins. Elle etoit dans son lit comme la Granville s'y met. Je gardai le mulet[1] sans demarer. Hier de meme. Enfin vers sept heure du soir je sorti malgré sa grogne. Je vins dans ma chambre mais je ne voulu pas t'ecrire par menagement pour toi. Je n'aurois fait que des lamentations. Je n'ai jamais senti la perte de mes amis plus vivement. J'etois tendre pour mon Maroquin[2]. Enfin j'etois tout ce qu'il faloit pour bien pleurer et je m'en suis donné. Je me casse la tete a imaginer des moiens de sortir d'ici. Il m'en est encore venu un : c'est de prier la Francineti d'y venir. Mde lui donnera un equipage; je m'en servirai pendant qu'elle sera ici. Je l'ai proposé a ma Taupe, qui le veut bien. En partant de Comerci Fanchon me dit qu'elle voudroit bien y venir passer quelques jours. Jusqu'ici je n'ai pu faire consentir la Taupe a l'en prier. Enfin peut-etre cela reussira-t-il. Je vais ecrire a Fanchon. Je voudrois profiter du beau tems : les chemins sont comme en eté au lieu qu'il sont affreux quand il pleut. La Taupe n'a pas entendu raison la-dessus; elle voudroit que Fanchon ne vint qu'a Noel, mais je vais ecrire et la presser. Tu m'as mandé quelque part que tu craignois que je ne fusses assés oison pour craindre de la laisser seule. Ah non, je t'assure, mon oisonnerie n'a pas lieu avec elle! Elle n'inspire ny amitié ni pitié. Je ne le comprends pas encore, mais il n'y a pas une creature dans le monde moins interessante. Je suis bien plus prete a aimer la Granville qu'elle, et assurement je n'ai aucun lieu de me plaindre d'elle. Les remors que tu m'as vu sur mon ingratitude ogmentent a tout moment. Je me reproche quelquefois tout ce que je t'en mande, mais il est impossible de l'aimer et de s'interesser a elle, quoique de tems en tems elle ait l'air de s'interesser a ma situation. Elle me parle quelquefois de mes arengements de Paris, mais je crois que ce n'est que pour dire*ᵃ* le diable de la duchesse³, dont elle me feroit bien peur si je ne la connoissois pas, la Taupe s'entent, et ses exagerations. Mais comme, en rabatant les trois-quart, elle ne laisse pas de connoitre assés son monde*ᵃ*, elle ne laisse pas de me donner de l'inquietude⁴.

A propos, Grosbert, en venant prendre mes lettres au moment de partir, me parla du monsieur comme d'une chose etablie depuis deux ans. Il ne va jamais chez elle a Paris, et n'est point du tout ami du mari. C'est*ᵃ* chez l'Amie⁵ qu'ils se voyent, et c'est l'Amie qui envoye tous les matin un billet. J'ai soutenu que je n'avois rien vu qui eu l'air de cela. Il m'a soutenu le contraire; il m'a dit qu'il avoit apris en passant a Nancy qu'il avoit eté ici, et que la mere⁶ ne le trouve pas bon du tout. Ma foi, si cela est, c'est bien passivement de son coté, car elle recoit des lorgneries, ces agasseries et ses [...]*ᵇ* comme une statue en marbre, sans meme avoir l'air de les voir. Je m'imagine que le reste est de meme.

Bonjour, en voila assés. On envoye a Ligny. J'aurai de tes nouvelles ce soir et j'aurai de quoi repondre. Ce n'est pas la peine d'ecrire de mon cru pour les niaiseries que j'ai a dire. Si je me laissois aller a mon attendrissement, je te ferois de la peine.

Bonjour encore, mon Panpichon. Mon Dieu, que feroi-je si je n'etois seure d'etre aimée de toi? Tu n'imagine pas de quelle ressource m'est cet idée. Pour la premiere fois je viens de relire cette page. Si toutes mes autres lettres ne sont pas mieux ecrites tu as, ma fois, bien de la bonté de les lire.

Le jeudi matin 27 novembre [1738]

Je recu hier au soir ta lettre de lundi⁷, mon cher ami, et comme je n'ai pas encore celle de Cirei, je n'entens presque rien au comencement de celle-ci. Je vois seulement que tu versifie, mais je n'entens pour qui, car il me semble que ce n'est pas pour ton pere⁸. Enfin je le saurai par la lettre du dimanche quand je la possederai. Sais-tu bien que je ne suis point contante du tout de ta lettre et qu'elle me donne de l'inquietude? Ques que signifie cette phrase : «Vous trouverez bon que je ne vous ecrive pas si au long tant que cela durera. Je vous engage peut-etre a prier les muses de ne jamais m'abandonner⁹?» Ques qu'il y a encore? T'ai-je offencé de nouveau sans le savoir? Je veux que tu m'eclaircisse, car un fetu entre nous deux me paroit une montagne et me donne un malaise dont je n'ai que faire. Eclairci-moi donc cela. Je croiois t'avoir assés prouvé que non seulement la longeur de tes lettres ne m'ennuie pas, mais que c'est tout le plaisir que je peus avoir et que je desire. Mes letres depuis la premiere a Comerci jusqu'a la derniere ne sont pleine que des prieres que je te faits de mettre cent pages. Oh, je n'entens rien a ce rabachage que tu sais qui me chagrine!

Il faut passer tous les articles grogneur avant de repondre aux autres. Tu ne me pardonnerois pas, dis-tu, les commentaire que je fais sur le Mr si tu n'etois attendri par les douceurs qui les suive¹⁰. Tu dis cela d'un ton a m'engager d'y repondre.

De peur de me tromper, j'ai relu trois fois ta lettre. Qu'i a-t-il donc dans ces comentaires qui doivent te choquer, toi ny nos amis? En verité je suis comme madame Pernelle : «toute ebaie»[11] de ta delicatesse. Il faut que depuis mon depart vous soiez convenus entre vous que vous n'aviez aucun defaut, puisque le plus leger badinage sur ceux dont cent fois vous etes convenu est pris au criminel. Avoue que le comerce entre ami deviendroit bien fade s'il n'etoit permi d'y mettre que des louanges. Si l'on n'etoit seur des bonnes et essencielles qualité, on ne seroit pas amis. Je crois que l'on doit aporter dans le comerce toutes les louange qu'elle meritent et faire souvenir son ami du plaisir que l'on a de le posseder, et c'est a quoi je ne crois pas avoir manqué, mais quand il est bien etabli que l'estime est parfaite, je ne crois pas que ce soit un crime dans un moment de bonne humeur de faire une plaisanterie qui n'ataque que les deffaut de l'humeur et qui ne touche rien du cœur. Je ne crois pas etre sortie de la, pas meme dans les fameux couplets[12], que Dieu confonde! – car ce sont eux qui t'ont donné le ton de te facher de tout. Cependant, comme j'y louois ton cœur et ton esprit, j'ai cru que je pourois badiner sur tes manies : ce sont tes enfants cheris. Je tacherai de me tenir sur mes garde, et je te promet que quand j'aurai un peu de gayeté, ce qui m'arrive rarement, je ne t'ecrirai ʿpas plustotʿ que de risquer le badinage. C'est tout ce que je puis faire pour auter ce ton d'aigreur qui dure trop lontems. Je compauserai mes lettres comme si j'ecrivois a quelqu'un dont je ne suis pas seure : cela est genant mais tu le veux.

Toute ta lettre est d'un ton qui n'est pas du tout naturel. Je ne sais qu'en penser. C'est positivement ecrire pour ecrire, et dire des «chere Abelle» pour en dire. Pourquoi ne me pas dire quel jour le D. est parti? Je ne sais pourquoi cela m'inquiete. Je me figure que c'est quelque chose qui lui est arrivé qui mest de la gene dans ta lettre. Peut-etre ai-je tord[13]. Ne t'en tourmente pas; je ne suis pas folle. Il ne s'est jamais plaint de ce que tu lui montrois mes lettres, mais c'est que je suis si persuadée que tout ce qui vient de moi l'ennuie, que je croiois qu'il ne t'ecoutoit que parce qu'il n'ausoit te dire de te taire. Je suis en traint de faire des commentaires aussi bien que toi. J'en fais un sur le plaisir que tu as eu d'entendre dire du mal du Houssoir et de sa sœur, et je m'imagine que tu as des raisons particuliere de les haïr, car ce que je t'en ai conté n'etoit point drole, et si je ne les haissois d'une haine qui m'est nouvelle par sa force, cela ne m'auroit point amusé[14].

As-tu eu soins de la lettre du D. que je t'ai recommendé? J'en suis en peine de plus d'une façon, car tu m'aprends a tout craindre quand je prends la liberté de parler de toi[15].

Que me chante-tu de la reconnoissance de ton Chien pour mes bontés[16]? C'est donc ironiquement que tu dis cela, car s'il etoit aussi et meme beaucoup moins chicaneur que toi, il m'envoyeroit au diable depuis le tems que je ne lui ai pas ecrit. Il est en avance de deux billet et de mille petites attention pour moi et il ne se plaint pas. Je parie qu'il n'est pas faché du comentaire sur le Mr. Aussi je l'embrasse de bien bon cœur, tandis que je ne te donne que ma main a baiser et encore dedaigneusement. Faut-il effacer cette plaisanterie? Vas-tu t'en facher encore? J'en tremble.

A propos de l'epitre que tu fais, je ne sais pour qui, j'en avois commencé une pour toi, indigne, mais il faut respirer l'air de Cirei pour l'achever. L'achever est plaisant : il y a huit ou dix vers de fait[17].

A propos de Cirei, car tout vient a propos ou non aujourd'huy, je m'attendois a trouver des exclamations au comencement de ta lettre sur ce que je n'y etois pas, et tu ne m'en dis qu'un mot a la fin. Il est vray que tu l'apuie, mais encore n'a-t-il pas le ton ordinaire[18]. J'ai encore recu hier une lettre de Cirei; c'est pour me mander qu'elle s'epuise la tete a trouver des expediens pour m'avoir et me recommender le memoire qu'elle vouloit que la Taupe envoya a son mari, et dont elle ne veut pas se charger. C'est pour ce qui est dus au petit Trichateau[19]. Je lui ai offert de l'envoyer a Richecour parce que S.A. va incessament en Toscanne[20]. Elle me prie bien de l'envoyer, mais ses cheveaux sont toujours trop jeunes. Ma foy, je crois que tous les hommes sont fait sur le meme moule et que le melieur n'en vaut rien, exsepté mon Panpichon qui est toujours bien jentil quand il ne se fache pas a propos de bottes.

Le jeudi soir

Tu n'as qu'a dire au St que, s'il n'etoit pas plus devot que Mr de La Trimouille[21], il seroit plus aimable que lui, quoiqu'il le soit beaucoup.

Je trouve l'explication du proverbe charmante; il est fort bien imaginé et je trouve plaisant que j'aye fait de la prose sans le savoir en vous l'apliquant. Pourquoi ne t'en es-tu pas faché? C'etoit une plaisanterie[22].

Si je ne comptois que sur l'honneur de Toussaint pour ne point aller sur la montagne, je ferois mon paquet. Tu radote de m'etablir une esperance la-dessus[23]. Je ne compte sur rien, mais a chaque jour sufit son mal. Il est question a present de s'ennuier. Il faut remplir sa vocation.

Il m'est arrivé hier un secour : c'est deux dame et un Mr et une demoiselle de Choiseul. Tu n'as qu'a lire le recit de la petite fille dans *La Fausse Agnes*[24], tu les verois. L'une[25] est la seur du maitre de ceans : dame de vilage s'il en fut jamais, point de panier, une robe de grosse indienes, une coeffur comme les cornette de nuit de Dubois, filant sa quenouille des sept heures du matin dont bien me fache, car elle couche au-dessu de moi. Je ne la crois cependant pas absolument sotte. Une autre cousine Choiseuil[26], vielle en robe d'etamine, les manche de chemise de toile de chamvre comme le corps. Avoue qu'il y a des contraste dans la Taupe qui ne se comprenent pas, ces deux femme font ses delices. Le mari[27], qui est un vieux routier, diseur de nouvelle et de bon mot archy-sot, et pour celui-la, elle ne l'aime pas. La fille, qui est une grande flute[28] droite comme une barre de fert, l'air ignoble, ne disant mot. Il faut en passant que je t'amuse de son histoire. Dans tous ces cantons elle passe pour la fille d'une paiisanne; on pretant que Md. de Choiseul, n'ayant point d'enfant, fit venir accoucher chez elle la femme du marechal du vilage et se mit au lit disant que c'etoit elle. Ce sont les domestiques qui l'ont rependus par tout. Elle me paroit assés femme a resolution. La Taupe me l'avoit conté et Dubois vient de me le conter. Un de leur domestique l'a dit a la cuisine tout en arrivant. La Taupe voudroit bien savoir le vray de cette afaire, car ils sont riche et tout revient de droit a ces enfants si cette pauvre fille est un jour renvoyée a ses parents. Voila ma comedie. Je ne sais si elle s'en doute, mais par precaution on dit qu'elle est amoureuse du valet de chambre de son pere, qui est plus joli qu'elle. Ne voila-t-il pas une belle histoire? Or donc, cette belle compagnie est ici pour quelque jours et j'ai plus de tems a moi, mais j'ai pris ce soir une petite precaution : c'est de fermer ma porte en-dedans. Ce matin c'est la dame a l'etamine, tenant le grand dindon d'une main et un drap qu'elle cout de l'autre, qui arrive comme je t'ecrivois et qui dit qu'elle aporte son ouvrage pour me tenir compagnie. Il m'a pris envie de lui mourir au nez pour lui faire peur et ne la plus voir. C'est la tout le beau monde que l'on veut voir ici.

Il faut que l'air y soit diabolique pour moi, ou que les fossés qui batent les murs du chateau de tout coté donne des vapeurs a fluction. J'ai eté deux jours bien. Depuis hier j'ai une fluction horrible dans le col et dans la tete. J'ai soufert cette nuit comme un damné. Je ne saurois remuer que tout le corps a la fois. Il faut etre moi pour ecrire avec les douleurs que j'ai. Cela me mest d'une humeur de chien car a la fin on se lasse des meaux, des douleur. Je maudis les fosses, le chateau, la dame, les cheveaux et moi aussi, et je te maudirai aussi si tu me grogne encore.

Demaretz ne demeurera pas six mois a Vic, suposé qu'il y soit. Ainci tu sauras plustot par lui que par moi ce que la duchesse me mande. Je ne saurois te le repeter. Bonsoir, mon cher ami, ne me grogne plus et aime-moi bien, car je t'assure que tu le dois puisque je t'aime de tout mon cœur.

Tache un peu de savoir ce qu'on dit de Md. de Lixeim et de me le mander. La Taupe me fait enrager pour cela. Eliot est-il revenu? Son beau-frere est-il marié[29]?

MANUSCRIT

Yale, G.P., II, 169-172 (D31); 4 p.; orig. aut.

IMPRIMÉ

Butler, p. 200 (extrait traduit en anglais).

TEXTE

[a] Lecture incertaine. [b] Illisible. [c] Le ms : «plus tost pas».

NOTES

1. Garder le mulet : on dit qu'un homme fait garder le mulet à un autre, quand il le fait attendre à une porte ou à quelque rendez-vous, jusqu'à l'impatienter (Trévoux, 1743).
2. Surnom de Desmarest (v. 61n59).
3. Mme de Richelieu.
4. Devaux répondra : «Mais mon Dieu, n'ecoutez pas votre Taupe, chere amie. Vous avez bon cœur

pour vous laisser poignarder par ses verbiages. Pour moy, j'ay un pressentiment que vous serez heureuse.» (I, 353.)
5. Mme de Stainville; le monsieur est Courtanvaux, qui ne lui fait visite qu'à Demange.
6. La mère de Mme de Stainville, née Catherine-Diane de Beauvau-Craon, est devenue la comtesse de Rouerk.
7. Celle du lundi 24 novembre (I, 339-342); Devaux écrit par inadvertance «ce lundi 25 nov».
8. Devaux : «J'espere que je trouverai le moyen de faire d'une pierre deux coups. En rassemblant des lambeaux de mon epitre, je compte en faire une pour le bouquet de mon cher pere. [...] J'ay deja pres de cent cinquante vers faits. Cela devient si long que je desespere d'oser vous l'envoyer.» (I, 339.) Il répondra : «Elle est finie, cette digne epitre, mais elle n'est pas encor recommencée. C'est a quoy je travaille a present. [...] Je vous ai mandé

que je l'addressois a Madame Duvigeon. J'ay changé d'avis. C'est a la jeune personne a qui je dois une reponse si embarrassante, et dont j'espere me tirer mieux en vers qu'en prose.» (I, 352.)

9. Cette phrase se trouve au I, 339, et commence ainsi : «Vous trouverez seulement bon, chere aime, que [...].»

10. Voir 53n23. Devaux répondra : «Autant que je peux m'en souvenir, ma reponse dont vous vous plaignez est celle que je faisois a une lettre ou vous me mandiez que le Mr avoit fait la description d'un instrument tres commode aux dames, et qui me manque. C'etoit la-dessus que tomboit la phrase que vous me rapportez, et point du tout sur le trait que vous me laschiez dans l'esquisse de [mon] portrait [51, par. 10]. Je n'ai seulement pas pensé a vous parler de ce dernier, et le premier ne m'a point fasché du tout.» (I, 351-352.)

11. «Je suis toute ébaubie, et je tombe des nues!» (*Tartuffe*, V, v).

12. Voir 51n19 et 55n10.

13. Devaux répondra : «Detachez-vous donc de l'idée que cela vient du D. Je vous proteste que je vous en mande tout ce que j'en scais. Je crois vous avoir mandé le jour qu'il est parti. Si je m'en souviens bien, il y a eu vendredi huit jours.» (I, 354.)

14. Voir l'avant-dernier paragraphe de la lettre 53. Le Houssoir est Mme Elliot, et sa sœur, Mlle Du Han, la Plotte.

15. Voir 54, par. 2. Devaux répondra : «Je vous ai repondu sur la lettre du Nous. On ne me l'a pas donné, mais je l'ai vuë qui l'attend.» (I, 354.)

16. Devaux : «[Le Chien] surtout est confondu de vos bontés, dont il vous remercie.» (I, 340.)

17. Voir n8 ci-dessus.

18. Devaux : «Je suis plus piqué que vous contre Md. Du Chatelet. Cela est tres mal. Je vous avoué que je ne m'y attendois pas.» (I, 341.) Voir le texte de la lettre 53 aux notes 27-29. Devaux répondra : «Si je ne vous ai parlé de Cyrei qu'a la fin de ma lettre, c'est que je suivois la votre. Comme vous voulez que je reponde par article, je prends ce parti de peur d'oublier quelque chose. Si je suivois l'ordre de l'interest, je commencerois toujours par ou je finis, c'est-a-dire en vous disant que je vous adore.» (I, 354.)

19. Marc-Antoine Honoré, marquis Du Châtelet de Trichâteau (vers 1689-1740), célibataire et éternel malade qui habitait chez son cousin, le marquis Du Châtelet, à Cirey; v. aussi 60n8.

20. Quoique déclaré grand-duc de Toscane dès la mort de son prédécesseur, en 1737, François ne se rendit au duché que dix-huit mois plus tard. Après avoir mené une campagne désastreuse contre l'armée turque pendant l'été 1738, il quitta Vienne en décembre de la même année avec Marie-Thérèse. L'entrée dans Florence eut lieu le 20 janvier 1739.

21. Devaux : «Le soir le Petit St me dit que Mr de La Trimouille etoit dans la haute devotion. Je luy repondis qu'apparemment il vouloit coucher avec quelques devotes.» (I, 339.) Anne-Charles-Frédéric de La Trémoille, prince de Talmont (1711-1759), créé duc de Châtellerault en 1730, avait épousé en 1730 Marie-Louise, princesse Jablonowska (morte en 1773), sœur de la duchesse Ossolinska. C'est par suite du comportement libertin de sa femme qu'il est devenu dévot. La princesse de Talmont fut à un certain moment maîtresse de Stanislas.

22. Voir 53n12.

23. Voir 53n15.

24. *La Fausse Agnès, ou le Poète campagnard* (1736), comédie de Philippe Néricault Destouches. Mme de Graffigny pense probablement à la description que fait Babet de l'arrivée du poète campagnard et des hobereaux ridicules qui l'accompagnent (I, vi).

25. Claire-Madeleine de Choiseul-Beaupré.

26. Peut-être Mlle de Choiseul-Beaupré, religieuse, sœur de Charles-Joseph, et partant cousine du marquis de Stainville.

27. Charles-Joseph de Choiseul-Beaupré, cousin germain de Stainville; son épouse était aussi sa nièce à la mode de Bretagne.

28. Flûte : être monté sur des flûtes, se dit de ceux qui ont les jambes longues et grêles (Littré). La fille en question est Françoise-Antoinette (née après 1712-morte avant 1770), fille unique et héritière de Charles-Joseph de Choiseul-Beaupré et de Claire-Madeleine. Elle épousera avant 1746 Charles-Camille de Capisuchi-Bologne (1717-1794, sur l'échafaud), chevalier, marquis de Bonnecourt, capitaine des carabiniers. Ils eurent trois enfants, deux filles et un fils, Charles-Joseph, qui mourra jeune en 1773, peu après sa mère. Le petit-fils du couple Capisuchi-Bologne écrira sur sa grand-mère : «charmante femme que son mari aimait beaucoup plus que la mode de son temps ne l'aurait voulu» (Foudras, *Les Gentilshommes chasseurs*, 1848, I, 36).

29. Devaux ne semble pas avoir répondu à cette question. Il s'agit sans doute de Louis (ou Charles-Louis) Du Han, comte de Martigny, frère de Mme Elliot, reçu chevalier de Malte en minorité en 1730, qui avait combattu en Italie en 1733, qui est à cette époque au service de l'électeur palatin,

comme son beau-frère, et qui épousera en 1742
sa cousine germaine, Mlle de Wopersnow, fille du
seigneur de La Vaux.

57. à Devaux

[Le ven]dredi*ª* soir [28 novembre 1738]

Je commence toujours a t'ecrire en attendant que l'on aporte les lettres que l'on
est allé chercher aujourd'huy par un stratageme qui seroit trop a t'ecrire. Sais-tu
ce qui m'ariva hier? L'attention de t'ecrire avoit redoublé la douleur de ma fluction,
de facon qu'eut egard a la belle compagnie, je crus pouvoir me dispenser de
paroitre et je me couchai. Je le fis dire poliment a la maitresse de ceans. Je crus
etre en repos pour ma soirée. Point du tout! C'est ma diablesse[1] que je vois arriver
dans ma chambre la minute d'apres, qui fait la desolée de ce que je suis malade.
J'espere que le souper m'en delivrera. Autre point du tout! C'est que de desespoir
de mon mal elle ne veut point souper. Elle laisse la sa compagnie cherie et reste
chez moi. Voila assurement a quoi je ne m'attendois pas. Je me repentis bien de
n'avoir pas fait d'effort d'aller a table. Je ne prend a cette attention que la part que
j'y ai, et je crois que la bonne dame, quelque mine qu'elle fasse, s'ennuie de ses
amies cheries. Je me suis tant fait froter le col de suifs de cerf avec de l'eau-de-
vie que je suis beaucoup mieux aujourd'huy. Je ne sais pourquoi j'atens la poste
en tremblant[2]. Je ne sais si c'est pressentiment, mais je ne suis pas a mon aise.

Deux choses que j'ai peur d'oublier, c'est de me renvoyer le conte du *Gentilhomme
bourguignon*[3]. J'en ai parlé a la Taupe. Elle me persecute pour l'avoir. Je l'ai cherché
dans toutes tes lettres sans pouvoir trouver l'endroit. J'ai peur qu'il n'ait eté dans
les feuilles que j'ai brulé a cause de tes sotisses[4].

L'autre, c'est de demander a Sonini comment on mest de l'ambre dans de l'eau
de lavande. La Granville te le dira ou lui demandera[5]. Tu lui fais toujours mes
complimens, j'espere.

Mais pourquoi ne m'as-tu pas parlé de Du Chafa[6]? Il est toujours a Luneville
et tu ne m'en dis mot. Quelle mine fait-il a D.? Cela m'inquiete et j'ai toujours
oublié de t'en parler. Je n'aime pas ces mistere sur le conte de la Granville.
Fanchon me mande que tu es de l'equipage[7]. Je t'en fais mon compliment. Il y a
donc bien du mistere puisque tu ne m'en parle pas.

Me voila bien avancée. Le postillon que l'on a envoié a eu peur de se perdre
s'il revenoit de nuit. Il n'a pas voulu attendre l'arrivée de la poste. Bonsoir donc,
mon cher Panpan; bonsoir, mes chers amis. Je voudrois bien te chasser de ton
fauteuil et me mettre dans le coin de tes paravents, a condition que tu me ferois
belle mine, car je ne t'aime pas grognon. C'est-a-dire, je n'aime pas ta grogne, car
pour mon Pe[npi]chon*ª* il est toujours mon bon et cher ami, de quel humeur il

pu[isse etre]*ᵃ* et quelle interpretation il puisse donner a mon stile. Bonsoir [.....]*ᵃ*, je t'embrasse de tout mon cœur.

Autre comission. J'avois dit a Dubois de demander a Joli la recete de cette potion contre les vapeur. Elle n'en a rien fait. Tache de me l'envoyer, je n'en ai plus et j'en ai souvent besoin.

[*adresse :*] A Monsieur / Monsieur Dauphin / marchand, rue du Chateau / a Lunéville

MANUSCRIT

Yale, G.P., II, 173-174 (D32); 1 p.; orig. aut.; restes de cachet; m.p. : LIGNY.

TEXTE

ᵃ Trou à l'endroit du sceau.

NOTES

1. Mme de Stainville. Devaux répondra : «J'admire votre guignon. L'amitié de cette femme vous tourmente autant que ses rabachages.» (2 décembre 1738, G.P., I, 355.)
2. Devaux répondra : «Vous ne devez rien craindre de la poste, si ce n'est le meme embarras dont vous vous etes plainte dans ma lettre precedente, car je m'imagine que vous serez assez raisonnable pour ne pas prendre trop a cœur la saisie de ce faquin de Chevalier.» (I, 356.)
3. Devaux répondra : «Je vous ai deja renvoyé *Le Gentilhomme bourguignon.*» (I, 356.)
4. Voir le texte de la lettre 50 après la note 24, où Mme de Graffigny se déclare obligée de brûler des lettres qui contiennent des propos grossiers.
5. Devaux répondra : «J'ay demandé a Sonini

comme il falloit mettre de l'ambre dans la lavande. Il m'a dit que cela ne se faisoit point, que ces deux odeurs-la ne simpathisoient point ensemble. Sur la meme question, la Grandville m'a dit que l'on l'y mettoit avec une cure-dent que l'on plongeoit dans l'essence.» (3 décembre 1738, G.P., I, 357.)
6. Devaux répondra : «Ainsi je suis sur de vous avoir parlé de Du Chaffa [v. 50n19]. Je crois Desmarets fort bien avec luy, mais je ne me souviens pas de les avoir vus ensemble. Tout ce que je puis vous dire, c'est qu'il paroit toujours tres amoureux et d'une complaisance extreme. Il me fait beaucoup de politesses et j'y reponds de meme. Voila ou j'en suis. [...] [Mme de Grandville] m'a envoyé chez Du Chaffa scavoir comme il se portoit, parce qu'il a une migraine de diable.» (I, 356.)
7. Il semble que Du Chaffa soit amoureux de Mme de Granville. Devaux répondra : «En verité vous me faites rire, et la Fanchon aussi, de me mettre de l'equipage. Si je ne vous ai rien dit, c'est que je ne scavois rien. Je vous ai toujours mandé et toutes les fois que j'ay eté chez elle, et tout ce que j'y ai fait.» (I, 356.)

58. à Devaux

Le samedi soir [29 novembre 1738]

Je viens de recevoir ta lettre, mon cher ami; mon pressentiment etoit bien faux¹. Elle me fait un plaisir infini. S'il est troublé par quelque chose, c'est par le chagrin que t'aura causé la saisie dont tu me parle². Je suis seure que cela te chagrine et c'est ce contre-coup que je sens. Je serois sependant fachée que l'on en vint a vendre mes pauvre petites restes, mais j'espere que l'on en viendra pas la. Mr Geneval a deja eté si honnete pour moi que j'espere qu'il le sera encore. Esse qu'il ne pouroit pas faire entendre raison a ce drole-la³ pour qu'il aspecte le paiement par Maurice, et qu'il mette dans son acseptation : «Sauf d'avoir recours a sa saisie s'il n'est pas payé dans le tems fixé»? Quand il faudroit lui paier la rente de son argent, cela vaudroit encore mieux. Aliot ne pouroit-il pas lui parler? Comme tu ne me detaille pas ce que tu as[a] fait, je ne puis resonner bien juste, mais il me semble que cela pouroit etre ainci. Je n'entens pas pourquoi a cause de cela tu ne peus plus faire mes commission[4]. J'espere qu'elles ne t'engagent a rien. A moins que ton pere ne l'ai deffendus, je ne comprend pas pourquoi il faut que ce soit le Professeur. En tout cas c'est bien la meme chose. Ainci, mon ami, tu feras comme tu l'entendras. Je suis desolée du chagrin que tu as pour mes vilaines affaires. Je t'en ai une obligation que je proportione dans mon cœur a la connoissance que j'ai de ta timidité et de ton embaras. Par malheur, voila tout ce que je puis te dire. Je dis par malheur, parce que cela ne te rend pas le fardeau plus leger d'un grain, et que mes belles parolles ne t'empeche pas d'entendre les vilaines de ces vilaines gens. Encore une fois j'en suis confondue, et si cela etoit finis je serois plus soulagée de ton soulagement que tu ne le serois toi-meme.

Eh bonjour donc, mon Penpichon, te voila retrouvé. C'est ton cœur qui a ecrit cette lettre. Tu n'es plus grognon, j'en sens un bien-etre que tu ne saurois imaginer. J'ai encore une petite inquietude sur le retour du Docteur[5]. Ma foi! si tu regrogne, je ne me facherai pas, mais je serai bien fachée. Entens-tu ce garçon[b]-la? Oh, que oui, n'esse pas? Nous passons presque notre vie comme Tartufe et Orgont, car je suis encore a genoux devent toi[6]. Je te caresse, je te remercie d'avoir fait ceder ton gout pour l'opiniatreté aux raisons que je t'ai donnée pour te prouver que tu avois eu tord de te facher. Tu en conviens, mon ami, tu n'en as jamais eu.

Je ne sais quand cette lettre-ci partira, mais je n'ais pas plutot eu lue la tiene qu'il faut que j'y reponde. Il me semble que je cause avec toi et que tu vois tout le plaisir que j'ai de ce qu'il n'y a plus de broussailles entre nous deux, car ce ne sont que des broussailles. Nous nous voions bien a travers mais ce n'est pas si distinctement, et je veux toujours te voir en face. Pourois-tu croire que j'eusses oublié aucunes de nos plaisanteries ny aucune de nos façons de parler...ato, ato, ato[7]? Tu ne sais donc pas que je ne suis point sortie de ta chambre; c'est la mon vray domicile. Je te vois le representant et j'arive avec tous nos amis comme tu arrivois chez moi. Oh bon Dieu, ne m'accoutumerai-je jamais a retracer ces idées-la sans y donner des larmes? Non, elle sont une consequence trop necessaire l'une de l'autre. Peut-etres ne m'en savez-vous pas trop de gré tant que je serai ici. Vous verez, mes amis, si je ne suis pas de meme allieurs, et si vous n'etes pas la vie de mon cœur.

Si tu m'as suivi dans mes promenades, tu t'es bien trompé, mon ami. Depuis ma fluction je n'ai pas mis le nez dehors. Je lis dans mon lit ou j'ecris jusqu'a midi, mes portes toujours bien baricadées. J'arrive a la cloche du diner. Je travaille quand je le puis jusqu'a cinq heur et je reviens dans ma chambre jusqu'a huit et demi ou je lis, je reve, je t'ecris et je joue de la vielle quand je puis remuer le bras. Tu peus m'y voir avec le petit manteau a capuchon blanc sur la tete et des oreilliers sans nombre, parce que depuis quelque jours il fume et qu'il faut presque toujours avoir la porte ouverte. Quand je suis dans la chambre je ne dis mot, j'ecoute des ravodage[8] de menage; la conversation n'est surement pas plus élevée que celle des comeres de ta mere, encore disent-elle des nouvelles, mais ici c'est un ravodage de cul de chandelle⁹ qui ne finit pas. Tous les domestiques veuillent s'en aller; un valet de chambre a deja son congé d'aujourd'huy; le cuisinier veut aporter son tablier a Md. de Choiseul¹⁰ qui contraule tout. C'est un train enragé dans la maison depuis que ces sottes femmes-la y sont. Les domestiques affectent de leur passer sur le corps pour me servir avec empressement, de façon que j'ai eté obligée d'en gronder un aujourd'huy. Ah ma foi, si ce ne sont pas la des riens, je ne sais quel noms leur donner. Dans ma chambre je lis : j'ai fini Lok; j'ai pris le pere Renaud que je ne veux que parcourir, car j'espere n'avoir pas le tems de le finir ici. Je le lis comme Lok pour n'avoir pas l'air si ignorante en arrivant a Cireï. A propos de livre, je ne t'ai pas repondu a ce que tu m'as dit du *Misantrope*¹¹. Je ne me souviens pas que tu m'en ai jamais parlé, mais en tout cas si l'on m'en avoit degoutée autrefois, il me degoute par lui-meme a present. Il n'est pas absolument mauvais, mais c'est un vray rabacheur mal ecrit et bassement; le seul reve sur Homere est charmant. Il a du te faire bien du plaisir.

Md. Du Chatelet garde ta lettre, car elle ne me l'a pas renvoyé et elle me mande qu'elle en aura grand soin. J'en suis furieuse car tu croira toujour que je l'ai, et tu ne me mendera pas pour qui tu fais des vers. Je suis bien aise que ton epitre a ton pere soit faites et que tu en sois contant¹². Je la seroi bien aussi quand tu me l'aura envoyé. Alons, mon ami Gros Chien Blanc, fais un petit effort pour moi, copie-la bien menu. Tu graissera les bottes de la paresse de ton ami et les jembes de mon amitié si jamais on aura la gentillesse de la mettre dans le paquet que Grosbert m'aportera.

Le dimanche soir [30 novembre 1738]

Ah mon Dieu, je suis outrée, exedé, morte et trepassée d'ennui. Cela ne fait que croitre et embelir. Je ne sais s'il y a une grace eficace qui me soutient. Mais je ne comprends pas comment j'y puis resister. Outre l'ennui ordinaire, c'est qu'elle¹³ est aujourd'huy d'une humeur de chien a mon endroit surtout. Si je l'aimois, j'aurois bien de l'inquietude; grace au ciel je n'en ai nule. Elle me denigre sur tout. Je crois que dans ma journé j'ai dit environ vingt parolle; j'ai recu autant de dementi passés au vergus¹⁴. Surement si je lui disois aujourd'huy qu'elle ne couche pas avec Mr, elle me soutiendroit que sy. Il me prend envie pour t'associer a moi, mais bien foiblement de te conter ma journée. Il a falu ce matin faire mes visite aux ponifes¹⁵ qui sont venue tous ces jours-ci a ma porte verouilliée. Les belles conversation! Ce sont des cris sur la depense de la maison, des bavardages sur les domestiques. Je redessens chez la dame qui me fait une mine de chien. Nous alons a la messe. Jusqu'au diner il faut tenir bon. C'est dans cet intervalle ou j'ai tant eu de dementi. On dine sans dire mot, passéᶜ de gronder les domestiques et de denigrer tout. On rentre dans sa chambre. J'ai pris mon parti de ne plus ouvrir la bouche parce que la belle-sœur m'avoit regiltée¹⁶ aussi. Je me suis etabli dans sa chambre et mon corps a fait telle contenence qu'il a pu, je n'en sais rien. On a eté sans exagerer bien une heure et demie sans parler. Enfin on ouvre la bouche pour dire : «Le tems est bien froid»; l'autre dit que... Ma foi, c'est de l'ancre perdue. J'en sors enfin et le fruit de mes reflection est que sans les idée de plaisir, il n'y en auroit point d'ennui. Je m'en doutois et j'en suis convainque, cette femme n'a aucune idée de plaisir, quel [qu»]il puisse etre, aussi ne s'ennuie-t-elle pas. Tout ce que je pourois te dire sur son caractere et sur la vie qu'elle fait ne pouroit te paroitre vraisemblable, car jusqu'aux betes cherche la gaieté et le plaisir. Il semble qu'elle n'en connoisse pas seulement les noms. C'est ce que l'on apelle a la letre le chagrin en personne, et non pas l'ennui. Croirois-tu une chose que j'eprouve? C'est que quand je me recherche [17] sur les idées de plaisirs ou d'amusemens, je ne les vois que comme une perspetive [18], et je m'imagine qu'ils ne sont pas plus reels que les chose qu'elle represente. Je suis persuadée que j'en perdrois tout a fait la connoissance si je restois encore lontems ici. Je ne m'imagine qu'avec effort que l'on parlera une autre langue a Cirei. Si tes lettres ne me prouvoient que tu as un autre stile, je croirois que vous vous entretenez toutes la journée du prix des œufs et du foin que peut manger une poule en un jour. Enfin voila encore le cuisinier congedié aujourd'huy. Ce ne sont que des pleurs dans la maison. Le pauvre diable m'est venu prier d'ecrire pour lui. Je te charge de la comission. C'est en verité un trezord : menager, doux, complaisant. Je n'en ai jamais vu sy bon. Demande a Lolote [19] si elle voudroit. Dubois m'a dit qu'elle ne comptoit pas garder Pariset [20], ou qu'elle demande si Eliot le voudroit pour Manheim [21]. J'ai demandé a Md. Grognac [22] de le laisser a la maison jusqu'a ce que j'aye ta reponce. Elle me l'a accordé en gromelant. La belle-seur m'a regilté, mais je m'en moque. C'est en verité un des bons domestique qu'il y ait. Il fait la patisserie en perfection et il est de tres bonne famille. Il est a trois cent livre ici, mais il prendroit moins pour ne pas retourner a Paris a cause qu'il est brouillié avec sa mere. Fais-moi reponce le plus tot que tu pouras [23]. Je ne saurois m'enpecher de rendre servisse a des gens que l'on tire de chez eux pour les renvoyer a propos de bottes. Pour le valet de chambre, il s'en va tout de suitte en disant qu'il va peindre [24] une si bonne maitresse. Voila les seules chose que l'on entent dans ce maudit desert. Mais il me semble que tu dis : «Et de par tous les diable, que ne les gardez-vous sans m'en batre les oreiles?» Va, va, mon ami, quand je serai a Cirei, je te promenerai par les astres, mes lettres seront bien d'un autre ton. Il n'y a pas jusqu'a ces vermines qui sont ici qui ne glosent sur Cirei. C'est un plaisir d'entendre les betises qu'elles entassent en parlant de Voltaire. Elle ne croyent pas qu'il ait le nez au milieu du visage.

Voions ta lettre, sy elle me donnera un autre ton, car ma foi, le mien ne vaut rien.

Grand merci des contes. Oui, ils sont assés en vers [25].

Grand bien te fasses Madame de Motteville [26], mais je ne la lirai que quand elle aura mis ses rabachages sur le ton des notres. Son stille est insuportable. Je ne saurois en rajuster les bouts. Quand le Docteur sera de retour, dis-lui que je lui suis bien obligée des choses qui devoient tant me divertir l'ordinaire suivant. Elle m'ont bien fait rire. Elles sont les plus drole du monde, et ce qui m'en a fait plus de plaisir, c'est qu'elles ne lui ont pas beaucoup couté a ecrire.

Eh non, boureau, eh non! Taupe ne me pretera pas une voiture[27]. Je t'ai deja dit cent fois qu'elle ne prete que le bonjour. J'ai deja taté si je n'en pourois pas avoir une de la belle-sœur, car les cheveaux du vilage me sont passés a travers la tete aussi bien qu'a toi. Si Fanchon ne vient pas, je prendrai plutot une charette, car je tremble que la machine ne se detraque. Je me tiens sur mes pieds de deriere tant que je puis, mais je sens que le moindre mauvais vent doctoral[28] me getteroit a bas. Bonsoir, tu as bien fait de ne pas reculer pour un petit ecu de plus sur le tapis de toilette, car c'est pour toujours, et un de tafeta me couteroit bien plus.

Bonsoir Panpichon, mon ami, je suis bien aise que tu fasses des vers, mais je voudrois bien que tu me donnasses la prefference sur Md. de Mottville pour t'endormir. Je ne perdrois rien a ton voiage eliconique[29]; cependant je ne me plains pas et je sais bien qu'il faut s'amuser quoique je ne m'amuse pas. L'epigrame du St est charmante[30]. Je le baise sur l'œil, le nom est effacé.

Le lundi matin [1er décembre 1738]

J'avois cachetez ma lettre hier croiant que le valet de chambre qu'on renvoye partoit de grand matin et je profite de toute les ocasions pour que tu ne manque pas de lettre, mais comme il ne part qu'a dix heur, je t'ajoute un bonjour et une reflection. C'est qu'il ne faut pas dire a la Granville que l'on renvoye le cuisinier par humeur. Comme la Taupe va a Nancy au Nouvel An pour plusieurs mois ou[d] le cuisinier fait semblant de croire que c'est parce qu'elle n'a pas besoin de lui. J'espere que tu n'as pas dit non plus combien je m'ennuiois : ce seroit lui bouillir du lait[31], et tu comprends bien aussi qu'il ne seroit pas ceans[e] que je dise a d'autres qu'a toi ce que je pense de ma Begeule. Apres cela tu sauras encore comment s'est passé le reste de la journée d'hier. En fermant ta lettre Dubois vint me dire que la Taupe etoit seule parce qu'on venoit de mettre la belle-sœur au lit. Pour qu'elle ne se plaigne pas de moi, je fus dans sa chambre jusqu'au souper. Elle me voit entrer sans dire un mot. Je la questione sur l'incomodité de sa belle-sœur. Elle me repon des oui et des non. Enfin, je lui demande si elle etoit malade elle-meme. Je crus qu'elle m'avaleroit. Je me tus et elle aussi. Nous avons eté trois bon quart d'heure sans nous parler. Pendant le souper et apres, elle m'a picoté avec une aigreur et un denigrement qui ne ressemble a rien. Apparament ces dames veullent me faire metre dehors de la maison aussi. Elles ne se doutent pas du plaisir qu'elles me feroient. Oh, pour le coup je commence a etre de mauvaise humeur. C'etoit bien assés d'essuier ses mauvais discours sans essuier sa mechante humeur. Elle est aussi outrée que ses ravaudages. C'est comme un petit dogue qui montre les dents de tout coté. Depuis avant-hier elle n'a pas levé les yeux sur moi; elle les detourne avec l'air de denigrement qui donneroit des demangaisons de lui paumer[32] la geulle. Mon parti est pris si elle est sur le meme ton aujourd'huy. Je la plante la et je ne sors pas de ma chambre. Bonjour, mon ami, prie bien le bon Dieu qu'il m'envoye les moiens de sortir de l'etable.

[*adresse* :] A Monsieur / Monsieur Dauphin / marchand, ruë du Chateau / a Luneville

MANUSCRIT

Yale, G.P., II, 175-180 (D33); 5 p.; orig. aut.; restes de cachet; m.p. : LIGNY.

IMPRIMÉ

Butler, p. 201 (extraits traduits en anglais).

TEXTE

a Le ms : «te». *b* jargon. *c* Exceptionnellement, c'est Mme de Graffigny elle-même qui a mis l'accent. *d* où. *e* séant.

NOTES

1. C'est la lettre du 25-27 novembre 1738 (G.P., I, 343-346), dont les dernières pages manquent. Sur le pressentiment de Mme de Graffigny, v. lettre 57, premier paragraphe.
2. Voir 55n43; Chevalier, le marchand de vins, a fait saisir tous les biens de Mme de Graffigny qui étaient dans la possession de Devaux. Il répondra : «Mr Geneval m'a repondu si honnetement que je ne doute pas qu'il ne m'avertisse avant que de pousser les choses plus loin. Alors nous ferons ce que nous pourrons, et j'aurai soin d'aller parler a Mr Alliot.» (4 décembre 1738, G.P., I, 358.)
3. Chevalier.
4. Pour la réponse de Devaux, v. 63n46.
5. Devaux : «Il n'est pas encor revenu, cet Ami de Nous. Je m'en ennuye beaucoup, car outre que je l'aime, c'est qu'il n'y a plus que luy par qui je tienne au monde.» (I, 343); et encore : «Le Nous est encor a Vic. Des qu'il sera revenu, je vous le manderai.» (I, 346.) Il écrira le 2 décembre 1738 : «Desmarets arriva hier au soir, une heure apres que notre lettre fut partie. Il se porte fort bien, et m'a beaucoup demandé de vos nouvelles. Je luy ai dit qu'il en trouveroit chez le facteur. Il s'en retournera encor dans quelques jours, parce qu'il n'y a que deux de leurs officiers a Vic. Il en meurt d'ennuy et d'impatience.» (I, 355.)
6. *Tartuffe*, III, vi.
7. De toute évidence, un exemple de leurs plaisantes façons de parler. Le 10 novembre 1736, Devaux avait terminé une lettre par une série de sobriquets comiques mais affectueux, comme «berlicoquette» et «chère atto»; le 12 décembre 1736 il appelle Desmarest «l'atto Desmarest» (I, 50, 96).
8. Ravaudage : ravauder, c'est maltraiter de parole. On dit aussi qu'un homme vient ravauder aux oreilles de quelqu'un, pour dire qu'il vient lui rompre la tête, lui faire des discours impertinents. (Trévoux, 1743.)
9. Ravodage de cul de chandelle : cette expression a approximativement le même sens que la précédente, «ravodage de ménage», c'est-à-dire conversations sans intérêt qui ne portent que sur les banalités de la vie quotidienne familiale, à rapprocher de l'expression bien connue : «faire des économies de bouts de chandelle.»
10. Claire-Madeleine de Choiseul-Beaupré.
11. Voir 51n5. Devaux : «Il y a longtemps que je connois *Le Misantrope*. J'ay voulu vous le faire lire, jamais vous n'avez voulu vous y prester. Hayré ne l'aimoit point. Je crois qu'il vous avoit prevenuë contre. Pour moy, il m'a amusé.» (18 novembre 1738, G.P., I, 324.) Dans le numéro du *Misanthrope* du 15 juin 1711, l'auteur rencontre dans un songe Homère, qui est étonné de la célébrité dont il jouit au XVIIIᵉ siècle. Cette rencontre imaginée fait partie d'une série d'épisodes semblables qui évidemment rentrent dans le contexte de la querelle des Anciens et des Modernes.
12. Devaux : «L'epitre pour mon cher pere est fini. Je serois bien tenté de vous l'envoyer car je ne la crois pas mauvaise, mais cent cinquante vers tiennent tant de place et sont si longs a copier qu'en verité je ne scais quand j'en aurai le courage.» (I, 344); v. 59n2 pour un extrait de cette épître.
13. Mme de Stainville.
14. Verjus : on dit proverbialement, mettre à pile au verjus, pour dire, faire souffrir du mal à quelqu'un, et surtout par des médisances (Trévoux, 1743); avoir un caractère aigre comme verjus, être fort acariâtre (Littré).
15. Les visiteuses de Mme de Stainville.
16. Regilter : le sens général de ce terme est assez clair, voisin de «rebuter», «rejeter», ou «réprouver», mais les dictionnaires ne le connaissent pas. Mme de Graffigny l'utilise plus loin dans cette même lettre, et ailleurs; parfois elle semble écrire «regrilter» ou «regrulter».
17. Rechercher : faire une enquête exacte des biens, mœurs et qualités des personnes (Trévoux, 1743).
18. Perspective : tableau qu'on met ordinairement dans les jardins, ou au fond des galeries, qui est fait exprès pour tromper la vue, en représentant la continuation d'une allée, ou du lieu où elle est posée, ou quelque vue d'un bâtiment ou paysage en lointain (Trévoux, 1743).
19. Mme de Grandville.
20. Peut-être Félix Pariset, ancien pâtissier de l'hôtel de S.A.R.; son épouse était Jeanne Thouvenon.
21. Le comte d'Elliot était chambellan de l'électeur palatin, dont le siège était, depuis 1720, à Mannheim.

22. Mme de Stainville. Mme Grognac est un personnage du *Distrait* de Regnard.

23. La réponse de Devaux a été perdue.

24. Peindre : voilà pour l'achever de peindre, c'est-à-dire, pour achever de le ruiner de biens, de réputation, de santé, etc. (Trévoux, 1743).

25. Devaux : «Voici les contes que vous demandez : ‹A maint pecheur un soir un cenobite / Donnoit l'absoute en pasteur avisé; / Quelqu'un luy dit, "On m'a priapisé / Soixante fois." "Jesus! dit le stilite, / Soixante fois? Etes-vous fille?" "Non, / Femme encor moins." "Veuve?" "Non." "Eh quoy donc? / Expliquez-vous, car de par St-Jerosme, / Ceci m'embrouille, et je n'y comprends rien. / Ca, qu'etes-vous?" "Eh mais...je suis...eh bien, / Je suis, mon pere, un pauvre gentilhomme." [Voici le conte d'Adhémar, mis en vers par Saint-Lambert :] ‹Par son epoux en levrette exploitée / Aupres d'un noir, Alix se confessa. / Le St apotre, oyant la levrettée, / En se signant, au diable la chassa. / "Passons, dit-il, ja, ne tenons regi[s]tre / De riens pareils." "Pourtant, sur ce chapitre, / Un moine noir trop bien m'a scu tancer." / "Allez en paix, vous dis-je, allez; que le belitre / Apprenne a f... avant de confesser."› Etes-vous contente? Seront-ils assez en vers comme cela?» (27 novembre 1738, G.P., I, 345); v. 51n16-17 et 55n8.

26. Devaux : «Je ne lis plus a present qu'en m'endormant. C'est Mde de Motteville qui a cet honneur. Son stile est un peu obscur, faute de correction, mais elle me fait un plaisir infini par les details immenses ou elle entre. Je crois vous entendre me conter les petites intrigues de notre vieille cour.

Au vray, elle est charmante. Je crois qu'elle feroit sur vous le meme effet. J'admire bien plus le Retz, mais elle m'attache davantage.» (I, 345); v. le texte de la lettre 55 à la note 16. Françoise Bertaut de Motteville (vers 1621-1689), dame d'honneur et confidente d'Anne d'Autriche à partir de 1643, laissa des *Mémoires pour servir à l'histoire d'Anne d'Autriche* en 6 volumes (Amsterdam, 1723).

27. Devaux : «Prenez des chevaux au village, quoy qu'il vous en couste. Taupe ne vous presteroit-elle pas bien une voiture qu'ils rameneroient?» (I, 346.)

28. C'est-à-dire, le moindre ennui dans ses relations avec Desmarest.

29. L'Hélicon est le mont qui, en Grèce, était consacré aux Muses.

30. Devaux : «Voici l'epigramme du St sur l'homme qui l'a produite. Il vous prie d'effacer son nom dans la lettre ou je vous l'ai envoyée en prose [v. 55n23]. Ecoutez, mais, ma foy, le papier est trop large pour l'ecrire en vers : ‹Quatre vers feront cette histoire : / Damon est sot sans en rien croire, / Mais en voyant son air gesné, / On diroit qu'il l'a deviné›.» (I, 343.)

31. Bouillir du lait à quelqu'un : lui être agréable en parole ou en action (Littré). Mme de Grandville ne serait que trop contente de savoir que Mme de Graffigny s'ennuie à Demange-aux-Eaux. Les dictionnaires du XVIIIe siècle n'offrent pas cette définition de l'expression.

32. Paumer : mot tout à fait bas et du petit peuple de Paris. Il signifie, frapper. Je te paumerai la gueule. (Trévoux, 1743.)

59. à Devaux

Le lundi soir [1er décembre 1738]

Quoique je t'aye ecrit ce matin, je ne puis me reffuser la satisfaction de te dire encore un mot çe soir, mon ami, puisque demain il va encore une personne a Ligny. Tu recevra probablement mes deux lettres jeudi. Qu'importe? Puisque tu m'aime tant, tu ne regretera pas cette double voiture. Je ne t'aurois cependant pas ecrit si je ne venois de recevoir ta lettre de samedi[1]. Elle me font toujours le meme effet. Je ne repondrai qu'a tes vers[2]; il n'y a rien a dire au reste. Tu me fais grand plaisir, mon Pa[n]pichon, de m'en envoyer un petit morceau. Je le trouve tres bien a ceci pres : «Je vois le sang quitter sa source bouillonante.» Il ne la quite pas, mon ami, a ce que je crois. J'aurois voulu que tu exprimasse plus pathetiquement la circulation et sa rapidité. Ou je n'entens pas ce que veut dire «filtrer la vie et la pensée», ou c'est un materialisme que ton pere trouvera mauvais. Tout le reste me semble tendre au meme but. Prens garde a cela : ce qui est tres bon pour nous pouroit te faire des affaires. «Dont il n'est point compris' – j'entens cela. «Et qu'a peine il comprend' – je ne vous entens plus. Je ne trouve pas mauvais les derniers vers[3], au contraire, mais je n'aime pas «le soufle du sang au cœur d'un conquerant». Il me semble qu'on n'a jamais dit «le soufle du sang», et cette expression ne me donne pas l'idée de ce que tu veux dire. Car si c'est un mouvement de colere, ton conquerant n'est plus qu'un brutal. Je ne veux pas faire une dissertation la-dessus, mais je dirai comme toi : cela ne me plait pas.

Pleurez pas, mon Penpichon, tenez bonbon! Fi, la vilaine verge! En tout, cela est charmant, et je suis persuadée que ton epitre fera un tres bon effet. Tu vois bien, mon ami, que tu fais tout ce que tu veux quand tu le veux bien fort. Tu parle aussi bien le langage des savants que celui des ruëlles, en madrigeaux, s'entant. Au reste, je ne veux pas avoir ton epit[r]e en lembeaux[4]. J'espere que mon ami Gros Chien Blanc y metra la pate, mais vite, vite, je grille de la voir toute entiere. Tu m'aute l'esperance de la trouver dans le paquet[5]. J'ai peine a m'en detacher. Peus-tu me faire des excuses en m'envoiant des choses qui me plairoient quand elle ne seroient pas de toi[6]? Quand esse que nous aurons enjambés ces petites miseres? N'est-il pas dit une fois et cent mille que rien de ce qui vient de nous ne nous est indifferent? Finis, je t'en prie; tu devrois avoir bien plus de regret a user du papier et des port de letre a ces sots propos qu'a ce qui reste en blanc au bout des vers.

Sans mon impertinent cœur et toi, je ne saurois pas si le D. est au monde. Je n'en ai ny vent ny nouvelles. Je me remercie bien d'avoir pris mon parti sur toutes ses absences d'amitié. Je ne m'atens a rien, et cela ne me chagrine pas. Je m'accoutumerai insensiblement a sentir[a] tout ce que je sais.

La bouderie est a un point que j'ai pris le parti que je t'ai dit ce matin. J'ai eté chez elle avant diner; elle m'a lachée deux ou trois mauvais propos. Autant a table. J'ai trouvé que cela devenoit trop fort. En sortant de diner je suis revenue tout de suitte ici et je n'en sortirai que pour manger parce qu'il faut vivre. J'ai bien pleuré, non pas de la peine directe qu'elle me fait, car comme je ne l'aime en aucune façon, ce qu'elle dit ne me touche pas, mais je suis desolée d'etre chez elle et de ne savoir comment en sortir. Cela te paroit singulier qu'elle m'apostrophe, et tu ne saurois t'imaginer qu'il n'y ait au moins un ombre de sujet. Le voici : elle est enragée de voir que sa belle-sœur lui fait voir a toutes les minute qu'elle ne se connoit a rien, et tout ce tripot[7] qu'on fait dans la maison l'impatiante. Elle, qui n'a d'autre idée de la perfection que celle de sa personne, est choquée au dernier point. Je ne sais pas encore pourquoi elle n'ose s'en prendre a cette maquigneuse[8]. Mais enfin comme il est de necessité indispensable qu'elle ait un plastron, elle m'a choisi, moi, depuis que ce pauvre valet de chambre est parti. Il l'etoit depuis lontems. Elle dira bientot que je mest de l'arsenit dans son lait et des cheveux dans ses œuf frais. Ce que tu ne croirois pas, c'est que je ne dis pas un mot. Cependant si elle y revient encore, j'ai mes reponces prete, car je ne veux pas que ces gens croyent – et sa ponife de belle-sœur – que je suis sa complaisante jusqu'a me laisser traiter en femme de chambre. Ah mon Dieu, comme je sens que je ne l'aime pas, et que je ne suis sensible qu'a ce qui vient de mes amis! Mais je t'avoue que l'aigreur adjoutée a l'ennui me font trouver cet indigne sejour encore plus insuportable, et cela reveille des idées qui ne sont guere loin dans le passé et peut-etre bien pret dans l'avenir. Le vieux bonhomme est parti hier. Ce matin le vieux paquet d'etamine et le grand dindon sont partie. Il ne re[s]te que la plus harnieuse[9]. Tout ce qu'elle rabache ne s'imagine pas. Elle a dit cent fois avant diner que l'on avoit point de conduite parce que l'on donnoit huit sols au femmes qui lavent la lessive; il n'en faut donner que cinq, elle sont encore trop bien. L'autre repon : «Voiez! voila comme on me trompe de tout coté, car jusqu'ici je n'ai pas eu le tems de voir a tout.» Apres cela on fait une longue dissertation sur le manger des cochons. Cette femme a eté hier couper la viande du cuisinier et visiter partout. Elle fera demain le pain. Enfin j'ai bien vu des comere, mais je n'en ai pas vu meme de la plus basse extraction qui soit si miserable, et cela avec un air de sufisance comme si elle decidoit du salut de l'etat. Ces matieres-la sont intarissables. Plains un peu mes pauvres horeilles, je t'en prie, ce sera une consolation pour moi. Ah mon Dieu, ou me suis-je fourée? Ces diables de bouderies-la m'enpechent de reparler de la voiture. On me repondroit qu'il y a des charetes au vilage. J'ai fait venir une couturiere de Gondrecour ce matin pour raccomoder quelque choses indispensable a mes hardes. Elle a deffendu qu'on lui donne a diner. Par bonheur la femme du masson d'ici l'a nouri aujourd'huy. Je la paierai et la renvoyerai demain. Ce seroit a moi a te faire des excuse, mon ami, de tant de misere, mais j'en suis ocupée malgré moi, et tu sens bien que cela ne se peut guere autrement puisque j'y suis livrée corps et ame.

J'ai pourtant lu mon Reneaud toute la journée. Il me semble qu'il combat assés bien le sistheme de Neuton, car par parentese j'ai commensé par le quatrieme volume[10]. Je ne sais si je me convertirai sur le vide a Cirei, mais jusqu'ici le vide me paroit dificile a soufrir. Ce n'est pas vrai en tout sens. Il y en a un sur lequel je suis plus neutonniste que Neuton lui-meme[11]. Je ne suis pas si contente de sa refutation du spinosis[me]*[12]. Je ne sais quel penchant naturel j'ai toujours eu pour l[ui]* mais j'ai peine a le vaincre.

Ne sois pas en peine de ma dent, mon ami, elle est gaté[e]*. C'est une besogne toisée. J'ai encore de l'essence pour trois ans au moins[13]. Je ne m'en sers qu'a bon esseyant*, car cela les gate, je crois, encore plus. Si Mr La Tour[14] avoit voulu me la plomber quand je lui dis, je ne jurerois pas tous les jours apres lui. Ma fluction va toujours, mais elle est traitable et ne m'enpeche que de dormir, ainci je la compte pour rien.

Comment diable ai-je fait pour remplir trois pages? Je ne songe pas qu'il te faut du tems pour les lire. Mais, mon ami, tu pardonne bien a une pauvre abandonnée au mouches de te rabacher ses tracas. Lis-moi sur ton trone ou en t'endormant[15]. Je vaux encore mieux que Md. de Motteville, qui est morte. Serieusement, je serois bien fachée que tu perdis ton tems pour moi. Je te passe les petites lettres quand tu les rempliras aussi bien que celle d'aujourd'huy. Je t'en remercie encore, mon ami, et je t'embrasse de tout mon cœur, enco 'ti St, enco Gros Bœuf[16].

[*adresse:*] A Monsieur / Monsieur Dauphin / marchand, ruë du Chateau / a Lunéville

MANUSCRIT

Yale, G.P., II, 181-184 (D33 bis)[d]; 3 p.; orig. aut.; fragment de cachet; m.p. : LIGNY.

IMPRIMÉ

Butler, p. 201 (extraits traduits en anglais).

TEXTE

[a] Lecture incertaine. [b] Trou. [c] escient. [d] Devaux écrit, à la page de l'adresse : «seconde trente quatrieme», qu'il raie ensuite, et y substitue : «seconde 33 que j'ay recu en meme temps que la 35.»

NOTES

1. Celle du vendredi 28-samedi 29 septembre 1738 (G.P., I, 347-350); Devaux met par inadvertance le 29 et le 30.

2. Devaux : «Je suis tout surpris de n'avoir plus rien a vous dire et de trouver encor une page a remplir. Je la vais garnir de mon esprit de poche, comme vous disiez; il vaudra bien l'autre. C'est une tirade a mon cher pere ou je lui rends compte de mes occupations : ‹Je me derobe a ce monde sublime / Mais c'est encor pour admirer; / En moy je trouve un autre abisme / Ou mon esprit va s'egarer. / Du corps humain la structure etonnante / Se developpe a mes regards : / Je vois le sang quitter sa sou[r]ce bouillonnante / Et, repandez de toutes parts, / Porter dans sa course fertile / La nourriture avec le chile / Par d'imperceptibles canaux./ Mais que vois-je? Par quel miracle / S'ouvre-t-il des chemins nouveaux? / Pour remonter au cœur il franchit tout obstacle : / Il va, vient et revient, coule et recoule encor / Pour reprendre un nouvel essor. / C'est ainsi que sans cesse en sa marche pressée, / Il est conduit a replis tortueux / Dans ces alambics sinueux / Qui doivent en philtrer la vie et la pensée / Dans ces organiques tuyaux. / Que j'aime a voir le jeu de ce souffle invisible, / Sensible a tous mais incomprehensible, / Qui, tantost au travail et tantost au repos, / Au moindre signe determine / Tous les ressorts d'une machine / Dont il n'est point compris et qu'a peine il comprend. / De ce souffle leger au cœur d'un conquerant / Naissent tant de projets si vastes, / Et luy seul a produit ces grands evenemens / Que me fait voir Rollin dans l'abisme des temps. / De l'univers sa main m'ouvre les fastes, etc›.» (I, 349.) Le texte d'une autre version de cette épître a été publié récemment par Angela Consiglio dans les *Poésies diverses* de Devaux (Bari, 1977, p. 112-116); la source en est le Ms 366 de la Bibliothèque municipale de Nancy. Ces variantes ne semblent rien devoir aux corrections suggérées ici par Mme de Graffigny.

3. Devaux : «Ce n'est pas de choix que je vous envoye les douze derniers vers. Je crois meme que vous ne les trouverez pas trop bons, mais j'ay suivi l'endroit ou j'avois commencé.» (I, 349.)

4. Devaux : «La sienne [l'épître pour son père] est finie; quand je ne craindrai plus de me refroidir, je vous [la] transcrirai le plus menu qu'il me sera possible. Cela ne tiendra pas extremement de place dans une lettre, ou bien je vous la ferai lire par lambeaux.» (I, 348.)

5. Devaux : «Mr Grosbert est arrivé. Je luy envoye sur-le-champ votre pacquet. Vous y trouverez du fil, le tapis de toilette et votre La Bruyere.» (I, 348.)

6. Devaux : «De là je passe a un abregé en douze ou 13 vers de toute l'histoire ancienne. Je crois que vous ne le trouverez pas mauvais. Mandez-moy si cet echantillon vous rend curieuse du reste. Adieu, chere amie, je vous embrasse de toute mon ame, en vous demandant pardon de ne vous pas amuser, et qui pis est, de vous ennuyer.» (I, 349.)

7. Tripot : sans doute ici, intrigue, tripotage, manigances (Littré).

8. Maquigneuse : de maquignon; donc, une intrigante (v. Littré).

9. «Le vieux bonhomme» est Charles-Joseph, comte de Choiseul-Beaupré; «le vieux paquet d'etamine», «le grand dindon» et «la plus harnieuse» sont respectivement sa sœur, sa fille et sa femme.

10. Regnault, *Entretiens physiques d'Ariste et d'Eudoxe*, 1732, 4 vol.; «Sur le système de Newton» est dans le vol. IV, p. 365-387.

11. C'est une allusion personnelle, soit à l'absence de Desmarest, soit au vide intellectuel à Demange.

12. «Entretien sur l'existence de Dieu», IV, 388-419.

13. Devaux : «Vous me dites que votre santé va bien, mais que votre dent vous chicane. Est-ce

que vous n'avez plus d'essence de girofle? Je m'imagine que vous m'en auriez demandé.» (I, 350.)

14. La Tour (mort en 1758) était dentiste à Lunéville.

15. Devaux : «Si je lisois, je pourrois au moins vous rendre compte de mes lectures, mais je n'ouvre plus aucun livre que pour m'endormir. Je crois vous avoir dit que c'est Madame de Motteville qui a cet honneur [v. 58n26]. C'est en verité une fort bonne creature; je voudrois bien que vous fissiez connoissance avec elle, elle vous amuseroit surement. Quand je l'entends bavarder au chevet de mon lit, elle me [fait] ressouvenir des petits contes que Mde de Sevigné fait a sa fille. Ce sont de petits details comme les siens, et ils feroient autant de plaisirs s'ils etoient ecrits avec autant de delicatesse, mais ils sont plus satisfaisant en ce que les choses y sont dites sans aucun voile, au lieu que dans Mde de Sevigné, il y en a quelquefois plus qu'il n'y avoit de toile d'araignée devant la porte du magicien du rameau d'or. Vous souvenez-vous de cela? N'est-ce pas une belle chose que l'erudition?» (I, 347.)

16. Sans doute une variante facétieuse de «Gros Chien». En italien, «anco» est une forme poétique de «ancora», pour traduire «aussi».

60. à Devaux

De Cirei, le jeudi 4 decembre [1738]

Tu sautes*a* de joye a la datte de cette lettre et tu dis : «A mon Dieu, elle est a Cireï!» Et comment cela c'est-il fait, par quel chemin, par quelle avanture? Atans, tu sauras tout. Hier Mde de Lenoncour arrive pour le diner au chateau de l'ennuy[1]. Le premier compliment que je lui fais, c'est de lui demander ses cheveaux. Elle me les accorde. Je tremble de joye, la tete m'en saute. Je cours a mon ecritoire comme si en t'ecrivant tu le savois en meme tems. Cependant je ne t'envoye pas ce chifon. J'ai pensé qu'il valoit mieux t'ecrire ici, qu'en recevant la letre, avant de la lire tu aurois du plaisir. Enfin je n'ai pas dormi toute la nuit, tant j'etois transportée. J'ai envoyé hier un expres a Ligny pour que le maitre de poste me renvoye tes lettres. N'en sois pas en peine. J'ai recu a minuit celle de lundi[2], celle que tu avois adressés ici[3] et deux du Docteur, dont je suis enchantée. S'il est de retour, dis-lui. Je n'ai pas le tems de hazarder une lettre qu'il ne recevroit peut-etre pas et qui ne t'apprendroit rien.

Je suis partie avant le jour. J'ai assisté a la toilette du soleil, j'ai eu un tems admirable, des chemins comme ceux d'eté jusqu'a Jouinville[4] a la pousiere pres; mais on s'en passe. J'y suis arrivée a une heure et demie dans une petite chaise de Madame[5], bonne, douce, un cocher excelent. Voila le beau. Voici le lait : les cocher m'ont dit qu'il leur etoit impossible d'aller plus loin. Que faire? J'ai pris la poste. Je suis arrivée a deux heures de nuit, mourante de frayeur dans des chemins que le diable a fait horribles, pensant verser a tout moment, tripotant dans la boue, parce que les postillons disoit que si je ne desendois, il me verseroit. Juge de mon etast. J'ai dit a Dubois : «Panpan ne pense guere que je grimpe une montagne a pied a taton».

Enfin je suis arrivée. La Nimphe[6] m'a tres bien reçuee. Je suis restée un moment dans sa chambre, je suis montée dans la miene pour me decrasser. Un moment apres arrive ton Idole[7], un petit bougoir a la main comme un moine, qui m'a fait mille caresse. Il a l'air d'etre bien aise de me voir, jusqu'au transport. Il m'a baisé dix fois les mains, il m'a demandé de mes nouvelles avec un air d'interets. La seconde question a eté pour toi. Il en a parlé un quart d'heure. Il t'aime, dit-il, de tout son cœur. Il m'a parlé de Demaret et de St-Lembert. Enfin il s'en est alé pour me laisser t'ecrire. Je t'ai ecrit. Bonsoir, la poste part cette nuit. Je prevois qu'apres souper je serai trop pres de mon lit pour ne pas m'y jeter, ainci je t'ecris d'avance. Je suis fatiguée a un point qu'il ne faut pas moins que Cirei et Voltaire pour me reveillier. Adieu, mes chers ami, je vous embrasse et, je n'aurois point de plaisir si vous ne le partagiez.

Je t'ai quitté pour m'habilier, crainte que le souper ne sonne. Je n'entens rien, je vais encore te dire un bonsoir, car je ne saurois perdre de tems. Tu es etonné que je te dise simplement que la Nimphe m'a bien reçu. C'est que je n'ai que cela a dire. Elle m'a d'abord parlé de ses proces[8], sans autres ceremonie. Son quaquet m'a bien etonné. Je ne m'en souvenois plus. Elle parle extremement vite et comme je parle quand je fais la Francaise[9]. Tu vois que je corige ce mot-la, ce seroit un solessisme ici de l'ecrire autrement. Elle parle comme un ange, c'est ce que j'ai reconu. Elle a une robe d'indiene, un grand tablié noir et ses cheveux noir tres long, relevé par deriere jusqu'au haut de sa tete, et bouclés comme on fait au petis enfans. Cela lui sied fort bien. Comme je n'ai encore vu que la pelure[10], je ne te parle que de cela. Pour ton Idole je ne sais s'il s'est poudré pour moi, mais il est etalé comme il seroit a Paris. Le Bonhomme[11] part demain pour Bruxele[12]. Nous voila a trois et personne n'en pleurera. C'est une confidence que nous nous sommes deja faite. Oh, ma foi, je ne sais que cela et ce n'est pas mal, car il n'y a pas deux heures que je suis arrivée. Avoue que je suis bien jolie de t'ecrire. Mais c'est pour vous deux – le D., au moins s'il est arrivé, embrace-le pour moi, mais a la lettre. Je passerai demain mes heures de retraite a lui ecrire et a repondre a tes lettres qui par avance m'ont fait un plaisir plus grand que Cirei.

Voila le petit Trichateau qui m'envoye comp[limenter]*[b]* et me prier de l'aler voir parce qu'il a la go[utte]*[b]*.

Je disois donc que tes lettres m'ont fait plus [de]*[b]* plaisir que Cirei. Cependant mon ami, je suis bien aise d'y etre, mais mon cœur va devent et encore devent, car je t'avoue tout. J'ai lu hier avant de me coucher les grandes lettre du D. et je ne fis que regarder le ton des tienes. Il me paru excelent. Je me couchai. Je les ai lues ce matin au lever de l'aurore. Je suis sensible au chagrin mais j'ai la meme sensibilité pour la satisfaction de l'ame et du cœur. J'ai senti jusqu'au beau jour, jusqu'au plaisir d'etre encore menée par de nos gens[13]. Cette livrée que je vois probablement pour la derniere fois m'a un peu fait faire hum hum. Enfin il me semble que je serai plus a vous autres ici qu'ou j'etois, que je vous serai plus aimable et j'en sens le plaisirs. Bonsoir, mon Penpichon, mon cher ami. Je t'embrasse mille fois.

[*adresse :*] A Monsieur / Monsieur De Vaux le / fils / ruë du Chateau / a Lunéville

MANUSCRITS

*A. Morgan, G.P., VI, 13-16 (D34); 3 p.; orig. aut.; cachet sur cire rouge; m.p. : Vuassy / 6.

B. Oxford, Voltaire Foundation, «Lettres de Mme de Graffigny», p. 1-4; copie.[14]

IMPRIMÉS

I. *Vie privée*, 1-6.
II. Asse, 1-6.
III. Best. 1600.
IV. Best. D1675.
V. Butler, p. 202 (extrait traduit en anglais).

REMARQUES

Au début du XIXe siècle, les originaux des lettres que Mme de Graffigny écrivit de Cirey appartenaient à la famille Noël (sur le legs des papiers de Mme de Graffigny, v. Introduction, p. xv-xvi). Vers 1810 ou 1811, le chevalier de Boufflers les emprunta aux Noël, pour en faire faire une copie manuscrite. Une autre copie ultérieure, basée sur celle de Boufflers, se trouve actuellement dans les collections de la Voltaire Foundation (v. Best. D.app.52). C'est d'après cette copie qu'a été établi, avec certaines modifications, le texte de la *Vie privée de Voltaire et de Mme Du Châtelet*, 1820 (v. la lettre 64, dont le texte est celui du manuscrit de la Voltaire Foundation). D'ailleurs, les notes de l'éditeur qu'on trouve dans cette copie manuscrite sont identiques à celles de l'édition de 1820. L'éditeur de cette édition ne signa pas, mais selon la tradition, c'est le comte Grigory Vladimirovich Orloff qui, en consultation avec la famille Boufflers, prépara cette édition. Par contre, Eugène Asse attribua l'édition de 1820 à un certain Dubois. Asse en donna une édition plus savamment annotée en 1879, mais il ne put que reproduire le texte de la première édition, car on ignorait le sort des manuscrits. Theodore Besterman republia ces lettres, encore une fois d'après la première édition, dans la *Correspondance* de Voltaire (1953-1965).

On sait maintenant que les manuscrits des lettres de Cirey se trouvaient avec les autres lettres et papiers de Mme de Graffigny. Ces quelques cent volumes entrèrent dans la bibliothèque de Sir Thomas Phillipps, probablement aux alentours de 1825, et ne réapparurent qu'en 1965 lorsqu'ils furent vendus aux enchères chez Sotheby. H. P. Kraus en acheta la plus grande partie; il fit don de 76 volumes à la Beinecke Library de Yale University en 1968 et, plus récemment, il vendit à la Pierpont Morgan Library de New York les deux volumes restants, dans l'un desquels se trouvent les lettres de Cirey. Besterman avait eu l'occasion de parcourir, sans doute hâtivement, les manuscrits des deux premières lettres lorsqu'il préparait l'édition définitive de la *Correspondance* de Voltaire (1968-1977). Nous publions donc ici pour la première fois une édition authentique de ces lettres d'importance capitale.

On verra qu'il y avait dans les éditions précédentes non seulement des fausses leçons et des omissions, mais aussi des changements et même des additions là où l'éditeur jugeait que le texte de Mme de Graffigny était trop sec ou trop obscur. Les pires excès stylistiques sont dûs le plus souvent à l'éditeur, non à Mme de Graffigny. C'est l'éditeur qui termine la lettre du 9 au 11 décembre ainsi : «Il n'y a que mon amitié pour vous qui ne doit l'être [un secret] pour personne, parce que je veux faire des jaloux du bonheur que j'ai de vous aimer. Vivre dans ses amis, c'est presque vivre dans le ciel!» (Best. D1681). C'est encore l'éditeur qui écrit : «Cette pucelle me tracasse comme si j'étais un jeune homme» (Best. D1686), et dans la même lettre : «Dieu! Quel souper! c'est toujours celui de Damoclès; tous les plaisirs s'y trouvent réunis; mais hélas! que le temps est court! ... ô mon Dieu! rien n'y manque, pas même l'épée, qui est représentée par la rapidité du temps qui s'envole.» C'est également l'éditeur qui écrit : «Ah! mon ami, pourquoi sommes-nous nés sensibles? Pourquoi?...» Il serait fastidieux, croyons-nous, d'indiquer toutes les variantes, qui d'ailleurs ne portent autorité en aucune façon; dans les Remarques de la lettre 67 (Best. D1708), qui a subi beaucoup de modifications, nous présentons d'autres exemples. Il suffit de comparer notre texte à ceux des autres éditions pour s'apercevoir de très sensibles différences.

TEXTE

[a] Mme de Graffigny a probablement commencé à écrire «je savois», qu'elle a ensuite changé à «tu sautes». [b] Déchirure à l'endroit du cachet.

NOTES

1. Le château de Mme de Stainville à Demange.
2. La lettre du lundi 1er décembre 1738 (G.P., I, 351-354).
3. Lettre perdue.
4. Joinville-sur-Marne, à 35 km au sud-ouest de Demange et à 21 km au nord-est de Cirey-sur-Blaise.
5. La duchesse douairière de Lorraine, qui avait prêté la chaise à sa dame d'atour, Mme de Lenoncourt, qui l'a mise à la disposition de Mme de Graffigny.
6. Mme Du Châtelet.
7. Voltaire.

8. Voir 50n40 et 56n19 : il s'agit de la principauté de Ham et de Beringhem en Flandre, qui sera léguée à Mr Du Châtelet par son cousin, le marquis de Trichâteau, mais dont la possession est contestée par les Hœnsbrœck, famille de la mère du marquis. Trichâteau avait fait dresser le 23 août 1738 la procuration permettant à son cousin de s'occuper du procès relatif à cette principauté. Voltaire proposait à Frédéric II de l'acheter pour son père (Best. D1574 et D1579).

9. Mme de Graffigny avait d'abord écrit «francoise», mais s'est corrigée, ainsi rendant hommage à Voltaire dans ses efforts pour réformer l'orthographe. Il pratiqua la nouvelle orthographe pour la première fois dans *Les Lettres philosophiques*

(v. Best. D1054n6 et Brunot, *Histoire de la langue française*, VI, 964).

10. Pelure : populairement et par plaisanterie, redingote, vêtement de dessus (Littré).

11. Voir 40n1.

12. Sur le procès en Flandre, v. n8 ci-dessus.

13. C'est-à-dire, les gens de la cour de Lorraine.

14. Le texte de cette copie manuscrite est essentiellement celui de l'édition de 1820; les quelques changements qu'on y trouve indiquent que ce texte est plus fidèle à l'original que celui de la version imprimée, ce qui laisse supposer qu'il y a au moins une autre version qui aurait été transmise à l'imprimeur.

61. *à Devaux*

Le vendredi [5 décembre 1738], a minuit

Dieu, que vai-je lui dire et par ou commencer[1]?

Je voudrois te peindre tout ce que je vois, mon cher Panpan, je voudrois te rendre tout ce que j'entens. Enfin je voudrois te donner le meme plaisir que j'ai, et j'ai peur que la pesenteur de ma grosse main ne brouille et ne gate tout. Je crois qu'il vaut mieux tout uniment te conter non pas jour par jour, mais heures par heures.

Je t'ecrivis hier jusqu'au souper. On vint m'avertir et l'on me conduisi dans un apartement que je reconnu bientot pour celui de Voltaire. Il vint me recevoir. Personne etoit arrivé mais je n'eus que le tems de jeter un coup d'œil. On se mit[a] a table. Je n'aurois pas encore eu assés de plaisir si je n'avois comparez ce souper-la a celui de la veille. J'assaisonai donc de tout ce que je trouvai en moi et hors de moi. De quoi ne parla-t-on pas! Poesie, sience, le tout sur le ton de badinage et de gentillesse. Je voudrois te les rendre mais cela n'est pas en moi. Le souper n'est pas abondant mais recherchez, propre, beaucoup de vesselle d'argent. J'avois en vis-a-vis cinq sphere et toute les machine de phisique, car c'est dans la petite galerie ou l'on fait le repas unique. Voltaire a coté de moi aussi poli, aussi attentif qu'aimable et savant, le seigneur chatelain[2] de l'autre coté, voila ma place de tous les soir, moienant quoi l'oreille gauche est charmée, l'autre tres legerement enuiée, car il parle peu, et se retire des que l'on est hors de table. On desert, arrive les parfums, on fait la conversation. On parla livre, comme tu crois. Il fut question de Rousseau. Oh dame, c'est la ou l'homme reste et le heros s'evanouit[3]. Il seroit homme a ne point pardonner a quelqu'un qui loueroit Rousseau. Enfin on parle poesie de tout genre. «Pour moi, dit la dame, je ne saurois soufrir les odes.» «Ah fi, dit ton Idole, qu'es-que c'est qu'une ode? [C»]est le plus petit merite du monde que celui d'en faire. Galimatias, rapsaudie, et surtout en stile marotique, qui est la plus execrable chose du monde. Je ne comprends pas que d'honnetes gens lisent ces choses-la.» Ne voila-t-il pas bien l'homme? Je ne sais a propos de quoi il parle des *Observations*[4]. Je lui demande s'il les fait venir. Il m'assure qu'il n'y manque pas, et tout de suitte les invectives arrivent contre l'auteur et contre l'ouvrage. Il m'a donné a lire une petite brochures qui a pour titre *Preservatif contre les Observation*[5], qu'il pretent qu'un de ses amis a faite. Je la lui demanderai pour te l'envoier par un marchant de Luneville[6] qui est ici, ainci je ne t'en dis rien.

Je ne sais s'il ne parle point de ses deux homme[7] sans que la fermentation du sang ne devienne fievre, mais enfin elle lui prit, nous sortime pour le laisser se coucher. J'ai dormi, Dieu sait, et Dieu sait aussi que les montagnes que j'ai montée et dessendues m'ont mise a peu pres dans l'etat ou etoit Sanchot quand il pretendoit etre moulu pour avoir revé qui etoit roulé du haut en bas d'une [tour][8b]. Cela m'a fait tenir dans mon lit jusqu'a midi. J'ai eu la visite de la dame chatelaine, dont je suis plus contante que je ne l'etois hier. J'ai lu ce *Preservatif*, car il faloit pouvoir dire que je l'avois lu. En envoyant savoir de mes nouvelles, Voltaire m'a envoyé un beau *Neuton*[9] relié en maroquin. Par parentesse, il en a fait metre au coche de Paris a mon adresse, un pour moi et un pour St-Lembert, avec une letre pour lui. Il a ordonné cela a Paris, il croit qu'on s'est trompé et qu'on a adressé le paquet a Nanci au lieu de Luneville. Il faudroit le faire demander a Mr Petit[10]. Revenons a mon lit. Je n'en suis sortie qu'a plus de midi. Je me suis habilliée en me trainant, car je ne marche qu'en criant, et comme on ne dine point je me suis mise a lire *Neuton* au lieu de t'ecrire, oui, au lieu de t'ecrire, quoique j'en mourusses d'envie; mais il faloit aussi marquer un peu d'empressement et pouvoir en parler le soir. A propos de soir, bonsoir. Voila une heure qui sonne, il faut un peu reposer le jambes rompue de la pauvre Abelle, qui s'en va au lit en embrassant tous ses chers ami, 'ti St, Docteur, Gros Chien, Penpichon[11]. Bonsoir, tous mes fidels et cher bons amis.

Le samedi [6 décembre 1738], a cinq heures du soir

J'en etois donc a ce desir de paroitre intelligente. Il a eu son effet car j'ai entendu le peu que j'ai lus. Comme je lisois, est arrivée en visite une Madame[12] qui passe sa vie ici, parce qu'elle a une petite terote[13] dans le voisinage. Elle est trait pour trait la grose femme courte du *Paiisant parvenu*[14], mais elle paroit aimable par le caractere. Elle aime Voltaire a la folie, et lui m'a dit qu'il l'aimoit beaucoup parce qu'elle a le cœur bon. La pauvre femme, on la fait tenir tout le jour dans sa chambre. Depuis quatres ans qu'elle suit cette vie-la, elle a lu tout ce qu'il y a de livre ici et elle n'en est pas plus savante. Voltaire badine fort bien de ses lectures et de la vie qu'on lui fait faire. Elle n'en est pas tout a fait la dupe, car elle dine et mange tant qu'elle peut. Elle ne m'ennuia pas, quoiqu'elle soit restée tres lontems dans ma chambre; c'est qu'elle me conta bien des chose de Voltaire, entre autre ce que j'ay dit au D. de l'abbé de La Mare[15], et puis que Voltaire par amitié pour elle avoit voulu marier une de ses niece avec son fils, qui n'est pas riche[16]. Il auroit donné a sa niece quatre-vingt mille francs, et pour douze mille de vaisselle d'argent. La demoiselle n'a pas voulu, elle etoit amoureuse. Il ne lui a donnée que trente mille livres. Le public selon cette dame a grand tort de crier contre les editions de ses ouvrage, car elle m'a assuré que depuis bien du tems il n'en tire rien pour lui. Ce sont des presens qu'il fait aux uns et aux autres des jeune gens de lettre.

La dame sortie, je prenois mon ecritoire quand le seigneur chatelain entra. Non. J'oublisis que Voltaire m'avoit fait encore une petite visite pendant celle de la dame. Je le chassai parce que ma chambre est tres froide et qu'il est fort enrumé. Chasser Voltaire! Tu trouve cela bien fort. Voila comme on se familliarise avec les grands homme. Arrive donc le seigneur chatelain qui, sans aucune pitié, m'ennuia pendant deux heures et plus. Enfin V. m'en tira une demi-heure avant souper, en m'envoyant dire que, puisque je ne voulois pas qu'il resta dans ma chambre, je prisse donc la peine de dessendre chez lui. Je ne me fi pas prier. Je n'avois vu son apartement qu'en passant la veille. Il me le fit admirer. Voici ou j'en ai reservé la description.

Sa petite aile tient si fort a la maison que la porte est au bas du grand escalier. Il a une petite entichambre grande comme la main, ensuite sa chambre, petite, basse, tapissée de velour cramoisi, une niche de meme avec des franges d'or. C'est le meuble d'hivert. Il y a peu de tapisserie et beaucoup de lembri, dans lequel sont encadrés des tableaux admirable, des glaces, tu t'en doute, des encognure de laq admirable, des porcelaine, des marabous, une pendule soutenue par des maraboux, d'une forme singuliere, des choses infinies dans ce gout-la, chere, recherchée, et surtout d'une propreté a baiser le parquet, une cacette ouverte ou il y a un vesselle d'argent, tout ce que le superflus, chose si necessaire [17], a pu invanter, et quel argent! quel travail! Il y a jusqu'a un baguiier ou il y a dix ou douze bague de piere gravés, un autre deux de diament tres minse. De la on passe dans la petite galerie qui n'a guere que trante ou quarante pieds de long. Entre les fenetre ce sont deux petites statues fort belle sur des pieds-destaux de vernis des Indes; l'une est cette Venus fameuse, l'autre Hercule [18]. L'aut[r]e coté des fenetre est partagé en deux armoire, l'une des livres, l'autre les machines de phisiques. Entre les deux un fourneau dans le murs qui rend l'air comme celui du printems. Devent, un grand pieds-destal de piere, sur lequel est un Amour assés grand qui lance une fleche. Cela n'est pas achevés. On fait une niche scuptée a cet Amour qui cachera l'aparance du fourneau. La galerie est boisée et vernie en petit jaune. Des pendules, des tables, des bureaux, tu crois bien que rien n'y manque. En-dela de cela est la chambre obscure qui n'est pas encore finie, non plus que celle ou il metra ces machine. C'est pour cela qu'elles sont encore toutes dans la galerie. Un seul sopha, point de fauteuil comode, c'est-a-dire, ils sont bons mais ce ne sont que des fauteuils garnis. L'aisance du corps n'est pas sa volupté, aparament. Les paneaux des lembris sont des papiers des Indes fort beaux, les paravents de meme, les tables a ecrants, des porcelaine, tout cela recherchés. Il y a une porte au milieu qui donne dans le jardins. Le dehors de la porte est une grote [19] fort jolie. Je crois que tu sera bien aise d'avoir une idée du temple de ton Idole, puisque tu ne saurois le voir.

Le souper ne fu point trop joli. Le vilain petit Trichatteau se fit trainer au bout de la table, et il falut lui parler. Cela ennuioit. V. et moi nous causames ensemble des momens. Apres souper il me parla encore de toi. Il trouve fort mauvais que tu ne fasses rien. Il dit qu'il faut que ton pere te chasse comme il l'a eté de la maison paternelle a dix heures du soir, que ce sont les lissences de poetes. Enfin il rabache toujours sur ton inutilité, car il m'en a encore parlé ce matin. Il a une grande idée de St-Lembert, qu'il travailloit a une tragedie[20] qui seroit assés belle apres toutes les corrections qu'il pretendoit y faire. Je ne me souviens plus de ce que St-Lembert m'avoit dit de lui dire. Si tu t'en souviens, mande-le-moi, et mande-lui a lui que je lui ai ecrit avec une double envelope a l'adresse de Mr Guillerant, chez Mr de Vidempiere. Il faut qu'il ne l'ait pas recue puisqu'il ne m'ecrit plus.

Voila ma journée d'hier. Apres souper je t'ai ecrit et au Docteur, tu le sais. Aujourd'huy je suis dessendue a onze heures pour le cafée qui se prend dans la galerie. V. en robe de chambre, fort enrumé. Nous n'avons pas eté a la messe car il n'est pas fete ici. J'ai pensé tout en m'eveillant a celle de ton pere. Je suis bien impatiante de savoir comment l'epitre aura eté recuë[21].

On a parlé de l'eternel proces pendant tout le caffée, qui dure une heure et demie. V. s'est mis a ecrire, nous sommes repassée, la dame chatelaine et moi, dans son apartement pour le voir, car je ne l'avois pas encore envisagé. Celui de V. n'est qu'un sot[22]. Un cabinet de jour fort beau, sa chambre boisée en vernis petit jaune et les cordons bleu pasle, une niche de meme encadrée de papiers des Indes charmans, le lit de moiré bleu, et tout est tellement assortis que jusqu'aux paniers de chien tout est jaune et bleu – bois de fauteuil, bureau, encognures, secretaire, les glaces a cadre d'argent – tout cela est d'un brillant admirable. Une grande porte vitrée mais de glace miroir conduit a la biblioteque, qui n'est pas achevée. C'est une sculpture comme une tabaquiere. Il y auras des glaces, des tableaux, des Veronesses[23], &c. D'un coté de sa niche est un petit boudoir, on est pres a se metre a genoux en entrant. Le lembris est en bleu et le plafond peint et vernis par un eleve de Martin[24] qu'ils ont ici depuis trois ans. Tous les petis panneaux son remplis par des tableaux de Vateau. Ce sont *Les Cinq Sens*, et deux contes de La Fontaine, *Le Baiser pris et rendus*, dont j'avois les deux estempes, et *Les Oyes de frere Philipe*[25]. Ah, quelle peintures! Les cadres sont dorez et en philagrames sur le lembris[26]. Trois Graces, une cheminée en encognure, des encognures de Martins avec des jolis choses dessus, entre autres une ecritoire d'embre que le prince de Prusse lui a envoyé avec des vers[27]. Nous parlerons de cela allieurs. Pour tout meuble un grand fauteuil couvert de taffetas blanc et deux tabouret de meme, car grace a Dieu je n'ai pas vu une bergere dans toute la maison. Ce divin boudoir a une sortie par sa seule fenetre sur une terasse charmante et dont la vue est admirable. De l'autre coté de la niche est une garde-robe divine pavée de marbre, lembrissée en gris-de-lins[28], avec les plus jolies estempes, des rideaux de mousseline brodées au fenetres. Il n'y a rien de si jolis.

Apres avoir visité l'apartement, nous sommes restée dans sa chambre. Elle m'a raconté le proces depuis son origine il y a environ quatre-vingts ans jusqu'aujour-d'huy. Et cela est singulier, elle parle si bien que, quoique cela ait duré plus d'une heure et demie, elle ne m'a point ennuiée. Elle m'a montré son bijoutiers. Il est plus beaux que celui de Mad. de Richelieu. Je n'en reviens pas de surprise, car quand elle etoit a Craon[29], elle n'avoit pas une tabaquiere d'ecaille. Elle en a bien quinze ou vingt d'or, de piere precieuses, de lac admirables, d'or emaillié qui est une nouvelle mode qui doit etre d'un prix excesifs, autant de navette[30] de meme espesse plus manifique l'une que l'autre, des montres de jaspe avec des diamans, des etuis, des choses imense. Je n'en reviens pas, car il n'ont jamais eté riches. Des diamens pas fort beau mais beaucoup des bagues de pieres rares, des berloque sans fin et de toutes espesse.

La poste est arrivée, il n'y avoit rien pour moi. Je suis remontée pour t'ecrire et m'y voila a bavarder, mais c'est avec confiance, je ne crois pas t'ennuier. Je voudrois bien etre hors du batiment, mais il faut que tu sache encore comme ma chambre est faite. C'est un hailli[31] pour la hauteur et la largeur. Tous les vens se divertissent par mille fentes qui sont autour des fenetre, et que je ferai bien etouper si Dieu me prete vie. Une seule fenetre a careaux en plomp coupée en trois comme du vieux tems, partant six volet. Les lembris qui sont blanchis diminuent un peu la tristesse dont elle seroit eu egard au peu de jour et au peu de vue, car une montagne aride que je toucherois casi de la main la masque entierement. Au bas de cette montagne est une petite prairie qui peut avoir cinquante pieds de large et sur laquelle [coule] une petite riviere qui fait mille tour. Rentrons, il fait vilain a la fenetre. La tapisserie est a grand personnages a moi inconnus et assés vilains, une niche d'etofes d'habit tres riche, mais desagrable a la vue par leur assortiment, une cheminée par ou tout le sapat[e] passeroit de front, et dans laquelle je brule environ une demi-corde[32] de bois par jours sans que l'air de la chambre en soit moins cru. Des fauteuil du vieux tems. Une comode, une table de nuit pour toute table. Mais en recompense une belle toilette de decoupure[33]. Voila ma chambre, que je hais beaucoup et avec connoissance de cause, mais on ne sauroit avoir tous les biens dans ce monde. J'ai un cabinet tapissé d'indiene qui n'enpeche pas de voir l'air a travers les coings des murs, une petite garde-robe sans tapisserie, fort a jour aussi.

Md. Dubois ensuite, qui est mieux que moi, hors qu'elle n'a de jour que sur un coridor. Encore y a-t-il un escalier assés beau a monter, mais difficile, parce qu'il est du vieux tems.

Au demeurant tout ce qui n'est point l'apartement de la dame et de V. est d'une saloperie a degouter. Les jardins m'on paru beau par la fenetre. Sauve-toi par la.

Or ca, te voila orienté. Ne parlons plus que des gens. Contons d'abord l'embassade du prince de Prusse. Il a envoyé un de ses gentilhomme[34] a V. expres pour lui demander a voir son *Histoire de Louïs 14*[35]. Il lui a envoyé son portrait, c'est un fort beau prince dans le gout de Monseigneur[36]. Il est dans la chambre de V. A propos de cela j'ai oublié celui de Md. Du Chatelet, qui est au-dessus de la glace de la cheminée de la galerie avec tous ses attribus, des livres, des compas, un peroquest, des ponpons, de la musique, des diaments, des instruments de mathematique. Cela est charmant.[37] Le prince envoya cete ecritoire qui est tres belle, avec des vers dans le cornet, ecrit sans doute par celui qui avoit mis l'*Iliade* dans une coque de nois[38], car le papier est grand comme l'ongle. Ils sont a la louange de la dame qui est portée au troisieme ciel. Il n'y manque que la tournure. Je demanderai a les copier pour te les envoyer. Je les metrés dans le microscope pour les lire. On ne m'a point parlé de present a V. On regala bien Mr l'envoyé. On lui donna la comedie, un feu d'artiffice, une illumination, enfin des chose qu'il n'y a que les fées ou Voltaire qui puisse les faire dans un endroit comme celui-ci. Le prince a beaucoup ecrit de vers et de lettres, on doit me les montrer.

Voici ce que je dois avoir ce soir a lire : *Merope*[39], l'*Histoire de Louis 14* que cette begeule ne veut pas qu'il acheve, elle la tient sous la clef. Il a falu qu'il prie bien pour qu'elle promette de me la donner. Je demelerai ce petit tripot-la. *La Vie de Moliere*[40], qu'il avoit ecrite pour mettre a la tete de cette belle edition. Le garde des Seaux, qu'il dit estre son ennemi mortel, la fit ecrire par Mr de Seré et la siene est restée[41]. Je la lirai ce soir pour m'endormir. Il m'a dit que quand je serois bien sage, j'aurois quelqu'autre chose qu'il me diroit. Je ne lui demande rien, il est ocupé de me chercher des livres et des amusements avec une attention charmante. Il m'a aussi promi une *Epitre sur le bonheur*[42]. Je n'aurai pas la pleine jouissance de toutes ces choses, mon cher ami, parce que je ne pourai ny les copier ny te les envoyer. Je t'en rendrai compte tant que je pourai, mais il n'aime pas qu'on parle de lui. Il ne faut pas que cela passe nos amis. Tu sens bien de quelle consequense il est pour moi de ne pas m'y brouiller. Recomende-leur bien. Il travaille effectivement a refondre son *Charles douze*. Je lui ai dit le tord qu'il faisoit a Mr de Solignac, il m'a bien ris. Il ne veut pas avouer qu'il ait demandé les memoires[43], non plus que la petite feuille[44] que je t'envoyerai par le marchand qui part mardi. Je la lui ai demandée ce matin pour toi. «Ah, mon Dieu, a-t-il dit, je n'en ai que celle-la, j'en ferai revenir, je souhaite qu'elle l'amuse. Je voudrois avoir autre chose qui pu lui faire plaisir.» Il n'a que trop mais il n'envoye pas. Tu es bien aise, il aime *Le Païsant parvenus*, a la longueur pres. Il dit qu'il a fait *L'Enfant prodigue* dans un acces de fievre sans le coriger[45]. Il n'y a rien qui n'y paroisse, il le trouve charmant. Cependant il ne consoit pas comment on peut sourire aux *Plaideurs*. La dame lui demenda grace pour la Comtesse[46]. Ce fut bien pis. Il y a bien des moments ou il est furieusement auteur. Le mot n'est pas trop fort. Je suis seure qu'avant que Md. de Croupillac[47] ne fut au monde il trouvoit la Comtesse charmante. Quelle difference !

Or ca, je crois que tu dois etre contant de moi pour cette fois. Je vais un peu repasser tes lettres pour voir s'il y a reponce a faire. Premierement, je ne saurois soufrir que tu ecrive dans l'emvelope, c'est autant de perdu, je ne saurois arrenger cela. D'allieurs, c'est toujours une demie-feuille de plus que tu pourois remplir en la pliant a l'ordinaire et elle ne coutent pas tant de port que tes grands carés. Enfin je n'en veut point, cela me deplait, et je veux que tu ais cette complaisance.

Je vois d'abor que Md. Duvigeon dit que je ne lui ai pas ecrit. J'ai donc mal mis l'adresse. J'ai mis rue du Petit-Lion, faubourg St-Germain. Dame, je serois bien fachée qu'elle fut perdue, car j'avois pris bien de la peine a l'ecrire[48].

Tu es un vray coquin, tu as bien senti que j'envierois les epitre que tu fais et tu donne une tournure si flateuse a l'excuse que tu me fais de les adresser a d'autres que je suis forcée de t'en remercier. Tu ne sais pas tout le pouvoir que tes mots et tes tournures d'amitié ont sur moi. Il faut te le dire, je m'attendois que c'etoit pour moi et je n'en fesois pas mine. Comme j'ouvris ta lettre renvoyée de Cirei avant l'autre[49], je fus piquée comme un chien de voir que je m'etois trompée. Il me sembloit qu'une separation comme la notre meritoit des regrets plus autantiques que des lettres. Je gromelle entre mes dents les injures que je projetois de t'ecrire. Je lis la seconde letres, me voila desarmée et je te suis obligée de tant d'amitié, si bien sentie, si bien entendue, si flateuse et si bien ditte, mon cœur en est tout plaint et regorge de reconnoissance. Vas, mon ami, je suis bien contente d'avoir le premier mouvement pour moi. Parle aux autres, remplis les plus petits devoirs. Je te tiendrai encore compte de la petite violence que tu te feras pour ne pas suivre ton penchant. Je trouve les vers de la Grandville charmans. Je t'avoue que je les envie sincerement[50].

En relisant ta lettre je me ressouviens de ma Begueule parce que tu m'en parle. Je l'avois si bien oubliée que je ne t'ai, je crois, pas mandé comme nous nous etions quittée. J'ai boudé sans dire un mot jusqu'a l'arrivée de Md. de Lenoncour. J'etois si transportée de joye de mon depart que le reste du jours je riois aux anges. Je parlai tant que je pus. Le soir en nous separant, je l'embrassai avec la mine riante et nous n'avons eu aucune explication. Elle me pria de lui ecrire. Je vais le faire, et nous serons toujours sur le meme ton. Elle fit assés de mine pour que Md. de Lenoncour ne me donna pas ses cheveaux, parce qu'elle ne s'en va qu'a Noel. Mais je lui fis si bien voir que je ne saurois comment m'en aller qu'elle se rendit. En passant devant sa porte avant le jour, je fis un grand signe de crois dessus qui fit bouffer Melle Du Bois de façon a la reveiller, et je parti.

Je ne ferai ton epitre de lontems[51]. Je suis encore etourdie du bateau[52] et tu vois que j'ai bien des chose a lire, car il ne faut pas avoir l'air de negliger de si bonne chose. Tout ce que je pretens, c'est que rien ne diminue mes lettres. Contente-toi de cela et ne t'avise pas d'aller recommencer tes mauvais propos sur la longueur de tes lettres. Je les aime mieux que tout ce que je vois et j'entens ici. Table la-dessus et ne me tracasse pas.

Les vers du St sont charmants[53]. S'il veut bien que je l'embrasse, j'en meurs d'envie, mais je crains que si le D. e[s]t revenus, nous ne soions pas trop bien ensemble. J'atens les foudres sur la moutarde apres diner[54].

Tu aime aussi les rabachages de Comerci; en voici un que Md. de Lenoncour nous a conté. Md. de Modene[55] s'est avisé d'ecrire une grande lettre a Madame pour lui conseillier de s'en aller en Toscanne[56], qu'il n'y avoit rien de si aisé, qu'elle n'avoit qu'a se mettre dans une bonne berline, courir jour et nuit, qu'elle y seroit bientot, et cent autres ridiculités aussi fortes. Md. c'est fachée, elle lui a mandé qu'elle devroit s'en retourner dans son paiis et qu'il ne convenoit pas a une princesse souveraine de faire le personnage qu'elle faisoit a Paris. L'autre a repliqué. Elle se sont ecrites chacunes deux ou trois lettres de harangeres les plus piquantes du monde. Md. de Lenoncour les a vuës car elle n'en croioit pas Madame, elle a voulu les voir. La Francinetti ne pouvoit pas venir a cause que Lolote[57] acouche. On a aucune nouvelle de Flandre[58].

Or ca, bonsoir. Je t'embrasse cent fois. Si Maroquin[59] est arrivé, donne-lui ma lettre et baise-le sur l'œil gauche, sinon garde-la-lui.

Je n'en puis plus. Je suis aveuglé. Bonsoir, bonsoir, bonsoir, je vais souper et a la provision pour demain. Que je t'amuse du moins, si je ne puis faire mieux pour te prouver mon amitié.

Puisqu'il faut une envelope a cause de la lettre du D., je vais t'ajouter une comission. Un domestique d'ici part mardi pour remener ce marchand. Je voudrois bien que tu pusses me renvoyer par lui une petite bouteille de l'eau jaune de La Tour pour les petis meaux qui me vienent souvent dans la bouche[60]. C'estoit un trezor pour moi que cette eau. En venant ici le flacon s'est renversé, j'en suis desolée. Mais il ne faut pas le demander pour moi parce que je lui dois de l'argent et qu'il ne faut pas reveillier le chat qui dor. Il faudroit que Clairon, qui connoit cette eau, lui en demenda pour elle ou pour ton Chien. Si non, envoye-moi une demi-englaise d'eau de coclaria[61] de chez Melle Gautier[62]. Elle est excelente et bon marché. Elle ne fait pas le meme effet que l'autre mais elle est bonne. Vois mon guignon : je n'ai pas eu de ces petits meaux tant que j'ai eu mon eau; il m'en vient un d'hier qui va me desoler. Tien l'une ou l'autre bouteille prete, car le valet repartira le lendemain. Il te portera ce que je pourai t'envoyer.

Accoutume-toi a voir mes letres cachetées de noir a l'avenir, parce que j'ai de la cire que je veux user.

MANUSCRITS

*A. Morgan, G.P., VI, 17-24 (D35); 8 p.; orig. aut.[d]

B. Oxford, Voltaire Foundation, «Lettres de Mme de Graffigny», p. 4-20; copie.

IMPRIMÉS

I. *Vie privée*, 7-35.
II. Asse, 7-31.
III. Best. 1602.
IV. Best. D1677.
V. Butler, p. 202 (extraits traduits en anglais).

TEXTE

[a] Le ms : «m'it». [b] Mot omis par inadvertance dans le A. [c] Sabbat. [d] Mme de Graffigny utilise une enveloppe pour des lettres aussi longues que celle-ci, ce qui explique l'absence de cachet.

NOTES

1. *Phèdre*, I, iii.

2. Le marquis Du Châtelet.

3. «Mais, au moindre revers funeste, / Le masque tombe, l'homme reste, / Et le héros s'évanouit» (J.-B. Rousseau, «Ode à la fortune»).

4. L'abbé Pierre-François Guyot Desfontaines (1685-1745), rédigeait le périodique, *Observations sur les écrits modernes*.

5. *Le Préservatif ou Critique des Observations sur les écrits modernes*, 1738, ouvrage attribué à Charles de Fieux, chevalier de Mouhy. Dans *Le Préservatif*, Voltaire accuse Desfontaines d'avoir écrit, en prison, un libelle intitulé *Apologie de M. Voltaire*; ces deux ouvrages ont rallumé une longue querelle entre les deux hommes. *Le Préservatif* parut probablement vers le 12 octobre 1738, car c'est la date que donna Desfontaines à sa contre-attaque, la *Voltairomanie*, qui devait paraître le 14 décembre.

Mais on ne sait encore rien à Cirey de cette nouvelle attaque imminente.

6. Ce marchand se nomme Mathias (v. le texte de la lettre 63 à la note 56). C'est peut-être Mathias Mentens ou Mentense (mort avant 1769), marchand, conseiller de l'Hôtel de ville.

7. Rousseau et Desfontaines.

8. Allusion à *Don Quichotte* (I, xvi).

9. *Éléments de la philosophie de Newton.*

10. Un certain Petit, commis des postes à Strasbourg, semble s'être chargé de transporter le courrier pour le roi et pour des particuliers (v. A.M.M., 3F20, pièces 229-230).

11. Adhémar, Demarest, Liébault, Devaux.

12. Anne-Antoinette-Françoise Paulin (1700-1775), fille de Jean-Louis Paulin, sieur de Bourmont, épouse de Jacques-François Du Raget, seigneur de Champbonin (v. 64n21), dont elle eut un fils (v. n16 ci-dessous). Ils habitaient à Wassy-en-Champagne, ville de 1 200 habitants, où se trouvait la terre de Champbonin et le bureau de poste.

13. Terote : petite terre (v. Grevisse).

14. Sans doute Madame de Fécour, «une assez grosse femme, de taille médiocre, qui portait une des plus furieuses gorges que j'aie jamais vue» (*Le Paysan parvenu*, 1735, IVᵉ partie).

15. L'abbé de La Mare ou La Marre (vers 1708-1742), homme de lettres et protégé de Voltaire, d'un caractère douteux. Il fut chargé de la première édition de *La Mort de César* (Best. D951).

16. La nièce en question est l'aînée des filles de la sœur de Voltaire (morte en 1726), Marie-Louise Mignot (1712-1790), qui épousera le 25 février 1739 Nicolas-Charles Denis et, qui, veuve dès 1744, sera la maîtresse de Voltaire. Le fils de Mme de Champbonin est Louis-Charles-François-Toussaint Du Raget (1719-avant 1792), écuyer, seigneur de Champbonin dès 1748, futur premier commis de la guerre, commissaire des guerres et gouverneur de Wassy. Il épousera en 1742 Louise-Françoise Moufle, encore vivante en 1792, fille de Charles-Louis Moufle de Georville, secrétaire du roi et procureur à la Chambre des comptes; elle est veuve en premières noces de Louis Roger, receveur général à la Cour des aides.

17. «Le superflu, chose très nécessaire» (*Le Mondain*, 1736, vers 22).

18. Même l'inventaire après décès de Mme Du Châtelet ne permet pas d'identifier ces statues (Best. D.app.93).

19. Grotte : se dit des petits bâtiments artificiels qu'on fait dans les jardins et qui imitent les grottes naturelles (Trévoux, 1743).

20. *Psammis*; v. 51n11. On en trouve des fragments dans Morgan Library, G.P., XCVI, 155-193.

21. Le 6 décembre est la Saint-Nicolas, fête du père de Devaux (v. 21n2). Saint-Nicolas était aussi le patron de la Lorraine, et Cirey est en Champagne. Sur l'épître, v. 58n12 et 59n2.

22. Sot : se dit des choses aussi. Voilà un sot logis : incommode, mal bâti (Trévoux, 1743).

23. Paul Caliari ou Cagliari, dit Véronèse (1528-1588).

24. Le nom de cet élève reste inconnu; il y avait six frères Martin, laqueurs et doreurs, connus pour la découverte du vernis Martin (1730).

25. Antoine Watteau (1648-1721); on ne connaît aucun tableau de Watteau portant l'un de ces noms. Nicolas Lancret (1690-1743), imitateur de Watteau, est l'auteur des *Cinq sens* et des *Oies du frère Philippe*; quant au *Baiser rendu*, c'est à Jean-Baptiste-Joseph Pater (1695-1736), élève de Watteau, qu'on le doit.

26. Philagrame = filagramme, forme de filigrane : ouvrage d'or ou d'argent travaillé à jour et dont les figures sont formées de petits filets enlacés les uns dans les autres; il y a des grains sur les filets (Littré). L'expression utilisée par Mme de Graffigny semble suggérer que les cadres en filigrane ne font pas corps avec les tableaux, mais qu'ils ont été apposés sur les lambris autour des tableaux eux-mêmes, sinon peints sur les panneaux. Peut-être s'agit-il simplement d'une maladresse d'expression de la part de l'épistolière.

27. Frédéric II, le Grand (1712-1786), prince héritier et, dès 1740, roi de Prusse; sur ce cadeau, v. Best. D1476, D1524, D1596.

28. Gris-de-lin : une nuance violette qui a plusieurs degrés depuis le plus clair jusqu'au plus brun. On dit aussi gridelin : couleur d'un gris violet. (Trévoux, 1743.)

29. Siège familial du prince de Beauvau-Craon, d'abord dénommé Hadonvillers, puis Craon (entre 1722 et 1768), et actuellement Croismare, à 8 km à l'est de Lunéville. Il ne faut pas le confondre avec le château de Craon, situé à Haroué, à 30 km environ au sud-ouest de Lunéville; c'est peut-être là que les deux femmes se sont connues.

30. Navette : soit un petit vase précieux en forme de navire, soit une épingle en or ou en écaille servant à faire des nœuds ou du filet (Littré).

31. Hailli : sans doute forme du mot «halle» : c'est une halle, c'est à dire un bâtiment ouvert à tous les vents (Littré).

32. La corde : «Aujourd'hui on la mesure entre deux membrures de quatre pieds de haut et éloi-

gnés l'une de l'autre de huit pieds» (Trévoux, 1743).

33. Toilette de découpure : petite table supportant tout ce qui était nécessaire à la toilette et, ici, table décorée de découpures en papier ou en étoffe comme c'était la mode au XVIIIᵉ siècle.

34. Le baron Dietrich von Keyserlingk (1698-1745); Mme de Graffigny fait ici allusion à sa visite à Cirey l'année précédente, 1737 (v. Best. D1311, D1330, D1359).

35. *Le Siècle de Louis XIV*, commencé en 1732, ne sera terminé qu'en 1751; il sera alors publié à Berlin, mais le plus gros du travail est déjà fait en 1738.

36. Le prince Charles-Alexandre de Lorraine.

37. Probablement celui qui a servi de modèle à la gravure qui sert de frontispice aux *Institutions de physique* (1740), reproduite dans *Voltaire's Correspondence* (éd. Besterman 1953-1965, III, fig. 14).

38. Allusion non identifiée.

39. *Mérope*, terminée en janvier 1737, représentée en 1743, et publiée en 1744.

40. Ouvrage publié anonymement en 1739; v. Best. D617n1, et l'Avertissement de l'auteur (Moland, XXIII, p. 87).

41. Germain-Louis Chauvelin (v. aussi 52n27), dont dépendait le directeur de la librairie, avait préféré La Serre à Voltaire pour écrire l'introduction à l'édition in-4 des œuvres de Molière de 1734, intitulée *Mémoire pour servir à l'histoire de Molière et de ses ouvrages*.

42. C'est le titre donné, lors de la première édition, aux trois premiers *Discours sur l'homme*. Il est plus vraisemblable, pourtant, qu'il s'agit ici du septième *Discours sur l'homme*, celui que recevra Frédéric au mois de juin 1738 (v. Best. D1515n4 et Bengesco 608).

43. Dans Best. D1793, Voltaire écrit à Frédéric qu'il avait utilisé des mémoires que Solignac lui avait donnés pour son *Histoire de Charles XII* (1731). Solignac ne fit paraître qu'un seul opuscule sur ce sujet, le *Projet de l'histoire de Stanislas Iᵉʳ, roi de Pologne* (1743); v. Pierre Marot, *La Lorraine dans l'Europe des Lumières* (Nancy, 1968), p. 263-265.

44. Peut-être *Le Préservatif*.

45. Représenté en 1736, publié en 1738; dans une lettre à Mlle Quinault (Best. D1036), Voltaire révèle qu'il avait composé *L'Enfant prodigue* entre le 22 février et le 16 mars 1736.

46. Racine, *Les Plaideurs* (1669), comédie dans laquelle la comtesse de Pimbêche est une plaideuse invétérée.

47. Personnage de *L'Enfant prodigue*, qui est «un peu plaideuse, et beaucoup radoteuse» (II, iii).

48. Devaux : «A propos, j'ay hier oublié de vous dire que Mde Duvigeon me mande que vous ne luy avez pas écrit, et qu'elle ne scauroit vous chercher de logement sans scavoir le prix que vous voulez y mettre. Elle me dit toujours mille amours pour vous.» (21 novembre 1738, G.P., I, 336.) Mme de Graffigny avait mal adressé la lettre, car il y avait deux rues du Petit-Lion à Paris, l'une – où elle a envoyé la lettre – entre les rues de Condé et de Tournon, actuellement la rue Saint-Sulpice; et l'autre – où habite Mme Duvigeon – entre la rue Montorgueil et la rue Saint-Denis, ce qui continuait à l'époque la partie disparue de la rue Tiquetonne.

49. La «lettre renvoyée» est perdue, «l'autre» est celle du 21 novembre (I, 335-338).

50. Devaux : «Je suis bien [aise] que vous approuviez enfin les vers que j'ai faits pour la Grandville. Vous sentez qu'il avoit fallu l'aimer autant que je vous aime pour m'en dispenser. Les voici, puisque vous les voulez. Je vous epargne l'envoy, qui en faisoit un bouquet. Il ne vaut pas la peine de l'ecrire. Je devrois peut-etre vous faire la galanterie toute entiere. ‹L'amour et la raison ont marcher sur vos traces / Ont terminé leurs differens; / L'un s'accorde avec le bon sens, / L'autre s'accorde avec les graces; / Depuis qu'ensemble ils suivent votre cour / L'un est plus sage et l'autre est bien plus belle; / Aupres de vous on prend la raison pour l'amour, / Aupres de vous on prend l'amour pour elle›.» (I, 337.)

51. Voir 56n8. Devaux répondra : «Je ne veux pas que vous perdiez de vüe l'epitre que vous m'avez promise. [...] Si vous ne le faites pas, je ne vous le pardonnerai qu'en cas que vous fassiez quelque chose de mieux.» ([10 décembre 1738], G.P., I, 361.)

52. Étourdi du bateau : proverbialement, pas encore remis des fatigues d'un long voyage (Trévoux, 1771).

53. Voir 58n30; Devaux a dû en parler dans la lettre perdue.

54. La moutarde après dîner arrive trop tard pour être utile : l'expression semble signifier que Mme de Graffigny craint une colère de Desmarest à propos de quelque chose d'inutile, quelque chose qui serait arrivé trop tard. Devaux répond : «Je ne scais pourquoy vous craignez la bouderie du Maroquin [v. n59]. Je vous reponds qu'il est au mieux. Il m'a dit qu'il vous avoit écrit. Cela vous prouvera plus que tout ce que je pourrois vous dire.» (I, 361.)

55. Charlotte-Aglaë d'Orléans, Mademoiselle de Valois (1700-1761), troisième fille du régent et de Françoise-Marie de Bourbon, épousa en 1720 François-Marie d'Este (1698-1780), qui devint duc de Modène en 1737. Détestant l'Italie et son mari, elle saisit l'occasion de la guerre de 1733 pour rentrer en France, et refusa de repartir, menant à Paris une vie assez scandaleuse. C'est sa tante paternelle, la duchesse douairière de Lorraine, qui l'exhorte à retourner auprès de son mari. Devaux répondra : «Votre tracasserie de Commercy m'a fort amusé.» (I, 361.)

56. Pour rejoindre son fils, l'ex-duc François III, devenu grand-duc de Toscane.

57. Mlle de Spada.

58. En ce qui concerne le procès des Du Châtelet, v. 60n8.

59. Surnom de Desmarest. Devaux écrit le 28 novembre et le 1er décembre que Desmarest n'est pas revenu (I, 347, 348, 353-354).

60. Devaux répondra : «Le Chien va tout à l'heure chez le Ron. Il fera votre commission.» (I, 361), et, dans une lettre ultérieure : «A propos, vous n'aurez point d'eau jaune. La Tour n'en a plus, et il n'en scauroit faire, faute de baume du commandeur, dont les apothicaires n'ont point sans vanille. Entendez-vous cela?» (1 janvier 1739, G.P., I, 394.) Baume du commandeur : terme de pharmacie, sorte de préparation stimulante, due à une personne qui se nommait le commandeur de Permes (Littré).

61. L'eau de cochléaria est un sirop ou un alcolat faite du cochléaria officinal (vulgairement, l'herbe aux cuillers). Cette médecine est un antiscorbutique à la fois stimulant et diurétique.

62. Non identifiée.

62. à Devaux

Le mardi [9 décembre 1738], a onze heures du soir

J'ai eu envie de t'ecrire, mon cher Panpan, depuis le moment de mon reveil, sans pouvoir le faire qu'a present. En te rendant compte de ma journée, tu sauras pourquoi. Mais il faut commencer par te dire ce que je t'ai promis hier. Tu sauras en passant que ce n'est pas une de mes moindres etudes ici que de rallier et mettre dans ma tete les choses que je crois qui pouront t'amuser. J'en entens une si grande quantité de cete espesse, que je suis embarassée du chois, et encore plus du soin de ne les pas oublier. Car enfin quelque souhait que je fasse continuellement sur le plaisir que j'orois a partager avec toi celui que j'ai toute la journée, je ne saurois tout t'ecrire. Outre qu'il faudroit des volumes, c'est que je n'ai pas une moment qui ne soit emploié a mon profit. Ainci, mon cher ami, tiens-moi un peu de compte de celui que j'employe a t'amuser. Ce n'est plus envie de bavarder, c'est l'amitié qui veux du moins que tu partissipe, quoique bien maussadement, au delices que goute mon esprit. J'ai deja etabli pour regle que je ne te rendrois rien de ce qui regarde la geometrie et la phisique; tu ne t'en soussie pas, et d'ailleurs cela seroit trop dificile. J'en lis et j'en entens parler pour le moins autant que d'autres choses. Voila mon avant-propos.

Allons, racontons ce que je t'ai promis, qui te feroit rire : c'est l'histoire de l'abbé de La Mare [1], que V. m'a conté hier apres souper. Ce petit coquin, bien loin de profiter des bontés de V., il est plus libertin que jamais; il ne veut etre d'aucun etat. Il a eté lontems a suivre le roi comme un boufon, il se fouroit a la cour malgré les gardes, en disant : «Je veux voir mon roi.» Le roi le trouva une fois en dispute avec ses gardes. Il voulu savoir ce que c'etoit; l'abée lui parla si hardiment et si bouffonnement que le roi, qui n'aime ny les letres ny les vers, prend les siens, lui parle, et lui donne de l'argent. V. apelle cela estre le fou du roi. Il a cependant eté exclu. «Il est venu ici, dit V., demander a Mde Du Chatelet si elle n'avoit pas besoin d'un fou.» «Non, mon ami, repondit-elle, la charge n'est pas vacante.» Voila son style en raccontant cela. Il nous conta dans le meme gout qu'il avoit eté a Rome voir le pape; qu'il lui avoit parlé; et qu'ayant oublié de lui baiser la mule, il etoit retourné de six lieux. Le pape lui donna deux medailles d'or avec quantité d'agnus dei. En allant et en revenant de Rome, il a passé par ici. Enfin l'année passé il ecrivit a V. : «Monsieur, sauf correction, j'ai la v...; je n'ai ny amis, ny argent; me laisserai-vous tomber en pouriture?» Il le fit mettre chez un chirugien et le fit guerir. Il a eu la modestie de ne point dire ce qu'il lui avoit donné a son dernier voyage ici. Il dit que c'est un miserable, mais qu'il a de l'esprit. Mon Dieu, comme tout cela est gaté! Tu ne rira point, et je me tenois les cotes a la façon dont V. le contoit.

Il me lu aussi hier quelque vers du *Dardanus* de La Bruere[2], qu'il corige, ou au moins sur lequel il fait ses remarques[3]. Il n'y repondrat pas comme aux notres, le drole est ventre a tere. Le peu qu'il m'en a lu est charmant : ce sont toujours ses madrigaux tournés si galament. Mde Du Chatelet l'empecha d'en lire davantage, parce qu'elle n'aime pas cette poesie. Quand il aura fini ses notes, il me le pretera; je t'envoyerai les vers que je trouverai les plus jolis. J'en ai entendu hier, dans quinze ou vingt, trois ou quatre bien frapants. V. dit beaucoup de bien de lui, mais qu'il est trop presomptueux. Je m'en doutois, et toi aussi, n'esse pas?

J'ai commencé hier l'*Histoire de Louis 14*, mais nous en parlerons allieurs. Un moment apres que j'ai eté levée, on m'a fait dire de dessendre; le caffée c'est pris avec de la geometrie et de la phisique et des *Dialogues* de Mr Algarotti sur le Neutonnismes, a l'imitation des *Mondes*[4]. Il les a ecrit en italien, et l'abbé de Castera[5] vien de les traduire, en verité tres mal. Nous en avons beaucoup ri et meme de l'auteur, quoiqu'il soit ami d'ici et qu'il y ait fait une partie de ses *Dialogue*; mais il est si impertinent dans la preface qu'il en faut rire[6]. Dans un dialogue il dit que le nomé Galilé etoit le szard Pierre le Grand de la phisique[7]. Il dit que les murailles d'une ville etoient bordées d'un champ[8]. Il te divertiroient a cause du traducteur qui ne dement pas le Camoens[9].

Apres le caffée je suis remontée, et ayant envie de t'ecrire, je n'ai pu resister a *Louis 14*. Je me suis imaginée que j'aurois le tems quand je serois lasse de lire. Parlons-en donc de cette histoire, devent laquelle toutes histoire doit se cacher : les Rolins, les Flechiers, les Vertots[10] ne sont que des quistre. Tu la lirois a genoux sans te fatiguer. Netteté, pressision, reflection courte, pleine de sens, je n'ai jamais rien vu de si beau. Il y a un abregé de la Fronde, qui est divin. Comme il se propose moins Louis 14 que l'histoire de l'esprit de ce siecle-la, il raporte legerement quelque trait qui y ont raport, comme le caractere de la reine de Suede, et en la fesant faire une visite a Ninon, il y lache son eloge en sept ou huit ligne[11]. Le titre e[s]t *Essais sur le siecle de Louis 14*. Je voudrois en faire des extraits, mais je ne sais ou les choisir. Cette dame qui est ici[12] et moi, nous chantons pouille a

Md. Du Chatelet qui la tient sous la clef pour qu'il ne l'acheve pas; lui en meurt d'envie. Il dit que c'est l'ouvrage dont il est le plus contant. Elle ne donne d'autre raison que celle du peu de plaisir qu'il y a de faire un ouvrage qu'on ne sauroit imprimer. Je l'exorte a l'ecrire toujours et a jouir avec lui-meme de l'imortalité qu'il lui procurera. Il m'a dit hier que surement il l'acheveroit, mais ce ne sera surement pas tant qu'il sera ici. Elle lui tourne la tete avec sa geometrie; elle n'aime que cela. Il est etonnant a quel point elle ignore l'histoire et la fable. Elle lache tous les jours des traits comme ceux que je t'ai mandé[13]. Comme j'etois a lire devers quatre heures, on m'a envoyé dire de dessendre. J'ai trouvé la dame qui se metoit au lit, parce qu'elle etoit un peu incomodée : elle m'a dit que, comme elle ne pouvoit pas travaillier, V. alloit nous lire *Merope*.

Le mercredi matin [10 décembre 1738]

Et moi je me suis couchée, car il etoit une heure et demie. Bonjour, mon ami, allons notre traint. V. arrive; la fantaisie prend a la dame de lui faire mettre un autre habit; il est vray que le sien n'etoit pas beau, mais il etoit bien poudré et avoit de belles dentelles. Il dit beaucoup de bonnes raisons pour n'en rien faire, comme que cela le refroidiroit, qu'il s'enrumoit de rien. Enfin il eu la complaisance d'envoyer chercher son valet de chambre, pour avoir un habit. Il ne se trouva pas dans l'instant; il crut en etre quitte. Point du tout, la persecution recomence; la vivacité prend a V., il lui parle vivement en englais, et sort de la chambre. On envoye un moment apres l'apeler, il fait dire qu'il a la colique, et voila *Merope* au diable. J'etois furieuse; la dame me pria de lire haut les *Dialogues* de Mr Algaroti. Je lus et je ris comme le matin. Enfin arriva un Mr du voisinage. Je me levai, je dis que j'allois voir V.; la dame me dit de tacher de le ramener. Je le trouvai avec la dame qui est ici, qui par parentese m'a l'air d'etre sa confidente. Il etoit de fort bonne humeur, il pensa oublier qu'il avoit la colique. Nous causames un moment. La dame nous renvoya apeler. Enfin il revint, et cet homme, qui venoit de rire avec nous, reprit l'humeur en entrant dans la chambre, et sous pretexte de la colique se mit dans un coin et ne dit mot. Quelque tems apres le seigneur chatelin sorti, les boudants se parlerent en englais, et la minute d'apres, *Merope* parut sur la scene. Voila le premier signe d'amour que j'aye vu, car ils se conduisent avec une dessence etonnente. Elle lui rend la vie un peu dure. Je ne t'ai fait ce lon[g] detail que pour te mettre au fait de la façon dont ils sont ensemble. Enfin il lu deux actes de *Merope*. Je pleurai au premier; c'est toujours de beaux vers et des sentimens, mais les scene filée [sont] manquée; il y echouë assés ordinairement. Je ne t'en dirai plus rien que je ne l'aye toute entendue. Apres cette lecture, nous disputames, la dame et moi sur la piece, jusqu'au souper; elle ne l'aime pas, et la tourne en ridicule tant qu'elle peut, ce qui ne plaisoit guere au pauvre V., qui etoit comme un patian, sans se meller en rien de notre dispute. C'est avec ton esprit que j'ai disputé; car elle soutenoit qu'on ne pouvoit etre touché sans resonner, et je soutenois qu'il faloit l'etre par sentimens. Je ne disois que ce que je t'ai entendu dire, et que tu m'as apris a sentir. L'auteur avoit si peur d'etre encore querelé que le peu qu'il disoit etoit contre moi, en convenant cependant qu'il etoit presque impossible de faire les changemens qu'elle exigeoit. Le souper a eté comme un souper de Luneville; on se batoit les flancs pour parler, et personne ne disoit mot. Apres nous avons regardé la sphere, Voltaire, la Grosse Dame et moi; car la belle Nimphe ne parloit pas et faisoit semblant de dormir.

V. est toujours charmant, et ocupé de mon amusement. Il est toujours dans l'inquietude que je ne m'ennuie, et il a bien grand tort; je n'ai pas le loisir de penser qu'il y a de l'ennui au monde. Aussi je me porte comme le Pont-Neuf, eveillié comme une souris, soit parce que je mange moins, ou que j'ai l'esprit remué vivement et agreablement. Ce que je dors, je le dors comme un enfant. Enfin, je sens par une experience qui m'etoit presque inconue, que l'occupation agreable fait le mobile de la vie. Pour le mieux gouter, je fais quelquefois des comparaisons de tems. La dame, un peu froide d'abord, s'humanise : nous sommes sur le ton de nous plaisanter. Elle est en verité admirable dans ses devoirs e[t] par son jugement. Je veux attendre une plus longue connoisance pour te la peindre et V. aussi, car j'ai apris a ne pas me prevenir. C'est par exemple un plaisir pour moi de rire en dedans de leur fanatisme pour Neuton, et d'entendre les gens qui ont le plus d'esprit dire des betises dictées par la prevention. Je ne dispute pas, comme tu crois bien, mais j'en fais mon profit pour la connoissance de l'esprit humain, et je tache de jouir sans m'attacher ny me prevenir pour ou contre aucun sentiment, pas meme celui de l'amitié. J'ai trop bien resolu de n'aimer que vous autres, et d'user des agremens que je trouve allieurs. Voila ma proffession de foy, que je renouvelle tous les jours; au reste tu peux m'ecrire tout a ton aise, on ne paye point de port de lettre ici. Cela est bien galant. Je voudrois aussi qu'on les affranchissent. Bonjours, mes chers amis, a ce soir.

Le mercredi a six heures

Je ne saurois y tenir, mon ami, il faut que je te dise ma desolation de n'avoir point de lettre par la poste qui vient d'ariver; elle est telle qu'elle seroit si j'etois encore sur la montagne; aucune dissipation, aucun plaisir ne peut me tenir lieu de vos letres. J'ai beau me dire qu'il n'y a pas encore tout a fait huit jours que j'en ai eu a gogo du D. et de toi; c'est une fable que je me conte, et je soutiendrois a tout l'hunivers qu'il y a plus de six mois; je compte et recompte, et je trouve toujours que je devrois avoir aujourd'huy la reponce a ma premiere lettre d'ici. Mais ce vilain homme de Ligny qui ne me renvoye pas celle qu'il a du recevoir, j'en suis outrée, desesperée. Mon Dieu, si cette vilaine femme alloit les ouvrir, comme elle me dechireroit, car elle se croit aussi parfaite que nous lui veriffions de deffauts[14]. Encore ai-je un jour de plus a patianter, car c'est la grande poste, et je ne puis etre tirée d'inquietude que samedi. Il me semble que je me soulage en te contant tout de suitte mon inquietude. Je vous aime trop, mes pauvres amis, mais je ne voudrois pas en rabattre un soupir.

Pendant que j'y suis, je vais te dire ma journée. D'abord apres le caffée, la deesse de ces lieux c'est mis dans la tete d'aller a la promenade en caleche. Je m'en soussiois peu a cause que les cheveaux sont des enfans mal morigenés. Enfin on m'a tant pressée que j'y ai consenti, mais ma foi, quand j'ai vu les gambades de ces messieurs, pretes a monter en voiture, le courage m'a manqué. Cependant j'y aurois eté de gré ou de force sans l'humain V., qui a dit qu'il etoit ridicule de forcer les gens complaisans a prendre des plaisirs qui etoit des peines pour eux. Tu l'adore a ce propos, n'est-ce pas? Je suis donc demeurée avec la dame Dorcin [15], aussi peureuse que moi. Nous nous sommes promenée sur nos pieds; ensuite elle m'a mené voir l'appartement des bains. Ah, quel enchantement! Un entichambre grand comme ton lit, la chambre du bain de careau de faillance entierement, hors le pavé de marbre; un cabinet de toilette de meme grandeur, dont le lembris est vernissé d'un vert celadon clair, guay, divin, sculpé [16], dorré; des meubles a propo[r]tion, un petit sopha, de petis fauteuils charmants; les bois de meme façon, toujours scu[l]pé et doré; des encognures, des porcelaine, le plafon peint, des estempes, des tableaux, une toilette; la chambre ensuite en niche, uniforme au cabinet, des glaces, des livres amusans sur des tablettes de lac. Tout cela semble etre fait pour des gens de Liliput, et cela est divin, enchanté. Sy j'avois un apartement comme celui-la, je me ferois reveillier la nuit pour le voir; je t'en ai souhaité cent fois un pareil, a cause de ton gout pour les petits nis. C'est comme une jolie tabaquiere, tant cela est parfait. La cheminée n'est pas plus grande qu'un fauteuil a l'ordinaire, c'est un bijoux a mettre dans la poche.

A propos de chambre, je m'aprivoyse avec la miene, depuis que j'ai remarqué qu'elle etoit precisement comme la tiene, mais plus grande : la porte, la fenetre, la cheminée, la niche, l'idée de cabinet que tu as en est un veritable. Enfin c'est la meme chose; je veux que tu le sache pour m'y venir trouver. J'ai pris mon arrengement dans ton coin; j'ai un paravent comme toi qui m'entoure et me pare le vent de la porte; ma table dans le coin de la cheminée ou est je ne sais quoi chez toi, enfin a coté de moi. Me voila. J'ai du plaisir a penser que par ce moien-la tu peu avoir une idée plus fixe de ma position, et qu'elle a quelque chose de commun ave[c] la tiene; car nous somme pressisement assis de meme. Pense donc que pour l'ordinaire j'y suis depuis midi et demi, une heure, jusqu'a neuf du soir, seule, sans demarer et sans m'ennuier, a moins que quelque extraordinaire, que je te mande toujours, ne m'en tire une heure au plus. En remontant de notre promenade je suis restée dans la chambre de Md. Dorcin. jusqu'a cinq heures, parce que l'on calfeutroit mes fenetre, reparation tres nessessaire. Elle m'a dit des choses qui te feront plaisir; elle est amie intime de Md. de La Neuville [17] depuis 20 ans; elle m'a dit que si l'on vouloit faire un modelle de bonne gens, on prendroit pour modelle Mr et Md. de La Neuville; que Mlle Durant y est tout au mieux. Elle m'a montré une lettre de cette dame qui lui mande qu'elle en est enchantée. Tu crois bien comme j'en ai parlé; mais ce qui va t'etonner, c'est que cette dame, ayant seu que j'etois ici, a ecrit a Md. Dorcin qu'elle se rejouissoit bien de me voir, que j'etois sa parente au quatrieme degré; enfin, des amours! Ma foi, je ne m'en doutois pas. Cette dame-ci dit qu'elle ne me laissera pas en repos que je n'aille chez elle, qui n'est qu'a deux lieu d'ici; me voila donc enparentée. Elle doit venir dans le mois prochain; en attandant, nous nous complimentons. Tu crois bien que je ferai bien des amitiés a Melle Durant quand j'irai. Bonsoir. Je m'en vais reprendre mon *Louis 14*, qui ne me fera surement pas oublier que je n'ai point de lettre.

                          Le jeudi matin [11 décembre 1738]

    Bonjour, mon Penpichon. Je ne me porte pas si bien aujourd'huy que je me vantois hier. Je ne sais si ce sont tes lettres non reçues qui m'on[t] donné des vapeurs, mais enfin j'en ai eu hier soir. Le souper fut cependant fort gay. Je demandai du fin amour[18]. V., qui l'aime aussi, mais qui n'en ause guere boire, dit : «Oui, buvons-en en comemoration de Panpan!» C'est que je lui ai dit que tu trouvois fort mauvais qu'il n'en eut pas parlé dans son *Mondain*. Il but a ta santé avec, et promi d'en parler. Apres souper il nous donna la lenterne magique, avec des propos a mourir de rire. Il y a fouré la coquetterie de Mr de Richelieu, l'histoire de l'abé Desfontaine, et toute sorte de conte, toujours sur le ton savoyard[19]. Cela etoit fort drole. Mais a force de tripoter le goupillon de sa lenterne, qui etoit rempli d'esprit de vin, il le verse sur sa main, le feu y prend. Elle etoit tres belle, entourée de flame, mais elle est tres brulée. Cela trouble un peu le divertissment qu'il continua un moment apres.

    Je t'ecris a toutes les heures du jours, car il en est trois apres midi pour moi et apres diner pour toi. C'est que j'ai peur de n'avoir pas le tems ce soir de te dire ce que j'ai entendu ce matin, parce que l'abbé de Breteuil[20] arrive, et on fera assemblée pour lui. Je te dis donc que V. est encore melieur dans ses epitre qu'il n'est dans l'epique et dans le dramatique. Il m'en a luë une ce matin sur la moderation; elle est admirable pour la moralle et pour les agrements. Elle est imprimée en feuille[21]. Je lui ai chanté pouille de ne me l'avoir pas donnée pour te l'envoyer; il la retravaille. Il m'en a lue encore une autre sur le plaisir, qui est sur le metier. Elle a besoin d'etre travaillié, mais elle sera belle aussi[22]. Il a pris une tournure charmante selon moi; il prouve le Createur par le plaisir et la volupté, et la morale est qu'il faut louer Dieu, l'aimer en jouissant. Cela est pure, mais il y a des traits de sa façon qui en enpecheront l'impression.

    On vient de m'aporter a etudier un role pour une piece que l'on jouera des que je le saurai, pour divertir Mr de Breteuil. Je viens de la parcourir, et je n'en veux point : c'est une jeune personne qui crie qu'elle veut etre mariée, et qui demande s'il n'y a pas une reine a Paris. Ils se moquent de moi; je la leur reporterai ce soir. C'est cette piece dont Contriçon le fils[23] nous parla, qui s'apelle *Boursoufle*[24]. Il me paroit que ce n'est qu'une boufonnerie; je t'en rendrai compte.

    Je veux un peu te parler de *Louïs 14*; j'en suis toujours plus contente. En lisant le passage du Reims[a], le prejugé me repugnoit; il mest cette affaire au net, et ce n'est rien[25]. Les premiere campagne sont traitée de voyage de plaisir; les villes se rendoient par negotiation. Enfin il dit le vray que personne n'a dit et que tout le monde a pensé. J'avois peur que quelque partialité ne le fi[t] continuer sur le meme ton, mais il lui rend justice par la suite comme au comencement, en le louant comme il meritoit de l'etre. Je dis toujours que je n'ai rien vu de si beau. Si le D. vient, je crois qu'il lui rendra justice comme moi. J'ai pleuré hier la mort de Turene : il en parle sans prevention; il dit ses deffauts et il fait pleurer sa mort[26]. Je pensai a toi; j'aurois voulu que nous pleurassion ensemble.

Hier a souper, V. etoit d'une gaieté charmante; il fit des conte qui ne sont bons que dans sa bouche, et sur le champ il me dit des anecdotes de Boileau qui ne sont nulle part; ce sont des vers impromtu. S'il veut me les dicter, je te les envoyerai. Adieu, je ne sais plus rien. Je te laisse faire le comentaire du plaisir qu'il y a a vivre avec de pareils gens.

Ci fait, j'ai encore quelque chose a dire. C'est que, ce matin, la dame de ceans a lu un calcul geometrique d'un reveur englois, qui pretent demontrer que les habitans de Jupiter[b] sont de la meme taille qu'etoit le roi Og dont l'Ecriture parle, et de son lit de fer de 13 pieds de long[27]. Voici a peu pres le resonnement de l'Englois : les yeux sont en proportion du corps; il fait un calcul de l'etendue de la prunelle de nos yeux; autre calcul de la quantité de lumiere que nos yeux sont propres a recevoir, ayant egard a la distance du soleil a la tere; ensuite il calcule les proportion de la distance de l'eloignement du soleil a Jupiter. Tu sens bien ou il en vient pour connoitre la grandeur des hommes dans Jupiter,[b] et dit qu'avec un peu d'attention on pouroit connoitre de meme les proportions des habitans des autres planettes. Je ne sais si cela t'amusera, mais nous nous en sommes fort divertie en admirant la folie d'un homme qui employe tant de tems et de travail pour aprendre une chose si inutile. Mais j'ai admiré bien autre chose, quand j'ai vu que le livre etoit ecrit en latin, et qu'elle lisoit en françois. Elle esitoit un moment a chaque periode. Je croiois que c'etoit pour comprendre les calculs qui sont tout au long; c'est qu'elle traduisoit : termes de metaphisique, nombres, extravagance, rien ne l'aretoit. Cela est reelement etonnant.

A huit heure

Je l'avois deviné, je n'ai lu que le premier acte de la comedie. On m'est venu apeler pour aller faire cercle; je ne l'ai pas fait lontems, car la dame c'est mise a sa toilete. Les propos m'ennuioient. J'ai eté me metre dans ce joli boudoir dont je t'ai parlé, eclairé de huit bougie. C'etoit un petit ciel empiré[28]. La premiere chose que j'y ai faite a eté de vous y desirer, mes chers amis; apres, d'en jouir, ensuite d'y lire les deux actes de *Merope*. Je n'ai point changé d'avis.

L'abbé de Breteuil me paroit assés aimable et tres digne d'etre Cireque[29]; mais ce que je trouve de ridicule, c'est moi, qui me suis avisé de m'ennuier en plein, parce que l'on ne parloit que Paris. On m'a demandé ce que j'avois, a cause aparament de ma belle mine. Comme je sentois que je ne pouvois la vaincre, j'ai dit que je venois ecrire, et me voila. Je crois qu'au fond ce sont tes lettres qui m'ennuie; car depuis l'arrivée de la poste d'hier je suis tres sotte. Mon Dieu, comme je vous tiens a vous deux[30]! Embrassez-le, cest Autre Vous, s'il est embrassable; je n'aime pas a ne pas savoir ou le prendre. Quelque part ou il soit, je l'aime bien, tu lui dira quand tu pouras.

J'ai obtenu de jouer la gouvernante de la fille qu'on vouloit que je jouasse. Je crois que c'est une dame Claude[31]; elle s'apelle dame Barbe et sa pupile Melle Therese de La Cochoniere[32], et c'est la petite Du Chatelet[33] qui la joue. Cela est a sa place, elle a 12 ans. On nous promet les marionette; il y en a ici pres de tres bonnes, qu'on a tant qu'on veut. Tous ces projets-la ne me font rien d'ici a samedi.

Bonsoir, mon Penpichon; bonsoir, mon ami Gros Chien Blanc; bonsoir, le Petit Saint, sy je ne suis pas condamnée aux depents, car j'ai toujours peur. A propos, regarde bien les lettres en les ouvrant, pour voir s'il n'y a rien au cachet; j'ai peur. Et averti-moi s'il y a quelque chose. On craint tant ici que l'on ne dise je ne sais quoi, car il n'y a rien que de bon a dire, que je crains la curiausité. Recommende a ceux qui vont dans le monde de ne rien dire[34]. Il ne faut pas dire que le frere est ici, c'est un secret.

[*adresse :*] A Monsieur / Monsieur de Vaux le fils / rue du Chateau / a Luneville

MANUSCRITS

*A. Morgan, G.P., VI, 25-30 (D37); 5 p.; orig. aut.; m.p.: Vuassy / 6.

B. Oxford, Voltaire Foundation, «Lettres de Mme de Graffigny», p. 20-39; copie.

IMPRIMÉS

I. *Vie privée*, 36-59.
II. Asse, 32-52.
III. Best. 1606.
IV. Best. D1681.

TEXTE

Devaux écrivit sur la page de l'adresse : «37eme n'est pas arrivée». *a* C'est-à-dire, du Rhin. *b* ⟨Saturne⟩.

NOTES

1. Voir Best. D1623, du 5 octobre, sur la visite inattendue de l'abbé de La Mare à Cirey, venu pour «faire l'aumône.»

2. *Dardanus*, tragédie lyrique de La Bruère, avec musique de Rameau, représentée et publiée en 1739.

3. Voir Best. D1684.

4. Francesco Algarotti (1712-1764), savant à l'esprit cosmopolite, fit paraître en 1737 *Il Newtonianismo per le Dame*, ouvrage de vulgarisation à l'imitation des *Entretiens sur la pluralité des mondes* (1886) de Fontenelle. Son séjour à Cirey date de novembre 1735.

5. Louis-Adrien Du Perron de Castera (1707-1752) publie sa traduction, *Le Newtonianisme pour les dames* en 1738.

6. Sans doute une allusion à des observations de

la préface de Castera sur le mépris d'Algarotti pour Descartes et les philosophes français, et sur les Français en général (*Le Newtonianisme*, I, p. vi).

7. «J'appellerois volontiers cet homme le vrai Czar de la Physique : Pierre le Grand et Galilée ont policé deux nations qui étoient à peu près d'un même caractère» (*Newtonianisme*, I, p. 29), qui traduit «Io chiamerei volentieri quest'uomo il Czar Pietro il Grande delle fisica. Tutti e due ebbero che fare con gente appresso a poco del medesimo carattere». (*Il Newtonianismo*, p. 16.)

8. *Le Newtonianisme*, I, p. 29; *Il Newtonianismo*, p. 15-16.

9. *La Lusiade* de Camoëns, autre traduction de Castera (1735).

10. Valentin-Esprit Fléchier (1632-1710), prédicateur célèbre, était aussi historien; René Aubert Vertot (1655-1735), religieux, est connu pour son *Histoire des révolutions dans la République romaine* (1719).

11. Christine de Suède (1606-1689), abdiqua en 1654, et visita la France la même année. Ninon de Lenclos (1616-1705) reçut sa visite cette même année. Cette anecdote ne paraît pas dans *Le Siècle de Louis XIV*, et il n'en est que brièvement question dans l'essai *Sur Mlle de Lenclos*, 1751 (Moland, XXIII, p. 507-513).

12. Mme de Champbonin.

13. Dans une lettre perdue; v. sous la rubrique Texte la remarque de Devaux.

14. Le «vilain homme» est Jacques de Lescaille, et la «vilaine femme» est Mme de Stainville. Le courrier arrivera samedi soir; v. le texte de la lettre 63 à la note 28.

15. La Dame Dorsin : personnage de *La Vie de Marianne* de Marivaux. Ce nom désigne ici Mme de Champbonin. Il se peut que Mme de Graffigny pense à la bonté et à l'amabilité de cette dame comme points de ressemblance. Mais il se peut également qu'elle se trompe de nom, confondant la Dame Dorsin et la «grosse femme courte» du *Paysan parvenu* (v. 61n14).

16. La forme «sculpter» remplace «sculper» au cours du XVIIIᵉ siècle.

17. Jeanne-Charlotte de Viart d'Attigneville, baronne de l'Empire, avait comme arrière-grand-mère paternelle la belle-sœur d'Henri Du Buisson, grand'père paternel de Madame de Graffigny. Elle épousa en 1716 Armand-Jean de Broussel, chevalier, comte de La Neuville, seigneur de Bailly et de Voilecomte (vers 1672-1742), dont elle eut sept enfants. La mère du comte de La Neuville appartenait à la famille Du Châtelet. En 1763 Jeanne-Charlotte épousera en secondes noces Gaspard-Hardouin-François d'Ambly, marquis des Ayvelles, dont la mère était une Du Châtelet. Il est souvent question de la comtesse de La Neuville dans les lettres de Voltaire (v. Best. D766 *et seq.*). La propriété de son mari était Laneuville-à-Rémy, à 8 km au sud-ouest de Wassy.

18. Le «fin amour», ou parfait amour, est une liqueur d'eau de cédrat, teinte en rouge par la cochenille; elle fut introduite en Lorraine, semble-t-il, par Sonnini.

19. Savoyard : se dit populairement d'un homme grossier (Littré).

20. Élisabeth-Théodore Le Tonnelier de Breteuil (1712-1781), frère cadet de Mme Du Châtelet, et alors vicaire de l'archevêque de Sens.

21. «De la modération en tout», IVᵉ *Discours sur l'homme*, composé en 1737, et publié séparément en août 1738 sous le titre *Épître de la modération en tout, dans l'étude, dans l'ambition, dans les plaisirs*.

22. «Sur la nature du plaisir», Vᵉ *Discours sur l'homme*, composé en 1738, et publié pour la première fois avec les six premiers Discours dans *Recueil de pièces fugitives*, 1740 [=1739].

23. Pierre-Gabriel Collin de Contrisson.

24. *Boursoufle*, ou *Le Petit Boursoufle*, ou *Le Comte de Boursoufle*, est maintenant connue sous le titre de *L'Échange, ou Quand est-ce qu'on me marie?*; cette comédie de Voltaire fut vraisemblablement composée vers 1734, et publiée pour la première fois à Vienne en 1761.

25. *Siècle de Louis XIV*, chapitre x.

26. Chapitre XII.

27. C'est le roi Og de l'Écriture (Deutéronome 3, Nombres 21, etc.), dont la taille aurait été la même que celle des Jupitériens selon Johann Christian Wolff (1679-1754), dans ses *Elementa matheseos universae* (v. R. Pomeau, «Voltaire conteur», *Information littéraire* 13, 1961, p. 2).

28. Empiré, pour empyrée, peut s'employer comme adjectif pour désigner la plus élevée des quatre sphères célestes; v. Littré, «le ciel empyrée».

29. C'est-à-dire, habitant de Cirey.

30. Devaux et Desmarest.

31. Personnage de *L'Avare*, servante d'Harpagon (III, i); simple rôle de figuration, Dame Claude ne dit pas un mot.

32. Dans *L'Échange*, la pupille s'appelle Gotton, et la gouvernante est Madame Michelle.

33. Françoise-Gabrielle-Pauline (1726-1754), l'aînée des enfants de Mme Du Châtelet, épousera en 1743 Alphonse Caraffa d'Espina, duc de Monténégro.

34. Ni Mme de Graffigny ni Devaux n'a prêté attention à cet avertissement et leur manque de prudence et de discrétion aboutira à la pénible affaire qui commencera pour Mme de Graffigny le 29 décembre; v. lettre 70 et les lettres suivantes. L'atmosphère tendue qui règne à Cirey, et que les paroles de notre épistolière font deviner ici, est due en grande partie à l'inquiétude de Voltaire et de Mme Du Châtelet à propos d'une réplique éventuelle de l'abbé Desfontaines au *Préservatif* (v. 61n5).

63. à Devaux

Le vendredi apres-midi [12 décembre 1738]

Puisque je n'ai pas grand'choses a te conter aujourd'huy, mon ami, il me prends envie de te copier quelque chose de l'*Histoire de Louis 14*, comme par exemple le portrait de Catinat, qui, je crois, te plaira :

«Catinat avoit dans l'esprit une aplication et une agilité qui le rendoit capable de tout sans qu'il se piquat jamais de rien; il eut eté bon ministre, bon chancelier, comme bon general; il avoit commencé par etre advocat; il avoit quitté cette proffession a 23 ans pour avoir perdu une cause juste. Il prit le parti des armes, il fut d'abord enseigne au gardes-francoise en 1667. A l'attaque de la contre escarpe de Lisle il fit aux yeux du roi un[e] action qui demendoit de la tete et du courage; le roi la remarqua, et ce fut le commencement de sa fortune. Il s'eleva par degré sans aucune brigue. Philosophe au milieu de la grandeur et de la guerre, les deux plus grands eceüils de la moderation, libre de tous prejugés et n'ayant point l'affectation de paroitre les mepriser (comme fait ridiculement l'auteur[1]), la galanterie et le metier de courtisant furent ignorés de lui; il en cultiva plus l'amitié et en fut plus honnete homme. Il acsepta depuis le baton de marechal de France, qu'il meritoit, et refusa l'honneur d'etre chevalier de l'ordre, parce que c'est une distinction qui semble etre le partage de la naissance et non des services. Il vecut aussi ennemi de l'interet que du faste, philosophe en tout, a la mort comme dans sa vie»[2].

A sept heures du soir

Il me semble que tu m'atens dans ma chambre et que je viens te raconter ce que je vois et j'entens. Comme je t'ecrivois tanto, on est venu m'apeler, c'etoit pour entendre le reste de *Merope*; mais il a falu avant essuier une longue toilette. Me voici enfin, le cœur plus gros qu'un balon. J'ai pleuré aux sanglots. Ces trois derniers actes sont admirables; sans amour, l'interest e[s]t plus vif que celui de *Zaire*[3]. Il y a dans le troisième acte une scene semblable a celle de St-Lembert[4], du moins pour la decoration; c'est un temple dans l'enfoncement ou Merope va egorger son fils, le prenant pour son assassin. Le gouverneur de ce fils, qui est arrivé la comme de cire[5], mais cependant avec vraysemblance, se rejouit d'avoir ce cadeau. Il se tient a l'ecart pour voir quelle mine il fera en mourant et dans le moment que Merope leve le bras, il reconnoit son pupile et arrete la mere, qui est si aise et si fachée en meme tems, qu'elle en tombe en pamoison. Il semble que l'interest ne puisse ogmenter, c'est bien pis. Si l'on a pleuré au troisieme, on s'arache les cheveux au quatrieme, et on s'egratigne le visage au cinquieme, dont l'interest n'est presque que dans un recit d'une suivante; mais c'est le plus beau recit qui soit dans le paiis des recit[6]. Il faudra ressuciter la Couvreur[7] pour le jouer, car jamais il ne trouvera d'actrices pour cela. La fin est qu'on pleure de joye; c'est la Merope qui, au sortir d'une echafourée faite dans le temple, ou son fils a tué le tiran, vient dire au peuple que c'est son fils. Elle le dit si chaudement, si transportée de joye, si penetrée de crainte, qu'on ne la cru pas sur sa parolle; qu'elle pousse ce pauvre vieux gouverneur pour le faire parler et confirmer ce qu'elle dit, jusqu'a le faire tomber – du moins je crois voir cela, et le vieux bonhomme qui lui dit : «Tant que vous geulerez, je ne saurois me faire entendre, car je suis vieux moi.» Puis il dit : «Oui, oui, la reine ne ment pas d'un mot»[8]. Le fils arrive, elle se jette dans ces bras, et la piece finit dans cet embrassement qui fendroit des piere. Cela est indigne de parler ainci de quelque chose d'aussi beau, mais tu sens bien que c'est ma façon : je pleurerois en te contant la chose seulement, si je ne la tournois en bouffonnerie; mais ce que je veux bien pleurer, c'est V. Il ne se portoit pas trop bien, il s'est demené comme un diable dans un benitier. Il nous a prié de sortir vite pour lui laisser le tems de s'evanouir. Tout de bon, il s'est trouvé mal, et nous a prié de le laisser.

Or sus, je ne t'ai rien dit du soir et du matin; c'est que ce n'est pas grand-chose. Nous passames hier la soirée a voir les figure du cilindre, d'autres machines et de l'or dans le microscope aux liqueurs. C'est la plus belle chose du monde; mais il est vert et point du tout jaune. Ce n'est pas en billon[9] qu'on voit a travers d'un vere, mais bien en feuille. Ce matin le caffé n'a eté que de ravaudages. Le frere est conteur assés bon; cependant il n'y a qu'un de ses conte qui vaille la peine d'etre escrit a un homme aussi delicat que toi.

Le curé de St-Sulpice[10], etant avec le cardinal[11], lui dit qu'il avoit vu son portrait chez un peintre, tres bien fait; c'est le portrait qui etoit bien fait, comme vous allez voir. Le cardinal lui dit : «Ne lui avez-vous rien demandé?» «Non, monseigneur, il est trop ressemblant.» Que cela soit vray ou non, je trouve ce mot-la exelent; il peut etre vray, parce que le curé est en plaisanterie avec la Fleur sur ce qu'il demande toujours pour son hopital.

Mde Du Chatelet grille de voir D. Elle vient encore de me dire de lui mander de venir donc, et d'aporter dans sa tete le pere Euphemon[12] et le pere Lusignan[13], car on jouera des qu'il aura mis pied a tere. S'il est a Luneville, dis-lui. Je ne crois cependant guere qu'il puisse venir; ou diable prendroit-il de l'argent? Enfin je voudrois bien savoir ce que vous faites, vous autres; cela me fait un tourment dans l'ame, que rien ne dissipe.

Je veux te faire faire hum, hum; je vais te transcrire ce que V. dit de Leopold[14]. J'ai pleuré ce matin, mais bien; il est vray qu'il ne faut pas trop tourner le robinet, tant que la poste ne sera pas arrivée. Dieu veuille que je ne pleure pas de son arrivée.

Il est question de la paix de Riswick :

«Ce fut enfin par cette paix que la France rendit la Lorraine a la maison qui la possede depuis neuf cent années. Le duc Charle, apuy de l'Empire et vainqueur des Turcs, etoit mort; son fils Leopold a la paix de Riswick prit possession de la souveraineté, depouilliée, a la verité, de ses droits reels, car il n'etoit pas permis au duc d'avoir des remparts a sa ville capitale; mais on ne put lui otter un droit plus beau, celui de faire du bien a ses sujets; droit dont jamais aucun prince n'a si bien usé que lui.

«Il est a souhaiter que la derniere posterité apprene que le plus petit des souverain de l'Europe a eté celui qui a fait [le] plus de bien a son peuple. Il trouva la Lorraine desolée; il l'a toujours conservée en paix, pendant que le reste de l'Europe a eté ravagée par la guerre. Il a eu la prudence d'etre toujours bien avec la France, et d'etre aimé dans l'Empire, tenant heureusement un juste milieu qu'un prince sans pouvoir n'a presque jamais pu garder entre deux puissances aussi grandes. Il a procuré a son peuple l'abondance qu'il ne connaissoit plus. Sa noblesse, reduite a la derniere misere, a eté mise dans l'opulence par ses seuls bienfaits. Les maisons de ses gentilhommes etoient rebaties a ses depends. Il paioit leurs deptes; il marioit leurs filles; il prodiguoit les presents avec cet art de donner qui est encore au-dessus des bienfaits; il metoit dans ses dons la manificence d'un prince et la politesse d'un ami. Tous les arts, en honneur dans sa petite province, produisoient une circulation nouvelle, qui fait la richesse des etats. Sa cour etoit formée sur celle de France. On ne croioit presque pas avoir changé de lieu quand on passoit de Versaille a Luneville. A l'exemple de Louis 14, il faisoit fleurir les belles-lettres. Il a etabli a Luneville une espesse d'université sans pedentisme, ou la jeune noblesse d'Allemagne venoit se former. On y aprenoit de veritables sience dans des ecoles ou la phisique etoit demontrée aux yeux par des machines admirables. Il a cherché les talents jusque dans les boutiques et dans les forets pour les mettre au jour et les encourager. Enfin, pendant tout son regne, il ne s'est occupé que du soin de procurer a sa nation de la tranquilité, des richesses, des connoissances et des plaisirs. ‹Je quiterois demain ma souveraineté, disoit-il, si je ne pouvois faire du bien.› Aussi a-t-il gouté le plaisir d'etre aimé; et j'ai vu lontems apres sa mort ses sujets verser des larmes en prononsant son nom. Il a laissé en mourant son exemple a suivre aux plus grands rois» [15].

Es-tu contant, Coussi? Pour moi je le suis, si je vous amuse, mes pauvres ami; puisque je suis toujours au milieu de vous par ma pensée, je veux y etre aussi de façon que forcement vous pensiez a moi.

[Le samedi 13 novembre 1738]

Encore une fois aujourd'huy! Ma foi, cela est bien fort; il est minuit et demi, je meurs de someil, mais j'oublierois ce que je veux te mander. On a ri tout le souper et l'apres-souper a pamer des contes qu'a fait V. et le frere. Il y en a qui ne peuvent etre bon qu'en connoissant les gens, ou par la facon de les dire. En voici un qui je crois est bon partout; c'est de l'embasadrisses d'Espagne [16] qui vient d'arriver a Paris. Elle est affreusement laide, enfin c'est un beau singe. Elle demanda qui etoit une belle groce dame qu'elle avoit rencontré dans son carosse avec un Mr sur son devant. Par les circonstence qu'elle adjouta, on lui dit que c'etoit Md. de Modene, et que pour la dignité elle menoit quelqu'un avec elle. L'embassadrice, qui avoit deja fait connoissance avec Md. de Brancas [17], fut la trouver le lendemain et lui dit : «Madame, vous etes mon amie, dites-moi je vous prie, combien il faut que je mette d'homme sur mon devent pour [ma] dignité?»

V. pretend qu'a force de copier ses ouvrages, son valet de chambre [18] s'entend un peu aux vers, et pour le prouver, il raconte qu'il le trouva un jour ecrivant a une petite fille qu'il aimoit, et qu'il avoit mis tout au travers de la lettre :

Je me croirois haïs d'etre aimé fortement [19].

En copiant, voici comme il avoit ecrit un vers :

Rengéz en battaillon ils mesurent leur repas[20].

Et voici comme il les retient par cœur. On le prioit de dire quelque chose des ouvrages de son maitre; apres s'etre fait beaucoup presser, s'excusant sur ce qu'il ne vouloit pas abuser de la confiance d'un si bon maitre, il dit qu'il ne savoit de la *Jane* que son portrait; le voici :

> Trente-deux dents brillent a fleur de tete;
> Deux grands yeux noir d'une egale blancheur,
> Font l'ornement d'une bouche vermeille
> Qui va prenant de l'une a l'autre oreille[21].

J'ai barbouillié parce que je les avois oublié.[a] Voici comme il corige les fautes de son maitre. Il y avoit ces deux vers :

> Ah! croiez-moi, mon fils, voiez ces cheveux blanc.
> La triste experience est le fruit des vieux[22].

V. avoit oublié «ans», son valet de chambre trouva que cela ne rimoit pas, et les raccomoda ainsi :

> A! croiez-moi, mon fils, voiez ces cheveux bleus.
> La triste experience est le fruit des vieux.

Il y en a mille comme cela que je trouve fort plaisans. On conta aussi la meprise de la reine Anne d'Autriche, a qui on venoit de dire qu'un general avoit aculé le prince Eugene, de façon qu'il auroit peine a s'en tirer. Le roi entra, elle courut a lui, et lui dit : «Ah! Sire, est-il vray qu'en Italie le marechal (un tel; j'ai oublié le nom) a enculé le prince Eugene?» Le roi, confondu, se tourna sans repondre, et la reine, qui croioit qu'il ne l'avoit pas entendue, le repetoit. Enfin une dame s'approchant d'elle lui dit comme il faloit dire[23].

Le samedi, a six heures du soir

Bonsoir, la poste va arriver. Je l'atens en tremblant; il y a plus d'une heure que j'en ai des vapeurs. Le dejeuner a eté fort gaye et je ne saurois dire de quoi. V. nous a encore lu une epitre pour prouver que l'on peut etre heureux en toute sorte d'etat et de condition[24]. Elle est aussi bien resonnée et versifiée qu'elle puisse l'etre; mais si j'en savois faire, je lui prouverois bien qu'on n'est pas heureux dans toute sorte d'etat. Ces epitres, au nombre de six, sont en Holande pour etre imprimée. Nous lui avons fait une huée horible sur ce qu'il adresse celle qu'il nous a lue aujourd'huy a Thiriot[25], sans le nomer pourtant, mais Thiriot le diroit assés. Il est etonnant l'amitié qu'il a pour cet homme; c'est une preuve de son bon cœur car c'est par reconnoissance, mais il y a aussi de la fantaisie. Il lui donne le profit de ces epitres. Ce sont des livres a imprimer qu'il a donné a l'abbé de La Mart[26]. Il ne tire plus rien de ses edition; je crois te l'avoir mandé. Je voudrois bien qu'il me dona sa *Merope*. En farfouillant ce matin a la derobée dans un de ces portefeuille, j'ai vu une comedie dont je n'ai pas encore entendu parler. Il corigera la scene de *Merope* qui m'a deplut. En verité sa complaisance est etonnante, il se laisse tout dire, il remercie, il dit : «Vous avez raison, il y bien de l'esprit dans cette critique!» Et moi je dis, il n'y a donc de l'orgueil que dans les mauvais auteurs, et de la bonne vanité que dans les bons; car il aime la louange, et convient de bonne foy que c'est un tribut qui lui plait.

La poste ne vient point; mais crois-tu qu'elle viene?

En attendant je vais encore te transcrire un trait qui m'a paru bien singulier. Il est question du siege de Barcelone, que les Allemans assiegeoient, aidé des Anglois, commendé par milor Peterborou :

«Tandis qu'il parloit au gouverneur a la porte, la herse baissée entre eux, on entendit des cris et des hurlemens. ‹Vous nous trahissés, lui dit le gouverneur. Nous capitulons avec bonne foy, et voila vos Anglois qui sont entrés dans la ville par les remparts; ils egorgent, ils violent, ils pillent.› ‹Vous vous meprenez, Mr le gouverneur, lui repondit milor Peterborou, il faut que ce soient les Allemants du prince Darmtat. Il n'y a qu'un moien de sauver votre ville, c'est de me laisser entrer avec mes Englois, je chasserai les Allemans et je reviendrai a la porte achever la capitulation.› Il parloit d'un ton de verité et de grandeur qui, joint au danger pressant, persuada le gouverneur. On le laisse entrer, il court avec ses officiers chasser les troupes allemandes, il leur fait quitter meme le butin qu'elles enlevoient; il trouve la duchesse de Popoli entre les mains des soldats prete a etre deshonnorée, il la rend a son mari; enfin, apres avoir tout apaisé, il retourne a cette porte et signe la capitulation» [27].

La voila donc cette poste arrivée, et toutes tes lettres avec elle [28]. Je suis enchanté de les avoir. L'esprit de Cirei ne m'enpeche pas de trouver le tien charmant, et ton cœur l'embelit et le mest au-dessus des plus beaux genres. On m'apelle pour lire *Jane* [29]. A revoir; j'en ai besoin pour dissiper quelques nuages qui sont dans ma tete.

Ce n'etoit pas pour lire, et je reviens; mais comme on est pret a souper je ne repondrai pas a tes lettres. Je n'ai pas manqué de t'ecrire; je suis bien etonnée que tu ai manqué de lettres. Ne manque pas de me mander si tu les a recue en double [30]. Il ne faut pas adresser a Dubois, cela est plus seur a moi. Tu as bien fait de m'envoyer la clef [31]; je n'ai pas encore pu lire aucun des vers; a peine ai-je eu le tems de lire les deux letres de Ligni, qui sont arrivées bien cachetée, et les deux pour ici. Je ne comprends rien a ces retards; je crains plus pour les miene que pour celles que je recois, parce qu'il y a toujours du monde quand la poste arrive; mais comme la dame n'ecrit que la nuit, on porte alors les lettres le soir dans son cabinet, elle fait le paquet elle-meme. En tou[t] cas, je ne puis que bien dire d'elle, car elle est admirable, et elle seroit bien atrapée de nos rien. Elle n'ecrit pas ce soir, ainci ma lettre ne court aucun risque; ainci si j'avois du mal a en dire, je le dirois.

Je remercie tous les jours D., *in peto*, de m'avoir si bien apris a connoitre les hommes; cela me previent contre la prevention, et fait que je les prends comme ils sont. Je laisse tout passer, et je ris du ridicule et n'en suis point blessée. Je dis cela a propos de bien des petis traits d'auteur et de fantaisie de V., dont je ris en dedans. Je me sers de cette connoissance pour plaire a mes amis, pour t'ecrire des bibles, parce que tu aime les riens, et pour te recommander de ne point les montrer a D., parce qu'il ne les aime pas. Je te l'ai deja dit cent fois; tu me mande encore que tu lui en a montré. Si cela t'arrive desormais, je te boude, et je t'ecris six ligne a chaque ordinaire. Bonsoir, il faut finir.

Nous jouons mercredi *L'Enfant prodigue* a cause du frere. Cela n'enpeche pas que l'on ne m'ait encore demandé tout a l'heure si Desmarets ne viendroit donc pas. Comme je crois que non, j'ai dit qu'il etoit toujours a son regiment, et qu'il n'y avoit pas d'aparence qu'il pu venir.[b] Euphemon est[c] l'intandant de la maison[32], qui est gros comme Mr de Lenoncour. Hier Md. Du Chatelet demanda encore apres Desmarets, sur ce que son frere la prioit de chanter; elle dit qu'elle ne chanteroit qu'avec lui, et ne chanta point. Et puis c'est : «Pourquoi donc ne vient-il pas?» et puis V. de le louer, cela ne finit pas. Songe a nous mercredi et jeudi, car je crois que nous jouerons *Boursoufle*.

Le dimanche [14 décembre 1738], a 7 heures

Je profiterai de tous les momens que je pourai pour t'ecrire, mon Panpan, pendant cette semene; mais tu vas voir par sa disposition qu'il seront cour. Lundi et mardi repetition et les marionette; mercredi et jeudi comedie, mercredi *L'Enfant prodigue*, et jeudi *Boursoufle*.

J'ai passé ma matinée a lire tous les vers que tu m'as envoyé[33]; tu n'y a point de regret, puisqu'ils ne m'ont point couté de port. Il s'en faut bien que je ne sois aussi contente de l'epitre a ton pere que des autres; je l'ai relue parce que tu parois l'aimer mieux, elle n'y a rien gagné. Je trouve la reponce a St-Lembert bien plus jolie que la siene, et celle de Paris m'enchante[34]. Tu dois croire que [j'ai] les oreilles batue de bonne choses, et surtout d'epitres; je dois mieux sentir que jamais. Crois-moi, elle est charmante, ravissante; si tu appelle cela point de genie, que veux-tu donc? La fin m'a fait pleurer, repleurer et encore repleurer en la lisant, en la relisant et en la copiant. «Et pourquoi la copier?» dis-tu. Pourquoi? Pour la montrer! Outre que c'est la peinture de ton ame, c'est qu'elle est mieux versifiée. J'ai pris la liberté de changer les vers de l'abbé Desfontaines de cette façon :

> Par cet abbé qui, dans Paris,
> Ose attaquer dans ses ecrits
> La gloire de nos jours, le celebre Voltaire,
> Ce mortel dont le caractere,
> Plus admirable encor que l'esprit[35],
> Perce dans tout ce qu'il ecrit.
> Taisez-vous, auteurs fameliques :
> Par vos ignorantes critiques
> Son nom ne peut etre terni;

Le merite au genie est trop bien reeuni;
Et sur vous l'entiere victoire
Ne peut adjouter a sa gloire.
Pour moi qui crains de voir que mon nom avili
Ne tombe bientot dans l'oubli,
Je n'ecouterai point une ardeur temeraire;
Dans les ombres des temps qu'il reste enseveli,
Plustot que de voir la lumiere.
Je ne veux plus vous ecouter;
Allez, fuiez, trompeuses fées, &c.

Je te demande excuse, mon ami, de barbouiller ton ouvrage; les vers ne sont pas bons, mais ce sont des louanges, et on les aime a toute saulce, surtout quand on dit des injures a cet abbé. Il faloit cela pour les montrer, car moi, qui lui dis que tu l'adore et que tu sais presque tous ces vers par cœur, il seroit etonnant que tu parla d'un faquin, de deux grands poete et non de lui. Je n'ai pas eté fachée de suprimer les deux ou trois vers qui precede le derniers d'ici, tu rabachois trop a tes muses. J'ai aussi suprimé les deux vers ou tu parles de Neuton et de la Tamise; ce n'est pas que je les entende, car, ma foi, on me pendroit pour dire ce qu'ils veullent dire; mais comme j'ai eu peur qu'ils ne fassent quelques allusion a V., je les ai suprimés ainci :

Et qui, prenant le plus sublime ton,
Plein du beau feu dont ton ame est saisie,
Iras bientot de l'heureuse Austrasie,
Reparer a jamais l'affront.

Voila, en honneur, mon ami, a quoi j'ai passé ma journée depuis midi sonnant. J'ai eté quatre heures a faire ces mechants vers. On m'a envoyé apeler, je n'ai pas voulu dessendre, parce que je veux la montrer ce soir et que je voulois finir. Je ne sais pas un mot de mon role; il faut l'apprendre; par bonheur, il n'est pas long. Je veux cependant t'ecrire. Oh dame, on ne court pas tant de lievres a la fois. Je ne sais comment je m'en tirerai pour repondre a toutes tes lettres, c'est une entreprise que je ne saurois faire et je crois que tu ne t'en sousie guere; tu aime mieux savoir des nouvelles d'ici. Soit fait ainci qu'il est requis.

Il me semble avoir vu quelque part que l'arrengement de la vie d'ici ne vous paroit pas clair; le voici une fois pour toute, car c'est un jour comme l'autre. Entre dix heures et demie jusqu'a onze et demi, on envoye avertir tout le monde pour le cafée, on le prend dans la galerie de V. Je t'ai mandé jour par jour ce que l'on y disoit; cela dure jusqu'a midi, une heure, plus ou moins, selon que l'on s'est assemblé plus tot ou plus tard. A midi sonnant, ce qu'on apelle les cocher vont diner. Ces cocher sont le seigneur chatelain, la Grosse Dame, son fils, qui ne paroit jamais que pour copier des ouvrages. Nous restons une demie-heure, V., la dame et moi; il nous fait ensuite une grande reverence et nous dit de nous en aller : chaqu'un retourne dans sa chambre. Devers quatre heures quelquefois on goute et on se rassemble. Je n'y va guere, quoiqu'on me fasse apeler; cela n'est pas tous les jours. A neuf heures on soupe, et l'on reste ensemble jusqu'a minuit. Le seigneur chatelain se mest a table, ne mange pas, mais dort, par consequent ne dit mot, et sort avec le couvert. Voila la vie qui me plait : beaucoup a sois, et bonne compagnie apres. Le frere est tres aimable, tres gaye, bien de l'esprit; il part vendredi. Hier apres souper, il y eut une scene charmante. V. boudoit a cause d'un vere de vin du Reins *d* que la dame l'empecha de boire; il ne vouloit plus lire *Jane* qu'il nous avoit promis, il etoit dans la haute mauvaise humeur. Le frere et moi, a force de plaisanteries, nous vimmes a bout de le faire revenir; la dame, qui boudoit aussi, n'y pu pas tenir. Tout cela devint une sene de plaisanterie charmante qui dura lontems, et qui fini par un chant de *Jane* qui ne valoit pas mieux. Je ne l'ai plus trouvée si jolie, cependant je ris a bien des endroits.

Ce matin il nous a lu une epitre sur la liberté [36], qui est tres belle aussi. Je crois que nous n'aurons rien ce soir; je ne sais si c'est humeur, mais on dit qu'il est malade. Je meurs de mal aux yeux; cependant je veux encore te dire la plaisanterie que la Grosse Dame et moi avons imaginé. Nous fesons faire par son fils un placart pour notre comedie, que l'on affichera demain a la porte de V. et de la dame du chateau. Il est en stile des placarts de Paris : on y anonce l'ouverture du theatre; une actrices qui debute dans le role de Md. de Croupillac, et un acteur dans l'autre piece, qui est le fils de cette dame. Il vient de me l'apporter voir, il est en grandes letres rouges et bleus. J'y fais mettre au bas l'affiche que nous avons fait, sur l'air de la curiosité.

La petite demoiselle est arrivée ce soir; on l'a envoyé chercher pour jouer Marte [37]. Je l'ai eté voir un moment. Elle est grande comme Minete [38] etoit quand je l'ai mise en couvent. Elle n'est pas jolie, mais elle parle comme sa mere et avec tout l'esprit possible. Elle aprends le latin, elle aime a lire, elle ne dementira pas son sang. Elle a apris Marte dans la chaise, en venant de Jouinville ici; il y a 4 lieux.

Je me suis fort amusée ce matin au caffée. Apres l'epitre lue on causoit de Paris. Je faisois des question sur tous les gens dont ma Begeule [39] m'avoit proné le merite; il s'est trouvé que c'etoit tous des sots et des ennuieux. Je m'en doutois deja, mais cela m'a divertie. Enfin la dame m'a dit : «Mais ou prenez-vous donc tous ces gens-la? On fuit les maisons dont ils aprochent. Ah! je parie que c'est Mde de St. [39] qui vous en a parlé.» Sur cela le frere c'est mis a la contrefaire a mourir de rire. V. nous interompoit toujours par des vers du *Misantrope*; a la fin il nous a chassés. Il ne veut pas qu'on dise qu'un homme est ennuieux, a moins qu'il n'ait critiqués ses ouvrages. Fantaisie d'auteur a part, cela est pourtant bien beau. Oh, pour le coup, je n'y vois plus.

Il faut pourtant que je te dise encore que ce matin j'ai tant tournaillié la dame qu'elle c'est expliquée sur le St; elle veut bien qu'il viene, pourvu qu'il sache rester dans sa chambre et faire la vie d'ici. Je l'en ai assurée; ainci elle meurt d'envie qu'ils arrivent eux deu[x], D.... Elle n'aime pas les visites, loin de la, elle les craint.

Le mot que ton pere a dit⁴⁰ a bien reveillié l'envie que j'aurois de t'y voir. Je veux montrer tes vers d'abord, et je veux que ce soit V. qui arrenge cela. J'ai deja prevenu la Grosse Dame, sans faire semblant de rien. Je la fis hier entrer dans ma chambre en remontant, parce qu'elle couche a coté de moi. Elle m'aime beaucoup; je lui parle de mes amis, elle a du plaisir a m'ecouter. Cela fait que je la laisse quelquefois entrer dans ma chambre pendant le jour, mais guere, car je veux employer mon tems. J'ai fini *Louis 14* hier; il est aussi impatiantant de le laisser la qu'un romant qui n'est point achevé. Dieu merci a toi, je n'ai pas lu une pense d'*a*⁴¹ aujourd'huy, et si je ne saurois finir. Alons donc, alons donc, bonsoir mon Panpichon. Ai-je besoin de te dire que je t'aime?

A minuit

Quand je t'ai quitté tanto, tu crois que j'ai reposé mes yeux? Point du tout. J'ai un acharnement apres toi aujourd'huy qui m'a fait relire tes lettres, et marquer les endrois auxquels il y des reponces a faire. Je le ferai quand je t'aurai dit que ton epitre vient d'etre lue par la belle dame, parce que V. venoit de lire un chant de *Jane* et qu'il etoit fatigué. Jusqu'au vers que j'ai adjouté, il n'avoit loué qu'un endroit, mais rempli d'une surprise agreable, il a dit, «Ah, je ne m'attendois pas a cela! Ah, je veux lui envoyer le portrait de l'abbé Desfontaines». C'est une estempe maligne⁴². Et tout de suite voila qu'il se mest a la chercher, tant que la dame l'a grondé pour le faire ecouter. Il a loué apres et repeté plusieurs vers, entre autre celui des rubis liquide, que je crois qu'il trouve trop bon. Il a dit, pour toute critique, que tu alongois trop tes pensée, que l'automne est masculin, et dit que tes vers sont doux et lians, qu'il y a de l'imagination, que cela est senti. La naissance de Venus ne lui plait pas trop, les jeux et les ris trop repetés. Il a conclu par dire qu'il t'aimoit de tout son cœur, que je te dise mille chose tendres pour lui; et avec tout cela je crois qu'il aime encore mieux Demarest que toi, car il ne cesse d'en parler. Je suis encore plus contente des louanges de la dame que des sienes, et plus encore de celle du frere, qui trouve ton epitre charmante. Je voulois que V. en dit davantage, je ne sais pourquoi il m'a deplust; tu en peu juger, car je te conte᷎ toutes ces parolles. La dame n'en a guere dit davantage, mais il me semble qu'elle les a dit d'un melieur ton, et je suis tentée de croire qu'il en est de cela comme des odes. Enfin tu auras une estempe de l'abbé; je ne sais ce que c'est – elle est dans le cofre-fort, je la verai demain. Ca, voions tes lettres, car elle me poignardent.

Je ne sais ce que c'est que le duc de Caumont⁴³, tu a cru m'en avoir parlé; parle-m'en, j'en amuserai la dame.

Les vers du Chien pour Gourouski⁴⁴ sont charmans; je l'embrasse – le Chien, s'entent. Je ne devine point du tout pourquoi Ste Barbe est sa fête⁴⁵.

Tu me dis bien froidement que tu espere que mes meubles ne seront pas vendus⁴⁶; mais vrayment il ne le faut pas. Je n'entens rien a tes petites restriction de jesuite, cela me paroit du dernier miserable. Je ne laisserai pas d'ecrire au Proffesseur, car tu serois bien homme a me faire pieusement une sotise.ƒ

Je trouve charmante la plaisanterie de Desmarets sur les lembeaux de tes ouvrages. Ce n'est pas cela qui m'a diverti, mais la description de ta chambre: les fleurs que Minerve a tissue sont un peu ternes. Toute l'honorable compagnie de ce soir est persuadé que tu as au moins des Gobelins. A l'article des glaces, la dame c'est recriée : «Ah dame, Panpan a des glaces!» Je mourois d'envie de leur en donner la mesure; des cristeaux sur les buffets, ce n'est peut-etre pas vray, et la nourice, metant ton couvert sous le nom de la propreté, m'a fait eclater de rire en lisant. Pourtant j'ai bien tenu mon quant-a-moi sur toutes les questions qu'on m'a faite. «Il est donc riche? – Oui, on lui laisse la liberté de faire bonne chere, on prent peut garde aux fraits. – Apres le vin de Champagne, on conduit mal le compas. – Ils en ont en abbondances, mais ils sont sobres. – Des pilles de careaux (car j'ai auté coussins qui n'apartien qu'au carosse), cela est bien voluptueux. – Hé, hé! quand on en a beaucoup, autant vaut-il s'en servir.» Au vrai, presque tout cela a eté dit, il n'y a que les careaux dont on n'ai pas parlé. Elle n'a pas tord d'avoir relevé le compas apres le repas, et surtout disant que le jour vous trouve a table, cela m'avoit deja choquée [47].

Ne t'inquiete pas de Lubert, tu le veras quand il sera triste.

Tu semble etonné de trouver de l'esprit dans tes lettres; elles en sont toutes farcies, mon Penpichon. Elles sont charmante; enfin je les trouve telles, qu'en veux-tu dire?

Je ne me sens pas d'aise de la mine de ton pere; je souhaite d'etre bon prophete jusqu'au bout.

Le desabillié a la romaine est fort bon; c'est un saq a bonne plaisanteries que le D. (Demaretz). Mais en verité il n'y a rien qui ressemble a tous les ridicule qu'on lui donne, que les cheveux retroussés; car du reste elle est plus negligées que moi, c'est beaucoup dire, et plus mal vestue; hors depuis que son frere est ici, qu'elle ne travaille plus, elle s'ajuste un peu mieux.

L'histoire du chancelier [48] me paroit bien forte de part et d'autre.

Oh, pour cela, si j'avois eu de l'eau dans la bouche, je l'aurois trinée[g] jusqu'a Luneville a l'article du cul de ton amour-propre, sur lequel je vais cracher. Cela est trop for. J'en ris encore.

Il s'en faut bien, mon ami, que l'article de ta poitrine me fasse le meme effet. Ce n'est le tout de prendre du lait. Il faut s'en[h]

Oui, je t'ai donné mon _Neuton_, et je te le redonne.

Tu devrois bien mander a Md. Duvigeon qu'elle fasse demander ma lettre au bureau de la ruë du Petit Lion du faubourg St-Germain, s'il y a une. Je ne sais comment lui ecrire, cette lettre etoit fort belle et je ne saurois faire bien deux fois [49].

Ah, mon Dieu, non, je ne songe plus a la petite comedie du _Monde Vray_ [50]. Mes idée sont trop rompues, et avec la liberté que j'ai d'etre dans ma chambre, je n'ai le temp de rien. Il faut que je rende compte tous les jours de ce que j'ai lus, et que je retourne les louanges en cent façon, et t'ecrire. Cela boit et mange tout mon tems.

La *Centurie* n'est, je crois, pas trop bonne; je ne les entens ny ne m'y connois. Les deux epigrame sont tres bonnes, tres vraye, et tres bien faites; grand merci, mon Petit Saint, c'est de vous surement, je reconnois votre coing[51]. Je vous ecrirai, mon beau petit ange, quant quelque chose que je sais bien sera arrivé; en attendant, vous voiez bien que ce n'est pas pour le crasseux tout seul que j'ecris tant de ravodages. Que je vous dise dans sa lettres que je vous aime de tout mon cœur, ou sous votre adresse, il n'en est ny plus ny moins vray. Ainci soiez encore un peu indulgent jusqu'a ce que je sache quelque chose que je veux savoir, si mieux n'aimez venir ici, ou on vous desire fort et vite. Ah, ma foi, bonsoir, mon Penpichon, je n'en puis plus, mais cela me pesoit. Je n'en recevrai plus quatres a la fois, et me voila au courant.

Le lundi [15 décembre 1738] apres souper

Ajoute a ta clef Nicodeme pour V. et Dorotée pour sa bergere, car je crains pour ici, et moiennant cela, je pourai dire bien des choses que je ne peus pas.

Nous ne jouons plus la comedie, parce que le frere craint que l'on n'en cause dans le monde. Comme il part vendredy, nous pourions bien la jouer ce jour-la meme. Nous*ⁱ* [...] Bonsoir.

Je te vais dire allieurs ce que j'ai fait aujourd'huy, pourvu que tu ai l'esprit d'entendre ma finesse. A propos, si par hazard Hademart venoit, je veux absolument que tu m'envoye la robe que j'ai demandé[52]; je n'ai que faire des formalité pitoyable que tu m'aleguera. Tu as la clef, il n'y a qu'a la donner au Professeur qui ira la prendre. Cette robe de moins, le marchant de vin n'en sera pas moins payé. Il faut avouer que tu as des misere dans l'esprit a n'y pas tenir. Ce n'est assurement rien faire contre l'honneur. Enfin je veux que cela soit, et ne me resonne pas. Je parie que Gros Chien est de mon avis. Si cela autoit la valeur du prix que je dois, cela seroit bon; mais cela n'etant pas, c'est une pitié a faire vomir.

Tu ne croirois pas, mon cher Panpan, que les vapeurs puissent venir me trouver dans ce palais enchanté. J'en ai eté accablée. J'avois commencé a lire cette *Dicertation sur le feu* de Md. Du Chatelet[53], dont Mr Du Chatelet nous parla a Luneville. C'est ce que l'on peut ecrire de mieux sur ce sujet, avec une netteté, une pressision et un resonnement; j'en demande pardon a Mr de V., mais c'est bien au-dessus de lui. J'avois donc commencé, ayant deja un peu de vapeurs, malgré le plaisir que j'avois. Elles on[t] tellement ogmenté qu'il a falu que je me jette sur mon lit, ou, malgré la potion a l'opium, j'ai eté plus de trois heures sans qu'elles se passe. Ensuite j'ai eté dans l'apartement des bains, ou V. a lu deux champ*ʲ* de sa *Jane*, qui ont achevé de dissiper mon mal. Il auroit falu qu'elles fussent bien tenasse pour y tenir, et au souper dont je sors, on a fait du ponge*ᵏ*; tu leche tes doits? Md. Du Chatelet a chanté de sa voix divine; on a beaucoup ri sans savoir pourquoi, on a chanté des canons. Enfin le souper a eté a peu pres comme ceux que nous avons tant fait ensemble, ou la gaieté ne sait ce qu'elle dit, et rit sur la pointe d'une eguille. Malgré cela, je ne suis pas encore tout a fait bien, je ne sais d'ou vienent ces vapeurs, car ce n'est surement pas de la tete.

J'ai recu ta lettre de samedi[54], ou je crois n'avoir rien a repondre, car il n'y a que de l'amitié, et assurement la reponce est toujours faite, puisque tu ne saurois m'aimer plus que je t'aime. Elle m'a cependant fait le meme plaisir que les autres. Le retour du domestique qui a eté a Luneville ne m'en a pas tant fait, puisque tu ne lui a rien donné pour moi. J'atendois son retour avec une extreme impatience, et j'ai vu a ta lettre que je n'aurois rien. Tu me mande froidement qu'on t'a aporté un paquet[55], sans dire : «J'ai donné la bouteille.» Tu va me donner de sottes excuses et j'y vais repondre d'avance. Tu dira : «On ne m'a pas dit qui avoit aporté cela, et je n'ai revu personne.» J'avois pris la precaution de te mander que je t'envoyais un paquet par un domestique qui me raporteroit la bouteille. Il faloit donc prendre la precaution de dire chez vous que, quand il viendroit, qu'on le laissasse parler. D'alieurs je t'ai dit que c'etoit Mathias le marchand qu'il remenoit[56]. Il faloit donc envoyer chez lui savoir si cet home re[s]toit un an a Luneville, ou s'il partoit le lendemain. J'ai le plaisir de voir que je suis toujours plus attentives pour mes amis qu'ils ne le sont pour moi, mais cela ne guerit pas ma bouche. Je suis un peu fachée, je te l'avouë, parce que c'est une chose ireparable. Voions si tu feras mieux cette commission : je te prie de porter toï-meme cette lettre a Mr Charmion[57], mon avocat, et de lui faire lire devent toi pour le mettre bien au fait de l'affaire que tu sais mieux que moi, mais que je lui detaille cependant de mon mieux. Si tu ne fais pas bien celle-ci, va-t-en au diable.

MANUSCRITS

*A. Morgan, G.P., VI, 35-38, 31-34, 39-40 (D38); 10 p.; orig. aut.

B. Oxford, Voltaire Foundation, «Lettres de Mme de Graffigny», p. 39-62; copie.

IMPRIMÉS

I. *Vie privée*, 60-96.
II. Asse, 53-82.
III. Best. 1610.
IV. Best. D1686.

TEXTE

Quoique les indications du jour et de l'heure semblant assurer la cohérence de cette lettre, on ne saurait être certain s'il s'agit d'une seule lettre, étant donné la disposition des feuilles dans le volume du manuscrit.

a Trois vers de sa transcription ont été rayés. *b* ⟨plus j'aporte du St, mais esse qu'il repond? Je tremble qu'il me fasse la leçon s'il s'avise de venir, surtout pendant que l'on joue⟩. *c* Le ms : «a». *d* du Rhin. *e* Le ms : «contre». *f* Une demi-ligne rayée, qui commence : ⟨et je ne trouve pas⟩. *g* Lecture

incertaine : peut-être «traînée». *h* Passage rayé, probablement par Devaux : ⟨priver car assurement il n'est pas beau. Tu te feras mourir et je mourrai ap[res]. Au nom de l'amitié con[...] toy, gros vilain. [...] m'en repondra. Je te permet de le bien contrarier la-dessus. C'est un bon remede que la contradiction⟩. *i* Phrase inachevée. Après «Nous», Mme de Graffigny à écrit, puis rayé : ⟨n'auro⟩. *j* chants. *k* punch.

NOTES

1. C'est Mme de Graffigny qui intervient ici pour juger l'attitude de Voltaire.

2. *Siècle de Louis XIV*, chapitre XVI (Moland, XIV, p. 311) : le texte que cite Mme de Graffigny est un peu plus long que celui de l'édition de 1751, et il y a un certain nombre de modifications.

3. De toutes les pièces de Voltaire, et de toutes les tragédies du siècle, *Zaïre* (1732) eut le plus grand succès auprès du public.

4. Il s'agit sans doute de *Psammis* de Saint-Lambert; v. *Mérope*, III, iv.

5. Comme de cire : on dit aussi, cela lui vient

comme de cire; pour dire, fort-à-propos (Trévoux, 1743).

6. Le récit d'Isménie (v, vi, 1293-1348).

7. La célèbre actrice Adrienne Couvreur ou Lecouvreur (1692-1730).

8. Mme de Graffigny «tourne en bouffonnerie» les paroles graves du vieux Narbas (v, vii, 1371-1372).

9. Billon : nom qu'on donnait à l'or ou à l'argent lorsque l'alliance était en-dessous du carat prescrit par les ordonnances (Littré).

10. Jean-Baptiste-Joseph de La Villeneuve Languet de Gergy (1675-1750), curé de Saint-Sulpice depuis 1714, célèbre par sa persistance à aider les malheureux et à quêter des fonds pour son église.

11. Le cardinal Fleury.

12. Personnage dans *L'Enfant prodigue*.

13. Personnage de *Zaïre*.

14. Feu le duc de Lorraine.

15. *Siècle de Louis XIV*, chapitre XVII (Moland, XIV, p. 325-326). De nouveau, on trouvera un certain nombre de différences entre le texte que cite Mme de Graffigny et celui de l'édition de 1751.

16. Maria-Agustina Zapata de Calatayud Fernández de Hijar de Chaves y de Navarra épousa en 1733 Jaime Miguel de Guzman Spinola, second marquis de La Mina (1689-1767), militaire, et entre 1736 et 1740, ambassadeur extraordinaire et plénipotentiaire de Philippe V d'Espagne en France. Sur la marquise, Luynes écrit : «Elle est petite, assez bien faite, et fort laide» (I, 191).

17. Élisabeth-Charlotte-Candide (1679-1741), fille de Louis-François, duc de Brancas-Villars, épousa en 1696 Louis, marquis de Brancas, maréchal de France, (1672-1750), militaire et diplomate, et, à différents moments, envoyé, puis ambassadeur en Espagne, pour la dernière fois entre 1728 et 1730.

18. Sur Céran, valet de chambre champenois de Voltaire, v. Best. D799.

19. *Zaïre*, I, ii, 208, où l'adverbe est «faiblement».

20. La source de ce vers n'a pas été identifiée.

21. *La Pucelle*, II, 44-47 : «Ses grands yeux noirs brillent à fleur de tête; / Trente-deux dents d'une égale blancheur / Sont l'ornement de sa bouche vermeille, / Qui semble aller de l'une à l'autre oreille.» *Jane*, ou *Jeanne*, est le titre qu'utilise Mme de Graffigny.

22. Non identifié, à moins qu'il ne s'agisse d'une variante des vers suivants : «Et de mon sang glacé souillez ces cheveux blancs / Que le sort des combats respecta quarante ans» (*La Henriade*, II, 211-212).

23. Anne d'Autriche (1601-1666) et le prince Eugène de Savoie-Carignan (1662-1736) n'étaient pas contemporains. Mme de Graffigny confond sans doute le prince Eugène, battu par le maréchal-duc de Villars à Denain en 1712, avec le duc Charles-Emmanuel de Savoie, qui, lors de la guerre de la Succession de Mantoue en 1630, subit une défaite à Avigliano contre l'armée française sous les maréchaux de Créqui et de La Force.

24. «De l'égalité des conditions», premier *Discours sur l'homme*, publié pour la première fois avec le second Discours sous le titre *Épître sur le bonheur*, 1738.

25. Nicolas-Claude Thieriot (1696-1772), ami et agent de Voltaire (v. Best. D1689).

26. *La Mort de César* et *L'Envieux* furent en effet confiés à l'abbé de La Mare, qui devait en tirer tout le profit (v. Best. D951 et D1536).

27. *Siècle de Louis XIV*, chapitre XX (Moland, XIV, p. 370) : il y a des modifications.

28. Ces lettres ne nous sont pas parvenues.

29. C'est-à-dire, *La Pucelle*.

30. En double : mettre, plier une chose en double (Littré); Mme de Graffigny veut s'assurer que la lettre n'a pas été ouverte, en demandant si le pliage de la lettre a été modifié.

31. Cette clef qu'utilisent nos deux correspondants manque dans les papiers de Mme de Graffigny.

32. Simon-Martin de La Bonardière (mort avant 1762), intendant à Cirey, épousa Marie-Angélique Rozé. Leur fille Marie-Louise mourut en 1762. Il est question de lui dans la correspondance de Voltaire.

33. Devaux annonce l'envoi de ces vers le 10 décembre 1738 (G.P., I, 362), mais la copie en question est perdue. Sur l'épître à son père, v. 59n2 et 67n5; sur l'épître à Saint-Lambert, v. 67n5.

34. Les vers que Mme de Graffigny commente et corrige figurent apparemment dans l'épître «de Paris», qui ne se trouve pas dans l'édition des *Poésies diverses* de Devaux préparée par A. Consiglio (1977).

35. Vers faux. Dans le B, on lit «aimable» au lieu d'«admirable.»

36. «De la liberté», deuxième *Discours sur l'homme* (1738; v. n24 ci-dessus).

37. Marthe, suivante de *L'Enfant prodigue*; le rôle compte 115 décasyllabes. On va donc jouer deux pièces : *Boursoufle* et *L'Enfant prodigue*.

38. Surnom d'Anne-Catherine de Ligniville d'Autricourt (1722-1800), nièce à la mode de

Bretagne de Mme de Graffigny; sur sa mère, v. 12n2. Mme de Graffigny s'intéressa à l'éducation de Minette aux alentours de 1734, et Minette habitera plusieurs années chez elle à Paris avant d'épouser Helvétius en 1751.

39. Mme de Stainville.

40. Mots rapportés dans une lettre perdue.

41. Panse d'*a* : on dit par une façon de parler proverbiale : il n'a pas fait une panse d'*a*, pour dire, il n'a pas formé une seule lettre, et figurément, il n'a fait quoi que ce soit (Trévoux, 1743)

42. Ce portrait de Desfontaines sert de frontispice au *Préservatif* (v. 61n5), et représente Desfontaines recevant le fouet.

43. Devaux : «Pendant que je vous ecris tout ceci, ils cornent a mes oreilles mille bonnes plaisanteries sur le duc de Caumont. Je crois vous en avoir deja parlé. Il est toujours ici, et toujours avec son uniforme retourné, qui recoit a présent un nouvel eclat du deuil que porte la cour pour le primat de Pologne. Ils disent qu'il devroit plustost s'achetter des chemises que d'en emprunter, ou que de donner des concerts, mais je crois que ces derniers ne luy coustent guerres.» (3 décembre 1738, G.P., I, 357.) C'est peut-être Jacques-Nompar (1714-1755), appelé duc de Caumont, titre qu'il tenait par la démission de son père Armand-Nompar, marquis de Caumont et de La Force. Théodore-André Potocki, né en 1663, primat de Pologne à Gniezno depuis 1722, mourut le 13 novembre 1738.

44. Devaux : «A propos de vers, en voila que le Professeur a fait pour Kourouski, qui l'avoit enfermé pour le forcer a faire une reponse a un bouquet qu'il supposoit luy avoir fait, car c'est la feste de mon Chien aujourdhuy; entendez-vous cela? Pas trop, n'est-ce pas? Oh bien, devinez!» (I, 357.) Les vers, écrits de la main de Liébault, se trouvent dans un autre volume des G.P. : «Quoi donc, Ours, au jour de ma fete, / Tu veux pour couronner ma tete / Aller sur le double vallon / Arracher des fleurs delicates / Dans les parterres d'Apollon. / Pense que ses thresors sont fermés aux Sarmattes / Et que qui peut se tenir sur ses pattes / Ne peut pas pour cela monter sur l'Helicon.» (IX, 64.)

45. La Sainte-Barbe est le 4 décembre. Mme de Graffigny se trompe d'un jour; Devaux écrit ces lignes le 3 décembre, jour de la Saint-François-Xavier. En fait, Liébault s'appelle Nicolas-François-Xavier; sa fête devrait donc se souhaiter le jour de la Saint-Nicolas; d'où la devinette proposée par Devaux.

46. Devaux : «Je vous ai mandé que je ne pouvois

plus faire vos commissions parce qu'on avoit saisi entre mes mains non seulement tout ce que j'y ai, mais ce que je pourrai y avoir dans la suite, en sorte que je ne pourrois vous remettre les choses qui vous appartiendroient. Le professeur fera aussi bien que moy ce que vous aurez a faire, mais je me reserve toutes les autres commissions qui n'auront point de rapport a cela. Ecrivez-luy pour celles dont je ne peux plus m'acquitter. En un mot, ne vous inquitez point. Tout ira comme a l'ordinaire, et j'espere que vos meubles ne seront pas vendus.» (4 décembre 1738, G.P., I, 358.)

47. Dans ce paragraphe et dans les neuf alinéas suivants, Mme de Graffigny répond à des lettres perdues.

48. Sans doute le chancelier de Lorraine, Chaumont de La Galaizière.

49. Voir 61n48.

50. Devaux parle d'abord d'une épître que Mme de Graffigny lui avait promis d'écrire, et puis il ajoute : «Ne pensez-vous plus a la petite Comedie du Monde Vray?» ([10 décembre 1738], G.P., I, 361); v. 114n10.

51. Devaux : «Voila Petit Saint qui entre et qui vous embrasse. Comme je n'ai plus rien a vous dire et j'ay encor de la place, je vais me faire dicter de ses vers que vous n'avez pas encor vu. Mais auparavant je veux dire que je vous aime de tout mon cœur. Adieu, chere amie, que vous etes heureuse, et que j'en suis aise!

‹*Centurie* : / Lorsque la mort qui met tout dans ses chaisnes / Des mains d'un roy fera tomber les resnes; / Un autre prince a sa place se mettra / Pour peu de temps; puis s'en retournera / Pres de son fils sur les bords de la Seine. / De la Fleury conduire le fera / Dans les etats des bons ducs de Lorraine, / Ou regnera sans travail et sans peine, / Lors de Pologne un essaim sortira / Et sans pitié mutilera / Et l'aimable Thalie et sa sœur Melpomene; / Mais qui cent ans loin ce siecle vivra / Un jour verra monter Ours sur la scene.›

‹*Epigramme sur vous scavez qui* : / Peu satisfait des dons du dieu Priape, / Tu veux, dis-tu, consulter Esculape / Pour voir s'il n'a remede pour ton cas. / Je conçois bien que par la medecine / De tel mechef tu scauras l'origine, / Mais, mon ami, cet art ne guerit pas. / L'on dit que tu pretends, Syphon, / Que sans discernement du mauvais et du bon / Je donne a tout venant un tribut de louange. / En verité, Syphon, ton erreur est etrange / Et de ce prejugé tu sortirois, ma foy, / Si tu n'avois jamais ouï parler de toy›.» (11 décembre 1738, G.P., I, 363.) Il semble bien, si l'on en juge par les allusions à Priape, que le destinataire des deux épigrammes soit Devaux.

52. Voir 55n43.

53. *Dissertation sur la nature et la propagation du feu*, 1744 : composée par Mme Du Châtelet pour le concours ouvert sur ce sujet par l'Académie des Sciences en 1736 (v. Best. D1503n2).

54. La lettre de Devaux du samedi 13 décembre,

dont nous possédons un fragment (G.P., I, 359-360).

55. Allusion à la partie de la lettre qui est perdue : v. 61n60 et n61.

56. Voir 61n6.

57. Nous n'avons pu identifier un avocat ou un notaire de ce nom à Lunéville.

64. *à Devaux*

Cirey, ce mardi [16 décembre 1738] à 8^{hes} du soir

Je sors des marionnettes qui m'ont beaucoup diverties; elles sont très bonnes; on a joué la pièce ou la femme de Polichinelle croit faire mourir son mari, en chantant : «Fagnana, fagnana!»[1] Je me suis souvenu de toi; j'ai cru te voir chanter au milieu de ma chambre. J'ai soupiré et quasi pleuré. Ah! mon ami, les larmes sont venues jusqu'au bord du robinet. Mon Dieu, que je suis sotte! Je fourre mes amis partout. C'était un plaisir ravissant d'entendre Voltaire dire sérieusement que la pièce est très bonne; il est vrai qu'elle l'est autant qu'elle peut l'etre, pour de telles gens. Cela est fou, de rire de pareilles fadaises, n'est-ce pas? Eh bien, qu'en veux-tu dire? J'ai ri. Le théatre est fort joli, mais la salle est petite. Un théatre et une salle de marionnettes, oh, c'est drole! Mais qu'y a-t-il d'étonnant? Voltaire est aussi aimable enfant que sage philosophe. Le fond de la salle n'est qu'une loge peinte garnie, comme un sopha, et le bord sur lequel on l'appuie est garni aussi. Les décorations sont en colonnades, avec des pots d'orangers entre les colonnes. Tu veux tout savoir, tu sais tout. Non, j'oubliais encore quelque chose; il faut que tu saches que je meurs d'envie d'y retourner. *Ce sont de ces plaisirs qui divertiraient même des gens aussi gais que l'était cet ancien Grec qui pleurait toujours.* [a]

Ce matin nous devions entendre lire une épitre, mais la Belle Dame était si bien montée sur le ton de la plaisanterie depuis hier, qu'elle a commencé a en faire de suite beaucoup a Monsieur de Voltaire. Lui qui tenait son épitre a la main l'a parodiée sur le champ contre elle, on ne peut mieux. Cela l'a animée, de sorte qu'elle a tant et tant fait qu'enfin il ne l'a point lue. Ah! que je voudrais te voir moquer comme cela, tu ferais beau bruit. Voltaire a ri longtems; cependant à la fin cela lui a un peu déplu. Pour moi, j'etais honteuse de rire, mais il y avait tant d'esprit dans tout cela que chaque mot brillait et passait comme l'eclair, et tout cela était débité si vivement et si joliment qu'Héraclite[2] lui-même en aurait ri. Bref, nous n'avons pas eu l'épitre. La dame est montée à cheval avec son frère, je suis revenue dans ma chambre avec la Grosse Dame, qui s'est mise aussi sur le ton de la plaisanterie avec moi. Nous nous chantons pouille, mais par plaisanterie; elle est restée et je n'ai point lu.

Je vais répondre à un article de ta lettre que j'avais oublié hier; c'est aux vers du Chien[3]. Vous avez tous le diable au corps, vous autres, de faire des vers. Encore si vous variiez vos sujets, mais non, vous êtes comme Mde Deshoulieres, vous en revenez toujours à vos moutons. Quoi! toujours des quatre saisons! Ah! y a-t-il rien de plus monotone? Ma foi, changez de thèse, car on peut faire son thème en cent façons; mais il est vrai qu'il ne saurait être également bien. Je ne suis pas etonnée de ce que tu me mandes, que Nicomède[4] n'a pas trouvé ton épitre trop bonne; ce n'est pas là son goût[5] et je t'en ai déja dit la raison : c'est qu'il n'en sait pas faire. Je me souviens de lui avoir entendu dire il y a très peu de tems, que ces jolis couplets, sur «Délicieuses rives», et ceux, «Sommeil, prend ce qui t'est dû», ne valaient rien; quoique Mr de Voltaire ne les trouve pas trop bons non plus, je ne les en aime pas moins. J'ai beaucoup de confiance dans son goût, mais j'ai un certain préjugé pour le mien qui fait que je n'y cede pas toujours.

Pour revenir à Nicomède, te souvient-il d'une lettre en vers, qu'on lui écrivît, et qu'il nous pronat tant, quoiqu'elle fut au-dessous du mediocre? Ma foi, il y a des gens à qui il ne faut rien montrer que les choses où ils peuvent faire mieux : alors un rafinement d'amour-propre leur fait approuver tout.

Je le plains, ce pauvre Nicomède, puisque sa Dorothée et lui ne peuvent s'accorder. Ah! mon ami, quel est donc le bonheur que goûtent les mortels sur la terre? Hélas! je le vois bien, il n'y en a pas; nous sommes toujours trompés par l'apparence. Nous les croyons les plus heureux du monde, quand nous ne les voyons que rarement, et depuis que tu es plus faufilé avec eux, tu vois que c'est comme dans l'empire de la lune. Ô bonheur! tu n'es point le partage de l'humanité. Cela m'a fait faire de furieuses reflexions : l'enfer est partout, parce que nous le portons avec nous, ai-je dit; ainsi, il n'y a que deux partis à prendre, celui de renoncer au genre humain ou de se munir d'une indulgence qui appaise les noirs orages avant même qu'ils ne s'elèvent; en un mot de se faire tout à fait brebis et de se laisser croquer en gros et en détail. Cela est dur, mais après tous les détails que tu me fais des querelles continuelles qu'ont des gens que nous croyons des anges, et d'après ce que tu dis, qu'il y a autant de fautes d'un coté que de l'autre, et que dès que l'un est de bonne humeur, l'autre est d'une humeur toute contraire, il faut, dis-je, que l'un des deux se moutonne.[6] Ce doit être le plus foible. Moutonnons-nous donc, mon pauvre ami, toi de ton coté et moi du mien, si nous voulons vivre et ne point être croqués.

Ce mecredi [17 décembre] a 8[hes] du soir

Panpan, aujourd'huy comme hier je sors des marionnettes qui m'ont fait étouffer de rire. On a joué *L'Enfant prodigue*; Voltaire disait qu'il en était jaloux. Le crois-tu? Je trouve qu'il y a bien de l'esprit à Voltaire de rire de cela, et de le trouver bon. J'étais auprès de lui aujourd'hui; que cette place est delicieuse! Nous en avons raisonné un peu philosophiquement, et nous nous sommes prouvés qu'il était très raisonnable d'en rire. Il faut avouer que tout devient bon avec les gens aimables. J'ai reçu ta lettre[7] avant d'y aller; elle n'a pas peu réveillé le bonheur que je goûte d'être ici. Je le sens, et je m'y livre. Avant d'y répondre, je te dirai ma journée. Après le café, on a lu un chant de *Jeanne*; c'est le dernier de ceux que tu as entendus,[8] ainsi je ne t'en dirai rien. Hier soir il lut une épitre, mais la Belle Dame la critiqua fort agéablement pour l'esprit, parce qu'ils en mettaient beaucoup dans leurs disputes, et fort instructivement pour les choses. Pour moi, j'en ai profité autant qu'il est en moi; car non seulement j'écoutais, non ce qu'ils disaient, mais ce qu'ils voulaient dire. Si nous avions autant d'esprit dans les disputes que nous avons eues, nous serions plus savants; mais je ne t'en aimerais pas davantage. Cependant, je m'apprends pour l'atterrer[b], si jamais nous sommes à portée d'achever celles qui sont commencées. Je commence par te dire que je t'aime. Adieu.

Ce jeudi matin [18 décembre 1738]

Je n'ai pu t'écrire que cela hier soir, parce qu'on vint m'appeler pour entendre *Jeanne*. Comme tu m'en demandes des nouvelles, et que je n'ai rien à te refuser, je vais t'en donner tout de suite. Nous en eumes deux chants nouveaux. Dans l'un[9], c'est l'histoire de cette Dorothée que Dunois sauve de l'Inquisition. Mr de Latrimouille lui avait fait un enfant, et un oncle évêque, qui voulait avoir ses bonnes grâces, découvre tout le mystère, et la livre à l'Inquisition. On allait la brûler, sans Dunois et son âne qui arrivent et la tirent d'affaire. Ce chant est selon moi le moindre de tous. L'autre va reprendre Agnès, qui s'était sauvée du camp des Anglais pendant la mêlée; il l'a[c] fait rencontrer par le page à qui Jeanne avait peint des fleurs de lis au derrière. Le page en devient amoureux, il l'a[c] conduit au fond d'un bourg, dans un cabaret ou un aumonier la viole; elle aimait le page, le page surprend l'aumonier, le tue, et obtient d'Agnès par la douceur ce que l'autre avait obtenu par la force. Voilà une femme bien heureuse! Un parti anglais vient le reprendre, chemin fesant; ils en rencontrent un de Français. Pendant qu'ils se battent, le cheval d'Agnès l'emporte jusqu'à la porte d'un couvent, qui est très éloigné. Cette pauvre Agnès fait alors de beaux raisonnements pénitentiaux. Elle frappe; Sœur Besogne vient ouvrir et demande à Agnès comment elle a pu arriver jusque dans ce désert. Agnès répond : «Dieu, mon bon ange, et surtout mon cheval m'ont apportée en ce lieu pour faire pénitence.» On la reçoit fort bien; Sœur Besogne couche avec elle, et Sœur Besogne était un jeune bachelier qui était dans le couvent pour le service de Mde l'abbesse. Cette abbesse, pour lors absente, donne le tems à Agnès d'etre bien divertie. Le chant finit par ces vers parodiés :

Le destin de Médée est d'etre criminelle,
Mais mon cœur était fait pour aimer la vertu[10].

Ce chant est un des mieux détaillés qu'il y ait; il est très joli. Il n'en reste plus qu'un que nous aurons ce soir.

Après le soupé, Voltaire relut son *Mondain* et la *Défense du Mondain*[11]. Je m'en dédis, elle ne vaut pas mieux que le reste, mais elle est aussi bonne. Je ne sais si je t'ai mandé comment le *Mondain* avait couru le monde; c'est qu'il l'avait donné a l'évêque de Luçon[12]. On l'a trouvé à sa mort et on l'a répandu aussitôt. C'est pour cela que Voltaire a été en Hollande; il n'osait plus rester ici. Le garde des Sceaux voulait le faire arrêter, et voilà les bruits imparfaits qui sont venus jusqu'à nous, qu'il y avait un chant de *Jeanne* imprimé. C'était le *Mondain* qui l'a été reellement, malgré lui, ou du moins malgré Madame Du Chatelet, qui le retient sur tout, avec toutes raisons imaginables. Cependant il ne fait pas tout ce qu'elle veut, mais enfin elle lui sauve beaucoup de folies. Je te recommande toujours que tout ce que je te dis soit entre nous comme un secret à moi. Il est vrai qu'il est plus fanatique que les fanatiques qu'il hait; mais c'est son faible, tous les grands hommes en ont, et il est malheureux pour lui que le sien soit si dangereux. S'il n'était retenu, il se ferait bien des mauvais partis.

Tu te réjouis de savoir quelque chose de *Dardanus*? Eh bien, afflige-toi! Voltaire l'a renvoyé par la derniere poste sans me le montrer. J'en suis furieuse; je lui ai joliment chanté pouille hier a soupé; il a oublié net que je l'eusse demandé, et cela est bien vrai, car il est d'une distraction que rien n'égale, et je n'en suis point étonnée. Bref, je ne verrai point cet opéra. J'étais bien plus curieuse des notes que de l'opéra même.

Tu ne seras pas faché, je crois, mon cher ami, de savoir que nos aimables Français plaisent jusque dans les climats glacés, et que l'amour est de tout pays. Le secrétaire de Mr Clairault[13], l'un des voyageurs aux poles, a fait l'amour à une Lapone; il lui a promis le mariage, et est parti sans tenir sa parole. La demoiselle vient d'arriver à Paris avec une sœur à elle, pour suivre son amant. Elles sont débarquées chez Mr Clairault, qui les heberge, quoique très médiocrement riche. L'épouseur ne veut point épouser, et la demoiselle ne veut point s'en retourner. Enfin Mr de Clairault, qui mande cela à Voltaire, lui marque qu'il lui a déjà fait donner une petite pension, et va tacher de la faire entrer dans *d*quelques couvents*d* pour la consoler. Tout Paris va chez lui pour voir ces Laponnes. Ah, mon Dieu, comment peut-on être Lapon?

Tu n'es pas le seul qui aie fait des couplets contre soi-même. Un ami de Monsieur Dussé[14], allant le voir, le trouva écrivant. Il lui demanda ce qu'il fesait. «Ce sont des vers satiriques, dit-il, que je fais contre un homme que j'ai beaucoup aimé avant de le connaitre, et que je ne peux plus souffrir.» Son ami, étonné, lui fit un beau sermon sur l'inconvénient de faire des vers satiriques. Monsieur Dussé le laissa dire, et ne lui répondit qu'en lui montrant cette chanson :

> Dussé, dont l'humeur farouche
>   Fait tout l'esprit,
> Croit qu'un mot sorti de sa bouche
>   Vaut un écrit.
> Son esprit est sauvage et faux :
>   Vivent les sots!
>
> De vers, de musique, et de prose,
>   Grand directeur,

> Parlez-lui de tout autre chose,
> N'ayez pas peur;
> Il ne vous dira pas deux mots :
> Vivent les sots!
>
> Suivant sa noirceur profonde,
> Il n'aime rien;
> Il méprise tout le monde,
> Qui lui rend bien.
> Son esprit est sauvage et faux :
> Vivent les sots!

Ces vers ne sont ni bons, ni réguliers, et cependant il me semble qu'ils peignent bien un homme d'esprit, et le font croire aimable dans son humeur même.

Voilà tout ce que j'ai pu te ramasser, mon ami. Venons maintenant à ta lettre. Tu es en peine de la seconde que je t'ai écrite d'ici[15], et moi aussi; car si elle n'était que retardée, tu l'aurais reçue avec la troisieme. Je serai bien fachée qu'elle fut perdue, et cela pour mille raisons. Je la ferai demander à Vassy, parce que surement elle n'est point restée ici*. Puisque nous parlons de poste, je veux que tu saches l'heure et le moment ou je reçois tes lettres; et cela pourquoi? Parce que j'ai du plaisir à penser que tu reçois les miennes, et que je veux que tu aies le même plaisir. Le samedi, le lundi et le mecredi, toujours entre six et sept heures du soir, tu peux être sur que je te lis, à moins que la poste ne nous fasse de ses tours.ᶠHélas, que lui ai-je donc fait pour me traiter quelquefois aussi cruellement qu'elle le fait[16]?ᶠ

Que je vous suis obligée, mes chers amis, de partager si attentivement le bonheur que je goûte ici; vous le triplez en le partageant. Répetez bien cette phrase, mes pauvres amis, car je ne saurais mieux vous dire ce que je sens, et j'aime mieux vous amuser que de me répéter. Puisque tu veux de la physique, tu en auras dans l'occasion, mais je ne sais rien par cœur à présent. Si fait, je t'aime; c'est ce que je ne saurais oublier.

Ce jeudi soir

Non, les *Dialogues* de Mr Algarotti ne peuvent être comparés aux *Mondes* que comme une lampe au soleil. C'est l'explication des systèmes de Newton que Mr Algarotti a faite ici en italien. Ce n'est pas la faute de Madame Du Chatelet s'ils ne sont pas bons[17].

J'ai eu tort, je l'avoue, de ne t'avoir pas transcrit en entier l'endroit où Voltaire parle de Ninon; mais tu l'as deviné, il est rendu. Il en parle encore dans un autre endroit, à propos du roi de Pologne, dont elle faisait la seule société[18]. Quand j'aurai un peu plus de tems, je te manderai le beau de l'histoire. Depuis que le frère est ici, on est plus souvent rassemblé, et je n'ai presque point de tems; il part demain. Je suis enchanté de ce que tu me mandes de Nicomède; il n'aime pas le style du cardinal de Retz, dont tu fais tes délices. Tant mieux, c'est une preuve que j'ai eu raison dans le jugement que j'ai porté sur son goût. ^gLa partialité ne l'abandonne pas un moment, et quoiqu'il la cache de son mieux, je ne l'ai pas moins découverte. C'est que je suis plus fine que toi.^g

Ils se querellent donc toujours, ces deux amants? Ah, mon Dieu, qui sera assez hardi pour leur dire qu'ils devraient être heureux? Mais ils ne veulent pas qu'on entre dans leurs affaires? Ils croient qu'on n'en voit rien? Eh bien, laisse-les faire; contente-toi d'etre l'encadrement, entends-tu, Bailli[19]?... Hélas, tendres amants, aimez-vous, mais ne vous querellez pas. Dans la conversation que tu me rends[20], il me semble entendre tout le vétillage que tu m'as tant reproché. Va, les hommes sont partout les mêmes; quelques nuances dans l'esprit les distingue, mais des que le cœur parle, c'est partout le même langage.

Tu veux savoir le nom de la Grosse Dame; elle s'appelle Mde Champbonin. Son mari[21] est lieutenant dans le régiment de Beauffremont. C'est un gros bouvier bègue. Pour elle, elle est la meilleure femme du monde. Nous nous harpaillons tout le jour. ^hQue veux-tu que j'y fasse?^h Je la trouve charmante. Mais tu l'aimeras bien davantage quand tu sauras que tu lui dois cette lettre. Madame Du Chatelet a fait partir la poste aujourd'hui contre l'ordinaire, et sans m'en prévenir, parce qu'elle n'y a pas pensé. Cette bonne dame envoie son laquais porter ma lettre, et cela pour te faire plaisir. ^hVrai, elle est charmante.^h

Tu demandes l'*Epitre sur la modération*[22]; tu seras servi à souhait. Voltaire n'en a qu'un exemplaire d'imprimé, mais actuellement on la copie pour toi; tu en auras même plus d'une. Comme le paquet sera trop gros, je l'adresserai à Mr de Solignac, et je lui écrirai que ce sont des papiers que j'avais oublié de te laisser pour mes affairesⁱ afin qu'il ne la voye pasⁱ.

Nous aurons Monsieur de Maupertuis[23] pour étrennes. Si nos amis viennent, je voudrai que ce fut dans ce tems,^j parce qu'on est plus ensemble que quand il y a des étrangers, et qu'on joue la comedie^j. Si Adhémar veut apprendre Gusman, on jouera *Alzire*. On lui en fait la proposition.

Bonsoir, mon cher Panpan, je t'embrasse un million de fois, ainsi que tous mes chers amis. Aimez-moi toujours bien, car je vis en vous.

À propos, finis donc d'étaler les qualités de Monsieur Du Chatelet sur tes lettres[24]; le nom n'est pas même nécessaire; tout simplement à Cirey par Vassi en Champagne. On a lu au café la derniere épitre, qui est sur l'envie. Rousseau y est accommodé de toute pièce[25]; la dame a dit qu'il y en avait trop; il a répondu que, s'il était mort, il le ferait déterrer pour le pendre.

J'oubliai une commission que je te prie de faire exactement. C'est de transcrire ou d'arracher les feuilles d'une préface des *Lettres juives*, où il est question de Monsieur de Voltaire[26]. C'est dans un volume que tu m'as une fois prêté, où l'auteur dit que Monsieur de Voltaire est son ami. Envoie cela le plus tôt que tu pourras, mais sur une feuille que je puisse montrer.

Je viens de faire un soupé délicieux; il est deux heures. Bonsoir. Et toi le Dieu des pavots, verse tes parfums bienfaisants sur celle qui vient se jeter dans tes bras.

MANUSCRIT

*Oxford, Voltaire Foundation, «Lettres de Madame de Graffigny», p. 62-74; copie.

IMPRIMÉS

I. *Vie privée*, 97-114.
II. Asse, 83-97.
III. Best. 1618.
IV. Best. D1694.

TEXTE

Le manuscrit de cette lettre ne se trouve pas dans le tome VI des Graffigny Papers conservé à la bibliothèque Pierpont Morgan. Il est clair pourtant qu'il s'agit d'une lettre authentique. On trouve dans le volume VI des G.P. la note suivante : «Manquent la 39ᵉ et moitié de la 40ᵉ» (G.P., VI, 41) : il s'agit de la présente lettre et du début de la lettre suivante, qui portent respectivement les numéros 64 et 65. Nous reproduisons le texte d'une des copies manuscrites qui avaient été préparées pour le I. Nous avons déjà indiqué que ce manuscrit est de la main d'un copiste; il s'agit probablement du secrétaire du chevalier de Boufflers ou de sa veuve. Nous avons également déjà fait remarquer (v. 60 Remarques) les différences qui existent entre le texte original et l'édition de 1820. Ce qui présente un certain intérêt ici, ce sont les variantes entre le texte manuscrit que nous utilisons pour cette lettre, et le texte du I; ceci s'est vrai d'ailleurs de toutes les lettres qu'on trouve dans le I. Ces différences laissent supposer que l'éditeur du I, au moment de lire les épreuves, a procédé à d'autres modifications. En général, ces modestes variantes sont des ornements stylistiques (exclamations, tournures d'insistance, épithètes, enjolivements divers); toutes ces additions visent à rendre le style de Mme de Graffigny plus élégant, plus primesautier, plus conforme à l'idée que l'époque romantique se faisait d'une écriture féminine. Voici certaines des variantes les plus marquantes : *ᵃ* Cette phrase manque dans le I. *ᵇ* Le I : «t'atterrer»; sans doute une inadvertance de la part du copiste. *ᶜ* Le I : «la». *ᵈ* Le I : «quelque couvent»; inadvertance du copiste. *ᵉ* Dans le I, «dans cette maison» remplace «ici».*ᶠ* Cette phrase, ajoutée dans l'interligne, manque dans le I. *ᵍ* Ces deux phrases manquent dans le I. *ʰ* Cette phrase manque dans le I. *ⁱ* Le I : «afin qu'il n'y mette pas le nez». *ʲ* Le I : «parce qu'on est plus ensemble quand il y a des étrangers, et que l'on jouera probablement la comédie»; inadvertances du copiste.

NOTES

1. Pièce non identifiée.

2. Héraclite, sans doute cité ici comme le type de l'homme sérieux, le moins porté à rire.

3. Devaux : «‹Sorti d'un pas tardif des mers hyperborées, / De ses ailes d'hyver secouant les frimats / De Flore a terni les appas / Et repandu l'horreur sur nos tristes contrées. / L'Amour paroit. Il ranime les airs / Sous les pas de l'aurore il a semé des roses, / Dans le sein du printemps nouvellement écloses, / Un azur plus brillant couronne l'univers / Pour redonner la vie a la nature / Phebus de son flambeau semble emprunter des feux / Et les flots incertains, appaisant leur murmure, / Reflechissent l'eclat de ces traits lumineux.› Vous voyez que la métromanie s'est emparée de toute la societé. C'est l'etoile du jour.» ([13 décembre 1738], G.P., I, 359.) Les premières pages de cette lettre manquent, mais le sujet des vers correspond aux observations de Mme de Graffigny.

4. Probablement une fausse leçon pour «Nicodème» (v. lettre 63, par. 1 après «le lundi après souper»).

5. Mme de Graffigny profite du surnom proposé dans la lettre précédente pour s'expliquer plus clairement, feignant de répondre à Devaux.

6. Voir 52n17; cette phrase est citée dans les dictionnaires de Bescherelle et de Littré.

7. Cette lettre ne nous est pas parvenue.

8. Voltaire lisait déjà des extraits de *La Pucelle* lors de sa visite à Lunéville en mai 1735 : v. «Vers à M. Pleen [Bleine] qui l'attendait chez Mme de Graffigny pour entendre *La Pucelle*», (Noël, p. 51).

9. Chant VII.

10. Ces vers sont prononcés par Médée dans *Thésée* (II, i), opéra de Philippe Quinault (1675). Ils sont parodiés dans les derniers vers du Chant X de *La Pucelle* : «J'aurai beau faire, et tel est mon destin / D'aimer l'honneur, et d'être une catin» (Manuscrit Denis, version primitive complète; v. *La Pucelle*, éd. J. Vercruysse, *Œuvres complètes* de Voltaire, VII, 1970, p. 431).

11. *La Défense du Mondain* parut dans *Œuvres de Monsieur de Voltaire*, Amsterdam, 1739, IV; la composition date de fin 1736, début 1737 (v. Best. D1251n2).

12. Michel-Celse-Roger de Rabutin de Bussy (1669-1736), évêque de Luçon depuis 1723, avait laissé parmi ses papiers une copie du *Mondain* (v. Best. D1207 et D1220).

13. Alexis-Claude Clairault (1713-1765), mathématicien et astronome, auteur de la *Théorie de la figure de la terre...tirée des principes de l'hydrostatique*

(1743), fut du voyage de Maupertuis en Laponie en 1736. Le nom de son secrétaire reste inconnu. Voltaire offrit à Maupertuis de l'aider à subvenir à l'entretien d'une Lapone (v. Best. D1698).

14. Louis-Sébastien Bernin de Valentiné, marquis d'Ussé (vers 1692-1772), auteur de poésies légères (v. Best. D810).

15. Voir la lettre 62, Texte; Devaux réserva le numéro 36 pour une lettre qui n'arriva jamais.

16. Il semble bien que ce soit l'éditeur qui ait inventé cette phrase (v. Texte, note *f*) où Mme de Graffigny se plaint des caprices de la poste; c'est pour lui une façon d'annoncer les souffrances qu'elle connaîtra devant les accusations de Mme Du Châtelet (v. lettre 70 et les lettres suivantes).

17. Voir 62n4. Ce paragraphe et le suivant font allusion à des lettres perdues.

18. Voltaire mentionne Ninon de Lenclos et Jean Casimir (1609-1672), roi de Pologne entre 1648 et 1668, dans la *Liste raisonnée des souverains contemporains* qui accompagne *Le Siècle de Louis XIV* (Moland, xiv, p. 11); v. 62n11.

19. «Dom Japhet : Entendez-vous, Bailli, mon sublime langage? –Le Bailli : Monsieur, je n'entends pas la langue de la cour. –Dom Japhet : Vous ne l'entendez pas? Je vous aime autant sourd.» (*Dom Japhet d'Arménie* de Scarron, 1652, i, ii.)

20. Encore une fois, Mme de Graffigny parle de Voltaire et de Mme Du Châtelet, en feignant de répondre à une remarque de Devaux.

21. Jacques-François Du Raget, écuyer, seigneur de Champbonin (vers 1676-1748), lieutenant dans le régiment de Bauffremont-dragons depuis 1714, sera retiré en 1739, chevalier de Saint-Louis vers 1740, et en 1742 capitaine de milice dans le bataillon de Saint-Dizier.

22. Voir 62n21; la lettre où Devaux demande cette épître est perdue.

23. Pierre-Louis Moreau de Maupertuis (1698-1759), le célèbre mathématicien et membre de l'Académie des Sciences depuis 1723, fit en 1736 son voyage en Laponie avec La Condamine, Clairault, etc. (v. n13 ci-dessus).

24. Mme de Graffigny fait allusion à la façon dont Devaux adresse ses lettres à Cirey, par exemple : «A Madame / Madame de Grafigni, chez / Monsieur le marquis Du Chastelet / Marechal des camps et armées / de S.M., dans son chasteau de / Cyrei / a Cyrei / par Vassy en Champagne» (11 décembre 1738, G.P., I, 364).

25. «De l'envie», troisième *Discours sur l'homme*, publié séparément en 1738. C'est dans les vers suivants qu'il est question de Rousseau : «Rufus désespéré, que ce plaisir outrage, / Pleure aussi dans son coin; mais ses pleurs sont de rage» (43-44).

26. D'Argens (v. 53n40) fit publier une nouvelle édition de ses *Lettres juives* à La Haye en 1738 (6 volumes). C'est dans la «Préface du traducteur» du tome v, p. [7-9], que l'auteur parle de Voltaire en ami. Voir Best. D1263 et D1277, d'où il ressort que Voltaire n'a vu que les quatre premiers volumes.

65. à Devaux

[Le vendredi 19 ou samedi 20 décembre 1738][1]

[...]*ª* ny a l'autre d'en etre en peine, mais c'est que comme cela est inutile j'aime mieux t'amuser. Cependant cette inquietude ne me quitte pas. Je vois que le tems s'envole avec rapidité, que ce premier de mars[2] est demain et que je ne sais rien que mon incertitude. Cependant je jouis, ne sois pas en peine de moi, mais j'ai du plaisir et je suis triste. J'ai meme hier beaucoup pleuré. L'envie de te repondre a cet article m'entraine. Je ne voulois pas troubler le plaisir que tu as a me savoir heureuse. Ne t'en trouble pas plus qu'il ne faut, mon cher Panpan, je t'en prie, cela me desoleroit.*ᵇ*

Mon Dieu, tu a pris garde a la petite douceur que je t'ai dit sur tes lettres[3]; crois-moi, mon ami, les miennes en seroient toutes pleines, si je ne comptois te dire combien je t'aime en t'ecrivant tout ce qui peut t'amuser. N'admire-tu pas comme je t'ecris pour t'epargner les ports de lettres?*ᶜ*

Puisque le Petit St vient la, il densera. Ecoutez, mon cher ami[4], je suis si seure de vous, et je crois, comme je le disois tout a l'heure a Panpan, vous marquer mon amitié bien mieux en vous amusant qu'en vous disant des douceur que je ne me suis pas mise en peine de vous ecrire, parce que j'ai toujours dit a Panpan de vous lire tout ce qui peut vous divertir. Je vous ai assés ennuiés, mes chers amis, il faut bien que je tache de vous en dedomager pendant que je trouve hors de moi de quoi le faire, car si je n'y metois que de mon cru, je serois toujours la meme. Allez, allez, mon Petit Saint, s'il n'y a que la crainte de paroitre un asne qui vous enpeche de venir, venez en toute assurance, les asnes sont fort bien reçu ici, j'en suis un bon garent, et on ne leur parle que de leur asneries. C'est beaucoup que la Belle Dame vous souhaite, car elle craint les visites; mais des que je lui eu assuré que vous saviez lire et re[s]ter dans votre chambre, elle n'a plus fait que vous desirer. Elle veut avoir le tems de travailler, et le soir elle est charmante. J'ai fait un petit complot qui nous reusira si vous venez, c'est de jouer *Les Menecme*[5]. Repassés votre role, et le Docteur le siens. C'est un regal a leur faire, il n'en sauront rien que le jour que nous jouerons : j'ai tout ce qu'il faut d'acteurs et d'actrices. Si vous aprenez Gusmant, vous ferez grand plaisir pour *Alzire*. J'ai mandé a Panpan le tems ou je voudrois que vous vinsiez pour votre plaisir. Voiez, ajustez-vous ave[c] le Docteur; je ne vous demande rien, et je vous souhaite. Je ne sais pourquoi je n'ai pas entendu la *Centurie*[6], elle est efectivement bien claire; c'est que je suis une groce bete, et vous un charmant Petit Saint, qui faites de votre joli esprit tout ce que vous voulez, et de votre cœur tout ce que vous devez.

Je te repondrai sur tes vers, puisque tu le veux, mais ce ne peut etre ce soir, ma lettre a deja eté interompue pour une repetition qui a eté si mal, que bref nous ne jouerons pas. Mais il est tard, on va souper, et je veux reponde a tes lettres; il faut du tems pour rexaminer tes vers.

Prenez donc garde, butort, comme vous parlez de Dorotée[7]. Un peu plus de tournure, s'il vous plait, prenez exemple sur la façon dont je vous en parle. Cela ne sauroit etre trop eloigné de la curiosité. Si votre letres c'etoit perdue, ce seroit un beau mistere! Quand vou[s] vousdré en parler, songé que tout cela se passe sous vos yeux.

J'ai fait comme le St, j'ai sauté de joye quand tu m'as dit que tu avois quelque lueur d'esperance de venir ici. Mais j'avois deja senti tes raisons, et d'ailleurs le ton de la dame t'abasourdiroit; il est a mille lieu du tien, meme a deux mille de celui de la duchesse[8]. Elle est tres froide et un peu seche; tu ne saurois quelle contenance tenir, et toute les prevenences de ton Idole ne te remetroit pas. Il est bien rare qu'elle soit comme je te l'ai depeinte au comencement de ma lettre, et encore tout cela n'est-il pas du ton familier, qu'elle ne prend jamais. Je ne te dis rien sur le regret de ne te pas voir; tu me connois et tu sais comme je t'aime[9].

Je ne repond rien a l'article de mes affaires que des «Oui, tu as raison». Tu es un Panpichon et je t'aime bien.

J'ai donc fait de la prose sans le savoir : qu'es que ma parodie de Jodelet sur ton epitre? Je veux savoir cela.[10]

Je suis toute desolée de la diminution de belle mine et des propos de ta mere. Mende-moi bien tout, que je m'afflige ou que je me rejouisse ave[c] toi.

Je ne trouve pas deja le marché de Lolote si bon, car si le roi mouroit.... Je vais la complimenter[11].

Bonsoir, mon ami, je ne saurois te dire ce que c'est que *Boursoufle*[12]; c'est une farce qui n'a ny queu ny tete, qui est cependant bien ecrite, mais hors de nature pour le ridicule d'un campagnard. Va-t-en au diable, je ne finirois pas et j'ai des lettres sans fin a ecrire, que je n'ecrirai point car voila le souper qui sonne et je ne veux pas veillier, parce que je ne me porte pas trop bien. Je t'embrasse, Gros Chien.

A propos, on apelle ici la Grosse Dame «Gros Chat»; chaqu'un a ces animaux, comme tu vois. A propos, je ne t'ai pas dit que j'ai ris de ta betise sur M. Charmion. Oh, je te reconnois, tu ne vois qu'a deux fois. Bonsoir, butord.

J'avois plié ma lettre avant souper, mais je me ravise.*d* Comme j'ai dit que j'ecrivois a la Grandville, et pourquoi, il n'y a rien a craindre. Ainci je reveux encore te dire plus clairement que tu prene garde au reponce que tu me fais. Tu vois bien que je ne te parle de Nicodeme, que comme si je te fesois reponce[13]. Tu dois donc faire comme si tu m'en disois des nouvelles, et non pas me repeter des faits qui sont clairs comme le jour. C'est une chose terible que le fanatisme de cet homme sur l'abbé et R.[14] Je sors d'une conversation terible la-dessus, ou nous avons essayé de le persuader de les mepriser. O foiblesse humaine! il n'a ny rime ny raison quand il en parle. C'est lui qui fait faire les estempes[15], et qui fait les vers qui sont au bas; je ne fais pas semblant de le savoir, et il me tournaille pour me le faire entendre, et n'ose le dire tout a fait. Quelle foiblesse! et quel ridicule cela va lui donner! Reelement le cœur m'en seigne, car je l'aime, et il a tant de bonne choses que c'est une pitié de lui en voir de si miserable. La Belle Dame m'a fait voir a souper une lettre qu'il ecrit a Mr de Maupertui pour l'engager a faire donner quelque choses a ces Laponnes dont je t'ai parlé[16]. Il y a des vers charmans pour engager Messieurs de l'Accademie a donner tout. La Belle Dame envoye cinquante livres. Il n'a pas voulu que l'on dise ce qu'il envoye, lui, mais j'ai vu que c'est tout au moins deux cent. Je l'ai fait pleurer hier, mais pleurer, en lui contant ce que Leopold avoit fait pour la Macmao[17]. Il n'entent pas parler d'une belle action sans attendrissement; cela ne merite-t-il pas que l'on lui souhaite avec interet moins de foiblesse dans l'esprit? Sa maladie n'est que des vapeurs; il est tout comme Demaret etoit : tant qu'il est dissipé il se porte bien, des qu'on le contrarie il est malade. Notre conversation de ce soir l'a mis dans un etat horrible. Ce n'est pas ma faute, c'est la Belle Dame qui m'a fait signe. Il ne veut pas convenir qu'il a des vapeurs; il s'en prend a ses digestion. Il est positivement comme Demaret. Il faut le lui dire, affin que quand il viendra, s'il vient, il lui donne de la confiance en Bagard; j'ai deja commencé. Je lui ai ecrit pour Mr de Trichateau, qui tombe du mal caduc[18]; il m'a fait une promte reponce et m'a envoyé une consultation que V. et la dame admirent. Peut-etre le fera-t-on venir. J'ai deja dit que Demaret etoit tout comme lui; il grille de le voir pour parler glers*e* : car c'est aussi sa marotte, et la bare dans le ventre. Enfin rien n'y manque. Il demande bien souvent aussi s'il aime a faire de la musique; je crois qu'il voudroit en tater. Bonsoir; j'avois dit que je ne veillerois pas, et m'y voila. Je me porte un peu mieux ce soir.

Garde-toi bien de parler des estempe, tu crois bien qu'il ne les avoues pas, mais qu'on ne manquera pas de les avouer : prends garde a ce que tu me repondra la-dessus. Tache d'avoir un peu de finesse dans tes tournures.

[*adresse :*] A Monsieur / Monsieur Dauphin marchand / ruë du Chateau / a Luneville

MANUSCRITS

*A. Morgan, G.P., VI, 43-44 (D40); 2 p.; orig. aut.
B. Oxford, Voltaire Foundation, «Lettres de Mme de Graffigny», p. 74-79; copie.

IMPRIMÉS

I. *Vie privée*, 115-125.
II. Asse, 98-104.
III. Best. 1624.
IV. Best. D1700.

TEXTE

a Selon une note qu'on trouve dans G.P., VI, 41 (v. 64 Texte), il manque la moitié de cette lettre. En effet, à la demande de Mme de Graffigny (v. 70, par. 2), Devaux renverra cette lettre à Cirey et Mme de Graffigny finira par en jeter les premiers feuillets au feu (v. 80n12). *b* Ce premier paragraphe manque dans le B et dans tous les Imprimés. *c* L'écriture de Mme de Graffigny dans cette lettre est exceptionnellement menue. *d* Mme de Graffigny continue sa lettre tout autour de l'adresse. *e* glaire.

NOTES

1. Même si le début de cette lettre manque, la date est facile à fixer, car Mme de Graffigny écrit régulièrement trois fois par semaine, et il n'y a que ces dates qui manquent. On peut reconstituer la partie qui manque d'après la réponse de Devaux (v. 70 Remarques) et les lettres suivantes. Mme de Graffigny avait donné le compte rendu d'un des chants de *La Pucelle* («*Jane*») et des extraits de la *Vie de Molière* de Voltaire, et il avait été question de ses projets pour le reste de l'hiver, etc.

2. Mme de Graffigny, qui répond à une lettre de Devaux qui est perdue, parle de la date où elle devra quitter Cirey pour aller rejoindre la duchesse de Richelieu à Paris.

3. Devaux a dû répondre à ce que Mme de

Graffigny avait écrit le 12 décembre (v. le texte de la lettre 63 à la note 28).

4. Dans tout ce paragraphe, Mme de Graffigny s'adresse à Adhémar, qu'elle vouvoie. C'est à lui qu'elle parle de nouveau dans le paragraphe 5.

5. *Les Ménechmes* de Regnard (v. 53n25).

6. Poème d'Adhémar (v. 63n51).

7. Mme de Graffigny avait proposé ce surnom dans la lettre 63; elle s'en sert elle-même dans la suivante (v. 64, par. 5), que Devaux n'avait pas encore reçue. Voir aussi un peu plus bas le long avant-dernier paragraphe, et la réponse de Devaux (70 Remarques).

8. La duchesse de Richelieu.

9. Voir la réponse de Devaux (70 Remarques; G.P., I, 373).

10. Voir la réponse de Devaux (70 Remarques; G.P., I, 373); selon Devaux, Mme de Graffigny aurait décrit ses meubles dans le style de Jodelet dans *Les Précieuses ridicules* (v. 63, par. 5 sous «A minuit»). Nous partageons les incertitudes de Mme de Graffigny à propos du sens de la comparaison faite par Devaux dans la lettre perdue.

11. Les quatre derniers paragraphes répondent à la lettre qui n'est pas parvenue jusqu'à nous. Lolotte est sans doute Mme de Grandville, et le roi est Stanislas.

12. La comédie de Voltaire (v. 62n24).

13. Sans doute Mme de Graffigny fait-elle allusion ici au texte de la lettre 64, par. 3, 4, 5.

14. Desfontaines et Jean-Baptiste Rousseau.

15. Sur le portrait de Desfontaines, v. 63n42.

16. La lettre de Voltaire est Best. D1698.

17. Sans doute un membre non identifié de la famille MacMahon.

18. Mal caduc : le haut mal, le mal de Saint Jean, ou l'épilepsie. C'est une maladie qui fait tomber un homme, quand l'accès lui prend, et qui le tourmente cruellement. (Trévoux, 1743.)

66. à Devaux

Le lundi soir [22 décembre 1738]

«Je viens d'expedier le soin de mon empire, et le reste du jour sera tout a Zaire»[1]. Voici le comentaire, mon cher ami, c'est que j'avois cinq ou six lettres a ecrire et que j'ai commencé par les expedier, parce que voila plusieurs ordinaire que tu me joue le tour de m'enpecher de les ecrire. Je vais parler a toi sans inquietude, tant que terre me portera.

Tu es surpris de ne pas trouver de dimanche dans ma datte[2]. Oh dame, on ne court pas deux lievres a la fois. Tu ne t'atens pas que j'ai joué hier la comedie[3]; cela est pourtant vray. Je vis avant-hier que V. desiroit fort de voir cette boufonnerie dont il n'etoit pas; que la Belle Dame avoit grande envie de voir jouer sa fille, que l'on renvoyoit aujourd'huy; je vis aussi qu'en me donnant un peu de peine la piece iroit. Je fis venir les enfants hier matin; je les recordai tant, je me demenai tant a la repetition que nous fimes apres leur diner, que nous avons joué, le seigneur chatelin, son role sur un pupitre au bout d'une canne. Cela a eté passablement. J'ai eu beaucoup de louange pour mon chetif role; et cela a mi V. en gout de m'en faire jouer de melieur. On parle de *Merope*, peut-etre en viendrons-nous a bout; nous verons. Tu crois bien que cela a pris ma journée tout entiere. Apres la comedie, nous densames sur le theatre, et je dansai; tout cela est bien gaye.

Voici le reste de la journée : apres souper, a propos de bottes, la Belle Dame me demanda si j'avois eu des enfans, et bref, de question en question, me deffendant toujours, on m'a fait conter ma vie qu'ils ignoroient totalement. Ah, quels bons cœurs! La Belle Dame rioit pour s'enpecher de pleurer; mais V., cest humain qui n'a pas honte de le paroitre, fondoit en larme. Je faisois comme la Belle Dame, moi, et je voulois toujours me taire. On me pressoit de continuer. Md. Dorcin faisoit aussi comme V. Enfin il[s] ont eté si touché, que mes effort ont eté inutile, et j'ai pleuré aussi. Sais-tu ce qui les a le plus frapé? C'est le trait de Villeneuve[4] que je n'ai pas nommé, et dont je n'ai parlé que par hazard, a cause qu'ils se recrioient a tout moment : «Comment! Aucun ami ne vous etoit bon a rien?» Je n'ai presque rien circonstantié, car je souffrois de la peine que je leur faisois, et des efforts que je me faisois pour ne point brailler. Leur refflections sur mon sort ont duré jusqu'a plus de deux heures. La Grosse Dame qui se couche ordinairement a onze est restée; elle s'en est allée un peu apres que j'ai eu fini de conter. Je l'ai trouvée en remontant qui m'attendoit, parce qu'elle avoit pensé que si je me couchois le cœur gros, je ne dormirois pas. Elle m'a parlé comme la bonté parleroit en personne; elle m'a consolé, elle m'a dissipé, et enfin ne m'a quittée qu'a trois heures passées. Je parie que tu pleure de joye de me voir avec des cœurs si compatissants. Cette bonne dame ne savoit que me dire pour me caresser. Elle

239

souhaitoit vingt mille livres de rente a son fils pour me le donner demain. Elle m'offre d'aller demeurer avec elle, si je ne va pas a Paris; enfin ce sont des amitiés unique. Je n'ai pas dormi de cette belle histoire, ny V. non plus; il m'a paru ce matin presque aussi touché qu'hier. La Belle Dame dit moins, mais en mesurant ce qu'elle dit a son caractere, on en est bien contant. Cette scene m'a bien renouvellé le bonheur d'etre avec des gens qui pensent, mais je le sens avec attendrissement. J'ai eté trop remuée par leurs refflections pour que je ne m'en sente pas encore aujourd'huy. Je suis toute brouillié, et peut-etre ne te parlerai-je pas encore de tes vers; tu me le pardonnera, mon ami, n'esse pas? Si je le puis, je le ferai. La poste me metra peut-etre de bonne humeur, car c'est toujours la ma boussolle. En attendant, je vais te conter ce que je sais.

Mr Algarotti, outré de la traduction du Castera, a voulu faire arreter les exemplaires; il faut te dire que cette traduction est pleine de notte contre l'auteur. Cela fait bien du bruit dans la republique des lettre, car la traduction est faite sous les yeux de Mr de Fontenelle, qui est toujours oposé a Mr Algarotti. Enfin le Castera a eté si furieux des plaintes de son auteur, qu'il veut se battre avec lui. Notte qu'il n'est plus abbé, et que l'on croit qu'il[s] se batront. C'est Mr de Maupertui qui mande cela[5]. Il vient toujours au comencement de janvier. Ce matin V. nous a lu ce qu'il appelle *Le Grand Boursoufle*[6]. C'est une piece en trois acte, ecrite d'un naturel charmant. Il l'auroit donné, si La Chaussé n'avoit pas fait *Le Prejugé*. Il y a dans celle de V. pour episode une femme meprisée de son mari qu'elle adore. Je la jouerai; ah, que je la jouerai bien!

Justement voila la poste qui arrive, et dans cinq lettre celle de D. n'y est pas. Je ne laisse pas d'y repondre, c'est-a-dire a ce que tu me mande. Je trouve le marché qu'on lui propose preferable a tout autre, par les raisons que tu me dis[7], et par une de plus que je lui ai mandé. Je sais bien qu'il s'accomode de tout, mais il lui en couteroit trop de plier sous Mr de Beauveau, dont la morgue est montée au plus haut point. Il vaut mieux gouverner un sot que d'etre gouverné par un homme d'esprit imperieux; du moins ne pui-je m'imaginer que D. puisse etre heureux dans ce regiment, ou il ne pouroit pretendre a la majorité. Et s'il fait le marché de celui de Heudicour[8], c'est un pas qu'il faut qu'il se menage. Tu peux toujours lui dire cela, car je ne lui ecris pas. Tu ne lui diras pas, si tu veux. Peut-etre mon avis ne lui importe guere. Je l'ai vu dire que peut-etre ce ne seroit rien; mais je voudrois bien pouvoir dire: «De mes propre yeux vu»[9]. Je n'ai pas ri parce que je ne ris pas aujourd'huy.

En te remercian, mon Penpichon, des nouvelles de ta santé, j'aime ta confiance; c'est de l'amitié cela, et de la vray. Tu ne serois pas le premier qui auroit gueri un mal de poitrine avec des cornichons, cela est excelent pour les glereux.

Mais mon Dieu, que ces droles-la voyent s'ils viendront ou s'il ne viendront pas! Je suis lasse de repondre tous les jours de poste que je n'en sais rien. Qu'ils fixent un tems et qu'il tienent parolle, ou qu'ils disent qu'ils ne peuvent pas. On va encore me tourmenter ce soir, et je dirai toujours que je n'en sais rien.

Je vais ecrire a Md. Babaud[10], quoique je sois excedée.

Ce n'est pas la faute de ta lettre, mon ami, si je ne repasse pas tes vers ce soir, mais je ne saurois, pardonne-moi.

Je ne suis pas etonnée que ton pere ait l'article de Leopold[11]. V. l'avoit envoyé a Madame pour savoir si elle en etoit contante. Elle dit: «Coussi! Coussi!» et trouva tres mauvais le petit etat[12].

Je t'ai, je crois, mandé que j'ecrivois a la G. Je ne sais, mais j'ai bien peur que son dadais[13] n'ait quelques affaires dans ce corps-la. Il est vain, ignorant pour la cavalerie, les autres sont glorieux et la tete chaude. Enfin cela ne me sent rien de bon.

Je savois quelque choses des decompte de François, mais il me les a mandé si brouillié que je lui en ai demandé une autre explication. C'etoit encore a Demange, et je n'ai pas encore la reponce. J'ai un billet de Toussaint sur cela. A propos de cela, la Grosse Dame m'assure bien que l'on ne s'en tiendra pas a l'interet que l'on prend a moi. «Vous verez, vous verez, dit-elle, je suis enchantée que vous eussiez conté cela; vous verez.» Nous verrons.

Je viens de recevoir une lettre de Tavanne remplie d'amitié pour moi et pour mes amis. Cela me fait souvenir que Md. de Lenoncour nous dit a Demange que Mr Le Brun[14] etoit mort. Mande-moi donc si cela est vray. Tavanne me mande quelque chose de Mlle Le Brun qui est si mal ecrit que je ne saurois le lire. C'est peut-etre cela.

Il me mande qu'on bat la moutarde de Lolote[15]. Elle est accouchée d'une fille. Fanchon me mande qu'il est arrivé des lettre foudroiante a la Belle[16] sur cette avanture, et qu'elle en est desolé. Elle me mende aussi que Tutu est plus en faveur a present que les deux grandes, et elle me mande aussi que le supreme conseil de Madame a decidé que Mr de Spada ne pouvoit aller complimenter la reine de Sardaigne sur son fils[17], a cause de l'aventure de Lolote, que cela seroit honteux. C'est Mr de Mouchi[18] qui y va et il mene le petit Henri[19].

Bonsoir, mon ami, voila bien du papier de reste, mais je suis accablée. Je n'ai juste que ce qu'il me faut de courage pour ecrire a Md. Babaud.

Va, va! Je te pardonne ton mauvais papier en faveur de la rame. Je sui enchantée de te savoir si bien en provision. Mais plus d'envelope donc, et plus de lieutenant general[20]. Je suis bien fachée que ma lettre soit toujours perdue[21]. J'espere que c'est le postillon d'ici qui l'a perdu dans la boue, comme cela lui est, dit-on, deja arrivé, parce que je ne l'avois pas mise dans le paquet de la dame. Il vient d'en perdre une de Mr Du Chatelet qui l'a fort faché. Bonsoir, mes amis, je vous aime tous a la folie.

[*adresse:*] A Monsieur / Monsieur Dauphin, marchand / ruë du Chateau / a Luneville

MANUSCRITS

B. Oxford, Voltaire Foundation, «Lettres de Mme de Graffigny», p. 79-85; copie.

*A. Morgan, G.P., VI, 45-48 (D41); 2 p.; orig. aut.; cachet sur cire rouge; m.p.: Vuassy / 6.

IMPRIMÉS

   I. *Vie privée*, 126-134.
   II. Asse, 105-112.
   III. Best. 1628.
   IV. Best. D1704.

NOTES

   1. «Je vais donner une heure aux soins de mon empire, / Et le reste du jour sera tout à Zaïre» (*Zaïre*, I, v).
   2. D'habitude Mme de Graffigny commence sa lettre le dimanche.
   3. *Le Petit Boursoufle*; v. 62n24.
   4. Voir 14n2 et les lettres suivantes de l'été 1735.
   5. La lettre de Maupertuis est perdue. Il semble que Mme Du Châtelet y fasse réponse dans Best. D1716.
   6. Beuchot cite un manuscrit primitif de cette pièce, sous le titre de *Monsieur du Cap-Vert*, dans lequel le nom du comte Des Apprêts est Boursoufle. La comédie sera publiée sous le titre *Les Originaux* (Lequien, *Œuvres de Voltaire*, 1820, t. IX). Cette comédie aurait donné à Pierre-Claude Nivelle de La Chaussée (1692-1754) l'idée de son *Préjugé à la mode* (1735), où l'on trouve une scène (v, v) dont la situation correspond à la scène des *Originaux* (III, ix) à laquelle Mme de Graffigny fait allusion.
   7. La lettre de Devaux ne nous est pas parvenue.
   8. Il semblerait que Desmarest ait pensé à s'enrôler dans le même régiment de cavalerie que Beauvau; le 10 décembre Charles-Just de Beauvau fut nommé lieutenant au régiment de cavalerie de la Reine. Desmarest est depuis 1736 dans le régiment de cavalerie d'Heudicourt, sous Gœuri Sublet, comte d'Heudicourt. Desmarest sera promu lieutenant en août 1739, et aide-major en 1743, dans le même régiment.
   9. *Tartuffe*, v, iii.
   10. Marie Boesnier (1708-après 1755), fille de Pierre Boesnier, marchand de Blois, épousa en 1728, en premières noces, Jean Babaud, originaire de Phalsbourg en Lorraine qui avait des intérêts dans une firme de fournisseurs de la marine française. Jean Babaud mourut le 14 décembre 1738, et c'est ce qui amène Mme de Graffigny à écrire à sa veuve. Mme Babaud recevra Mme de Graffigny à Paris en février 1739. En janvier 1740 elle épousera Jacques Masson, ancien associé de son

mari. Mme de Graffigny a fait la connaissance de cette famille en Lorraine, et continuera longtemps à voir Mme Masson à Paris.
   11. Du *Siècle de Louis XIV* (v. 63n15).
   12. Plus exactement, la «petite province» (Moland, XIV, p. 326).
   13. Sans doute Léopold, fils de Mme de Grandville.
   14. Tavanes avait été condamné à mort pour avoir enlevé et épousé Mlle de Brun (v. 14n6). Ferdinand Agathange, marquis de Brun, brigadier d'infanterie et père de la jeune fille, ne mourra que le 29 janvier 1746. Devaux répond : «Je luy ai demandé s'il etoit vray que Mr de Brun etoit mort. Tout ce que j'en ai pu arracher a eté un ‹non› tout court. Ainsi je ne scaurois vous donner de grands eclaircissemens là-dessus.» (26 novembre [=décembre] 1738, G.P., I, 371.)
   15. Charlotte de Spada, dont la fille, Marguerite-Claudine, naquit le 7 décembre 1738. Il semble que Mme de Graffigny ait voulu dire «on va à la moutarde de Lolote», ce qui, selon Littré, signifierait que tout le monde est au courant de la grossesse et de l'accouchement de Mlle de Spada. «Tout le monde va à la moutarde» se dit de quelque affaire qui est complètement ébruitée.
   16. La Belle est la princesse Anne-Charlotte, et Tutu, Mme de Lenoncourt.
   17. Élisabeth-Thérèse de Lorraine (1711-1741), fille du duc Léopold et de Madame, épousa en 1737 Charles-Emmanuel III, duc de Savoie (1701-1773), roi de Sardaigne depuis 1730 : elle est sa troisième femme. Le premier décembre elle accoucha de Charles-François-Marie de Savoie, duc d'Aoste (1738-1745).
   18. Charles-Henri, marquis de Mouchy ou Monchy (mort en 1740), brigadier de cavalerie, chevalier de Saint-Louis, depuis 1723 bailli de la ville de Commercy, et depuis 1728 grand écuyer de S.A.R. la duchesse douairière. En 1739 il recevra la charge de maréchal des camps et armées du roi.
   19. C'est peut-être un des fils de Charles-François Henry, seigneur de Pont, conseiller du roi en sa cour souveraine. Son fils Charles-François-Xavier, qui sera lui aussi conseiller, se mariera en 1751.
   20. Voir 64n24.
   21. Voir 64n15.

67. à Devaux

Le mardi soir [23 décembre 1738]

Bonsoir, mon ami; je ne t'ecrirai guere, car voila la Grosse Dame qui escrit vis-a-vis moi; elle m'aime tant qu'elle vient ecrire dans ma chambre, et cela ne me gene pas, parce qu'elle est située*a* a ne point gener. C'est que je veux te dire ce que je sais depuis hier. Le souper fut tout geometrique. Ce matin V. nous a achevé son *Boursoufle,* qui est en verité tres joli. Il l'a montré a la Quinaut il y a dix ans; il croit que c'est de la que La Chausée a tiré son *Prejugé a la mode.* Il est vray que la scene du mari et de la femme y est; hors qu'elle est plus courte, c'est la meme chose[1]. Ce sont les roles que la dame ecrit; on a bien de la peine a les remplir. En les distribuant V. c'est ecrié : «Ah, faisons venir notre pauvre petit Panpan, que nous le voions!» «De tout mon cœur, a dit la Belle Dame; mandez-lui, Madame, de venir.» J'ai dit a V. : «Mais vous le connoissés, vous savez comme il est timide; jamais il ne parlera devent cette Belle Dame.» «Attendez, dit-il, nous le metrons a son aise; le premier jour nous lui ferons voir par le trout de la cerure; le second nous le tiendrons dans le cabinet, il l'entendras parler; le troisieme il entrera dans la chambre, et parlera deriere le paravent; allez, allez! nous l'aimerons tant que nous l'aprivoiserons.» La Belle Dame a dit : «Mais quelle folie! je serai charmée de le voir, et j'espere qu'il ne me craindra pas.» Vois, mon ami si cela te donne du courage[2]. J'ai dit que si tu venois, il faloit qu'on joua *Cesard*[3]; V. en est enchanté, car il avoue que c'est sa piece favorite. Repond-moi assés positivement pour que je ne traine pas la reponce comme avec D. Si tu viens, mon ami, il faut un habit, car tu n'oserois mettre ta belle Urne[4], c'est d'eté, et ton habit de drap est trop vilain. O combien de chose nous aurions a dire!

Je vais donc, puisque tu le veux, critiquer tes vers et les louer[5]. Le debut de l'epitre a St-Lembert e[s]t tres bien; mais je t'arete tout court a «infertile» qui me choque. Il n'est parbleu pas vray que l'hivert soit le printems des villes. Tu pourois donner la prefference au plaisir que l'on prends dans les villes pendant l'hivert a ceux du printems dans la campagne; mais jamais tu ne persuaderas &c. C'est une expression, diras-tu, qui s'entent; et moi je dis que non, et qu'elle est absurde.

La peintures des plaisirs campagnard, quoique jolie, est manquée; on ne sait pourquoi tu les fais courrir de cuisine en cuisine; il semble que tu veuille designer un chasseur. Il faloit donc dire que l'un, en chasseur, se chauve*b* a la cuisine, parce qu'il trouve ce feu-la plus pret qu'un autre, ou qu'il n'ose entrer dans une chambre, batis comme il est. «Quoique bien las de leur metier» est une cheville qui n'est pas une consequence de ce qu'ils courent de cuisine en cuisine, ny une inconsequence. Je trouve beaucoup trop bas «fourant avec cent rogatons»; pourquoi changeroient-ils de moutons, de bergeres et de fougere? Ces trois vers sont joli en eux-meme, mais on n'entent pas pourquoi ces changements. Il me semble aussi que pour traiter cela du ton comique, le commencement de l'epitre est trop galant; ces deux stiles jurent, surtout le prenant*ᵃ* un moment apres le beau stile.

«Les notres», etc. est trop loin de plaisirs; il faut relire pour l'entendre. Je ne sais si un nominatif travesti en chasseur et en paissant peut encore servir a une aussi longue tirade; mais quoi qu'il en soit, pour l'entendre, ou il faut la relire, ou l'avoir dans la tete. Je n'aime pas «Capriole», et je dirai comme toi, «c'est par sentiment». Toute la tirade est charmante, divine, si «leur» et «ils» sufisent; mais on pert de vue que ce sont les plaisir, d'autant que «les vray chanoine des plaisir» fait un sens louche, parce que les chanoines sont d'un tel st ou d'une telle eglise, et que pour que l'on t'entendit d'abord il faudroit qu'il fut d'usage de dire «les chanoines des hommes.» Au demeurant je ne sais rien de si joli que toute cette image. Je veux que tu aute le tembour de Basque; jamais Arlequin ne s'en est servi. C'est pour rimer a «masque», mais change ta rime, car cela est charmant hors cette fausse image. «Ces derniers &c un frugal festin.» «Ces derniers» est encore un sens louche. Cela voudroit dire que ceux qui t'on donné la comedie font ton festin, et en verité c'est l'histoire de «son, sa, ses, leur». «Cette fete.» Il n'ai point question de fete; ainci tu ne peus dire «cette fete», d'autant plus que tu peins ta vie de tous les jours, a ce qu'il paroit. Je vois arriver avec grand plaisir les ris legers, car les «ils, eux, et les» me brouilloient les idées. Je sais ce que je vois, du moins.

Tu vois bien que *ᶜ*«dans ces soupers»*ᶜ* ne va point a la suite d'un festin et de cette fete, a moins que l'on ne soupe trois fois ces jours-la. «Enchanteresse» ne me paroit pas une epitete convenable a «fougue». «Et laisse tes filets pourir &c.» A propos de quoi des filets? On ne peche guere en hivert. Et cela fait une chute dans le vieux cofre qui me fait tomber des nuës. Je n'aime pas «sans pousser d'injuste regrets». Tu n'a pas fait une assés belle peintures de ses plaisirs, et tu lui en fais une trop belle des tiens pour le soubsonner d'avoir du regret. Cela est contre nature. C'est tout ce que tu pourois lui dire si tu lui avois donné une passion qui l'atacha a la campagne. Au reste je ne la montrerai pas que tu n'ai rendu moins obscur ton joli tableau. D'allieurs je ne sais pourquoi, on n'aime point ici ces espesse d'allegories trop suivie. On ne les aime qu'en quatre ou six vers. Pour moi je la trouve charmante et je n'en demordrai pas. Je ne demordrai pas non plus de ce que j'ai dit touchant le sang. Tout le commencement de l'epitre a ton pere est tres beau, mais comme tu n'as eté etonné dans l'anathomie que de la circulation du sang, tu ne parle que de cela. Dans 22 vers il y avoit bien d'autres choses a dire sur les nerf, dont la mecanique est bien aussi admirable, et sur l'assemblage du tout. Enfin cela est trop long, trop repeté. Apres avoir dit qu'il est rependu de toute part, tu dis avec exclamation qu'il prend un chemin nouveaux. Enfin encore une fois cela est trop difu et point assés brillant. Je puis avoir tort. Je ne me fais point a l'idée que le sang comprene sa machine. L'assemblage de la machine pense mais assurement le sang tout seul ne pense point. Par consequent *ᶜ*«et qu'a peine il comprend»*ᶜ* est impertinent.

«Pret a quitter a vos moindres leçons.» On n'obeit qu'aux ordres et point aux leçons, a ce qu'il me semble. «Aux noir forfaits» est absolument deplacé. Il y a trop de distance des «noirs forfaits» aux «aimables vertus», d'allieurs. On ne t'acuse pas de noirs forfaits. Cela me choque horiblement.

Voila, mon cher ami, ce que je puis te dire. Ne prends pas mes remarques en guignon; je te dis ce que je pense, et en verité c'est bien peu de chose pour des vers aussi jolis.

Le jeudi soir [25 décembre 1738]

Je ne t'ecrivis pas hier, mon ami, parce que j'eu d'autres occupation, dont je ne puis te rendre compte; elles etoient bien agreable. C'etoit des lectures, entre autre une traduction englaise de la Belle Dame, qui est admirable[6]. Surtout la prefface du traducteur, qui ne lui a couté qu'une heure, est une chose surprenente. Notre sexe devroit lui elever des autels. C'estoit de belle crasseuse que les Attenais[7] et ces autres begeules si renommées. Ah, quelle femme! que je suis petite! Si ma diminution s'etendoit sur le corps, je passerois par le trou d'une cerure. J'ai lu aussi le _Discours sur le feu_ de V.[8]; il n'est pas digne de torcher le cul de l'autre. Il est bien vray que quand les femmes se mele d'ecrire, elles surpassent les hommes. Quelle prodigieuse difference! Mais combien de siecles faut-il pour faire une femme comme celle-la? Et comment a-t-elle fait ce discour? La nuit, parce qu'elle se cachoit de V. Elle ne dormoit qu'une heure; accablée de someil, elle se mettoit les mains dans de l'eau a la glace, ce promenoit en se battant les bras, et puis ecrivoit les resonnemens les plus abstrait avec un stille a se faire lire pour lui. Elle a passé huit nuit de suite de cette façon. Hier V. eu la fievre le soir. Cela nous affligeat tous. Il est assés bien aujourd'huy.

J'ai reçu hier ta lettre[9] qui ne me chagrine pas tant que toi, car j'espere que cette lettre du dimanche n'est pas perdue; mais la perdue me tient toujours a cœur car surement il y auroit beaucoup de choses amusantes que je ne saurois plus ratraper[10]. Pour la preference, je ne la donne pas comme St-Lembert a l'epitre de ton pere, mais je la trouve belle et les autres jolies[11]. Je n'ai garde de montrer la siene[12]; je ne demens pas ainci l'eloge que j'ai fait de mes amis. Je sais ce qu'il faut montrer. Je recu aussi hier une de ses letres, ou l'autre poste?...oui. Tant y a qu'il me paroit de tres mechante humeur. Ce n'est plus le stile vif de l'amitié, j'en suis bien aise, car je ne savois qu'y repondre.

Ne te lasses pas, mon ami, de m'ecrire des riens, des riens, soit[13]. Crois-tu que je ne sois pas enchantée de savoir que vous n'etes pas ensemble, sans vous souvenir de moi, sans en parler, et sans m'aimer? Helas! ou prendrai-je donc ce plaisir d'etre aimée, que je sens si bien, et qui peut seul faire le vray bien de mon cœur? Je vous le repete, mes chers amis, et vous le repeterai toute ma vie, rien ne me dedomage de votre societé. Ce n'est pas parce que je ne suis qu'une sotte ici, car si je ne le sentois, je n'en saurois rien, et je me gaterois meme par tout ce qu'on me dit; mais c'est que le prix de vos cœurs est trop bien gravé dans le mien pour que je ne regrete pas a tout moment de vivre avec vous. Demandez a la Grosse Dame comme je pleure des que je lui parle de mes amis. Elle te connoit comme moi, a tes deffauts pres, que je ne lui dis pas; elle est enchantée de ce que tu l'aime. Tu devrois lui faire un beau petit quadrain que je lui montrerois. Elle est tous les jours plus empressée pour moi; j'en suis honteuse. Elle accomode mon feu. Si j'etois malade, je crois qu'elle videroit mon pot de chambre. Elle a de l'esprit, elle craint d'etre embarassante, on parle de tout avec elle, et tre[s]^d sensement. Elle n'a pris que le bon de la philosophie. Au vrai, il y a pe[u]^d de femme comme elle, du moins n'en ai-je point vu. Reellement je suis confondue de toutes ces attention et de sa façon, car ce ne sont point des complimens. Nous nous chantons pouille; elle me fait mettre a genoux parce qu'[elle]^d est plus forte que moi, et jamais la plaisanterie ne va plus loin que l'on ne veut.

A propos d'attention, j'en ai decouvert une aujourd'huy de V., dont Me Dubois m'avoit tenu le cas secret. Son valet de chambre demande tres souvent si je n'ai besoin de rien de chez lui : il a ordonné a tous ses gens de me servir comme lui. Je ne savois pourquoi ses deux laquais me servoient si bien, car je ne le suis que par eux. Il a ordonné jusques a sa menagere de savoir si elle ne pouroit pas m'etre utile. Encore a propos de cela, je veux te dire comme il est servi. Son valet de chambre ne quitte pas sa chaise a table, et ses laquais lui apporte ce qui est necessaire, comme les pages aux gentilhome du roi. Cela est cependant sans aucun air de faste. Il a une façon plaisante d'ordonner : il ajoute en riant «et qu'on ait bien soin de moi.» J'ai songé a minuit que tu entendois la messe bien froidement, et moi bien a mon aise. Je crois que c'est dans la lettre perdue que je te mendois qu'en ouvrant la porte de la chambre de V., on voioit dire la messe. [C'es]t^d la qu'on l'entent. Cette nuit il etoit dans son lit. On l'a fermé^e d'un paravent a cause du froit de la porte, et nous l'avons entenduë. Oh, pour le coup, voila des riens aussi.

J'ai reçu une lettre de Vic hier. En voila la reponce que je te prie de donner a D. C'est pour rire qu'il te dit qu'il m'ecrit quand il est a Luneville. Detache-toi de le croire.

Bonsoir, mon Penpichon, je ne saurois plus rien dire que des amitiés, et jamais je n'en puis dire autant que j'en pense.

Vois encore ce vilain avocat, je t'en prie; je veux bien qu'il ne me fasse point de reponce, mais fais-lui lire ma lettre, et mende-moi comment va mon affaire. Ah, le sot homme! Vous verez qu'il sera peut-etre aussi embarassé cette fois-ci que l'autre. Qu'importe, il faut que tu lui parles[14]. Bonsoir.^{f}

«Les lois sont a la societé ce que la vie est au corps humain. Ceux qui connoissent l'anatomie savent que les os, les nerfs, la peau et les autres parties du corps, qui affectent le plus nos sens, et qui nous paraissent les plus considerables, ne sont pas ce qui conserve notre vie, mais qu'elle depend de lineaments deliés dont le vulgaire ne soubsonne pas meme l'existence. De meme ceux qui etudient l'anatomie de l'esprit humain, s'il est permis de s'exprimer ainci, et qui, dans cette recherche, n'ont aucun egart aux prejugés de l'education, savent que ce n'est pas le bon naturel, la pitié, ni les autres qualités aimables qui rendent les hommes sociables, mais les vices qui echaufent la bile des predicateurs; c'est ce que j'ai taché de developer dans l'ouvrage suivant.

«Ce livre essuya bien des contradictions quand il parut; quelques-uns se mepre-nant au dessein de l'auteur, ou voulant l'enpoisonner, crierent que c'etoit la satire de la vertu et l'eloge du vice. Cette calomnie m'a fait prendre le parti d'instruire le public des vues que je me suis proposées en l'ecrivant.

«Mon principal but a eté de faire voir combien l'inocence et les vertus du pretendu age d'or sont incompatibles avec les richesses et la puissance d'un grand etat, et de montrer l'inconsequence de ceux qui, jouissant avec un plaisir extreme des comodités de la vie, et de tous les autres avantages dont on ne peut jouir que dans un etat puissant, ne cessent cependant de declamer contre les inconveniens qui en sont inseparables.

«J'ai voulu montrer aussi dans ce que j'ai dit dans les differentes proffessions, combien les ingrediens qui composent une société puissante, sont pour la pluspart meprisables et vils, et faire voir l'habileté des legislateurs qui ont construit une machine si admirable de materieaux si abjets, et qui ont trouvé le moien de faire servir au bonheur de la société les vices de ces differents membres.

«Enfin ayant fait voir les inconveniens auquels seroit necessairement exposée une nation dans laquelle les vices seroient inconus, et dont tous les particuliers seroient pleins d'honneteté, d'inocence et de toutes sortes de vertus, je demontre que si les hommes cessoient d'etre ce qu'on apelle vicieux, si l'on pouvoit guerir la nature humaine de tous ses deffauts et de toutes ces foiblesses, aucuns des grands empires, ou des societés polies et florissantes dont les histoires nous parlent, et que nous voyons de nos jours, n'auroient pu subsister.»

Voila quelques traits de la prefface de l'auteur. Apres avoir parlé du vol, il dit : «Ainci, quoiqu'il soit vray que celui qui vole le tresor d'un avare, fait un bien aussi reel a la societé, en mettant dans le comerce un argent qui etoit mort, qu'un éveque qui donne l'aumone; cependant le repos et la justice de cette meme societé exige que le premier soit pendu.»

Il dit alieurs : «Tout ce lie l'un a l'autre, tout a des raports infinis, le peuple n'aperçoit qu'un chainon de cette grande chaine qui entoure le tout; mais ceux qui conciderent les choses avec une vue moins bornée, voyent le bien sortir des racines du mal aussi naturellement que les poulets vienent des œufs»[15].

Voila tout ce que j'ai eu le temps de te transcrire; c'est le secret des secret. J'aurois bien voulu te transcrire la preface du traducteur, mais il n'y a pas eu moien; elle est effectivement admirable. J'ai hier entendu dire en corus que les *Lettres persannes*[16] etoit pueriles : «C'est du fretin, c'est un pietre livre.» Dis cela au Docteur, je t'en prie. Je ne saurois encore demeler pourquoi, si ce n'est par la meme raison que j'ai toujours dit.

La paix reigne en ces lieux depuis bien des jours! Tu vois si je suis hardie pour t'amuser.

[*destinataire :*] A Monsieur / Monsieur De Vaux

MANUSCRITS

*A. Morgan, G.P., VI, 49-54 (D42); 4 p.; orig. aut.; cachet sur cire noire.

B. Oxford, Voltaire Foundation, «Lettres de Mme de Graffigny», p. 85-94; copie.

IMPRIMÉS

I. *Vie privée*, 135-149.
II. Asse, 113-121.
III. Best. 1630.
IV. Best. D1708.

TEXTE

a Lecture incertaine. *b* se chauffe. *c* Mme de Graffigny utilise des parenthèses au lieu de guillemets, qui, comme presque toute la ponctuation, ont été fournis par les éditeurs. *d* Déchirure. *e* En surcharge sur «entouré». *f* Le reste de la lettre, écrite sur une feuille séparée que Devaux marquera «quarante-deuxième», se compose d'extraits de la *Fable des Abeilles* (v. n6 ci-dessous).

REMARQUES

Cette lettre est l'une de celles qui présentent des différences importantes comparées aux éditions antérieures. Le premier éditeur ne se contenta pas de supprimer les critiques de l'épître de Devaux, ce qui peut se pardonner; mais aussi il trouva bon d'ajouter quelques passages, comme :

«Espérons que le dieu d'Epidaure conservera les jours du fils d'Apollon.»

«... ils m'amusent toujours, et il me semble que je suis à cailleter avec toi, quand je les lis.»

«Voilà, mon cher ami, jusqu'où vont toutes les prévenances et les soins de ton *idole*, juge donc si l'on peut trop l'aimer!... Cependant comme il ne met jamais de bornes à tout ce qu'il fait de bien, il serait possible qu'il y eut encore une infinité de jolies petites choses que je ne susse pas, mais desquelles je ne lui tiendrai pas moins bon compte. Tout ceci me mène naturellement à te dire comment il est servi.»

«...tant il est vrai que les bons esprits savent en toute occasion conserver la dignité qui leur convient, sans avoir le ridicule d'y mettre jamais de l'affectation.»

«Il nous a conté qu'il [Voltaire] était cette nuit dans son lit à réciter les litanies de la Sainte-Vierge, par pénitence, ‹parce que, disait-il, quoiqu'il ne soit pas le Saint-Esprit, il aime mieux avoir affaire avec elle›.»

NOTES

1. Voir 66n6.
2. Devaux répondra : «J'ai été enchanté de la

façon obligeante dont Mde Duchastelet et Mr de Voltaire vous ont prié de me faire venir, et malgré l'inquietude que m'a donnée l'indisposition de mon cher pere, je n'ai pu m'empecher de faire là-dessus un million de chasteaux, dont mon amitié pour vous faisoit surement les plus grands frais, mais la reflexion les detruisoit bientost.» (29 décembre 1738, G.P., I, 380.)

3. *La Mort de César* de Voltaire.

4. Il s'agit probablement d'une plaisanterie personnelle, d'autant plus que Mme de Graffigny utilise la majuscule.

5. Les poèmes dont Mme de Graffigny critique une version primitive se trouvent dans les *Poésies diverses* de Devaux (éd. Consiglio, 1977), l'épître à Saint-Lambert aux pp. 162-164, l'épître à son père aux pp. 112-116. Devaux répondra : «Quelque envie qui j'aye de repondre a votre critique, je ne le ferai qu'en corrigeant, et en ne corrigeant pas. [...] Je suis bien content de ce que vous en pensez en gros, et je vous en remercie de tout mon cœur.» (I, 381-382.)

6. Mme Du Châtelet fit vers 1735 à 1737 la traduction de *La Fable des abeilles* (1714; éd. rév. 1723, 1729) du médecin et philosophe anglais Bernard Mandeville (vers 1670-1733). Cette traduction fut publiée pour la première fois par Ira Wade dans *Studies on Voltaire* (Princeton, 1947), p. 131-187 (v. aussi p. 22-49).

7. Athénaïs Eudoxie (vers 395-vers 460), impératrice byzantine, femme de Théodore II, célèbre pour sa beauté, son savoir, sa ferveur chrétienne et ses poésies.

8. Voir 63n53. Le discours de Voltaire s'intitule *Essai sur la nature du feu* (Moland, XXII, p. 281-385).

9. Lettre du lundi 22 décembre (G.P., I, 365-370).

10. Devaux : «Voici encor un soliloque, car je n'ai point eu de lettre hier et une qui etoit perdue n'est pas encor retrouvée. Je vous avoué que cela m'inquiete extremement. [...] Je tremble que l'on intercepte nos lettres et que l'envie que vous avez de m'amuser n'est point nuisible au bonheur dont vous jouïssez. Quoyque vous ne me mandiez rien qui ne fasse honneur a vos illustres hôtes, ils sont si misterieux qu'ils pourroient etre choqués des details innocens que vous me faites, parce qu'ils ne connoissent pas ma discretion comme vous, et qu'ils ignorent que tout ce que vous me dites ne passe pas les limites de notre petite societé. [...] Je me sauve dans les bras de l'esperance, et elle me persuade que la poste seule est la cause des

hiatus de notre commerce.» (22 décembre 1738, G.P., I, 365.)

11. Devaux : «J'ay reçu hier une lettre de St-Lambert, ou il me parle de mes epitres que je luy avois envoyées. Il n'est de votre avis ni du mien. Il pretend que celle de mon cher pere vaut mieux que les autres. Je ne conçois pas ou il prend cela.» (I, 368.)

12. Devaux : «Il [Saint-Lambert] me paroit un peu de mauvaise humeur parce que je vous ai envoyé la sienne. Il a peur que vous ne la montriez, et il ne la croit pas digne de luy. Il dit que c'est l'ouvrage de deux heures, et je n'en doute point. Je ne doute pas non plus que vous ne l'ayez insinué si vous l'avez montré. Si vous ne l'avez pas fait, ne le faites pas.» (I, 368.)

13. Devaux : «Mon Dieu, vous avez bien raison; si l'on ouvre nos lettres, on est bien attrapé, car voila de furieux riens.» (I, 368.)

14. Devaux répondra : «J'ay remis votre lettre a votre avocat [Charmion]. Il se servira du moyen que vous luy indiquez. Il admire votre intelligence et vous en scait tout le gré imaginable. Il voudroit que tous ses cliens eussent autant d'esprit que vous.» (29 décembre 1738, G.P., I, 383.)

15. Ces extraits se trouvent, avec de légères modifications, dans Ira O. Wade, *Studies on Voltaire*, pp. 138-139, 173, 176.

16. Le premier ouvrage de Montesquieu, paru sous l'anonymat en 1721, connut tout de suite un grand succès. En général, Voltaire parle de Montesquieu élogieusement, dans *Le Siècle de Louis XIV* par exemple; mais il exprime des sentiments analogues à ceux que rapporte Mme de Graffigny dans une lettre à Vauvenargues du 15 avril 1743 (Best. D2748).

68. à Devaux

Le vendredi soir [26 décembre 1738]

Je t'ecris pour t'ecrire ce soir, mon cher Panpan. Je ne sais rien a te mender que la maladie de ton Idole[1], qui n'est point sorti de son lit depuis avant-hier. Il a eu la fievre jusqu'a ce soir, qu'elle l'a quitté. Il a eu cet apres-midi une foiblesse tres considerable et qui a beaucoup allarmé tout le monde. Je ne vais dans sa chambre que quand on me fait apeler. Il est fort abbatu, toujours poli, toujour de bonne humeur des qu'il peut parler, disant des bons mots sur ce qu'il entent dire aux autres, et au demeurant se conduisant fort mal. Il ecoute les avis et les prieres, il remercie, il dit qu'on est bien bon de s'interesser a lui, et n'en fait qu'a sa tette. J'en sors; il est assés bien ce soir.

Avant de me coucher, je te dis un petit bonsoir. Quand il est en etat d'ecouter, la Belle Dame lit; elle a lu le commencement d'un romant que l'on a envoyé a V. l'ordinaire dernier : il est de Mongrif, il a pour titre *Les Deux Ames*[2], il est pitoiable. C'est un mauvais rechaufé des *Mille et une Nuit*[3], de ce dervis qui faisoit passer son ame dans les corps vide d'ame. C'est une amant et une maitresse qui sortent de leur corps, et qui se donnent rendé-vous dans l'etoile du matin; et la leur ame s'entretiene en se transpersant l'une dans l'autre, voila le plus sensé du livre. Il n'y a pas eu moien de l'achever. On a lu *Le Temple de Cnide*[4], qui a eté trouvé bien mauvais.

Je resuis appres *Neuton*, dont j'ai bien de la peine a me tirer : si ce n'etoit pour l'honneur, j'aimerois auttant ne pas lire. Comme il m'ennuioit tanto, j'ai rassemblé les fetus que j'avois preparé a Demange[5]. Si j'y peux mettre la derniere main, je te l'envoyerai; ma rencune dure encore et j'ai du plaisir a peindre. A propos, tu m'as reccommendé de n'en rien dire ici. Je te suis bien obligé de l'avis; je me l'etois deja donné, et j'en dis toutes sorte de bien; mais je ne saurois dire qu'elle est amusante, car on me riroit au nez. Je ne te suis pas moins obligée de ton attention, mon ami, c'est de l'amitié, et toutes les marques m'en sont cheres.

Le samedi soir [27 décembre 1738]

Bonsoir, mon ami, ton Idole se porte bien aujourd'huy; le caffé c'est pris chez lui, comme a l'ordinaire, mais on [n»]a parlé que maladie. J'ai passé mon apres-diner a ravauder ce portrait[6], et je ne saurois en venir a bout; j'aime mieux t'ecrire que de le finir. Tu l'auras un autre fois, et tu le trouvera seurement bien mauvais. Ce ne sera plus par Solignac que tu recevra ce que je pourai t'envoyer. V. m'a donné ce matin l'estempe pour toi, et la Belle Dame a dit qu'il faloit la garder pour quand Mr Du Chatelet iroit a Luneville; ce sera dans sept ou huit jours. Il te portera tout[7].

Venons a tes lettres que je viens de recevoir. Le recit des soupers et de vos amitiés a tous m'arache toujours des larmes. Il n'y a Cirei qui tiene, mes chers amis ont toujours les memes droits sur mon cœur; je les regrete et les aime tous les jours davantage. Si vous parlez de moi, en verité cela est bien rendus[8] : met-toi dans la tete que ton nom et celui de Demarets sont aussi familiers ici que le mien. A souper et au caffé, il est toujours question de vous deux. La dame parle de Panpan comme de quelqu'un qu'elle connoit depuis vingt ans, et de Demarets comme de quelqu'un qu'elle voudroit bien voir. Elle me reccommende toujours de ne lui pas dire qu'elle l'avoit oublié. Je ne sais si V. l'a bien deviné ou moi, mais il n'oublie pas un jour d'en faire l'eloge. Je te prie de remarquer la finesse de cette phrase. Je ne sais comment anoncer qu'il ne viendra pas de sitot; sa lettre a jeté un furieux brouillard dans ma tete; il ne se passera pas sans pluie. Ne joins donc pas a l'idée de ne le plus voir celle de le savoir si aimable; il me semble que tu l'aime trop! Vous faites bien de boire a ma santé avec du fin amour. La veille que V. tomba malade, il en fit encore autant a la tiene en repetant ton vers.

[a]Embrasse [b]le Ron pour moi de bon cœur, et le Chien aussi. Je ne sais pourquoi tu crois que je n'ai pas trouvé ses vers jolis; je n'ai, je crois, critiqué que le sujet. St-Lembert et toi, vous parlez tant de l'automne et de la pluie et du beau tems, que de monde et de cahos j'avois la tete troublée[9]. Il me semble effectivement que vous en parlez trop tous. Cela n'enpeche pas que ses vers ne soyent tres jolis.

Je suis bien aise que Dorotée s'aprivoise avec toi au point de manger dans la meme cuillier avec son Nicodeme. Je me rejouis de leur union, et je souhaite qu'elle dure. Mais a propos des refflections que tu fais apres les mienes sur les bouderies, tu ne m'a rien dit de ton Chien depuis un siecle. Je ne voudrois pas, mon ami, que tu eusses un chagrin et que tu ne seusses a qui le dire. Pour les plaisir, on les sent bien tout seul. Reprends donc ta confiance, et mets-moi l'ame en repos la-dessus.

La chanson que je t'ai envoyé est de M. Ducé fils, et l'epitre que l'on a trouvé si belle, et qui ne l'est guere, e[s]t du pere[10] qui a quatre-vingts ans, et qui en ecrit tant qu'on veut. C'est un rabachage de morale de vielles gens.

Je ne crois pas que tu auras la *Deffence du Mondain*, il craint trop le sort du *Mondain* meme.

La prefface que je t'ai demandée[11] est pour faire voir a la Belle Dame ce qu'il y a sur V., parce qu'elle craint toujours la demengeaison qu'il a de repondre a tous les grimauts qui parlent de lui, et que comme il se cache souvent d'elle, elle aime a tout savoir pour deviner a peu pres ce qu'il fait et l'empecher.

En verité, j'admire le St des Sts, l'ami des amis : il sent tout, et sa delicatesse est divine. Le Docteur doit etre bien contant d'avoir de tels amis. Les impertinences d'un faquins devienent chere quand elle sont cause que l'on decouvre de pareilles delicatesses dans le cœur des gens que l'on aime. Baise-le sur l'œil, ce beau Petit St, pour l'amour de moi, et le Docteur sur le front, qui renferme tant de bon sens.

En pensant a vous autres la veillée de Noel (car a quelle heure n'y pensai-je pas?), je n'avois pas mis le D. entre vous deux. Je ne suis pas assés de ses^c amis pour le plasser si bien. O! misere des misere, ne serai-je jamais qu'une sotte! Enfin le recit de votre soirée me fait grand plaisir; pourquoi n'y suis-je pas? Et puis, voila les larmes.

Tu me fais enrager avec ton *Boursoufle*; je ne sais que t'en dire. C'est un gentilhomme campagnard, qui jure par Henri quatre et par la culasse de son mousqueton. Il a une petite fille fort provinciale qui veut etre mariée, qui n'a aucune idée ny du monde ny des bienseances, et qui au demeurant est fort plaisante. Un intriguant a fait le mariage du comte de Boursoufle avec elle. Le comte de Boursoufle est un homme du bel air ridicule. Il a un frere cadet qui n'a rien; l'intriguant en tire un billet de vingt mille franc sur la dote de la fille, et se presente au lieu de son frere. Le marquis arrive et on le prend pour un fripon, que l'on a dit au pere qui devoit enlever sa fille. Il le fait lier et mettre en la prison de son chateau, qui est l'ecurie. Le commissaire apelé le connoit, on le delie, mais le contrat est signé avec le frere : voila tout. Il apelle *Boursoufle l'ainé* celle que nous jouerons au premier jour; elle n'a guere d'autre merite que d'etre bien ecrite, et la scene dont je t'ai parlé. Les deux sont en prose. Je t'en ferai le plan une autre fois.

Je suis bien aise que tu aime ma grosse madame. Elle a du chagrin depuis deux jours. Tu crois bien que je la console du mieux que je peux. Ses affaires ne sont pas bien bonnes, et il lui arrive souvent des malheurs. Elle est sortie de ma chambre pour me laisser lire mes lettre. J'irai la retrouver tout a l'heure. Elle a encore une attention pour moi dont je ne t'ai pas parlé; c'est qu'elle me fourni le melieur tabac du monde, et cela en visitant ma tabaquiere, soir et matin, et en me grondant quand elle n'est pas toute pleine.

Je ne sais point d'adresse a Tavanne. Je me suis souvenue du nom du secretaire de Mr de Mirepoix[12] a qui la G. adresse les siene. Je lui ai envoyé la miene. Elle deviendra ce qu'elle poura. Il me mande qu'il ira peut-etre en Baviere a la fin de ce mois, peut-etre en Italie. Il ne me mande que cela, et le triomphe ou il est de ce que Lolote a fait une enfant. Il en est transporté de joye[13].

Je viens seulement de lire la lettre de la Corette[14]. Tu as raison, le detail de la fin est fort plaisant. N'as-tu pas bien dit : «Ah, les sottes gens!» C'est le marquis Toussaint qui fait tout cela. Bonsoir, mon Penpichon.

Voila encore du papier, mais, chose etrange a ma bavarderie, je n'ai plus rien a dire, car je me tiens dispensée des protestation d'amitié; tu sais trop bien si je t'aime. Embrace bien seré le Grand Frere pour moi; je l'aime bien et je veux qu'il m'aime tant que je l'aimerai; je suis seure du terme.

Bonsoir, Gros Chien, ne sois pas trop noir, et aime bien tes a[mi]es[d]. Je t'assure que tu m'aimera bien, car je suis bien aise de tes bien-aises, et tres fachée de tes facherie, et tout cela [se]roit[d] quand tu serois tout seul au monde.

A propos, Panpichon, sais-tu que les reponces que tu fais a mes lettres me font autant de plaisir que j'ai quelque[fois][d] d'ennui a les ecrire?

Si fait, si fait, j'ai encore quelque chose a te dire. Voila une lettre que tu feras tenir a De Benne[15]. Je ne veux pas qu'il sache ou je suis, car s'il etoit obligé d'aller a Chaumont[16], il seroit bien homme a venir ici, qui en est tout pres. Je lui mande de te remettre les cent livres qui me reviennent sur Greux[17]. Quand tu les tiendras, nous verons ce que nous en ferons. Je lui dis aussi de t'adresser sa reponce. Tu me manderas ce qu'il chanteras, car ces lettres ne vallent pas le port. Je te demande excuse de te le faire payer. S'il t'aloit parler et qu'il te presse pour avoir mon adresse, donne-la-lui a Ligny. Je l'aurai ou je ne l'aurai pas. Cela est a peu prets egal. Ne pouroi-je pas ecrire quelquefois a Coniel[18] au lieu de parler toujours de mes affaires a Mr Charmion? Ou a Longin a Nancy? Il me semble que ce sont melieurs avocats[19].

[*adresse :*] A Monsieur / Monsieur Dauphin / marchand, ruë du Chateau / a Luneville

MANUSCRITS

*A. Morgan, G.P., VI, 55-58 (D43); 3 p.; orig. aut.; fragments de cachet sur cire rouge; m.p. : De Vuassy / 8.
B. Oxford, Voltaire Foundation, «Lettres de Mme de Graffigny», p. 94-101; copie.

IMPRIMÉS

I. *Vie privée*, 150-158.
II. Asse, 125-132.
III. Best. 1636.
IV. Best. D1714.

TEXTE

a ⟨je suis bien en peine de la peine du Ron, pour elle et pour les ricochet.⟩ *b* ⟨la⟩ le Ron. *c* Le A : «mes». *d* Trou.

NOTES

1. Sur la maladie de Voltaire, v. aussi Best. D1710, 1712, 1723.
2. *Les Âmes rivales* de Moncrif, «histoire fabuleuse», parue d'abord dans *Le Mercure* en 1732, puis avec *Le Temple de Gnide* en 1738.
3. La traduction française de ces «contes arabes», faite par Antoine Galland, parut en 12 volumes entre 1704 et 1717, et fut souvent rééditée et imitée.
4. Œuvre de Montesquieu (1724), et non de Moncrif comme Mme de Graffigny et Devaux le croient (v. n2 ci-dessus). Devaux répondra : «J'opine du bonnet sur *Le Temple de Gnyde*. Jamais ce livre ne m'a plu; mais ce Mongrif ne fera donc plus rien de bon. J'ay quelque idée de son roman. Il me semble avoir lu dans un *Mercure* une fiction de luy sur le voyage des ames, qui y a bien du

rapport, c'est sans doute cela qu'il a amplifié.» (30 décembre 1738, G.P., I, 385.)

5. Devaux répondra : «Oh, rassemblez donc ces fétus, je veux les voir absolument. Il y a trop longtemps que je les attends pour les attendre encor.» (I, 385.)

6. Celui de Mme de Stainville.

7. Devaux répondra : «Eh, pourquoy ne m'envoyez-vous pas cela par Solignac? Je l'aurois plus tost et je serois plus tost bien aise. Ne vous faites pas faute de son adresse, car il se tuë de me l'offrir.» (I, 385.) En effet, M. Du Châtelet ne partira que le 18 janvier 1739 (v. l'avant-dernier paragraphe de la lettre 78).

8. La lettre de Devaux est perdue; il répondra : «Eh, mon Dieu, chere Abelle, nous parlons bien de vous, nous ne scaurions etre deux ensembles que vous ne veniez vous fourrer en troisieme.» (I, 385.)

9. Des *Plaideurs* (v. 31n12).

10. Voir 64n14; le père était Louis-Bernin de Valentiné, marquis d'Ussé par des lettres enregistrées en 1701. Il épousa en 1691 Jeanne-Françoise Le Prestre, la fille de Vauban.

11. Sur *Les Lettres juives*, v. 64n26.

12. Le secrétaire de Mirepoix, ambassadeur à Vienne, n'a pas été identifié. De toutes manières, la lettre n'arrivera pas (v. 98n14).

13. Devaux répondra : «Ah, que je reconnois bien Tavannes! Ne m'oubliez pas aupres de luy si vos lettres arrivent au bon port.» (I, 388.)

14. Probablement Marie-Éléonore-Joseph de Sauter de Menferth (ou Mansfeld), fille de Charles-François, baron de Sauter (mort en 1722), conseiller d'état de Léopold I. Elle épousa à Lunéville en 1725 Jean-Joseph, fils de Sigismond-Nicolas, baron de Coreth. Majeure lors de son

mariage, elle a dû naître avant 1700. Devaux recevra souvent de ses lettres pour Mme de Graffigny.

15. Mathieu-Joseph Chinoir, seigneur de Benne et d'Agenscourt et, par son mariage en 1716 à Anne-Françoise Huguet, belle-sœur de Mme de Graffigny, seigneur de Goncourt, résidait à Saint-Nicolas-de-Port. Il avait été capitaine au régiment de Du Han, et ensuite au régiment des Gardes de François III, et d'Artois infanterie. Il était chevalier de Saint-Louis.

16. Chaumont-en-Bassigny, à 38 km au sud de Cirey, comptait environ 4 000 habitants à l'époque. C'était le chef-lieu d'une élection, siège d'un bailliage et présidial, d'une prévôté et d'une maîtrise particulière des eaux et des forêts.

17. Greux, propriété de Mme de Graffigny alors occupée par Chinoir de Benne. Devaux répondra : «Vous dites a Mr de Benne de me remettre les cent livres de Greux, mais le voudra-t-il? Il faudroit que vous m'envoyassiez une quittance que je luy puisse donner, et que vous luy marquassiez que c'est entre les mains du Professeur qu'il faut confier cet argent, parce que vous scavez, que je n'en puis plus recevoir pour vous.» (31 décembre 1738, G.P., I, 390.)

18. Probablement Jean-Baptiste Cognel (mort en 1742), tabellion général et conseiller de l'Hôtel de ville à Lunéville, dont le fils, Jean-Baptiste (1717-1757) était avocat et professeur d'histoire à l'Académie pour les gentilshommes-cadets.

19. Devaux répondra : «Je ferai vos commissions. Vous avez raison, je crois que vous feriez mieux de vous addresser a Mr Cognel pour vos affaires. Il les entend encore mieux que Charmion.» (I, 388.)

69. à Devaux

Le lundi soir [29 décembre 1738]

Je ne t'ecrivis pas hier, mon ami, par une raison qui ne te plaira pas, c'est que j'eu la colique presque toute la journée. Je ne laissai pas de descendre pour souper. Elle ogmenta; je l'ai eu toute la nuit, et il ne tiendroit qu'a moi de dire que je l'ai encore, mais ce n'est plus rien[1]. C'est le froit qui me la donne. Je n'en ai jamais tant soufert, et, a la ressemblance pres, de ma chambre a la tiene, je la hais bien. J'ai fait calfeutrer les fenetres. Malgré cela, la veille de Noel, je fus obligée de passer la journée chez la Grosse Dame; le vent etteignoit presque mes bougies. Je suis entourée d'un paravent, il n'y fait presque rien. Il n'y a ny grand fauteuil, ny careaux, ny bergere. Oh, pour cela, je vois bien qu'on ne sauroit rassembler tous les plaisirs, car mon corps est bien mal a son aise; et le pis, c'est qu'il y est plus lontems que mon esprit n'a de plaisir, car il faut aimer autant a etre seule que je l'aime pour ne pas m'ennuier. Par exemple, aujourd'huy, il est sept heures, je n'ai encore vu personne que la Groce Dame un moment. On a bien envoyé savoir de mes nouvelles, mais les portes n'etoient pas ouvertes au vulgaire pendant le caffée[2]. Cela ne me fait rien du tout, je trouve encore le tems trop court, mais je voudrois etre a mon aise. Ce n'est pas faute de bois ny de feu. Tu croirois que c'est celui de l'enfert, mais la chambre est inechaufable. A propos de cela, je te veux faire juger de la depense de cette maison par un echantillon. On y brule tous les jours six cordes de bois; il y a trente-deux feu.

Je n'ai pas grand'chose a te mander d'interessant, seulement une belle petite action de ton Idole. Il y a huit jours qu'une servante de cuisine cassa un pot de terre sur la tete d'un laquais de V. Il en a eté au lit jusqu'a hier. On a chassé la servante et on lui a retenu un gros ecu que l'on a donné au laquais. Hier au caffée, le valet de chambre de ton Idole dit que le laquais avoit rendu l'ecu a la servante. «Qu'on le fasse venir, dit-il. Pourquoi as-tu rendu cet ecu?» «Eh, eh, Monsieur! (car c'est un nigaut), c'est que je suis quasi gueri et que cette fille a eté fachée de m'avoir batu.» «Seran (c'est le nom du valet de chambre), qu'on donne un ecu a ce drole-la pour celui qu'il a rendu, et qu'on lui en donne un autre pour lui apprendre ce que merite les bonnes action; va, va! mon ami, tu es bien heureux de savoir bien faire, fais toujours bien.» Cela n'est-il pas joli? Le souper se passa a pleurer. La Belle Dame fit une histoire l'emtable[a] qui nous fit tous pleurer; on en feroit un beau romant. Et V. fit celle du roi d'Engletere se sauvant des fureurs de Cromvel, qui nous fit aussi pleurer, et puis nous rimes d'avoir pleuré.

J'ai enfin achevé *Neuton*. Je suis bien aise de savoir que V. sait aussi bien rever qu'un autre, mais je le persecute pour ne plus rever. Nous disputons souvent sur cela, il ne demande pas mieux, car il me dit encore hier : «Ma foi! laissez la *Neuton*, ce sont des reveries. Vive les vers!» Il aime a en faire avec passion, et la Belle Dame le persecute pour n'en plus faire. La Grosse Dame et moi, nous la contrarions tant que nous pouvons.

Puisque je n'ai rien a te dire, je vais te parler du Zon. Croirois-tu que quand Dubois la mene avec elle dans la chambre des femmes, elle est couchée avec un chat sur le meme lit? On a eu un peu de peine a l'y accoutumer, mais enfin elle aime encore mieux le lit qu'elle ne hait le chat. Elle est chaude, et nous desole; elle s'echape a tout moment pour galoper a la basse-cour apres les chiens de chasse, ce qu'elle ne faisoit pas avant d'avoir eu des chiens. O tems! O meurs! Je meurs de peur qu'elle ne soit couverte par ces matins.

Puisque je suis entrée en detail sur mes comenceaux, il faut que je te dise ce qui t'etonneras beaucoup, c'est que Dubois me quitte. Jamais elle n'a eté si insolente et de si mauvaise humeur que depuis que nous avons eté a Demange. A Comerci, cela alloit encore. Enfin, elle m'a tant mis le marché a la main, jusqu'a me dire que j'etois ingrate pour les peines qu'elle avoit eu a mon servisse, que je me suis douté de quelque chose. Il y a quelque jours qu'elle oublia une feuille de papier sur ma table et une lettre de la Perci[3]. Je mis la lettre a ma poche, et je lui demandai qui avoit mis cette feuille de papier la. Elle me soutint avec fureur que ce n'etoit pas elle. Je tirai la lettre et je lui montrai. Elle voulu se jeter dessus pour me l'arracher. Cela me donna envie de la voir, ce que je n'aurois pas fait sans cela. La Perci lui mendoit des choses embigue que j'ai deviné mais qu'elle ne voulu pas m'avouer. Enfin hier, a propos de botte, elle me dit froidement que sa mere et la Perci vouloit la faire entrer chez la G. Je lui dis que je le voulois bien, et que j'y contriburois meme. Voila le denouement de tant d'impertinence qu'elle m'a fait. Je suis persuadée que Lolote n'en sait rien. Je te prie de lui en parler et de savoir si elle le veut ou non, parce qu'il faut que je le sache. Enfin cette creature-ci me dit qu'elle n'y veut pas aller, qu'elle veut aller a Paris, et puis qu'elle me quittera, qu'elle sait bien ou gagner sa vie sans etre en condition. Peut-etre la Perci lui promet-elle aussi de la prendre pour fille de boutique. Enfin je voudrois savoir le vray que je ne tirerai jamais d'elle, car elle mentiroit plustot que d'avouer une bonne action[4]. Je ne t'ai pas mandé tous les chagrins qu'elle m'a donné, car *[b]c'est fou[b]* d'etre en maison tierce et d'avoir un diable a qui, au vray, je n'ose parler. Mais je te mandois tant de fadaises, que j'ai cru devoir te suprimer celle-la. Elle a eté jusqu'a me repondre : «Je ne le ferai pas» sur des choses que je lui demandois. Baste! Je suis honteuse de te mander tant de misere, car c'est fout, cela.

Tiens, voila le chariot de fetus que j'ai enfin renoués. Cela n'est guere bon, il est trop long et il n'y en a pas la moitié. Il n'y a pas un mot d'invention. Come[nt][c] y mettre le plaisir qu'elle a a vider sa chaise persée elle-meme, et a etre une heure a froter le bassin? Comment y fourer qu'elle se fache serieusement si en travaillant on la[isse][d] tomber un atome de fil, et qu'elle passe sa vie a les r[ama]sser[d], et cent autre ridicule uniques? J'ai rendus mot pour mot ce qu'elle dit de la Grosbert[5], qu'elle traite a present comme Toussaint. C'est de son mari qu'elle dit qu'il pame de rire quand il lui anonce une mechante nouvelle. Elle le contrefait et en dit des milion de chose a imprimer, pour etre originalles.

Voila la poste arrivée, et pas une lettre! D'ou vient, mon Panpan, que je n'en ai point?[6] J'en suis bien affligée, j'espere que la prochaine sera double. Je ne concois pas ces retards-la. Bonsoir, mon ami, je suis toujours chagrine, quand je ne recois rien de ma chere societé. Je sais bien que ce n'est pas ta faute, car tu es le melieur et le plus excact Penpichon du monde, et que tu m'aime bien, et mes bons amis aussi. Je les embrasse tous cent mille fois.

Je vais prendre du thé et lire *Les Facardins*[7] pour me distraire de mon humeur et de ma colique, qui gromelle encore. Bonsoir. Sy tu ne savois pas combien je t'aime, tu ne saurois jamais rien.

*[e]*Rend-moi donc raison des *Meditation sur le Careme.*[e][8]
*[f]*Lis le portrait au Docteur pour voir s'il le reconoitra.[f]
[g]«Belinde est femme de qualité, et le but unique de toutes ses actions est de prouver qu'elle est femme de qualité.

«L'envie, l'embition, la vanité seroient ses passions dominentes s'il etoit dessent a une femme de son rang d'etre emuë fortement. Les grands mobiles de ce qu'on apelle vulgairement ‹gens de condition› sont reduits pour Belinde a des mouvemens superficiels, successifs, et momentanés, qui, se detruisant et se renouvellant sans cesse l'un par l'autre, composent un cercle de ses sentimens, dont le chagrin est le centre. L'envie exite l'embition, l'embition forme des projets sans borne, que la vanité destruit par la consideration des demarche necessaire pour reucir. Tout aboutit au noir chagrin qui l'agite tant que le mepris vient lui procurer quelque repos.

«Belinde a des ennemis qui pretendent que le chagrin et le mepris se reeunissent pour la rendre injuste, ingrate et satirique. Il vous est aisé de vous justifier, Belinde : parlez, ou bien laissez-moi dire. Je sais toutes vos raisons, vous me les avez dittes mille et mille fois. Du fond de votre alcove, vous faites, dit-on, des projets extravaguants, qui ne vont pas a moins qu'a marier votre fils[9] a une princesse de sang. Cela paroit fort, mais il n'y a qu'a jetter les yeux sur votre genealogie pour en voir la convenence. Vous ne voudriez pas une fille de cent mille livres de rente? Est-ce trop de trois cent mille pour l'entretien d'une femme qui auroit l'honneur d'etre votre bru? Vous avez voulu etre duchesse : qu'a-t-on a vous reprocher? Ne convenez-vous pas que c'etoit une folie, puisque c'eut eté dessendre? S'il y a quelque vanité dans ces projets, n'en faites-vous pas par gradation, jusqu'a celui d'engraisser des poulet comme la plus petite campagnarde? Oui, dit-on : mais tous ces projets ne vous coutent que la facon, et ne faisant aucun pas pour les faire reeussir, vous vous dechenez contre les gens qui auroient pu vous servir, comme si vous les eussiez employés, et qu'ils vous eussent manquée.

«Nous avons un fait pour repondre a cela, Belinde. Vous avez eté a Versaille une fois expres pour parler au ministre. Vous ne l'avez point vu. Est-on maitresse de son tems a la cour? D'allieurs, des femmes d'une certaine façon sont-elles faites pour courir apres la fortune, comme ces guimbardes[10] de princesses qui sollicittent a toutes heures, et attrapent tout? Le peu de sens des dispensateurs des graces n'est-il pas prouvé? Peut-on trop les hair, et en dire trop de mal? Il n'est pas plus dificile, Belinde, de vous justifier sur l'ingratitude que sur l'injustice. Gardez-vous bien, dit-on, de rendre service a Belinde. Elle ne manquera pas de vous accuser de friponneries, de vous soubsonner de noirceur, et de vous accabler de ridicule. Voici le fait : il n'y a qu'a juger.

«Vous priez une personne de se charger de vos affaire. L'empressement avec lequel elle s'y livre vous fait croire que c'est elle qui s'en est emparée malgré vous. Il n'y a en cela qu'une faute de memoire. Elle se trompe dans un calcul considerable : c'est a son desavantage, il est vrai, mais qu'importe? C'est toujours une tromperie, et tout le monde sait que la tromperie et la friponnerie sont sœurs. Or, qui peut friponner, ne peut-il pas aller sous main, dire aux marchands d'ogmenter leur memoire, et qu'on les leur passera sans autre interet que de ruiner pour se divertir une maison dont on est chargé? Il ne faut qu'un peu de jugement pour voir l'analogie de toutes ses choses. Quant au ridicule, un homme[11] qui passe sa journée a deterer tout ce qui peut vous affliger, et qui vient vous le dire tous les soirs en se pamant de rire, ne se le donne-t-il pas lui-meme?

«Pour votre satire, Belinde, elle est si compensée par des aprobation qu'il faut etre de mauvaise humeur pour n'en pas voir l'egalité. Si vous condamnés Lise d'avoir un amant, n'aprouvez-vous pas Cidalise qui couche avec son frere? Si Cleon vous est odieux pour avoir donné un souflet a son laquais, n'aprouvez-vous pas Ferragus qui a tué son cocher? Est-il rien de si agreable que la varieté de vos sentimens? A quoi peut-on comparer celle de votre conversation? Quelles surprenentes interuptions, quelles singuliere disparates! Quelle abondance de contradiction, quelle prodigieuse volubilité! Quelle continuité intrepide de parolle! Quele immense complication de faits rassemblés dans une histoire! Comment accorder toutes ces choses avec l'uniformité de votre caractere, avec la modestie, la timidité de votre maintien, l'indolence de votre esprit, et l'insensiblité de votre cœur? Ah, de quel prix est une haute naissance, elle seule peut alier tant de contrastes!

«Belinde deroge en un point : elle est officieuse a certains egards sans ostentation, mais aussi sans amitié et sans humanité. Les noms d'ami et d'amie luy sont cependant familiers. Glicere, son amie intime, est morte depuis huit jours : Belinde sait et raconte les moindre particularité de sa vie, celle de son mari, de ses freres, de ses sœurs, de ses cousins et cousines. Aucune circonstances de leur histoire ne lui est echapée. Leur maison, leurs mœubles : tout est depeint. Les noms des chiens et de valets, n'y sont pas meme oubliés. Tout est interessant dans l'amitié. Elle revient enfin a la mort de cette chere amie. Elle n'a pas eu le tems de la voir pendant une maladie de trois mois; elle a apris sa mort inopinement par la vois publique. On a pris nule precaution pour la lui apprendre; on ne l'a point menagée : elle en est touchée comme elle l'a eté de sa maladie.

«La table de Belinde est tres bien servie. Elle seroit contente si une femme de qualité pouvoit se dispenser d'etre dedaigneuse. Elle satisferoit meme son apetit s'il y avoit une façon de manger distinguée de celle des roturiers. Le premier des inconveniens est aisé a lever : en denigrant tout et en querellant ses gens, on se remet a sa place. Mais la nature a rendu le second insurmontable : la honte qu'en ressent Belinde se manifeste par son silence. Son visage en est alteré, et son embaras se communique a ses convives jusqu'a leur faire perdre contenence. Mais que Belinde se dedomage bien de cette petite humiliation le reste de la journée! Couchée nonchalament sur vingt careaux de duvet, l'univers est soumis a sa critique, ou plustot a ses conseils. Elle aprend aux puissances de la terre a gouverner leur empire. Elle approfondit le caractere des ministres, leur prescrits des regles de politique. Elle prend un egal interet a toutes les tetes couronnées, et aplanit ainsi toutes les dificultés qui les divisent. Son vaste genie ne se borne pas a ces grands objets : les societés lui paroissent mal assortie, elle les decompose pour en former d'autres. Ses soins s'etendent jusqu'aux particuliers. Damon est mal servi, elle reforme son domestique, et lui donne des valets unique par leurs talents. Sephise est manifique, mais sans gout. Elle [12] amasse avec un detail infini tous les bouts inutils de toile des Indes, et lui compose un meuble de chifons, a la verité, mais de tres bon gout. Lucile aime ses enfants comme une bourgeoise : Belinde lui aprends qu'il faut les habiller manifiquement et les hair. Elle aprend a Araminte qu'elle est ridicule d'avoir un bea[u te]int[h] a cinquante ans, qu'on doit commenser a brunir a quarante, a [Em]ilie[h] qu'elle est malade de mauvaise grace, et qu'il y a de la dessence a l'etre d'une certaine façon. Alidor vraysemblablement a concu tels et tels projets. Ecoutez Belinde, Alidor : n'allez pas plus loin. Elle vous a demontré que vous aviez tord. Periandre n'est qu'un homme d'esprit. Il y a a parier qu'il a telles ou telles pensée. Eh bien, Periandre, qu'avez-vous a repondre? Belinde vient de vous refuter. Rien, sinon que je n'ai jamais pensé cela. Qu'importe? C'est pour quand vous le penserai. Jusqu'ou ne s'etendent pas ses soins genereux? Le peuple, si loin d'elle, en ressentiroit les effet, s'il pouvoit entendre [a]vec[h] quelle economie elle lui prescrit des regles de misere, combien il ogmenteroit son travail et diminueroit son salaire affin de se rendre plus agreable et moins maussade.

«Avec un si grand jugement, Belinde est la plus malheureuse femme du monde. Elle est du premier rang, mais elle n'est point titrée[13]. Elle est riche, mais elle n'a pas un million a mettre en magots. Elle est jolie, mais d'autres femmes plaisent plus qu'elle. Son mari la laisse maitresse de son bien, de sa depense, meme de la conduite, mais il suit rarement ses avis. Son fils est bien né, mais il aime le bal et la comedie. Ses domestique ne l'aiment point, malgré le soin qu'elle prends sans relache a les instruire. Tant d'inconveniens attachés aux plaisirs les lui fait detester. Les sceptacles[i] sont représentés par des gens de rien. On s'expose au bal de l'Opera a etre assis a coté d'une blanchiseuse; a ceux de la cour, a rougir de voir les femmes de qualité perdre l'air de dignité en dansant. Les livres sont ecrits par des hommes de toute espesse. Il est vray que les docteurs de l'eglise sont des auteurs en dignité, mais on ne sauroit toujours lire. La manificence des habits vous mest au pair de la financiere, le jeu a celui des laquais, la molesse a celui des philosophes voluptueux, qui sont des gens execrables. La propreté seroit un plaisir parfait si toujours quelque athome ne venoit sou[s] l'aspect de poussiere. Enfin, pour gouter quelque plaisir, il faudroit sortir de la noble et indolent dessence. Il faut donc s'ennuier. Ô Belinde, que vous etes malheureuse! Pourquoi etes-vous née?»

[*adresse :*] A Monsieur / Monsieur Dauphin, marchand / ruë du Chateau / a Luneville

MANUSCRITS

*A. Morgan, G.P., VI, 59-64 (D44); 4 p.; orig. aut.; cachet sur cire rouge[14]; m.p. : Vuassy / 6.
B. Oxford, Voltaire Foundation, «Lettres de Madame de Graffigny», p. 101-111; copie.

IMPRIMÉS

I. *Vie privée*, 159-175.
II. Asse, 133-144.

III. Best. 1645.
IV. Best. D1725.
V. Butler, pp. 126, 129-132 (extraits traduits en anglais).

TEXTE

[a] Lecture incertaine : «lamentable», ou peut-être «véritable». [b] Le A : «s'est fout». [c] Déchirure. [d] Trou. [e] Post-scriptum à la page de l'adresse, f°

2b. Le sceau de Voltaire sur une lettre à Moussinot, du 27 décembre 1738.

Bibliothèque nationale, Paris.

2a. Lettre de Devaux à Mme de Graffigny, du 29 décembre 1738, décachetée et recachetée par Mme Du Châtelet.

Pierpont Morgan Library, New York.

62. ⸍ Post-scriptum écrit à l'envers en haut de la première page. ᵍ Le reste de la lettre, écrite sur une demi-feuille détachée, est entièrement consacré au portrait de Mme de Stainville. ʰ Lettres masquées. ⁱ spectacles.

NOTES

1. Devaux répondra : «Pourquoy donc votre belle Grosse Dame vous a-t-elle laissée si longtemps teste a teste avec votre colique? Je ne veux pas cela. Je la gronderai.» (1ᵉʳ janvier 1739, G.P., I, 394.)
2. Cette exclusion insolite, dont Mme de Graffigny ne soupçonne pas les raisons, annonce pourtant que l'orage se prépare; v. lettre 70 et les lettres suivantes.
3. Percy ou Persil, nom de famille de la propriétaire d'une boutique à Lunéville, et amie de Dubois, femme de chambre de Mme de Graffigny.
4. Devaux répondra : «J'ay eté faire votre commission. En voici la réponse. Mde Dubois a fait ecrire a la G[randville] par l'abbé que vous ne vouliez plus de sa fille, et qu'elle la prioit de la prendre quand elle quitteroit Percy. Elle a repondu qu'elle pourroit le faire, mais que ce ne seroit qu'au cas que vous l'en priassiez vous-meme. Elle me paroit de tres bonne foy la-dessus. Je crois aussi que Dubois ne vous trompe pas en vous disant qu'elle ne veut pas y aller. J'en juge par des propos que m'a laschés Percy il y a quelque temps, qui me font croire votre conjecture vray. En me parlant de son amitié pour Dubois, elle me dit qu'elle voudroit bien etre en etat de luy donner une retraite pour la retirer du service. Je suis fasché, chere amie, que vous m'ayez tu jusqu'ici les chagrins qu'elle vous a donnés.» (I, 393.)
5. On se rappelle que Grobert était l'ancien secrétaire du marquis de Stainville. Sa femme, Louise-Antoinette de La Lance, qu'il épousa en 1718, était la fille de Didier de La Lance et d'Anne Mathieu de Saint-Remy; elle figure apparemment sous un des pseudonymes féminins dans le portrait.

6. Devaux répondra : «Je vous assure que je n'ai pas manqué une seule fois de vous ecrire. Je suis charmé que vous ne m'en soupconniez pas, et j'ay une joye bien delicate a vous voir contente de moy. Avouëz donc que je vous aime, parce que la paresse n'y tient pas.» (I, 394.) C'est encore un signe qui présage les événements détaillés dans la lettre 70; nous apprendrons que ces lettres ont été retenues par Mme Du Châtelet.
7. Le roman d'Hamilton.
8. La lettre où Devaux parle de cet ouvrage est perdue. Mme Du Châtelet écrit le 12 décembre à d'Argental : «On parle de *Méditations sur le carême* que l'on dit pleines d'atheisme et que l'on a la mechanceté d'attribuer à votre ami [Voltaire]; cependant il est bien loin d'être athée et encore plus loin de penser à de pareils outrages.» (Best. D1685.) L'ouvrage en question n'a jamais été imprimé. René Pomeau, dans *La Religion de Voltaire* (1956), commentera : «Voltaire est certainement innocent d'avoir blasphémé en de si méchants vers» (p. 200n64). Devaux répondra : «Je n'ai plus entendu parler des *Meditations du caresme*.» (I, 394.)
9. Le futur duc de Choiseul.
10. Guimbarde : ancien terme injurieux qui se dit d'une femme (Littré, qui cite Mme de Sévigné, Boursault, et Voltaire).
11. Sans doute Grobert, mais ce pourrait être le mari de Mme de Stainville (v. Butler, p. 126).
12. Il s'agit sans doute de nouveau de Mme de Stainville.
13. Même si elle est marquise, elle n'est pas duchesse (v. par. 3 de ce portrait).
14. Il est manifestement clair que cette lettre, une fois cachetée, a été ouverte et racachetée. On distingue deux différentes teintes de cire rouge (v. 79n2 et fig. 2) et il y a autour du cachet de petites gouttes de cire et de petites déchirures, plus que d'habitude. Le sceau lui-même est celui de Voltaire : Vénus assise, le bras droit étendu, tenant un Amour minuscule.

70. à Devaux

Le 1 janvier [1739]

J'ai eté un peu malade les jours passé, mon cher Panpan, mais ne soiez pas en peine de moi, on en a des soins dont je suis confuse.
J'ai reçu la lettre que je vous mandois n'avoir pas recu. Vous m'y parlez d'un

chant de *Jane* que vous trouvez charmant; je ne me souviens plus de ce que c'est et je vous prie de me renvoyer la feuille de la lettre ou je vous en parle.ᵃ Il me faut cette letre[1]. Ne faites aucun commentaire la-dessus, ils seroit inutils.

Je n'ai rien a repondre a tout le commencement de cette trop longue lettre. Vous voulez savoir les arrengemens que je prends pour le mois de mars[2], vous vous imaginez que je resterai ici jusque-la, vous vous etes trompé; je n'y ai jamais pensé. J'y suis trop bien; plus j'y resterois, plus j'en trouverois le changement sensible. Je croiois comme vous qu'il me revenoit beaucoup plus sur Mr Toussaint qu'il n'y a[3]. Cela ne va pas a plus de trois cent livres, apres en avoir tiré cent vingt-cinq que je mande a Mr Herei[4] de vous faire tenir pour paier la rente de son mineur. Vous voiez que trois cent livres ne pouroit tout au plus que me conduire a Paris; et avec quoi se meubler et vivre jusqu'au tems ou mes rentes reviendront? Cela est clair. Ainci donc je fais chercher a St-Dizier[5] s'il n'y a pas un couvent ou je puisse me retirer. Pourquoi St-Dizier, dites-vous? C'est premierement que quand on prend une retraite, on ne sauroit trop prendre, que je veux etre dans un endroit ou je n'ai de comerce qu'avec mes amis; secondement, c'est pour une raison liée a celle-la, je veux etre dans un endroit ou la poste soit reguliere, puisque je n'ai d'autre bonheur, d'autre bien dans ce monde, que vos lettres, et du moins je verez un de mes amis une heure tous les ans, car je ne puis croire qu'il passe la sans me voir. Ne saisisez pas cet arrengement comme celui de la montagne[6]; je vous assure que, loin de m'affliger, je le desire comme un lieu de repos. Je sens que j'ai de quoi m'occuper, soit a lire, a mediter sur le monde, ou a vous ecrire. Enfin peut-etre ne le feroi-je pas si je pouvois faire mieux, mais puisque tel est ma destinée, il faut la remplir. Passons.

Il me semble que nous etions trop bien convenus que vous ne parleriez jamais de quoi que se puisse etre d'ici pour me faire seulement la question que vous me faites sur *Dardanus*[7]. Il faut donc que je vous le repete encore, je n'exepte rien. Au nom de Dieu, taisez-vous. Je vous l'avois demendé si expressement que je croiois qu'il n'y avoit plus rien a vous dire. En verité, je suis etonnée des choses dont vous parlez avec le Petit St, et encore plus de la façon cruë dont vous me les ecrivez[8]. Mesurez un peu mieux vos termes. Je vous le passe, parce que vous veniez de faire des contes avec lui, et que vous croiiez encore y etre, mais cela est pitoyable.

Je ne comprend pas pourquoi le Docteur doit aller passer quelques jours a Nancy a cause du Nouvel An[9]. Ah, si fait, je n'y pensois pas; c'est que j'ai la tete un peu brouillié de vapeurs. Vous avez beau me gronder d'en avoir ici[10], je sais bien que cela est ridicule, mais qu'i faire? Quand elle vienent, il faut les prendre. Les soins et les attentions de Mr de ...ᵇ donneroit envie d'etre malade pour faire valoir son bon cœur. Cela seroit delicat, mais comment marquer toute la reconnoissance que j'ai dans le cœur?

Adieu, mon cher Panpan, ma lettre n'est pas amusante; mais a moins que je ne vous fasses le conte du *Belier*[11] et des *Facardins*, je ne puis vous rien dire autre chose, car je n'ai lu que cela.

Je n'ai pas recu de lettre hier; je l'aurai peut-etre samedi. Cela revient au meme, puisque j'en aurai peut-etre deux. Ne croiez pas, mon ami, que je vous aime moins pour etre malade. Nule situation ne change celle de mon cœur. Adieu, tous mes chers amis. Embrassés le Docteur pour moi.

[*adresse :*] A Monsieur / Monsieur De Vaux / le fils, ruë du / Chateau / a Luneville

MANUSCRITS

*A. Morgan, G.P., VI, 65-68 (D45); 3 p.; orig. aut.; cachet sur cire rouge; m.p. : Vuassy / 6.

B. Oxford, Voltaire Foundation, «Lettres de Madame de Graffigny», p. 111-114; copie.

IMPRIMÉS

I. *Vie privée*, 174-178.

II. Asse, 145-148.

III. Best. 1651.

IV. Best. D1731.

TEXTE

a Quatre lignes rayées. *b* Les trois points sont de Mme de Graffigny, qui n'ose même pas utiliser son «V.» habituel pour désigner Voltaire.

REMARQUES

Le changement de ton dans la présente lettre a été remarqué par tous les commentateurs; par exemple, Mme de Graffigny vouvoie Devaux, et elle dira elle-même : «Ma lettre n'est pas amusante». C'est le lendemain d'une scène orageuse qu'elle a eue avec Voltaire et Mme Du Châtelet. Ce n'est que dans la lettre 80 qu'elle pourra tout expliquer à Devaux. Voici, afin d'éclairer la lecture des lettres suivantes, ce qui s'est passé. Dans la partie de la lettre 65 qui manque, Mme de Graffigny avait décrit un des chants de *La Pucelle* de Voltaire. Devaux a répondu dans sa lettre du 26 décembre (que nous citons en entier ci-dessous) : «Le chant de *Jeanne* me paroit charmant.» (I, 372.) Or, en cette fin d'année, Mme Du Châtelet ouvre en secret tout le courrier qui arrive à Cirey, dans l'espoir d'intercepter la *Voltairomanie* de Desfontaines, car elle craint les conséquences de cette nouvelle attaque sur Voltaire (v. 61n5, 62n34, 65n1; sur toute cette affaire, v. English Showalter, «Sensibility at Cirey : Mme Du Châtelet, Mme de Graffigny, and the *Voltairomanie*», *Studies* 135, 1975, p. 181-192). Mme Du Châtelet a donc pu voir cette phrase de Devaux sur *La Pucelle*, et en a conclu que Mme de Graffigny avait copié et fait circuler des extraits du poème. Elle a montré la lettre à Voltaire qui, avec elle, est allé dans la

chambre de Mme de Graffigny la nuit du 29 décembre lui faire une terrible scène. Notre épistolière expliquera dans la lettre 80 comment Voltaire a fini par être convaincu de sa sincérité quand elle assurait qu'elle n'en était pas coupable. Mme Du Châtelet, pour se disculper, a dû inventer une histoire pour expliquer pourquoi elle avait ouvert la lettre de Devaux, car elle ne voulait pas parler de la *Voltairomanie* devant Voltaire. Ironiquement, comme le démontre E. Showalter dans son article, celui-ci prendra connaissance de l'existence du pamphlet de Desfontaines le 2 janvier, bien avant qu'il ne le dise à Mme Du Châtelet.

C'est sur les instances du marquis Du Châtelet que, dans la présente lettre, Mme de Graffigny demande à Devaux de lui renvoyer la lettre 65, comme témoignage de son innocence. C'est ce que Devaux fera, après quelques hésitations et ruses, et Mme de Graffigny finira par jeter au feu les premiers feuillets de la malheureuse lettre, en présence de Mme de Champbonin. Nous citons *in extenso* cette lettre de Devaux, que Mme Du Châtelet a retenue pour confondre Mme de Graffigny, mais qu'elle a dû lui rendre le soir même. On verra qu'il y a dans la lettre de Devaux d'autres allusions – au *Siècle de Louis XIV* et à la *Vie de Molière*, et d'autres encore – qui étaient susceptibles d'attiser la méfiance de Mme Du Châtelet. Devaux a réagi à la demande que lui fait son amie de façon à la défendre, même avant d'être parfaitement au courant de la situation. Il va surtout commencer à envoyer à Mme de Graffigny deux lettres en même temps, l'une «ostensible», destinée aux yeux de Mme Du Châtelet, sur laquelle il écrit lui-même l'adresse; et l'autre «privée», sur laquelle un de ses amis écrit l'adresse, dans l'espoir – pourtant bien vain – que Mme Du Châtelet ne l'ouvrira pas.

Voici le texte de la lettre de Devaux qui a provoqué cette lamentable affaire. Ainsi, le lecteur pourra apprécier à leur juste valeur les soupçons et la conduite de Mme Du Châtelet.

«Ce vendredi apres-diner, 26 nov. [=décembre] 1738. Bonjour, chere Abelle, me voici a vos pieds presque aussi malade qu'hier. Le chaud du lit et le sommeil avoit presque dissipé mon rhume et mon mal de teste, mais l'un et l'autre recommencent deja. Je ne causerai avec vous qu'autant qu'ils le voudront bien permettre. Ce matin j'ai eté chez la G.[12], que j'ay trouvée de fort mauvaise humeur. Elle ne se porte pas bien et elle est encor plus inquiete que malade. Hier soir les gens de Du Chaffa et de d'Aigrefeuille[13] se sont battus avec un yvrogne sur la place, et luy ont fait une grande blessure dans le ventre. Elle les a fait fuir, mais comme les archers vont après, elle a peur qu'on ne les attrappe. On dit pourtant que cet homme n'est pas en danger. Pendant que nous etions là, elle a reçu une lettre de Mr de Tavanne[14], qui luy mande en fort peu de mots que le 17 sont partis de Vienne leurs A.R.[15] et Monseigneur[16], et le 18 devoit partir Mr de Mirepoix[17] pour venir se marier. Luy, Tavannes, part au premier jour pour Munik. Je luy ai demandé s'il etoit vray que Mr de Brun[18] etoit mort. Tout ce que j'en ai pu arracher a eté un ‹Non› tout court. Ainsi je ne scaurois vous donner de grands eclaircissemens la-dessus. Comme nous allions sortir est entré Desmarets, a qui elle a fait de grands reproches de ce qu'elle ne le voyoit plus. Hier elle nous envoya trois douzaines d'huitres, parce qu'il y a quelque temps que je la priai de nous en faire manger. Voila deja deux fois qu'elle nous fait cette galanterie pour esquiver un souper. En meme temps elle me fit prier de l'excuser aupres de vous de ce qu'elle ne vous repondoit pas encor, et de vous dire qu'elle etoit indisposée et que ce sera le plus tost qu'il luy sera possible. Voila tout mon agenda.

Je viens a votre lettre. Pardonnez a ma teste si je n'y reponds pas mieux. Voila Mde Thibaut[19] qui vient faire ma chambre, et qui dit qu'on va faire la recommendation de l'ame du blessé.

Je suis enchanté de votre souper, de votre fruit, et de vos propos. Mon Dieu, quel paradis que ce Cyrei! C'est a luy que j'applique la fin du *Mondain*[20] bien mieux qu'a Paris. Allez vous promener. Que n'avez-vous des tablettes? J'ay envie de vous envoyer celles que Desmarets m'a données. Je scaurois le couplet de chansons qu'a fait mon Idole.

Je ne scaurai plus que faire de mon admiration pour votre Deesse[21] si vos continuëz a l'augmenter. Quelle femme! Qu'elle est adorable! Vous avez bien raison. Je ne concois pas d'assez fortes testes pour y resister. Le conte du curé est fort plaisant. Pour les vers du prince de Prusse, il faut qu'ils soyent d'un prince pour n'etre pas de la prose[22]. Cependant je l'en aime davantage. Je n'y

vois que son admiration pour le merite. Remerciez-en, je vous prie, votre belle Grosse Dame. Qu'elle ne craigne rien. Je vous jure qu'ils ne sortiront point de ma chambre ni de notre societé. Vous me connoissez; c'est tout dire.

Le chant de *Jeanne* me paroit charmant[23], et le plan de *Louis 14* admirable. Oh, mon Dieu, que ce livre-là sera bien fait pour me plaire! J'en dis autant du poeme sur la phisique[24], supposé que je l'entende.

Grand merci des extraits de *Moliere*[25]. Ils m'ont fait extremement de plaisir. Je vous scais bien bon gré des efforts que vous faites pour rendre mon heros aux Muses. Qu'es-ce que c'est que cette tragedie qu'on luy permet d'achever? Il me semble que la comedie sera bien jolie. J'adore Mde Du Chastelet, mais je l'adorerois bien davantage si elle ne mettoit point d'entraves au genie de mon Idole. La facon dont vous lisez *Neuton* me fait rire. Pour peu que Mr de Maupertuis[26] soit avec vous, la geometrie ne vous coustera plus tant a entendre. Je vous parie qu'il vous en donneroit des leçons si vous vouliez. N'est-ce pas luy qui l'a aprise a Mde Du Chastelet? Mais dites-moy donc ce qu'elle fait, elle. Sans doute qu'elle travaille, puisqu'on ne la voit plus depuis midi jusqu'a neuf heures.

Ce jour-là comme un autre, chere amie. Mon amitié est toujours la meme, parce qu'elle est a ce periode ou elle ne peut plus hausser ni baisser. Mais mon Dieu, quand vous le dirai-je autrement? Il n'y a que vos lettres, chere Abelle, qui me font oublier que je ne vous vois plus. Mais helas, ces lettres sont bientost tuës. Baste, finissons, foua fouas!, ces idées sont pour moy les hannetons de Polichinelle[27].

Il n'est plus temps de repondre a l'article suivant. Vous cherchiez le moment de vous ouvrir, vous l'avez trouvé. Le reste viendra; tout m'en assure. Vous m'affligez avec ce mois de mars[28]. Votre duchesse sera-t-elle de retour pour ce temps-là? Où ira Voltaire? Que ferez-vous? Dites-moy donc vos mesures si vous en avez prises. Si non, prenez-en de longue main. Votre etat me fait bien de la peine, chere amie. Il faut que vous y soyez bien sensible pour en pleurer au milieu des delices et des plaisirs. Mais bon Dieu, ne mettrez-vous jamais cette ame-là a la raison? Elle est trop sotte au bout du compte; mais autre hanneton, passons.

Je crois que vous serez contente de la facon dont je vous parlai hier de Dorothée[29]. Je n'ai rien de nouveau a vous en dire aujourd'huy. Ils vont toujours leur train.

3. Lettre de Devaux à Mme de Graffigny, du 26 décembre 1738, original autographe.

Beinecke Library, Yale University, New Haven.

Je suis bien aise que vous pensiez comme moy sur le voyage que le St vouloit me faire faire. Ce que vous m'en dites l'a mis a la raison. Il voit bien qu'il n'y faut plus penser[30]. Tant d'humiliation balanceroit les plaisirs que j'aurois, que je ne regrette que celuy de vous voir. C'est beaucoup trop, mais il faut prendre son parti. Ecrivez-moy bien, chere amie. Songez que c'est ma plus grande consolation.

La parodie de Jodelet sur mon epitre est l'endroit ou vous dites qu'on vous faisoit des questions sur mes meubles[31].

Je trouve ici le Gros Chien. Il faut vous dire mille tendresses pour luy et en meme temps qu'il n'a pas eté content de ce que vous dites de ses vers; et encor qu'il ne scait pas ce que je vous ai mandé de Bertaut. J'attends les foudres et les eclairs, je tremble.

Gros Chat[32] est fort drole. Vous avez beaucoup a ecrire, dites-vous. Mais bien, moy, j'enrage. Je viens de compter mes lettres sur mes doigts, et j'en trouve plus de vingt, toutes plus embarrassantes les unes que les autres. Je ne scaurois me resoudre a m'y mettre, et cependant le temps presse. A propos de cela, si j'ecris a La Bruere, puis-je luy dire quelque chose de *Dardanus*[33]? Ne craignez rien au moins. Je n'en parlerai pas que vous ne m'ayez repondu.

Dites-moy un peu quelque chose de ma mie Dubois, et donnez-luy un petit bonjour de ma part, et un baiser au Zon. Mr son fils, qui vient de me voir, luy fait mille respectueux complimens.

En verité vous vous mocquez des gens d'etre malade a Cyrei[34]. Dans un pareil sejour on ne devroit mourir qu'en bonne santé. Sans badinerie, chere Abelle, je veux que vous vous portiez bien; c'est la grace que je vous demande, et je scais bien que vous pouvez me l'accorder, car votre fort cœur est le mobile de toute la machine. Desmarets vous aura hier repondu sur l'article suivant. Je ne vous en dis rien.

Vous me donnez encor plus d'admiration pour l'ame de Mr de Voltaire que je n'en avois pour son genie. Quel homme! Que j'aime son humanité et sa noble compassion! J'espere que si Bagard va a Cyrei, il le defera de ses vilaines glaires[35]. Puisqu'on a approuvé sa consultation, je ne doute pas qu'il ne prenne confiance en luy.

Quand viendront donc ces epitres et cette estampe[36]? Ne la laissez pas oublier a Mr de Voltaire, et mettez-moy toujours a ses pieds, rempli de reconnoissance, d'estime et d'admiration, et j'ose dire de tendresse. Puisque Solignac veut bien me prester son nom pour quelques paquets,

vous pourrez m'envoyer ce que vous voudrez. Adieu, chere amie, a demain. Je ne scais comment j'ay eu le courage de tant bavarder. Je tousse, mais je vous adore et je vous embrasse de toute mon ame.» (G.P., I, 371-374; v. fig. 3.)

NOTES

1. C'est sur l'instance de Mr Du Châtelet, et pour se disculper, que Mme de Graffigny demande la lettre 65.

2. Voir 65n2.

3. Réponse à une lettre de Devaux qui est perdue.

4. Emmanuel Héré, l'architecte, est devenu tuteur des enfants mineurs de sa nièce, Claude-Thérèse Héré, dont le mari, Charles-François Michel, avocat à la cour, a été détenu à la Conciergerie, faute d'avoir acquitté une dette. Jean-Nicolas, frère de Claude-Thérèse, seconde son oncle, car, en tant que fourrier du logis à Commercy, il est reponsable de la distribution des pensions accordées par la duchesse douairière, y compris, bien entendu, celle de Mme de Graffigny.

5. Saint-Dizier, ville de 4 900 habitants à l'époque, était à 45 km au nord de Cirey, et à quelques 130 km de Lunéville, mais sur la grande route de Nancy à Paris.

6. Voir 28n25. Mme de Graffigny emploie l'expression «la montagne» pour désigner son dernier recours dans une situation désespérée (ce fut le cas pour son séjour à Demange-aux-Eaux). Ici elle prétend, avec une ironie amère mêlée de prudence, qu'elle n'est à la recherche que du calme et du repos.

7. Voir n33 ci-dessous.

8. Devaux parle du voyage qu'il avait projeté de faire à Cirey, et auquel il a renoncé.

9. Desmarest va à Nancy parce qu'on va présenter une pièce (v. Devaux, 20 novembre 1738, G.P., I, 331). Ainsi, Mme de Graffigny a reçu une deuxième lettre de Devaux, à laquelle elle répond aussi.

10. Dans la partie de la lettre 65 qui manque, Mme de Graffigny a dû faire allusion à sa mauvaise santé.

11. Conte d'Hamilton (1730).

12. Mme de Grandville.

13. Officiers du régiment de Navarre.

14. Il s'agit peut-être de Charles-Michel-Gaspard, comte de Saulx-Tavannes (né en 1713), officier du régiment de Navarre, et parent de Louis-Henri de Tavannes-Mirbel, l'ami de nos deux correspondants.

15. L'ex-duc François III et son épouse, Marie-Thérèse, la future impératrice.

16. Le prince Charles-Alexandre de Lorraine.

17. Sur le mariage de Mirepoix et de la princesse de Lixin, v. 25n18.

18. Voir 66n14.

19. La femme de chambre de la famille Devaux.

20. «Le paradis terrestre est où je suis» (*Le Mondain*, vers 129, et dernier).

21. Mme Du Châtelet.

22. Sans doute des allusions à la partie de la lettre 65 qui a été brûlée. Il s'agit des vers envoyés à Mme Du Châtelet par Frédéric II (v. 61n27).

23. Ce sont les mots fatidiques qui ont declenché les soupçons de Mme Du Châtelet, et encore est-ce un malentendu, car Mme de Graffigny n'avait fait qu'esquisser le plan de ce chant.

24. Probablement *L'Ode à Messieurs de l'Académie des Sciences qui ont été au cercle polaire...* (1738).

25. Sur la *Vie de Molière* de Voltaire, v. 61n41. Mme de Graffigny fera des reproches à Devaux

dans la lettre 80 de ne pas avoir effacé ces mots, car elle avait nié lui avoir envoyé le moindre extrait d'un ouvrage de Voltaire (v. 80, par. 13).

26. Maupertuis arrivera à Cirey le 12 janvier (v. lettre 75).

27. Cette allusion n'a pas été identifiée.

28. Voir le texte de la lettre de Mme de Graffigny à la note 2 ci-dessus.

29. La lettre de Devaux est perdue.

30. Voir n8 ci-dessus.

31. Voir 65n10.

32. Ce nom désigne Mme de Champbonin (v. lettre 65).

33. Cette petite indiscretion de Devaux en laisse supposer d'autres plus graves.

34. Voir n10 ci-dessus.

35. Voir l'avant-dernier paragraphe de la lettre 65.

36. C'est le portrait de Desfontaines (v. 63n42).

71. à Devaux

Le samedi 3 janvier [1739]

Ce n'est pas d'aujourd'huy que tout me tourne a mal, mon cher Panpan. Je me porte toujours assés mal, et voila deux ordinaire que je n'ai point de nouvelles de mes amis. J'ai reçu ce soir une lettre de Md. de Granville du 29 : elle ne me parle d'aucun de vous. Du moins, jusqu'a ce jour-la, je crois que vous etes sans accident, mais ce n'est pas assés pour me tranquiliser. Ecrivez-moi, Panpan, ne fusse*a* qu'un mot qui m'aprene que vous et mes chers amis etes en bonne santé, et que vous m'aimez toujours.

Mes vilaines vapeurs me rendent une creature fort ennuieuse : aussi je ne sors de ma chambre que pour souper. Encore ne dessendroi-je pas si je ne craignois de faire du derengement dans la maison. Je lis autant que je puis, mais je ne puis guere ecrire. C'est seulement pour que vous ne soiez pas en peine de moi que je vou[s ecr]is*b* ces quatre mots, et que vous sac[hiez]*b* que je vous a[im]e*b* tous plus que ma vie[1].

[*adresse :*] A Monsieur / Monsieur De Vaux / le fils, ruë du Chateau / a Luneville

MANUSCRITS

*A. Morgan, G.P., VI, 69-70 (D46); 1 p.; orig. aut.; cachet sur cire rouge; m.p. : Vuassy / 6.

B. Oxford, Voltaire Foundation, «Lettres de Madame de Graffigny», p. 111-118*c*; copie.

IMPRIMÉS

I. *Vie privée*, 179.

II. Asse, 149.

III. Best. 1660.

IV. Best. D1740.

TEXTE

a fût-ce. *b* Trou à l'endroit du sceau. *c* Dans la copie manuscrite pour l'édition de 1820, l'éditeur ajoute ici un extrait du *Siècle de Louis XIV* sur Christine de Suède, extrait qui, dans l'édition imprimée, sera reporté à une lettre ultérieure; v. 76 Texte.

NOTE

1. Devaux répondra : «Je viens de recevoir deux de vos lettres, chere amie, mais ce n'est pas encor mon compte, car je n'y trouve point celle que je devois recevoir dimanche. Je crains bien qu'elle n'ait le meme sort que l'autre qui a eté perdue il y a six semaines ou un mois. J'y vais repondre en detail. La premiere est dattée de samedi. Vous commencez par me dire deux choses qui m'affligent beaucoup. L'une, que vous ne vous portez pas mieux, et l'autre, que vous avez eté deux ordinaires sans recevoir de mes nouvelles. Je vous assure pourtant, chere amie, que je n'ai pas manqué de vous en donner. Je ne conçois pas le derangement des postes. Je conçois encor moins ce qui peut vous donner des vapeurs dans le palais enchanté ou vous etes. Je crois qu'il est bien plustost fait pour les dissiper, mais quelle qu'en soit la cause, vous connoissez notre cœur, chere amie, et vous devez scavoir combien nous y sommes sensibles. Nous sommes au desespoir que l'inquietude ou vous etes sur nous les augmente encor. [...] Votre billet est bien court, mais je le trouve encor trop long, puisqu'il couste tant a vos yeux.» (8 janvier 1739, G.P., XI, 9.) Il est clair que les amis de Lunéville n'ont pas encore saisi le grand changement survenu dans la situation de Mme de Graffigny, malgré leurs inquiétudes sur «le dérangement de la poste» et la santé physique et morale de leur amie.

72. à Devaux

Le lundi 5 janvier [1739]

Je viens de recevoir votre lettre de jeudi, mon cher Panpan, mais celle du lundi avant est restée en chemin[1]. Si vous vous souvenez de ce que vous me mandiez, vous me feriez plaisir de me le dire, mais fort en gros[2]. Vous m'anoncié aparament l'arrivée de M. de Mirepois, car vous me dites dans celle-ci qu'il n'est pas encore marié[3].

Je ne saurois assés vous dire combien je suis sensible a la paix dont vous jouissés. Vous etes bien resonnable, et je vous en aimerois davantage s'il y avoit quelque choses a adjouter a mon amitié, mais vous veriez bien qu'elle est au comble si je pouvois vous ouvrir mon cœur.

Je reponds a votre grande lettre par article du moins. Je passe celui de vos exortations a vous voir[a]. Nous verons : d'autres tems, d'autres soins. Je suis bien aise que vous vous amusiez de projets ensembles, mes pauvres amis; mais je vous conseille, a vous particulierement, d'arreter les votres qui, selon moi, ne peuvent jamais avoir d'execution[4]. Les raisons seroient trop longues a vous detailler; ainci, je me contente de vous donner mon avis tout seq. Ce n'est pas manque de bonne volonté au moins, mon ami, si je ne vous rend pas raison de ma façon de penser; c'est que par surcroit de mauvaise santé, il m'est venu une petite fluction sur un œil qui ne me permet pas la longue aplication. Ne soiez pas en peine de moi pour cela. La dame que vous aimez tant[5] a la bonté de venir dans ma chambre, et je fais des nœux, ainsi je suis encore plus ocupée que si je lisois moi-meme[6]. Je sens, comme je le dois, l'obligation que j'ai au Docteur de vouloir bien parler quelquesfois de moi. Quand il n'aura rien de mieux a faire et qu'il voudra bien m'ecrire, il me fera plaisir. Quoi qu'il en soit, je penserai toujours de meme pour lui.

Je vous envoyerai ou au Proffesseur une quittance pour De Benne. Dittes-lui, a ce pauvre ami, qu'il a ecrit a une borgne qui ne peut encore lui faire reponce mais qui l'aime bien. Je sais comme il m'excuse facilement. Dites-en autant au Pettit Pousset[7]. Vous ne vous douteriez jamais de ce qu'il y a dans la lettre que vous m'avez envoyée. Je veux vous faire mourir de curiosité en vous disant que c'est la plus singuliere chose du monde, que c'est une nouvelle connoissance du monde que j'aquier et dont je ne crois pas avoir besoin, car si je ne le connoissois pas, je serois bien brute. Je vois cependant qu'on aprend tous les jours, et meme des choses les moins attendueë, les moins croiables, et les plus singulierement arrengées. Ô que la philosophie seroit une belle chose si elle etoit bonne a quelque chose! Bref, cette lettre m'a fort amusée[8].

Pouvez-vous douter, mon cher Panpan, que la santé de Mr votre pere ne m'interesse bien sensiblement[9]? Je veux que vous m'en disiez un mot dans toutes vos lettres, et que vous lui en dissiez mille de ma part les plus tendre et les plus interessés a tout ce qui le touche; et je veux que vous baisiez bien la bonne Mamant pour moi.

Je suis bien aise que mes fetus vous ayent amusé un moment; je voudrois savoir ce qu'en pense le Docteur[10]. Je vous demande pardon a vous autres, mais je me defie de votre prevention pour moi, au lieu que son jugement ne se laisse pas seduire par son cœur. Je n'en ai point de copie, et vous feriez fort bien de vous torcher le cul de ce badinage, qui n'est bon a rien. Je voudrois bien voir celui qu'il vous a promis[11].

Je suis fachée que le St ait parlé au medecin : on ne sauroit donc se taire[12]?

Vous ferez bien de m'envoyer cette satire[13] dont vous me parlez, et de me dire qui vous l'a donnée.

Il me semble que Md. Dubois reprend un peu d'attachement pour moi, nous verrons; c'est un ataume que cette petite affaire. Si je ne la trouvois la, je ne vous en parlerois pas, je l'avois oublié.

Le Ron me fera plaisir de m'e[c]rire, je l'aime tou[jou]rs[b] de tout mon cœur.

Vous [a]vez[b] raison, mon ami, votre paresse[14] est bien jolie de vous permettre de m'e[crire][b] : qu'elle soit toujours aussi bonne, et qu'elle [me][b] mende bien tout ce que vous faites, mes c[hers][b] amis. Helas, vos amitié fait le bonheur de [ma][b] vie. Il y a longtems que je vous le dis, et je ne puis trop le repeter, parce que je ne sais rien de si vray. Et enfin, quand la paresse sera bien forte, le Chien ne peut-il quelquefois vous preter sa main? Elle est bonne et forte, et ne se fatiguera pas si tot que la votre.

Je n'ecrirai pas de si tot a M. Coniel, je crains trop de parler d'affaire; cela me renouvelle tous les malheurs de ma vie, et je crois qu'il faut eviter du moins les crises violentes. Vous en savez assés pour le conduire dans le courant. Il m'est impossible a present d'emtamer cette vilaine matiere. Faites-lui simplement un compliment de bonne année de ma part.

Adieu, mon cher ami, je ne sais comment j'ai pu tirer tout cela de mon œil, aussi me fait-il bien mal. Bonsoir. Je vous embrasse tous du plus tendre de mon cœur.

De La Pimpie....[15]

*Je viens de couper un petit bout de ma lettre, parce que je ne veux pas que vous voyez ce que j'y avois mis. Je veux cependant encore vous dire que je ne crois pas que M. de La Pimpie vous soit jamais util, et ce sera votre pure faute. Souvenez-vous de ce que vous dites un jour? Je prevois ce qui en arrivera. Il n'est pas encore tems de lui en parler, mais ne vous en prenez qu'a vous; vous savez tout ce que je vous avois dit la-dessus.

J'ai ecrit dix fois a Francois pour moi et pour les affaire de Mr Du Chatelet, sans en avoir de reponce; j'en suis outrée et honteuse. Faites, je vous prie, que le Ron lui ecrive de me faire une reponce telle [qu»]elle puisse etre. N'y avoit-il pas une de la derniere lettre que j'ai ecrite a Mr Charmion, dans celle qui est perdue[16]? J'en suis en peine.*

[*adresse :*] A Monsieur / Monsieur De Vaux, le / fils, ruë du Chateau / a Luneville

MANUSCRITS

*A. Morgan, G.P., VI, 71-74 (D47); 3 p.; orig. aut.; fragments de cachet sur cire rouge; m.p. : Vuassy / 6.

B. Oxford, Voltaire Foundation, «Lettres de Madame de Graffigny», p. 118-122; copie.

IMPRIMÉS

I. *Vie privée*, 180-185.
II. Asse, 150-154.
III. Best. 1662.
IV. Best. D1742.

TEXTE

a Lecture incertaine. *b* Trou à l'endroit du sceau. *c* En marge.

NOTES

1. La lettre du jeudi est datée du 31 décembre 1738-1er janvier 1739 (G.P., I, 389-394). Celle du lundi avant, pas encore arrivée, est datée du 29 décembre 1738 (G.P., I, 379-384).

2. Devaux répondra : «Vous voulez que je vous dise ce que je vous disois il y a eu lundi huit jours. Je ne scais si je m'en souviendrai. J'ay bien peur de vous envoyer la substance d'une autre lettre a tout hazard. Je crois que je vous repondois sur le voyage de Cyrei, sur mes vers, sur les eloges que vous me faites de votre divinité, sur les attentions de la bonne dame et de Mr de V. pour vous. Je

pense que voila tout.» (8 janvier 1739, G.P., IX, 10.)

3. Devaux: «On dit que Mr de Mirepoix se marie aujourd'huy. Demain je vous en dirai des nouvelles.» (I, 390), et encore, «Mr de Mirepoix ne se marie qu'apres son retour de Paris.» (I, 393.) Il n'en dit pourtant rien dans sa lettre du lundi 29 décembre.

4. Devaux: «Il [Desmarest] resta une heure ici, et nous la passames a parler de vous et de Cyrei. Il se rejouit extremement d'y aller pour vous y revoir. Il me persecute pour etre de la partie, et je m'en persecute aussi. La teste m'en tourne, et il acheve de la tourner. Nous faisons tout le projet de voyage que nous ferons, ce que nous dirons, et les choses n'avancent pas plus pour cela. Je trouve de si grands acrocs que j'en desespere. Un habit, une robe de chambre, une peruque, de l'argent, voila furieusement de graces a la fois, outre les circonstances de l'indisposition de mon cher pere. Cependant, je ne puis m'empecher de projeter. [...] De la nous revinmes a Cyrei. Nous composames mon equipage d'un habit du St, de la veste de velours du Chien, de la robe de chambre, des culottes de celuy-ci, des bas de celuy-la. Enfin il n'y a rien que nous n'imaginons pour rendre la chose foisable. Il y a encor un inconvenient qu'il faut que vous me leviez, quand ce ne seroit que pour mettre une arcade a mon chasteau. Y a-t-il a Cyrei un barbier qui rase et qui accommode les peruques? Vous scavez que je ne scais

faire encor de mes dix doigts. Je ne scais ce que je ne pense pas, car comme je vous disois tout a l'heure, la teste m'en tourne. Je n'ai jamais rien desiré avec tant d'ardeur que de faire ce voyage, et d'etre francs masson. Je souffre les memes angoisses que je souffrois de ce temps-là. J'ay encor imaginé un expedient pour faciliter la permission. C'est de la demander d'abord purement et simplement, ensuite de declarer les emprunts que je pretens faire. On en aura honte, et l'on me les epargnera. Cette idée me flatte dans quelques moments, et dans d'autres je la crois bien creuse. [...] Desmarets et le St vinrent vers trois heures jusqu'a cinq. Nous parlames toujours de l'eternel voyage de Cyrei. Mais dites donc, si j'y allois, quels roles faudroit-il que j'apprisse? Je voudrois au moins avoir quelque merite en arrivant. Mandez-nous aussi quel est le chemin, et quel est le plus court; soit pour nous deux, soit pour le Nous tout seul. Nous fimes grand nombre de chasteaux qui amuserent encor plus notre cœur que notre imagination. [...] Nous avons encor soupiré apres Cyrei.» (I, 389-390, 392.) Devaux répondra : «Je vous quitte d'autant plus volontiers des raisons qui renversent nos projets, que je n'aurois jamais pu venir a bout de les executer. Je suis pourtant bien fasché que ce soit une fluction qui vous empeche de me les detailler.» (8 janvier 1739, G.P., IX, 10.) Il est clair que Mme de Graffigny veut déconseiller un tel voyage, surtout pour Devaux, qui est l'objet des sentiments hostiles de la part de Mme Du Châtelet à ce moment. Elle ne donne pas ses raisons, sachant que probablement Mme Du Châtelet lira sa lettre.

5. Mme de Champbonin.

6. Faire des nœuds : former au moyen d'une navette, sur un cordon de fil ou de soie, des nœuds serrés les uns contre les autres (Littré). C'est à ce divertissement assez répandu à l'époque que Mme de Graffigny doit s'occuper. Elle utilisera cette expression, dans les *Lettres d'une Péruvienne*, dans le sens de transmettre un message au moyen de «quipos».

7. C'est le surnom de Lubert.

8. Devaux : «Comme il [Gourouski] sortoit, entra le Petit Poucet, qui me dit d'etranges choses. Vous les verrez dans sa lettre, et vous tomberez de votre beau lit. Il m'en avoit a peu pres rendu la substance, mais avec quelques voiles. Cependant, il m'en disoit tant, que je crus qu'il ne vous en pouvoit dire davantage. [...] Il me semble que vous ne devez me repondre sur tout cela qu'en particulier.» (I, 390.) Devaux répondra : «J'en ferai [des excuses] au Petit Pousset. Je suis charmé que

sa lettre vous ait amusé, mais je voudrois bien partager le plaisir qu'elle vous a fait.» (IX, 11.) Le sujet de cette lettre reste inconnu.

9. Devaux : «Mon cher pere a pris la medecine, et va assez bien. Cela vous interresse-t-il? Je crois que oui.» (I, 390.)

10. Devaux : «Nous n'avons fait dans cette assemblée que de lire l'assemblage de vos fetus [le portrait de Belinde; v. lettre 69]. Nous les trouvons charmans. Pour moy, je n'en scais point dans La Bruere qui m'ait tant plu. Cependant, je sens comme vous qu'il y a quelque chose a refaire.» (I, 392.) Il répondra : «Le Docteur pense de vos fetus comme nous. Il dit seulement comme moy, qu'il aime mieux l'autre grand portrait, mais nous sentons que celuy-ci n'etoit foisable que dans celuy-là. Je brule vos lettres, mais je ne puis bruler cela. Permettez-moy de le garder avec quelques autres feuilles de vos lettres, ou il n'est parlé que de choses pareilles.» (IX, 11.) Il est clair que cette allusion à une destruction des lettres de Mme de Graffigny est une ruse inventée par Devaux afin de tromper Mme Du Châtelet.

11. Un portrait de Mme de Grandville par Desmarest (I, 392).

12. Devaux : «Luy [Adhémar] et son pere, qui revenoit de Nancy, revinrent l'apres-souper. Il venoit de souper a la cour avec Bagard, qui etoit fort en peine du succes de sa consultation. Le St l'a rassuré et luy a dit en secret qu'on l'avoit trouvée tres bonne.» (I, 392.) À ce propos, Devaux écrira plus tard : «Le soir j'eus le St et son frere qui me dirent que le bruit de la cour etoit que notre Idole est dit malade a la mort, et que Mr Bagard etoit parti [par] la poste pour le secourir. Mon Dieu, seroit-ce cela qui vous auroit empechée de m'ecrire depuis le jour de l'an?» (IX, 9.) Devaux essaie de deviner la cause de la détresse évidente, mais non exprimée, de son amie qui, de sa part, en est à déplorer toute indiscrétion en ce qui concerne les habitants de Cirey.

13. Devaux : «On dit qu'il court ici une satyre affreuse de l'abbé Desfontaines contre notre Idole. C'est Belac qui l'a. Adhemar taschera de l'avoir. Nous la copierons, et nous vous l'enverrons si vous le jugez a propos.» (I, 393.) Il s'agit, bien sûr, de la *Voltairomanie*, qui date du 14 décembre (v. 61n5). Belac est soit Jean-Pierre-Théodore, comte de Bela (vers 1703-1773), chambellan et grand maître d'hôtel du roi de Pologne, et premier gentilhomme de la reine, soit son frère cadet, Jean-Philippe, chevalier de Bela (1710-après 1775), en 1733 capitaine des gardes de Stanislas, et alors gentilhomme de la chambre

du roi de Pologne et inspecteur général de ses châteaux.

14. Devaux : I, 394.

15. C'est-à-dire, Solignac, de qui le nom de famille est La Pimpie : Devaux voulait que Mme de Graffigny envoie des copies des œuvres de Voltaire à son adresse; v. la fin de sa lettre dans 70 Remarques. Devaux répondra : «Vous auriez bien dû laisser les deux lignes que vous avez

coupées, car ce que vous y avez substitué est si fort barbouillé que je ne puis le lire. Nous vous avons deja fait apprendre l'orthographe. J'espere qu'un jour viendra que nous vous ferons apprendre a ecrire. Il n'y a que vos yeux qui puissent lire ce grimoire. Desmarets ne le dechiffre pas mieux que moy.» (IX, 12.)

16. Devaux répond que non (IX, 10).

73. *à Devaux*

Le jeudi 8 janvier [1739]

J'ai recu hier, mon cher Panpan, votre lettre du trois janvier[1]. C'est toujours un ordinaire retardé et toujours une de perdue; celle-ci a ete decachetée et tres mal recachetée. On dit que cela arrive tres comunément dans les postes quand on y voit souvent la meme ecriture et la meme forme de lettre[2]. Je le croirois volontier, car celle que je reçu hier de Clairon n'a point eté ouverte, ny les autres qui me vienent de Luneville. Ceux qui s'amusent a nous lire perdent bien leur tems. Qu'importe? Cela est desagreable.

Je suis bien fachée, mon ami, de toute la mauvaise humeur dont vous me parlez[3], et j'ai bien du regret de l'avoir ogmentée par la lettre que vous avez reçu dans ce tems-la, ou je vous mandois non seulement que j'etois malade, mais ou je vous parlois de mes arrengemens[4], qui sans doute vous deplaisent. Mais mon cher Panpan, a qui parleroi-je de mes peines? Il faut bien que vous m'ecoutiez, puisque vous seul cherchez a les adoucir par votre amitié toujours compatissante. C'est un pesant fardeau que celui de mon amitié, mon cher ami. Je vous en ai accablé bien des fois, et vous m'avez bien la mine de le porter seul a l'avenir : en aurez-vous bien le courage? Je vous avoue que plus j'aproche du denouement de mes affaires, plus j'en suis accablée. Jugez-en enfin : je maigris et mes yeux sont hors d'etat de me dissiper. Je crois que vous n'auriez plus qu'une folle pour amie, sans cette charitable dame[5] qui lit quatre ou cinq heur tous les jours aupres de moi. Je vous ecris moitié les yeux fermé, moitié ouvers, et avec bien de la peine[6].

Nous lisons Dom Calmet[7], qui nous fait plus de plaisir que *Jacques Massé*[8]. C'est une chose surprenente que la beauté de ce livre, mais je n'ai pas d'assés bons yeux pour ecrire des inutilités. Voici ce que je crois plus necessaire : je vous avois prié plusieurs fois de demander a Joli[9] la recette de la potion contre les vapeurs; envoyez-la-moi, j'en ai usé une grosse bouteille, et j'en ai plus besoin que jamais. J'en ferai faire dans quelque ville ici pres.

Il me faut encore une autre recete : je l'avois prevu, et il est arrivé que Mle Dubois a laissé matiner Lise. Il faut envoyer chercher Etiene[10] et lui demander comment on la peut faire avorter, dans quel temps, et si cela ne la fera pas mourir.

Expliquez-moi bien tout cela[11]. Ce n'est pas une petite chose pour moi : jamais je n'y ai eté si attachée, et je sais bien pourquoi; elle le diroit bien si elle pouvoit parler. Vous croiez bien que Mle Dubois m'a encore chanté pouille, cela va de suitte.

Bien loin de chanter pouille a ces pauvres amis de ce qu'ils se divertissent a mes depend, je leur en sais bien bon gré. J'ai ris et pleuré a cet article de votre lettre[12]. Je voudrois bien faire des argumens aussi impertinens toute ma vie et vous voir tous en rire. Riez, mes chers amis, riez, je voudrois bien vous faire toujours rire.

Adieu, mon cher Panpan, je suis fachée de vous affliger en vous contant tous mes meaux, et je ne saurois m'en tenir. Il me semble que cela me soulage, et ma confiance en votre amitié est sans borne.

J'oubliois une inquietude qui peut tenir son coin dans mes affaires. Fanchon me mande que, de gré ou de force, on veut faire aller Md. en Italie. Croiez-vous que nos pensions en iront mieux[13]? J'en ai tant que j'oubliois celle-la.

[*adresse :*] A Monsieur / Monsieur Dauphin / marchand, ruë du / Chateau / a Lune-ville

MANUSCRITS

*A. Morgan, G.P., VI, 75-78 (D48); 3 p.; orig. aut.; cachet sur cire brune; m.p. : Vuassy / 6.

B. Oxford, Voltaire Foundation, «Lettres de Madame de Graffigny», p. 122-124; copie.

IMPRIMÉS

I. *Vie privée*, 186-189.
II. Asse, 155-157.
III. Best. 1670.
IV. Best. D1753.

NOTES

1. Lettre du 2-3 janvier 1739 (G.P., IX, 1-6).
2. Cette phrase, qui consitute un véritable geste de défi et de protestation a, de toute évidence, été écrite pour être lue par Mme Du Châtelet. Mme de Graffigny ne veut pas qu'on la croie dupe, et elle tient à montrer à la châtelaine de Cirey qu'elle sait que la lettre de Devaux a été ouverte et puis recachetée (v. IX, 6, pour la page d'adresse de cette lettre). Celui-ci fera écrire l'adresse de sa réponse par Liébault; voici son commentaire : «Comme vous me mandez qu'on vous a rendu une de mes lettres decachetées, et que cela arrive d'ordinaire dans les postes quand on voit souvent de la meme ecriture, je prends le parti de faire mettre l'addresse a celle-ci par une autre main. Ce n'est pas que ce que j'ay a vous dire soit bien plus misterieux que ce que je vous mande dans ma premiere lettre d'aujourd'huy, mais il y a toujours certaines choses qui, quelque indifferentes qu'elles soyent a tout le monde, doivent etre moins luës que d'autres.» (12 janvier 1739, G.P., IX, 23); v. aussi 79n2.

3. Devaux : «Je vous demandai hier un peu d'esprit pour ecrire mes lettres, mais j'aurois encor eu plus de besoin d'un peu de bonne humeur. La mienne fut si mauvaise que je ne pus seulement me mettre a l'attelier.» (IX, 2.)

4. Devaux répondra : «Quant aux arrangemens dont vous me parlez, je vous ai deja mandé que je n'avois pas reçu la lettre ou vous dites que vous m'en rendez compte. Il faut qu'elle soit perdue, car elle n'est pas encor arrivée jusqu'a moy. Je ne laisse pas de m'en affliger, comme si je les scavois en detail, puisque vous me les annoncez d'un ton qui ne me fait rien prevoir d'agreable.» (12 janvier 1739, G.P., IX, 19.)

5. Mme de Champbonin.

6. Devaux répondra : «Vos yeux me font une pitié affreuse. Quelque envie que j'ay de scavoir regulierement de vos nouvelles, je ne veux point absolument que vous les fatiguiez a m'en donner. Ecrivez simplement sur un bout de papier l'etat ou vous etes et nous serons tous contens.» (IX, 20.)

7. Dom Augustin Calmet (1672-1757), abbé de Saint-Pierre de Senone, célèbre historien lorrain. Devaux répondra : «Vous me donnez une envie demesurée de lire le livre de Don Calmet que vous me vantez tant. Je vous prie de m'en écrire

le titre. Je m'imagine que c'est sur l'histoire. Je vais la reprendre, et je serois bien aise de commencer par là.» (IX, 20.) L'ouvrage en question, souvent réédité, est le _Commentaire littéral sur tous les livres de l'Ancien et du Nouveau Testament_, 1707-1716, 22 vol.; Mme de Graffigny l'identifiera dans la lettre 79.

8. Simon Tyssot de Patot (1655-1738), _Voyages et aventures de Jacques Massé_ (1710 [=vers 1715]).

9. Jean-François-Étienne Joly (v. 40n23). Sa recette manque dans la réponse de Devaux.

10. Non identifié.

11. Devaux répondra : «Il faut prendre environ deux cuillerées et demi de jus de ruë ou de sabine et les faire avaler avec un peu d'huile d'olive. C'est-a-dire, suffisamment pour faire couler le reste. Il faut que le tout ne fasse que les deux cuiellerées et demie. Si cela ne fait rien la premiere fois, donnez-luy-en une seconde quelques jours apres. Le plus tost vaut le mieux, mais cela ne peut luy faire de mal en aucun temps.» (IX, 20.)

12. Devaux fait le compte rendu d'une joyeuse réunion, au cours de laquelle Liébault, Adhémar, Marsanne et Desmarest miment affectueusement en présence de Devaux la façon de parler de Mme de Graffigny. Devaux commente : «Je me suis laissé manger la laine sur le dos, chere amie, car il n'etoit pas de la decence de ma bouderie de me laisser ouvrir la bouche.» (IX, 4.)

13. Devaux répondra : «Je trouve une vilaine apostille a la fin de votre lettre. En bonne foy, chere amie, vous aiguisez les poignards avant qu'ils soyent forgés. Je vous l'ai deja dit et je vous le repete. Je ne puis croire que Toussaints ait l'impudence de vous abandonner. D'ailleurs vous craignez en vain que Madame ne sorte de Commercy. Au nom de Dieu, n'allez pas fouiller dans l'avenir pour y trouver de quoy vous desesperer.» (IX, 21.)

74. à Devaux

Le samedi 10 janvier [1739]

Je ne sais, mon ami, si vous m'ecrivez ou si vous ne m'ecrivez pas. Je n'ai point de lettres aujourd'huy, moienant quoi en voila trois en retard : le ciel en soit loué! Je ne vous ecrirois pas si je ne craignois que vous fussiez trop en peine de ma santé. Ainci, il vaut mieux vous dire que je n'ai que des vapeurs, que de vous laisser croire que c'est quelque choses de pis. Il est vray qu'elle sont violentes et presque continuelles. Joignez a cela le mal de mes yeux, et vous verez que je suis une jolie demoiselle. J'ecoute lire tant que je puis. Quand cette bonne damme ne peut lire, Dubois me spalmodie[a] _Les mille et un jours_[1]. Mes yeux commencent cependant a mieux aller, mais je n'ose m'apliquer.

Je connois de plus en plus la bonté du cœur de votre Idole. Quand je serois sa sœur, il ne seroit pas plus touché de me voir souffrir. Je le vois tres peu, mais il envoie a tout moment savoir de mes nouvelles[2].

Je comptois recevoir aujourd'huy au plus tard la lettre de moi que je vous ai redemendée[3]. J'espere que vous n'aurez point fait de dificulté de me la renvoyer, car vous me feriez un chagrin sensible. Ainci, je l'atens quand il plaira a la poste de me la rendre.

Ne m'envoyez pas la satire[4] que je vous avois demandée dans mon avant-derniere lettre, je n'en veux point.

Md. de La Neuville doit venir ici le dix-huit; peut-etre irai-je chez elle, on dit qu'elle a envie de m'y voir. Peut-etre le changement d'air me fera-t-il du bien. Ne m'y ecrivez pas que je ne vous le mande.

Adieu, mon cher Panpan, embrassez tous nos chers amis pour moi. D. m'a mandé qu'il partoit le 20 pour Paris. N'oubliez pas de le faire souvenir du depot qu'il doit vous laisser[5]. Helas, vous souvient-il des testaments que nous fesions tous l'avant-veille de mon depart[6]? Que le tems est court, mais qu'il est long si on le mesure par les differentes façon de penser!

[*adresse :*] A Monsieur / Monsieur Dauphin / marchand, ruë du Chateau / a Luneville

MANUSCRITS

*A. Morgan, G.P., VI, 79-82 (D49); 2 p.; orig. aut.; cachet sur cire brune; m.p. : De Vuassy / 6.
B. Oxford, Voltaire Foundation, «Lettres de Madame de Graffigny», p. 124-130[bis b]; copie.

IMPRIMÉS

I. *Vie privée*, 190-191.
II. Asse, 158-159.
III. Best. 1682.
IV. Best. D1764.

TEXTE

[a] psalmodie. [b] La copie manuscrite de l'édition de 1820 ajoute, à la fin de la lettre, encore un extrait du *Siècle de Louis XIV* (Moland, XIV, pp. 354-355, 363-367). Voici le préambule que l'éditeur attribue à Mme de Graffigny : «Voici un passage qui m'a paru bien singulier; j'ai pensé que mon ami aurait du plaisir à le lire, et voilà pourquoi je n'ai pas craint de te le transcrire tout au long, bien qu'il m'ait un peu ennuyé» (p. 125).

REMARQUES

Devaux, rendu méfiant par ce qu'il trouve d'insolite dans les lettres de son amie, répondra deux fois à cette lettre, ainsi qu'à un certain nombre de celles qu'il recevra dans les jours suivants. L'adresse d'une lettre, que nous désignons comme «privée», a été rédigée par la main d'un autre, Liébault ou Adhémar, dans le vain espoir qu'elle échapperait ainsi à la vigilance des curieux–en l'occurrence, Mme Du Châtelet. L'autre lettre, que nous désignons comme «ostensible», dont l'adresse a été écrite par Devaux, ne contient que des remarques anodines. Par exemple, voici ce qu'il répond dans la lettre «privée» : «Je viens de recevoir votre lettre de samedi, encor decachetée et fort mal raccommodée. Tant pis pour les curieux. Votre discretion doit leur donner bien des remords. Je vous quitte, chere amie, mais je ne

vous dis pas adieu, car je ne vous quitte que pour vous parler d'un autre ton. N'y prenez pour vrais que les sentiments d'amitié que je vous y ferai voir, qui sont tels que votre cœur peut desirer, quelque delicat qu'il soit.» (13 janvier 1739, G.P., IX, 27.)

Voici ce qu'il répond dans la lettre «ostensible» : «Voila votre autre [lettre] qui arrive et qui m'afflige beaucoup puisqu'elle m'apprend que vous ne vous portez pas mieux. Vous me dites que ce ne sont que des vapeurs. Cela ne me console pas parce que vous ne laissez pas de souffrir, comme si c'etoit quelque chose de plus considerable. Je voudrois avoir des ailes pour que vous ayez plus tost la recette de cette potion [v. lettre 73]. J'en attends de bons effets, mais pourquoy donc avez-vous tant retardé a me la demander? Je vous l'aurois envoyé d'office si j'eusse prevu qu'elle vous manquoit.» (13 janvier 1739, G.P., IX, 31.)

NOTES

1. François Pétis de La Croix (1653-1713), *Mille et un jours, contes traduits du persan en français*, 1710-1712.
2. Devaux répondra (lettre ostensible) : «Tout le cercle de nos amis est bien sensible aux attentions de notre Idole. Votre aimable dame est aussi celebrée en chorus.» (IX, 31.) Comme on le verra dans la lettre 80, Voltaire semble convaincu de l'innocence de Mme de Graffigny ou, du moins, qu'une erreur aurait des conséquences néfastes pour sa réputation.
3. Voir lettre 70. Devaux répondra (lettre privée) : «Je ne scais quelles lettres vous me demandez. Celle qui est perduë n'est point retrouvée, et d'ailleurs, vous scavez que n'en gardant que quelques morceaux qui contiennent des details agréables et indifferens, il ne me sera peut-etre pas possible de vous obeïr, mais je vous l'ai deja dit plusieurs fois, et vous le scauriez si l'on vous

avoit remis mes trois lettres que vous dites etre egarées.» (IX, 28.)

Voici la réponse «ostensible» : «Je ne scais quelle lettre vous me demandez. Si vous aviez reçu celles qui vous manquoient, vous verriez que je n'ai point reçu celle qui apparemment doit m'en instruire. Donnez-moy donc vos ordres la-dessus, et s'il y a de la possibilité de les executer, je le ferai sur le champ.» (IX, 31.) Ainsi que Devaux l'expliquera, il essaie de gagner du temps pour mieux connaître la situation, craignant qu'une réponse trop précipitée ne fasse du tort à son amie, et peut-être aussi un peu par mauvaise conscience.

4. *La Voltairomanie* (v. 72n13); peut-être Mme de Graffigny sait-elle que cet ouvrage est déjà entre les mains de Voltaire. Devaux répondra (lettre ostensible) : «Vous faites bien de n'avoir pas envie de la satire que je vous avois annoncée, car je ne pourrois la satisfaire. Je n'en ai plus entendu parler depuis.» (IX, 32.) Cette réponse négative serait-elle encore une ruse de la part de Devaux? On se rappelle que c'est le 8 janvier que Voltaire et Mme Du Châtelet ont fini par reconnaître qu'ils avaient, chacun de son côté, lu le pamphlet de Desfontaines. Il est peu probable que Mme de Graffigny n'en ait pas entendu parler, du moins indirectement, mais il est douteux qu'elle ait jamais su que c'est cet ouvrage qui est à la source de ses ennuis.

5. Devaux répondra (lettre ostensible) : «[Desmarest] pense toujours a son voyage. Je n'oublierai pas le depost.» (IX, 32.) Desmarest apportera pour Voltaire du fin amour, la liqueur de Sonini.

6. Devaux répondra (lettre ostensible) : «Eh mon Dieu, je me souviens de nos testamens, et je ne m'en souviens que les larmes aux yeux. Ah chere amie, quand nous reverrons-nous? Je n'aurois jamais cru que je puisse si peu m'accommoder a votre absence.» (IX, 32.)

75. *à Devaux*

Le lundi 12 janvier [1739]

Je viens de recevoir deux de vos lettres, mon cher ami, l'une du 29 decembre[a][1] (vous voiez que c'est l'enciene perdue) et l'autre de jeudi dernier, 8 janvier[2]. Il faut qu'il y ait des gens a la poste bien curieux de sentimens d'amitié, car ces deux lettres ont eté ouvertes. A la bonne heure, je suis bien contente que tout le monde sache que j'ai des amis. Je ne vous avertis de ses petites decachetures, mon ami, que pour qu'il ne vous arive pas de me parler ouvertement des petis secret qui sont inseparable d'une amitié comme la notre[3]. Nous sommes si bien au fait de nos affaires que nous nous entendrons toujours bien. Je ne vous repondrai pas a la vielle lettre, ou il n'y a d'interessant que la maladie de Mr votre pere, et comme l'autre m'aprend qu'il se porte bien, j'en suis contante.

Il s'en faut bien que je ne le sois de ce que vous avez manqué de recevoir une de mes lettre[4]. Elle etoit bien interessante, celle-la, et son retard me fait bien de la peine. Il faut donc vous la redire, je vous fesois une courte reponce a une des votre ou vous me mandiez «Le chant de *Jane* est charmant» : voila votre phrase. Or, comme elle me paroit equivoque, je veux absolument que vous me renvoyé la feuille de ma lettre ou est ce chant de *Jane*[5]. Je vous mandois aussi d'effacer dans cette feuille des secrets a nous, s'il s'y en trouvoit, et je vous le recommende encore plus a cause de ce decachetement des postes. Ne faites cependant que le moins de rature que vous pourrez. C'est un vrai guignon pour moi que cette lettre ait eté perdue ou retardée, car j'avois mis dans ma fantaisie de ravoir cette lettre de moi, et je suis extremement fachée du retar que ce derengement y aporte. Je vous repondois aussi aux questions que vous faisiez sur mon arrengement. Premierement, que je n'avois jamais compté etre ici jusqu'au mois de mars, comme il sembloit que vous le crussiez dans cette lettre, a laquelle je vous repondois. Et voici donc ce que je compte faire, que je vous repete, puisque cette letre est perduë. J'esperois que les decomptes de Francois iroient beaucoup plus haut. Vous jugez bien que trois cent livres ne me meneroient pas a Paris, il faut donc y renoncer. La bonne dame se charge de me trouver un reduit dans un couvent a St-Dizier[6]. Je vous mandois les raisons qui m'engagoit a choisir cette ville : la premiere etoit que, des qu'il faut une montagne, je ne puis la prendre trop isolée, que la seconde etoit a cause des postes qui y sont regulieres, et comme je n'aurai jamais de bonheur que le comerce de mes amis, c'est le fondement de mon etablissement. D'aileurs, comme c'est la route de Paris, j'espererois y voir, une heure par ans, une de mes amis. Je sais que je n'en sentirai que plus vivement la separation, mais, mon cher Panpan, je suis si convaincue que le malheur me suivroit en paradis si j'y alois, que je m'y livre de bonne grace, et je ne me plains que du peu. Croiez-en ma parolle, le monde se renverseroit plustot que la constance de mon etoile a me persecuter. Voila, mon ami, ce que j'executerai dans peu.

J'irai peut-etre avant voir une enciene amie que j'ai dans ce voisinage : c'est Md. de Chatenai[7], qui etoit Mdle Rachecourt quand elle etoit fille d'honneur. Je lui ai ecrit pour savoir comment j'irai jusqu'a elle.

Vous ne serai pl[us etonné][b] des vapeurs continuelles que j'ai quand vous v[errez ce][b] qui m'ocupe. Elle se sont un peu apaisée hier, [ma]is[b] aujourd'huy j'en ai eu encore un grand acces : mes yeux vont mieux, j'ai un peu lu de mon chef aujourd'huy, et ecrit a Md. Rouot. Je sens mieux que jamais combien je suis obligée aux gens qui m'aime.

Dubois a la fievre depuis hier : c'est encore un petit malaise.

Quoi que j'aye ecrit a Md. Rouot, je n'ecris ny au Ron ny au Professeur. Je suis seure qu'ils ne se formaliseront pas, et le Nouvel Ans est un grand tems pour des certaines gens.

Je repasse votre lettre et je vois que vous me dites que vous brulez de mes lettres[8]. Mon Dieu, que je serois fachée que celle que je vous demande soit du nombre. Cherchez bien, mon ami, je ne saurois vous en donner la datte, car je ne la sais pas, mais il n'y a que l'impossible qui puisse me consoler de ne pas l'avoir.

Vous vous plaignez de n'avoir pas lu le grifonage de la fin d'une de mes lettres[9]. Le voici : vous m'aviez parlé, il y a lontems, de Mr de La Pimpie, et j'avois toujours oublié de vous en parler. Je vous mandois que je crois que jamais il ne vous rendra aucun servisse, et cela fondé sur un discour que vous avez tenus une fois. Tout ce sait, mon ami, et c'est votre pure faute, mais il faut vous detacher des bons offices que vous attendiez de lui. C'etoit meme a propos de lui que je vous mandois que mon amitié etoit au comble, parce que vous savez que je gronde mes amis quand il font mal, et que je ne vous ai ny grondé ny aimé moins d'un moment. Voila ce qui s'apelle du rabachage, mais aussi pourquoi me parlez-vous de vielle rangaines? En verité cela est pitoiable, mais je suis fondé en raison demontrée pour vous dire cela. Ne lui en parlez pas, ny a personne, je vous en prie, car quoique je ne l'aime pas, je ne veux pas etre melée la-dedans¹⁰.

Je ne sais que repondre a toutes vos amitiés, mes chers amis. Vous veriez bien mieux a mes yeux a quel point j'y suis sensible, que je ne pourois vous le dire dans ma lettre. N'oubliez jamais que vous etes le soufle de ma vie, que je n'y tiens que par vous, et que tous mes malheurs s'evanouissent quand je songe au bonheur d'etre aimée par de si bons amis. Vous avez votre petit coin a part, mon cher Panpan, comme le seul qui me connoisse ou qui veuille me connoitre. Je me flate que c'est cette connoissance qui vous attache a moi, et j'y trouve une felicité qui m'est niée partout ou je l'ai cherchée jusqu'ici. Aussi j'y renonce, je ne veux etre connue que de vous, mon ami, mais [connoissez]ᵇ-moi toujours bien. Quand je serois au bout du [monde, vo]usᵇ saurez toujours mes plus secrete pensée.

Mon [Dieu, que je suis]ᵇ bete! Je relis cet endroit de ma lettre et j'en ai pit[ié]ᵇ. Je m[e]ᵇ garde bien de parler ici, je n'arenge pas [meme]ᵇ mes phrase, et j'ai encore de l'amour-propre. Ces teribles [vapeurs]ᵇ m'abrutissent. Ah, mon Dieu, que j'ai bien pensé a la peine que vous auriez de me voir ces tremblemens qui vous faisoient tant de peine. En verité, cela est insoutenable. C'est bien depuis il y a aujourd'huy 15 jours qu'elles m'ont prise¹¹. Je n'ai pas cessé d'entendre la cloche des pendu. Vous souvient-il de cette folie? La bonne dame me gronde, mais c'est bien doucement, car elle entre bien dans mes meaux, aussi bien que votre bonne Idole, dont je ne puis trop me louer.

Mr de Maupertui est arrivé d'aujourd'huy¹², je ne l'ai pas encore vu. Je le verez a souper, car je dessens presque tous les soir. Quelquefois j'ai bien de la peine a tenir le tems de la table. Je me trouve mal, cela fait du train par le soins qu'on a de moi. On me retraine dans ma chambre, on me jete au lit. Voila ma vie : elle m'est plus insuportable a cause de l'ennui que je cause que par le mal que j'en soufre. Je ne sais rien de pis que d'avoir une gegnante comme moi dans une maison.

Vous avez bien fait, mon ami, de m'envoyer l'adresse de Mr Coniel¹³, mais je ne crois pas que je sois en etat ici de parler d'affaires. Comme vous dites qu'il est bien au fait du courant, allez votre train avec lui. Des que je le pourai, je lui ecrirai.

Si je n'avois pas des lunettes, vous n'auriez pas tant de riens de moi.

Bonsoir, mon cher Panpan; bonsoir, mes chers amis. Je vous embrasse tous cent mille fois. Desmaretz a tort de se plaindre, je n'ai jamais manqué a lui faire reponce, et il n'en a fait a aucune de mes lettres. C'est aparament par distraction¹⁴.

Bagard ne viendra point ici¹⁵, c'est une reverie. On l'a consulté, mais c'est par precaution. Md. de Lixeim m'avoit conté ce que vous me dite du bonhomme¹⁶.

[*adresse :*] A Monsieur / Monsieur Dauphin / marchand, ruë du Chateau / a Luneville

MANUSCRITS

*A. Morgan, G.P., VI, 83-86 (D50); 3 p.; orig. aut.; cachet sur cire brune; m.p. : Vuassy / 6.

B. Oxford, Voltaire Foundation, «Lettres de Madame de Graffigny», p. 130*bis*-134; copie.

IMPRIMÉS

I. *Vie privée*, 192-199.
II. Asse, 160-165.
III. Best. 1687.
IV. Best. D1769.

TEXTE

a Les imprimés portent la date du 23 décembre.
b Trou à l'endroit du sceau.

NOTES

1. G.P., I, 379-384.
2. G.P., IX, 7-13.
3. Devaux répondra (lettre ostensible) : «Je suis bien charmé qu'on vous ait enfin remis les miennes, et je ne me soucie guerres qu'on les ait decachetées. Je ne vous mandois rien que je ne veuille bien que l'on voye. Il n'y a que mon amour-propre qui puisse en souffrir a cause de tous les riens que je vous dis. [...] Je ne me donnerai pas la torture pour plaire aux curieux. Mon stile n'est que trop bon pour un intendant ou pour son secretaire. Il me semble que nous sommes meslés dans quelques intrigues secrettes. [...] Je vais donc vous repondre avec autant de liberté que si je ne parlois qu'a vous.» (15 janvier 1739, G.P., IX, 34.) Et dans la lettre privée : «Votre lettre etoit encor decachetée, chere amie. Je ne vous en ai voulu [rien] dire dans mon autre, de peur qu'on ne la retienne.» (15 janvier 1739, G.P., IX, 29.)
4. C'est la lettre 70, à laquelle Devaux fait allusion dans son extrait cité dans 71n1.
5. Il s'agit toujours de la lettre 65; Mme de Graffigny l'a redemandée pour prouver qu'elle n'avait pas communiqué le texte de *La Pucelle* (v. lettre 70). Devaux répondra (lettre ostensible) : «Voila la feuille de la lettre que vous me demandez. C'est un bonheur qu'elle n'ait pas eté brulée. Ce qui vous l'a fait desirer, c'est ce qui l'a sauvée. J'ay voulu conserver le precis du chant de *Jeanne* que vous m'y faites. Comme il n'y avoit rien dans le reste que de nos riens et de vos affaires, je l'ai jetté[e] au feu. Je suis bien charmé que le tout n'ait pas eu le meme sort, puisqu'il vous importe tant de l'avoir. [...] Je vous prie de me le renvoyer, d'autant plus que les vers du prince de Prusse y sont, et que vous dites m'en faire part de l'aveu de votre Belle Dame. [...] J'espere que cette Belle Dame, qui avoit bien voulu me faire cette galante-

rie, ne s'en repentira pas, et voudra bien le doubler en vous les laissant renvoyer. Du moins suis-je persuadé qu'elle ne vous le defendroit pas, si elle pouvoit etre aussi sure de ma discretion que vous l'etes. Les petites nouvelles litteraires que vous m'avez mandées ne sont, je vous jure, pas sorties de ma chambre, quelques indifferentes qu'elles m'ayent souvent paruës.» (IX, 35.) Et dans la lettre privée : «Je vous envoye le reste de la lettre que vous me demandez. Je n'ai pas pu vous envoyer l'autre feuille, parce qu'elle est brulée.» (IX, 29.) Devaux a inventé ce stratagème pour voir si Mme de Graffigny ne souhaitait qu'il garde la lettre (v. 80n12). En fait, il ne l'a pas brûlée.
6. Devaux répond (lettre ostensible) : «Votre projet sur St-Disiers, que je suis bien aise de n'avoir pas scu plus tost, parce que c'est autant de peine epargnée, ne me paroit pas bien fondé. Je crois qu'il vaudroit mieux aller attendre Mde de Richelieu a Paris, mais nous discuterons cela une autre fois.» (IX, 34.) Et dans la lettre privée : «Elle nous afflige beaucoup, cette lettre, et a cause de vos vapeurs, et a cause de votre petit projet de St-Disier. Encor un coup, ne me parlez pas de cette maudite montagne. Je ne scaurois aujourd'huy ajouter d'autres raisons a celles que je vous ai dites hier.» (IX, 29.)
7. C'est probablement Marie-Charlotte de Raigecourt, fille de Charles de Raigecourt, seigneur de Buzi (mort en 1733), maréchal de Lorraine et Barrois, grand bailli de Saint-Mihiel; en 1722 elle épousa Claude-Maurice de Chatenai, écuyer, seigneur de Bricon (1690-1734), cornette de la compagnie et mestre de camp du régiment de cavalerie de Rennepont. Mme de Chatenai sera toujours vivante, veuve, à Metz en 1754. Bricon, dans la Haute-Marne, est à environ 30 km au sud de Cirey. Devaux répondra (lettre ostensible) : «Si vous allez chez Mde de Chastenai, je compte que vous m'avertirez, et que vous m'enverrez votre addresse.» (IX, 37.)
8. Devaux : «Je brule vos lettres, mais je ne puis bruler cela [le portrait de Mme de Stainville].» (IX, 11.)
9. Voir 72n15.
10. Devaux répondra (lettre ostensible) : «Je conviens que je n'ai plus rien [à] attendre de Mr de La Pimpie, mais par bonheur, je ne m'en soucie pas trop. Il a mal pris ce que j'ay dit de lui. Je n'y scais que faire. Il n'a jamais eté de mon intention de l'offenser. Cependant, comme il y a eu un peu d'imprudence dans mes discours, je ne laisse pas, chere amie, de vous etre bien obligé de m'avoir epargné les grand cris que je meritois.» (IX, 35.)

11. La scène orageuse avec Voltaire et Mme Du Châtelet eut lieu exactement quinze jours auparavant. Mme de Champbonin («la bonne dame») reste aimable, ainsi que Voltaire. L'allusion à la cloche des pendus doit rappeler une situation semblable à la présente, d'où l'étonnement de Devaux dans sa réponse (lettre ostensible) : «Ah, mon Dieu, je ne m'en souviens que trop, de cette maudite cloche et de ces maudits tremblemens qui vous ont tant tourmentée. Est-il possible que vous soyez dans cet etat?» (IX, 36.)

12. Mme Du Châtelet confirme l'arrivée de Maupertuis dans une lettre du même jour (Best. D1767).

13. Devaux : «Quand vous vous resoudrez a luy parler de vos affaires, vous pouvez luy addresser la lettre en droiture. Vous me ferez meme plaisir. Son adresse est a Mr Cognel le jeune, avocat au Bailliage, pres de l'Hotel de ville.» (IX, 12.)

14. Devaux : «Desmarets se plaint que vous ne luy ecrivez pas. Il est allé vous ecrire, luy.» (IX, 10.)

15. Devaux : «Je voudrois bien qu'au retour de Cyrei, Mr Bagard vint ici pour nous en dire la verité.» (IX, 12.)

16. Devaux : «Je ne scais rien a vous mander que le mariage de Mde de Lixin, mais je crois vous l'avoir deja dit. Mr de Clairville en est enfin convaincu, qu'un mois auparavant, il n'en croyoit encor rien. La Princesse n'osa le luy dire en face. Un jour qu'il etoit a sa toilette, elle le luy ecrivit sur un petit billet. Il luy repond par la meme voye qu'il ne l'avoit pas cru jusque-la, et qu'a peine encor il croyoit. Il est convenu avec elle de ne pas voir son nouveau, mais elle y a consenti en luy promettant toujours ses memes bontés. Je trouve cela fort beau de part de d'autre. Le nouvel epoux est parti pour Paris. A son retour, il emmenera sa femme, qui est a present logée et nourrie a la cour dans l'appartement des etrangers.» (IX, 8.) Un chevalier de Clerville est sur la liste des grandes pensions en 1735 (A.M.M., B1757). Le nouvel époux est le marquis de Mirepoix.

76. à Devaux

Le jeudi 15 janvier [1739]

J'ai recu hier une de vos lettres toujours decachetée, mon cher Panpan. C'est celle de samedi 10 janvier[1]; celle du lundi 5 janvier[2] est en arriere, et celle de lundi dernier[3], que j'aurois du recevoir hier, aussi. Cela ira comme il plaira aux maitres des postes. Je ne consois pas quelle rage ils ont de lire nos lettres, car il me semble que, quand on a une fois vu qu'elles n'interesse que nous, on devroit cesser la curiosité, car je ne les trouve pas assés bien ecrites pour interesser par le stile. Enfin, il faut s'en mettre l'ame en repos. Mais est-on curieux des mienes aussi? Je suis seure que vous n'y prenez pas garde. Je voudrois cependant bien le savoir[4].

Je suis seure, mon ami, que l'affaire du Professeur[5] vous a donné bien de l'inquietude, et je vous assure que je la partage bien sensiblement. Ce barron est donc toujours acharnés apres lui? Voila un vilain homme. Mandez-moi bien si cela n'aura point de suitte, et si sa tete est sage. Je viens de lui ecrire, mais je ne lui en parle pas, parce que je ne sais pas si vous voulez qu'il sache que vous me l'aiez mandé. Engagez-le, je vous prie, mon ami, a ne me point faire de reponce. Je ne saurois tant ecrire, et surtout depuis que je recois tant de lettres ouvertes : cela me degoute. Je ne saurois m'enpecher de parler des choses qui interessent votre petite societé, et a la fin vos petits secrets pouroient etre penetrés, quoique peu interessans. Cela est desagreable.

Vous me criez toujours que je n'ecris point a D.[6] C'est que je ne sais point parler aux rochers.

Je vous assure, mon ami, que le discours de votre petite voisine[7] a penetré a travers les brouillards de vapeurs qui m'environnent, et m'a fait sentir un mouvement de joye dont on est guere capable dans l'etat ou je suis. Il m'a fait d'autant plus de plaisir que c'est une nouvelle preuve de mon amitié pour vous, et que j'aime a vous aimer et a vous savoir au moins une partie de l'ame tranquille. Il n'y a que mon amitié qui la trouble, vous savez que c'est une de mes peines. Mais mon pauvre Panpan, qui esse qui m'aimeroit sans vous? Je suis seure que vous aimez encore mieux que je vous sois a charge, et que j'aye la satisfaction d'avoir un veritable ami. Vous auriez du plaisir a voir avec quelle avidité je lis tout ce que vous me dites de l'occupation ou vous etes de moi quand vous etes rassemblés[8]. Vous avez raison, mes chers amis, puisque vous etes assés philosophes pour aimer une amie qui n'a que des inquietudes a vous donner. Aimez-la bien, car vous faites son bonheur et son seul rempart contre le desespoir.

Je n'ai point de nouvelle de la duchesse[9]. Je n'en ai point de François. Je n'en ai point d'Herei ny de Toussaint, a qui j'ai ecrit pour avoir du moins le peu qui me revient[10]. Les postes m'aportent des letres de mes amis decachetées : voila ma ressource. Cependant mes vapeurs diminuent, elles sont tres moderées, mais une palpitation de cœur et d'estomac presque continuelles me tourmente.

Dubois se porte mieux. Mr de Maupertui part demain. J'ai soupé trois fois avec lui, car depuis que je suis malade, je ne va[i]s plus au caffée. Je vais prendre la soupe avec ceux qui dinent, et le reste du jour dans ma chambre. Je trouve en lui tout ce que vous m'en avez dit, c'est-a-dire fort aimable et tres gaye. Je crois qu'il n'en dira pas autant de moi, s'il se souvient de m'avoir vue, car je ne suis ny gaye ny savante, ainci je n'ai pas le mot a dire. Mon Dieu, que ces vapeurs rendent maussade! J'ai lu son *Voyage de Laponnie*[11]; je n'ai jamais rien lu de mieux ecrit pour ce que j'en puis entendre, car a la fin ce sont des calculs et des observations auxquelles je n'entens rien.[a]

Adieu, mon cher Panpan, adieu, mes chers amis, je vous embrasse tous bien tendrement.

[*adresse :*] A Monsieur / Monsieur Dauphin / marchand, ruë du Chateau / a Lunéville

MANUSCRITS

*A. Morgan, G.P., VI, 87-90 (D51); 3 p.; orig. aut.; fragment de cachet sur cire rouge; m.p. : Vuassy / 6.
B. Oxford, Voltaire Foundation, «Lettres de Madame de Graffigny», p. 134-137; copie.

IMPRIMÉS

I. *Vie privée*, 200-207.
II. Asse, 166-172.

III. Best. 1699.
IV. Best. D1782.

TEXTE

[a] Dans les éditions imprimées, on trouve après ce paragraphe les mots suivants : «Tiens, voilà de quoi calmer ton impatience; j'aurais bien voulu pouvoir te l'envoyer plus tôt, mais il m'a été impossible de le faire avant ce jour. Ce n'est pas sans peine si je te l'ai transcrit en entier. Dieu créa le ciel et la terre en six jours et se reposa; j'ai été

obligée de travailler le septième pour l'achever. Je trouve comme toi qu'il y a du merveilleux en elle, mais je ne lui pardonne pas sa barbare cruauté envers Monaldeschi. Je puis t'envoyer cet extrait sans commettre d'inconséquence». Suit un extrait du *Siècle de Louis XIV* sur Christine de Suède (v. Moland, XIV, p. 216-217). Il est probable que c'est l'éditeur de l'édition de 1820 qui, grand amateur de Voltaire, ne pouvait s'abstenir de faire cette addition apocryphe au texte de Madame de Graffigny, comme il le fera dans d'autres lettres (lettre 84). Non seulement Mme de Graffigny ne se serait-elle pas mise soudainement à tutoyer Devaux, mais, dans la situation délicate où elle est à ce moment, elle n'aurait jamais eu l'imprudence de copier un texte de Voltaire sans obtenir sa permission.

NOTES

1. G.P., IX, 14-18.

2. Lettre qui ne nous est pas parvenue; Devaux y fait allusion dans celle du 6-8 janvier (IX, 7).

3. G.P., IX, 19-26. Mme de Graffigny y répondra dans la lettre 79.

4. Devaux répondra : «Vous me demandez si l'on ne decachete pas aussi les votres. Tout ce que je peux vous dire, c'est que, soit que je n'y fasse pas assez d'attention, soit qu'on les referme plus habilement pour moy que pour vous, il me semble que c'est toujours la meme chose; celle d'hier etoit comme la derniere et les autres. Je m'en donnerai plus de garde desormais.» (19 janvier 1739, G.P., IX, 49.) Pourtant, il dira dans sa prochaine lettre : «Vous me dites d'abord que toutes celles que vous recevez sont decachetées. Je vous en offre autant. Il y a un mois que je n'en reçois pas d'autres. Celle d'aujourd'huy ne l'etoit point, mais au lieu de votre cachet, elle avoit une teste qui surement n'est point a vous.» (22 janvier 1739, G.P., IX, 57.) Il est difficile de savoir au juste à quel point nos deux correspondants parlent ouvertement ici, surtout étant donné la contradiction dans les deux répliques successives de Devaux, car il s'agit dans les deux cas, semble-t-il, d'une lettre «privée». Faut-il en conclure qu'ils feignent une innocence trompeuse quand, d'une part, Mme de Graffigny demande si on ouvre ses lettres, et que, d'autre part, Devaux prétend qu'il n'a rien remarqué?

5. Devaux : «Hier il m'en survint un nouveau sujet [d'inquiétude]. Je vous ai dit que le Professeur avoit eté au bal. Il y trouva le Ron avec le chevalier de Meuse. Il profita des avantages du masque pour leur faire quelques plaisanteries qui, quelles qu'innocentes qu'elles soyent, ont manqué

de luy causer du chagrin. Cela n'est meme pas encor fini. Voici ce que c'est. Il leur avoit dit qu'en les voyant si aimables tous deux, on etoit indecis entre Florence et Cythere, et que pour luy, il seroit fort embarrassé du choix. Cela ne fut poussé qu'aussi loin que le bon esprit le put permettre. Un Mr Duhamel, que vous avez vu page a notre vieille cour, etoit temoin de tous ses propos, et par luy ils sont revenus au baron qui, comme un sot, les a pris pour bons et a porté la mechanceté jusqu'a les aller rendre au duc. Le Professeur a eté parler au chevalier, qui luy a dit qu'il iroit soutenir au baron que cela n'etoit pas vray. Il sort dans l'instant de chez Mr Duhamel, qui l'a reçu au mieux, et qui sans l'avoir jamais vu, avoit deja ecrit au baron une lettre pour le justifier, et luy apprendre que la personne a qui il avoit parlé de cette affaire, et qui la luy avoit contée, s'etoit trompé de nom, et qu'il s'agissoit d'un garde du corps et non du Professeur. Le baron a repondu qu'il montreroit la lettre au duc. Reste a scavoir s'il le fera. Cela m'inquiete. Je craignois beaucoup la visite de Mr Duhamel, mais tout s'est passé au mieux. Il n'y a plus rien qui me deplaise que la curiosité de notre ami, qui voudroit connoitre l'homme charitable qui luy a rendu un si bon office aupres du commandant. [...] J'ay bien dit que je n'aurois plus qu'a fermer ma lettre. Celle de Mr Duhamel a eté portée au duc. Cela va bien.» (10 janvier 1739, G.P., IX, 16-17.) Mme de Graffigny a fait de cet incident le prétexte de la lettre suivante, qui est en code (v. 77n1); l'incident n'aura pas de suites, car Devaux répondra : «L'inquietude que m'a donnée l'affaire du Professeur a eté de peu de durée. On n'en parle plus a present.» (19 janvier 1739, G.P., IX, 49.) François-Henri, chevalier, puis marquis de Choiseul-Meuse (1716-1746), était chambellan de Stanislas depuis 1736. Duhamel n'a pas été identifié. Le baron est Constantin-Stanislas, baron de Meszeck (vers 1657-1747), grand maréchal du roi. Le duc, qui est aussi le commandant, est le duc Ossolinski, grand-maître de la Maison du roi.

6. Devaux : «Desmarets me dit qu'il vous avoit ecrit par la derniere poste. Repondez-luy donc, car il s'[inquiete] de votre silence.» (IX, 17.) Et il répondra : «Vous me dites toujours que le Docteur ne vous ecrit point, et moy je vous dis toujours qu'il vous ecrit. Peut-etre avons-nous raison tous deux. Depuis fort longtemps, il n'a guerres manqué d'ordinaires. Il y a trois de mes lettres en arriere, peut-etre y en a-t-il trois des siennes. Par exemple, je suis sur qu'il vous a ecrit il y a aujourd'huy huit jours. Je suis meme fort en peine

de sa missive, parce que je n'en etois pas trop content.» (19 janvier 1739, G.P., IX, 51.)

7. Devaux : «Je passai mon apres-souper la-bas [chez son père], ou j'appris un detail qui me fit beaucoup de plaisir. C'est uniquement pour cela que je vais vous le mander. Notre petite voisine me conte que mon cher pere luy avoit dit, il y a quelques jours : ‹Ce pauvre Panpan, c'est un bon enfant. Je voulois le marier cet hyver. Il m'ecrit la-dessus une lettre si touchante que je crois que tu en pleurerois. Je ne le generois donc pas, mais j'ay peur qu'il ne fasse quelque folie apres ma mort. Je serois trop heureux si je scavois qu'il dut vivre garçon. Il seroit tranquille. Il auroit de quoy vivre tout doucement avec un domestique.› Vous sentez combien ces paroles sont agreables.» (10 janvier 1739, G.P., IX, 17.)

8. Devaux : «Je vous ai deja dit hier combien votre indisposition nous inquietoit, mais il me semble que je ne puis trop vous le dire. Il n'y en a pas un de nous qui ne souhaite le chapeau de Fortunatus pour aller voir le veritable etat ou vous etes. La secheresse et la brieveté de vos lettres nous font croire que vous etes plus mal que vous ne dites. Enfin, il n'y a pas de chimeres desagreables qui ne nous passent par la teste. [...] Vous ne scavez

que trop que nous sommes toujours entrainés par ce qui domine le plus dans notre ame. Votre incommodité est a present la passion favorite.» (IX, 15.) *L'Histoire des aventures de Fortunatus* est un *Volksbuch*, probablement d'origine allemande, et bien connue par toute l'Europe; une traduction française date de 1626 à Rouen. Le héros de ce conte, du genre picaresque, possédait une bourse inépuisable et un «souhaitant chapeau».

9. La duchesse de Richelieu. Devaux répondra : «Pouvez-vous vous affliger du silence de la duchesse? Croyez-vous qu'elle n'est pas encor plus occupée en Languedoc qu'a Paris meme?» (IX, 52.)

10. Devaux répondra : «Vous ne devez vous en inquieter que pour Mr Du Chastelet, car il a achevé votre arrangement. Hayré, qui est ici depuis avant-hier, me l'a dit. Il a laissé plus de quatre cent livres a Toussaint pour vous les envoyer par la premiere commodité, ou par le debouché que vous luy donnerez, et luy, Hayré, doit 125^{lt} pour la rente de son neveu, dont il me donnera quittance.» (IX, 52); v. 7on4.

11. C'est le compte rendu de l'expédition de Maupertuis en Laponie, *La Figure de la terre...* (1738).

77. à Nicolas-François-Xavier Liébault [1]

[Le 15 janvier 1739]

Il vaut mieux tard que jamais, mon cher Proffesseur, et j'espere que, sachant l'accablement de vapeurs ou j'ai eté, vous m'avez bien pardonné d'avoir eté si lontems a vous faire reponce. Je n'en suis pas moins sensible a votre amitié, et je ne partage pas moins le plaisir que vous avez a present d'etre aussi blanc que vous avez eté noir. Jouissées bien du bonheur pendant qu'il dure.

Je crois qu'il aura eté un peu alteré par la scene douloureuse dont vous avez eté temoins. Je plains bien cette pauvre Ronron d'etre exposée aux humeurs violente de sa belle-sœur [2]. Comment, apres un torrent d'injures les plus outrageantes, elle lui auroit donné des souflets si vous ne l'eussiez retenuee? Je n'aurois jamais cru cette petite Dorotée si petulente. J'ecris a cette pauvre Ron, que je crois bien touchée, mais je ne lui parle pas de son avanture, crainte de lui renouveler ses peines. C'est aux gens qui l'aime a la consoler en redoublant d'amitié pour elle. Je voudrois bien etre a porté de me joindre a vous pour lui adoucir la vie, mais sans la faire ressouvenir de ces peines : c'est les ogmenter. Croiez-moi, ne lui en parlez plus du tout. Dissipez-la tant que vous pourez, et montrez-lui bien de l'attachement : ce sont les seule consolations que l'on peut donner.

Vous voulez donc bien, mon cher ami, vous charger de ma quitance pour De Bene[3]? Je vous l'envoye, quoique je ne croye pas que vous en ayez besoin de si tot. Vous savez qu'il n'est pas promt a debourcer.

J'espere que quand vous aurez fini votre epitre au Ron vous me l'envoyerai, mais ecrite bien menue : je n'aime pas les gros paquet. Les vers du comencement m'ont paru fort beau. J'espere que dans la suitte vous parlez d'autre chose que de la pluie et du beau tems.

Adieu, mon cher Professeur, je vous aime bien puisque je vous ecris car, quoique mes vapeurs soient diminuées, j'ai une palpitation de cœur et d'estomac qui m'incomode fort. Aimez toujours bien qui vous aimera toute sa vie.

Le 15 janvier.

MANUSCRIT

Morgan, G.P., VI, 91-92 (D51); 2 p.; orig. aut.

NOTES

1. Bien qu'adressée à Liébault, cette lettre est destinée à Devaux, qui écrit «cinquante-unieme» à la feuille 92, pour la rattacher à la précédente, adressée à Devaux et datée du même jour. Le deuxième paragraphe de la présente lettre est écrit en code. La raison pour laquelle elle est restée jusqu'à présent inédite est sans doute que l'éditeur de 1820, ne s'apercevant pas de la ruse de Mme de Graffigny, n'a pas compris l'importance de cette tentative pour communiquer à Devaux ce qui lui était arrivé.

2. Il s'agit d'une scène transposée dont la clef est l'aventure de Mme de Graffigny à Cirey. Clairon n'a pas de belle-sœur; pour Clairon il faut lire Mme de Graffigny, et pour la belle-sœur, Mme Du Châtelet, à qui Mme de Graffigny avait déjà donné le surnom de Dorothée. De plus, dans le même texte de Mme de Graffigny, pour Liébault, il faut lire Voltaire, et pour Mme de Graffigny («je»), il faut lire Devaux lui-même. Devaux répondra : «[Liébault] est bien sensible a la part que vous prenez aux tracasseries qu'on luy a faites. Vous pouviez luy parler de la premiere [v. 76n5] comme de la seconde [celle qui est en code]. Celle-cy luy a encor causé plus de chagrin que l'autre, et je n'en suis point etonné. Il est bien cruel de voir traiter avec tant d'emportement ce que l'on aime. Cette pauvre Ron m'a fait une pitié affreuse aussi bien qu'a luy. Je n'aurois pas cru non plus que vous, que sa belle-sœur poussat l'impudence jusques-la, mais comme dit La Rochefoucaut, on ne devroit plus s'etonner que de s'etonner encor. Cette affaire nous a causé bien des allarmes, et nous en sommes encor tous affli-

gés par ce que les mauvaises humeurs de cette creature ne paroissent pas entierement finies. Vous etes bonne, chere Abelle. Le Professeur et moy ne doutons pas que vous ne soyez sensible a nos chagrins comme nous le sommes aux votres. Je fais ce que je peux pour m'en consoler, et je n'y reussi en partie qu'en pensant que tout passe, et que peut-etre dans quelque temps, il ne sera plus question de tout cela. Ce qui a augmenté mon chagrin, c'est que j'ai lieu de croire que je suis la cause innocente de cette brouillerie par certains propos que j'ay laschés inconsiderement. Peut-etre, quoyque je ne l'aye fait que pour le bien de l'un et de l'autre, ces propos, que je ne scaurois vous rendre a cause de l'infidelité de la poste, ont eté rendus sans doute a la sœur de Clairon, et voila ce qui a mis la discorde dans le menage. Je vous avoue que j'en suis furieux contre moy-meme, et que les meilleures intentions ne me paroissent pas suffisantes pour me justifier. Cependant, le Professeur est si bon, qu'a peine m'a-t-il temoigné qu'il avoit a se plaindre de moy. Je sens d'autant mieux ma faute et ma reconnoissance en est d'autant plus vive.» (19 janvier 1739, G.P., IX, 49-50.) Vers la fin de ce passage, il faut lire Mme de Graffigny à la place de Liébault («le Professeur»). Quatre jours après, Devaux écrira : «Le Ron est un peu plus tranquille. Sa belle-sœur la tourmente beaucoup moins.» (23 janvier 1739, G.P., IX, 61); et trois jours plus tard : «Ce que je vous ai mandé dernierement de la belle-sœur du Ron signifioit qu'on avoit retenu la feuille de votre lettre, et que je croyois qu'elle vous avoit justifiée.» (26 janvier 1739, G.P., IX, 67.) Plus de trois semaines après, Devaux écrira : «Je me mettois entre Clairon et sa belle-sœur. Cela faisoit une circonstance qui masquoit la chose, et qui ne signifioit rien.» (17-19 février 1739, G.P., IX, 121.)

3. Dans sa lettre du 8 janvier, Devaux avait écrit : «C'est au Professeur et non a moy qu'il faut envoyer la quittance. Vous n'avez que faire d'autre excuse aupres de luy que son extreme amitié pour vous.» (IX, 10.)

78. à Devaux

Le samedi 17 janvier [1739]

Voila la poste arrivée, mon cher ami, et point de lettre. C'en est donc toujours trois en arriere. Je vous avoue que cela est desesperant, pour moi qui ne vis que par le souvenir de mes amis. Qu'i faire? Je n'en sais rien, c'est ce qui me desespere. Vous devriez parler a Richard[1] pour savoir s'il ne sait pas comment cela ce fait. Apres avoir attendu tous les jours de postes avec des inquietudes dont je ne saurois me deffaire, il est cruel de ne rien recevoir, ou bien d'avoir des lettres decachetées, du moins les votres[2], car j'en viens de recevoir une de Mr Herei qui surement n'a pas eté ouverte. Il est a present a Luneville, a ce qu'il me mande, et vous aura remis la rente de son contrat pour donner au notaire. Je voudrois bien avoir l'argent qu'il a laissé a Comerci[3], car un petit secret que je vous ai gardé jusqu'ici est que j'y suis arrivé sans un sol. Cela vous etonne? Voici comment : je ne vous ai pas dit l'emplois de mon argent de peur que vous ne soiez l'ami de Clephan, quoique l'emplois en ai eté tres resonnable[4]. Je vis a Demange que la robe que j'avois acheté un louis a Comerci ne me passeroit pas l'hivert parce qu'elle est d'une mauvaise espesse. J'en ai acheté une d'un petit satin qui m'a couté deux louis, et trois ecu pour la façon et la doubleure. Dubois en a voulu avoir une d'indiene de pres d'un louis. Enfin, tant ce que j'ai doné aux domestiques qu'aux cochers de la cour et de la poste de Jouinville ici, il ne me restoit pas ce qui s'apelle un sol, et vous jugez bien que cela me metoit encore bien du malaise dans l'esprit. Je vais donc posseder quatre cent franc et je n'ai plus rien a acheter.

Je suis toujours tres languissante, mais je n'ai plus de grosses vapeurs.

Je recu hier une embassade de Md. de La Neuville, qui ne vient point comme elle l'avoit mandé. Je demandai a son embassadeur ce que faisoit Melle Durant. Cette pauvre fille est destinée au crosses[5] : elle y est encore depuis trois mois d'une seignée du pied qui a pensé lui faire couper la jambe. J'en suis toujours pour ce que j'en ai dit : quand on est malheureux, on l'est sans fin. D'ailleurs, on a mille bontés pour elle, et on en est bien content.

Mon Dieu, que je suis embarassée de vous ecrire, surtout quand je n'ai point de vos nouvelles. Je me fais toutes sortes de chimeres, et je n'en ai que faire. Ma bonne dame m'a dit aujourd'huy que Md. Du Chatelet comptoit toujours que Demaret et le St viendroient, quoique on ne joue pas la comedie a cause, comme je l'ai mandé a Demaret, de la mauvaise santé de Mr de V. Je vous mande cela parce qu'on me l'a dit, car je ne me soussie pas qu'il vienent, et je crois Demaret parti : je voudrois bien savoir comment[6]. Je voudrois savoir bien d'autres choses, mais il n'y a pas moien d'instruire les curieux de nos petits secrets.

Bonsoir, mon cher Panpan, soiez bien mon ami; vous ne sauriez trop l'etre, car je compte sur vous comme sur moi-meme, et je n'ai de plaisir (plaisir! mon Dieu, quel mot etranger!), je n'ai de repos, que dans votre amitié et celle des autres amis, qui n'oseroient dire devent vous qu'il ne m'aime pas quand il le penseroient, ce que je ne crois pas. Je mest bien le beau Grand Frere du nombre et je les embrasse tous. Je suis au milieu de vous, je goute le bonheur d'avoir de tels amis, mais vous savez que mon imagination n'est pas soutenue : le cœur et l'esprit reprenent bientot le dessus.

Ma lettre n'etoit pas encore cachetée, mon cher Panpan, quand j'ai apris que Mr Du Chatelet partoit demain pour Luneville, ce qui m'a determinée a ecrire cette petite lettre au Professeur[7]. Je suis fachée de le charger d'une pare[i]lle commission, et je vous demande pardon des coups qu'il vous donnera, mais il me faut ma robe, entendez-vous? C'est sa commission, et voici la votre : vous m'envoyerai, je vous prie, une demi-livre d'amidon bien fine; Dubois en veut absolument. Envoyez-moi aussi cinq ou six echeveaux de fil a broder, mais non pas comme l'echeveau que vous m'avez envoyé, il le faut beaucoup plus gros.

Je suis trop heureuse, j'ai decouvert que l'intendant de cette maison[8] joue au trictrac. J'y jouerai demain, mais j'ai bien peu[r] que je ne fasse comme le premier soir que Mr de Maupertui soupa ici. Il parla a table de Rondet et de Gradot[9], les larmes me vinrent aux yeux. Je chercherai mon pauvre ami vis-a-vis de moi, et je verai un homme un tier plus gros que n'etoit mon pere. Ah mon Dieu, ou etesvous, mes pauvres amis? Je mourai sans vous revoir, car je ne sais pas vivre sans vous. Je me porte cependant un peu mieux ce soir. Bonsoir, bonsoir, eh mon Dieu, ou etes-vous? Que ne puis-je vous le dire?

[*adresse :*] A Monsieur / Monsieur Dauphin / marchand, rue du Chateau / a Luneville

MANUSCRITS

*A. Morgan, G.P., VI, 93-96 (D52); 3 p.; orig. aut.
B. Oxford, Voltaire Foundation, «Lettres de Madame de Graffigny», p. 137-140; copie.

IMPRIMÉS

I. *Vie privée*, 208-213.
II. Asse, 173-176.
III. Best. 1708.
IV. Best. D1791.

NOTES

1. Le directeur des postes de Lunéville.
2. Devaux répondra : «Je prevois que notre commerce va se remettre en regle. Vous mandez au Professeur que Mr de Voltaire vous a donné un joli cachet. Cela me fait voir que celle d'hier [lettre 77] n'etoit point decachetée. Celles d'aujourd'huy ne l'etoient point non plus. Je suis fasché que vous n'ayez point profité de cette occasion pour nous parler de vos petits secrets, sans craindre l'infidelité de la poste.» (23 janvier 1739, G.P., IX, 59); v. 76n4.

3. Devaux répondra : «Je crois vous avoir deja annoncé l'arrivée de Herei. J'ay la quittance du notaire. La voulez-vous? Le reste de votre argent est entre les mains de Mr Baillot. Il en a instruit Mr Duchastelet, qui le prendra en passant.» (IX, 59.) Devaux annonce l'arrivée de Hayré dans 76n10.

4. Devaux répondra : «Permettez-moy de vous dire que cela n'etoit guerres prudent; l'ami de Clephan n'en dira pas davantage.» (IX, 59.) L'ami

de Clephane est probablement Lord Sherard Manners (v. 42n34).

5. Crosse : dans plusieurs provinces, sorte de béquille (Littré).

6. Devaux répondra : «Mr Duchastelet a hier rencontré Desmarets, et a tiré parole de luy pour Cyrei. Il compte y etre avant huit jours. Il vous portera la bouteille que vous demandez, si je ne vous l'envoye pas auparavant. Ce ne sera pas moy qui ferai cette commission. Vous en devinerez la cause quand vous scaurez que je ne suis pas encor raccommodé avec Sonini. Je ne crois pas que le Petit St sera du voyage.» (IX, 60.) Sonini est le distillateur de Stanislas; Mme de Graffigny charge

Desmarest d'apporter une bouteille de fin amour pour Voltaire (v. 74n5).

7. Cette lettre ne nous est pas parvenue

8. La Bonardière.

9. Gradot était un café célèbre, quai de l'École à Paris, fréquenté par de nombreux gens de lettres dont Maupertuis. Devaux, pendant son séjour à Paris en 1733-1734, s'y rendait souvent. Rondet (aussi un café?) n'a pas été identifié (mais v. 93n24). Devaux répondra : «J'ay bien senti en mon particulier l'effet que vous a fait le nom de Gradot et de Rondet, et je fais presque, en lisant cet article, ce que vous avez eté sur le point de faire.» (IX, 61.)

79. à Devaux

Le lundi 19 janvier [1739]

Je viens, mon cher Panpan, de recevoir deux lettres de D. decachetées, et trois des votres decachetées[1]. Soiez seur que de quelques ecriture que soit le dessus[2], elle sont ouvertes. Voici l'ordre des votres : une certaine de je ne sais quant est toujours en arriere, et celle de l'ordinaire dernier. Il faut bien le tems a ceux qui en sont curieux de les lire, et peut-etre d'en prendre copie, tant on les trouve belles. Enfin, les plus fraiches arrivent toujours un ordinaire plus tard. Celles d'aujourd'huy sont deux du lundi 12, et une du jeudi 15. J'ai envie de suivre le conseil que vous me donnez, de ne vous ecrire qu'un seul mot[3], car a la fin cela me fatigue d'etre si gênée, et mes yeux en iroient mieux, qui recommensent a me faire du mal.

Je suis vos lettres. Le livre de Dom Calmet e[s]t le comantaire sur la Bible[4].

Vous avez raison, mon ami, vous etes un guide bien aveugle, car vous ne savez ce que vous dites. Taisez-vous : c'est ce que vous pouvez faire de mieux[5].

Vous croiez bien a quel point je suis sensible a ce que vous me dites de l'amitié du Docteur. Vous savez comme je pense[6].

Il y a un article de votre lettre qui m'enbarasse fort. Vous dites que vous craignez et que vous avez lieu de craindre que vous n'ayez contribué a mes peines, mais que c'est un coup de la fortune. Je pourois entendre le premier, mais je ne vois pas quel raport y a la fortune. Je suis bien curieuse de cela, mais je n'en veux cependant point d'explication[7].

Venons a une lettre de jeudi. Vous m'en avez ecrit deux, dites-vous[8]. Cela est plaisant : l'une est arrivée et l'autre est restée en chemin. C'est qu'on la copie aparament.

Vous faites bien d'etre circonspect. Je vous prie meme de l'etre encore plus a l'avenir, et de ne me repondre qu'a ce que je vous dis, sans y meler aucune conjectures[9].

Vous etes tous admirable avec votre Paris. Vous seriez bien habile de m'y faire vivre en attendant la duchesse, qui ne sera peut-etre pas de retour au mois de may[10]. Enfin, je ne puis y aller a present, et je ne puis m'expliquer mieux, car il est cruel d'etre seure que des interets comme ceux de l'amitié qui nous lient soient a la merci.... Ne me nommez personne dans vos lettre, je vous en prie. N'entendons-nous pas toujours de qui nous parlons, avec les sots noms que vous avez donnez a tous nos amis et amie?

Vous n'avez qu'a jeter mon chien dans la riviere si vous voulé, mais ne m'en parlez plus[11]. Ce sont des chose si loin de moi qu'elle me revoltent. Je vous ai bien parlez de Lise, me dirai-vous. Je suis seure qu'un certain homme parloit de son araignée.

Vous dites que vous m'envoyez la lettre que je vous ai demandée, et je ne l'ai point reçue. Elle viendra quand elle poura[12].

Finissez vos comantaire, je vous en conjure, et de nomer mes amis, je le repete, parce qu'en lisant vos lettres, je ne trouve que cela[13]. Vous avez fait une prediction dans une de vos letres il y a un mois ou six semene, qui etoit plus vray que celle que vous faites sur mon bonheur. Je n'y ai nule foy, je me connois[14].

Je ne me souviens point du tout des vers de Md. de Puidebart[15], mais je parirois qu'il n'y a pas un mot de vray dans l'histoire qui l'a tant divertie. Je crois reconnoitre les gens dont il parle et, si je ne me trompe pas, j'assurerois bien qu'ils en sont a mille lieux, mais vous etes tous des betes : entendez-vous cela?

J'ai hier joué au trictrac avec le gros intandant, et je n'ai eu aucun plaisir. Je songeois a nos partie de poule[16]. Ah, mon Dieu, bonsoir. Je me porte assés bien, c'est a dire par comparaison de l'etat dont je sors. Mais je suis aussi bete que vous tous. Bonsoir, mon cher Panpan, bonsoir, mes chers ami, mon beau Petit St : je vous embrasse tous mille et mille fois.

[*adresse :*] A Monsieur / Monsieur De Vaux, le fils / ruë du Chateau / a Luneville

MANUSCRITS

*A. Morgan, G.P., VI, 97-100 (D53); 2 p.; orig. aut.; cachet sur cire rouge; m.p. : Vuassy / 6.

B. Oxford, Voltaire Foundation, «Lettres de Madame de Graffigny», p. 140-142*bis*[a]; copie.

IMPRIMÉS

I. *Vie privée*, 214-217.
II. Asse, 177-180.
III. Best. 1719.
IV. Best. D1802.

TEXTE

[a] Dans le B on trouve ici l'extrait du *Siècle de*

Louis XIV qui, dans les imprimés, se trouve à la suite de la lettre 84.

NOTES

1. Comme Mme de Graffigny l'expliquera plus bas, il s'agit des lettres suivantes de Devaux : 12 janvier 1739 (G.P., IX, 19-22), lettre ostensible; 12 janvier 1739 (G.P., IX, 23-26), lettre privée, avec adresse de la main de Liébault; 13-15 janvier 1739 (G.P., IX, 27-30), lettre privée, avec adresse de la main d'Adhémar. Pour la réponse de Devaux, v. 76n4. Il ajoutera : «Celle que je devois recevoir mardi [lettre 78, à laquelle il répondra le 23 janvier] n'est point arrivée. Je la recevrai quand

il plaira a Dieu de me [l»]envoyer. Si vous n'en avez point du samedi dix-sept [IX, 41-44 et 45-48; elle y répondra dans la lettre 82], ce sont encor deux qui vous reviennent.» (22 janvier 1739, G.P., IX, 57.)

2. Devaux (lettre privée) : «La meme aventure m'est arrivée comme a vous. J'ay reçu deux de vos lettres decachetées. L'une qui n'etoit qu'un petit billet ou vous m'informez de votre mal des yeux, avoit encor votre cachet tout entier, mais il ne tenoit presque a rien. Il n'avoit eté que rappliqué avec un peu de cire, et coupé avec un ganif. [C'est la lettre 71.] L'autre etoit decachetée avec une antique et d'une bien plus belle cire que la votre. Celle-là [lettre 69] a aussi bien trompé les curieux que l'autre. Il n'y avoit rien qui put les amuser que le tas de fetus que vous m'envoyiez. Je ne me suis apperçu de l'infidelité de la poste que ces deux fois. Mandez-moy si le strategeme dont je me sers aujourd'huy pourra m'en mettre a l'abri.» (12 janvier 1739, G.P., IX, 23.)

3. Devaux : «Ecrivez simplement sur un bout de papier l'etat ou vous etes, et nous serons tous contens.» (IX, 24; lettre privée.)

4. Voir 73n7.

5. Devaux (lettre privée) : «Seriez-vous mal avec vos aimables hostes? Le ton de vos lettres, plus que le fond des choses, nous le fait presumer; mais quel tort pouvez-vous avoir avec eux, ou quels torts peuvent-ils avoir avec vous? Ils ne subsistent guerres entre gens d'esprit, et grace au ciel, ce n'est pas cela qui manque, ni a eux, ni a vous, mais si vous en avez, que ne vous expliquez-vous avec les gens qui pensent bien? Les fautes n'en sont plus des qu'on les avoüe, surtout lors-qu'en elles-memes, elles sont legeres, et vous n'en pouvez point avoir fait d'autres. Je vous presche peut-etre inutilement, chere amie, mais pardon-nez un guide qui ne connoit pas le chemin ou il voudroit vous mettre.» (IX, 24.)

6. Devaux (lettre privée) : «Quoyqu'il en soit, nous concluons que l'air de Cyrei ne vous vaut rien, et nous souhaitons avec autant d'ardeur a vous en voir dehors, que nous avons eu de plaisir a vous y scavoir. Le Docteur et moy avons hier matin passé deux grandes heures a raisonner la-dessus. Il veut absolument vous en tirer.» (IX, 24); v. n10 ci-dessous.

7. Devaux (lettre privée) : «Il y a encor autre reflexion qui m'afflige bien plus que celle-là. Je crains, et j'ay tout lieu de craindre, que je n'aye donné lieu a vos peines. C'est une faute de la fortune qu'on ne scauroit me reprocher, et cependant je ne me pardonnerai jamais. Elle empoison-nera mes jours tant qu'elle troublera les votres.» (IX, 25.) Il répondra : «Vous ne voulez point d'ex-plication a ce qui suit. Vous n'en aurez point. Tout ce que je puis vous dire, c'est que c'est la faute de la fortune quand les bonnes intentions produi-sent de mauvais effets.» (22 janvier 1739, G.P., IX, 58.)

8. Dans celle des deux lettres de jeudi que Mme de Graffigny avait reçue et à laquelle elle répond ici, Devaux avait écrit : «Cette lettre [74] continuë a nous affliger, chere amie, mais je vous dirai cela dans l'autre que je vais vous ecrire, car je crois qu'il faut qu'il paroisse une reponse pour empescher qu'on pense a celle-cy.» (IX, 27; lettre privée.) Dans sa réponse, Devaux confirmera l'envoi de cette deuxième lettre : «Oui, je vous ai ecrit deux lettres il y a aujourd'huy huit jours. Oui, je vous ai envoyé les feuilles des votres que vous me demandiez, et meme dans celle ou je vous l'an-nonce; peut-etre la copie-t-on, aussi bien que les miennes en vers. Nous devrions etre bien glorieux du cas qu'on fait de nos styles.» (IX, 58.) Cette deuxième lettre arrivera le 24 janvier; c'est la lettre ostensible du 13-15 janvier (IX, 31-40); v. 82n2.

9. Devaux (lettre privée) : «Votre circonspection m'a appris a etre circonspect. Instruisez-moy si j'ay reussi.» (IX, 27.)

10. Devaux : «Je ne scaurois qu'applaudir a ce qu'il vous propose. Puisque vous quittez Cyrei avant le retour de Mde de Richelieu, il vaut mieux que vous l'alliez attendre a Paris qu'ailleurs. Vous m'objecterez vos affaires, mais comme il arrange le voyage, il vous coustera moins que de toute autre façon. La duchesse, vous ayant fait venir, ne vous laissera surement pas dans l'embarras, et vous trouverez peut-etre des ressources que vous n'imaginez pas. Masson et Mde Babaud et mille autres personnes que vous connoissez, vous four-niront des idées, et vous ferez comme eux pour les realites; mais j'ay beau vous prescher, je scais que je ne vous l'eliminerai pas. Je m'en remets a notre ami. Il sera, j'espere, plus persuasif que moy, et vous voyez plus clair que nous.» (IX, 27-28.) C'est Desmarest qui doit venir à la rescousse de Mme de Graffigny, selon les projets proposés par les amis de Lunéville. Il arrivera à Cirey le 1er février (v. lettre 86).

11. Devaux (lettre privée) : «A propos encor, si vous partez avec Desmarets, luy donnerai-je votre chien?» (14 janvier 1739, IX, 29.)

12. Devaux (lettre privée) : «Je vous envoye le reste de la lettre [65] que vous me demandez. Je n'ai pas pu vous envoyer l'autre feuille parce qu'elle est brulée.» (15 janvier 1739, IX, 29); v.

70n1. Pour sa réponse, v. n8 ci-dessus, deuxième extrait.

13. Dans sa lettre du 13 au 15 janvier, IX, 27-30, Devaux nomme Desmarest quatre fois, et parle longuement de lui sous le surnom du «Docteur».

14. Devaux (lettre privée) : «Ah, chere amie, ne serez-vous jamais heureuse? Vous avez beau dire. J'attends tout un autre sort que celuy que vous vous promettez. Tout passe, le mal comme le bien. C'est au tour du dernier.» (IX, 29.) Il semble que la prédiction de six semaines plus tôt se trouve dans une lettre perdue.

15. Devaux (lettre privée) : «Vous souvenez-vous d'un vers de Racine que disoit si bien Mde de Puidebart? Je crois qu'il est applicable a la lettre du Nous [Desmarest], et qu'il vous en sera la clef.» (IX, 29.) Mme de Puydebart est sans doute Antoinette-Thérèse d'Herbéviller, épouse de Jean de Roquefeuille, seigneur de Puydebar; elle mou-

rut veuve en 1734 à l'âge de 70 ans environ. Le 26 avril 1703, elle avait été marraine d'Antoine-François de Soreau, cousin germain de Mme de Graffigny. Il s'agit d'une histoire que raconte Desmarest dans une lettre qui ne nous est pas parvenue. Le vers est «Si Titus est jaloux, Titus est amoureux» (*Bérénice*, II, v; v. 86 Remarques, où Devaux cite mal ce vers). Devaux y voit apparemment un reflet de la situation de Mme de Graffigny, renforcé peut-être par le vers qui précède dans la pièce de Racine : «Je me comptais trop tôt au rang des malheureux».

16. Devaux répondra : IX, 58. Poule : se dit au jeu des cartes, des enjeux accumulés de plusieurs bêtes mises ensemble. Il a gagné la poule, tout ce qui étoit au jeu. Il y a aussi un jeu de la Poule et du Renard, quand une seule Dame qui est le Renard, combat contre douze pions qui sont les Poules. (Trévoux, 1743.)

80. à Devaux

[Le 19 janvier 1739][1]

Jusqu'ici, mon cher ami, je n'ai osé laisser sortir de ma tete l'aventure affreuse qui m'est arrivée. J'etois si mal que je craignois de mourir et de laisser [par] ecrit une chose que je voudrois me cacher a moi-meme, et que cependant je sens que je n'oublierois jamais. Je me porte mieux. D. doit venir, je lui donnerai ma lettre pour mettre a la poste a Paris, ou je la confierai a l'intendant, qui eprouve comme moi la mauvaise foi des gens d'ici, et qui a des voyes detournée pour faire venir ces lettres.

Le 29 de decembre, la poste arrivée, on me dit qu'il n'y avoit point de lettre pour moi. Le souper se passa comme a l'ordinaire, sans beaucoup parler, et je ne vis rien qui puisse me presager l'orrage que l'on me preparoit. Je me retirai dans ma chambre pour cacheter une lettre que je vous avois ecrite : c'etoit celle des fetus[2]. Une demi-heure apres que j'y fus arrivée, j'y vois entrer[a] ... vous devinerai bien qui. Je sui extremement surprise, car il n'y venoit jamais, mais je le fus bien davantage quand il me dit qu'il etoit perdu, que sa vie etoit entre mes mains. «Eh, mon Dieu, comment cela?» lui dis-je. «C'est, dit-il, qu'il y a cent copies qui courent d'un [b]ch... de J... a L...[b]. Je vais partir pour me sauver en Holante, au bout du monde, je ne sais ou. Mr Du C. va partir pour L.... Il faut que vous ecriviez a P...[c] pour qu'il aide a les retirer. Est-il assés honnete homme pour le faire?» J'assurai de la melieure foi du monde que vous rendriez tous les servisses que vous pouriez. «Ecrivez vite!» me dit-il. D'abondance de cœur, je dis que cela m'affligeoit beaucoup qu'une pareille chose arriva pendant que j'etois ici. Il se leve furieux et me dit : «Point de tortillage, Md., c'est vous qui l'avez envoyé!» Je tombe des nue, et je l'assure que je n'en ai jamais lu un vers, ny ecrit. Il me soutien que c'est vous qui le debitez, et que vous dites que c'est moi qui vous l'ai envoyé. La tete me saute, et je vois ecrit dans mon etoile que quelqu'un de cent mille personne a qui il l'a montrée en aura retenus un ch...*ᵈ*, et qu'il courera pendant que je suis ici, sans que je puisse m'en justifier. J'etois au desespoir d'une circonstance aussi facheuse. Je soutenois toujours que ce n'etoit pas moi. V., avec une vivassité etourdissante, me soutenoit que vous l'aviez lu a D. chez une dame, et que vous en donniez des copies a tout le monde, que Md. Du C. en avoit des preuves dans sa poches. Vous jugez bien que je n'entendois rien a tout cela, mais je n'en etois pas moins effrayée. Enfin, il me dit : «Allons, alons, ecrivez qu'on vous renvoye l'original et les copies.» Je me mis a ecrire, et, comme je ne pouvois pas vous demander ce que vous n'aviez pas, je vous disois de vous imformer de tout cela, et de me le mander. Il lu la lettre, et en me la regettant, il me dit : «Eh fi, Md., il faut de la bonne foi quand il y va de la vie d'un pauvre malheureux comme moi.» Sur cela les cris redoublent, il pleure, il est perdu, il voit bien que je ne veux pas reparer le mal que je lui ai fait. Plus je parlois, moins je le persuadois. Je pris le parti de me taire. Cette scene dura pour le moins une heure, mais ce n'etoit rien. La dame arriva comme une furie, jetant les haut cris et me disant a peu pres les meme choses. Je repondi de meme. Elle tira de sa poche une de tes lettres, et en me la fourant presque dans le nez, me dit : «Voila, voila la preuve de votre infamie. Vous etes la plus indigne des creatures, un monstre que j'ai retiré chez moi, non pas par amitié, car je n'en eu jamais, mais parce que vous ne saviez ou aller. Et vous avez l'imfamie de me trahir, de m'assassiner, de voler dans mon bureau un ouvrage pour en tirer copie!»

Voila tout ce qui m'est resté dans l'esprit du torant d'injures qu'elle me dit, car j'etois si eperdue que je n'entendois plus. Mais elle m'en dit beaucoup davantage. Sans l'autre, elle m'auroit souffletée. A tout cela je repondi seulement : «Ah, taisez-vous, Madame, je suis trop malheureuse pour que vous me traitiez aussi indignement!» A ces mots, V. la prit a traver du corps et l'arracha, car elle me disoit tout cela dans le nez, et avec des jestes dont j'atandois les coups a chaque moment. Quand elle fut arrachée, elle alloit et venoit dans la chambre, en criant et en fesant des exclamation sur mon infamie. Tout cela fut dit de façon que Dubois, qui etoit a deux chambre, l'entendit tout. Pour moi, je fus lontems sans pouvoir prononcer un seul mot; je n'etois ny morte ny vivante.

Enfin je demandai cette lettre. On me cria que je ne l'aurois pas. «Au moins montrez-moi, lui dis-je, ce qu'il y a de si fort contre moi.» C'etoit cette malheureuse phrase «Le chant de *J*. est charmant»³. D'abort cela me rapela le vray a quoy je n'avois pas pensé, parce que l'on ne me parloit que de vers. Je dis ce que c'etoit. Des le premier moment, V. le crut et me demanda pardon.

On m'expliqua que vous aviez lu ma lettre a D. devent un homme qui l'avoit

4. Lettre de Mme de Graffigny à Devaux, du 19 janvier 1739, original autographe.

Pierpont Morgan Library, New York.

mandé a Mr Du Ch., et que voiant cela, on avoit ouvert votre lettre, qui l'avoit confirmé[4]. La nuit se passa jusqu'a cinq heures du matin a cette scene.

La megere ne vouloit pas en revenir. V. lui parla lontems en anglois, et puis il la tiralla pour me dire qu'elle le croioit, et qu'elle etoit fachée de ce qu'elle m'avoit dit. On me fit ecrire pour que vous me renvoyiez ma lettre, affin de me justifier entierement. Dans tout ce tems les tremblemens ne m'avoit point quitté. J'ecrivis avec une peine extreme, je leur donnai la lettre, et ils sortirent.

La Grosse Dame etoit entrée au bruit, mais elle s'etoit sauvée. Je ne la revis qu'une heure apres qu'ils furent sortis. Elle me trouva vaumissant, avec des tremblemens, enfin dans un etat affreux, car les refflections redoubloient ma douleur. Elle redessendi et, un moment apres, elle me raporta ma lettre, en me disant qu'on s'en fioit a ce que j'avois dit, et qu'il n'etoit pas besoins d'ecrire.

Je passai jusqu'a midi a me desesperer, et vous n'en serez pas surpris si vous envisagé la situation ou j'etois : sans chez moi, insultée dans une maison dont je ne pouvois sortir ou aller. Md. de St...[e] etoit a Comerci, pas un sol pour me faire conduire dans le premier vilage, ou j'aurois eté mieux couchée sur la paille, enfin, obligée a revoir des gens aussi indigne. On ne meur pas de douleur, puisque je vis, car jamais je n'ai rien senti de si accablant, loin de toutes consolation avec des gens qui me paroissoient tous des boureaux. La bonne dame etoit celle qui me marquoit quelque humanité, mais, comme elle croioit encore que j'avois ecrit ce maudit chant, et qu'elle est tout a la maison, elle me consoloit tres froidement. Enfin, a midi, V. vint. Il paru touché jusqu'au larmes de l'etat ou il me vit. Il me demenda beaucoup de pardon, et me fit donner parole que je ne vous en manderois rien, et que je ne redemanderois pas ma lettre : je la donnai.

A cinq heure du soir, Mr Du C. vint avec un air fort contrit aussi, et me dit en douceur qu'il me conseilloit de faire venir ma lettre, non pas qu'il ne me crussent, mais que c'etoit pour les confondre. Je lui objectai que j'avois donné parolle de n'en rien faire, et que, comme je ne doutois pas qu'on n'ouvrit mes lettres, qu'on m'en feroit peut-etre un crime. Et j'etois si troublée et si hebetée que je le disois de bonne foi. Il me promit de faire passer ma lettre; enfin, je promis. Une heure de reflection me fit voir la grociereté de la finesse, mais il me falut une heure, car je n'avois plus la faculté de penser. Je passai trois jours et trois nuit dans mon lit a fondre en larmes.

J'oubliois que le meme soir, vers huit heure, la megere vint avec toute sa suitte et, apres une courte reverence et d'un ton seq, me dit : «Madame, je suis fachée de ce qui c'est passé cette nuit», et puis parla d'autre chose avec la Grosse Dame et son mari.

Faisons un peu de refflections sur cette avanture. Pour que je sois persecutée partout, il faut que vous ayez l'indiscretion de parler d'ici, malgré tant de deffences que je vous en avois fait. Il faut que ce soit devent peut-etre le seul homme qui ait corespondance ici, car je soubsonne que c'est Jeanroi, l'avocat[5], qui s'est trouvé chez Md. de G.[f] Il faut que vous dormiez le jour de Noel tout le jour, car naturellement c'etoit ce jour-la que vous deviez me faire reponce. Vous la remettez au jour suivant, affin qu'elle arrive avec celle de ce vilain homme. Il faut que, dans cette lettres, vous ne parliez pas francois, puisque vous auriez du dire «le plan de *J.* est charmant», et non «le chant». Il faut que, dans cette malheureuse lettre, vous me parliez generallement de presque tout ce que je vous ai ecrit dans plusieurs autre lettres, et meme de chose qui me fachent plus que tout cela. Enfin, si vous avez voulu faire une recapitulation de nos petits secrets, vous n'auriez pas mieux reussit. On me fit aussi des cris sur le plan de *Louis 14*, sur l'extrait de *Moliere*, sur tout, enfin. Mais je vous prie de considerer l'arrangement de tout cela, et de me dire si j'ai tord de sentir que mon etoile est une chose surprenante, et cela dans le tems ou je comptois etre le plus en repos. Je ne dis pas avoir du plaisir, car, hors les cinq ou six jours ou le frere a eté ici[6], c'est l'endroit du monde le moins divertissant. Mais comme j'aime a etre seule, et que jusque la on m'avoit donné des choses agreables a lire, je menois une vie tranquille, que j'aime de preference.

Elle n'a pas duré trois semene. Depuis ce tems, j'ai eté en enfert, toujours malade, et ne sortant de ma chambre qu'a neuf heures du soir quand je le pouvois, n'ayant pas la force de lire, et n'ayant que des livres qui ne me plaisent pas. Ils font venir toutes les nouvautés, et n'en pretent point. On ne m'a plus rien montré. Les soupers se passoient sur les epines, sans ouvrir la bouche, la megere me jetant de tems en tems des regards de fureur, la Grosse Dame et moi remontant en sortant de table. Elle m'a tenu compagnie autant qu'elle a pu; elle a de l'esprit, mais elle est un peu seche et trop fine pour moi. D'alieurs, elle est leur amie : ainci, c'etoit un espion plustot qu'une compagnie. Cependant, je n'oublierai jamais les soins qu'elle m'a rendus, parce que je sens qu'elle n'y etoit pas obligée. Je n'avois avec elle que la satisfaction de crier contre mes letres ouvertes, et d'en dire naturellement ce que j'en pensois, pour qu'elle leur rendit. Cela n'a rien fait; jusqu'au jour ou on recu la lettre que vous m'avez renvoyée[7], le meme ton a continué. Elle n'avoit pas ouvert celle ou vous me mandiez a part que vous me l'envoyez. La Grosse Dame vint faire l'entendue, en me disant qu'elle avoit fondu la cloche[8] avec la megere, et qu'elle n'etoit si seche que parce qu'elle etoit embarassée de ce qui c'etoit passé, qu'elle l'avoit rassurée sur ma façon de penser, et que si je voulois avoir une petite explication, tout iroit bien. Je dessendis, et pour le coup elle me fit des excuses plus etendues, mais toujours fort seches. Elle dit que son froit venoit de l'embaras qu'elle avoit d'une scene aussi vive, mais que si je voulois y contribuer, les choses reprendroient leur train ordinaire. Je repondis, non ce que je pensois, mais ce que la situation des choses exigeoit, et j'eu une sorte de plaisir a sentir que je n'etois pas sa dupe pour ce moment-la, puisqu'elle vouloit se parer d'un retour gratuit, tandis que je savois, par la lettre[9] que je venois de recevoir, que c'etoit celle qu'elle avoit recu qui l'avoit determinée. J'etois aussi plus tranquille, parce que je jugeois a cette mine que l'on etoit pas mecontant de ma lettre. On ne me l'a rendu que huit jours apres[10]. On a voulu me persuader avant que l'on etoit revenu de bonne foi et sans preuve.

Puisque j'en suis a cette letre, il faut que je vous dise la peine qu'elle m'a faite, et le tord que vous avez eu. Je vous avois mandé la premiere fois que je vous l'ai demandée d'effasser les choses qui pouvoient etre des secrets entre nous. Je ne pouvois m'expliquer plus clairement, puisque l'on m'auroit fait un nouveau crime de manquer a la parolle que j'avois donnée de ne vous instruire de rien. Vous aviez bien eu la finesse de me mander que vous ne l'aviez pas recue, et que vous aviez brulé une partie de mes lettres[11], pour voir si je voudrois eluder de la faire venir. Pourquoi n'avez-vous pas effacé les extrait de *Moliere*[12]? Je les avois niez : vous ne le saviez pas, me dirai-vous, mais vous deviez bien voir qu'il n'etoit question que du ch... de *J*....

Mais cela n'est rien, quoiqu'il soit bien facheux d'etre confondue. Ce que je ne puis vous pardonner, c'est de n'avoir pas effacé au bas de la page quatre ou cinq ligne[13] ou je vous faisois entendre qu'il n'y avoit pas d'aparance que je pusse esperer quelque arangement a cause de leur prochain voiage[14], et ou je metois, en propre terme, que je bavardois avec la Grosse Dame pour voir ce que cela pouroit devenir. Avoué que, de toutes les mortification, c'est la le plus sensible : c'est ce qui a ocasioné l'humeur que j'ai eu contre vous. Que vous ayez parlé de *J*., je ne saurois vous en faire un crime, quelque peine qui m'en arrive. Ce pouvoit etre tout au plus une indiscretion a l'egard du secret general que je vous avois recomandé. Mais livrer les desseins de votre amie au gens qu'il regardent et qui sont devenu ses ennemis, et quels desseins – les plus humilliants! – et de sang-froid, puisque je vous avois averti d'effacer ce qui me regardoit[15] ... je vous avoue que quelque tournure que j'y puisse donner, je vous trouve inexcusable. Ne croiez pas pourtant que j'en garde rancune : c'est peut-etre la seule ocasion de ma vie ou mon amitié a le droit des rois, de pardonner sans raison, et je suis trop heureuse de l'emploier. Ainci, mon cher ami, soiez seur que les choses sont comme non avenues, que je vous aime comme devant, et que je ne vous en parlerai jamais. Que votre tranquilité naisse de la : n'en parlons plus.

Cet article me determina a ne point la remontrer, et je tirai de la douleur que cela me causa une forte bonne resolution. J'apelai la Grosse Dame. Je lui demandai si elle vouloit la voir. Elle dit fort que non. Je la jetai au feu[16] devant elle, en lui disant : «Comme je ne puis douter a la mine qu'on me fait il y a huit jours, et a la datte de la lettre, qu'on ne l'ai deja vu, il est inutile d'en reparler. D'alieurs, comme on m'a deffendu de la faire venir, on me feroit peut-etre un crime de l'avoir fait, quoiqu'on ait eté bien aise de la voir.» La force de mon resonnement et la vivacité avec laquelle je parlois l'etourdirent si fort, qu'elle n'eut pas la force de me demantir, elle qui m'avoit expressement recomandé de la faire venir aussi misterieusement que Mr Du C. Elle ne dit mot, et cela me fit plaisir, car j'en tirai une induction encore plus seure qu'on l'avoit vue, et qu'elle le savoit; et je fus charmée de lui faire voir, et aux autres par elle, que je n'etois pas leur dupe.

Soit que l'on craignit un nouvel eclaircicement, ou que, desabusé de la sottise que ma timidité avée rependu sur mon visage et dans mes discours le jour de la scene et les suivans, par les discours que je tenois tous les jours a la Grosse Dame, entre autre que l'on m'avoit donné de bonnes armes, et que j'etois etonnée qu'on ne me menageat pas davantage puisque, si je comptois *g* l'avanture, je les accablerois de ridicule; soit l'une de ces raisons, depuis ce jour-la, les attentions ont eté bien plus fortes qu'elles ne l'etoient au comencement. Cette femme, qui ne parle jamais, ne sait quels discours me tenir pour m'amuser. On vouloit me faire retourner au caffée, mais j'ai continué a diner. Vous jugez bien que leur compagnie ne m'est guere agreable, puisque je n'y puis etre a mon aise. D'alieurs, les cachoteries continuent jusqu'a aujourd'huy 30, ou on a comensé a parler plus librement.

A propos de cela, je vais vous conter une scene apres que je vous aurai dit autre chose qui m'y menera. Je crois, autant que je puis assurer quelque jugement sur des esprit aussi tortilliez, qu'Atis [17] (c'est le nom que je mets a la place de Nicodeme, parce qu'il est plus court), je crois donc qu'Atis n'a point su la continuation des infidel'té sur mes lettres. Il m'a paru revenir de bonne foy sur ma parolle. Il a pleuré plus d'une fois, me voiant si malade, en repetant sans cesse qu'il etoit bien malheureux d'etre la cause de l'etat ou j'etois. Il n'est pas entré une fois dans ma chambre sans me faire des excuses les plus humbles et les plus pathetiques. Il a redoublé ses soins pour que rien ne me manqua. Il alloit souvent jusqu'a dire que Dorotée etoit une femme terible, qui n'avoit point de flecxibilité dans le cœur, quoiqu'elle l'eut bon. Par parentese, elle n'est venue me voir que le premier jour dont je vous ai parlé, et moi sortant de table, allant jusqu'a son entichambre, ou j'evanouissois sans pouvoir aller plus loin. Elle n'y est pas venue une seule fois de deux ou trois que cela est arrivé. Enfin, j'ai tout lieu d'etre contante des demonstrations d'Atis. Le reconnoitrié-vous a la tournure qu'il a donnée a cette lettre decachetée que l'on me fouroit dans le nez? Il a aparament plus de vergogne que l'autre, car il n'a jamais voulu convenir qu'on l'eut ouverte de guet-a-pans, et voici comme il tourne finement cet accident. Il dit que la lettre qu'on ecrivoit au maitre lue, Dorotée en fut si effrayée que la miene tomba sur l'atre, presque ouverte de la secousse, et que voyant qu'on pouvoit la lire, on l'avoit lue, mais qu'il faloit pardonner un premier mouvement. Ne riez-vous pas? Dubois diroit-elle mieux? Vous croiez bien que je n'ai jamais rien repondu a de pareilles vraysemblances. Mais la honte qu'il a de cette lettre ouverte me fait croire qu'on lui a caché qu'on avoit continué a les ouvrir. D'allieur, son ton a toujours eté le meme : il soufroit de la mine qu'on me faisoit a table, et parloit souvent en anglois pour la faire changer. Cependant, il n'osoit plus me rien faire voir, ny meme parler de ses ouvrages. Un jour qu'a son ordinaire il vint un moment dans ma chambre, il me conta le libelle que Mr de Belac [18] avoit, et me dit qu'il y fesoit une reponce, qu'il me la montreroit, mais que je gardasse bien le secret a cause de Dorotée. Il me dit qu'a peine il osoit me voir. Effectivement, des qu'il arrivoit, un laquais venoit l'apeler, ou je l'entendois passer pour aller chez la dame, ma voisine, qui arivoit un moment apres. Il faut que Doroté ait ces gens a gage pour savoir quand il sort de son apartement, car il est fort loin du sien.

Enfin, voici la scene un jour des trois que ton Geometre de Grado [19] a passé ici. Atis crut Dorotée ocupée avec lui, et m'envoia dire de dessendre, et vite, il me lit sa *Deffence* [20]. Au beau milieu de sa periode entre Dorotée, qui re[s]te imobile sur la porte, pasle de colere. Apres un moment de silence et d'embaras de part de d'autre, elle me dit : «Avec votre permission, Md., je veux parler a Mr.» Je ne fis pas semblant de l'entendre, et je restai. Il prit la parolle et lui dit : «Eh bien, oui, je lis a Md. ce que je fais.» Elle ne repondit que par des contradictions sur les choses qu'il avoit mis dans cet ecrit. La querelle devint vive, elle sorti de fureur. Je voulu m'en aller, il me fit rester et me continua de lire. (Comme elle m'a dit aujourd'huy qu'elle me la donneroit, vous la verez, cette piece; ainci, je ne dis rien). Depuis cette sene, la mine redoubla, et le mistere. Enfin, il est venu au point que ces jours derniers, je demendai des nouvelles de cet ecrit a Atis, a cause qu'il disoit qu'il passoit les nuits au travail, et que 4 personnes copioient pour lui. Il me repondit qu'il laissoit la cet ouvrage, que peut-etre il ne l'acheveroit pas. Enfin, il en parla comme d'une chose oubliée. Il ne fut pas sorti de ma chambre que le fils de la Grosse Dame, qui copie nuit et jour pour eux, entra et me demanda si j'avois vu le memoire depuis qu'il etoit corigé. Je lui dis que non. «Ah, vous le verez, dit-il, car nous sommes quatre a le copier a present.» Cela me diverti, et je ne dis mot.

Une autre finesse cousue de fil blanc : il y a quatre ou cinq jour que j'ai ecri a Md. Babaud pour avoir un logement chez elle²¹, j'envoyai ma lettre d'abord que je fus remontée apres le souper. Noté que depuis la scene je dessend quand on a servi, et remonte quand on se leve de table, hors depuis deux jours que l'on me fait rester, cet-a-dire depuis que l'on sait que D. viendra. Or donc, le jour de cette lettre de Md. Babaud, une heure apres que je l'eu envoyée, je vois arriver Atis. Je fus boulversée, car, comme il n'etoit jamais venu apres souper que le jour de la scene, je crus que s'en etoit encore une. Son visage riant me remit, il parle de la pluie et du beau tems, je lui demande ce qu'il vient faire, il ne me repont pas, et continue a dire des rien. Je l'interronp et le presse de me le dire. Sans autre finesse, il commence une belle harangue pour m'exorter a ne point aller si tot a Paris, que l'on ne sauroit ce que cela veut dire, surtout la duchesse, qui compte que j'y serai jusqu'au mois d'avril, et me presse beaucoup de rester. Je riois de bon cœur, et je repondois en Normande; enfin il sorti. La Grosse Dame revint, j'eu le plaisir de lui bien dire que tout cela n'etoit guere fin. Voila ce qu'il craignent, et pourquoi ils tachent tant de m'adoucir, et je meurs de peur qu'ils n'ait pas envoyé ma letre.

Je viens de relire ce taudis²², et je trouve mon pauvre esprit bien tombé. Je ne sais si tu pouras lire et entendre cette rapsaudie; il y a plus de douze jours que je l'ai comencée, en ecrivant un mot par-ci par-la : aussi est-il bien mauvais. Je trouve qu'il exprime bien mal tout ce que j'ai soufert; tu n'en saurois avoir d'idée la-dessus. Jusqu'a ce que je parte, j'ecrirai ici tout ce qui me reviendra, et je le ratterai. Par exemple, hier et aujourd'huy que l'on attent D., nous avons eté, rien que Doroté et moi, nous promener en caleche sur le chemin par ou il devoit venir. Elle a voulu etre tete-a-tete aparament pour me donner meilieure opinion de son ame par les discours qu'elle m'a tenu, et l'interet qu'elle fait mine de prendre a ma situation. Elle ne me touche pas, et rien n'est moins amusant pour moi que ces tete-a-tete, dont le refrain est toujours «Ques qu'on dira si je vais a Paris avant [le]ʰ depart de la duchesse, qui ne sera qu'au mois d'avril?» Je puis dire que depuis deux mois je ne l'ai pas entendu tant parler en tout que depuis trois jours. Elle se baigna hier aussi pour D., parce que cela amenoit naturellement le souper aux bains et l'illumination de ce petit apartement, qui est effectivement divin, et qu'on vouloit lui faire voir dans son beau. Le souper fut ogmenté aussi. Enfin, ils sont comme des gens qui comensent a sentir leur impudence, qui craignent qu'on ne la répende dans le monde, et qui mettent tout en usage pour la faire oublier. Elle fut hier jusqu'a me dire qu'elle me donneroit a lire un de ses ouvrages de metaphisique, en me demandant le secret pour Atis meme, qui ne l'a jamais vu.

Puisque je parle d'ouvrage, je veux te dire comme ils travaillent. Elle passe tous les jours presque sans exception jusqu'a cinq et sept heures du matin a travailler. Elle fait rester dans sa chambre le fils de la Grosse Dame, qui est un bon Is[r]aelite [23], qu'elle employe a copier ses ouvrages, et qui n'y entent pas un mot. Vous croiez qu'elle dort jusqu'a trois heures? Point du tout : elle se leve a neuf, a dix heures, a six quand elle s'est couché a quatre heures, ce qu'elle apelle se coucher avec les poules. Bref, elle ne dort que deux heures, et ne quitte son secretaire dans les 24 heures que le temps du cafée, qui dure une heure, et le tems du souper et une heure apres. Quelquefois elle mange un morceau a cinq heures du soir, mais sur le secretaire.

D'un autre coté, quand Atis prend sur lui de quitter un demi quart d'heure dans la journée pour faire sa visite a moi et a la Grosse Dame, il ne s'assoit point, et dit que c'est une chose affreuse que le tems qu'on pert a parler, qu'on n'en devroit pas perdre une minute. C'est la l'oraison des trente jours. On arive pour souper, il est a son secretaire, on a soupé a moitié quand il quite, et il faut l'arracher pour l'empecher de s'i remettre en sortant de table. Il se bat les flancs pour dire quelques conte a table, et l'on voit que c'est par pure politesse, car son esprit est bien loin. Voila le train depuis le depart du frere; noté qu'il n'a eté que huit jours ici. T[r]ouve-tu cette vie amusante? Ah, ce n'etoit pas pour rien que je mandai au Petit St : «Vive les sots» [24]! D'alieur, Atis est le plus malheureux homme du monde. Il sait tant ce qu'il vaut, et l'aprobation lui est presque indifferente, mais par la meme raison, un mot de ces deux adversaires le met ce qui s'apelle au desespoir. C'est la seule chose qui l'ocupe, et qui le noye dans l'amertume. Je ne puis vous donner l'idé de cette sotise qu'en vous disant qu'elle est plus forte et plus miserable que son esprit n'est grand et étandu. Joignez a cela qu'il a des vapeurs dont il ne veut pas entendre parler, que ces jaloux lui en donent, Dieu sait, et puis il se croit a la mort. Il se drogue sans cesse. Il s'est fouré dans la tete qu'il ne faloit pas manger, et il meurt de faim. Jugez du bonheur de ces gens que nous croyons avoir atteint a la supreme felicité! Les querelles que je vous ai mandé dans le comancement vont leur traint, jugez encore.

Le 4 fevrier [1739]

Je n'ai pas encore trouvé un moment pour t'ecrire ici depuis l'autre jour. On ne nous donne point de relache; on croit bien nous amuser, et l'on nous desespere. Atis est comme un enragé : il tourmente Doroté au point de me faire pitié. C'est ce que je puis dire de plus fort, car tu crois bien que je ne l'aime pas. Depuis que la Grosse Dame est partie, elle m'a presque etabli sa confidente. C'est un vray fou que cet Atis : il n'y a pas d'autre terme pour exprimer les exces de rage ou il tombe trente fois par jour contre son adversaire. Je te conterai tout cela un jour : tant y a que nous sommes tres ennuiés. Le jour que je t'ai ecrit que nous alions jouer la comedie[25], tout le monde etoit pret a comenser. La poste arrive, il recoit des lettres qui ne lui plaisent pas, il fait des cris afreux, il tombe dans des espesses de convultions. Enfin, la Doroté arrive dans ma chambre, les yeux gros comme le point[i], et me prie de ne point jouer : on ne joue point. Hier il a eu quelques bons intervalles : on a joué.

Je te croiois plus au fait de mon affaire que tu ne me parois etre par la lettre que m'a aporté le Docteur[26]. Il m'assure que tu ne lui a lu ny parlé de *J.* devent personne. Je m'etois bien douté que la letre que l'on pretendoit avoir eté ecrite au maitre d'ici etoit suposée, pour colorer l'impertinence d'avoir ouvert la tiene, et que ce n'etoit que sur ta phrase qu'etoit fondé le carillon.

Mais pourquoi m'as-tu toujours fait entendre que tu avois laché des discours imprudens, et que c'etoit pour le bien des deux partis[27]? Je n'entens pas encore cela.

Le dimanche gras [8 février 1739]

J'ai la tete si troublée de comedies, de mon voyage, et du tendre aveu que le D. m'a fait qu'il ne m'aimoit plus et qu'il ne vouloit plus m'aimer[28], que je suis comme ivre. La contrainte que je me fais me coute; le tracas m'etourdit. Je n'ajouterai plus rien a cette lettre. Si je respire a Paris, je t'ecrirai plus sensement. Tu crois bien qu'avec la resolution que j'avois prise de n'avoir plus de querelle, et de pousser la douceur jusqu'a l'oisonnerie, il ne faloit pas moins qu'un aveu deliberatif comme celui-la pour me desoler. Mais comme c'est le millieme, et probablement le dernier, je m'en tiens la, et ce qui t'etonera, il ne m'a point fait perdre ma resolution. Je l'ai reçu sans reproche, et je t'assure que j'en soufrirai seule, mais je n'en reviendrai pas. Si j'en avois su autant, je n'aurois point eté a Paris : tous les lieux me sont egaux, mais je suis trop avansée pour reculer. N'est-il pas etonnant qu'il m'ait parlé de la sorte pour le peu qu'il lui en coute a me rendre heureuse? Ne crois pas cependant que je m'en desespere. Je commence a m'y faire, et j'espere qu'il m'en coutera moins que jamais pour prendre mon parti[29].

MANUSCRITS

*A. Morgan, G.P., VI, 137-144 (D63); 8 p.; orig. aut.

B. Oxford, Voltaire Foundation, «Lettres de Madame de Graffigny», p. 165-184; copie.

IMPRIMÉS

I. *Vie privée*, 253-282.

II. Asse, 211-233.

III. Best. 1724.

IV. Best. D1807.

TEXTE

[a] Quatre ou cinq mots rayés. [b] chant de *Jeanne* [=*La Pucelle*] à Lunéville. [c] Panpan. [d] chant. [e] Stainville. [f] Grandville. [g] contais. [h] Le A : «son». [i] le poing.

NOTES

1. Il semble que Mme de Graffigny commence cette lettre le 19 janvier; c'est le 19 qu'elle apprend la décision de Desmarest de venir à Cirey (v. lettre 79), et c'est apparemment cette nouvelle qui l'encourage à se mettre à écrire cette lettre, qu'elle pourra lui donner pour qu'il la mette à la poste à Paris. D'ailleurs, elle dira plus tard dans cette même lettre, vers le 31 janvier : «Il y a plus de douze jours que je l'ai commencée». L'ayant commencée probablement le 19 janvier, elle continue à y ajouter des détails jusqu'à son départ. Elle partira le 11 février, et envoie la lettre entre le 11 et le 15 février. Devaux, qui y mettra le numéro 63, y répond le 17 février.

2. Lettre 69.

3. Voir la lettre de Devaux, 70 Remarques. Quand Mme de Graffigny évoque «le vrai», elle veut dire que, réussissant enfin à saisir le malentendu, elle se rappelle avoir esquissé pour Devaux le plan d'un des chants de *La Pucelle*, et non, comme le laisse supposer la phrase de Devaux, en avoir cité un extrait.

4. Ce mensonge avait été inventé par Mme Du Châtelet qui, à l'insu de Voltaire, ouvrait toutes les lettres qui arrivaient à Cirey afin de l'empêcher d'apprendre la parution de la *Voltairomanie*. Pour l'homme en question, voir la note suivante.

5. On voit qu'à cette époque Mme de Graffigny elle-même était dupe du mensonge de Mme Du Châtelet, et croyait Devaux coupable d'avoir bavardé devant Jeanroy. Voir ce qu'elle dira plus tard, le 4 février, après l'arrivée de Desmarest (n26 ci-dessous).

6. C'est à partir du 11 décembre que l'abbé de Breteuil a séjourné à Cirey.

7. C'est la lettre 65, renvoyée le 15 janvier (v. la lettre de Devaux de cette date, G.P., IX, 35); Mme de Graffigny la reçoit le 24 (v. 82n2).

8. Fondre la cloche : on dit en proverbe, qu'il faut fondre la cloche, pour dire qu'il faut terminer, achever une affaire, la faire juger, la consommer (Trévoux, 1743).

9. C'est la lettre privée de Devaux du 15 janvier 1739 (IX, 29); v. 79n12.

10. Nous savons qu'elle recevra cette lettre le 24 janvier (v. n7 ci-dessus); donc, c'est depuis le 17 janvier qu'elle est entre les mains de Mme Du Châtelet.

11. Voir 75n5. Elle la redemande pour la première fois dans la lettre 70.

12. Il s'agit d'une des feuilles de la lettre 65 que Mme de Graffigny a brûlées. Devaux répondra : «Dans l'incertitude ou j'etois de ce qui vous faisoit

redemander votre lettre, je n'ai osé presque rien effacer de peur que trop de ratures ne rendissent cette feuille suspecte, et ne fit demander l'autre qui ne pouvoit absolument etre vuë. [Surtout la dernière feuille, qui parle ouvertement de Voltaire, de Mme Du Châtelet, et de leurs surnoms.] C'est ce qui m'a empeché de rayer les extraits de *Moliere*, que je n'ai pas cru un mistere puisque vous m'aviez mandé qu'il avoit offert cette *Vie* pour la mettre a la teste de ses ouvrages.» (17 janvier 1739, G.P., IX, 118.)

13. C'est la fin de ce paragraphe qu'on trouve au début du fragment de la lettre 65 qui reste. Devaux répondra : «Quant à l'endroit ou vous me parliez de vos arrangemens, je suis au desespoir de la peine qu'il vous a faite, mais il m'a paru que je ne devois point l'effacer. Voici mes raisons. Primo, il m'a paru si obscur que je ne doute point qu'on ne l'a pas compris. 2°, comme il finissoit la page, il faisoit croire qu'il n'etoit question que de vos affaires, et ostoit par consequent la curiosité de voir l'autre feuille. Cependant, je n'ai osé decider cela moy seul. J'ay assemblé tous nos amis, et ils ont tous conclu a ne pas l'effacer.» (IX, 118.)

14. C'est le voyage que feront Voltaire et Mme Du Châtelet en Flandre (v. 60n8).

15. Voir 75, par. 2.

16. Il s'agit des pages qui manquent de la lettre 65.

17. Voltaire. Mme de Graffigny a raison, car c'était surtout la correspondance de Voltaire que Mme Du Châtelet ouvrait.

18. La *Voltairomanie* (v. 72n13).

19. Maupertuis, qui a été à Cirey du 12 au 16 janvier (v. 75n12).

20. Sans doute le *Mémoire du sieur de Voltaire*, qui porte la date du 6 février 1739, la première réponse à la *Voltairomanie* (v. Moland, XXIII, p. 27-45; Bengesco 1574; Best. D1747n1). Mme Du Châtelet essaie d'empêcher Voltaire de publier une réponse, et ils ont des démêlés à ce sujet. Mme de Graffigny, qui ne s'y est mêlée qu'accessoirement, semble ne pas saisir la situation.

21. C'est le 26 janvier que Mme de Graffigny lui écrit (v. lettre 83, vers la fin).

22. Taudis : ici, la lettre de Mme de Graffigny, qu'elle juge désordonnée, confuse (v. aussi 43n15).

23. Un bon Israëlite : un homme sans artifice et sans déguisement, et même un homme un peu simple (Trévoux, 1743).

24. Voir le texte de la lettre 64 après la note 14.

25. Le 2 février, lettre 86.

26. La lettre du 26 janvier 1739, G.P., IX, 65-69

(v. 86 Remarques), que Desmarest remet à Mme de Graffigny lors de son arrivée le 1er février.

27. Devaux : «Ce qui a augmenté mon chagrin, c'est que j'ai lieu de croire que je suis la cause innocente de cette brouillerie par certains propos que j'ay laschés inconsiderement. Peut-etre, quoyque je ne l'aye fait que pour le bien de l'un et de l'autre, ces propos, que je ne scaurois vous rendre a cause de l'infidelité de la poste, ont été rendus sans doute a la sœur de Clairon, et voila ce qui a mis la discorde dans le menage. Je vous avoue que j'en suis furieux contre moy-meme, et que les meilleures intentions ne me paroissent pas suffisantes pour me justifier.» (19 janvier 1739, G.P., IX, 50.)

28. Cette rupture, qui eut lieu le dimanche 4 février et qui fut sans doute causée par le flirt entre Desmarest et Mme Du Châtelet, ne produira guère d'écho dans les lettres suivantes. Les deux partiront amicalement pour Paris ensemble quatre jours plus tard. La rupture définitive n'aura lieu qu'en automne 1743.

29. Devaux répondra longuement à cette lettre le 17 février. Entre autres, il écrira : «Je viens de recevoir votre grande lettre, chere Abelle. Je ne scais pourquoy je ne l'ai pas recuë dimanche, puisque vous aviez eu l'attention de la mettre a la poste a Troye. Elle a contenté mon impatience, mais c'est l'unique plaisir qu'elle m'a fait. Le detail de vos chagrins, que nous avions presque tous deviné, et dont je suis la cause innocente, m'a fait encor fremir. Je ne suis point revenu de l'impudence de cette femme. Le procedé d'Atis est bien plus raisonnable. Il m'a touché. [...] Je n'ai rien a vous dire sur l'indiscretion. Desmarets m'a justifié, et en verité, je n'ai jamais été plus retenu de parler de vous et de vos lettres pendant le temps que vous avez eté a Cyrei. Si je vous ai parlé de bien des choses qui vous ont fait de la peine, je suis tres pardonnable, chere amie. Vous m'avez dit que vous ne craigniez que pour vos lettres, et non pas pour les miennes. [...] J'approuve fort la conduite que vous avez gardé avec ces gens-là. Elle est l'ouvrage de la raison et de la connoissance des hommes. Je ne scais en effet comment ils ne vous ont pas menagée plus qu'ils ne l'ont fait. Je suis charmé de pouvoir penser qu'Atis n'ait point eu de part a l'ouverture de nos lettres. Tout ce qu'il a fait pour excuser la premiere faute me le fait estimer. Mandez-moy comment vous vous etes quittés.» (IX, 117-119.)

81. à Devaux

Le jeudi 22 [janvier 1739]

Je ne recu point hier de vos nouvelles, mon cher Panpan, et cela me mest toujours de bien mauvaise humeur. Je ne sais presque plus compter les letres qu'on nous retient. Je vous prie de ne plus m'ecrire que quatre mot. Pourvu que je sache que tous mes amis se portent bien, je suis contante. Peut-etre que les inquisiteurs des postes se lasseront de nous persecuter. Pour moi, je ne vous ecris que pour que vous ne me croiez pas morte, car mes yeux sont pire que jamais et, a la lettre, je vous ecris sans voir. Je ne sors plus de ma chambre, parce que je ne puis soufrir les lumieres. Je soupe sans voir. Cette fluction me vient le plus mal a propos du monde[1].

J'atens notre ami avec tant d'impatiance que je meurs de peur que quelque chose d'imprevu ne l'enpeche. La longue habitude que j'ai sur les contradiction les moins attandue me donne autant de crainte que d'esperance.

Bonsoir, vous savez tous si je vous aime.

[*adresse :*] A Monsieur / Monsieur De Vaux / le fils / rue du Chateau / a Luneville

MANUSCRITS

*A. Morgan, G.P., VI, 101-104 (D54); 1 p.; orig. aut.; cachet sur cire rouge; m.p. : Vuassy / 5.

B. Oxford, Voltaire Foundation, «Lettres de Madame de Graffigny», p. 143; copie.

IMPRIMÉS

I. *Vie privée*, 218-219.
II. Asse, 234.
III. Best. 1729.
IV. Best. D1813.

NOTE

1. Devaux répondra : «J'ay reçu ce matin deux de vos lettres fort bien cachetées [...]. L'une est du jeudi 22, l'autre du lundi 26 [lettre 83]. Je suis bien aise de n'avoir pas reçu la premiere a temps. Elle m'auroit trop affligé. Les suivantes ont amorti les coups.» (29 janvier 1739, G.P., IX, 79-80.) Mme de Graffigny est probablement moins souffrante qu'elle ne le dit. Elle consacre son temps et ses efforts à la composition de la longue lettre secrète (lettre 80) et n'écrit celle-ci et les suivantes que pour dissimuler l'autre.

82. à Devaux

Le samedi 24 janvier [1739]

Mes yeux sont assés bien ce soir, mon cher Panpan, pour vous ecrire un peu plus qu'a l'ordinaire, moiennant mes lunettes, qui me rompent un peu la vivassité du blanc que j'ai peine a soutenir. Je commence par la, parce que je suis seure que ce qui vous interesse le plus, c'est ma santé. Vous saurez donc encore que les vapeurs ne veullent pas desemparer. J'en ai eu hier un assés grand acces, et la colique toute la nuit. C'est une pitié que ma santé, je desespere presque de la retablir.

Toute refflection faite, je pourois bien prendre le parti que me conseille notre ami[1]. J'y vois encore des difficulté, mais je crois que ses raisons et ma defferences les leveront.

Je viens de recevoir trois de vos lettres, mais je n'en suis guere contente. L'une, decachetée, est celle ou vous me renvoyez la miene : elle est vielle comme les ruës; deux autres, non decachetée, toutes deux de samedi il y a huit jours, et cela me paroit trop vieux[2]. Mon amitié est tres offencée de ces retards. Quoique ces deux lettres n'ayent pas eté decachetées, ne vous y fiez pas plus, car ce n'est point du tout une raison de confiance. On ne le fait peut-etre que pour la retablir. Enfin, il faut avoir patience.

Mon Dieu, que vous me faites de plaisir par tout ce que vous me mandiez du D.[3]! Vous aviez mis dans une des derniere letres que j'ai reçues une de ces phrase opiniatre dont vous m'avez tant persecuté a Demange, dont j'avois fait un poignard bien eguisé. Je ne saurois m'enpecher de le repeter : votre opiniatreté m'est inconsevable, car a quoi cela est-il bon? Vous me connoissez trop pour ne pas savoir que ce n'est que me mettre de l'inquietude dans l'esprit sans autre fruit que de me tourmenter, et vous devez juger que, dans l'etat ou je suis, c'est me poignarder. Je n'avois pris aucun parti que celui de patianter, parce que l'autre est impossible. Et quand il auroit eté possible, ses deux derniere lettres me feroient oublier toutes sortes de resolution. Je lui suis trop obligée de l'interet vif qu'il prend a moi, j'en suis penetrée. J'oublie toutes ses negligences en voiant un fond d'attachement qui ne manque jamais dans les ocasion vive. Je ne saurois vous dire tout ce que je pense la-dessus. Vous lisez si bien dans mon ame qu'il ne tient qu'a vous de m'entendre. Voila ma disposition depuis que j'ai recu ses lettres. Jugez ce que fait aujourd'huy celle ou vous ne me parlez que de la soirée qu'il a passé tete-a-tete avec vous. A force d'y rever, j'ai entendu le vers de Racine que citoit Mde de Puidebart[4]. Ah, mon Dieu, que vous etes loin du but! Outre qu'il n'en est pas question, c'est que j'ai en veritable horreur tout ce qui y a raport. Mais il faut que vous soiez tous bien betes si vous ne voiez clair dans une chose qui parle d'elle-meme. Je vous reconnois bien, vous, mais pour les autres, je ne sais ou ils mettent leur bon esprit. Enfin, je n'y puis que faire, mais un jour viendra ou vous serez bien confondus.

Parlons de choses plus serieuse. Selon ce que vous me mandez, je ne dois pas etre si contante de Mr Coniel que vous le dites[5], et je le trouve si peu au courant de mes affaire que je vous prie de l'areter tout court. S'il fait bien a de certains egard, il fait fort mal a d'autres. Ce qui est fait est fait. Je suis assés souvent dans le cas de ne pouvoir remedier aux fautes des gens qui se melent de mes affaire; j'en soufre, mais du moins qu'il n'aille pas plus loin, et qu'il se tiene en repos. Je sais que ce n'est pas faute de bonne volonté, mais le manque d'intelligence revient au meme.

Je vous fais mon compliment, mon ami, sur votre petite fortune de cabaret. En avez-vous eté quitte cette fois pour des injures[6]? Vos histoires de la cour m'amusent, quoique je ne les entendent pas a moitié. Cela ne fait rien, contez toujours; c'est me parler de gens de ma connoissance, et c'est beaucoup quand on est environnée de montagnes, car c'en est le païs ici.

J'ai recu une lettre de Paris du frere de Md. Thomas, qui me mande qu'elle a eté si maltraitée de Titi que le Medecin c'est brouillié avec cette derniere par la vivacité dont il a pris le parti de l'autre[7].

Mais vous n'allez donc pas plus au bal cette année que l'autre[8]? Contez-moi cela, et si c'est toujours par la meme raison. Et ce pauvre ami, n'esse pas un jour de bal qu'il a eté causer avec vous? Il n'y va donc guere. Que cela est joli, de dire de si belle chose au lieu d'aller faire le muguet.

Que j'aime ce bon Grand Frere de m'aime[r][a] si bien. Quand je ne lui aurois pas d'autres obligations qu'il sait bien, je lui tiendrois bien du compte de son amitié; elle ne s'est jamais dementie, et je sens mieux que jamais le prix des bons cœur. Dites-lui mille douceur pour moi, embrassez-le comme je l'embrasserois. Je ne puis trop vous le dire, mes chers amis, ma vie est dans vos cœur, vos amitiés sont mon seul bien. Helas, je ne vous ai jamais causé que des peines. Soiez bien glorieux de savoir si bien aimer, comme je suis bien glorieuse d'avoir des amis si parfaits. Et vous, mon cher Panpan, n'aurez-vous rien de particulier? Vous savez bien que si fait, car vous etes mon Penpichon. Pour le Docteur, son petit pot-boue[9] a part, je le verai et je lui dirai... mon Dieu, tout ce que je lui dirai! Je crois qu'il me faudroit deux langues, jamais la miene n'y suffira. Mais viendra-t-il? Que je crains quelque tour de mon etoile!

[*adresse :*] A Monsieur / Monsieur De Vaux, le fils / ruë du Chateau / a Luneville

MANUSCRITS

*A. Morgan, G.P., VI, 105-108 (D55); 3 p.; orig. aut.; fragment de cachet sur cire rouge; m.p. : Vuassy / 6.

B. Oxford, Voltaire Foundation, «Lettres de Madame de Graffigny», p. 143-146; copie.

IMPRIMÉS

I. *Vie privée*, 220-224.
II. Asse, 182-185.
III. Best. 1732.
IV. Best. D1816.

TEXTE

a Trou à l'endroit du sceau.

NOTES

1. Desmarest a proposé que Mme de Graffigny aille tout de suite à Paris (v. 79n10).

2. La lettre décachetée, tant retardée, doit être la seconde, «ostensible», du 13-15 janvier (IX, 31-40); v. 75n5. Devaux s'expliquera enfin sans détours sur la feuille renvoyée dans une lettre datée du 26 janvier et portée par Desmarest; v. 86 Remarques. Les deux autres lettres qu'elle reçoit sont du 16-17 janvier (IX, 41-44) et du 17 janvier (IX, 45-48).

3. Devaux : «Le Docteur entra et ne voulut pas me laisser coucher. Nous causames donc jusqu'a minuit. [...] Il me rappela avec une volupté delicate mille circonstances de cette passion de neuf années, dont il vous a dit quelque chose. Entre autres, il me dit les vers de Racine qu'on luy cita, et qui luy fit tant de peine avec si juste raison : ‹Qui m'eut dit que Pyrrhus ne fut point infidelle...› Il me dit qu'il avoit aimé cette personne comme il n'aimeroit jamais qui que ce soit. [...] Cela nous paroissoit flatteur pour vous, mesdames, mais je scais que cela ne vous choque point, chere Abelle, et que vous ne voulez de vos amis que de l'amitié.» (IX, 41-42.) Il s'agit évidemment de l'amour de Desmarest pour Mme de Graffigny. Le vers de Racine est : «Qui l'eût cru que Pyrrhus ne fut point infidèle?» (*Andromaque*, III, ii).

4. Voir 79n15.

5. Devaux : «Je scais que vous n'ecrivez pas a Mr Cognel. Il ira toujours son train, et taschera de trainer les affaires en longueur. Je crois que vous n'en serez pas mécontente.» (IX, 37.)

6. Devaux : «Pendant que j'etois a table, on vint me dire qu'il y avoit une dame de Pont-a-Mousson qui m'attendoit au Soleil. Mon cher pere me defendoit de sortir parce qu'il faisoit fort mauvais temps, et que je ne me portois pas tres bien. Par parenthese, il a tonné ici cette nuit avec beaucoup d'eclairs. Le Grand Frere vint me tirer d'embarras. Il me fournit un pretexte pour monter, et je redescendis a pas de larron. J'allai a mon rendez-vous, et au lieu d'y trouver la vieille Javignac, a laquelle je m'attendois, je vis avec surprise la petite personne de Nancy qui me renvoyoit a sa petite cousine. Je ne restai pourtant qu'une heure avec elle.» (IX, 41.) Il s'agit, paraît-il, d'une commission donnée par Mme de Mirepoix (v. 84n6 pour la suite). Le Soleil est probablement un café ou un cabaret de Lunéville; la vieille Javignac n'a pas été identifiée.

7. Le Médecin est Antoine-Martin Chaumont de La Galaizière (1697-1783), chancelier de Lorraine depuis 1737; on l'appelle aussi parfois le Grand Thomas, d'après un célèbre charlatan du Pont-Neuf. Mme Thomas est donc son épouse, Élisabeth Orry, et son frère est soit Jean-Henri-Louis Orry de Fulvy (1703-1751), intendant des finances à Paris, soit son frère consanguin Philibert Orry, comte de Vignory (1689-1747), contrôleur général des finances de 1730 jusqu'en 1745. Titi est Mme de Boufflers.

8. Devaux répondra : «Je vais encor moins au bal que l'année dernière, par la meme raison, mais il m'en couste beaucoup moins de n'y pas aller, et d'y voir aller les autres.» (27 janvier 1739, G.P., IX, 76.)

9. Pot-bouille : faire pot-bouille, c'est vivre en concubinage (Bescherelle). Le sens est obscur ici; Mme de Graffigny fait sans doute allusion à la liaison amoureuse de Desmarest décrite dans n3; elle a décidé de ne pas prêter attention pour l'instant.

83. à Devaux

Le lundi 26 janvier [1739]

Ma patiance est a bout, mon ami; voila la poste arrivée, et point de lettre. Il y a a present dix jours que je ne sais ce que font mes chers amis, et dans le tems ou j'ai le plus de besoin de le savoir. Demaretz vient-il? Mon Dieu, ne lui est-il rien arrivé qui l'en enpeche? Questions inutille, et qui repassent mille fois le jour dans ma tete. Voila quatre lettre retenuees : quelle tirannie! Je meurs d'impatiance de sortir d'ici, car j'espere que les autres postes sont plus regulieres. Comme je l'ai eprouvé toute ma vie, c'est une chose inouie pour moi et qui m'est bien cruelle, puisque non seulement je ne sais ce que font les gens que j'aime, mais je n'ose parler de mes affaires et des arrengemens que j'ai dans la tete et que je voudrois prendre de concert avec les seules personnes a qui je puisse me communiquer. Mais que veullent donc ceux qui me persecutent? S'il sont curieux des nouvelles d'ici, ils sont bien betes s'il ne voyent pas que la certitude des lettres ouverte retient sur les bagatelles comme sur les choses interessantes, et qu'il ne trouveront que la douleur d'une amie privée de la seule chose qui peut lui faire plaisir. Ils sont bien cruels si c'est uniquement pour jouir de ma peine.

Je n'ai rien a vous mander, mon ami; je ne fais que sentir, et ne saurois parler. Il faut cependant que je vous dise que Md. Du Chatelet m'a dit hier qu'elle avoit mandé a Mr son mari de tacher de vous ramener. Je crois n'avoir que faire de vous areter, et que vous n'en ferez rien. Que feriez-vous ici, pauvre sot? Et d'allieurs, vous auriez autant d'envie que moi d'avoir des nouvelles de vos amis, et aparament que vous ne seriez pas plus heureux que moi. Restez dans votre taniere, pauvre oison, et jouissez du bien-etre que vous savez si bien gouter. Aimez-moi avec nos amis, ecrivez-moi si peu que vous pourai. Pourvu que je sache que vous vivez et que vous vous souvenez de moi, je suis bien contante, mais je n'ai pas ce plaisir.

Voila la bonne dame qui me trouve pleurante et furieuse. Elle me conseille de faire adresser mes lettres a Mr son mari. Voila l'adresse : A Mr de Chambonin, lieutenant de cavalerie, au Chambonnin par Vassi. Vous y ferez mettre une double envelope d'une autre main. Vous ne m'ecrirai pas plus librement, au moins, mais j'aurai les lettres plus exactement. Servez-vous[-en]*, mon ami, je vous en prie. Ce n'est que pour etre seure d'en avoir, car je ne veux pas, tant que je serai ici, que vous disiez un mot a cœur ouvert.

Bonsoir, je me portois mieux, mais j'ai bien peur que le chagrin que j'ai de n'avoir point de vos nouvelles ne renouvelle mes meaux.

Depuis que j'ai fini ma lettre, j'ai revé creu, et j'ai pris mon parti : je viens d'ecrire a Md. Babaud pour lui demander de dessendre chez elle, et d'y avoir un lit, en attandant que je sois gitée. Je la prie de me faire reponce promtement. Si elle ne peut pas, j'irai loger chez le suisse des Tuileries. Trouvez-vous que j'aye bien fait?

[*adresse :*] A Monsieur / Monsieur De Vaux / le fils, ruë du Chateau / a Luneville

MANUSCRITS

*A. Morgan, G.P., VI, 109-112 (D56); 3 p.; orig. aut.; cachet sur cire rouge; m.p. : Vuassy / 6.

B. Oxford, Voltaire Foundation, «Lettres de Madame de Graffigny», p. 147-151*b*; copie.

IMPRIMÉS

I. *Vie privée*, 225-227.
II. Asse, 186-188.
III. Best. 1740.
IV. Best. D1822.

TEXTE

a Trou à l'endroit du sceau. *b* On trouve à la fin de la copie manuscrite de l'édition de 1820 encore un extrait du *Siècle de Louis XIV* (Moland, XIV, p. 275-277). Voici le préambule que l'éditeur attribue à Mme de Graffigny : «Je croyais n'avoir plus rien à vous transcrire de cette histoire que j'admire toujours davantage, mais comment résister quand on trouve des traits comme celui que vous allez lire! Cette action peint trop bien le caractère de la nation, l'intérêt est trop vif pour le passer sous silence et ne pas le transcrire en entier à mon Panpan chéri; d'ailleurs, comme il n'est pas long, ce sera bientôt fait, mais après lui la clôture.» (p. 148-149).

84. à Devaux

Le jeudi 29 janvier [1739]

Je reçu hier deux de vos lettres[1], mon cher Panpan : l'une du lundi 19, ouverte, et l'autre du jeudi 22, qui ne l'a pas etée. Vous voiez qu'elles ont encore l'agrement d'etre de vielle datte, et partant qu'elles me deplurent. Je n'y voyois que de l'inquietude sur mon compte, et pas un mot des lettres que j'avois ecrites, encore moins du depart de D. Une heure apres que je les eu lues et que je rognognois a part moi, Md. Du Chatelet m'envoya dire qu'elle en avoit reçu une de Mr son mari, qui lui mandoit que Demarest seroit ici aujourd'huy ou demain[2], qu'il passeroit a Comerci pour prendre mon argent, et qu'il m'aporteroit un paquet qu'il lui avoit renvoyé, parce qu'il seroit ici plus tot que lui. Voila la reponce a toutes mes lettres, et me voila bien aise. Mais, le croiriez-vous, mon ami, les vapeurs m'ont rendue l'ame si noire que je ne sans pas le plaisir, je ne fais que le penser. A souper, Md. Du Chatelet me confirma encore tout cela, et me dit que Mr Du Chatelet vous avoit fait prier de l'aller voir, et qu'il etoit surpris que vous n'y eussiez pas eté. J'espere, mon cher ami, que vous reparerai cela, et que votre oisonnerie n'ira pas jusqu'a manquer a ce devoir.

Venons a present a vos lettres : je commence par l'article qui me paroit le plus interessant pour vous. Vous etes etonné que le Professeur ne vous ait pas marqué de ressentiment de la peine que vous lui avez faite[3] : eh, qu'i a-t-il d'extraordinaire? A quoi serviroit donc l'amitié si elle ne prenoit le parti de l'ami quand il semble avoir tort? Elle est faite pour dire : «Il ne l'a pas fait. S'il l'a fait, c'est sans intention, et ce ne peut etre qu'une faute legere. Si les suittes en sont facheuse, ce n'est plus le lundi 26 janvier

86

ma patiance, est a bout mon ami voila le
poste arrivée et point de lettre. il y a oyneseu
dix jours que je ne sais ce que font mes chers
amis. et dans le tems ou jai le plus de
besoin de le savoir. demarets vient-il. mon
dieu ne lui est il rien arrivé. qui m'en
enpeche. questions inutille. et qui repassent
mille fois le jour dans ma tete. voila
quatre lettres retenues quelle tirannie.
je meurs d'impatiance de savoir dieci.
car j'espere que les autres portes sont
plus regulieres. comme je vous eprouve
toute ma vie. en une chose inouie pour
moi et qui m'est bien cruelle. puis que
non seulement je ne fais ce que font mes
gens que par une. mais je n'ose parler de
mes affaires. et des arrengemens que jai
dans la tete et que je voudrois prendre
de concert avec les seules personnes qui
je puisse me communiquer. mais que
veullent donc ceux qui me persecutent
jil sont curieux des nouvelles dici. ils sont
bien betes jil ne voyent pas que la
certitude des lettres ouverte revient jur
les bagatelles comme jur les choses
interessantes. et qu'il ne trouveront que
la douleur d'une amie privée de la
seule chose qui peut lui faire plaisir.
ils sont bien cruels si ce n'est qu'ennuy

5. Lettre de Mme de Graffigny à Devaux, du 26 janvier 1739, original autographe.
Pierpont Morgan Library, New York.

a l'ami qu'il s'en faut prendre.» Parié que mon ami, Gros Chien Blanc, a pensé a tout cela : du moins l'aurois-je pensé a sa place. Il est vrai que si depuis vous avez fait encore une autre faute, comme il me paroit, par ce qu'il m'a mendé, il lui est permi d'avoir un moment d'humeur, de vous dire que vous etes une grosse bete, mais sans que l'amitié en soit alterée un instant. N'esse pas, mon ami Professeur, voila votre histoire? Voyez si je vous connois bien.

Parlons de nous a present. Je viens de relire vos deux lettres, et je vois que ce ne sont que des reponces ou il n'y a point de replique. Je ne parlerai qu'a un seul : vous croiez, mon Panpichon, que j'ai eté fachée de ce que vous m'avez ecrit sur Paris[4]? Je vous assure que non; pardonnez-moi les lignes d'humeur que vous avez pu trouver dans mes letres. Si vous m'aviez vue dans mes vapeurs, vous conoitriez que s'en sont des echapées qui partent sans s'en apercevoir. J'aurois une peine sensible si vous vous en etiez faites de ces choses-la. Vous savez comme je suis, et quoique vous ne sachiez pas comme je viens d'etre, vous devez, par comparaison, me pardonner ces minutes d'humeur. Voila qui est fini, n'esse pas? Ne parlons plus d'humeur, car je n'en ai point aujourd'huy; je n'en ai plus depuis que j'ai pris ma resolution de partir pour Paris. Je sens tous les inconveniens, mais l'incertitude etoit encore pis. Si je puis loger chez Mde Babaud, peut-etre ferai-je faire quelque chose a Masson[5], en soupant tous les jours avec lui. C'est une difference du tout au rien entre ecrire et voir les gens d'affaire.

Demarez fait bien d'arriver, car ma bonne dame part demain pour Paris, et si les vapeurs etoient revenuees, je ne sais ce que seroit devenue ma pauvre tete. Je ne puis vous rien dire du jour de notre depart. Il semble que l'on a envie de garder Demaretz le reste du carnaval, mais je ne sais si ses affaires lui permettront de rester. Vous en savez plus que moi. Allez votre traint pour l'ecriture, tant que je ne vous dirai rien de plus positif.[a]

Bonsoir, mon cher Panpan, je suis plus sensible que jamais a toute les delicatesses que je trouve dans votre amitié. Je vous aime aussi plus que jamais, s'il pouvoit y avoir du plus dans mon amitié. Embrassés tous mes chers amis : je les vois, j'entens tout ce qu'ils disent, et j'en suis penetrée de reconnoissance.

Voila une lettre pour Md. de Mirepoix[6]. Faites-la-lui donner si elle est encore a Luneville. Si non, mettez-la a la poste pour Viene, en l'affranchissant. Comme elle m'a dit de lui ecrire, j'ai cru le devoir faire sur son mariage.

J'ai oublié de dire au St de faire des tendresses pour moi a Md. de La Galaiziere, mais je m'en fie bien a son amitié qui n'a que faire de prescepteur.[b]

MANUSCRITS

*A. Morgan, G.P., VI, 113-116 (D57); 4 p.; orig. aut.

B. Oxford, Voltaire Foundation, «Lettres de Madame de Graffigny», p. 151-154; copie.

IMPRIMÉS

I. *Vie privée*, 228-234.

II. Asse, 189-194.

III. Best. 1753.

IV. Best. D1836.

V. Catalogue de la Bibliotheca Phillippica publié par Sotheby en vue de la vente du lundi 28 et mardi 29 juin 1965, entre les pages 48 et 49 : photoreproduction de la première page du manuscrit (v. Showalter, p. 60).

TEXTE

a Plus de cinq lignes raturées, qui commencent : ⟨s'il vous arrivoit⟩. *b* Dans les éditions imprimées, on trouve après ce paragraphe (v. 76 Texte) le passage suivant : «Voici une réflexion qu'il [=Voltaire] fait à la suite de la mort du cardinal Mazarin, qui me paraît bien intéressante. J'ai d'abord pensé à toi, car je t'aime trop pour ne pas te mettre de moitié dans mes plaisirs.» Suit un extrait du *Siècle de Louis XIV* (Moland, XIV, p. 224-225). De nouveau, c'est l'éditeur de 1820 qui fait cette addition apocryphe à la lettre de Mme de Graffigny; comme dans la lettre 76, on remarque le tutoiement, alors qu'elle vouvoie Devaux sans exception (sauf pour la fin de la lettre 80) à partir de la lettre 70. C'est dans la lettre 90 qu'elle recommencera à tutoyer Devaux régulièrement.

NOTES

1. Lettres du 19 janvier 1739 (IX, 49-54) et du 20-21 janvier (IX, 55-58).
2. Desmarest arrivera à Cirey le 1er février (lettre 86); v. 79n10.
3. Voir 77n2. Toute cette histoire de Clairon et de Liébault est un code pour parler de Mme de Graffigny et de Cirey. Ici, pour le Professeur, il faut lire Mme de Graffigny; elle veut dire qu'elle n'a pas été fâchée contre Devaux.

4. Voir 79n10.
5. Jacques Masson (1693-1741), né à Genève, fils de Louis-Simon Masson (1663-1734) et de Jeanne-Catherine Favon. Après avoir été conseiller d'État de Léopold I, il passa en France en 1729 et fut chargé de l'administration particulière des finances de la Lorraine. Dès octobre 1733 il fut, avec Jean Babaud et son frère Pierre Babaud de La Chaussade, associé d'une firme intéressée aux fournitures (bois, manufacture des ancres) de la marine française. Cette compagnie ayant été dissoute en 1738, l'année suivante il en fonda une nouvelle avec Babaud de La Chaussade et Marie Boesnier, veuve Babaud, l'amie de Mme de Graffigny, chez qui il habitait rue du Gros-Chenet; dans le contrat du 9 février 1739 il est désigné «premier commis de Monseigneur Orry, contrôleur général des finances». Veuf depuis 1732 (il avait épousé en 1719 Marie-Anne Duru), il deviendra, le 7 janvier 1740, l'époux de Mme Babaud, dont il aura un fils, Alexandre-Frédéric-Jacques, né en 1741. Voir aussi 92n28.
6. Devaux : «Ce matin je me suis levé de bonne heure pour faire quelques commissions que m'avoit donné mon etrangere [Mme de Mirepoix]. [...] Elle va a Vienne rejoindre son mari qui est malade.» (16 janvier 1739, G.P., IX, 42-43.) On se rappelle que Mme de Lixin et Mirepoix sont mariés depuis quinze jours seulement.

85. *à Devaux*

Le samedi 31 janvier 1739

Il est sept heures, mon cher Panpan; je viens de recevoir deux de vos lettres[1], mais Demaretz n'est pas arrivé[2]. Ce n'est pas que sa chambre ne soit prete, car j'y ai entendu faire du feu il y a plus de trois heures. On lui donne la chambre de la Grosse Dame, a coté de la miene. Je ne vous parle pas de mon impatience de le voir; vous la savez, je crois, mieux que moi.

Parlons de vos lettres. Elle m'ont fait rire : moi rire? Oui, par deux raisons, voici la première : vous savez que je vous ai mandé de m'ecrire a l'adresse de Mr de Chambonnin, mais vous douteriez-vous que c'est lui qui m'a envoyé toutes mes lettres d'aujourd'huy dans une envelope de sa main, meme une de Paris? Or, Mr de Chambonnin ne demeure pas a Vassi, et la maitresse de poste de Vassi fait un gros paquet de toutes les lettres a l'adresse de Mde Du Chatelet. Cela n'est-il pas drole? Enfin, je les ai, et elle n'ont pas eté [décachetées]*a*, du moins une; pour l'autre, je n'en voudrois pas repondre. L'une est du samedi 24[3], l'autre de lundi dernier, 26. Voici la seconde chose qui m'a fait rire : c'est le long preembule de la premiere pour parvenir a des betises[4]. Tout ce que j'y peu repondre, c'est de hausser les epaules. Mais je suis bien aise que le plus honnete homme du monde ne vaut pas mieux que les autres, puisqu'il consent que l'on fasse une fausse clef pour faire ce que la delicatesse de sa conscience lui reproche. Or, si c'est un mal, il ne sera pas moins fait, et cest honnete homme ne le saura pas moins. De la, je conclus que le plus honnete homme du monde ne repugne qu'a la forme, et j'ai bien plus de plaisir a en rire qu'a avoir une vielle robe, quand elle seroit de drap d'or. Je la donnerois pour cette verité, que tous les homme sont les meme au fond. Moi, je voulois tout simplement une chose qui n'est point injuste et qui ne fait de tort a personne. Vous le voulez bien aussi, parce que, malgré l'opiniatreté, vous la voiez telle qu'elle est, mais vous y voulez du detour : cela revient au meme. On pouroit vous dire du bareau ce que certain quidam de Corneille disoit de Rome : «Vous n'avez pas perdu tout votre tems»[5]. Enfin, j'en ris encore, car je vous vois la clef a la main, comme Arlequin tenoit celle de la prison de Samson[6].

Je suis bien aise de savoir que le coffre...mais baste! Quelque delicatesse de conscience iroit ce meler encore de nos affaire. Il faut etre discrete avec les gens delicat, car je vous pardonnerois plus volontier ce tour-la que l'autre. Ne vous avisez pas de prendre toutes ces plaisanteries-la en mauvaise part; vous les meritez et au-dela, et je vous jure que je ne suis pas fachée et que je vous aime de tout mon cœur.

Comment diable, ou votre esprit prend-il toutes ses gentillesse sur l'affaire de Ronron[7], et l'on n'y peut dire rien?[b] Je suis toute surprise de vous trouver de l'esprit; il y a lontems que vous travaillez a me prouver le contraire.

Mais Demarez n'arrive point!

Il faut que je vous parle de ma santé, je m'apersois que je ne vous en parle que quand je suis malade. Je me porte donc assés bien. Depuis deux jours je ne me suis pas sentie du tout de vapeurs; j'atribue cela a deux promenades en caleche que j'ai fait avec Md. Du Chatelet, tete a tete. Vous savez que Bagard m'ordone du mouvement. D'allieurs, quoique nous n'aions parléz, du moins elle, que de sience, elle en parle si bien que c'est un grand plaisir de l'entendre. Nous avons eté sur le chemin par ou doit venir Demaretz. S'il avoit eu l'esprit d'ariver, sa vanité auroit eté flatée un moment que nous allions au-devent de lui.

Pourquoi n'alez-vous donc pas au bal[8]? C'est sans doute encore quelque delicatesse de consience, puisque vous ne me le dites pas, quoique je vous l'ai demandé.

Je vois que je n'ai pas grand-chose a repondre a vos deux letres. Je vais vous conter des nouvelle de Paris. Ma Sœur[9] me mande que le roi a donné deux bals a Versaille : tout Paris y a couru comme a un phenomene. Les belles dame se sont placées sur des gradins dans une sale d'Ercule, ou on les a laissé mettre et d'ou on a voulu les faire sortir. Elles ont, toutes de consert, resisté aux prieres malhonnetes des gentilho[mmes][c] de la chambre. On l'a dit au roi, qui les a fait sortir lui-meme avec des paroles f[ort]ᶜ dures, ce qui n'est pas poli. Il faut que c'etoit des dames de l'espesse [de]ᶜ Ma Sœur, car elle s'aplaudit de n'y avoir p[as]ᶜ eté¹⁰.

Avez-vous su que le roi a eté a l'opera? Il avoit voulu louer le partere, l'emphitheatre, et un rang de loges, mais il s'est trouvé que cela etoit trop cher. Il n'a gardé que trois loges pour les dames de sa suite, et deux bans dans l'emphitheatre pour les messieurs, et le cardinal se pame de joye et lui pardone de se divertir.

Mais Demaretz n'arive point!

La lettre que vous m'avez envoyée de Munik¹¹ n'a ny pere ny mere. Il veut faire l'esprit, il se pert dans les nues, enfin vous l'entendez.

Mais Demaretz n'arive point!

Allez, alez, n'ayez pas peur que je perde une de vos amitié, je les lui ferai bien rendre a bons embrassemens comptans. Je vous aimerai tous en lui. Je voudrois bien aussi voir le St.

Mais Demarez ne vient point!

Bonsoir, mon cher ami. Si je suis bien aimée, soiez seur que je ne vous aime pas moins, et que je sens comme je sens, moi, combien mon amitié est chetive pour vous, et combien la votre m'est utile, puisqu'elle est ma resource en toutes ocasion. A propos, je suis bien aise que vous ayez vu Mr Du Chatelet; j'avois peur que vous ne fissiez le sot¹². Bonsoir encore, mes chers amis.

Mais Demaretz n'arive pas!

Je vous prie de savoir de Mr Fachet¹³ s'il voudroit se charger des affaires de Md. de Corete¹⁴. Il n'est question que de garder ses papiers et de tirer sa pension et ses rentes sur l'etat. Faites-lui bien des amitié pour moi.

A propos encore, ne m'ecrivez point a votre aise; je n'y serai qu'a Paris, si j'y vais. A propos encore, ou hors de propos, j'ecris a Coniel. Je rassemble ce que ma betise me permet de savoir, mais j'ignore quand il aura ma lettre, car je suis encore si bete depuis mes vapeurs que je ne puis finir sa letre.

[*adresse:*] A Monsieur / Monsieur Dauphin / marchand, ruë du Chateau / a Luneville

---

MANUSCRITS

*A. Morgan, G.P., VI, 117-120 (D58); 3 p.; orig. aut.; fragment de cachet sur cire rouge; m.p. : Vuassy / 6.

B. Oxford, Voltaire Foundation, «Lettres de Madame de Graffigny», p. 154-158; copie.

IMPRIMÉS

I. *Vie privée*, 235-240.
II. Asse, 195-199.
III. Best. 1754.
IV. Best. D1840.

TEXTE

ᵃ Mot omis par inadvertance. ᵇ Mot rayé, suivi de «s'il, etc». ᶜ Trous à l'endroit du sceau.

NOTES

1. Lettres du 23 janvier (G.P., IX, 59-64) et du 26 janvier (IX, 70-74). La seconde est encore une fois destinée aux yeux des curieux; Desmarest en apportera une autre de la même date : v. 86 Remarques.

2. Devaux : «Je vous avois mandé que vous le verrez mardi; je me suis trompé. [...] Je ne scavois pas qu'il dut passer a Commercy, et y sejourner le mardi et le mercredi. Il luy faut deux jours pour aller vous rejoindre. De la j'en [conclus] que vous ne l'aurez que vendredy au plus tost. Il part cette nuit.» (26 janvier 1739, G.P., IX, 71.) Finalement, Desmarest ne partira que le mercredi 28.

3. Mme de Graffigny se trompe; cette lettre est datée du vendredi 23 janvier.

4. Devaux : «Vous ne sentez pas les consequences de la commission que vous me donnez. Pour la faire, il faudroit de deux choses l'une : ou que je passasse par-dessus les scrupules que j'ay, ce que je ne ferai jamais, s'agit-il d'un royaume.... L'autre parti etoit de vous envoyer ce que vous demandez, et de le declarer, mais il m'a paru trop violent pour le prendre sans des ordres reiteré. [...] Comme le coffre est encor libre, j'envoye le Professeur chez Mde de Grandville luy proposer d'y faire faire une clef. Je ne scais si cela reussira.» (IX, 62.) Sur la commission, v. l'avant-dernier paragraphe de la lettre 78.

5. Probablement ces vers de *Cinna* (I, iii) : «Je n'ai point perdu temps, et voyant leur colère, / Au point de ne rien craindre, en état de tout faire, / J'ajoute en peu de mots....»; les «peu de mots» font 25 vers; en d'autres termes, Devaux tergiverse comme le héros de Corneille.

6. Allusion à la tragi-comédie *Samson* de Jean-Antoine Romagnesi (1690-1742), jouée au Théâtre-Italien le 28 février 1730; l'esclave d'Acab, joué apparemment en Arlequin, tient les clefs de la prison de Samson, mais refuse de s'en servir (III, viii).

7. Le Ron est un code pour Mme de Graffigny; v. 77n2 et 84n3.

8. Voir 82n8.

9. Mlle Lubert.

10. Ce bal est mentionné par Barbier (II, 216) et par d'Argenson (II, 72-73).

11. C'est probablement de Tavannes; Devaux n'en parle pas.

12. Devaux (lettre ostensible) : «Desmarets me dit hier que Mr Duchastelet avoit eu la bonté de luy demander ou je logeois. J'ay cru que c'etoit une occasion de luy aller faire ma cour. J'ay eu ce bonheur ce matin. Il m'a reçu de façon a contenter votre amitié pour moy....» (IX, 72.) Pour la lettre privée, v. 86 Remarques.

13. Il s'agit sans doute de Jean-Baptiste Fachet, bibliothécaire du duc Léopold, valet de chambre du grand-duc de Toscane – l'ex-duc François III –, et correspondant et commissionnaire à Lunéville de plusieurs Lorrains émigrés. Devaux répondra : «J'irai demain chez Faschet.» (3 février 1739, IX, 93.)

14. Devaux reçoit souvent des lettres de Mme de Coreth, excellente amie de Mme de Graffigny.

86. à Devaux

Le lundi 2 fevrier 1739

Demaretz arriva hier a onze heures du matin. J'etois en peine de lui, je le vis entrer dans ma chambre, jugez! Je ne lui ai presque point encore parlé, car on fut tout le jours dans la chambre de Md. Du Chatelet, qui etoit au lit sans cependant etre malade. Aujourd'huy elle a chanté avec le clavesin et l'accompagnateur. Nous jouons *Boursoufle* [1] tout a l'heure, ou Demartez lit un role. Il est resolu, de force ou de gré, que nous ne partons que le jour des Cendre [2]. D'ici la, voici ce que nous ferons : nous jouons *Zaïre*, *L'Enfant prodigue*, *L'Esprit de contradiction* [3], et une autre piece que vous ne connoissez pas, ny ne conoitrez, qui est en trois actes, dont personne ne sait un mot, et cependant cela ira. Voiez si nous avons de la besogne, et si on a le tems d'ecrire a un magot [4]. Aussi Demaretz jure-t-il ses grand dieux qu'il ne vous ecrira qu'en chemin. Mettez-vous-en l'ame en repos : il dit que vous ferez les grands bras, que le St tapera du pied, que le Bœuf [5] fera entendre sa belle voix, et il s'en moque. Mais a quoi esse que je m'amuse?

Je viens de recevoir une lettre de Mde Babaud : elle me donne une chambre avec un cœur et des graces. Enfin, on diroit que c'est moi qui l'oblige. Elle viendra au-devant de moi le plus loin qu'elle poura. Elle me mande aussi que Masson se rejouit de me voir. Ainci tu vois, mon pauvre ami, que je ne balance point a partir, mais le croiriez-vous? Je pense le plaisir, je le sens presque, et je ne suis pas gaye. Je crois que je ne le serai plus. Mais a la bonne heure, pourvu que je n'aye pas de grande secousses, je renonce volontier au plaisir.

Je ne sais si j'aurai le tems d'en dire davantage. En tout cas, bonsoir, mon cher ami; bonsoir, mes chers amis; vous etes des betes, mais je vous donnerai de l'esprit. C'est ma reponce a la lettre que Demarez m'a aporté.[6] Laissez-moi faire, je vous ferai bien voir que votre cheval n'est qu'une bete quand une fois j'aurai pris l'air de Paris. Bonsoir, il me semble que je vous aime encore mieux tous aujourd'huy que jamais. Demarez ne m'a pas dit un mot de vos amitié et, qui pis est, je n'ai pas encore eu le tems de lui rien dire. Vous croiez que cela n'est pas vray, mai cela est a la letre.

[*adresse :*] A Monsieur / Monsieur De Vaux / le fils, / ruë du Chateau / a Luneville

MANUSCRITS

*A. Morgan, G.P., VI, 121-124 (D59); 2 p.; orig. aut. cachet sur cire rouge; m.p. : Vuassy / 6.

B. Oxford, Voltaire Foundation, «Lettres de Madame de Graffigny», p. 158-160; copie.

IMPRIMÉS

I. *Vie privée*, 241-243.
II. Asse, 200-201.
III. Best. 1757.
IV. Best. D1843.

REMARQUES

Nous donnons ici le texte de la lettre de Devaux du 26 janvier 1739 (G.P., IX, 65-69). Dans cette lettre, portée par Desmarest et donc à l'abri des espions, Devaux raconte pour la première fois en termes clairs ses impressions de la crise.

«Enfin je puis parler en liberté, je puis dans tout son jour mettre la verité. Je ne me soucie pas trop de cette faculté-là, chere amie. J'aimerois bien mieux que vous l'eussiez que moy, car c'est vous qui devez surement avoir bien des choses a nous dire. J'en ai fort peu a vous demander. Je crois avoir demelé le sujet de votre brouillerie dès ses commencemens, et cependant je ne le conçois pas encor. C'est sans doute une de mes lettres qui en est la cause, mais je ne scais ni laquelle c'est, ni quel article se peut etre. Voila deja un point qu'il faut que vous m'eclaircissiez. Il me semble que depuis que vous m'avez ecrit par Mde de Grandville[7], on ne peut avoir eté plus retenu que je l'ai eté, et par vos dattes, il me paroit que l'on n'a decacheté nos lettres que depuis celle-là. Il me semble encor que Nicodeme ni Dorothé ne sont pour rien la-dedans, car vous en parlez encor dans votre billet au Professeur, ce qui me fait presumer qu'ils ne sont pas demasqués[8]. Ce ne peut donc etre que sur ce que vous m'avez dit de leurs ouvrages. Or, je n'imagine point ce qui a pu les choquer. Je crois n'avoir parlé d'eux qu'avec l'admiration que vous m'en aviez reellement inspirée. Cependant, je vois que leur colere tombe au moins autant sur moy que sur vous.

Autres points a eclaircir : comment, et pour quelle raison, se sont-ils enfin avisés de nous lire? Comment avez-vous scu qu'ils nous lisoient? Ont-ils eu l'impudence de vous l'avouer? Ce qui me l'a fait croire, c'est l'empressement avec lequel vous m'avez demandé la feuille de votre lettre[9] où vous me parliez de *Jeanne*. Ne se seroient-ils point imaginés que je m'en envoyiez un chant? Je crois qu'un endroit de vos lettres me le fait entendre. Si c'est cela, ils doivent etre bien confondus, car dans la feuille que j'ay envoyée, et qu'on a eu la hardiesse de retenir en vous rendant la lettre qui l'annonçoit, ils ne trouveront que des eloges et un court precis du dernier chant[10]. J'avois reçu a temps la premiere lettre[11], par laquelle vous me la demandiez, mais j'ay cru devoir vous dire que non pour gagner du temps. Je ne doute pas que vous ne vous en soyez doutée. Vous avez vu que depuis ce temps, j'ay tasché de conter sans affectation que je brulois presque tout ce que vous m'ecriviez. C'etoit pour pouvoir me dispenser de vous envoyer le reste de la feuille, qui contient, au net, la clef de l'histoire de Dorothée[12]. Vous sentez bien que je ne l'aurois pas laschée quand j'en aurois reçus vos ordres ecrits de votre sang. L'autre lettre ou vous me parlez de *Jeanne* n'etoit point montrable du tout[13]. C'est ce qui m'a fait prendre le parti que j'ay pris, et que je n'ai pris que de l'avis de tous nos amis.

Enfin, je suis encor a deviner en quoy je suis coupable, mais je ne laisse pas d'etre bien fasché de l'etre, chere amie, puisque je vous ai occasionné une scene si affreuse. Ce sont bien là des coups de votre sort, et du mien. Detachez-vous de vos amis, chere Abelle. Ils ne feront jamais que vous rendre plus malheureuse avec les meilleures intentions du monde. C'est un terrible poignard pour moy que de penser que si vous n'aviez pas eu envie de m'amuser, vous auriez passé a Cyrei les plus agreables jours de votre vie, et qu'il n'y a que notre amitié qui les ait empoisonnés. Si j'ay tort, j'en serai encor bien plus affligé. Permettez-moy pourtant de vous dire, chere Abelle, que j'ay fait ce que j'ay pu pour ne point l'avoir. Vous m'avez mandé que je vous amusois plus en repondant a tous vos articles, que vous ne vous ennuyez a les ecrire. Là-dessus j'ay cru devoir aller mon train, et il me semble que j'ay toujours pris votre ton.

Je n'entends pas encor bien votre article sur Mr de La Pimpie[14]. Voulez-vous seulement dire que ce [que] je vous ai ecrit m'empechera d'avoir les epitres par le canal de Solignac? Il me vient tant d'idées dans la teste que, de peur d'en oublier quelques-unes, je les mets comme elles viennent.

Nous sommes convenus avec Desmarets que vous m'ecririez sur tout cela, et qu'il enverroit son valet a Vassy porter la lettre. Au cas qu'il y ait trop loin, vous la luy donnerez, et il la mettra a la premiere poste. Il est charmant, ce Desmarets. Je souhaite bien que vous le trouviez tel. Je vous conseille, chere amie, de le recevoir bien doucement. Je crois que c'est le meilleur moyen d'en etre contente. Il vous est reellement attaché. Je crois que c'est ce qui [va] le plus vous flatter. Passez-luy bien des petites choses qui tiennent a son caractere, et qui ne vont point contre ce qu'il vous doit. Je vous dis tout cela parce que je vois qu'il craint d'etre grondé, et qu'il pretend ne le pas meriter. Nous soupames hier ensemble. Nous vous aimames a notre ordinaire, et nous bumes a votre santé jusqu'a deux heures.

Je viens de chez Mr Duchastelet parce qu'il avoit dit au Nous qu'il vouloit me venir voir. On voit bien qu'il n'est pas du secret, car il m'a fait bien des amitiés et force compliment de Mde sa femme qui, je crois, voudroit me voir au diable. Il m'a dit qu'elle souhaiteroit fort que quelques affaires m'appellassent dans ce pays-la, et qu'elle seroit charmée de m'y voir.

Ce que je vous ai mandé dernierement de la belle-sœur du Ron signifioit qu'on avoit retenu la feuille de votre lettre, et je croyois qu'elle vous avoit justifié[15].

Apres diner

Je crois que je n'ai pas grand'chose a vous demander, si ce n'est un detail exact de la scene que vous avez euë. Je n'imagine point qu'elle ait été au point que vous nous la dites. Il faudroit que cette femme fut folle, et qu'elle fut convenuë de l'ouverture de nos lettres, qui est une impertinence inconcevable. Cette violence nous a fait croire que l'idée du Nous[16] pouvoit avoir quelque vraysemblance. Je me souviens meme qu'elle m'etoit passée par la teste avant qu'il n'en parlat, mais j'y avois fait si peu d'attention qu'elle m'a paru nouvelle, et que j'ay eu bien de la peine a m'y prester. Je l'ai meme toujours combattuë. Est-ce tout de bon que vous ne vous souvenez plus du vers de Mde de Puydebar? ‹Si Titus est jaloux, Pyrrhus est amoureux.›[17] J'ay cru voir que la vision de notre ami partoit de ce principe, quoyqu'il ait fait ce qu'il ait pu pour ne pas se laisser penetrer.

Je suis bien inquiet du succes de votre entrevuë[18]. Je ne le serois pas si je comptois autant sur vous que sur luy, car je ne doute point que vous n'en soyez contente que vous voulez l'etre. J'attends aussi avec beaucoup d'impatience votre resolution sur le voyage de Paris. Vous allez toucher quatre cents livres. C'est autant qu'il vous faudra pour le faire, et pour y attendre votre duchesse. Si vous attendez plus longtemps, comment irez-vous? Mais apres tout, vous voyez plus clair que nous. Je voudrois qu'en cas que vous restassiez a Cyrei, vous inventassiez quelques façons de nous entendre, et que vous en convinssiez avec moy dans la lettre que je recevrai par Desmarets.

La paix est parfaitement dans notre menage a present, et je serois heureux si vous l'etiez. Oui, chere amie, il n'y a que vos chagrins qui puissent troubler mes jours, et jamais rien ne les troublera plus amerement. Adieu, je vous quitte pour vous ecrire[19]. Je suis fasché que vous ne receviez pas celle-cy auparavant. Il me semble que j'ay encor tout plein de choses a vous dire, mais je n'en retrouve plus aucunes. Le Nous vous dira les amours de nos amis, et les niaiseries de notre cour. Le Chien l'aime a present de tout son cœur, il ne le reconnoit plus.» (Yale, G.P., IX, 65-69).

NOTES

1. C'est *Les Originaux*, ou *Le «Grand» Boursoufle*, de Voltaire (v. 66n6).

2. Le 11 février; les imprimés donnent à tort le 12.

3. Comédie (1700) de Charles Rivière Dufresny (1648-1724).

4. Magot : signifie un gros singe; se dit figurément des hommes difformes, laids, comme sont les singes, des gens mal-bâtis (Trévoux, 1743). Il s'agit bien sûr d'une insulte plaisante.

5. Mme de Graffigny a déjà appelé Liébault «Gros Bœuf» (v. 59n16).

6. La lettre de Devaux du 26 janvier 1739 (lettre privée), dont nous donnons le texte intégral dans les Remarques.

7. C'est une allusion à l'avant-dernier paragraphe de la lettre 65. Ayant annoncé à ses hôtes de Cirey qu'elle écrivait à Mme de Grandville, Mme de Graffigny se sent suffisamment sûre de la nature confidentielle de sa lettre pour recommander à Devaux la prudence complète.

8. C'est dans la lettre 63 que Mme de Graffigny propose les surnoms de Nicodème (ou Nicomède) et de Dorothée pour ses hôtes. Or, il semblerait que la première lettre de Mme de Graffigny que Mme Du Châtelet ait ouverte soit la 69, écrite le 29 décembre, le jour même de la scène affreuse.

9. La lettre 65. Cette feuille ne nous est pas parvenue; on se rappelle que Mme de Graffigny l'a brûlée (v. le texte de la lettre 80 à la note 16).

10. Dans une lettre du 25 avril 1748 (G.P., XXVIII, 288), Mme de Graffigny fera allusion à ce chant, où «les Anglois violent des religieuses», comme celui dont elle rendait compte à Devaux dans la lettre 65. C'est le chant XI de la version définitive de *La Pucelle*.

11. La lettre 70.

12. Voir le texte de la lettre 65 à la note 7; dans cet endroit de sa lettre, Mme de Graffigny parle de Dorothée de façon à révéler le secret.

13. C'est la lettre 64 (v. n9). Cette lettre n'était pas montrable parce que Mme de Graffigny y parle des querelles constantes de Voltaire et de Mme Du Châtelet.

14. Solignac (v. 72n15).

15. Voir le passage en code (77n2).

16. Tout ce passage semble indiquer que Desmarest supposait que Voltaire, en faisant des avances à Mme de Graffigny, rendait Mme Du Châtelet jalouse, d'où la raison profonde de l'aventure de notre épistolière.

17. Au lieu de répéter «Titus», Devaux y substitue par inadvertance «Pyrrhus» (v. 79n15).

18. C'est-à-dire, sa réunion avec Desmarest.

19. C'est la lettre ostensible (26 janvier 1739, G.P., IX, 71-74), envoyée par la poste. Devaux y fait l'éloge du couple Du Châtelet, et de Desmarest, pour assurer le succès de son séjour à Cirey, bien sûr.

87. *à Devaux*

Le jeudi 5 fevrier [1739]

J'avois oublié lundi de vous mander, mon cher Panpan, que je n'avois point reçu de vos nouvelles. Hier je reçu deux lettres, l'une du jeudi 29, l'autre du lundi 2 fevrier[1]. Il y a bien du tems que je n'en ai reçu une si fraiche; mais celle du samedi[2], entre ces deux, est restée en chemin. J'en suis fachée, car vous m'y disiez sans doute le sujet de la tristesse dont vous me parlez dans celle du lundi[3]. J'y prend bien de la part, mon ami, sans savoir ce que c'est, mais vous aviez du chagrin : c'est assés pour que je le partage. Vous me parlez aussi d'une montre qui n'est point retrouvée, et je ne sais si elle etoit perdue[4]. Je ne suis pas si affligée de votre voyage de Remberviller[5] que je l'aurois eté dans une autre tems. Je vous ai mandé que je partois le jour des Cendre : je serai le jeudi a Paris[6]. Vous savez l'adresse de Md. Babaud, je ne vous en dis pas davantage. Il me semble que c'est un reve que ce voyage de Paris. Je n'en suis pas gaye, et j'en suis bien aise : j'ai trop d'experiance sur la fausseté de mon instint pour m'y fier jamais. Nous projetons, le Docteur et moi, la comedie, l'opera, et des huitres a crever. Voila tous nos projet, que je regarde comme des reveries, et cependant j'y touche. Il a voulu lire hier les deux lettres du Panpichon des Indes; il les a luees en s'en moquant. Vous n'avez que faire de tant dire qu'il est aimable : c'est un gueux qui ne le sait que trop, et moi aussi, je ne le sais que comme il faut cependant, et pour bien maintenir la paix. Pour le coup je la crois durable, et je sais bien pourquoi. Il m'avoit deja conté sa pale conquete[7]. Vous avez raison, mon ami, de dire que vous etes entre nous deux. Vous ne nous quittez point, nous vous fourons partout, et si je n'etois seur que personne ne vous aime comme moi, je croirois qu'il vous aime davantage.

Qu'es que le pot-pouri que fait Hademart? Mr Du Chatelet mande que vous arrivez avec le St, que c'est lui qui [le] lui a dit[8]. Mon Dieu, que cela seroit plaisant, mais comme je n'y vois nul[a] aparance, je ne m'en rejouis pas.

Le Docteur veut absolument que je vous mande que nous avons diné au bougies aujourd'huy, et que nous soupons a minuit, c'est-a-dire, tout a l'heure. Notre tems se divise entre de la musique [et] des repetitions tous les jours, le tems d'aprendre des roles qui est long pour lui et pour moi, car nos memoires ne vallent rien. Enfin, il faut que je vous aime bien pour trouver un moment a vous ecrire, car je n'en trouve presque point a lui parler. Bonsoir, mon ami, bonsoir, le Panpichon des Indes.

Dubois part mardi par le coche de Bar-sur-Aube[9]. Elle arrivera a Paris le meme jour que moi : je m'en passerai un jour ici. Et bonsoir donc, je vous embrasse un million de fois, mes chers bons amis, et surtout le Panpichon des Indes. Mandez-moi vite quel chagrin vous avez : cela me tracasse.

[*adresse :*] A Monsieur / Monsieur De Vaux / le fils, ruë du Chateau / a Lunéville

MANUSCRITS

*A. Morgan, G.P., VI, 125-128 (D60); 2 p.; orig. aut.; fragment de cachet sur cire rouge; m.p. : Vuassy / 6.

B. Oxford, Voltaire Foundation, «Lettres de Mme de Graffigny», p. 160-162; copie.

IMPRIMÉS

I. *Vie privée*, 244-246.
II. Asse, 202-204.
III. Best. 1767.
IV. Best. D1854.

TEXTE

[a] Lecture incertaine.

NOTES

1. Lettres du 27-29 janvier 1739 (G.P., IX, 75-82) et du 2 février 1739 (IX, 87-90).

2. Lettre du 30-31 janvier 1739 (IX, 83-86).

3. Devaux répondra : «La tristesse dont je vous parlois ne venoit que de ma montre perduë.» (9 février 1739, G.P., IX, 100); v. aussi la note suivante. Mais en plus Devaux craint d'être grondé à cause de la réponse qu'il a donnée dans l'affaire de la robe demandée par Mme de Graffigny (v. 85n4), et aussi de ses indiscrétions dans la correspondance de Cirey (v. IX, 84).

4. Voir 88n2.

5. Devaux : «J'ay pris avec mon cher pere et ma chere mere autres mesures pour le reste du Carnaval. Nous devons tous aller passer les trois derniers jours gras a Rambervilliers, chez une tante que j'y ai.» (IX, 80.) Rambervilliers, situé à 36 km au sud-est de Lunéville, annexé à la Lorraine en 1718, comptait au XVIIIe siècle environ 3 000 habitants; la famille de la mère de Devaux

y était établie. Les voyages de Devaux affligent Mme de Graffigny parce qu'ils ralentissent le rythme de leur correspondance.

6. Elle partira bien, avec Desmarest, le mercredi 11 février, mais elle n'arrivera à Paris que la nuit du vendredi 13 février (v. la lettre 92).

7. Devaux : «Il faut que je vous dise une avanture dont il me fit hier la confidence, et dont je vous prie de le badiner... Mdelle de Pietremine l'ainée est tombée, subitement ou non, amoureuse de luy.» (IX, 77.) Les Pièrtremine sont les Lambertye, mère et filles. Élisabeth de Ligniville (1683-1759) épousa en 1705 Nicolas-François de Lambertye (1682-1741), lieutenant général des dragons, et maréchal de camp. L'ainée de leurs filles non encore mariées est Louise-Thérèse-Françoise (1720-1773), chanoinesse de Remiremont en

1728; elle épousera en 1742 Christophe-Charles Du Bost, marquis du Pont-d'Oye, comte de Sel (1714-1785), président de la noblesse aux États du pays de Luxembourg.

Le surnom de Pièrtremine vient de la comédie de Legrand, *La Famille extravagante* (1709), dans laquelle la mère, la sœur et la fille de Pièrtremine sont toutes amoureuses du même homme.

8. Devaux répondra : «Mr Duchastelet est fou. Adhemar ne luy a rien dit de pareil.» (9 février 1739, G.P., IX, 102.)

9. Bar-sur-Aube (v. 53n28) est à 215 km à l'est de Paris. Les étapes sur la route de Bar-sur-Aube à Paris étaient : Vandeuvre, Troyes, Pont-sur-Seine, Nogent-sur-Seine, Provins, Nangis, Guigne, Brie-Comte-Robert, Boissy, Charenton, Paris.

88. à Devaux

Le samedi [7 fevrier 1739], a une heure apres minuit

Quelque tard et quellque fatiguée que je sois, mon ami, puisque vous etes a Luneville, je ne puis vous laisser passer un ordinaire sans vous donner une marque de mon amitié. C'en est une, car je suis fatiguée horiblement, et qu'il s'en faut beaucoup que je me porte bien. J'ai recu deux de vos letres aujourd'huy, celle de samedi et de jeudi dernier[1]. Elle deviennent fraiches a present. Je suis bien fachée de votre montre[2], mais pourquoi ne pas faire vider les lieux? Cela en vaut la peine, a ce que je crois. Je ne puis pourtant m'accoutumer a vous entendre traiter cela de provision de chagrin. Eh, mon pauvre ami, Dieu vous fasse la grace de n'en avoir jamais d'autre que les rognoneriees de l'avarice de v... p....[a]

Je suis bien aise que votre voyage soit rompus[3] : j'aime a savoir ou vous prendre. Mr Du Chatelet est arrivé ce soir, et a fort parlé de vous. Il m'a fait si peur des chemins, que je compte mercredi coucher au beau milieu d'un bourbier. Nous avons joué aujourd'huy *L'Esprit de contradiction*, avec aplaudissement. Nous jouons encore demain cette piece avec une autre, et lundi, *L'Enfant prodigue*.

«De monde et de cahos j'ai la tete troublée.» Au vray, je n'ai pas le tems de respirer. Bonsoir, sachez seulement, mes chers amis, que je vous aime de tout mon cœur, puisque je vous ecris. Le Docteur m'a luees vos letres pendant ma toilette de comedie, sans quoi je n'en aurois pas eu le tems. Je vous embrasse tous.[b]

[*adresse :*] A Monsieur / Monsieur De Vaux / le fils, / rue du Chateau / a Lunéville

MANUSCRITS

*A. Morgan, G.P., VI, 129-132 (D61); 1 p.; orig. aut.; cachet sur cire rouge; m.p. : Vuassy / 6.
B. Oxford, Voltaire Foundation, «Lettres de Madame de Graffigny», p. 162-163; copie.

IMPRIMÉS

I. *Vie privée*, 247-248.
II. Asse, 205-206.
III. Best. 1772.
IV. Best. D1861.

TEXTE

a votre père. *b* L'éditeur de 1820, contrarié sans doute de ne trouver aucune allusion à Voltaire dans ces dernières lettres, ajoute : «Encore un petit mot : ah! Panpan! je suis folle; mais la comédie,

Desmarets, et les bons mots de ton idole me tournent la tête.»

NOTES

1. Lettres du 30-31 janvier 1739 (G.P., IX, 83-86) et du 3-5 février 1739 (IX, 91-98).
2. Devaux : «J'ay perdu, dans l'endroit ou j'ay toujours craint de la perdre, ma montre, mon cachet, et la jolie clef de mon ecritoire.» (IX, 83.) Il s'agit évidemment des lieux d'aisance. Il répondra : «Nos lieux vont a la riviere. Par conséquent, votre conseil est impraticable.» (10 février 1739, G.P., IX, 103.)
3. Devaux : «Dans ce moment, on vient me dire que nous ne partons plus a cause du mauvais temps.» (IX, 98.)

89. à Devaux

Le lundi gras [9 février 1739]

Je saisis un moment ou Md. Du Chatelet est montée a cheval avec D. pour vous ecrire, car, en verité, on ne respire point. Vous etes las de me l'entendre dire, mais c'est que je n'ai le tems que de le dire, da[1]! Nous jouons aujourd'huy *L'Enfant prodigue* et une autre piece en trois actes, dont il faut faire les repetition. Nous avons repeté *Zaire* jusqu'a trois heures du matin; nous la jouons demain avec la *Serenade*[2]. Il faut se friser, s'ajuster, entendre chanter un opera. On nous donne a lire des petis manuscrits charmans que l'on est obligé de lire en volant. Demaret est encore plus ebaubi que moi, car mon flegme ne me quitte pas et je ne suis pas gaye, mais pour lui, il est transporté. Nous avons compté hier au soir que, dans les 24 heures, nous avons tant repeté que joué trente-trois actes, tant tragedie, opera, que comedie. N'etes-vous pas etonnez aussi, vous autres? Ce drole-la, qui ne veux rien aprendre, qui ne sait pas un mot de ses roles, au moment de monter au theatre, est le seul qui les joue sans faute : il n'y a d'admiration que pour lui. Il est vray qu'il est etonnant. Il a hier joué Thibaudois[3] et un autre role encore plus plaisant, et fort long, divinement. Apres souper, nous eumes un sauteur qui passe par ici et qui est assés adroit. Je vous dis que c'est une chose incroiable que l'on puisse faire tant de chose en un jour.

Tenez, voila la copie d'une lettre[4] que Mr de Voltaire vous prie de montrer a Luneville a ceux qui ont vu la satire de l'abbé Desfontaines contre lui. Le Petit Saint peut la montrer a Mr de Belac[5]. C'est un demanti bien positif d'une partie des accusation. Il vous envoyera un memoire[6] qui repond a tout le reste quand il sera achevé. En attandant, montré cette lettre; vous pouvez meme en laisser prendre

313

des copies, pourvu que ce soit a des gens a qui il ne tombe pas dans la tete de la faire imprimer. Cette dame veut bien que sa lettre coure, mais elle ne veut point de l'impression. Gardez celle-ci, c'est-a-dire la miene, afin que, s'il arrivoit quelque chose, je puisse faire voir que j'ai fait la comission qu'on m'a donnée exactement. Apres la poste arrivée, j'acheverai ma lettre : il faut songer a mes roles. Bonjour.

Nous sortons de l'execussion du treisieme acte joué aujourd'huy. Il est minuit et nous allons souper. Je suis rendue, la tete tourne a Demaretz : c'est le diable que la vie que nous faisons. Apres souper, Md. Du Chatelet chantera un opera entier, et vous croiez, boureau, qu'on a le tems de vous conter des balivernes? Allez, vous etes fou.

J'ai recu ce soir votre lettre de samedi[7]; le Demarez l'a lu a ma toilette, en riant autant qu'il a fait rire a la comedie. Il vous mande qu'au travers de la vivassité des plaisir dont il est ivre, il jouit de vos fureurs contre lui, mais que c'est tout ce qu'il peut faire pour votre servisse. Il dit qu'il vous en remercie, parce que c'est la rocambolle de ses plaisirs. Mais me reconnois-tu, moi, qui aime ceux de cette espesse a la folie? Je n'en ai point. Cela ne me fait ny bien ny mal que la fatigue. Oh, j'ai une drole d'ame a present. J'ai bien peur que la catastrophe de ceci sera de coucher mercredi ou jeudi au beau milieu d'un bourbier, car on dit que les chemins sont affreux. J'espere que c'est la derniere lettre que vous m'ecrirai a Ciré. Je vous ecrirai en chemin, soyez-en seur, a l'adresse dont je me servois autrefois.

Bonsoir, mon ami, je vous embrasse et vous aime de tout mon cœur. Si vous en doutiez, ma lettre vous le prouveroit. Je ne repond pas a votre lettre, car en consience, je n'en ai ny le tems. Mon esprit est a l'envers, mais mon cœur est inalterable. Bonsoir, tous mes chers amis.

[*adresse :*] A Monsieur / Monsieur De Vaux / le fils, ruë du Chateau / a Lunéville

MANUSCRITS

*A. Morgan, G.P., VI, 133-136 (D62); 3 p.; orig. aut.; fragments de cachet sur cire rouge; m.p. : Vuassy/6.

B. Oxford, Voltaire Foundation, «Lettres de Madame de Graffigny», p. 163-165; copie.

IMPRIMÉS

I. *Vie privée*, 249-252.
II. Asse, 207-210.
III. Best. 1776.
IV. Best. D1864.

NOTES

1. Da : interjection qui sert à augmenter l'affir- mation ou la négation; c'est un terme populaire (Trévoux, 1743).

2. Comédie en un acte de Regnard (1694).

3. Le riche négociant de l'*Esprit de contradiction* (v. 86n3).

4. Une lettre de Mme de Bernières (Best. D1759) dans laquelle elle défend l'humanité et la généro- sité des actions de Voltaire dans ses rapports avec Desfontaines. Marguerite-Madeleine Du Mou- tier, morte en 1757 à 69 ans, épouse de Gilles- Henri Maignard, marquis de Bernières, président du parlement de Rouen (mort en 1734), était depuis plusieurs années l'amie intime de Voltaire.

5. Le comte de Bela possédait un exemplaire de la *Voltairomanie* (v. 72n13).

6. *Mémoire du sieur de Voltaire* (v. 80n20).

7. Lettre du 7 février, qui est perdue.

90. *Léopold Desmarest et Mme de Graffigny à Devaux*

A Vendœuvre[1], ce mercredy des Cendres [11 février 1739]

Sont comparus ce soir, au lieu susdit, la dame de Graffigny et le sieur Desmarestz, roulans leur vie parmi les bouës et les cahos, et sont partis ce matin a huit heures de Cirey, et n'ont pû faire que huit lieuës a cause de certain essieu qui s'est cassé en chemin.

Au diable la chicanne! Ce stile n'estant pas celuy d'un galant homme, je ne saurois le continuer, et je suis obligé de vous le laisser, comme le possedant beaucoup mieux que moi : je ne sais pas parler latin devant les cordeliers.

Il faut cependant vous dire l'avanture du papier timbré. Nous arrivons dans l'instant. Nôtre premier soin a été de vous écrire, et comme nous ne le pouvions sans papier, nous avons imaginé fort spirituellement d'en envoyer chercher; et tres spirituellement la servante du cabaret nous a apporté trois feuïlles de papier timbré[2].

Le souper a interrompu la periode et, pendant que mon camarade godaille[3], je veux avoir a mon tour le plaisir de griffonner a mon tour sur ce papier, qui me fait encore peur, quoique je le tiene. Mais j'ai la mine d'interrompre ma periode par une reprise de someil : je tombe. Il est huit heures. Hier, a ces heures-ci, nous n'avions pas encore comencé Zaïre. Ma foi, ce n'est plus qu'un reve que je te conte. Je parie que cette lettre ira jusqu'a Paris.

Eh bien, ne voila-t'il pas celuy-la qui m'a interrompu? Ma foi, je ne sais plus ou j'en suis. Je vais vous parler de Cirey, mon cher Pampichon des Indes. Jamais je n'ay passé de jours plus agréables que l'ont été ceux de mon séjour a Cirey. La Grosse dit elle-meme que depuis mon arrivée, Cirey n'etoit plus reconnoissable.

Elle vous a instruit de tout ce que nous avons fait jusqu'au lundy gras. Je recommence ou elle a fini. Donc, le lundy gras, nous nous levâmes d'assez bonne heure, c'est-a-dire, a midy. Me Du Chatelet m'envoyât proposer de chanter avec elle. Cela dure jusqu'a deux heures. Nous chantames *Torsis et Zelie*[4] : voila 6 actes avec le prologue.

Elle me proposa ensuite de monter a cheval avec elle. Nous fûmes voir une forge qui est a une demie-lieuë. Elle m'en fit les honneurs, car elle y fit faire pour moy toutes les operations de cette machine infernale que j'ignorois. Nous revinmes a quatre. Nous fimes une repetition de *L'Enfant prodigue* jusqu'a six. Nous recommençames a chanter jusqu'a sept, deux actes d'opera. Total 6 et cinq et deux font 13 actes. On s'habilla ensuite pour aller joüer. Nous commençames a neuf heures du soir *L'Enfant prodigue*, suivie du *Comte de Boursoufle* en trois actes : treize et cinq font dix-huit, et trois font vingt et un. J'oublie de vous dire que nous dinâmes, elle, la Grosse, et moy, a cinq heures a la bougie. Nous commençâmes donc a representer sur le théatre les deux pièces. Nous en sortimes a une heure après minuit. Nous nous mîmes a table (pour souper). A deux heures et demie nous en sortimes : tout le monde tomboit de fatigue et de lassitude. Me Du Chatêlet me proposa d'aller l'accompagner [pour chanter] deux operas : j'y fus. Bref, nous restames a chanter deux operas et demi, d'un bout a l'autre, jusqu'a sept heures du matin, n'ayant que sa petite chienne pour auditoire. Nous souhaitâmes alors le bonjour a toute la maison, et fûmes nous coucher. Somme totale : 21 mentionnés ci-dessus, et deux operas et demi pendant la nuit, font 34 actes depuis midy jusqu'au lendemain, sept heures du matin.

Elle me permit donc d'aller me coucher apres avoir fait des ris immoderés l'un et l'autre sur le ridicule de passer sa nuit a chanter des operas.

Ma foy, j'ay envie de dormir. Demain a nôtre couché, je vous conteray nôtre mardy gras.

MANUSCRIT

Morgan, G.P., VI, 7-8 («DI»)*b*; 2 p.; orig. aut.

IMPRIMÉS

I. Noël, 105-107.
II. Best. 1785.
III. Best. D1872.

TEXTE

a Ce paragraphe est de la main de Mme de Graffigny; le reste de la lettre est de celle de Desmarest. *b* Nous mettons entre guillemets les numéros de Devaux qui sont erronés ou fantaisistes. Peut-être voulait-il initier ici une nouvelle série de numéros, qu'il a abandonnée par la suite.

REMARQUES

L'histoire du manuscrit et de l'édition imprimée de cette lettre et de la suivante est obscure. Ces deux lettres ne figuraient pas dans le recueil des lettres de Cirey publié en 1820, ni bien entendu dans les rééditions successives, qui ne faisaient que reprendre le même texte. C'est en 1913 seulement que Georges Noël, dans sa biographie de Mme de Graffigny, les publia pour la première fois. La note où il explique la provenance de ces lettres est d'une ambiguïté inattendue chez ce biographe amateur mais consciencieux. Voici sa note : «Les deux lettres racontant le voyage du couple Desmarets-Graffigny de Cirey à Paris, et dont j'ai formé à dessein le corps de ce chapitre, en les citant *in extenso*, ne figuraient pas dans le recueil du comte Orloff, ni dans l'édition donnée soixante-dix ans plus tard par M. Asse. Elles sont pourtant partie essentielle et clôture du recueil de Cirey. Elles en sont même une des meilleures pièces et des plus curieuses sur le caractère de Voltaire. Soit que, par oubli, Mme Noël ne les ait

jamais remises aux éditeurs, soit que ces derniers, ayant voulu se borner strictement à ce qui s'était passé sous le toit de Voltaire, les aient dédaignées, ces lettres sont restées inédites. Comme elles sont pleines d'intérêt, de gaieté et d'esprit et font essentiellement partie de la vie de Mme de Graffigny, je les ai insérées ici, complétant ainsi le document de 1820. Je n'aurais pas donné entièrement ce texte si ces lettres n'eussent pas été inédites, je le crois du moins. Car en matière d'inédit il ne faut jurer de rien.» (Noël, p. 104.)

Or nous savons maintenant que les manuscrits autographes de ces deux lettres étaient entrés dans la collection Phillipps avec tous les autres papiers Graffigny; ils y sont d'ailleurs reliés dans le même cahier que les lettres de Cirey. Voici donc la difficulté : puisque Georges Noël n'a pas pu connaître les manuscrits autographes, comment a-t-il eu le texte de ces lettres? Une seule possibilité : il existait une copie dont Noël a pu se servir. Cette copie a dû être faite entre 1810 et 1825 environ, c'est-à-dire, entre le moment où le chevalier de Boufflers a fait détacher de la collection les lettres de Cirey, et le moment où Phillipps a acheté les papiers pour sa bibliothèque. Ou bien, Noël a vu une copie faite d'après une autre copie remontant à cette époque.

La copie des lettres de Cirey dans la collection de la Voltaire Foundation (v. 60n14) ne contient pas ces deux lettres, qui devaient pourtant faire partie d'une copie faite par le chevalier de Boufflers d'après les manuscrits autographes. Une des copies plus complètes se trouvait sans doute dans une collection privée à l'époque où Noël écrivait sa biographie; le propriétaire a dû permettre à Noël d'en prendre copie, mais a préféré garder l'anonymat.

1. Vendeuvre-sur-Barse, à une vingtaine de km à l'est de Troyes et à une cinquantaine de km à l'ouest de Cirey.

2. Chaque feuille du papier timbré porte un timbre où sont inscrits les mots : ‹G. D. Chalons; Dix Den.»

3. Godailler : boire avec excès, s'enivrer (Trévoux, 1771, qui l'appelle «vieux»).

4. *Tarsis et Zélie* (1728), tragédie lyrique de La Serre, musique de Rebel et Francœur.

91. *Léopold Desmarest et Mme de Graffigny à Devaux*

A Provins[1], ce jeudi [12 février 1739]

Nous venons d'arriver a Provins, vous saurez comment. Je vais continuer le recit de nos occupations et de nos plaisirs de Cirey.

M'etant couché a sept heures du matin, il fallut me lever a dix pour aller chanter un opera avec Me Du Chatêlet, qui dura jusqu'a une heure, que nous fûmes repeter *Zaïre*. (J'ay oublié de vous dire hier qu'aprés souper, nous en avions fait une repetition des trois premiers actes, ce qui fait 37 actes dans nôtre journée d'hier.) Je reprends l'histoire de mardy. Nous repetâmes donc *Zaïre* jusqu'a 6 heures; il y avoit des accrocs a tout moment. Mr de Voltaire nous chantoit pouïlle. Aprés cette repetition, les dames furent se friser et s'habiller a la turque, ce qui dura jusqu'a neuf heures et demie. Nous commençames a cette heure nôtre representation, qui dura jusqu'a minuit et demi, parce que *Zaïre* fut suivie de *L'Esprit de contradiction*.

On se mit a table un moment aprés, et l'on soupa en gras, sans faire attention qu'on attentoit aux droits du mercredy des Cendres.

Nous primes congé de Me Du Châtelet et de toute la maison, et nous partimes hier a huit heures du matin. Remarquez que tant d'opéra que de comédie, nous avons joué le mardy 17 actes. Joignez les 37 de la veille, cela fait 44 actes en 48 heures. Jugez si nous avons perdu nôtre tems.

Nota que le samedy, nous avions joué *L'Esprit*, et le dimanche *Le Comte de Boursoufle*[2] et *L'Esprit de contradiction*, sans conter[a] *Le Petit Boursoufle*, qui est aussi en trois, et que nous avions joué le vendredy, et encore mainte repetition dont je ne me souviens pas, et une infinité d'operas.

Voici les rôles :

Me Du Châtelet	Zaïre
La Grosse, coëffée avec un voile	Fatime
Voltaire	Orosmane
Mr Du Châtelet	Nerestan
Son fils[3]	Corasmin
Moy	Chatillon, le papier a la main

Le reste, vous ne le connoissez pas.

Voltaire ne savoit pas son rôle, pas deux vers de suite, sans éxagerer. Me Du Chatelet jouë a faire vomir, sans ame, tout sur le meme ton, et scandant les vers pied a pied, comme la Frassinetty, c'est-a-dire, beaucoup plus mal que la Barnou.

Mr Du Chatelet, a la lettre, n'a pas dit un vers qui en fut un, et en begayant. On souffloit le rôle, mot a mot, au petit Corasmin. Je jouois le papier a la main. Le reste alloit fort mal, Voltaire habillé comme un chianlit[4].

Et malgré cela, de ma vie je n'ay tant pleuré a une tragedie, parce que le peu qu'il jouoit etoit divin. Il savoit fort peu, ou point, son rôle. Il estoit impatienté de ne le pas savoir, et il s'en prit a son valet de chambre, qui estoit nôtre soufleur : il s'imagina que c'etoit la faute de ce pauvre diable. Enfin, aprés l'avoir bien grondé de ce qu'il souffloit trop, du haut de la fierté ottomane, il luy cracha au nez pour l'avertir de souffler. Ce n'est point une plaisanterie, il luy cracha au nez avec fureur, et acteurs et spectateurs se mirent a eclater.

L'Enfant prodigue ne fut pas mieux representé, et on s'y attendrit beaucoup. De toutes les pieces que Voltaire a joué avec nous, il n'a pas su une fois son rôle.

[b]Me voici comme hier a rabacher avec toi, pendant que ce vilain godaille, mais je suis un peu plus a mon aise qu'hier, car je suis dans un bon lit et, quoique rendue de fatigue, je veux dire un mot.

D'abord je te prie avant tout de remarquer cette tache jaune[c]. C'est une roupie dont Mr le Docteur vous gratifie. Ensuite, je veux vous dire que j'ai fait 24 lieux aujourd'huy sans debrider, que je suis, comme Sosie, toute surprise de ma gentillesse[5].

Je ne me serois jamais crue capable de tant de force, car la voiture du D. est presisement le coche de Menechme[6]. [d]Or ça, voila le Docteur qui tire des chifre[7] a la servante. Je te veux conter ce qui vient de ce tire, qui est assurement fort plaisant. Son premier chifre a eté de demander a cette servante des nouvelles du proces de V. et de l'abbé Desfontaine. Elle s'est mise a rire, et lui a dit : «Bon, il y avoit hier ici un monsieur qui me demandoit la meme chose.» «Et qui est ce Mr?» «C'est un Mr qui s'apelle Mr Demaretz.» Et nous de rire, car il se trouva que c'est un Mr qui s'apelle ainci, et qui demeure ici pres. N'est-il pas plaisant que deux Demaretz tire les meme chifres?

Je veux te faire une autre confidence pour paier celle que tu m'as fait sur Md. de Lemberti[8]. C'est que la dame Doroté se pamoit en lorgnerie, et que cela alloit le melieur train du monde, au point que le dernier soir c'etoit sans menagement, comme auroit fait une petite sotte sans experience. Le bonhomme V. en a eté furieux; il a laché des brocards a l'un et a l'autre tant qu'il a pu. Pour moi, je haussois les epaules, car les coquets et les coquettes ne vallent que cela. Il t'en dira les circonstances, car je ne puis plus ecrire que pour mettre mon aprobation a tout ce qu'il te raconte, qui est vray a la lettre, et qu'il pretend que tu ne croirois pas si je ne l'affirmois. Je l'affirme donc. Cela est aussi vray que j'ai envie de dormir, et je ne sais point de plus grande verité, a moins que ce ne soit mon amitié pour toi, car elle l'emportera toujours sur toutes les autres, fussent-elle geometriques.[b]

Je suis plein, et je continuë. Je joüois dans *Boursoufle* un capitaine marin. J'ai gardé mon rôle et celuy de la Grosse pour vous les montrer et vous donner une idée de cette piéce. Nous chantions des vaudevilles a la fin, dont j'ay fait la musique, et je vous les envoyeray une autre fois. Je n'ai jamais passé dans ma vie des jours si agréables que les six derniers que j'ai été a Cirey.

La jalousie que V. avoit prise a mon sujet (puisque la Grosse de vous l'ecrire) n'y a pas peu contribué. Me Du Chatêlet m'a fort pressé d'y retourner en allant a Luneville. J'aimerois mieux etre pendu que d'y manquer.

Je vais vous conter deux histoires arrivées a V., de deux hommes, auteurs fameliques, qui luy ont écrit. Le premier luy écrit que comme il (Mr de Voltaire) n'ecrit que pour la gloire, il (l'auteur famelique) a fait deux tragédies qui luy (a Voltaire) en procureront beaucoup, et qu'il les luy vendra, je ne me souviens plus du prix. L'autre donne avis a Voltaire qu'il a fait un ouvrage contre les *Lettres philosophiques*, qui doit l'ecraser et l'anéantir, et qu'il a montré cet ouvrage a plusieurs de ses amis, qui lui en ont dit beaucoup de bien; qu'il est cependant prêt a le supprimer s'il veut luy faire toucher incessamment cent écus, dont il se trouve avoir besoin. Voltaire n'a pas entendu parler de l'ouvrage ny l'auteur des cent écus.

Voltaire va travailler pour moy un opera qui aura pour titre et pour sujet *Les Titans*[9]. Il est charmé et entousiasmé de ce sujet. Il nous a lu son *Samson*[10], dont les paroles sont aussi belles que celles d'*Iphigenie*[11]. Il doit m'envoyer le premier acte des *Titans* a Paris, si son affaire avec l'abbé Desfontaines luy en laisse le tems. Cette affaire l'occupe autant et dans le meme goût que Kaissant[12] est occupé de ses ennemis. Il nous a lu une epitre admirable sur l'homme, une sur l'egalité des conditions, et sur les plaisirs; de plus, l'apologie de son *Mondain*, qui est charmante, qu'il nous a debité dans l'appartement des bains pendant que Me Du Chatelet se baignoit. Nous soûpâmes ce jour dans ce voluptueux appartement a deux heures apres minuit. Nous etions servi par ses femmes de chambres, et elle l'etoit par son fils, qui, ce jour-la, s'etoit deguisé en Amour, a cause du carnaval.

Voila, mon cher Panpan, toute mon histoire de Cirey. Si je me souviens encore de quelque circonstance a Paris, je vous l'ecriray, car cette lettre ne sera finie qu'a Paris.

Le desordre voluptueux qui regne dans cette maison me la fait considerer comme un paradis terrestre. L'aimable et la charmante vie! Je vous acheveray demain a Paris l'histoire de nôtre route.

MANUSCRIT

Morgan, G.P., VI, 9-12 («DI»); 4 p.; orig. aut.

IMPRIMÉS

I. Noël, pp. 107-113.
II. Best. 1789.
III. Best. DI876.

TEXTE

[a] compter. [b] Ces quatre paragraphes sont de la main de Mme de Graffigny. [c] Il y a en effet une tache jaune à la page 10 du manuscrit. [d] Cette lettre a subi bien des changements dans les versions imprimées : le reste de ce paragraphe, par exemple, est entièrement omis, et le rôle de Lusignan est attribué à Mme de Graffigny.

NOTES

1. Au XVIIIe siècle, ville d'environ 5 000 habitants, capitale de la basse Brie, à environ 90 km au sud-est de Paris.

2. C'est-à-dire, *Le Grand Boursoufle* ou *Les Originaux* (v. 66n6).

3. Louis-Marie-Florent, comte puis duc Du Châtelet (1727-1793), mousquetaire en 1740, colonel en 1746 et maréchal de camp en 1761, était ambassadeur à Vienne (1761) et en Angleterre (1767), et commandant des Gardes français en 1788. Il épousa Diane-Adélaïde de Rochechouart en 1751, et devint chevalier des ordres en 1764.

4. Chienlit : dans cette lettre, comme dans la lettre 93, Mme de Graffigny emploie ce mot comme terme de dérision pour désigner un personnage ou un objet répugnant (*cf. Trésor de la langue française*). On remarquera que cet usage est très près de l'usage moderne.

5. Allusion à l'*Amphitryon* de Molière : «Peste! où prend mon esprit toutes ces gentillesses?» (I, i).

6. Voir *Les Ménechmes* de Regnard, où il est fait allusion au «coche le plus rude où mortel puisse aller» (II, v).

7. Tirer des chiffres : «chiffre» semble, dans cette expression, être pris dans le sens très commun au XVIIIe siècle de «secret». L'expression signifie donc ici : essayer de tirer des renseignements de quelqu'un.

8. Voir 87n7.

9. Cet ouvrage figure dans Bengesco (2304) parmi les pièces attribuées à Voltaire; v. aussi la préface de Beuchot, *Théâtre de Voltaire* (éd. Lefèvre et Didot, t. II).

10. Opéra en 5 actes, musique de Rameau, composé 1731-1733; publié dans les *Œuvres*, Amsterdam, 1738-1745.

11. *Iphigénie en Tauride* (1704), tragédie lyrique par Joseph-François Duché de Vancy (1668-1704); musique d'Henry Desmarest (1661-1741, père de Léopold) et d'André Campra (1660-1744).

12. Dans le roman de Joseph Bonnet, *Histoire du grand et véritable chevalier Caissant* (1714), roman inspiré de *Don Quichotte*, le héros semble poursuivre ses ennemis aussi férocement que Voltaire les siens.

92. à Devaux

De Paris, le dimanche 15 fevrier 1739

Rien ne manque a la date de ma lettre comme tu [vois]*a*, mon ami, et je ne sais encore s'il est bien vray que je suis a Paris, mais tu veux des faits, nesse pas? Je vais t'en donner; les resonnemens viendront comme il pouront.

Si je m'en souviens bien, le dernier mot que je t'ai dit etoit de Provin. Et pour ne pas troubler la colection de mes lettres dont le Docteur pretent que tu fais des archives, il faut reprendre le fil de l'histoire a ce dernier mot. Quoique je fusses bien fatiguée, ce n'etoit rien, je parlois et meme j'aurois ris si le rire n'etoit devenu absolument etranger, du moins pour mon ame. Le lendemain je remonte en chaise et je fais neuf lieux sans la moindre incomodité. Nous comptions arriver a Paris bien aisément pour le diner. Point du tout, nous trouvons trois lieux de chausée de pavé si rude qu'au bout de deux cent pas il me prend des douleurs si vive dans le corps que je ne puis plus soufrir le trot du cheval. On va au pas : ce n'est point encore assés. Le mal redouble au point que je fesois des cris forcés qui touchoient jusqu'au postillon qui pensa crever ses cheveaux en prenant dans les tere et passant dans des troux et des ornieres affreuses. Je ne craignois point de verser. J'aurois peut-etre regardé cest accident comme un bonheur pourvu que je ne marcha plus. Je mordois mon mouchoir pour m'empecher de crier, les larmes me couloient des yeux sans pouvoir les retenir. Enfin, hors les douleurs de l'accouchement je n'ai jamais rien eprouvé de pareil.

Nous fumes plus de 4 heures a faire les trois lieux. Nous arrivames enfin a la poste qui est a Grosbois[1]. On m'aida a gagner un lit sur lequel je me jetai bien resolue de ne remonter de ma vie dans le maudit phaeton, dont la seule pensée me faisoit frissonner d'horreur. Comme nous n'etions plus qu'a trois lieux de Charanton[2] et par consequent qu'a cinq de Paris – et Dieu sait quelles lieux! – nous primes le parti d'envoyer un postillon a Charanton voir si Md. Babaud n'y etoit pas avec son equipage, et la prier de venir jusque la. Pendant ce tems Demaret me fit avaler des œufs frais. Les douleurs se passoient des que j'etois areté. Trois heures de repos dans ce taudis et la compation que je voiois au D. me remirent (car tu sais que je gueri autant mon corps par l'esprit que par les remedes).

Enfin a huit heure du soir le benit postillon arrive qui dit que Md. Babaud a eté tout le jour a Charanton et en est repartie a cinq heure. Me voila desolée. Je voulois que le D. alla coucher a Paris et qu'il me laissa son valet et que le lendemain il feroit dire a Md. Babaud de me venir chercher. Quelque instance que je lui fasse, il ne voulu jamais me quitter. Je me pique de generosité sur ce que je voiois que nous etions fort mal gités et qu'il mouroit d'impatiance d'arriver. Je fais remetre les maudits cheveaux a la maudite chaise et je remonte, le cœur saisit de fraieur que les douleurs ne me reprenent. Nous fesons aller le postillon sur les bors de la chaussée et nous voila parti. Par bonheur il faisoit clair de lune. Je soufris un peu mais cela etoit suportable. A Charanton j'etois[b] un peu plus mal. Le D. vouloit absolument que nous y couchassions; mais absolument je voulu arriver. Je me doutois que les deux lieux que l'on comptoit encore n'en faisoient pas une, et il est vray qu'elle n'en font pas une demi jusqu'a la barriere.

Nous y voila donc a cette bariere, et voila le pavé qui me fait un mal affreux. Il faut aller au pas. Nous comptons onze heure; nous trouvons deplacé d'aller reveiller ou tourmenter Md. Babaud a cet heure-la. Je prend le parti d'aller coucher a l'hotel de Modene, ruë Jacob[3], ou est logée Md. de Chambonin. Elle en a eté comblée, et je le suis de son amitié, et Demares de son esprit et de ses façon. J'ai donc traversé Paris, des quais, des Pont-Neuf, des ruës qui n'ont point de fin, au pas des cheveaux, soufrant beaucoup, trouvant le coup d'œil des lenternes tres beaux, mais sans etonnement, car s'etoit presisement l'idée que je m'en etois fait, de façon que je croiois l'avoir vu. La seule chose qui m'etonna fut dans tout le trajet, qui fait, je crois, une bonne lieu et plus, car la rue St-Antoine a bien son etendue[4], de ne rencontrer qu'un seul carosse et deux hommes a pied. Je croiois etre dans un desert eclairé par des genies. Me voila arivée a minuit et plus. On me grimpe dans une chambre, on me donne un bouillon, on me couche, on me fait mille caresses et moi toujours triste, car je ne suis plus que cela, je ne sens rien, je m'endors. Le Docteur n'entra point et fut chercher son gite.

C'etoit vandredi cela. Hier je me leve apres avoir mal dormi. Je pleure une bonne heure, je m'ennuie le reste du tems jusqu'a midi que le D. vint me voir. La dame Dorsin[5] couroit la ville des le matin pour le proces d'Atis, dont je te parlerai

quand je n'aurai plus rien a dire de moi. Elle revint a une heure. J'etois encore
bien malade et bien fatiguée, cependant ce chien de Docteur me fit consentir a
aller a la comedie. Nous convimmes qu'il viendroit me reprendre apres diner pour
faire une visite a Md. Babaud et que de la nous irion a la comedie. Point du tout,
le lenternon ne revint qu'a quatre heure, et il y a tant de chemin de la ruë Jacob a
la rue du Gros-Chenet[6] et de la a la rue de la Comedie[7] que nous laissames Md.
Babaud, et nous voila a cette fameuse comedie.

La dame paia absolument pour nous deux. Nous etions en seconde loge. Rien
ne me surprit; l'insensibilité de mon ame ne fut point emuë de ce plaisir tant
projeté, tant desiré depuis tant d'année, et je suis plus persuadée que jamais que
la joye est banie pour jamais de mon cœur. Cependant rien ne manquoit de ce qui
pouvoit m'amuser. On fut lontems a comenser. Le partere bati cinq ou six fois des
mains. Il sembloit qu'il vouloit me donner son spectacle aussi, car il n'a jamais eté
si impertinent et j'avoue qu'il m'amusa.

Alons par ordre. Je trouve la sale infame, les lustres admirables. Il n'y avoit dans
les loges que des guenons coeffées et tres mal. On jouoit *Phedre* dont j'etois tres
aise, car outre que je l'aime, c'est que la Dumeni[8] y excelle. Elle ne m'a point
surprise; c'est la l'idée que j'avois de la perfection de la comedie. Je ne crois pas
qu'on la puisse pousser plus loin. Je ne suis point sortie d'admiration tant qu'elle
a parlé. Les battemens de mains n'ont pas fini des qu'elle paroit. Dans les beaux
endroit on l'arete – enfin tu sais le train. On a siflé et hué la Jouvenou[9] qui fesoit
Enone et en verité a tord, car elle la faisoit aussi bien que le role le peut permettre.
Hipolite est un acteur de l'annee passée que tu as, je crois, vu a Nancy[10]. Je le
trouve tres bon, mais loin de la perfection. On aplaudit son premier couplet, on le
hua au second acte en disant : «Chassés-nous ce b... la», ce qu'on dit qui n'est
jamais arrivé. Quand sa scene fut finie on l'aplaudit – enfin le partere m'etala toute
sa folie. Je ne fus pas contente d'abord de Sarasin[11]. Je m'y accoutumai a la seconde
scene mais, en aimant son naturel, je ne lui trouve pas assés d'ame. Je fus tres
contente de la petite Arissie. Voila que j'ai oublié son nom; c'est la seur de selui
qui double Du Frene[12]. Le Grand[13] fit tres bien le recit et fut bien aplaudi. Les
«Paix la!», les criaillemens du parterre m'amuserent; mais rien ne me surprit.

La petite piece etoit *Le Grondeur*[14]. Je suis enchantée de Harmant[15], qui jouoit
l'Olive. Je consois que Duchemin[16] doit etre divin mais il fut froid, c'est-a-dire, il
ne grondoit pas assés. Poisson[17] est fort plaisant; il jouoit Mamurat. En tout, ces
trois-la polissonnent trop. La petite Dangeville[18] ne me plut pas tant que Clairon[19].
La Conel[20] joua l'amoureuse tout a l'ordinaire. Fadel[21] detestable. Ah, quel pitié
a comparaison de Lebrun[22]! Mais ce Harmant et ce Duchemin me plaisent au-
dela de tout ce que j'en pensois. Encore un «Mais rien ne m'a surpris.» Le Docteur
en est furieux. Il m'accable de plaisanterie et pretent que c'est un ridicule. Enfin
pour le contenter j'ai eté surprise de voir de gros bouquets de violete a la porte de
la comedie. Il nous en a donné chacune un, a la dame et a moi, et – cela est
singulier – c'est que je crois avoir eu de la volupté a le sentir.

De la comedie nous vimmes chez Md. Babaud, ou nous mentimes d'importense, car comme la dame Dorsin avoit exigé que je retournerois encore coucher cette nuit a l'hotel, il falu dire que je ne m'etois levée qu'a sept heure du soir et prendre bien garde de ne point parler de la comedie, ou il n'etoit pas honete d'avoir eté avant de venir chez elle apres toutes ses politesse. Nous n'y restames qu'un moment. Elle m'attandoit sous sa porte cochere, car elle dessendoit a chaque carosse qu'elle entendoit. Elle me fit des politesse dont j'etois confondue. Les deux dames se disputoient pour m'avoir. Enfin j'en retournai coucher a ce maudit hotel ou j'etois fort mal, mais je crus devoir cela a toute l'amitié que cette dame[23] m'a marquée. Le Docteur soupa avec nous. Il faut te dire qu'elle fit passer son carosse par tous les coin de Paris pour me promener et voir les rue et les place. Il faut te dire aussi qu'en arrivant le D. me montra le fameux caffé de Grado. Nous avons causé avec la dame jusqu'a trois heures. D. la trouve charmante. Et enfin il deloge se soir pour aller prendre la chambre que j'ocupois. C'est un peu pour elle, mais c'est qu'il n'a puᶜ etre logé a l'hotel St-Louis[24] et qu'il est mal ou il est.

Aujourd'huy, apres avoir passé une mauvaise nuit et m'etre levée bien tristement, j'ai eté avec la dame a la messe au Petits-Augustins[25], ou je me suis assés amusée a la dedalleᶜ des carosses. J'en ai vu de charmant, et une grosse dame come moi dans une vinegrette[26] qui m'a divertie parce que je m'aplaudissois de n'y pas etre. De la j'ai diné avec ma Md. Dorsin, et a trois heures le Docteur m'est venu prendre en fiacre pour m'amener ici. Il a fait faire a son fiacre beaucoup plus de chemin qu'il ne faloit pour me faire voir des rues. Encore une fois rien ne m'etonne, mais je trouve tout beau, c'est-a-dire la quantité de peuple et de carosses, car les ruës et les maisons ne me paroissent pas aussi belle que l'idée que je m'en etois faite. Md. Babaud m'a recue, Dieu sait, et ce qui est etonnant, le froit Masson m'a si bien reçue hier et aujourd'huy que le D. en est etonné et moi aussi.

Le D. s'en est allé ecrire. Mon hotesse a pleuré et conté la mort de son mari[27]. Enfin j'ai demandé a ecrire, et me voila dans ma chambre dont je suis tres contante, quoiqu'on m'en fasse bien des excuses et que ce ne soit qu'en attandant que le beau-frere[28] soit parti. C'est a coté de celle de Md. Babaud. Enfin, je m'y trouve tres bien.

Or ça, n'admire-tu pas tout ce que j'ai deja fait avec la lassitude et le mal que je souffre? Voila ce qui m'etonne, car j'ai les flancs come s'ils etoient meurtris, je n'ai point dormi, je me couche tard, je me leve de bonne heure, j'ai deja bien fait quatre ou cinq lieu dans Paris, j'y ai bien pleuré. Il est vray que je suis maigrie etonnament et vielli de six ans au moins depuis Ciré, et le voiage n'a pas mis de vernis. Je ne me reconnois ny en dedans ny en dehors. Je sais bien que je suis une sotte mais je la suis. J'ai trois louis de reste de mon voyage; c'est pour te le dire affin de te dire tout, car cela m'est aussi indifferent que tout le reste.

Le D. m'aporta hier ta lettre[29]. Tu es bien joli, mon pauvre cher ami, de m'etre venu trouver tout en arrivant; je t'en suis bien obligée. Je crois que voila le premier mot d'amitié que je t'ai dit, mais je suis convenue une bonne fois que c'est t'aimer que te dire tout ce que tu aime a savoir. Je vais finir, car il faut etre honnete le premier jour au moins, et je crois qu'on va souper. Tu as reçu aujourd'huy la letre que j'ai mise a la poste a Troyes[30], nesse pas? Embrasse-toi pour moi, et mon cher Petit St, et mon cher ami Gros Chiens Blanc. L'adresse est chez Md. Babaud, ruë du Gros-Chenet. Bonsoir cent mille fois.

Le lundi matin [16 février 1739]

Le D. est toujours entre le oui et le non, et je suis toujours la plus sotte creature qui soit jamais née. Je crois que ce sont les agasseries de Doroté[31] qui l'ont determiné a me chagriner. Tu m'as dit toi-meme qu'il me chargeoit des iniquittés des autres. D'alieurs, il en etoit un peu entousiasmé – cela est bien naturel, et je ne lui en fais pas un proces, mais pourquoi m'en faire souffrir? Il veut bien plus que cela ici, il veut epouser. Voila de quoi il m'entretient en me dechirant le cœur. Enfin, n'est-il pas bien malheureux pour moi qu'il me mette mal a l'aise avec une femme avec laquelle il faut que je me confonde? Car on ne peut faire mieux qu'elle fait, et mon boureau c'est mis entre deux po[ur]*a* me donner de l'aversion pour elle.

Je sens toute ma misere, elle est insurmontable. Je ne suis pas dans un etat violent, mais si abatu, si degouté de moi et de la vie que tout m'est insipide. Garde-toi, mon ami, de me repondre la-dessus. Il ne veut pas que je te fasse part des peines qu'il me cause, il en est honteux avec toi aparament. Au reste tu serois etonné de ma douceur; je ne lui ai pas dit un mot qui lui ait deplut que l'aveu d'une tendresse qui lui est a charge. Je suis bien changée et du corps et de l'ame, mais ce n'est pas a mon avantage. Mais*c* j'ai senti trop vivement l'interet qu'il a pris a ma peine de C.[32] pour ne pas l'aimer davantage. Peut-etre l'extreme amitié que je lui vois pour moi m'attendrit encore, car je ne puis plus douter de son bon cœur, et tu sais comme cela me touche.

Bonjour, mon cher ami, je t'embrasse mille et mille fois. Prend garde a ce que tu m'ecrira, car il veut voir toute les lettres.

Dubois va arriver. J'etois bien lasse de me servir. Je me suis assés amusé hier a souper. Machi[33] est rajeuni, Masson a bien de l'esprit et Md. Babaud un bien bon cœur. Masson bassina mon lit; il badine, il est de tres bonne humeur, ce que je n'attendois pas d'un homme si ocupé.

[*adresse :*] A Monsieur / Monsieur de Vaux, le fils / ruë du Chateau / a Lunéville

MANUSCRIT

Yale, G.P., VIII, 7-12 (D64*bis*); 5 p.; orig. aut.; m.p.: 8.

IMPRIMÉ

Showalter, p. 61-69.

TEXTE

a Déchirure. *b* Le ms : «j'etois j'etois». *c* Lecture incertaine.

NOTES

1. Au XVIIIe siècle, Grosbois est un marquisat et une «maison de plaisance» à environ 16 km au sud-est de Paris; le château du XVIe siècle fut rebâti au XVIIe siècle.

2. Entre la Seine, la Marne et le bois de Vincennes, Charenton est aujourd'hui aux limites de Paris.

3. Au XVIIIe siècle, la rue Jacob était cette partie de la rue actuelle qui est située entre les rues

Saint-Benoît et des Saints-Pères. Yorick, dans le *Sentimental Journey* de Sterne (1768), descend au même hôtel.

4. La longueur de la rue Saint-Antoine est de 600 mètres.

5. Mme de Champbonin. Rappelons que le «procès» d'Atis est celui qu'intentait Voltaire contre l'abbé Desfontaines.

6. Cette rue, qui se trouvait entre la rue des Jeûneurs et la rue de Cléry, fait partie aujourd'hui de la rue du Sentier.

7. Avant 1688 la rue des Fossés-Saint-Germain-des-Prés, aujourd'hui la rue de l'Ancienne-Comédie, entre la rue Saint-André-des-Arts et le boulevard Saint-Germain.

8. Marie-Françoise Marchand, dite Mlle Dumesnil (1713-1803) débuta au Théâtre-Français en 1737 et prit sa retraite en 1776.

9. Anne-Louise Heydecamp, dite Mlle Jouvenot (1701-1762), débuta en 1718, fut congédiée en 1722, mais rentra bientôt après pour jouer jusqu'à sa retraite en 1741.

10. Devaux avait déjà écrit : «Le Philocte est un nommé Dubois. C'est un acteur charmant, point de l'amateur, plein de feu et presque de grace, tout plein d'ame et de visage, mais encor trop jeune pour pouvoir remplir son merite. Il a joué un paysan dans *La Coupe enchantée* presque aussi bien que Philocte. On dit qu'il danse a merveilles.» (10 novembre 1736, G.P., I, 49.) Il répondra : «L'Hyppolite n'est point le Dubois de Nancy, c'est le neveu de la Sarrasin.» (19 février 1739, G.P., IX, 123.) Le «Dubois de Nancy» reste inconnu. Louis Blouin, dit Dubois (1706-1775), était neveu du comédien Sarrazin (v. la note suivante), que sa mère épousa en seconde noces en 1759. Philoctète est un personnage d'*Œdipe* de Voltaire (1718); *La Coupe enchantée* (1714), comédie en 2 actes en vers, est de Louis Fuzelier (1672-1752).

11. Claude ou Pierre-Claude Sarrazin (1689-1762), chef d'emploi après la mort de Baron, joua au Théâtre-Français entre 1729 et 1759; dans *Phèdre* il tenait sans doute le rôle de Thésée.

12. Devaux répond : «Je crois que l'Aricie etoit la femme et non la sœur de Grandval.» (20 février 1739, G.P., IX, 126.) Marie-Geneviève Dupré, dite la Grandval ou la Dupré (1711-1783), débuta en 1734, deux ans après avoir épousé le comédien Grandval (v. 102n64); elle quitta le théâtre en 1760.

13. Dans le rôle de Théramène. Jean-Marc-Antoine Legrand, dit Legrand de Belleville (1700-

1769), joua au Théâtre-Français entre 1720 et 1759.

14. Comédie en trois actes (1691) de Brueys et Palaprat; v. 51n9.

15. François-Armand Huguet, dit Armand (1699-1765), débuta en 1723 et fut comédien jusqu'à sa mort.

16. Devaux répond : «Duchemin vous a fait souvenir de Lebrun (v. n22) et c'est par la qu'il vous a paru froid.» (IX, 123.) Jean-Pierre Chemin, dit Duchemin père (1674-1754), était au Théâtre-Français de 1717 jusqu'en 1741.

17. Petit-fils du comédien-dramaturge Raymond Poisson, François-Arnould Poisson, dit de Roinville (1696-1735), débuta en 1722.

18. Marie-Anne Botot, dite Mlle Dangeville (1714-1796), née dans une famille de comédiens, débuta en 1730, et prit sa retraite en 1763.

19. Celle de Lunéville, évidemment (v. 9n6).

20. Reçue en 1736, Marguerite-Marie-Louise Daton, dite Mlle Conell ou Connell (1715?-1750), joua les confidentes et les deuxièmes rôles féminins.

21. Le prétendant ridicule du *Grondeur*. Devaux répond : «Ah, que je suis aise que vous trouviez Dangeville détestable dans Fadel.» (IX, 123.) Dangeville est probablement Charles-Étienne Botot (1710?-1787), qui joua entre 1730 et 1750; ou peut-être son oncle Claude-Charles Botot (1665-1743), au Théâtre-Français de 1697 jusqu'en 1740, spécialiste des rôles de niais.

22. Le père de Clairon Lebrun, François Lebrun, comédien du duc de Lorraine, mourut à Lunéville le 26 juin 1734 à l'âge de 75 ans, ayant continué à jouer «jusques sa derniere maladie» (Lunéville, Archives Communales, 1734, Décès, f° 55).

23. Mme de Champbonin (la dame Dorsin).

24. Cet hôtel se trouvait quai des Grands-Augustins; c'est là que Devaux envoie une lettre à Desmarest (13-14 février 1739, G.P., IX, 102).

25. L'église se trouvait dans la rue des Petits-Augustins, entre le quai Malaquais et la rue Jacob.

26. Vinaigrette : on appelle de ce nom une petite calèche à deux roues, traînée par un homme, telles que celles qu'on a établies à Paris pour la commodité du public (Trévoux, 1743).

27. On se rappelle que Jean Babaud est mort depuis seulement deux mois.

28. Pierre Babaud de La Chaussade (1702-1792) était, comme son frère, fournisseur des bois de la Marine et associé de la compagnie formée avec Jacques Masson en 1733. Après la dissolution en 1733 de cette compagnie, dont le siège était à

Versailles, lui, Masson et Mme Babaud en formè-
rent une nouvelle. Le contrat, du 9 février 1739,
le dit «dem¹ à Bitche en Lorraine, logé chez ledit
sieur Masson», dont il dirigeait les entreprises.
En 1734 La Chaussade avait épousé Jacqueline-
Marie-Anne Masson (vers 1720-1744), fille de
Jacques, de sorte que le beau-frère de Mme Babaud devint aussi son beau-fils lors du mariage
de celle-ci avec Masson. Anobli par l'achat d'une
charge de conseiller secrétaire du roi, La Chaussade épousa en 1746 Anne-Rose Lecomte de
Nonant, sœur du marquis de Piercourt, et fut plus
tard le principal fournisseur de bois et de fers de
vaisseaux à la Marine et à la Compagnie des Indes.

29. Lettre du 9 février 1739 (G.P., IX, 99-102).

30. La lettre 80. Troyes, ancienne capitale de la
Champagne, à 160 km au sud-est de Paris, a
marqué une étape de la deuxième journée du
voyage de Mme de Graffigny; v. 87n9.

31. Depuis la lettre 63, Dorothée est Mme Du
Châtelet. Après la rupture entre Mme de Graffigny et Desmarest, provoquée par Mme Du Châtelet et racontée dans la lettre de Troyes (v.
80n28), Desmarest parle, semble-t-il, d'épouser
Mme Babaud.

32. Cirey.

33. Joseph-Antoine Moquot, sieur de Machy
(mort en 1746), avocat au Parlement; il est apparemment ami de la famille de Marie-Anne Duru,
car, selon les documents, il lui a fait une donation
entre vifs lorsqu'elle a épousé Masson en 1719
(elle est morte en 1732). Tout comme Masson, il
avait vécu à Nancy; Devaux le connaissait donc
depuis longtemps.

93. à Devaux

Le mercredi 18 fevrier [1739]

Tu seras bien etoné, mon cher Panpan, que je n'aye rien a te dire de nouveau
depuis trois jours que je ne t'ai ecrit; cependant rien n'est si vray. Je ne vis point,
je vegete, et je vegete tristement. C'est une terible chose que de passer de maisons
en maisons etrangeres. La gene qui se joint a tant d'autres chose qui remplissent
mon cœur et mon esprit m'abasourdit. Je suis logée dans une chambre joignante
celle de mon hotesse¹. C'est meme un espesse de passage : je ne suis pas seure
d'etre seule un moment. Je sais que c'est par attantion que des qu'on entent tirer
mes rideaux on est dans ma chambre, mais mon Dieu, qu'il est doux de se livrer
a des larmes qui sont continuellement sur le bort de mes yeux et que je retiens en
etouffant.

Il n'y a aucune dissipation ici; Md. Babaud ne voit personne. Je suis vis-a-vis
d'elle tout le jour, et quand on ne se connoit pas encore bien, vous sentez que l'on
ne sait souvent que dire. Enfin, souviens-toi d'une certaine apres-diner dont nous
avons tant parlé, t'y voila. Masson est fort ocupé et par consequent peu rependu
dans la conversation. Enfin je suis tombée des nuë. Je ne regrete cependant pas
l'endroit dont je sors², il s'en faut bien, car c'est cet indigne endroit qui m'a
assommée. Quelque chagrin que j'eusses eu avant, je prenois le dessus de tems
en tems, mais celui-la a eté si cruel, si peu attendu qu'il m'a convaincue que le
malheur et moi etions liez pour ma vie, et mon ame ne sait plus esperer. Je me
trouve encore bien plus isolée ici, mes amis me paroissent bien plus absens, je ne
tiens plus a rien, et la fin de ma vie est l'unique objet de mes souhait. C'est un
point de vue fixe duquel je ne puis me detourner.

Pardonne-moi, mon cher ami, de t'affliger. Je ne suis plus capable d'autre chose.
J'ai eté un peu malade ces jours-ci. C'est le tribut que l'on doit a l'eau de la Seine;
cela est passé. Je ne me suis pas couchée un soir sans avoir envie de t'ecrire.
L'accablement et le degout de n'avoir que des jeremiades a te dire m'en ont
empeché.

Le Docteur est a St-Germain[3] depuis hier. Il dina avant-hier ici et nous dit
qu'il partoit; cependant il a encore couché a Paris ce jour-la, je ne sais pourquoi.
J'aime autant qu'il ne soit pas ici, car il est si reservé que s'il me disoit un mot en
particulier il croiroit que ce seroit manquer a la dessence. Il doit revenir jeudi pour
aller a l'opera vendredi, mais je ne crois pas que j'y aille. Les plaisirs me degoutent;
d'alieurs comme cette robe qui me coute si cher est de primtems, je ne puis la
mettre a present et je ne suis pas habilliée pour sortir – et je n'y songe pas. Je n'ai
encore rien fait dire a Mlle Lubert car je ne saurois l'aller voir.

Enfin je ne me soussie de rien, et je suis comme dans une ivresse continuelle.
Je ne sais pas un mot de ce que je t'ai mandé la derniere fois, et encore moins ce
que je te manderai aujourd'huy. J'ai toutes les peines du monde a reprendre avec
toi le stille libre[4]. La mauvaise foy que j'ai essuiée m'a si fort frapée que je crois
toujours y etre. Les impertinence que j'ai eprouvées me sont plus presentes que
jamais. Je ne comprend pas comment j'ai pu les suporter.

A propos de cela, il faut que je t'en dise quelque mots. Premierement, ton
heros[5] n'est qu'un fou, et je suis encore loin d'etre convainquee de sa generosité,
mais je saurai ici de deux personnes seure s'il est vray qu'il fasse de si belle choses.
Cependant il faut tout dire : la veille de mon depart il m'offrit et me pressa de
prendre de l'argent. Cela avoit l'air de dix louis. Tu crois bien que je n'en voulu
point. T'ai-je mandé comme la begueule[6] m'a dit adieu? Soit qu'elle fut fachée
de ce que je n'avois pas loué son jeux parce qu'il est inlouable, ou qu'elle se soit
apercue que je m'apersevois de ses lorgneries[7], elle reprit la mine froide et ne se
leva pas quand je fus l'embrasser.

Revenons a l'autre : c'est un esprit dereglé qui comdamne tout ce qu'il ne fait
pas et le condamne ave[c] un mepris insultant. Il ne loue que ce qu'il sent etre au-
dessous de lui. Par exemple, le cardinal de Retz est un des mauvais ecrivains qu'il
y ait; c'est un rapsaudie en mauvais stile; les odes sont la honte de la poesie. Il est
a faire pitié quand on l'entent la-dessus. Le Docteur m'a bien recommendé de te
mander un fait dont j'ai ris, mais ris a etouffer. Un soir a diner Atis se promenant
par la chambre demenda au Docteur s'il n'avoit jamais fait de vers. Je pris la parolle
et je dis qu'il en avoit fait deux. La phisionomie du D... me dit que je pouvois les
dire. Je me fis un peu prier et je les dis. Tu les sais; nous les avons admiré plus
d'une fois. Voici la reponce d'Atis : il s'aproche de la table et metant le main sur
son coté et fesant l'aile avec le coude avec une mine d'Arlequin : «Oui, dit-il, ils
sont boufons; on diroit que le tems efface avec son aile». Il en rit beaucoup et le
Docteur qui crevoit de rire aussi dit qu'il se garderoit bien d'en faire davantage.
Atis lui fit entendre que quand pour son coup d'essais on en faisoit de si mauvais,

il faloit s'en tenir la. Nous en avons bien ris. Juges apres cela s'il pouvoit trouver ton epitre[8] belle avec l'avertion qu'il a pour les images.

J'ai fort assuré le Docteur que je lui donnerois le dementi sur les grands plaisirs dont il t'a fait le detail. Ce fameux souper des entresoles etoit une fort sotte choses[9]. Tant il est vray que toutes ont deux faces. Il t'a montré la belle, voyci l'autre. La chere n'est n'y bonne n'y propre. Le petit garcon[10] habillié en Amour etoit un vray chienlit. Deux femmes de chambres qui servoyent au lieux de laquais faisoient une genes si grande que trois fois le Docteur s'est levé de table pour se servir lui-meme. Les propos plus genés encore que la contenence, puisqu'a moins que vous ne disiez toujours «Oui» a la prevention qui parle seule, vous etes seure d'une reponce ricaneuse et meprisante si vous échapez la brusquerie. D'alieurs, il faut avoir une attention continuelle de ne point aprocher le discours des jaloux ou Caissant entre dans des fureurs pire que celle du veritable. Or, je maintiens qu'il n'y a nul plaisir sans liberté et je ne sais pas d'endroit dans le monde ou il soit moins permis de dire ce qu'on pense et ou on soit plus forcé a dire ce qu'on ne pense pas. As-tu encore la meme idé de cette vie charmante? Si tu n'es desabusé, vas-y voir, tu en serois bientot saoul.

Le Geometre[11] que tu connois leur a bien dit qu'il faisoient une vie de boeme, que c'etoit des fous a enfermer; il ne leur pelle pas chataigne[12]. Et d'un autre coté Atis me disoit que celui-la avoit eté fou autrefois et qu'il s'en sentoit encore un peu, qu'il s'en faloit bien qu'il ne fut aussi savant qu'on le disoit. Un quart d'heure apres, il etoit ventre a tere devent lui – mais ventre a tere! – en lui disant qu'il n'etoit qu'un miserable fantassin devent un capitaine comme lui, et l'autre ne lui donnoit pas meme le dementi que la politesse a etabli. Oh, les hommes sont de drole de gens! J'ai bien dit des fois : «Vive les sots ou vive rien», car il n'y a qu'a vivre pour les mepriser. Il me semble que j'aurois encore bien des choses a te dire dans ce gout-la, mais il faudroit me questionner, car ma tete est un cahos qui ne sauroit se debrouiller de lui-meme.

As-tu lu la *Volteromanie*? Je l'ai lue ce matin. Mon Dieu, quelle horrible chose! On dit que V. en aura raison, mais si on le laissoit faire il gateroit tout. Il a parfaitement oublié le *Preservatif* et les estempe[13], ou il s'est figuré que l'abbé Desfontaines etoit plus patian qu'on ne l'est en pareil cas. Enfin cette affaire ronge sa vie et le met dans une torture egale a celle de Ravaillac[14]. La dame Dorsin est surement ici pour cela. Il faudroit des volumes pour t'ecrire toutes les deraisons et les extravagances dont cette affaire est pleine. Je te prie de n'en point parler, car avec des gens si violens on doit tout craindre, et je ne sais rien de si facheux que d'etre dans leur plumes ou leur caquets.

Je charge tous les jours Machi de retenir tout ce qu'on dit chez Grado, et il me repond toujours qu'on ne dit rien. Je voudrois pourtant bien t'amuser des choses publiques pour te dedomager un peu de tout le chagrin que je te donne des particulieres qui me regardent. Je vais relire ta lettre du neuf de ce mois[15] qui est la plus fraiche que j'aye et t'y repondre. Il me semble qu'il y a lontems que je ne fais que bavarder.

Je crois bien, mon ami, que le regret que tu as de n'etre pas a Paris ne roule que sur moi[16]. Ah, mon Dieu, si tu y etoi, quelle difference pour moi! Je ne serois plus triste, je croirois posseder tous les biens du monde, et ce seroit avec raison, puisqu'un ami comme toi les surpasse tous.

Mais dis-moi donc pourquoi il faut encore que tu sois dans l'enbaras pour mes affaires – j'en suis desolée. Tu m'avois mandé que Maurice tacheroit de donner cette petite somme pour le mois de janvier. Il ne peut donc pas, et te voila dans des trances que je crains tant pour toi. Mon cher ami, que je suis en peine de toi; mais personne ne pouroit-il te preter cent livre jusqu'a ce que Maurice puisse te les remettre[17]? Parles-en au Pousset[18]; s'il le peut, il te tirera mieux d'affaire que personne. Dis-lui que je n'en sais rien, que c'est pour m'en epargner le chagrin. Ton amour-propre te sauvera l'embaras d'enprunter puisque ce n'est pas pour toi; et je crains que tes parenté ne te fasse du train ave[c] ton pere au lieu que le Pousset n'est, comme tu crois bien, pas a craindre. Crois-moi, cette idée me paroit bonne. Je suis a genoux devent toi, mon ami, et mon amitié est bien humiliée de n'avoir que des peines a te donner de toutes espesses.

Tu as bien fait de m'expliquer le plaisir dont tu m'avois parlé dans une de tes lettres[19]. Tes expressions etoient si singulier que le Docteur et moi nous n'avons pas douté que tu n'ai sauté le baton[20] d'une chose dont tu t'es tant deffendu, et jamais nous n'aurions imaginé qu'il etoit question de manger des huitres. Je devine le reste, mais j'etois pressisément a l'envers. Il faut meme que j'aye eu la tete bien troublée pour ne t'en point parler, car cela nous avoit fort ocupé. Je te fais mon compliment d'etre encore le Penpichon des Indes.[a]

Si le chien n'est pas parti ne le donne pas[21]; je ne saurois qu'en faire tant que je suis chez autruit et le Docteur le prendra. S'il est parti il n'y a point de mal, je le donnerai a quelqu'un.

Tu diras que je suis a Paris ou non, comme tu le jugeras a propos[22]. Il me semble que cela ne peut plus guere se cacher, d'autant plus que j'ecris a Debenne pour avoir l'adresse de son procureur affin de solliciter la fin de cette affaire et de lui en faire une pour mes arrerages, dont j'aurois grand besoin. Md. Babaud m'a dit hier que cette affaire dont elle m'a ecrit n'est point finie, et qu'elle ne laisseroit point de repos a Masson qu'il n'eut fait quelque chose pour moi. Il faudroit etre la plus ingrate creature du monde pour manquer de reconnoissance des façon qu'elle a pour moi. J'en suis confondue mais elles ne m'autent pas l'abbandonnement a la tristesse dans lequel je me plonge davantage a chaque quart d'heure.

La voila qui vient d'entrer et qui veut que je te fasse mille amitié de sa part. Il s'en faut bien qu'elle ne soit content du St. Elle le trouve tres sot et tres ridicule de se mettre dans l'embaras pour un homme qu'a peine il connoissoit[23], et je t'assure que son bon sens reson[ne][b] bien la-dessus. Elle n'est plus la maitresse d'enpecher [que][b] l'on ne les fasse paier. Je suis bien en peine de la f[açon dont][b] il s'en tirera.

Bonsoir; je te dirai demain matin [bonjour][c] pour que ma lettre te paroisse plus fraiche, car [je ne][b] prevois pas que j'aye rien de nouveau a te dire.

Le jeudi matin [19 février 1739]

Voici le bonjour que je t'ai promis, mon cher ami. Je n'ai rien a y adjouter que des tendresses pour toi et pour mes chers amis que j'aime toujours de meme.

Hier apres souper Masson me lu quantité de ses vers que je trouvai tres jolis, cela me dissipa un moment. Machi m'assura encore a souper qu'on [ne]*c* disoit rien chez Grado. Je lui demandai des nouvelles de Rondet[24]; il avoit gagné deux mille francs a l'hotel de Gevre[25]. Il y a quelques jours qu'il les a reperdu et quatre mille au-dela, pour lesquelles quatre mille on lui a pris tous ses meubles. Nous parlames de toi; il se souvient tres bien de t'avoir vu jouer aux echets mais je tremble a te dire la suitte, tu vas te desesperer. On y joue encore tous les jours et tu n'y est pas. Pardon, mon ami, si je te rapelle un souvenir si tendre.

Bonjour, mon cher, bon, unique et veritable ami.

[*adresse:*] A Monsieur / Monsieur Dauphin / marchand, ruë du Chateau / a Luneville

MANUSCRIT

Yale, G.P., VIII, 13-18 (D65); 5 p.; orig. aut.; m.p.: 8.

IMPRIMÉ

Showalter, p. 69-75.

TEXTE

a Une phrase est rayée ici, qu'on peut reconstituer en partie ainsi : ⟨nous te croions sur le bord du [...] dans le [...] avec ton Chien⟩. *b* Déchirure. *c* Pâté.

NOTES

1. Mme Babaud.

2. Cirey.

3. Saint-Germain-en-Laye comptait 7 000 habitants au XVIII*e* siècle. Desmarest sera obligé de s'y rendre souvent pour voir sa tante (v. 94n4).

4. Allusion à la crainte obsédante de Mme de Graffigny qu'on ne continue à ouvrir ses lettres.

5. Voltaire.

6. Mme Du Châtelet.

7. Voir le texte de la lettre 91 après la note 8 sur les coquetteries de Mme Du Châtelet devant Desmarest.

8. Voir 67n5.

9. Il est permis de supposer qu'il y avait, dans une lettre de Desmarest, une comparaison entre le repas qui est décrit vers la fin de la lettre 91, et les réunions du Club de l'Entresol. Cette société d'hommes politiques et d'économistes, fondée en 1724 par l'abbé Alary, et se réunissant tous les samedis dans l'hôtel du président Hénault, fut dissoute en 1731 par ordre de Fleury.

10. Le petit Du Châtelet (v. 91n3).

11. Maupertuis.

12. Peler châtaigne à quelqu'un, c'est dorer la pilule à quelqu'un (Wartburg) : Mme de Graffigny veut dire que Maupertuis ne mâche pas ses mots.

13. Voir 61n5 et 63n42.

14. François Ravaillac (1578-1610), assassin d'Henri IV, mourut écartelé après d'atroces supplices.

15. G.P., IX, 99-102.

16. Devaux : «Quoy, vous allez etre dans cette capitale du monde ou j'ay si agreablement perdu mon temps? Mon Dieu, je n'avois pas assez de sujets de regretter votre absence sans celuy de n'y etre pas avec vous?» (9 février 1739, G.P., IX, 99.)

17. Sur Maurice et les affaires de Mme de Graffigny, v. 35n3. L'explication de ces questions d'argent se trouvait peut-être dans la lettre de Devaux du 7 février, qui est perdue. Notons que le voyage à Rambervillers, maintenant supprimé, devait permettre à Devaux de consulter son cousin sur «les moyens de finir votre affaire, qui devient tous les jours plus pressants» (4 février 1739, G.P., IX, 94). Le 9 février il envoie à Rambervillers une lettre sur cette même affaire (IX, 100); v. aussi 95n9. Dans sa réponse, Devaux écrira : «Gertrude m'a demandé ce matin si Desmarets ne m'avoit rien dit pour retirer des gages a la fin du mois; qu'est-ce que cela veut dire? [...] Ne vous ai-je pas dit que cette bégueule de Mirepoix avoit mangé ici le quartier de janvier? C'est ce qui fait que l'on n'aura quelque chose qu'au mois d'avril, et encor aura-t-on moins qu'on auroit eu. Je ne parlerai point au Pousset. Je vous ai mandé comme cela

etoit arrangé.» (23 février 1739, G.P., IX, 131.) Gertrude n'a pas été identifiée.

18. Lubert.

19. Devaux : «J'ay eu hier [jeudi 29 janvier] beaucoup de plaisir, je ne vous dirai pas comment.» (IX, 83.) «Vendredi dernier a onze heures et demie du soir, dans ma chambre, au coin du feu, le Professeur, une autre personne que je vous laisse a deviner, et moy, nous en avalames un demi-cent [d'huîtres] avec une bouteille de vin de Rhin. Voila ce plaisir dont je vous ai parlé.» (9 février 1739, G.P., IX, 101.) S'il s'agit bien du même plaisir, Devaux se trompe de jour.

20. Sauter le bâton : on dit faire sauter le bâton à quelqu'un, pour dire, l'obliger à faire quelque chose contre sa volonté (Trévoux, 1743).

21. Devaux : «Milord Holdernesse, que Desmarets connoit bien, va a Paris au premier jour. Je n'imagine point de plus belle occasion pour vous envoyer votre chien. Le voulez-vous? S'il part avant votre reponse, je pourrai bien ne le pas

attendre.» (IX, 101); v. 95n8. Robert Darcy, Earl of Holdernesse, Lord Darcy and Conyers (1718-1778), patronna l'opéra à Londres et servit dans plusieurs postes diplomatiques.

22. Devaux : «Ou dirai-je que vous etes a present? N'etes-vous a Paris que pour nous?» (IX, 102.)

23. L'histoire de «l'embarras du Saint» se trouvait peut-être dans la lettre de Devaux du 7 février (perdue). Serait-il question de Bleine?

24. Il s'agit peut-être de Charles-Félix Rondé (mort en 1746), écuyer, trésorier général des fortifications du royaume, qui demeurait à l'hôtel de Caumont. Son épouse était Marie-Thérèse-Éléonore-Charlotte Grondeau de Flobert (morte en 1786), cousine issue de germain de Desmarest. Voir aussi 78n9.

25. L'hôtel de Gèvres, au numéro 23 rue de la Croix-des-Petits-Champs, allait figurer dans les débuts de la liaison entre Louis XV et la future marquise de Pompadour.

94. à Devaux

Le samedi matin 28 [=21][1] fevrier [1739]

J'ai bien plus d'amitié pour toi que d'amour-propre, mon cher ami, puisque je t'ecris par le meme ordinaire qui te portera une letre du D. dont il m'a dit hier la substance, et que je trouve fort jolie. Je pers tout a me mettre a coté de lui, mais il ne te parle peut-etre pas de moi, tu en serois en peine; alors, ecrivons. D'alieurs, je trouve qu'il y a encore bien de la vanité a le craindre, car mes letres sont si sottes, les sienes si bien ecrites, qu'il n'y a nule comparaisons a craindre. Il m'a eté impossible de t'ecrire tous les jours. Ne trouve-tu pas plaisant que je n'y ay pas manqué dans des endroits ou j'etois ocupée, et que je ne le fasses pas ici ou je n'ai rien a faire qu'a m'ennuier? J'en suis si accablée le soir que je ne puis penser, et le jour je ne suis pas seule.

Jeudi apres diner je vis Mareil[2]; ce fut une reconnoissance. Le Docteur etoit arrivé de St-G.[3] d'une humeur de chien. Il nous contoit ses lamentation sur la resception de sa tante[4] qu'il pretent etre froide, mais il etoit aisé de voir que les emplifications ne lui coutent rien. Il me faisoit en particulier une mine a m'inpasianter. Je sorti et je vins dans ma chambre. Un moment apres le Bouru[5] arriva. J'eu du plaisir a le voir comme un compatriote en paiis etranger. Je ne sais si le diable tira l'autre par l'oreille, mais pour la premiere fois depuis que je suis ici il vint dans ma chambre et fit melieure mine. Il sorti le premier pourtant et le Bouru me conta que la grande Michele[6] s'etoit enfermée avec lui la veille de son depart pour lui faire des*ᵃ* ouvertures de cœur, dont il fut si surpris qu'il regardoit deriere lui si le Navarois⁷ n'y etoit pas et si ce n'etoit point a lui qu'elle parloit. Ce Bouru fut jusqu'a luy demander depuis quand elle l'aimoit tant et pourquoi. Enfin, il n'y a rien de si singulier que cette conversation, elle fut jusqu'au larmes de la part de la dame, et la conclusion fut qu'ils s'ecriroient exactement, ce qu'ils font. Elle lui mande tous les pots-pouris de chez vous. Je t'avoue que j'ai eu du plaisir hier a conter cela au D. Voila ma journée de jeudi.

Hier le Docteur vint au matin, avec un visage tres agreable; il fit plus, il chercha a me parler en particulier et me tint des propos que la mine qu'il avoit vu au Bouru lui arracherent sans doute, car il avoit plus la mine et le jeu de faire l'amoureux que je ne lui ai encore vu. Quoi qu'il en soit, je lui suis bien obligée puisqu'il est cause que mon boureau ait*ᵇ* repris le bon ton. Il m'engagea a aller souper a l'hotel de Modene, et pour cet effet, apres avoir diné ici, il fut faire un tour et revint me prendre a cinq heures pour m'y mener. Noté qu'il nous est arrivé une avanture singuliere et qui est une emanation de ma fichue etoile, mais comme elle est entre les mains de Mr Hero⁸ et qu'elle n'est pas finie, tu ne la saura pas aujourd'huy. Ne sois pas en peine, elle en feroit pleurer beaucoup d'autre, mais je n'ai fait qu'en rire.

Mon drole fut a l'opera et auroit bien voulu que la dame Dorsin m'y mena mais il n'y eut pas moien. Apres l'opera il revint et je lui anonsais l'avanture qui nous etoit arrivée a lui et a moi (car il n'en savoit rien, quoiqu'il y eut autant de part que moi). Il reprit vite un fiacre et galopa jusqu'a onze heures chez les gens de police. Nous soupames fort gayement. Il m'a ramenée dans un fiacre par une pluie afreuse qui ne nous empecha pas de parler de toi en passant sur le Pont-Neuf et de te souhaiter en tier⁹. Je lui laisse le detail de notre conversation. Dimanche j'irai encore souper avec eux, quoique cela soit tres incomode parce que Md. Babaud se couche avant minuit et qu'il faut passer par sa chambre.

Or sus, voila mes journées finies. Je veux te dire une chose extremement singuliere dont je me doute depuis lontems, et que je*ᵃ* ne voulois point te dire que je n'en fus seure comme je crois l'etre a present. Je t'en donne le regal : c'est que la dame Dorsin a sa façon de penser pour le[...]*ᶜ* et que je suis *ᵈ*son Chien*ᵈ*, moi qui te pa[rle]*ᶜ*; oh, cela est bien plaisant. Je voudrois bi[en]*ᶜ* lui donner un autre nom, apelons-la Tout Ron¹⁰. Et mon hote, Le Franc¹¹. N'oublie pas cela, et prend toujours garde si mes letres ne sont pas ouvertes. Il y a un diable de comis a cette grande poste dont j'ai lieu de me defier¹².

Bonjour, mon cher ami. Cette letre est un peu moins ennuientes que les autres et j'en suis bien aise pour toi. Je t'amuserai de tout. A propos j'alois oublier de te dire que le D. a deux lettre de toi pour moi¹³ qu'il me garde, dit-il, pour quand je serai grande. Je ne puis les avoir enfin; par consequent je ne puis y faire reponce, mais je t'aime tant, mon ami, que je puis te le dire sans savoir si tu me le dis.

[*adresse :*] A Monsieur / Monsieur de Veaux / le fils, ruë du Chateau / a Lunéville

MANUSCRIT

Yale, G.P., VIII, 29-32 (D66); 3 p.; orig. aut. m.p. :
8.

IMPRIMÉ

Showalter, p. 75-78.

TEXTE

a Mot répété. *b* Lecture incertaine; deux mots
rayés. *c* Déchirure. *d* Mots rayés, probablement par
Devaux.

NOTES

1. En mettant la date, Mme de Graffigny se
trompe d'une semaine; v. les lettres 95 et 96.
2. Frère de Chaumont de La Galaizière, chancelier de Lorraine.
3. Saint-Germain.
4. Marguerite Isoré, tante maternelle de la mère
de Desmarest, veuve de Denis Le Brun (mort en
1706), avocat au Parlement, qu'elle avait épousé
en 1680. Cette tante mourra le 31 mars 1746.
5. Mareil.
6. Non identifiée, mais probablement Béatrix Du
Han.
7. Non identifié, mais probablement d'Aigrefeuille ou Du Chaffa ou Saint-Victor, officiers du
régiment de Navarre.
8. René Hérault (1691-1740), lieutenant général
de police. Pour l'aventure en question, v. la lettre
suivante.
9. C'est là une expression codée utilisée par
Mme de Graffigny lorsqu'elle veut dire qu'elle a
eu des rapports sexuels avec Desmarest.
10. La mystérieuse «façon de penser» de Mme
de Champbonin, qu'une déchirure rend impéné-
trable ici, deviendra plus claire par la suite (v. lettre
102) : elle avait conçu pour Mme de Graffigny un
attachement lesbien. Le surnom Tout Ron est
sans doute une allusion à la silhouette de Mme
de Champbonin : v. 61n14, où elle est comparée
à «la grosse femme courte du *Paysan parvenu*».
11. Encore un surnom nouveau, qui désigne
Masson; probablement un jeu de mots sur «franc-
maçon».
12. Agent de Mme de Du Châtelet; il lui aurait
renvoyé la lettre médisante de la sœur de Linant
(v. Best. D1402, et 98n16).
13. Lettres du 10-12 février 1739 (IX, 103-108),
et du 13-14 février (IX, 109-112); v. la lettre
suivante.

95. à Devaux

Le dimanche 29 fevrier ou le premier de mars,
je n'en sais rien[1] [= dimanche 22 février 1739]

Le Docteur m'a aporté aujourd'huy matin les deux lettres qu'il avoit a moi et
j'ai reçu l'apres-diner celle que tu m'as adressée directement[2]. Voila bien de la
besogne, mon cher ami, car je voudrois repondre a tout et te dire encore tout ce
que je sais, mais je n'ai point de tems, et cependant je ne fais rien. Oh, la vilaine
chose que de ne rien faire!

Dans la premiere letre je ne vois qu'un article a repondre : c'est a la question
que tu me fais sur les petis manuscrits que l'on m'a donné a lire[3]. C'est une lettre
d'Atis ou il donne une idée de la façon de faire des journeaux; c'est une des choses
de lui que j'ai trouvé la mieux ecrite et la plus sage. Je crois qu'il la fera imprimer,
mais ce ne sera pas si tot. Il m'a encore montré autre chose – ma foi, je ne sais
plus ce que c'est.

Tu feras fort bien de ne montrer la lettre que je t'ai envoyé qu'a ceux qui ont
vu l'accusation, point du tout si tu ne veux. Tu dis qu'il a la guenon des passion[4].
Ah bon Dieu, s'il l'a! C'est le plus fou de tous les hommes la-dessus. Il a envoyé

une procuration ici pour ataquer son entagoniste ou il detaille tous les point d'accusation qu'il veut que l'on intente contre lui[5]; c'est une chose affreuse. Doroté a fait tout ce qu'elle a pu pour l'empecher. Elle n'a aucun credit sur son esprit quand il est question de vangeance. Quelquefois tout seul il jete des cris affreux, il se debat, que ces gens acourrent[a] croiant qu'on l'assassine. La dame Dorsin n'est en campagne que pour cela. Elle fait des choses inouiee; reellement nous ne sommes que des grimeaux en amitié au prix d'elle. Pour etre plus honnetement solliciteuse elle se dit sa parente[6]. Elle tache que l'entagoniste soit fletri sans que ce soit Atis qui intente le proces criminel, et il y a aparence qu'elle y reeussira. Atis en est furieux. On le sert malgré lui, car il veut faire rouer, bruler et cent autres extravagance, et il ne voit pas que l'autre se deffendroit et pouroit peut-etre prouver autant. Il n'y a point d'imbecile qui ne se conduiroit mieux. Je ne puis m'expliquer davantage[7]. Si cela t'amuse je te ferai une petite histoire de cela que tu n'auras que par le D. N'en parles pas car je crains ce furieux comme le feu. Il s'en faut bien que je ne lui croye autant de vertu qu'on le dit.

L'autre article de ta lettre c'est sur mon chien; je suis bien aise qu'il ne soit pas parti[8]. Le D. le prendra.

La letre suivante commence par mes affaires. Bien loin, mon cher ami, de t'acuser de negligence, tu sais comme je sens les peines que cela te cause[9]. Je ne crois pas avoir affaire de rien avant le mois d'avril, mais si quelqu'autre faisoit encore saisir? Ne faudroit-il pas prendre quelques precautions contre? Fais comme tu croiras le mieux. Je suis desolée, mon cher Panpan, des nouvelles semonses que l'on te fait sur le mariage[10]. Tu as bien raison, on devroit te laisser en repos. Je suis persuadée que si tu regimbois un peu tu reussirois mieux, puisque la douceur n'y fait rien.

Tu as raison, ton nouveau cachet est bien vilain[11]. Comment pouras-tu eviter qu'on ne le voye? On ne sauroit s'y tromper.

Voici la letre du 15 ou tu m'anonce ta fluction et encore Mslle Desœillets : c'est trop a la fois, mon pauvre ami[12]. Mon Dieu, que je te plains. Tu as bien raison de dire dans un autre endroit que tu ne crains pas de me conter le detail de tes meaux. Je te remercie de tout mon cœur de cette confiance; elle n'est pas fausse. J'ai fait «iss isss» au coup de lencette et j'ai jouis de ton repos apres; cela est donc tout a fait fini. Je t'en felicite et moi aussi, car c'est tout un, a une realité de douleur pres, que je voudrois partager aussi reellement que l'inquietude.

Or ça, me voici a la derniere lettre. Elle m'a fait grand plaisir : outre qu'elle m'aprend ta guerison, c'est que j'etois en peine de la lettre de Troye[13]. La voila reçue, tu es au fait, n'en parlons plus, quoique je n'aye oublié et n'oublierai de ma vie cette avanture. Je n'ai jamais rien eprouvé de si cruel. Il faudroit pour la sentir avoir eté dans la situation ou j'etois, sans azile, sans argent pour en chercher alieurs et insultée pour la premiere fois de sa vie, de façon que je crois que le cas est unique; et ce sont les impression que toutes ces differente circonstances ont fait sur mon esprit qui m'ont jeté dans l'abbatement ou je suis. Je sens trop que les choses les plus agreables devienent des poisons pour moi, et les indifferentes des

epines toujours piquantes qui font de petites douleurs, mais insuportables parce
qu'elles sont continuelles. Malgré les belles remontrances que tu me fais je ne
saurois disconvenir de cela, et si tu veux m'envisager un moment, tu sera bien plus
surpris de ce que je ne suis pas entierement abasourdie que de ce que je suis dans
cest etat d'abattement que tu me reproche. Tu ne sais ce que c'est de passer sa
vie en maison tierce et, quand on aime autant sa liberté, de ne pas faire sa volonté
un instant, de ne savoir a quoi tout cela aboutira, du mal ou de la gesne reelle, et
de l'insertitude sur tout ce qui peut etre bon ou bien. Crois-moi, mon ami, c'est
un furieux etat que le mien. Ne me gronde pas ou tu m'autera la consolation de
t'ouvrir mon cœur. Ne vaut-il pas mieux ne manger que du pain que d'etre obligée
a remercier pour inci dire a chaque morceau et ettre tout le jour dans ce train de
compliment et d'attention? Cependant il n'y a pas d'apparence que je me mete
dans une comunauté : ou prendre des mœuble et ou prendre pour vivre cette
année? Va, mon ami, ne me blame pas, plains-moi sans t'affliger, car ce seroit une
nouvelle raison pour m'inposer silence. Je ne suis deja que trop honteuse de tant
te fatiguer de mes peines – mais mon Dieu, qu'elles sont reelles! Finissons.

Au reste tu as tord de te justiffier des choses que tu m'as mandé. Je ne t'ai
jamais accusé de rien, et la recapitulation que je t'ai faite de ce que tu me mandois
n'etoit que pour te faire voir les arrengemens de mon etoile. Pour l'article que tu
n'as pas effacé, avec ta permission et celle de ton conseil, tu as eu tord, mais ne
rabachons plus la-dessus[14]. J'espere que tu dis tout ce qu'il faut dire au Polonois
et pour le Grand Aumonier[15].

Je n'ai plus rien a te dire – ta letre est toute reponce – sinon que tout Paris dit
que la Dumenil est fort au-dessus de la Balicour[16]. J'ai aussi a te remercier, mon
ami, du plaisir que tu as de lire mes letres. C'est bien me paier de celui que j'ai a
t'ecrire.

Voions a present ce que j'ai a te mander. Je crois que je puis bien t'eclaircir a
present l'aventure dont je t'ai parlé dans ma derniere letre. En partant Doroté me
donna un saq d'argent avec une adresse d'une dame dans la rue des Petits-
Champs[17], et me pria de faire cette comission secretement. Vendredi en allant
souper a l'hotel de Modene je pris l'argent. Nous fumes presque de porte en porte
pour chercher cette dame et ne l'ayant pas trouvé, nous alons a l'hotel de Modene.
Le D. m'y dessent et s'en va a l'opera. J'oublie le saq dans le fiacre. Jusqu'a son
retour j'esperois qu'il s'en seroit souvenu; il arrive et n'y a pas plus pensé que moi,
et le fiacre etoit au diable. Il en reprend un pour courir chez Mr Hero[18] et chez
le directeur des fiacre pendant que nous resonions des mesures qu'il faloit prendre.
Tout d'un coup je songai que je ne savois pas combien il y avoit dans le saq. La
dame D., a qui je n'avois rien dit de la comission a cause du grand secret qu'on
m'avoit recommendé, dit : «Vous pouvez dire qu'il y a quatre cent livres.» Je me
mis a rire et je lui dis : «Vous etes donc du secret aussi.» Le D. part; elle me dit
que Doroté lui avoit mandé qu'elle n'avoit osé m'offrir de l'argent et qu'elle m'avoit
donné une adresse en l'air affin que, ne trouvant pas la dame a qui je devois le
remetre, je me visse dans la necessité de le garder. Je lui dis que j'etois fort obligée

a Doroté, mais que c'etoit un moien bien singulier et bien mal arrengé, puisqu'il n'etoit pas imaginable que je m'apropriasse l'argent d'une comission quand de mille ans je ne trouverois a la faire, et que de façon ou d'autre, apres ce qui c'etoit passé, je ne pouvois recevoir aucun servisse de Doroté. Nous nous debatimes lontems de la chape a l'eveque[19], car le saq est perdu et probablement ne se retrouvera pas. Je ne fais aucune reflection la-dessus. Je te prie de les faire et d'admirer la constance de mon etoile. Tu me dira que c'est ma faute; cela est vray, mais le detail des petites circonstances est si bien arrengé qu'il etoit presque impossible que cela fut autrement.

Hier le Docteur vint ici le matin. Il avoit encore couru pour cela et n'avoit rien fait. Il dit qu'il aloit diner chez son oncle[20] et qu'il reviendroit nous dire quelque nouvelles le soir. C'est l'homme que l'on ne revit point et qui me donna bien de l'inquietude. Mareil vint encore l'apres diner, mais nous restames dans la chambre de mon hotesse a faire de la tapisserie, car que faire en un gite[21]? Le soir je jouai deux parties de trictrac avec elle. Elle avoit priez Mareil a diner pour aujourd'huy. J'ai ecrit ce matin au D. pour le prier de mon chef d'y venir. Il y est venu. Apres diner nous avons joué une partie de trictrac a ecrire[22] ou nous avons perdu notre argent comme de raison. Il n'a jamais voulu souper ici; il a des choses incomprehensibles. Apres qu'il a eté sorti, je suis venue prendre tes letres et mon ecritoire. Je n'ai pas eu le tems de comencer que le Franc m'est venu proposer une partie de dame. Il y joue et moi aussi comme un cochon. C'est sa folie. Cela m'ennu[i]e a crever; cependant j'y jouai hier et aujourd'huy jusqu'a souper. Apres le souper on a eté dans le jardin (car il fait primtems ici). J'ai quité la compagnie qui est remontée un moment apres et, quoique l'on me voye e[c]rire, on est entré trois fois dans ma chambre pour dire des oluses[23]. Ah mon Dieu, la belle chose que d'etre chez sois. A propos, mon hotesse s'apelle Javote[24], au moin. A propos encore, le Docteur a acheté pour toi les epitres de Voltaire[25]. Je les adresserai a Mr de Solignac par ce meme ordinaire. Fais-les-lui demander. Le Docteur me mangeroit si tu ne lui certifiois pas que c'est lui qui te les envoye et non moi.

Notre vieux bonhomme[26] ne sait rien. Je l'assome de question, et rien. Que te dirai-ge donc, mon ami, pour t'amuser? J'ai encore bien des vielles petites choses mais il faudroit avoir le tems d'ecrire et je ne l'ai pas. Je n'ai eu le tems de grossir ma letre que depuis qu'il est minuit.

Bonsoir. Je voudrois aller demain matin chez Mlle Lubert, ainci je ne crois pas que j'ajoute rien a ma lettre. Baise, embrasse, caresse pour moi le St, le Frere, le Chien, le Ron[27]; aimez-moi bien, mes chers amis, car je suis toute a vous et toute en vous.

[*adresse :*] A Monsieur / Monsieur de Vaux / le fils, ruë du Chateau / a Lunéville

MANUSCRIT
Yale, G.P., VIII, 33-36 (D67); 3 p.; orig. aut.; m.p. :
8.

IMPRIMÉ
Showalter, p. 78-83.

TEXTE

a Le ms : «accourtent».

NOTES

1. Devaux : «D'ou diable venez-vous avec votre datte dimanche 29? Et ce n'etoit que le 22.» (26 février 1739, G.P., IX, 136.)

2. En fait, Mme de Graffigny répond ici à quatre lettres de Devaux : «la première» est du 10-12 février (IX, 103-108); «la lettre suivante» est du 13-14 février (IX, 109-112); «la lettre du 15» est du 15-16 février (IX, 113-116); «la dernière» est du 17-19 février (IX, 117-124).

3. Voir le premier paragraphe de la lettre 89. Devaux : «Qu'est-ce que c'est que ces jolis manuscrits qu'il vous a fait lire en volant?» (IX, 107.) Il s'agit des *Conseils à un journaliste*, imprimés d'abord sous le titre *Avis à un journaliste* dans le *Mercure* de novembre 1744.

4. La lettre de Mme de Bernières (v. 89n4). Devaux : «Je ferai la commission de Voltaire le mieux qu'il me sera possible, mais cette lettre paroitra bien ridicule a ceux qui n'auront pas vu la satyre. [...] Son acharnement ne fait donc que croistre et embellir. Ah, que je le plains d'etre [en] proies aux guenons des passions, quand il est a meme d'etre cajolé par les plus jolies.» (IX, 107.)

5. Voir Best. D. app. 54.

6. Dans ses lettres de cette période, Voltaire nomme Mme de Champbonin parmi ses parents (v. Best D1881, D1901).

7. Pour de plus amples détails, v. la lettre 103.

8. Voir 93n21. Devaux : «Vous n'aurez pas votre chien : le mylord n'a pas pu l'emmener. Cela est bien vilain a luy. Mandez-moy a present si je dois profiter des occasions que je pourrois trouver.» (IX, 108.)

9. Devaux : «J'ay enfin engagé Maurice a repondre pour vous au marchand de vin. Il attendra donc que l'argent vienne [...]. Cela m'a donné bien de l'inquietude parce que je craignois que vous me crussiez negligent, et en verité je ne le suis point.» (IX, 109.)

10. Devaux : «Croiriez-vous qu'on remet Mdelle Desœillets sur le tapis? Ma chere mere m'en a encor parlé une bonne heure aujourd'huy. Mon cher pere la persecute la-dessus. En verité, je ne sçais ou je suis.» (IX, 109); v. 42n40.

11. Devaux, ayant perdu son cachet (v. 88n2), où figuraient des oiseaux, s'en est fait faire un nouveau avec croissants et chevron brisé, dont il se sert du 30 janvier au 14 février : «A propos, regardez un peu mon nouveau cachet. Il est a faire vomir.» (IX, 110.)

12. Devaux : IX, 113.

13. Devaux : «Je viens de recevoir votre grande lettre, chere Abelle. Je ne sçais pas pourquoy je ne l'ai pas reçuë dimanche, puisque vous aviez eu l'attention de la mettre a la poste a Troye. [...] Grace au ciel, me voila tranquille, chere amie. J'ay pris hier au soir mon parti : las de souffrir, je me suis fait percer mon abces.» (IX, 117, 119-120); v. 80n29.

14. Il s'agit de l'extrait de la *Vie de Molière* de Voltaire (v. 80n12).

15. Devaux : «Mr de Gourouski [...] veut absolument que je le mette a vos pieds. Il m'en charge tous les jours [...]. Il me presse de vous dire aussi mille choses de Mr le Grand Aumonier, qui ne vous oublie dans aucune de ses lettres.» (IX, 121.) Le grand aumônier est Zaluski.

16. Devaux : «Cette Dumenil est donc admirable. Si vous voyez la Balicourt, dites-m'en la difference.» (IX, 123.) Devaux avait sans doute vu jouer Marguerite-Marie-Thérèse-Élisabeth de Balicourt (morte en 1746), cousine des Quinault, qui fut reçue au Théâtre-Français en 1727, et prit sa retraite en 1738.

17. Ouverte en 1634, appelée d'abord rue Bautru, puis Neuve-des-Petits-Champs.

18. Lieutenant général de police.

19. Se débattre de la chape à l'évêque : disputer à qui appartiendra une chose qui n'est pas et ne peut être à pas un de ceux qui se la disputent (*Dictionnaire de l'Académie*, 1778).

20. C'est dans doute «l'oncle abbé», dont il sera question plus tard (v. 99n11).

21. Allusion à la fable de La Fontaine, «Le Lièvre et les grenouilles» (II, xiv).

22. Trictrac à écrire : c'est la même chose, au fond, que le trictrac ordinaire; seulement, au lieu de s'arrêter à 12 trous, on convient d'aller jusqu'à 20, 24, 30, etc. On est alors obligé de noter, soit avec un crayon, soit avec des jetons, les trous gagnés. (Littré.)

23. Aulus : on dit improprement, conter des aulus, pour conter des sornettes (Michel).

24. Ce sera donc le surnom pour désigner Mme Babaud.

25. Il s'agit des *Épîtres sur le bonheur*, ou *Discours en vers sur l'homme*, publiés par Prault en 1738.

26. Machy.

27. C'est-à-dire, Adhémar, Marsanne, Liébault et Clairon Lebrun.

96. *à Devaux*

Le mardi 24 [février 1739]; enfin j'ai un almanac
et je sais que c'est aujourd'huy le 24

Je t'ecris dans mon lit pendant que l'on soupe, mon cher Panpan; depuis deux jours tout ce que je mange se tourne en indigestion. Je n'ai pas laissé d'aller mais elle est si forte aujourd'huy qu'il a falu me metre au lit. Je prendrai demain medecine, il n'y paroitra plus. J'ai bien des choses a te dire, je ne sais par ou commencer. Je suis furieuse de n'avoir point de tems et de ne rien faire. Je crois qu'il[a] faut d'abord repondre a ta lettre d'aujourd'huy[1] et puis je bavarderai tant que le tems que je pourai atraper me le permettra. Je t'assure, mon cher ami, que je n'en pers pas un instant. Cela veut dire que je n'en ai point, car tu me tiraille tant que le jour est long. Je suis ocupée a trouver le moment de t'ecrire comme une petite fille a trouver celui de voir son amant, et je suis aussi furieuse qu'elle quand elle ne reussit pas mieux que moi. Le plaisir que tu dis que te font mes letres redouble mon empressement. Je te passe ce plaisir parce que tu m'aime, mon cher ami, mais quand tu dis que mes letres te degoutent d'autre lecture, en verité je ne puis te passer cette sotise. Je les crois si mal ecrites et si maussade par les choses, qu'elle devroient te faire trouver bon tout autre chose. Tes traits de confiance m'enchantent toujours, mon cher ami, tu n'en peus trop avoir, tu peus la pousser aussi loin que tu poura sans craindre la presomption.

Eh mon Dieu, oui, j'aimerois bien mieux vous entendre jouer vos huit actes, mes chers amis, que de voir les Dufrenes et les Gossin[2]. Quelle difference pour mon cœur! Si tu me regrete tous les jours davantage, je te jure que je suis dans le meme cas pour toi et pour ma chere petite societé; mais je pretens avoir sur cet article un avantage sur toi, c'est que tu es dans les meme lieux avec les memes amis, et que j'y tenois une si grosse place phisiquement, amicalement, et quelquefois grondeusement, qu'il seroit presque impossible que tu m'oubliasses, toute amitié a part; mais moi qui ai rodé de maison en maison, qui ai eté dissipée par tant d'objets differens que rien ne m'aye pu distraire, que le tems, que tout enfin ne fasse que me rendre votre souvenir plus cher – c'est, je crois, avoir un degré sur vous. Je suis bien convainquëe qu'a ma place vous en feriez autant, mais, mes chers amis, laissez-moi jouir de ce petit avantage qui flate si delicatement mon cœur.

Tu demande si l'on a eté content de mes roles[3]. A moins que l'on ne se soit moqué de moi bien grossierement, je dois le croire. J'ai joué Fatime, Md. de Croupillac, l'*Esprit de contradiction*, et ce role dont je t'ai parlé dans *Boursouffle* d'une femme dans le gout de celle du *Prejugé a la mode*[4]. V. pretent que La Chausé la lui a volé, ou pour mieux dire la Quinaut, a qui il avoit montré sa piece[5]. Si cela est, il l'a bien embelie. A propos de cela, il m'a dit que la Quinaut avoit si fort le gout du theatre qu'elle imaginoit san cesse des sujets de tragedie ou de[a] comedie, et que non seulement elle les donnoit aux auteurs en les pressant de les travailler, mais qu'elle ataquoit les gens qu'elle ne connoissoit pas quand elle jugeoit a leur phisionomie qu'il pouvoit faire des vers, et les prioit d'en faire.

Je ne me serois jamais doutée de la tournure que le St donne au lorgneriees de Doroté[6]. On voit bien qu'il n'a pas tant de talent a demeler les femme qu'a leur plaire. Je ne saurois rien tirer de Machi[7], non pas qu'il radote, car je le trouve beaucoup mieux qu'a Nancy, mais c'est qu'il ne sait rien. Je lui ai fait tes complimens, il t'en rend cent mille. Il me paroit qu'il t'aime comme un viellard aime un jeune homme. Il ne sait pas si Rousseau est encore ici. Je ne le crois qu'hipocrite. Il est pourtant certain qu'apres sa maladie il a ecrit a V. pour lui demander pardon et se reconcilier en bon chretien, et que V. lui a fait reponce qu'il faloit etre honnete homme avant toute chose. Je suis persuadée que si Rousseau montroit sa lettre, cela lui feroit encore du tord. C'est peut-etre pour cela qu'il a encore fait une epigrame contre lui. On dit que s'il est encore ici c'est bien secretement, car le procureur du roi vouloit verbaliser[8].

[Mercredi 25 février 1739]

La dame D.[9] est encore plus discrete ici qu'allieurs, mais elle ne cesse de louer ma douceur et mon caractere.

Puisque tu me parle d'*Heraclite*[10], je vais t'en parler. Je l'ai montrée aux gens que tu sais. Atis l'a fort loué et fort blamé; il voudroit que j'abandonasses ce triste personnage, c'est-a-dire, qu'il ne parut que dans deux ou trois scene et qu'au lieu d'une imformation de vie et de mœurs, je poussasse l'intrigue sur la meprise de la soubrette et de la maitresse. Il la trouve neuve et charmante. Il m'a donné l'idée de ce que j'en pourois faire mais j'en suis tout a fait degoutée. Il y a trop de gens qui le savent; tot ou tard cela perceroit, et outre que j'en serois inconsolable pour moi, c'est que je suis persuadee que la duchesse[11] n'en seroit pas contente; ainci je la laisse mourir. Si j'ai jamais un etat plus tranquil, j'en prendrai les matereaux dont je pourai me servir pour un autre titre. Voila tout ce que je puis faire pour ton servisse. J'ai bien ris de la proposition que tu me fais d'y travailler a present. Tu ne savois donc pas encore que je n'avois pas le tems de penser ny de t'ecrire, ce qui ira toujours avant tout.

Voila ta lettre finie; voions ce que j'ai a te dire. Ne crois pas que je t'aye ecrit tout cela de suitte : on ne fut hier qu'un moment a souper et aujourd'huy mercredi j'ai deja commensé trois fois cet apres-diner. Ne sois donc pas surpris du mauvais stile. En verité, on ne sait ce qu'on dit quand on est interompu a chaque minute.

Ma medecine m'a assés bien fait, je me porte bien. Reprenons les jours. Je n'eu pas fini de t'ecrire lundi que le Docteur vint en equipage de St-Germain. Il me dit qu'il venoit de chez Mr Hero et qu'il n'y avoit point de nouvelle de notre argent[12], mais que le lendemain matin on pouroit savoir s'il y avoit esperence ou non. Je le priai de remettre son voiage; il me l'accorda. Il me montra une quantité de lettre qu'il aloit mettre a la poste. Je lui donnai les miennes et je crois par parentese qu'elles auront eté retardée par l'aventure ci-jointe. Une heure apres qu'il fut sorti, je le vois rentrer avec une mine rechignée. Je lui demende pourquoi il revient, il me marmotte un mensonge. J'etois a ma toilete; il passe deriere ma chaise et jete de toute sa force le saq par tere en disant : «A qui la bource?» Voila donc le saq retrouvé et voici comment : en sortant d'ici a deux rue il croit reconnoitre notre fiacre; il le poursuit, l'arrete, le prie, le menace – le drole nioit toujour. Le D. prend le numero et l'assure qu'il ne couchera pas la nuit dans la rüe. Quant il voit que c'est bon jeu bon argent, il dit : «Alons, Mr, pas tant de bruit. J'ai votre argent chez moi, venez le chercher.» Cela n'est-il pas bien heureux et bien singulier? Je t'avoue que j'en tire un bon augure. Nous rimes beaucoup de l'avanture et cela fit qu'il sorti si tard pour porter ses lettres que je crois que la poste etoit partie. Tu auras eté en peine mais celle-ci te consolera.

Ce jour-la je dinai ici avec Mr de Virai, Mr de Thé, Mr de Lucour[13], qui m'inpatienterent bien par leur questions. Masson leur conta mon avanture, ainci elle sera la nouvelle de Lorraine. D'alieurs Mareil la mande a la Chanceliere[14]. Apres diner le Docteur revint et comme nous etions au jardin il me fit apeler. La dame Babaud remonta vite mais, comme nous n'avions pas encore eu le tems de nous dire un mot depuis qu'il est a Paris et que je voulois le sermoner sur St-Germain, ou il ne se conduit pas trop bien, je dis pas deja trop finement que je voulois lui parler. Elle s'en retourna avec son monde, et je fus fort contente de la façon dont il prit ce que je lui dis. Nous causame environ une heure, pendant laquelle la dame revint trois fois. Je te dis cela pour te faire sentir ce que c'est que les gens qui sont toujours a califourchon sur les epaules des autres. Voila pourtant comme je suis, et tu veux que je l'aime. Oh, non; tout ce que je puis faire c'est d'avoir la mine et les façon. Si elle n'etoit pas si importune, en verité je l'aimerois de tout mon cœur, mais tu m'a dit cent fois que je craignois plus l'ennui que le chagrin. Juge donc; joins-y le gout que j'ai pour la liberté et la solitude, au moins de quelques heures, et tu vera si je suis a mon aise.

Le D. sorti pour aller tacher de se fourer a la premiere representation de *Mahomet*[15], mais il n'y put entrer. La dame D. vint un moment apres me proposer de m'aler promener par les rües. J'acseptai. Nous fumes voir la place Vendome[16] que je trouve tres belle, une infinité d'autre rue, enfin le cocher va se fourer dans la rüe de la Comedie. J'eu un plaisir infini de voir les embaras où nous [nous] trouvames. On juroit, les glaces se cassoient, un[b] beau Mr crioit : «Donné-moi cent coup de bar a ce b... la!» Je n'eu pas la moindre peur. Nous fumes aretées dans trois ou quatre endroits. J'eu aussi du plaisir a voir la quantité prodigieuse de carosse; a dix rues de la Comedie il y en avoit deux files. Je fus chercher Md. Duvigeon de porte en porte dans la rue du Petit-Lion du faubourg St-Germain, et je ne la trouvai pas; tu te doute bien pourquoi[17]. De la j'alai souper a l'hotel de Modene. Le D. y revint. Nous nous divertimes fort bien, c'est-a-dire, moi passivement, car il n'y a sorte de plaisanteries et d'impertinence que je n'aye essuié de sa part et de celle de la dame D. Il se relayoient pour m'acabler. Je rendois tout ce que je pouvois. Le D. me ramena et nous parlames encore de toi sur le Pont-Neuf. Je ne sais pourquoi nous nous en souvenons plus tot la qu'alieurs.

Hier le Docteur vient nous dire adieu le matin. Il est enfin parti, mais il revient vendredi.

Je ne t'ai pas dit, je crois, comme je trouve toutes les femmes laide. Nous allons a la messe aux Filles de St-Thomas[18], ou il y vient quantité de grandes dames a six laquais. J'ai eté aux Petits-Augustins qui est encore une eglise en reputation. Je n'en ai encore vu qu'une qui me plaise, c'est Md. de Chabot[19], grande amie de Md. de Mirepoix et dont je sais l'histoire. Je me diverti a la regarder. Elle est dans le gout des femmes. Je ne sais si je lui plais mais nos yeux se rencontrent souvent.

Je fis enfin dire hier a Dumay[20] que j'etois arrivée. Il vint l'apres-diner et me traita de haut en bas de l'avoir averti si tard. Nous causames beaucoup, car la dame hotesse etoit au jardin ou je n'avois pu aller vu mon indigestion. Mareil vint aussi, mais apres m'avoir dit bien des galenteries brutales il s'en ala.

Voila mes journées, et voici d'autres faits. Je recu hier une lettre de la duchesse remplie d'amitié. Elle est vielle, on me l'a renvoyé de Cirei. Elle me mande qu'elle a ecri a son intandant de me tenir un apartement pret, et qu'elle a ecrit a son petit medecin de me faire les honneurs de chez elle, et d'avoir soin de moi. Me voila donc logée en bel hotel si je veux, mais a la lettre quand je dis cela a mon hotesse, elle changea de couleur et me dit tout ce qu'on peut dire de plus fort et de melieur cœur pour que je ne sorte point d'ici; tu crois bien que je n'en ai garde. Voici encore autre chose : la duchesse me mande qu'elle sera a Richelieu[21] a la fin d'avril, qu'elle desire que j'y aille la trouver. Elle m'envoye pour cela une instruction tres detailliée pour la route par le coche jusqu'a Tour, l'oberge ou je dois loger et ou je trouverai une voiture pour aller a Richelieu, qui en est a douze lieux. Elle me mande que son intandant a ordre de me donner de l'argent pour le voyage. Elle me mande encore que c'est Mr de Richelieu qui lui a proposé de me faire venir et qu'elle ne doute pas que, quand il aura passé quelque tems avec moi, il ne prene autant d'amitié pour moi qu'elle en a. Enfin rien n'est si obligeant que sa lettre. Je suis bien combatue pour ce voiage-la. Soixante lieux m'epouventent et je voudrois fort m'en dispenser; cependant je consois que c'est la plus belle ocasion que je pourai avoir de marquer mon attachement a cette amie. Je la verai plus la en un mois qu'en dix ans a Paris. Elle n'a que faire de moi ici, et Richelieu est un desert. Je sens la raison qui tire les oreilles a la paresse; tu pourois bien faire finir le combat car j'aime a defferer au conseil de mes amis.

Je recu aussi hier une lettre de Doroté[22], pleine d'empressement et de questions sur ma santé, sur mon bien-etre, sur mon souvenir; elle est de façon qu'on croiroit que nous sommes intime. Elle me parle d'Atis, qui la tourmente toujours de ses fureurs et des ses reveriees.

A present voila tout ce qui me regarde; voions a t'amuser. *Mahomet* a reeussit au grand mieux. Quand je l'aurai vue, je t'en dirai des nouvelle. Elle est d'un nomé La Nouë[23] qu'on dit etre un comedien de la troupe de Rouën. On dit qu'il n'a donné sa piece qu'a condition que Dufrene et la Gossin iroient la jouer une fois a Rouën. Je ne sais s'il est vray; c'est de chez Gradot.

Il faut, si tu veux avoir quelque chose, que tu me mende deux chose : la premiere, si tu n'as point vu par Pimon[24] les choses que je pourois t'envoyer; et si Solignac pour le plaisir de les lire veut bien preter son adresse. Voici ce que je pourois t'envoyer : *Medus*[25], piece tombée d'apoplexie a juste titre – hier Md. Babaud m'en lu quelque chose; *Le Somnenbule*[26], comedie françoise passable; *Le Rajeunissement inutil*[27], aussi des François (elles sont l'une du mois de septembre, l'autre du mois d'octobre[28]); *Le Triomphe du Tems*[29], des Italiens, qui a assés bien reeussit. Masson m'a preté des feuilles que je n'ai pas le tems de lire, qui ont pour titre *Refflections sur les ouvrages de literature*[30]. Je ne sais de qui c'est; tu en auras si tu veux. As-tu vu la *Volteromanie*?

Pour le coup je n'ai, je crois, plus rien a dire et je prens ma ferme resolution d'aller demain matin chez Mlle de Lubert. Cela est honteux. Si je t'avois marqué toutes les interuption de ma lettre, tu serois epouventé.

A propos, demande a la Granville deux factums de Mr Royer contre les dames de Remiremont[31]. C'est Masson qui les lui demande; il n'y a qu'a les mettre a la poste a son adresse. N'oublie pas cette comission, je m'en suis chargée. Bonsoir; tu sais si je t'aime et tous mes chers amis que j'aime.

ᶜA part : je t'ai tant tourmenté de mes chagrins sur le D. qu'i[l] faut que je te dise la satisfaction que j'ai eue avant-hier. Notre conversation commensa par me dire qu'il vouloit absolument ne plus m'aimer, que je faisois le malheur de sa vie, et cent autre galanteries de cete espesse. Les vieux rabachages ne furent pas oublié, tout fut rapelé et toujour avec une ferme resolution de finir. Je reçu tout cela doux comme miel. Je lui dis que ce qui m'avoit si fort afligé quand il me le dit chez Doroté et en chemin, c'est que je voyois qu'il se preparoit le chagrin de me voir au desespoir a ses cotés, mais que comme il ne me veroit ici que rarement, il n'en soufriroit pas, que je voiois que c'etoit un parti pris et que je m'y soumettois. Au lieu de s'en aller il rabachoit toujours, et je lui disois toujours bien doucement que cela etoit inutile, qu'il faloit se quitter sans reproche. Apres bien des choses de part et d'autre dans ce gout-la, je parviens a changer de conversation. Je lui parle de ses affaire. Tout dit, je l'exorte et le presse d'aller a la comedie; il repond toujours qu'il n'est pas pressé. Enfin il se jete a mon col et, avec un vray attendrissement, il me demande pardon, me dit qu'il seroit mille fois plus malheureux si je ne l'aimois plus, et nous voila les melieurs amis du monde. Je t'avoue que ce mouvement m'a paru si naturel que j'ai senti pour la premiere fois depuis lontems cette joye de l'ame que j'avois perdue. Il s'en faut bien qu'elle ne soit comme elle etoit autrefois car – je l'ai eprouvé mieux que jamais dans cette ocasion – mon ame est chan[gée]ᵈ, elle est amortie par la douleur. Cependant ce retour, la certitude de son attachement, me donnent un bien-etre que je ne connoissois plus. Il en etoit aux projet de vivre ensemble quand les affaire de l'un et de l'autre le permettroient, quand nous fumes interompus. Il me fit encore bien des protestation en revenant apres souper. Tu es bien aise, nesse pas, mon ami? Cela durera tant que cela poura, mais il me semble que je ne serai plus si sensible a ces disparades parce que je vois qu'au fond il m'est attaché. C'est tout ce que je demande. Qu'il fasse tout ce qu'il voudra; d'allieurs peut-etre que les femmes qu'il vera ne le degouteront pas de moi, en pensant comme il fait.

J'ai bien vu pourquoi tu avois effacé des lignes dans ton avant-derniere letre [32]. Ne me fais point de reponce sur cet article, car il rognone toujours sur ce que j'ai plus de confiance en toi qu'en lui. On aporte les letres tout de gaut a quatre heure apres diner; il peut fort bien s'y trouver. C'est les dimanche, mardi et vendredi qui sont mes jours de plaisir. Je veux que tu le sache, car j'ai bien du plaisir a penser au moment ou tu recois mes letres et je crois que tu es de meme.

Bonsoir donc a toy tout seul. Je t'embrasse a toi tout seul. Je ne saurois te dire les particularités du gout de la dame D. [33] mais cela est fort drole, car elle n'ose se declarer ouvertement. Les larmes lui vienent aux ieux quand elle dit des chose tendre. Ce sont ses yeux et ses jeste qui en disse plus. Elle baise la main de ce qu'elle aime, elle la sere a l'ecraser, elle est jalouse de ce dont elle se doute, elle boude quand elle se doute de trop. Au vrai cela est fort plaisant. J'espere que tu brule toujours les apartés. [e]

[e]J'avois cacheté ma lettre avant souper pour la premiere fois; et il faut que je l'ouvre pour la commission de Mr Masson. Il vous prie d'avoir de chez Mde Lolote [34], ou d'allieurs si elle n'en a plus, le factum que Mr Rolin fils [35] a fait pour Mr Roier, et de le lui envoier par la poste le plus tot que vous pourrez. Son adresse est a Mr Masson, premier commis de Mr le contrauleur general, rue du Gros-Chenet. Ce n'est pas tout : vous tacherai d'avoir les autres factum qui ont eté fait sur cette affaire et vous les mettrez au carosse a l'adresse de Mr Doien, directeur des coches [36]. Prenez garde de vous tromper, c'est celui qu'a fait Mr Rolin qu'il est pressé d'avoir. Je te prie, ou du moins je n'ai que faire de t'en prier, de faire cette commission exactement.

Machi m'a dit a souper que la nouvelle d'aujourd'huy etoit que l'abbé Desfontaines entreprenoit a son pur et privé nom de prouver que les *Letres philosophiques* etoient de Voltaire. Ce seroit une affaire afreuse pour lui, car vous savez ou vous ne savez pas que le Parlement n'a condamné que l'auteur sans le nommer et que l'aret existe. Je le savois; je ne sais comment je ne te l'ai pas mandé.

Il faut que je te fasse un conte que l'on a dit ce soir. Un grand vicaire de Chaalon, bon israelite, conferoit avec son eveque sur les dangers de la peste dans le tems qu'elle etoit a Marseille et imaginoit comment on pouroit faire pour s'en preserver au cas qu'elle vint jusqu'a Chaalon. Entre autre chose, il demenda s'il ne seroit pas expedien de donner le viatique au bout d'une perche pour ne pas aprocher des malades [37]. [e]

[*adresse :*] A Monsieur / Monsieur de Vaux, le fils / ruë du Chateau / a Luneville

MANUSCRIT
Yale, G.P., VIII, 19-24 (D680); 6 p.; orig. aut.

IMPRIMÉ
Showalter, p. 84-92.

TEXTE

 a Mot(s) répété(s). *b* Le ms : «on». *c* «Aparté» sur une demi-feuille séparée. *d* Déchirure. *e* Post-scriptum écrit sur la page de l'adresse.

NOTES

1. Lettre du 20-21 février 1739 (G.P., IX, 125-128).

2. Sur Dufresne, v. 14n3. Jeanne-Catherine Gaussem, dite Mlle Gaussin (1711-1767), la fameuse Zaïre de Voltaire, joua au Théâtre-Français entre 1731 et 1763. Devaux : «Les deux frères, au lieu d'aller colationner, prirent ici du caffé et y passerent la soirée [...]; en commemoration de vos plaisirs de Cyrei, nous jouames huit actes, tant tragedie que comedie, c'est-a-dire *Athalie* et *Les Plaideurs*.» (IX, 125.)

3. Devaux : IX, 125.

4. Voir 66n6, et 67, premier paragraphe.

5. D'après l'article «Art dramatique» du *Dictionnaire philosophique*, Mlle Quinault aurait demandé la permission de donner le sujet à La Chaussée, Voltaire ayant refusé d'en faire une pièce régulière.

6. Voir 93n7. Devaux : «Le Petit St pretend que les lorgneries de Dorothée n'etoient que pour amadouer notre ami afin qu'il tut son procedé a votre egard; je crois cela trop fin.» (IX, 125.)

7. Devaux : «A propos, vous scaurez sans doute de Machy comment Rousseau est retourné a Paris, de quelle façon il y est vu et s'il est vray qu'il soit si devot.» (IX, 126.)

8. Sur ce rapprochement manqué, v. Best. D1526, D1568, D1858. Le procureur du roi était Guillaume-François Joly de Fleury (1675-1756), procureur général de 1717 à 1746.

9. La dame Dorsin (Mme de Champbonin).

10. Devaux : «Songez donc a *Heraclite*, vous voila enfin sur les lieux. Le temps presse; mettez a la raison ces animaux-la, ou plustot tachez de vous y mettre et de la rendre propre aux Francois, je crois que vous y trouverez mieux votre compte.» (IX, 127.) *Héraclite* : pièce de Mme de Graffigny que Devaux mentionne dans ses lettres dès le 27 février 1734, et à nouveau en décembre 1736 et en 1737. Une copie, avec le titre *Héraclite, prétendu sage*, se trouve à Yale (G.P., LXXIX).

11. Mme de Richelieu.

12. Voir 95, par. 11.

13. Mr de Virai : Claude-François, marquis (en 1756) de Toustain de Viray (1694-1757), conseiller d'État de Stanislas, et en 1751 procureur général en la Cour souveraine. Mr de Lucour : Charles-Ignace, baron de Mahuet, comte de Lupcourt, conseiller secrétaire d'état du duc Léopold

à partir de 1704. Mr de Thé : il s'agit probablement de Charles-Léopold Bourcier de They, capitaine au régiment des gardes de S.A.R., fils du deuxième lit de Joseph-Humbert Bourcier. Il épousa Henriette-Élisabeth Le Texier.

14. Mme de La Galaizière.

15. *Mahomet second*, tragédie en 5 actes de Jean-Baptiste Sauvé, dit de La Noue (1701-1761); la première représentation eut lieu le 23 février 1739.

16. Il est intéressant de noter que Mme de Graffigny l'appelle la place Vendôme alors que, selon Hillairet, on l'appela la place Louis-le-Grand de 1699 à la Révolution, et Vendôme seulement à partir de 1799.

17. Pour la raison de cette confusion, v. 61n48.

18. Ce couvent se trouvait à l'extrémité de la rue Neuve-Saint-Augustin, entre les rues de Richelieu et Vivienne; c'est sur son emplacement que la Bourse a été construite.

19. Yvonne-Sylvie du Breuil-de-Rais (vers 1712-1740) avait épousé en 1729 Guy-Auguste de Rohan-Chabot, rendu célèbre par la bastonnade qu'il fit infliger à Voltaire en 1726.

20. Armand-Charles Du May, lieutenant dans le régiment de Bouzols infanterie en 1718, capitaine du régiment de Vienne cavalerie en 1745, quitta le service en 1751. Devaux l'avait beaucoup fréquenté à Paris en 1733-1734, et il est devenu l'ami fidèle de Mme de Graffigny.

21. Ville où est situé le château bâti par le cardinal de Richelieu; à une cinquantaine de km au sud-ouest de Tours.

22. Probablement Best D1900, du 21 février [1739?], qui n'est qu'un sommaire.

23. Voir n15; La Noue allait être reçu parmi les comédiens du Théâtre-Français en 1742.

24. Sur Pimont, v. 38n4. Devaux répondra : «Je crois qu'il vaudroit mieux mettre tout cela au carosse samedi prochain. [...] Le paquet seroit trop gros.» (2 mars 1739, G.P., IX, 146.)

25. Tragédie en 5 actes (1739) de François-Michel-Chrétien Deschamps (1683-1747), auteur et commis de Pâris-Duverney.

26. Comédie en un acte, en prose; généralement attribuée à Pont-de-Veyle (v.127n13), qui se serait chargé des soins de la réception et de la représentation, elle est l'œuvre de Caylus (v. 103n5) et de Charles-Alexandre Salley (vers 1700-1761), secrétaire de Maurepas.

27. Comédie en 3 actes, en vers libres, de Nicolas La Grange (1707-1767).

28. Mme de Graffigny se trompe de dates : en effet, la première représentation du *Somnambule*

est du 19 janvier 1739, et celle du *Rajeunissement inutile* est du 27 septembre 1738.

29. Divertissement comique en 3 actes, 1716, de Legrand, écrit en 1716 et joué au Théâtre-Français en 1724. Il s'agirait donc d'une reprise au Théâtre-Italien, sinon d'une autre pièce maintenant inconnue.

30. Périodique en 12 volumes (1736-1740) de François Granet (1692-1741), traducteur, éditeur et collaborateur de Desfontaines, à qui Mme de Graffigny attribuera les *Réflexions* dans la lettre 102 à la note 46, et dans la lettre 107 à la note 18.

31. Il s'agit du *Mémoire pour le sieur Charles-Antoine Royer ... contre les dames de Remiremont*, publié en 1727 par Charlot, imprimeur du duc de Lorraine. On trouve dans la Bibliothèque municipale de Nancy un exemplaire de ce factum, produit d'un long procès à propos de certains biens légués à l'état (au duc, représenté par Royer), et réclamés par l'abbaye. Voir aussi aux Archives des Vosges des requêtes manuscrites «concernant la seigneurie de Diarville». Royer (vers 1661-1731), premier maître d'hôtel de S.A.R., était père de la comtesse de Grandville. À Remiremont, petite ville située à 75 km au sud de Nancy, se trouvait un important chapitre de chanoinesses dont l'abbesse (qui était en 1739 la princesse Anne-Charlotte) relevait directement du pape. Au sujet de la requête, Devaux répondra : «Elle [Mme de Grandville] a dit qu'elle ne les avoit pas, que quand elle les auroit [elle] ne voudroit pas les donner sans

sçavoir l'usage qu'on en [mot rayé] faire a cause de Mde la princesse [...]. Decidez; j'ay chargé mon cousin qui s'en retourne a Nancy de les chercher partout et de les tenir afin qu'au premier mot que je luy dirai, il les envoye a Paris aux addresses que je luy indiquerai.» (IX, 147.)

32. Devaux : «Avant d'aller plus loin, je vous avertis que j'ay effacé sept ou huit lignes pour raisons a moy connues. Je vous l'ecris de peur que l'ami ne croye que c'est vous qui luy cachez quelque chose.» (19 février 1739, G.P., IX, 122.) Il s'agit de 13 lignes effacées d'une page où Devaux, répondant à la lettre 80, explique sa propre conduite dans la correspondance de Cirey.

33. Le lesbianisme de Mme de Champbonin (v. 94n10).

34. Mme de Grandville.

35. Probablement Nicolas-Bernard Rollin (mort en 1738), premier président à la Chambre des comptes de Lorraine, ou son fils Claude Rollin, auditeur de la même Chambre.

36. Voir la lettre 97 : «Doien» vient chez Mme Babaud pour des affaires. Le nom de Nicolas Doyen figure avec celui de Pierre Babaud de La Chaussade dans un «transport d'intérêt» daté du 15 février 1742. La direction des coches ressortissait au bureau du contrôleur général; Doyen est donc un collègue de Masson.

37. La peste se déclara à Marseille en 1720, et ne fut déclarée enrayée qu'en novembre 1721; elle emporta plus de 38 000 personnes.

97. à Devaux

Le jeudi soir [26 février 1739]

Il y a du monde avec Mde Babaud et je ne pers pas un moment, mon cher ami. J'ai eté ce matin voir la sœur du Pousset[1]. J'en suis enchantée : c'est de l'esprit, de l'aisance, de la franchise, du bon ton de toutes sortes de façon. Je ne me suis point fait anoncer. Elle m'a fait une reverence fort serieuse en me regardant jusqu'au fond de l'ame. Je l'ai laissée un moment et puis je lui ai dit : «Il est singulier que l'on ne reconnoisse pas une sœur a qui on a tant marqué d'amitié.» Elle m'a sauté au col et nous avons eté comme si nous avions vecu vingt ans ensemble. Si je l'avois rencontrée quelque part je l'aurois connue a la phisionomie de son frere; la ressemblance est frapante en beau et surtout les dents admirable. En revenant de chez elle j'ai trouvé, il faut encore te dire, qu'elle est assés pres pour que j'y aye eté a pied. Elle m'a montré un chemin plus court : la porte de son jardin donne vis-a-vis celle de cette maison, il n'y a que la ruë a traverser. J'ai donc trouvé en revenant une lettre du Docteur qui me prie de lui faire retenir une place au coche de Senlis[2] pour mardi, ou sa tante[3] veut qu'il aille passer un mois. Il en est mort mais il ira. Il ne sait encore a quoi tent ce vif empressement de ce terible oncle[4], car c'est lui qui le demande. Autre chose l'embarasse : sa tante a renvoyé une demoiselle qu'elle tenoit par charité et prend a la place une fille de ce Chabouilli[5], heritier redoutable. Il me mande qu'il va travailler a demeler tous ces dessous de carte; mais aucun ne lui plait et il n'a pas tord.

Apres diner Mde Babaud a eu la complaisance de me charier a l'hotel de Richelieu, il y a environ une lieu et demi d'ici. J'ai trouvé la place Roiale[6] bien belle. Je n'ai point vu le dedans de l'hotel. L'intendant n'a pas trouvé a propos de donner les clefs, je ne sais pourquoi. J'ai vu le petit enfant[7], qui est beau comme le jour et gaté comme un fils unique. J'ai vu aussi le medecin[8], qui a bien de l'esprit et fort aimable. On l'est venu apeler pour Mr de Guise[9], qui est assés mal pour croire qu'il n'en reviendra pas.

En revenant j'ai trouvé ta lettre[10] qui me fait toujour plaisir, mais que tu a melé d'un peu de peine[11]. Je n'aime point que tu me sermonne sur le ton de croire que j'ai tord. Cela ne me console point du tout – au contraire, parce que tu veux effacer des faits par des parolles, et assurement l'entreprise est ridicule. Ma situation est un fait dont les sirconstances sont tres réeles. M'exorter a ne la point sentir, c'est vouloir que par raison je deviene imbecile. A l'egard de l'impertinence que j'ai essuié, je ne suis point encore persuadée comme toi que La Mote[12] aye raison. Je trouverai ton resonnement juste quand je te verai rire de l'impertinence de quelqu'un qui t'aurat batu. Tu es sensible aux injures faites a ton corps, moi a celle qui ataque ma faculté pensente; ainci tout revient au meme. D'alieurs ce n'est point l'injure en elle-meme ny son souvenir qui font mon espesse d'aneentissement, ce sont des impressions affreuse que la situation ou j'etois dans ce tems-la et les imcomodités qu'elle m'a causé, qui ont laissées des traces profondes. C'est la machine enfin qui c'est tournée comme cela, m'entens-tu bien? Et me rabacheras-tu encore? J'espere que non, car il me semble que jamais je n'ai si bien deduit mes raisons. Si tu ne les sens pas, tu n'en a plus.

Le prince de Prusse n'est guere plus en etat de faire ce que tu dis que toi-meme[13]. D'alieurs je ne – enfin, je ne veux rien faire.

Tu ne concois pas qu'Atis n'ait pas trouvé les vers de D. bon[14]. Je le savois avant de les dire car je ne les dis que pour cela. C'est qu'il sont aussi bon qu'il en puisse faire. Pourquoi n'as-tu pas eté etonné que le cardinal de Retz soit un mauvois auteur, et les *Letres persannes*[15] un ramassis de mauvais rien mal cousus ensemble?

Puisque tu veux entendre parler de Cirei, il y a lontems que je te garde un fait que Mr de Maupertui a conté et qui m'a divertie. Ton heros Mr Rolin[16] arrive un beau jour d'assemblée a l'Accademie des siences avec une grande serviete pleine de livres a sa main. Il les culbute sur une table et dit : «Messieurs, jusqu'ici j'ai travaillié sur des matieres que je croiois entendre et j'ai cru qu'il n'etoit pas necessaire de vous les offrir; mais a present que je travaille sur des choses dont je n'ai nule connoissance, trouvez bon que je vous offre mes ouvrages.» Les academiciens se regarderent tous et ne savoient que repond[r]e a un compliment tourné si singulierement. Enfin on le remercia et on le pria de s'assoir et d'etre temoins de leur seence. Ces messieurs regardent cela comme le plus grand honneur qu'ils puissent faire. Le bonhomme dit qu'il ne savoit s'il pouvoit demeurer parce qu'il avoit un rendez-vous avec un homme qu'il craignoit de faire attendre. Cependant il s'assit, et un quart d'heure apres il se leve et s'en va sans dire mot a personne. C'est un plaisir d'entendre conter cela a Mr de Maupertui, avec le ridicule et les plaisanteries dont il l'accompagne. Le pauvre pedant est dans de beaux draps blancs[17] a l'Accademie. Pour moi, je n'en ai point eté surprise; cela rempli tres bien l'idée que j'avois de lui. Je te garde cela il y a lontems.

Ou mest une demi-feuille a tes lettres, qui n'y paroitroit pas si tu les serois[a] bien fort en les pliants, ou ecris plus menu. Je les trouve etranglées et elles m'etouffent comme quand on entant parler un begue; je cherche la fin de tes periodes comme on voudroit achever leurs mots. Tu ne me repond qu'en l'air; encore une fois, j'aime tes reponces a la folie. Dieu veuille que je ne me repente plus de cette priere.

Je ne me souviens plus de t'avoir dit que je te croiois noyé[18].

Fanchon[19] m'a ecrit aussi, mais elle a reponce du D.

Le medecin de la place Roiale m'a beaucoup parlé des affaires de Voltaire. Il m'a dit que c'etoit le chevalier de Moui[20] qui a fait le *Preservatif*, et cela est vraysemblable car ce n'est surement pas V., mais cela ressemble assés a une restriction jesuitique. Tant y a que je crois que tout cela va fort mal, car je n'ai pas vu la dame D. ces deux jours-ci. Le medecin qui s'apelle Uno[21] – je te dis son nom parce que j'aurai ocasion de t'en parler souvent – m'a confirmé ce que je t'ai mandé hier. Il m'a promis de me rendre compte du fond et tresfond de cette affaire. Je serai bien aise de la recoudre avec ce que je sais. J'ai, je crois, oublié de te mander que c'etoit le chevalier de Moui qui etoit le commissionaire de cete affaire avec l'abbé Moussinot[22]. Ce sont les deux premieres bêtes que j'ai vu a Paris. Le lendemain de mon arrivée ils vinrent a l'hotel voir cette dame et ne la trouvant pas, ils entrerent dans ma chambre parce qu'on leur dit qu'il y avoit une dame qui venoit de Cirei. Ils me declinerent leur nom. L'un est un vray fou qui ne tient pas un instant en place et qui bavarde sans rime ny raison. L'abbé est un taciturne qui dit des impertinence avec emphase. Voici une phrase du chevalier. Je disois que V. travailloit sans relache. «Je le crois bien, dit-il, moi qui vous parle je travaille en allant, en venant, en parlant; actuellement meme je fais quelque chose.» Je mourois d'envie de lui apprendre ce qu'il faisoit, car surement il ne s'en doute pas.

J'ai aussi vu Thirion[23], qui m'a paru de melieur sens, mais il y a bien du mensonge entre son ami et lui car ils disent des choses bien differentes. Je crois bien que c'est lui qui ment. Cependant la dame ne lui donna point de dementi, mais elle me dit apres qu'il faloit avoir des menagemens pour de certaines gens. Je ne puis t'en dire davantage la-dessus; quand j'en saurai plus je te le manderai.

Ma foy, voila une bonne tirade. C'est la premiere visite que j'aye vu ici; encore je crois que c'est pour les affaires, car c'est Mr Doien. Je n'ai jamais vu une femme si retirée que Md. Babaud. Tu vois que je profite du tems que j'ai. Bonsoir, en voila assés. Je vais ecrire quelqu'autres letres dont je suis en retard depuis lontems.

Je consois a peine qu'il y aura demain quinze jours que je suis a Paris, et quoi que tu en dise, je n'ai point eté a l'opera, je n'y songe pas, non plus qu'a la comedie. Si je vais a *Mahomet*[24] je t'assure que ce ne sera que pour t'en rendre compte; et Arlequin que j'aime tant, il me vient dans la tete comme tout le reste, mais sans desir.

Le vandredi soir [27 février 1739]

Bonsoir, mon ami, je n'ai pas grand-chose a te dire ce soir. Melle Lubert m'est venue voir ce matin. Je la trouve toujours plus aimable. La dame D. m'etoit venue voir encore plus matin, car je n'etois pas levée. Elle me soutient toujour que l'affaire de V. va bien, et Mareil qui est venu cet apres-midi m'a encore dit que l'affaire devoit se plaider criminellement. Il fait furieusement l'agreable mais ce n'est plus le tems. J'ai passé ma journée comme bien d'autre a pure perte, cet-a-dire, a niaiser. Je n'ai pas encore pu aller chez Md. Duvigeon. J'irai demain ou il y aura bien du malheur.

Pour avoir de quoi te reponde sur Dubois[25], je l'ai envoyé au Pala[is][b]. Elle n'avoit pas encore passé le Pont-Neuf. Elle a fait les ris que tu sais en me contant qu'elle avoit vu le grand Thomas[26]. C'est la seul merveille qu'elle ai remarqué dans Paris. Elle a fait encore les gr[os][b] ris en me contant qu'il y a des gens sur le Pont-Neuf avec une petite table pour ecrire des letres. Elle dit qu'elle a eu envie de renverser la table; elle ne comprend pas que l'on gagne sa vie a cela. Elle est aussi toute emerveilliée de la politesse des marchande du Palais. Elle a eu bien de la peine a s'empecher de leur faire des reverence et a les remercier, mais comme on lui a dit que cela auroit l'air provincial, elle a pris une air de fiereté qui lui a reeussit. Elle est revenue a la nuit et a eté racrochée. Elle etoit avec une femme de chambre de Md. Babaud, almande, et qui n'avoit jamais passé le Pont-Neuf non plus qu'elle. Cependant, Paris lui plait assés et je crois qu'elle ne me quittera pas malgré les instances redoublée de sa mere.

Tu vois que voila une sotte journée. Je n'en sais pas davantage. Je t'aime de tout mon cœur, tu le sais bien.

A propos, nous chantames hier toute l'apres-souper a table, ou du moins Machi et Masson chanterent des romances et des chansons de soldats qui m'amuserent beaucoup. J'aime tout a fait Machi, il me paroit un bon homme qui est plus philosophe que bien des resonneur, qui a du gout et bien de l'esprit. Il m'aime beaucoup aussi, car je l'agasse et je crois qu'il n'y est plus acoutumé, ains au contraire[27].

Oh ma foi, bonsoir; c'est rabacher dans toute les formes que cela. Je t'aime, je t'enbrasse, mon cher ami, et le St a qui je baise les deux yeux, et le gros Chien et toutti quanti. Mde Babaud fait des complimens un peu froit au Petit Saint[28] et bien plus chaut pour toi. Ce n'est pas peut-etre qu'elle t'aime mieux mais c'est que, c'est que, enfin c'est que.

[*adresse :*] A Monsieur / Monsieur de Vaux / le fils / ruë du Chateau / a Lunéville / en Lorraine

MANUSCRIT

Yale, G.P., VIII, 25-28 (D69); 3 p.; orig. aut.; m.p. : 8.

IMPRIMÉ

Showalter, p. 93-99.

TEXTE

ᵃ serrais. *ᵇ* Déchirure.

NOTES

1. Mlle Lubert.

2. Senlis : dans le département de l'Oise, à 45 km au nord-est de Paris.

3. Mme Denis Le Brun (v. 94n4).

4. L'oncle qui demeure à Senlis est Charles-Alexandre de Saint-Gobert de Blaville, né en 1674, président en l'élection de Senlis, frère de la mère de Desmarest; il mourra le 6 avril 1739 (v. 114n29).

5. Achille Chabouillé de Brumières (mort vers 1722), écuyer, valet de chambre ordinaire du duc d'Orléans, avait épousé, avant 1682, Marguerite-Céline Prieur (vers 1654-1728), dont la mère était sœur de Mme Le Brun (v. la note précédente). Il s'agit sans doute ici de leur fils Pierre-Jean-François Chabouillé de Brumières (mort en 1756), avocat en Parlement, lieutenant-criminel du bailliage de Meaux, et secrétaire des commandements du prince de Conti; c'est lui le «cousin de Desmarest» de la lettre 99 (v. n12). Sa fille, née en 1731, s'appelle Catherine-Jeanne-Marguerite; en 1764 elle sera religieuse au couvent du Calvaire à Paris.

6. Appelée place Royale jusqu'en 1792, aujourd'hui la place des Vosges. Au numéro 21 se trouvait l'hôtel de Richelieu, construit par le cardinal, et qu'en 1739 le duc s'apprêtait à vendre.

7. Louis-Antoine-Sophie Du Plessis-Richelieu, duc de Fronsac (1736-1791), aîné des enfants du duc de Richelieu.

8. François-Joseph Hunauld (1701-1742), médecin, membre de l'Académie des sciences, professeur d'anatomie au Jardin du roi, avait accom-pagné le duc de Richelieu dans son ambassade à Vienne.

9. Anne-Marie-Joseph de Lorraine, comte d'Harcourt, dit prince de Guise (1679-29 avril 1739), père de la duchesse de Richelieu.

10. Lettre du 23 février 1739 (G.P., IX, 129-132); c'est la réponse à la lettre 93.

11. Devaux consacre plus d'une page à gronder Mme de Graffigny de ce qu'elle est «une femme-lette qui succombe au moindre choc et qui se laisse abbattre par une impertinence qui l'aurait fait rire dans un autre temps.» (IX, 129.)

12. La lettre de Devaux n'explique pas cette allusion, qui fait penser à l'anecdote concernant le vieux poète Houdar de La Motte lequel, souf-fleté par un jeune homme pour lui avoir marché sur le pied, aurait dit : «Vous allez être bien fâché, Monsieur, je suis aveugle.»

13. Devaux : «Par tout ce que vous avez entendu dire du prince de Prusse a Cyrei, ne croyez-vous pas que nous pourrions le substituer a Dulis dans certains projets que nous avions formez cet été?» (IX, 130.) On relève dans les minutes de l'étude Thiery à Commercy une allusion à François-Pantaléon-Noël, sieur Dulis, officier et pension-naire de Sa Majesté Très-Chrétienne, demeurant à Commercy (acte du 29 juin 1739). On ignore quels auraient pu être les projets de nos deux correspondants.

14. Devaux : «Est-il possible qu'il n'ait pas trouvé les deux vers du D. bons? Je n'y conçois rien.» (IX, 130); v. 93 par. 7.

15. Voir 67n16.

16. Charles Rollin, l'historien (v. 55n17).

17. Mettre un homme en beaux draps blancs : c'est-à-dire, en faire des médisances, en découvrir tous les défauts (Trévoux, 1743).

18. Sans doute la phrase rayée de 93 note *ᵃ*. Devaux : «La scene des huitres a eté repetée mais je crois qu'elle ne le sera plus. Vous n'y pensez pas de m'avoir cru noyé; je suis et serai toujours le Pampichon des Indes....» (IX, 132.)

19. Mlle Frassinetti. Devaux : «A propos, la Fras-

sinetti m'a [...] ecrit tout expres pour sçavoir des nouvelles de notre ami; elle est inquiete des commissions qu'elle luy a données.» (IX, 132.)

20. Charles de Fieux, chevalier de Mouhy (1701-1784), romancier, colporteur, et espion de la police, assuma la paternité du *Préservatif* (Desnoiresterres, II, 172).

21. Hunauld (v. n6 ci-dessus).

22. L'abbé Bonaventure Moussinot, factotum de Voltaire (v. Best. D1031n, et Besterman, *Voltaire*, chapitre 18); sur son rôle dans cette affaire, v. Best. D1674.

23. Thieriot, l'ami de Voltaire.

24. Voir 96n15.

25. Devaux : «Mais a propos, que fait, que pense Dubois?» (IX, 131.)

26. Charlatan célèbre qui débuta en 1711. Fournel, qui fait le portrait de cette «étoile des arracheurs de dents au Pont-Neuf» (*Le Vieux Paris*, p. 237), ne sait pas s'il était encore là après 1737 : en voici la preuve.

25. Ains : vieux mot qui signifioit autrefois «mais». On dit encore dans le burlesque : «Ains au contraire» pour dire : «Tout au rebours». (Trévoux, 1743.)

26. Voir 93n23.

98. à Devaux

Le dimanche 1 mars [1739], le matin, pour le coup

Bonjour, mon cher ami. La medecine n'a eu que son jour d'effet. Les meaux d'estomac sont revenus de plus belle, et si fort qu'hier je ne savois plus parler. Je me couchai a dix heures, et c'est pour cela que j'ai un moment a t'ecrire ce matin; car j'ai beau faire la dormeuse les autres jours, on entre tant de fois de suitte dans ma chambre qu'a la fin cela m'inpatiante et je parle.

Ma journée d'hier a eté comme les autres. Je n'ai pas pu aller chez Md. Duvigeon. Les cheveaux d'ici sont des demoiselle[1] et je n'ose prendre un fiacre, premierement parce que cela deplairoit ici. On se piqueroit de me donner les cheveaux, et je n'aime pas a faire de la peine. D'alieurs, je repugne a aller seule en fiacre. Le D. n'est pas revenu. S'il revient aujourd'huy, je tacherai qu'il m'y mene avant de partir pour Senlis.

Je vis hier Dumay; il m'a promis une chanson que je t'envoyerai. Le medecin[2] vint aussi me voir mais je ne su pas grand-chose de lui, car toute mes visite se ressoivent devent mon hotesse et il y a des chose dont je ne veux pas parler devent elle – non que je ne la croye discrete, parce que je crois le bien de mon prochain, car il ne tiendroit qu'a moi de croire le contraire – mais c'est que, ne sachant pas les raisons que j'ai d'etre muete sur certain chapitre, je ne veux me fier a personne. J'espere n'etre pas obligée d'aller en Tourraine[3]. On a fait l'operation de la fistule a Mr de Guise[4] il y a deux jours, et le medecin m'a dit que difficilement en reviendroit-il. Cela fera changer les allures de la duchesse, et j'en serois fort aise.

Il y a une permission donnée a l'abbé Desfontaine de poursuivre contre le *Preservatif*[5]. Je crois t'avoir mandé qui l'a fait, et cela me paroit toujours une facheuse affaire. On m'a parlé aussi d'une letre contre Rousseau[6] qui fait un mauvais effet. Enfin, tout le monde etoit pour V. quand il n'etoit qu'offencé, et tout le monde est contre par ses deffences.

Voila deja que l'on se leve. Bonjour, mon cher ami, je te quitte bien malgré moi. Je suis bien aise de penser que tu sais ce matin que l'argent est retrouvé[7]. A propos, je ne t'ai pas dit, je crois, que la dame D. m'en avoit demendé cent ecus que je lui ai bien vite donné,[8] comme tu crois, car je dis toujours que je ne le garderai pas. Elle m'a donné une tournure assés legere pour ce faire, dont je n'entens ny le fin ny le simple. A la bonne heure; je n'y songe pas.

Le dimanche apres diner

Je profite d'une visite que l'on reçoit pour t'ecrire. Malgré ton incredulité, il n'est pas moins vray que je n'ai pas le tems d'ecrire[9]. Je sors, il est vray, pour ce faire; je n'ai pas ecrit trois mots que l'on vient et l'on me dit : «Quoi! ce n'est pas encore fait?» Je dis «Non», on reste planté comme un piquet devent moi sans mot dire. Que faire a cela? Dis-le-moi, tu me feras plaisir. Comme je rentrois ce matin – et bien, ne voila-t-il pas, malgré la visite on vient de m'interompre et de baier un quart d'heure devent moi; c'est une rage.

Enfin donc, j'ai eté ce matin chez Ma Sœur[10]; en revenant j'ai trouvé ta lettre[11]. Je suis entrée dans ma chambre en disant : «J'ai des letres a lire.» Je n'en avois lu que ce qu'il faloit pour exiter ma curiosité que l'on est venu se planter devent moi. J'ai dit en badinant : «Mais je veux lire mes lettre.» On a repondu : «Eh bien, lisez», et on ne s'en va point. Si tu ne veux pas le croire, viens-y voir. Tes resonnemens m'inpatiantent presque; je voudrois te voir dans toutes les differente situations ou je me trouve pour voir comme tu t'en tirerois et comme tu recevrois les sermons. Comment diable! tu voudrois m'auter meme la sensibilité? Aute-toi cela de la tete. C'est bien assés que je ne sente que pour moi, et que mon visage ne me decelle pas. Tu sais le pouvoir de l'ennui sur moi, et je t'assure que ce n'est pas une petite etude que d'empecher qu'il n'y paroisse; mais il vaut mieux me taire, car bien a ton aise dans ta chambre tu ne comprend pas que mes peines soient reelles.

Venons a ta lettre. Je suis bien fachée du chagrin de Tavannes[12], et tu crois bien que sa peine me doit etre plus connue qu'a un autre. Ma colere contre cette begeule reprend toute sa force. Cela est odieux, c'est tout ce que j'en puis dire. J'ai ecri a ce pauvre diable pendant que j'etois a Demange. J'ai mis la letre a l'adresse du secretaire de Mr de Mirepois; il faut qu'elle soit perdue[13]. Je n'y ai de regret qu'a cause de lui, car je ne saurois douter de son amitié. Je lui ecrirai des que j'aurai le tems et je t'envoyerai la letre, car je ne sais ou la lui adresser.

Mais, grosse bete, tu ne lis donc pas mes letres? Je t'ai mandé pourquoy il y en auroit une de retardée, je m'en etois douté. C'etoit a Mareil que s'adressoient les declarations[14].

Ah pardi, tu es drole d'avoir envie de gronder pour le saq. C'est un sort que le diable a geté sur les fiacres, car cela arrive tres souvent. Puisque j'en suis la, il faut te dire que j'ai encore reçu aujourd'huy une lettre de Doroté[15] qui me parle net la-dessus et qui me mande que si je ne l'acsepte pas, elle ne poura jamais compter sur mon amitié. Sa letre est tendre et pressante. Je ne sais encore ce que je ferai. C'est declarer la guere que de reffuser, je repugne horriblement a accepter – en verité, je ne suis pas assés forte pour decider. C'est le D. qui m'aidera. Je n'en sais pas jusque la; il n'est pas encore revenu. Doroté me mande qu'elle a reçu une letre de la duchesse qui lui mande que, des que je l'aurai jointe, elle ne me quittera plus. Je ne sais si cela veut dire que je logerai chez elle, mais je le crois.

Ce comis dont j'ai peur[16] est un homme qui a servi Doroté, qui est tellement a elle qu'il lui a renvoyé des letres qu'une femme de chambre a elle ecrivoit ici qui ont fait un cantcant du diable. Il l'averti des letres ouverte, il lui detourne celle qu'elle veut avoir. C'est elle qui me l'a conté avant mon avanture. Cela n'est-il pas a craindre? Il est au grand bureau.

Tu me fais une question qui est bien d'un provincial qui passe sa vie en bonnet de nuit[17]. Avant que je ne sçusses qu'il y avoit un Paris au monde, je savois qu'une femme ne sauroit y aller seule, non plus qu'a la comedie ou c'est le bouchon de la catinerie[18]. Ma Sœur est allée cest apres-midi chez une dame qui a une loge a elle, pour tacher de l'avoir les jours qu'elle n'ira pas, et elle m'y menera. C'est encore un autre etiquette pour l'Opera. On n'oseroit y aler qu'avec de certaines gens. Oh, c'est le paiis des bienseances ici, et je savois tout cela. On joue *Alceste*[19].

J'ai eu raison de te mander que quand les letres sont bien pliée, elle ne coutent pas plus avec une demi-feuille[20]. Celle d'aujourd'huy est dans le cas.

Il me semble que tu as tord de dire que je n'ai pas repondu a toutes tes letres[21]. Je crois n'avoir rien oublié; en tout cas, mon ami, tu n'as qu'a dire.

Je t'ai deja tant mandé de chose de l'affaire dont tu es curieux que je n'ai presque plus rien a dire[22]. Tout Ron dit que toutes les grandeurs s'interessent pour Atis. Elle dit qu'il est adoré ici, mais il n'y a qu'elle qui le dise, car jusqu'au medecin, qui est de ses amis[a]

Depuis la j'ai tant de choses a te mander, car il est a present onze heures, qu'il faut laisser cet article pour une autre fois. J'ai eté interompue par la visite des Toustains, des Lupcours; ensuite est venue le Tout Ron avec le mari de Dorotée. J'ai tiré le Touron a part pour lui dire la letre que j'ai reçue ce matin. Je lui ai dit l'embaras ou j'ai eté. Elle m'a dit : «Je vais vous prouver mon amitié. Gardez-vous bien de laisser croire que vous avez de la rancune, et soiez seure qu'il y va du repos de votre vie. Je viole a moitié un secret pour vous di[re] cela. Peut-etre je pourai vous le dire tout a fait dans peu, mais soiez seure qu'il y va du repos de votre vie. Pour satisfaire a votre delicatesse, que je sens comme vous, mandez que vous acseptez comme une depte que vous contractez et seulement pour donner une preuve que vous acseptez l'amitié que l'on vous offre si souvent. Vous satisfaite votre vanité par la generosité qu'il y a a pardonner, et vous vous faites un merite d'acsepter une chose qu'il ne faut pas regarder en elle-meme, mais comme un pas nessessaire a votre repos; et soiez seure qu'il etoit nessessaire a votre bonheur que vous essuiassiez une chose aussi dure que celle qui vous est arrivé.» Je voudrois t'en dire davantage, mais comme je te rends les propre mots, ou la valeur, tu es aussi savant que moi.

La-dessus est arrivé le D.; quand les visites ont eté sortie, j'ai pris mon parti de l'enmener dans ma chambre sous le pretexte de lui montrer de tes lettre, mais pour le consulter la-dessus. Il m'a dit que sans balancer il faloit suivre le conseil de Tout Ron, quand meme je n'y envisagerois d'autre interet que celuy de montrer de la generosité a pardonner. Le conseil du Petit Saint[23] seroit bon si je pouvois rendre et pardonner, mais comme cela est imposible a la tournure de sa lettre, tu vois, mon ami, que je ne puis faire autrement.

Le Docteur ne sera que demain ici; il faut qu'il aille a Senlis. Je veux tout metre dans cette letre. Je meurs de l'estomac, il faut que j'ecrive encore trois letre, ainci bonsoir, mon cher ami. Le D. a ecrit au Chien. Tu peus faire dire a Mr Legrand[24] que sa conmission est faites et qu'il l'aura par la premiere ocasion.

Je suis extremement contente du D. Il est revenu sur le ton de son depart et encore mieux. Il est si chagrin de ce que sa t.[25] ne lui a rien donné et de ce qu'elle prend cette petite cousine[26] que je n'ai osé lui parler de ses gages. Dis a Gertrude[27] de temporiser. Il a ordre de poursuivre Mr Dufourqueux[28]; s'il touche de l'argent, je lui ferai envoier ce qu'il faut.

[*destinataire :*] A Monsieur / Monsieur de Vaux

MANUSCRIT

Yale, G.P., VIII, 37-40 (D70); 3 p.; orig. aut.

IMPRIMÉ

Showalter, p. 99-101 (extraits).

TEXTE

[a] Mme de Graffigny est interrompue au milieu de sa phrase.

NOTES

1. Les chevaux d'ici sont des demoiselles : sans doute Mme de Graffigny veut-elle dire que les chevaux ne sont pas très résistants, qu'ils sont délicats (soit qu'elle les compare à des jeunes filles, ou bien à des libellules, dont le nom commun est «demoiselles»).

2. Hunauld.

3. Il s'agit du voyage projeté à Richelieu; v. 96n20.

4. Voir 97n9.

5. Voir Best. D1874.

6. Voir 96 par. 4.

7. Voir lettres 95 et 96.

8. Générosité imprudente : Mme de Graffigny ne se fera rembourser qu'une année plus tard (v. 113 par. 8).

9. Devaux : «Je n'imagine pas que vous n'ayez pas le temps d'ecrire.» (26 février 1739, G.P., IX, 136.)

10. Mlle Lubert. Mme de Graffigny l'appellera désormais «Ma Sœur»; c'est sans doute une citation ironique mais affectueuse de son frère.

11. Lettre du 24-26 février 1739 (G.P., IX, 133-138).

12. Devaux raconte ses efforts pour raccommoder une querelle d'amoureux entre Mme de Grandville et Tavannes, avec qui elle veut rompre (IX, 133-134; v. aussi sa réponse du 2 mars 1739, IX, 149-150).

13. Devaux : «Il est fort en peine de vous, le pauvre diable, et me demande si vous avez reçu une lettre qu'il vous a ecrite il y a deux ou trois mois; est-ce que vous ne luy auriez point fait reponse?» (IX, 133.) Mr de Mirepoix, rappelons-le, avait été nommé ambassadeur à Vienne en 1737; son secrétaire n'a pas été identifié.

14. Devaux se plaint, le 24 et le 25 février, de ne pas avoir reçu de lettre; le 26 il en reçoit deux (94 et 95) et y répond dans IX, 133-138. Sur les «déclarations», v. 94 par. 2. Devaux : «Je n'entens pas bien le conte qu'il vous a fait : etoit-ce a luy que s'addressoient les declarations, ou les luy faisoit[-on] pour le Navarrois?» (IX, 135.)

15. Cette lettre de Mme Du Châtelet est perdue.

16. Un commis des postes (v. 94n11). Devaux : «Quel est donc ce commis que vous craignez et pourquoi vous en mefiez-vous? Cela ne doit pas vous empecher de me tout dire; quand vous aurez quelque chose de bien secret, addressez a Cognel; le diable n'ira pas deterrer cela. Je veux l'histoire du proces par ce canal.» (IX, 135.)

17. Devaux : «Je suis bien fasché que vous n'ayez pas encor eté a l'Opera; est-ce que vous n'y

pouvez aller toute seule? Qu'est-ce que l'on joue a present?» (IX, 136.)

18. Un bouchon était un bouquet de paille ou rameau de feuillage qui servait d'enseigne à un cabaret. Catinerie est un mot inventé par Mme de Graffigny. La phrase signifie : aller seule à l'Opéra, c'est se désigner comme prostituée.

19. Paroles de Philippe Quinault, musique et chorégraphie de Lulli, la première représentation eut lieu en 1674.

20. Voir 97, par. 8, et le texte de la lettre 100 à la note 20.

21. Devaux : «Il me semble qu'il y a bien des articles dans mes lettres auxquels vous ne m'avez pas repondu et dont je serois envieux.» (IX, 137.)

22. Devaux demande constamment plus de détails sur les affaires de Voltaire et les démarches de Mme de Champbonin. Tout Ron[d] est Mme de Champbonin.

23. Devaux : «Le Petit St est d'avis que vous pardonniez de bon cœur et veritablement a cause du sac et que vous ne le preniez pas s'il se retrouve.» (IX, 136.)

24. Il s'agit probablement des «manchettes brodées» dont parle Mme de Graffigny dans 100 par. 3, mais l'identité de Mr Legrand n'est pas établie. Devaux répondra : «[Je] ferai votre commission pour Mr Legrand .» (5 mars 1739, G.P., IX, 155.)

25. La tante de Desmarest (v. 94n4).

26. La fille de Chabouillé (v. 97n5).

27. Gertrude n'a pas été identifiée; elle avait apparemment prêté de l'argent à Desmarest et à Mme de Graffigny (v. 93n17). Devaux répond : «De la j'ay eté chez Gertrude que j'ay enfin deterrée; elle dit qu'on la presse beaucoup, et pour vos gages et pour ceux de Desmarets, que cependant elle feroit son possible pour que l'on prenne encor patience pendant quelque temps.» (11 mars 1739, G.P., IX, 168.)

28. Michel-Charles Bouvard de Fourqueux (1686-1754), conseiller à la troisième chambre des enquêtes, procureur général de la Chambre des comptes, conseiller honoraire du Parlement, et père du célèbre ministre d'État et contrôleur général, Michel (1719-1789). Michel-Charles épousa en 1715 Claude-Marguerite Hallé (1701-1735), petite-nièce et légataire universelle de Denis Le Brun (v. 94n4), et orpheline avant l'âge de cinq ans. Quoique Desmarest et Bouvard de Fourqueux n'aient pas d'ancêtre commun, il paraît que c'est grâce aux liens d'affection qui existent entre les Le Brun et leur petite-nièce que Desmarest fut reçu comme cousin par le mari de celle-ci.

99. à Devaux

Le mardi matin 3 mars[a] [1739]

Je t'ai ecrit avant-hier au soir, mon ami; pendant qu'on joue une partie de piquet (nouvauté inouie jusqu'ici), voions se que j'ai a te dire de nouveau.

Je veux te repeter la phrase dont je me suis servie avec Dorotée, pour savoir si tu en sera contant. Elle me prie dans sa letre[1] de ne lui faire aucune reponce sur cet article[2], qu'elle prendra mon silence pour une marque d'amitié qui lui sera bien chere, et qu'une reponce l'offenceroit extremement. Il y a bien d'autre expressions sur le meme article. Voici ma reponce : «Je suis si persuadée, Madame, que vous desirez sincerement que je me taise sur l'emplois de l'argent dont vous m'avez chargée, que je me determine a une reponce qui vous plaira sans doute autant que mon silence. Je l'acsepte, Madame, moins comme une depte que je contracte avec vous que comme une marque de votre amitié et une assurance de la miene qui n'est point equivoque.» Es-tu contant, Coussi?

A propos de Coussi, V. m'a montré son *Adelaide*[3] bien corigée, mais qui, je crois, ne reussiroit pas mieux. On ne s'accoutumera pas a voir un François connu qui ordonne la mort de son frere; aussi ne la rendra-t-il pas. Encore a propos, je me souviens d'une bonne plaisanterie qu'il fit. On lisoit le gazetin de Paris, ou il y avoit que Mde Adelaide[4] etoit fort enrumée. «Helas, dit-il, car[b] j'ai vu une fille de ce nom-la qui est morte d'une humeur froide.» Quand il me reviendra des a-propos comme cela, je t'en servirai. Alons.

La matinée d'hier se passa a bagnauder comme de coutume. Le D. dina ici. D'abord apres diner, je demandai le carosse et nous fumes chez Md. Duvigeon, que nous ne trouvames pas. Par parentese, ce n'est guere loin d'ici[5], et j'en suis bien aise. Comme je renvoyois le lacais pour ecrire mon nom et ma demeure, Duvigeon le rencontra, et ayant sçu de lui qui demendoit sa femme, il vint me parler. Il me fit force amitié; il me dit qu'il avoit eté a toutes les representations de ce *Mahomet* (qui est second du moins, et non pas premier) et qu'il y avoit une scene toute semblable a celle de *Psammis* quand il veut tuer sa maitresse, que cela etoit chagrinant. Du Frene doit prendre demain la piece pour la lire a l'assemblée et la raporter la semene prochaine. Je demandai a Duvigeon de me faire avertir du jour pour que je m'y trouve. Il me proposa de donner a diner a Du Frene[6], et me demenda avec beaucoup d'egard si je n'aurois pas de repugnance a m'i trouver. J'ai accepté de tout mon cœur, car j'aurai le tems de discuter les dificulté que cet animal fera.

Voila tout ce que j'en sais. Mende-le au Petit[7], je t'en prie, et dis-lui bien que je n'ai le tems d'ecrire qu'a toi. Je crois qu'aucun de mes amis ne te dispute cette preference. Dis-lui aussi que je suis bien fachée de sa maladie, et que je ne negligerai rien pour sa piece jusqu'a faire une cabale si je puis, et Ma Sœur m'aidera. Enfin je ferai tout ce que je pourai, et quand je saurai de quoi il s'agit, je lui ecrirai vingt pages pour lui en rendre compte. Dis bien tout cela.

De chez Duvigeon, le D. me proposa de faire troter les cheveaux jusque chez le Tout Ron, tant pour causer que pour nous promener. Nous y fumes. Nous ne dessendimes point; elle monta dans le carosse et nous causames au milieu de la rue. Dans ce tems-la on aporta les letres au Docteur. Il y en avoit une de cette vilaine G.[8] Il la lu en nous en retournant. Je la lui demandai, il ne voulu jamais me la montrer. Comme je vis que l'envie que j'avois de la voir aloit causer une querelle, je ne fis plus d'instance, car je suis un vray mouton. Il me dit seulement qu'il ne vouloit pas me la montrer parce qu'elle lui mendoit qu'elle croioit que je la haissois bien. Je repondis : «Et quand cela seroit, auroi-je tort?» Il me dit : «Ne me dites pas cela, je vous prie, et ne m'obligez pas a ne la plus voir.» Je fus si contente de cette phrase que je ne songai plus a la letre. Je suis seure qu'elle me fait encore quelque imfamie, et que peut-etre il demele qu'elle i a tort. De crainte de troubler le calme, je n'ai pas parlé de ce que tu me mande.[9] Je ne puis trop eviter les noises.

Nous revi[n]mes par le Pont-Roial, que je n'avois pas encore vu. Je vis un bout des Tuileries[10] qui m'on parut, comme tout le reste, tel que j'en avois l'idée. Nous passames encore dans bien des rues que je n'avois pas vu. Le D. est etonnant, il n'y a pas un coin de Paris qu'il ne connoisse. J'aime beaucoup a courir les rues avec lui. Il ala souper chez son oncle[11] et voir le cousin, qui ne veut pas donner la petite fille a la tante[12]. C'est une bonne affaire, car cela la fachera beaucoup contre eux. Il revint ici apres souper, et, sous pretexte de lui montrer une viele que Ma Sœur m'a envoyé, je l'apelai dans ma chambre. Nous causames une demi-heures bien bas, car la porte etoit ouverte et le Franc et Javote dans l'autre chambre. Je suis extremement contante de ce qu'il me dit, meme jusqu'a l'etonnement, comme tu l'est de ce qu'il t'aime. Nous nous sommes quités bien bons amis. Il est parti ce matin pour Senlis. Il rit beaucoup de ce que tu lui demande des details; il t'envoye au diable avec tes details et il t'aime bien, je t'assure. Il a ecrit au Professeur, dit-il, et il ne veux pas que l'on s'atende a trouver des complimens pour l'un dans les letres de l'autre parce, dit-il, qu'il n'en fera rien[13]. *Tu vois, mon ami, que quoique les moments nous soyent chers, je ne t'oublie ny tes commission.*

J'ai eté bien malade encore ces jours-ci; je n'ose manger et j'enrage, car il y a fort bonne chere. Je m'avisai de demander hier du vin de Champagne, – encor un «car» – je n'ai qu'a desiré; il m'a fait tous les biens du monde : j'ai bien dormi et je me porte a merveille aujourd'huy.

Dis au Professeur de ne pas ouvrir les letres que je lui adresserai. Je varierai les adresse entre lui, Dauphin et le Ron. Bonjour, voila le diner qui sonne. Je suis bien contante de cette petite avance.

Or ça, on a diné, on acheve la partie et je ne pers point de tems comme tu vois.

Voici une affaire importante qu'il faut que tu traite. Dubois est dans un etat qui m'impatiante. Les persecutions de sa mere pour la faire entrer chez la G. la tourmente. Nous nous sommes expliqués; elle a grande envie de demeurer avec moi, et moi grande envie de la garder. Voici pourquoi : selon toute les apparances, je serai chez la duchesse. Quand elle n'auroit que le merite de n'avoir point de galanterie, c'est beaucoup dans une maison comme celle-la. Enfin, sans perdre de tems a deduire mes raisons, je ne puis me resoudre a changer de visage. Je suis isolée avec tant de gens que je ne connois pas depuis lontems, je vais encore l'etre; je suis bien aise de garder quelqu'un fait a mes façons. J'ecris a sa mere – fais-luy rendre la letre. Mais ce n'est pas assés : il faut que cette begeule de Perci qui sait[d] tout cela lui ecrive et que la G. le lui ordonne pour qu'elle mande a sa fille qu'elle consent qu'elle demeure avec moi. Je ne crois pas que la G. la prene sans mon aveu et assurement je ne la donnerai jamais. Je ne sais meme si elle avoit ce procedé avec moi si je serois toujours la maitresse d'en avoir de bon. Je commence a me lasser d'etre dupe. Arrange tout cela le plus tot que tu poura, je t'en prie[14].

Bonjour; je vais ecrire deux letres que je pretens t'envoier a revoir, mon ami. J'ai toujours envie de finir par te dire que je t'aime, mais ne le vois-tu pas?

Le mercredi apres-diner [4 mars 1739]

Comme il est plus court de te dire ce que j'ai fait depuis hier, mon cher ami, que de repondre a ta letre, je commencerai par la. Le Tout Ron vint d'assés bonne heure et soupa ici. Il etoit de fort mauvaise humeur a cause des affaire d'Atis, qui vont mal. Apres souper je passai dans ma chambre avec lui et jusqu'a deux heure je me suis amusé a faire enrager un amour qui fait des effort violens pour se taire et qui en dit plus avec des tournures embarassées qu'il n'en diroit en parlant clairement[15]. Cela est fort drole. Aujourd'huy je n'ai rien vu, rien sçu, ainci passons a ta letre[16].

Tu parles d'abord des epitres de façon a croire que tu ne lis point mes letres, puisque je te mendois positivement : je les envoye par cette meme poste. Enfin tu les trouve telles qu'elles sont[17]; laissons cela. L'article suivant est bien plus interessant. Quoi, mon pauvre ami, les persecutions recommensent[18]?

                                                          Apres souper

Les persecutions recomencent.

J'ai eté interompue par la visite de Mareil que j'ai eté recevoir dans la chambre commune. Je l'ai laissé avec Md. Babaud, ne pouvant plus parler parce qu'un rume de cerveau me commence et m'accable. Je n'ai pas eté entré dans ma chambre qu'est arrivé Ma Sœur, qui y est restée tant que l'abbé de Breteuil[19] est arrivé, qui est resté jusqu'a neuf heures. J'etois si excedée que je croiois ne pouvoir achever de t'ecrire mais le souper m'a un peu raccomodée, et me voici. A propos de t'ecrire, la dame D. se mele de plaisanter sur la longeur de mes letres et des tienes. Elle m'a fait pleurer hier, et Mde Babaud, en parlant de toi. Je crois que c'est bien te dire que je t'aime. Elle me demanda bien des pardons, donna mille louanges a notre amitié. Mde Babaud, que je viens de quiter pour t'ecrire, te fait mille complimens. J'ai encore peur d'oublier une chose : c'est que quand tu me parlera de l'affaire d'Atis, enfin les letres qui peuvent etre dengereuse, adresse-les a Ma Sœur l'ainée[20], rue de Cleri[21]. Que ce ne soit pas souvent parce que cela me retardera le plaisir de les recevoir, mais elle seront seure, je crois; et fais metre l'adresse par le Chien. Tu vois que je tremble encore. Ces letre-la seront seure a tous egards avec une double envelope du moins.

Or ça, je suis donc bien fachée, mon ami, que les persecutions recommensent. Te voila donc dans la cariere des malheur. Des que je te laisse un peu respirer, les peines domestiques succedent a celle de l'amitié. En verité, mon cher ami, je te plains bien. Mais je suis bien aise de te voir un peu resolu a soufrir un chagrin qui a quelque interval pour eviter celui qui ne finiroit qu'avec toi; car il t'entereroit bientot de façon ou d'autre. Tiens bon, mon ami, et caresse bien ta bonne mamant. Tu la gagnera toujours par la tendresse; et laisse gronder ton pere. Je ne saurois m'enpecher de rire et pleurer de l'idée du diner. Mon Dieu, que je te plains!

Je t'envoye par la meme poste l'*Epitre ᶠsur laᶠ calomnie*[22] et un almanac qui peut-etre t'amusera. Eu egard a ce qu'il n'y a que cela d'epitre imprimée, je ne puis t'en envoyer davantage. On imprime les autres en Holande[23]. Prend patience si tu peus. Mande-moi donc si Solignaq trouve bon que je lui adresse des paquets sans lui ecrire. Je le crois bien payez par le plaisir de les lire. Fais-lui cependant des boisseaux de complimens de ma part et a sa femme et tous ses bieaux enfants[24].

Oui, le cours de ton sang est bien plus beau que celui de...[25] C'est une question décidée depuis longtems.

Ques que les *Letres cabalistiques*[26] dont tu me parles a tout moment? Je ne les connois pas.

J'ai effacé de ta letre la lessive que ta mere est allée faire a Chanteheu[27]; je n'ai point trouvé cette anecdote digne de la posterité.

L'archeveque d'Embrun est cardinal[28]. Le pape a donné une nomination au chevalier de St. George[29], qui l'a vendu quatre cent mille franc a Mr de Tansin. Ce n'est que d'hier que la barete est arrivée. Il y a deja des epigrame contre lui; on m'en a dit une qui ne vaut pas la peine d'etre ecrite. Le mot est qu'il est cardinal en depit de la vertu. On dit que c'est pour sucseder au cardinal ministre[30] et on tremble, et je demande pourquoi. Je ne suis pas encore assés viele Parisiene pour crier contre les ministres presens et craindre les futurs. On dit aussi que c'est pour metre un obstacle invainsible au retour du garde des Sceaux[31]. Aime-tu ces nouvelles-la? J'en entans tant que tu veux. Je te prie de demander au St comment il trouve la charité du Tres Saint qui, ne voulant point donner d'argent au pretendant, lui donne un chapeau a vendre. Je l'embrasse de tout mon cœur, ce St, et je goute le plaisir qu'il aura a disputer sur cette nouvelle.

Bonsoir, mon cher ami. Bonjour, mon Chien. Je vous embrasse tous de tout mon cœur quoique foiblement de mes bras, car il sont tout comme panpichonnet-tinioletes. J'ai mis dans le paquet de Solignac les letres dont je te charge.

MANUSCRIT

Yale, G.P., VIII, 41-44 (D71); 4 p.; orig. aut.

IMPRIMÉ

Showalter, p. 102-103 (extraits).

TEXTE

a ⟨fevrier⟩. *b* Lecture incertaine. *c* Cette phrase est rayée d'un seul trait, probablement pas par Mme de Graffigny. *d* Ou «fait»? *e* Ces mots sont rayés. *f* Le ms : «a sur».

NOTES

1. Cette lettre est perdue (v. 98n15).
2. L'argent que Mme Du Châtelet avait donné à Mme de Graffigny (v. lettre 95).
3. *Adélaïde Du Guesclin* : dans cette pièce centrée sur la rivalité entre deux frères, l'un d'eux, le duc de Vendôme, décide de faire assassiner l'autre, le duc de Nemours, lorsqu'il découvre que celui-ci aime et est aimé de la femme qu'il convoite, Adélaïde Du Guesclin. La pièce n'eut aucun succès, et c'est à cet échec que Voltaire fait plaisamment allusion un peu plus loin en parlant d'une Adélaïde «morte d'une humeur froide». La pièce, avec des changements, fut reprise en 1752 sous

le nom du *Duc de Foix*, et ce fut un nouvel échec. En 1765, *Adélaïde Du Guesclin*, la pièce initiale, connut un franc succès. Mme de Graffigny cite à plusieurs reprises la réplique «Es-tu content, Coucy?» (v. 52n36 et Best. D12909).

4. Marie-Adélaïde (1732-1800), sixième enfant de Louis XV et de Marie Leszczynska.
5. La rue du Petit-Lion (v. 61n48).
6. Sur *Mahomet second*, v. 96n15. *Psammis*, tragédie de Saint-Lambert (v. 51n11), que Mme de Graffigny écrit aussi *Spammis*, ne fut jamais jouée. Comme on peut le voir dans ce qui suit, Mme de Graffigny se proposait de sonder l'acteur Du Fresne sur les possibilités d'une représentation.
7. Jusqu'ici d'Amezaga, mais ici et désormais, Saint-Lambert; Devaux : «Des que vous verrez Mde Duvigeon, pressez-la pour la tragedie. Ce pauvre Petit s'en meurt.» (19 février 1739, G.P., IX, 124.)
8. Mme de Grandville.
9. Voir 98n12.
10. Tuileries : palais situé à l'ouest du Louvre. Il était sous Louis XV résidence royale. Il fut brûlé sous la Commune, et démoli en 1872. Le pont

Royal, qui remonte à 1689, réunit l'extrémité de l'actuel quai Voltaire au quai des Tuileries.

11. Paul-Antoine de Saint-Gobert (1673-1746), ancien chanoine de la cathédrale de Senlis, frère de Saint-Gobert de Blaville; il demeure à Paris, rue Montorgueil.

12. Sur le cousin, la petite fille, la tante, v. 97n5 et 98n25, n26 et n28. Desmarest, qui cherche à s'attirer les bonnes grâces de sa tante, craint la concurrence de son cousin Chabouillé, «héritier redoutable».

13. Devaux : 26 février 1739 (G.P., IX, 136).

14. Sur la mère de Dubois et la Perci, v. 69n3-4. Devaux répondra : «J'ay parlé a Percy qui m'a juré que, loin de detourner Dubois de rester avec vous, elle etoit la premiere a le luy conseiller, jusqu'a luy ecrire que si elle n'etoit pas mariée et qu'elle voulut trocquer de condition avec elle, elle ne balanceroit pas a l'accepter; qu'elle avoit deja mandé les memes choses a la mere, mais qu'elle n'entendoit pas raison, et que depuis sa chute, qui luy a meurtri un bras, sans dislocation pourtant, elle etoit plus opiniatrée que jamais a faire revenir sa fille. J'ay donné votre lettre a Percy, qui m'a promis qu'en l'envoyant elle ecriroit encor sur le meme ton. J'ay ensuite parlé a la maitresse [Mme de Grandville] qui m'a dit qu'elle ignoroit absolument toutes ces menées, qu'elle n'avoit point d'envie de prendre Dubois et par rapport a vous et parce qu'elle ne la croit pas assez adroite; et que quand meme elle reviendroit de votre aveu, elle ne la prendroit peut-etre pas; qu'au demeurant elle feroit ce que vous luy demandez.» (11 mars 1739, G.P., IX, 167-168.)

15. Voir 94n10.

16. Lettre du 27-28 février 1739 (G.P., IX, 139-142).

17. Voir 95n24. Devaux fait un commentaire sur les épîtres de Voltaire qu'il a déjà reçues, surtout sur «celle de l'Envie» (III) et «celle de la Liberté» (II). Il y trouve des défauts et des «endroits impayables» et se dit curieux de voir les autres : «Je dis les autres car il y a la seconde et la troisième, donc il y en a une premiere [«Sur l'égalité des conditions»]. Je prie le Demaretichon de me l'envoyer par la meme voye avec l'epitre sur la calomnie [v. n21 ci-dessous]. Je voudrois les faire relier toutes ensemble avec quelqu'autre chose de Voltaire.» (IX, 140.)

18. Voir 95n10. Devaux : «Ma chere mere [...] est venue me demander de la part de mon cher pere mon dernier mot sur le mariage; ma reponse a eté que j'en etois plus eloigné que jamais, que je ne pouvois prendre ce parti sans me rendre le

plus malheureux des hommes [...] Je ne sçais si vous concevez tous les mauvais propos qu'a amené le commencement de cette conversation. Tout a eté mis sur le tapis : indevotion, inutilité, faineantise, port de lettres memes, et grand nombre d'autres coups de poignard [...] Mon cher pere vouloit aujourd'huy prier Mde de Grandville de faire inviter la demoiselle a diner avec moy. Oh, je crois que s'il avoit fait cette cacade, je serois mort de honte.» (IX, 139.)

19. Voir 62n20.

20. Pour la sœur cadette, v. 37n31 et 104n2.

21. Entre la rue Montmartre et le boulevard Bonne Nouvelle. La rue du Gros-Chenet aboutissait à la rue de Cléry; v. ce que dit Mme de Graffigny dans la lettre 97 sur la proximité de la maison de Mlle Lubert.

22. *Épître à Mme Du Châtelet sur la calomnie*, de Voltaire (1736), rééditée en 1739 (v. n17 ci-dessus).

23. Devaux avait déjà lu certaines épîtres, et Mme de Graffigny lui en envoyait d'autres (v. n17). Sur l'édition hollandaise du *Discours en vers sur l'homme*, v. Bengesco 608.

24. La femme de Solignac s'appelait Marie-Jeanne Pétrequin (vers 1701-1773); elle était d'une famille anglaise (probablement Peterkin) qui avait suivi Jacques II dans son exil. Parmi leurs enfants il y avait Stanislas-Catherine, né en 1738, et Pierre-Joseph qui mourut le 10 juin 1739 à l'âge de 12 ans. Les termes de leurs testaments, ainsi que des contrats de mariage de leurs nièces, laissent supposer qu'ils eurent d'autres enfants, et que tous moururent en bas âge.

25. Celui de Voltaire. Après son commentaire sur les épîtres, Devaux ajoute : «Avant que de finir sur cet article, oserois-je vous dire que dans la peinture anatomique qu'il fait, quelque belle qu'elle soit, je n'y ai point vu de traits plus forts que celuy-ci de la mienne en parlant du sang : ⟨C'est ainsi que sans cesse en sa marche pressée / Il est conduit a replis tortueux, / Dans les alambics sinueux / Qui doivent en philtrer la vie et la pensée⟩.» (IX, 140-141); v. 59n2 et 67n5.

26. Devaux : «Il faisoit si beau cet apres-dinée que j'en ai eté passer une partie aux Bosquets avec les *Lettres cabalistiques*.» (IX, 134); «Je passai ma journée a lire les *Lettres cabalistiques* et a jouer aux echets.» (IX, 141.) Cet ouvrage, paru sous l'anonymat à La Haye en 1737, est du marquis d'Argens (v. 53n40) et fut mis à l'Index en 1742.

27. Devaux : «Bonsoir, chere Abelle, je viens de Chanteheu voir ma chere mere qui y fait la ⟨lessive⟩.» (IX, 141); le dernier mot a été raturé par

Mme de Graffigny (v. aussi la lettre 105n10). Chanteheux : village sur la Vesouze à 3 km de Lunéville, où se trouvait l'une des résidences de Stanislas.

28. Pierre Guérin de Tencin (1680-1758), nommé archevêque d'Embrun en 1724, ministre d'État à partir de 1742, fut déclaré cardinal le 23 février 1739.

29. Le prétendant Jacques III (1688-1766), fils de Jacques II d'Angleterre, vivant en exil à Rome; le rôle qu'il joue dans l'élévation de Tencin est raconté dans R. Vaillot, *Qui étaient Mme de Tencin ... et le Cardinal?* (1974, chapitre XII).

30. Fleury.

31. Germain-Louis Chauvelin.

100. à Devaux

Le vandredi apres souper, 6 mars [1739]

Me voici vis-a-vis du pauvre Zon[1] qui fait ses chien. Il y en a deja un qui est joli comme elle.

Hier je devois aller passer la journée avec la d... Dorsin mais j'etois si malade que je lui fis dire que je n'irois pas. Elle vint et me proposa d'aller voir une maison que Md. Du Chatelet veut acheter[2]. Malgré mon mal je ne pus resister a l'envie de courir Paris, car c'est un plaisir infini pour moi que le bruit, le tracas, les embaras. Je ne crains rien et tout cela me diverti fort :[a] tu[b] connois Paris. Vois si j'eus hier contantement. D'ici nous fumes a la rue de la Perle[3] ou demeure son fils[4]. De la a l'hotel de Richelieu. De la a la derniere maison de l'Isle qui est celle que Md. du Chatelet veut acheter, qui est un palais peint partout par Le Brun et Le Sueur[5]. C'est une des curiosité de Paris. De la nous fumes dans la rue Coqueron[6] ou la dame avoit afaire. Dans deux ou trois autres ruë, a la place Vendome, a la place des Victoire. Enfin nous revi[n]mes ici a huit heures parce que les cheveaux ne voulaient plus aller. Elle soupa ici. D'abord apres souper je me mis au lit. Elle a causé avec moi jusqu'a une heure et je me suis fort bien amusé.

Aujourd'huy j'ai dit a Md. Babaud que je voulois envoyer acheter les pieces que tu me demande. Elle m'a proposé d'y aller. Comme il faisoit beau, cela nous a promené. Je les ai mais je ne les mest pas au coche parce que Mr de La Chaussade part en poste la semene prochaine et que tu les auras aussi tot. Je metrez dans le paquet six paire de manchettes brodées que Demarets m'a laissées pour les envoyer a Mr Legrand[7]. On trouvera plus de piece que tu ne m'en a demandé; mais je ne sais si je pourai avoir la *Volte*[8]. Il est deffendu d'en vendre, il est difficile d'en avoir. Si je le peus tu l'auras. J'envoyerai demain chez Venevaut[9]; je devois commencer par la, mais on fait comme on peut.

Pendant que nous etions allé chercher ces pieces Md. Duvigeon est venue, dont je suis bien fachée car j'ai bien envie de la voir. J'ai renvoyé chez elle pour savoir si elle ne voudroit pas aller demain a la comedie. Elle m'a fait dire que non, parce qu'elle atent son mari qui est a Versaille pour peindre l'Infante. On apelle ainci Madame premiere[10].

J'ai lu une de tes piece a Md. Babaud. Je ne t'en veux rien dire; tu les veras. J'ai eu bien du regret a mettre trante sols a *Medus* qui n'en vaut pas cinq, mais tu le souhaite.

On s'ecrase toujours a *Mahomet*.

La dame D. me mene enfin dimanche a l'Opera.

Je ne sais plus rien a te dire; je vais repondre a ta letre d'hier[11].

Je suis toute hebaye*ᶜ* des cris de joye que tu fais et de la fortune ou tu me vois. En verité il faut convenir que tu passe facilement d'une extremitté a l'autre. Qu'i a-t-il donc de si merveillieux dans la letre de la duchesse[12]? – un voyage que je crains si fort que tout le monde me conseille de*ᵈ* ne pas le faire. Le D., qui a vu dans quel etat j'ai eté, ne veux pas que je m'i expose; mais brisons la-dessus. Mr de Guise est fort mal. Aujourd'huy il nous metra peut-etre d'acort. Crois-tu que je suis bien aise de loger chez la duchesse? Tu te trompe. Si je ne m'en aflige pas, c'est un effort de raison. Ce qui m'auroit plut quand je croiois que rien n'etoit si aisé que de vivre avec les hommes me deplait fort a present, d'autant plus que les callietes[13] l'ont gagnée et qu'elle est eternellement en tracasserie, qu'elle fait enrager son mari par ses jalousies, et enfin qu'il est tres dificile de s'y conduire. Crois-tu que je ne sois pas lassée de n'avoir pas la liberté de re[s]ter au lit quand bon me semble ou de ne manger que quand il me plait, de me taire quand je n'ai rien a dire, de vivre pour moi, enfin? Mais je ne consois pas que tu imagine un bonheur si loin de ton gout et de tes idées. Pour moi, je sens que je m'en ferois un vray chagrin – car c'en est un reel – si je ne sentois que je n'ai pas de quoi vivre a mes depends cette année. C'est guerir un mal par un mal, comme tu vois. Je n'en gemis pas, ma raison est assés forte la-dessus, mais je t'avoue que tes phrase font un contraste avec ma situation qui ont pensé renverser les tours que j'avois elevée contre le sentimens reel et sensible de mon etat. Qu'es que j'ai a attendre d'une grande princesse qui ne vit qu'a force de lait et qui est toujours sur le bord du tombeau, qui jouë tout et plus qu'elle n'a, qui n'a jamais un sol, et qui doit partout? Mon Dieu, que l'on voit les chose de loin differente de ce qu'elle sont! Qu'elle viene a mourir, ou en sui-je? Je ne me fais d'illusion ny pour ny contre, je ne desespere pas : mais crois-moi, il s'en faut bien que je ne sois heureuse, et mon ame le sait bien et le sent malgré moi. Ce n'est pas pour t'affliger, mon ami, que je te dis cela, c'est pour te repondre et te metre dans une moderation dont il coute moins de sortir que d'exes de joye ou d'esperance quand il arrive quelque contretens. Tu as deja tant crier que j'etois heureuse quand j'arivai a Ciré, et j'ai eu des peines si vives depuis, que tu me fais trembler.

Demaret t'a mandé qu'il etoit inutil de te dire les noms de nos autres acteurs[14] puisque tu ne les connois pas. Il redira tout cela.

J'aime la question si je suis bien seure de la lettre de R. a V. Je t'ai mandé que c'etoit le dernier qui me l'a dit.

Il n'est pas vrai que R. n'ai pas voulu demeurer a Paris; c'est que Mr Joli lui a fait dire qu'il le feroit areter[15].

J'avois montré *Heraclite*[16] la veille de la grande scene sur une letre de toi, a ce qu'il me semble; je n'en sais trop rien, car cette scene m'a brouillié toutes les idées.

Tu es charmant de croire que je n'avois pas envisagé toutes les circonstances desgreables de la perte de cet argent[17], mais quoiqu'il soit singulier de l'avoir retrouvé, cela n'est pas rare; il y en a mille exemples. Je n'en ai pas eté moins surprise pour moi, et je ne l'ai pas moins pris a bonne augure, mais enfin cela n'est pas unique. J'ai envie, puisque cela se trouve, de te conter un fait bien plus singulier. Un homme qui portoit onze mille franc chez un banquier rencontre un de ses amis. Il dessent de son fiacre sur le Pont-Neuf; un sac tombe. Il ne s'apersoit qu'il lui manque que chez le banquier qui etoit fort loin. Il retourne et en repassant sur le Pont-Neuf il voit du peuple assemblé qui rit. Il regarde et voit son saq. Il se precipite et va le ramasser. On lui crie : «Il a chiez au lit!»[18] C'etoit le mardi gras. La canaille croioit que c'etoit un atrape et personne n'avoit osé y toucher. Celui-la est vrai.

Ton sermon sur l'acseptation de l'argent me fait rire de bon cœur, tant parce qu'il est vieux comme ces rue que pour la betise du Petit St et de toi qui a vous deux, le conseil assemblé, n'avez pu comprendre que refuser de quelque façon [que] ce put etre, c'etoit se brouiller[19]. Oh, ma foi, vous etes trop sots, mes pauvres amis, de croire que je ne m'entens pas aussi bien en action genereuse que vous. Il y a mille ans que l'on ne parle plus de la querelle et vous vouliez donc que je mendasses bien honnetement : «Je vous pardone mais je ne veux point de votre argent.» Alez, vous n'etes que des benets. J'en sais autant que vous. Mais de me dire comment je pouvois acepter l'argent sans une horrible repugnance ou le refuser sans me brouiller, voila ce qui vous passe si bien que vous ne l'avez pas sentis. Oh, mon Dieu, les pauvres raisonemens que tu me fais la-dessus! On voit bien que vous vivez en province. Il ne faut pas etre grand sorcier pour savoir que la vanité est bien contante de pardonner et de refuser des servisse. C'est le pont aux asnes de l'amour-propre, que la vanité a trouvé a propos de nommer generosité. Encore une fois, vous n'etes que des benets. Autre betise de me recommender de ne parler de leur tord a personne, pas meme a la duchesse. Vous me prenez, ma foi, pour une gruë. Ah, je sais mieux mitoner mon orgueil! Je ne m'aviserai pas de me faire moquer de moi en me plaignant de gens chargé de ridicule. On me diroit : «[Eh]ᵉ bien, quel diable y alliez-vous faire?» Et puis vous croiez donc [que]ᵉ je veux avoir sur les bras les gens qui sont en comerce avec [la]ᵉ posterité? Gardez vos pauvres petits sermons pour vos enfan[s]ᵉ, mes pauvres amis, ou faites-moi l'honneur de croire qu'il me les faut moins communs.

Tes lettres ne me coutent pas plus avec une demi-feuille bien pliée. Je te le repete afin que tu fasses toujours de meme[20].

Je ne t'envoyerai pas nos deux roles, cela est inutil[21]. Le D. te dira tout cela et tu aura plus de plaisir. Voici un couplet du mien (tu sais que c'est une femme comme dans le *Prejugé a la mode*; elle parle de son mari) : «Il a de grands deffaut sans doute, je ne les connois que trop; je m'en ocupe jour et nuit, pour tacher de m'en detacher; mais ma sœur, j'y suis presque accoutumée comme aux miens, et dans la suite il me seront aussi chers²².»

Je crois que Touron est jaloux de toi aussi car il te pille continuelement – oh, cela est bien plaisant! Ce sont des yeux, des propos, des larmes, et cependant on ne dit toujours rien en disant tout au monde ce qu'on peut dire. C'est une scene nouvelle et unique pour moi mais qui, comme tout le reste, m'amuse sans afecter mon ame, qui est toujours presque dans le meme etat. Je ne suis pas triste, mais assurement je ne suis pas gaye.

Tu es trop bon, mon cher ami, d'oublier tes chagrins pour moi. Je suis pourtant fachée que tu ne me mande pas les mines de ton pere et comment cela va, car j'en suis bien inquiete. Quoique vous soiez des benets, mes chers amis, je ne laisse pas de vous aimer de tout mon cœur, de toute mon ame, de toutes mes forces, car ma foi, vous etes mes chers bons amis. Je n'ai que vous de bien dans ce monde. Si vous ne m'aimiez plus je serois deja dans la Seine, tant je me soussie peu de vivre; mais n'ayez pas peur, je ne veus pas mourir affin que vous soiez bien aise. Bonsoir. Je suis malade comme un chien et cela est si vray que je continue a megrir, et partant a enlaidir. Je m'en moque. Le pauvre Zon soufre bien; voila deja trois matins*f*. C'est pas vray, car le premier est charmant.

[*adresse :*] A Monsieur / Monsieur Liebaut / professeur d'histoire des / cadets de S. M. le roi de Pologne / rue du Chateau / a Luneville

MANUSCRIT

Yale, G.P., VIII, 45-48 (D72); 3 p.; orig. aut.; m.p.: 8.

IMPRIMÉ

Showalter, p. 104-108.

TEXTE

a Le ms : «(car)», ce qui est sans doute l'indication que Mme de Graffigny veut rayer ce mot. *b* Lecture incertaine. *c* ébahie. *d* Le ms : «ne». *e* Déchirure. *f* mâtins.

NOTES

1. La chienne de Mme de Graffigny, «Lise» ou «Lison».
2. L'hôtel Lambert, 2 rue Saint-Louis-en-l'Île, construit en 1642 pour Jean-Baptiste Lambert, fut vendu au marquis Du Châtelet par le fermier général Claude Dupin. Voltaire et Mme Du Châtelet y habitèrent très peu de temps en 1742 avant de le revendre trois ans plus tard (v. Best. D1944).
3. Dans le 3ᵉ arrondissement, entre la place de Thorigny et la rue Vieille-du-Temple. On y trouvait une suite d'hôtels construits par l'architecte Libéral Bruant.

4. Louis-Charles-François-Toussaint Du Raget de Champbonin.
5. Charles Le Brun (1619-1690) et Eustache Le Sueur (1616-1655). Ils travaillèrent tous les deux à la décoration de l'Hôtel Lambert (1649), avant que Le Brun ne devînt le peintre officiel de Versailles.
6. La très petite rue du Coq-Héron reliait autrefois la rue Coquillière au point de rencontre des rues Pagevin et Verdelet, absorbées par la rue Étienne Marcel.
7. Voir 98n24.
8. La *Voltairomanie*.
9. Nicolas Vennevault (1697-1775), miniaturiste et, apparemment, colporteur, ami fidèle de Mme de Graffigny, avait passé par Lunéville en 1724. Devaux, en demandant les «rôles» joués par son amie à Cirey et «quelque chose sur le procès» (de Voltaire), ajoute : «N'oubliez pas d'envoyer chez Vennevaut, chez Mr Veron banquier, rue Quincampoix, voir s'il n'en a point pour moy.» (2 mars 1739, G.P., IX, 146); v. aussi 104n6.
10. La princesse Louise-Élisabeth de France (1727-1759), appelée Madame Première, Madame, et, surtout après son mariage le 26 août 1739, Madame-Infante ou l'Infante-Duchesse.

On lit dans le *Mercure* de février 1739 : «Le 22, le roy déclara que le mariage de Madame avec l'Infant d'Espagne Don Philipe étoit conclu entre S. M. et le roy d'Espagne.» Philippe (1720-1765), en 1739 troisième fils survivant de Philippe v d'Espagne et d'Élisabeth Farnèse de Parme, devint duc de Parme en 1749.

11. Lettre du 2 mars 1739 (IX, 143-148).

12. Sur la lettre de la duchesse de Richelieu, v. lettre 96. Devaux : «Je ne puis vous dire depuis quand je n'ai point ressenti de plaisir si parfait que celuy que m'ont causé l'aventure de votre sac [lettres 95, 96] et la lettre de la duchesse. Les deux evenemens me plaisent non seulement par ce qu'ils sont, mais encor par ce qu'ils promettent. La médaille se retourne, chere amie.» (IX, 143.)

13. Caillette : personne qui a du babil et point de consistance : «Cet homme est une franche caillette» (Littré). Il s'agit ici sans doute des bavards qui avertissaient la duchesse des aventures galantes de son mari.

14. Voir 91 par. 6. Devaux veut savoir qui jouait Lusignan et les autres rôles de *Zaïre*.

15. Sur la lettre et sur Joly de Fleury, v. 96n8. Devaux : «Ce que vous me dites de Rousseau ne m'etonne [pas] moins que la reponse de V. [...] Mais etes-vous bien sure de cette lettre? On dit ici que c'est Rousseau qui n'a pas voulu demeurer a Paris parce qu'il n'a point voulu de lettres d'abolition.» (IX, 144.)

16. Voir 96n10. Devaux : «En verité vous etes admirable de ne m'avoir pas parlé plus tot d'*Heraclite*. Dites-moy si c'est sur ce que je vous en mandois qu'ils l'ont voulu voir, et comment vous vous y etes resoluë, si c'est apres votre tracasseries. J'approuve assez ce que l'on vous a dit, cependant je ne voudrois pas que vous perdissiez le titre.» (IX, 144.)

17. Voir lettres 95 et 96. Devaux : «N'y avoit-il pas cent a parier contre un que vous ne retrouviez pas votre sac? Et dans quelle situation cette perte vous auroit-elle jetée? Car enfin je n'ai pas voulu vous en montrer toute l'horreur. [...] Rien n'est plus fascheux que de devoir tant a des gens dont on a tant a se plaindre, sans compter les soupçons qu'on auroit pu avoir.» (IX, 144-145.)

18. On crie par railleries aux masques qui courent au temps du Carnaval : «Il a chié au lit» (*Dictionnaire de l'Académie*, 1778); v. aussi le mot «chienlit», 91n4.

19. Devaux consacre à cette question un très long passage dont voici l'essentiel : «Nous sommes de votre avis, il faut absolument rendre l'argent, mais aussi, chere amie, nous decidons qu'il faut pardonner de bonne foy, tout oublier, et ne vous souvenir que de l'envie qu'ils ont eue de vous servir. [...] Voila a quoy le Petit St et moy nous vous condamnons, nous ne voulons pas meme que vous parliez de leurs torts a la duchesse si elle vient a les sçavoir. [...] Pardon, chere amie, de tout ce beau sermon.» (IX, 145.)

20. Voir 97, par. 8.

21. Devaux demande le texte des rôles joués par Mme de Graffigny et Desmarest à Cirey dans le *Comte de Boursouffle* (v. par. 3 ci-dessus).

22. Citation du *Comte de Boursouffle* («Le Grand Boursouffle») de Voltaire; voici le texte tel qu'il paraît dans le remaniement publié sous le titre *Les Originaux* : «La Comtesse : Il a de grands défauts, sans doute, je ne les connais que trop; je les ai remarqués exprès; j'y ai pensé nuit et jour pour me détacher de lui, ma chère enfant : mais a force de les avoir toujours présents à l'esprit, enfin je m'y suis presque accoutumée comme aux miens; et peut-être qu'avec le temps ils me seront également chers» (II, i).

101. à Devaux

Le lundi matin [9 mars 1739]

Voici une lettre dont tu ne sera pas contant, mon cher ami. Elle sera courte mais elle ne peut etre plus longue. Je n'ai pas eu un moment a moi. Samedi Mde Duvigeon vint me prendre pour aller a la comedie. Il n'etoit que trois heures. Nous ne pumes pas entrer; nous allame aux Italiens a la seconde representation d'une piece nouvelle de Romagnesi[1]. Voila de la matiere a grifonnage mais ce ne sera pas pour aujourd'huy. Hier j'ai eté au Cours[2] avec Mde Babaud, et de la chez

Md. D. ou j'ai soupé. Il etoit si tard quand je suis revenue que je n'ai eu que le tems de lire ta letre[3]. Rien n'est si vray, mon ami, je ne me lasse point de tes pretendus rabachages. Ta letres d'hier m'a fait un plaisir sensible. Tu reponds a ma derniere en t'en doutant seulement. Il faut que je me leve et m'habille vite, il est tard. Et enfin je verez *Mahomet*, car la dame D. vient me chercher a deux heures pour y aller.

Je receu hier une letre du Docteur. Il est contant de son oncle[4] au dela de toute esperance. Il ne revient que d'aujourd'huy en huit jours.

J'ai toujours des meaux d'estomac qui me desolent et je megris toujours, encore un «toujours» indiferente. La comedie ne m'a fait aucun plaisir ny la promenade d'hier. Je crois que je n'ai plus d'ame et je n'en douterois pas si je n'etois extremement sensible a ton amitié. Bonjour, mon cher et tendre ami, je ne puis t'aimer davantage.

[*adresse :*] A Monsieur / Monsieur de Vaux / le fils, ruë du Chateau / a Lunéville

MANUSCRIT

Yale, G.P., VIII, 49-52 (D73); 1 p.; orig. aut.; m.p. : 10.

IMPRIMÉ

Showalter, p. 109 (extrait).

NOTES

1. *L'Amant Protée* de Romagnesi, comédie en 3 actes, en vers libres, première représentation le 5 mars 1739.

2. C'est-à-dire au Cours-la-Reine, promenade aménagée en 1616, et qui s'étendait de l'actuelle place de l'Alma jusqu'à la place de la Concorde.

3. Lettre du 3-5 mars 1739 (IX, 151-156).

4. Selon la lettre 99, Desmarest était parti le 3 mars pour Senlis (v. 97n2). Les détails de la visite fournis au début de la lettre 106 montrent que l'oncle dont il est ici question est Saint-Gobert de Blaville (v. 97n4).

102. *à Devaux*

Le mardi dix mars [1739], a minuit

J'ai tant de choses a te conter, mon cher ami, que si je ne prens pas un peu sur mon someil je n'en viendrai jamais a bout. Tu me mandes que tu es si ocupé de moi que tu ne sais si tu n'en est pas amoureux, et moi je te dis que je suis bien seure de n'etre pas amoureuse de toi, mais je n'en suis pas moins ocupée, car je ne desire rien d'amusant que pour te le mander. Je pense a toi tant que le jour est long. Je voudrois t'ecrire a tous les momens et je soufre reelement quand je vois que je n'en ai pas le tems a gogo. Abregeons les dissertations de sentimens. J'ai des faits amusans a te conter. Tiens-toi pour dit ce que je viens de te dire, et que je ne t'ecris pas un mot, quelque etranger qu'il soit a mon amitié, qui n'en soit une marque. Rien au monde ne peut me tenir lieu de toi et de mes chers ami.

Paris me les fait encore plus regreter. Le trone meme me les rendroient plus chers. Au fait.

Je reprend de vandredi, car la lettre que je t'ai ecrit hier ne doit pas etre comptée. Vandredi je ne sais pas un mot de ce que je fis, ainci je ne fis rien. Samedi ton amie[1] me fit dire le matin qu'elle pouvoit aller a la comedie parce que son mari ne revenoit point de Versaille comme elle l'avoit cru. Je lui fis dire de venir me prendre; elle vint a deux heures en fiacre, et tandis qu'on mit les cheveaux d'ici au carosse pour nous mener a la comedie, nous causames. Je l'ai trouvé telle que tu me l'a depeinte, c'est-a-dire, tres differente de ses letres, tres bourgeoise et tres bonne femme. Nous allames donc a la comedie a trois heures. Il n'y avoit plus de place; la ruë n'etoit embarassée que des carosse qui retournoient. Nous fimes comme les autres. Je lui proposai d'aller chez elle pour causer plus a notre aise, et comme nous passions devent la Comedie-Italiene, elle me proposa d'y aller et nous y voila. C'etoit une seconde representation d'une piece de Romagnesi[2] qui reeussit tres bien, et je crois avec raison.

Il etoit bonne heure; nous eumes le tems de causer. Elle ne veut pas demordre sur la seine du temple du *Spamis*[3]. Du Frene ne vera la piece que dans la quinzaine, ainci nous aurons le tems d'en parler. Elle me dit une chose qui me trote un peu dans la tete : c'est que Romagnesi a *Heraclite* depuis lontems. Elle dit que tu lui a mandé de la lui laisser. Premiere dificulté, c'est qu'il n'est plus possible de la mettre au François et que je crains que ces drole-la ne la pille. Ne lui en ecris rien, car cela feroit une tracasserie. Si tu lui a ecrit, n'ecris pas que j'en sois fachée, car je ne le suis pas. Je la ferai retirer dans cette quinzaine et il n'en sera plus question. Elle me coméra beaucoup de ces voisines et de ses amies, elle critiqua ton epitre; enfin, je ne voudrois pas vivre avec elle, mais cependant je l'aime bien car je vois toujours qu'elle t'aime bien et qu'elle est bonne femme.

Tu grille d'etre a la piece – m'y voici. Elle a pour titre *L'Amant Proté*. Cela y revient comme halbarde et misericorde[4]. C'est un François coquet qui aime serieusement pour la premiere fois une jeune veuve apelé Orphise. Cette Orphise, ou Silvia[5], comme il vous plaira la nommer, demeure dans une maison de campagne sans voir personne. Lelio[6], ou le François Valere, est embarassé d'avoir aces chez elle. Il s'adresse au jardinier qui s'apelle, qui s'apelle – ma foi, je n'en sais rien. C'est ce comedien qui etoit a Nancy et que je crois avoir vu jouer une fois a Luneville. Enfin, le jardinier dit a Valere qu'il y a deja trois amans qui lui ont donné de l'argent pour avoir aces aupres de sa maitresse, et qu'elle leur a donné rendé-vous a tous trois. L'un est un Anglois, ou Romagnesi, l'autre un Gascon (je ne sais qui), l'autre un Normant (je le sais encore moins). Valere imagine de se presenter sous le nom de ces trois hommes et de les traduire en ridicule pour en degouter Orphise.

Voila toute l'intrigue. Il y a trois intermedes qui sont amené par la main. Les deguisemens de Valere sont fins comme cribouille[7]. Au troisieme, qui est l'Anglois, elle le reconnoit, et en verité cela n'etoit pas dificile. Elle lui dit qu'elle aime un François nomé Valere; elle lui conte l'histoire de ses deguisemens – cette scene est charmante. Elle dit, Valere se decouvre, se jete a ses pieds. Elle le traite comme un negre[8] et lui dit que ce n'est que pour le punir d'avoir voulu se moquer de ses rivaux, et qu'elle va se choisir un mari entre les trois. Elle aime cependant Valere sans trop le savoir. Elle s'en doute a la fin du second acte. Elle se propose une comedie a ses depend au troisieme; elle donne ordre a sa servante de dire a ces trois amants qu'elle a perdu un proces qui la ruine. Apres cela, elle leur offre sa main. Tous la refusent. Valere, malgré tous ces mepris, le refus des autres dont il a eté temoin, et la perte de son bien, la presse de se declarer pour lui. Le denouement est touchant et tres bien conduit. La piece est assurement mauvaise mais il y a de bonnes choses qui font passer, et depuis longtems c'est la plus suportable qu'ils ayent eu.

Parlons des acteurs a present. Silvia m'a choqué horriblement. Pourquoi donc ne m'avois-tu pas parlé de son fichut nez de peroquet et de ses petits yeux de chouete? Ah, mon Dieu, que son visage est choquant! Je rends a sa figure toutes les graces, graces coussi coussi[9] pourtant; mais passons. Son quiriquiqui[10] m'a plus revolté encore que son chien de nez. Cependant a cette jolie scene et au denouement j'en fus fort contente. Avec une autre visage et un autre son de voix elle seroit sans contredit une actrisse, mais voila l'embaras. Je trouve Lelio tres, mais tres, bon. Son role est extremement fort; il a joué dans le grand vray. Romagnesi a joué l'Anglois extremement bien. Le paiisant est fort bon, mais bon. La soubrette, femme a Lelio[11], est du grand commun, mais sa figure racomode bien ses affaires. Pourquoi ne m'avois-tu pas parlé de sa ressemblance (au moins de loin) avec Md. de Lanoy[12]? C'est une chose frapante. Les vauxdeville m'ont paru assés jolis mais la musique detestable. Ah, pauvre Mouret[13], pourquoi es-tu fou? Le premier refrain est: «Nous pechons en eaux trouble.» Il y en a un couplet qui anonce la parodie de *Mahomet*; il finit: «Quand le tragique reeussit aux François, nous pechons en eaux trouble[14].» Au dernier divertissement le refrain est «C'est trop bourgeois»[15]. Silvia, apres avoir dansé fort joliment, [cha]nta – oh, j'en conviens, avec toute la jentillesse possible – le couplet dont [v]oici le sens: quand une piece reeussit au faubour St-Germain, on y va trois mois de suite, c'est le bon air; mais quand une piece est bonne chez les acteurs iroquois, on y retourne pas deux fois, c'est trop bourgeois. On le lui fit repeter, et *finita la comedia*. Pour te dire ce que j'en pense en gros, je les trouve autant au-dessous des François que ceux de Luneville sont au-dessous d'eux. Arlequin[16] vient d'etre fort malade. Il lui en est resté une extinction de voix qu'on croit qui durera toujours. Voila mon samedi.

Dimanche apres la messe nous fumes nous promener au jardin du Palais-Roial[17], que je ne trouve ny beau ny lait. C'est se promener comme on fait en sortant d'un sermon, car c'est une foule. Dieu merci, je n'ai encore vu que de laides femmes. Je ne sais ou se nichent les belle si on ne les voit n'y au promenades n'y aux spectacles. J'en ai vu jusqu'a deux de jolie. Je m'attendois a les trouver toutes admirables. Apres diner nous fumes au Cours[18]. Il y avoit force fiacres, peu de beau carosse et[a] encore moins de belle dame.

De la je fus passer le reste de la journée et souper avec Tout Ron. La s'eleva une querelle, Dieu sait, sur ce que l'on vouloit me faire dire que je l'aimois mieux que toi. C'est une singuliere chose que cette amitié; elle est jalouse de tout. Je ne saurois mentir, et bien moins quand il est question d'un Panpan. Je dis la verité; les grand jeux furent tiré [19]. Nous ne pouvons passer un quart d'heure ensemble sans querelle – oh, que cela est drole! On te deteste, on deteste le D., on boude, on est malade, on tient des propos qui disent des choses etonnantes que l'on ne croit pas dire ou que l'on fait semblant de ne croire pas dire, on pleure, on baise les doits, les mains, on ne veut pas remetre une epeingle a une robe de peur de toucher la gorge, et quand on demande quelle consequense il y a, on ne sait que dire. Enfin, je n'ai jamais rien vu qui ressemble a cela, mais je commense a en etre exedée, car je ne sais que dire a tant de bouderie et a tant de choses singulieres. Ce sont des yeux, des yeux qui m'embarassent quand il y a quelqu'un, car cela est clair comme le jour. C'est en carosse les jambes entrelassée, et enfin tout ce qui peut exprimer [...][b] dans toutes sorte de langage hors le veritable, dont le mot echape quelquefois mais comme une plaisanterie.

Nous voici au lundi, ce hier, ce grand jour ou j'ai vu *Mahomet*, ou Du Frene m'a enchantée. Ah! quel acteur, quel air, quel jeux, quelle grace, quel visage, non pour la beauté – il ne me plait pas – mais pour l'expression! Ma foi, bonjour, si j'enfilois la tirade je voudrois l'achever. Je n'en suis pas eveillée moins matin, car des que la maitresse du logis l'est, elle entre dans ma chambre. Juge comme cela me plait si tu te souviens comme j'aime a etre reveillié. J'ai toujours mal a l'estomac, toujours des aigreurs. Tu ne veux pas que je me creve pour ton servisse, nesse pas, mon Panpichon? Bonsoir, donc.

Le mercredi matin [11 mars 1739]

Bonjour, mon ami; j'ai une petit moment, j'en profite. J'etois si lasse de frisure que je suis enchantée d'etre mise comme tu sais aujourd'huy et d'avoir par ce moien le tems de te dire un mot.

J'ai envie de ne te point parler de *Mahomet second*. D. doit m'envoyer cet apres-midi une epreuve que Prault[20] lui prete pour le lire a mon hotesse. Quand je l'aurai lue, je t'en dirai mieux mon avis.

Suivons mes journées. Nous fumes a deux heures a cette comedie. Arrive dans notre loge un homme qui ne dit mot. Je m'avise de parler a ma compagne, la dame D., comme tu crois bien, d'un livre tout frapant neuf et que je t'envoyerai. Il se nomme *Amusement sur l'ame des betes*[21]. C'est un joli livre selon moi; tu le vera. Cest homme silencieux me dit : «Quoi, Mde a lu se livre?» Il entre en conversation. Il me dit que c'est d'un jesuite dont j'ai oublié le nom. Je n'en crois rien, et tu ne le croira pas non plus. De fil en eguille nous parlons Neuton, Lok, tout; enfin c'est un homme emerveillié qui se recrie sur son bonheur d'avoir rencontré une femme unique. Oh, que de louange j'ai eu! Il nous demande qui nous sommes. Je lui dis que nous sommes provinciale; il n'en veut rien croire. La dame D. lui dit enfin que je suis de Lorraine. Il me dit que sans doute je connois Lubert; il en fait l'eloge. Il l'a vu dans – non pas vu car il est aveugle, mais entendu dans une maison ou ils se rencontroit. Il doit lui faire ecrire pour savoir mon nom. Nous lui demandames le sien. Il s'apele Mariote [22]. Demande un peu a Lubert ce que c'est. Il nous proposa fort poliment de venir nous – non pas voir, mais rendre visite. Il m'amusa fort. C'est assurement un homme d'esprit et bien polis, qui sait beaucoup, qui est attée, a ce que j'ai pu voir. Il a du gout, et tres a plaindre d'etre aveugle. Je ne voulu pas lui dire ou je demeurois. Il nous quita en gemissant sur la peine de ne me rencontrer jamais. Il ne connoit pas Ma Sœur. Il m'a dit qu'elle etoit auteur, qu'elle avoit ecrit des romans. Je me rejouis de savoir s'il est vrai et de les voir. Le meme soir j'eu encore, apres souper ici, une conversation fort embarassante de bouderies.

Hier mardi la dame D. me fit dire de me tenir prete pour l'opera. Elle vint me prendre a trois heure. C'est pour etre ensemble, car jamais on a eté a l'opera a trois heures. O qu'il m'a ennuié, cet opera! C'est le *Balet de la Paix* [23], qui n'a ny queu ny tete. La Bourbonnai [24] en fait les delices. Il est vray qu'elle est actrices mais sa voix et mediocre. Les chanteurs m'ont impatianté; ils etoit mis comme des chienlit. Ces grosse begeules des cœurs me degoutent. Rien ne m'a surprise qu'en desagreable. Tribout [25] est acteur mais chante mal. La Hermense [26] en homme m'a beaucoup plus; c'est le plus grand air qu'il soit possible d'avoir. On dit qu'elle est laide, mais elle m'a toujours fait souvenir de la princesse Charlote [27]. La forme de son visage est de meme; on ne voit pas les traits. Enfin, j'ai eu du plaisir a la voir. Les dansseuses des cœur sont a donner des coups de pied au cul; elle sont a tout moment hors de cadence.

Apres diner

Les Marietes ont dansé, mere et fille [28]. Elle ne me plaisent pas trop. Bon pour les pieds et la legereté, mais les bras et les graces, il n'y en a point. Enfin, le grand Dupré [29] a honoré le publique d'une entrée tres courte. J'ai bouffé de rire : j'ai cru voir Eliot [30] et Demaresz. C'est sans contredit un grand danseur, mais ces bras gatent tout, et j'aime mille fois mieux Javillier [31]. Les decorations alloient l'une apres l'autre sans se presser. Bref, je serois morte d'ennui si je ne m'etois retranchée a ecouter les instrumens. Je me soussie si peu de tous les plaisirs que j'ai eté a l'opera, comme toi, pour en etre quitte et je promet bien de n'y retourner de lontems; et je crois que je n'aurois pas eté a *Mahomet* si je n'avois eu envie de t'en parler.

A propos, tu ne me disputeras plus de n'avoir pas vu le partere plus fou que tu ne l'as vu. Aux François, s'entant, il a fait sortir une femme d'une loge parce qu'il y en avoit une jolie derriere elle, en criant : «Place a la belle!» Cela a duré un tems infini. Les acteurs on comensé, il se sont tuts; mais a l'autre entreacte, voiant qu'elle n'avoit pas changé de place, ils ont recommensé. Les acteurs sont venus – cela n'a rien fait. Il n'ont point cessé que cette pauvre dame ne fut sortie, comme s'il n'etoit pas permis d'etre laide. Tout le monde a dit que pareille chose n'etoit jamais arrivée. C'etoit aux secondes loges, comme tu crois. Il ont fait des ondes [32] tant qu'ils ont pu. Il y avoit de la place de reste; cependant ils avoient resolu d'aplatir ceux qui touchoient l'orquestre, mais ils n'ont pas reeussit car ils etoient aussi fort – et les ondes[32] d'aller. Je l'avoue, le partere me diverti de bon cœur. On joua pour petite piece *Le Bon Soldat*[33] – ah, quelle horreur! C'etoit, je crois, les moucheurs de chandelle; pas un acteur dont on sache le nom.

Voici autre chose qui me fit plaisir. En attendant que la presse s'ecoule, j'envoyai le fils de Md. D. voir dans les foier si la petite Camasse[34] n'y etoit pas. Elle vint me voir avec son pere. Elle me dit qu'elle alloit repeter avec Malter[35] ce qu'elle devoit danser le lendemain a Versaille. Nous atendimes que tout le monde soit sorti et nous fumes la voir repeter. La dame D. en fut charmée. Je baisai mille fois cet enfant. Je croiois que mes amis devoient se trouver chez moi en sortant de la voir danser. Je vous aimois tous en elle. Nous la ramenames chez elle dans notre carosse. La mere est malade. C'est la dame D. qui me defraye de spectacles et de carosse; je la ruinerois si je voulois.

Voila le pauvre Zon[36] qui me fait souvenir de te parler d'elle. Elle crie toujours apres ses enfants; elle soufre de son lait, elle se tete elle-meme, et me desolle tant elle est malade.

Tu n'auras pas encore cette semene ce que je t'ai promis. Mr de La Chaussade est malade; il ne partira que dans huit jours[37]. Il faut que je t'en dise un mot et il sera bon : c'est que je n'ai de ma vie vu un si sot et qui profere a un degré plus eminent tous les apanages des sots. Sa belle-sœur le deteste avec raison, car il lui feroit bien des torts s'il pouvoit. Qu'es que lui a fait le St? Hier, nous eumes a souper un vif altercas[38] a son sujet. Il ataquoit son caractere et pretendoit qu'il y avoit bien des chose a en dire, et qu'a trente ans on veroit ce que se seroit de lui. Je le regriltai[39] de la bonne sorte et la belle-sœur aussi. Comme c'est l'ame du monde la plus interessée, c'est peut-etre a cause de l'argent. Je crois que sans la sœur il feroit de beau train a notre pauvre et inprudent petit ami.

A propos de cela, je m'enquete de Blaine tant que je puis, mais tout le monde dit qu'il s'est tué. Cependant je n'y vois rien de seure que la vraysemblance.

ᶜVoyons tes letres, siᶜ j'ai a y repondre.

ᶜPourquoi reçois-tuᶜ mes letres si tard[40]? Regarde-tu bien si elle ne sont point decachetée? Ce que je rayeᶜ c'est pour avoir reponce; cela abrege. Fais-en de meme. Tu es si doux sur les gronderies que je te demande pardon de t'en avoir fait. Tu as fais reponce sans le savoir a une question que j'ai toujours oublié de te faire. Md. Duchatelet m'a mandé que V. avoit reçu une letre signée Panpan et Hademart[41], qui leur donnoit bien du regret de ne vous avoir pas vu, mais qu'elle esperoit nous rejoindre tous l'année prochaine. Je ne savois ce que cela vouloit dire.

Oui, oui, je me souviens du Tibre[b][42]; pourquoi donc ne me parles-tu plus de cela? Il me semble que je te l'ai deja demandé. N'y a-t-il plus de bruit dans ce menage? Je le voudrois bien.

Tu es bien bete de me demander si je sais que le chevalier de Moui a fait *La Paiisane*[43]. Eh pardi, si nous ne le connoissions pas ce que je t'en ai mandé ne vaudroit rien. On debite depuis hier un romant sous le titre d'*Histoire de Gogo*[44] qui a bien la mine d'etre de lui. J'en ai lu quelques pages. S'il en vaut la peine tu l'auras. Ne me chicanne pas sur ces petites choses[45]; ne m'aute pas le plaisir de te faire le seul qui soit en ma puissance. Tu n'auras cependant point de feuilles; celles dont je t'ai parlé sont de l'abbé Desfontaines sous un autre titre[46]. Il mange a plus d'un ratelier. Elle ne sont pas melieures, et je t'envoyerai des choses qui t'amuseront davantages. Tu vois que je suis menagere, ainci ne me gronde pas, laisse-moi faire. Demande pourtant ce que tu voudras, je t'en laisse la liberté. Je ne te demande que celle d'ogmenter. Tu auras les feuilles si tu en a bien envie.

J'ai encore vu Thiriot dimanche. Il me paroit un homme tres sensés[47] et qui a bien de l'esprit. Il y a la-dedans des choses inconsevable mais baste; tu sauras tout en tems et lieux. J'ai revu aussi le chevalier[48], tout cela chez la da. D.

A six heures.

Je te date les heures pour te faire voir une fois comme je profite des moments. Je continue ta letre et je trouve que Md. B. est adorable[49]; en verité tu as raison, c'est une bonté unie mais attentive comme je n'en ai point vu. La reconnoissance fait tout son effet et j'en suis a chercher a etre avec elle. Tu sais le cas que je fais des bons cœurs. Je crois le sien excelent.

Mr de Guise va mieux. Je tremble pour le voyage[50].

Ne donne mon adresse a personne[51]. Je veux qu'on m'ecrive par chez vous, haut et clair.

Je crois avoir senti un plaisir de l'ame pour la premiere fois en lisant que tu aprouve et le St ce que je n'ai pu me dispenser de faire sur l'argent[52]. Pardon, mon ami : j'ai ris de la securité ou tu es de n'etre point grondé sur tes remontrances. Ma letre t'aura donc bien surpris; je t'en demande pardon sans rire. Tu es pardonnable de m'en faire de ridicules parce que tu m'aime, et moi de t'en gronder parce que je suis née grondeuse et que j'ai la tete tracassée.

Je suis presque fachée de l'explication que tu donne a tes echets parce que je suis a Paris[53]. Mon cœur et le tien sont trop bien d'acort pour ne pas se deviner.

Me voici a la seconde letre qui est celle que je reçu hier.[54] Tu as raison, je ne savois pas la vaillantise[55] du cardinal mais ce n'est peut-etre pas vray. Je ne suis pas etonnée de ce que l'on a dit chez Md. de Chatelreau[56]. Elle est en relation a Cirei. D'alieurs j'ai rencontré Mr de Vauchoux[57] a qui je l'ai dit. Enfin, il n'y a point de mistere a cela, ainci il n'y a point de mal. Cela est drole de trouver les gens de connoissance dans un paiis ou on en a si peu. Ce fut Mr de Polignac[58] qui me donna la main pour sortir de *Mahomet*; et Mr de Vauchoux, je le trouvai en sortant des Italiens. Je songe qu'il n'y a pas assés lontems pour que cette nouvelle viene de lui; qu'importe d'ou?

Pauvre Ron, pauvre Mie a tord d'etre fachée[59]; quand ma lettre f[ut]^d cacheté je ne savois a qui l'adresser, elle me vint dans la tete com[me]^d la plus seure de mes amies, et voila comme la chose se fit. Je rep[arerai]^d cela; embrasse-la bien seré en attendant.

Tache de lire, mon ami. Tu as raison; surtout passe la preface de M[r]^d de

Thou, elle m'a ennuié a mourir a Demange mais l'histoire est bonne[60]. Tu croira tout ce que tu voudra de Flanquine et de Mareil[61]. Je t'ai dit ce qu'il m'a dit. Oui, j'ai mandé a Marton l'histoire du saq. Eh mon Dieu, son mari m'a deja bien ennuié. Je n'y suis que trop bien; il vient me voir souvent[62].

Je n'aurai pas *Mahomet* comme je l'esperois; ainci je te dirai seulement que je la crois imediatement apres Voltaire. Il y a de grande beauté et de grand defaut, des sentimens tres delicats et tres recherché, mais la seduction des acteurs me paroit teriblement contraire au jugement sensé que l'on en pouroit faire. Je te vais dire mon avis des acteurs. La figure de Du Frene m'a surprise; je le croiois moins gros, plus jeune et plus beau. Cependant, la politesse de son air et de ses geste est admirable. Son jeu, je t'ai dit ce que j'en pense; ah, quel acteur! La Gossin[63] ne m'a surprise en rien; je crois l'avoir vue cent fois. Je la trouve tres jolie mes monotaune, la voix trop groce et cependant tres touchante et tres interessante. Grandval[64] s'est surpassé a ce qu'on dit, aussi le trouvai-je bien bon. Son role est une espesse de Burrus[65] plus parfait, dans un gout un peu different. C'est l'aga des janissaire. Sarazin a un sot role et l'a joué coussi coussi, Legrand un role d'embitieux, si vous voulé, assés bien. Le reste ne vaut pas l'honneur d'etre nomé. En nomant les roles je trouve qu'il n'y en a pas beaucoup de beaux. Je ne sais ou Duvigeon a pris la scene qui ressemble a *Psamis*, je n'en ai point vu, si ce n'est que Mahomet leve le poignard sur sa maitresse; mais la situation n'a de raport qu'en ce ce qu'un poignard est fait comme un autre poignard. Tu es faché, nesse pas? Mais je ne puis me resoudre a t'en parler que je ne l'ai lue, d'autant plus que je veux t'envoyer quelque beau vers que je n'ai pas retenus. Si ton cousin peut envoyer les factums, envoye-les.[66]

ᶜPour te consoler de n'avoir pas le plan de *Mahomet*, voila une epigrame contre l'abbé d'Olivet[67]. Elle est de l'abbé Desfontaines. C'est que l'abbé d'Olivet a fait un je ne sais quoi latin pour le Dauphin, et dans le programe il a mis son nom en latin. Note qu'ils se chantent pouille dans tous leurs ecrits :

> Le pointillieux historien
> D'un corps paiez pour ne rien faire
> Fut ensuite gramairien
> Plus ennuieux que necessaire,
> Auteur peu renommé d'opuscules françois,
> Et dans la troupe jetonniere;
> Las de se metre seul en frais,
> Il renonce a sa langue, et pretent desormais
> Des tours du latin seul faire sa grande affaire.
> Nouvel imitateur des fameux Turnebus,
> Corradus, Lambinus, Faber et Murelus[68],
> Il fait sur Ciceron un epais commantaire,
> Et se nomme a present Monsieur Olivetus.

C'est Machi qui me l'a donnée a souper. Je lui donne du bonbon afin qu'il me ramasse quelques choses. Il m'a acheté des affaires pour toi. Aujourd'huy nous avons parlé de toi. Ce soir il m'a conté que tu lui avois perdu le seul requeuil qu'il eut des epigramme contre Le Begue[69], mais en riant, car il t'aime. Tu ne m'avois pas conté cela.

Bonsoir, mon cher ami; va, si tu savois combien je t'aime tu ne craindrois pas de m'aimer trop.

Bonsoir, tous les chers bons amis; je suis trop heureuse si je vous amuse, je ne saurois faire que cela pour vous, et je ne suis ocupée que de vous. Je ne vis que dans vos cœurs. Je baise votre œil, beau Petit Saint, et je vous aime; je baise votre front, Grand Frere, et je vous aime; je t'embrasse, Gros Chien, et je t'aime. Ma foi, je vous aime tant tous que c'est une pitié. Aimez-moi bien, dites-le-vous. Amusez-vous de mes rabachages; je n'ai que cela a vous donner. Je vous envoyerai quelque chose de melieur. Je jouis bien du plaisir de penser que vous etes aussi un peu ocupez de moi.[e]

[*adresse*:] A Monsieur / Monsieur Dauphin, marchand / ruë du Chateau / a Luneville

---

MANUSCRIT

Yale, G.P., VIII, 53-38 (D74); 5 p. et une demi-feuille insérée[d]; orig. aut.

IMPRIMÉ

Showalter, p. 109-112 (extraits).

TEXTE

[a] Le ms : «est». [b] Mot rayé. [c] Mots mis en relief à l'aide de de traits dans l'interligne, l'un au-dessus, l'autre au-dessous, pour indiquer que Mme de Graffigny aimerait recevoir la réponse de Devaux à ces articles. Par «rayer», elle veut dire «faire des traits». [d] Déchirure. [e] Ces trois derniers paragraphes sont écrits sur la demi-feuille insérée.

NOTES

1. Mme Duvigeon.
2. *L'Amant Protée* (v. 101n1).
3. *Psammis*, la pièce de Saint-Lambert (v. 99n6).
4. Les Poëtes disent, en blâmant une mauvaise rime, que ces mots riment comme hallebarde et miséricorde (Trévoux, 1743).
5. Le rôle d'Orphise était joué par Jeanne-Rose-Guyonne Benozzi, dite Silvia (vers 1701-1758), qui faisait partie de la troupe des Italiens depuis 1716.
6. Le rôle de Valère était tenu par Lélio fils, Antoine-François-Valentin Riccoboni (1707-1772), qui débuta en 1726 et joua au Théâtre-Italien de 1737 à 1749. Le jardinier s'appelle Blaise.

7. Gribouille : se dit aujourd'hui d'un imbécile ou d'un homme peu avisé (Trévoux, 1771). Selon Littré, cribouille est une forme wallonne.
8. Traiter comme un nègre : s'emploie dans cette phrase triviale : On l'a traité comme un nègre, pour dire, qu'on l'a fort maltraité, soit de paroles, soit de coups (Trévoux, 1743).
9. Couci couci : façon de parler basse et populaire qui signifie tellement quellement; de l'italien così, così (Trévoux, 1743).
10. Quiriquiqui : variante de coquerico, sans doute de l'italien *chicchirichi*. C'est ici une allusion au timbre de la voix de Silvia, que Mme de Graffigny trouve déplaisant.
11. La femme de Lélio était Marie-Jeanne de Heurles de Laborras de Mézières (1713-1792) qui joua entre 1734 et 1760; elle est plus connue sous le nom de Mme Riccoboni comme romancière.
12. Probablement Lambertine-Lamoraldine-Thérèse Du Faing, comtesse d'Hasselt, épouse d'Eugène-Hyacinthe-Marie-Joseph-Ignace de Lannoy et de La Motterie, grand maréchal de la cour de Bruxelles, puis gouverneur de cette ville, où il mourut en 1755.
13. Jean-Joseph Mouret (1682-1738), compositeur ordinaire de la Comédie-Italienne, intendant de la musique de la duchesse Du Maine, fut ruiné par la disgrâce de celle-ci, et fut enfermé à Charenton, où il mourut le 22 décembre 1738.
14. Mme de Graffigny fait allusion à un couplet du texte de *L'Amant Protée* : «Mais notre espoir

redouble, / N'ayons plus de souci; / Quand un tragique a réussi, / Nous pêchons en eau trouble» (*Nouveau Théâtre italien*, X, p. 87) La parodie de *Mahomet second* s'intitule *Moulinet premier* (v. 115n12).

15. «Qu'on applaudisse une pièce / Dans le faux-bourg Saint-Germain, / On y voit longtemps la presse / Pendant trois mois tout est plein, / Mais, maugré la réussite / Venir plusieurs fois de suite / Cheux ces Acteurs iroquois, / C'est trop bourgeois» (p. 124).

16. Thomas-Antoine Visentini, dit Thomassin (vers 1682-1739), allait mourir le 19 août après une longue maladie; il avait commencé une carrière brillante en 1716 dans la troupe de L.-A. Riccoboni.

17. Le Palais-Royal, ensemble de bâtiments limité par les rues de Richelieu, des Petits-Champs, des Bons-Enfants et Saint-Honoré, construit à partir de 1633 par le cardinal de Richelieu, puis légué au roi, appartient de 1723 à 1752 à Louis, troisième duc d'Orléans.

18. Le Cours-la-Reine.

19. Les grand jeux furent tirés : c'est-à-dire que Mme de Champbonin lui joue la comédie, qu'elle met tout en train pour arriver à ses fins; elle lui «fait le grand jeu» (v. *Dictionnaire Robert*).

20. *Mahomet* parut chez Prault fils : Laurent-François Prault (mort en 1780), libraire depuis 1733, correspondant et éditeur de Voltaire, tenait boutique quai de Gesvres.

21. *Amusement philosophique sur le langage des bêtes* (Paris, 1739) du père Guillaume-Hyacinthe Bougeant (1690-1743), auteur d'ouvrages théologiques, de comédies satiriques et d'articles pour le *Journal de Trévoux*. Le *Mercure de France* publiera en juin 1739 une lettre du père Bougeant dans laquelle il écrit : «Je suis au désespoir d'avoir composé et publié l'*Amusement philosophique sur le langage des bêtes* [...]. Je l'aurois supprimé si j'en avois été le maître.» La lettre est écrite de La Flèche, où Bougeant sera exilé à cause de ce livre.

22. Christophe Mariotte (mort en 1748), conseiller du roi, président et trésorier général des finances et Grand voyer de France en la généralité de Toulouse.

23. Ballet en trois entrées avec prologue (1738) de Pierre-Charles Roy, avec musique de Rebel et Francœur.

24. Mlle Bourbonnais, dont la carrière à l'Opéra dura de 1735 à 1747.

25. Denis-François Tribou (vers 1695-1761), débuta en 1721, et quitta l'Opéra en 1741 ou

1742. Il chanta Iphis et Mercure dans le *Ballet de la Paix*.

26. Mlle Eremans appartint à la troupe de l'Opéra de 1721 à 1743.

27. La princesse Anne-Charlotte de Lorraine.

28. Mlle Mariette aurait débuté vers 1729 comme cantatrice, pour passer bientôt dans les rangs des danseuses; elle était surnommée «la Princesse» à cause de sa liaison avec le prince de Carignan.

29. Louis Dupré (vers 1697-1774), dont la carrière dura de 1715 à 1751, fut appelé «le dieu de la danse».

30. Joseph Grenville, comte d'Elliot.

31. Claude Javillier, ordinaire de l'Académie royale de musique et de celle de S.A.S. le prince de Carignan, dansa les rôles de Pâris et de Thracien dans le *Ballet de la Paix*. Il mourra vers le 19 mai 1739.

32. Faire des ondes signifie : se soulever et s'abaisser comme les vagues de la mer. Les rangées de spectateurs manifestent ainsi solidairement leur plaisir ou leur déplaisir. (Littré.)

33. Comédie en un acte de Florent Carton Dancourt (1661-1725), dont la première représentation eut lieu en 1691; c'était le remaniement des *Fous divertissans* de Raymond Poisson.

34. Marie-Anne Camasse, fille de Jean-Baptiste Camasse, officier du roi et acteur, et d'Éléonore Roux, fut baptisée à Strasbourg en 1734, mais la date précise de sa naissance reste incertaine, car on lui attribue 10 ans en 1739. Ses parents étaient membres de la troupe de Stanislas à la cour de Lorraine, où ils avaient paru l'année précédente. En 1740 elle joue dans *L'Oracle* de Saint-Foix à la Comédie-Française. En 1750 elle sera au théâtre de Mannheim, où elle deviendra maîtresse de Christian IV, duc des Deux-Ponts, comte palatin du Rhin, duc de Bavière (mort en 1775). En 1757 elle deviendra son épouse morganatique, et la même année, Louis XV l'anoblit sous le nom de comtesse de Forbach. Elle mourra à Paris en 1807.

35. François-Antoine Malter ou Maltaire (mort en 1761), à l'Opéra de 1714 à 1755, aîné de trois frères danseurs de ce nom; v. l'article du *Mercure*, avril 1738, sur Lolotte Camasse : «M. de Maltaire l'aîné ... a été le maître à danser de cette aimable personne ...»

36. La chienne de Mme de Graffigny (v. 100n1).

37. Mme de Graffigny allait lui confier un paquet pour Devaux (v. 100, par. 3).

38. Altercat, ou altercation : débat, contestation entre deux personnes qui ont ensemble de la

familiarité. Altercat est vieux; mais altercation est un peu plus usité. (Trévoux, 1743.)

39. Pour regrilter ou regilter ou regrulter, v. 58n16.

40. Devaux reçoit la lettre 97 (du 26 février) le 3 mars, tard dans l'après-midi. Clairon Lebrun lui fait parvenir la lettre 98 (du 1er mars) le 5 (v. celle de Devaux du 3-5 mars 1739, G.P., IX, 151-156).

41. Cette lettre est perdue. Best. D1914 est sûrement la réponse de Voltaire à Devaux.

42. Devaux : «Comment, vous ne vous souvenez plus de m'avoir parlé du Tibre?» (IX, 153.) Il s'agit sans doute d'une réponse à la lettre 97 (v. le texte de cette lettre à la note 18). Il se pourrait que le ménage en question soit Liébault et Clairon.

43. Devaux : «Ce que vous dites du chevalier de Mouhi est adorable; vous sçavez sans doute qu'il est l'autheur de *La Paysanne parvenue?*» (IX, 153.) Ce roman fut publié en 12 parties de 1735 à 1737.

44. Publiée sous l'anonymat à La Haye en 1739.

45. Devaux s'inquiète souvent du coût de leur correspondance et des «pièces» que Mme de Graffigny lui envoie.

46. Voir 96n30.

47. Thieriot sera surnommé «l'Homme Sensé» (v. 107n21). Pour les «choses inconsevable», v. la lettre 103.

48. Mouhy.

49. Devaux : «Mais cette Mde Babaud est adorable de se souvenir de moy.» (IX, 153.)

50. Il s'agit du voyage à Richelieu, que Mme de Graffigny sera obligée de faire si le prince de Guise guérit.

51. Devaux : «Mr de Tavannes [...] me demande aussi votre addresse, dois-je la luy envoyer?» (IX, 154.)

52. Devaux : «Je craignois qu'il [Adhémar] ne fut révolté du parti que vous etes obligé de prendre, mais tout au contraire : il l'approuve et l'admire [...]. J'avois peur que les remontrances que je vous ai faites dernierement la-dessus ne vous choquassent; mais je suis tranquille a present.» (IX, 155.) Il s'agit du sac d'argent qu'elle avait perdu et retrouvé.

53. Devaux : «Je ne fais presque plus que jouer aux echets; seroit-ce parce que vous etes a Paris? Sentez-vous ce raisonnement? Il est delicat. Vous vous souvenez bien que je n'y faisois autre chose. C'est vous dire en enigmes que vous etes un autre moy-meme.» (IX, 155.)

54. Lettre de 6-9 mars 1739 (G.P., IX, 157-164).

55. Vaillantise : vieux mot qui signifioit autrefois, action de bravoure. Il ne se dit plus que des

Fanfarons, et des Capitans, et en raillant (Trévoux, 1743). Devaux : «On dit que le cardinal ministre [Fleury] a donné de si grands signes de santé que toute la cour luy en fait compliment.» (IX, 157.)

56. Devaux : «Gourouski vient d'entrer; il vient de me dire, et me l'a juré, qu'un Polonois luy avoit hier mandé de Paris qu'il avoit entendu dire chez Md. de Chastelleraut que vous alliez joindre la duchesse a Richelieu. Je luy ai dit cent fois qu'il mentoit, et cent fois il m'a assuré le contraire. Je n'y conçois rien, car ce n'est surement pas un de nous autres qui le luy avons dit.» (IX, 157.)

57. Claude-François Noirot, chevalier de Vauchoux (mort en 1768), ami et officier de Stanislas; il avait été son représentant dans les négociations précédant le mariage de Louis XV avec Marie Leszczynska.

58. François, marquis de Polignac (mort en 1762), seigneur de Fontaines et de Vautroux, colonel dans les troupes de France, et chambellan de Stanislas. Il épousa Marie Rioult de Curzay.

59. Devaux : «Le Ron est furieuse que vous luy ayez addressé ma lettre sans luy dire un mot; elle me charge de vous chanter toutes sortes d'injures comme vous sçavez qu'elle en dit. Ne pourriez-vous pas trouver le moment de luy donner un petit bonjour?» (IX, 157.)

60. Devaux : «Les diables d'echets m'ont degousté de la lecture, je ne sçais plus comment m'y remettre.» (IX, 158.) Plus tard dans la même lettre il dit avoir rapporté de la bibliothèque de Mr Elliot «un tome de l'*Histoire* de Mr de Thou [...] qui m'amuse beaucoup.» (IX, 160.)

61. Devaux : «Oh, je n'imagine pas que ce soit a Mareil que s'addressoient les declarations.» (IX, 159); v. 94n6 et 98n14. «Flanquine» est évidemment la grande Michèle, ou Béatrix Du Han.

62. Devaux : «Avez-vous mandé a Dorothée l'histoire du sac? Je crois que nous devrions changer ce nom. Si nos lettres etoient interceptées elle pourroit se reconnoitre et s'apliquer par ce moyen des choses qu'elle n'auroit pas entendue. Appellons-la Marthon, si vous voulez. Qu'est-ce que fait son mari a Paris? Comment etes-vous avec luy?» (IX, 159.)

63. Mlle Gaussin.

64. François-Charles Racot de Grandval (1710-1784) débuta en 1729 sous le nom de Duval, et fut reçu pour jouer en second les rôles des frères Quinault; il prit sa retraite en 1768.

65. Burrhus, le vertueux conseiller de Néron dans *Britannicus* de Racine.

66. Le cousin est Jean-Baptiste Michel. Sur les factums, v. 96n31.

67. Pierre-Joseph Thoulier, abbé d'Olivet (1682-1768), grammairien, historien de l'Académie et chef du parti des dévots qui s'opposait à celui des philosophes; sur ses démêlés avec Desfontaines, v. T. Morris, *L'Abbé Desfontaines, Studies* 19, 1961. D'Olivet venait de rédiger *M. Tulli Ciceronis opera, cum delectu commentarium* (publié en 1740), qu'il envoyait à Voltaire en mars 1739 (v. Best. D1934).

68. Turnebus : Adrien Tournebous ou Turnèbe (1512-1565), humaniste normand qui s'opposa à Ramus au sujet de Cicéron. Corradus : Sebastiano Corrado (mort en 1556), grammairien et humaniste, dont l'œuvre intitulée *Quaestura vel Egnatius*

traite de la vie de Cicéron. Lambinus : Denis Lambin (1516-1572), auteur de nombreuses éditions d'auteurs latins, et d'une *Ciceronis vita*. Faber : probablement Pierre Faber (1530-1610), érudit auvergnat, auteur de *Commentarii in libros Academicos Ciceronis*. Murelus : probablement Guillaume Morel (1505-1564), imprimeur du roi, éditeur de textes en latin, parmi lesquels *Observationum ... in M.T. Ciceronis libros quinque ....*

69. Léopold-Joseph Le Bègue (1700-1738), garde des Sceaux et chef du Conseil en Lorraine de 1729 à 1737; ou son père Antoine-Joseph (1648-1730), qui avait servi sous le duc Léopold. Il s'agit, semble-t-il, de vers faits par Machy lui-même (v. 107n23).

103. à Devaux

[Vers le 10 mars jusqu'au 2 avril 1739] [1]

Pour te mettre au fait de ce que tu as tant d'envie de savoir, il faudroit pouvoir faire le portrait d'Atis, ce que je tiens la chose du monde la plus impossible, parce que l'homme que vous voiez aujourd'huy n'est pas le meme que celui d'hier, et les changements sont du blang au noir. A cause que l'abbé a mis dans ses feuilles quelque mot contre lui, la fureur lui prend [2], il fait faire le *Preservatif* [3] par le chevalier de Mouÿ [4] et les estempes par Mr de Quelus [5]. J'ai surpris ce secret a Tout Ron. C'est aparament pour cela que l'abbé n'ose en parler, car il est a presumer qu'il ne les ygnore pas. Je ne me souvien pas si je t'ai mandé les exces de rage ou tombe V. quand il aprend qu'on a fait quelque chose contre lui : il hurle, il se debat, il ne parle que de devorer, de faire pendre, de faire rouër : ce sont des exes que Dom Prevot seul pouroit depeindre. Enfin il s'est mis dans la tete que personne ne devoit prononcer son nom qu'avec une louange au bout. Le plus petit examen de ses ouvrages le mest au desespoir. Quoi qu'il en dise, il est bien moins sensible a ce qu'on dit contre son honneur. Il afecte de mepriser les louanges au point de regeter avec mepris et sans les lire les letres qu'on lui ecrit dans ce goutla. Il faut entendre les cris d'admiration que fait Tout Ron a ces choses-la. Je ne sais si c'est de bonne foy, car je ne la demele pas encore assés pour en juger. Si cela est, elle est bien sotte, car c'est pur mepris et non modestie. Ses [a] discours le prouvent assés, et meme trop clairement.

Ne t'atens pas a trouver de l'ordre ici, car il n'y en a point dans ce que je sais. Ainci prends ce que je te donne comme il viendra. Tout est mistere chez ces gens-la. On parle bas sans cesse. Ainci je sais bien des choses que je ne peus pas rendre parce que je suis dans le cas de l'Olive [6]. Mais voici les faits qui me paroissent inconcevables. Je ne sais a quoi il vouloit engager Thiriot dans les comencement de la *Volteromanie*. C'etoit, a ce que j'en puis juger, a porter une plainte ou un temoignage contre l'abbé sur un fait qui devoit, disoit-on, perdre l'abbé. Tant y a que Thiriot a refusé[7]. Sur cela, les cris se sont elevés contre lui avec autant de fureur que contre l'autre : «C'est un misérable a pendre, c'est[b] un gueu revetu[8].» Les injures les plus atrosses ne lui ont pas eté epargnées. Cependant, oubliant ce qu'on avoit dit la veille, le lendemain on ecrivoit a l'ami Thiriot. Le meme jour, on vouloit le faire pendre avec l'abbé. J'ai entendu repeter mille fois que c'etoit lui qui avoit eu le profit en entier des *Letres philosophiques*, que jamais on n'en avoit tiré un sol[9]. Dans le detail des bienfais, on parla du portrait de V. en bague qu'on avoit donné a ce geux-la. On me le montra. Je ne sais par quel hazard il etoit a Cirey. Il est entouré de carats, et l'aneau en est couvert. On fit beaucoup valoir cet enrichissement. Or un jour que j'etois avec Tout Ron chez elle ici, elle me parloit avec vehemence des friponneries et des trahison de Thiriot. C'est Thiriot qui entre. Je ne sais si tu l'a vu : c'est un homme d'un sang-froid qui va jusqu'a la nigauderie, avec un parler lent. Il venoit faire ses plaintes d'une letre qu'il avoit reçu de V., remplie d'invectives[10]. Et voici a peu pres un de ses discours : «Voltaire est un fou, un extravagant qui n'a guere d'ami et qui meriteroit de n'en point avoir du tout. Je lui ai obligation et meme de grandes : je ne les oublierai jamais. C'est ce qui fait que je suis encore son ami. Mais elle ne m'engageront jamais a temoigner sur une chose que je n'ai jamais su ou que j'ai oublié. J'ai fait mon devoir, je suis pret a solliciter pour son affaire partout ou vous voudrez me mener, a le justifier sur tous les faits dont j'ai connoissance. Vous savez, Madame, ce que j'ai deja fait.» L'autre, qui avoit peur qu'il n'en dit trop, l'interompoit a tout moment par des «Oui, mon cher ami, vous etes le veritable ami de Mr de V., il n'en doute pas, il faut pardonner a ses vivacité, vous etes un parfait honnete homme», et cent autre chose d'un ton si pathetique que j'y etois trompée pour ce moment-la comme Thiriot. Noté qu'elle m'avoit dit un moment avant que, quand elle le trouvoit sous sa coupe, elle le traitoit comme un valet, comme un celerat tel qu'il etoit. Enfin Thiriot gromeloit toujours sur la letre qu'il avoit recue, a laquelle il vouloit repondre de bonne ancre. Il cita bien des choses sur lesquelles il avoit marqué son zele et son amitié a V. Elle rompait toujours le discour, si bien que je n'ai pu savoir dans quelles affaires il l'avoit servi. Enfin il cita le portrait dont j'avois tant entendu parler, et dit : «Dans toute ocasion n'ai-je pas fait mes eforts pour repondre a son amitié? Quand il me donna son portrait, pouvois-je mieux lui marquer le cas que j'en fesois qu'en le faisant entourer de diamans? En verité, j'ai surpassé mes forces, car je n'etois pas en etat de faire cette depense....»[11] Je jetai un coup d'œil a la dame comme pour lui dire : «Alon donc, traitez-le comme un menteur!» Elle ne dit mot. Apres qu'il fut sorti, je lui dis : «Mais vous etes bien douce!» «Oh, dit-elle, il ne faut pas iriter un miserable coquin comme cela.» Je lui dis : «Mais il est bien hardi de dire que c'est lui qui a fait mettre les diamans au portrait.» «Bon, dit-elle, c'est un geux.» Voila tout ce que j'en tirai. Esse que cela ne te paroit pas singulier? Pour moi, je ne sais lequel ment, mais Thiriot passe pour honnete homme.

Autre histoire : tu sais le bruit qu'on[t] fait les souscription de sa *Henriade* qui ne sont pas rembourcée. Doroté m'en parla et me dit que c'etoit Thiriot qui avoit mangé l'argent et qu'en dernier lieu V. avoit voulu lui faire remettre de l'argent et le prier de rechercher tous les gens qui ont souscrit pour les rembourcer, et que Thiriot leur avoit ecrit qu'il ne vouloit pas se meler de cela et qu'il n'etoit pas son bureau d'adresse [12]! L'un et l'autre me paroit incroyable. Quoi qu'il en soit, comme elle m'avoit prié de dire cela a tous ceux que je rencontrerois pour justifier V., je l'ai seulement dit a Mr Masson, qui sait plus de ses tours qu'un autre, et il me repondit qu'il y avoit un embassadeur qui en partant de Paris fit afficher que tous ceux a qui il devoit vinsent a jour nommé et qu'il seroit payé; que quand on avoit bonne volonté on consignoit chez un notaire et l'on affichoit. Pour moi, je ne sais point de replique a cela. Je l'ai dit a Tout Ron, qui n'en a point eu elle-meme. Au reste, ne crois pas que je fasse la comission : je m'en garde bien. Premierement, Dieu me preserve de charger se pauvre Thiriot sans savoir si cela est vray, et n'y voiant meme nule apparance. Vertuchoux, V. est trop alerte sur l'argent pour laisser passer une pareille chose. En second lieu je ne veux en rien me meler de leur besogne : ce sont de trop mechante gens, et leur cas est trop vilain. Quand je voulu le deffendre chez la duchesse en disant qu'il fesoit de fort bonne action, un Mr qui etoit la me dit : «Madame, nous le connoissons tous. Il est vray qu'il a des quart d'heure ou il donneroit tout ce qu'on lui demanderoit. Mais soiez seure qu'il n'y a point de friponnerie dont il ne soit capable pour avoir de l'argent.» Et en effet il n'y a qu'un cris en Holande et ici contre lui. Quand le libel [13] a parut, un jour que Dorotée etoit desolée, j'entendis marmoter des libraires de Holande et dire : «Ecrivez donc, apaisé cette affaire! S'il se joignoient a ce malheureux, que feriez-vous [14]?» Il disoit toujours que non et se demenoit fort. Elle pensa se metre a genoux pour l'en prier. Le lendemain, fesant reflection a son inprudence, elle me fit une histoire mal cousue de ses libraires qu'elle traitoit de fripon, mais je disois en moi-meme : «Le plus fripon des deux n'est pas celui qu'on pense [15].» C'est pour son *Neuton*. Cela fera encore une affaire seurement. Il n'a pas tous envoyé, ces cahier. Il en garde deux, fait faire l'impression, et puis le donne a Prault qui l'imprime [16]. Ils disent qu'il furent fort surpris de voir ariver Prault a Cirei avec une epreuve sans pouvoir deviner ou il l'avoit prise, qu'ils le gronderont beaucoup, mais que le mal etoit fait. C'est comme ta letre qui s'ouvrit en tombant a tere. Encore un paquet.

En sortant de l'Opera [17], un des directeur [18], des amis de V., donna la main a Tout Ron. Ils se tirerent a l'ecart et causerent bas. De tems en tems ils elevoit la voix. J'entendi le Mr qui disoit : «Cela n'est-il pas horrible? A quel point on soit de ses amis, il est impossible de le deffendre la-dessus». Tout Ron repondi : «Je ne sais rien de cela : on me cache tout, et on veut que je pare a tout. Cela est impossible.» «Eh fi! dit l'autre, quatre mille francs ne sont pas un objet a faire de pareille choses!» Voila tout ce que j'entendis. Au reste, Tout Ron est furieuse contre eux. Depuis qu'elle est ici, elle a apliqué tous ces soin a empecher que l'abbé Moussinot, chargé de l'indigne procuration dont je t'ai parlé, ne poursuive le proces dans tou[tes] les forme. Elle a emploié tout ce qu'elle a pu pour amener l'abbé a donner une declaration, comme celle que la comtesse exigeoit de Chicanneau[19], en desavouant la *Volteromanie*. Elle c'est toujours flatée d'y reucir. Elle se tuoit de me dire que l'abbé trembloit et qu'il feroit tout ce qu'on voudroit. Au fait, il n'en veut rien faire, du moins dans les terme que l'on veut y mettre. Doroté etoit de cet avis et sembloit craindre un proces comme elle le doit. Car il est bien aisé de comprendre sur quel ton seroient les factums de l'abbé, et combien de vilains cas il decouvriroit. V. ne voit rien de tout cela. Il s'est mis dans la tete qu'il feroit bruler l'abbé dans huit jours, car c'est surtout sur la sodomie qu'il veut qu'on le poursuive, et je crois t'avoir mandé que cela est specifié dans cette procuration que l'abbé Moussinot a montré a quelqu'un et qui revolte tout le monde[20]. Car l'abbé ne laisse pas d'avoir ses partisans, et plus que l'autre. Enfin donc, Doroté sentant la honte et l'embaras d'un tel proces, faisoit agir Toutron pour l'eviter. A present la tete lui a sauté. Elle ecrit a Tout Ron qu'elle la trahit[21], qu'il faut plaider, que V. en sortira blanc comme neige et l'abbé en charbon. C'est une pitié : on ne resonne pas si mal au Petite-Maison qu'a Cirey. Tu sens bien que je ne puis te detailler tous ces fatras. Encore un fait qui m'a diverti : le mari est ici avec un plain pouvoir de traiter*c* au non de V. qu'il va montrant a tout le monde, et Dieu sait ce que cela fait dire[22]. Un jour que j'etois chez Touron (c'etoit avant qu'on ne la tensa, car a present elle cale et convient quasi de tout), elle me vantoit la quantité d'amis qu'avoit V., et avec exclamation et entousiasme elle me disoit que le cardinal[23] etoit tout pour lui et feroit sangler l'abbé, qu'il etoit etonnant comme toute les puissance prenoit son parti, que Mr Hero fesoit des choses qu'elle ne pouvoit pas dire mais qui etoient bien singulieres. Arrive le mari qui venoit de Versaille. Elle n'avoit garde de le questionner. Moi, je m'en mele. Il dit qu'il avoit parlé au cardinal, mais qu'il avoit été bien regrulté[24], qu'il l'avoit rembaré en dissant que ces gens-la n'avoient qu'a ce demener a la justisse ordinaire, qu'il ne se meloit pas de pareille besogne. Elle süoit et me faisoit signe que ce n'etoit pas vray. Je dis : «Mais Mr Hero fera tout cela!» «Bon, dit-il, c'est encore pis[25]!» Ma foi, elle trouva la dose trop forte. Elle changeat si bien de propos que je ne pus faire causer le sot davantage. Arrive le Mouÿ qui est le courteau[26] de tout ce tripotage. On ce met en corus a chanter les protections que l'on avoit. Quand ils fure[nt] sorti, Toutron ne put s'enpecher d'echaper qu'elle mouroit de peur que le sot n'alla lacher devent le Mouÿ ce qu'il avoit dit devent moi. Je ne la poussai pas, car je crains tous ces tripots.

Cette Md. Berniere dont je t'ai envoyé la lettre[27], on me la vantoit comme une des sept merveille. C'est une vielle lourpidon[28] de soixante ans qui est decriée au point qui ne s'imagine pas. Pour t'en donner une idée, le partere l'a fait sortir une foi en lui criant : «Abat, cocher!» Je sais bon gré a V. d'une chose : quand Toutron parti de Cirei, il lui donna une letre de recomandation pour cette belle amie[29]. Elle etoit en entousiasme en la priant de recevoir Toutron comme son amie. Deux jour apres, il en parloit. Je lui dis : «Mais si c'est une si bonne et si aimable femme, ne me ferez-vous pas faire connoissance avec elle?» Il se mit a rire et me dit : «Non, cette connoissance n'est pas pour vous. C'est une bonne femme, mais qui ne vous convient pas.» Cela me fait voir une disti[n]ction entre Tout Ron et moi dont je lui tiens compte.

Je ne sais si tu sera contant de ce rapsaudi, mais il m'a bien couté car je l'ai ecrit a vingt reprise, des que ma tete me permetoit un moment d'aplication. Encore a present je ne sais ce que je dis. Mais il faut finir parce que La Chaussade fait ces paquets. L'etat de la question est de savoir si l'abbé donnera un desaveu tel qu'on le demande ou si l'on plaidera. Je saurai cela du mari; je te le menderai. Voila Toutron parti. Je vais tacher d'avoir Thiriot et de le faire jaser. Comme il me croit intime, il aura plus de facilité de s'ouvrir. Je ne dirai mot et j'approffondirai tant de chose que je trouve bien singuliere. Je te les manderai sous le nom de l'Homme Sensé ou Pierot[30], car il en a bien l'air. L'abbé, Joli-Cœur[31]; et les imprimeurs, trouve-leur un nom qui les designent. Il dit qu'il n'a pas touché un sol d'*Alzire*, ny de l'impression[32]. Il dit qu'il donne gratis cette nouvelle impresion de la *Henriade*[33]. Je gage que non. Jamais je n'ai vu mentir avec tant d'aparence de bonne foy et avec tant de moien d'etre dementi. Adieu, je n'en puis plus. J'oublie peut-etre quelque chose, mais c'est la faute de ma tete.

J'ai bien des choses a te dire du caractere de Tout Ron qui seront aussi galimatias que ceci, car je n'y connois rien. Je ne puis ajuster avec la droiture dont elle se pique ce que son benet[34] me dit la veille que je parti, je crois te l'avoir mandé, que depuis un mois il ouvroit les paquets de la poste pour en tirer les letres que Doroté ne vouloit pas que V. vit et qui etoit a lui. Cela m'a bien l'air d'en avoir tiré les miennes aussi, comme l'intendant[35] me l'avoit dit[36]. Il y a cent autre choses dans ce gout-la qui me font douter de tout.

MANUSCRIT

Yale, G.P., VIII, 103-106 (D84); 4 p.; orig. aut.

IMPRIMÉ

Showalter, p. 125-133.

TEXTE

[a] Le ms : «Ces». [b] Le ms : «cet». [c] Lecture incertaine.

NOTES

1. Lettre écrite «a vingt reprise» entre le 10 mars et le 2 avril, dans laquelle elle explique à Devaux les «choses inconsevable» dont il est fait mention dans la lettre précédente (v. 102n47 et 107n21). Le début de la présente lettre doit dater au plus tard du 10 mars, car Mme de Graffigny y fait allusion à une visite qu'elle fait à l'Opéra ce jour-là (v. n17 ci-dessous). De plus, c'est au cours de la dernière moitié de mars qu'ont eu lieu les péripéties de l'affaire Desfontaines dont il est question ici. Enfin, le 2 avril est la date du départ de La Chaussade, chargé de porter en Lorraine cette lettre que Mme de Graffigny juge trop dangereuse pour être confiée à la poste (v. 111, par. 3, et l'avant-dernier paragraphe de la présente lettre). La Chaussade, qui avait compté quitter Paris le 12 mars, est tombé malade et a dû remettre à plus tard son départ (v. le texte de la lettre 102 à la note 37).

2. Mme de Graffigny simplifie beaucoup; sur les démêlés de Voltaire avec Desfontaines avant *Le Préservatif*, v. Morris, *L'Abbé Desfontaines, Studies*, XIX, 1961, p. 49-59.

3. Mme de Graffigny fait allusion au *Préservatif* dans les premiers jours de son séjour à Cirey (v. 61n5) et Voltaire lui en fait voir les estampes peu après (v. 63n42).

4. Le chevalier de Mouhy, dont Mme de Graffigny avait fait la connaissance le 15 février, le lendemain de son arrivée à Paris (v. 97, par. 11).

5. Anne-Claude-Philippe de Tubières, comte de Caylus (1692-1765), était surtout connu comme savant amateur d'antiquités. Membre de l'Académie des inscriptions, il aimait la vie populaire, la langue du bas peuple, le genre vulgaire, et il était déjà auteur ou collaborateur de plusieurs œuvres comme Les Écosseuses, Histoire de Guillaume et Les Étrennes de la Saint-Jean (v. 113n8-10). Ami intime de Mlle Quinault, il est un des principaux animateurs de la société du Bout-du-Banc. Mme de Graffigny, qui le connaîtra bien à partir de 1742, semble être la première à identifier l'artiste responsable des estampes du Préservatif.

6. L'Olive, valet du Grondeur de Brueys, qui comprend par les gestes les conversations qu'il n'entend pas (v. 51n9).

7. En dépit des sollicitations de Voltaire, Thieriot se gardait toujours de témoigner que Desfontaines était l'auteur de l'Apologie de Voltaire adressée à lui-même (1725). Les motifs de ce refus n'ont jamais été expliqués de façon satisfaisante (v., par exemple, Besterman, Voltaire, 1976, p. 205-206).

8. Gueux revêtu : on dit proverbialement que c'est un gueux revêtu quand de pauvre qu'il étoit il devient riche (Trévoux, 1743). Se dit d'un homme de rien qui a fait fortune et qui en est devenu arrogant (Littré).

9. Selon Mme Du Châtelet, les Lettres philosophiques «ont valu à Thieriot, de son aveu même, plus de deux cents guinées, et [...] ont pensé perdre Mr de Voltaire» (12 janvier 1739, Best. D1768); v. Desnoiresterres, II, p. 27-44.

10. Probablement la lettre à Thieriot du 28 févier 1739 (Best. D1917).

11. Au sujet de ce portrait de Voltaire «en bague», que celui-ci renvoie à Thieriot par l'intermédiaire de Maupertuis le 24 mars 1739, v. Best. D1679, D1917 et D1953.

12. Desnoiresterres (I, p. 395-396) raconte la façon dont Thieriot a volé l'argent provenant d'environ 80 souscriptions à l'édition française de La Henriade. Voltaire était bien décidé à rembourser et il avait exhorté Thieriot à liquider cette affaire (v. Best. D1795). La réponse de Thieriot est inconnue; cependant, il semblerait que Mme Du Châtelet ait trahi le secret que Voltaire avait promis de garder en ce qui concerne les «souscriptions mangées», et que Thieriot s'en soit fâché (v. Best. D1870 du 12 février 1739).

13. La Voltairomanie.

14. Mme Du Châtelet exprime son inquiétude à ce sujet dans ses lettres à d'Argental (Best. D1738 et D1739).

15. Mme de Graffigny parodie volontiers le vers de La Fontaine : «Le plus âne des trois n'est pas celui qu'on pense» («Le Meunier, son fils et l'âne», Fables, III, i). Nous en verrons d'autres exemples.

16. Voltaire voulait qu'on imprime les Éléments de la philosophie de Newton simultanément à Paris et à Amsterdam (v. Best. D1384); pour retarder l'impression hollandaise, il n'a pas envoyé les cinq derniers chapitres (Best. D1487), mais les libraires hollandais ont fait achever l'ouvrage par un mathématicien, et ont fait paraître l'ouvrage sous le titre Éléments de la philosophie de Newton mis à la portée de tout le monde, précipitation frauduleuse qui n'a pas manqué d'ennuyer Voltaire (Best. D1481, D1492, D1502, D1546, etc.); v. Desnoiresterres, II, p. 150-152. Pour ce qui est de la «nouvelle édition» de Prault («Londres», 1738), à en juger par la satisfaction que Voltaire manifeste dans ses lettres, il semblerait que Mme de Graffigny ait raison sur la prétendue surprise et le prétendu mécontentement de Voltaire et de la marquise.

17. Mme de Graffigny est allée à l'opéra le 10 mars (v. 102n23).

18. Les directeurs de l'Opéra s'appelaient Lecomte et Thuret, mais il s'agit ici d'un certain Berger, secrétaire du prince de Carignan, lequel surveillait l'administration de l'Opéra. Le 16 février, Voltaire avait demandé à Berger de se concerter avec Mme de Champbonin pour obtenir de Saint-Hyacinthe un désaveu des libelles que rapporte Desfontaines (v. Best. D1881). Malgré le grand nombre de lettres que Voltaire lui a adressées, Berger reste peu connu.

19. La comtesse de Pimbesche demande à Chicanneau : «Que devant des témoins vous lui fissiez l'honneur / De l'avouer pour sage, et point extravagante» (Racine, Les Plaideurs, II, iv).

20. Le premier article de la «Requête du sieur de Voltaire» rappelle que Desfontaines avait été enfermé à Bicêtre «pour avoir corrompu plusieurs ramoneurs» (v. Best. D.app.54).

21. C'est sans doute de ces reproches qu'il s'agit dans la lettre de Mme de Graffigny du 25 mars (v. 108n22); il s'ensuit donc que le reste de la présente lettre doit être postérieur à cette date.

22. Le marquis Du Châtelet est parti de Cirey le 24 février pour s'occuper de l'affaire Desfontaines (v. Best D1899).

23. Le cardinal de Fleury. Voltaire avait écrit à Moussinot le 22 février : «M. le cardinal desirant

381

surtout la punition de Desf. et en ayant parlé à Mr Heraut ... » (Best. D1901).

24. Voir 58n16 et 102n39.

25. En effet, Voltaire risque de s'attirer le mécontentement du lieutenant de police, comme le signalent des confidences faites par Mme Du Châtelet à d'Argental (Best. D1964 et D1970).

26. Courtaud : on appelle proverbialement courtaud de boutique, un garçon marchand, un artisan, un homme du peuple qui travaille en boutique (Trévoux, 1743).

27. Voir 8gn4.

28. Lourpidon : c'est un terme emprunté à Rabelais (livre I, ch. 49); «une vieille lourpidon» se dit d'une femme malpropre – Ménage (Trévoux, 1743). Mme de Bernières n'avait que 50 ou 51 ans en 1739.

29. Lettre non parvenue jusqu'à nous.

30. L'Homme Sensé sera un surnom de Thieriot

à partir du 20 mars (v. 107n21). «Pierrot» ne servira jamais.

31. Apparemment un surnom que Mme de Graffigny propose pour l'abbé Desfontaines, mais elle ne s'en servira pas.

32. Nicolas Demoulin, marchand de blé, homme d'affaires de Voltaire, s'est occupé de l'impression d'*Alzire* en 1736 (v. Best. D1045 et D1080).

33. D'après Prault, Voltaire a cédé à l'abbé de La Marre les bénéfices de l'édition de *La Henriade* de 1739 et l'auteur n'avait exigé comme paiement qu'un certain nombre d'exemplaires de ses livres (v. Best. D1817).

34. Le fils de Mme de Champbonin servait de secrétaire à Mme Du Châtelet.

35. La Bonardière (v. 63n32).

36. Mme de Graffigny a donc deux témoignages qui confirment son idée que Mme Du Châtelet interceptait des lettres (v. 70 Remarques).

104. à Devaux

Le jeudi apres souper, 12 mars [1739]

J'ai un moment, mon cher ami, je ne le pers pas. Je n'ai cependant pas grand-chose a te dire.

J'ai eté ce matin chez Ma Sœur. Je la trouve toujours plus aimable. Elle m'a promis de me faire avoir le conte de fée[1] qu'elle a fait qui est imprimé; elle m'a juré qu'elle n'avoit fait que cela. J'ai vu pour la premiere fois la sœur cadete[2], qui m'a paru aussi extremement aimable et bien de l'esprit. L'apres-diner s'est passé avec Mr Toustaint[3] et la dame D., qui ne s'en est allée que pour le souper. Nous avons eté peu tete-a-tete. C'est toujours le meme ton. Elle est malade.

J'ai reçu ta letre de lundi[4] qui m'inquiete. Pourquoi donc n'en as-tu point reçu de moi dimanche? Il faut que le laquais qu'on envoye tous les matins a la grande poste se soit amusé. Mest-toi bien dans la tete que ce ne peut jamais etre que par des choses comme celle-la que tu en manque, tu vois trop mon exactitude. Je vais donc te rabacher.

Il y a lontems que j'oublie de te parler encore de ma seule surprise : c'est de voir des fleurs comme chez nous au mois de juillet. Il y a plus de quinze[a] jours que ma chambre est pleine de renoncules, d'anemones et d'hiasinte. Mon hostesse, qui m'a entendu dire que je les aimois, ne m'en laisse pas manquer, non plus que de violete; cela est charmant.

Il n'est pas vray que l'on imprime *Mahomet* : ce ne sera qu'apres Pasque. Ainci, je vais t'ebaucher le plan apres que je t'aurai dit, pendant que je m'en souviens, que j'ai reçu une letre du Docteur ce matin qui est toujours bien contant, et moi

de lui. Il revient lundi. J'irai souper a son hotel parce qu'il m'en prie a cause qu'il
ne veut pas dire ici tout ce qu'il a a dire de son voyage – je ne sais pourquoi.

Encore une digression : j'ai ecrit a Venevaut. Le Savoyard[5] a donné la letre a
Mr Veron[6], qui apparament l'a ouverte sans lire le dessus. Il m'a fait repondre
qu'il ne savoit qui j'etois puisque ma letre etoit anonime, mais que je lui dise mon
nom afin qu'il sçu qui demander a l'adresse que je lui donnois, et qu'il se rendroit
a mes ordres. J'en ai bien ri. J'ai renvoyé et j'ai ecrit sur sa letre qu'il lise l'adresse
de la miene, qu'il veroit que ce n'etoit pas pour lui. Il m'a fait dire qu'il me
demandoit excuse et que Mr Venevaut n'etoit pas au logis, qu'a son retour il luy
rendroit ma letre.

Voions *Mahomet*. L'exposition est faite par le visir, Legrand, et le – ma foi, je ne
sais qui. Elle ne me paroit ny bonne ny mauvaise. Le visir dit que Mahomet a fait
etrangler son fils, je ne sais pourquoi, et qu'il veut s'en vanger. Le mufti dit : «Non,
cela n'est pas bien.» L'autre dit : «Je le veux, et je veux que tu me serve.» Le mufti
repond : «Oh, bien, la, ne vous demené pas tant, je ferai tout ce que vous voudrez»,
et onc[7] depuis il n'est question de lui. Le visir dit qu'il a armé des Gregs qu'il a
tiré des cachots. Arive un de ces Gregs qui [dit] : «Ah, je veux mourir!» L'autre
dit : «Ne mourez pas, vous etes Theodose (ou Theodore – ma foi, je n'en sais rien),
vous devez avoir du cœur. Mengeon Mahomet; aussi bien a-t-il envie de manger
votre fille.» «Oh, oh, dit le bonhomme Sarazin, il ne la mangera pas; mais de peur
qu'il ne me mange, moi qui vous parle, je vais me retourner dans mon cachot
jusqu'a la reconnoissance qui doit ne se passer qu'au second acte; car jamais on
en a mis au premier.»

Au second acte, fait et dit : le bonhomme revient – non, c'est Irene, qui dit,
comme toute les fille de son rang, qu'elle est triste quoiqu'elle doivent etre gaye,
puisque l'empereur l'aime et qu'elle aime l'empereur. Elle bavarde avec sa suivante.
On lui dit qu'un chretiens veut lui parler. «Qu'il entre. Ah, qu'il est vieux et triste!»
dit-elle. «Ah, qu'elle est jeune et folle!» repond-il, et puis il se sert d'une petite
allegorie : «Ne plaindriez-vous pas, dit-il, seigneur Belier qui veroit sa folle brebis
prete a etre mangée du loup?» «Ah! vous etes mon pere, fit-elle, car voila mon
histoire.» «Ah! tu as raison, fit-il, bon sang ne peu mentir. Es-tu sage?» «Oui,
vraiment.» «Eh bien, embrasse-moi. Je vais tacher de me sauver et je t'enmenerai.»
La sotte, qui ne s'etoit pas mise a genoux en reconnoissant son pere, s'y jete pour
l'enpecher de fuir, en lui representant en terme les plus honnete qu'elle peut
choisir, qu'il est tant soit peu poltron, et que cela n'est pas bien. Mr Moustafa
arrive qui rougit pour sa maitresse de la voir aux pieds d'un esclave. Il demande
si c'est galanterie ou trahison d'etat : «Ny l'un ny l'autre[b], dit le papa, elle est ma
geniture.» «Fort bien, dit le seigneur; ecoutez-moi, vous savez que je suis votre
maitre, que je puis prendre vos personnes, vos biens et vos vies. Mais je n'en veus
rien faire, je vous rend tout cela, et la liberté a tous deux.» «Helas, dit le pere, que
ce Mr est bon!...Par ma foi, je ne serai pas en reste d'honneteté; moi, je vous
donne ma fille.» (Remarque qu'elle est chretiene, et il n'y fait pas plus de façon
que cela.) «Et vous, dit Mahomet, vous donnez-vous? Car je ne veux rien de force.»

«Oh, je t'en defie, dit-elle; tiens, voila un poignard que je portois toujours dans ma pochete pour t'atraper si tu m'avois voulu violer. Je me serois fait un trou dans le milieu du cœur; mais puisque papa veut bien que je couche avec un Turq, au diable le poignard, me voila souple comme un gand.» «Alons donc preparer la noce», dit Mr Mustafa. Je crois qu'on vien lui dire que l'on prepare une revolte; je n'en sais rien, car on en parle tant que j'ai confondu.

Dans le troisieme, l'aga des janissaire (Legrand) dit a son bonnet[8] qu'il veut chapitrer Mahomet, qui arive a point nomé pour recevoir la corection. L'aga lui chante pouille, Mahomet lui dit : «Je te condamne a la mort.» «Tant mieux, dit l'autre, je vais donc la meriter»; et il recommence de plus belle. Il traite l'amour comme un faquin. «Arete, dit Mahomet, si l'amour n'etoit pas une vertu, Mahomet ne seroit pas amoureux.» Cette scene e[s]t belle et pleine de grands sentimens. Mahomet pardonne, le remercie de ses bons avis, mais sans aucun dessein de se coriger, et sort. Le visir vient. L'aga le traite comme un gueux tel qu'il est, et debite des maxime de politique en faveur du despotisme qui sont tres belles et tres bien vetues. Ils se menassent tous deux de se faire tuer; onc depuis on ne revoit le visir.

Le quatrieme e[s]t bien foible, et si foible que je ne m'en souviens plus. Ce sont des allez et des venues pour cette revolte, qui n'avance ny ne recule.

Le cinquieme commence par Mahomet qui s'apuie sur un fauteuil apres qu'il a un peu revé. Il se bat les flanc pour etre en colere; il dit que c'est contre l'amour et puis contre l'aga et puis contre tout le monde – enfin, on ne sait pas trop ce qui le fache. Il se demene cependant de son mieux. L'aga arrive qui mest si bien le feu aux etoupes[9] que le Mahomet le chasse et clabaude tout seul. Sa maitresse arive; elle le caresse, elle dit qu'elle voit bien qu'il faut qu'elle s'en aille avec son papa, puisque lui sultant ne l'aime plus. Il l'aime, il pleure d'amour, il se confond en tendresse, et tout d'un coup a propos de bottes, il leve son poignard pour la tuer. Elle tant son gorgeon[10] : il leve le bras; elle dit : «Alons, frapez!» Il laisse tomber le poignard – voila la belle scene. Mais je crois qu'elle n'est que par le jeu des acteurs, car je n'y vois point de raison et tres peu de rime.

On vient dire que les janissaires se battent comme des diable : Mahomet sort. Le papa entre, blessé; sa fille sort pour aller metre les holas. Arive une suivante qui conte au pere, qui s'amuse a bavarder dans un fauteuil au lieu de se faire penser, que sa fille s'est montrée aux janissaires qui ont mis bas les armes. Il est tout regaudi[11]. Arrive un autre conteur qui dit qu'il est bien vray que les janissaires ont trouvé Irene fort belle, et qu'ils ont criez qu'il la vouloient pour imperatrisse; mais que Mahomet etoit arrivé et avoit dit : «Vous le voulez, et moi je ne le veux plus», et qu'avec[c] deux ou trois «zag zag» il l'avoit etandu sur le careau, morte s'il en fut jamais. Le pere se tourne de l'autre coté et dit : «Et moi aussi» : *finita la comedia*[12].

Et bonsoir, car il est bien tard.

Le vandredi [13 mars 1739] a minuit

Venevaut m'est venu voir ce matin. J'ai eté etonné de le trouver si aimable, c'est-a-dire pour le bon sens et l'amitié qu'il m'a temoigné. Il m'a lu ta letre ou tu lui mande de ne pas me dire que tu lui mande que j'ai eté a Cirei; en verité, cela est bien fin. Nous avons f[ort]*d* parlé de toi. Mest bien dans ta tete qu'il est outré de ce que tu n'a pas achevé cette petite comedie¹³. Cela le mest dans des embaras horribles, et tu lui dois etre trop obligé de t'epargner les reproche qu'il a a te faire. Je te les fais moi, et je te dis que l'honneur y est engagé avec un ami qui a autant de menagement pour toi. Ne me fais pas une tracasserie de cela avec lui, car il m'a deffendu de te gronder, mais si tu as un cœur et du sang dans les veines, tu feras cette bagatelle. Sens que plus il a de menagement pour toi, plus tu dois faire pour lui.

Md. D. est venue me prendre cet apres-diner pour aller chez elle. Je n'ai fait que dire en badinant que je croiois que c'etoit pour voir *Alceste*¹⁴ – elle m'y a fait aller ce qu'on apelle de force, car au fond je ne m'en soussiois guere. Il ne m'a pas ennuié comme a fait le *Balet de la Pais*, mais en verité je n'ai nule envie d'y retourner. Les voix sont detestables. J'ai vu danser la Salé¹⁵, qui ne m'a pas surprise, mais elle dense bien. Ah, si ce n'etoit pour l'honneur, je ferois bien excuse de n'y plus retourner. Je ne me suis amusée qu'en traduisant tout en ridicule. Quand on repete cent fois «Alceste est morte», j'ai dit de bon cœur : «Eh bien, Dieu lui fasse paix, et n'en parlons plus!»

Je vais finir en gazetin. Un petit enfant de quatre ans, beau comme l'Amour, c'est trouvé pleurant dans la sale des gardes a Versaille il y a quelques jours. Il dit qu'il avoit perdu sa mere. Les gardes lui donnerent a souper, esperant que le lendemain la mere le viendroit rechercher. Elle n'est point revenue; les gardes l'ont gardé, il lui ont fait faire une belle robe. Hier ils le presenterent au roi en lui demandant permission de l'adopter. Il restera dans la sale des gardes et y sera elevé : tout le corps s'en est chargé.

Hier un jeune et beau monsieur a eu un œil crevé d'un eclat de glace dans un embaras de carosse.

Bonsoir. Tu sais si tu es mon ami.

[*adresse :*] A Monsieur / Monsieur de Vaux, le fils / ruë du Chateau / a Luneville

---

MANUSCRIT

Yale, G.P., VIII, 59-62 (D75); 3 p.; orig. aut.; m.p. : 8.

IMPRIMÉ

Showalter, p. 113 (extraits).

TEXTE

a Le ms : «quinez». *b* Le ms : «l'aude». *c* Le ms : «qu'avez». *d* Déchirure.

NOTES

1. *Tecserion* de Mlle de Lubert, publié en 1737 sous le pseudonyme «Monsieur B. de S.», reparut à La Haye en 1743 sous le titre *Sec et noir*, dont *Tecserion* est l'anagramme (v. 107n9).
2. Françoise-Henriette-Constance de Lubert.
3. Toustain de Viray.
4. Lettre du 6-9 mars 1739 (G.P., IX, 157-164); v. 102n40 et 105, par. 5.
5. Savoyard : homme grossier (Littré); ramoneur

(Robert); ici un garçon de courses ou domestique peu intelligent (v. 62n19).

6. Voir 100n9 : Véron est banquier, et demeure rue Quincampoix. C'est probablement César Véron (mort en 1743), marchand banquier, époux de Marie-Élisabeth Argent, et père d'Étienne-Paul, lui aussi marchand banquier. Au moment de sa mort, Véron habite rue des Cinq-Diamants à Paris.

7. Onc : jamais. C'est un vieux mot et maintenant burlesque, mais qui se disoit du temps de Marot. (Trévoux, 1743.)

8. Parler à son bonnet : se parler à soi-même (Littré).

9. Mettre le feu aux étoupes : se dit proverbialement et figurément pour dire, exciter quelqu'un à la sédition, à quereller, à plaider, à faire l'amour, ou à satisfaire quelque passion emportée (Trévoux, 1743).

10. Gorgeon : gorge, gosier (Zéliqzon).

11. Regaudir : réjouir, patois bourguignon (France). On disoit autrefois gaudir pour se réjouir (Trévoux, 1743).

12. Le résumé de *Mahomet second* donné par Mme de Graffigny est, à quelques détails près, et malgré son ironie, assez exacte.

13. Sur la comédie de Devaux, v. la lettre de Mme de de Graffigny du 15 décembre 1739 (G.P., III, 196-197).

14. L'opéra de Quinault et de Lulli.

15. Marie Sallé (vers 1707-1756) avait débuté comme actrice à la foire Saint-Laurent; sa carrière de danseuse à l'Opéra dura de 1727 jusqu'en 1741.

105. à Devaux

Le dimanche 15 mars [1739]

Je n'ai pas grand-choses a te dire, mon ami, ainci cette letre sera courte.

Je fus hier toute l'apres-diner chez Ma Sœur. Plus je la vois, plus je la trouve aimable. Entre hier matin et cet apres-diner, j'ai lu avec Md. Babaud son conte de fée[1], qui est charmant. Je te l'envoyerai aussi; il est a moi.

J'ai bien fait d'acheter 24 sols le livre sur l'ame des betes : les exemplaires sont saisits. Il va valoir six franc. Venevaut est venu ce matin me le raporter : je le lui avois preté. Il le trouve comme je l'ai trouvé, c'est-a-dire fort joli. Le jesuite, qui s'apelle le pere Bougeant, le nie[2]; cependant on dit toujours qu'il est de lui. Cela fait grand bruit.

Apres la messe aux Grands-Augustins[3], nous avons eté au Luxembourg. Le jardin me plait mais il n'y a que des filles de la Foire; il faloit le voir. J'ai passé ma journée a lire avec Md. Babaut tant le conte de fée que ce mauvais romant[4] que je crois etre de Mouy – il est pitoyable. Nous avons aussi jouez au trictrac. J'ai reçu ta lettre[5] : je vais y repondre[a].

Je crois deviner ce qui a retardé mes letres. Quand Mr Masson est ici il envoye a dix heures du matin a la grande poste, et les laquais n'oseroient y manquer. Il etoit a Versaille les deux jours que mes letres ont eté retardée. Je crois que la paresse des laquais les auront enpeché d'aler au grand bureau, et quand on les mest dans les boite de quartier, il faut les mettre le soir, sans quoi elle sont retardée; ainci ne t'inquiete pas quand tu n'en recevra point, mon cher ami. Sois seure que je t'ecris, ne fusses[b] qu'un mot, comme tu l'as vu en dernier lieu. Ainci sois seure que c'est la paresse des laquais que je ne saurois empecher, ny meme faire avouer.

Je ne sais s'il y a une *Epitre sur l'egalité des conditions*[6], mais Prauts[7] ne veut pas la donner, et tu aurois tord de les faire relier telles qu'elles sont puisqu'on les imprimes en Holande avec les corections que nous avons vuee. Patience.

Ne sois pas inquiet de mon rume, mon ami[8]; ce n'etoit rien. Tu ne saurois croire comme je crains de l'etre et comme je me menage. Mais pour l'estomac, il me desole; je ne suis pas un moment sans soufrir. Venevaut m'a trouvée bien maigrie. Je suis tant sortie depuis huit jours que je n'ai point vu de de mes amis. Mareil est venu trois fois pour neant, et la Boudance[9]. Leur visite me distrait, mais il faut s'en mettre l'ame en repos. Rien ne va jusqu'a mon ame que ce qui vient de mes amis. J'y suis plus attachée que jamais, et eux seuls on le pouvoir de[c] remuer mon cœur.

Ta tirade sur la lessive[d] est charmante et m'a bien fait rire, et je ne comprend pas pourquoi tu n'aime point Homere[10].

Eh pardi, je le crois bien, que vous avez mieux jouez que vos egrefins[11]. Sais-tu bien que tu joue mieux que V., et que si mon Petit Saint ne s'enyvroit pas a la soupe[12] et qu'il parla moins vite, il joueroit mot pour mot comme Du Frene? Je me suis souvenue de lui a *Mahomet*. Ce n'etoit pas l'amitié qui pensoit a lui, c'etoit une comparaison forcée par la ressemblance des idées, ou du moins par celle que Du Frene reveilloit en moi.

Mon Dieu, mon pauvre ami, que je te plains d'etre chagriné de tant de façon! Quoi, jusque sur les ports de letres[13]! Je ne t'en adresserai plus, mais je n'en adresserai point a notre St que tu ne m'aye mandé si elles sont seure. Celle de Demange qui a eté perdue[14] me fait peur. Il n'est jamais chez lui : Md. sa mere peut les prendre. Arrenge cela au seur. Ne puis-je en adresser au Pousset? Je n'en metrez plus dans les paquet de Solignac. Tu ne veus donc pas me mander s'il[e] les reçoit de bonne graces; je te l'ai deja demandé. C'est pour la suitte, car je veux t'accabler tout a la fois par Mr de La Chaussade, a qui je fais reprendre quatre piece que Venevaut m'a données pour toi et que j'avois achetées. Il partira, j'espere, jeudi. Son depart m'inporte pour ton plaisir et pour le mien, car tu auras de l'amusement et je serai mieux logée. Il recule tous les jours, dont j'enrage. Je t'ai dit ce que je voulois pour les chifons que je t'envoyerai. Si tu parles encore d'excuses et de memoire, je me brouille et je boude tout de bon[15]. Eh mon Dieu, laisse-moi le plaisir de t'amuser puisque je ne peus etre bonne a rien. Que te serviroit que je fusses a Paris si tu n'en avois quelques amusemens? Tu auras tout generalement ce que tu as demandé, entens-tu? Je n'ose, ma foi, la nomer[16].

Ton petit sermon est resonnable, mon cher ami; aussi loin de me facher, je ferai tout pour en profiter[17]. Quand tu parles raison, je sens tout le prix de tes conseils, et je t'en remercie de tout mon cœur, mais quand tu te fais des chimeres et que tu veux me les faire gouter, je t'avoue qu'il m'est impossible de n'etre pas revoltée. Je suis enchantée de ne t'avoir pas faché par mes pouilles[f]; c'etoit plus en badinant qu'en grondant. Cependant, j'avois peur qu'elle ne te deplussent[18]. Grand merci.

Je t'ai deja dit que tu n'aurois les roles[19] qu'avec le Docteur; qu'en ferois-tu? Il te contera la piece et les placera; detaché ce n'est rien, non plus que les vauxdeville.

Ah, ton affaire est faite : le Tout Ron te deteste[20], et me fache reellement. Ah oui, mon cher ami, je pleure en parlant de toi, et je pleure bien en ne faisant qu'y penser. Ou trouverai-je jamais ce que j'ai perdu? Crois-tu que toute l'amitié que tu me marque diminue la miene? Il s'en faut bien. Mon Dieu, que je vous aime tous, et que je me rejouis de demain! A ces heures-ci je serai avec le D. Quand il t'aura rejoint, tout ce que j'ai de cher sera rassemblés. Tu as raison, mon ami, mais tu ne sais pas a quel point je vous suis atachée a tous deux. Les changemens de lieux, rien ne peut m'auter l'idée actuelle que vous etes tout le monde pour moi, et que sans vous rien n'est fait pour mon cœur.

Les projet et les arangemens qui me regardent, mon ami, sont aisés a deviner, puisque je suis toujours dans l'incertitude si je serai chez la duchesse ou non. C'etoit aussi les egnigmes de la da. D. qui me tracassoient. Je lui en ai reparlé, elle dit toujours de meme et pas davantage; et le D. qui fait toujours des projets pour nous raprocher tous. Il sont flateurs, mon cœur les saisit, sans que l'esperance me fasse illusion; mais c'est toujours un moment de plaisir et de ce plaisir qui peut seul me toucher.

Adieu, mon ami, je vais encore jouer au trictrac et amuser mon hotesse. Je te dirai un mot apres souper en fermant ma letre.

Bonsoir, mon ami. L'abbé de Breteuil est venu ce soir; il venoit de la representation que donne Servandoni[21]. Elle a eté siflée dep[uis][g] le comencement jusqu'a la fin. C'est le cahos qui se debrouille; ensuite des dieux et des deesses arrivent qui donnent la boete a Pandore; les meaux en sortent, et l'esperence sort de dessous terre. Les maghines[h] n'on pas bien eté, la musique n'etoit pas bonne — enfin, cela est vilain, hors la decoration du cahos qu'il dit etre fort belle. Il nous a conté aussi que le pere Bourgeant est relegué a La Fleche[22], convaincu d'avoir fait le livre. Je n'avois jamais trouvé tant d'esprit a l'abbé; il en a parlé comme un ange avec un esprit sage. Je crois avoir fait une bonne plaisanterie. Le beau-frere[23] est venu comme on en parloit; il a dit : «Mais ce jesuite n'est donc pas dans de bons sentimens.» L'abbé a dit : «Pourquoi? Il peut etre tres bon chretien et faire un livre dont il ne pense pas qu'on peut faire mauvais usage.» J'ai dit a l'abbé : «Oh, pour cela oui, Monseigneur, il est chretien comme vous et moi;» et je crois cela vrai. Je suis seure d'un du moins.

A propos de la representation de Servandoni, il faut que je te dise quelque chose qui me diverti beaucoup : c'est la bonté des gens qui m'avertissent de tout. Des que je sors, on me jete dans le carosse des billets qui me disent tout ce qu'on fait. Servandoni m'en a fait donner un il y a huit jour. Un marchand m'en a donné un aujourd'huy pour m'avertir qu'il y a de belles choses a vendre. Que ne me dit-on point? Ah, les bonnes gens, les bonnes gens! Il en coute six franc pour voir la representation, mais si on les sifle tant, il faudra en rabatre.

Md. Babaud te fait mille complimens. Je ne saurois assés parler de son cœur; en verité, je l'admire de plus en plus. Elle m'aime sans demonstration bien vive, mais elle a des premier mouvements etonnant. Je lui ai dit ce soir que j'alois demain passer la journée avec la d. D.; elle a tressailli en disant : «Eh quoi, diner aussi?» Elle frissonne en parlant du retour de la duchesse, elle ne me laisse aucune crainte de lui etre a charge. Il est impossible de ne pas aimer une femme comme cela. Je sens que je m'y attache et que je m'interesse veritablement pour elle.

Bonsoir, bonsoir, bon Penpichon; bonsoir, tous les bons amis. Embrasse-tu bien le Grand Frere pour moi? Md. Babaud l'aime bien; nous parlons souvent de lui. Elle t'aime bien aussi. Md. Babaud c'est trouvé mal ce soir. J'ai lu aupres de son lit ce maudit roman de *Gogo*; il comence a me divertir par l'exes du mauvais. Gogo couche avec son amant la premiere fois qu'elle lui parle, et le dit tout uniment[24].

Mande-moi si le Ron te rendra mes letres sans les ouvrir : ce seroit la plus seure adresse. Tu sais que je ne me defie pas d'elle, mais enfin je veux que tu les ouvres, et une envelope couteroit trop. Le Professeur les ouvre-t-il? Reponds-moi sur tout cela.

[*adresse :*] A Monsieur / Monsieur Liébaut, professeur / d'histoire des cadets de S. M. / le roi de Pologne / rue du Chateau / a Lunéville

MANUSCRIT

Yale, G.P., VIII, 63-66 (D76); 3 p.; orig. aut.; m.p. : 8.

IMPRIMÉ

Showalter, p. 113-115 (extraits).

TEXTE

[a] Le ms : «repondere». [b] fût-ce. [c] Le ms : «ne». [d] Le ms : «lissive». [e] Le ms : «si». [f] ⟨dont le St se choque⟩. [g] Déchirure. [h] machines.

NOTES

1. *Tecserion* (v. 104n1).
2. Voir 102n21 et le texte de la présente lettre aux notes 22 et 23.
3. Le couvent, situé au numéro 55 quai des Grands-Augustins, fut fermé en 1790.
4. *Histoire de Gogo.*
5. Lettre du 10-12 mars 1739 (G.P., IX, 165-170).
6. Voir 63n24. Devaux : «Grand mercy de l'epitre. Oh, je vous dis, moy, qu'il y en a une sur l'egalité des conditions que j'ay lue imprimée.» (IX, 166); v. aussi 99n17 sur le projet de faire relier ensemble les *Épîtres* de Voltaire.
7. Laurent-François Prault.
8. Devaux : IX, 166.
9. Mme de Champbonin.
10. Voir 99n27. Devaux : «Quoy, vous ne trouvez pas la lessive de Chanteheu digne de passer a la posterité dans une epitre familiere? Ah, je vous y attrape, prophane que vous etes, vous condamnez l'admirable simplicité des mœurs antiques! Ah,

vous avez donc oublié la princesse Nausicaa qui, quoyque fille du fameux roy Antinous qui avoit un jardin de cinq ou six arpens et des portes d'argent massif a son palais, alloit modestement laver les robes de son père. [...] Je parie qu'avec si peu de goust cette temeraire pousseroit l'impudence jusqu'a trouver mauvais que le divin porcher menat coucher le divin Ulisse avec les pourceaux aux dents blanches.» (IX, 167.) Plus tard dans cette lettre, Devaux dit avoir disputé sur Homère avec Liébault (IX, 169).
11. Devaux raconte comment, le 9 mars, chez Mme de Grandville, «il y avoit Soupir, Duchaffa et les deux Messieur d'Andresel qui sont en garnison et qui y jouent souvent la comedie. Comme ils se donnent pour grands acteurs, on nous avoit appareillés pour repeter quelque chose. On m'avoit tu qu'il y auroit du monde, et je ne fis pourtant point le sot. Nous jouames *Cesar* dans des paravents, [...] nous fimes incomparablement mieux que les autres....» (IX, 167.) Jean-Baptiste-Louis Picon, vicomte d'Andrezel (vers 1663-1727), intendant et diplomate, eut deux fils, sans doute les personnes dont parle Devaux. Jean-François Picon, vicomte d'Andrezel (mort en 1765), chevalier, lieutenant du roi en Roussillon, marié en 1755 à Jeanne Guillond, était l'auteur des *Essais politiques* (Amsterdam, 1757); et son frère était Louis-René Picon, vicomte d'Andrezel (1713-avant 1765), chevalier, commandant au fort de Salins, marié en 1746 à Élisabeth Cheneau.
12. S'enivrer à la soupe : Mme de Graffigny veut dire qu'Adhémar, lorsqu'il joue, ne sait pas ména-

ger ses effets; il n'y a aucun crescendo dans son jeu.

13. Devaux : «Je suis de mauvaise humeur a cause des trains que ma chere mere me fait sur les ports. Je vous prie meme de ne m'en plus addresser. Variez vos adresses entre le Chien, le Ron et le Petit St. Je les payrai quand je pourrai. [...] A propos de cela encor : quand vous m'enverrez quelque chose par Solignac, ne mettez point de lettre dans son pacquet. C'est luy qui vous en prie parce que quelquefois on les ouvre et cela pourroit luy oster sa franchise.» (IX, 168.)

14. Voir 47n7.

15. Devaux : «Je ne veux plus vous causer ces depenses-la; je ne vous demanderai plus rien. Je comptois que ce seroit Desmarets qui feroit les frais. [...] Je veux que vous me fassiez un memoire de cela absolument, et je n'y retournerai plus.» (IX, 169.)

16. C'est une allusion à la lettre 103, que Mme de Graffigny donnera à La Chaussade le 2 avril.

17. Devaux commente les appréhensions qu'inspire à Mme de Graffigny la perspective de dépendre de la duchesse de Richelieu : «Ne vous faites pas un monstre de la gesne ou vous craignez d'etre, peut-etre sera-t'elle moins grande que vous ne le pensez; et d'ailleurs, qui est-ce qui a tous les plaisirs que vous regrettez? Moy qui suis peut-etre l'homme le plus isolé de l'univers, fais-je ce que je veux?» (IX, 169.)

18. Devaux : «Le Petit St est furieux des pouilles que vous nous dites; pour moy, j'avouë que vous avez raison et que nous etions des sots.» (IX, 169); v. 100n19.

19. Voir 100n21; Devaux redemande les rôles (IX, 169).

20. Devaux : «Le Tout Ron m'amuse presque autant que vous, cela est fort plaisant, mais je ne veux pas etre la victime de tout cela, ni que mes lettres en patissent. Sçavez-vous que je veux qu'elle m'aime, cette bonne dame?» (IX, 169); v. lettre 100, l'avant-dernier paragraphe.

21. *Pandore*, spectacle à machines en 5 actes, représenté aux Tuileries le 15 mars 1739; de Jean-Nicolas Servandoni (1695-1766), auteur, peintre, et architecte du roi.

22. La Flèche, petite ville située à quelque 250 km au sud-ouest de Paris, dans laquelle se trouve un important collège de jésuites; v. le troisième paragraphe de la présente lettre.

23. La Chaussade.

24. Voir *Histoire de Gogo*, I, 67 (La Haye, 1739, 2 vol.); sur la réaction de Devaux, v. 108n12 et 113n27.

106. à Devaux

Le mardi matin, 17 mars [1739]

Lis toute cette letre a toi tout seul.

Je reçu hier au matin une lettre du D. qui me mandoit que son oncle[1] avoit reçu tous ses sacremens; je jug[e]ai de la qu'il n'arriveroit pas. Je ne laissai pas d'aller a mon rendez-vous, et je fis bien, car il arriva a sept heure du soir. Comme ses affaires t'interesse autant que les miennes, je vais te les conter. Je prevois qu'avant de finir ma letre j'aurai bien des choses a te mander de moi, mais comme je les ignore encore, disons celle que je sais. Apres les premier complimens avec la dame D., il sorti et un peu de tems apres il me fit demander dans l'entichambre. Je sorti et fut dans sa chambre, ou il m'aprit que son oncle est aussi tendre pour lui qu'il a eté furieux. Il l'a accablé d'amitié, il lui a rembourcé son billet, il lui a dit que s'il faisoit son accomodement avec l'aide-major, il n'etoit pas juste que sa tante[2] fit tout, et qu'il pouvoit compter sur lui. Il l'a declaré son heritier. Dans le moment qu'il crut mourir, il lui remit la clef de son cabinet en disant que c'etoit a lui a l'ouvrir. Il lui a donné des instructions pour prevenir les chicannes que pouroit lui faire son oncle l'abbé [3]. Il lui a recommendé sa femme [4]. Il lui a dit que s'il revenoit de sa maladie, il vouloit le metre en possession de sa tere de Blaville afin qu'il en porta le nom. Il lui a fait faire connoissance avec une vielle fille [5] dont il est l'unique heritier; elle a mille ecu de rente. Avec tous ses *ils* la, je ne dis qu'en gros toute les amitié qu'il lui a fait. Il faut pourtant compter que la plus grande partie de son bien est a sa femme sa vie durante. Il l'a fait partir, quoiqu'a l'extremité, pour que sa femme ne vit pas emporter les six mille livres qu'il lui a rembourcé. Le D. va demain a St-Germain les porter a la tante et savoir ce qu'elle veut qu'il en fasse, et retourne vendredi a Senlis. Tout cela, mon ami, n'est que pour toi. Tu sais comme il est misterieux. Il m'a permis de te le mender, mais pour toi tout seul.

Comme il a pris medecine aujourd'huy, nous convimmes hier que la dame D. m'ecriroit ce matin qu'elle avoit besoin de moi cet apres-midi, et je n'ai pas dit ici qu'il etoit arrivé, mais j'ai envoyé le matin savoir des nouvelle du Guisard [6]. On m'a mandé que la duchesse etoit arrivée d'hier soir. J'y vais donc cet apres-diner. Tu crois bien que j'aurai de quoi te mender; probablement mon sort sera decidé [7]. Quand j'ai dit cette nouvelle a mon hotesse, non seulement elle a changé de couleur, mais elle a pleuré. Son bon cœur et l'amitié qu'elle a pris pour moi sont les seule chose que j'admire ici; j'en suis penetrée, et tu t'en fie bien a moi pour y repondre. Adieu, a revoir :

> Je vais donner une heure au soins de mon empire,
> Et le reste du jour sera tout a Zaire [8].

Tu devine bien ou j'irai en sortant de chez la duchesse.
A propos, Tou Ron est grondeur, boudeur, jaloux comme un tigre.

Le mercredi apres-diner [18 mars 1739]

Eh bien, mon ami, je ne sais rien. Je fus hier chez la duchesse; je la manquai d'un quart d'heure, elle etoit chez son pere. J'y allai : ils etoient enfermés. Je n'eus que le plaisir de courir des rues que je n'avois pas encore vues, car de la Place Roiale au Temple et du Temple a la rue Jacob il y a une bonne cources [9]. Enfin, me voila chez la da. D. Il falut re[s]ter lontems avec elle. Le D. m'ecrivit de sa chambre une letre boufonne pour m'inviter a monter. Je fus encore obligée de rester quelque tems. A la fin vint une visite; je me sauvai. Nous causames beaucoup d'affaires, d'amitié; je suis extremement contente de lui. J'ai eu enfin du plaisir de l'ame; mais j'ai si peur que je ne m'y livre pas, crainte que cela ne me porte guignon. L'impertinent me lu un dialogue qu'il a fait ou nous sommes traduit en ridicule de la bonne sorte. J'en ai ris a pamer. Je redessendi un peu de tems avant le souper; on me bouda. Pendant tout le souper, on tira sur toi ave[c] une aigreur etonnante. Le D. badina d'abord; je lui promis de te mander qu'il etoit un renegat. Mais quand il vit que l'aigreur etoit serieuse, il parla de toi comme un ange et comme un ami zelé. C'est un chien qui est trop aimable quand il veut. A propos, nous avons parlé de toi tant plus [10] dans sa chambre; nous t'avons souhaité cent fois en tier [11]. Il m'a fait promettre que je te le menderois. Il t'aime veritablement.

J'ai promis aussi que je te manderois que j'avois manié des louis a poignée a lui apartenant. Il y avoit lontems que nous n'avions eté a notre aise et de si bonne amitié, et peut-etre nous n'y serons de lontems. Je ne t'ai pas dit qu'avant-hier nous parlames de toi aussi, et que je suis aussi contante de son couer. Il me ramena apres souper, mais nous avions parlez de toi dans sa chambre, nous n'en parlames pas sur le Pont-Neuf[11] selon notre coutume. Hier il ne me ramena pas a cause de sa medecine. Il fut se coucher a minuit.

La D. me retint jusqu'a deux heures en bouderie et en raccomodement. Son amitié est tout comme la tiene pour le Chien. Elle se pique de tout. J'ai toutes les attentions possible pour elle, mais elle en veut de si fines que je ne les entens pas, et puis c'est – oh, c'est une amitié comme je n'en ai pas vu. C'est pis que toi. Dieu vous gard mais vous etes de sottes gens.

Ce matin le D. e[s]t venu me voir. Il ne va que demain a St-Germain. Il m'a encore bien recomandé de te reccommander de ne pas parler de ses affaires a ame vivante. Il est allé diner chez son oncle[12]. Il va venir me prendre pour aller chez la duchesse. J'ai refusé une belle partie de trictrac pour t'ecrire ces lignes; les voila ecrites. Je vais en ecrire quelqu'une a Md. Duchatelet. J'en ai reçu hier une letre[13] toujours charmante. Elle me remercie le plus honnetement du monde de la marque d'amitié que je lui ai donné; elle m'assure qu'elle ne l'oubliera jamais. V. a ecrit une fort jolie letre au D[13]. J'ai reçu la tiene[14] hier mais il n'y a rien a y repondre; ainci, mon cher ami, a tanto. Le D. m'a dit qu'il aimeroit beaucoup mieux que je restasse ici que dans une comunauté au cas que je ne fusse pas chez la duchesse. Crois-tu que je balance?

Ah! mon Dieu, j'alois oublier que la Mathieu m'a ecrite une lettre dure sur ce que Maurice retarde son paiement. Elle dit qu'elle saura bien se faire payer si je ne lui envoye de l'argent. Je meurs de peur qu'elle ne fasse saisir. Eh mon Dieu, mon ami, que j'ai de regret de te berliquoquer[15] encore la tete de cela; mais tache d'engager Maurice a y mettre ordre. Je ne puis rien dire de plus, car je ne sais qu'i faire ny qu'i dire.

A minuit

J'ai donc eté avec le D. chez la duchesse, et je l'ai trouvée. Elle m'a fait toutes les amitié, et amitié polies, que je pouvois desirer, a la reserve du logement, dont il n'est pas question. Elle m'a seulement demandé pourquoi je n'avois pas voulu loger chez elle. Il y avoit cinq ou six hommes que je ne connois pas. A propos, je suis bien lasse de voir des visages sur lesquels je ne sais point de nom a mettre. Elle les a fait sortir pour prendre sa chemise; pendant ce tems elle m'a demandé comment je comptois m'arenger a Paris. Je lui ai dit que je n'avois encore pu trouver de communauté, mais que s'il lui etoit egal que je restasse ou je suis, je croiois que cette dame voudroit bien me prendre a pension. Elle m'a demandé si c'etoit une honnete maison : je l'ai assuré qu'oui. Elle a dit: «Mais c'est bien loin»; je lui ai dit que c'etoit l'affaire des cheveaux. Elle a trouvé cela tres bon, et m'a dit que les soir quand ses cheveaux de carosses seroient fatigué elle me renvoyeroit dans une chaise de poste. Voila tout ce que nous avons pu dire; – ah, encore que Mr de Richelieu me craignoit, qu'il c'etoit figuré que je faisois la grande dame, et qu'il faudroit toujours etre en complimens avec moi, mais qu'il seroit bientot desabusé, et que seurement il m'aimeroit autant qu'elle. Nous avons beaucoup badiné [et]*a* rit. Enfin, elle m'afiche bien pour son amie. On a anon[cé]*a* la duchesse d'Eguillon[16] : j'ai dit : «Ah, je me sauve, je ne tiens pas a [voir]*a* de beau monde.» Elle m'a repondu : «Ah, ma chere dame, voila pressisement a quoi il faut vous accoutumer; eh, comment ferez-vous donc si nous alons a Monpelier[17] cet année? Vous en verez bien d'autre.» Si son pere se decede avant le mois de may, nous irons a Richelieu. Pour le coup, je m'en rejouis parce qu'il n'y aura point de coche. J'ai eté avec elle la metre chez son pere, et son carosse m'a ramenée. O Dieux, comme elle et les messieurs qui y etoient parlent d'Atis et de Dorotée! Les horreurs, les ridicules, rien ne leur est epargnez. On me poussoit de question; je n'ai pas voulu repondre, on s'est moqué de moi. La bonne duchesse donnoit le ton – c'est un plaisir d'entendre comme on traite les gens a qui l'on ecrit tant d'amitiés!

Le Docteur e[s]t revenu souper ici. Je lui ai dit en passant qu'il sonde le guet[18] a la maitresse de ceans sur la pension. Apres souper je suis venue ecrire a Md. Du Chatelet[19], je les ai laissés. Il vient de me dire qu'il lui avoit dit qu'a vue de Paris[20] j'alois chercher une communauté et qu'elle lui avoit dit : «Ah, que j'en serois aise, car elle restera ici.» Il a dit : «Mais il me semble que'elle ne vous donne guere d'argent pour la depense»; elle a dit : «De quoi vous melez-vous?» Je ne suis plus en peine de rien. Il n'en sait pas davantage, mais je vois que cela s'achemine bien a rester ici. Je crois n'avoir pas besoin de t'aider a faire des reflections la-dessus. Mes affaires s'en trouveront bien; j'espere etre un peu plus a moi. Si c'etoit une chose etablie! Il y a du mauvais et du bon, comme dans toutes les choses de la vie. Nous verons.

Bonsoir, mon ami, il est bien tard, je meur de someil. Je t'aime. Tu veux des details : en voila. Le D. m'a dit de te demander pardon s'il ne t'ecrit pas; je l'ai assuré que tu l'excusois d'avance.

[*adresse :*] A Monsieur / Monsieur Dauphin / marchand, ruë du Chateau / a Lunéville

MANUSCRIT

Yale, G.P., VIII, 67-70 (D77); 3 p.; orig. aut.; m.p. : 8.

IMPRIMÉ

Showalter, p. 115-120.

TEXTE

a Déchirure.

NOTES

1. L'oncle Saint-Gobert de Blaville (v. 101n4).

2. Mme Le Brun, qui demeure à Saint-Germain (v. 94n4).

3. Voir 99n11.

4. Sa seconde femme, Suzanne Frairin de La Boissière (1689-1771), qu'il avait épousée en 1730.

5. C'est peut-être Hélène de Saint-Leu, parente de la première femme de Saint-Gobert de Blaville; elle sera un des témoins du frère de Desmarest lors de son premier mariage en 1740 (v. 122n17). Catherine de Saint-Leu, première femme de Saint-Gobert de Blaville, mourut en 1723.

6. Le prince de Guise, père de la duchesse de Richelieu.

7. Mme de Graffigny ne sait pas encore si elle logera chez la duchesse, si elle l'accompagnera à Richelieu, etc.

8. *Zaïre*, I, v.

9. L'hôtel de Richelieu se trouvait place Royale (v. 97n6). L'enclos du Temple (ancienne commanderie de l'ordre des Templiers), bordé par les rues de Bretagne, Charlot et du Temple et le ruisseau de Ménilmontant, contenait des hôtels de grands seigneurs et de marchands; c'est là qu'habitait Mr de Guise. Desmarest et Mme de Champbonin logeaient dans l'hôtel de Modène, rue Jacob (v. 92n3).

10. Tant plus : façon de parler proverbiale, qui ne signifie autre chose que plus ou moins. [...] Ces façons de parler sont vieilles. (Trévoux, 1771.)

11. On se rappelle que ces expressions signifient souvent chez Mme de Graffigny : faire l'amour (v. 94n9).

12. L'abbé de Saint-Gobert (v. n3 ci-dessus).

13. Lettres perdues.

14. Lettre du 13-14 mars 1739 (G.P., IX, 171-174).

15. Berlicoquer : sans doute une variante plaisante d'emberlucoquer : s'en préoccuper tellement qu'on n'en puisse sainement juger, comme si on avoit la berlue. Il est bas. (Trévoux, 1743.)

16. Anne-Charlotte de Crussol Florensac (1700-1772) épousa en 1718 un cousin du duc de Richelieu, Armand-Louis de Vignerot Du Plessis de Richelieu, comte d'Agénois (1683-1750), devenu duc d'Aiguillon en 1731. Amie des philosophes et femme d'esprit, la duchesse fit plusieurs traductions de l'anglais.

17. Siège des États de Languedoc de 1736 à 1789. Le duc de Richelieu était lieutenant du roi dans cette province.

18. Sonder le gué dans une affaire : c'est tâcher de connoître s'il n'y a point de danger, et de quelle sorte il faudra s'y prendre (Trévoux, 1743).

19. Lettre perdue.

20. À vue de Paris : jeu de mots plaisant pour «à vue de pays» : un homme parle à vue de pays [quand il] se hasarde de parler, de juger d'une chose dont il n'a pas une connoissance certaine (Trévoux, 1743).

107. à Devaux

Le vandredi 20 mars [1739], apres diner

Je ne t'ai pas ecrit hier, mon cher ami, parce qu'en revenant de chez la duchesse il m'a prit un gros rume dont je ne voulu pas te parler avant-hier soir. Il a eté hier si fort que j'ai passé une partie de l'apres-diner sur mon lit avec des douleurs dans la tete et une pleurerie[1] insuportables. Les douleurs sont presque passée mais la pleurerie va un traint desolant. Je ne vois presque pas ce que j'ecris. Ne t'inquiete pas, je le mitonnerai bien, ce rume, crainte qu'il ne me joue le tour que tu sais.

Hier sur le soir, la da. D. vint et me fit metre au lit. Le D. revint de St-G.[2] à huit heure; il resta jusqu'a neuf. Il nous conta les carillons de sa tante. Elle ne veut plus de la petite fille parce qu'elle avoit donné dix mille franc sur ses maisons a Chabouilli[3] et lui avoit fait prometre de ne pas le dire. Il l'a dit a tout le monde, et cela a fait d'une piere trois coup. Noté que le cousin s'etoit ravisé et avoit dit avant-hier soir au D. qu'il aloit envoyer la petite; elle n'en veut plus. Elle a envoyé chercher le testament et a raiez les dix mille franc, les a donné «je ne dis pas a qui, dit-elle, on le vera». C'est Lanci*[4] qui a çeu* les dix mille franc, qui a eté chez elle, lui a chanté pouille en disant qu'elle le ruinoit, lui qui seul lui faisoit honneur. Il vouloit l'obliger a lui donner le contrac qu'elle donna l'année passée au Docteur; il l'a menacé de le tuer avec tous les discours d'un fanfaron. La tante lui a dit : «S'il etoit ici vous n'oseriez lui dire un mot, mais il vient demain : attendez-le.» Il est parti le meme soir. Le D. est arrivé comme de cire; elle pleuroit encore, elle en etoit malade. C'est une vray scene de comedie, dont le neuveu sage profitera sans doute.

Il fut souper chez son oncle et revint a onze heures. Quoique j'eusse bien mal, je ris de toute mes forces des polissoneries qu'il fit avec mon hotesse. Ils juroient les mots retournés, ils voulurent faire dire a Dubois «boutu foucre de chien»; elle dit toujours tout a droit en fesant ses grands ris et disant au D. avec les jeste que tu lui connois : «Je veux toujours dire comme vous savez bien.» A minuit la dame sorti pour se coucher. Nous causames un moment, mais nous fumes interompu par une diable de femme de chambre. Nous reprime notre discours, qui etoit fort interessant. Comme il finissoit la dame rentra. Il restoit au D. quelque petite circonstances a dire qui le facherent fort; pour moi, j'en fus outrée et je ne pouvois m'enpecher de rire de son embaras. Cela e[s]t insuportable de n'avoir pas un instant a se dire un mot de suite, et je ne comprends pas comment, quand on sait que les gens sont ami depuis si lontems, on est toujours sur leurs epaules. Je suis bien plus jentille, moi; quand je me trouve avec le Franc et Javote je les laisse, car je dois suposer qu'ils ont bien des choses a se dire et a ce faire. Je crois qu'ils ne font pas le gros, mais ils en vont bien pres; cela est fort drole. Bref, le pauvre D. e[s]t retourné a Senlis. Il est parti ce matin a six heures, a son grand regret. Il a pris le frein au densts; il fait tout a merveille.

Je n'ai vu aucune des letres que tu lui ecris. Il m'a dit que tu lui mandois qu'on avoit pensé enpecher la grande Michele[5] de partir. Tu m'a mandé qu'elle partoit sans me dire pour ou; je la croiois a Bruxelle. Mande-moi tout cela.

Voions ta letre[6] a present. Je te sais un gré infini d'amuser la viellesse du pauvre Chantvert, et je me rejouis de savoir tout, car je veux tout ce qu'il te dira de Md. de Sevigné et surtout de sa begeule de fille[7].

Je savois qui etoit la dame du Poucet[8] : sa sœur le sait et me l'a dit. Il ne sait pas qu'elle le sait, ainci motus. Je ne crois point du tout revoir Mr Mariote, mais je suis bien aise de savoir ou le prendre si la fantaisie m'en prenoit. Je crois t'avoir mandé que je t'envoyerois *Tecerion*[9]. Le Pousset m'a mandé toutes les effronteries de sa petite[10]; elle m'indignent, et lui aussi, a ce qu'il me semble, car il me mande qu'elle en feroit autant pour un autre si elle etoit aussi bien reçue. Sa beguelle de sœur m'inpatiante aussi, mais vois un peu s'il est vray qu'il n'y ait qu'a se baisser et en prendre. Te voila bien malade; quand tu aurois une chauve-souris[11], le premier qui se moqueroit de toi, tu as une reponce toute faite : «Mais la naissance?» Alons, mon ami, rend-moi service, elle me tracasse un peu et tu vois bien qu'apres le D. tu n'y pourois plus revenir. Le Poucet ajustera tout cela, crois-moi. C'est une chose a metre dans tes faste; tout le monde ne sait pas que c'est une boutu foucresse. Je ne lui ai point fait de reponce a cette salope-la; j'ai comencé deux letres sans pouvoir en venir a bout, tant je suis loin de ce qu'il faut lui dire. Ce n'est pas de meme de Md. Thomas[12], qui la vaut bien, da! A propos de Md.

Thomas, on m'en a conté de belles histoire ici. C'est le pis du pis : des gens qui ne l'avoit vu que dans la journée ont passé la nuit entre deux draps avec elle.

La pauvre petite d'Ablinville[13] me fait une pitié horrible. Grand merci de ton conte de Mr Flechier[14]; il est charmant. Mon Dieu non, je n'ai pas vu la Quinaud.

Je te remercie, mon ami, de me parler de ton cœur[15]. Je suis bien aise qu'il soit dans un etat moderé; c'est le seul desirable pour toi et pour moi.

Je voulois metre tes besognes au coche aujourd'huy mais mon hostesse m'en a enpeché. Tout compté tu les auras aussi tot par ce sot[16]. Je suis bien fachée du retard mais tu n'y perdras rien.

Je ne sais rien de Blaine[17].

J'ai encore vu Venevaut hier matin. Les feuille que tu veux avoir[18] ne parlent que des memes livres que les *Observations*[19]. C'est pour menger a deux rateliers. Il dit du bien dans l'une et du mal dans l'autre. D'alieurs, a moins que d'avoir la suitte, cela ne vaut rien. Si tu les veus, ce n'est pas une grande depense; je les envoyerai toutes les semene a Solignac – apres les avoir lues, s'entant. Vois si tu le veux, cela me fera plaisir.

Pardi, il faut etre bien bete pour ne pas entendre ce que veut dire Md. Du Chatelet[20]; sans doute qu'elle espere nous rejoindre chez elle. C'est une galanterie qu'elle me fait. Le D. le veut, et il se charge de t'y mener. Si cela est, j'irois en enfert et sur ma tete, pour passer un mois avec toi. Le D. arrangera tout cela.

Sans doute je veux faire une connoissance plus particuliere avec l'Homme Sensé[21], mais il faut que le T.R. soit parti. Tu sauras ᶜles chosesᶜ inconsevables avec tes livres; j'y travaille. D'ou esse que le Grand Frere doit ramener sa sœur[22]? Tu crois que je ᶜdois savoirᶜ ce que tu sais et tu ne dis les chose qu'a moitié. Machi te remercie. C'est en verité un bon homme; il m'aime beaucoup. Il m'a grondé parce qu'il a cru que je t'avois fait de la peine en parlant de cette histoire[23]. Il t'aime bien. J'ai grand plaisir de parler de toi avec lui.

Il y a autant de roupie que de letre sur mon papier : je n'en puis plus. A ce soir. En fermant ma letre, je t'aime bien, va. Tiens, boutu foucre, tu est plus heureux que tu ne vaus : voila la boutufougresse de Babaud qui veut que je te fasse ces boutufougres de compliments. La voila qui rit comme une boutufougresse parce qu'elle dit que tu n'auras jamais le boutufougre d'esprit de repondre a sa boutufougre de politesse, et que tu seras assés boutufougrement sot pour ecrire l'anagrame de boutu fougre.

[*adresse* :] A Mademoiselle / Mademoiselle Lebrun l'ainée / comediene de S. M. le roi / de Pologne / a Luneville

MANUSCRIT

Yale, G.P., VIII, 71-74 (D78); 3 p.; orig. aut.; m.p. : 8.

IMPRIMÉ

Showalter, p. 120-121 (extraits).

TEXTE

ᵃ Le ms : «l'anci». ᵇ su. ᶜ Mots soulignés dans le ms.

NOTES

1. Pleurerie : avec un sens de dénigrement ou de moquerie, action de pleurer (Littré).

2. Saint-Germain (v. 93n3).

3. Sur la petite fille et Chabouillé, v. 97n5 et le dernier paragraphe de la lettre 98.

4. C'est probablement Pierre-Charles de Lanci (1707-1747?), écuyer, chevalier, seigneur de Niville et de Blaru, lieutenant au régiment des Gardes françaises. Son père, Charles-Ambroise de Lanci, était neveu par sa mère (Jeanne Isoré) de Mme Le Brun. Si c'est bien Pierre-Charles qui est le rival de Demarest pour l'héritage, et tout porte à le croire, il mourra vers le 27 juillet 1747, selon Mme de Graffigny.

5. Probablement Béatrix Du Han (v. 94n6). Devaux répondra : «C'est a Manheim que la grande Michelle et sa sœur sont allées. C'etoit le fermier des gabelles qui vouloient les arrester pour des imposts sur du vin qu'elles n'avoient point payés. Nos deux frères les ont empechés de saisir.» (25 mars 1739, G.P., IX, 198.) La sœur est donc Mme Eliott, dont le mari est attaché à l'électeur à Mannheim. Les deux frères sont sans doute Adhémar et Marsanne.

6. Lettre du 16 mars 1739 (G.P., IX, 175-180).

7. Devaux : «Je vous ecris aupres du Chien qui jouë aux echets avec le bonhomme Chanvert. Croiriez-vous que tout a l'heure j'ay été sur le point de me jetter a son cou, tout laid qu'il est? Devinez pourquoi : c'est qu'il a eté page de Mr de Grignan, et qu'il a vu cent fois Mde de Sevigné face a face. Je me rejouïs de le faire rabacher la-dessus et de vous conter tout ce qu'il m'en dira. Ce pauvre bonhomme passe a present sa vie a lire et de temps en temps il vient faire sa petite partie avec nous. Vous ne sçauriez croire combien j'ay de plaisir a luy prester des livres.» (16 mars 1739, G.P., IX, 175.) La fille de Mme de Sévigné, Françoise-Marguerite (1646-1705) avait épousé le comte de Grignan. Chanvert est Jacques-Claude Mayart ou Mailliart, dit Chamverd ou Chanvert (1665-1755), comédien de S.A.R. Plus tard dans sa lettre (IX, 177), Devaux dit qu'il avait été comédien dans la troupe de Pascariel (Joseph Tortoriti), qui courut la province dans les premières années du XVIIIᵉ siècle. En 1738 Chanvert et ses filles, Madeleine et Anne-Marguerite, sont des artistes de la Comédie de Nancy.

8. Devaux : «Je luy lus [au Poucet] une partie de votre lettre. [...] Quand nous en vinmes a l'article de Mr Mariotte, il fit de grands cris d'etonnement sur un pareil hazard; il nous dit que c'etoit un de ses meilleurs amis, homme de beaucoup de merite

et qui passoit sa vie chez cette dame dont il m'a parlé aussi bien qu'a vous; il n'eut pas lasché le mot qu'il s'en repentit, et je luy promis bien que je vous l'ecrirois et qu'enfin nous scaurions son nom [...]. Il [Mariotte] est conseiller au parlement de Bourdeaux ou de Thoulouse.» (IX, 175-176.) La «dame du Poucet» est probablement Anne Radegonde Vagnart (morte en 1757), veuve d'Antoine Hébert (mort en 1724), conseiller secrétaire du roi, maison couronne de France et de ses finances, trésorier des menus plaisirs du roi.

9. Devaux : «Le livre qu'a fait la sœur du Pousset est *Tecseiron*, petit conte né et mort chez Prault, a ce que dit son frere qui fait force bonnes plaisanteries la-dessus. [...] Son conte s'appeloit d'ab[ord] *Sec et noir*; comme bien des gens l'avoit vu sous ce tittre, elle l'a fait imprimer sous l'autre qui en est l'anagramme.» (IX, 176); v. 104n1.

10. C'est probablement la cadette des filles Lambertye (v. 87n7), Béatrix (1722-1752), chanoinesse de Remiremont en 1732; elle épousera en 1741 Charles-Lambert, marquis Des Armoises, comte de Spincourt (1724-1744). Devaux : «Mde de Pietremine est allée a confesse a Nancy. Vous devinez les consequences et les principes de ce voyage. [...] Sa fille est tout aussi hardie. Samedi elle alla toute seule voir le malade [Lubert, blessé dans un accident de chasse] a une heure apres minuit. Sa chute n'a pas empeché qu'elle ne fut bien reçuë. [...] L'aînée Pietremine a deja eu deux ou trois fantaisies et il [Lubert] pretend que j'en pourrois bientost devenir une si j'etois à portée de cela. Elle le persecute pour la mener chez moy. [...] Elle a demandé plusieurs fois au Pousset s'il n'avoit point de lettres pour [elle] du Docteur, mais neant.» (IX, 176-177); la sœur aînée, que Mme de Graffigny traite de «bégueule», est Louise-Thérèse-Françoise. Devaux, dans un aparté du 2 mars : «Croiriez-vous que pendant un bal il a fait venir ici Mdlle de Pietremine la cadette et qu'a la premiere semonce elle [...] n'a point fait de difficulté. Je ne scais ce qu'ils ont fait, mais je scais ce qu'ils ont fait dans la chambre de Lafleur devant le Ron et Lafleur.» (IX, 150.) Lafleur n'a pas été identifié.

11. Chauve-souris : cet usage est obscur. Aller en chauve-souris semble désigner le déguisement de l'entremetteur dans une affaire galante (Trévoux; Marivaux, *La Joie imprévue*, sc. xx); mais dans ce contexte, c'est plutôt «prendre peur» ou éprouver quelque empêchement à l'accomplissement de l'acte sexuel.

12. Mme Chaumont de La Galaizière.

13. Jeanne-Catherine d'Hablainville, morte le 4

mars à l'âge de 19 ans. Devaux : «La petite d'Ha-blenville [...] est morte il y a vingt-quatre heures.» (IX, 154); «C'est pour les beaux yeux du grand camarade du Pousset que le petite d'Hablenville est morte; il y a cinq ou six [mois] qu'on luy defendit de luy parler et depuis ce temps elle n'a fait que languir.» (16 mars 1739, G.P., IX, 177.) L'ami de Lubert dont il s'agit reste inconnu.

14. Devaux : «Il faut que je vous fasse un petit [conte] que Chanvert vient de nous faire. [...] En commençant la comedie il se mit dans la troupe de Pasquariel qui alloit a Montpellier. L'eveque de cette ville defendit a tous les curés de les admettre a la com[munion] paschale. Celuy de Nimes, ce grand, ce fameux Flechier, aussi digne d'etre mis au rang des peres de l'eglise que les Aug[ustins] et les Ambroises, leur ecrivit de ne pas se servir du pretexte qu'on leur fournissoit pour se soustraire a leur devoir; qu'ils n'avoient qu'a aller a Nismes, que le trajet etoit court et qu'ils y seroient a meme de faire ce qu'ils devroient. Ils obeirent. Il les reçut gracieusement et leur donna des confesseurs a qui il permit de les absoudre de tous les cas reservés. Pendant le sejour qu'ils y firent, il alla a la comedie et trois fois par semaine il en faisoit venir chez luy une partie et il leur faisoit repeter les plus belles scenes de ⟨......⟩ dans des paravens devant plusieurs ecclesiastiques a qui il disoit de temps et temps : ‹Eh bien, Mr, quel mal y a-t-il dans tout cela?›» (IX, 177-178.)

15. Devaux : «Ce que vous me dites de Tout Ron continue a m'amuser; je n'y vois pourtant que trop mon ancienne histoire, et vos repugnances me font souvenir de celles que j'essuye ou que j'ay essuyées. Je suis plus tranquille que jamais sur cet article; a peine m'aperçois-je a present de l'etat de mon ame une fois dans quinze jours. Nous ne nous querellons plus, et je suis assez content.» (IX, 179.)

16. Babaud de La Chaussade.

17. Devaux : «Ce pauvre Bleine m'inquiete fu-rieusement. Des que vous en scaurez quelque chose de positif, mandez-le-nous.» (IX, 180.)

18. *Réflexions sur les ouvrages de littérature* (v. 96n30).

19. *Observations sur les écrits modernes* de Desfon-taines (v. 42n23).

20. Devaux : «Qu'est-ce que veut dire Mde Du Chastelet en disant qu'elle pretend nous rejoindre tous l'année prochaine? Est-ce que vous devez retourner chez elle?» (IX, 180.)

21. Thieriot (v. 102n47). T.R. est Tout Ron. Devaux : «Ne ferez-vous pas une connoissance plus particulière avec l'homme que vous trouvez sensé? Qu'est-ce que ces ‹choses inconcevables› qui ne sont [que] pour moy?» (IX, 180.) Devaux saura tout quand Babaud de La Chaussade lui donnera la lettre 103 le 6 avril 1739.

22. Devaux répondra que Marsanne ramène sa sœur de Commercy (25 mars 1739, G.P., IX, 199).

23. Voir 102n69. Devaux : «Faites-luy [à Machi] mille compliments pour moy. Je vais luy faire une galanterie : c'est de luy renvoyer copie de ses vers contre Le Begue. Je vous ai surement conté cette aventure.» (IX, 180.)

108. à Devaux

Le mardi 24 mars [1739]

Si je t'avois fait ecrire avant-hier par Dubois que j'etois bien malade, n'est-il pas vray, mon Panpichon, que je t'aurois bien tourmenté jusqu'a la poste suivante?... Au lieu que je te dis aujourd'huy que je suis hors d'affaire, et que tu as cru que c'etoit la faute du laquais si tu n'a pas eu de lettres ce matin. Je crois t'avoir mandé jeudi que je devenois enrumée. Cela fut si promt et si violent que la fievre me prit la meme nuit et ne m'a quité qu'hier matin. La tirade est bonne. Je[a] m'arete tout court, mon cher ami. Je viens de demander a Dubois combien il y a que je suis malade; par son calcul et le mien que je n'entens pas trop bien, il me semble qu'il y a deux ordinaire que je ne t'ai ecrit. Ma foi, je n'en sais rien; de monde et de cahos j'ai la tete troublée. Tant y a que j'ai eté bien malade. Un mal de tete afreux.

Au transport pret, j'ai eté comme un certain samedi saint ou je t'alarmai tant. J'ai eu les grands acces de toux. Enfin j'ai eté bien etrilliée. Je me suis conduite comme un ange. J'ay renvoyez promener tous ceux qui m'ont parlé de seignée. Je n'ai pris que tres peu de tisanne et beaucoup d'eau de vie brulée les soir, malgré la fievre. Tout le monde m'a crié; j'ai laissé dire. J'avois une opression qui sembloit bien contraire a mon remede. Qu'importe! Voici mon resonnement : c'est un reffroidissement, donc il faut rechaufer. Quand on m'a saigné et rafraichit, cela a duré six semene. En me rechaufant, cela ne durera que huit jours. Fait et dit. La fievre m'a quitté hier matin. J'ai assés bien passé la journée. J'ai eu u[n]e mauvaise nuit cette nuit a cause d'une prodigieuse evacuation d'humeur mouchante et crachante que ma chere eau-de-vie a detaché. J'ai ce matin la poitrine libre, il n'est plus question de toux. Ma tete est encore grosse comme la maison, mais cela se dissipera. Et a cause de cette grosse tete, je ne t'en dirai pas davantage pour cette fois. Elle tourne un peu. Alors, mon Panpichon, si tu etois la tu me ferois cesser, et j'obeis.

L'apres-diner

J'ai encore un moment. Je te le donne, mon ami, pour te dire des nouvelles du D. Il m'ecrit quasi tous les jours. Son oncle est de pire en pire. Veiller sur un homme expirant lui donne beaucoup de vapeurs. Je manderai a Hairé[1] de t'envoier un louis pour une comission que le D. te donne. Voila tout ce que j'en sais.

Consois si tu peux les hommes apres ce que je te vais dire. Cette hotesse au si bon cœur est presque aussi froide que la Dame au Fétus. Quand on est malade, nule attention, nule soin, nule mot. A peine demende-t-elle comme je me porte. J'ai bien pleuré le second jour de ma fievre, je t'ai bien reclamé. Mais ma conclusion a eté plus resonnable que tu ne pense, car j'ai dit : «Eh bien, puisque personne n'a soin de moi, il faut donc que je le prene, moi, ce soin.» Ne suis-je pas bien sage?

Pour Dubois, tu sais comme il y faut compter. Et quand je me plains, elle a toujours le meme ton. Il faut que je t'en donne un exemple. Tous les jours, quand elle mene diner Lise, elle la laisse aler dans le jardin qui est joli, ou elle gate tout. On m'en fait des plaintes continuelles; on m'en parla encore pendant ma fievre. Je lui dis : «Comment donc, vous ne prendrai jamais garde a elle?» Elle me repond : «Est-ce que je tiendrai votre chiene dans ma poche?» Voila ses plus douces paroles. Pendant cette petite maladie, j'en soufre assurement, mais je suis etonnée de ma force et de ma patience. Je ne sais pas le moindre mauvais gré a mon hotesse de sa froideur. Je n'en crois pas son cœur moins bon. Cela m'est tres dur, mais il faut se casser la tete ou prendre les hommes comme ils sont.

La d. D. est d'une belle vivassité, elle. Mais elle ne sauroit toujours y etre. Elle me fatigue plus par son empressement qu'elle ne me fait de bien. Hier Ma Sœur passa toute l'apres-diner aupres de moi. Elle m'amusa beaucoup. Mon hotesse avoit a faire, moienant quoi nous fumes libre, car il y a bien des choses qu'il faut bien se gar[d]er de dire devent elle. Je te ferai un jour son portrait, aussi bien que celui de la dame D.

Je vais un peu repondre a tes letres[2], car je viens de recevoir la seconde. Le premier article est tres interessant. C'est que tu te neglige si fort dans ces deux derniere que tout mon art de divination m'abbandonne : quand il y a quelque letres formées dans un mot, je le devine. Mais il y a des phrase entiere ou il n'y en a point. Mest ordre a cela, je t'en prie, mon ami[3]. Tu poura m'en dire autant quand tu voudra et je m'en corrigerai.

J'ai dit a Ma Sœur votre diner[4]. Elle te remercie et t'aime sur ma parolle.

Ah! tu veux savoir si ton instint est seur sur Mr Toustaint[5]? Oui, mon ami, va, tu as raison. Malgré certaine ode dont j'ai souvenance, ce n'est qu'un sot. Il faut la mettre avec Mescenas[6], avec quelque restriction. Pourtant peut-etre que si le teroir et la devotion n'etoient des obstacle invaincibles, ce seroit un homme d'esprit. Je lui trouve plus d'etoffe que je n'en ai vu a guere de Lorrain. Sais-tu bien qu'il en faut diablement pour etre au point ou nous sommes malgré les memes obstacles? Efface vite cette ligne et ne la montre a personne : quel titre pour les sots!

Je suis enchantée du plaisir que ma letre tendre[7] t'a fait, mon ami. Elles seroient toutes sur le meme ton si je n'avois d'autres choses a te mander qui mangent mon tems et mon papier. Les autres choses doivent t'exprimer mes sentimens : ce n'en sont que les consequence. Ainci, mon cher ami, puisque cette letre te plait tant, ajoute-la a la fin de toutes celles que tu recevras. Elle dira ce que j'ai pensé, ce que je pense et ce que je penserai jusqu'a mon dernier soupir. Dis-en bien des choses a nos amis quand je ne leur dis rien. Assure-les bien que je suis comme ce vieux peroquet[8] trainé par les rueës.

Tu cries toujours apres tes livres[9], mon ami, et tu as raison sans que j'aye tord. J'y ogmente presque tous les jours quelques petites choses que tu n'aurois pas eu. Il ne te couteront point de port. Et c'est toujour un desir : tu sais que c'est le plaisir le plus vif. Cependant tu serois degoutés a present si cet animal[10] ne disoit[a] tous les jours : «Je pars.»

Venevaut ne vouloit pas acheter *Orleans delivré*[11]. Mais on m'a dit qu'il etoit bon. Ainci je le lui fais prendre. Vois si je suis sage. Tu as beau tourner a l'entour de l'incident de *Gogo*[12], tu n'y parviendras pas, entens-tu? Voici le comantaire. Le tout est si detestable que c'est ofenser Dieu d'y metre trante sols.

Adieu. La pauvre caboche n'en peut plus. Dubois, donez-moi mon petit oreillier, que je le mette en capuchon[13].

A propos de Dubois, j'ai eu la bonté, moi dans mon lit, bien mal, de la laisser aller samedi aux marionetes et a la foire avec la petite fille[14]. J'en ai eté bien paiée.

Le mercredi [25 mars 1739], a onze heure du soir

Pendant qu'on refait mon lit, je vais te dire tant de bonsoir que je pourai, mon ami. J'ai eté bien malade aujourd'huy. Tout en m'eveillant, Dubois m'a fait une scene si indigne, qui m'a si bien prouvé son mauvais cœur que ma sotise d'etre touchée de l'ingratitude des autres m'a donné un acces de vapeur horrible. En meme tems un accident qui m'est deja arrivé m'a repris. C'est qu'en me mouchant, des vent que j'ai tout plain la tete s'extravase par le cerveau et me rendent comme folle. J'ai eté une heure entiere hors de mon bon sens comme si j'avois le transport. Comme je commansois un peu a me remetre, on m» donné une letre du [D][15] qui me paroit si inquiet de mon mal, enfin qui est si bien selon mon cœur, que j'ai eté moi-meme surprise de l'efet qu'elle m'a fait. Le calme est venu comme apres le *cos ego*[16]. Voila mes misere, mon ami, tu me reconnois. Mais a la bonne heure, quand elle me font du bien! Il me mande que s'il n'a pas de mes nouvelle il quitte tout et revient; que l'on ce doit a la fortune, mais c'est lorsque l'attachement, la tendresse et l'amitié n'exigent rien de nous ou ne sont pas assés forts pour nous interesser plus que nos interets meme[17]. Je ne puis me refuser de te mander ces deux phrase-la. Que puis-je desirer de mieux? Remercie-le pour moi du bien qu'il m'a fait, je t'en prie. Dans l'etat ou je suis, malade en maison etrangere, je suis bien plus touchée du bien et du mal parce que je suis plus attendrie sur moi-meme. Je crois avoir un peu de fievre ce soir, mais bien peu. Je sue a grosse goute en t'ecrivant, mais je parle a mon ami. J'ai envoyez cherche[r][b] ce matin le medecin[18] de la duchesse. Il est venu ce soir. Il y a de[ux][b] mille bouteille sur ma cheminée, mais je m'en moque, je g[age][b] que demain je me porterai bien. C'est ma secousse du matin dont je me sens encore un peu.

Qui est Mr La Gruaudiere[19]?

Sans doute c'est dans le gout de Scaron que je veux que tu aime Homere[20].

Ma Sœur a passé cet apres-diner avec moi. Elle est toujours charmante. Elle m'a laissé la suitte des *Exilés*[21] qu'elle a fait en manuscrit. Elle doit me preter un autre conte de fée. Je tacherai qu'elle me permette de te les preter. Tu me les renvoyerois par le coche.

La dame D. avoit eté deux jours sans me voir, accablée d'affaire et outrée des mauvais procedés d'Atis et de Doroté, qui l'accablent d'injures et de reproches apres tout ce qu'elle fait[22]. Il faut que cela soit bien fort pour qu'elle m'en ait parlé, car elle est discrete comme le D. et forte a devorer tout sans rien dire. Elle est venue aussi aujourd'huy. Le reste du tems mon hotesse a lu aupres de moi trois suite de *Cleveland*[23]. Il y en a trois thome de dom Prevot; les veux-tu? Tu n'a pas les autres, sans cela je les aurois deja acheté.

Mon hotesse est assés attentives depuis l'affaire de ce matin, ou elle m'a donné bien des soins. A propos, je veux et entand que quand j'aurais de pareilles secousses tu les sentent. Surement tu m'aime mieux que Bussi n'aimait sa cousine[24].

Bonsoir. Je laisse cela pour te dire comment j'aurai passé la nuit si je ne meurs pas, da! – ce qui n'a pas d'apparances, car je me porte bien mieux depuis que je t'ecris. Mon Dieu, les bons medecin que les amis. A propos, sais-tu bien que j'ai lu ta letre dimanche a travers une fievre horrible, un mal de tete egal? Je me fais donner une bougie, car je ne saurois soufrir le jour, et je lis mon Penpichon.

Jeudi [26 mars 1739]

Bonjour, mon ami. J'ai eu une nuit bien insomnieuse. Mais ma tete va beaucoup mieux. Une diable de tisane dont j'ai eté assés sote pour boire m'a donné des aigreurs et le hoquet toute la nuit. Mais encore un coup je suis en paradis, ma tete va comme un ange. Il n'est que huit heure : je vais tacher de dormir encore.

Dis vite a Lubert qu'il mande a sa sœur ou a moi a qui le roi a ecrit, si c'est au roi, au cardinal ou a Mr d'Engervillier[25].

[*adresse :*] A Monsieur / Monsieur Liebaut, proffesseur / d'histoire des cadets de S. M. / le roi de Pologne / rue du Chateau / a Luneville

MANUSCRIT

Yale, G.P., VIII, 75-78 (D79); 3 p.; orig. aut.; m.p. : 8.

IMPRIMÉ

Showalter, p. 121-122 (extraits).

TEXTE

[a] Lecture incertaine. [b] Déchirure.

NOTES

1. Il s'agit de Jean-Nicolas Hayré. Devaux répondra : «Si vous avez ecrit a Hayré, elle [le Ron] m'apportera de l'argent et j'ecrirai sur le champ a Nancy.» (1er avril 1739, G.P., IX, 211.)

2. Lettres du 17-19 mars 1739 (IX, 181-184) et du 20-21 mars (IX, 185-188).

3. Devaux répondra : «Ce vilain Chien ne taille pas mes plumes, c'est ce qui a fait que j'ay si mal ecrit.» (IX, 211.)

4. Devaux : «J'ay encor diné aujourd'huy chez le Petit Pousset. [...] Nous avons bu a votre santé et a celle de son aimable sœur, que j'ay pris la liberté de luy porter avec du Sonini.» (IX, 181.)

5. Toustain de Viray. Devaux : «Puisque vous voyez quelquefois ce Mr Toustain, pourquoy ne me mandez-vous pas quel homme c'est? Il y a longtemps que j'ay envie de le scavoir au vray. Le préjugé est qu'il a beaucoup d'esprit. Qu'en dites-vous? Je voudrois que cela ne fut point parce qu'il n'a pas l'honneur de me plaire.» (IX, 181.) Il répondra : «Que je suis aise du jugement que vous portez de notre pédant de magistrat! Sans le haïr, je suis charmé qu'il ne soit pas aimable.» (IX, 211.)

6. Il s'agit, semble-t-il, d'un autre surnom.

7. Devaux : «Qu'elle est charmante, cette lettre! [...] Vous êtes trop bonne, chere amie, de nous aimer comme vous faites.» (IX, 182); «Je viens de relire encor votre derniere lettre; elle me fait toujours le meme plaisir. Jamais votre amitié ne s'est montrée sous un air si satisfaisant.» (IX, 185.) Devaux fait allusion à 105, par. 13.

8. Allusion probable à *Vert-vert* de Gresset (1734), et plus particulièrement au chant III, où

l'oiseau est tiré de la maison de son maître et conduit à Nantes.

9. Devaux : «Je meurs d'impatience de voir tout ce que vous me promettez, surtout le conte de fées et l'*Ame des bestes*. Je vous envoye quelquefois au diable quand je pense que, si vous aviez tout mis au carrosse, j'aurois deja tout vu.» (IX, 183.) Mme de Graffigny va confier les livres à La Chaussade.

10. Babaud de La Chaussade devait se mettre en route incessamment pour la Lorraine.

11. *Aurélia ou Orléans délivré*, de Jean Roussy (1705-1777), publié en 1738. Devaux : «Venne-vaut m'a-t-il acheté le poème d'*Orléans délivré* que je luy avois demandé?» (IX, 183.)

12. Devaux : «L'incident de *Gogo* me parait neuf et curieux.» (IX, 183); v. le texte de la lettre 105 à la note 24.

13. L'expression est apparemment plaisante. Devaux répond : «Je ris de vous voir avec votre oreiller en capuchon, vous [vous] souvenez combien nous en riions avec ce Villeneuve. O mon Dieu, quel temps!» (IX, 211.)

14. Marie-Charlotte-Jeanne Babaud (née en 1732), l'aînée des deux filles de Mme Babaud.

15. D'après le contexte, il s'agit d'une lettre de Desmarest; Mme de Graffigny ne met que le point.

16. Virgile, *Énéide* (I, 135) : en prononçant ces mots, Neptune apaise brusquement les vents déchaînés. Mme de Sévigné cite ces mots dans une lettre à Mme de Grignan (lettre 203, *Correspondance*, Gallimard, Pléiade, 1974, I, p. 351). Pour la réponse de Devaux, v. 113n31.

17. Desmarest, dont l'oncle est à la mort, veille alors sur son héritage.

18. Hunauld.

19. Devaux avait rapporté des bruits qui circulaient à propos d'un voyage de Mlle de Marsanne, et d'un mariage de celle-ci avec La Gruaudière (IX, 185-186). Dans sa réponse, Devaux décodera ce nouveau surnom : «La Gruaudière, c'est le fils

de la G.» (IX, 211); il s'agit donc de Léopold Locquet de Grandville.

20. Devaux : «En verité Scarron n'est pas plus divertissant [qu'Homère dans les chants XIX et XX].» (IX, 187); v. 105n10.

21. *Les Exilés de la cour d'Auguste* (1672), roman de Catherine des Jardins, Mme de Villedieu (1632-1683). Il ne semble pas que la suite des *Exilés*, écrite par Mlle Lubert, ait été publiée.

22. On ignore la cause de ces reproches, mais le même jour, Voltaire écrit à Moussinot : «Ne montrez point mes lettres à Mme de Chambonin» (Best. D1954).

23. *Le Philosophe anglois, ou Histoire de Monsieur Cleveland* de l'abbé Prévost parut comme suit : les quatre premiers tomes en 1731-1732, le tome V

(apocryphe) en 1734, et les tomes VI, VII et VIII en 1738-1739. Mme de Graffigny fait sans doute allusion à ces trois derniers tomes, les «trois» tomes de la «suite».

24. Roger de Rabutin, comte de Bussy (1618-1693) et sa cousine, Mme de Sévigné, à laquelle Mme de Graffigny fait volontiers allusion (v., par exemple, le texte de la lettre 107 à la note 7).

25. Devaux fait la commission sans expliquer de quoi il s'agit (IX, 210), mais il s'agit probablement d'une lettre de Stanislas à Louis XV, ou à un de ses conseillers, au sujet d'une pension pour Mme de Graffigny. En mai, elle fera faire des démarches auprès du cardinal de Rohan pour qu'on lui accorde une pension (v. 119n3 et 122n13).

109. à Devaux

Le vendredi matin 27 mars [1739]

Il faut commencer par te parler de ma santé, nesse pas, mon Penpichon? Tu serois faché que je ne misses pas les choses par l'ordre de l'interet que tu y prends... J'ai passé hier une fort bonne journée, a l'ennui pres que me donna la longue visite du mari de Doroté que la d. D. avoit amené avec elle. Je ne suis pas si bien ce matin. J'ai mal dormi, et j'ai dans la tete tout le vent qui court dans l'air. J'atribue mon malaise a l'execrable tems qu'il fait.

Je vis Venevaut hier matin. Il t'achetera *Orleans delivrée*. Mr de Lupcour part dimanche apres vepre; je le chargerai d'une partie de tes drogue. C'est toujours deux jours plus tot, car le Marsouin[1] ne part enfin que la troisieme fete[2]. Tu jure, mon ami, mais je n'ai pas peur; l'amusement te fera tout oublier.

Md. Babaud est acharnée apres *Cleveland*. Elle n'a pas perdu hier un moment et malgré les contretems elle est parvenue a lire presque tout le 5eme volume. C'est toujours de mieux en mieux. Je ne puis comprendre quelle est la magie du stile de cet homme qui attendrit toujours sur des passion tant rebatuë. C'est du desespoir, de la douleur, ce n'est que cela. Et ce desespoir et cette douleur font toujours un effet nouveau. Ce n'est pas les grands mots : il n'y en a point. Reelement cela m'etonne. J'ai pleuré hier a sanglots. Fanie[3] fait le portrait de son cœur. Je te prie de ne jamais le lire sans penser a moi.

Venons a ta letre d'hier[4]. Le portrait de ton jesuite[5] me plait. J'ecrirai a la Mathieu[6] alors, c'est-a-dire quand tu auras fait ce que tu projete et que tu poura m'envoyer mes affaire. Il n'y a qu'a tout envoyer. Pour ce faire il faudroi que Clairon parle a Maitre Simon[7] et fasse le marché le mieux qu'elle poura. Il faut bien se garder d'envoyer les coffres : ils sont trop pesans et trop inutile. Il faut bien presser le tout dans une grande caisse. Mde de Stainville en avoit ou il auroit tenu trois fois tout ce que j'ai. Pour mes pauvre petits ustancils de porcelaine et de verre, fais-les bien embaler par l'embaleur de Sonnini. Il faut dire a Simon ce que c'est. Je ne sais si*ª* les rouliers n'en repondent pas. Pour la chiene de robe de toile[8], je ne sais ce que tu en feras. Avec tes sots scrupules, tu as si bien fait que je ne l'aurai pas, et j'en ai besoin a present. Il faut avouer que tu es un sot homme. Tu auras encore cela, car toute les fois que je pense a cette betise, je ne puis te la pardonner. Au fait et au prendre[9], Lubert t'auroit bien trouvé cent franc pour t'eviter ce terible serment. En bien, je te la donne, cette robe, parce que tu es si jentil.

Te voila donc seul, mon ami. Clairon est partie. Mais pour ou? Tu crois que je dois savoir ce que tu sais. Autre devinette : il a falu que tu voye partir la carossée[10] de chez les freres. Quelle carossée?

Ne te fache pas contre le D. de ne t'avoir pas montré le dialogue[11] : il ne l'a fait qu'apres celui de ta chambre, et il n'est pas fini. Il n'y est pas encore, lui, et tu crois bien qu'il y jouera le beau role. Bon, il n'a pas eu le tems de le faire depuis qu'il est parti. Il a bien fait et ecrit dans son premier voyage a*ᵇ* Senlis un plan de comedie en sinq actes[12]. C'est un singulier corps.

Pardi, je te trouve bien impertinent de douter de la perfection de ma vertu.[13] Il faut donc se louer sans vergogne pour que tu trouve le vray. Oui, Mr le benet, j'ai deffendu; oui, non par un mot mais a plusieurs reprise. Mais on m'a fait de si grande huées qu'il a falu me taire pour n'en pas faire dire davantage. Ah, pardi, tu es drole. Tu ne connois donc pas mon amour-propre? Des qu'il est question de cette femme que je deteste, je le prend sur un ton de louange sur son esprit et l'arrangement de ses affaire, que personne n'ose parler de sa conduite. Hors ceux dont il est question, parce que je ne suis pas faite pour leur en imposer.

Voila toute ta lettre. Je n'ai rien de nouveau a te rabacher. Je vais un peu ecrire a d'autre comme a la Mathieu et a Tavanne, dont j'ai reçu hier une lettre. Il me paroit faché que tu m'ais mandé les tracas ou on me foure. Mais c'est, je crois, pour le compliment. Sa letre est pleine d'amitié, j'en suis bien contante.

Le soir

Voici la creature la mieux ennuiée de tout le roiaume. Madame Babaud fait demain ses pasque. Elle croioit etre malade et ce n'etoit que la devotion qui la tourmentoit. Nous avons passé la journée vis-a-vis l'une de l'autre, a bailler, a dire : «Ah! mon Dieu, quel ennui!» Elle ne vouloit pas lire. Enfin nous avons fait splalmaudier*ᶜ* Dubois; le septieme thome de *Cleveland*. Toujours beau, toujours interessant. A propos, sais-tu que l'abbé Prevot est aumonier a Mr le prince Conti?[14] Le voila bien. Il vient d'achever le *Doien de Killerine*[15]. Je ne m'en soussie guere.

J'enrage de sentir que je reste court et que, pendant que tu es seul, je te tiens si mauvaise compagnie. Je me bas les flanc pour rabacher. Tu me parle d'un jesuite que tu ne vera guere. Pourquoi ne te parlerois-je pas d'un chirugien[16] que je vois souvent? J'ai été surprise de lui trouver tant d'esprit et surtout une grande connoissance du cœur humain, chose que je crois tres utile a son metier. Il faut que je te conte en bref une scene qui c'est passée aupres *d* de mon lit il y a quelques jours. Il a aussi une grande connoissance du monde. Cependant cela ne fait pas tout a fait un homme aimable, parce qu'il est un peu grivois. Il parloit de la duchesse de Gevre [17] qu'il voit souvent. Je lui demandai ce que c'etoit. Il me fit l'eloge de son esprit et un detail de sa conduite. Elle c'est soustrait a toutes les sottes entraves de visite et de trains du monde, atachée depuis dix ou douze ans au chevalier Daché [18], qui est tres aimable. Elle ne voit que lui pendant le jour, et le soir elle donne a souper a cinq ou six personne d'esprit, gens de lettres, avec qui elle s'amuse. Il finit par dire que c'etoit la femme la plus respectable, la plus estimable... Md. Babaud l'arreta tout court et lui dit avec colere et rouge comme du feu : «Ah! pour celui-la, je vous arrete. J'ai passé tout ce que vous avez dit, quoique bien ridicule. Mais je ne puis soufrir d'entendre prophaner les mots de respect et d'estime a une femme qui a une intrigue. Une intrigue! Ah, ciel! Peut-on regarder une femme qui a une intrigue?» Connois-tu un tel dragon de vertu? Pour moi, j'en fus tres etonnée. Je la croiois plus au fait du monde. Le chirugien la badina beaucoup; pour moi, je ne dis mot. Autre rabachage. Mais tous ceux qui tendent a connoitre le cœur ou la machine, tu sais le cas que nous en fesons. Parentese. Ce chirugien a beaucoup vu Mde de Verrue [19]. Il m'a conté sa mort : elle passe celle de tous les Romains.

Voici donc le conte dont je me suis souvenu. Mr de Maupertui conta a Cirei qu'etant allé voir un geometre accademicien qui etoit tres malade, il le trouva a l'agonie sans connoissance. On lui parloit, on le tirailloit sans en pouvoir tirer un signe. Il s'aprocha de son oreille et lui demanda ce que c'etoit que le quaré de douze. «C'est quarante-huit» [20], repondit tout de suitte le moribon. Que dis-tu de cette machine? Il en conta un autre dans le meme gout d'un vieux libertin qui agonisoit, les yeux fixe, la parolle perdue. Ses rideaux etoit ouvert au pied de son lit. Il y passa une jeune fille qui servoit a la maison. Il fit signe du doit pour l'apeler en fesant «St, st...»

Ma foi, mon ami, me voila au bout de mon rolet. A quoi sert d'etre a Paris, dis-tu? Mais quand on est malade a Paris et que l'on ne voit personne, on est aussi sot qu'en province. J'ai regret mortel a laisser ce papier blanc. Ma tete s'en trouvera bien, car toute la journée le mauvais tems [m'a] *e* fait enrager. Mais mon cœur n'est pas contant : je n'ai point amusé mon Panpichon a qui j'ai tant d'envie d'adoucir la vie púisque je ne puis le rendre heureux. Tiens, mon ami, je ne mest pas en comparaison le plaisir que te font mes rabacheuses letres et mon mal de tete. Mais, mon ami, je n'ai plus que trois mots a te dire. Je t'aime comme tu merite de l'etre, c'est tout dire. Embrasse tous nos amis quand il seront embrassables. Je te dirai demain comme j'aurai passé la nuit.

Samedi matin [26 mars 1739]

Je suis encore plus sotte aujourd'huy qu'hier, mon ami. J'ai dormi, mais si mal, de ces mauvais someil qui tourmentent. J'ai la tete comme une maison. Bonjour. Je n'en sais pas dire davantage.

J'ai oublié hier de te prier d'une chose autant que tu la trouvera faisable. C'est a la St-George²¹ de m'acheter deux ou trois petits pot couverts comme celui que tu m'a donné. Meme un grand, si cela se trouve. Quelque goblets faits en ballon. Une autre jate plus petite si cela se peut. Il n'y a rien de tout cela ici. Tu sais comme je les aime. Demande de l'argent a Lubert de ma part. Si cela te gesne en rien, laisse là la comission²².

ᶠAuras-tu reçu ma derniere lettre? Je l'ai adressée au Professeur.ᶠ

[*adresse :*] A Monsieur / Monsieur Dauphin, marchand / rue du Chateau / a Lunéville / Lorraine

MANUSCRIT

Yale, G.P., XIII, 79-82 (D80); 3 p.; orig. aut.; m.p. : 9.

IMPRIMÉ

Showalter, p. 122 (extraits).

TEXTE

ᵃ Le ms : «s'ils». ᵇ Le ms : «le». ᶜ psalmodier. ᵈ Le ms : «daupres». ᵉ Déchirure. ᶠ Dans la marge de la première page.

NOTES

1. Surnom de Babaud de Chaussade.
2. Cette lettre est du vendredi 27. Lupcour part le 29, le dimanche de Pâques, et La Chaussade partira deux jours plus tard, le mardi 31, qui est en effet la troisième fête ou «férie» de la semaine pascale.
3. Fanny, personnage de *Cleveland* (v. la lettre précédente). Le volume qui porte le numéro VI est en fait le cinquième, et il semble que ce soit le livre neuf de ce tome qui émeut tout particulièrement Mme de Graffigny.
4. Lettre datée du 23 mars (IX, 189-192), reçue le 26.
5. C'est le portrait du père Henin, précepteur des enfants d'un des oncles d'Adhémar (IX, 189); nous n'avons pas pu l'identifier davantage.
6. Devaux : «Je vous conseille d'ecrire poliment à la Mathieu et de luy mander que vous avez fait prier Mr Maurice de la satisfaire le plus tost qu'il pourroit.» (IX, 190.)
7. Non identifié, mais apparemment un courrier; Devaux avait parlé de lui en 1734 (27 février 1734, I, 28; 8 mars 1734, I, 13).
8. Voir lettre 55, trois paragraphes avant la fin.

9. Au fait et au prendre : c'est-à-dire, au moment d'agir, de parler (Littré).
10. Devaux : «Je ne suis revenu de chez les deux freres qu'a trois heures, parce qu'on nous y a fait diner et qu'il nous a fallu voir partir la carrossée. Le Ron et le Grand en sont.» (IX, 189.) Il répondra : «Oh, vous etes trop beste aussi! Le Ron est allé a Commerci avec le Grand Frere et sa petite sœur. Elle en revient demain» (31 mars 1739, G.P., IX, 206-207); v. 107n22.
11. Voir la lettre 106, le premier paragraphe sous «Le mercredi...». Devaux : «Je ne pardonne pas ce drole-la de ne m'avoir pas lu le dialogue qu'il a fait sur [déchirure]; le gueux, comme il ment!» (23 mars 1739, G.P., IX, 191.)
12. Sur cette œuvre de Desmarest, v. 113n16.
13. Voir la lettre 106, le premier paragraphe sous «minuit», où Mme de Graffigny commente les termes utilisés par la duchesse de Richelieu et ses amis pour parler de Voltaire et Mme Du Châtelet. Devaux : «[Votre procédé] pour les gens de Champagne est adorable. Voila ma bonne Grosse! Voila sa belle vertu qui me charme! Si elle avoit lasché quelques mots de defense, cela seroit heroïque.» (IX, 191.)
14. Louis François de Bourbon, prince de Conti (1717-1776), qui tenta de se faire élire roi de Pologne. L'abbé Prévost est son aumônier depuis 1735. Le prince était un athée notoire et un amateur de belles-lettres. Devaux répond : «Oui, je scavois que Dom Prevost est aumonier du prince de Conti, mais on ajoute que c'est a condition qu'il ne luy dira pas la messe.» (IX, 207.)
15. *Le Doyen de Killerine, histoire morale composée sur les mémoires d'une illustre famille d'Irlande* : tomes I (1735), II et III (1739), IV, V et VI (1740).
16. Jacques Bagieu, chirurgien distingué, mem-

bre de l'Académie de chirurgie, connu pour ses recherches sur les amputations et ses observations sur les corps étrangers extraits des diverses parties du corps dans lesquelles ils avaient été introduits.

17. Renée-Élisabeth de Romilly de La Chesnelaye (morte en 1742), veuve de Léon Potier, duc de Gesvres (mort en 1704), chevalier, premier gentilhomme de la chambre du roi, gouverneur de la ville de Paris. Ils se marièrent en 1703.

18. Peut-être s'agit-il de Nicolas de Carvoisin, marquis d'Achy (né en 1669), chevalier, qui épousa en 1703 Marie-Madeleine de Cacheleu, veuve de François de Louvel; ils eurent trois filles.

19. Sur la comtesse de Verrue, v. 37n24.

20. On voit ici que Mme de Graffigny n'est pas mathématicienne.

21. D'après l'*Almanach de Lorraine*, c'est un jour de fête à Lunéville : le 23 avril. Un grand nombre de corporations en Lorraine honoraient ce saint comme leur second patron.

22. Devaux répondra : «Je ferai tout ce que vous me dites pour vos pacquets; ou je ne pourrai point trouver d'argent, ou vous aurez des cristaux en cas qu'il y en ait du moins.» (31 mars 1739, G.P., IX, 206.)

110. à Devaux

Le samedi 28 [mars 1739] apres souper

Bonsoir, mon ami. J'ai assés mal passé la journée. Des vapeurs s'en sont melées. Je suis mieux ce soir. Mr de Lupcour est venu me dire adieu. Je lui ai donné les manchettes de Mr Legrand[1] : ayes soins de lui faire donner de la part de Demaretz et de lui dire qu'il lui redoit un ecu de six franc. Il a aussi trois livres pour toi; il n'a pas voulu se charger de davantage. Je ne te les nomme pas afin que tes desirs soient plus vifs[2]. Il doit etre jeudi ou vendredi a Luneville. S'il ne te les envoye pas d'abord, envoye les lui demander. Cela t'amusera toujours en attendant Mr de La Chaussade, qui sera aussi en Lorraine a la fin de la semene.

La Duchesse m'a ecrit aujourd'huy tres bien pour savoir de mes nouvelles. Voila toute ma journée, et *Cleveland* pas si beau que je croiois. Il y a selon moi une situation manquée. Je ne t'en dirai rien. Bonsoir. Comme il est tres bonne heure, je vais te quitter pour toi. C'est pour mettre quelques chose a cette feuille ou il n'y a encore presque rien[3].

C'est un tourment que tu sais que je sens mieux que personne d'avoir une chambre non seulement qui n'a point de verouil, mais qui est un passage, et ou sont toutes les armoires ou on fouille cent fois par jour. Je voudrois que le diable voulu me rendre le servisse d'emporter La Chaussade. J'atens sa chambre bien plus vivement que tu n'atens les livres.

Le D. m'a encore ecrit aujourd'huy. Toujours aimable... et assassiné de vapeurs de voir tout le jour et toute la nuit un homme agonisant a qui on taillade tous les jours les jambes et qui vomi a chaque minute. N'admire-tu pas sa passiance et sa raison? Il compte revenir lundi si la mort de son oncle ne l'arrete. Il me demande si je suis assés bien pour aller souper a l'hotel de Modene, mais il n'y a pas moien. Bonsoir.

A propos, je me souviens d'une chose que j'ai oublié. Tu me repond sur le jeu du St comme si je disois qu'il joue presisement comme Du Frene, et tu dis : «Je vous le disois bien, vous ne vouliez pas m'ecouter» [4]! Relis ma letre : je crois avoir ajouté «s'il ne s'enyvroit pas a la soupe». Du Frene est outré, quoiqu'il prepare ses outrances. Juges donc si le St n'est pas ridicule de les placer partout. Donc j'en jugois mieux que toi, puisque j'ai toujours dit qu'il jouoit tres bien sans cela. Tu vois que je n'ai pas perdu le gout d'avoir raison. Je n'ai pas perdu non plus celui de te gronder sur tes sotes modesties. Je te dis que tu joue[a] mieux que V.; c'est sans comparaison[5]. Mieux que Sarazin sans aucune ombre de comparaison. Et mieux que Du Frene, parce que tu n'a pas ces eces. Si tu ne dansois pas et que tes grimasses fussent plus belle, tu serois ce qui s'apelle parfait. Mais qu'i faire? Tu aurois besoin d'un autre visage pour des choses plus essencieles. Suis beau, moi! Suis laide, moi! Quoi qu'en dise la duchesse, qui me dit qu'elle me trouvoit belle et jeune, c'est au rouge que je le dois, car je m'en donne, Dieu sait! et a des corcets bien faits qui me font une taille. Mais oui, une taille. Je ne le croirois pas si je ne le voiois; mais je vois aussi mes rides et les peaux de mon menton, et l'etient[b] de mes yeux (comment dit-on cela?).

Le dimanche soir [29 mars 1739]

Bonsoir, mon ami. J'ai passé une mauvaise journée sans grande douleur mais dans un accablement a ne pouvoir ouvrir la bouche. Md. Babaud a depuis quelque jour un clou sous le bras qui est declaré abses aujourd'huy. Elle soufre, et moi aussi : cela fait fort mauvaise compagnie l'une pour l'autre. C'est a qui s'evanouira. J'ai eu une foiblesse pour avoir eté debout en prenant ma chemise. Deux heures apres le diner elle y est tombée. Je ne saurois encore m'enpecher d'en rire. Pour surcroit, il me vient une fluction a l'œil. Me voila bien. Cependant je veux absolument me bien porter pour marquer a Md. Babaud comme je pense quand son abses la fera chanter. Je lui donnerai assurement tous mes soins...

Venevaut m'est venu voir sur le soir. Je lui ai montré, de l'aveu de Md. Babaud, les complimens que tu lui fais[6]. Cela nous a diverti un moment. J'ai parlé de toi, mon ami, a un homme qui est des tiens. Cela m'a fait du bien.

Pardi, tu es bien bete. Relis donc ma lettre, boureau, tu veras que le D. avoit fini sa periode, mais si juste qu'il re[s]toit[c] encore de petites circonstance a dire qui ne laisse pas d'embaraser, parce [que] quand un tier les entens, cela fait deviner le reste[7]. Tu es un butord : jamais on a le plaisir d'etre entendue avec toi. Tu n'as donc pas entendu non plus que c'etoit le meme discour qu'il a tenu toutes les fois que je t'ai mandé qu'il avoit parlé de toi en passant sur le Pont-Neuf[8], comme dit la chanson, entre minuit et onze.

Le nom de la dame du Poucet, c'est Herbert, veuve je crois d'un tresorier de l'epargne[9]. Prend bien garde qu'il ne me soubsone, car il feroit un train affreux a sa sœur et a moi. En tout cas, tu peus te sauver par dire que ce Mr aveugle[10] m'a nommé ce nom et que je me suis doutée du fait.

Ah, mon Dieu, quelle pervercité! Quand j'etois a Luneville, tu croiois les choses incroyables, et tu doute de tout a present. Oui, butor, oui le D. m'a remis la letre de Melle Pietremine[11]. Pardi, c'est la moindre de ces betises.

Non, je n'ecris point a Md. Thomas[12]. Ce n'est pas de même avec elle. Je le lui pardonnerois plustot. Elle ne m'inquiete pas, je ne sais trop pourquoi. Peut-etre esse parce qu'elle pouroit lui faire du bien.

Tu auras les feuilles[13] toutes les semene. Tu me permetras de les lire et puis tu les auras sans retard, car la nouvauté en fait le prix. Venevaut m'a aporté *Orleans delivré*. Ergo tu l'auras.

Faisons toujours nos chateaux de cartes, mon ami, c'est toujours autant de plaisir. Hélas, en est-il de plus reels? Laisse faire au D. : s'il veut, il fera ce miracle[14]. Que ne me feroit-il pas faire avec la façon dont il est! Ce ne sont pas des transport, il en est loin; mais c'est un air de solidité et d'attachement sincere qui est la seule chose qui puisse flater mon cœur : je me defierois de quelque chose de plus vif.

Md. Babaud a bien rit de tes sotises[15]. Mest-en toujours quelqu'une pour elle; mais je voudrois que ce fut sur un billet que je pusse bruler. Car je n'aime pas a laisser vivre de pareilles choses. Je crains toujours de mourir sans confession.

Tu ne saurois croire, mon ami, comme le comencement de ta lettre m'avoit inquieté, et comme la fin me rassure sur le compte du Professeur[16]. J'ai toujours la meme amitié pour lui et le meme interet. Dis-lui bien, mon ami, embrasse-le bien fort pour moi. Et dis-lui que je regarderai comme une preuve de son amitié la plus essenciele de moderer ces vivacités contre les tracasseries.

Pardi, je le crois bien, que tu ne me vengera pas si tu ne t'y prends pas mieux. Mais voyez la belle fatigue pour un amoureux d'aller a des tenebres plus longues ou plus courtes, quite pour en sortir apres avoir lorgné un peu de tems[17]. Tu n'es et ne sera qu'un sot toute ta vie.

Or ça, bonsoir, mon ami. Mon œil, ma tete et*[d]* mon estomac me font damner. Il faut que je t'aime bien et que je ne m'enbarasse guere des meaux du corps.

A propos, Ma Sœur m'est encore venu voir ce matin. C'est une fille charmante. Dis bien au Poucet que je suis payée et au-dela de mon amitié pour lui par la connoissance de sa sœur. Si je demeure ici, juge quel plaisir ce sera pour moi d'etre a portée de parler notre langue quand je voudrai. C'est une consolation bien forte pour mon etat. J'en sens tout le prix. Dis-lui bien. Elle m'a mont[ré]*[e]* une de ces letres qui est remplie d'adoration pour moi. Il est fou. Je ne merite pas la moitié de ce qu'il dit [...]*[e]*. Dis-lui que Mde la Lieutenante[18] est son amie a la vie et a la mort.

Il faut que je te dise un trait de la sœur qui te fera juger de l'aisance de son esprit. Nous parlions du deisme, et je disois que l'on faisoit pour sois-meme ce que la religion exigeoit. «Oh, non, ma sœur, dit-elle, la religion defend la fornication, qui est selon moi le plus joli peché du monde!» Bonsoir la-dessus. N'a-t-elle pas raison? Ne le dis pas a son frere car il l'en plaisanteroit, et peut-etre en seroit-elle fachée parce qu'elle ne te connoit pas. Dis-moi donc pourquoi tu ne m'ecris pas par elle ce que je t'ai demandé[19]. Tu m'inpatiante. Je m'i attandois aujourd'huy, et cela me fache.

Lundi matin [30 mars 1739]

J'ai eu une nuit passable, mon ami. Cependant, comme je m'evielle seulement, je ne puis encore te rien dire de ce que je suis. Bonjour, je t'embrasse.

[*adresse :*] A Monsieur / Monsieur Liebaut, professeur / d'histoire des cadets de S. M. / le roi de Pologne / rue du Chateau / a Luneville

MANUSCRIT

Yale, G.P., VIII, 83-86 (D81); 3 p.; orig. aut.; restes de cachet; m.p. : 8.

IMPRIMÉ

Showalter, p. 123 (extrait).

TEXTE

[a] Le ms : «iouje». [b] l'éteint. [c] Lecture incertaine. [d] Le ms : «est». [e] Déchirure.

NOTES

1. Voir 98n24 et 100n7.
2. Devaux les recevra le 8 avril : ce sont *Amusement philosophique sur le langage des bêtes* du père Bougeant (v. 102n21); *Médus* de Deschamps (v. 96n25); et *Le Rival favorable* de Louis de Boissy (1694-1758), comédie en 3 actes en vers, représentée au Théâtre-Italien le 30 janvier 1739.
3. Il s'agit de la lettre 103.
4. Devaux : «Nous jouames encore *Cesar*, deux actes de *Rhadamiste* et deux scenes des *Plaideurs*. [...] Le Petit St est enchanté, enthousiasmé des idées que Dufresne vous a rappellées; je suis bien aise de mon costé que vous voyez a present par vous-meme combien j'avois raison de l'applaudir.» (30 mars 1739, G.P., IX, 185); v. aussi 105n11. *Rhadamiste et Zénobie* (1711) est une tragédie en 5 actes en vers de Prosper Jolyot de Crébillon (1674-1752).
5. Devaux : «Moy, jouër aussi bien qu'Attis! Vous n'y pensez pas!» (19 mars 1739, G.P., IX, 183.)
6. Compliments faits par Devaux à Mme Babaud dans sa lettre du 24-26 mars 1739 (IX, 197-200); v. n15 ci-dessous.
7. Devaux : «Le discours au beau milieu duquel vous avez eté interrompu ne rouloit-il point sur cette matiere dont parle si mal notre ami qu'il ne peut mettre deux periodes l'une au bout de l'autre? Il est fascheux de ne pouvoir poursuivre quand on est sur un sujet interressant; j'entre dans l'embarras de ce pauvre Docteur, mais j'en ai ri avec vous.» (IX, 197.) Voir 107, par. 3 : Mme de Graffigny et Desmarest étaient en train de faire l'amour quand ils ont été interrompus.

8. Voir 94n9. La chanson n'a pas été identifiée.
9. Devaux : «Oh, dites-moy la dame du Poucet. Je serois bien aise de l'inquieter. Puisqu'il ne scait pas que sa sœur le scache, il ne scaura pas ou vous l'aurez scu.» (IX, 198); pour Mme Hébert, v. 107n8.
10. Mariotte.
11. Devaux : «Votre tirade sur Mdelle de Pietremine me divertit, mais vous pourriez bien donner carriere a votre bile sans en faire tomber les eclaboussures sur moy. Vous me dites que vous ne scavez comment luy repondre. Elle n'a donc pas retiré la lettre qu'elle avoit donnée au Docteur. Je ne scaurois le croire, cela est trop fort.» (IX, 198-199.) Mlle de Piètremine est Louise-Thérèse-Françoise de Lambertye (v. 107n10).
12. Devaux : «Ecrivez-vous a Mde Thomas? Vous ajoutez que ce n'est pas de meme avec elle. Je brule de scavoir ce que vous scavez de cette derniere.» (IX, 199.) Il s'agit de l'épouse du chancelier Chaumont de La Galaizière; v. 107, par. 6. Desmarest avait eu des liaisons avec elle et Mlle de Lambertye, ou du moins Mme de Graffigny le croyait.
13. Devaux : «Je ne veux pas que vous achetiez les feuilles qui ont paru jusqu'ici; cela seroit trop cher. Mais vous seriez bien gentille de m'envoyer toutes les semaines celles qui paroitront dans la suite.» (IX, 199.). Il s'agit des *Réflexions sur les ouvrages de littérature* (v. 96n30 et 107n18).
14. Devaux : «Quoy, chere Abelle, nous pourrions esperer de nous revoir cet esté; je ne scaurois me livrer a cette joye, j'ai peur qu'elle ne soit trop trompeuse. Eh mon Dieu, comment reviendriez-vous de Paris? Comment irois-je vous joindre? Voila de bien beaux chasteaux mais il ne faut qu'un soufle pour les renverser.» (IX, 199); v. 107n20.
15. Devaux : «Mes tres humbles respects a l'aimable bougresse qui me fit ses bougres de complimens et de l'assurer que de tous les jeanfoutres du monde il n'y a en a aucun qui soit plus foutument a elle que le jeanfoutre qui vous parle.» (IX, 199); v. n6 ci-dessus.

16. Vers le début de sa lettre, Devaux avait écrit : «[Liébault] vient d'apprendre que l'on luy fait de nouvelles tracasseries à l'Académie [...]. Tous ces tripots m'inquietent extremement.» (IX, 198); mais il ajoute vers la fin : «Les affaires du Chien prennent a ce que nous croyons un fort bon tour.» (IX, 200.)

17. Devaux : «Je sors de chez la G. qui m'avoit envoyé chercher au sortir de table. Je ne scavois ce qu'elle me vouloit. C'est que Mdelle de Pietremine l'ainée etoient chez elle. C'est apparemment elle qui l'avoit engagée a me faire venir. On m'a fait plusieurs reproches fort polis sur ce que je

fuyois des que je voyois les gens. On m'avoit fort pressé d'aller a tenebres a la chapelle, mais ma foy, elles sont trop longues. Si j'en juge par cette entrevuë je n'ai pas la mine de vous venger.» (IX, 200); v. n11 ci-dessus. Ténèbres : dans la liturgie catholique, matines qui se chantent, sans lumière dans le chœur, l'après-dînée du mercredi, du jeudi et du vendredi de la semaine sainte (Littré).

18. Apparemment Mme de Graffigny; sans doute une allusion à la lettre de Lubert.

19. Il s'agit de la lettre que Stanislas aurait écrite pour obtenir une pension pour Mme de Graffigny (v. 108n25).

111. à Devaux

Le mercredi 1er avril [1739]

Bonjour, mon ami. Ceci est presque une resurection. J'ai eté bien mal ces deux jours dernier. Une certaine chose qui c'etoit arretée me persoit*a* si violament a la tete que sans un remede violent que le medecin de l'hotel de Richelieu[1] m'a fait prendre, je ne sais ce que je serois devenue. Tant y a que me voila bien. Tout est dans l'ordre : ma tete est degagée; il ne me reste qu'une foiblesse considerable.

Ma Sœur n'a pas manqué un jour de venir me voir. Elle m'a marqué toute l'interet possible a mon mal. Le D. est revenu d'avant-hier soir. Son oncle est toujours dans le meme etat, c'est-a-dire a l'extremitté. Il a encore fait venir deux notaires pour retoucher a son testament en sa faveur. C'est son tout, il ne parle plus qu'a lui. Il a fait des choses singuliere, des formalité de justisses qu'il fait faire a son neveu tel que pouroit faire un avocat en pleine santé. Il est venu un cousin et une cousine lui chanter pouille : le D. a eté obligé de les chasser. C'est *Le Legataire*[2] dans toutes les scenes. Car il a eté deux jours mieux. La femme mouroit de peur qu'il n'en revint. Le D. ne disoit rien, mais... Enfin, tout va toujours bien. Il s'en retourne vendredi.

Enfin Mr de La Chossade part demain. Voici le memoire de ce qu'il te porte. J'aurois voulu te laisser le plaisir de deviner, mais comme il en emporte a lui, il pouroit t'en egarer. Ainci tu lui en fera rendre compte :

Letre de l'abbé d'Olivet[3]; *Volteromanie*[4]; *Jugement desinteressé*[5]; *Le Mediateur*[6]; *Adieux aux muses de V.*[7]; *Epitre neutoniene*[8].

Piece de theatre : *Les Cinceres* de Marivaux[9]; *Le Somnanbule*[10]; *Phanazard*[11]; *Le Rajeunissement inutile*[12]; *L'Accomodement imprevu*[13].

Orleans delivré[14]; *Texerion*[15].

Je t'envoye aussi un recueil de vers d'un abbé[16] qui etoit precepteur a Cirey, et la lettre[17] que je t'ai promi. Pardon, mon ami. Je ne puis t'en dire davantage. Ne va pas croire que je suis plus mal. Le Docteur sort. Il est tard. Pour preuve que je me porte beaucoup mieux, c'est que je fais venir demain la petite Camasse pour dancer. Le D. jouera du clavesin. J'ai recu ta letre [18], mais je crois qu'il n'y a rien a repondre. Du moins je le supose. J'ai eté levée tout le jour : voila ce qui me fatigue et qui me presse de finir. Il faut que j'ecrive encore un mot a Toutron, qui est partie [19] et qui ne me pardonneroit pas de ne pas lui dire de mes nouvelles. Adieu, je ne laisse pas de savoir que tu es de mechante humeur, de te plaindre et de t'aimer, et tous nos chers amis.

[*adresse :*] A Monsieur / Monsieur De Vaux / le fils, ruë du Chateau / a Lunéville

MANUSCRIT

Yale, G.P., VIII, 87-90 (D82); 2 p.; orig. aut.; cachet; m.p. : 8.

IMPRIMÉ

Showalter, p. 123-124 (extraits).

TEXTE

a Lecture incertaine.

NOTES

1. Hunauld.

2. Allusion au *Légataire universel* (1708) de Regnard.

3. *Lettre de M. l'abbé d'Olivet à M. le président Bouhier* (sur l'*Avis aux réfugiés* de D. de Larroque), 1739. Jean Bouhier (1673-1746), président à mortier au parlement de Dijon, membre de l'Académie française, et auteur et protecteur des écrivains, avait plus de 100 correspondants. Daniel de Larroque (1660-1731), pasteur, abjure à Londres en 1690, auteur de l'*Avis important aux réfugiés sur leur prochain retour en France* (Amsterdam, 1690).

4. Le pamphlet de Desfontaines (Vercruysse 46).

5. *Jugement désinteressé du démelé qui s'est élevé entre M. de Volt. et l'abbé Desfont.*, anonyme, [1738] (Vercruysse 47).

6. Autre brochure de l'abbé Desfontaines contre Voltaire, 1739 (Vercruysse 53).

7. *Adieux de M. de Voltaire aux muses* (La Haye, 1739); ouvrage anonyme, peut-être d'Alexis Piron (1689-1773), publié sous le nom de Voltaire (Bengesco 2347; Vercruysse 57).

8. *Épître newtonienne sur le genre de philosophie propre à rendre heureux* (1739) de Louis Davy de La Fautrière (1700-1755), conseiller à la Chambre des enquêtes, membre du Club de l'Entresol, janséniste, franc-maçon.

9. *Les Sincères*, comédie en un acte en prose de Marivaux, représentée au Théâtre-Italien le 13 janvier 1739.

10. Comédie de Caylus et de Salley (v. 96n26).

11. *Phanazar*, tragédie en un acte en vers, de Pierre de Morand (1701-1757), représentée au Théâtre-Italien le 12 décembre 1738 comme une des quatre parties des *Muses*, imprimée en 1739.

12. Comédie de La Grange (v. 96n26).

13. *L'Accommodement imprévu*, comédie en un acte en vers libres, de La Grange, représentée au Théâtre-Français le 12 novembre 1737, imprimée en 1738.

14. Poème de Roussy (v. 108n11).

15. Le roman de Mlle Lubert (v. 104n1).

16. Michel Linant (1708-1749), né à Louviers, fut précepteur du fils de la marquise Du Châtelet entre juin 1735 et novembre 1737 (v. Best D885, D1393, D1401, D1409). Il gagnera plusieurs fois des concours poétiques de l'Académie, le premier en août 1739; mais il doit s'agir ici d'un recueil manuscrit, car aucune collection des poésies de Linant ne semble jamais avoir été publiée. Devaux qui, comme on le verra, connaît déjà Linant, mentionnera encore d'autres poèmes de lui qui nous sont inconnus. Vers 1746 et 1747, Mme de Graffigny verra beaucoup Linant, à qui elle donnera le surnom «le Dégoûtant.» Il a déjà été question de la sœur de Linant (v. 94n12).

17. La lettre 103, sur les affaires de Voltaire.

18. Lettre du 27-28 mars 1739 (G.P., IX, 193-196).

19. Mme de Champbonin sera à Cirey dès le 2 avril 1739; elle rapporte les résultats de ses négociations dans l'affaire de *La Voltairomanie* (v. la lettre du 2 avril de Mme Du Châtelet à d'Argental, Best. D1964).

112. à Devaux

Le vendredi 3 avril [1739]

Eh mon Dieu, mon cher ami, que je suis fachée de l'inquietude que le Docteur t'as donnée[1]. C'est ton guignon qui fait cela. Car tu aurois du recevoir ma premiere lettre malade en meme tems que la siene. De crainte que tu n'en manquasses deux ordinaire de suitte, je ne m'en etois pas fiée aux laquais : j'avois envoyé expres un Savoyard a la poste. Du moins, mon ami, tu est tranquil a present et tu vois que je ne pouvois mieux faire pour prevenir ce qui t'es arrivé. Je suis touchée comme je le dois, mon ami, de la peine que tu as souferte. Mon cœur en est penetré. J'ai relu bien des fois ta lettre. Je t'y repondois les larmes aux yeux. Va, mon ami, si tu t'es souhaité auprés de mon lit, je ne t'ai pas moins desiré. Tu m'as gaté sur l'interet que tu prenois a mes meaux et sur tes attantions. Et tu m'as si bien gatée que j'ai trouvé bien dur que l'on en eu point... Je n'en sais pas plus mauvais gré a mon hotesse : comme elle est dure pour elle-meme, ce n'est pas son bon cœur qui peche. Mais hors la Dame des Fetus[2], je n'ai dans ma vie rencontré rien de si indiférend. Je ne reviens pas encore de la surprise ou j'ai eté. Tu connois ma sensibilité. J'ai bien jemis[a] parce que cela me fait sentir l'eloignement de mes amis et ma situation, toujours en maison etrangere. Oh mon Dieu, esse a mon age que l'on se fait au façon des autres sans qu'il en coute de teribles amertumes a un cœur qui n'est que trop delicat! Enfin elle entroit dans ma chambre : a peine me demendoit-elle comme je me portois. Elle se metoit a chanter. Jamais il ne lui est venu dans la tete de demander si je n'avois besoin de rien. Deux fois a l'heure du souper depuis que je suis mieux, j'ai eté obligée d'envoyer chercher des œufs frais parce qu'il n'y avoit a souper que des choses dont je n'osois manger. Des qu'elle etoit eveillée, que j'eus dormi ou non la nuit, on faisoit tant de bruit dans sa chambre qu'il faloit que je renonsasses au someil. Tu es etonné, mais tu le serois bien davantage si j'entrois dans un plus long detail.

Pour surcroit le D. etoit d'une humeur de chien en arrivant, et le tout parce que j'etois malade. J'avois eté a la mort la veille, je ne pouvois encore m'assoir sur mon lit sans que la tete me tourna a evanouir. Il me dit froidement que je devrois dessendre pour diner le lendemain parce que je faisois de l'embaras. Ah bon Dieu, que cela me fut sensible! J'en ai bien versé des larmes. Noté que les domestiques ne m'ont pas servi un instant et que je ne prenois qu'une soupe. Je ne sais ce qu'il avoit, mais il m'a rognoné de cette façon deux jours, en me disant que je prenois trop mes aise, que je m'y etois accoutumée chez moi, mais que quand on n'y etoit pas il faloit se conduire autrement. Enfin je suis dessendue hier. J'ai tombé deux fois en foiblesse. Je ne saurois me tenir sur mes jambes et il croit que je devrois danser. Cependant j'ai devoré la peine qu'il m'a fait par le principe que j'ai embrassé de n'avoir point de prise. Hier au soir il a repris sa belle humeur. Il est resté avec moi jusqu'a minuit. Nous avons beaucoup parlé de toi. Nous nous sommes amusés des contes qu'il a a te rendre, de mille vetille dont il fait des bouffonneries. Ce qui m'a aidé a lui passer son caprice, c'est l'attantion que je lui ai vu a ne pas perdre un moment pour etre ici. Exedé d'ennui chez son oncle, il n'a cherché aucune dissipation, il n'est sorti de cette maison que les momens qu'il faloit donner a ses affaire. Voila toujours le bon fond et l'ecorse raboteuse. Helas, ou ne trouve-t-on pas des epines? Il faut achever ainci une vie qui ne peut jamais etre heureuse quand on possede un cœur fait comme le mien sans esperance de le rendre moins sensible a tous egard. C'est un soulagement pour moi, tu le sais, mon ami, que de te peindre la situation de mon ame. Ecoute-moi comme une statuë, car tu vois bien que tu t'afligerois comme le suisse rioit[3]. Parlons d'autres choses.

Mde Duvigeon est venu me voir aujourd'huy. Je suis passée dans ma chambre avec elle parce que je voulois lui parler et j'ai pris le pretexte de la crainte d'incomoder mon hotesse, qui soufre beaucoup de son abses. Nous avons causé plus de deux heures. Je lui trouve plus d'esprit : on s'accoutume a elle. Mais voici le principal : Du Frene a lue et raporté la piece[4]. Il a fait, a ce qu'elle m'a dit, a peu pres les meme critique qu'elle. Elle a aducit[b] tant qu'elle a pu la façon; mais enfin il a dit qu'il ne croioit pas qu'on pu jamais la refondre au point d'en faire une bonne piece. Elle m'a paru fort enbarassée de te mander cela. Je m'en suis chargée. Mais ne crois pas que je me tiene batue. Voici de quoi nous sommes convenue : elle me donnera a diner avec Du Frene des que je pourai sortir. Et pour me metre plus en etat de discuter avec lui, je l'ai prié de m'envoyer la piece. Je la lirai a tete reposée. Je me la fourerai bien dans la cervelle, car a vray dire je ne la sais que bien imparfaitement, et puis je disputerai comme un diable. Si je n'en puis venir a bout, je trouverai quelqu'autre facon de la faire recevoir. Si nous convenons de quelque chose, je noterai a la piece, ou s'il est impossible je ferai un etat des corections a faire et je l'envoyerai au Petit. Mande-lui cela, je t'en prie, et fais-lui des excuses convenables sur ce que je ne lui fais pas reponce. Je n'ai pas encore la tete trop bonne, et je tacherai dans huit jours de lui prouver que je suis amie autant qu'il est en moi. Je crois qu'ils sont fou, ces gens-la : ils disent que Psammis est un caractere manqué, qu'apres avoir paru vertueux il veut tuer son pere. Et ce qu'il y a de singulier, c'est que Md. Duvigeon le dit a present. Du Frene dit qu'il y a trop de vers lirique, trop de maxime d'opera, que les acteurs entrent et sortent sans raisons, qu'il ne sont point emploiés hors de la scene. Il faut examiner tout cela et puis, ou ils n'auront pas raison, je les sabrerai de la bonne sorte. N'ecris pas a Md. Duvigeon que je n'aye vu Du Frene. Et ne mande pas tout ce fatras au Petit, qui ne serviroit qu'a l'inquieter. Du Frene a cependant dit qu'il ne faloit pas rebuter cet auteur qui pouroit faire quelque chose dans la suite. Il me semble entendre Fontenelle[5] a La Bruere. Encore quelle difference.

Or ca, tu trouvera deux chose de moins dans le paquet de Mr La Chaussade : le conte de Ma Sœur[6], que la petite fille[7] a egaré sans qu'il ait eté possible de le trouver quand il a falu faire le paquet; et l'*Epitre Neutoniene*, que je crois que le diable a emporté, car elle etoit sur ma table un quart d'heure avant. Personne n'est entré et elle est introuvable. Tu rauras cela une autre fois. Je vais te refaire une poule[8] pour le depart du D. J'ai deja commencé aujourd'huy. J'ai prié La Chaussade de te preter *Gogo*[9] : fais-l'en souvenir. Et vas le voir, car il est scandalisé de ne t'avoir pas vu.

Je mest a la poste par cet ordinaire une feuille a l'adresse de Solignac. Tu les auras tant que tu diras hola! Je n'ai pas eu le tems de la lire et j'aime mieux m'en priver et que tu l'ais plus tot.

Bonsoir, mon ami. Voila une bonne tirade. Tout cela est de suitte, aussi ma tete dit : «Alons dodo». Bonsoir donc cent mille fois, mon cher ami, mon tendre ami, mon bon ami. Dis mille amour aux autres bons amis. Remercie-les de leur inquietude. En verité sa Sainteté[10] devroit bien faire de bon miracles sur moi. Le beau sujet a medicamanter! Mais il se damne sottement : voilà tout ce qu'il sait faire, et aimer ses amis.

[*adresse :*] A Mademoiselle / Mademoiselle Le Brun, l'ainee / comediene de S. M. le roi de / Pologne / a Luneville

MANUSCRIT

Yale, G.P., VIII, 91-94 (D83); 3 p.; orig. aut.; cachet; m.p. : 8[c].

IMPRIMÉ

Showalter, p. 124 (extraits).

TEXTE

[a] gémi. [b] adouci. [c] Les chiffres qu'on voit inscrits sur la page de l'adresse sont probablement des calculs de la main de l'un de nos deux épistoliers.

NOTES

1. Mme de Graffigny répond à la lettre de Devaux du 29-30 mars 1739 (G.P., IX, 201-204), qui commence : «Je n'ai point encore de lettres aujourd'huy ... [Desmarest] me mande que vous avés une fluxion de poitrine considerable, et il assaisonne cette nouvelle des plus affreuses circonstances.»

2. Mme de Stainville.

3. Allusion non identifiée.

4. *Psammis*, la tragédie de Saint-Lambert que Mme de Graffigny essaie vainement de faire jouer.

5. Fontenelle avait écrit sur La Bruyère dans le *Mercure Galant* de juin 1693 : «L'ouvrage de M. de La Bruyère ne peut être appelé livre, que parce qu'il a une couverture et qu'il est relié comme les autres livres. Rien n'est plus aisé que de faire trois ou quatre pages d'un portrait qui ne demande point d'ordre, et il n'y a point de génie borné qui ne soit capable de coudre ensemble quelques médisances de son prochain et d'y ajouter ce qui lui paraît capable de faire rire.»

6. *Tecserion*.

7. La fille de Mme Babaud, Marie-Charlotte-Jeanne.

8. Poule : signifierait ici par analogie avec l'emploi de ce terme dans le jeu de trictrac ou de billard un ensemble de nouvelles disparates, mais qui formeront une lettre, qui accompagnera un envoi de livres (v. Littré).

9. *Histoire de Gogo*.

10. Adhémar, ou le Saint. Mme de Graffigny semble répondre déjà à la lettre du 31 mars-2 avril 1739 (G.P., IX, 205-212), où Devaux parle de la retraite que fait Adhémar (IX, 205, 208); v. 113n20.

113. à Devaux

Le dimanche 5 avril [1739]

Il me semble, mon ami, que me voici plus avec toi que je n'y crois. Bonjour donc. Alons, causons. Nous ne serons pas interompus : me voici dans une chambre a moi toute seule. Elle est un peu elevée, mais tant mieux, elle est plus loin du monde. Une seule chose m'en deplait : la tapisserie et le lit sont presisement comme celle de la chambre de la G.[1] Mais passons. Je suis bien couchée. Il y a un verouil a ma porte, partant je suis bien.

En attendant que les letres arrivent, je vais te faire un gazetin. Sais-tu que l'on publie la paix[2] le 14 de ce mois, que l'on prepare deja le feu que l'on fera a la Greve[3] et que je ne l'irai pas voir?

Le 14 d'aoust on fera le mariage de Madame Infante[4]. On travaille deja a l'Orangerie a Versaille pour cette fete qui sera, dit-on, merveilleuse. Je pourois bien la voir, celle-la, car Mr Masson a une belle maison a Versaille qu'il mest en etat de nous recevoir. Nous devions y passer les fetes de Pasque. Mais nos maladies y ont mis bon ordre. Je dis «nos», car Md. Babaud soufre toujours beaucoup de son abses qui n'est pas percé. Tu connois mes attantions, je ne les epargne pas.

Cette nuit le feu a pris a la comunauté de St-Joseph[5] ou sont quantité de femmes et fille de conditions. Mde de Betune[6], femme de votre grands chambellam, y a eté brulée dans sont lit aussi bien que sa femme de chambre. Avant-hier, deux messieur revenant de Versaille dans un pot de chambre[7] ont eté noyé, du moins un et un laquais. Car l'autre c'est sauvé. Il etoit nuit. Le cocher etoit yvre. Il les a jetés dans la Seine a l'entrée de Paris. Il est noié et les cheveaux aussi.

Le jour que La Chaussade parti, une heure apres Machi m'aporta un livre fait par Mrs de Maurepas[8] et Caylus. Ce sont des histoires contées par des poissardes. Leur lengage y est imité parfaitement. Il a pour titre les *Eccosseuses de pois*[9]. Ils en firent un l'année passée[10] dans ce gout-la. Je voulois aussi l'avoir, mais il coute six franc a present. Celui-ci coute 12 sol. Il est petit. Puis-je l'envoier par Solignac? Il sort de dessous la presse. Cela est assés plaisant. On en fait cas par les auteurs et comme un monument de la langue du peuple. Machi dit que depuis deux jours il s'en est vendu plus de deux cent rien que chez Gradot. Mon Dieu, que les manies de Paris me divertissent! T'ai-je conté que j'avois trouvé des poudrés[11] chez la duchesse qui trouvent Du Frene detestable? Morbleu, du dernier detestable. Ah, que Moliere avoit raison! Tarte a la creme[12], c'est la scene positivement.

Ne trouve-tu pas mon gazetin bien impertinent? Je n'y fais pas mension de moi. Ton amitié gronde, nesse pas, mon ami? C'est que j'oubliois que tu ne sais pas que j'ai eté a la messe aujourd'huy avec bien de la peine, car je suis bien foible. Avec un peu de broullard dans la tete. Mais il ny paroit plus. Me voila bien, et toi aussi, mon ami.

On m'a renvoyé ce matin une lettre que mon digne cousin Ligneville[13] m'a adressé a l'hotel de Richelieu. Devines de quoi il charge mes aimables bontés : d'ecrire a la Granville pour qu'elle prene une de ses filles pour sa bru. Il ne lui importe laquelle. Il est convaincu que des que je lui aurai fait voir que la famille le veut bien, elle en sera enchantée. J'ai trouvé que cette vision valoit la peine de te divertir.

Voila mes letres lues avant de te repondre. Une de Tout Ron, fort tendre mais pas assés, car je voudrois qu'elle m'aima assés pour comprendre que j'ai besoin des cent ecus qu'elle m'a emprunté et dont elle ne parle point.

Une du D. Il dit que son oncle n'en a pas pour six heure, et qu'il fait toujours la charge de son avocat pour tout ce qu'il doit faire apres sa mort. Il a repris les vapeurs qui l'avoient un peu quittée ici. Voila tout.

Alors, mon cher ami, causons. Je n'ai que ce bien-la de pur, c'est a dire de jouir de ton amitié et de te donner des marques de la miene.

Le comencement de ta lettre m'a fait fremir[14]. Oh, je ne suis pas comme toi, mon ami. Je jure de bon cœur contre le hazard qui a si mal secondé mes intentions. Je jure contre le portier de l'accademie[15]. J'ai fait chanter pouille a ce pauvre petit Savoyard que j'avois envoyé a la poste pour plus de seureté. Je lui fais reparation, et je te remercie mille et mille fois, mon cher ami, de toutes tes inquietudes, de toutes tes amitié. Je crois que c'est t'en paier que de te bien assurer que c'est le seul point de ma vie qui ne soit pas melé d'amertume. C'est mon refuge dans les peines dont mon cœur est si souvent navré. Tu lui donne une sorte de tranquilité qui n'aute pas la tristesse qui l'entoure toujours, mais qui la rend douce. Remercie bien aussi mes pauvres amis : je sens tout ce qu'ils veullent bien prendre d'interet a moi. C'est la seule douceur de ma vie. Embrasses-les bien. Le pauvre Gros Chien Blanc, mon Dieu que je l'aime, de courir apres mes lettres! Il fait d'une piere deux coup, car je lui suis autant obligée de l'amitié qu'il te marque dans cette demarche que de celle qu'il me temoigne.

Tu te moque toi-meme avec le plan du *Raillieur*[16]. Tu sais bien qu'il y a lontems qu'il est fait. Non, c'est une de pure invention.

Non, non Javote et Le Franc vont leur traint[17]. Pour moi, je suis comme le D., qui ne veux plus etre etonné que quand il vera un beau matin tout Paris marcher sur sa tete et les carosses rouler sur l'imperiale. Car il n'y a si sot, si imbecile qui n'ait dans son caractere des contraste dignes des grans personnages. Contre[a] Le Franc, esse que les sotises nominatives et les jurements qui font sa seule conversation amusante ne jurent pas bien avec cette severité qui effraye? C'est un assemblage singulier, mais le tout est dans le bas, mais tres bas. L'amour, les sotises et la severité sont des rues[18]. Ne dis jamais cela au D. car quoiqu'il le voye, il ne veux pas le voir[19].

J'avois oublié les lenterneries de sa Sainteté[20]. Je le croiois de retour. S'il va jamais en paradis, il attendra bien que la foule soit entrée.

J'en etois la quand Ma Sœur est entrée. Elle est restée avec moi plus de trois heures, qui sont surement les plus agreable que j'aye passé ici. Nous etions plus a notre aise. Nous avons parlé raison, folie, badinage. Elle a de tout cela du bon ton :

il seroit dificile et je crois meme impossible d'etre plus aimable. Je suis heureuse de trouver une pareille ressource a ma porte. Cela m'attendrit pour son frere que je ne puis trop remercier de m'avoir mis avec elle au-dela du formulaire des nouvelles connoissance. Je ne l'ai jamais tant examiné qu'aujourd'huy. Je ne lui attrape point encore de defaut. J'espere en trouver et je le souhaite pour son bien, car je l'etranglerois si elle valoit mieux que moi. Enfin je ne me souvien pas d'avoir eté plus contante de l'esprit et du cœur de quelqu'un. La connoissant aussi peu, elle me paroit bien propre a me soutenir dans les bourasque de ma destinée. Son cœur a un air d'interet qui fait gouter sa raison. Elle m'a grondé de me trouver triste me portant mieux. Je la regarde jusqu'ici comme une de ces faveur que la fortune m'a accordé quelquefois dans les besoin pressant, sauf a en rabatre. Car Dieu merci, voila ou m'a conduit le fond de serieux que j'ai depuis Cirey : c'est ne plus compter sur rien. Reprenons ta lettre. Apres le depart de Ma Sœur, je suis dessendue aupres de la malade. J'ai soupé. Elle dort. Alons notre traint.

Ton petit Roland avec le soleil[21] est fort plaisant. Tu te remele d'avoir de l'esprit : il y en a tout plaint ta lettre, et cela ne laisse pas d'etre remarquable.

Me voici a Maurice[22]. Mais, mon ami, s'il paye le vin et Grandjean, que dira la Mathieu? Enfin, tu fais tout pour le mieux. Tu es fou de t'etre donné la peine de tant ecrire pour les planches. Eh, fais comme tu voudras. Crois-tu que tu voudrois avoir un proces? Passes par tout, mon ami, et ne resonne pas.

Mais voici ce que je te prie de faire. C'est de fouiller dans le gros coffre, d'en tirer ma robe et une autre de toile rayée qui est aussi de contrebande, le dessous de ma toilette d'indiene, des tais d'orreiller qui sont d'indiene – enfin tout ce que tu trouvera d'indiene. Tu en feras un paquet que tu metra au coche de Paris a l'adresse de Mr de Lescaille, avocat a Ligny. Mande-moi quand tu poura le faire, afin que je lui ecrive[23]. En le faisant passer par cinq ou six mains, je les aurai. Mais il ne faut pas que cela tarde, parce que c'est de Cirei dont je me servirai, et qu'il s'en vont au mois de may a Bruxelle. Entens-tu? Le reste, je t'ai dit comme on pouvoit faire : il faut paier le *b*port pour Mr de Lecaille*b* au moins. Je vais te faire donner de l'argent, ne t'inquiete pas.

Ecris, escris, mon ami. Tu feras une tres bonne ebauche de l'histoire de Cleopatre[24]. Cela est bon a plusieurs chose : tu seras ocupé, et partant tu t'amusera. Cela t'autera le titre de feneant en titre d'office, et tu auras le plaisir de t'en degouter. C'est toujours faire plaisir a tes amis que de leur montrer que tu ferois de tres bonnes choses si tu voulois. Mais tout projet cessant, il faut achever la comedie de Venevaut : c'est une depte d'honneur. Ne biaise pas la-dessus, cela est un fait, et je t'avoue que j'en soufre.

L'article suivant m'inpatiante. Qu'as-tu de plus interessant a me conter que tes projets et tes reflection? Tu reprens le traint de me facher. Pardi, tu n'as pas comme moi des nouvelles a ramasser. Encore je te dis toutes les fadaises qui me passent par la tete. Est-il rien qui ne m'interesse de toi, surtout quand tu me fais voir que tu a quelque velleité de faire autre choses que rien? Cela me remue comme une mere a qui on diroit que son fils sort de sa letargie pour valoir quelque chose dans le monde. J'enrage tous les jours quend je vois tant de livres qui font parler de leur auteur et de ne rien voir de toi qui as tout ce qu'il faut pour faire mieux qu'eux.

_c_Voici ou tu me parle de Dubois. Cela me fait souvenir de te demander pourquoi sa mere ne se decide pas. Cette begeule veut toujours me quitter. Elle est malade; je la soigne mieux qu'elle ne m'a soigné. Mais je crois que je n'y gagnerai rien. Ce qui m'enbarassera fort pour ce que je lui dois et pour m'accoutumer a une autre; saches donc ce que sa mere veut lui ecrire, et me le mande[25]._c_

Ah mon Dieu, non, Javote ne vaut pas un portrait[26]. C'est de Tout Ron dont je parlois. Mais j'y renonce, je crois, car je n'y connois rien. Un de ces jour, si cela t'amuse, je te baclerai ce que j'en sais.

Comment, nigaut, tu n'entendras jamais rien? Relis l'article de _Gogo_. Cet une plaisanterie sur toi, aussi bien qu'un refus de te l'envoyer[27].

C'est Mr Legrand qui redoit six franc au D.[28]

Non, la duchesse n'avoit pas encore envoyé chez moi quand elle m'a ecrit. Elle y envoya son medecin lundi et ce fut bien a propos, comme je te l'ai mandé. Je n'ai jamais eté en tel etat. Aussi le remede qu'il me donna est-il un des plus violens. S'il n'avoit pas eu son effet, j'aurois eté seignée du pied a minuit ou je serois crevée. Je n'en ai pas entendu parler depuis, qu'hier qu'elle envoya un laquais savoir de mes nouvelles. Ah, tu es trop bête aussi : quelle difficulté trouve-tu donc a ce qui peut arriver dans un fiacre la nuit[29]? Mais tu as donc l'esprit bien bouché!

Ma Sœur t'aime. Nous avons parlé de toi. Elle m'a dit qu'elle en parloit a son frere. Tu le sais a present. Je te remercie de bien bon cœur, mon ami, du soin que tu as de mon œil. Il va beaucoup mieux. Bonsoir, mon cher Penpichon. Mon cœur repond a toute tes tendresses, sois-en bien seur. J'espere que tu lis aujourd'huy Mr de Lucour[30]. Je compte les jours de La Chaussade pour savoir quand tu t'amusera.

Tu es bien inpertinent de rire de mon _cos ego_[31]. Que ne ris-tu a chaque ligne de mon francois? Il y manque bien quelque chose.

MANUSCRIT

Yale, G.P., VIII, 95-98 (D85); 4 p.; orig. aut.

TEXTE

[a] Lecture incertaine. [b] Mots mis en relief (voir 102, note _c_), indiquant que Mme de Graffigny exige une réponse de Devaux. [c] Alinéa mis en relief par des traits dans les interlignes.

NOTES

1. Mme de Grandville.
2. Dans la guerre qui opposait les Russes aux Turcs (v. 34n1). La France avait pris le parti des Turcs, l'Autriche celui des Russes. Barbier et Dubuisson rapportent aussi cette annonce préma-
turée de la paix, qui ne sera finalement célébrée que le 1er juin.
3. La place de Grève.
4. Déjà annoncé, le mariage aura lieu en fait le 26 août (v. 100n10).
5. Le couvent Saint-Joseph était situé rue Saint-Dominique, entre la rue de Bourgogne et la rue de Bellechasse; Mme de Graffigny se trompe pourtant de couvent (v. la note suivante).
6. Il ne s'agit pas de l'épouse de Louis-Marie-Victoire, comte de Béthune (1670-1744), maréchal de camp et grand chambellan de Stanislas, mais de Marie-Paule (1677-1739), demoiselle de Saint-Cyr en 1689, fille de Henri, comte de Béthune (1632-1690). Bien que le nom soit le même,

les familles sont différentes. Cette mort accidentelle est rapportée par Dubuisson dans son *Mémoire historique et généalogique de la maison de Béthune* (1739) : «Une demoiselle de Béthune, qui était pensionnaire au couvent de Notre-Dame des Prés, où elle logeait, dans un appartement extérieur, a mis le feu à cet appartement et s'y est brûlée; c'était une fille de soixante-treize ou soixante-quatorze ans, qui ne voulait avoir personne autour d'elle. J'avais dîné avec le chevalier de Béthune, son frère, deux jours avant cet accident.» (pp. 542, 555.) Le couvent Notre-Dame des Prés était situé rue de Vaugirard, entre la rue de Regard et la rue de Bagnieux. Le frère avec lequel Dubuisson a dîné était Marie-Henri de Béthune (vers 1669-1744), chevalier de Malte, capitaine des vaisseaux du roi.

7. Pot de chambre : sorte de voiture de louage, qui desservait les environs de Paris, et qu'on nommait ainsi à cause qu'elle était peu agréable (Littré).

8. Jean-Frédéric Phélipeaux, comte de Maurepas (1701-1781), ministre chargé, entre autres, de la Marine et de la police de Paris. Très lié avec Caylus et avec Mlle Quinault, il est un des fidèles du Bout-du-Banc, et Mme de Graffigny l'y verra souvent jusqu'en 1749, date à laquelle il sera disgrâcié pour avoir écrit une épigramme contre Mme de Pompadour.

9. *Les Écosseuses, ou Les Œufs de Pasques* (Troyes, 1739).

10. *Les Étrennes de la Saint-Jean* (Troyes, s.d.). Jones ne cite ce recueil de facéties qu'à la date de 1742; mais Dubuisson, dans une lettre du 5 avril 1739, mentionne «*Les Œufs de Pâques*, faisant suite aux *Étrennes de la Saint-Jean*» (p. 543). La première édition a dû paraître vers la Saint-Jean, le 24 juin 1738.

11. Les galans ont soin d'être toujours bien *poudrés* et bien frisés (Trévoux, 1743). L'emploi comme substantif, avec un sens clairement péjoratif, n'est pas attesté dans les dictionnaires.

12. Allusion à *La Critique de l'École des femmes* (1663) de Molière (scène vi).

13. Jean-Jacques, comte de Ligniville et du Saint-Empire (1694-1769), dont la très ancienne maison était l'une des quatre de la grande chevalerie de Lorraine, avait peu de fortune. Chevalier de l'ordre de Saint-Maurice et de Saint-Lazare, il a servi le duc Léopold de Lorraine comme chambellan, colonel et diplomate. Il était marié à Élisabeth-Charlotte de Soreau, cousine germaine de Mme de Graffigny (v. 12n2) et ils avaient

quatorze enfants, dont la future Mme Helvétius (v. 63n38).

14. Lettre du 31 mars-2 avril 1739 (G.P., IX, 205-212). Devaux croyait Mme de Graffigny malade, la lettre qu'il attendait d'elle ayant été retardée.

15. Devaux : «Le portier de l'academie a retenu une lettre adressée au Chien parce qu'il le croyoit a Nancy.» (IX, 210.) Il s'agit de la lettre 108.

16. Devaux : «Est-ce enfin du *Railleur* qu'il a fait le plan?» (IX, 307.) Il s'agit d'une œuvre de Desmarest (v. 109n12).

17. Devaux : «Adieu donc Javote et Le Franc, n'est-ce pas?» (IX, 207.) Ces surnoms (en général réservés aux domestiques dans les comédies) suggèrent le peu d'estime qu'éprouvait Mme de Graffigny à l'égard du mode de vie de Masson et de Mme Babaud. Devaux réagit ici à la lettre 109, où Mme de Graffigny rapporte que Mme Babaud fait preuve d'une «vertu de dragon».

18. C'est-à-dire que les sentiments chez Masson ont la vulgarité de ce qui appartient à la rue.

19. Selon Mme de Graffigny, Desmarest voudrait épouser Mme Babaud.

20. Devaux : «Le Petit St est enfin parti; il avoit reculé tant qu'il avoit pu, mais enfin la sainteté l'a emporté.» (IX, 208.) Adhémar fait une retraite à Nancy (v. aussi 112n10).

21. Devaux : «J'espere avoir tantost des nouvelles et Dieu scait comme je fais le petit Roland avec le soleil.» (IX, 208.) Allusion non identifiée.

22. Devaux raconte longuement ses démarches auprès des créanciers de Mme de Graffigny (IX, 208-209).

23. Voir le texte de la lettre 118 à la note 19.

24. Devaux : «Depuis quelque temps, il m'est passé par la tete un projet; [...] c'est de faire l'histoire de Cleopatre.» (IX, 209.)

25. Devaux répondra : «Quand on ira a Marainville, je ferai dire a Mde Dubois de vous repondre. Mais je ne crois pas que cela depend d'elle : si sa fille vouloit rester avec vous, elle la laisseroit.» (13 avril 1739, G.P., IX, 238.)

26. Devaux : «Est-ce le portrait de Javotte ou de votre Sœur que vous y joindrez?» (IX, 211); mais v. 108, par. 5.

27. Devaux : «Je vous jure que je n'ai nulle envie de voir *Gogo*.» (IX, 211); v. 105n24 et 108n12.

28. Dans sa lettre du 31 mars-2 avril, Devaux répond successivement à trois lettres de Mme de Graffigny : 109, 108, 110. Pour la commission de Mr Le Grand, v. 94n24, 100n7, 110n1.

29. Devaux : «Non, vrayment, je n'avois pas entendu vos periodes de dessus le Pont-Neuf, a

peine les entens-je a present; si c'est cela, rien
n'est plus boufon.» (IX, 212); v. 110n6.

    30. Voir le début de la lettre 110.

31. Devaux : «Votre *quos ego* sur les vents de votre
teste est adorable, mais il ne faudroit pas qu'il fut
ecrit par un *c*.» (IX, 211); v. 108n16.

114. à Devaux

Le lundi 6 avril [1739], apres souper

Je puis t'ecrire tous les jours a present que j'ai une guerite. Causons donc. J'ai
eté ce matin a la messe chez Ma Sœur. Tu crois que je ris : on dit la messe chez
eux. Mais comme je l'avois entendue avant, je suis restée dans sa chambre. Nous
avons causé. Elle m'a montré trois actes d'une tragedie qu'elle a voulu faire. Oh,
pour le coup, elle n'y entent rien, mais rien. Les vers sont pitoiable, quelquefois il
font rire. Point de dialogue, point d'interet, point de caractere. Enfin c'est a peu
pres ta tragedie d'Ane de Boulen[1]. Tant il est vray qu'il ne sufit pas d'avoir de
l'esprit pour faire des pieces de theatre. Je ne lui en ai pas encore dit mon avis
parce que je ne l'ai lue que cet apres-midi. Je taterai son amour-propre avant de
lui donner un si grand coup de pied dans le ventre. Elle a encore une comedie
ebauchée. Je la verai.

Je suis donc venuë lire ce bel ouvrage et puis je suis retournée aupres de ma
malade ou j'ai lu Phanes[2]. Elle lui a fait un effet etonnant, et ses remarques sont
tres sensée et de gout jusqu'a m'etonner. Voici les mienes. Il faut refondre, mais
refondre entierement l'exposition qui est incomprehensible. Outre son obscurité,
les vers sont si fort a la mode du pere Du Cerçeau qu'il redoublent les tenebres
par la transposition des mots[3]. Je defierois le diable, tout subtil qu'il est, d'y rien
entendre. Du reste, je la trouve charmante, ce qu'on apelle tres bonne. Je ne veux
demordre du 4eme acte qu'a l'extremité : je le deffendrai jusqu'au dernier mot de
ma retorique. C'est a cause du spectacle, dit-on, qui tomberoit dans le crime
d'inovation. Et *Atalie*[4], messieurs? L'exemple me paroit bon. Une ferme[5] qui
s'ouvre et un temple. Encore n'avons nous point de nourice. J'ai remarqué assés
de vers qu'il faut renvoyer a ce Mathias qui etoit galli de son metier[6], et deux ou
trois transitions qui coupent comme un rasoir. La fin du 5eme acte a bien des
foiblesse a qui il faudrat faire prendre de l'eau des Carmes[7]. Mais un retranchement
considerable qu'il faut faire, c'est de la vertu. Je ne comprend pas comment cela
nous est echapé. J'aurai le plaisir de les compter demain : je parie pour deux cent.
Ma foy, c'est trop, d'autant plus qu'elle ne quittent guere «combatu», et que les
rimes redoublées ne vont point a la tragedie. Voila uniquement ce que j'y trouve,
et tout le reste charmant. J'admire la betise de Du Frene qui dit que Spammis[8]
n'est pas soutenu et qu'il veut tuer son pere. Je luy montrerai son bejaune[9], et a
Md. Duvigeon.

Mais a propos de piece, t'ai-je mandé que notre comedie du *Monde Vray*[10] est a vaux-l'eau? Mr de la Foire a fait *La Queue de verité*[11], qui est notre histoire mot pour mot. Demande plustot a ton Chien. Je gage que tu l'avois invantée pour faire ta cour a La Mote[12].

Ce n'est point Md. de Betune qui est grilliée[13] : c'est une vielle demoiselle de ce nom qu'on a trouvé pas plus grande qu'une poupée, tant le feu l'avoit ratatinée.

A propos de friture, Mde Riding n'est pas frite ny la petite fille[14]. J'ai toujours oublié de te le mander. J'ai bien du regret a les avoir pleurées. Voila tout ce que j'ai a te rabacher pour ce soir. A propos, – car je suis porté ce soir pour les a-propos – si tu ne me mande ton avis de tout ce que je t'ai envoyé, tu n'auras plus rien. Ecris menu et bien. Taille tes plumes, Professeur, je t'en prie.

Le mardi [7 avril 1739] apres souper

Bonsoir, mon ami. Je suis dans l'entousiasme d'une idée que le bonhomme Machi m'a donnée ce soir; j'en suis transportée. Si ma chambre n'etoit au-dessus de celle de Md. Babaud, je sauterois. Helas, tu rabatras peut-etre bientot mon quaquet. Masson est a Versaille. J'ai soupé vis-a-vis du Bonhomme et d'une sotte cousine de la maison[15] qui fait l'intendant. Elle couche dans la chambre de la malade. Ainci elle nous a laissés. Pendant le souper, Machi a dit qu'il voudroit bien que je resta lontems a Paris. Je lui ai dit que j'y etois pour toujours. Le pauvre Bonhomme a fait un cris et c'est levé de table pour venir m'enbrasser. Apres les complimens la-dessus, je lui ai dit : «Mais vous devriez bien aimer mon Panpan, car c'est un vautrien comme vous.» Sur cela d'entrer en detail : «Que fait-il?» «Rien.» «Que veut-il faire?» «Rien.» Enfin, en parlant de charge, il m'a dit : «Eh, le sot! Que ne prend-il une charge de maitre des comptes[16]? C'est son balot[17] : on ne fait rien, et point de charge d'ame». J'ai saisi avidement le mot. Voici ce que c'est : elles coutent soixante mille livre et raportent mille ecus. Outre plus[18], il y a des compte que l'on donne a faire et que l'on prends si l'on veut qui en raportent autant. Si ton pere vouloit mettre cent mille franc a une charge de receveur qui t'auroit ruiné, je pense qu'il ne seroit pas plus dificile d'en mettre soixante a une ou tu ne risque rien. Vois-tu Paris au bout de cela? Vois-tu mon transport? Le sens-tu? Y penseras-tu? Repond-moi vite[19]. Il y a souvent de ces charges vacante. Je cours les notaires pour m'en informer. Je t'envoye un memoire que tu pouras faire voir. S'il faut de la faveur, je me jete aux jenoux de la duchesse, a ceux de Masson. Que ne feroi-je pas, que ne dirois-je pas! J'adore Machi. Oh, je ne dis plus que mon ame est insensible : qu'elle sent bien ce raion d'esperance. Je n'en dormirai pas. Plus j'y vois d'apparance, plus il me transporte. Helas, je pense a ton Chien : il renversera tout. Mais ne pouroit-on luy trouver place? Je songe a tout, je sens tout et je desire tout. Je ne veux pas ta reponce toute seche. Ouvre cet avis a ta mere : gagne-la en leur accordant une des deux partie[20] sur lesquelles ils te tourmente. Ils auront de l'esperance pour l'autre. Peut-etre il te sauront gré de ta complaisance. Il y a des vacances : tu iras les voir. Ah, mon ami, si tu en avois autant d'envie que moi, tu gagnerois tout. Dans ces occasion-la, l'amitié devient aussi eloquente que l'amour et emporte tout.

Je me donne une sacade pour m'areter, car je ne finirois pas et c'en est assés si tu le sens. J'ai reçu ta charmante lettre[21]. Ah! Ah! Monsieur le drole, je sais a present pourquoi tu y mest de l'esprit : c'est a cause que tu en a trouvé de sottes dans celle que tu as lue[22]. Tant mieux : a quelque choses malheur est bon. Ne les brule pas pourtant. Si je ne t'aimois qu'avec de l'esprit, tu chaumerois assés souvent. Ton cœur y est toujours. Laisse-le avec ces mauvais haillons : je l'aime de toute facon.

Je ne me souvenois plus des autres letres dont tu me parles[23]. Je te les donne pour ta peine. Ne me les envoye pas. Ton billet a fait rire la malade; elle te fait des complimens aussi saugrenus que les tiens. Table la-dessus. Elle soufre toujours beaucoup.

Mais, grosse bete, ton pere et toute la ville sait que Lupcour loge toujours chez Des Ours[24].

Pardi, je suis bien curieuse de savoir a qui tu as ecrit sept letres. En te remerciant de ta dispute avec le Professeur[25], elle est charmante. Il lui convient bien, a ce brutal, de precher contre la volupté quand il s'y noye et qu'il est aussi sot qu'amoureux que je connoisse.

L'idée de tes hommes aimable[26] est divine, et la morale delicieuse, mais ton pere seul en sera contant. Mon Dieu, que cela seroit joli! Il faudroit bien assurer a chaque periode que ce que tu en dis n'est que pour le bien des ames. Je n'ai jamais tant gouté un projet, et sans ta vilaine paresse qui me fait signe du doit que tu n'en feras rien, j'en serois enchantée. L'espesse de plan que tu m'en envoye est charmant. Je devine tout ce qu'il ne dit pas. Et je crois qu'un livre comme celui-la auroit la reputation des *Letres persannes* dans un autre genre, et auroit l'avantage de faire desirer et aimer l'auteur, avantage que peu de livres donne. Si tu etois la, deussai-je faire un crime de leze-amitié[a], je te donnerois le mellieur coup que mon bras puisse assener. Peut-on finir quelque chose d'aussi joli par dire niaisement : «Ne vous ai-je pas ennuié?» Je te le passerois en ironie seulement; encor un coup, corige-toi, car reellement cela me fait de la peine, et une peine qui va jusqu'au corps et me donne le cochemar, d'autant plus que tu es assés sot pour le dire de bonne foy.

Je suis bien fachée que l'on te tracasse toujours[27]. Eh bien, c'est une raison de tenter le projet ci-devent deduit. La vanité n'est pas un chien. Comment diable, un maitre des comptes de Paris est bien un autre homme qu'un Penpichon et qu'un receveur. Je meurs d'impatience de ta reponce. Ne me verbiage[28] pas sur l'envie que tu en aurois, mais agis, parles, fais parler. Je ne finirois pas. Bonsoir. Il faut encore que je m'arrete tout cour, ou bien je n'y trouverois point de fin. Je vais arrenger tes affaires dans mon lit. Dieu veuille qu'elles ne m'enpechent pas de dormir.

Le mercredi soir [8 avril 1739]

J'ai bien des choses a te dire, mais je ne sais si je pourai. Mon œil ne s'est-il pas avisé de se renflamer : il me fait un mal horrible. Abregeon. Le D. m'a ecrit aujourd'huy que son oncle est mort[29]. Il revient demain; non pas l'oncle, mais lui, car tu me dirois que je n'ai pas bien entendu lequel doit revenir. Or donc il est exedé, ce D. Il dit qu'il est mort dans ces bras; tout le monde l'avoit abbandonné. Le testament est lu, mais il me mande qu'il me dira de quoi il est question.

Premiere article. Le second est que Dubois a recu, a ce qu'elle pretent, une letre de sa mere qui veut absolument qu'elle s'en aille. Elle pleure beaucoup, dit fort que si elle en peut etre defaite elle reviendras me trouver. Bref, elle me quitte. Et ce qu'il y a de singulier, c'est que j'en ai dejas une autre qui me paroit assés convenable et dont une femme de chambre de Md. Babaud me repond. C'est une Allemande[30] qui sert depuis trois ans a Paris. Or la femme de chambre de Md. Babaud est une fille allemande, de ces maitresse domestique, de ces gens rare. Tout cela est beau et bon, mais ou prendre pour payer Dubois? J'en ai eu des vapeurs tout le jours. J'en suis desolée, et je ne sais comment faire. Je n'ai nulle idée la-dessus, et encore moins de ressource. Avoue que je suis une créature bien tourmentée.

J'ai passé presque toute ma journée dans ma chambre. Ma Sœur y est venue d'abord, ensuite Mareil, ensuite Du May. Les deux premiers m'ont fait des confidence bien singuliere. Oh, je suis heureuse pour les confidence, mais baste! Tant y a que j'ai fait repeter a Mareil ce que la grande Michelle[31] lui a dit. Cela est inouis, inconsevable. Je n'y comprend rien. Et cependant on ne sauroit le soupsonner de fatuité. Il m'a conté pis du Caporal Dindon[32], et pis de la petite De Sale[33]. Car il lui a refusé net la courtoisie. En vérité, je ne sais ou j'en suis. «Le monde, chere Agnes» etc...[34] Tu es ebahi, et si je te disois le reste, tu resterois un an durant dans l'attitude de Danchet[35]. Mais ferme la bouche et avalle du vent, car tu n'auras que cela.

Nous avons parlé phisique, Du May et moi. Comme il sort de l'ecole, il est tout Neuton. Il m'a dit deux chose : l'une, qu'il avoit rencontré un moine dans la chasse de Mr de Guise donc. L'autre, que Mr de Richelieu est resté malade a Lion. Et je ne puis aller chez la duchesse avec mon œil defiguré, et je n'ai personne pour y envoyer. Cela me fait enrager. Je crois que je me ferai demain saigner du pied. Je n'en sais encore rien; mais je sais qu'il faut reposer mon œil.

Voila pourtant une chanson que Machi m'a donné sur l'air «Quand Moÿse fit deffence d'aimer la femme d'autruit»[36]. Je te vois gromeler l'air et le japer. Je lui ai montré l'epitre a ton pere[37], qu'il a trouvé tres belle, en disant comme je t'ai dit qu'elle etablissoit le materialisme.

> Adam, notre premier pere,
> Des cocus fut le premier;
> Sa femme fit la premiere
> Des coquettes le metier.
> Homme, garçon, femme et fille
> Sortent de cette famille;

Ai[n]ci tout le genre humain
S'apelle fils de catin.

Venevaut a passé la matinée avec moi. Tu as bien fait de lui mander combien je suis contante de lui. Tu ne peus trop le lui dire. Tu vois que j'ai vu toute mes connoissance aujourd'huy. Encore ai-je joué au trictrac avec le chirugien qui s'apelle Bagieux. Le roi n'a pas fait de Pasque. Comment trouve-tu cela[38]? Bonsoir, bonsoir, bonsoir.

J'espere qu'il n'y a que faire de te reccommender de te taire sur les histoire que je te conte a ame qui vive, pas meme au D.

MANUSCRIT

Yale, G.P., VIII, 99-102 (D86); 4 p.; orig. aut.

TEXTE

[a] Le ms : «l'eze-amitie».

NOTES

1. Probablement une pièce que Devaux avait commencée; il n'en est plus question dans cette correspondance.

2. Phanès est un personnage de *Psammis* de Saint-Lambert.

3. Le père Jean-Antoine Du Cerceau (1670-1730), jésuite, auteur de vers et de pièces de collège, et de *Réflexions sur la poësie françoise* (1718 et 1730), où il déclare : «C'est [...] dans ces transpositions mêmes que je fais consister le caractère essentiel et distinctif de la versification Françoise» (p. 23-24).

4. Indication scénique dans *Athalie* (v, v) : «Ici le fond du théâtre s'ouvre. On voit le dedans du temple, et les lévites armés sortent de tous côtés sur la scène.» Raymond Picard commente : «C'est la plus longue indication scénique de tout le théâtre de Racine [...] Le frontispice de l'édition originale [...] représente précisément cette scène : dans un déploiement tumultueux de figurants, les lévites, armés de boucliers en carton, vont, semble-t-il, entonner le chœur final de ce somptueux opéra sacré» (Racine, *Œuvres complètes*, 1964, p. 1192).

5. Ferme : terme de théâtre. C'est le nom qu'on donne à cette partie de la décoration qui ferme le fond du théâtre. Ce terme est fort en usage chez les gens de théâtre. (Trévoux, 1771.)

6. Jeu de mots sur «galimatias», que Devaux ne comprendra pas (v. 119n10).

7. L'eau de mélisse des Carmes, un alcoolat composé, est un remède contre les «petits malaises», la fatigue et les faiblesses, qu'on peut encore se procurer de nos jours.

8. Ou Psammis, le personnage principal de la pièce de Saint-Lambert dont Mme Duvigeon et Dufrène ont fait la critique (v. 112n4).

9. Béjaune (de bec jaune) : montrer à quelqu'un son béjaune, lui prouver sa sottise, son ignorance : «Souffrez que je lui montre son béjaune et le tire d'erreur.» – Molière, *Le Malade imaginaire*, III, xvi (v. Littré).

10. Vieux projet de pièce de Mme de Graffigny et Devaux (v. 63n50).

11. Comédie en un acte en prose mêlée de jargon, de Fuzelier, représentée à la Foire le 3 février 1720, imprimée dans le *Théâtre de la Foire* en 1724. «M. de La Foire» est une plaisanterie, mauvaise lecture délibérée du titre du recueil.

12. On sait combien Devaux admirait La Motte (v. 7n8).

13. Voir 113n6.

14. Personnages du roman *Cleveland* de l'abbé Prévost, dont Mme de Graffigny est en train de lire la suite. Dans le livre v, tome III, paru en 1731, on a l'impression que Mme Riding et la fille de Cleveland ont été dévorées par des cannibales. Dans les livres X et XIII, tomes VI et VII, parus en 1738 et 1739 (v. 108n23), on apprend qu'elles ont échappé à la mort.

15. Non identifiée.

16. En 1789, la Chambre des comptes de Paris avait 289 officiers, dont 78 conseillers maîtres; les officiers avaient d'importants privilèges, y compris la noblesse au premier degré. En 1771, l'office de conseiller maître valait 144 000 livres, plus de deux fois le prix que cite Mme de Graffigny ici. Il y avait également onze chambres des comptes provinciales. Selon Marion, c'était une «institution archaïque, presque sans utilité pour le bon ordre de la comptabilité publique» (p. 82).

17. Ballot : on dit proverbialement et figurément

à un homme, Voilà votre vrai ballot; pour dire, c'est votre fait, ce que vous cherchez (Trévoux, 1743).

18. Outre plus : ajoutons ceci (Littré).

19. Devaux répondra longuement, en demandant plus de détails, mais cela n'aboutira à rien (14 avril 1739, G.P., IX, 245).

20. C'est-à-dire que Devaux se marie et qu'il prenne une charge.

21. Lettre du 3-4 avril 1739 (G.P., IX, 213-218).

22. Devaux : «Je ne scais que lire [...] Je vais dechiffrer les pacquets de lettres qui y sont [dans le coffre de Mme de Graffigny]. J'ay deja lu les miennes, et par parenthese j'y en trouve tant de mauvaises que je pourrois bien ne vous les pas renvoyer.» (IX, 216.)

23. Devaux nomme parmi les correspondants de Mme de Graffigny : le prince de Pons, La Bruère, Clephane, M. Du Châtelet, Mme de Coreth, M. de Rouerk (IX, 217). Ces lettres ne nous sont pas parvenues.

24. Devaux : «Mais ce vilain Mr de Lupcourt n'arrive point, et je ne scais ou il loge.» (IX, 214.). Il logeait probablement chez Yves Des Hours, ou Des Ours, ou Désours (vers 1664-1746), directeur des jardins, parcs et jets d'eau du duc de Lorraine, et plus tard de Sa Majesté Impériale. C'est lui qui créa le parc de Lunéville, «les Bosquets». Il épousa en 1715 Marie-Louise de La Marche (morte en 1752), première femme de chambre de la duchesse douairière.

25. Devaux raconte longuement la discussion plaisante, agrémentée de nombreux coups de plat d'épée, qu'il a eue avec Liébault. Ce dernier opposait sa «maussade vertu» aux idées que Devaux envisage d'exposer dans son histoire de Cléopâtre, et lui reprochait de vouloir corrompre le public en tentant de «faire passer dans l'ame de [ses] lecteurs le gout de la volupté.» (IX, 214-216.)

26. Devaux parle d'un projet «de faire les vies de gens aimables, tant grecs que latins et françois,

comme Plutarque celles des hommes illustres. Et en maniere de preface, qui sera presque le corps de l'ouvrage, l'histoire de la volupté.» (IX, 215.)

27. Devaux : «J'ay encor eu une longue scene sur le mariage ce matin avec ma mere; [...] elle a conclu par me demander enfin quel etoit le but auquel je tendois.» (IX, 217.)

28. Verbiager : employer beaucoup de paroles pour dire peu de chose. Il n'est d'usage que dans le style familier. (Trévoux, 1743.)

29. Charles-Alexandre de Saint-Gobert de Blaville est mort le 6 avril 1739 (v. 97n4).

30. Nous apprendrons plus tard qu'elle s'appelle Fanché (v. 132n7).

31. Probablement Béatrix Du Han (v. 94n6).

32. La princesse de Pons.

33. Probablement Adélaïde-Louise-Candide de Brancas (1713-1740), dame du palais de la reine de Pologne, mariée en 1730 à Claude-Gustave-Chrétien, marquis des Salles et de Bulgnéville (né en 1706), capitaine de cavalerie, lieutenant général en 1759, gouverneur de Vaucouleurs et de Rhinfeld, et qui était chambellan du duc de Lorraine.

34. *L'École des femmes*, II, v.

35. Danchet (v. 55n3) avait toujours l'air étonné.

36. Air non identifié.

37. Voir 59n2.

38. Barbier raconte ainsi ce fait : «Le roi touche ordinairement les malades le samedi saint, après avoir fait ses dévotions. Cette année, sous prétexte de quelque incommodité, il n'a fait ni la cérémonie, ni ses pâques; cela a causé un grand scandale à Versailles et fait beaucoup de bruit à Paris. Cela rend publique son intrigue avec Madame de Mailly. Il est dangereux pour un roi de donner un pareil exemple à son peuple, et nous sommes assez bien avec le pape pour que le fils aîné de l'Église eût une dispense de faire ses pâques en quelque état qu'il fût, sans sacrilège et en sûreté de conscience.» (Mars 1739, III, p. 167.)

115. à Devaux

Le vendredi matin [10 avril 1739]

Bonjour, mon ami. Car je n'ai pas pu te dire hier bonsoir : les premiers vont devent[1], vois-tu. Le Docteur arriva comme on sortoit de souper, et comme la dame de ceans dormoit, nous montames a ma chambre ou nous causames tant que nous avons eu quelque choses a dire. Je suis extremement contante de lui. Par raport a moi d'abort. Cela te fait plaisir, n'est-ce pas? Je suis encore plus contante de ce qu'il fait pour lui : je ne sors pas d'etonnement de ses soins, de ces attantions. Il n'oublie rien, il songe a tout et fait tout avec une decense et une exactitude inconsevable pour le D. lenternon et distrait. Il m'a lu le testament de son oncle qui ne lui fait aucun avantage : il le rapelle comme son heritier, et puis c'est tout. Encore est-il bien contant puisqu'il ne l'auroit osé esperer. A vue de paiis, cela lui vaudra mille livre de rente, sans compter le partage de l'inventere. On ne sait pas ou il poura aller, les deptes et les legs payez. Ce qui l'enchante et le transporte, c'est une petite tere qui lui reviendra qui est a douze lieux d'ici, ou il y a une petite maison ou il pretent que nous finirons notre petite vie avec le petit Penpichon. Car il te foure dans tous ces chateaux. Enfin ce sont des chateaux; mais comme ils font preuve d'attachement, je crois que l'on ne peut trop jouir du principe. Je veux que tu en jouisse aussi. Il va demain a St-Germain, et puis il reviendra un jour et retournera a Senlis faire lever le selé. Voila son histoire.

Voici la miene. Je pris hier matin mon parti : au lieu de me faire saigner, je fus chez la duchesse. Mon œil etoit moins mal et par concequent moins diforme. Je crus devoir lui marquer cet empressment. Elle me recu a merveille. Elle etoit dans son lit. Nous etions seules. Elle ne parla n'y de pension ny de rien. Elle me dit qu'elle me croioit engagée de pension ici. Je lui dis que non, que j'avois voulu savoir plus positivement si elle le trouvoit bon. Elle me dit : «Tres bon», et qu'il faloit toujours m'arenger la-dessus tant que j'aurois d'autre mesures a prendre. Voila ce que j'en ai tiré. Bien des rabachages d'elle [et] de son mari. Enfin des choses de confiance, mais tres peu interessantes pour moi. Son mari est arrivé : j'etois si mal fagotée que je n'ai pas voulu le voir. Son pere tire a sa fin tant qu'il peut.

Le beau de cela, c'est que je ne sais si l'on me voudras ici. Car la dame me fait fort vilaine mine. Sa femme de chambre, qui le trouve tres mauvais, a dit a Dubois que voila comme elle etoit, qu'elle ne savoit quelle fete faire aux gens et qu'elle s'en degoutoit aussi vite. Tu m'avouera que je suis née pour graisser les botes des vilains[2]. Car il n'y a sorte d'attention que je n'ay pour cette femme. Il faut que ce qu'elle a dit a sa femme de chambre soit bien fort, car elle a dit qu'a ma place elle s'en iroit bien vite. Juge comme je suis a mon aise. D'autant plus que je n'ai pas de quoi ny me meubler ny paier un quartier d'avance dans un couvent que j'aimerois mille fois mieux que d'ettre ici avec cette gene. Cependant comme la necessité n'a point de lois, le D. fondra la cloche ce soir pour savoir si elle me veut ou non. Tu crois bien que je soufrirai pendant cette année. Mais que faire? C'est ma destinée, il faut la remplir.

Parlons de choses moins triste. J'ai vu hier une tres petite brochures que l'on vent 24 sols sous le manteau. Elle a pour titre *Le Portefeuille*[3]. Voici de quoi il est remplis, ce portefeuille : c'est le portrait d'un enfant[4] en vers que je soubsonne d'etre de Masson. C'est une romance[5] que nous avons vu autrefois, la forge ou on fait de certaines choses a vis[a]. C'est cette piece de vers de Voltaire[6] ou sont les lustres de diamant. C'est une piece effroiable contre lui, Thiriot et Md. Du

Chatelet[7]. Vois dans cela ce que tu veux que je fasse copier. Ce n'est pas la peine d'acheter cela si cher. Tu m'a dit avoir vu des vers contre V. sans m'en dire le titre : peut-etre sont-ce ceux-la[8]. Dis-moi le titre, et je te les envoyerai si tu ne les conois pas. Tu sera peut-etre bien aise de savoir pour qui est faite cette piece de vers qui nous a tant plut et dont nous ignorions l'objet. C'est pour une fille qui s'apeloit Melle de Livri[9]. Son origine est peut de chose. V. l'aimoit a la folie et la fit jouer Jocaste sur le theatre ou elle fut siflée. Elle se mit pourtant dans une troupe de comedien et fut en Angleterre ou elle tomba malade et dans la derniere misere. Elle fut recommendee a Mr de Gouvernet[10] qui etoit alors en Angletere, qui la fut voir et en devint si amoureux qu'il ne l'a plus quittée. On croit qu'il l'a epousé en secret. Elle ne porte pas son nom, mais elle vit ici dans un hotel magnifique ou elle mene une vie delissieuse. Elle a beaucoup d'esprit. Elle ne voit que des gens de lettre ou des gens a qui elle fait du bien. C'est la generosité en personne, et la plus aimable creature du monde. Son Mr e[s]t un homme de condition qui a cinquante mille ecu de rente qu'il partage avec elle en fesant la vie que nous imaginerions de faire pour les aisances de la vie et les amusemens de l'esprit. Voila l'objet de ces vers charmants. Le savois-tu? Je crois que non.

Il y a encore une autre brochures que je t'ai acheté : c'est la critique des *Amusemens sur l'ame des betes*[11].

J'ai lu hier *Moulinet second*[12], parodie de la foire, qui n'est pas mauvaise. On dit que celle des Italiens va paroitre et qu'elle sera tres bonne.

Le vendredi soir

Le Docteur est entré ce matin en grand deüil. Il nous a eté impossible de nous enpecher de rire. J'ai passé ma journée bien maussadement. On a ouvert l'abses a Md. Babaud : quoique je ne sois pas restée dans la chambre, j'ai eté si saisie des cris afreux qu'elle a fait que j'en suis encore malade. J'ai eu Ma Sœur et Mareil et Venevaut. Sur le soir, le D. qui venoit de chez son oncle[13] qu'il a trouvé presque aussi mal que l'autre avec une fievre continue et une goute remontée. Il n'a pas laissé de se metre fort en colere contre la tante, qui lui mande qu'elle a bien dit qu'elle les entereroit tous et qu'il faloit partir bientot aussi bien qu'elle.

Voici bien une autre histoire : apres souper, Mr Masson est monté dans ma chambre. Il m'a tournaillé sur le ton d'amitié. Il a commencé par me faire entendre que, s'il n'avoit rien fait pour moi, ce n'etoit pas faute de bonne volonté, mais que les occasions ne se trouvoient pas. Enfin, apres bien des propos, le but etoit qu'il faut songer a decamper d'ici, parce qu'on a besoin de ma chambre pour le pere de Md. Babaud[14] : que ce n'etoit pas encore si tot qu'il arrivoit, mais qu'il viendroit enfin. Je n'ai point d'expression pour te dire ma situation. Devine-la si tu peus. Je fais des efforts inouis pour m'etourdir. Mais pense ou je prendrai pour paier Dubois, pour me meubler ou pour paier un quartier de pension. Je ne sais ou j'en suis. On a beau dire que les malheurs sont dispensé egalement, je crois qu'il y a des situation unique. Je n'en dirai pas davantage, car les plaintes sont inutiles. Je ne sais qu'un remede, et il ne vient point.

Le D. a soupé chez son oncle. Il devoit revenir apres. Le portier est ivre. Je n'ai jamais pu le faire eveiller. Je suis seure qu'il sera venu et aura eté obligé de s'en retourner. Outre la peine qu'il a eue, c'est que tu crois bien qu'il m'auroit eté d'un grand secour apres ce qu'on vient de me dire. Bonsoir, mon ami. Tu as une amie bien a charge. Est-il possible que je t'accablerai toujours de mes douleurs?

Dis bien au pauvre Ron que je suis sensible de tout mon cœur a son amitié, que je l'embrasse mille fois, et le Chien aussi[15].

Linan a eté chassé de Cirei a cause de sa sœur, qui est cette femme de chambre dont je t'ai parlé[16]. Il n'avoit cependant nule part a ce qu'elle ecrivoit. Il est ici sur le pavé. D'ou le connois-tu[17]?

J'envoye la feuille a Solignac.

[*adresse :*] A Mademoiselle / Mademoiselle Le Brun, l'ainée / comediene de S. M. le roi / de Pologne / a Luneville

MANUSCRIT

Yale, G.P., VIII, 107-110 (D87); orig. aut.; cachet; m.p. : 8.

IMPRIMÉ

Showalter, p. 133-134 (extraits).

TEXTE

a Lecture incertaine.

NOTES

1. Les premiers vont devant : proverbe, équivalent de «le premier au moulin premier engraine» (manuscrit du XIIIᵉ siècle, Paris, Sainte-Geneviève).

2. On dit proverbialement, Graissez les bottes d'un vilain, il dira qu'on les brûle, pour dire qu'un homme de mauvaise humeur s'imagine qu'on veut lui faire de la peine, quand on se met en devoir de lui faire plaisir (Trévoux, 1771).

3. *Le Portefeuille nouveau ou mélanges choisis en vers et en prose* (Londres, 1739); v. Bengesco 740, et ses corrections et additions (I, 488).

4. Le «Portrait d'un enfant» est un poème scabreux dans lequel un enfant décrit sa mère. En l'attribuant a Masson, Mme de Graffigny veut suggérer la bassesse du ton et la grossièreté du langage (*Portefeuille nouveau*, p. 1-2).

5. La «Romance», encore un poème scabreux dans lequel la forge sert de métaphore pour la description de l'acte sexuel (*Portefeuille nouveau*, p. 3-12).

6. «Épître envoyée à Madame la Marquise De ... quelque tems après son mariage», de Voltaire. Elle est plus connue sous le titre «Les Vous et les Tu», (Moland, X, 269-271), et contient les vers : «Ces lustres de diamantes / Qui déchirent vos oreilles ...» (*Portefeuille nouveau*, p. 27-32).

7. Probablement «A Madame D ..., A qui l'on avoit donné le nom de CU-PIÉ sur la supposition qu'elle avoit une Fesse blanche et une autre noire», où l'on trouve un «nouveau Philosophe» et beaucoup de jargon scientifique (*Portefeuille nouveau*, p. 27-32).

8. Devaux : «J'ay lu aujourd'huy une *Voltéromanie* en vers qui n'est pas trop bonne. J'ay vu celle en prose qui est detestable.» (23 mars 1739, G.P., IX, 191.) Il répondra : «Celle que j'ay lue etoit intitulée comme celle en prose; on n'y parloit que de luy.» (14 avril 1739, G.P., IX, 246.) Nous n'avons pu identifier ces vers.

9. Suzanne-Catherine Gravet de Corsambleu de Livry, actrice médiocre, débuta dans l'*Œdipe* de Voltaire en 1719, et prit sa retraite en 1722. Voltaire lui dédia «Les Vous et les Tu.» Dans ses grandes lignes, l'histoire que raconte Mme de Graffigny est vraie (v. Desnoiresterres, I, pp. 122-126, 405-409). Mlle de Livry vit encore en 1778.

10. Charles-Frédéric de la Tour du Pin de Bourlon, marquis de Gouvernet (mort en 1775), chevalier; le contrat de son mariage avec Mlle de Livry date du 24 janvier 1727.

11. *Lettre à Mme la comtesse D*** pour servir de supplément à l'Amusement philosophique sur l'âme des bêtes*, [1739], critique de l'œuvre de Bougeant (v. 102n21), par François-Alexandre Aubert de La Chesnaye Des Bois (1699-1784), polygraphe qui vit de sa plume, auteur du *Dictionnaire de la noblesse française* (première édition en 1757).

12. *Moulinet premier*, parodie de *Mahomet second*

en un acte en prose, avec vaudevilles, représentée à la Foire Saint-Germain le 15 mars 1739, imprimée en 1739, par Charles-Simon Favart (1710-1792) auteur de comédies et de vaudevilles, directeur et l'un des fondateurs de l'Opéra-Comique en 1780 (v. 96n15).

13. Paul-Antoine de Saint-Gobert (v. 99n11).

14. Pierre Bœsnier (1684-1750), marchand à Blois. Il épousa Marie Hesme, dont il eut 13 enfants entre 1708 et 1726; Mme Babaud était l'aînée.

15. Réponse à la lettre de Devaux du 5-6 avril 1739 (G.P., IX, 219-224).

16. Devaux : «J'ay aussi grande idée du recueil de Linan; j'ay vu des fragmens d'une ode sur le jugement dernier de sa façon qui m'ont paru bien

beaux. Mandez-moy si vous le scavez pourquoy il n'est plus a Cirey et sur quel ton il en est sorti.» (IX, 22.) Ce que dit Mme de Graffigny est juste, mais Mme Du Châtelet était également mécontente du frère, car il avait discuté avec Keyserlingk une offre d'emploi sans la prévenir, alors qu'il était engagé comme précepteur de son fils (v. Best. D1366 et D1393).

17. Devaux répondra : «Je connois Linan pour m'etre promené un jour avec luy et La Bruere qui le connoissoit. Il m'offrit meme en ce temps-la de me presenter a Voltaire, chez qui il logeoit.» (14 avril 1739, G.P., IX, 246.) Linant logeait chez Voltaire à Paris en 1735 (v. Best. D849-895, *passim*); c'est à ce moment-là que Devaux aurait fait sa connaissance.

116. à Devaux

Le dimanche 12 avril [1739]

As-tu bien la force de me gronder apres toutes les preuves que tu as de mon exactitude[1]? Je me facherois peut-etre si je n'etois semsiblement touchée de ton inquietude. Peus-tu croire que je passe un ordinaire sans t'ecrire ou sans te faire ecrire si je ne le pouvois pas? Je ne sais plus comment envoyer mes letres a la postes. Car il m'en coute quatre sols depuis que je suis malade pour envoyer un Savoyard, de crainte que les laquais ne soyent pas exacte. A moins d'y aller moi-meme, je ne sais plus comment faire, et cela m'inquiete. Vois-tu bien si le cachet est entier? Ou n'est-ce pas qu'ils s'en trouve trop pour remplir les males, et qu'on en laisse? Ou qu'on les oublie? Car Mr Masson se plaint quelquefois de la meme chose. Enfin je n'y sais point de remede que de prendre sur toit de ne pas t'inquieter et d'etre seur une bonne fois que je t'ecrirai ou que je te ferois ecrire. Dieu merci, les tienes n'ont pas menqué une seule fois depuis que je suis ici. La poste a retardé aujourd'huy : j'etois deja dans la grande inquietude. Ainci je juge de la tiene et j'en suis desolée.

Je ne sais trop que te dire de ma journée d'hier. Ah, mon Dieu, si fait! Le matin, le D. vint. Je lui contai qu'il faloit chercher un gite. Il est touché aux larmes de ma situation, et tu crois bien que c'est une bonne emplatre. Il ne veux pas que je me mette dans un couvent grillié : il dit qu'il soufriroit trop de me savoir si fort hors de ma sphere. Enfin il est genti autant qu'il est en lui de l'etre.

L'apres-diner, Grosbert vint. Je ne sais si je t'ai parlé d'un mémoire qu'il m'avoit prié de recommender à Masson. C'est pour une entreprise en Lorraine. Il m'avoit dit qu'il m'en reviendroit quelque chose. Il me sembloit que cela etoit de si peu de consequence que je n'y songeois pas, et je n'en avois parlé a Masson que par amitié pour Grosbert. Hier il vint encore pour ce memoire et je lui demendai ce qu'il me feroit donner de sa compagnie. Il me dit mille livres par ans pendant 12 ans ou une somme contant equivalente. Je pensai tomber de mon haut. J'en parlai le soir a Masson comme tu crois bien. Il me dit qu'il feroit son possible, qu'il y avoit une compagnie qui demendoit la meme chose et qui avoit une forte protection, mais qu'il avoit donné des avis a Grosbert pour rendre son projet plus utile et que peut-etre cela le feroit passer. Cela sera decidé a la fin de ce mois. Je crois que tu jugera de l'efest que cela me fait par celle qu'elle fait sur toi. Avoue que mes letres ont un peu la fievre tierce[2].

Aujourd'huy j'ai couru les rue avec Mr Masson, qui alloit diner dans l'Isle. J'ai voulu l'y conduire en sortant de la messe pour me dissiper un peu. Cela m'a fait du bien. Apres diner, comme je lisois tes letres, Ma Sœur est venue. Nous avons eté ensemble a une petite eglige pour me confesser. Je fais demain mes Pasques. Nous avons eté a pied. Je l'ai bien fait enrager, car je glissois sur ce pavé gras de boüe. On disoit que ce n'etoit qu'a un pas : les pas de Paris sont long! J'ai pensé a toi. J'ai dit a Ma Sœur : «Comme Panpan se moqueroit de moi s'il me voyoit aller a pas compté et craindre encore de tomber!» De la, j'ai eté chez elle, et me voici. Elle m'a trouvé une communauté que j'ai bien la mine de prendre. C'est au bout de la rue St Denis[3]. La vue sur le boulevart et sur Monmartre : tu sais si je l'aime, cette vue de la campagne. Elle dit que les pension nourie et logée ne sont que de quatre cent livres. Cela m'acconodroit. Elle ira demain s'informer de tout.

Bonsoir. Je vais faire ma cour en attendant le souper que je ne fais pas, car je ne mange plus. Et apres souper, je repondrai a tes letres. Je menage un peu mon œil qui est toujours mal. T'ai-je dit que le D. soupa hier ici, que nous avons causé dans ma chambre jusqu'a minuit et demi? Nous avons eu tout plain d'esprit pour me distraire de ma tristesse. Nous avons eté bons amis. Il est allé ce matin a St-Germain. Il revient demain au soir.

Apres souper

Me revoici. Je vais te repondre en bref, car mon œil ne va pas bien ce soir.

Je n'ai point vu Granville. Je le croiois parti, et je ne comprend pas pourquoi il ne l'est pas, ou plustot je le comprend bien[4].

J'ai eté si piquée contre la Dame au Fetus pour une villenie qu'elle m'a fait que je ne lui ai ecrit que le dernier ou l'avant-dernier ordinaire, quoiqu'elle m'ait ecrit depuis que je suis ici. C'est tout comme a l'ordinaire. Voici la villenie. J'avois acheté aupres d'un marchand de Ligny huit piece d'indiene a 45 sols l'aune. Charmante, en bleu et blanc. Il me faisoit un ans de credit et prenoit ensuitte deux louis par quartier a Comerci. Le marché etoit bon et j'aurois eu un joli meuble[5]. Je les laissai a Demange, ne pouvant les emporter et convenant avec Md. des Fetus que si Md. Du Chatelet me pouvoit procurer une ocasion de les faire passer, elle me les feroit tenir. Md. Du Chatelet m'offre un moien. Je mande a cette begeule ou il faut les envoyer, qui n'est qu'a une lieu de chez elle. Elle est trois semene sans me faire reponce, et puis elle me mande que le marchand est venu la voir et qu'elle les lui a renduees parce qu'elle n'etoit pas seure que je les voulusse. Et le fait est qu'elle a eu peur que je ne les paye pas exactement. Ne voila-t-il pas une infamie? Car le tout n'alloit qu'a deux cent livres de Lorraine. J'ai recrit a Mr de Lescaille qui a renoué le marché, mais comment les faire venir? Cela est plus dificile a present. Et je les aurois : ce seroit une grande avance pour me meubler.

Tu aimera encore moins le porteur de mes livres[6] quand il aura parlé au St. Il faut qu'il paye[7]. En verité je le plains, mais il est aussi trop inprudent. Sa retraite me fait bien rire. Ah, mon Dieu, qu'il est pitoyable! S'embarque-t-on comme cela sans etre un sot, et le bon Dieu de Luneville ne vaut-il pas celui de Nancy?[8] Qu'il se tiene dans sa chambre, morbleu, et qu'il se taise : voila les bonnes retraite. Je ne crois pas que tu lui montre cela.

Dubois jure ses grands dieux qu'elle n'a point mandé que je la voulois mettre dehors la nuit, parce que cela n'est pas vray[9]. Tu crois bien que, si j'avois de l'argent, je la regreterois moins, quoique l'habitude fasse beaucoup pour moi. Nous nous quitterons aussi doucement que je pourai.

Tu ne crois pas que *Les Betes*[10] soient d'un jesuite. Eh bien, ne le crois pas : ce n'est pas moins vray. Mais tu as pris le parti de ne rien croire. Si tu y trouve du plaisir, tu fais bien. Je ne puis revenir, moi, de la façon dont tu me parle de ce livre et de *M[edus]*[a] [11]. Ma foi, je n'y suis plus.

D'acort sur *Le Rival favorable*[12].

Le diable emporte ma memoire : j'ai cherché partout l'*Epitre Neutoniene*[13]. Je ne sais point qui est l'auteur. C'est Machi qui [ne][b] sait que son nom qui l'a ecrit.

O dame, je ne saurois retrouver Linan ny son ode. C'est Mr de Chambonnin qui m'a donné ce manuscrit. Mais dis-moi donc comment tu le connois : tu ne m'en a jamais parlé[14].

Ma Sœur te renvoyera un *Texerion*[15]. Des que je l'aurai, je le metrai au coche.

Je suis furieuse du derengement de mes lettres. Cela fait un dejingandement qui me deplait autant qu'a Md. de Sevigné et je ne saurois voir la peine qu'il t'a causé sans etre desolée. En vérité, mon pauvre ami, je sens dans le fond de mon ame tout ce que tu as soufert. Mon amitié et ma recconnoissance se confondent ensemble pour t'aimer et te remercier. Bonsoir, mon ami, je ne puis aller plus loin. Il faut que j'ecrive encore deux letres et [si] tu voiois mon œil, tu serois bien faché contre moi. Je t'embrasse mille fois, et le Chien et le Chat[16] et le St. A propos, le cordonnier de Demaret lui a dit qu'il avoit vu Blaine[17] il y a six semene au jardin du Palais Roial avec un fort grande barbe et l'air fort abbatu. Voila tout ce que j'en ai su[c] depuis que je suis ici.

[*adresse :*] A Monsieur / Monsieur Dauphin / marchand, rue du Chateau / a Lunéville

MANUSCRIT

Yale, G.P., VIII, 111-114 (D88); 4 p.; orig. aut.; cachet; m.p. : 8.

IMPRIMÉ

Showalter, p. 134-135 (extraits).

TEXTE

ᵃ Déchirure; mot restitué d'après la lettre de Devaux. *ᵇ* Déchirure. *ᶜ* Le ms : «s'eu».

NOTES

1. Mme de Graffigny répond à la lettre de Devaux du 7-8 avril 1739 (G.P., IX, 225-230), qu'il commence par des reproches sur un silence de huit jours.
2. Voir 37n28.
3. La communauté de l'Union chrétienne, ou des dames de Saint-Chaumond, située à l'extrémité nord de la rue Saint-Denis, presque en face de la rue Sainte-Foy actuelle. Le 14, Mme de Graffigny s'y rendra pour visiter les lieux (v. le texte de la lettre 117 à la note 2).
4. Devaux : «Tous les Broglio sont ici, mais Mr de Grandville n'y est pas, et bien d'autres aussi a ce que je crois. Vous ne m'avez pas dit si vous le voyez a Paris; on dit qu'il y est encore.» (IX, 225.) François-Marie, maréchal duc de Broglie (1671-1745), avait été nommé au commandement de l'Alsace le 29 janvier 1739, et il avait sa résidence à Strasbourg. Il avait épousé en 1716 Thérèse Locquet de Grandville (1692-1763), sœur du mari de Mme de Grandville.
5. Meuble : c'est-à-dire tout ce qui sert à orner une maison.
6. Devaux : «Il me paroit, par ce que vous me mandez, que Mr de La Chaussade est parti jeudi. J'irai le voir puisqu'il le faut; je n'y comptois pourtant pas, car je ne l'aime point, vous scavez pourquoy.» (IX, 227.) Les motifs qu'avait Devaux de ne pas aimer La Chaussade nous sont inconnus, à moins qu'ils n'aient un rapport à l'affaire d'Adhémar (v. la note suivante).
7. Adhémar avait apparemment garanti un emprunt fait par Blaine, qui ne l'a pas remboursé avant de partir; le 26 juin (lettre 148) Mme de Graffigny parlera d'engager milord George, marquis d'Annandale, à prêter à Adhémar ce que Blaine lui a volé. La Chaussade était vraisemblablement le créancier.
8. Devaux : «Je vais m'habiller pour tirer une ame du purgatoire, c'est-a-dire le St de sa retraite; tout St qu'il est, elle commence a en devenir un pour luy. Croiriez-vous qu'il s'y est allé fourré

sans avoir un sou pour en sortir? Il y a deux jours que nous taschons de luy vendre un cheval sans en pouvoir venir a bout. Je vais chez sa mere sur son ordre la prier de demander deux louïs a son pere, moyennant quoy nous le reverrons vendredi. [...] Le croiriez-vous? La mere ne veut point demander d'argent. Je ne scais quand notre St pourra revenir.» (IX, 228.)
9. Devaux : «J'ay poussé jusque chez la G. ou Percy me dit que Dubois vouloit absolument vous quitter, que vous l'aviez voulu mettre dehors la nuit, etc. [...] Tout cela est-il vray?» (IX, 228.)
10. Devaux : «Nous avons lu le *Langage des bestes*; [...] son hypothese sur les demons me paroit choquante et le livre bien hardi. J'ay peine a croire que ce soit d'un jesuite.» (IX, 228); v. 102n21.
11. Devaux : «J'avois lu hier *Medus*. Je ne scais pourquoy vous m'en avez dit tant de pouilles, je la trouve extremement bien conduite et tres interessante.» (IX, 228-229.)
12. Comédie de Boissy, en trois actes en vers, 1739. Devaux : «Que pensez-vous du *Rival favorable*? J'y vois toujours le beau ton de Boissy, et une assez bonne intrigue, ce qui ne luy est pas ordinaire. Malgré cela, point d'interest.» (IX, 229.) Les trois livres que Devaux vient de nommer sont ceux que lui avait portés Lupcourt (v. 110, premier paragraphe).
13. Devaux : «J'ay trouvé dans votre lettre l'*Epitre neutonienne*. L'y auriez-vous mise sans y penser? Nous venons de la lire. Elle est charmante. [...] Qui est cet abbé de La Fautrerie?» (IX, 229); v. 111n8. Devaux vient de recevoir aussi les livres qu'avait portés La Chaussade.
14. Devaux : «Comment avez-vous eu les vers de Linan? Je les croyois imprimés. Taschez donc d'avoir son ode sur la creation; elle est bien belle.» (IX, 229); c'est la deuxième fois que Mme de Graffigny demande à Devaux où il a connu Linant (v. 115n17).
15. Devaux : «Je suis furieux de la perte de *Tecserion*; je crois vous avoir mandé que c'est ce que nous attendions avec le plus d'impatience.» (IX, 227.)
16. Sans doute un surnom pour Clairon Lebrun, utilisé une ou deux fois seulement par plaisanterie.
17. Voir n7 ci-dessus.

117. à Devaux

Le mercredi 15 avril [1739]

Je ne t'ai pas dit un mot ces deux jours ici, mon ami; ne m'en sache pas mauvais gré : j'ai voulu menager mon œil, afin d'etre en etat d'aler chez cette duchesse qui ne me fait rien dire. D'allieurs je suis si accablée de ma situation que je crains de t'affliger trop fort si je te dis ce que je soufre. Je passe les jours a chercher et a faire chercher une retraite, et les nuit dans le plus violent etat ou j'aye eté de ma vie. Il n'y a point de communauté ou il ne faille compter sur neuf cent livres sans le bois, le vin ny la chandelle. Tu ne vois que trop que je ne suis pas en etat d'y etre. Que deviendrai-je donc? Il n'y en a point ou on puisse se nourir, ce qui est la seule chose que je puisse soutenir parce que, n'ayant que moi, je ferois si bien que j'irois au bout. Mais cela ne se trouve point. Je t'avoue que de me trouver ici sans secours, sans amis, sans argent et sans savoir ou je pourai aller me mest dans un etat le plus violent ou je me sois trouvé. Et pour surcroit le D., bien loin d'avoir l'air de s'en inquieter, m'a dit hier des choses qui m'ont persé l'ame. Il est dans ses tems de dureté, il faut les passer. Dans mes peines, j'ai une grande consolation : c'est l'amitié de Ma Sœur. Elle ne passe pas un jour sans me venir voir. Mais ce qui est incroyable, c'est que ces deux jours-ci elle a troté par les rue a pied et par un tems horrible pour me chercher une retraite. La cadette[1] n'en fait guere moins. Je veux absolument que le Poucet les remercie et qu'il leur parle de ma reconnoissance. Je voudrois avoir cent bouche pour l'exprimer et mille cœur pour la sentir. Dans l'etat ou je suis, c'est un bonheur bien grand que de trouver des cœurs comme ceux-la. Nous allames hier toute trois a St-Chaumont[2], qui n'est pas loin d'ici. Ah, mon Dieu, quelle entipatie j'ai avec les religieuse! Elle me font l'effet des arraignées. Je sens des mouvemens d'horreur dont je ne suis pas la maitresse, et c'est ce qui me tourmente, car j'ai peur que la duchesse, ne sachant plus que faire de moi, ne me plante a la Presentation[3], qui est un couvent fermé dont sa belle-sœur[4] est abbesse. Je ne balancerai pas, assurement, puisque je n'ai nulle autre ressource, mais je n'y aurai de consolation que dans l'accoursisement de ma vie. Elle n'y sera pas longue. Et[a] qu'ai-je de mieux a esperer?

Depuis que l'on voit tous les soins que je me donne pour sortir d'ici, on me fait melieure mine; mais tu connois mon cœur et combien il m'en coute pour dissimuler les peines que l'on m'a fait. Cependant je fais tout ce qu'il faut faire, sauf a mes larmes de m'en faire raison. Songe-tu bien que je n'ai ici que mes sœurs que je puisse compter interesser à moi? Tout est nouveau, jusqu'a une femme de chambre nouvelle. Ah, mon Dieu, moi qui crains tant les nouveaux visage, ou suis-je? Je ne sais ce que je te dis, car ma tete est dans un si grands desordre que je crois bien que mes discours s'en sentent. Ne parlons plus de tout cela. J'irai demain chez la duchesse : je fonderai la cloche.

Venons à ta letre[5]. Je crois t'avoir deja mandé que tu devois garder toute mes letres[6]. A l'egard des livres, gardes-les a cause de l'inconvenient de la librairie[7]. Il y en a peu. Tu trouvera quelque ocasion de me les envoyer par trois ou quatre. Le St saura ceux qui partent de la cour. Insensiblement il me viendront.

Ta chere mere a raison : il faut bien se garder de m'envoyer les guenilles et les vieux papiers. Les careaux de faillance, tu peus aussi les faire vendre. Si la robe rayée plait a ta mere, elle peut en disposer a son chois[8]. Je n'oserois la lui offrir. Cependant, si tu pouvois faire en sorte qu'elle l'acsepte, tu me ferois grand plaisir. Il est plus permis d'offrir quelque chose des Indes que si c'etoit du paiis. Tache, mon ami, je t'en prie, de tournailler cela a cette chere mamant a qui j'ai tant d'obligation. Ma reconnoissance est dans mon cœur. Je ne serai jamais assés heureuse pour la marquer. Il y a une taie[b] d'oreiller ou il y a des effilés[9] : il me les faut. Il y a un jupon de toile et un corcet a Dubois qu'il faut laisser, aussi bien qu'un corps de baleine dont je n'ay que faire; il n'y a qu'a le vendre.

Je te recommende d'avoir grand soins que le panier de jon[c] des Indes ou il y a du tafetas vert soit bien embalé, qu'il ne soit pas cassé.

Surtout, tache de ravoir mes couvert de chez Gertrude[10]. Eh bien, mon ami, donne la biblioteque a Maurice de tout mon cœur[11]. Je l'aimerois mieux pour toi, mais tout ce que tu feras sera bien fait.

Je crois, mon ami, que voila repondre a tout ce que tu me demande. J'ecrirai a De Benne pour Nicolas[12].

Si fai, tu me demande ou est le cachet de Cirei[13]. Helas, ne l'as-tu pas deviné? Ce n'est pas une bague, c'est un cachet. A propos, si tu pouvois faire vendre les bagatelles qui restent pour paier le port du reste, cela me feroit bien plaisir. En tous cas, si tu n'as pas donné les deux louis a Idelete[14], tu pourois les employer. Il attendrat bien. Foin du retard des poste : cela fait que je ne sais rien de tout ce que je t'ai ecrit. Je crois qu'en voila bien cinq a quoi tu as a repondre.

Oh, pour le coup je n'y suis plus sur tout ce que tu me mande des livres[15]. Je trouve *Le Jugement desinteressé* tres bien assené et pas mal ecrit; l'*Adieu aux Muses* a faire vomir, mais du dernier pitoyable. Cela me fait souvenir de notre querelle sur *La Ramsaide*[16] : je me soussie bien que les vers soyent bien faits quand il n'y a ny bon sens ny esprit!

Je n'ai point lu *Phanazard* ny ne le lirai, da. *Le Rajeunissement inutile* est du dernier detestable : pour la premiere fois je me rencontre avec le public qui ne vouloit pas la laisser achever. Il falut qu'un acteur fit des remontrances sur la peine qu'ils avoyent a aprendre leur role pour plaire, etc... On la laissa achever a condition qu'elle ne paroitroit plus. *L'Accomodement imprevu* eut le meme sort, et le merite aussi bien.

Je ne trouve pas le manuscrit de Linan si mauvais, et on le trouve tres joli a Cirei. Le madrigal sur les magots est tres jolis, deux ou trois autres aussi. Il y a des fautes qui sont a Mr de Chambonnin le pere, qui en est le copiste, mais tu n'es pas assés sot pour les avoir donné a Linan.

Je n'ai point trouvé *Le Somnenbule* joli a ce recrier comme tu fais. Il est hors de la vraysemblance et des usages de la vie qu'un homme se couche en arrivant chez sa maitresse. C'est une farce extravagante ou il y a des choses plaisantes. Je ne crois pas qu'il soit de Mr de Pontevel, mais quand il en seroit cent fois, elle est impertinente. Ah, comme nous nous querellerion! Quel domage qu'on ne puisse disputer par lettre! Te voila bien enfoncé dans tes «Certe, voyez...». Mais je me moque bien de toi aussi. De tout ce que je t'ai envoyé, y compri cette divine *Epitre neutoniene*, je ne donnerois pas trente sols. Pas meme des feuilles [17] : j'ai parcouru la derniere qui ne m'a pas amusé.

Le D. est allé a Versaille pour sa prolongation de congé [18]. Il a fait encore un bon voyage a St-Germain. Sa tante lui a donné six cent franc argent contant. Elle lui a passé un contrat des arrérage de la rente sur l'etat [19] : c'est environ cinq mille livres entre eux deux, son frere, dont Mr Masson les fera payer. Il ne parle que du plaisir d'avoir du bien, et surtout sa maison de campagne lui tourne la tete, a ce qu'il dit, par le plaisir d'avoir un chez-sois. Bon Dieu, a qui dit[-il] cela, et dans quel tems! Il compte que tu y vivra avec lui; mais il m'en donne a present l'exc[l]usion totale. Je ne sais pourquoi. Ce n'etoit pas la peine de me le dire. Enfin je boirai tant que je creverai, j'espere. Ne dis mot de ces affaires, surtout de celle-ci. Moins encore de ces propos.

Apres souper

Je croiois n'avoir que le bonsoir a te donner apres souper, mais deux choses me feront escrire davantage. Un peintre de la connoissance de la maison est venu voir la dame pendant que je t'ecrivois. Il lui a parlé de Duvigeon, et lui a dit qu'il faisoit le bel esprit et qu'il avoit fait une comedie pour les Italiens [20]. Il lui a dit le nom, mais elle l'a oublié. Si je pouvois desserer les dents, j'aurois bien ris. L'autre, c'est une epitaphe que Machi m'a donnée et que je vais te transcrire. Sais-tu que Mr l'abbé de Ventadoux a eté nommé par le roi recteur de l'université [21]? C'est a cause des affaires de la Constitution [22]. Cette nomination a revolté tout Paris, parce que jamais on a rené [23] la liberté de choisir. Ensuite, comme c'est pour la faire retracter d'une protestation [24], cela irrite les gensenite. On a meme defendu de la part du roi a l'université d'ecrire sur ses remontrances. Mr Rolin [25] a dit que s'il ne pouvoit pas tout dire, qu'il escriroit malgré les ordres du roi. Voici les billets que l'on fait courir. Ce n'est pas une epitaphe, au moins : «Messieurs et dames, vous etes priez d'assister au convoy, servisse et enterement de tres haute et tres puissante dame Madame l'université de Paris, fille et ainée de Sa Majesté tres chretiene, decedée en son hotel des siences le 21 mars 1739. Son corps sera deposé dans l'eglise de R. P. Jesuites pour y attendre la resurection du bon sens. Requiescat in pace. Son eloge sera prononcé le meme jour a l'hotel de Soubise [26] par Mr l'abbé de Ventadoux, son unique heritier par confiscation» [27].

Je suis trop heureuse, mon cher ami, d'aigaier ma lettre. Je t'accable, Mais si tu savois comme je sens que ton amitié me soutient, tu me pardonnerois de te tourmenter. Tu es le seul qui m'aime pour moi et qui ai pitié de mes douleurs. Juges quel satisfaction c'est pour une creature qui sent si vivement le bien et le mal!

Venevaut est encore venu sur le soir, mais je jouois au trictrac avec la dame et je ne sais rien. Il m'aportera un autre *Texerion* que je donnerai a Mareil, qui part lundi. Il tiendra parolle, celui-la. Ce n'est pas comme les autres traineurs de commissions. Il m'est encore venu voir avant-hier et encore deux jours auparavent. Bonsoir, je vais ecrire a De Benne.

Je suis charmé que le Petit St soit de retour. Embrasse-le bien pour moi, et le Chien, et le Ron. Mon Dieu, comme je voudrois vous embrasser tous.

Je suis enchantée que le Chien prene tranquilement les tracasseries qu'on lui fait[28]. Je l'aime cent fois plus quand il est sage.

Je n'ai jamais pu lire le nom du boucher[29] que tu as barbouillé deux fois. Lise n'a point de chien[30].

MANUSCRIT

Yale, G.P., VIII, 119-122 (D89); 4 p.; orig. aut.

IMPRIMÉ

Showalter, p. 135-136 (extraits).

TEXTE

a Le ms : «Est.» *b* Le ms : «t'ai.»

NOTES

1. Françoise-Henriette-Constance de Lubert.
2. Voir 116n3.
3. Le couvent de la Présentation se trouvait rue Neuve-Sainte-Geneviève, à l'angle de la rue des Postes.
4. Élisabeth-Marguerite-Armande de Vignerot Du Plessis, dite Mlle de Fronsac (1686-1744), prieure perpétuelle des religieuses bénédictines, dites de la Présentation.
5. Mme de Graffigny répond à deux lettres de Devaux, celle du 10-11 avril (G.P., IX, 231-234) et celle du 13 avril 1739 (IX, 235-238).
6. Devaux : «Mandez-moy si je dois vous envoyer avec vos lettres vos papiers d'affaires et surtout vos quittances.» (IX, 236); v. 114n23.
7. Devaux : «Mais il y a une chose qui m'inquiete, et a laquelle il faut que vous pourvoyiez a la douane : c'est qu'on visite tous les balots, et vous ne voudriez pas qu'on visitat vos lettres, n'est-ce pas? De plus, on depose les livres a la librairie, et cela dure quelquefois longtemps.» (IX, 231.)
8. Devaux : «Je mettrai au carosse ce que vous me demandez, [...] excepté la petite robe rayée dont ma chere mere a tant d'envie que je crois que je prendrai sur moy de la luy laisser au prix de l'estimation qu'elle en fera faire.» (IX, 236.)
9. Effilé : c'est ainsi qu'on appelle le linge bordé d'une espèce de frange de fil (Trévoux, 1743).

10. Voir 98n27.
11. Devaux : «Maurice se livre de si bonne grace a tout que je crois que vous ne pouvez vous dispenser de luy faire un petit present. [...] Votre petite bibliotheque est toujours ici [...]; je crois que ce seroit un joli present.» (IX, 233.)
12. Devaux : «Il faut que vous ecriviez a Mr de Beine de satisfaire Nicolas a Nancy, car Mr Courtois m'a fait dire qu'il vouloit vous poursuivre.» (IX, 233.)
13. Devaux : «A propos, qu'avez-vous fait de la bague de Cyrei? Pourquoy ne cachetez-vous plus avec?» (IX, 232.)
14. Devaux : «Mr Levrier est venu m'apporter 3 louis. [...] J'en vais porter 2 a Idelette et mettre l'autre en depot.» (IX, 236.) Joseph Lévrier était valet de chambre de la duchesse douairière à Commercy. C'est sans doute sa fille, morte en 1736, qui avait épousé Jean-Étienne Hayré, qui avait été très lié à Mme de Graffigny (v. 15n3). Il est donc vraisemblable que ces trois louis envoyés à Mme de Graffigny proviennent de Madame.
15. Devaux commente les livres que Mme de Graffigny lui a envoyés (IX, 234); v. 111n3-16. Dans chaque cas, Mme de Graffigny se plaît à exprimer un avis contraire à celui de Devaux.
16. Satire en vers du chevalier André-Michel de Ramsay (1686-1743), Écossais, disciple de Fénelon, ami de Louis Racine et de J.-B. Rousseau, auteur des *Voyages de Cyrus* (1727); on lui attribuait un méchant portrait de Voltaire, qui circulait en 1735, auquel *La Ramsaïde* était la réponse. Le véritable auteur de cet ouvrage, attribué à Voltaire, reste inconnu; il fut publié par J.-C. de Bois-Jourdain dans *Mélanges historiques* (1807), III, p. 112-115. (Voir Best. D908n3, D926, et R.A. Leigh, «An anonymous eighteenth-cen-

tury character-sketch of Voltaire», *Studies* 2, 1956, p. 241-272.)

17. Il s'agit du périodique *Réflexions sur les ouvrages de littérature.*

18. Devaux : «Mr d'Heudicourt m'a fort recommandé aujourd'huy de luy mander [à Desmarest] qu'il seroit bientot a Paris, [...] qu'il auroit besoin de luy pour obtenir une prolongation de congé.» (23 mars 1739, G.P., IX, 191.)

19. Un acte a été passé par Mme Le Brun le 13 avril 1739 devant Billiet, notaire à Saint-Germain-en-Laye, et il sera suivi par deux actes passés le 9 juin et le 17 juillet 1739 devant le notaire Desmeure à Paris (M.C., XXX, 275), documents concernant une donation faite en 1720 à Marie-Marguerite de Saint-Gobert; celle-ci les transmettra à ses fils, les frères Desmarest.

20. La pièce de Duvigeon est probablement *La Partie de campagne,* comédie en un acte en prose, avec divertissements, représentée le 5 juin 1738 au Théâtre-Italien. Le peintre ami de Mme Babaud n'a pas été identifié.

21. Armand Rohan de Ventadour (1717-1756), fils du prince de Soubise et neveu du cardinal de Rohan; il sera lui-même membre de l'Académie, grand aumônier, et cardinal sous le nom de Soubise. Il fut nommé au rectorat de l'Université de Paris le 21 mars 1739.

22. La constitution Unigenitus, promulguée le 8 septembre 1713 par Clément XI contre le jansénisme, et autour de laquelle jésuites et jansénistes continuent à s'affronter.

23. Rêner : mettre la rêne à un cheval (usité dans le Berry; Littré). Mme de Graffigny a bien écrit «rené», mais il est fort possible qu'elle ait voulu dire «renié».

24. Selon Barbier, qui commente longuement cette affaire : «On a bien senti qu'un recteur ordinaire, choisi parmi les cuistres de l'Université, n'auroit pas une grande autorité sur tous les autres pédants ses égaux pour faire réussir le grand projet de faire révoquer dans une assemblée générale l'appel interjeté par l'Université de la Constitution *Unigenitus,* et qui a des suites considérables, parce que, dans la suite, pour prendre des grades, on ne recevra plus aucun sujet en théologie, médecine et faculté de droit, qu'après avoir signé le formulaire et accepté la Constitution, surtout pour le droit; parce que, sans cela, on ne pourra plus être avocat ni conseiller dans aucune juridiction.» (III, p. 163-164.)

25. Charles Rollin (v. 55n17) sera à la tête du groupe qui essaiera, lors de l'assemblée générale de la Faculté du 11 mai 1739, de protester contre la révocation de l'appel de la Constitution. «M. l'abbé de Ventadour, nous raconte Barbier, leur a répondu que leur démarche étoit contre l'intention du Roi, qu'il avoit des ordres pour ne recevoir aucune opposition ni protestation, que les suffrages étoient libres, et que la délibération se feroit à l'ordinaire, et il leur dit de se retirer. Si le recteur avoit été un simple régent à l'ordinaire, ces gens-ci se seroient sûrement révoltés, bataillés [...] mais la qualité de prince en impose toujours aux hommes inférieurs. On a donc délibéré par tribu, et toutes les conclusions ont été unanimes à la pluralité des voix [...] pour révoquer l'appel de la Constitution *Unigenitus,* lequel seroit rayé et biffé des registres, comme nul et non avenu, et cette fameuse Constitution a été reçue de cœur et d'esprit comme un jugement dogmatique de l'Eglise universelle, purement et simplement, sans aucune restriction ni réserve.» (III, p. 174-175.) Dubuisson, cependant, dit que Rollin avait été en partie responsable de la nomination de l'abbé de Ventadour, car il croyait que «le moyen de sauver l'Université ou, du moins, de reculer sa perte serait de lui donner un chef d'une naissance illustre» (p. 538).

26. Les Archives nationales y sont logées aujourd'hui.

27. Invitation citée avec quelques variantes par Barbier (III, p. 169-170).

28. Devaux : «[Les affaires] du Professeur m'inquietent encor. Je crains tout des fourberies de ce vilain baron et des propos du mari de Mousseline. [...] Ce qui me console, c'est que le Chien ne s'en afflige pas trop parce qu'il prétend qu'il ne risque rien jusqu'au renouvellement de la compagnie, qui ira encor a plus d'un an.» (IX, 232.) Le baron est Meszeck; Mousseline et son mari sont le duc et la duchesse Ossolinski.

29. Ce nom est lisible pourtant (IX, 233) : il s'agit de Jean Schneider, fils de Jean-Jacques Schneider et d'Anne-Dorothée Königin, boucher du roi comme l'avait été son père.

30. Devaux : «A propos, leur mere [d'Adhémar et de Marsanne] vous fait demander un des nouveaux chiens de Lise.» (6 avril 1739, G.P., IX, 223.)

118. à Devaux

Le vendredi 17 avril [1739]

C'est bien aujourd'huy, mon pauvre ami, que je voudrois avoir un petit oyseau pour te porter ma lettre. Je suis desolée de t'avoir affligé de mes noirceur; je vais les guérir, mais tu auras toujours soufert.

Je fus donc hier chez la duchesse comme je te le mendois. Je lui anonsai en tremblant que je ne pouvois demeurer dans cette maison[1]. Elle en parut fort aise, et j'ai lieu de juger qu'elle en etoit un peu fachée. Je lui dis que j'avois cherché des comunauté. Elle me gronda fort d'avoir pensé a en prendre dans ce quartier-ci, et me dit que, puisque je ne restois pas dans cette maison, elle vouloit que je fusses tout pres de la siene. Elle envoya sur-le-champ une de ses femme courir le Marais pour en trouver. On en trouva aucune qui eussent des logemens vacans, et toutes veullent nourir leur monde, ce qui ne peut etre mon compte. Enfin elle prit son parti et dit qu'il n'y avoit nul inconvenient de prendre un petit apartement pourvu que ce soit dans une maison ou il n'y eut que d'honnetes gens. Qu'il ne me couteroit presque rien pour le manger, puisqu'elle dinoit tous les jours chez elle, seule, qu'elle seroit enchantée de m'avoir. Que j'y souperois tres souvent. Je lui fis l'objection qu'il n'etoit guere honnete d'etre en apartement sans un laquais; elle me dit qu'il y en avoit bien d'autre. Que quand elle m'envoyeroit chercher, le laquais me suivroit, et que comme elle en avoit quatre et qu'elle ne s'en servoit jamais a la fois, elle donneroit ordre que quand j'en envoyerois demander, il en vint un pour aller avec moi quand je voudrois sortir. Elle me prete des meubles tant que je voudrai. Elle se charge de me faire trouver un appartement. Enfin je crois que c'est un parti pris. Elle me trouva fort bien mise en brun. Je n'y avois encore eté qu'en bonnet de nuit ou en couleur. Je lui dis que, puisque cela lui plaisoit, j'en prendrois une de taffeta de meme couleurs. Elle me dit : «Vous avez donc oublié ce que je vous ai mandé, que je vous serois utile en tout ce que je pourois. Vous etes bien sotte de croire que je vous laisse acheter des robes. Quand j'en prends quatre ou cinq pour moi, en coute-t-il plus d'en prendre une pour vous?» Elle me dit que dans huit jours elle me donneroit les trois cent livres qu'elle m'a promis. Elle me conta que Mr son mari paioit toutes ses deptes a condition qu'elle ne joueroit que des jeux de comere[2]. Qu'il avoit fait cela de si bonne grace qu'elle seroit indigne de vivre si elle avoit seulement le desir de se metre a une table de jeu de hazard, et que par ce moien il lui seroit encore plus facile de me montrer son amitié et mieux qu'elle[a] n'avoit fait. Je lui dis que j'avois eu bien du chagrin quand j'avois vu que je ne trouvois point de pension proportionée a mes revenus. Elle me gronda et me dit qu'elle ne prétendoit pas que j'eusses du chagrin ici. Qu'elle ne m'avoit tiré de Lorraine que pour me les auter et que je verois qu'autant qu'il dependroit d'elle, je ne les connoitrois plus. Qu'elle etoit trop heureuse d'avoir une amie sur laquelle elle put compter et voir a[b] toutes les heures.

439

Elle commence a connoitre le monde assés pour en etre degoutée. Enfin elle me parla comme un ange et me fit des amitié telle que je puis les desirer; elle avoit fait dire qu'elle n'y etoit pas. Nous avons causé jusqu'a sept heures du soir. Noté*ᶜ* le diné a cinq. Les details dans lesquels elle entroit avec moi m'etonnoit au point de croire que je causois avec toi. Je ne penserai a autre chose qu'a etre en garde contre mon attachement pour elle, car elle est adorable. Ah Dieu! Quelle differende de tout ce que j'ai jamais vu pour l'esprit et pour le lengage*ᵈ* du bon cœur sans affectation ny entousiasme. Bon Dieu, songe-tu au plaisir que j'aurois de ne point voir de none et d'etre la maitresse dans ma petite solitude? Car je veux que c'en soit une. Je verois assés de monde chez elle pour me la rendre delicieuse. Je ne veux voir personne de nouvelle connoissance que l'Aveugle³, que peut-etre je prierai le Poucet de me faire connoitre. Et c'est presque pour toi. Car il sait et a tout ce qu'il y a de nouveau et, n'ayant plus Machi, je ne saurois ou rien prendre puisque je n'aurai personne a faire troter. Du reste le comerce de mes amis me tient lieu de tout et me sufit pour me soutenir contre la solitude.

Voila assurement l'arrengement qui pouvoit me plaire davantage. Eh bien, il m'arrete l'exes de douleur ou j'etois, mais ne me donne aucune gayeté; j'en suis cependant bien aise car je doute encore, et si je le prenois vivement, je craindrois le rabat-joye.

Le D. entroit ici comme je sortois hier au matin. Il y dina. Md. Babaud m'a conté tout ce qu'il lui avoit dit. Il mouroit de peur que la duchesse ne fut refredie⁴. Il auroit eté, disoit-il, lui chanter pouille et la ranimer. Il est revenu apres souper; j'etois deja dans ma chambre. Nous avons causé jusqu'a une heure. Il m'a paru charmé de ce que la duchesse est si aimable. Il est lui aussi enchanté de son oncle, qui le caresse a present comme faisoit l'autre et qui lui a dit hier qu'il etoit vilain a son frere de ne l'avoir pas avantagé. Qu'il vouloit reparer cela, et qu'il pouvoit compter sur sa part de la sucession de son frere a lui tout seul et qu'il vouloit lui assurer son bien de son vivant. Qu'il sentoit le plaisir de jouir du bien que l'on faisoit. Que l'on chicannoit un testament et non pas une donation. Le D. ne passe pas un jour ici sans voir son oncle trois ou quatre heures et souper avec lui. Le reste du tems, c'est chez les avocat, les procureurs et les notaires, parce qu'il y a de grand debats a avoir sur le testament. L'oncle veut qu'il fasse d'une façon, la tante d'une autre, et son avocat d'une autre. Il me faudroit des rames d'ecriture pour te mander tout cela. Il m'en a prié pourtant, parce que je lui ai dit que le St se plaignoit de ce qu'il n'ecrivoit pas. Il m'a prié de le justiffier, et veritablement ses amis doivent le faire. Il n'a pas obtenu encore sa prolongation. Cependant il est parti ce matin pour Senlis. Il n'a meme pas eu le tems d'ecrire a St-Vigor⁵ ny de le voir pour le prier de suivre son congé. Il ne sait veritablement ou donner de la tete. Il dit que le St dira: «Mais il ecrit bien a la G.» «Oui, dit-il, je lui ecris: c'est que je veux diner chez elle, et qu'elle ne m'aime pas assés pour ne pas se facher, au lieu que mes amis me pardonnent.» Voila ses raisons. Les trouvez-vous bonnes? Il a dit mille betises et mille tendresses sogrenues pour nous tous. C'est tout ce qu'on en peut tirer. Il est furieux de n'avoir pas eu le tems de voir *Mahomet*.

Il ne faut assurement pas lui reprocher les plaisirs de ce voyage-ci, car il n'a que de la fatigue et de la tension d'esprit. Sa tante lui donne encore cent comission; il faut lui ecrire quasi tous les jours. Enfin je ne finirois pas si je disois tout ce qu'il fait.

On me fait ici la plus belle mine du monde depuis que je m'en va, surtout Mr Masson. Il m'a encore bien assuré hier qu'il feroit pour moi tout ce qui dependroit de lui. Nous verons.

Sais-tu bien que j'ai donné la tragedie[6] a lire a Machi qui la trouve detestable d'un bout a l'autre? Je n'y comprend rien, car cet homme a surement du gout. Cela me fait trembler.

J'ai eté voir Ma Sœur ce matin. Elle me fait esperer qu'elle trouvera moien de me venir voir quand je serai si loin, si loin. C'est une peine sensible pour moi de m'en eloigner. Voila, je crois, ce que j'ai a te dire. Venons a ta lettre[7].

Le comencement m'inpatiante au point de te soufleter. Qu'es-ce que cette jentillesse de me demender si je n'entidate point mes letres[8]? Me connois-tu ces petites feintes? Cela est-il en moi? Tu jugera bientot aussi sainement de moi que des pieces de theatre. Au vrai, cela me fache. C'est la seconde fois : n'y reviens plus, je te prie. Mon exactitude et mon enpressement a t'amuser et a te marquer mon amitié merite plus de confience et point de ces petites misere dont je suis totalement incapable avec mes amis.

Je n'ai trouvé de joli que *Les Sinceres*[9]. Je n'en sais pas le succes.

Tu n'as que faire de m'envoyer d'autres papier que ceux qui regardent l'affaire de De Benne, c'est-a-dire la trensaction entre lui et moi, et ceux que tu jugera m'etre necessaire pour plaider pour mes arrerages.

Je ne veux pas du portrait de ma tante[10] sans cadre. Ainci il n'y a qu'a le laisser.

Il ne m'est pas si dificile de te rassurer sur ma confiance que de ne te pas tourmenter de mes chagrins. Oh, mon Dieu, tu ne l'as que trop. Va, mon ami, jamais personne ne l'aura a ce point-la. Il y a bien des millions de lieus entre mes amis et toi, a plus forte raison entre la Sœur que tu crains, puisqu'a peine je la connois. Il y a bien de la difference entre la reconnoissance que je lui dois et que je sens bien tendrement, et l'amitié sans borne que j'aurai pour toi jusqu'a la mort. Car ma derniere parolle sera surement : «Mon pauvre Panpan va bien pleurer». Je ne puis jamais etre seure d'etre aimée de personne comme je le suis de toi. C'est un lien indissoluble et qui ne peut etre egalé. Tu sais ce qui va devent toi a certains egards, mais tu l'excuse. Cela n'enpeche pas que jamais tu n'auras d'egal dans mon cœur.

Eh, mais mon ami, tu me fais peur! Tu voudrois, dis-tu, te venger de mes attantions pour toi. Garde-t'en bien : j'aime mieux que tu les oublie.

Le mot de pois que tu a mis au bout des *Ecosseuse*[11] m'a presque autant fait rire que tu ris quand je n'entens pas le latin, je ne sais pas pourquoi.

J'en jeunera demain[12], nesse pas? Tu travaillera lundi. Oh, tu as raison, c'est un furieux poix que la paresse, et c'est une grande sophiste que la tiene, puisqu'elle te persuade que tu n'as point d'esprit[13]. Je ne daigne repondre a la tirade de sotise qu'elle te fait dire. Pour tout autre que moi, ce seroit la fausse modestie. Mais je reconnois le lengage de ta paresse. Adieu, la belle, rendormez-vous : vous devez etre lasse d'avoir tant bavardé.

A propos, Machi dit que ton epitre a ton pere[14] vaut vingt tragedie comme celle du Petit.

Je grondois des excuses que tu me faisois sur la liberté que tu prend de me detailler les plus jolis projets du monde. Je ne repond rien au reste de ta lettre. C'est une vielle rabacherie de mes vielles letres. J'enrage contre les postes : j'aime tant a recevoir vitement tes reponces, et nous voila tout derengé. Si dimanche tu ne me repond pas a trois, je serai furieuse : c'est que cela nous remetroit au courant. Si la G. ne mandoit pas au D. ce que Md. de Chatelereau lui a dit de Bleine, je te le manderois[15]. La duchesse m'a dit hier qu'il avoit fait tant d'indignité ici qu'elle avoit eté obligée de ne plus le recevoir. Je n'en sais pas davantage. Je saurai tout. C'est qu'hier nous avions quelque chose de mieux a dire.

A propos, n'oublie pas, mais n'oublie pas de m'envoyer mes petites decoupures qui sont dans un petit vieux livret envelopé d'un petit vieux papier. Je veux aussi mes estempes : mes careaux de faillances[16] ne me deplairoient pas : j'en ferois peut-etre faire un petit fourneau pour epargner le bois, et cela ne coutera guere de port.

Apres souper

Tiens, voila une colecte que Machi m'a donné a copier. Si j'y manque quelque mot, tu rira bien, nesse-ce pas? «Beatissime pater, qui Franciscum Guerinum non tam sanctum ad eminentissimam cardinalis dignitatem promovisti et tot ac tansis*e* sceleribus expurgasti videlicet simonia confidentia inustis et aliis pluribus, fac eum ad primum Galliai ministerium citius pervenire. Qui vivis et regnas et brevi moriturus es per omnia saecula saeculorum»[17]. Mais voici bien une autre copie que je te vais faire. Ma foi, je ne saurois rien. La voila; mais renvoye-la-moi du moins. J'ai envoyé la tragedie[18] a Ma Sœur qui m'a*f* fait dire qu'elle soupoit chez elle. Deux heures apres, elle me l'a renvoyé avec cette chanson. Je meurs de peur que nous ayons les yeux facinés. Nous ne sommes donc que des sots, car personne ne la trouve bonne.

Bonsoir. Je vais encore ecrire deux letres, l'une a Mr de Lescaille[19] pour l'avertir de mon paquet, l'autre a Tout Ron pour lui dire ce que la duchesse fait, affin que les autres[20] le sache*g*.

MANUSCRIT

Yale, G.P., VIII, 115-118 (D90); 4 p.; orig. aut.

IMPRIMÉ

Showalter, p. 136 (extraits).

TEXTE

a Le ms : «que qu'elle». *b* Le ms : «a a toutes». *c* Le ms : «⟨apres avoir⟩ Noté». *d* Le ms : «l'engage». *e* tantis. *f* Le ms : «a m'a». *g* Lecture incertaine.

NOTES

1. Mme Babaud avait besoin de la chambre de Mme de Graffigny pour y loger son père (v. 115n14).

2. Voir la lettre 100 après la note 13.

3. Mariotte.

4. Refredir : refroidir (variante berrichonne, selon Littré).

5. Charles-Frédéric de Lort de Saint-Victor, lieutenant au régiment de Navarre.

6. *Psammis*, de Saint-Lambert.

7. Lettre du 13 avril 1739 (G.P., IX, 235-238).

8. Devaux : «Ne me trompez pas la-dessus, chere amie, je vous en prie. Dites[-moi au] vrai si vous m'avez ecrit ou non.» (IX, 235.)

9. Devaux : «Nous lumes *Les Sinceres* qui, par parenthese [...] sont une bien mauvaise piece.» (IX, 235.) Selon F. Deloffre, l'accueil critique du *Mercure* était tiède, les représentations avaient cessé le 6 février, et la pièce ne fut pas reprise, chose exceptionnelle pour une pièce italienne de Marivaux (Marivaux, *Théâtre complet*, 1968, II, p. 459-466).

10. Devaux : «Faut-il vous envoyer le portrait de Mde Soreau?» (IX, 236.)

11. Devaux mentionna «*Les Ecosseuses de pois* dont vous me donnez beaucoup de curiosité» (IX, 235), mais c'est Mme de Graffigny qui la première a ajouté ces «pois» au titre des *Écosseuses, ou Les Œufs de Pâques* (v. 113n9).

12. Jean jeûnera demain : expression proverbiale de paresse ou de procrastination.

13. Devaux : «Vos injures me rendent furieux et m'animent tellement que je ne doute presque pas que je ne travaille des demain.» (IX, 237-238.) Devaux répond longuement aux exhortations que lui fait Mme de Graffigny pour l'encourager à se mettre au travail (v. le texte de la lettre 113 à la note 24).

14. Voir 59n2.

15. On était déjà au courant à Lunéville de l'affaire de Bleine puisque Mme de Grandville en a parlé dans une lettre à Desmarest.

16. Mais deux jours plus tôt elle a dit que Devaux pouvait vendre les carreaux (v. 117, par. 4).

17. Le texte de la collecte est : «Très-Saint Père, toi qui as élevé à l'éminente dignité de cardinal François Guérin qui pourtant n'est pas un saint, et qui apparemment l'as lavé de tant de forfaits, de la simonie, de l'arrogance, et de bien d'autres crimes invétérés, fais qu'il parvienne bien vite au poste suprême qui soit en France. Toi qui vis et règnes et seras bientôt mort pour les siècles des siècles.» Sur Pierre Guérin de Tencin, qui vient d'être fait cardinal, v. 99n28. Le prénom François dans la collecte est une erreur qu'on peut expliquer peut-être par le fait qu'il y avait deux écrivains nommés François Guérin qui publiaient en 1739. Barbier cite la même collecte, sous une forme assez différente, ajoutant à la liste de «forfaits» l'usure et l'inceste; et il fait observer que «Notre Saint Père a quatre-vingt-cinq ans et est fort indisposé» (avril 1739, III, p. 170).

18. Voir n6 ci-dessus.

19. Voir le texte de la lettre 113 à la note 23.

20. Mme de Graffigny tient à ce que Voltaire et Mme Du Châtelet sachent ce que la duchesse fait pour elle.

119. à Devaux

Le dimanche 19 avril [1739]

Je ne t'ai pas ecrit hier soir, mon ami. J'etois si accablée et si pleine de vapeurs que je ne respirois[1] que mon lit. Sais-tu bien que depuis que j'etois ici je n'avois pu parvenir a savoir qui paioit les pension que de l'espesse de la miene? Enfin Grosbert l'a trouvé. Je comptois la-dessus pour donner a Dubois et lui faire un billet du reste. Point du tout. J'y ai envoyé. Le tresorier a repondu qu'il avoit effectivement mon nom, mais que je n'etois pas sur l'etat, que je n'y serois que quand quelque pensionaire mouroit. Me reconnois-tu? J'ai ecri cela ce matin a la duchesse, esperant qu'elle m'envoyeroit ses cent ecus[2]. Elle m'a repondu qu'elle partoit pour Versaille, qu'elle parleroit au cardinal[3], et qu'a son retour elle m'envoyeroit ses trois cent livres. Je ne sais si je t'ai mandé que Toutron m'avoit ecrit avec l'entousiasme de Villeneuve pour m'exorciser[4] afin de lui mender si j'avois besoin de mes cent ecus[5], que je les aurois dans huit jours. Je lui ai mandé tout uniment que j'en avois grand besoin. J'atandois a tout moment que son fils qui est ici me les aportasse. Point du tout. J'ai recu une lettre d'elle cet apres-midi qui est extravagante. Elle me crie que j'ai grand tord de me fier a la duchesse, que je ne dois pas m'etablir ici et que si je ne vais vivre chez elle pour toute ma vie elle ne me le pardonnera jamais. Il y a quatre pages dans ce gout-la. Ensuitte elle me mande que son mari va rejoindre le regiment, que mes cent ecus y sauteront, qu'elle en est bien fachée. Noté a tout cela que Dubois a areté son voiturier, qu'elle devoit partir demain. J'ai dit une partie de cela a Javote qui a marmoté entre ses dents : «Mais il ne faut pas que cela l'enpeche de partir!» Elle en est restée la. L'autre fille que j'ai pris me coute vingt sols par jours, car on a pas eu l'honneteté de la nourir ici. Voila ou j'en suis pour le present. Je suis bien fachée, mon ami, de te dire toujours des choses qui t'affligent. Mais je crois que si je ne te les disois pas, tu m'en saurois mauvé gré. Je vais prendre ta letre[6], car je ne veux point meler de reflection a[a] des faits qui ne parlent que trop.

Or sus, nous revoila donc au courant. J'espere que mes deux derniere auront eté a leur but, car l'une a eté porté par un enciens valet de chambre de Granville qui m'est venu voir, et l'autre par Venevaut. Tu te chagrine trop, mon ami, et tu t'etonne trop du procedé de Javote[7]. C'est celui d'une femmelete qui tourne a tout vent. D'alieurs je crois que Le Franc y a sa part et que, comme selon toute aparance ils changeront d'etat[8], ils veullent etre libres chez eux. Enfin, je ne trouve pas que cela valle la peine d'etre aprofondi. Item : on me fait presque aussi bonne mine qu'au commencement.

C'est a sa part tout seul que le D. aura mille livres ou environ[9].

Pardi, tu es bien bete de n'avoir pas recousu «galimathias»[10].

Eh, pardi, tu perdrois. *La Queu de vérité* emporte notre projet. Lis-la : cela n'est pas rare[11].

Je ne sais plus comment te parler pour me faire entendre. Il ne faut rien savoir ny rien faire pour la charge[12]. Faut-il te le rebatre cent fois? Je t'envoyerai un memoire le plus tot que je pourai.

Non, ce n'est point Mareil qui a tenté le Caporal[13], c'est le Caporal qui l'a mis a meme. Il a tout vu, mais tout. Il en est resté la et il lui sait bon gré de ne l'avoir pas haï.

Pardi, je le crois bien que j'ai besoin d'etre seignée[14]. Mais ai-je l'esprit en etat de me soigner? J'ai des etourdissemens assés honnete : je m'en moque, il ne sont pas assés forts.

Tu n'auras pas la feuille[15] cette semene. Il en coute trois sol de plus pour l'envoyer chercher. Encore les garçons du cafée n'y veullent-t-ils pas aller quand il fait vilain. C'est a la rue St-Jaque. Si tu voulois les *Observations*, cela seroit plus aisé. Tu auras les morceau de poesie que tu demande[16].

Mareil part demain. Il arrive jeudi ou vendredi. Il te porte *Texerion* que Venevaut t'as acheté, et *L'Art et la nature*[17] de moi. Je n'ai encore pu avoir *La Sagesse*[18].

La Critique de l'ame des betes[19] est achetée, et paiée, et perdue. Je crois que le diable me vole mes brochures : voila la troisieme.

Je ne sais pourquoi je ne t'avois pas parlé de Grosbert, car il m'a deja ennuié bien des fois. Mais je lui pardonne si le projet reussit[20]. C'est lui qui est a la tete de l'entreprise. Sans cela, il n'en sauroit rien : c'est le plus pauvre denicheur de merle[21] qu'il y ait au monde. Sy je pressois Mr Masson, l'affaire manqueroit infailliblement : il faut le laisser faire. Il y a les plus belles aparances du monde pour prendre de l'esperance. Mais je n'en prends point. Je n'ay pourtant que cette ressource, car quand je serai dans ma chambre au Marais, je ne vois en aucune façon avec quoi j'y vivrai. La moitié des cent ecus de Touron sont mangés. Tu juges bien qu'il me faudrat acheter bien des petis meubles absolument necessaire. Enfin je suis comme les theatins : j'atens la Providence.

Je ne saurois te dire ce que tu dois donner pour la rente de mes couvers[22]. Il faut en tirer le melieur parti que tu pouras. Dame, je ne sais pas si cela est de contrebande. Tache de t'en informer. Il te faut tout macher.

Tu ecris comme une bete, ou tu lis comme un sot. Qu'esse a dire que je serai mal a 900$^{lt\,b}$ de pension[23]? Voici le decompte : par tout 400^{lt} de nouriture pour moi, 300^{lt} pour une femme de chambre, 200^{lt} de logement et se fournir de bois, de vin, de chandelle et de blanchisages; il n'y en a point a melieurs compte.

Que tu es sot avec tes inquietudes pour les indienes[24]! C'est Mde Du Chatelet qui me les fait tenir a Vincenes, et tu comprends qu'on les tire de la quand on veut[25]. On s'en meuble tant qu'on veut.

Je suis bien sensibles, mes pauvres amis, a la part que vous prenez a mes peines. Je vous assure que j'en prends bien aux votres, sur tout ce pauvre Petit St. Mon Dieu que je le plains! Dis-lui bien, embrasse-le bien. Je n'aimerai jamais rien comme vous; mais je sens bien le malheur que vous avez d'avoir un amie comme moi. Et toi, Gros Chien, je t'embrasse bien aussi, va.

Md. Duvigeon est venue hier me raporter *Heraclite*[26]. Nous ne fumes qu'un moment seule. Mareil vint, et comme il faisoit vilain, je la fis remener par lui.

Mahomet n'est pas imprimé. C'est un opera que *Polidore*[27]. Les paroles sont de Pelegrin[28] et la musique de Batistin[29]. Il mourut de mort subite il y a 12 ans. On tachera mardi de le ressuciter. On joue encore *Atis*[30].

Il n'y a point encore de parodie[31] aux Italiens. Toscan[32] reoussit fort bien.

Il a diné ici un chanteur de l'operas[33] que j'ai beaucoup questioné sur *Le Triomphe de l'armonie*[34]. Il est chut[c]. Un acte, c'est Orphé, l'autre Emphion, l'autre les Cirenes. La musique detestables.

Bonsoir. Je ne t'ecrirai pas apres souper. Pelier[35] est ici. Je lui ai donné rendévous chez le procureur de De Bene a sept heures du matin, moienant quoi je me coucherai de bonne heures, car c'est un peu loin : c'est aupres de St-Gervais[36], et Pelier est logé a la rue St-Martin[37]. Il faut que je l'aille prendre. J'ai recu une letre de De Bene qui me deplait fort. Bonsoir donc, mon pauvre ami. Te dirai-je que je t'aime? Eh, mon Dieu, ne le[d] sais-tu pas?

[*adresse :*] A Monsieur / Monsieur Dauphin, marchand / rue du Chateau / a Lunéville

MANUSCRIT

Yale, G.P., VIII, p. 123-126 (D91); 3 p.; orig. aut.; cachet; m.p. :8.

IMPRIMÉ

Showalter, p. 136-137 (extraits).

TEXTE

[a] Le ms : «de». [b] La lecture de ce chiffre est incertaine. [c] chu. [d] Le ms : «ne ne».

NOTES

1. Respirer : se dit figurément en morale en parlant des passions violentes; et signifie, desirer ardemment, aimer avec passion (Trévoux, 1743).

2. Voir 118, par. 2.

3. Le cardinal de Rohan (v. 108n25).

4. Exorciser : se dit figurément et en riant pour exhorter fortement, conjurer quelqu'un de faire ou de ne pas faire de certaines choses (Trévoux, 1743).

5. Voir 98n8.

6. Lettre de Devaux du 14 avril 1739 (G.P., IX, 243-246) qui commence : «Nous revoila en regle, chere amie. J'ay reçu ce matin vos deux dernieres lettres [114, 115].»

7. Devaux : «Quoy, vous avez reçu un pareil compliment de cette femme qui vous aimoit, qui vous adoroit, qui ne scavoit que faire de vous? Nous n'y concevons rien.» (IX, 243); v. 115, par. 3.

8. Ils se marieront le 7 janvier 1740.

9. Devaux : «Vous ne me dites pas si les mille livres seront pour luy tout seul, si son frere n'y a pas sa part, et s'il est desherité nommement. Rendez-moy cela clair, je vous prie.» (IX, 244); v. 115, premier paragraphe.

10. Devaux : «Qu'est-ce que c'est que ce Mathias qui etoit galli de son métier?» (IX, 244); v. 114n6.

11. Devaux : «Je n'ay qu'une idée tres confuse de *La Queuë de verité* mais je parie qu'elle ne detruit pas notre projet.» (IX, 245); v. 114n11.

12. Devaux : «Quelque agreable que soit la charge dont vous me parlez, je ne luy vois rien de plus attrayant que de me mettre a portée de vivre aupres de vous. [...] Cependant je ne scaurois en parler que je n'aye le memoire. [...] Ayez soin de me bien detailler ce qu'il faut scavoir et quel est l'examen que l'on doit subir, car ce ne sera pas la un des moindres obstacles; vous scavez que je ne scais rien et qu'il est bien des choses qu'il ne m'est pas possible d'apprendre.» (IX, 245); v. 114n16.

13. Devaux : «Comment! Mareil a tenté le Caporal Dindon? Cela est trop plaisant.» (IX, 246); v. 114n32.

14. Devaux : «Mais faites-vous donc saigner; tout vous avertit que vous en avez besoin.» (IX, 246); v. 114 à la date du 8 avril.

15. *Réflexions sur les ouvrages de littérature* (v. 96n30 et 117n17), publiées par Briasson, rue Saint-Jacques.

16. Devaux : «Le soir, nous lumes six feuilles des *Observations*; j'y ai vu l'extrait d'une petite comedie qui s'appelle *L'Art et la nature* et qui me donne fort envie de voir le reste, aussi bien que l'annonce d'un petit poeme intitulé *La Sagesse*. Si ce n'est qu'une espece d'epitre volante, comme je le crois, je serois bien aise que vous me l'envoyassiez.» (13 avril 1739, G.P., IX, 235); v. les notes suivantes.

17. *L'Art et la nature*, comédie en un acte en vers libres, de Chollet, représentée le 5 mai 1738 au Théâtre-Italien. Le compte rendu dont parle Devaux (note 16) a paru dans les *Réflexions* (1739, n° 5, p. 111-114). Chollet y est nommé, mais on ne semble rien savoir de cet auteur que son nom.

18. Selon les *Observations* (25 mars 1739, p. 70-72), le poème, *La Sagesse*, imprégné d'une philosophie épicurienne, avait paru en 1712, et fut réimprimé en 1739 sous le nom de La Fare. Dans les *Poésies* de Chaulieu et de La Fare (Amsterdam, 1724), il s'intitule «La Sagesse commode». Dans le recueil de La Fare, *Poésies* (Amsterdam, 1755), il est parmi les «Pièces attribuées à M. le marquis de La Farre».

19. Voir 115n11.

20. Mme de Graffigny commence ici à répondre à une nouvelle lettre de Devaux, du 15-16 avril 1739 (G.P., IX, 239-242). Devaux : «Douze mille livres! Songez-vous, chere amie, a la beauté de cette somme-la et a l'effet qu'elle auroit! Pour le coup, vous seriez tranquille. Et c'est ce qui m'en fait desesperer. Vous ne m'aviez encor rien lasché de cette idée, je ne vous avois pas meme entendu parler de Grosbert.» (IX, 240.)

21. Dénicheur de merles : un homme adroit et qui est à l'affût de bonnes occasions (v. Littré pour l'origine de l'expression).

22. Voir le texte de la lettre 117 à la note 10.

23. Devaux : «Je sais bien que pour 400[lt] vous serez mal.» (IX, 241.) Devaux répond à 116, par.4, où Mme de Graffigny indique bien 400; mais au début de la lettre 117, que Devaux n'a pas encore reçue, elle précise 900.

24. Devaux : «Prenez bien garde a vos indiennes; non seulement vous les perdriez, mais elles pourroient vous faire de mauvaises affaires.» (IX, 241.)

25. Une des sœurs du duc de Richelieu, Catherine-Armande, dite Mlle de Richelieu (née en 1685), avait épousé en 1714 le gouverneur du château de Vincennes, François-Bernardin Du Châtelet, comte de Clefmont ou Clémont (mort en 1754), maréchal de camp et parent du marquis Du Châtelet-Lomont.

26. Devaux : «Je suis surpris qu'elle [Mme Duvigeon] ait remis *Heraclite* a Romagnesi. Je vous jure que je luy ai ecrit positivement le contraire, comme vous me l'aviez ordonné.» (16 mars 1739, G.P., IX, 178); v. 96n10 et 102, par. 3.

27. *Polydore*, tragédie lyrique en cinq actes en vers libres avec prologue, représentée à l'Académie Royale le 15 février 1720, musique de Batistin (v. n29 ci-dessous), paroles de La Serre (v. la note suivante).

28. Selon Brenner, Pellegrin (v. 52n43) est l'auteur d'une tragédie intitulée *Polydore*, en cinq actes en vers, représentée au Théâtre-Français le 6 novembre 1705, imprimée en 1706. Il est aussi l'auteur du livret de l'opéra du même nom (Brenner 9851). Mais Brenner cite aussi La Serre (v. 39n111) comme auteur de l'opéra, en se fondant sur le manuscrit 3109 de la bibliothèque de l'Arsenal (Brenner 7982). Le nom de l'auteur qui apparaît sur le texte imprimé de l'opéra est bien celui de La Serre. Sans doute faut-il trouver la raison de ces différences dans le fait que La Serre avait adapté la tragédie de Pellegrin pour l'opéra.

29. Jean-Baptiste Batistin, dont le véritable nom était Stuck, musicien de quelque renom né à Florence vers la fin du XVIIe siècle et mort à Paris en 1745.

30. *Atys*, tragédie lyrique en cinq actes, paroles de Quinault, musique de Lulli, représentée en 1676.

31. Il s'agit d'une autre parodie, non identifiée, de *Mahomet second* (v. 115n12).

32. Devaux : «Je suis enchanté du bonheur de Toscan. Je parie qu'il plaira un jour autant que celui qu'il remplace.» (IX, 238.) Toscan, ou Toscano, ou Toscano-Lamotte, acteur d'origine italienne, fils du comédien Grégoire Toscano de l'ancienne troupe italienne, débuta deux fois, en mars 1737 dans *Les Amants réunis* et le 7 avril 1739 dans *Les Amants réunis* et *Les Billets doux*. Selon le *Mercure* : «Le Sr Toscan [...] reparut sous le masque d'Arlequin et joua, au gré du public, dans deux pièces» (avril 1739). Sur Thomassin, l'Arlequin qu'il remplace, v. 102n16. Selon Gueullette, Toscan ne resta pas à Paris parce que la troupe ne voulut pas admettre sa femme. Sa carrière est peu connue, mais la remarque de Devaux suggère que Toscan avait joué en Lorraine, peut-être dans la troupe de Francisque Moylin en 1732 ou 1736 (v. 149n7). *Les Amants réunis*, comédie de Pierre-François Godard de Beauchamps (1689-1761), en trois actes en prose, fut représentée au Théâtre-Italien le 26 novembre 1727 et imprimée en 1728. *Les Billets doux*, comédie de Boissy, en un acte en vers libres, fut représentée au Théâtre-Italien le 15 septembre 1734.

33. Non identifié.

34. *Le Triomphe de l'harmonie*, ballet héroïque en quatre entrées en vers libres avec prologue, représenté à l'Académie Royale le 9 mai 1737, musique de François-Lupien Grenet (vers 1700-1753), paroles du marquis Jean-Jacques Lefranc de Pompignan (1709-1784), bien connu plus tard comme adversaire des philosophes. Chacun des actes donne un exemple de la puissance envoûtante de la musique : Orphée, Hylas, Amphion, les Sirènes. L'entrée des Sirènes est omise de la version imprimée.

35. Louis Pelier, avocat qui s'occupait des affaires de Mme de Graffigny à Neufchâteau, où étaient les terres de ses ancêtres ainsi que celles de la famille de son mari. Son fils Antoine-François (né en 1711) avait été étudiant en droit à l'université de Pont-à-Mousson en même temps que Devaux.

36. L'église Saint-Gervais, située dans le 4e arrondissement derrière l'Hôtel de Ville, est en effet assez éloignée du Sentier, où séjourne Mme de Graffigny.

37. La rue Saint-Martin, qui remonte aujourd'huy du quai de Gesvres jusqu'à la Porte Saint-Martin, ne commençait au XVIIIe siècle qu'à l'église Saint-Merri.

120. à Devaux

Le lundi soir 20 avril [1739]

Bonsoir, mon ami. Il faut que je compte*ᵃ* ma journée.

Le mardi matin [21 avril 1739]

Voila, mon ami, tout ce que je pus te dire hier soir tant j'avois mal a l'œil. Il est mieux ce matin. Je vais reprendre mon dessein.

J'etois a sept heures sonnante a la rue St-Martin ou loge Pelier. Nous avons eté chez ce procureur[1] de malheur qui me donne la douce esperance que ce proces ne sera pas fini dans un an. C'est la mere a boire! De la, je fus mettre moi-meme ma lettre a la poste : ainci j'espere qu'elle ira a bien. De la, je fus chez Prault savoir s'il n'y auroit pas moien d'avoir *Mahomet*. On ne l'aura que dans 15 jours. Je demendai *La Sagesse* : il ne l'avoit pas, ny *L'Amant Proté*. Tu vois, mon ami, que je ne t'oublie pas et que ce n'est pas*ᵇ* ma faute si Dubois ne te porte rien. Car elle est partie, cette Dubois, et voici comment. Avant-hier, quand je fus couchée, Md. Babaud m'envoya dire qu'il ne faloit pas retarder le depart de Dubois, qu'elle me donneroit l'argent. Pendant que j'etois chez le procureur, elle fut prier son voiturier de ne partir qu'a midi. Des que Mde Babaud fut eveliée, elle me donna de l'argent. J'ai donné 250ᶫᵗ a Dubois, et un billet de 265ᶫᵗ*ᶜ* tant pour elle que pour sa mere. Elle rendit mon linge. Elle pleura beaucoup et m'assura qu'elle m'etoit fort attachée. Je lui fis aussi bien des amitié. Enfin elle est partie. Je lui ai bien recommandé de te conter tout ce qu'elle a vu, et de ne le conter qu'a toi. Fais-lui aussi quelque exortation sur la discretion, car si elle rependoit l'affaire de Cirei, tu consois quel chagrin cela me donneroit. Je l'ai assuré que si tu pouvois lui rendre servisse, tu le ferois. Enfin, tu consois comme il faut la traiter. Celle que j'ai me paroit un bon enfant, mais il n'en faut rien dire a cause du proverbe. Du moins est-elle vive et*ᵈ* habile. C'est beaucoup pour moi, comme tu sais.

Comme je metois ma chemise, vers midi, on ouvre la porte de ma chambre. Je crie, je me demene. Je vois entrer Cassini[2] qui sortoit de se faire peindre chez Duvigeon. Il lui dit qu'il se depeche de faire son efigie parce qu'il part pour la Lorraine. Duvigeon lui dit qu'il y a une dame de Loraine ici, et pour amuser son patian, il lui conte ce que je fais ici, ou je loge, ou je logerai. Cassini part de bar[3] pour me venir voir, me conte une trouvaille qu'il a fait ici : une femme qui lui donne les bijoux par monseau et les louis a poignées : c'est un Perou. D'ailleurs jeune et jolie, et dont il est extremement amoureux. Il n'y a rien qui n'y paroisse : il est maigre a n'etre pas connoissable[4]. Il a pourtant eté discret jusqu'a ne pas me laisser voir le portrait de sa dame, qu'il a dans une tabaquiere. Et bien plus, il n'a pas voulu me montrer une tabaquiere d'or qu'il m'a fait tater a travers sa poche, pretendant que je pourois la connoitre.

L'apres-midi, je fus voir Ma Seur. Elle me lu le comencement d'un conte qu'elle fait et qui sera extremement joli. Elle a une facilité merveilleuse pour ce genre-la. T'ai-je dit comme j'avois trouvé joli l'histoire qu'elle a fait pour *Les Exilés*[5]? Elle a pris le stile de Mad. de Villedieu on ne peut pas mieux, et la passe pour l'expression des sentimens. Ah! comme je ferois des cendres de tous mes chifons quand je vois cela! Tu n'auras pas ses manuscrits.

Le soir, Machi m'aporta *La Sagesse* que tu auras par cette poste, et *Les Ecosseuses* que je n'ai pu avoir pour les donner a Dubois. Mais tu n'y perdras rien. Car je te ferai un petit magazin pour Cassini qui part dans 15 jours. Modere tes impatiances, et laisse-moi profiter de tous les partans. Les miseres que je t'envoye sont dejas assés cheres sans en ogmenter le prix.

Je n'ai plus rien a te dire, je crois. Ci fai : on a hier enteré Mr de Treme[6], gouverneur de Paris. On dit que jamais on a vu un si beau convois. Il coute cent mille ecus. Il y a quinze jours qu'on y travaille. Il etoit dans un cercueil de plom sur un lit de parade. Douze pretre se relaioient pour le garder. Il y a huit jours que quatre morts-ivres s'endormire[nt] si profondement la nuit que le feu prit au poël, qui etoit superbe. Il a eté brulé, le cercueil fondu et une jambe du mort brulée. Une partie du beau lit. La maison le seroit si les autres pretres n'etoient venus pour relever les ivrognes.

La publication de la paix[7], qui devoit se faire aujourd'huy, est encore remise. Oh, pour le coup, voila tout. Bonjour, mon cher Panpichon, je t'enbrasse mille fois.

                                                        Le mardi soir

Je ne t'ecris que pour t'ecrire, car je n'ai pas un mot de nouveau a te dire. J'ai lu ce matin des chifons que je t'envoyerai, que je trouve tres mauvais. Ergo je sais ton avis.

Apres diner, j'ai gagné trois parties de trictrac, et puis je suis montée dans ma chambre ou j'attandois Ma Sœur et[d] qui n'est pas venue. Je suis dessendue a sept heures. J'ai encore gagné au trictrac. Je n'ai point soupé, et me voici. Ne voila-t-il pas une belle journée? [e]A propos, ne cesse donc pas de faire des complimens et des boufonneries sur le retablissement du bras[8], qui est presque gueri.[e]

Voions ta lettre[9] ou je ne crois pas qu'il y ait grand-chose a repondre. A l'apostille[10] d'abord. Je m'avise d'etre en peine du D., qui est a Senlis depuis vendredi et dont je n'ai pas encore eu de nouvelle. La poste arrive tous les jours, et les autres voiages il m'ecrivoit presque par toutes. Mon [œil][f] est tres bien ce soir : un remede que j'y ai fait hier me l'a changé du tout au tout.

Il y a donc un Virgile qu'on peut lire[11]. Dis-moi de quelle traduction. Car je pense que tu ne te donne pas les airs de le deviner en latin, et je voudrois le lire[12].

J'ai eté presque aussi surprise que toi de l'arrivée de Tavannes. Embrasse-le bien pour moi, je t'en prie. Je voudrois bien le voir. As-t-il recu ma derniere letre? Je murmurois de son silence, mais il etoit en chemin. Prie-t-il bien Dieu? Je voudrois l'entendre avec le St! Je parie qu'il n'en sont pas mieux d'acort. Mande-moi donc comme il a eté reçu[13]. Pardi, tu es bien sot d'etre deux jours a trainer ta lettre pour ne rien savoir!

Tu as raison, mon ami, je suis une vray Dulcinée[14] pour toi. Tant que tu prendra ta paresse pour des geants, tes invocations seront sans fruit.

Pardi, fais des vers[15], puisque tu est né pour faire des choses inutile. C'est faire quelque chose, du moins... Et cette epitre doit etre drole. Je concois l'utilité de la fuite de sois-meme pour le plaisir, meme pour les siences, mais pour la vertu, cela me paroit bien paradoxe[16]. Il me paroit difficile de prouver sans tiraillement.

Me voila bien savante : la Barnou est partie. Je t'ai mandé que la petite Camasse me l'avoit dit[17]. Acheve donc quelque chose une fois en ta vie. Esse Clairon qui a les premiers roles? Y en a-t-il une autre[18]? Si j'etois aussi breve dans mes nouvelles, je ne t'amuserois guere. Bonsoir, mon Penpichon. Tu reste court sur tant de chose que si l'amitié etoit une action, j'aurois bien peur de voir rester la tiene au beau milieu de sa cource. Mais elle est trop bien encrée dans ton cœur pour que je craigne. Il me semble qu'il n'y a pas trop d'esprit a ce propos-la. Pas de bon sens, meme. C'est que je n'ai ny l'un ny l'autre. Meme guere d'amitié : je suis ce soir un vray chous.

Le mercredi soir [22 avril 1739]

Je ne suis pas tout a fait si choux qu'hier, mon ami, mais je ne vaut guere mieux. Je ne suis pas a moi, il me semble que c'est un autre ame qui habite mon corps. Le cœur y re[s]te, car je t'aime toujours, de cela j'en suis seure.

Ma Sœur m'a envoyé ce matin [c]et*g* autre chose[19] que je ne me doutois pas qu'elle eut. Elle est venue me voir cet apres-diner. Ensuitte Du May, qui m'a apris que le livre de Crebillon[20] paroissoit. Il a pour tit[r]e *Quel Diable de conte*[21]. J'ai mis Machi apres. A propos de Crebillon, on dit qu'il ecrit toute les semene au roi de Pologne pour lui envoyer tout ce qu'il y a de balivernes nouvelles, et que quand il n'y en a point, il en fait, et que le roi lui fait donner un louis par lettres. Or, comme on ne donne pas les louis si facilement a votre cour, je serois curieuse de savoir si cela est vray[22]. On dit que c'est a Mr de Mechek[23] qu'il adresse ses paquets.

Du Mai m'a dit aussi qu'il paroissoit des memoires de Mr de Lassé[24] qui se vendoient trois louis deux volumes. Ce n'est pas la de notre gibier.

J'ai enfin reçu une lettre du D. qui me donne de tres mauvaise raison de ne m'avoir pas ecrit comme de n'avoir point de lapin a envoyer a Mr Masson, qui lui en avoit demandé. Il dit qu'il sera encore quinze jours a Senlis, et peut-etre qu'il reviendra lundi. D'autres details inutiles a te repeter. A propos de lui, j'ai oublié de te prier d'une chose dont il m'a chargé. Cela est singulier, mais cela est. C'est de savoir de Francois combien il est dus d'arrerages a Mde Le Brun[25] de St-Germain de deux contracts sur l'etat de dix mille francs chacun. Je suis lasse d'ecrire pour moi a Francois, et de n'en pas tirer de reponce. Je prie pauvre Ron, pauvre mie, de lui ecrire pour cela bien fort et de m'en envoyer la note. C'est que Masson peut le faire payer. Ainci cela est important. Je te prie de faire faire cela et de m'en rendre raison le plus tot que faire ce poura. Baise bien le Ron pour moi. Je voudrois bien la tenir ici avec le Chien. Mon Dieu, ou etes-vous tous? Pourquoi suis-je separée de tout ce que j'aime et de tout ce que je puis aimer?

Du Mai m'a encore parlé d'une comedie qu'il a commencé. C'est *Le Voluptueux*[26]. Je crois le caractere bien peu capable de fournir des incidens. Il me la montrerat. Bonsoir. Je t'embrasse.

Voici une epigrame sur Mr de Vilars[27], qui est de la manchette[28] et qui est devenus amoureux dans son gouvernement de Provence d'une grande fille fort noire et fort seche :

> Le gout du duc est un probleme.
> Il aime Iris, je ne le comprends pas :
> Elle a trop peu de ce qu'il aime,
> Et beaucoup trop de ce qu'il n'aime pas.

Polidore reucit a merveille. C'est une operas tres triste.

On a interompu *Mahomet* aujourd'huy, on ne sait pourquoi, car il etoit toujours[h] au double et beaucoup de monde a cause de la petite Camasse. C'est *Le Cid*[29] qu'on a joué.

[i]A propos de botes, parles un peu a Lubert de l'*Aveugle*[30], car s'il ne le connoit pas b[ien] je n'en veus pas. S'il croit qu'il me conviene, vois avec lui s'il ne pouroit pas l'engager par le moien de Md. Hebert[31] a me venir voir. Cela ne presse pas : tu sais comme je crains les nouvelles connoissance. Je m'en fie a Lubert.[i]

[*adresse :*] A Mademoiselle / Mademoiselle Le Brun, l'ainée / comediene de S. M. le roi de / Pologne / a Luneville

MANUSCRIT

Yale, G.P., VIII, 127-130 (D92); 5 p.; orig. aut.; cachet; m.p. : 8.

IMPRIMÉ

Showalter, p. 137-138 (extrait).

TEXTE

[a] conte. [b] Le ms : «par». [c] Lecture incertaine : peut-être «205»? [d] Le ms : «est». [e] Phrase mise en relief par des traits dans les interlignes, indiquant que Mme de Graffigny exige une réponse convenable de Devaux. [f] Mot omis par inadvertance. [g] Le «et» du ms est peut-être une inadvertance pour «cet[te]». [h] Le ms : «etoit au toujours au». [i] Cet alinéa est écrit sur un petit papier collé à la page de l'adresse.

NOTES

1. Le procureur de De Benne (v. 119, dernier paragraphe).

2. Il s'agit ici de l'un des trois frères Cassini, qui fréquentèrent alors la maison de Mme Babaud. Joseph-Dominique, marquis de Cassini (1715-1790), chevalier, maréchal des camps et armées du roi, épousera en 1754 Angélique-Dorothée Babaud (1737-après 1797), deuxième fille de Mme Babaud. Mais il pourrait s'agir de Dominique-Jean (1713-1779) ou de César-François Cassini, seigneur de Thury (1714-1784), auteur de la célèbre description géographique de la France.

3. Partir des barres : sortir au moment précis où l'on doit se mettre en route (Littré). Mme de Graffigny donne ici à cette expression le sens de changer brusquement de direction, d'intention.

4. Devaux écrira un mois plus tard : «J'ay vu Cassini chez Frosine; il m'a paru avoir bien payé ses bijoux.» (19-21 mai 1739, G.P., IX, 323.) La dame n'a pas été identifiée.

5. Il s'agit de la suite du roman de Mme de Villedieu (v. 108n21).

6. François-Bernard Potier de Gesvres, duc de Tresmes (1655-9 avril 1739), premier gentilhomme de la chambre du roi, brigadier des armées et gouverneur de Paris depuis la mort de son père en 1704. Ses funérailles furent célébrées avec la plus grande magnificence le 20 avril (v. Barbier, III, p. 170-172 et Luynes, II, p. 407). Sur son père, le duc de Gesvres, v. 109n17.

7. Voir 113n2.

8. Il s'agit de l'abcès au bras de Mme Babaud (v. 110, par. 6).

9. Lettre du 17-18 avril (G.P., IX, 247-250).

10. Devaux : «L'Ami est-il revenu? Et votre œil, comment va-t-il?» (IX, 247.)

11. Devaux : «Je nous quittai qu'assez tard; ce fut pour prendre Virgile qui est presque le seul poete epique que nous n'ayons pas relu. Il nous enchanta jusqu'a sept heures.» (IX, 247.)

12. Voir 124n24.

13. Devaux : «Arriva devinez qui : Tavannes! [...] Ma surprise fut egale a ma joye, car nous ne l'attendions pas. [...] Je n'ay vu Tavannes ni aujourd'huy ni hier. On m'a dit qu'on le chicannoit sur son sejour ici.» (IX, 247, 248.) Lunéville étant passée sous l'administration française, le droit qu'avait Tavannes d'y séjourner a dû être mis en doute. Dans sa lettre suivante, Devaux dira : «Il faut qu'on ecrive en cour pour luy obtenir la permission d'y rester. Il va attendre la reponse aupres de Madame [à Commercy]. Il part demain.» (20 avril 1739, G.P., IX, 251.)

14. Devaux : «Scavez-vous que j'aurai bien plus d'ouvrage que nous ne croyons? Je veux refondre presque toute la piece. Adieu; priez Appollon qu'il me soit en aide; pour moy, je vais vous invoquer comme Don Quichotte sa Dulcinée.» (IX, 248.)

15. Devaux : «Je vous quittai hier pour penser, disois-je, a ma comedie. En effet je me veautrai dans mon fauteuil avec cette intention. Point du tout; voila ma teste qui se detraque et qui veut faire des vers. Je prens mon parti, je luy laisse le champ libre. Mais elle n'a ma foy pas trop bien operé. J'en ai fait une quarantaine a peu pres aussi mauvais les uns que les autres.» (IX, 249.)

16. Devaux : «C'est un lambeau d'une epitre que la rage m'a pris de faire en reponse a une de St-Lambert qui n'est pas encor finie, et que je n'ai jamais vuë. Cela n'est-il pas plaisant? Il presche contre la fuite de soy-meme et je veux prouver qu'elle est utile non seulement aux plaisirs, mais aux arts, aux sciences, et meme quelquefois a la vertu. Vous voyez que je suis bien dans le goust des paradoxes.» (IX, 249.)

17. Devaux : «Vous ai-je mandé que la Barnou est partie? Vous voyez que je vous donne des nouvelles de notre theatre.» (IX, 249.) Sur la Barnou, actrice à Lunéville, v. 55n22. Mme de Graffigny a vu la petite Camasse le 11 mars (v. 102n34) et peut-être le 2 avril (v. la lettre 111) mais elle n'a pas parlé du départ de la Barnou dans ses lettres à Devaux.

18. Pour la réponse de Devaux, v. 124n27.

19. Devaux ne comprendra pas cette construction ambiguë; pour l'explication de Mme de Graffigny, v. le texte de la lettre 124 à la note 28.

20. Claude-Prosper Jolyot de Crébillon (1707-1777), dit Crébillon fils. Devaux l'avait connu en 1733-1734, et plus tard Mme de Graffigny le verra souvent dans le cercle de Mlle Quinault.

21. Le titre que donne Mme de Graffigny rappelle *Ah! quel conte!*, qui ne sera imprimé qu'en 1754; mais dans la lettre 125 à la note 3, elle décrit à nouveau ce livre, qui est, de toute évidence, *Le Sopha*.

22. Devaux répondra : «Je luy demandai [à Solignac] si l'article de Crebillon etoit vray; il m'assura que non, et je n'en doute pas, vu la circonstance du louïs.» (27 avril 1739, G.P., IX, 265.)

23. Le baron de Meszeck, grand chambellan du roi (v. 76n5).

24. Sur le marquis de Lassay, v. 31n17. Ses Mémoires, intitulés *Recueil de différentes choses*, avaient été imprimés en 1727, mais cette édition ne fut pas mise en vente. Plus tard, Mme de Graffigny empruntera un exemplaire au duc de Richelieu et en transcrira des extraits pour Devaux (v. 125n2, 135n12 et la lettre 144). Duisson aussi (p. 558) rapporte le bruit d'une édition parue en 1739, qu'il a été impossible de retrouver.

25. Mme Denis Le Brun, née Marguerite Isoré, est la tante de Desmarest qui demeure à Saint-Germain (v. 94n4 et le texte de la lettre 117 à la note 19, où il est question de ce même contrat des arrérages).

26. Nous n'avons pu trouver d'autre indication de l'existence de cette pièce.

27. Cette épigramme sur Villars (v. 52n39) paraît dans le *Recueil Maurepas* sous une forme légèrement différente (IV, p. 117).

28. Les chevaliers de la manchette : les pédérastes (Littré).

29. *Le Mercure* d'avril 1739 confirme que le 22 avril on a remplacé *Mahomet second* par *Le Cid*.

30. Mariotte.

31. Sur Mme Hébert, v. 107n8.

121. à Devaux

Le jeudi 23 avril [1739]

Alons, mon œil ne me fait pas tant de mal ce soir. Rabachons un peu. Grosbert a occupé toute ma matinée[1]. Il a reçu les plains pouvoir de sa compagnie pour me donner tout ce qu'il m'a promis et meme au-dela. Il a aporté les memoires teles que Mr Masson les avoit demandé. Il y en a un qui ogmente le don de cinq cent livres, c'est-a-dire que ce seroit 15 cent par ans pour moi. Je n'ai osé en parler, car Md. Babaud m'assure toujours que je gaterois tout. Je lui en ai parlé a elle tout son saoul. Elle lui en parle actuellement, ou du moins elle me l'a promis a cause qu'il va demain a Versaille. Ah, mon Dieu, je n'ose y penser! Elle m'a fort assuré qu'elle etoit seure que s'il en etoit le maitre, cela seroit. Si elle dit vray, c'est une chose faite, car il n'y a que la tournure qu'il y donnera qui la fera passer. C'est-a-dire s'il fait bien sentir qu'elle est bonne pour le roi, comme elle l'est en effet. Je ne doute pas que mon etoile ne soit constante. Je ne m'atens a rien. Cependant, je ne puis m'enpecher d'y songer. J'ai encore pressé Md. Babaud pour que j'employe la duchesse. Elle m'a fort assuré qu'il ne faloit pas et que Mr Masson la gardoit pour une autre ocasion qu'elle savoit bien. Dieu leur soit en aide, et moi aussi. Mais je ne puis faire autrement.

Apres Grosbert est venu Venevaut. En verité, je suis toujours plus contante de son amitié. Il m'est tout a fait afectioné. Quand il a passé quatre jours sans me voir, il croit que c'est un crime.

Je suis restée toute l'apres-diner en bas a jouer et a lire *Les Facardins*[2]. Voila ma journée. Je ne suis remontée que pour lire mes letres. Venons a la tiene[3].

Dis-moi auparavant si c'est le diable qui a dit a Fanchon que j'alois me metre en menage : elle me le mande[4].

J'en ai reçu encore une d'entousiasme de Tout Ron, dans le meme gout que la derniere[5] – et de l'argent, point.

Je suis bien fachée de ton mal de tete, mon ami, mais je crois qu'il est bien loin a present.

Tavannes est donc a Comerci[6]. Je lui ai ecrit hier comme je te l'ai dit, et je voudrois qu'on se donna la lissence d'ouvrir ma letre avant de la lui envoyer. J'en serois fort aise. Oui, mon ami, tout ce qui m'environne entent parler de toi[7]. J'en parlois bien a la Dame au Fetus. Pour dans cette maison-ci, Penpichon des Indes, il brille du matin au soir. Eh, de qui parlerois-je? Mon amitié m'occupe trop pour qu'elle n'eclate pas au dehors. Je t'ai mandé combien j'avois eu de querelles serieuse ave[c] Touron pour cela.

A propos de quoi fais-tu des complimens a Ma Sœur dans cette lettre[7] et il n'y en avoit pas dans l'autre? Cela m'inquiete[8]. Car tu n'as pas de raison de lui en faire aujourd'huy.

Enfin la parodie de *Mahomet*[9] est paruë d'hier ou d'avant-hier. On dit qu'elle est pleine d'injure personnelle contre l'auteur. C'est tout ce que j'en sais. Je voudrois bien y aller, mais il en coute. Cependant j'irai samedi voir Md. Duvigeon, et si cela peut s'arenger, j'irai. Je crois ne t'avoir pas dit que je la praissai l'autre jour de me faire parler a Du Frene. Elle me dit qu'il faloit attendre que son mari fut desenrumé. Cela me fait enrager, car je n'ecris point a ce pauvre Petit, qui croira que je le neglige. Mande-lui donc. J'ai d'ailleurs la tete si troublée et mon œil me fait tant enrager que je n'ai pas voulu lui ecrire pour rien. Mais je serois bien fachée qu'il pensa que c'est manque d'amitié et d'attention. Bonsoir. Je vais dodo quoiqu'il soit de bonne heure : c'est que mon corps ne se comporte pas trop bien et que mon œil s'echaufe. Je suis bien sage, comme tu vois. As-tu *La Sagesse* [10]? Je l'ai envoyé a Solignac ce matin.

Le vendredi soir [24 avril 1739]

C'est pour le coup que je ne sais que te dire. Cela est singulier a Paris, n'est-ce pas, mon pauvre amis? C'est que je m'imagine que notre amitié est bien au-dela des expressions, et que c'est lui en donner que de t'amuser par des nouvelle ou par des choses qui me touchent. Je n'ai rien de cela ce soir qu'une petite petite nouvelle que j'ai pris au vol. La publication de la paix est encore retardée [11], et l'on croit qu'il y a des acrocs[a]. On a mis cette nuit un placard apres l'edifice preparé pour le feu de la Greve, ou il y a «Poisson d'avril» [12]. Voici tout ce que j'ai de moi. Mr Masson est allé a Versaille. Md. Babaud m'a dit qu'il ne raporteroit pas l'affaire de Grosbert de ce voyage-ci. J'ai eté ce matin chez Ma Sœur, toujours charmante. J'ai passé l'apres-midi a l'ordinaire : trois ou quatre parties de tric-trac. Je suis monté a ma chambre ou j'ai lu un livres [13] qui traite a fond des catachreses, des euphemismes, des hypallages. Ah, que c'est une belle chose que la metonimie! Combien j'en ai fait sans le savoir! Cela ne m'ocupe guere, cependant. Ma Sœur m'a preté Herodote [14] qui ne m'ocupe guere plus. Il seroit aussi dificile de m'ocuper que de me rendre cette gaieté que tu as vu tant de fois s'echaper a traver les horreurs qui m'environnoient. C'etoit sans doute ton amitié et ta confiance qui me la rendoit, au lieu que je suis privée de l'une et de l'autre, et, qui pis est, de la liberté que tu sais qui m'est si necessaire pour etre a l'aise. J'ai perdu tout cela, mon ami. Je ne compte plus rien retrouver que la fin d'une vie qui m'est plus a charge que jamais. Eh bien, ne me voila-t-il pas encore a t'affliger? Je m'en veus du mal, et je me laisse aller. A propos de cela, je songe a Md. de Pietremine et a ses pasque [15]. Comment s'en trouve-t-elle? Tu dois le savoir a present. Ou plustot, comment s'en trouve le Poucet? Vois-tu comment est venu cet a-propos? Mon Dieu, te souvient-il comme nous causions dans le gout de Taupe Ma Mie [16] en recherchant la liaison de nos idées? C'est cette douce liberté et cette charmante confiance dont la privation est toujours presente a mon cœur, quand meme mon esprit est distrait, qui le conserve dans cette tristesse qui m'est si peu naturelle. Comme je rabache, mon ami, quand je n'ai rien a dire! Tu n'en serois pas plus contant. Ainci finissons. Bonsoir. Je t'embrasse un million de fois.

Bonsoir, le Tres Saint. Il y a bien lontems que je ne vous ai parlé fasse a fasse.

Comme vous venez de voir le bon Dieu, lui avez-vous un peu parlez de moi? Savez-vous bien que si mes affaires ny les votres ne vont pas mieux, j'aimerois autant que vous vous damniez : il faut faire une fin une fois. Pensez-y. Tant de notes a porter fatiguent. Du moins, si l'on se soulageoit l'ame de quelque façon, le pois seroit moins lourd[b]. Je parle pour vous. Car pour moi, je n'en ai qu'une, mais un beau Petit Saint comme vous en a bien d'autres. Vous croiez estre le favoris du Seigneur quand il vous a favorisé de quelque-une de ces graces dont vous me parliez a Comercy[17]. Il en faut bien d'autres pour etre bienheureux. Je vous plains bien, mon pauvre ami. C'est serieusement, ceci, et je suis bien desolée que dans toutes nos amitiés il n'y en ai que de plaignantes et qu'elles ne puissent etre secourantes. C'est la ou je jure de bien bon cœur, et toi aussi, n'est-ce pas, pauvre Gros Chien? Jure, mon ami, jure, cela soulage un peu. Et pauvre Ron, pauvre mie, que dit-elle? Je vous embrasse cent mille million de fois tous.

[*adresse :*] A Monsieur / Monsieur Liebaut / professeur d'histoire des / cadets de S. M. le roi de / Pologne / a Luneville

MANUSCRIT

Yale, G.P., VIII, 131-134 (D93); 3 p.; orig. aut.; cachet; m.p. : 8.

IMPRIMÉ

Showalter, p. 138 (extrait).

TEXTE

[a] Le ms : «acrots». [b] Le ms : «loud».

NOTES

1. C'est au sujet d'une «entreprise en Lorraine» qui pourrait constituer une source de revenu pour Mme de Graffigny (v. 116, par. 3).
2. *Les Quatre Facardins* d'Antoine Hamilton (v. 55n4).
3. Lettre de Devaux du 20 avril 1739 (G.P., IX, 251-254).
4. C'est apparemment Devaux que Mme de Graffigny soupçonne d'en avoir trop dit à Mlle Frassinetti, mais il le nie; pour sa réponse, v. 125n11.
5. Voir 119, premier paragraphe.
6. Voir 120n13.
7. Devaux : «Elle [Mlle de Lubert] luy demande [à son frère] qui je suis, et ajoute qu'elle me croit aimable puisque vous luy parlez de moy toute la journée. Ah! chere amie, [...] que j'aime a vous voir si occupée de moy que vous en occupiez tout ce qui vous environne!» (IX, 252.)
8. Les raisons de l'inquiétude de Mme de Graffigny restent obscures. Il semble qu'elle s'inquiète

chaque fois que deux de ses amis entretiennent une correspondance.
9. Il s'agit, semble-t-il, non de *Moulinet premier*, mais d'une parodie qu'était censé présenter le Théâtre-Italien (v. le texte de la lettre 115 à la note 12).
10. Mme de Graffigny a déjà indiqué qu'elle avait mis ce poème à la poste (v. 120, par. 6).
11. Sur cette paix tant retardée, v. 113n2 et le texte de la lettre 120 à la note 7.
12. Cette plaisanterie est rapportée aussi par Dubuisson (p. 549) et par Barbier (III, 173).
13. Le livre en question est probablement *Des tropes* (1730) de César Chesneau Du Marsais (1676-1756); v. 125n18.
14. En 1739 on lisait encore *Les Histoires d'Hérodote* mises en français par Pierre Du Ryer (1605-1658), dont l'édition originale remonte à 1645. Devaux répondra : «L'esprit de rabachage que vous verrez dans Herodote doit vous faire rire.» (28 avril 1739, G.P., IX, 272.)
15. Devaux : «Mde de Pietremine a presque surpris cette nuit sa fille qui rentroit. Il [Lubert] m'a montré la lettre que la derniere luy ecrit; elle luy fait comprendre qu'ils ne pourront se parler de quelques jours, et cela l'afflige.» (IX, 251-252); pour «ses Pâques», v. aussi 107n10. Devaux répondra : «Mde de Pietremine est tentée de laisser fanner le fruit de ses Paques. La metaphore n'est pas suivie, mais n'importe, vous m'entendez. Elle a voulu en revenir; le Poucet a fait le cruel. C'est ce qui l'avoit fait relever pour guetter sa fille et ce

qui l'auroit fait surprendre si le hasard ne s'en fut meslé. Je ne scais rien depuis ce jour-la, pas meme si on luy a rendu ce qu'elle redemandoit.» (29 avril 1739, IX, 273.) Lubert avait apparemment inspiré une passion à Mme de Lambertye et à une de ses filles. En allant faire ses Pâques à Nancy, la mère essayait de quitter Lubert, et par ailleurs

laissait le champ libre à sa fille, qui en a hardiment profité.

16. Le surnom de Mme de Stainville.

17. Sur les «grâces nocturnes» d'Adhémar, v. le texte de la lettre 42 après la note 37, et pour la réponse de Devaux, v. 125n22.

122. à Devaux

Le samedi soir 26 avril [1739]

Bonsoir, mon ami. Je n'ai pas grand-chose a te dire. Voici ma journée. Le matin c'est passé avec Pelier a parler d'affaire. Ma petite tabaquiere de Marsanne y a sauté : comme je n'ai que cet homme-la a faire agir au Neuf-Chateau et pour me faire paier quand les choses seront en regle, j'ai crus luy devoir un petit present. Cela c'est trouvé parce qu'il a dit qu'il devoit en acheter une pour sa femme.

Je m'etois ajustée pour aller chez Md. Duvigeon. Avant, Ma Sœur est venue une demi-heure. J'ai profité de l'ocasion ou le carosse alloit mener le Petit Trezord[1] a la rue St-Jaque a un concert d'enfans chez sa maitresse de clavessin. Md. Duvigeon n'y etoit pas. On faisoit une si vilaine mine ici que, joint a l'envie de voir des ruë nouvelles pour moi, j'ai été avec la petite. Cette maitresse de clavessin demeure chez Jean-Batiste Cognard[2]. L'envie de voir imprimer qui me tient depuis lontems m'a repris vivement. Je suis montée chez ledit sieur qui, fort poliment, m'a montré tout son savoir-faire. Je sais donc d'aujourd'huy comment s'execute ce bel art, ressource de ma vie, le seul plaisir pur que l'on puisse gouter dans ce monde. Je n'ai pas oublié mon Penpichon : j'ai fait courir la rue pour demender du nouveau. Je n'ai pu avoir que *L'Amant Protée* : il n'y a rien du tout. Cette cource m'a un peu dissipé : les boutiques du pont Notre-Dames[3] m'ont paru charmante, et les fleurs dont le quais des Morfundus[4] est remplis m'on enchantée. Il y avoit lontems que je n'avois couru les rues, et je t'ai déja dit que c'etoit, apres la comedie, ce qui me faisoit plus de plaisir. J'ai vu la pelure[5] de l'Hotel-Dieu[6], le Chatelet[7] et le Palais[8]. Je n'avois encore passé dans aucun de ces endroits. J'ai eté chez un marchand anglois dont Md. de Stainville m'avoit beaucoup parlé. Il y a tant de jolies choses que c'est une pitié de n'avoir point d'argent. J'y ai acheté fierement deux tasses de tere de pipe et un petite cafetiere, le tout pour mes trente sols... Le re[s]te du jour, j'ai lu *Fleurs d'epine*[9], et je vais me coucher, parce qu'on prend demain medecine et que je dessendrai de bonne heure. La mine est un peu melieure ce soir. J'en etoit toute desolée tanto.

Je crois, Dieu me pardonne, que je ne t'ai nomé encore que cette fois-ci le Petit Trezord[10]. Reelement c'est un enfant unique, mais unique pour le jugement, la douceur, la gentillesse et surtout la docilité. C'est un prodige. Si c'etoit une princesse, les gazetes seroient pleine de ses reponces. Elle est jolie mais petite. Enfin, tu sais que je n'aime guere les enfants; j'ai pleuré plus d'une fois d'attendrissement sur ses gentillesses. Je ne sais comment je ne t'en ai pas encore parlé. Mais, ce qui est plus etonnant que tout cela, c'est l'amour de la mere : c'est une passion violente. Md. de Sevigné etoit de glace. Enfin je l'ai vu se trouver mal en pensant seulement qu'il pouvoit dans le cours de la vie de cet enfant lui arriver quelque accident. La meme chose lui arrive quand elle manque une note a son clavessin.

Bonsoir, mon cher ami. Je t'embrasse mille fois.

Dimanche soir [27 avril 1739]

J'ai encore moins a te dire aujourd'huy qu'hier. Mde Babaud a pris medecine, et quoique j'eusse eté invitée a entendre en concert une cantate que Ma Sœur a faite[11], je n'y ai point eté : j'ai joué au trictrac et lu *L'Amant Protée*. Il est tres mauvais a lire. J'ai des etourdissemens exessifs aujourd'huy, et je ne songe pas seulement a y songer. Je suis seulement etonnée de ce que je prends sur moi. Car je n'en parle seulement pas. A quoi bon? C'est un crime ici d'etre assise a son aise. Aussi n'y est-on pas, da.

Je ne sais quand je serai a moi. La duchesse m'a ecrit cet apres-diner une letre bien tendre ou elle me dit qu'elle ne m'a pas envoyé chercher ces jours-ci a cause de l'extremitté ou est Mr de Guise[12], qu'il faut pourtant que je boive avec Mr de Richelieu (plaisant terme) quand ils seront plus tranquil. Elle a parlé au cardinal de Rohan[13], qui lui a dit que ma pension couroit du jour qu'il l'a donnée, mais que cela n'etoit pas payé exactement, et qu'il faloit avoir patience. C'est toujours quelque chose, mais cela n'enpeche pas mon embaras, car quand on me trouveroit demain une chambre, la duchesse me pretera un lit, des chaises et des chosses comme cella, mais combien d'autre petite choses ne faut-il pas qu'il est impossible de demander! Enfin je suis moins agitée, cela est bien seur. Mais je ne vois pas encore avec quoi je passerai cette année. Nous verrons.

Alons a ta letre[14]. Qu'est-ce que tu dis avec ton loyer ruineux[15]? Le jour que j'etois chez la duchesse, on avoit deja trouvé deux grande chambre pour cent quatre-vingt livres. Elle ne voulu pas les prendre parce, dit-elle, qu'elle veut que j'aye un cabinet pour bouder. Les logemens sont pour rien au Marais. C'est un desert : en une heure, il ne passe pas un carosse dans une ruë.

Tu parles ensuite du D. Sans doute il a besoin d'avocat[16] : sa tante veut des choses, et son oncle d'autres. Il fait bien : qu'il consulte sans faire casser le testament. Il y a bien des choses a faire. J'en recu hier une courte letre ou il me mande que son oncle lui a ecrit une letre qui declare la guere entre eux, que lui qui avoit juré de ne s'etonner de rien, il l'est de la fourberie de cet oncle qui est, dit-il, au-dela de ce qu'on peut penser. Il est, dit-il, dans un vray chagrin. Il ne m'en dit guere davantage. Ainci tu es aussi savant que moi. Je t'ai mandé ce qu'il comptoit avoir a vue de paiis, et tu me demande s'il est vray que le frere[17] aura mille ecus de rente : quel betise[18]!

Vas te promener avec ton deperissement[19] : j'ai bien affaire que tu me viene faire pleurer ta mort, seure que tu vivra trois fois ma vie. Mais sais-tu ce qui te fait croire que tu deperis, et qui le fait en effet? C'est l'inaction de corps et d'esprit ou tu es. Exemple : rien ne gate tant une montre et toute machine a mouvement que le repos... Autre exemple : qu'un homme se tiene quinze jours au lit en bonne santé, il en sortira malade, ou tout au moins foible. Garde les proportion : tu t'afoiblis a mesure de l'inaction ou tu es. Tu avois fort bien imaginé de te promener sur les escallier : tu ne m'en parles plus depuis lontems. Je veux que tu te conserve, mon ami; tu sais que je n'ai que toi. Quand je mourai, moi, tu n'y perdra pas grand-chose; tu as des amis, tu seras aimé. Toi mort, je ne le suis de personne, du moins comme je veux l'etre. Mais, pardi, nous sommes fous avec nos morts! Vivons, non pas pour ces filletes[20], mais pour nous, et parlons d'autres choses : nous n'avons pas besoin de nous atendrir sur nous-meme pour etre seurs que nous nous aimons.

Je crois tres dificile de savoir ou est Blaine[21], puisque la duchesse d'Eguillon[22] a eté obligée d'emploier toutes les mouche[23] de Mr Heraut pour decouvrir qu'il etoit parti par le coche de Calais.

Te voila encore dans la speculation du bonheur de Machi[24], comme nous l'avons eté de tant d'autre dont nous avons vu l'abus. Le pauvre homme me fend le cœur tous les jours. Il n'ose toucher a rien qu'apres etre seur que l'on en veut plus. On le harpouille san cesse, bien loin d'avoir nule atantion pour lui. Souvent il ne menge que du pain et du fromage, parce qu'il n'y a que ces chose dont on sait qu'il ne peut tater a cause qu'il n'a plus de dens. La maitresse du logis le deteste et lui donne mille degout. Je ne finirois pas. Mais il me fait bien sentir le malheur de se metre entre les mains de ses melieures amis des qu'il est question d'interets. Il me fait de la peine regulierement deux fois par jour et j'admire sa passiance et sa douceur. Cela est au-dela de l'expression. Garde-toi, faineant, de donner ton bien a personne[25].

La critique de Ma Sueur n'est que badine[26]. Elle trouve la piece injouable et les vers trop alambiqué, plustot de poeme lirique que dramatique. Il y a un peu de vray.

Je t'ai deja dit mille fois de ne m'envoyer aucuns papiers[27] que ceux qui regardent Greux, comme la transaction, etc.

Pourquoi ecris-tu a D. et pour D.[28]? Je veux savoir cela.

Tu crois peut-etre que j'ai oublié ta charge[29] parce que je ne t'en parle plus. Je pris chez le procureur de De Benne[30] l'adresse d'un procureur de la Chambre des comptes que celui-la me dit qui me donneroit un memoire. Mais comme il demeure au Marais, je n'eu pas le tems d'y aller. Je l'ai donné a Venevaut. Ce n'est pas loin de chez lui. Il m'aportera le memoire la premiere fois qu'il viendrat me voir.

Tu as raison, va, mon ami, il ne faut pas me gronder. Si le St et toi avoit passé un ans en maison tierces[31] et qu'il y ait essuié tout ce qui m'arrive, il sentiroit comme moi que l'ame s'abat et ne peut gouter aucune esperance qu'elle ne soient realisé. Ce n'est pas encore le logement et toutes les bontés de ma duchesse qui pouront me calmer, parce que c'est toujours dependre des autres et par consequent etre tres en l'air. Mais si l'affaire de Grosbert reussit, ah, pour lors, seur que je ne mourai pas de faim et que j'aurai jusqu'a la fin de ma vie le petit necessaire, je sens bien que mon ame changera d'assiete. Je sentirai toujours les troubles dont la vie est semée parce que je suis née sensible. Mais j'aurai le loisir de sentir le bien, ce que je n'ai pas a present, parce qu'a mon age n'avoir ny feu ny lieu, hors de sa patrie, allez, mon pauvre Saint, j'assure votre Sainteté que, jouit-elle de toutes les graces dont Dieu peut combler une ame ellue, elle auroit ce fond de tristesse qui ne me quitte pas.

Je suis bien fachée de n'avoir point de vereries[32], car ils sont bien cheres ici. Je suis encore plus faché de ma biblioteque[33] : pourquoi ne l'avoir pas dit a ta mere? Je serois si aise que tu l'usses!

"Dis-moi, je le veux, pourquoi tu dis que j'ai bien fait de mettre a la fin de ta lettre que je t'aimois pour raccomoder des choses que j'y avois mise[34]." Je n'en ai nulle idée. Et quand un moment d'humeur plus forte rendroit mon stille inegal, pourois-tu y prendre garde? Je crois, mon ami, que nous sommes au-dela des protestations, et qu'il ne faut en faire que quand cela vient. Je ne puis trop te le repeter, il n'y a pas un mot dans aucune de mes letres qui ne doive te dire que mon amitié e[s]t sans borne, eternelle, et ma confiance de meme.

Pourquoi ne me dis-tu pas si ta mamant acsepte cette genille de robe[35]? Tu crois bien que je n'en parles pas pour en parler; mais ton silence la-dessus me fait craindre quelqunes de ces misere que je te connois et cependant que je ne puis deviner. Si cela est, baisse la tete d'avance, atens-toi a tous les foudres de mon impatiance contre les vetillages.

Or ca, bonsoir. Ma tete est plus grosse que celle de Md. Jourdain[36]. Je crois aussi qu'il y a des vapeurs, car je m'ennuie. Ah, c'est une benediction. Mon Dieux, Massons et Grosbert, ne me desennuierai-vous pas? Tu verois des letres bien d'un autre stille si j'etois sur mon palier[37] et que je fus seur de n'y pas manquer : j'aurais de l'esprit comme un ange. Il me semble qu'il n'est pas dessent d'en avoir quand on est une pauvre proscrite comme moi. Et ou le prendrois-je? Je te contes des faits, tant que j'en trouve pour eviter les tours.

Lundi matin [28 avril 1739]

Bonjour. Je me porte bien ce matin. Ma tete est libre et le sera; j'en ai un garant qui etoit cause de cet etourdissement. Si tu ne m'entens pas, Dubois m'entendra[38]. Bonjour, mon*[b]* cher ami. Il faut donc te dire que je t'aime de tout mon cœur pour que tu le croye. Eh bien, je te le dis d'aussi bon cœur que je le sens.

MANUSCRIT   IMPRIMÉ
Yale, G.P., VIII, 135-38 (D94); 4 p.; orig. aut.   Showalter, p. 138 (extrait).

TEXTE

a Phrase mise en relief par des traits dans les interlignes, indiquant que Mme de Graffigny exige une réponse de Devaux. *b* Le ms : «non».

NOTES

1. Surnom de Marie-Charlotte-Jeanne, fille de Mme Babaud.

2. Jean-Baptiste Coignard (vers 1690-1768), troisième du nom, d'une famille d'imprimeurs; imprimeur de l'Académie. Il mourra sans descendance, laissant 60 000 livres de rente.

3. Ce pont, en amont du pont au Change, joignait l'Île de la Cité à la rive droite. Construit au début du seizième siècle, il avait trente-quatre maisons aux façades uniformes de chaque côté du chemin; on y fit le premier essai d'adresses numérotées à Paris. En 1676 on construisit une pompe au milieu. À cette époque, «ce pont passait pour être le plus élégant, le plus plaisant de l'Europe» (Hillairet). Il fut reconstruit en 1853.

4. Ce quai, l'actuel quai de l'Horloge, élargi en 1736 par le prévôt des marchands, Turgot, longeait le Palais sur la rive nord de l'Île de la Cité entre le pont au Change et le Pont-Neuf.

5. L'extérieur des bâtiments (v. 60n10).

6. Le plus ancien hôpital de Paris, situé sur le parvis de Notre Dame.

7. Détruit au début du XIXe siècle, ce bâtiment était le siège des juridictions de la Prévôté de Paris, et abritait de plus une morgue et une prison.

8. Le Palais, siège du Parlement, devenu après les nombreux travaux effectués au cours du XIXe siècle le palais de Justice actuel.

9. *Histoire de Fleur d'épine* (1730), conte d'Antoine Hamilton.

10. Voir n1 ci-dessus.

11. Devaux répondra : «Taschez de m'envoyer la cantate de Votre Sœur; j'en suis curieux, des paroles du moins.» (3 mai 1739, G.P., IX, 284); mais Mme de Graffigny n'en reparlera plus, et cette œuvre nous est demeurée inconnue.

12. Le père de la duchesse de Richelieu (v. 97n7), qui mourra pendant la nuit du 29 au 30 avril.

13. Voir 108n25 et 119n3.

14. Lettre du 21-23 avril 1739 (G.P., IX, 255-260).

15. Devaux : «Je ne vois que le loyer de ruineux pour vous.» (IX, 255.)

16. Devaux : «Vous me parlez d'avocat; est-ce qu'on veut faire casser le testament?» (IX, 256.)

17. François-Antoine Desmarest (1711-après 1786), conseiller du roi, président en l'élection de Senlis, frère cadet de Léopold; c'est lui qui finira

par être l'héritier principal. Devaux : «A propos, le frere de Desmarest dit qu'il herite de mille ecus de rente et qu'il ira a Paris pour debrouiller tout cela des que notre ami sera de retour. Dit-il vray?» (IX, 258.)

18. Devaux répondra : «Mais vraiment ma demande n'etoit pas trop bete; c'est son frere qui dit qu'il y aura deux mille livres de rentes, que le Docteur l'a mandé.» (IX, 284.)

19. Devaux : «Je suis plus jeune que vous, mais ma vie n'est qu'un soufle qui tient a des ressorts si deliés que le moindre accident peut les rompre. Je me vois deperir tous les jours, vous scavez qu'il y a plus de deux ans que je n'ai eu bon visage; je ne fais que maigrir et devenir plus foible. Toutes les incommodités de la vieillesse ont prevenu l'age, vous me l'avez dit plusieurs fois en badinant, mais je n'eprouve que trop que rien n'est plus vray.» (IX, 257.) Devaux n'a pas encore 27 ans; il mourra en 1796 à l'âge de 85 ans.

20. Devaux répondra : «Ah, mon Dieu, que votre ‹Vivons non pas pour ces fillettes› m'a fait rire! Je viens de le relire, et j'en ris encore. Mais sentiez-vous bien la valeur de ce ‹quoy qu'on die› quand vous l'avez fait?» (3 mai 1739, G.P., IX, 285.) «Quoi qu'on die» est une allusion aux *Femmes savantes*, où chacun s'extasie en répétant ce bout de vers de Trissotin (III, iii). «Vivons non pas pour ces fillettes» est peut-être aussi une citation, peut-être d'une œuvre inédite de Devaux ou d'un de leurs amis.

21. Devaux : «Le Petit St vous prie de vous informer ou est Bleine. Il veut luy ecrire.» (IX, 257); v. 116n7, et le texte de la même lettre à la note 17.

22. La duchesse d'Aiguillon (v. 106n16).

23. Mouche : se dit figurément d'un espion, de celui qui suit un autre pas à pas : «Entre les sergens il y en a un qui fait la mouche» (Trévoux, 1743). René Hérault est le lieutenant général de police.

24. Devaux : «Qu'il est heureux! Il vit et il ne vit que pour luy et pour ses amis.» (IX, 258.)

25. En 1719 Machy fit un don de 12 000 livres à Jean Duru, père de la première femme de Masson, qui en reçut 6 000 comme dot avant son mariage (M.C., XV, 505). Il semble que Machy ait donné à cette famille tout son bien, sans doute au cours des années.

26. Il s'agit de sa critique du *Psammis* de Saint-Lambert (v. le texte de la lettre 118 à la note 18).

27. Devaux : «Dites-moy donc si je dois vous envoyer par la poste la quittance de Mde de Villeneuve et deux ou trois autres papiers.» (IX, 258.)

28. Devaux : «J'ai encore a ecrire au Desmarets

et pour le Desmarets sans compter la Frassinetti.» (IX, 258.) Bien que Mme de Graffigny ait marqué cette question, Devaux n'y répondra pas.

29. La charge de maître des Comptes (v. 114n16).

30. Pour la visite chez le procureur Louis Pelier, v. 119n35.

31. En maison tierce : chez une troisième personne, par extension, une personne étrangère (Littré).

32. Devaux : «J'ay couru la foire et la ville aussi bien que ma chere mere pour vous trouver des crystaux. Mais les marchands ne sont pas ici. Ils doivent, dit-on, bientost revenir.» (IX, 259.) Il répondra : «J'ay encore envoyé chez le marchand de crystal; il n'est pas revenu.» (3 mai 1739, G.P., IX, 285.)

33. Devaux : «On a reçu la bibliotheque de tres bonne grace; on vous en fait de grands remerciements. Je suis a present furieux de l'avoir envoyée. Ma chere mere n'etoit pas ici. Elle m'a chanté pouille; elle me l'auroit achetée, et avec l'argent auroit fait un autre present.» (IX, 259.) Il répondra : «Je crois que je raurai la bibliotheque; ma chere mere a tourné tout cela. Je n'en scais rien pourtant. Mon Dieu, que je l'aimois!» (IX, 285.) Mme de Graffigny avait demandé à Devaux de donner sa bibliothèque à l'avocat Antoine Maurice (v. 117n11).

34. Devaux : «Je vous suis bien obligé d'avoir fini

en me disant que vous m'aimiez. Cela a bien raccommodé quelques endroits de votre lettre. Je finis comme vous.» (IX, 259); v. 119, dernier paragraphe. Il répondra : «Oh, vous prenez tout trop a la lettre aussi; je vous ai dit que vous aviez bien fait de me dire que vous m'aimiez a cause de quelques tournures un peu [dures] qui se trouvoient dans le courant. Eh mon Dieu, chere amie, je douterois plustost de votre vie que de votre amitié.» (3 mai 1739, G.P., IX, 285.)

35. Devaux : «Ne vous embarrassez pas de la robbe; ou je la ferai accepter, ou je ne pourrai.» (IX, 285); et v. 117n8.

36. «J'ai la tête plus grosse que le poing, et si elle n'est pas enflée» (*Le Bourgeois gentilhomme*, III, vi).

37. Palier ou paillier : on dit proverbialement qu'on est bien fort sur son paillier, pour dire en sa maison, en sa cour, sur son degré, auprès de ses amis et de ses domestiques (Trévoux, 1743). Pour Mme de Graffigny, une demeure permanente semble être une condition de la production littéraire.

38. Devaux répondra : «Dubois n'a jamais voulu m'expliquer l'article dont vous la faisiez commentatrice. Mais j'ay deviné; grace au ciel, vous voila en bon etat pour quelque temps.» (IX, 285.) Notons la pudibonderie dont fait preuve Dubois et, dans une certaine mesure, Mme de Graffigny elle-même, lorsqu'il s'agit de parler de ses règles.

123. à Devaux

Le mardi 28 avril [1739]

Je ne t'ecrivis pas hier, mon ami, pressisement faute de savoir que dire. Je m'etois ennuiée completement toute la journée. Tu sais l'effet que l'ennui fait sur moi. Je n'avois point de faits a te conter, et il faut de l'esprit pour resonner, meme pour dire les amitié comme tu fais; car je trouve que ton eloquence sur se chapitre est inepuisable. Pour moi, je n'ai ny esprit n'y eloquense ny ny... Bon, voila Ma Sœur qui arrive; elle me tire d'un grand embaras.

Apres souper

Bonsoir donc, mon Panpichon. C'est ce que j'ai de mieux a dire, car je ne suis pas moins sotte que tanto. Ma Sœur m'a ennuiée, et Duvigeon encore plus, qui est venus me dire des betises sans nombre. Qu'es qui ne m'ennuiroit pas? Je le sais bien : ce seroit l'affaire de Grosbert. J'en ai parlé ce soir a Md. Babaud. Elle m'a dit que s'il vouloit lui donner dix mille livres argent comptant, elle en repondoit.

Je ne saurois m'enpecher de prendre cette plaisanterie a bonne augure. Et cependant il est si vilain d'en tomber que je ne veux pas, absolument, me livrer a l'esperance.

Voila donc ma sotte journée. Ah, Mr de Guise ne doit pas la passer[1] : il est a l'extremité. Hier apres l'extreme-onction, ne pouvent plus parler, il s'est fait donner sa cassete pour voir si on ne lui avoit pas pris de bijoux. Ne fais point de conte de cela, tu sais bien pourquoi.

Alons a ta lettre[2] qui ne me fournira peut-etre guere plus que mon bel esprit. Ah! (je suis comme Chicaneau[3]) nous alons, ce dit-on, de jeudi en huit a Versaille y passer 15 jours chez Mr Masson, qui fait de sa maison un palais de la volupté. Ces lieux sont de careaux de faiance et pleins de cassoletes et de vases remplis de fleurs. Juge du reste. Il nous y a fait porter jusqu'a des bidets qui sont d'un gout singuliers et tres chers. Il a fait faire des fauteuils a grands careaux expres pour moi, dit-il. A propos, c'est le fameux Camuset[4] qui est son factautum. Il l'a pris sur ma parolle. Ainci j'espere etre bien servie. On dit que nous nous divertirons comme des coffres[5]. Je serai fort aise de voir ce palais des fées, ces jardins, en y promenant partout l'idée que tu m'en a donné. Nous verons aussi Trianon[6], Meudon[7] et Marli[8]. J'espere aller a la comedie, car j'irai voir Mdle de Castegeat[9]. Elle m'y menera puisque Mde Babaud n'y peut aller. Cela n'enpechera pas que tu ne m'ecrive ici, parce qu'on nous renvoyera les lettres. Je te manderai le juste : cela peut encore changer.

Voici ta letre. Tu ne m'a pas parlé de ton reve[10] : je voudrois le savoir. Que m'importe que ce soit un reve! C'est toujours l'ouvrage de ton ame que j'aime tant.

Voici Yacinte[11]. Je suis fort etonné aussi bien que toi de tant d'amour. Je suis fort aise qu'il ait soin de mes balots. Effectivement tu feras bien de m'envoyer mes livre[12]. Je tacherai qu'ils ne payent rien, mais il faudroit toujours y venir. Je suis desolée de n'avoir point de verrerie[13]. Mon Dieu, ne pourois-je pas avoir une petite bouteille d'eau jaune de La Tour[14]? Et dame, s'il pouvoit rentrer dans le balot une pauvre petite cedrate[15], la bonne chose! Je boirois a ta santé.

Il y a plus de six semene que je sais que Du Rouvrois est marié[16].

Je suis bien aise que tu sois en connoissance avec le pere jesuite[17]. C'est un amusement de plus et qui peut etre bon au Chien : quand il faudra parler, tu parlera mieus que lui. Je suis bien aise aussi que le Grand Aumonier reviene[18]. A propos de lui, tu ne me parles plus de Courouski. Je charge l'ame et le cœur du St de parler de moi sans cesse a ce bon Mr quand il sera de retour : je l'aime pour sa personne qui a du merite, et pour la reconnoissance que je luy dois. Je veux qu'on lui dise sans cesse que je l'aime. Et toi, je te charge a toute les heures du jour de dire : «Tres St, la Tres Grosse vous aime.»

Mon Dieu, mon ami, que tu es aimable ave[c] ton envie de revoir St-Lembert[19]. Mon cœur sent bien ces choses-la et les rend bien puisque je t'aime ave[c] des gens qui ne t'ont jamais vu.

Je n'enbrasserai point l'Ami pour toi. J'en reçu hier une letre de quatre pages qu'il a ecrite le dimanche, car il est comme les cordonniers[20]. Il est dans le fort de l'invantaire des papiers ou il n'y a aucun ordre. Il est, dit-il, accablé. Il compte ne revenir que dans quinze jours ou trois semene. Je te souhaite le bonsoir; a revoir.

Le mercredi soir [29 avril 1739]

Je n'ai pas encore grand-chose aujourd'huy. J'ai passé l'apres-diner dans le jardin de Ma Sœur a voir courir le Zon et a ecouter la continuation d'un conte dont je t'ai parlé. Elle m'a donné a lire *La Pupile*[21], qu'elle a mise en vers qui ne me paroissent pas trop bons. C'est presisement l'histoire des boiteux qui veullent toujours marcher. Un moment apres que j'ai eté rentrée, Venevaut est venus qui n'a eté qu'un moment. Il dit qu'il n'a pas de tems a moitié[22]. Il a encore demendé si tu ne travaillois pas. Au nom de moi, mon cher ami, deffais-toi de cette besogne. Sarasin voudroit qu'on la joua pour le voiage de Fontainebleau. Il le presse et cela le desole. Je me resoud a ne te plus parler de mes affaire puisque je contribue a ce retardement. Je suis sensible comme je le dois a cet interet tendre que tu y prends. Acheve cette comedie, et puis je te brouillerai la cervelle tout a ton aise. Je ne crois pas manquer sitot de sujet.

Hier Mr Masson nous lu quelque pages d'un gros livres de maximes qui vient de paroitre sous le nom de *Maximes de morale traduites de l'anglois*[23]. Je parirois bien que le traducteur ne sait que le françois, et encore tres mal. Ah, que le D. sera flaté de voir ce livre! Je veux lui en faire la galanterie. Ce n'est assurement pas l'ame de Mr de La Rochefoucault qui est passée dans ce beau faiseur de maximes! Bonsoir, mon ami. Le combat fini faute de combatans[24]. Est-ce que Mareil n'etoit pas arrivé samedi que tu ne m'en parles pas? Les couriers sont lents, a ce qui me paroit. Bonsoir encore. Je t'embrasse de tout mon cœur. Venevaut n'a pas encore eu le tems d'aller chez le procureur pour le memoire. Embrasse nos chers amis pour moi.

[*adresse :*] A Monsieur / Monsieur Liebaut, professeur / d'histoire des cadets de / S. M. le roi de Pologne / a Luneville

MANUSCRIT

Yale, G.P., VIII, p. 139-142 (D95); 3 p.; orig. aut.; cachet; m.p. : 8.

NOTES

1. En effet, le père de la duchesse de Richelieu mourra au cours de la nuit suivante (v. 122n12).
2. Lettre du 24-25 avril 1739 (G.P., IX, 261-264).
3. Dans la dernière scène des *Plaideurs* de Racine, Chicanneau pousse un grand «Ah!» de soulagement.
4. Il s'agit peut-être de Dominique-Jean Camuset (mort en 1753), notaire au Châtelet, qui plus tard aura dans sa pratique la duchesse de Châteauroux, et qui deviendra fermier général en 1749.
5. Rire comme un coffre : proverbialement et bassement pour rire à gorge déployée (Trévoux, 1743).
6. Le Grand Trianon, bâti en 1687 par Hardouin-Mansart.
7. Ce château fut la propriété de la duchesse d'Étampes, maîtresse de François Ier, puis du cardinal de Lorraine, qui le fit partiellement reconstruire par Philibert Delorme. Sous Louis XIV, il fut embelli par les soins de Mignard. Il se trouve

entre Paris et Versailles. Le roi Stanislas y demeura en 1736 en attendant de prendre possession de la Lorraine, et il y signa la Déclaration de
Meudon qui accordait au roi de France le droit
de prélever en Lorraine toutes les impositions,
d'administrer tous les domaines, et de nommer
tous les magistrats et fonctionnaires, moyennant
une rente annuelle d'un million et demi de livres.

8. Destiné par Louis XIV à servir de maison de
campagne, plus intime et où régnait une étiquette
moins sévère qu'à Versailles, le château de Marly
fut construit près de Saint-Germain entre 1679
et 1686 par Mansart, qui travaillait encore à des
embellissements quand il y mourut en 1708. Louis
XV s'en servit peu, car le confort y était médiocre
et l'entretien en était coûteux. Vendu à un particulier en 1800, le château fut démoli et le terrain
revendu à l'état.

9. Anne de Biaudos de Castéja, fille de Jean,
brigadier, gouverneur de Toul, et de Marie Midot,
épousera en 1744 Louis, marquis de Prie (1673-
1751), ancien brigadier et ambassadeur, veuf de
la célèbre Mme de Prie, morte en 1727.

10. Devaux: «Vous ai-je dit que j'avois revé d'elle
[Mlle Frassinetti] quelque chose de fort galant,
et qu'elle l'a trouvé fort plaisant?» (x, 261.) Il
répondra: «J'ay donc revé, je ne scais par quel
hasard, ce que je crois que je n'aurois jamais
pensé bien eveillé.» (5 mai 1739, G.P., IX, 289.)

11. Devaux: «J'ay rencontré Hyacinthe qui m'a
dit qu'il alloit a Paris avec le voiturier qui ramene
Dubois, et qui doit vous porter vos ballots, et que
c'etoit luy qui s'en chargeroit, qu'il en auroit tout
le soin possible, et a juste prix. [...] Au reste, je ne
conçois pas comment vous avez fait pour captiver
les bonnes graces d'Hyacinthe et de sa femme. Ils
sont tous deux a vous a pendre et a dependre. Le
mari demande si vous n'avez pas quelqu'autre
commission a luy donner; il s'en chargeroit avec
toute la joye imaginable. Voila son compliment.»
(IX, 262.) Hyacinthe n'a pas été identifié (v.
36n20).

12. Devaux: «Je luy demanderai s'il ne pourroit
pas faire passer vos livres. [...] Grosbert connoit
des commis de la douanne; il pourroit par leur
moyen empecher qu'on ne les arrestat.» (IX, 262.)

13. Devaux: «Ne pleurez pas tant les cristaux: je
vous promets de vous en envoyer des que les
marchands seront ici.» (IX, 289); v. 122n32.

14. La Tour était dentiste à Lunéville (v. 59n14).

15. La cédrate, terme inconnu des dictionnaires,
est apparemment une liqueur faite à partir du
cédrat, sorte de citron. Il s'agit peut-être du fin
amour, fabriqué à Lunéville par Sonini (v. 62n18).

16. Devaux: «Scavez-vous que Mr Du Rouvrois
est marié? Pour moy je ne l'ai scu qu'aujourd'huy
en voyant sa femme et en demandant qui elle etoit.
C'est une Champé, qui n'est pas trop jolie et qui
est trop jeune; elle n'a, dit-on, que seize ans.» (IX,
262.) Pour Rouvrois, v. 50n49. Il épousa le 6 mars
1739 Thérèse Gauvain de Champé (née en 1721).

17. Devaux: «Une visite emporta l'autre [partie
de ma journée]. C'etoit le pere de Menou; il avoit
prié le St de me mener chez luy; nous y allames.»
(IX, 263.) Joseph de Menoux (1695-1766) commença son noviciat en 1711, enseigna dans divers
collèges, et fut nommé prédicateur ordinaire de
Stanislas et supérieur de la maison des mission-
naires à Nancy. Il sera un des premiers membres
de l'Académie de Nancy.

18. Devaux: «Encore une nouvelle: on dit que le
Grand Aumônier est en chemin.» (IX, 263); il
s'agit de Zaluski.

19. Devaux: «Nous faisons ce que nous pouvons
pour arracher le Petit de sa campagne. [...] Ce
pauvre Petit, il y a si lontemps qu'il n'a fait chorus
avec nous! Que je serai aise d'avoir un temoin de
plus d'une amitié qui m'est si chere.» (IX, 263.)

20. Comme les cordonniers: Desmarest s'occupe de tous les papiers de la succession de son
oncle, de sorte qu'il n'a que très peu de temps à
consacrer à sa propre correspondance.

21. La comédie de Fagan (v. 55n22).

22. Il n'a pas de temps à moitié: on a beau
amasser des matériaux pour bâtir, il n'y en a jamais
à demi; c'est-à-dire, assez (Trévoux, 1743); v.
aussi le texte de la lettre 125 à la note 20.

23. *Maximes et réflexions morales traduites de l'anglois* par Jean de Serré de Rieux, Londres
[=Paris], 1739.

24. Sur cette citation du *Cid*, v. 55n40.

124. à Devaux

Le jeudi soir [30 avril 1739]

Je n'ai pas fait grand-chose aujourd'huy. N'importe, n'est-ce pas, mon ami? – il faut te le dire. J'ai été reveilliée par Cassini qui a rouvert les rideaux de mon lit. Cela est assés joli[1]. Il etoit furieux contre Duvigeon, qui ne veut pas faire son portrait d'ici a lundi qu'il part. Il vouloit que je lui ecrivis pour l'en prier. Je n'ai pas voulu, et comme il m'a dit que Duvigeon lui avoit dit de chercher un autre peintre, j'ai ecrit un mot a Venevaut et je l'y ai envoyé.

Apres diner, Md. Babaud m'a encore dit des mots qui me feroit prendre bien de l'esperance si je voulois. Mais je n'ai garde de preparer un tel cadeau a mon etoile. Je veux la mettre au point de laisser faire cette affaire, croiant me contrecarer. Cependant je suis de moins mauvaise humeur, mais ce n'est pas a cause de cela : c'est que l'on m'a apporté a une heure une letre de Md. de Champbonnin. Or, comme elle vient par la poste de Lorraine, j'ai crus que je n'en aurois que cela, et j'en ai eté au larmes. Je ne mens pas – aux larmes. Car je n'ai que ce bien-la : c'est la seule douceur de ma vie. A quatre heures on m'a aporté la veritable, et surement c'est de la que vient l'espesse de gayeté que j'ai ce soir. Cela est si vray que Md. Babaud m'avoit deja parlé, et je revois tres tristement dans ma chambre quand la seconde poste est venuë. Il y en avoit une du D. qui rognone sur de l'humeur qu'il pretent que j'ai euë. Je ne m'en soussie guere : si j'en ai eu, j'ai raison. J'ai aussi recu une letre de De Benne qui sont des explications pour donner au procureur. Il ne veut rien faire pour Nicolas[2]. Cela me chagrine un peu, car cette saisie que tu prevois me tracasse. Apres mes letres recuees, nous avons été acheter pour plus de mille ecus d'habits a Md. de Mirepoix. C'est Mr Masson qui fait ses commission. J'ai voulu y aller pour voir une belle boutique. Il y a de belles etoffe, mais elles ne m'ont point emerveilliées. Pas meme le reste de l'habit de la reine pour le jour du mariage de sa fille[3]. C'est cependant une belle et agreable etoffe; mais notre Charlote[4] en a d'aussi bon gout. Cela m'a amusé. A mon retour, j'ai ecrit au D. pour lui envoyer le livre de moralle[5], et me voici apres ta letre[6].

Je n'ai plus mal aux yeux; ainci, je remercie l'emplatre et Md. Rouot[7]. Je lui envoyerai de la blonde quand je pourai[8].

Pardi, apparament que j'entens le Baron du *Somnanbule*[9]. Tes contes sont bon. J'aime les demies-feuilles de papier[10]. Dis bien des amour a La Barouilliere[11]. J'ai beaucoup parlé de lui avec la princesse[12], puisque princesse y a. Elle l'aime de tout son cœur, et j'aime a voir sa constance pour ses amis et surtout pour qui le merite mieux que personne.

Lubert est bien plaisant avec ses coucheries[13]. Je crois que je puis coucher et recoucher avec ses sœurs et avec qui bon me semblera sans qu'il ait de vangeance a en tirer; et de celle dont il me menace, on pouroit dire : «Le plus punit des deux n'est pas celui qu'on pense»[14]. J'atens de pied ferme sa letre de huit page. Mais

465

j'ai peur que je ne vivrai pas assés pour l'attendre : je ne vise pas a l'imortalité. A propos de lui, tache de savoir a qui je dois les commissions que Ma Sœur a fait pour moi[15] quand je parti. Je n'ose lui demander a elle, car si cela n'est pas payé, je meurs de honte. Oh, je ne doute pas que tu ne trouve *Gogo* excelente[16]. Nous verons comment nous ferons avec l'Aveugle. Tu m'en parle d'un ton bien denigrand, animal, apres que je t'ai mandé que je le desirois pour toi : «Votre Mr Mariote»[17]. Je l'aimerai peut-etre mieux que toi pour t'apprendre a parler honnetement.

Mon Dieu, je te sabernaude[18] et l'article suivant me fend le cœur. Je sens bien vivement la peine que tu as quand on te chicanne sur la pension de ton Chien[19]. Tu serois trop heureux si tu n'avois point d'ami. Envoye-nous tous au diable, mon pauvre Panpichon, couche-toi tout a plat dans ton fauteuil et ris. C'est la mon ton de ce soir, je ne sais pourquoi. Ma foi, tu me fais une vray peine; mais je ne saurois le dire autrement. La sotte chose qu'une machine qui va sans etre montée! Car je n'ai pas lieu de polissonner. Je pleurerai peut-etre des que je serai au lit. Et si tu etois la, je t'acablerois de mauvais propos. Je les repousse pour ecrire sensement. C'est comme quand nous rions a gorge deployée de nos chagrins. As-tu pensé aujourd'huy qu'il y a un an que je sorti de chez moi. O dieux, cette seule idée me fait frissonner. Adieu la belle humeur!

Tu sais a present de Dubois le nom que tu demande[20]. Oui, mon Dieu, oui, qu'elle entre chez la Granville : j'y donne mille consentemens s'il les faut[21]. Si elle n'y entroit pas, on croiroit que j'ai quelque interet secret a l'en enpecher. La grande Michele est bien assés folle, Courouski a raison[22].

Non, je n'etois pas malade : tres souvent je ne soupe pas, a cause de mes etourdissemens; cela me fait du bien[23].

Ah ah, celui-la est plaisant! Comment, il n'y a point de Virgile en francois que je puisse lire? Traduis-moi ce francois-la toi-meme[24].

A propos de ton inutilité[a] et de celle de tes vers, Mr de Machi trouve, comme je l'ai trouvé, que vous fouré partout et a toute saulce vos quatre saison et vos amours. C'est pis que vinq operas; il n'en revient pas. Et des allegories qui ont quatre aulne plus qu'il ne faut. Cependant il y trouve bien de jolie choses, mais une prolixité insuportable. Md. Duvigeon m'en avoit a peu pres dit autant. Reellement, tu entasse les images comme les estempes dans une mane[25], et la quantité etourdit de façon qu'on ne voit plus qu'un etang[26]. La mousse de champagne, Machi la trouve charmante. La pinture de ta pretendue chambre, cela n'est pas trop chargé; d'autres endrois par-ci par-la qu'il trouve tres joli. Tu n'est pas trop bien aise, n'est-ce pas? Pour celle du Petit, il la trouve pitoyable; il dit que c'est d'un ecolier de sixième.

Belle reponce : Clairon ne sait point de premier roles. Et pardi, pourquoi donc tant de train l'année passée? N'etoit-ce pas pour les jouer[27]?

Oh, dame! si tu n'entens pas ce que Ma Sœur m'avoit envoyé ce matin-la, c'est la faute de ta betise, et non celle de mon etranglement[28]. J'ai boufé de rire a l'article de Mareil qui n'est pas arrivé; tu a bien raison, ce sont des tortue[29]. Et moi qui pensois, il y a aujourd'huy huit jour, que tu devorois *Texerion*. Il m'avoit juré qu'il seroit le vendredi au plus tard a Luneville. Cassini part lundi; il te portera les *Ecosseuses*, *L'Amant Proté* et je ne sais encore quoi. Ah, une critique charmante de l'*Amusement philosophique*[30], et ce que je pourai ramasser. Peut-etre *Mahomet*. Nous verons combien il sera en chemin. Il compte arriver le troisieme jour.

Du Mai est venu pendant que j'etois dehors. Il reviendra demain, a ce qu'il a dit. C'est lui qui m'a galimathialisé[31] Crebillon et Mr de Lassé. Je lui ferai tirer au clair et tu le saura, ma foi. Bonsoir. Mes yeux disent que c'est assés pour un coup; ils ne sont pas encore bien vigoureux.

Le vendredi soir [1er mai 1739]

Je ne sais encore rien de nouveau, pas meme si Mr de Guise est mort[32]. J'ai ecrit au petit medecin[33], qui n'y etoit pas. Notre voyage de Versaille[34] est deja remis au samedi. Peut-etre y sera-t-il encore retardé. Nous avons été nous promener cet apres-diner sur le boulevart jusqu'a la porte St-Antoine. J'ai joué au trictrac. Je me suis ennuiée, et me voila. Mr Masson est parti pour Versaille. Je suis bien plus assidue a tenir compagnie a Md. Babaud, qui est toujours seule. Mr Machi m'a dit qu'il faloit bien garder d'envoyer mes livres, que c'etoit la mer a boire, et que s'il y avoit des editions contrefaites, rien ne pouvoit enpecher qu'il ne fussent confisqués. Tu trouvera de reste a me les envoyer par les gens qui viendront par-ci par-la. J'aurai des livres ici tant que je voudrai chez Du May, qui se melle d'avoir quatre ou cinq cent volumes. Il n['est]*ᵇ* pas revenu aujourd'huy; ainci je ne sais rien.

Bonsoir, mon cher ami, mon bon ami. Je t'aime tan[t]*ᵇ* que je n'en peus plus. Mais je ne saurois le dire joliment. Je suis bete; tu sais ce que je suis quand l'enn[ui]*ᵇ* surmonte. Bonsoir le St, bonsoir le Chien, le Chat[35], toutti quanti. Il me sied bien, croasseuse que [je suis]*ᵇ* de voler des expressions a cette adorable femme[36].

[*adresse :*] A Monsieur / Monsieur Dauphin, marchand / ruë du Chateau / a Lunéville

MANUSCRIT

Yale, G.P., VIII, 143-146 (D96); 3 p.; orig. aut.; cachet; m.p. : 8.

IMPRIMÉ

Showalter, p. 138 (extrait).

TEXTE

ᵃ Le ms : «intilité». *ᵇ* Déchirure, mais le fragment qui reste attaché au cachet est lisible.

NOTES

1. Mme de Graffigny emploie l'adjectif «joli» en lui donnant le sens maintenant vieilli de galant, d'intrépide (v. Littré). Évidemment l'adjectif est ici employé ironiquement.

2. Voir 117n12.

3. La princesse Louise-Élisabeth (v. 100n10).

4. La princesse Anne-Charlotte de Lorraine.

5. *Maximes et réflexions morales traduites de l'anglois* (v. 123n23).

6. Lettre du 27 avril 1739 (G.P., IX, 265-270).

7. Devaux : «Je passai chez Mde Rouot qui me montra votre lettre. [...] Sur ce que je luy dis que vous aviez toujours mal aux yeux, elle me charge de vous enseigner l'emplatre des Carmes.» (IX, 265.) L'eau de mélisse composée était également destinée à l'usage externe (v. 114n7).

8. Devaux : «Elle vous prie de luy acheter, quand vous aurez de l'argent dont vous ne saurez que faire, deux aulnes et demie de soie blonde large de deux doigts.» (IX, 265.)

9. Devaux : «Encor un autre de ses contes [de Solignac] : il lisoit il y a quelque temps devant le roy un endroit de Mr Rollin ou il dit que les rois ne doivent bastir que pour l'utilité publique et non pour la magnificence ni pour les plaisirs. Le roy l'interrompt et s'ecrie : ‹Ah, mon ami, adieu le Kiosque!› J'ay trouvé ce transport bien senti. Si vous devinez a qui ressemble le Baron du *Somnambule*, je le substituerai au Don Sanche de notre liste.» (IX, 265.) Le Baron du *Somnambule* (v. 96n26) est un homme très fier de sa maison. Le roi Stanislas avait lui aussi le goût des constructions et des embellissements. Sur la liste dont parle Devaux, et qui serait la clef pour déchiffrer les surnoms utilisés dans cette correspondance, c'est Stanislas qui est désigné par le surnom de Don Sanche. Celui-ci vient probablement de *Don Sanche d'Aragon* (1649) de Pierre Corneille, comédie héroïque dont le héros est également un roi sans trône. Le Kiosque était un petit bâtiment à la chinoise que Stanislas fit élever à la tête du grand canal dans le parc du château de Lunéville, où il dînait et couchait pendant les chaleurs de l'été.

10. Devaux : «Il faut que je vous conte une infamie du mari de Mousseline. [...] Quand les lettres qu'on luy ecrit ne sont ecrites que d'un costé, il dechire l'autre et s'en sert pour faire une enveloppe, en sorte que ses pacquets ont toujours une croix sur le dos.» (IX, 265.) Le mari de Mousseline est le duc Ossolinski, grand maître de la Maison du roi Stanislas.

11. Devaux : «Nous sortimes de chez Solignac pour aller voir La Barouliere. [...] Il nous parla de vous, me chargea de vous faire mille complimens, et me demanda votre addresse; il veut vous ecrire, et vous envoyer une lettre pour la princesse.» (IX, 266.) La Barolière est un des gentilshommes ordinaires de Stanislas (v. 36n13).

12. La duchesse de Richelieu, qui était une princesse de Lorraine.

13. Devaux : «Je luy dis [à Lubert] que vous aimiez mieux sa sœur que luy. ‹Oh, je vois bien ce qui en arrivera, s'ecria-t-il, elle couchera avec elle, et moy, pour me venger, je coucherai avec toy. Je lui manderai dans une lettre de huit pages que je luy prepare›.» (IX, 266.)

14. Pour cette allusion à une fable de La Fontaine, v. 103n15.

15. Ces commissions mystérieuses ont peut-être un rapport avec une lettre que Mme de Graffigny

hésitait à écrire en réponse à Mlle Lubert (v. le texte de la lettre 37 à la note 31).

16. Devaux fait allusion dans sa lettre à «*Gogo*, dont il [Lubert] m'a donné de la curiosité en me disant qu'elle faisoit un bruit etonnant dans Paris.» (IX, 266); v. aussi 113n27.

17. Devaux : «Je luy ai parlé de votre Mr Mariotte. Il vous repond de son caractere et de son esprit. Il dit que c'est ce qu'il vous faut pour vous amuser, que c'est un homme avide de nouveautés, et qui deterre tout ce qui se fait dans Paris. Quand vous voudrez le voir, vous nous donnerez vos ordres.» (IX, 266.)

18. Prononciation lorraine de sabrenauder : faire quelque chose de travers, l'estropier, travailler en apprenti plutôt qu'en maître (Trévoux, 1743); le sens ici est plutôt «malmener».

19. Devaux : «Je revins souper ici vis-a-vis mon cher pere et ma chere mere. Le Chien etoit dehors; j'eus une scene disgracieuse a son occasion. Il y a plus d'un an qu'il n'a rien donné de sa pension. Il est aussi embarrassé que jamais. Cela me desole.» (IX, 266.)

20. Devaux : «Dites-moy le nom de votre nouvelle femme de chambre. A-t-elle l'accent allemand? Je crois qu'il ne vous plairoit pas trop.» (IX, 269.) On apprendra plus tard que la nouvelle femme de chambre s'appelle Fanché (v. 132n7).

21. Devaux : «Mandez-moy si vous consentez a ce qu'elle entre chez Frosine en cas qu'elle la veuille.» (IX, 267.)

22. Devaux : «Gourouski luy a dit hier [à Liébaut] que La Vallée etoit a Manheim avec la Grande Michelle qui les avoit eté joindre a Blamont et avoit pris la place de la femme de chambre... Elles sont bien folles, mais le sont-elles jusque-là?» (IX, 267.) La Vallée n'a pas été identifié; la Grande Michèle est sans doute Béatrix Du Han de Martigny. Blamont est une petite ville fortifiée à 30 km de Lunéville. On ignore le motif de cette visite, et l'identité des autres membres de la compagnie. Sur La Vallée et la Grande Michèle, Devaux avait déjà écrit : «La Vallée est parti il y a quelques jours. On dit que la Michelle luy a donné un congé dans les formes parce qu'il a voulu pousser les choses plus loin qu'elle ne vouloit. Il etoit desesperé et fondoit en larmes. Elle etoit fort triste aussi, mais elle a tenu bon.» (10 décembre 1738, G.P., I, 361.)

23. Devaux : «Pourquoy n'avez-vous point soupé le mardi? Etiez-vous malade?» (IX, 267); v. la lettre 120, mardi soir.

24. Devaux : «Il n'y a point de Virgile que vous puissiez lire; nous le lisons en françois, et a part

moy je tasche de temps en temps de le dechiffrer en latin.» (IX, 267); v. le texte de la lettre 120 à la note 12. Pour la réponse de Devaux, v. 129n19.

25. Manne : une manière de panier grand et plat avec des anses à chaque bout, et où l'on met la vaisselle lorsqu'on a desservi (Trévoux, 1743).

26. Étang : on dit familièrement, ne voir plus qu'un étang, pour dire, ne savoir plus ce qu'on fait (Trévoux, 1743).

27. Devaux : «Quels premiers roles voulez-vous que le Ron joüé? Le roy ne veut point de tragœdie, elle n'en scait point dans le comique, et quand elle en scauroit, elle ne voudroit pas troquer. [...] Le Ron a pourtant joué et jouera demain Creüse.» (IX, 268.) Creüse est l'un des personnages de *Médée* (1635) de Pierre Corneille (v. le texte de la lettre 120 à la note 18). Devaux répondra : «Sur l'article de Clairon vous etes encor bien beste. Elle ne scait point de premiers roles dans le comique, on ne joüé point de tragique, et c'est de ceux-la qu'elle voudroit. Entendez-vous, tete de bœuf?» (5 mai 1739, G.P., IX, 291.)

28. Devaux : «Voyons qui est-ce qui etrangle ses phrases. Qu'est-ce que celle-cy : ‹Ma Sœur m'a envoyé ce matin et autre chose›?» (IX, 268); v. 120n19.

29. Devaux : «Et ce Mareuil, il est aussi tortuë que les autres. Je crois que les livres que vous m'envoyez ont la faculté de la torpille : ils engourdissent tout ce qui les approche.» (IX, 269.) Torpille : poisson de mer qui jette une humeur si froide qu'elle engourdit la main du pêcheur. Elle endort aussi les poissons dont elle fait pâture. (Trévoux, 1743.)

30. Il s'agit de la critique du livre du père Bougeant (v. 115n11).

31. Formation plaisante de Mme de Graffigny pour dire : créer un galimatias.

32. Comme on sait, il mourut au cours de la nuit du mercredi 29 avril.

33. Sans doute Hunauld.

34. Sur ce voyage projeté, v. 123, par. 4.

35. Clairon Lebrun (v. 116n16).

36. Mme de Sévigné, qui écrit à Mme de Grignan le 29 juillet 1676 : «Le maréchal de Lorges m'attaque sous le nom du chevalier de Grignan, enfin *tutti quanti* : vous savez ce que c'est que de recevoir un mot de tout ce qu'on trouve en chemin.» (lettre 531, *Correspondance*, Gallimard, Pléiade, 1974, II, p. 351.) Devaux répondra : «Si vous faites des excuses a Mme de Sevigné d'employer ses mots, que luy dirai-je, moy?» (5 mai 1739, G.P., IX, 289.) Tutti quanti : tous tant qu'ils sont (locution italienne).

125. à Devaux

Le dimanche apres-midi [3 mai 1739]

Je ne sais pourquoi je ne t'ecrivis pas hier soir, mon ami. J'avois un peu de colique et beaucoup de paresse. Je me couchai et me voila en retard. Car je vais souper chez la duchesse. Je ne pourai t'ecrire au retour. Je vais te donner tout ce que je pourai. Hier matin, je ne fis rien. Apres diner, Du Mai vint et l'abbé de Breteuil[1]. Ils m'ont expliqué ce que c'est que les Memoires de l'Assé[a]. C'est le Lassé St-Jus, pere de celui de la duchesse[2], qui de son vivant a fait imprimer des Memoires ou est l'histoire de son tems et de force intrigues. Il retira tous les exemplaire et les enferma dans une terre. Il en avoit donné a deux ou trois de ses amis, qui lui ont gardé le secret jusqu'a sa mort. A present, ils les pretent, mais je n'espere pas qu'ils parviennent jusqu'a moi. Sa famille c'est emparé du reste. J'espere que quelque bonne ame les fera imprimer en Holande. Le livre de Crebillon[3] est imprimé, mais on en a tiré si peu d'exemplaires qu'il est impossible d'en avoir. On dit qu'il fait parler les sophas, les fauteuils, etc. Autre confidence : le frere de Marton[4] m'a montré hier son portrait ou il se fait peindre en pelerin.

C'etoit pour me demander s'il etoit ressemblant, parce qu'il n'ose le dire a personne. C'est pour une belle madame qu'il aime beaucoup. Il est tres aimable. Il prend assés d'amitié pour moi a cause que je lui ai vidé une tracasserie qui lui importoit avec mon amie que je te nomerai quelquefois Constance[5]. Du Mai m'aprit hier la mort de Mr de Guise[6], arrivée mercredi. Je fus confondue de n'en rien savoir. J'ai ecrit ce matin a la duchesse. Elle vient de me faire une reponce tendre et me prie d'aller souper avec elle. Par bonheur, je suis frisée, atiffée. Mon Dieu, j'en tremble : son mari y sera sans doute. Je le crains horriblement. Je vais etre sotte, archi-sotte. Je n'ai que cela a [dire][b] de moi.

Je viens a ta lettre[7]. J'en ai recu une de Md. de Stainville que je lirai quand je pourai. Il y a dedans un memoire de Tavannes pour faire donner au chanselier par le moien de Ma Sœur, qui est tres tres tres amie de son fils ainée apelé Mr de Frene[8]. J'ai reçu aussi une lettre de Md. Du Chatelet, fort charmante. Elle part pour Bruxelle et me prie de ne pas l'y abandoner[9]. J'ai aussi reçu tout juste celle de La Barolliere. Je ferai sa commission, et je lui ferai reponce a la tiene[10].

Non, ma foi, je n'ai pas cru que c'etoit toi qui avoit ecri a Fanchon[11], car cela n'auroit pas eté possible : le tems ne s'y trouvoit pas.

Touron ecrit bien mieux qu'elle ne parle. Je compte bien t'envoyer ses lettres quand j'en aurai un paquet : cela t'amusera. Elle me mande que je n'aurai mon argent que dans un mois[12]. Que veux-tu que je fasse?

Il y a des choses, ou qu'on ne se lasse pas de dire, ou qui sont faites pour les repetition. Tu m'a deja mandé deux fois que la G. alloit recevoir Madame[13]. Tu le dis une troisieme, et le Professeur me le dit encore; mais je le remercie, lui : il assesone sa nouvelle. Grand merci, mon ami. Oui, tu me boue du lait. Hais autant que tu m'aime, je t'en aimerai bien davantage. Et la franchise est charmante[14]. Je ne t'en dirai pas davantage aujourd'huy parce que je n'ai guere de tems.

Je viens d'envoier les livres que je t'ai anoncés a Cassini, qui m'a fait dire qu'il partoit demain et qu'il ne pouvoit me dire adieu. *Mahomet* n'y est pas : j'enrage. Peut-etre le debitera-t-on demain. Cassini compte arriver jeudi[15], mais il ne sait pas le pouvoir de ce qu'il porte. Mais Solignac est fou de vouloir faire des feuille[16]. Il n'y viendra jamais. Elles auront le sort des *Amusemens du cœur et de l'esprit*[17].

Le livre que j'ai lu est un traité des tropes[18] par un sot. Je ne l'ai pas achevé. Je n'ai pas comencé Herodote[19]. Je n'ai pas de tems a demi[20] pour m'ennuier et t'ecrire.

Nous nous faisons donc bien du plaisir l'un l'autre. Car je suis enchantée que tu sois bien aise de mes rien[21]. Dubois t'a-t-elle montré les chantillons[c] de mes robes affin que tu m'habille en pensant a moi? Voila ce qui s'apelle des riens. Gardes-toi de le dire : on se moqueroit bien de nous. Mais en notre petit particulier, moquons-nous d'eux. Car ces miseres ne nous sont pas des distractions pour les choses essensieles, et elles ocupent notre amitié, sinon atentivement, du moins continument.

Le St est un menteur, le bon Dieu le sait; il m'a parlé des graces que Dieu lui faisoit[22]. Qu'il s'en souviene : nous etions assis sur le sopha aupres de la porte de la galerie a Comerci. Ah, s'il aloit devenir l'enfant du diable, la bonne capture!

Tu as raison, mon ami, j'ai eté plus resonnable autrefois. Mais je vous avois, mon Panpichon et tous mes chers amis. Or je ne suis seure ici d'aimer ny d'etre aimée. Sans cela, point de repos. Tout est amertume, meme le bien-etre.

Je suis desolée de ne pas voir Du Frene. Duvigeon me parla encore l'autre jour d'un diner qu'on me prone toujours et qui n'arrive pas[23]. Qu'i ferai-je? Je dis toujours que j'en meurs d'envie, et on reste la. Dis-lui bien, a ce pauvre Petit.

Enfin nous y voila donc, a ces vilains laquais. La le[ttre][d] que tu n'a pas reçue jeudi est la seule que je [n'ai][d] pas envoyé expres.

Nous sommes donc d'acort une fois en notre vie sur de[s][d] livres. Je pense comme toi de *Texerion* et de *L'Art et la nature*[24]. Il y a un petit accident : c'est que la preface n'est pas de Ma Sœur; elle est d'un de ses amis. Quel diable ce Mareil a-t-il donc fait en chemin?[25] Il m'a bien promi qu'il te veroit. Je lui ai promi de lui ecrire deux lettre la premiere, ou pour mieux dire, il me l'a ordonné. Je vais lui metre un «a» et un «b» dans une belle feuille de papier et lui envoyer. Voila la fin de mon rolet. Je te conterai demain le souper de ce soir. Adieu, il faut partir. Vois si rien peut m'empecher de t'ecrire. J'ai encore de la peine a me persuader que je suis a Paris et que j'execute ce que je t'ai promis tant de fois. Il me semble que je rêve.

J'envoyerai demain faire tes complimens a Venevaut. Adieu, mon ami. Je t'embrasse de tout mon cœur. On dit que Mr de Guisse laisse pour huit cent mille livres de depte[26].

[*adresse :*] A Mademoiselle / Mademoiselle Lebrun, l'ainée / comediene de S. M. le roi / de Pologne / a Lunéville

MANUSCRIT

Yale, G.P., VIII, 147-150 (D97); 3 p.; orig. aut.; cachet; m.p. : 8.

IMPRIMÉ

Showalter, p. 139 (extraits).

TEXTE

[a] Lassay. [b] Omis par inadvertance. [c] échantillons. [d] Déchirure, mais le fragment qui reste attaché au cachet est lisible.

NOTES

1. Le frère de Mme Du Châtelet (v. 62n20).
2. Le marquis de Lassay, l'auteur des Mémoires (v. 31n17 et n18, 120n24 et 135n12) était le père de Léon de Madaillan de Lesparre, marquis de Lassay (1683-1750), militaire, qui avait eu une liaison avec Marie-Anne de Bourbon-Conti (morte en 1720), épouse de Louis-Henri, duc de Bourbon (1692-1740), premier ministre de Louis XV (1723-1726). Par l'expression de style très familier, «celui de la duchesse», Mme de Graffigny veut dire : le Lassay que l'on a coutume d'associer à la duchesse.

3. Voir 120n21. Il doit s'agir du *Sopha*, bien qu'aucune édition antérieure à celle de 1740, édition subreptice, ne soit connue des bibliographes. On sait pourtant que cet ouvrage avait circulé sous le manteau bien avant sa publication (v. E. Sturm, édition de *L'Écumoire* de Crébillon, 1976, p. 55).

4. L'abbé de Breteuil; Marton est le nouveau surnom de Mme Du Châtelet (v. 102n62).

5. Ce nouveau surnom de la duchesse de Richelieu est celui de l'héroïne du *Préjugé à la mode* de La Chaussée.

6. Voir 122n12 et 124n32.

7. Lettre du 28-30 avril (G.P., IX, 271-274).

8. Henri-François d'Aguesseau (1668-1751) était chancelier de France de 1717 à 1750, malgré plusieurs disgrâces. Le deuxième de ses quatre fils était Jean-Baptiste-Paulin d'Aguesseau de Fresnes (1701-1784), dont la première femme, Anne-Louise-Françoise Dupré, est morte en 1737; il se remariera en 1741 à Marie-Geneviève-Rosalie Le Bret.

9. Le manuscrit de cette lettre, qui date du 28 avril 1739 (v. Best. D1996), est passé à la vente Charavay du 18 décembre 1981. Le catalogue de vente en résume ainsi le contenu : «Mme de Chambonin assurera à Mme de Graffigny [au nom de Mme Du Châtelet] qu'elle n'est pas oubliée; [Mme Du Châtelet] va partir pour les Pays-Bas, afin d'y régler des affaires d'intérêt. ‹J'espère que vous ne m'abandonnerés pas dans les marais de Bruxelles.› Elle a la félicité d'être protégée par la duchesse de Richelieu; le duc a mandé à M. de Voltaire ‹que l'épître sur l'homme et celle sur le plaisir couraient manuscrites et qu'il craignoit qu'on ne cherchat à les empoisonner... Avez-vous un peu ouï parler de mon mémoire sur le feu : je ne ferois point cette question-là à un autre, mais j'espère que votre amitié le permet.› Elle luy recommande son frère, l'abbé de Breteuil, grand vicaire de Sens; lui parle de M. de Guise, de M. de Richecourt, du grand duc et de la grande duchesse de Florence. ‹J'ai reçu une lettre charmante de Mme Lixin, je crois que nous allons nous raimer.› [Mme Du Châtelet] va louer pour trois ans l'hôtel Lambert qu'elle avait acheté; Voltaire se rappelle au souvenir de Mme de Graffigny; elle lui parle aussi de Desmarets.» Sur le procès de Flandre, v. 60n8; sur les épîtres de Voltaire, v. 61n42 et 62n21; sur la *Dissertation sur la nature du feu* de Mme Du Châtelet, v. 63n53. Le grand-duc de Toscane est François-Étienne, ex-duc de Lorraine. Sur Mme de Lixin, maintenant marquise de Mirepoix, v. 25n18. Sur l'hôtel de Lambert, v. 100n2.

10. Voir 124n11; Mme de Graffigny veut dire qu'elle répondra directement aux compliments que Devaux lui avait transmis de la part de La Barolière.

11. Devaux : «Vous croyez apparemment que c'est moy qui ai mandé vos arrangements a Fanchon. Je luy ai ecrit deux ou trois fois depuis quelque temps et je vous jure que je ne me souviens pas de luy en avoir dit un mot.» (IX, 271); v. 121n4; Fanchon est Mlle Frassinetti.

12. Devaux : «Oh, mais secouez-vous un peu et parlez net a Toutron! Vous avez plus besoin d'argent qu'elle! Ecrit-elle bien? Que fait-on a

Cyrei?» (IX, 271); v. le texte de la lettre 121 à la note 5.

13. Devaux : «Madame passe le 4 a Marainville; la dame est partie ce matin pour aller l'attendre.» (IX, 272); il en avait déjà parlé le 25 avril (IX, 262). La duchesse douairière de Lorraine allait à Stockach pour voir son fils François-Étienne, grand duc de Toscane, avec lequel ses rapports étaient quelque peu tendus. Elle s'arrête à Marainville, chez la comtesse de Granville, pour éviter de passer par Lunéville; le roi Stanislas aura la courtoisie d'aller à sa rencontre à Haroué, château des Beauvau-Craon, tout près de Marainville. Les journaux de Nicolas et de Durival racontent ce voyage, qui fut un événement pour les Lorrains.

14. Le 30 avril Liébault avait écrit à Mme de Graffigny : «La dame au grand nés est allé dans son marquisat pour recevoir Madame, qui doit y coucher et pour faire les honneurs du logis. Elle a pris avec elle tout l'equipage garnisonnier, car notre pauvre Grand n'en est plus. Que je suis charmé de trouver l'occassion de luy faire cette petite mechanceté, et a vous ce plaisir, car je crois que sans vanité cela 's'appelle vous bouillir du lait.» (B.N., n.a.f. 15579, f° 137v.) Bouillir du lait à quelqu'un : être agréable à quelqu'un en paroles ou en actions (v. 58n31). Tavannes semble avoir été l'amant de Mme de Grandville, mais comme il n'a pas encore reçu la permission de rester à Lunéville, il ne peut pas l'accompagner à Marainville (v. 120n13). Mme de Graffigny, qui est fâchée contre Mme de Grandville, prend plaisir à la voir ainsi mal traitée.

15. Ce jeudi sera le 7 mai, mais Cassini n'arrivera en Lorraine que le 16 (lettre de Devaux du 16 mai, IX, 313).

16. Devaux : «[Solignac] veut faire absolument une feuille periodique. La premiere est achevée. Il y a de fort bonnes choses. Il vouloit absolument m'y fourrer.» (IX, 272.)

17. Les *Amusemens du cœur et de l'esprit* ont paru d'abord en 1734; les cinq feuilles de cette année sont l'œuvre d'Étienne-André Philippe de Prétot (1710?-1787), qui donnait des cours d'histoire, de géographie et de belles-lettres dans des maisons privées et plus tard à l'École Militaire, collaborait à des entreprises d'édition, et publiait des périodiques. En 1736 et 1737, François Bruys (1708-1738) a publié encore quatre feuilles. Enfin de 1741 à 1745 paraîtront de *Nouveaux Amusemens du cœur et de l'esprit*, édités par Philippe de Prétot. Devaux l'avait probablement connu en 1734, et avait peut-être même voulu collaborer à ses feuil-

les. Mme de Graffigny le verra assez souvent quelques années plus tard.

18. Du Marsais, *Des tropes* (v. 121n13).

19. Dans la traduction de Pierre Du Ryer (v. 121n14).

20. Pour cette expression, v. 123n22.

21. Devaux : «Mon Dieu, chere amie, que tous vos petits details me font de plaisir. Vous ne scauriez croire combien j'ay de satisfaction a vous suivre a chaque quart d'heures jusques dans les moindres riens; outre le charme de scavoir tout l'employ de votre temps, je gouste encor la joye d'etre enhardi a vous mander toutes les niaiseries dont mes lettres sont pleines.» (IX, 272.)

22. Devaux : «[Le St] dit que vous etes une menteuse, qu'il ne vous a jamais parlé de ses graces nocturnes.» (IX, 274); v. 121n17.

23. Devaux : «St-Lambert [...] me demande a cor et a cri des nouvelles de sa tragedie. Il en dit luymeme presqu'autant de mal que vos sots. Je luy manderai que je ne scaurai luy en rien dire que vous n'ayez vu Dufresne et qu'il ne tient pas a vous que vous ne le voyez.» (IX, 274).

24. Devaux : «Nous sommes enchantés du conte [*Tecserion*] et surtout de la preface, qui est une des plus jolies choses que j'aye vuës. [...] La comedie [*L'art et la nature*] me paroit assez bonne, mais il me semble qu'elle ne vaut pas encor celles de Boissi dans ce genre.» (IX, 274.)

25. Devaux : «Mareuil est enfin arrivé d'hier.» (IX, 274.)

26. La duchesse de Richelieu écrira à Stanislas le 17 juin 1739 : «Monsieur de Guise laisse cent cinquante milles livres de rentes, y compris les dix que Votre Altesse Royalle a bien voulu luy donner en luy retirant Beaumon. Sur cela il doit seise cent mille francs à des particuliers et quatorze cent des reprises de mademoiselle de Bouillon et de moy du bien et des legs de nos mères : ainsi mon frerre n'aura tout au plus que antre quarente à quarente cinq mille livres de rentes parce qu'il y a à peu pres cela de biens substituée de Madame de Guise et madame la princesse d'Harcourt» (Vienne, Österreichisches Staatsarchiv, Lothringen Hausarchiv 123/476.) Sur Mlle de Bouillon, nièce de la duchesse, v. 126n10; sur son frère, le prince d'Harcourt, v. 126n2; sur sa mère, Mme de Guise, v. 138n21. La princesse d'Harcourt, grand-mère paternelle de la duchesse, était Françoise de Brancas (morte en 1715), fille et héritière du comte Charles de Brancas; elle avait épousé Alphonse-Henri-Charles de Lorraine, comte de Montlaur, prince d'Harcourt (1648-1719).

126. à Devaux

Le lundi [4 mai 1739]

J'ai bien des belles choses a te dire, mon ami, de ma soirée d'hier. Premierement, quoique je me fusse attendu a trouver Mr de Richelieu, je n'en fus pas moins deconsertée. Elle me presente. Il me fait force complimens. Je marmotte mille betises, dont par bonheur on entent que la moitié. Je ne me remet point. Arrive un homme d'affaire qui les ocupe, et me voila tirée d'embaras. Mais c'est bien comme Arlequin. Si je n'esperois dans la suitte badiner de mon embassade, j'en mourrois de honte. Je ne m'en soussie pas trop. La duchesse m'a un peu grondé. Tout cela n'est rien, et ce n'est pas le beau. Mr de Richelieu sort; avant de sortir, il m'enseigne un logement qui va etre vacant. Il me dit qu'il envera le retenir. Je repond un peu mieux. Ma foi, guere. Le voila sorti. On me gronde. Arrive le prince Charle [1], qui est tuteur du prince de Guise [2] et qui fait des merveille. Apres avoir parlé d'affaire, on parle d'autre chose, de nos princes, de notre cour. Me voila charmée. J'ai senti dans une heure qu'a duré cette conversation tous les jeux de l'amour de la patrie. J'etois a mon aise. Il me sembloit etre chez nous. Le prince

Charle me tient a quelque chose. Il m'est cher. Le petit Guise, la duchesse, je ne voiois en eux que mes maitres et mes maitre familiarisé avec moi. J'ai eu veritablement du plaisir. D'ou vient-il? Esse habitude de vivre avec ces gens-la? Lassitude des façon bourgeoises qui m'exede? Ou simpliment prejugé? Je n'en sais rien, mais j'etois bien aise. Au milieu de[a] cet entretient, on ouvre les deux batants. De la part de Monseigneur le Dauphin[3] entre un beau Mr bien doré qui [fait] son compliment et se retire. La duchesse le conduit jusqu'a l'entichambre, et on recommence a causer. Le prince Charle sort. L'homme d'affaire y etoit toujours. On parle de lever le selé a Arcueil[4] parce que le duc et la duchesse veullent y aller prendre le lait. Elle me dit: «Vous y viendrai du moins.» Elle s'aproche de moi et me dit tout bas : «C'est notre affaire; on vendra les meubles. Vous verez ceux qui vous conviendront, et je les prendrai sur ma part.» Cela n'est-il pas charmants? Mais les façons sont au-dela de tout : c'est «ma chere amie» partout. Un Mr le comte de Croissi[5] y est venu souper. Apres souper toutes sorte de matieres ont eté traitées. Je jase. Ce Mr qui est deja vieux et familier demande a la duchesse ou elle m'a prise. Elle dit des choses que je suis honteuse de repeter : que c'est pour elle que je suis a Paris, si elle n'est pas bien heureuse de pouvoir compter sur l'amitié d'une femme comme moi. Je n'ose en dire davantage. Tout cela assesoné de la gaieté, des gentillesses et des graces. Je lui dis que je vais a Versaille et que j'irai voir cette dame qui a été sa gouvernante[6] et qu'elle aime toujours. Elle me repond : «Vous etes charmante, car c'est pour moi que vous l'aimez. Mais je veux lui ecrire que vous etes un autre moi-meme, affin qu'elle vous recoive comme telle.» Tout cela ce dit devent cinq ou six personnes qui soupoient la. Peut-on mieux faire? On dit que la princesse de Conti[7] est morte. «Qu'es que cela nous fait?» dit-elle. Je dis : «Cela me fait a moi qui vais a Versaille.» Elle m'entent, parce que je lui avois mandé que je n'osois lui aller faire compliment sans etre en deuil. Elle se met a rire, et ne repond rien. En sortant, a deux heures et demi, elle m'enbrasse et me dit tout bas : «Ne vous avisé pas d'etre en peine pour votre deuil. Vous en aurez, compté la-dessus et n'acheté rien.» Effectivement, Md. Babaud a eu la bonté de venir m'eveiller a neuf heures pour me dire que Mr Masson lui mandoit que je ne pouvois pas y aller sans etre en deuil. J'etois furieuse et du compliment et de me reveiller pour cela, sachant que je devois m'etre couchée matin. Cela est drole de courir une lieu dans Paris la nuit toute seule. La duchesse me recommenda bien de ne rien donner a ces gens, et je luy ai obei, da. Il y avoit cependant un laquais qui auroit, je crois, autant aimé n'avoir point de flambeau. Tu veux des details, mon ami? En voyla. Au reste, le prince de Guise est charmant de figure et me paroit avoir beaucoup d'esprit. Bien eloigné des maximes de son pere[8], il plassa hier deux ou trois traits de l'honnete homme le plus humain, et tout simplement pour repondre, sans avoir l'air d'y avoir pensé. Il a une justesse dans l'esprit qui m'a surprise. Mais l'air gauche, point poli enfin, comme quelqu'un qui a eté negligé. Cependant aucun air de hauteur ny de grossiereté, mais de negligence. Je crois qu'il y a de quoi faire un grand sujet.

Les affaires de Mr de Guise sont dans un desordre epouvantable[9]. J'ai vu hier la fille de Md. de Bouillon[10] qui a dix ans, grande comme le petit Solignac[11] et faite comme lui au visage pres, qui n'est point joli. Mais elle a l'esprit des bossus.

Je viens de recevoir une lettre du D. Il dit qu'il viendra ce soir, qu'il ira mercredi a St-Germain, et s'en retournera vendredi a Senlis. Il me paroit exedé de ses affaires.

Le mardi soir [5 mai 1739]

Tu n'as rien eu de moi hier. Le Docteur passa la soirée ici, et tu sais que les premiers vont devent. Il est exedé de ses affaire, et il me semble qu'il en a encore pour lontens. Il a vu ce Ponpoint[b][12] dont il se fesoit une si grande feste. Ce n'est pas la ou il se fera un gite. Il est trop absolument desert, entre deux montagne qui le touchent, et point de vue du tout. Il y a des biens et des maisons en sept endroits; ainci, quand il aura tout vu, il tachera de choisir. Je ne l'ai pas vu aujourd'huy. J'espere encore qu'il viendra en sortant de souper chez son oncle, sans quoi j'en serai en peine, car je suis toujours sotte. Je t'ecris en l'attendant. Il t'embrasse. Quand je lui dis hier ce que la duchesse m'a dit, il cria vite : «L'avez-vous mandé a Panpan?»

J'ai recu ta lettre[13] qui ne me plait pas, mon pauvre ami. Tu es quasi aussi sot pour moi que je suis sotte a present. Pourquoi donc te chagriner quand la poste manque? Cela me fait une vray peine, quoique mon amitié en soit bien flatée. Je te tourmente assés d'allieurs sans que tu le sois encore inutillement. Tout ce que tu as fait est bien fait, mon ami[14], mais comment remerciera-tu ta chere mere de toutes les peines qu'elle se donne pour moi? Je voudrois la tenir : je l'embrasserois tant qu'elle veroit bien que je ne suis pas une ingrate. Dis-lui donc les choses les plus tendres et les plus reconnoissantes de ma part. Tu ne saurois aller trop loin que je ne sente au-dela. Je ne saurois voir a present si j'ai la transaction. Mes papiers sont encore cacheté. Je ne saurois ou les mettre si je les desserois. Qu'importe, cela ne m'est pas necessaire. Et d'allieurs si j'en avois besoin, le procureur d'ici l'a sans doute. J'ai honte de te voir inquieté pour des niaiseries comme cela. Si je ne l'ai pas, ce n'est qu'une copie facile a ravoir. Je crois avoir la mainlevée[15] des religieuse. Pourquoi donc t'en inquieter? Je ne te l'ai pas demandée. Je devrois te remercier aussi, mon Penpichon, mais tu gronde quand je te parle de ma reconnoissance; ainci je ne[c] dis mot, mais je sens.

Comment, ce pauvre avocat[16] dont tu m'as tant parlé est mort? J'ai une pitié affreuse de sa pauvre famille et de luy.

Il n'y a plus rien dans ta lettre qui demande reponce, et je vais finir car aussi bien je ne sais pas ce que je dis. Bonsoir. Si tu etois la, tu me gronderois bien. Ne voila-t-il pas que je me suis trompée de feuille? Je ne sais comment j'accomoderai tout cela demain.

Le mercredi [6 mai 1739]

J'arrive des Invallides[17]. J'en suis dans l'enchantement – il faut te le dire avant toute chose. Ah, que cela est beau, que cela est magnifique, admirable, enfin divin!

Je ne parle que du dome du moins. Car quoique le batiment soit beau et tres beau, il ne*d* m'a pas surpris. Mais ce parquet de marbre, je n'en puis revenir, non plus que des peintures. Tu le connois, c'en est assés. Je n'ai pas a me reprocher de n'avoir pas pensé a toi, car j'ai dit au D. qui me donnoit la main : «Pauvre Penpichon qui a eté ici! s'il y etoit, quel plaisir!» Et puis il a fait chorus. Il ne vint point hier, ce D. Il dit qu'il est venu et que le portier dormoit : je n'en crois rien. Il a eté tout le matin ici; il y a diné. Apres diner, il devoit aller a St-Germain. Md. Babaud et moi, nous devions aller au Palais[18] que je n'avois pas encore [vu]*e*. Il a envoyé au diable St-Germain, et il est venu avec nous. Je l'ai donc vu, ce Palais. Ah, qu'il m'impassiante! Je n'y veux plus aller; ces brailleuse me chagrine. Les boutiques des bijoutiers m'ont amusé a cause des magots et des porcelaine. Le D. m'a acheté deux petits pot de pomade en bien priant pour un petit ecu, et Md. Babaud un etui de 24 sols. En sortant, nous avons deliberé lontems pour savoir ou nous irions. Enfin c'a eté aux Invalides, dont je suis fort aise. Le D. est allé faire un tour; il revient souper ici. Il n'ira que demain de grand matin chez sa tante.

Je ne crois pas ajouter a cette letre, mon cher ami. Ainci bonsoir. Je t'embrasse mille fois. Tu sais comme je t'aime.

Pourquoi donc fais-tu des complimens a Venevaut a propos de bottes? J'ai cru que c'etoit comme a Ma Sœur[19]. Cela m'a inquieté pour neant[20].

[*adresse :*] A Monsieur / Monsieur De Vaux, le fils / ruë du Chateau / a Lunéville

MANUSCRIT

Yale, G.P., VIII, 151-154 (D98); 3 p.; orig. aut.; cachet; m.p. : 8.

TEXTE

a Le ms : «ce». *b* Lecture incertaine : probablement «Pon[t]point». *c* Le ms : «ne je». *d* Le ms : «me ». *e* Mot omis par inadvertance.

NOTES

1. Charles de Lorraine (v. 47n18); ce n'est pas Charles-Alexandre, frère de l'ex-duc François-Étienne.

2. Le frère de la duchesse de Richelieu, Louis-Marie-Léopold de Lorraine, prince d'Harcourt (1720-1747), devenu prince de Guise depuis la mort de son père.

3. Le Dauphin a 10 ans à cette époque (v. 55n26).

4. Après la mort de M. de Guise, pour régler la succession, on a mis les scellés sur une propriété que la famille de Guise possédait à Arcueil, petit village au sud de Paris sur la Bièvre.

5. Louis-François-Henri, comte de Croissy (1677-1746), neveu de Colbert, qui s'illustra à la guerre puis, en 1715, devint ambassadeur de France en Suède.

6. Non encore identifiée.

7. Marie-Anne de Bourbon (1666-1739), appelée Mlle de Blois, fille légitimée de Louis XIV, mariée à Louis-Armand, prince de Conti (mort en 1685). Selon le *Mercure* : «Le 5 may, le Roy prit le deüil pour la mort de la Princesse de Conty, première doüairière, que S. M. quitta le 26» (mai 1739, p. 1028).

8. Le président d'Hénault décrit la demeure du père de Mme de Richelieu comme «une maison de bohémiens», et il ajoute : «Par égard pour les descendants de M. et Mme de Guise, je n'entrerai dans aucun détail : je dirai seulement que le mari et la femme étaient le scandale de Paris, dans un siècle où l'on n'y est pas fort difficile : et qu'ils n'avaient rien à se reprocher l'un à l'autre.» (*Mémoires*, p. 123-124.)

9. Voir 125n26.

10. La sœur aînée de la duchesse de Richelieu, Louise-Henriette-Françoise de Lorraine (1707-1737), épousa en 1725 Emmanuel-Théodore de La Tour d'Auvergne, duc de Bouillon (1668-1730); elle était sa quatrième femme. Ils avaient une fille, Marie-Sophie-Charlotte (1729-1763),

qui épousera en 1745 Charles-Juste, prince de Beauvau (1720-1793), de l'illustre maison de Beauvau-Craon, plus tard maréchal de France, grand maître de la maison de Stanislas et membre de l'Académie Française; il fréquentera le salon de Mme de Graffigny à Paris aux alentours de 1750.

11. Pierre-Joseph Solignac (v. 99n23).

12. Pontpoint est une petite commune de l'Oise près de Senlis qui fera partie des biens de François-Antoine Desmarest (v. le contrat de son premier mariage, M.C., XXX, 277, 20 février 1740).

13. Lettre du 1er-2 mai 1739 (G.P., IX, 275-278).

14. Devaux a trié les papiers de Mme de Graffigny et, à l'aide de sa mère, a emballé quelques affaires pour les lui envoyer (IX, 277-278).

15. Mainlevée : un acte qui ôte l'empêchement résultant d'une saisie, d'une opposition, etc. (Littré).

16. Devaux : «C'est un autheur lorrain que je n'avois jamais lu; c'est un poete nommé Bréyé, avocat a Nancy et qui est mort sur la paille.» (IX, 275-276.) François-Xavier Bréyé (1694-1736), poète et avocat lorrain, auteur du *Traité du retrait féodal* (1733), *Amusemens* (1733), et de poèmes de circonstance pour François III.

17. Hôtel fondé par Louis XIV, construit par Bruant et ouvert en 1676 pour recevoir les soldats devenus invalides au service du roi. Le dôme est l'œuvre de Mansart.

18. Le siège du Parlement (v. 122n8).

19. Pour les compliments à Mlle Lubert, v. 121n7-8. Ceux qu'il envoie à Vennevaut ne se trouvent pas dans la lettre du 1er-2 mai, et ont dû être écrits sur une feuille séparée.

20. Pour néant : pour rien (Littré); locution vieillie.

127. à Devaux

Le jeudi 7 may [1739]

Il y a quelque chose que j'ai oublié de te mander hier et dont je ne puis me souvenir, qui me fait enrager. Alons toujours : sy elle revient, elle densera. Le D. soupa avec nous. Nous jouames au trictrac. Je ne le vis point en particulier. Apres diner, nous avons encore joué avec un commi[1] qui a diné ici. Par parentaise, je joue si bien a present que j'ai honte de la façon dont je jouois avec toi. Comme on rougit des ignorances de sa jeunesse! Ah, voici ce que j'ai oublié de te dire hier : c'est que la duchesse m'envoya de fort beau ras[2] de St-Maure pour une robe. Apres diner, j'ai eu la visite de Du May et de St-Piere[3] qu'il m'a amené. Ensuite celle de Mr de Viré[4] qui part demain et a qui je n'ai rien donné parce que j'ai un livre[5] que je veux qui vole. Je le metrai demain a l'adresse de Solignac. Tu ne saura ce que c'est qu'en le lisant. Ensuite est venu l'abbé de Breteuil, qui m'a trouvé un logement chez une vielle parente a lui ou il me semble que je serai bien au cas que celui dont Mr de Richelieu a parlé manque[6]. De la nous avons eté au Tuilleries, pour la première fois... encore n'ai-je rien vu. Md. Babaud s'etoit figuré, je ne sais pourquoi, qu'il n'y avoit personne. Il y avoit quatre cent mille ame! Elle avec son habit de veuve et moi sans etre en deuil[7], nous nous sommes promenées un tour dans un allée a coté de la porte d'ou je n'ai presque rien vu. Il me semble cependant que cela est bien beau, et me donne grande envie d'y retourner. Voila toute ma besogne. Je n'ai point soupé parce que mes etourdissemens me persecutent toujours.

Il y a lontems que tu ne vois pas Ma Sœur, ny moi non plus. Elle a eté a la campagne et n'est revenue qu'hier.

Venons a ta letre[8]. Tout ce que tu dis de Mareil[9] est charmant. Je sais un gré infini aux gens qui te signifie mon amitié. Je l'avois assuré que tu ne l'irois pas voir a cause de ton ourserie[10], et qu'ainci il faloit qu'il ala chez toi. Il faut dire la verité, il me chanta pouille de lui prescrire une chose qu'il avoit envie de faire pour lui et non pas pour moi. Tu as bien raison, les œuf frais ne sont aperçus que par les yeux de la haine[11]. La grosse tracasserie est execrable[12].

On dit que Mr de Pontevel[13] n'a nule part aux *Ecosseuses*. Pour Mr de Maurepas, cela est sure. C'est le Grand Priuer[14] et je ne sais qui. On parle des *Etreine de la St-Martin*[15], mais elle ne paroissent pas encore.

Voici Melle Dubois. Elle m'avoit dit tout ce qui te touche si fort[16]. Elle m'avoit dit aussi que la G. en avoit une autre. "Il n'est donc pas vray?"[17] Je ne repugne pas a lui paier le voyage de Remiremont[18]. Assurement c'est une bagatelle dont je lui aurois tenu compte. Mais puisqu'elle dit tant de belle chose, t'as-t-elle dit que je ne devois lui donner que 25 ecus et que je l'ai payée sur le pieds de cent livres? Je veux bien que tu lui donne le panier que j'aimerois autant que tu eusse envoyé, puisqu'il auroit couté deux sols de plus et qu'on ne sait ou rien mettre. Mais pour le mantau de lit, je ne le veux pas, ce sont mes amours. Il m'en faudroit une autre. Je suis bien fachée que tu ne l'ai pas envoyé[19]. La mousseline passe; garde-le. Mareil ou un autre me le raportera au mois de septembre. Puisque je parle de balots, je veux dire ma ratelée[20]. Je suis furieuse qu'il n'y ait pas une bouteille de Sonnini[21]. Pardi, Md. Rouot ou Lubert t'auroit bien preté un ecu. Il faut profiter des ocasion. J'aurois renvoyé de la blonde a Md. Rouot pour son ecu[22]. Ah, pour le coup, ton amitié n'est point ingenieuse. Je ne vois point mes trois jates de Japon. Est-ce que le D. ne te les a pas remises? Je mourois d'envie de les revoir puisqu'elles ne sont pas vendue[23]. Je ne sais pas ce que je dois de marchandise a la Mathieu[24]. Qu'elle m'envoye le memoire, et je ferai une delegation particuliere. Je n'entens rien a ce que tu dis qu'il n'y a pas assés pour elle. Il me semble qu'il y avoit cent livres de plus que je n'ai delegué, et je ne crois pas lui devoir tant. Ne crains pas, je t'assure que cela ne me chagrine pas. Je trouve les saisies fort bien.

Je ne sais rien de l'affaire d'Atis[25]. Tout Ron m'a mandé il y a plus de 15 jours qu'elle etoit finie, et Marton[26] me mande il y a deux jours qu'elle espere qu'elle finira bientot. Le frere[27] ou ne s'en mele pas, ou fait le misterieux. Constance[28] n'en sait pas un mot, par consequent ny moi non plus.

Oh vraiment non, on ne parle plus de l'encien mariage[29]. Je crois que Javotté peut s'en torcher le beq[30]. Le Franc, qui a moins de vent dans la tete pour ne pas dire point du tout, a, je crois, changé ces vue-la, car on ne veut plus des conditions egalles.

Il est tres vray que l'oncle du D. est un abominable homme. Il l'a vu avant-hier. Il paroit radouci, mais il est si faux qu'il ne faut compter sur rien. Le detail seroit trop long[31]. Il lui a fait signer qu'il laissoit la charge a son frere pour huit mille francs. C'est un bon coup. Il sera etabli du moins. Tu ne saurois croire avec quel desinteressement il travaille pour lui. C'est un vray pere. Cela m'edifie fort. Il devoit revenir ce soir. Je l'atens et, comme le portier est couché, ma femme de chambre est sur l'escalier a ecouter quand il frapera. Je crois qu'il ne viendra pas, car il est pres de minuit. A propos, tu ne sera peut-etre pas assés sot pour etre embarassé de l'adresse parce que je vais a Versaille : on me renvoyera les lettres. Ecris toujours ici. Nous partons toujours samedi.

Je crois que l'amitié de Machi est tres vray[32]. Il est un modelle parfait de douceur. Je crois qu'il est penetré de la maxime de[b] prendre les hommes comme ils sont. Cela peut venir aussi d'un principe d'indiference; je n'en sais rien. Mais je mourrois bientot a sa place.

Le vendredi apres le soir [8 mai 1739]

J'ai passé la matinée avec Ma Sœur a parler du memoire de Tavanne[33]. Mon Dieu, reccommende-lui encore, comme je fais dans ma letre, de ne pas faire de plaisanterie sur cette recommendation. Elle est extremement jalouse de sa reputation et ne les pardonneroit pas, d'autant plus qu'il n'y a rien et que, comme ils sont ami, il seroit aisé d'y donner un autre tour, ce que personne ne s'est encore avisé de faire ici. Cela me feroit un vray chagrin, entens-tu? Sermonne-le, ce Tavanne; je crains ses imprudence.

Comme j'avois dit que si Venevaut venoit, on me l'envoya, il y est venu. Ma Sœur a eté fort aise de faire connoissance avec lui. Elle lui a montré de ces barbouillages. Elle entent tres bien le dessein et copie des tableaux. Elle est pleine de talens.

Apres diner, j'ai lu haut les trois-quart du livre que je t'envoye. C'est [...][c] – tu n'en saura que cela. Et tu ne saura rien : j'effasse le nom de l'auteur. Je veux que tu le devine[34]. A cinq heure, l'abbé de Breteuil est venu nous prendre pour aller voir la maison de sa sœur. Nous avons par ce moien fait une bonne trote dans Paris. Nous avons eté areté bien trois-quart d'heure dans un embaras. Nous le voions defiler : cela m'amuse beaucoup. Il a bien passé trente carosse avant que nous pussion avancer. J'ai vu deux madame pretes a culbuter. Ces choses-la m'amusent beaucoup.

Le Docteur n'est pas revenu. Je crois qu'il est reparti. Bref, je ne l'ai pas vu.

En attendant que j'aye autre choses a te mander, je te vais conter ce qui est arrivé a un village pas loin d'ici. Un paiisant, voulant voler un cochon a son curé, monta et dessendit par-dessus la muraille de la basse-cour, musela le cochon, l'egorgea et lui mis une corde au col. Regrimpé sur la muraille, de crainte que la corde ne lui echape, il se la passe au col, et maladroitement il fait un nœud coulant. Du haut de la muraille, il se met a tirer son cochon... le pied lui glise, il reste pendu, ce qu'on apelle pendu. Le lendemain, on trouve le cochon pendu d'un coté de la muraille, et lui de l'autre. Ne voila-t-il pas une belle histoire? C'est de Machi. Il n'etoit pas trop necessaire de te la dire avant de te parler de tes vers. J'ai fait ton colporteur sans ta permission : Venevaut a vu tes [...][d] epitres et les trouve charmante. Ce n'est pas afaire [a lui][d] a critiquer. Cependant il a trouvé comme tout le monde trop d'allegories. Il a dit de bonne fois qu'il n'y entendoit plus rien. Je trouve ton envoy a Tavanne charmant. C'est peut-etre ce que tu a fait de mieux en ta vie. Un seul mot me deplait, c'est «sans en bailler»[35]. C'est une negligence que je voudrois que tu raccomodasses. En verité, cela est extremement joli.

Il s'en faut bien que je ne trouve le fragment si joli[36]. Premierement, tu ne fais pas assés sentir que c'est la connoissance de sois-meme qui rend Laure[e] de mechante humeur. Lise rit a sa beauté, cela est naturel, mais il faudroit donc exprimer mieux que son ignorance fait son bonheur. Peut-etre ai-je tord. Mais cela ne me paroit que craioné, et confusement. Je ne puis exprimer autrement ce que je sens.

«Sourde aux noires horreurs», etc, y compri «elle pardonne meme au visse qui la gene», etc. Cela est pour moi indechifrable. J'ai relu quatre fois, et je n'y entens rien, mais rien du tout. Je ne me doute pas meme de ce que tu veux dire. Je te fais peut-etre de la peine, mon ami. Mais tu veux que je te dise ce que je pense, et la flaterie est, je crois, banie de chez nous. Cependant, je veux que je la fasse, cette epître, car c'est un caneva admirable. Mais la comedie... J'ai dit a Venevaut ce matin que tu allois travailler. Mon Dieu, debarasse-toi donc de mes persecutions, car je ne les cesserai pas.

Je ne veux point faire d'envelope. Tu trouvera dans le livre trois cure-dens pour la bonne mamant, et des echantillon de gros de Tour : quatre livres dix, et 4^{lt}15 sols[37]. Voila aussi un echantillon de petites etoffe a la mode et dont les hommes s'habillent aussi bien que les femmes. C'est a 5^{lt}. J'ai trouvé aussi des echantillon de camelot qu'un tailleur aportoit a Mr Masson. J'en ai pris troi que j'aime assés au cas que tu en voullusses. C'est a quatre livres et 4^{lt}10. Embrasse-la bien, cette bonne mamant que j'aime tant.

[*adresse :*] A Monsieur / Monsieur De Vaux, le fils / ruë du Chateau / a Luneville

---

MANUSCRIT

Yale, G.P., VIII, 155-158 (D99); 4 p.; orig. aut.; cachet; m. p. : 12.

IMPRIMÉ

Showalter, p. 140 (extrait).

TEXTE

[a] Phrase mise en relief par des traits dans les interlignes, indiquant que Mme de Graffigny exige une réponse de Devaux. [b] Le ms : «du de». [c] Deux ou trois mots rayés. [d] Déchirure. [e] «rend ⟨Lise⟩ Laure».

NOTES

1. Non identifié, mais il s'agit probablement d'un collègue de Masson dans le bureau du contrôleur général.

2. Ras : se dit des étoffes qui sont unies, dont le poil ne paroît point (Trévoux, 1743).

3. C'est probablement Bon-Hervé Castel, marquis de Saint-Pierre (1685-1743), capitaine des gendarmes d'Anjou, et cousin du marquis de Crèvecœur, dont Mme de Graffigny fera la connaissance chez la duchesse de Richelieu à Arcueil (v. 132n2).

4. Toustain de Viray (v. 96n13).

5. Apparemment *Lettres de Thérèse ***, ou Mémoires d'une jeune demoiselle de province, pendant son séjour à Paris*, (La Haye, J. Neaulme, 1739); v. le texte de la lettre 130 à la note 27. Jones l'attribue à l'abbé Philippe Bridard de La Garde (1710?-1767), nouvelliste de la police à cette époque; plus tard, grâce à la protection de Mme de Pompadour, il sera bibliothécaire, journaliste et censeur.

6. Voir 126, premier paragraphe.

7. Voir 126n7.

8. Lettre du 3-4 mai 1739 (G.P., IX, 279-286).

9. Devaux : «Mareuil entra. Il me fit mille amitiés qui m'ont eté cheres parce que je les ai prises pour des reverberations de la votre, chere amie. Nous parlames beaucoup de vous.» (IX, 279.)

10. Ourserie : caractère, acte d'une personne qui vit comme un ours (Littré).

11. Devaux : «[Le chapitre] qui l'interesse le plus [...], vous devinez bien que c'est sur Titi. Elle le morgue toujours de meme, et il n'en est pas plus content. Il m'a chargé de vous mander une scene du soir ici d'avant-hier parce qu'il ne vous ecrira que de Strasbourg; a peine puis-je vous la rendre, cette scene. C'est tellement un rien qu'il n'y a qu'aux yeux de la haine qu'elle peut paroitre quelque chose. Il s'agit de deux œufs frais qu'elle avoit apportés pour qu'on les luy cuisist; elle pretendit qu'on les luy avoit changés, et fit la-dessus plusieurs impertinences avec un denigrement insupportable.» (IX, 279.) Titi est la marquise de Boufflers (v. 27n10).

12. Devaux : «Il y a environ six semaines que quelqu'un dit chez Mde de La Galaiziere que Concombre alloit epouser Mr de Belac. La dame dit : ‹Voila une sotte nouvelle.› Concombre, a qui cette reponse fut renduë, la prit mal, et pour s'en venger guetta un moment d'audience de la reine et luy dit tout uniment qu'elle etoit bien seduite sur le compte de Mde la Chanceliere, qu'il s'en falloit bien qu'elle fut bonne personne, qu'elle dechiroit le monde et qu'elle n'epargnoit pas meme Sa Majesté, qu'elle ne gardoit sa bonté que pour les hommes et qu'elle couchoit avec le premier venu, comme avec Mr de La Touche, Mr Desmarets, Mr celuy-ci, Mr celuy-la. Elle sort du cabinet boufant de joye et triomphante de ses calomnies, elle va les conter a Mr de Soupir qu'elle rencontre et a quelques autres. Le premier luy dit qu'il va en rendre compte a Mde de La Galaiziere. Mr le Chancelier a fort bien pris la chose et a eté sur le point de s'en aller plaindre a la reine, mais on luy a fait entendre qu'il valoit mieux que ce fut sa femme. Elle va le lendemain a la cour ou on luy fit tres froide mine. Elle s'en plaignit a des gens qu'elle presumoit devoir le rendre. La reine la renvoya chercher et s'expliqua avec elle, et apres luy avoir rendu justice sur tant d'infamies, luy promit d'en punir l'inventrice; depuis ce tems Concombre ne met plus le pied a la maison, mais on craint que le diable, qui est si seduisant, ne se raccomode avec elle comme on dit qu'il fait a chaque quartier, et qu'il ne la ramene. Au reste Mde de Bouflers s'est comportée a merveille la-

dedans. Elle a fait dire a la dame offensée qu'elle abhorroit le procedé de sa sœur et qu'elle etoit preste a luy en donner quelles preuves elle voudroit, qu'elle ne la verroit meme plus si les liens du sang le luy permettoient.» (IX, 280-281.) Pour Belac, ou plutôt Bela, v. 72n13. La Touche n'a pas été identifié : c'était probablement un jeune officier comme Desmarest. Pour Soupire, v. 51n15. Concombre doit être une sœur de Mme de Boufflers, probablement l'aînée, Élisabeth-Charlotte (née en 1705), veuve de Charles-François-Ferdinand de La Baume-Montrevel, marquis de Saint-Martin (1695-1736). Mme de La Baume-Montrevel fut nommée dame du palais de la reine en 1739. Signalons que la cour de Lunéville était divisée en trois factions : les vieux Lorrains; Stanislas et ses partisans; et finalement le chancelier de La Galaizière, qui représentait l'administration française et qui tenait le pouvoir réel. Les Beauvau-Craon s'étaient ralliés à Stanislas, et leur influence a donc beaucoup contribué à lui gagner la bienveillance des Lorrains; en récompense, il les a comblés de faveurs. Le parti français a été plus lent à se faire accepter, et la calomnie de Mme de La Baume-Montrevel semble une tentative de les discréditer auprès de la reine, qui était très prude.

13. Devaux : «L'apres-souper, Mr Jamet m'envoya *Les Ecosseuses*; nous montames de bonne heures pour les lire, et nous les eumes achevées avant de nous endormir. Elle nous divertirent beaucoup. J'admire comme ces Mrs ont pris le ton des halles, eux qui connoissent si bien le beau et qui l'ont si bien prouvé dans *Le Complaisant*.» (IX, 281.) François-Louis Jamet (1710-1778), auteur et bibliophile, était secrétaire du chancelier de Lorraine de 1735 à 1740. Antoine de Ferriol, comte de Pont-de-Veyle (1697-1774), intendant général des classes de la marine, est l'auteur du *Complaisant*, comédie en 5 actes en prose, représentée en 1732.

14. Jean-Philippe d'Orléans, dit le chevalier d'Orléans (1702-1748), fils légitimé du duc d'Orléans, régent, et de Marie-Louise-Madeleine-Victoire Le Bel, comtesse d'Argenton. Il était Grand Prieur de France de l'Ordre de Saint-Jean de Jérusalem (autrement dit, des chevaliers de Malte).

15. *Les Étrennes de la Saint Martin ou la guerre de Sceaux, poëme fou*, attribué à Maurepas, Amsterdam [=Paris], 1738.

16. Devaux : «Dubois n'est arrivée qu'hier a onze heures du soir. [...] Je crois que vous pouvez etre bien sur de sa discretion, elle me paroit plus

attachée a vous que jamais. Elle a encor pleuré. [...] La pauvrette ne scauroit se consoler de vous avoir quittée; elle taschera d'entrer chez la G. Elle dit pourtant qu'elle ne s'en soucie pas trop parce qu'elle s'en feroit bientost chasser par la raison qu'elle ne pourroit se taire si elle entendoit mal parler de vous.» (IX, 281-282.)

17. Devaux répondra : «Non, Madame de G. n'a point d'autre femme de chambre.» (12 mai 1739, G.P., IX, 305.)

18. Devaux : «Je luy ai promis que je vous ferois resouvenir de luy tenir compte du voyage que vous luy avez fait faire quand elle vint a votre service. Elle dit que vous luy avez toujours promis de le luy payer, et je crois que cela est juste.» (IX, 282.)

19. Devaux : «Il reste encor ici un gros et vieux panier d'ouvrage qui ne vaut pas le port et qui auroit tenu trop de place, et un vieux mantelet qu'on a oublié de mettre dans le premier pacquet et que nous n'osons mettre dans ceux-cy parce qu'il est des Indes. Je suis d'avis de les donner a Dubois.» (IX, 286.)

20. Ratelée : se dit au figuré, en termes tout à fait bas et poplaires, de ceux qui disent leur avis sur quelque chose, et le plus souvent sans et être requis. Dire sa ratelée. (Trévoux, 1743.)

21. Devaux : «Mon Dieu, que je suis fasché de n'avoir pas un ecu pour vous en envoyer une [bouteille de fin amour]! [...] Au moins, si j'avois payé Sonini, j'en pourrois avoir a credit. Mais je n'oserois paroitre devant luy.» (IX, 279.)

22. Mme de Graffigny doit acheter de l'étoffe pour Mme Rouot (v. 124n8).

23. Devaux répondra : «Au sortir de chez Fanchon, j'ay eté chercher vos jattes. Vous les aurez toutes quatre.» (13 mai 1739, G.P., IX, 308.)

24. Devaux dit que la Mathieu veut être payée (IX, 282-283), et il répondra : «Vous devez quatre-vingt et quelques livres a la Mathieu. Il n'est pas besoin de la mettre sur la delegation; elle a fait saisir pour le tout.» (12 mai 1739, G.P., IX, 306.)

25. Devaux : «Mais a propos, que devient donc l'affaire d'Atis? Est-elle enfin assoupie? Il y a mille ans que vous ne m'en dites rien et que je n'en entends rien dire.» (IX, 283-284.) Sur «l'affaire» de Voltaire et de Desfontaines, v. la lettre 103.

26. Mme Du Châtelet.

27. L'abbé de Breteuil.

28. La duchesse de Richelieu.

29. Devaux : «Ne vous parle-t-on plus de l'ancien mariage?» (IX, 283-284.) Il s'agit du mariage projeté de Masson et de Mme Babaud.

30. On dit proverbialement qu'un homme n'a qu'à se torcher le nez d'une affaire, ou s'en torcher la barbe, pour dire qu'il n'y réussira pas. Bec se dit quelquefois de la bouche et de la langue d'un homme. (Trévoux, 1743.)

31. Devaux : «Ce que vous me dites de l'oncle de notre ami m'inquiete. Quand il vous aura tiré cela au clair, instruisez-m'en.» (IX, 284.)

32. Devaux : «Le pauvre Machi me fait une pitié affreuse. [...] J'aurois gagé ma teste qu'il etoit heureux [...] mais comment prend-il tout cela? Aime-t-il toujours Masson? Est-ce une vraye amitié? Je voudrois bien savoir son histoire.» (IX, 285.)

33. Voir 125, par. 2.

34. Pour le livre en question, v. n5 ci-dessus.

35. Ces vers, sous le titre «A M. le marquis de Tavanes qui vouloit me présenter à Mme la princesse de Talmont», ont été publiés par Consiglio (p. 110). Les termes que critique Mme de Graffigny s'y trouvent toujours.

36. Nous n'avons pas retrouvé de vers qui ressemblent à ce fragment.

37. Devaux : «Il faut que je vous donne deux commissions de ma chere mere de peur de les oublier. Primo, de luy envoyer par le voiturier deux cure-dents d'acier dont la lame soit extremement mince. Je crois que vous les connoissez : il y a une petite feuille d'argent au milieu. 2°, deux ou trois échantillons de gros de Tours brun vineux.» (IX, 280.) Le gros de Tours : une étoffe de soie dont le grain est croisé, et qui paroît gros et enflé. C'est une espèce de moire. (Trévoux, 1743.)

128. à Devaux

De Versaille, le dimanche 10 may 1739

Je suis aussi etonnée de la datte de ma [lettre] que si je n'avois pas vu ce matin une partie de ce palais enchanté dont, quoi qu'on m'en ai pu dire, je n'avois qu'une idée tres imparfaite. Comme mes amis me sont plus presens que tout ce que je vois, je me rapelle sans cesse nos conversassions sur ce Paris, sur ce Versaille, et l'impossibilité ou je me suis vue si lontems de m'y trouver n'est pas bien effassée. J'ai besoin de me dire : «J'y suis». Je me le dis meme tristement, car la phrase suivante est : «Mais je n'y vois point ce que j'aime», etc. Tu gronde, mon ami, n'est-ce pas? Eh bien, gronde tant que tu voudra : c'est un mal sans remede. Je le sens trop bien dans ce moment-ci. Point de plaisir que dans l'amitié, point de distraction qui n'ogmente ma tristesse. Il semble que des que mon ame a eté un moment transportée hors d'elle-meme, elle n'y revient que pour mieux sentir l'affreuse solitude ou elle est depuis qu'elle est separée des seules personnes qu'elle aime et dont elle est seure d'etre aimée. Cela est pitoiable. Cela t'impatiante, mais je ne puis me refuser la satisfaction de te le dire. Plus de plaisir pour moi : je le sens mieux que jamais.

Nous partimes hier de Paris a quatre heures. Avant de partir, Mr M. etoit allé par la ville et, comme il n'y va guere sans raporter quelque jolie chose a Md. B., ce fut hier une tabaquiere d'Angleterre de bois tourné comme celle de corne faite en ognon garnie de ce beau tombac[1] qui ressemble tant a l'or. C'est la plus jolie chose qu'on puisse voir pour une bagatelle. Je la trouvai si jolie que Md. B. me la fit prendre. En passant a Seve[2] nous achetame des petits goblet charmants. Il y a un Allmant qui vent des cristeaux pas plus cher qu'a Luneville. Mr M. me fit la galanterie de deux goblets avec des souscoupes que j'avois choisis. Je trouvai le chemin charmant[a] par toutes les belles maisons que l'on voit. Celle-ci est un bijoux de propreté et d'arrengement. Les attantions de Mr M. pour Md. B. sont singulieres. J'ai une tres jolie petite chambre, mais il n'y a nulle vue de la maison.

Je ne t'ecrivis pas hier soir, mon ami, j'etois fatiguée, je crois. J'etois encore de plus mauvaise humeur sans sujet nouveau, cependant. Je me couchai tout de suitte. Ce matin, nous avons eté a la messe a la chapelle[3]. Ah, qu'elle est belle, cette chapelle, pour le marbre et les peintures; car je la trouve bien petite. J'y ai vu trois laidrons qu'on apele Mesdames[4]. Pardi, elles sont bien laides. Est-ce que je n'y ai pas pleuré, a cette chapelle qui rapelle si aisement l'idée de la notre? De la, nous avons eté dans le grand appartement[5]. J'avoue que j'ai eté transportée de la beauté des peintures et plus encore de celle des statues de la gallerie[6]. On me tirailloit pour m'en arracher. J'etois ce qu'on apelle ravie, en extase. J'ai vu aussi l'escallier des embassadeurs[7]. Quelque chose qui m'a diverti, c'est une tapisserie qui a mille ans et dont les figures sont d'argent massif. Cela a du etre bien beau, car le tissus en laisse encore voir les couleurs assés belles. On demeuble pour remettre les meuble d'eté pendant que le roi est a Marli[8]. Nous sommes dessendus dans le jardin. Autre extase pour les bronzes et les statues. Pourquoi ne m'as-tu pas parlé de l'esclave qui ecoutoit la conjuration de Catilina[9], qui est la premiere sous les fenetre, c'est-a-dire au premier escallier? C'est la plus belle chose du monde. Je n'ai pas encore vu ton Milon[10], mais je ne le ferai assurement pas sans penser a toi, puisque je te traine partout. Il fesoit un vent horrible, ce qui nous a fait aller au labirinte[11], dont par parentese Mr M. a la clef comme de tout le reste. Nous avons rencontré Mr le Dauphin, beau comme un ange, bien grand pour son age, charmant. Il avoit[b] pour toute suite trois hommes et un valet de pied. Il m'a semblé voir notre pauvre Charlot[12] : il me semble qu'a son age il lui resembloit. Le labirinte m'a fait un plaisir infini, Esope[13] m'a surprise et fait rire. Ces petites allées sont charmantes. Je voulois qu'on m'y laissat : j'y serois bien demeurées jusqu'au soir, car j'avois envie de pleurer. Je disois : «Mon Dieu, quelle diference de voir ces beaux lieux avec le lengage du cœur et de la confiance! Que ne dirions-nous pas si mes pauvres amis etoient ici!» J'etois bien lasse, da. On vouloit encore me faire faire le pavé a pieds, mais j'ai retrouvé mes porteurs. Je les ai presque embrassé. Nous ne sommes revenus qu'a deux heures et demie. Apres diner, nous avons joué a un trictrac que Mr M. a fait aporter pour nous. Les dames[14] sont verte. Ah, qu'il seroit beau si j'y jouois avec toi! Md. B. m'a dit que l'on avoit pas encore parlé de l'afaire de Grosbert parce que les puissance n'etoient pas de bonne humeur et qu'il vouloit prendre un bon moment.

Je n'aurai que demain la letre[15] qui arrive aujourd'huy a Paris. Ce retardement me deplait : il me manque quelque chose. Je ne sais ce qu'est devenu le D. Il devoit revenir de St-Germain vendredi; il ne l'etoit pas hier, ou du moins n'en ai-je pas entendu parler. Mr M. a dit en dinant qu'il faloit l'aller chercher a St-Germain, qu'il avoit encore un lit a lui donner.

Il y a dans cette maison une quantité de livre considerable et choisi. J'ai pris *Le Nouvelliste du Parnasse*[16]. *'L'as-tu vu?'* C'est de l'abbé Desfontaine avant qu'il ne fit ses *Observation*. Il me paroit beaucoup melieur pour le peu que j'en ai lu. C'est toujours le pauvre La Mote qui est le plastron, Voltaire au ciel. Quel ton differend!

Bonsoir, mon ami. Je vais ecrire un mot a St-Lembert : c'est aussi trop attendre, et je n'ai plus que des amitié a te dire qui te fendroit le cœur. Je t'aime mieux quand je pourois partager des plaisirs avec toi! Je suis fachée contre Venevaut qui ne me fait pas faire le memoire, qui seroit un fil qui me donneroit du moins l'esperance de t'atirer un jour. Il dit qu'il a eté trois fois chez ce procureur sans pouvoir le trouver.

Adieu, mes chers ami. Ah, beau Petit St, quel plaisir j'aurois de vous voir admirer ceci comme une entissipation du paradis, tandis que je le considere comme le plus joli chemin de l'enfert! Ce n'est pas comme cour, au moins; c'est comme palais de la volupté. Et toi, gros Chien, je voudrois t'y voir faire le Diogene. (Ceci merite explication. La voici.) Mepriser ce faste par tes paroles, et en jouir voluptueusement dans le cœur. Pour toi, mon pauvre Tavanne, je voudrois bien t'y voir, sage, fou, gai, furieux, n'importe si tu pouvois y etre. Je vous embrasse tous, mes chers amis, bien tendrement.

Si tu n'avois pas vu Versaille, je t'en dirois bien d'autre.

[*adresse :*] A Monsieur / Monsieur Liebaut, professeur / d'histoire des cadets / de
S. M. le roi de Pologne / a Luneville

MANUSCRIT

Yale, G.P., VIII, 159-162 (D100); 3 p.; orig. aut.; cachet; m. p. : DE VERSAILLES.

IMPRIMÉ

Showalter, p. 140 (extrait).

TEXTE

a Le ms : «charmaint». *b* Lecture incertaine. *c* Phrase marquée par des traits dans les interlignes.

NOTES

1. Tombac (tamba, tambac) : un métal factice, un mélange de zinc et de cuivre, qui a cette qualité singulière, d'avoir la belle couleur de l'or (Trévoux, 1743).

2. Sève, actuellement Sèvres : on signale pourtant que la célèbre manufacture de porcelaine ne fut transférée de Vincennes à Sèvres qu'en 1756.

3. La chapelle, commencée en 1689 et achevée en 1702, est l'œuvre de Mansart. L'importante ornementation sculptée est de Robert de Cotte; les peintures de la voûte et de l'abside sont de Coypel et de Charles de Lafosse.

4. Trois filles de Louis XV, probablement les trois aînées : les jumelles Louise-Marie-Élisabeth dite «l'Infante» (v. 100n10) et Anne-Henriette (1727-1752), et Marie-Adélaïde (1732-1800).

5. Les Grands Appartements du roi, aux lambris de marbres polychromes (1671-1680), ne furent pas modifiés au cours du XVIIIᵉ siècle. Les Grands Appartements de la reine, auxquels travaillent depuis 1735 les Gabriel, furent décorés de nombreux tableaux, notamment de Natoire et de Boucher. Ils demeurent un excellent exemple du style Louis XV.

6. Il s'agit sans doute de la galerie qui est devenue le salon d'Hercule, vaste pièce qui reliait les Grands Appartements au «salon de la chapelle». Le nouvel aménagement est l'œuvre de l'architecte Robert de Cotte et du sculpteur François-Antoine Vassé. On y admire les grands tableaux de Véronèse et, au plafond, l'Apothéose d'Hercule de Le Moyne.

7. Cet escalier monumental, débouchant sur les salons de Diane et de Vénus, desservait les Grands Appartements du roi. Construit par l'architecte François Dorbay, élève de Levau, entre 1674 et 1679, et décoré entre autres par Le Brun et Coysevox, il occupe une place de choix dans les

divertissements royaux sous Louis XIV et Louis XV.

8. «Le 7 de ce mois au soir, le roy et la reine sont partis de Versailles pour le château de Marly, d'où leurs Majestés revinrent le 15» (*Mercure*, mai 1739).

9. Devaux répondra : «Ignare que vous etes, le Remouleur [...] est la conjuration de Tarquin, non de Catilina.» (14 mai 1739, G.P., IX, 309.) Il est plaisant de remarquer que les deux correspondants identifient correctement la célèbre statue selon les connaissances de leur époque; le fait est que, dès le XVIᵉ siècle, de nombreuses identifications avaient été proposées pour le Rémouleur. «L'esclave écoutant la conjuration de Catilina» ou «l'esclave écoutant la conjuration de Tarquin» n'étaient que deux des identifications possibles qui avaient cours au XVIIIᵉ siècle. On s'accorde aujourd'hui à reconnaître dans le Rémouleur un esclave attendant les ordres d'Apollon avant d'écorcher Marsyas. Cette statue aurait fait partie d'un groupe de sculptures, et c'est la reproduction en entaille de ce groupe sur la pierre d'un bijou antique qui a permis l'identification définitive (v. F. Haskell et N. Penny, *Taste and the Antique*, New Haven, 1981, p. 155-156). La statue qui se trouvait à Versailles est une copie de 1684 due à G.-B. Foggini (1652-1725) à partir de l'original, un marbre de Pergame datant de l'époque romaine et qui se trouve aux Offices à Florence.

10. Statue de marbre de Pierre Puget (1620-1694), datant de 1682; elle représente Milon, athlète du VIᵉ siècle avant J.-C. qui, ne pouvant dégager sa main de la fente d'un arbre qui le retient prisonnier, est dévoré par un lion.

11. Le Labyrinthe de Versailles, œuvre de Le Nôtre (1613-1700), était décoré de fontaines et de groupes sculptés illustrant les fables d'Ésope. Il disparaîtra sous Louis XVI.

12. Le prince Charles-Alexandre de Lorraine (v. 22n10).

13. La statue d'Ésope à l'entrée du Labyrinthe était l'œuvre de Pierre Le Gros (1629-1714).

14. C'est-à-dire les pions du trictrac.

15. Lettre du 5-7 mais 1739 (G.P., IX, 287-292).

16. *Le Nouvelliste du Parnasse, ou Réflexions sur les ouvrages nouveaux*, périodique rédigé par les abbés Desfontaines et Granet, qui a paru de 1731 à 1732. Dans la deuxième lettre, on critique les *Œuvres de théâtre* de La Motte, blâmant l'absence de rimes.

129. à Devaux

Le mardi 12 may [1739]

Tu dis : «Comment! Puisqu'elle ne m'a pas ecrit depuis dimanche, elle s'est bien amusée.» Point du tout, mon ami; ains au contraire[1]! Je ne saurois meme me figurer que c'est avant-hier que je t'ecrivis. La soirée se passa a jouer au trictrac qui m'ennuie a present a cause de[a] la cause[2]. Hier au matin je ne fis rien. Nous nous oubliames au lit, ma femme de chambre et moi, jusqu'a onze heures et demie. Cela est singulier, car je ne dors guere. Je pourois dire meme comme Petit Jean : «Aussi je deviens maigre»[3], etc... C'est une chose etonnante : je diminue tous les jours. Cela me viellit et me noircit a faire peur. Il n'y a plus que les vers que je puisse ragouter, et leur apetit me paroit lent a venir. Or donc, je dormis. Apres diner, je me fis trimbaler en chaisse. Cela me paroit drole de me retrouver encagée, et j'ai tout aussi peur qu'a Luneville. Je me fis donc trimbaler chez Melle de Castegeat[4] qui n'y etoit pas; chez la gouvernante[5] de la duchesse, qui est en Normendie. Je revins berdouille[6], trainant toujours la tristesse en laisse. Nous fumes sur le soir a l'Orrengerie[7] ou je ne fus pas plus gaye, au contraire. Le soir, je voulu t'ecrire, je ne voulu plus. J'avois pleuré a propos de bottes. Je craigni de te fourer des sanglots dans ma lettre. Je lus pour me distraire. Je ferois peut-etre bien d'en faire autant aujourd'huy, mais tu serois en peine, et je ne pourai t'ecrire demain.

Ce matin, j'ai eté chez Mde de Castegeat[8], que j'ai trouvée dans une cage pendue a cent quarante degrés du rest-de-chaussée. Cette cage peut tenir quatre personne un peu genée. Elle ne prend jour que par des moitié de fenetres qui sont plus basses que le parquet. D'allieurs assés enjolivée. Elle a bien fait d'etre chez elle, car allieurs je ne l'aurois pas reconnue, tant elle est vielli. Elle m'a tres bien recuë, et je m'en suis revenuë.

Apres diner, nous avons eté a Marli faire visite a Mr Doien[9] des coches. Nous avons traversé a pied un bout du jardin. Nous avons trouvé la reine[10] bec a bec a un retour d'allée. Je l'ai donc vu, cette reine. Ma foi, elle n'est deja pas trop belle. Sa graisse ne la rend pas plus belle que mon amegrissement ne m'enbellit. Elle avoit pour toute suitte trois dames et deux ou trois messieurs. J'ai vu en recompense deux statues : je n'en reviens pas. Ses choses-la me transportent. Je n'ai vu que cela. Nous sommes allées chez ce Mr Doien ou j'ai vu deux creatures originales par leur laideur et par leur bourgoissie. Ce sont ce qu'on apelle badaudes moitié pressieuses. Ah, quelle compagnie! J'ai pourtant joué un quadrille[11] : quel plaisir!

Nous sommes revenue souper ici, mais a dix heures j'ai eu le plaisir de courir au clair de lune. Mais quoique j'ai eu du plaisir, c'est de l'espesse qui ne rend pas gay. Nous y retournons demain diner, mais c'est pour voir les jardins a notre aise. Voila pourquoi je t'ecris ce soir, parce que la poste part demain soir, et que je crains de revenir trop tard. Voila mon histoire. Voions ta lettre[12].

Helas, quelle legereté de stille! Tu ne touche pas terre. C'est un tissus de Sevigné rebroché de marivaudage[13] : j'en suis toute hebaye[b]. Allons, mon ami, pendant que ton imagination a pris sa course, fais-la passer par le theatre – elle aura fait en moins de rien. Il y a dans ta lettre de quoi faire deux ou trois harangue a Talie[14]. Je trouve Fanchon que je viens d'effasser[15], et pour cause, et je te prie de lui dire que je suis fachée tres serieusement contre elle. Je lui ai mandé la bonne fortune de Cassini[16] pour l'amuser; je la prie de n'en rien dire. Elle me mande qu'elle a gardé le secret en le disant a tout le monde. Voila de ses folie de premier mouvement. Reellement j'en suis fachée. Ce pauvre diable qui m'a conté cela de bonne foi m'en saura mauvais gré, et je n'ai nule raison de m'en faire un ennemi.

Le nouveau conte[17] s'apelle...il s'apelle comme il s'apellera, car il n'est pas encore baptisé. Tu le veras. Vas-t-en au diable avec tes complimens a Vennevaut : ne t'avois-je pas mandé que je venois ici[18]? Butord, fais-les toi-meme. Je voudrois que tu eusses la foire jusqu'a ce que je les lui fasse.

Ma foi, ma bonne foi, je n'avois pas entendu ta phrase sur Virgile[19]. Je t'assure qu'il faut parler plus francois que tu ne crois a mon amour-propre.

Enfin te voila donc a Montagne[20]. C'est la premiere esperance solide que tu m'aye donné de ton retour au bon sens depuis que tant[c] de fadaises dont tu te farcis sans cesse t'en avoient ecarté. Tu est bien sot avec mon la Bruere. C'est le moraliseur que[d] j'aye le moins aimé, tu me l'as entendu dire cent fois en te disant qu'il avoit l'air de chanter pouille au genre humain par humeur et par vanité, au lieu que le bon Montagne l'aide a etre rien qui vaille en se[e] donnant tout bonnement pour exemple.

Je suis ravie que tu ais le Petit[21] : c'est un plaisir pour toi, et il me semble que vous m'aimez tous en chorus. Je vous embrasse tous comme je vous trouve et de tout mon pauvre cœur qui est tant a vous.

Dis mille belles choses pour moi a Courouski[22]. Il est bien joli de vous aimer toujours et de ne me pas oublier. Je crois que c'est l'ours le moins ours qui soit dans le paiis des ours. Quand le Grand Aumonier sera de retour, je veux qu'il lui dise une fois par jour que j[e][f] l'aime et le revere plus que personne du mo[nde][f].

Bonsoir, mon ami, mon cher ami, mon Penpichon des Indes. Tu sais comme je t'aime et tous mes St, mes Chiens, mes tout, car je ne puis jamais aimer que vous autres. Le diable vous emporte tous!

[*adresse :*] A Mademoiselle / Mademoiselle Le Brun / l'ainee, comediene de / S. M.
le roi de Pologne / a Luneville

MANUSCRIT

Yale, G.P., XI, 9-12 (D101); 3 p.; orig. aut.; cachet; m. p. : DE VERSAILLES / 11.

TEXTE

[a] Lecture incertaine. [b] ébahie. [c] Le ms : «t'en». [d] Le ms : «que que». [e] Le ms : «le ». [f] Déchirure.

NOTES

1. Ains signifiait «mais» (v. 97n27).

2. Devaux répondra : «En verité vous me deses-
perez, mais qu'est-ce qui peut vous mettre dans
l'etat ou vous etes? Qu'est-ce que c'est que ‹la
cause de la cause›? Je ne scais que trop le pouvoir
de l'ennuy, mais il ne va pas jusques-la. Je vous
plains bien, chere Abelle, mais je ne pourrai vous
consoler tant que je ne scaurai pas vos chagrins
particuliers.» (18 mai 1739, G.P., IX, 318.)

3. Dans *Les Plaideurs* de Racine, Petit Jean, portier du juge Dandin, dit : «Pour moi, je ne dors
plus : aussi je deviens maigre» (I, i).

4. Anne de Biaudos de Castéja (v. 123n9).

5. Non identifiée.

6. Berdouille : terme du jeu de trictrac; revenir,
sortir bredouille : avoir fait une démarche sans
succès (Littré, qui cite «berdouille» comme une
variante picarde).

7. L'Orangerie de Versailles, œuvre de Mansart.

8. Sans doute s'agit-il de l'épouse du frère de
Mlle de Castéja (v. n4 ci-dessus), Charles-Louis,
comte de Castéja (vers 1683-1755), brigadier de
cavalerie, maréchal de camp, gouverneur de
Saint-Dizier; ou bien encore de Marie-Isabelle
de Jacquiers de Rosée (v. 40n15).

9. Nicolas Doyen, fermier général des carrosses
et messagers, et collègue de Masson (v. 96n36).

10. Marie Leszczinska (1703-1768), fille du roi
Stanislas, duc de Lorraine, a épousé Louis XV en
1725, mariage qui fut l'œuvre de la première Mme
de Prie (v. 123n9). La cour résida au château de
Marly du 7 au 15 mai (*Mercure*, mai 1739).

11. Un quadrille était un jeu de cartes.

12. Lettre du 5-7 mai 1739 (G.P., IX, 287-292).

13. Marivaudage : ce terme, courant aujourd'hui,
néologisme en 1739, n'a pas, jusqu'ici, été attesté
avant 1760 (v. Deloffre, *Marivaux et le marivaudage*, 1967, p. 5-8). Dans sa lettre, Devaux, parle
de Marivaux et de Mme de Sévigné, ce qui a peut-
être suggéré la comparaison.

14. Thalie, muse de la comédie. Mme de Graffigny veut dire que Devaux devrait terminer sa
pièce.

15. Devaux : «Pardi, il faut etre bien curieuse
pour vouloir scavoir jusqu'a mes reves. Eh bien,
celuy-ci sera bientot dit, j'ay donc revé, je ne scais
par quel hasard, ce que je crois que je n'aurois

jamais pensé bien eveillé [deux ou trois mots
rayés]. Je luy ai mandé, da!» (IX, 289); v. 123n10
et 135n20. Mme de Graffigny, apparemment choquée par ce qu'écrit Devaux, a rayé quelques
mots.

16. Sur Cassini, v. 120n2.

17. Il s'agit du conte de Mlle de Lubert (v. 123,
avant-dernier paragraphe).

18. Devaux : «Ce pauvre Vennevaut. [...] Faites-
luy mille tendres compliments. Vous le pouvez a
coup sur.» (IX, 290.) Mme de Graffigny ne peut
pas faire ce que lui propose Devaux puisqu'elle
est alors en visite à Versailles chez Masson, comme
il est censé le savoir.

19. Devaux : «Vous voulez que je vous traduise
ma phrase sur le françois de Virgile? Ah, chienne,
c'est parce que votre amour-propre l'entend. Eh
bien, soit! Il n'y en a point que vous puissiez lire
parce que vous avez trop d'esprit et trop de goust
pour lire quelque chose de si mauvais.» (IX, 291.)
Mme de Graffigny avait demandé à Devaux de lui
recommander une bonne traduction française de
Virgile, et il a répondu qu'il n'y en avait pas qu'elle
puisse lire (v. 124n24).

20. Devaux : «J'ay passé ma journée a lire – que
dis-je a lire? – a devorer Montaigne. Ce livre qui
m'avoit toujours repugné fait mes delices. Je le
trouvai en fouillant dans votre coffre. Je dis :
‹Voyons, je l'essayrai encor›. Ah, Madame, l'aimable homme! Que de bon sens, que d'esprit, que
de naturel, et quelle singularité dans son stile! J'en
suis fou. On dit qu'il parle trop de luy-meme; il
me semble qu'il n'en parle jamais assés. J'aime
bien mieux voir l'homme que l'autheur dans un
pareil ouvrage. Il a des tours dignes de Marivaux.
Je n'en ai pas encor lu le quart, mais jusqu'ici je
l'aime mieux que votre La Bruyere.» (IX, 292.)

21. Devaux : «Vers le soir arriverent le Petit St et
St-Lambert; jugez de ma joye. Nous soupames
ensemble; le pauvre Petit est charmant. Il vous
adore.» (IX, 287.)

22. Devaux : «Voila encore Gourouski au nez
duquel j'ecris et qui me gronde de ce que je ne
vous dis rien de luy, qui tous les jours me charge
de vous dire quelque chose. Je l'entends qui dit
que le Grand Aumonier est en chemin.» (IX, 287.)
Le grand aumônier est le comte de Zaluski (v.
40n30).

130. à Devaux

Le jeudi 14 [mai 1739]

Eh bien, mon ami, j'ai encore eté hier a Marli, et je n'en suis pas plus avancée. On ne voulu pas sortir de chez Mr Doien[1], ou nous dinames. On me fit faire deux parties de quadrille ou je perdis mon argent. Je mourois d'envie d'aller au concert de la reine[2], mais Mr Masson avoit dit qu'il avoit des affaires et qu'il faloit partir a sept heures. J'eus peur de faire attendre. Je n'y fus point, et nous partimes a neuf. La tristesse me surmonta a un point que je pleurai tout le chemin. On en vit rien a cause qu'il faisoit nuit.[a]

A mon arrivée, je trouvai une letre du D. qui me mande qu'il a passé samedi et dimanche a Paris, qu'il mouroit d'envie de venir ici, mais que ses affaires l'ont emporté. D'alieurs il a la fievre tierce, a ce qu'il dit. Cependant il est parti lundi pour Senlis. Il faut que l'on ai oublié de mettre sa letre a la poste, car j'orois du l'avoir lundi matin. Il me paroit desolé de n'etre point ici pour admirer ou du moins pour jouir de mon admiration. Je ne suis pas moins fachée qu'il n'y soit pas. Je suis fort contante de sa lettre.

Aujourd'huy c'est passé a rien comme a Paris. Il faisoit un tems delicieux pour se promener et nous ne sommes point sorties. J'ai ecrit plusieurs letre, et me voici avec toi, toujours grogneuse.

Puisque je n'ai rien a te mender de moi, je vais te ramager des vieux contes que j'ai oublié. D'abord ce sont des vers que l'on a fait pour le duc de Villards[3], qui ressemblent assés a ceux d'un certain Ovide Agrippa Mecenas[4]. Surtout on dit qu'il a herité des vertus de son pere. On a mis en marge : «Il a renoncé a la succession». Autre conte que tu ne croira pas : c'est que ta Javote est amoureuse et que surement elle epousera son amoureux[5]. On dit que c'est une chose unique que cet amour. Voila tous mes rabachages. Voions ta lettre[6].

A propos de quoi le vertigo[7] de la cour : bal, pharaon, etc...[8]? Ma foi, je n'y suis plus. Et voila de tes moitié d'histo[ires][b] dont il faut deviner le reste.

Tu as raison : le St auroit aussi bien fait de ne point tout dire au Petit[9], d'autant plus que mon sejour ici alongera son inquietude. Mais aussi il en aura plus de plaisir quand il vera moins de retranchement a faire. Aimez-moi bien pendant que vous etes ensembles.

Pardi, tu es un pauvre garson d'etre la dupe des grimasses de la G.[10] C'est bien son tripotage qui est cause que Dubois m'a quittée. Mais je ne m'en soussie guere. Je serai meme fort aise qu'elle la prene, a cause de ce que tu sais. Mais je ne lui sais pas moins mauvais gré de sa mauvaise volonté. Mais a propos de cette impertinente, quelle raison donne-t-elle pour ne m'avoir pas fait de reponce au compliment que je lui ai fait sur Mr de Broglio[11]? Je croiois qu'elle conserveroit au moins les bienseences. Ce n'est pas qu'elle ne m'ait fait plaisir, car son comerce m'etoit bien a charge.

Non, Monsieur, ce n'est point comme quand je vous demandai qui vous avoit ecrit[12]. Je n'ai mandé a Fanchon que je prenois menage qu'en reponce de ce qu'elle me mandoit qu'on lui avoit mandé.

Qu'es-ce que cest abbé de Pons[13] que tu lis qui est ami du Petit? Mais tache donc une fois d'etre clair; tu me fais enrager avec tes enigmes.

Le vendredi soir [15 mai 1739]

J'ai reçu ta lettre[14] ce matin, mon ami, et comme je n'ai pas grand-chose a te dire, puisque je n'ai rien fait ny rien vu, je vais y repondre tout de suitte. Je suis tout a fait du sentiment du Petit; surement si les feuilles de Torticolis[15] sont si bonnes, ce n'est pas de lui. Qu'es que la phrase que tu trouve si belle? Le diable ne la dechifreroit pas. Je vais tacher de la copier comme elle est grifonnée : «Les hommes de Pierre premier...» . Je te grondois hier pour l'obscurité de tes propos, mais c'est bien pis aujourd'huy!

J'ai parlé a quelqu'un que je ne veus pas nommer[16] de la façon equivoque dont on repond sur le sejour de Tavanne[17], et l'on m'a dit qu'il ne s'atende pas a une dession, parce que ce seroit une dession pour bien d'autre si on la donnoit pour, et un desagrement pour le roi de P. si on la donnoit contre, ainci qu'il n'en aura point. Je suis etonnée que nous n'ayons pas senti cela sans qu'on nous le dise, car cela me paroit bien simple. Mais on m'a ajouté qu'il ne devoit pas craindre, surtout s'il portoit un autre nom. Je tournaille tant que je puis pour trouver quelque porte a sa grace, mais je ne suis pas plus heureuse pour les autres que pour moi. Cependant il n'y a pas de jour que je ne parle.

Quelle princesse y a-t-il a Luneville qui retiene Tavanne[18] quand il veut aller chez toi? Autre enigme.

Assurement Constance est celle ou j'ai soupé[19].

«Seroit l'homme sacré que ce bel abbé?[6]» Quel diable cela veut-il dire? C'est ta phrase que je viens de copier et qui est du greq pour moi[20].

Assurement V. est a Bruxelle[21]. Il y a deux mille ans que je t'ai mandé qu'il y alloit. Est-ce qu'on se quitte[22]?

J'aime que dans ton avant-derniere lettre tu me felicite d'etre a Versaille, et que dans celle-ci tu me prie de faire avancer le diner de Du Frene. Ah, le bel ordre que celui de ta tete!

Si tu veux savoir absolument de qui est la preffasse de *Texerion*, tu peus venir essaier si Ma Sœur te le dira. Car pour moi je renonce a l'esperance de le lui faire dire.

Tu fais donc des maximes : «L'esperance est douloureuse quand elle est eloignée»[23]. Je voudrois «trop eloignée».

Ou as-tu donc pris de l'argent pour des cristeaux et du fin amour[24]? Tu me confond. Je voudrois retenir ma gronderie. Eh bien, je te caresse, pauvre petit Penpichon des Indes. Voiez qu'il est joli. Ato, ato...[25]

Sais-tu bien que *Gogo* est de Crebillon le fils? J'en ai honte pour lui. On le disoit; moi, je voulois toujours que ce fut du chevalier de Mouÿ. Mais j'ai vu hier a diner le bailli de Versaille[26], qui est[d] des amis de Crebillon et qui m'a dit que surement c'etoit de lui. Qu'il lui en avoit fait une honte horrible, aussi bien que des *Lettres de Therese*[27]. Comme ta reponse est faite a present, je ne risque plus rien a te le dire. Je t'avoue que je les ai crue de Marivaux someillant. Tu es mort si tu les as trouvées bonne.

J'ai lu hier le *Mercure* d'avril[28]. Tache de l'avoir, tu y vera la pompe funebre de Mr de Treme et un eloge de la petite Camasse, qui est ridiculement exessif.

Le roi et la reine vienent de revenir. J'enrage de n'avoir pas vu les appartemens pendant leur absence. Je ne sais si nous aurons une place pour dimanche a la capelle[29], mais j'ai bien envie de voir la ceremonie des Cordons Bleus[30].

Tu vois bien que je ne sais que dire. Nous sommes ici comme des hermites. Hors ce bailli qui a diné ici, nous ne sommes que nous trois : partant, je ne sais rien que la fable du rouje couchot[31]. Je t'aime bien, mon pauvre ami. Je vous aime tous. Je vous embrasse tous. Le vent a donc emporté le dementi que le St devoit me donner, car je ne l'ai pas trouvé[32]. Je ne dis rien au Petit que mille amitiés au cas qu'il soit encore avec vous autres. Ma lettre a repondu d'avance a la siene[33]. Je l'ai adressée a Mr Longin[34]. Vous etes tous de bien bons garçon que j'aime bien. Enco[35] Grand Frere, que je baise, enco gros Chien que je bat, enco le Ron que je caresse, enco toi que je saboule[36].

[*adresse :*] A Monsieur / Monsieur Dauphin / marchand, rue du Chateau / a Luneville

MANUSCRIT

Yale, G.P., XI, p. 13-16 (D102); 3 p.; cachet; m.p. : DE VERSAILLES / 11.

IMPRIMÉ

Showalter, p. 141 (extrait).

TEXTE

[a] Mots rayés. [b] Déchirure. [c] Ce point d'interrogation est peut-être une parenthèse. [d] Le ms : «est de ⟨ses⟩ des».

NOTES

1. Voir 96n36 et 129n9.
2. Selon le *Mercure* de mai 1739, le 13 mai «la Reine entendit à Marly l'opéra de *Callirhoé*, de la composition de M. Destouches, surintendant de la musique du Roy.» André Cardinal Destouches (1672-1749), un des membres les plus importants de l'Académie royale de musique, fut chargé d'organiser les concerts de la reine de 1725 à 1745.
3. Honoré-Armand, duc de Villars (v. 52n39). Il s'agit de l'épigramme publiée dans le *Mercure* de décembre 1738, sous le titre de «La Succession abandonnée» : «Un funèbre orateur pronoit un jour en chaire / D'un demi-dieu défunt les exploits immortels; / Puis à son fils présent dressant les mêmes autels, / Le nommoit l'héritier des vertus de son père. / Plusieurs n'approuvant pas cette digression, / D'autant que du héros le fils ne tenoit guère, / L'héritier, reprit-on, soit dit sans vous déplaire, / En ce cas-là renonce à la succession.» (p. 2808.)
4. Nom latin sans doute inventé par Mme de Graffigny.
5. Mme Babaud épousera Masson en janvier 1740 (v. 127n29).
6. Lettre du 8-9 mai 1739 (G.P., IX, 293-296).
7. Vertigo : proprement une maladie qui ôte presque la connoissance au cheval; s'emploie aussi au figuré dans le style burlesque, pour caprice (Trévoux, 1743).
8. Devaux : «Nos trois amis allerent hier voir le bal, qui fut, dit-on, asses joli; la reine et le roy se mirent a table avec tout le monde; Mde de Villaucourt y etoit, quoyqu'elle n'eut pas encore mangé avec le roy. Il y eut un pharaon l'apres-souper; Mrs de Pymon et de Belac tailloient; la Frassinetti y joua.» (IX, 293.) Devaux répondra qu'on fêtait la Saint-Stanislas (le 7 mai). Mme de Villaucourt est Jeanne-Marie de Bauwir (Bauwyr, Bawyr) (1703-1784), demoiselle d'honneur de la

reine de Pologne, qui venait d'épouser le 15 janvier 1739 René de Villaucourt (1666-1746), chevalier de Saint-Louis, écuyer et premier maître-d'hôtel de la reine de Pologne. Deux jours plus tard, Devaux avait écrit : «Mr de Villaucour a enfin epousé Mdelle Bor l'avant-derniere nuit. Je ne l'ai scu qu'apres coup. Je ne scais si cela s'est fait secrettement.» (17 janvier 1739, G.P., IX, 46.) Tailler : signifie tenir la banque, distribuer les cartes (Trévoux, 1743).

9. Devaux : «Le Petit St luy a dit [à Saint-Lambert] tout le mal que l'on disoit de sa tragedie. Cela l'afflige beaucoup. Pour moy, je pretendois luy tout cacher, jusqu'a votre entrevue avec Du Fresne.» (IX, 293-294.)

10. Devaux : «J'ay parlé a la derniere [Mme de Granville] pour Dubois qu'elle m'a dit qu'elle essayoit; je l'ai fort pressé[e] de la garder. Je l'y crois resolue. Elle m'a pourtant dit qu'elle avoit peur que vous ne le trouvassiez pas bon.» (IX, 294); v. 124n21.

11. François-Marie de Broglie, mari de la belle-sœur de Mme de Grandville (v. 116n4).

12. Devaux : «[Mlle Frassinetti] m'a dit que vous luy aviez ecrit que vous vous mettiez en menage; cette avanture m'a fait souvenir que vous me demandates a Nancy qui est-ce qui m'avoit addressé une lettre sous le nom de Panpan.» (IX, 294); v. 121, par. 4 et 125n11. Devaux laisse entendre que c'est Mme de Graffigny elle-même qui a appris à Mlle Frassinetti qu'elle se mettait en ménage et qu'elle l'a oublié, tout comme elle avait oublié que c'était elle qui avait adressé à Devaux une lettre au nom de Panpan.

13. Devaux : «Je vais pourtant le quitter [Montaigne] pendant quelques jours pour l'abbé de Pons, ce petit homme que St-Lambert m'apporta de chez Vulmont. Il y a longtemps que j'ai envie de le connoitre plus particulierement. [...] Je viens de lire cet abbé qui ne m'amuse pas trop, quelque ami qu'il soit de mon ami.» (IX, 296.) Il répondra : «Vous ne connoissez pas l'abbé de Pons et vous le prenez pour un ami du Petit? Relisez ma lettre; vous verrez que je vous y parle de La Motte et que j'appelle l'abbé l'ami de mon ami.» (20 mai 1739, G.P., IX, 321-322.) Il s'agit donc de l'abbé Jean-François de Pons (1683-1733), dont les *Œuvres*, parues en 1738, comportent une *Lettre sur l'Iliade de La Motte* et des *Observations sur divers points concernant la traduction d'Homère* [de La Motte]. Devaux parle souvent de La Motte, mais non pas dans sa lettre du 8-9 mai 1739.

14. Lettre du 11 mai 1739 (G.P., IX, 297-302).

15. Devaux : «Nous allames chez Torticolis qui nous lut sa seconde feuille. Oh pour le coup, nous tombames des nües, et nous ne retrouvames plus l'autheur des *Amours d'Horace*. Cela est au point que St-Lambert pretend et soutient que ce ne peut etre de luy. Pour moy, je n'imagine pas ces choses-la. Il y a du grand, du sublime, du delicat, et une finesse de vuë etonnante. Je ne scais si c'est l'ancienne idée que nous avions de cet homme qui nous rehausse tout cela, mais nous en avons tous eté frappés. Je ne me souviens que d'une de ses expressions, qui me paroit extremement belle. En parlant des Moscovites, qu'il pretend n'etre pas encor tout a fait sorti de leur ferocité, il les nomme ‹des hommes de Pierre premier›.» (IX, 297.) Torticolis est le surnom que Devaux avait donné à Solignac (10 avril 1739, G.P., IX, 232). C'est sans doute une allusion à l'allégorie «Torticolis» de J.-B. Rousseau, où Torticolis est l'Hypocrisie, fille adoptive de Satan, vraie fille de la Fraude et de l'Orgueil. Solignac avait publié les *Amours d'Horace* en 1728. Pour ses feuilles, v. 125n16. La phrase que cite Devaux ferait pourtant penser à son *Histoire générale de la Pologne*, qui ne paraîtra qu'en 1750.

16. C'est François de Bussy (1699-1780), diplomate qui avait été secrétaire du duc de Richelieu à l'ambassade de Vienne (v. 135n18 et 140n19).

17. Devaux : «Sur la fin de notre promenade, Mr Hullin vint se joindre a nous. A la verité je l'ai peu vu, mais il ne me paroit pas si aimable que l'on dit; peut-etre que ce qui l'a gasté dans mon esprit est la façon froide dont il reçut ce pauvre Tavannes, qui nous rencontra et qui le vint prier de faire expliquer le roy sur son sejour ici. Il venoit de chez le chancelier recevoir les nouvelles de Paris. Mr Amelot mande qu'avant la condamnation l'on n'avoit pu obtenir un passeport pour luy, et que la chose luy paroit encor plus difficile apres. Vous sentez bien que ce n'est pas decidé, parce qu'il ne parle que de la France et qu'il ne demande pas d'y aller. Cependant on explique cette enigme contre luy. Mais comme il est persuadé avec raison qu'il n'a rien a craindre, il voudroit seulement scavoir s'il ne deplait pas au roy, qui luy fait toujours dire qu'il craint qu'on ne l'arreste.» (IX, 297-298.) Jacques Hulin (1681-1774), diplomate, ministre du roi Stanislas en cour de France. Jean-Jacques Amelot de Chaillou (1689-1749), ministre des Affaires étrangères de 1737 à 1744.

18. Devaux *répondra* : «La princesse qui nous le deroboit si souvent est Mde de Chatelleraut, qui a pris le titre de princesse de Tallemont depuis la mort de son beau-pere.» (20 mai 1739, G.P., IX, 321); v. 56n21. Frédéric-Guillaume de La Tré-

moille, prince de Talmont, abbé de Charroux, comte de Taillebourg, duc de Châtellerault, né en 1658, mourut le 21 janvier 1739.

19. Devaux : «L'amie que vous nommez Constance, est-ce celle ou vous avez soupé ou la sœur du Poucet?» (IX, 298); Constance est la duchesse de Richelieu (v. 125n5).

20. Mme de Graffigny a transcrit exactement la phrase de Devaux. Pour l'explication de ce malentendu, v. 135n14.

21. Devaux : «Mr de Voltaire va-t-il a Brusselles? Ne vous le mande-t-on pas? Les memes murs pourront-ils renfermer de si grands adversaires?» (IX, 299). L'adversaire serait J.-B. Rousseau, qui se trouve à Bruxelles à cette époque.

22. Mme Du Châtelet avant déjà indiqué que Mme Du Châtelet accompagnait Voltaire à Bruxelles (v. le texte de la lettre 125 à la note 9).

23. Devaux : «Si nous vous manquons, vous nous manquez bien aussi [...] Quand reviendra ce temps si cher a mon cœur? Mais l'esperance est douloureuse quand elle est eloignée.» (IX, 299.)

24. Fin amour : la liqueur de Sonnini (v. 62n18); sur les cristaux, v. 122n32 et 123n13.

25. Sur les plaisantes façons de parler de nos deux épistoliers, v. 58n7.

26. C'est probablement François-Alexandre Fresson, conseiller du roi, bailli, juge ordinaire civil et criminel, et lieutenant général de police au bailliage de Versailles.

27. Sur l'*Histoire de Gogo*, v. 102n44; pour les *Lettres de Thérèse*, v. 127n5.

28. Le *Mercure* d'avril 1739 a des notices sur les funérailles du duc de Tresmes (p. 822) et sur la jeune danseuse Marie-Anne Camasse (p. 774-777).

29. Capelle : chapelle, variante picarde (Trévoux, 1743).

30. Il s'agit de la remise des cordons de l'ordre du Saint-Esprit, cérémonie dont Mme de Graffigny donnera le compte rendu (v. 131, par. 4).

31. La fable du rouge couchot n'a pas été identifiée.

32. Il s'agit des «grâces nocturnes» d'Adhémar (v. 121n17 et 125n22).

33. Lettre de Saint-Lambert à Mme de Graffigny du 11 mai 1739, la remerciant de ses efforts pour faire jouer *Psammis* (G.P., IX, 303-304).

34. Saint-Lambert loge chez l'avocat Charles-Bernard de Longin (v. 49n7).

35. Enco : peut-être de l'italien «anco», forme poétique de «ancora», signifiant «aussi» (v. aussi 59n16).

36. Sabouler : terme populaire, qui se dit de ceux qui se tournent le corps, qui se renversent à terre, se roulent, se houspillent, ou foulent aux pieds, comme font les petites gens quand il se jouent (Trévoux, 1743).

131. à Devaux

Le samedi 16 may [1739]

Je croiois, mon ami, que je ne finirois pas de t'amuser pendant que je serois ici; mais comme je ne finis pas de m'ennuier, tu auras la bonté d'en faire autant. Hier apres ma lettre cachetée, le Petit Tresor[1] arriva, qui m'aporta la *Lettre* du pere Bougeant[2] que j'ai envoyé a Solignac. C'est Mr de Machi qui me l'a envoyé. On m'a conté deux ou trois choses dont je vais tacher de me souvenir. C'est que le maladroit qui avoit afiché «Poisson d'avril» au preparatif du feu de la paix[3] s'est laissé decouvrir, et on l'a fait partir pour faire un tour de six années sur les galeres. On a pas laissé d'afficher depuis que l'on offre l'entreprisse du feu au plus habile ingenieur de l'Europe, parce que c'est faute d'en trouver a Paris qu'on ne l'acheve pas; on m'a mal rendu cela. C'en est la valeur. On dit qu'on le va faire peindre en huille, pour que la pluie ne le gate pas. On fait force colibet[4]. Ce qu'il y a de vray, c'est qu'il n'est plus question de paix, et que l'on ne comprend pas pourquoi on a tant fait de preparatif, nomé le jour de la publication, pour en rester la.

Un comi de Mr le contrauleur g[15] a diné ici aujourd'huy. Du May m'en avoit parlé comme d'un homme aimable, et il me le paroit. Nous avons joué au quadrille. J'ai perdu. Voila la seule occupation de la journée, car elle se passent toutes dans ce qu'on apelle la plus profonde inutilité. Nous avons un billet pour etre placée demain a la seremonie[6]. Je sortirai donc. Je verai donc quelque chose. Bonsoir. Ma foi, je suis trop bete pour me meler de resonner. Tout ce que je puis faire, c'est de me rendre cette justisse, et celle de me dire de cœur et d'affection ta tres bonne, tres vraye et tres sensible amie.

Le dimanche apres-diner [17 mai 1739]

J'ai bien des choses a te dire aujourd'huy. Primo, je parts demain. Hier soir, on me remis un billet que la duchesse avoit envoyé a la maison a Paris ou elle me prioit d'aller a Arcueil[7]. Md. Babaud, qui voudroit que je restasse ici, me fit des instance. Je dis que je n'irois pas, sans trop savoir ce que je disois, car cela m'a tourmenté toute la nuit. J'ai eté decidée ce matin par un second billet de la duchesse, qui est arrivé par la poste, ou elle me mande qu'elle a laissé a Paris une chaise a mes ordres pour me conduire a Arcueil. Je pars donc demain matin, car il n'y a pas moien de resister. Et comme la duchesse n'y sera que huit jours, Md. Babaud veut m'attendre ici. J'y reviendrai pour voir ce que je n'ai pas vu. Ecris toujours a Paris, parce qu'on m'envoyera mes lettres.

J'ai eté ce matin a la seremonie des Cordons Bleus. J'ai donc vu le roi. Je l'ai trouvé beaucoup mieux qu'on ne me l'avoit dit. Nous etions tres bien placées. Ne trouveras-tu pas plaisant que je me sois trouvée presisement vis-a-vis du prince de Pons[8]? D'abort nos regard... Tiens, depuis ce mot-la jusqu'a celui-ci j'ai joué une partie de quadrille. On mest les cheveaux pour aller se promener; je crains de revenir tard. Je te barbouille vite le reste. J'en etois donc a ce regard qui d'abort a eté embarassé. Au seconds, il m'a salué. Au troisieme, il a souris. Enfin je lui ai fait une mine dont nous nous servions autresfois pour nous moquer de lui, et il a eclaté de rire pendant toute la messe. J'ai bien ris aussi de voir les quatre frere[9] que l'on alloit recevoir, dont le plus jeune avoit l'air d'avoir quatre-vingts ans; une queteuse assés laide accablée sous les diamants, qui trambloit comme dans le plus grand frisson de fieve[a] : on l'apelle Md. de La Vautguion[10]. J'ai vu le roi : j'en etois tres pres. Par consequent, Mr le duc d'Orleans[11]. Mr le duc! Ah, l'horrible homme! Je l'ai bien haï a l'intantion du pauvre Grand[12]. Mr le prince Conti[13], que j'ai bien reconnu, et Mr de Clairmont[14]. Voila bien des visage dont je ne savois que les noms que je connois a present, aussi bien que celui du cardinal[15].

La seremonie faite, au lieu de s'aller coucher, nous sommes remontées pour les voir repasser dans la galerie. On se mest en hay. Je vois vis-a-vis moi un visage que je connois. Je trouve que c'est celui de Md. de Richecour[16]. Elle faisoit semblant de ne me pas voir. La curiosité me prend de savoir ce qu'elle fait la. Je traverse, et je lui demande. Elle me dit cent fois pourquoi je l'ai reconnuë. Je crois qu'elle est enragé, car elle n'a vu pas un des Lorrains qui sont a Paris. Elle m'a dit que, devant aller en Toscanne, elle avoit voulu voir Paris et s'y divertir avant.

Elle y est venue avec une Md. d'Eguerti[17], qui est un espesse de demi-castor[18]. Enfin il me paroit que ce voyage-la n'a pas trop bonne mine.

Depuis cette «mine» jusqu'a ce «depuis», j'ai eté a Trianon, c'est-a-dire dans les jardins. Ah, qu'il sont beaux, quel plaisir! J'ay vu une statue de Laocoon[19] dont je crois que tu m'a parlé. En tout cas je l'ai regardée a ton intention. Adieu, bonsoir.

J'ai recu ce matin une lettre de Venevaut. Bonsoir, mon ami, en te remerciant de tes liqueurs[20]. Mon Dieu, que je suis fachée de t'avoir grondé[21]! Quoique je t'ai mandé qu'il y avoi[t] des cristeaux a Seve[22], ne laisse pas de m'en envoyer, parce qu'il n'y a point de ces petits pots que j'aime tant, tu sais bien, ny de jatte. Mais surtout pot.

Mon Dieu, que *Therese*[23] est drole! Il y a lontems que je n'ai ris en-dedans de si bon cœur : cela m'a fait le plus grotesque tableau que l'imagination puisse fournir. Je ne puis me lasser de dire que cela est plaisant. Je repondrai une autre fois a tes impertinenses.

Bonsoir. Je crois qu'il faudra faire contresigner la letre pour qu'elle parte, car il est bien tard.

[*adresse :*] A Monsieur / Monsieur Liebaut / proffesseur d'histoire / des cadets de
S. M. le / roi de Pologne / a Luneville

MANUSCRIT

Yale, G.P., XI, 17-20 (D103); 3 p.; orig. aut.; cachet; m.p. : DE VERSAILLES / 11.

TEXTE

a fièvre.

NOTES

1. La fille aînée de Mme Babaud (v. 108n14).

2. Probablement la *Lettre à l'abbé Savalette*, qui sera publiée dans le *Mercure* de juin 1739, où l'abbé Bougeant fait pénitence pour avoir publié l'*Amusement philosophique sur le langage des bêtes* (v. 102n21 et 116n10). L'abbé Jacques Savalette (1684-1753), prêtre, docteur en Sorbonne et avocat au Parlement, fut conseiller au Grand Conseil de 1720 à 1746.

3. Pour cette plaisanterie, v. 121n12.

4. Sur l'annonce de la paix et les retards, v. 113n2, le texte de la lettre 120 à la note 7, et le texte de la lettre 121 à la note 11. Barbier, vers la même époque, se laisse aller à certains commentaires peu flatteurs sur «l'affaire de la paix annoncée il y a plus d'un mois [et] la charpente du feu de la Grève toute élevée, qui se pourrit», et il ajoute : «On dit par plaisanterie qu'on y fera un toit d'ardoises pour la conserver.» (III, p. 179.)

5. Non identifié, mais c'est un collègue de Mas-

son, qui est, on se le rappelle, premier commis du contrôleur général.

6. La cérémonie de remise du grand cordon de l'Ordre du Saint-Esprit.

7. Sur le séjour projeté à Arcueil, v. 126n4.

8. Charles-Louis de Lorraine, prince de Pons (1696-1755), lieutenant général. C'est le frère du prince de Lixin, que le duc de Richelieu avait tué en duel en 1734; ses rapports avec Mme de Graffigny ont dû se refroidir par la suite.

9. Parmi les neuf nouveaux chevaliers reçus le 16 mai, Luynes (II, 350) en signale cinq dont le moins âgé avait environ 75 ans. C'était Claude-Théophile de Bésiade, marquis d'Avarey-sur-Loire (1655-1745), maréchal de camp, lieutenant général de Picardie, gouverneur des ville et châteaux de Péronne; Louis de Régnier, marquis de Guerchy (vers 1663-1748), gouverneur de Huningue, maréchal de France en 1742; François de Briqueville, comte de La Luzerne, seigneur de Monfréville, lieutenant général des armées navales du roi, vice-amiral du Ponant; Jacques-François de Chastenet, marquis de Puységur (1656-1743), lieutenant général, maréchal de France; et Antoine de La Font, marquis de Savines (vers 1663-1748), lieutenant général, directeur général de la cavalerie.

10. Marie-Françoise de Béthune-Charost (née

en 1712), mariée en 1734 à Antoine-Paul-Jacques de Quélen de Stuer de Caussade, duc de La Vauguyon (1706-1772), colonel du régiment de Beauvaisis.

11. Louis, duc d'Orléans (1703-1752), seul fils légitime du régent.

12. Mme de Graffigny considère le duc d'Orléans comme responsable de l'exil de Tavannes.

13. Sur le prince de Conti, v. 109n14.

14. Gaspard, marquis de Clermont-Tonnerre (1688-1781), maréchal de France, puis doyen des maréchaux, et duc et pair.

15. Le cardinal de Fleury.

16. Jeanne, baronne de Bourcier de Villers, fille de Jean-Baptiste-Joseph, doyen des maîtres aux requêtes ordinaires de l'hôtel de S.A.R., épousa vers 1727 Emmanuel de Nay, comte de Richecourt (v. 52n14) et, avec le prince de Craon, gouverneur du duché de Toscane. Ils eurent quatre enfants.

17. C'est peut-être la dame d'Eguerty, veuve de feu le sieur Fontaine, qui en 1735 est sur la liste des pensions du duc de Lorraine. Elle est probablement membre de la famille lorraine O'Heguerty, d'origine irlandaise, famille de militaires au service de la cour ducale.

18. Demi-castor : dans le langage des libertins, une femme ou une fille dont la conduite est déréglée, quoiqu'elle ne se prostitue pas à tout le monde (Trévoux, 1743).

19. Laocoon : groupe en marbre, copié en 1696 par Jean-Baptiste Tuby (1630 ou 1635-1700) d'après l'original qui est au Vatican.

20. Mme de Graffigny commence ici à répondre à la lettre de Devaux du 12 mai 1739 (G.P., IX, 305-310).

21. Voir le texte de la lettre 127 à la note 21.

22. Sèvres (v. 128n2).

23. Devaux : «Allez-vous-en au diable avec votre livre. Du ton dont vous me l'annonciez, j'ai cru que c'etoit ou *Mahomet* ou Crebillon ou Lassé et ce n'est qu'un rien de Marivaux ou d'un de ses singes qui l'est ou tout de bon ou pour rire. Je vous avouë que je ne scais encor qu'en croire. [...] Quoy qu'il en soit, je vous remercie pourtant bien de me l'avoir envoyé. Il n'a pas laissé de m'amuser. Il y a bien du mauvais, mais de temps en temps de jolies choses. C'est mon avis et aussi celui de St-Lambert avec qui je l'ai lu ce matin.» (IX, 306); v. 127n5.

132. à Devaux

A Arcueil, le mardi 19 may [1739]

C'est une plaisante chose que les grands chemins, mon ami. Je n'ai fait hier que six lieux et j'ai vu les Entipodes. Commençons la relation de ce fameux voyage. Je parti de Versaille a midi dans un de ces carosses public a quatre. J'y trouvai un jeune homme qui m'amusa assés pour faire un peu de divertion a l'humeur que m'avoit donné un mot que Mr Masson m'avoit dit sur mon affaire et qui ne me plait pas. J'avois outre cela l'inquietude de ce vilain D., qui ne m'a pas ecrit depuis qu'il m'a mandé qu'il avoit la fievre. Ce Mr me babilla tant livre et auteurs qu'il parvint a se faire ecouter. J'arivai a Paris a trois heures, je pris une tasse de caffé au lait, et j'envoyai chercher la chaise qui m'attendoit chez Mr de Guise. Le postillon ne se trouva qu'a pres de sept heures. Hors une heure que je passai sur mon lit et dont je sortis parce que le noir me surmontoit trop, je passai la journée entre cette parenté de Javotte qui est le maitre d'hotel et une marchande epissiere, aussi parente de la maison[1]. La chaise arrive, je pars, et au bout de ma course je me trouve entre trois duchesse et une marechale de France, qui sont la maitresse de la maison, la duchesse d'Eguillon, la duchesse de Crevecœur[2], et la marechalle de Vilars[3].

Il est vray que je fus stupefaite en entrant dans la chambre, car il y avoit neuf ou dix hommes. Md. de Richelieu quitte son jeu et vient m'embrasser et me tint deux misererés[4] a me fortifier contre ma sotise. Et puis tout d'un coup elle me dit : «Ah, j'ai votre affaire. Tené, voila un homme que je vous livre.» Cet homme qui etoit a coté de nous et que je n'avois point vu, car je ne voyois qu'un etant[5], devine qui c'est. Mr de Maupertui. Je pensai l'embrasser. Il me fit des amours, mais a la letre. Je lui demendai d'ou nous nous connoissions, puisqu'a Cirei il n'avoit tenu compte de moi. Il me dit qu'il en avoit plus tenu que je ne pensois. Enfin nous ne nous sommes pas quitté. Ah, mon Dieu, qu'il est fou, mais qu'il a d'esprit! Il se mit a coté de moi a table et le petit Guise, qui paroit m'aimer assés, se mit de l'autre. Pendant tout le souper je m'amusai assés. Le Geometre faisoit le jaloux des que je parlois au prince. Enfin avant la fin du repas il en etoit a me donner des coup de pieds. Nous couchons aupres l'un de l'autre et, pour aller a notre pavillon, il faut traverser un jardin. Il me fit enrager[a] en me ramenant : il vouloit me mener dans un bosquet. Ce matin il est venu polissonner dans ma chambre. Il commence a m'inpatianter. Il est trop fou.

Le mercredi matin [20 mai 1739]

Je ne pus aller plus loin hier, mon ami; on me fit apeler et de la journée je ne pu etre a moi. J'en etois a hier matin. Je m'etois couchée a trois heures et j'avois eté reveillié a sept par le petit enfant[6] qui couchoit au-dessus de moi. Cela fit qu'au moins je restai au lit pour me tranquiliser. J'y restai si bien que je ne fus pas prete pour la messe qu'on ne dit qu'a une heure et demie; on m'en a bien fait des plaisanteries. Mr de Richelieu me dit qu'il enpecheroit une autre fois qu'on ne la die de si bonne heure. Je ne dinai point, je pris du caffée avec la dame de Crevecœur. C'est presque comme a Cirei ici : le maitre et la maitresse ne dinent point; il y a cependant un tres bon diner pour ceux qui veullent. Je suis fort aise de n'etre pas obligée a manger, car cela m'incomode toujours.

Apres diner il vint des gens d'affaire. Tout le monde se retire chez sois. Je crus profiter de ce tems pour t'ecrire a gogo. Point du tout, je trouve ma chambre demeublée. On me mettoit au-dessus du petit enfant et lui en bas pour qu'il ne m'incomode plus. Je croiois Mr de Maupertui dans la compagnie quelque part et j'entrai dans sa chambre. Il dormoit sur son lit. Il se jette a bas et j'y ai passé la journée a jaser, a polissonner. Il se bat ave[c] Fanché[7] comme tu faisois avec Dubois, et aussi maussadement. Il me fit mourir de rire. Nous envoyames chercher du caffée, nous en primes encore. Nous parlames sience, raison, folie, que sai-je? Il dit qu'il veut etre mon ami; mais je ne crois pas que j'y consente, car reelement il est fou. Il m'a montré un bout d'histoire qu'il acheve. C'est pour finir les *Memoire* de Du Guez-Trouin[8]. Il ecrit comme un ange et j'aime mieux son stile que celui de Voltaire : il est plus simple et plus elegant. Il m'a montré aussi un bout de livre metaphisique qu'il fait[9], et puis il me l'arrache en disant qu'il ne l'entent pas lui-meme, comment je pourois l'entendre. On l'apela; il sorti de sa chambre et m'y

497

enferma a la clesf. Il ne fut qu'un moment dehors. Enfin nous ne retournames a la compagnie qu'a huit heures.

La pluie avoit cessé. Nous fimes un tour de promenade avec Mr de Crevecœur, qui me plait assés. C'est un homme tout uni, de bonne humeur, bien poli, et qui n'est pas sot. Il sait quelque chose. On se moque de lui tant qu'on veut, c'est ce qui me plait le mieux ici. Avant et apres souper on parla esprit. On tourmentoit Mr de Maupertui de question. Entre autre un Mr de Chat[10], qui fait l'entendu, lui dit : «Mais, Mr, puisqu'il fait si froit au Lapon[11], il doit faire diablement chaut a l'autre pole.» Ma foi, je ris tout haut, je n'y tins pas, ny la duchesse non plus. Je penses a toi qui pretent que j'ai demendé ou etoit le pole chaut, et je fus bien consolée de trouver un homme, et un homme agreable, plus ignorant que je ne l'etois.

Je n'y saurois tenir, il faut que je te dise la situation ou je suis en t'ecrivant. Si tu peux l'entendre, tu t'en feras un beau tableau. Il faut savoir que maisons et jardins, tout est en terasse ici. Il y a trois pavillon. Celui de tout en bas est celui ou loge le duc et la duchesse. Il a trois etage et a chaqu'un un jardin, un bosquet, un bois, des allées. Tu ne comprends pas cela, car je ne l'ai jamais compris que je ne l'ai vu. Du second etage ou demeure la duchesse est la terasse qui donne de mon coté. A cette terasse il y a une cascade de dix-sept jedeaux[b]. Au-dessus de cette cascade est une autre terasse ou est le pavillon dans lequel je demeure. Je suis a peu pres au ret-de-chaussé du toit de celui de la duchesse. Vois-tu bien cela? Or ca, me voisi sur une bergere vis-a-vis une grande fenetre ouverte, de laquelle je vois la cascade. Un peu plus loin tout le beau monde de la maison assis sur des bans vis-a-vis moi et Mr le prince Charle, que je viens de voir arriver. En-dela de la maison je vois un petit bout de chemin qui va du chateau joindre la chaussée d'Orleans, ou il y passe aussi souvent des carosses que dans les rues de Paris. Elle est assés pres pour que j'en entende le bruit. Si les objets agreables donnoient de belles idées, ma letre devroit etre charmante, car il n'y a peut-etre pas a present deux personnes placée si agreablement. Me vois-tu? Ecoutes-moi : si tu n'aimois les rabachages, j'aurois honte de tous les riens que je te detailles.

Reprenons la soirée d'hier. Pendant que j'etois chez Maupertui, la duchesse Du Maine[12] vint faire visite. Je ne l'ai pas vue, dont j'enrage. Et pour tes beaux yeux je me prive du prince Charle, que j'aime beaucoup et qui ne soupe pas ici, car je vois qu'on ne defait pas ses cheveaux. Pour revenir aux ignorence de Mr de Chat, car il n'en dit pas pour une, il demenda ce qui tournoit de la terre ou du soleil. On dit que c'etoit la terre. «Oh! dit-il, cela ne se peut pas, car il est dit dans l'Evangile que c'est le soleil.» Il dit encore que ce qui degoutoit des livres de geometrie, c'est que les renvoyes n'etoient jamais juste. Tout cela et bien d'autre, dit du ton important, etoit un bon ragout de spectateur tel que j'etois. Je n'ouvrois pas la bouche. On parla de tout, d'Homere, de Virgile, de tout enfin, et hors la duchesse et Maupertui, c'etoit a qui parleroit de travers. J'etois a coté de Maupertui qui me poussoit et qui a la fin me dit : ‹Mais voulez-vous bien parler! On [n»]y sauroit tenir.» Je vins me coucher d'assés bonne heures, bien mourante de someil, bien huée, car il n'etoit qu'une heure, et c'est avec les poulles.

Ce matin le Geometre est venu me dire adieu. Il est allé diner a Paris. Il revient ce soir, et pour mes beaux yeux, dit-il, il y restera tant que je voudrai, quoiqu'il ait des engagemens tres fort pour une autre campagne. Je tacherai de le faire rester, car quand il ne contrarie pas, il est fort aimable.

Md. de Lembesque[13] et venue diner ici avec sa fille cadette[14], qui a quinze ans et qui est grasse comme moi. Elle sont bien polie. Je ne voulois pas diner. Md. de Richelieu m'a fait mettre a table, pour faire les honneurs, dit-elle, et elle veut qu'a diner je tiene tete a tous ceux qui viendront. Apres diner j'ai voulu venir ici, et de terasse en terasses, tirée par les beautés toujours nouvelles des allées des cabinets, j'ai fait la moitié du jardin seule. Helas! mon plaisir aurait eté parfait, si au lieu de penser a mes pauvres amis, je les avais eu la a causer. Ces jardins-ci sont delicieux. Presque tout est couvert de facon que l'on peut s'i promener au frais et a l'ombre. Il y a de tout : des eaux, des statues assés belles. Tout cela est si diversifié, si liez l'un a l'autre, si petit en aparence que l'on fait une lieu sans prevoir la fatigue. Je me suis promenée bien tristement mais cependant avec plaisir. Je n'ai su que j'etois lasse qu'en arrivant dans ma chambre. Il est arrivé dix personne de Paris et je n'ai point eu de lettre. Cela redouble ma tristesse, car je devois au moins avoir la tiene de la poste d'hier. Pour du D. je ne sais quand j'en aurai.

Je ne veux pas oublier de te dire que la veille que je parti je soupai avec un comi de Mr Amelot, qui est un petit Sinsindorf[15] de corps et d'esprit. Nous eumes bientot fait connoissance. Je lui parlai de Tavanne. Il me dit qu'il etoit fort surpris de l'interpretation qu'on avoit donné a la letre de Mr Amelot, que Tavanne pouvoit rester en Lorraine, et a peu pres les meme chose que je t'ai mandé qu'un autre m'avoit dit. Hier je fus seule un moment avec la duchesse. Je lui en parlai. Elle me dit qu'elle en avoit parlé au ministre de Baviere[16], et qu'elle parleroit a un ami intime de Barjac[17] pour savoir s'il voudroit de l'argent pour sa grace, car il ne faut pas l'esperer d'ailleurs. La personne qu'il croit amie du fr [...]*c* n'a pas plus de credit qu'elle en avoit il y a dix ans. Je ne l['oublie]*d* en aucune occasion, ny lui ny mes chers amis.

A propos, la duchesse m'a areté un logement ou il y a ent[rée]*d*, cuisine, chambre, cabinet et garde-robe. Devine pour combien. P[our]*d* cent trente livres. A sa porte dans la rue St-Louis[18], qui est tres belle. Il est vrai que c'est au troisieme, mais n'importe, je suis accoutumée a grimper. On ne fait autre chose a Paris et ici. J'y serai ici plus que je ne croiois. On dit que l'on ne partira que dans dix jours. Tant mieux. J'y suis fort bien. Je ne crois pas cependant que je fasse grande connoissance avec le maitre. Il est a la glace, et avec les autres de meme. Ainsi je ne m'en scandalise pas. La duchesse m'a dit que c'etoit lui qui l'avoit pressée plus d'une fois de me faire venir.

Adieu, je vais ecrire a Md. Babaud sur ce que Masson m'a dit qui me point. Elle ne le sait pas, car ce fut en me metant en carosse, et comme elle m'aime beaucoup depuis qu'elle m'a honnoré de sa confidence sur son mariage futur avec M.[19], je veux qu'elle le presse un peu. Adieu donc, mon cher ami. Je vois encore le prince Charle. Je meurs d'envie d'y aller un moment. Si j'avois encore quelque chose a te dire, tu a vu que je n'ai pas balancé, mais je ne sais plus rien. Bonsoir donc, je t'embrasse mille fois.

[*adresse* :] A Monsieur / Monsieur Liebaut, professeur / d'histoire des cadets de S. M. / le roi de Pologne / a Luneville

MANUSCRIT

Yale, G.P., XI, 21-24 (D104); 3 p.; orig. aut.; cachet sur cire rouge; m.p. : 8.

IMPRIMÉ

Showalter, p. 141-143 (extrait).

TEXTE

[a] Le ms : «en arager». [b] jets d'eau. [c] Déchirure. [d] Lettres restées sous le cachet.

NOTES

1. Non identifiés.

2. Charlotte-Catherine Fargès avait épousé en 1720 Louis-Sébastien Castel de Saint-Pierre, marquis de Crèvecœur (1691-1749), mestre de camp de cavalerie, premier écuyer de S.A.R. la duchesse d'Orléans, et neveu du célèbre abbé de Saint-Pierre.

3. Jeanne-Angélique Roque de Varengeville (1675-1765) avait épousé en 1702 le maréchal de Villars (v. 52n39). Elle était une des beautés célèbres de son temps, et Voltaire est censé être tombé amoureux d'elle à l'âge de 24 ans.

4. Miséréré : se dit aussi pour une courte mesure de temps (l'espace de temps qu'il faut pour réciter le psaume Miserere). Dans un miséréré, dans deux miséréré au plus, je suis à vous. (Trévoux, 1743.)

5. Étang (v. 124n26).

6. Le petit duc de Fronsac, fils des Richelieu, né en 1736 (v. 97n7).

7. La nouvelle femme de chambre de Mme de Graffigny (v. 114n30 et 124n20).

8. René Duguay-Trouin (1673-1736), corsaire, natif de Saint-Malo comme Maupertuis, laissa inachevés des *Mémoires* que Maupertuis aurait publiés (v. L. Velluz, *Maupertuis*, 1969, p. 60; Best. D2253).

9. Ces indications ne suffisent pas pour identifier le livre en question.

10. Parmi les différents membres de la famille Chat ou Chapt de Rastignac, il s'agit probable-ment ici de Jacques-Gabriel, comte de Rastignac (1677-1755), ou de Charles, marquis de Laxion (1693-1762).

11. C'est-à-dire, en Laponie, d'où Maupertuis était rentré en 1737.

12. Anne-Louise-Bénédicte de Bourbon-Condé (1675-1755), fille du prince de Condé, avait épousé en 1692 Louis-Auguste de Bourbon, duc Du Maine (1670-1736), fils légitimé de Louis XIV et de Mme de Montespan. Ils avaient acheté à la famille de Colbert le château de Sceaux, non loin d'Arcueil.

13. Jeanne-Henriette-Marguerite de Durfort (1691-1750), fille aînée du duc de Duras, avait épousé en 1709 Louis de Lorraine, prince de Lambesc (1692-1743).

14. Il s'agit en fait de sa troisième fille, Charlotte-Louise (1724-1747), future princesse de La Tour et Taxis. Sa fille cadette était Henriette-Agathe-Louise, née en 1731.

15. Mme de Graffigny veut dire que le commis ressemble à un certain Sinzendorf connu d'elle et de Devaux. Parmi les nombreux membres de cette famille, il s'agit probablement de Philipp-Ludwig Wenzel, comte de Sinzendorf (1671-1742), homme d'état autrichien qui avait été ambassa-deur impérial en France et avait représenté son pays aux congrès de Cambrai et d'Utrecht. Il était fier et hautain.

16. Louis-Joseph, comte d'Albert de Luynes (1672-1758), après une carrière militaire distin-guée, s'attacha au service de l'électeur de Bavière qui le nomma en 1719 ministre plénipotentiaire auprès du roi de France.

17. Honoré Barjac, valet de chambre et homme de confiance du cardinal de Fleury, qu'il avait connu lorsque celui-ci était évêque de Fréjus. On disait qu'il était maître de toutes les nominations. Il mourut très riche en 1748. Nous ignorons le nom de son «ami intime».

18. Voir 141n7.

19. Masson.

133. à Devaux

Le vendredi 22 may [1739]

J'etois si pressée de voir le prince Charle avant-hier quand je t'ecrivis, mon ami, que je ne pensai pas a voir si je n'avois rien a repondre a la lettre que j'avois reçue en partant de Versaille. J'en reçu hier deux dans une heure. Me voila donc trois reponce [1] a faire; mais je crois que tu aime mieux que je commence par mon journal. Je le reprends du moment de ma derniere lettre. Je fus donc voir ce prince, que je n'aime pas par son esprit mais par la simplicité de sa candeur. Je ne connois guere de particulier qui soit honnete homme si uniment. Il alloit partir, je ne le vis guere.

Je fus chercher des livres dans le cabinet de la duchesse. Je trouve Montagne, je l'arrache. Je cours dans les bosquets delicieux qui entoure cette maison. Je devore le chapitre de l'imagination. Devine pourquoi. Je trouve que le bonhomme resonne bien; mais mon cœur ne sauroit convenir qu'il ait raison [2]. Je n'ai jamais eté lasse de la presence de mes amis et le regret que j'ai d'en etre separée ne se rachette par rien. Tu as beau dire que je me souviene des plaisirs que nous nous faisions pour m'en faire un de leur souvenir. Je ne me les rapelle que trop, mais c'est avec un serement de cœur qui me mest les larmes aux yeux vingt fois par jour, et regulierement je m'endors et me reveille avec cet homage que je rends a l'amitié. Tu me preche inutilement, mon cher ami. Voici encore une nouvelle experience : que vous seuls pouvez m'etre un plaisir et que je ne suis faite que pour ceux de cette confience naturelle qui nous charmoient, quand meme nous ne disions que des riens.

Assurement je ne connois personne qui ait plus d'esprit que Mr de Maupertui et la duchesse. Ces deux jours-ci se sont passé presque seule avec eux. Je suis extremement flatée de la tendre amitié qu'elle me marque. Je ne resiste plus a ce penchant que tu me connois pour elle, je l'aime tendrement. Je ne connois rien de si aimable dans le monde. Si je ne m'aretois, je remplirois ma letre de son eloge. Ma vanité devroit etre bien flatée aussi des eloges de Maupertui, qui m'admire. Si mon chien de cœur me donnoit le tems de sentir autre chose que l'absence, je me complairois fort en moi-meme, car on se tue de me parler de ce que je vaus. Sans me gater, car ce Geometre m'accable de plaisanterie. Il a tout a fait le ton de la bonne compagnie. Peut-etre il ne tien qu'a moi d'en faire une conquete. Des conversations charmantes et continuelles que je ne quitte que pour me promener dans des lieux qui semblent etre fait sur mon gout. Tout ce qui auroit fait mes delices dans tous les tems de ma vie m'est non seulement insipide, mais ma tristesse en ogmente. Ne me fais plus de sermons, je t'en prie; ils sont inutils. Ne t'en chagrine pas, c'est une affaire decidée. Je ne t'en parlerai que le moins que je pourai. Je m'y suis encore laissé aller aujourd'huy parce que je suis etonnée moi-meme de me trouver telle. J'ai eté jusqu'a chercher si ce n'etoit point ce qu'on apelle la maladie du paiis. Non, la Lorraine me fait toujours la meme repugnance. Je suis fort aise de n'y etre pas. Je sens meme que si tu etois a Paris, de ce moment-la mon cœur reprendroit cet epanouissement qui m'est inconu depuis que je suis partie. Voila qui est dit; n'en parlons plus.

Bon, voila une carossé de duchesses qui arrive. Je vais avoir le tems de te bavarder tout a mon aise. Mon Dieu, ou en etois-je? Je me suis egarée dans les complaintes de mon cœur. C'est un soulagement, quoiqu'il ne se fasse pas sans larmes. Revenons a la narration. Je passai donc tout le reste du jour avant-hier dans les jardins avec Montagne, et ave[c] mes reveries, quand il fut nuit assés pour m'enpecher de lire. Est-ce qu'il n'y a pas ici des importuns comme alieurs? Un officier qui est de Languedoc[3], car les Languedochien abondent ici, ne vient-il pas me relancer pour me parler de mon merite? Je pensai lui demander d'ou il avoit cette connoissance, car je ne l'avois vu que ce jour-la et n'avois pas parlé devent lui. Il s'assoit a coté de moi, et me voila au prise ave[c] sa sottise et par consequent l'ennui. Par bonheur je vis de loin passer Maupertui, qui revenoit de Paris. Je l'apelai, mon sot s'en alla, et je restai jusqu'a dix heures en melieure compagnie.

On ne soupe qu'a onze du moins. Helas, c'est quand tu te couche, mon pauvre ami. Je ne dine point et cela ne m'incomode pas. Au contraire, je me porte beaucoup mieux. Je n'ai plus d'etourdissemens. Apres le souper le duc parti pour coucher a Paris, et presque tout ce qui etoit ici. Nous passames la soirée jusqu'a trois heures nous trois, la duchesse et Maupertui. Elle nous parla si bien et avec tant de sentimens qu'en nous allant coucher, nous nous aretames presque une heure dans le jardin a admirer tanto son cœur et tanto son esprit, sans savoir dessider auquel donner la prefferance. Il fesoit un beau clair de lune, les rossignols nous accompagnoient. Md. de Richelieu nous avoit donné le ton, nous eumes beaucoup d'esprit. Et avec cela je pleure mes amis en me couchant.

Hier je fus le matin, c'et-a-dire a deux heures, pendant le diner des autres, une heure a causer tendrement avec ma duchesse. Il n'y a point d'amitié qu'elle ne m'ait fait. Nous nous baisames trois ou quatre fois d'abondence de cœur. Je crois qu'elle m'aime veritablement et tu sais quel traint cela fait aller a mon cœur. Apres diner nous nous promenames, dans un intervalle de pluie, dans un endroit que je n'avois pas encore vu et qui est enchanté. Tout cela est en petit, mais tel que je les aurois imaginé si j'avois eu a faire des jardins. Il y a partout des copies des statues de Versaille assés bien imitée.

Apres la promenade ariva deux ennuieux de Monpelier[4]. Je vins dans ma chambre lire tes letres et ecrire a Md. Babaud, ce que je n'avois pas fait avant-hier. Maupertui vint. Nous retournames a la compagnie parce que la duchesse s'ennuioit de ses gens. Sur le soir elle mit les ennuieux au jeux et nous mena, Maupertui et moi, l'ecouter jouer du clavessin jusqu'au souper. Elle en joue assés bien pour faire plaisir et assés pour me toucher au larmes. Des pieces, mon Dieu, quelle pieces! De quel tems m'ont-elle fait souvenir[5]! On ne voioit pas clair dans le coin ou je m'etois fourée, me doutant de l'affaire, et je ne me genay pas beaucoup.

Il arriva pour souper un chevalier de Melé[6], grand ami de la duchesse, que j'ai deja vu a Paris. Je te le nomme celui-ci, parce que je t'en parlerai peut-etre quelquefois. Il est fort bon garçon, bien de l'esprit, et point important, tout unis, enfin tel que je veux bien lui parler. Je crois t'avoir deja dit que je n'ouvre la bouche a personne.

Apres souper je jouai deux ou trois partie de trictrac avec le Prince Frere[7]. J'avois deja joué je ne sais quand l'apres-diner. Les ennuieux partirent, nous restames, la duchesse, Mr de Melé, Maupertui, et le prince. Nous eumes de ces conversation que tu aime ou on parle de tout avec bon sens et moderation. A trois heures je reconduis la duchesse a sa chambre. En passant pour aller a la miene, Maupertui m'entent. Il vient en chemise me donner la main. Il reste une heure a polissonner. Tous les matins il en fait autant. Il roue de coup ma femme de chambre. Il lui tient des propos, Dieu sait. Je ris, mais non pas comme tu me faisois rire. Il vient tous les matins en robe de chambre. Des que je suis levée, le train recommence. Aujourd'huy il etoit plus serieux. Il m'a dit que Mr de Melé me trouvoit extremement aimable. Je t'assure qu'il ne tiendroit qu'a moi de me gater. Je suis etonnée de tout ce qu'on me dit. Je m'attendois a etre un tres mediocre personnage, et l'on pretent qu'il n'y a point de femmes a Paris qui ait autant d'esprit que moi. Mon bon sens et mon jugement sont aussi fort exalté. Ma foi, je te le dis comme je le pense, je ne m'y attendois pas. Ce fou de Geometre dit qu'absolument il veut etre de mes amis. Je lui propose mille reformes a faire dans son caractere avant d'y consentir. Il dit que j'en viendrai a bout. Il m'a fait ce matin une plaisante proposition de me montrer tout ce qu'il ecrira pour que je le corrige. Je me dis tout bas : «Ils se moquons de vous, Madame»[8], et je sens que mon amour-propre te conte tout cela avec une phisionomie toute epanoüie.

Je me suis avisée de diner aujourd'huy parce que l'estomac me tirailloit. Apres diner les hommes se sont allé promener et je suis restée seule avec la duchesse, qui a un peu de mal aux dens. Apres une petite causette j'ai lu le comencement d'un romant tout nouveaux d'hier en deux volumes qui s'apelle *Le Siege de Calais*[9]. Il est tres bien ecrit. Je le crois joli. Si elle me le veut donner, je te l'envoyerai. Elle a ecrit a Paris pour me faire acheter une robe de toille qu'elle me donne. Comme son mari est arrivé dans le tems que je lisois, j'ai jugé qu'il faloit les laisser ensemble. Je suis venue. Me voila. Cela s'apelle, je crois, te rendre compte non seulement de mes journées mais de mes moments. Voions a present tes letres.

Premier article. Non, je n'ai pas vu la collonade du Louvre[10].

La Mathieu m'a ecrit, mais je crois inutil de lui faire reponce puisqu'elle a fait saisir[11]. A propos de toute mes drogue, il me semble que je n'ai pas vu mon miroir de toilette sur le memoire.

Tu parles du D. J'en reçu enfin hier une lettre dont je ne suis pas trop contante. Il dit qu'il a eu la fievre huit jours et qu'elle s'est passée par un debordement de bile. Sa letre est seche et complimenteuse. Ma foi, je ne sais pourquoi. C'est la reponce de la plus affectueuse que j'aye jamais ecrite. Ce sont de ses disparates auxquelles je devrois etre accoutumée et qui ont cependant toujours leur effet.

Tu as mal compris ce que je t'ai mandé au sujet des plaisanterie de T.[12] C'est pour moi que je crains, parce qu'elles tombent sur le veritable et que, comme c'est une chose fort secrete, la sœur du Poucet pouroit croire que c'est moi qui ait donné lieu a ses propos-la. Entens-tu a present?

Pourquoi te plains-tu des *Letres de Theresse*[13]? Tu demandois du Crebillon. Tu sais a present que s'en est.

La maison de Md. Du Chatelet[14] est merveilleuse par les peintures qui sont a profusion, et toutes de Le Brun et Le Sueur, et les comodités. Elle est imense. Il ne faut pas vingt aulne de tapisserie pour la meubler; tout est peint et dorré jusqu'aux garde-robes. Mais elle est triste, d'un grand entretien, la derniere maison de l'Isle, ce qui fait qu'elle ne coute que cent quatre-vingt mille livres. Dans Paris elle couteroit un milion.

Helas, mon pauvre ami, les excuses que je t'ai fait sur la critique de tes vers ne doit point interesser ton humilité. Tu n'en a que trop et peut-etre ta paresse seule n'est-elle pas cause de ta paresse, car je ne trouve point d'autre mot. Mais fais un peu entrer en triot un certain point d'honneur delicat qui fait tenir les engagemens qu'on a pris avec un ami. Je suis seure qu'il l'emportera et que tu achevera la piece de Venevaut. C'est tout de bon une peine pour moi.

Ah, mon Dieu, quatre bouteilles de liqueur, ce sont quatre sujet de confusion pour moi. Je t'ai fait un gros reproche que je voudrois retenir pour toutes les bouteilles du monde. Me le pardonne-tu, mon ami? Signe-le-moi, je ne m'en consolle point. Je suis bien aise que tu n'en envoye qu'une a Venevaut. J'y en joindrai une des miennes. Je cherchois quelque chose a lui donner.

Le jour que je passai a Paris il etoit fete. Je ne pus avoir d'echantillons[15]. J'ai chargé la maitresse d'hotel de Md. Babaut de m'en envoyer, et comme je devois les avoir hier, quand je n'en vis point avec les letres, je lui ecrivis encore pour en avoir. Je ne saurois mieux faire, n'est-ce pas? Tu les aura des que je les aurai.

Oui, oui, je sais plus de dix fois la fete de Fanchon[16], mais elle ne t'a pas tout dit. Primo, c'etoit le gouverneur et non le prince La Tour[17]. Et puis, et puis demande a Frosine.

Tu demande pourquoi je t'ai envoyé *Therese* avec tant d'empressement[18]. C'est parce que je la croiois de Marivaux, que je la trouvois tres mauvaise, et que je me rejouissois de te la voir trouver bonne. Je ferai tout ce que je pourai pour t'avoir le *Nouveliste du Parnasse*[19]. Il est plus amusant que les feuilles d'a present.

Le St a pris medecine. Voila les papetteries epuisée. Et quel est l'apoticaire assés propre pour preparer des choses si degoutantes par elles-memes? Voici la seconde lettre.

Vous faites bien tous de me promener ave[c] vous, mais vous ne voiez que trop que ce n'est qu'un rendus. Toutes cette lettre n'est que des amitiés. Si j'y repondois, mon ami, je ne dirois que cela, et tu sais notre marché; tout doit te parler de la miene. Pourquoi tes letres du*a* samedi ne sont-t-elle jamais des reponce? Tu dois avoir a present les letres le samedi, lundi et mercredi de bonne heures et cela pendant tout l'eté. C'est la faute du facteur, il faut le gronder.

Ta troisieme letre me fait bien de la peine, mon ami. Je suis desolée de te chagriner et que cela tombe dans le moment ou tu es seul. Pardon, je tacherai de n'y plus retomber. Cependant je t'ai dit ce qui en est au comencement de ma lettre [20].

Ah, les sots qui trouvent passable la critique de l'*Ame des betes*. Mes louanges etoit un panneau. Vous n'y avez pas donné tout a fait, mais presque. Il n'y a pas le sens commun. Ce n'est pas de l'abbé [21]. On l'a un peu contrefait pour le faire croire.

Vas te promener ave[c] ton Palamede [22]. Tu me fais faire hum hum avec ces tendres souvenirs.

Je suis etonnée que tu ai trouvé *L'Amant Proté* passable a la lecture. Je l'ai trouvé bien different. Il y a un «Comment vous porté-vous, Madame? [23]» de l'Anglois qui m'a fait eclater de rire au theatre et qui, je crois, ne fait nul effet en le lissant, et [b] d'autre choses dans ce gout-la.

J'ai bien recommendé a Dubois de te tout dire, mais qu'a toi. Entretiens-la toujours la-dedans.

Tes tortues et les miennes sont fort plaisantes [24], mais tu enragera, car je n'aurai pas le tems de m'inpatianter apres les bouteilles. Nous serons encore douze ou 15 jours ici ou je n'en ai que faire.

Non, ma foy, ce n'est pas pour me moquer de toi que je loue ta grande lettre [25]. Elle est charmante et les suivantes aussi. Quand tu penses a la posterité, tu ecris comme un Bussi [26]. Je demelle fort bien les jours ou tu lui ecris de preference a moi.

Fais encore ecrire Clairon a Francois, mais bien vite. C'est justement les deux contracts qu'il a trouvé qui sont a Demaretz, l'un de 12 mille livres, l'autre de huit de Md. Le Brun [27]. Il faut savoir se qui est du d'arrerage de rentes en tout. Tache de m'envoyer cela bientost.

Voila une bonne tirade, mon ami. Je suis un peu contente d'avoir causé avec toi. Je vais ecrire a Mareil et a ce maudit Tout Ron, qui ne m'envoye point mon argent [28]. Cela me fait enrager. Adieu, mon cher ami. Faut-il te parler de mon amitié? Ne la vois-tu pas partout?

A propos, pourquoi as-tu fait trois fois des complimens a V. [29] et qu'il ne m'en a fait que deux? Tu crois bien que j'en suis en peine.

MANUSCRIT

Yale, G.P., XI, 25-28 (D105); 4 p.; orig. aut.

IMPRIMÉ

Showalter, p. 143-145 (extrait).

TEXTE

[a] Le ms : «du ⟨vendredi⟩ et». [b] Le ms : «est».

NOTES

1. Réponses à trois lettres de Devaux du 12, 15 et 17 mai (G.P., IX, 305-310, 311-314, 315-318); v. aussi 131n20.

2. Devaux : «Son chapitre [de Montaigne] sur ce que l'imagination ajoute aux maux est admirable. Vous devriez bien jetter les yeux dessus dans l'etat ou vous etes.» (6 mai 1739, G.P., IX, 292); v. 129n20. Il s'agit de l'essai «De la force de l'imagi-nation» (II, 21). Mme de Graffigny répond surtout

à la troisième lettre de Devaux, qui écrit : «Taschez de voir les objets d'un autre œil que vous ne les voyez. Vous empoisonnez tout. Les palais des fées deviendroient des cahutes en passant par votre imagination. Eh mon Dieu, il n'est pas encor temps que vous ne viviez plus pour les plaisirs. Ou sont les jours heureux ou nous en faisions quand nous n'en trouvions point? Rappellez-les, chere Abelle; et faites-vous-en du moins un de leur souvenir. Vous m'allez dire que ce sera plus-tost une peine. Mais je ne le veux pas; et je pretends que vous ne pensiez jamais a nous que pour vous amuser. Votre amitié devient a charge a la notre quand elle vous couste un soupir. Ne nous aimez pas pour nous regretter, mais regrettez-nous pour nous aimer.» (IX, 315.)

3. Non identifié. La présence des Languedociens à Arcueil s'explique par le fait que le duc de Richelieu vient d'être nommé gouverneur du Languedoc.

4. Inconnus; v. la note précédente.

5. De 1734 à 1735, Mme de Graffigny avait tenu auprès de la duchesse les fonctions de dame d'honneur. C'est aussi l'époque où elle vivait constamment dans l'entourage de Devaux et de Desmarest.

6. Denis-Louis Rabiot, chevalier de Meslé (1698 ou 1699-1761), ancien mousquetaire, avait le privilège exclusif de la *Gazette de France*.

7. Le prince d'Harcourt ou de Guise, frère de la duchesse.

8. Réminiscence du langage paysan, dont le théâtre comique nous donne de nombreux exemples.

9. *Le Siège de Calais, nouvelle historique* (La Haye [=Paris], 1739), roman de Claudine-Alexandrine Guérin, marquise de Tencin (1682-1749). Après une jeunesse marquée par de nombreux scandales, elle tient à cette époque un salon intellectuel fréquenté par des esprits distingués comme Montesquieu, Fontenelle et Marivaux. Mme de Graffigny, comme bien d'autres contemporains, attribue le roman à son neveu, Pont-de-Veyle (v. 127n13).

10. Devaux : «Rien ne m'a tant frappé en grand que ce jardin [des Tuileries] et la colonade [du Louvre]. A propos, l'avez-vous vu?» (IX, 305.) La colonnade est l'œuvre de Claude Perrault (1613-1688).

11. Devaux : «Vous devez quatre-vingt et quelques livres a la Mathieu. Il n'est pas besoin de la mettre sur la delegation; elle a fait saisir pour le tout.» (IX, 306); v. 127n24.

12. Tavannes, qui avait plaisanté sur les relations entre Mlle Lubert et de Fresnes (v. 125n8 et 127n33). Devaux : «Tavannes est parti ce matin. Je suis persuadé que Votre Sœur n'a rien a craindre de luy. Cependant, des qu'il sera de retour, je le prescherai la-dessus.» (IX, 306.)

13. Voir 131n23, et 118 ci-dessous.

14. L'hôtel Lambert (v. 100n2). Devaux : «Pourquoy ne me dites-vous rien de la maison de Mde Du Chatelet? Est-elle aussi belle que vous me l'aviez annoncé? On m'en a dit ici le prix qui ne me le fait pas croire. Ce n'est, je pense, que 150 000.» (IX, 306.)

15. Devaux : «A propos d'eschantillons, ce n'etoit que du brun que je vous demandois pour ma chere mere, et vous n'envoyez que des couleurs.» (IX, 308.) La fête dont parle Mme de Graffigny est la Pentecôte.

16. Devaux : «Je ne vous conterai pas une feste que Fanchon m'a contée et qu'elle pretend que le prince de La Tour luy a donnée il y a quinze ans; je m'imagine qu'elle ne vous l'a pas laissé ignorer.» (IX, 308.)

17. Il s'agit probablement de Frédéric-Jules de La Tour, chevalier de Bouillon, prince d'Auvergne (1672-1733) et de l'un de ses frères, soit Henri-Louis de La Tour, comte d'Évreux (1679-1753), lieutenant général des armées du Roi, gouverneur de l'Île de France depuis 1719, soit Emmanuel-Théodore (1668-1730), duc d'Albert puis de Bouillon, gouverneur d'Auvergne.

18. Devaux : «Dites-moy donc au vray pourquoi vous m'avez envoyé *Therese* avec tant d'empressement.» (IX, 308).

19. Devaux : «Il y a mille ans que j'en meurs d'envie. Si vous pouviez me l'envoyer par le carosse, je vous l'enverrois de meme.» (IX, 309); v. 128n12.

20. Devaux, dont la lettre est citée en partie à la note 2 ci-dessus, répondait au début de la lettre 129.

21. Devaux : «Nous ne trouvons la critique du *Langage des bestes* que mechante. C'est surement de l'Abbé [Desfontaines].» (IX, 316.) Voir 115n11.

22. Devaux : «Je suis allé chez Frosine. [...] Je suis resté pour tenir compagnie a Fanchon et je ne fais que d'en sortir. Helas, j'ay eté pres de quatre heures dans cette chambre jaune, ou nous avons tant pleuré et tant ri. Mais j'avois beau vous chercher, ce n'etoit pas vous que j'y trouvois. Ah, comme j'ai fait le Palamede *in petto* en m'y promenant a grands pas.» (IX, 317.) Les amis fidèles de Palamède, héros troyen post-homérique, le pleurèrent longtemps et lui érigèrent un autel.

23. *L'Amant Protée*, II, x.
24. Devaux : «Hyacinthe ne partira qu'a la fin du mois. Grace au ciel mes tortuës me vengeront des votres.» (IX, 317.)
25. Devaux : «Est-ce pour vous mocquer de moy que vous dites que ma grande lettre est un tissu de Sevigné broché de marivaudage?» (IX, 318); v. 129n13.
26. Bussy-Rabutin, cousin et un des principaux

correspondants de Mme de Sévigné; ses lettres étaient célèbres avant celles de sa cousine (v. 108n24).
27. Devaux : «Le Ron vient de m'envoyer la lettre de François que vous renverez ici.» (IX, 316); pour Mme Le Brun, v. 94n4 et 120n25.
28. Mme de Champbonin lui devait toujours 100 écus.
29. Vennevaut; sur ces compliments, v. 126n19.

134. à Devaux

Le dimanche 24 mai [1739], a trois heures

J'ai choisi le plus bel endroit du jardin, mon ami, pour m'y etablir avec mon ecritoire et un livre. Je suis vis-a-vis d'une cascade qui fait un petit canal. J'en ai une autre a coté de moi. Assise sur un joli ban de gason, bien a couvert du soleil par des maroniers qui me font un ombrage digne d'etre chanté par les melieurs poete, environée de statues et de pots de fleurs, tout pres d'un salon que je vois peint, doré, orné de glace qui multiplient le bosquets, voila ou je t'ecris. Tu t'atens peut-etre a une epitre en vers. Cela devroit etre; il n'y a pas un grimaud qui ne rimeroit ici. Et moi, dont on vente sans cesse l'esprit, je vais peut-etre t'ecrire de la fort mauvaise prose. Atens, je trouve que le gason est trop froid, je vais me metre sur une bergere dorrée qui est dans le salon. Je n'en verai pas moins les cascades, je n'en entendrai pas moins le bruit, et j'en serai plus a mon aise. M'y voici.

En te quittant vendredi je fus me promener seule jusqu'a neuf heure dans les endroits les plus écartés. Je pensai beaucoup. D'abord j'eu honte de ma misere qui me mene de la premiere pensée aux pleurs. Je me reprochai les peines que je te cause en te montrant toujours mon cœur saisi de tristesse au milieu des choses qui devroient le plus le distraire. Je me gourmendai tant qu'enfin je me trouvai moins accablée, et je senti moins tristement le plaisir de la solitude dans des jardins a un clair de lune qui sont si faits pour me plaire.

J'en sorti a neuf heure pour aller lire *Le Siege de Calais*, qui au demeurant est charmant. C'est de Pontevel[1], c'est tout dire. Je suis bien fachée de te donner cet avant-gout avant de te l'envoyer, mais ce sera le plus tot que je pourai. Je n'entrai point du tout dans la sale de compagnie qu'en entendant sonner le souper. J'avois dit au Geometre, qui etoit venu dans ma chambre comme je finissois de t'ecrire, que peut-etre je ne souperois pas a table a cause de tant de monde que j'avois vu arriver. Je trouvai un laquais qui venoit me dire que je ne m'avisasse pas de ne point dessendre. J'entre, tout le monde se leve, je me vois regarder avec des visage curieux et agreable. Je fus tres surprise, car jusque-la on n'avoit tenu compte de moi. J'etois tout simplement l'amie malheureuse de Md. la duchesse.[a] Mon amie, plus hardie, m'agasse, me fait la guere sur mon ourscerie, dit qu'elle n'auroit jamais soufert que je soupasse dans ma chambre. Je n'y entendois encore rien. On passe pour aller a table. On se trouve dix-neuf a une table de seize. Je veux etre a la petite, comme tu crois bien, avec Maupertui et ce Melé. On me tiraille, on m'arache. Le duc vient me reprendre. Pendant tout ce demelé, je fus au fait. La duchesse me dit tout bas : «Je crois tout de bon que Maupertui vous aime. Il y a deux heures qu'il ne parle que de vous, et qu'il mest votre esprit au-dessus de tout.» Voila le ton donné, je n'ai plus rien a craindre. Ne trouve-tu pas plaisant que ce soit Maupertui qui m'anonce dans le monde?[b] Tu sais combien il etoit entré dans mes humbles projet. Je regardois sa connoissance comme une des faveurs que la fortune pouvoit me faire a Paris. Je voulois seulement le voir, sans que j'aye jamais pensé a oser lui parler. Pour moi je trouve cela unique. Il en a plus fait en un jour que mon amie n'auroit fait en dix ans. Sa voix est suspecte sur mon compte, elle n'ose l'elever bien haut. Plaisanterie a part, personne ne peut imaginer que Maupertui s'interesse assés a moi pour qu'il soit gagné par la prevention. On croit donc qu'il dit vray. Et me voila desidée d'un merite superieur. Je ne reviens pas de cette avanture. Je n'en parlai pas davantage a souper, mais on fut toujours de la meme politesse pour moi. Md. d'Eguillon daigna me parler, elle de qui je n'avois encore eu que des regards dedaigneux. Elle ne me plait pas, par parentesse.

Apres souper je causai avec le vieux bonhomme[2] que j'avois vu chez la duchesse a Paris. C'est un vrai Scaron pour la figure, assés d'esprit, et bon homme. Maupertui vint en tier et nous menaça de faire des couplets contre nous. La plaisanterie se soutient. Il pretent en avoir fait un qu'il ne veut pas me montrer parce qu'il est trop fort, et il l'a fait trop fort parce qu'il n'est pas maitre de son fiel quand il le lache une fois. Je conduisi la duchesse a sa chambre; c'est la seulement ou je puis lui parler. Elle m'avoua qu'elle etoit bien aise que Maupertui parla de moi. Hier au matin ce Maupertui, dont je suis bien lasse d'ecrire le nom, vint me reveiller. Nous envoyames chercher Mr de Melé pour le caffée. Nous causames deux heures a nous trois. Nous eumes bien de l'esprit. Je suis reelement etonnée et honteuse de tout celui que l'on me trouve. Je croiois n'en avoir que pour notre petite societé, et je commence a croire que j'en ai partout, puisque des gens qui en ont tant m'en trouvent du si superieur; c'est toujours le terme du Geometre. C'est un melange d'injure et de louange charmants. Ses louanges n'enbarassent point, il les donne d'un ton dur, et d'un ton si vray qu'il mest dans la necessité de ne point le contredire. Je n'ai vu personne avec qui on soit si a l'aise. Il n'est plus si fou et par consequent ne me choque pas tant.

Je dinai encore hier ici sans voir la duchesse, qui etoit en affaire. Apres diner je fus voir la menagerie avec Maupertui. Je le quittai pour aller lire le second thome du *Siege de Calais*. J'etois dans les jardins. Comme je le finissois, le Melé vint me joindre et me dit tout uniment que, comme il partoit, il m'interompoit pour profiter du tems qui lui restoit. Ce tems fut long, car nous nous promenames, nous nous assimes, et toujours tete-a-tete; nous ne rentrames qu'a huit heures. Nous avions vu la duchesse en passant avec trois autres dames arrivée. Elle les avoit quittées pour venir causer un moment avec nous et nous dire qu'elle etoit charmée que nous prissions de l'amitié l'un pour l'autre, que nous meritions de nous aimer.

Il faut que je te dise ce que je pense de ce chevalier, sauf a me dedire, s'il le faut, apres plus emple information. C'est un gros garcon, moins grand que Pimon[3] mais de cette figure, le visage plus agreable, mais ny l'un ny l'autre ne me plait. Son esprit a bien des choses de celui du D. sur la morale, dont il est farci. En cela tu crois bien qu'il me plait. Il sait un peu de tout, l'esprit assés juste, delicat en amitié, mais trop vetilleur, a ce qu'il me semble. Par exemple, il s'en est allé hier a cause qu'on ne lui a pas doné un assés bel apartement, et il n'y viendra plus coucher. Noté que c'est un gentilhomme bourgignon tout uniment. Beaucoup d'autre petites choses comme cela qu'il m'a confié me deplaisent. Il m'a chiffonné l'ame aussi par des refflections sur la legereté de la duchesse, sur l'humeur de son mari et la siene. Je me tuois de lui dire qu'il commencoit son amitié comme on l'entretient, c'est-a-dire par la confiance. Il me repondoit des choses obligentes et*ᵉ* assés bien tournées pour excuser la facilité avec laquelle il me parla. Enfin, me voila encore confidente a la premiere vue. Il faut que ma phisionomie soit bien prudente. Tu sais combien j'ai eté etonnée dans ma vie des confidence que l'on me faisoit.

A notre retour nous trouvames Maupertui furieux qui nous cherchoit, qui me dit que je n'avois qu'a entrer, que je verois comme j'etois perdue de reputation, qu'il avoit dit tout ce qu'il pensoit d'un tete-a-tete aussi long, qu'il avoit bien chanté la palinodie. Enfin il nous chanta pouille. Il attendoit le chevalier de Melé pour partir pour Paris. Je voulu l'apaiser; je lui tendis la main pour faire la paix. Il me la ser[r]a si fort de colere que je crus qu'il me l'avoit fracassé; les larmes m'en vinrent aux yeux de douleur. Voila comme il est parti, il ne revient que mardi. La duchesse me dit que veritablement il avoit eté furieux et qu'elle croioit qu'il etoit jaloux. Je n'en crois rien pourtant, car il n'est plus question de jentillesse.

Avant souper je fis une partie de quadrille avec mon beau prince Charle, que j'aime tant, et deux dames. Je perdis; la duchesse paya sous pretexte qu'elle etoit de moitié. Le souper fut de seises bons amis, entre autre le duc de Vilards, qui n'avoit garde de me reconnoitre, puisqu'il a pri Melle Macnamara[4] pour moi, qui a mille ans et qui grouille la tete et tout le corps. Je ne lui ai pas parlé. Il est toujours aussi fat.

A propos, j'ai oublié de te dire que le jour que j'arrivai, dans le moment ou j'etois si hebayi*ᵈ*, je vois un homme qui part de bare[5] pour venir me faire une reverence. Je la lui rend les yeux baissé en pensant : «En voila un bien polis.» Je le regarde enfin, je vois Fimarcon[6]. Il est revenu, et je ne sais comment il a fait avec ses creancier, mais il vit a Paris enfin. Il y avoit hier aussi ce Mr de Vilaine[7] qui est tombé du clocher de Strasbourg. Il n'a plus aucun acces de folie. A propos de souper, t'ai-je mandé qu'on se creve de petit pois, et que je n'en avale pas un que je ne te le souhaite? Il y a six semene que l'on en menga un plat de six cent franc.

Il y a quinze jours qu'il n'etoient plus qu'a quatre-vingt. A present les gens en mengent, ils ne sont qu'a quinze. Beau sujet de moralliser.

Apres souper le duc, la duchesse, et le frere partirent pour Versaille. Je fus me coucher et laissai Md. la duchesse de Crevecœur faire les honneurs au reste de la compagnie, qui n'est partie qu'a deux heures. Nous sommes aujourd'huy elle, moi, le comte Cul-de-jate[8], l'abbé de Betune[9], et le Mr des poles chauts[10]. Personne n'a diné. Nous avons pris du chaucola a la creme. J'ai tenu compagnie a cette belle madame, qui est assés gentille pour une c...[11], jusqu'a ce qu'elle aille se friser, et puis je me suis sauvée avec toi. Tout le monde revient pour souper. Je ne crois pas qu'on me voye avant. J'ai ici des livres que je prendrai quand j'aurai ecrit a Tout Ron. Je n'ecrivis qu'a Mareil avant-hier. A propos de lui, il m'a mandé mot pour mot l'histoire du Poucet[12]. Je veux que tu lui dise, car de pareil secret qui me sont confiez, et que d'autres savent, m'inquietent toujours. Je garde la letre. Elle m'a bien etonnée.

Voila mon gazetin finit, mon ami; je ne t'ai pas dit un mot de toi. En sais-tu moins combien je t'aime? N'est-ce pas de l'amitié que cette confiance et ce rabachage? Sois contant de moi : je suis moins triste. Peut-etre la vanité y a un peu de part, mais je ne lui en donne que par exces de sincerité et de crainte de me tromper, car je sens bien que ce sont mes gourmanderies de l'autre jours. Cependant rien ne me satisfait encore, mon cœur crie toujour, et si je l'eccoutois, je serois pis que jamais. Je change de discours. Je le fais taire ou du moins parler plus bas, car il gromellera toujours tant qu'il sera separé de ce qui seul peut le mettre a l'aise. Tu sais bien ce que c'est. Vous etes deux. Je desire l'un et je le crains; l'autre je le desire sans aucuns melange. Adieu.

Comme je te disois adieu, est arrivée la compagnie. Cette dame de Crevecœur a une tres belle voix dont on lui fait un ridicule, parce qu'elle minaude. Elle a chanté. J'ai eu deux plaisir : celui de son chant ondé au murmure de l'eau, et celui de lui rapeler les chansons que je t'ai entendu chanter en la contrefaisant en ridicule. Elle a chanté tout ce que j'ai voulu. Cela m'a assés amusé. Elle vient de s'en aller. Je reprends mon ecritoire et mon livre. L'odeur que je sens me fait souvenir de te dire qu'il y a ici mille cabinets, mille palissade toutes melée de chevrefeuil, de lila, de roses, de jasmins. Dans tous les tems c'est une odeur charmante. Mon Dieu, ou est ton pauvre nez?

*Encore une reprise. Comme je commencois a ecrire a Touron, j'entens quelqu'un qui dit : «Ah, voila la dame que je cherche.» C'est St-Pierre[13]. Je vais lui donner ma letre pour mettre a la poste, et puisqu'elle est seure, je te dirai ce que je pense du maitre d'ici. C'est le Glorieux[14] pour le ton et l'air, d'un froit a glacer; il ne me dit pas un mot que forcement. Je le crois plus capricieux et plus livré aux preventions que V. Bien, mais bien moins d'esprit qu'il n'en a la reputation. Il ne parle presque jamais et presque toujours avec impatience. La colere lui monte des qu'on le contredit dans la plus petite bagatelle. Voila un portrait bien differend de l'idée que tu en as, mais jusqu'ici, il est vray, j'en suis d'un etonement a n'en pas revenir. Enfin je n'ai guere vu de gens qui me plaise moins. Je le crains comme le feu, car il me paroit que je lui deplais. Tu crois bien que je n'en suis pas plus a mon aise. Cependant je lui ai deja rendu de bons servisse aupres de sa femme. Ma malheureuse experience m'a apris a conduire les cœurs ulseré. J'espere la tranquiliser autant que la passion qui la tourmente peut l'etre. C'est en lui persuadant qu'il l'aime, et effectivement il a bien des attantion pour elle. Peut-etre que quand il aura le tems de s'apercevoir qu'elle le tourmente moins, il vera que je ne lui nuis pas; c'est toute ma ressource. Je l'appelerai Damon [15] et elle Constance. Je crevois de n'auser t'en parler. Adieu, je vais cacheter ma letre. Cela me soulage.

Le chevalier de Melé, Dorante [16].

Quand je serai dans mon grenier, je te ferai des portraits a foison, quand je n'aurai que ma solitude a te conter [17].*f*

[*adresse :*] A Monsieur / Monsieur Liebaut, professeur / d'histoire des cadets de S. M. le / roi de Pologne / a Lunéville

MANUSCRIT

Yale, G.P., XI, 29-32 (D106); 4 p.; orig. aut.

IMPRIMÉ

Showalter, p. 146-148 (extrait).

TEXTE

a Environ dix mots rayés. *b* Environ cinq mots rayés. *c* Le ms : «est». *d* ébahie. *e* Passage écrit dans les marges des pages 2 et 3. *f* Ces «reprises» sont écrites autour de l'adresse (p. 4); Mme de Graffigny a dû utiliser une enveloppe.

NOTES

1. En fait l'auteur est Mme de Tencin (v. 133n9).
2. Il s'agit du comte de Croissy (v. 126n5), dont le corps difforme le faisait souvent comparer à Scarron. Plus loin dans cette lettre, Mme de Graffigny lui donnera le surnom de «Comte Cul-dejatte» (v. n8).
3. Voir 38n4.
4. C'est peut-être la sœur de Jean-Baptiste Macnamara (vers 1690-1756), major de la marine, lieutenant général en 1752, et vice-amiral en 1756.
5. Partir des barres : v. 120n3.
6. Aimery de Cassagnet, marquis de Fimarcon (1696-1760), brigadier d'infanterie; affecté depuis 1733 à l'armée en Italie, il rentra en France en 1736. Il sera maréchal de camp en 1740, et lieutenant général en 1748.
7. Nicolas Pardoux, marquis de Villaines (né en 1703); Mme de Graffigny fera son portrait plus tard (v. 21 novembre 1739, G.P., III, 159-160).

8. Voir note 2 ci-dessus.
9. Charles-Anne-Marie-Nicolas, abbé de Béthune (mort en 1752), prieur de Grammont et abbé de Saint-Aubin-les-Bois.
10. De Chapt (v. 132n10).
11. Catin (v. 132n2).
12. Devaux : «Il y a pres de trois heures qu'il est ici, ce bon petit Poucet; c'est qu'il a donné congé a Mde de Pietremine hier au soir parce qu'elle le faisoit enrager par des jalousies trop bien fondées a la verité, mais qu'il luy soutient etre injuste. Au moyen de cette scene, il aura ses jours libres, et ses nuits n'en seront pas moins agreables en depit de toutes les serrures du monde. Une fausse clef y a pourvu.» (11 mai 1739, G.P., IX, 299-300); v. 121n15.
13. Voir 127n3.
14. Le comte de Tufière, personnage principal de la comédie *Le Glorieux* (1732) de Destouches. Son valet déclare : «C'est l'homme le plus vain qu'ait produit la nature», et termine ainsi le portrait de son maître : «En un mot, des mortels le plus impérieux, / Et le plus suffisant, et le plus glorieux» (I, iv).
15. Comme Constance (v. 125n5), Damon, désormais surnom du duc de Richelieu, est un personnage du *Préjugé à la mode*, mais il n'y est pas l'époux de Constance.
16. Nouveau surnom pour leur «clef».
17. C'est sa façon de promettre un portrait du duc de Richelieu, qu'elle fera dans une lettre ultérieure ([21-22 août 1739], G.P., V, 87-89).

135. à Devaux

Le jeudi [=mercredi]¹ 27 may [1739]

Je ne saurois bonnement dire, mon ami, pourquoi je ne t'ai pas ecrit ces jours passés. Je crois que c'est paresse, et le pretexte etoit de n'avoir rien d'interessant a te dire. Tu va le voir, car je suis comme Laodice².

Apres que j'eus enfin donné ma letre a St-Piere, je fus rejoindre Md. de Crevecœur. Une heure apres, le duc et la duchesse arriverent. Ils etoient tous deux de fort belle humeur. La soirée se passa assés gaiement. N'y a-t-il pas de plaisant hazard? Dans les trois cent soixante-six jours de l'année, il s'en trouve un ou le prince de Pons presente sa fille a Versaille et ou Mr de Richelieu est a la suite de son beau-frere, que le prince Charle presente, la meme heure prise pour l'audianse du roi. Il a eu la bonté de la changer, et les ennemis ne se sont point rencontrés³.

Lundi c'est passé comme les autres jours a ne rien faire. Je fus assés lontems dans ma chambre et je prefferai Montagne a toi. Je joue tous les jours au trictrac, et je ne gagne point, malgré tout l'aventage que j'ai sur le prince⁴. C'est tout ce que je puis faire de ne point perdre. Au reste, il m'aime assés, cet enfant. Il est difficille pour les amis de sa sœur, mais il m'aprouve et cause volontier avec moi. Il a le fond de philosophie propre a en faire un de nos gens. Il faut voir ce qu'il en fera quand il sera livré au monde, qu'il n'a jamais vu. Il estoit à Versaille, dit-il, comme Arlequin sauvage⁵.

Il y a ici un abbé de Betune qui a mille ans, que Md. de Richelieu aime toujours, parce qu'il lui a donné de bons conseils dans son enfance. C'est un homme singulier. Il radote plus en un jours que le plus determiné radoteur ne feroit en un an. Il est pressisement l'Orgont du *Complaisant*⁶. Et cependant il n'impatiante pas. Ces contradictions ne sont pas offenssantes. Des qu'il a pris le parti contraire au votre, il bavarde une heure sur une epeingle, parle avec un[e] sorte d'esprit, va son traint, et croit vous prouver que vous avez tord, sans s'echaufer et avec une satisfaction qui diverti. Il disoit hier qu'il avee inventé une machine pour faire entendre les sour[d]s, que le pere Sebastien⁷ avoit lontems cherché. Maupertui lui dit : «Pourquoi ne l'avez-vous pas donné a Mr de Guise?» «Bon, dit-il, aucun sourt ne veut s'en servir : ils ne se soussient point d'entendre.»

Hier le Maupertui vint diner avec Mr de Melé. Ils amenoient un Mr Fox⁸, Anglois, a la tete de l'université d'Oxfort. Ce fut pressisement montrer l'ours. C'est un homme gros comme un bœuf, court, vilain, et qui ne parle pas plus que Rosbif⁹. On le tirailla pendant le diner. Mot. Apres diner je causai un moment avec Maupertui, qui mouroit d'envie de dormir. Il n'osoit y aller a cause qu'il faloit entretenir son ours. Je lui promis de le faire, et il fut dormir dans ma chambre. Je vais rejoindre Rosbif, au grand contantement de Mr de Richelieu, qui y perdoit son tems et sa poitrine, et qui me laissa bien vite le champ libre. Tout le monde avoit aissuié la meme chose, et c'etoit eparpillé ou jouoit. Me voila a pousser mon homme de questions. Je n'en tirai que des ouis et des nons, quelquefois rien. Je pensai dix fois eclater de rire en pensant a la scene du *Francois a Londre*. La duchesse vint me relever et n'en tira guere davantage. Pour moi, je m'en allai me fourer dans mes bosquets sombre, et je ne reparu dans le monde qu'a neuf heures. Je fis bien du noir. Les gourmanderies n'y firent rien, il y a des jours ou il faut ceder. Il y avoit encore mille personnes a souper, en[tre] autre le jeune Surgere[10]. Ah, que l'on est etonné quand on trouve les gens si differens de l'idée que l'on en avoit. C'est une figure et un visage ignoble, surmonté d'une phisionomie bete. Comme je ne le vis qu'a souper et qu'il ne parla point, je ne saurois juger de son esprit. Je jouai au trictrac avant et apres souper et puis je me promenai quelque momens avec le Maupertui, Melé et le medecin Huno, qui partirent tous a deux heures. Maupertui revient, je crois, vendredi.

Aujourd'huy je n'ai point diné. Je meurs de chaut. Il m'a falu faire une lieu pour venir t'ecrire. En bien disputant, car on vouloit me faire rester en compagnie, et il faut que j'y retourne. Aussi bien n'ai-je plus qu'a repondre a ta letre et a ecrire a Fanchon. Me voici a ta letre[11].

Je sens a present la migraine que tu as eue il y a huit jours, mon ami. Tu t'en porte bien.

A propos de ta lettre, elle m'ariva hier fort tard avec le *Mahomet* tant attendu. Il est trop gros pour aller par Solignac. Je ne*ᵃ* sais comment faire, car au coche tu l'auras eu de Pimon ou d'autre avant que cette tortue ne soit arrivée. Je vais le lire a la duchesse apres mon ecriture.

Je ne me souviens pas du tout de l'histoire de Mr de Lassai et de Mariamne[12].

Ai-je encore besoin du temoignage du Dubois pour que tu prene mes humeurs comme tu dois les prendre? Cela me fache presque. Je me souviens bien que j'en avois beaucoup a Versaille et tu sais que mon stile s'en ressent, mais je ne sais ce que je t'ai mandé. Je sais seulement que, quel que soit mes letre, mon cœur est toujours de meme. Tu devrois en etre si sure que, quand tu trouve des broussaille comme cela, tu devrois seulement dire : «La pauvre amie, elle a peut-etre encore forcé son mauvais quard d'heure pour m'ecrire», et me pardonner tout de suitte sans t'en faire la moindre peine. Par exemple, aujourd'huy je ne saurois te dire plus affectueusement que je t'aime. Je suis seche, reveche, et dans mes lassitudes de vivre. Ainci ne te tourmente pas de mon stile, mon ami, je t'en prie. Peut-etre quand je serai plus dessidée, plus tranquille, je n'en aurai plus. Peut-etre en aurai-je encore, car je suis une sote creature, comme tu sais.

Ny le sens ny l'ecriture ne pouvoit me faire deviner la phrase de Torticolis[13]. Il faut que le reste soit bien mauvais pour relever une pareille chose qui ne vaut guere et peut-etre rien.

Tu sais a present le nom sacré[14].

Demande au Poucet l'histoire de sa sœur. Elle doit epouser depuis 15 ans un president Rougeau[15] qui l'aimoit a la folie, qui est fort riche, et qui n'ose l'epouser par defference pour sa mere, qui ne le veut pas. Depuis bien des années il la neglige beaucoup. Cependant il compte toujours l'epouser quand cette eternelle mere mourra. Le Poucet te dira tout cela. Ce n'est point un mistere. Tout Paris a les yeux dessus. Tu vois par la la consequence des plaisanteries du Grand[16].

Il n'y a rien de si vray que *Gogo* et *Therese* sont de Crebillon[17].

Non, le Bossu[18] ne peut me servir dans mon affaire. [Cela]*b* me fait souvenir de te dire que j'ai recu une lettre de Javote la plus tendre du monde. Elle me ma[nde]*b* que l'affaire passera cette semene. Elle m'assure t[oujours]*b* que Le Franc fera ce qu'il poura. Elle refuse la protection de mon amie. Elle me reccommande tant de ne pas me chagriner que je reprends un peu d'esperance, mais ce n'est peut-etre que pour mieux me faire sentir le coup.

Comment! Tu as eté ici? Ah, mon Dieu, je vais encore aimer bien davantage ces allés sombres qui me plaisent tant.

Non, assurement le Pons[19] n'est pas sot pour l'esprit, mais il agit comme un sot, et resonne a perte de vue et tres juste.

J'ai effacé Fanchon parce que tu me contois ton reve tres grossierement[20].

J'ai parlé hier a Hunot de Courouski, mais il lui faudroit une consultation exacte. A tout hazard il croit que c'est le mal caduc[21].

Adieu, mon ami, je t'embrasse mille fois. Je vais, si je puis, te faire une jolie galanterie[22]. Si elle reeusit, tu la saura.

Tu sais combien je hais le chaut. J'en suis bien plus furieuse ici ou il faut etre habilliée et frisée tous les jours et jusqu'a ce qu'on se couche, car c'est le soir que vient le beau monde.

Adieu, adieu, je n'en puis plus.

Voila des echantillons, mais on ne me mande pas le prix, mais si ta mere en veut, elle n'a qu'a choisir et dire ce qu'elle y veut mettre.

Depuis ma letre ecrite j'ai eu un tete-a-tete avec la duchesse, dont je suis toujours plus contante. Elle m'a donné deux pieces de toile fort jolie pour une robe et un jupon.

[*adresse :*] A Monsieur / Monsieur de Vaux le / fils, ruë du Chateau / a Luneville

---

MANUSCRIT

Yale, G.P., XI, 33-36 (D107); 3 p.; orig. aut.; traces de cachet sur cire rouge; m.p. : 8.

TEXTE

a Le ms : «je je». *b* Déchirure.

NOTES

1. Puisque Mme de Graffigny parle de sa dernière lettre écrite dimanche, de «lundi» et d'«hier», il y a lieu de croire qu'elle écrit la présente lettre un mercredi. Son allusion au retour de Maupertuis «vendredi», et non pas demain, confirme cette conclusion. C'est donc le jour de la semaine et non le quantième du mois qui est faux.

2. C'est probablement un lapsus pour Laonice, personnage de *Rodogune*, qui fait une exposition d'une longueur exceptionnelle, dont Mme de Graffigny se moque ailleurs (v. lettre 9, par. 2).

3. Pour les raisons de l'animosité entre le duc de Richelieu et le prince de Pons, v. 25n18 et 131n8. Le 24 mai, le duc et le prince Charles présentaient le jeune prince de Guise; le prince de Pons présentait sa deuxième fille, Louise-Henriette-Gabrielle de Lorraine, dite Mlle de Marsan (1718-1788). Voir Luynes, II, 433-434.

4. Le prince de Guise n'avait que 18 ans.

5. Dans *Arlequin sauvage*, comédie en 3 actes en prose de Louis-François de Lisle de La Dreve-

tière, représentée en 1721, Arlequin est «dans l'admiration de tout ce qu'il voit» (I, i).

6. Pour l'abbé de Béthune, v. 134n9. Pour *Le Complaisant*, v. 127n13. Selon sa femme, Orgon est «bien importun, bien incommode, bien insupportable [...], un vieux radoteur, un ennuyeux animal, un impertinent» (I, iii).

7. Jean Truchet (1657-1729), mécanicien, entra dans l'ordre des Carmes et prit le nom du père Sébastien. Fontenelle fit son éloge.

8. Martin Folkes ou Ffolkes (1690-1754), vice-président de la Société royale de Londres, archéologue et numismate, sera membre de l'Académie française en 1742, mais ne sera jamais «à la tête de l'université d'Oxford».

9. Jacques Rosbif, négociant anglais, personnage de la comédie en un acte de Louis de Boissy, *Le François à Londres* (1727), ne dit mot dans une «conversation à l'anglaise» (sc. x).

10. Alexandre-Nicolas de La Rochefoucauld, marquis de Surgères (1710-1760), guidon et enseigne de la Compagnie des gendarmes d'Anjou, sera bientôt lieutenant général des armées du roi. Voltaire avait loué ses vers dans la version originale du *Temple du goût* (v. Best. D614n1).

11. Lettre du 19-21 mai 1739 (G.P., IX, 319-324).

12. Devaux : «La conversation tomba sur Madame de St-Just et Mr de Lassay. Il s'eleva deux partis, l'un pour et l'autre contre. [...] Cette dispute amena des anecdotes qui me firent presque oublier mon mal. Entre autres la baronne nous conta l'histoire de Mr de Lassai et de Marianne, telle mot pour mot que nous l'avons luë dans Mde Du Noyer. Je la croyois brodée mais elle nous assura la tenir du Mr meme, qui luy avoit fait pleurer la premiere fois qu'elle avoit eté chez luy. Tant qu'il a vecu il a eu le portrait de cette aimable femme dans un cabinet tendu de noir et brodé de larmes; c'etoit la qu'il falloit luy aller payer un tribut de pleurs et de regrets.» (IX, 319-320.) Pour M. de Lassay, v. 31n17, 120n24, 125n2. Pour Mme de Saint-Just, v. 31n18. Pour Mme Du Noyer, v. 32n13. La baronne n'a pas été identifiée. L'histoire du marquis de Lassay et de Marie-Anne Pajot est racontée par Mme Dunoyer dans ses *Lettres historiques et galantes de deux dames de condition* (1704). Dans ses mémoires, intitulés *Recueil de différentes choses* (1727), Lassay lui-même raconte sa passion pour Mlle Pajot, fille de l'apothicaire et de la première femme de chambre de la Grande Mademoiselle, et que Charles IV de Lorraine avait voulu épouser en 1662. Lassay l'épousa en 1675, peu après la mort de sa première

femme. (Voir J. Larson, «La Vie de Marianne Pajot», *MLN*, LXXXIII, 1968, 598-609.)

13. Devaux : «Vous etes trop sotte aussi. Je m'en vais donc vous mouler la phrase de Torticolis, puisque vous n'avez pu la dechiffrer. Le sens auroit pourtant du vous fournir le mot. Je vous disois qu'il parloit des Moscovites, et qu'il les appelloit ‹ces hommes de Pierre premier›. Entendez-vous, bailli?» (IX, 321); v. 130n15.

14. Devaux : «Puisque vous etes a Versailles, je vous pardonne de ne pas entendre la phrase du bel abbé. Vous me parliez du frere de Marton, et je vous demandois s'il seroit cet homme dont le nom est sacré et que vous m'avez tu. Peut-etre n'entendez-vous pas encore cela... mais je ne puis m'expliquer davantage a present. Songez a sec et noir.» (IX, 321); v. le texte de la lettre 127 à la note 34, et 130n20. Le «nom sacré» est Crébillon, à qui Mme de Graffigny attribue à tort les *Lettres de Thérèse*, ayant d'ailleurs cru d'abord que Marivaux en était l'auteur (v. 133n13 et n18); Devaux montrera plus loin (v. n17) qu'il sait maintenant qu'il s'agit de Crébillon. Cette réponse de Mme de Graffigny résout la confusion qui a pris naissance quand Devaux a mal interprété la juxtaposition de deux questions différentes dans la lettre 127; il semble même s'être demandé si Mme de Graffigny avait voulu lui révéler, en langage codé, que l'abbé de Breteuil était amoureux de Mlle de Lubert, «sec et noir» étant l'anagramme de *Tecserion*, le conte de celle-ci. Tout porte à croire qu'un certain amalgame entre le nom de l'auteur des *Lettres à Thérèse* et l'abbé de Breteuil persistera dans l'esprit de Devaux.

15. Vincent-Étienne Roujault (1696-1770), depuis 1722 président de la quatrième chambre des enquêtes, fils de Nicolas-Étienne Roujault, chevalier, maître des requêtes, qui avait été intendant de plusieurs provinces. Il ne se mariera pas du vivant de sa mère, née Barbe-Madeleine Maynon, qui mourra le 20 mars 1756 (v. le testament de celle-ci, M.C. CXII, 567).

16. Voir 125n8, 127n33 et 133n12.

17. Devaux : «Il vous faudroit en personne pour me faire croire que *Gogo* et *Therese* sont de Crebillon. Cela ne se peut. Je parirois encor que la premiere est de Mouhi; pour la seconde, si c'est pour rire, elle peut etre de l'autre.» (IX, 321); v. le texte de la lettre 130 à la note 27, et n14 ci-dessus.

18. Devaux : «Je suis bien aise de votre nouvelle connoissance. Menagez-la bien. [...] Ne pourra-t-il pas vous etre bon dans l'affaire presente?» (IX, 322.) Le surnom de «Bossu» désigne ici François

de Bussy, ancien secrétaire du duc de Richelieu (v. 130n16 et 140n19).

19. Devaux : «Le prince de Pons scavoit sans doute que vous etiez a Paris et ce qui vous y amene. J'admire que vous deux ayent si tost renoué connoissance. A propos de luy, est-il vray qu'il est sot partout ailleurs que dans ses lettres? Fanchon me le soutint dernierement.» (IX, 322); v. 131n8.

20. Devaux : «Pourquoy m'avez-vous mandé que vous trouviez Fanchon dans une de mes lettres et que vous veniez de l'effacer et pour cause?» (IX, 323); v. 129n15.

21. L'épilepsie. Devaux : «Gourouski [...] part demain pour Nancy. Il va passer quelques jours chez Bagard pour se mettre dans les remedes.» (IX, 323.)

22. L'envoi du *Siège de Calais* et de *Mahomet*; v. le texte de la lettre 141 à la note 16.

136. à Devaux

Le vendredi 29 [mai 1739], a deux heures

Je viens de me lever, jour ou non, mais avant de te dire pourquoi, je crois qu'il faut reprendre le fil de mon histoire, puisque tu aime a me suivre dans les fetus qui composent le tissus de ma vie. J'ajoutai a ma derniere lettre que j'avois eu une conversation tete-a-tete avec mon amie. J'en fus fort contante, car j'y parlai de toi. Elle me demanda ce que tu faisois, si tu m'aimois toujours bien. Enfin elle entent le langage de l'amitié, et sent celle que je dois avoir pour de si bons amis que toi et le D.

Cela vint a propos de la peine que j'avois eu a quitter la Lorraine. Je l'assurai qu'hors vous deux j'avois fait une petarade[1] a tout le reste. Elle me dit que son mari commencoit a me gouter. Effectivement ces façons sont plus entrantes[2]. Il me plaisante sur mes retirades[3]. Il est vray qu'elles ne lui plaisent pas trop. Il voudroit que je me demenasse pour entretenir le monde et faire les honneurs. Il dit que je ne parle point. J'ai fait comprendre a la duchesse que, ne connoissant personne et n'etant point connue, il ne seroit pas dessent que je me jetasse a traver de toutes les conversations, et que l'air de vouloir faire les honneurs feroit dire ce qu'elle craint tant, que je suis sa dame, ou on diroit que je fais l'entendue mal a propos, que Mr son mari lui-meme en seroit mecontant, car il est comme tous les hommes qui ont vecu comme il a fait, il veut une dessence excessive dans les femmes. C'est bien pis que le D. Elle convint de tout, me donna mille louanges, me parla encore du voiage de Monpelier, et me donna cette toile dont je t'ai parlé, qui est tres jolie. Je ne crois pas qu'elle puisse executer sa bonne volonté pour les mœubles, parce que son mari, qui se pique d'exactitude et de desinteressement, veut que tout soit vendu a l'ancant a cause des mineurs. Nous verons.

Apres cette conversation j'alai faire mon paquet de mes letres et de la robe pour l'envoier faire a Paris. Et puis je fus la rejoindre a la promenade. On croioit n'avoir personne a souper; il en vint mille. Si je pouvois me divertir, cela m'amuseroit, car je sais leur non, devise et chanson depuis cent ans. Il ne me manquoit que les visages. Je vais demandant qui est celui-ci, qui est celui-la, et a chaque nom je me rapelle le reste. Je jouai au trictrac et causai avec le Prince Frere. La bonne plaisanterie depuis trois jours, c'est qu'il deviendra amoureux de moi. On [n»]ose le lui dire de peur qu'il ne me fuie. La duchesse dit que l'on fera une assemblée de parens pour me prier de le soufrir et de lui donner le ton du monde. Il est vray qu'il ne lui manque que cela, et quelque sentimens qui ne sont pas bien developé. Du reste, il m'etonne par sa penetration et son jugement; cela passe son age. Il sait beaucoup, il ne m'ennuie pas. Hier il fut pendu a ma sinture tout le jours. Je n'eu que le tems d'ecrire a Md. Babaud pour parler encore de l'affaire, et lui dire que je serois encore huit jours ici. J'ecrivis aussi un mot au D., quoique je n'en ai rien reçu. L'eveque de Mestz[4] dina et passa la journée ici. Il venoit de Versaille et nous dit que la paix etoit declarée pour le coup[5]. Lundi le roi reçoit les complimens et jeudi le feu d'artiffice, mardi la publication. Mde de Modene part incessament. On lui a accordé le rang a condition qu'elle partiroit[6]. Il nous dit encore d'autres nouvelles que j'avois taché de retenir et que j'ai oubliées. Je crois que j'ai bien fait hier une lieu en promenade, toujours mon prince a mon coté. Nous causames enfin jusqu'au souper. Apres, le duc et la duchesse partirent pour Versaille. Nous nous mimes au trictrac. Nous avons joué jusqu'a trois heures. Il faisoit un orrage qui m'enpechoit de gagner ma chambre. Il en a fait un autre la nuit qui m'a enpeché de dormir. Ce petit vilain est entré dans ma chambre a onze heures. Melle Fanché n'a ausé l'en enpecher, parce que c'est un prince. J'ai bien grondé. Je me suis rendormie et a une heure et demie ce petit drole est encore venu me faire lever. Je l'ai envoyé diner. J'aime mieux causer avec toi que de manger, d'autant plus que, comme nous sommes seul avec l'abbé de Betune, il ne me lacheroit de la journée. Le duc et la duchesse revienent apres souper.

En te rendant compte de mon tems, j'ai passé un quard d'heure bien interessant, mon ami. C'est celui ou j'ai recu ta lettre du samedi[7]. Mon Dieu, qu'elle m'a touchée. Quoi! Tu as eté assés affligé pour avoir seulement la pensée de t'en aller, et de t'en aller avec Tavannes? J'ai donné des larmes a ce moment de douleur vive que tu as eprouvé, et le soir en me le rapelant je pensai en rire. Toi en Baviere, ou je ne sais ou, n'importe, avec l'homme le plus dur, le moins complaisant qui fut jamais[8]. Je te voyois pleurant et disant : «Allons chez nous.» Ce n'est que l'idée au moins qui me fait rire, car si, contre toute possibilité cela pouvoit etre, je pleurerois jour et nuit de malaise de mon pauvre Penpichon. Voila de ses occasion ou il passe des folie par la tete qui font rire mal a propos, car plus j'ai pensé a l'idée que tu as eu, plus je suis touchée de la force de la douleur qui l'a causée. Mais pourquoi esse ce pauvre Grand qui t'a passé par la tete et non pas Paris?

Je vais ecrire a Venevaut et lui chanter pouille pour le memoire dont je l'ai chargé. Non pas que j'en espere rien; nous ne sommes pas assés heureux pour nous retrouver a mioler[9] enssembles. Je n'ose penser a cela. Je retombe dans un eloignement qui me desespere.

Mon Dieu, que tu me fache avec toutes tes inquietudes et tes regrets de me mander tes peines. Tu me fais injure, mon ami. Tu me crois donc moins bonne amie que toi. (Cela ne seroit pas francois pour un autre.) Je t'assure que si tu me fais encore de ces sots ressonemens, je me facherai tout de bon. Est-ce que je ne te tourmente pas toute l'année? Il faut donc que je n'y fasse plus ou que je me confonde en regret.

On fait donc bien du train sur les ports de lettres. Allons, courage, mon pauvre et cher ami. Tiens bon. Peut-etre il viendra quelques jours plus heureux. Quelle consolation! Qu'elle est foible pour nos amitiés.

J'ai fait des epreuves dans le gout de ton *Paiisant parvenus*[10]. Il n'y a que cela, quoi qu'en dise les reveries philosophiques. De la dissipation interessante, voila le vray et seul remede. Je ne saurois me l'apliquer. Je trouve de la dissipation, mais comme elle manque d'interet, elle ne produit que l'ennui ou des regret plus vifs de ce bien solide que l'amitié me donnoit.

J'ai laissé le *Nouvelliste du Parnasse* a Versaille. Masson ne prete point de livre, mais tu l'aura. Va, ne te mest pas en peine.

En me levant on m'a aporté mon paquet de Paris. J'y ai enfin trouvé une letre du D. Il a eté huit jours a visité vingt vilages ou ils ont du bien. Il est plus accablé d'affaire que jamais et les vapeurs le surmontent. C'est tout ce qu'il me mande en quatre mot. Il dit qu'il me donneroit sa vie s'il m'ecrivoit davantage et qu'il la voudroit donner pour une melieure ocasion. J'ai recu aussi celle de la Mathieu, la tiene[11], et une de De Bene.

Tu fais bien, mon ami, de ne te pas inquieter de mes lettres, mais je ne veux pas que tu croye que rien m'enpeche de t'ecrire. Dieu merci, je n'ai pas a me reprocher d'avoir encore manqué une fois. Tu va avant tout. Tu sais ma prevoyance. Comme c'est la seule affaire interessante pour moi en mon pouvoir, je n'y manque pas, mais je crois que tu auras mal recu mes letres d'ici, car les laquais sont peu exacte. Je ne serois pas etonnée qu'il y en eut de perdue. J'en charge tant que je puis des messieurs, mais comme je n'en connois guere, je ne peu[x] pas toujours.

Tu es drole avec ton «Jean jeunera demains»[12]. Ne t'en tourmente pas, mon ami. Pourvu que je ne manque pas de letre, ne te fais pas un entrave trop forte de m'ecrire tous les jours. Il me semble que tu n'es pas de si mechante humeur et la miene en est melieure.

Il me semble que tu prends legerement le sermon du curé[13]. Tant mieux. J'espere que quand on t'aura poussé au dernier retranchement, tu fera signifier ces piece. Ma foi, quand on est seur de gagner un proces, on s'enbarasse peu de la chicanne. A propos de signification, je vais m'enbarquer a te faire un [conte]*a* qui est bon, mais que je crois que tu sais. Il a eté un tems q[ue les]*a* curés ne donnoit les sacremens aux moribons jansenistes q[ue sur]*a* une signification de leur part. Un huissier mis dans une [extrémité dit]*a* au curé de venir administrer les sacremens. La presente ser[vira de]*a* confession et de communion. C'est Mr de Plimon[14], procureur [general]*a*, qui nous l'a conté ces jours-ci. Il l'a en original.

Ta petite Mde La Mort[15] me paroit assés jolie. Je crois qu'elle m'auroit amusé comme toi. Une petite refflection. Quand cesseras-tu de te plaindre de ton ignorence? Tu vois a tout moment des experiences contraires et qui devroient te convaincre une bonne fois que tu ne sais pas et ne fais pas que ce que tu ne veux pas faire ny savoir. Tache, je te prie, de savoir le plus que tu poura des nouvelles de Madame, du voiage[16] et de notre cour. La duchesse n'en sait point et elle en est tres curieuse. Cette bonne duchesse qui dit que je fais si bien de t'aimer, je lui ai si bien fait ton eloge. J'ai eu tant de plaisir a le faire. Il y avoit plus de huit jours que je n'avois prononcé ton nom tout haut. Peu s'en faut que je n'aime Javote parce que je lui en parle tant que je veux et qu'elle y repond fort bien. A propos, t'ai-je jamais mandé que Tout Ron me donnoit tous les jours des leçon pour le ton et les façon noble du monde? Noté que personne n'a l'air et les façon si bourgoises qu'elle. Cela m'a diverti plus d'une fois. Je lui ai mandé qu'avec l'air gauche et le peu d'usage du monde qu'elle me connoissoit, elle seroit surprise de la façon dont je reeussissois. Elle pretendoit que c'etoit un grand ecueil pour moi et que j'aurois toujours l'air provincial. Elle aloit jusqu'a m'apprendre a tenir mon eventail. Je me suis amusé a la remercier avec l'air de bonne fois, comme le D. s'amuse dans tous ces voiage de Senlis a dire des betises a ceux qu'il trouve dans le coche. Il a eté au point qu'un capucin dit a un autre homme que ce n'etoit pas la peine de lui repondre, qu'il n'entendoit rien. Il etoit question de Boileau. Il m'a bien fait rire des questions qu'il faisoit. Adieu, je t'ai dit partout que je t'aime.

[b]Voila un billet pour la Mathieu. Fais-lui mes excuse de ce que je ne lui ecris pas. Ma foi, je n'en ai pas le courage.

Je crois, mon ami, que tu devine aisement pourquoi je t'écris de cette façon sur la charge. L'esperance de te faire marier ici determinera peut-etre plus que tout de reste. Montre cet article. Crois-moi et tache de faire la seule chose qui puisse nous rendre heureux.[b]

[*adresse :*] A Monsieur / Monsieur Liebaut, professeur / d'histoire des cadets de S. M. / le roi de Pologne / a Lunéville.

MANUSCRIT

Yale, G.P., XI, 37-40 (D108); 4 p.; orig. aut.; traces de cachet sur cire rouge[c]; m. p. : 8.

TEXTE

[a] Mots ou lettres emportés par le cachet. [b] Ces deux paragraphes sont écrits sur la page de l'adresse. [c] Cette lettre a été ouverte et recachetée par l'abbé de Rizaucour (v. 137n1); pour l'explication de Mme de Graffigny, v. le texte de la lettre 141 à la note 17, et aussi 142n14.

NOTES

1. Pétarade : pets de cheval ou d'âne; se dit aussi d'un bruit qu'on fait de la bouche par mépris pour quelqu'un (Trévoux, 1771).

2. Entrant : signifie un intrigant, un homme adroit et hardi [...] qui fait facilement connoissance (Trévoux, 1743). Devaux ayant trouvé le terme

plaisant (v. 141n19), Mme de Graffigny expliquera ce qu'elle voulait dire (v. le texte de la lettre 141 à la note 19).

3. Retirade : invention plaisante de Mme de Graffigny, qui emploiera souvent le suffixe «ade» pour créer des néologismes savoureux.

4. Claude Rouvroy de Saint-Simon (1695-1760), depuis 1733 évêque de Metz; il était parent éloigné de l'auteur des *Mémoires*.

5. Le roi signa le 28 mai l'ordonnance pour la publication de la paix, qui se fit le 1er juin. D'après la *Gazette d'Amsterdam*, cette déclaration avait été remise quatre fois «à cause des préparatifs que l'on fait pour cette cérémonie.» (Voir *Mercure*, juin 1739, p. 1234; et 131n4.)

6. Sur la duchesse de Modène, v. 61n55. En mai 1739, elle se rendit à Versailles sans la permission du roi, qui fit de son mieux pour la faire retourner à Modène. Selon le duc de Luynes : «Quoiqu'elle

eût un brevet portant qu'elle conververoit son rang de princesse du sang en France, Mme la duchesse d'Orléans avait demandé au Roi de vouloir bien ne lui point faire rendre ces honneurs» (II, 432-33). Elle partira le 29 juin 1739.

7. Lettre du 22-23 mai 1739 (G.P., IX, 325-328).

8. Devaux : «C'est a une scene que je viens d'avoir avec ma chere mere que je la dois [une migraine]. [..] Je vous avoüe que j'en suis si emu que si Tavannes etoit ici, qu'il fut sur le point de partir, et qu'il voulut m'emmener, que je ne balancerois pas a le suivre.» (IX, 325.)

9. Miauler : se dit figurément dans le style burlesque : «Tout brûlant pour vous d'amour / Je miaule nuit et jour» (Trévoux, 1743).

10. Devaux : «Je me suis dissipé a force de rever et de lire des choses amusantes. Montagne n'y faisoit rien. J'ay eu recours, devinez a quoi? Au *Paysan parvenu*. Il m'a remis la teste en m'interressant le cœur.» (IX, 326.)

11. Lettre du 25 mai 1739 (G.P., IX, 329-332).

12. Devaux : «Il va etre huit heures du soir et je ne vous ai encor rien dit. Oh, pour le coup, je n'y serai plus pris. La paresse me retint hier tout la journée, et je disois : ‹Jean jeunera demain›, mais les choses se sont tellement tournées que Jean a manqué de ne pas jeuner du tout.» (IX, 329); v. aussi 118n12.

13. Devaux : «J'ai passé mon apres-dinée [...] avec un fichu curé de village [...], ami de soixante ans de mon cher pere. Or mon cher pere s'est avisé de pleurer mon celibat avec ce curé, et le curé s'est avisé de m'en ecrire un petit sermon.» (IX, 330.)

14. Henri-Charles d'Aguesseau de Plaintmont ou Plimont (1714-1741), avocat général au parlement de Paris, quatrième fils du chancelier.

15. Devaux : «Mais depuis diner jusqu'a cinq heures avec qui? Oh, c'est ici qu'il faut deviner. Avec Madame La Mort en propre original, mais Madame La Mort bien parée, bien peinte de rouge et de blanc. Mon Dieu, qu'est-ce que je vais vous conter? J'ay bien le temps de vous faire des enigmes. En voici le mot. C'est un squelette d'un enfant mort-né a neuf mois mais qui a tous ses nerfs, ses muscles et ses arteres et le cœur, et l'estomac, &c., tout cela desseché et verni au naturel, par exemple les arteres sont rouges au moyen d'une composition de suif et de cyre qu'on y a soufflée, le reste de meme. Avoüez que cela est charmant, une teste de mort peinte est plus degoustante. Je touchois tout sans repugnance, et tout ne sentoit que les aromates. C'est un jeune chirurgien nommé Boulanger qui m'a fait ce cadeau. Il vient de Paris, ou il a été quatre ans aux frais de S.A.R. C'est luy-meme qui a fait ce petit chef-d'œuvre, il va a Vienne se rendre aupres de son maitre. Je crois que Monseigneur sera bien aise de voir cela.» (IX, 330-331.)

16. Voir 125n13. Devaux fera un rapport le 5 juin (IX, 359) sur le voyage de Madame à Stockach (v. 141n24).

137. à Devaux

Le dimanche 31 may [1739], le matin

Bonjour, mon cher ami, j'ai un petit moment, je te le donne, et je reprends le fil de mon discours.

Apres t'avoir ecrit avant-hier, je dessendis. Je trouvai le prince qui jouoit au trictrac avec l'abbé de Betune, et un visage a coté d'eux que je remis d'abord et qui courut m'enbrasser. C'etoit l'abbé de Risaucour[1]. Je fus etonnée de sa demonstration, car nous n'avions jamais eu grande conference enssembles, mais il a fait comme ceux qui rencontrent leurs compatriotes aux Indes. Il me tira a part pour me conter ses doleances. Il est toujours plus mal dans ses affaires et, je crois, toujours plus vautrien. Il venoit prier tout le monde de prier Md. de Richelieu de parler pour lui a Mr de Maurepa[2]. Il c'est mis dans la tete d'etre consul en Amerique. Je doute que ces emplois se donnent a des gens d'aussi peu de conduite.

Je jouai a mon tour au trictrac jusqu'au retour de la duchesse. Elle revint d'assés bonne heure et me conta que son mari lui avoit beaucoup parlé de moi, qu'il c'etoit enfin declaré pour moi, qu'il me trouve ce qu'on apelle une femme de merite, que ma contenance et mes discours sont tout au mieux. Cela me mest un peu plus a l'aise et la bonne duchesse en est enchantée. Il est beaucoup question d'aller en Languedoc. Mr de Richelieu s'y oppose encore, parce qu'il pretent qu'acoutumée a etre maitresse de mes momens, je ne pourai m'assujetir a tenir compagnie a cent personne et a faire les honneurs de la maison. C'est la le but de la duchesse. Je lui ai repondu que je ferois tout pour lui marquer ma reconnoissance et mon attachement. Je sens tout le pois de pareille besogne, mais je crois qu'il faut y sacriffier un an, sauf a trouver des excuses pour l'autre. Et voici mes[a] raisons. Si je ne le fais pas, je suis persuadée que cela relentira l'amitié de la duchesse qui, outre le soulagement que cela lui feroit, est plus interessée a present a me faire valoir que moi-meme. D'alieurs il y a de bonnes affaire a faire dans ce paiis-la, et tous ceux qui m'ont parlé m'assurent que, quand le mari est ami, il est plus solide que la femme. Il lui faut du tems pour le devenir; peut-etre y reeussirai-je. Enfin c'est un ans de perdu au pis aller, et de la façon dont mon chien de cœur me tourmente, je ne suis pas plus heureuses a quatre-vingt lieux de mes amis qu'a deux cent. Dis-moi ce que tu en pense. J'ai deja dit a la duchesse que je n'etois pas habilliée pour representer. Elle m'a dit que ce n'etoit pas la l'embaras.

Je reviens a mon journal. Apres souper on ne fit rien que s'ennuier, du moins moi. Hier on ne fit qu'aller et venir dans les jardins. J'etois malade, je quitai la compagnie. La duchesse a cela de bon qu'elle ne force pas a marcher, au contraire.

Il me tomba sous la main le second thome de *Gogo*[3] que je n'avois pas lus. Je le lus jusqu'au souper. Il ne m'a pas tant deplut que le premier. Les peintures sont vray, et si je l'avois lu, je l'aurois volontier cru de Crebillon. Il me fit la meme chose qu'a toi *Le Paiisant parvenus*. C'etoit des vapeurs que j'avois et de l'accablement. Il m'en tira assés pour me divertir de Mr de Frene[4], qui vint souper. Je l'attaquai de conversation. J'avois l'avantage que l'on a au bal quand on est masqué et que l'on parle a quelqu'un que l'on connoit. Je le fis mettre a table aupres de moi. Le seigneur chatelin etoit allé souper a Paris. J'etois plus a mon aise. Je lui tins tous les propos que je crus propre a l'embarasser, sans inprudence cependant. Quand il eut assés mangé de lart[5], je lui dis que j'etois l'amie de Ma Sœur. De tout cela que crois-tu que j'en conclus? C'est que son esprit est aussi mince que sa mine, qui est celle des plus petits procureur de vilage. J'ai eté bien etonnée de l'une et de l'autre. D'abord apres souper je me couchai, car j'etois encore remalade. Ce «d'abort» est a minuit. J'ai eu la colique la nuit. Je ne me porte pas encore trop bien. Tous nos gens vienent de monter a cheval pour aller a deux lieux d'ici, car il est six heures du soir, et moi je viens reprendre le fil de mon discours.

Nous allons demain trois carossée a Paris voir la publication de la paix a l'hotel de Richelieu. Comme voila mon histoire finie, je vais te conter ce qu'on a conté : une betise de la Lemaure[6] qui, se trouvant dans une maison avec Mde Heraut[7] et sa fille Mde de Marville[8], la Lemaure se mit a louer excessivement la bauté de

Md. Heraut. Celle-ci lui dit modestement qu'on ne devoit plus parler d'elle quand on voioit sa fille marié. La Lemaure lui soutint que Md. de Marville ne pouvoit pas etre sa fille. L'autre lui soutint que si. Enfin la Lemaure en sorti en lui disant : «Ah, Madame, je vois comment cela peut etre. C'est apparament que vous l'avez eu etant fille.» Ne voila-t-il pas un compliment bien tourné?

Il n'est bruit a Paris que des huéës que l'on fait aux Thuileries. Tous les jours on y sifle quelqu'un. Il y a deux jours que l'on y sifla deux fille de la foire fort jolies. Mr Du Harlai⁹, qu'on pretent qui en entretient une, fut a elle. Les sifflets redoublerent. Il les conduisit jusqu'a son carosse ou il les fit monter et les renvoya. Les sifflets et la cohue l'avoit suivi. Il fit fermer la bariere et areta de chaque main un des plus prets de son carosse, qu'il envoya sur le champ en prison. Cela fit grand bru[i]t, mais cependant personne n'osa grouiller. On va, dit-on, mettre ordre a cela, car on [n»]ose se promener sans risquer d'etre insulté. On a encore fait des contes, mais je les oublie. Mon esprit est si tourmenté par mon cœur qu'il est tout egaré. J'essais, des qu'on dit un bon mot, de le retenir pour amuser le Penpichon, et puis je m'en vais battant la campagne apres le Penpichon et l'ami du Penpichon, et puis je ne me souviens plus que de la peine que j'ai d'en etre separez.

A propos ou non pas a propos, il y a mille ans que j'oublie de te dire de demander a Dubois ou *ᵇa laᵇ* Perci¹⁰ l'adresse de l'eau a noircir les cheveux. Dis-le a Dubois. Je suis si vielle et si ridée depuis que je maigris que mes cheveux blanc y mettent le comble, surtout en eté ou la sueur me depoudre. Je ne veux assurement plaire, mais l'amour-propre me fait desirer de ne paroitre au moins que ce que je suis.

A propos encore, demande a Dubois si la Persi a toujours la dentelle qu'elle vouloit me vendre. Comme De Benne me mande qu'il va tacher de me faire donner quelque argent, je te le ferois donner. Je n'en trouverai point de si bon marché et Dubois sait le besoin que j'en ai. C'est ce qui m'enbarasse le plus que le linge. On n'en porte point d'unis avec les gens que je vois et les brodées sont encore plus chere que de petite dentelle, parce qu'elle durent moins. Enfin je n'ai que trois paires de manche que je puisse mettre. On me les savonne tous les jours.

Je sais qu'il y a une de tes letres aujourd'huy a Paris. J'enrage de ne l'avoir que demain. Je n'ai pas encore eu le tems de lire *Mahomet*. Tout le monde me l'arrache ici. Il y a un nouveau balet de Ramau qui est aplaudit coussi coussi. Ce sont *Les Festes d'Hebé*¹¹. Les paroles sont pitoyables. Je n'ai pas eu le courage de les achever. J'ai vu Licurgue¹² au troisieme acte. Je ne sais ce qu'il y fait, mais tu vois que Solaton¹³ n'a[uroit]ᶜ pas eté plus ridicule que lui. Pourquoi donc est-ce qu[e je]ᶜ cherche mes mots comme les petits enfants? C'est que j'[e]ᶜ ne sais que dire et que je voudrois te parler toujours.

Adieu donc, mon pauvre ami, je remplirois bien ma feuille de «je t'aime» qu'il n'y en auroit pas le demi-quard de ce que j'en dis par jour. Ah, mon Dieu, que je suis sotte! Depuis deux jours il n'y a plus de gourmanderies qui y fasse. Cela ne reeussit, je crois, qu'une fois dans la vie. Embrasses bien mes pauvres amis pour moi. Dis bien au Ron combien je suis aise de son ogmentation. J'espere qu'elle n'est plus fachée contre moi de l'avoir fait venir, et je l'assure de tout mon cœur que c'est une peine de moins pour moi, car je l'aimerai toute ma vie bien tendrement, et son ami Gros Chien Noir aussi. Ne voila-t-il pas encore une betise avec mes doubles feuille [14]?

[*adresse :*] A Monsieur / Monsieur Liebaut, professeur / d'histoire de S. M. le roi / de Pologne / a Luneville

MANUSCRIT

Yale, G.P., XI, 41-44 (D109); 3 p.; orig. aut.; traces de cachet sur cire rouge; m. p. : 8.

TEXTE

[a] Le ms : «mais». [b] Le ms : «la la». [c] Lettres emportées par le cachet.

NOTES

1. Léopold, abbé de Rizaucour (mort en 1784), sera nommé, avant 1760, chanoine de l'église collégiale de Ligny. Il était cousin de Mme Duvigeon, selon Devaux (9 juin 1739, G.P., IX, 367).
2. Maurepas était le secrétaire d'État chargé du commerce maritime et des colonies.
3. Dubuisson remarque, à la date du 8 juin 1739 : «Il y a un second volume de *Gogo*, où, de temps en temps, les peintures sont d'une extrême vivacité. Je désapprouve le fond de l'ouvrage, mais je ne puis m'empêcher de dire qu'il faut avoir beaucoup d'esprit pour l'avoir fait.» (p. 567-568.)
4. Le fils du chancelier d'Aguesseau (v. 125n8).
5. Lard : se dit proverbialement en ces phrases : [...] On fait souvent accroire à des gens qu'ils ont mangé du lard, quand on les accuse de quelque faute dont ils sont innocents. (Trévoux, 1743.)
6. Catherine-Nicole Lemaure (1704-1783), célèbre actrice et cantatrice de l'Opéra.
7. Marie-Hélène Moreau de Séchelles (1715-1798), épouse en secondes noces de René Hérault, lieutenant général de police (v. 94n8).
8. Louise-Adélaïde Hérault (1722-1754),

épouse depuis 1738 de Claude-Henri Feydeau de Marville (1705-1787), président au Grand Conseil et lieutenant général de police en 1740. C'était la fille de la première femme de son père, Marie-Marguerite Durey de Vieuxcourt (1704-1729). Mlle Lemaure n'avait donc pas tout à fait tort.
9. Louis-Auguste-Achille de Harlay, comte de Cély (vers 1679-décembre 1739), intendant de Metz (1716-1720), puis de Paris, conseiller d'État.
10. Pour la Perci, v. 69n3. Devaux répondra : «La Perci doit etre a Paris aussi tost que ma lettre. Vous ferez vous-meme les commissions que vous me donnez.» (IX, 368.)
11. *Les Fêtes d'Hébé, ou les Talens lyriques*, opéra-ballet d'Antoine Gautier de Montdorge (mort en 1768), représenté pour la première fois par l'Académie royale de musique le 21 mai 1739.
12. Lycurgue paraît dans la deuxième entrée des *Fêtes d'Hébé*. Selon le *Mercure*, «la seconde entrée de ce ballet [n'a] pas été généralement goûtée» (juin 1739, p. 1392).
13. Il s'agit sans doute d'un personnage de théâtre, peut-être dans une pièce que Mme de Graffigny avait voulu écrire. C'est d'ailleurs vraisemblablement un lapsus pour Solon, autre législateur grec; elle a déjà écrit sur Héraclite, et sa dernière œuvre mettra en scène Aristide.
14. Mme de Graffigny n'écrit pas la présente lettre sur une feuille entière, mais sur deux demi-feuilles.

138. à Devaux

Le mardi 2 juin [1739], apres diner

Puisque tu trouve tant d'amusement a lire mes quard d'heure, mon cher ami, je continuerai a t'en rendre compte. Comme je finissois d'ecrire dimanche, une demoiselle me fit prier de dessendre. Je ne t'en ai pas parlé, de cette demoiselle, parce qu'il me senbloit qu'elle n'en valoit pas la peine, mais ce qu'elle fit dimanche me semble assés bon pour t'amuser. D'abord c'est la fille d'un geometre nommé Sauveur[1] qui est faufilée ave[c] tous les sotes gens de robes, car je ne saurois croire que ceux qui ont de l'esprit s'en amusent. On l'a donné a la duchesse dans le tems de son proces pour solliciter et elle lui fait beaucoup d'amitié par reconnoissance. Ce seroit une Du Plecy[2] si elle avoit moins de presomption, mais elle se pique de tant d'esprit, elle est plus sotte que tout ce que j'ai jamais vu. De taille elle est grosse comme moi, de beauté elle a le tein de la Thieri[3], et toute sorte de desagremens dans un visage beaucoup plus large que le mien, et plat comme celui de Marietorne[4]. Apres ce portrait tu rira peut-etre de ce qui lui est arrivé. On parla des le matin de monter a cheval. Elle dit qu'elle y montoit tres bien et qu'elle vouloit y aller. La duchesse fit tout ce qu'elle put pour l'en dissuader, avec une bonté charmante. Elle n'en voulu pas demordre. Elle vouloit avoir des culots et un habit d'homme. Je vis le moment que Mr de Richelieu en douceur la feroit habiller en homme sans mettre de jupe. Md. de Crevecœur s'avisa de lui dire qu'elle etoit trop grosse. Elle soutin qu'elle ne l'etoit pas plus qu'elle, et tout de suitte elle passe dans ses bras la veste de cette dame. Il s'en faloit deux main qu'elle ne l'aprocha et elle soutin qu'elle lui etoit juste. Je n'ai jamais rien vu de si ridicule. Le duc disoit qu'elle avoit raison. Le fait ne lui faisoit rien. Enfin elle monte a cheval, jambe de-si, jambe de-la, avec une robe de chambre. Son cheval part le mors aux dent, l'emporte a travers champ, saute un fossé, et jeta ma mignogne a vingt pas. Malgré cela elle vouloit aller, mais le duc, qui previ l'embaras que feroit une si bonne cavalliere, lui demanda en grace de retourner a la maison, dont elle n'etoit qu'a cent pas. Je ne savois pas cela quand je t'ecrivois. Elle s'impassienta de ce que je ne lui allois pas tenir compagnie. Elle me fit prier de dessendre en me faisant dire son accident, dont elle n'a que des meurtrissures. Tu ne ris pas, n'est-ce pas? Il faudroit l'avoir vue.

Un moment apres que je l'eu jointe, arrive la presidente Portail, la bru s'entant[5]. Jeune, jolie, et emoustilliée, avec une autre sotte damme pour cheperon, et le fameux president Hainaut[6]. Voila que j'entens les canons de la Bastille et mille petarades. Je ne saurois cependant croire qu'on tire a present le feu, car il n'est que cinq heure. Cependant on fait grand bruit et dont je n'ai pas peur. Ne m'admire-tu pas a une heu[re][a] et demi? Revenons a ce president Hainaut. Je n'eu pas la peine de faire les honneurs. Melle Sauveur s'en enpara et les mit a un quadrille. Je m'en allai lire dans la chambre de la duchesse, qui ne revint qu'a dix heures et demie. A souper le president parla assés. C'est la legereté, la delicatesse et la jentillesse meme. Il fit l'analise du *Siege de Calais* avec tout l'esprit, le bon sens et le sentiment qu'on peut avoir. Je crois que sa figure a eté aussi agreable que son esprit, mais il est si coperosé qu'il n'a plus que des reste de traits et de phisionomie qui font juger du passé.

Apres souper je jouai au trictrac, toujours sans perte ny gain, et puis le prince[7] m'entraina dans le jardin ou je causai, disant toujours «Je m'en vais» jusqu'a deux heures et demie. Hier nous partimes pour Paris a la fraicheur de deux heures apres midi. Ce n'etoit rien. Il faisoit de l'air, mais la curiosité qui me fit tenir sur le balcon ou vis-a-vis les fenetres jusqu'a cinq que la marche[8] se fit, pensa me faire fondre la cervelle. Un sol ne seroit pas tombé a terre, tant il y avoit de monde dans la place. Cependant les carosses alloient et etoient souvent obligés de demeurer. Cela faisoit un fracas plus amusant que la ceremonie. Les balcons tous tapissés et remplis de belle dames. La reine d'Espagne[9] sur un avec un dais fesoient un tres beau spectacle. Celui de la marche n'est pas grand-choses. Beaucoup de gens a cheval. L'habillement des heros[b] et du roi d'arme m'ont plus, et la gambade d'un cheval qui portoit un homme en robe de velour et qui, apres lui avoir fait faire trois ou quatre tour dans la place ou on n'avoit laissé entrer personne, le jeta par tere, par bonheur sur le gason ou il n'eut pas de mal. Mais cela etoit fort plaisant et Dieu sait les huéës. Je vis dans un balcon voisi[n] Md. de Modene que je reconnu et Mlle de La Roche-sur-Ion[c][10] que je ne reconnu pas, par une grande raison. Nous n'avions que la princesse Lembesque et sa fille[11]. Je vis aussi un moment le beau prince Charle, mais ils se mirent en affaire et j'alai dans une chambre fraiche avec Md. de Crevecœur ou nous primes des glaces qui me remirent. Nous repartimes a huit heures et je trouvai ta lettre[12] ici qui avoit joué aux bares avec moi.

Avant d'y repondre, il faut achever la soirée. Il y eut beaucoup de monde a souper, entre autre Md. de Chatelleraux[13], que je regardois plus qu'une autre parce qu'elle venoit de Lorraine et a cause de bien d'autre choses. Je ne la trouve brin[14] belle, mais parlant assés bien. Md. d'Eguillon y etoit aussi, et puisque tu m'en demande des nouvelles, j'aime autant te les dire ici. C'est mon entipatie d'abord. Elle est grosse comme moi, et plus petite, fort blanche, de beaux trait, hors la bouche fort enfonsée et fort plate, mais ses beaux yeux sont les plus rudes et les plus meprisans que j'aye jamais vu. Elle ne sort du pedentisme que pour tomber dans les colibets dont elle foisonne. Le tout sans rire et avec un air d'aigreur et de mepris qui lui sont propre. On dit cependant que c'est le premier esprit de Paris. Quand elle me l'aura montré, je le croirai. Je me diverti hier a souper a la voir jalouse de la Crevecœur, la Crevecœur jalouse d'elle, et ma pauvre amie jalouse de toutes deux, ce qui diminua fort le plaisir que j'avois a les examiner sans que personne s'en douta. Elle est bien dupe, ma pauvre amie, et cependant elle n'a jamais eté si tranquille. J'y fais de mon mieux, car il n'y a point de subtilité de retorique que je n'enploye pour lui faire croire que son mari n'aime qu'elle.

Je me suis couchée de tres bonne heure. J'avois de l'humeur et voici pourquoi. Les bonnes gens qui aime bien ma duchesse parce qu'elle a du merite, sont a l'affut de tous les ridicules qu'ils peuvent lui donner. On [n»]a pas manqué mon arrivée. Le bruit est partout que c'est un air de dame d'honneur qu'elle se donne et tu peux conter que le souverain mepris est attaché a cet emploi[15]. Ses partisans auront beau dire qu'il n'est pas vray, on aura beau proner mon pretendu merite, rien ne l'emporte. Je t'avoue que cela me tracasse et que je voudrois etre hermite. Le mepris que je rends au publiq ne me dedomage pas de la peine que me fait le sien. C'est sotise, oh oui, j'en conviens, mais elle existe. D'allieurs je suis comme la pauvre Mariane[16], si fatiguée d'entendre me plaindre sur ma misere et mes malheurs que je voudrois presque qu'il n'y eut point de bons cœurs au monde. De ceux-la s'entent qui vous plaignent du tont dont le Chevalier s'afflige de la mort de l'oncle du *Distrait*[17]. Ah, qu'elle est horrible cette misere! Combien elle a de queues que je ne connoissois pas! Je finis, car si je me laissois aller aux commentaire, mes parolles et mes yeux ne finiroient pas.

Il vaut mieux repondre a ta lettre[12]. Tu fais bien, mon ami, de ne pas me gronder de ma tristesse. Je te le demande en grace. Outre qu'elle est fondée, c'est que tu y mest le comble quand tu me fais sentir qu'elle t'afflige. Je n'ai que la seule consolation de t'ouvrir mon cœur. Tout m'est etranger dans le reste du monde, et par consequent je suis obligée de m'en deffier. Je n'ai pas meme un domestique sur lequel je puisse compter, s'il m'arrivoit quelque chose. Crois-moi, c'est un etat genant. Je ne demande pas a ton amitié de gemir ave[c] moi. Au contraire. Mais laisse a mon pauvre cœur le soulagement qu'il ne peut prendre qu'avec toi dans le monde sans exseption. Je sais et je sens que je te suis bien ennuieuse et bien a charge, mais tu sais si bien aimer, et tu sens trop bien que voila le seul sacriffice que tu puisse me faire. Je te demande celui de n'etre guere sensible et laisse-moi dire.

Je ne t'ai pas dit le mot de Masson[18], parce qu'il auroit falu non seulement etre au fait de la conversation, mais de l'affaire. L'interet de l'enfant de Javote se trouve mieux dans son mariage que dans tout autre. C'est une affaire conclue, car elle me l'a encore ecrit il y a deux jours. Jamais il n'y a rien eu de si maussade que cest amour, car Le Franc est le plus sot animal que je connoisse et[d] le plus ennuieux. Il a quelque bouffée d'esprit, mais si rare qu'on ne sauroit les comparer. D'allieur je ne le connois pas. Il est si caché, il parle si peu, qu'on n'y voit rien. Si j'en crois le Geometre, c'est un grand faquin. Il m'en a dit des horreurs par-dessus les maisons.

Ah, mon ami, que toutes les gentillesses que tu me dis me causent de larmes, mais ce sont de celle qui plaisent! Eh oui, ou sont-ils, nos delires d'esprit? Est-il un moment que je ne les regrette? A propos de moment, j'en eu hier un bon dont j'oubliois de te parler. En arrivant a Paris je trouvai Bocmar[19], que je n'avois pas encore vu. La seconde parolle qu'il me dit fut ton nom, en me demandant de tes nouvelles. Je pensai l'embrasser. Je parlai de toi. Je dis que je ne regretois que toi, que tu etois mon unique ami, et j'eu du plaisir a dire tout cela. Voila qui est desisif. J'aime le bonhomme. Il ne tari pas sur ton eloge. Il t'en donneroit bien d'autre, s'il avoit vu ta derniere lettre. C'est de l'esprit partout, et de la gentillesse. Tu as beau dire, tu sais bien que la posterité viendra au monde.

«Mais de quoi vous ferez-vous donc des plaisirs, si vous ne vous en faites pas d'etre si bien logée?[20]» Voila une de tes phrase qui m'a fait boufer de rire. Tu a tablés sur la belle vue dont je te parlois dans une de mes lettres. Et cela me prouve bien qu'il ne faut pas croire les relation des historiens. Veux-tu la description de ce pretendus beau logement? Premierement, il faut monter soixante-huit escalier pour y parvenir. Tu peus bien croire que je trouve cela tres commode, quand il pleut surtout, car il y a un trajet comme de chez toi a la cour a passer dans le jardin, crotée jusqu'au cul. Ton escalier est celui d'un palais a comparaison. Pour entrer dans mon entichambre on dessent une marche, autrement un casse-col. Cette entichambre est tapissée par un masson et des araignée. Autre casse-col pour ma chambre dont chaque planche en fait un, tant elles sont unie. Un plafon de piece raportée peintes comme dans un cabaret de vilage. Une tapisserie du tem des Visigot et plusieurs endroits ou il n'y en a point. Des chaises dans le meme gout et qui a peine se tiennent sur leurs jambes a cause de l'unis du plancher. J'ai envie de ne pas parler du lit, car il est de damas cramoisi avec des galon d'orfaux, a la verité. Mais enfin il est bon et honnete. Le beau cabinet ou je t'ecrivois est divin. Les murs sont peint avec de l'ocre. Une bergerre etaiée de tout coté en fait l'ornement. Les pieds en fure[nt] dorré, mais il ne reste au matelas que la toile qui tient le crins. Encore sort-il de tout coté. Il n'y a de chevet qu'un vieux tabouret que je guinde contre le mur pour m'apuier, et une chaise de paille a trois pi[e]ds. Voila ce cabinet qui doit m'enchanter. Tu a pris les dehors pour le dedans. Il est vray que la vue en est charmante, mais trouve-tu qu'un tel apartement inspire bien de la gaieté? Joins-y la crasse et la poussiere de cent ans, car je crois que Mr et Md. de Guise²¹ reccommendoient a leur gens d'etre salles. Il n'y a guere de plus beaux meubles dans toute la maison. Je n'ai point vu celui qu'on m'a loué, mais Hunaud²² m'a dit que c'etoit un nit a rats. Je m'en afflige d'avance.

Tu as raison, la lettre de Md. de Corette m'a bien surprise, mais quoi qu'elle en dise, je ne prend cela que pour une des bouffonnerie de l'homme que je connois²³. Cependant il m'est venu une idée cette nuit. La sœur de Ma Sœur²⁴ meurt d'envie d'etre mariée. Elle n'est pas haute et voudroit se tirer de la misere. Je lui²⁵ proposerai. Je suis deja seure qu'elle ne m'en saura pas mauvais gré. Ce seroit pour elle et non pour lui que je m'en melerois, car malgré ses travers, une femme seroit heureuse ave[c] lui. N'en parle pas au Poucet. Peut-etre lui crieroit plus haut, mais si elles le vouloit et le pere et la mere, il faudroit bien qu'il y passa. Je ne ferai point de reponce que je n'en ay parlé.

Ton conte et ton bon mot sont fort bons²⁶.

Il y a mille ans que je sais la retractation de l'abbé Desfontaines²⁷ et que je l'ai lue. Je suis une grande sotte de ne te l'avoir pas mandé. C'est cela qu'ils ont tant eu de peine a obtenir, mais ce n'est qu'a condition que V. en fera imprimer une semblable dans la *Gazette* et les journeaux. Tu peus bien croire que, s'il ne la donne pas, nous en verons encore de belle. Mr Heraut veut qu'il le fasse, mais j'ai bien peur de sa tete. Ne voila-t-il pas une belle victoire qui le remet toujours au pair? Aussi n'en est-il pas trop contant. Il vouloit l'une sans l'autre, mais il n'y a pas eu moien, car quoi qu'en dise le Tout Ron, on les a toujours traité de pair. Et si les ministres et les grands penchoient pour quelqu'un, c'etoit pour l'abbé. Le Geometre et d'autres m'ont dit cela ici comme le sachant bien. Je ne comprend pas comment je ne te l'ai pas mandé.

Les titres de livres m'ont beaucoup diverti, mais je ne comprend pas qu'on les mette dans le gazetin²⁸. Tous ceux d'Hollende viennent ici, et il n'y a point de ces choses-la qui d'allieurs sont deffendues surtout en paix. A propos de paix, j'ai oublié de te dire qu'hier je pensai faire hum hum, non pas de la cavalcade, mais en pensant que cette ceremonie anoncoit la paix a l'Heurope. En l'envisageant dans ce grand point de vue, j'en etois touchée.

Tu dois savoir a present ce qui en est, mais n'importe. L'homme prié est le trompeur[29]. Tu vois que la consequense est bien plus grande apres tout ce que je t'ai mandé.

Mais, mon ami, songe bien a ce que tu fais. Peut-etre que cette miserable robe donnée te sauveroit quelque gronderie sur les port de lettres. D'alieurs elle[30] a tant pris de peine que je serois honteuse de la donner et de la vendre, mais si tu veux me faire plaisir, fais-la acsepter en badinant et en disant que je te gronderois si tu me mandois que tu eusses pris l'argent.

Ah, je t'assure bien que non, je n'apprendrai pas les mathematique comme tu le souhaite[31], imfame, et il pouroit bien arriver que nous serons brouillié, mais il est plus sage et les derniers jours il ne me tenoit plus de ses sots propos.

J'atans qu'il y ait un bon paquet de letre de Tout Ron pour te les envoyer; tu ne la connoitrois pas sur une. Elle n'envoye point d'argent. A propos d'argent, la duchesse m'a donné hier a Paris huit louis sur la pension avec des façons charmante. Pour cela, si je pouvois croire que les gens de son espesse aiment, je croirois l'etre bien fort. Des qu'elle me croit un peu malade, parce que quelquefois la mine de mon ame perse sur mon visage, elle me demande ce que j'ai, si je ne veux rien prendre. Enfin, comme tu pourois faire, elle empeche tout le monde de me faire promener quand il fait chaut. Jamais je n'ai vu personne moins genante et mettre a l'aise avec plus de bonté. Apres diner encore Md. de Crevecœur vouloit me faire aller a ce bosquet ou ils passent leur journée et ou on etoufe. La duchesse m'a renvoyé et il y a quatre heures que je suis toute nue dans ma chambre ou il y a de l'air. Je me suis jetée un moment sur mon lit. J'ai achevé *Mahomet* et tu vois que je n'ai pas perdu mon tems par la longueur de ma letre : elle est d'une tirade. A propos encore de *Mahomet*, je le trouve bien plus beau a la lecture que je ne croiois.

Je t'ai repondu a Versaille a la plaisanterie que le Chien et le Grand ont fait[32], fort en bref a la verité, car j'etois de mechante humeur, mais je m'en souviens bien. Cela n'enpeche pas que tu n'eus fait trois fois des complimens et qu'on ne m'en ait fait que deux. Il me semble que tu pourois bien te souvenir du nombre. Ma foi, en voila une bonne des tirade! Il fait plus chaut. Je vais rejoindre la compagnie.

Le mercredi matin [3 juin 1739]

Bonjour, mon ami. En te quittant hier on me traina au bout du parc pour voir les fusées de la Greve[33]. Je fis un bon demi-quart de lieu, toujours montant et autant a dessendre. Nous y fumes fort lontems, car le feu ne commensa qu'a neuf heures et demie. Il a du etre le plus beau qu'on ait vu par ce que nous en vimes, qui estoit admirable. Je me diverti assés a souper a entendre bavarder un petit La Faye[34] qui a quelque connoissance, mais qui dereronne[e], Dieu sait. L'abbé contrariant[35] s'en mela et cela fut drole. Je faisois bien le D., car je ne me donnai pas la peine de parler et je me moquai d'eux tout a mon aise en-dedans. Il a fait la campagne d'Hongrie. Il a passé a Luneville. Dieu sait ce qu'il en dit, surtout de la Plote. Il l'accomode de toute piece. Je me retirai d'assés bonne heure, et ce matin on m'a aporté un paquet de Paris ou il n'y a pas de letre de toi, mais j'espere l'avoir tanto. Il y en a une du D. dont je suis assés contante. Il sera demain a Paris. Et par bonheur j'y vais ce soir ou demain, parce que Md. de Modene et Melle La Roche-sur-Ion vienent souper demain ici. J'ai deja dit que je voulois m'en aller. Je ne veux pas avoir l'affront de menger dans ma chambre. Cela va comme de cire[36]. La Duchesse balance encore cependant parce qu'elle voudroit que j'y mengeasse. Il n'y a que ce ridicule de dame d'honneur qui lui fait peur, car pour moi sans titre cela va tout de suite, mais comme je ne m'en soussie guere, je vais insister a partir. J'en ai la cœur tout gaye. Je suis si etouffée de ne pas dire un mot de ce que je pense que je meurs d'envie de parler a mon aise. Helas, peut-etre enpoisonnera-t-on bien ce plaisir. Qu'inporte? Ce poison-la vaut mieux que les delices que je pourois avoir allieurs. Adieu, bonjour, mon ami. Je t'aime, je t'embrasse cent million de fois.

[*adresse :*] A Monsieur / Monsieur Dauphin / marchand, ruë du Chateau / a Lunéville

MANUSCRIT

Yale, G.P., XI, 45-52 (D110); 6 p.; orig. aut.; traces de cachet sur cire rouge; m.p. : 8.

IMPRIMÉ

Showalter, p. 150 (extraits).

TEXTE

a Lecture incertaine. *b* hérauts. *c* Mme de Graffigny écrit «la Rochesurion». *d* Le ms : «est». *e* Probablement «déraisonne».

NOTES

1. Joseph Sauveur (1653-1716) était conseiller du roi, professeur de mathématiques au Collège de France, maître de mathématiques des enfants de France et membre de l'Académie des Sciences. Sa fille, Jeanne-Catherine-Renée (morte en 1786), était la gouvernante des enfants Richelieu. Selon d'Argenson, cette «femme d'intrigue» du duc n'avait «pour apanage que de la trigauderie, du manège, et de la basse intrigue de cour, de ville, et de magistrature» (VI, p. 226).

2. Allusion à Marie-Anne Du Plessis d'Argentré (née en 1647), voisine bretonne de Mme de Sévigné, dont la célèbre épistolière parle souvent, «en général pour s'en moquer» (lettre 167, *Correspondance*, Gallimard, Pléiade, 1974, I, p. 256n4).

3. Peut-être la mère de Christine Thiery (v. 9n4).

4. Servante asturienne dans *Don Quichotte* (I, 16); mais il s'agit ici du surnom d'une femme de Lunéville.

5. Marie-Antoinette Aubéry de Vatan, dame de Bouillé, fille de Félix, intendant de Caen, avait épousé en 1732 Jean-Louis Portail (1705-1776), président à mortier depuis 1726. Mme de Graffigny cherche à éviter toute possibilité de confusion avec la mère de celui-ci, Rose-Madeleine-Rose de Cloye, veuve d'Antoine Portail (1674-1736), premier président.

6. Charles-Jean-François Hénault (1685-1770), président au parlement de Paris, membre de l'Académie française, poète, historien, et habitué des sociétés littéraires.

7. Le prince de Guise, jeune frère de la duchesse de Richelieu.

8. L'ordre de la marche et la route qu'elle prit se trouvent dans le *Mercure* de juin 1739 (p. 1439-1444).

9. Louise-Élisabeth d'Orléans, Mlle de Montpensier (1709-1750), fille du Régent, avait épousé en 1721 Louis, prince des Asturies (1707-1724), roi d'Espagne en 1724 par l'abdication de son père, Philippe V. À la mort de son mari, elle repassa en France, avec le titre de reine douairière d'Espagne, et habita le palais du Luxembourg.

10. Louise-Adélaïde de Bourbon, princesse de

La Roche-sur-Yon (1696-1750), fille de François-Louis de Bourbon (1664-1709), prince de La Roche-sur-Yon, puis de Conti, élu roi de Pologne en 1697, et de Marie-Thérèse de Bourbon (1666-1732), sa cousine.

11. Sur la princesse de Lambesc et sa fille, v. 132n13-14.

12. Lettre du 26 mai 1739 (G.P., IX, 333-340).

13. Voir 56n21.

14. Brin sert quelquefois à faire une négation : «Tu n'y auras brin de présomption' – Marot. (Trévoux, 1743 et 1771.)

15. Il est évident (v. aussi le dernier paragraphe de la présente lettre, et le premier de la lettre 139) que le duc et la duchesse de Richelieu sont très opposés à ce qu'on puisse penser que Mme de Graffigny a été faite dame d'honneur en titre. En effet, seules les reines et les princesses ont le droit d'avoir des dames d'honneur. Mme de Richelieu étant princesse de Guise, elle a à la cour de France le statut réservé aux princesses étrangères, statut qui donnait lieu à de constants litiges, car «les princes étrangers n'eurent jamais à la cour de France préséance sur les ducs» (H. Brocher, *Le Rang et l'étiquette sous l'Ancien régime*, 1933, p. 17). La présence à Arcueil de Mme de Modène et de Mme de La Roche-sur-Yon, princesses du sang, donne à ce problème d'étiquette une acuité nouvelle. Envoyer Mme de Graffigny dans sa chambre est, de toute évidence, une solution, mais l'intéressée s'y refuse. Le duc de Richelieu décide donc (v. 139n1) que Mme de Graffigny mangera à la table des princesses après qu'on aura proclamé bien haut qu'elle n'est pas dame d'honneur mais simple invitée.

16. Marianne dit, par exemple : «Oh! je n'en pus écouter davantage; je m'étais tue pendant toutes les humiliations qu'elle m'avait données; j'avais enduré le récit de mes misères» (Marivaux, *La Vie de Marianne*, partie 8, parue en 1738).

17. Dans *Le Distrait* (1697) de Regnard, le Chevalier dit de l'oncle de Léandre : «L'oncle a donc fait la chose de bonne grâce? / As-tu trouvé le coffre à ton gré copieux? / Ses écus, ses louis, étaient-ils neufs ou vieux?» (II, vii). «Faire la chose» : mourir.

18. Devaux avait demandé (IX, 333) une explication du mot de Masson auquel Mme de Graffigny fait allusion dans la lettre 132 (v. la cinquième phrase).

19. Un état général de la maison du duc de Richelieu «allant à Vienne comme ambassadeur», daté de 1725, nomme comme «gentilhomme» un certain Bocquemard. Lorrain d'origine, il semblerait bien qu'il fasse toujours partie de la maison du duc.

20. Citation de la lettre de Devaux (IX, 335).

21. Pour le prince de Guise, v. 97n9. Mme de Guise était née Marie-Louise-Christine Jeannin de Castille (1680-1736). Pour leur réputation, v. 126n8.

22. Médecin des Richelieu (v. 97n8).

23. Pour Mme de Coreth, v. 68n14. Devaux : «Voila une lettre de Mde de Coreth. [...] Elle vous charge d'une ambassade fort singuliere. [...] Ne manquez pas de me dire ce que vous y repondrez. [...] Cet homme [celui dont parle Mme de Coreth] a l'air de revenir a vous; profitez-en, chere amie, il faut s'accrocher a tout.» (IX, 336.) On verra par la suite (v. le texte de la lettre 139 à la note 8 et 140n2) que Mme de Graffigny est chargée de trouver une femme pour «l'homme [qu'elle] connaît». Celui-ci se trouve à Innsbruck, se charge des pensions de la duchesse douairière, et n'est autre que Toussaint (v. 26n13).

24. Françoise-Henriette-Constance de Lubert sera encore fille en 1746 à la mort de son père (v. M.C., LI, 946).

25. Lui : employé par haplologie pour «le lui» ou même «les lui» (Marivaux, *Théâtre*, éd. F. Deloffre, 1968, II, p.1136).

26. Devaux raconte une histoire d'enfants inoffensive, qu'il fait suivre d'un bon mot plutôt faible (IX, 336-337).

27. Devaux : «[La *Gazette*] porte que le 4 ou 14 avril l'abbé Desfontaines, cité chez Mr Herault, y est comparu pour declarer qu'il n'est point l'autheur du libelle contre Mr de Voltaire, qu'il se tiendroit pour deshonoré s'il y avoit eu part, qu'il regarde comme calomnieux tous les faits qui y sont allegués, et qu'il a pour V. toute l'estime qui est duë a ses talens et que le public luy doit. Il est plaisant que ce soit moy qui vous apprenne cela. Est-il possible qu'on ne vous ait pas instruite d'un pareil triomphe de Cyrei?» (IX, 337-338.) Desfontaines signa le 4 avril 1739 son désaveu «d'un libelle imprimé qui a pour titre : *La Voltairomanie*» (v. Best. D1972n1). Voltaire remit le sien à Hérault vers le 27 avril (v. Best. D1994n1) et fit publier celui de Desfontaines dans la *Gazette d'Amsterdam* du 19 mai 1739.

28. Devaux : «Nous venons de chez Torticolis ou nous avons vu la *Gazete* et un gazetin a la main de La Haye. [...] Dans le gazetin entre plusieurs titres de livres qui regardent des personnes que nous ne connoissons point et par consequent que vous ne connoitriez pas plus que moy, j'en ai retenu quatre pour vous les mander : *Les Glorieuses Cam-*

pagnes de l'Empereur dans les plaines de Luxembourg, 2 volumes en blanc; *Commentaires sur Cesar mis a la portée des idiots* par Mrs Phillipi et Neubourg, dediés au grand duc; *L'Egle conduit par le coq,* c'est le *François Gallus* traduit en latin; *Le Lorrain a Florence,* comedie a l'imitation du *François a Londres.*» (IX, 337-338.) Il s'agit sans doute de titres satiriques pour des traités fictifs, dont le sujet serait la politique autrichienne.

29. Devaux : «J'ay mal conçu vos craintes sur les plaisanteries du Grand. Quand je le verrai, j'aurai soin de mettre un frein a sa langue en cas qu'elle en ait besoin. Mais dites-moy donc si l'homme qu'il prie de prier est le trompé ou le trompeur, le terme de veritable ne decide pas la chose.» (IX, 339); v. 133n12.

30. La mère de Devaux; celui-ci avait écrit : «Je crois que ma chere mere prend votre robe. Vous seriez bien sotte de la luy donner.» (IX, 33.)

31. Devaux : «Sans raillerie, je vous conseille de profiter de l'amitié de Mr de Maupertuis pour mettre le nez dans la geometrie. Il y a lontemps que vous le souhaitez, et cette sorte d'application

vous distraira de mille pensées desagrables.» (IX, 338.)

32. Devaux : «Vous ne repondez pas a une plaisanterie que je vous avois dit, que le Grand et le Chien avoit fait sur nous deux. Seroit-ce cela qui seroit perdu?» (IX, 339.) D'après la réponse de Mme de Graffigny, il doit s'agir des compliments à Vennevaut et à Mlle Lubert (v. 126n19, 129n18, 133n29).

33. La place de Grève. «Le soir, on tira devant l'Hôtel de Ville un très beau feu d'artifice» pour célébrer la publication de la paix (v. *Mercure,* juin 1739, p. 1237).

34. Jean-François Lériget de La Faye (1712-1747), secrétaire du Cabinet du roi, colonel du régiment Royal comtois, chevalier de Saint-Louis et correspondant de Voltaire, qui l'avait invité à Cirey (v. Best. D1178).

35. L'abbé de Béthune (v. 134n9 et 135n6).

36. Comme de cire : fort à propos (v. 63n5), mais ici Mme de Graffigny attribue à cette expression le sens erroné de «naturellement», ou «c'est évident» (v. Littré).

139. à Devaux

Le jeudi 4 juin [1739], le matin

Bonjour, mon ami, je suis encore a la campagne et je voudrois bien etre a Paris, mais le maitre de ceans n'a pas voulu que je parte. Il dit que je suis faite pour manger avec les princesses et l'on me fait rester. Je crois que c'est pour faire voir par la que je ne suis pas dame d'honneur[1]. La journée se passa hier a bag[u]enauder entre le mari et la femme et deux demeurens[2] d'ici. Pour nous regaller le duc, par le plus beau du jour, ouvre une fenetre et se mest a tirer des hirondelle, moi assise a coté de la fenetre sans faire la moindre mine. Oh, je ne suis plus la meme. La crainte du ridicule est bien puissante. J'en fis encore une epreuve. Le soir on fut se promener dans un petit bosquet qui est une isle. C'est une riviere qu'il faut passer dans un mauvais bateau. Quand je me souvins du train que je fis a Craon pour moins que cela, je ne me trouve plus. Cela est au point que j'eus il y a quelques jours une arraignée sur moi. Je la jetai a terre tant doucement que personne ne s'en apercu. Je conclu de la que l'on est tout ce qu'on veut etre, quand on veut prendre sur sois. Le sentiment existe en-dedans mais on peut le cacher.

Apres diner

On m'a fait apeler. J'ai trouvé la duchesse seule. Un moment apres le duc y est venu. Il a beaucoup eté question d'arrengement. J'ai oublié de te dire que Grosbert m'avoit prié de tacher de le faire entrer chez eux. Le duc m'a donné un memoire de ses *a*[fonc]tions que je le crois capable d'executer. C'est sous le titre de contrauleur de la maison. Apres cela il a eté question de Monpelier. Le duc m'a dit ce que je peus souhaiter de plus obligeant et je ne crois plus possible de m'en dedire. Je suis fort contante de lui et je commence a etre a l'aise, non pas sans crainte. Mais enfin je parle et nous commensons a etre en plaisanteries. Je crois devoir cela a un petit avis secret que je lui ai fait donner. J'ai dit ma façon de penser a ce vieux comte Cul-de-jate[3], qui est son intime. Je lui ais fait sentir que, pour le bien de l'un et de l'autre, j'enpecherois autant qu'il sera en moi que la duchesse ne prene de l'inquietude et que, bien loin de la faire apercevoir de ses menées, je ferois tous mes efforts pour ecarter les raporteurs et teuses*b*. Le bonhomme m'a dit qu'il lui avoit rendu notre conversation et qu'il en etoit tres contant. Il m'a avoué qu'il avee*c* de l'inquietude que sa femme ne fit de moi un espion. J'avois cru ce petit avis necessaire et je ne me suis pas trompée. Je soutiendrai mon sisteme, car il faudroit haïr cette charmante femme pour la tourmenter de choses sans remede. J'ai un peu fait valoir mon gout pour la retraite dans la conversation d'aujourd'huy. Le duc a arrengé lui-meme les tems que je pourois avoir a passer dans ma chambre. Si Grosbert y vient, ce sera une ressource pour moi pour bien des petites choses. Ah mon Dieu, mon ami, il y a deux cent lieux d'ici et peut-etre y restera-t-on dix-huit mois de suitte. Le tems et les lieux m'epouvente. Cependant je crois ces sacriffices necessaire au repos du re[s]te de ma vie si je passe ce tems.

Revenons a mes journées. Apres nos promenades d'hier je jouai au trictrac avec une si grande rapiditté de bonheur que je gagnai deux louis au prince au petit ecus[4] la partie, et le beau c'est qu'il est parti sans retour pour demeurer chez le prince Charle, qui veut l'avoir pour le mettre dans le monde. Il y eut peu de monde a souper. Je restai avec la duchesse apres a la voir jo[uer]*d*, parce que le duc etoit a Paris. Je n'irai que demain a ce [Paris]*d*, quoique les *d*[p]rincesses ne vienent pas ce soir; elle se son[t]*d* dedites. Je ramenerai Grosbert apres-demain et mardi nous retournons pour tout a fait.

Je ne consois pas pourquoi je n'ai pas ta lettre de mardi. J'en suis inquiete. Je suis encore toute fraiches des esclandres. Prends toujours garde sur certain chapitre de ne point parler trop clairement. Tu entens bien que cela regarde Damon.

Veux-tu savoir une nouvelle que tout le monde sait mais cependant qu'il ne faut pas dire : le Prince Frere epousera bientot Melle Du Maine[5], plus bossue que sa mere, plus laide de visage qu'elle n'est mal faite. Mais il a une si profonde indifference pour les femme que celle-la lui plait autant que feroit la princesse Charlote[6]. C'est un grand mariage et qui le lie a tout. Il n'est pas encore conclu, mais cependant on le compte fait. Adieu jusqu'a ce que j'aye du nouveau a te dire. Tu sais comme je t'aime.

Le vendredi [5 juin 1739]

Me voici a Paris. Je comptois partir de bonne heure. Je n'ai pu avoir de voiture qu'a pres de midi. J'ai passé a l'hotel de Modene. Le D. etoit sorti, mais par bonheur, en arrivant a la maison de Md. B.[7], j'y vois un fiacre. Je dis : «Mon Dieu, si c'etoit lui.» J'entre dans la cour. C'est lui qui me donne la main pour dessendre. Il aloit sortir. Nous avons causé un clain d'eoil. Il a dit qu'il reviendroit. Je ne croiois pas trouver Md. B. de retour de Versaille. Elle est arrivée d'hier soir. D'abord apres diner nous sommes montée en beau fiacre pour courir les marchand. Dans la premiere rue nous trouvons le D. Nous le fesons monter et nous alons acheter un habit a Mr Masson et une robe de taffetas pour moi. Tiens, voila un echantillon. Nous avons encore couru d'autres marchand et, depuis que nous sommes revenu – Ma Sœur m'a interompu au milieu de ma periode; je la reprend – ici, j'ai encore causé avec le D., et puis il s'en est allé. Je suis montée pour t'ecrire. J'ai donc eté me promener avec Ma Sœur dans son jardin. Je lui ai parlé du mariage. Elle en est enchantée[8]. Le D. est venu souper. Depu[i]s[d] onze heures nous causons dans ma chambre. Il en est deux et demie. Il est charmant. Il n'a jamais eté si aimable. Monpelier lui deplait, mais il est resonnable. Les projet du retour sont charmans. Il a enfin un bien dans une position divine ou nous nous sommes etablis nous trois, car on ne sauroit rien faire sans toi. Il ecrira demain au regi[men]t[d] pour qu'on donne l'argent au St et a Ma[is]onneuve[d][9].

Je ne sais comment je te dis tout cela, car sans avoir someil je meur d'envie de me coucher, parce qu'on ne dort pas ici comme a Arcueil. J'ai tes deux lettres[10]. Je ne saurois y repondre. J'ai ouvert la caisse des veres; rien n'est cassé. Je t'aime de tout mon cœur, mais ne m'en tiens pas compte. Qui n'aimerois-je pas ce soir? Voila donc encore mon pauvre cœur dans ses delices qu'il a si rarement. Non, rien ne peut le toucher que vous deux. Il est fait pour les deux facons dont je vous aime et vous etes fait tous deux pour faire mon bonheur. Tout est horreur hors de vous. Mon Dieu, combien j'en dirois encore si je n'avois envie de penser : «Il t'aime tant ce soir que [je][a] crois que c'est cela qui fait que [tu][a] l'aime davantage.»

On revien mardi d'Arcueil pour tout a fait. Le D. va dimanche a St-Germain et revient lundi coucher ici. Je ferai mon possible pour revenir un jour avant les autres.

[*adresse :*] A Mademoiselle / Mademoiselle Le Brun / l'ainee, comediene de / S. M. le roi de Pologne / a Luneville

MANUSCRIT

Yale, G.P., XI, 53-56 (DIII); 3 p.; orig. aut.; traces de cire rouge; m.p. : 8.

TEXTE

[a] Déchirure. [b] [rappor]teuses. [c] avait. [d] Pâté.

NOTES

1. Sur cette question d'étiquette, v. 138n15.
2. Demeurant : substantif, ce qui demeure, ce qui n'est pas ôté, parti, enlevé. «Le demeurant des rats tint chapitre en un coin» (La Fontaine, *Fables*, II, 2). Voir Littré.
3. Le comte de Croissy.
4. Le louis valait 24 livres, le petit écu 3 livres.
5. Luynes confirme la nouvelle du projet de mariage entre le prince de Guise et Mlle Du Maine, plus âgée que lui de 14 ans, mais pas plus grande qu'un enfant de dix ans (II, p. 433). Louise-Françoise (1707-1743) était la fille unique du duc Du Maine, fils légitimé de Louis XIV (v. 132n12).

6. Anne-Charlotte de Lorraine, que Mme de Graffigny appelle «la Belle des Belles» (v. le texte de la lettre 25 à la note 12).

7. Mme Babaud.

8. Voir 138n23.

9. Maisonneuve commença sa carrière militaire dans le régiment de Thiérache en 1704. Incorporé dans le régiment de Navarre en 1715, il fut promu au rang de capitaine en 1736. Une attaque d'apoplexie le laissa paralytique de la moitié du corps, et il quitta le service en 1739 avec une pension de 300 livres. Devaux avait écrit le 15 mai

1739 : «Le Petit St dit qu'il vous ecrira a l'ordinaire suivant. Il me persecute pour vous prier de dire a notre ami qu'il devroit faire tenir de l'argent a Maisonneuve, qu'il est dans la derniere necessité. Cet homme m'avoit deja chargé de la meme commission, mais je l'ai refusée. Le Petit St dit que le Docteur a de l'argent au regiment, et qu'il n'a qu'a ecrire qu'on luy en envoye.» (G.P., IX, 314.)

10. Lettres du 29 mai et du 1er juin 1739 (G.P., IX, 341-344 et 345-350); Mme de Graffigny y répondra dans la lettre suivante.

140. à Devaux

Le samedi soir [6 juin 1739]

Je n'avois pas trouvé le tems long quand je t'ai ecrit cette nuit, mon ami. J'ai eté fort surprise qu'il fut trois heures et demie quand je me suis couchée. Je n'ai pas fermé l'œil, les punaises m'ont desolée.

Le matin Grosbert est venus, et m'a fort faché en me disant qu'il ne peut entrer ici. On lui rend son emplois en Toscanne et trois mille livres d'apointement. Il a raison, mais je suis fort fachée qu'il m'ait laissée porter des parolles qu'il ne peut exsecuter et de ce qu'il ne vient point en Lenguedoc. Un moment apres... Non, il m'a dit une choses qui m'en console. C'est que Masson lui a dit qu'il avoit deja parlé de son affaire et qu'il voioit Mr Orri[1] assés disposé a la passer. C'est un grand mot pour Masson que cela. Ce pauvre Grosbert est en verité un bien bon homme. Il m'a dit, les larmes aux yeux, qu'il la desiroit plus pour moi que pour luy, et qu'il s'en iroit contant s'il pouvoit penser qu'il m'avoit rendu servisse. Ensuite est venue Ma Sœur, qui m'a dit avec transport que sa sœur etoit prete a tout[2]. Le D. etoit entré un moment avant elle. Je le lui ai presenté. Ils ont renoué connoissance. Noté qu'il etoit midi et demi et que le D. alloit diner chez Mr de Fourqueu[3]. Cette visite est une galanterie qu'il m'a fait, car il m'avoit dit qu'il ne pouroit venir le matin. Ma Sœur est encore restée un peu de tems a me parler de cette affaire, a proner mon bon cœur et l'obligation qu'ils m'auroient tous si je reeussissois.

Est sonné le diner, j'etois encore au lit. Je l'ai chassée, cette Sœur, et j'ai eté diner sans prendre le tems de metre mes jartiere. Nous etions encore a table que les deux sœurs sont revenuee. Je suis montée a ma chambre avec elle. Les remercimens ont recommansés. Je ne leur ai cependant rien dit de trop, mais c'est qu'elle sente la bonne volonté. J'ecrirai a Toussaint et, sans lui nommer personne, je lui dirai que, si c'est tout de bon, que j'ai son fait, que si c'est pour rire, qu'il prene que je n'ay rien dit. Voila ce que j'ai dit a Mes Sœurs et ce que je ferai. Le

D. est revenus, elles sont sortie. Il m'a dit en un momant bien des bonnes petites choses. Il alloit attendre son frere[4] au coche. Il le mene demain a St-Germain et revient lundi coucher a Paris. Il m'a fait promettre que j'y retournerois parce qu'il repart mardi pour Senlis. Tu peus croire si j'y manquerai. Je me suis mise a ma toilette. Comme je finissois de m'habiller, j'ai entendu sonner cinq heures. Je n'avois encore vu Md. Babaud qu'a diner. Je suis vite dessendue, car j'avois demandé ma chaise a six. Je l'ai prié de parler et de presser Masson de finir. Elle m'a parlé de facon a me donner bien de l'esperance. Elle me fait des amitiés et des empressemens comme au comencement.

Ma chaise est arrivée, je suis partie, et en dessendant ici je me suis laissée tomber de fort haut. Cependant je n'ai que les jambes meurtrie, mais joliment. Fanché a eu la force de me retenir assés le corps pour *que je* tombe doucement a terre. Mes jambes on[t] donné contre la roue; c'est ce qui m'a fait mal. J'ai bu un verre d'eau. Je suis entré dans la chambre. La premiere personne que je vois est le galant de la Dame aux Fetus[5]. Il me fetoye beaucoup; il vient s'assoir aupres de moi. Je lui fais compliment sur son mariage. Il est marié depuis huit jours, et avant le depart il a eté encore ou je l'ai vu. Tout Paris dit qu'il a eté demander permission de se marier, car tout le monde en bat la moutarde[6], au moins de cette intrigue. Te l'ais-je mandé? Enfin il se leve d'aupres de moi en me disant a l'orreille : «Il ne faut pas que nous ayons l'air de si grande intimité, car on devineroit pourquoi.» Ne trouve-tu pas cela drole? Cependant, comme on a eté lontems sans se metre aux jeu et que l'on alloit et venoit par la chambre, il est revenu plusieurs fois a moi et toujours parle de notre amie. Je suis cependant assés contante de lui. Mr de Vilar[7] y est qui continue toujours a me meconnoitre. Est arrivé une chareté de duc et de duchesse. On s'est mis au jeu. Il y en a quatre table et moi je suis venue t'ecrire dans la cham[b]re de la duchesse, qui a de si mauvaise plumes que je ne sais comment tu lira. Ne suis-je pas bien gentille de courir comme cela a mon Penpichon?

Je ne trouve rien a repondre a la premiere lettre[8]. Je l'admire et puis c'est tout. Elle est charmante. C'est du Sevigné tout pur. Un seul article merite remontrances. Je ne veux pas, mon ami, que tu te degoute des plaisirs et je te fais une vray querelle de n'avoir pas eté voir *Les Menehme*[9]. Il faut ce forcer a la dissipation, car on ne se force pas aux plaisirs. Je veux absolument que tu en cherche. Ah, mon Dieu, que tu en aurois eu hier soir entre nous deux [à] faire les projet de nous reeunir dans ce bel endroit, d'y batir une maison et des jardins, et de dire toujours et encore Penpichon. Le D. dit que, de quelque facon se puisse etre, il veut passer sa vie ave[c] toi. Je ne crois pas que tu ais eu la moindre chicanne a faire sur l'apartement que nous t'avons batis ny sur la vie que nous voulons te faire mener, car il y entre dans tout cela plus de duvet qu'il n'en faudroit pou[r][b] faire cent lits et plus de liberté qu'il n'en faudroit pour contenter toutes les nones d'un royaume. Tu vois bien, mon ami, que ces chimeres-la sont les vray plaisirs, puisque tu te degoute des reels et que surement tu en aurois eu avec nous. Ce n'est point affoiblissement d'esprit. Va, mon pauvre ami, fouille bien, tu trouvera que tu es triste et degouté de tout par la meme raison que moi, parce que tu sais aussi bien aimer, et ne me gronde plus. Je vais me familiariser avec ma tristesse et j'en ferai mon seul plaisir. Elle ne m'a pas encore tout a fait repris, parce que dimanche est demain et qu'il est la veille de lundi. Mais mardi je m'en donnerai au cœur joye. Ah, que je te dise quelque chose du D. qui m'a fait bien plaisir. Je lui conte sur quel ton je suis ici, et enfin tout ce que je t'ai mandé d'agreable. Sais-tu sa reponce? «Avez-vous mandez tout cela au pauvre Penpichon?» Mest-y l'air de vivassité et d'envie que cela te fasse plaisir, et tu en aura surement. Pour moi, j'ai mille fois mieux aimé cette reponce que s'il m'avoit sauté au col en me disant qu'il en etoit enchanté. Au reste, il m'a paru bien sensible au ton dont j'ai debuté.

Le dimanche apres-diner [7 juin 1739]

Là l'ecrivain fut interompus par la cloche du souper. En sortant de table la duchesse me presente a cette fameuse Md. de Brancas, que je n'avois point encore vu. Elle m'a fait des politesses et des amours sans fin. Je ne suis pas assés sotte de les prendre pour moi. Elle c'etoit emparé du gouvernement du duc et de la duchesse et, comme elle est aussi capritieuse que despotique, ils ont un peu secoué le joug. Il n'y a point de sentier qu'elle ne prene pour regagner au moins la duchesse. Les demonstrations sont a s'etouffer de caresse et ils sont tous tres mecontants les uns des autres. Elle m'apela aupres de son jeu apres souper et puis les gentillesses recommencerent. Elle a l'air d'une vielle fée. Elle a quitté le rouge au mariage de sa fille[10] pour faire la prude et, pour s'en consoler, elle mest quatre mouche tant*c* grande que petite sur chaque joue placées obliquement depuis la rassine du nez. Elle ne paroit guere plus jeune que la reine de Pologne[11], mais elle marche mieux et pretent prudottement et misterieusement aux amants.

J'ai bien raccomodé l'autre nuit. J'ai causé lontems avec la duchesse, toujours charmante. Je me suis passée de diner pour cela, car on ne sauroit s'atraper. Apres diner j'ai perdu six franc contre le duc de Brancas au trictrac. Il a couché ici, lui. Ensuite le Prince Frere est arrivé. Il a repris le trictrac. J'avois bien peur mais nous ne nous sommes rien fait. On l'a apellé pour parler d'affaire et me voici.

Voions ta lettre[12]. Ah, j'alois bien oublier de te dire que samedi les comediens ont donné la comedie gratis[13]. Il n'y avoit de regle que celle de faire entrer du monde de chaque etat jusqu'a douse decroteur. Il y avoit jusqu'a vingt personne dans chaque loge. Tout ce qui a voulu etre sur le theatre y etoit. La Gossin a trouvé plaisant de faire mettre deux fauteuils pour quatre personnages qu'elle a remarqué, d'un coté un charbonnier et *d*une meuniere*d* et de l'autre une charbonniere et un m[e]unier. On a joué *Porsognac*[14] et *Les Trois Cousine*[15]. Melles Quinaud et Gossin on[t] pris des roles qu'elles n'avoit pas pour y jouer et partant on[t] eu chacune une querelle. C'est le Vilars qui y a eté qui nous a conté cela.

Je suis bien fachée des tracasseries du Poucet, mais grondes-le un peu de son imprudence. C'est une furieuse tete[16].

Mende-moi bien les details de l'entrevue de Madame[17]. Et enfin toutes les nouvelles. Je t'ai deja mandé que la duchesse en etoit fort curieuse et cela me donne l'air d'etre instruite.

As-tu *Le Siege de Calais* et *Mahomet*? J'avois mandé a Machi de le mettre au coche. Il ne m'a point fait de reponce. Je ne l'ai su qu'ier Je suis bien aise que tu ais eu la surprise; aussi bien avois-je envie de ne le pas mander.

Md. de Crevecœur... vas te promener[18].

Le comte Cul-de-jate s'apelle Croissi, c'est le frere de Mr de Torci[19]. Juge de sa jeunesse. Il a fait toutes les campagne de Charle douse et par parentese il dit que V. n'a pas dit un mot de vray[20]. Le Bossu s'apelle Bussi.

Tu es bien plus sage que moi, mon ami, et tu a bien raison de ne rien dire de la lettre de Mareil au Poucet[21]. Je la garderai bien.

Ah! que ton motus sur le dernier article de ma lettre m'a soulagée[22].

Vas-t'en au diable avec ton vilain Geometre[23]. Je repons a cela ce que Grichard disoit de Clarice[24].

Mest-toi l'ame en repos : telle je suis, telle je serai jusqu'a la mort. Si le tems fait du changement, a la bonne heure, mais j'ai bien autre chose a penser que de te tourmenter de contrarietés avec moi-meme. Je te parlerai de Damon a Paris. Adieu, je vais chercher quelqu'un pour porter ma lettre.

Je retourne demain mais il m'a falu dire mille mensonges pour cela. On ne vouloit pas me lascher. Dis-moi donc «Dieu vous benisse», je viens d'eternuer trente fois. Je t'ecris dans le jardin ou je meurs de froit. Adieu, mon cher ami. Ai-je besoin de te dire que je t'aime?

J'alois bien oublier le mellieur. Fais-toi informer s'il est possible d'avoir des etoffe comme ma robe jaune et vert en noir et blanc pour Md. Babaud. Parles-en a Dubois. Elle te mettra au fait. C'est un juifs de Nancy. Il faut savoir cela et me le mender.

Mens si tu veux. Je n'ai rien a dire a Daniel[25].

MANUSCRIT

Yale, G.P., XI, 61-64 (D112); 4 p.; orig. aut.

IMPRIMÉ

Showalter, p. 151 (extrait).

TEXTE

[a] Le ms : «je je». [b] Déchirure. [c] Le ms : «trant». [d] Le ms : «uneiere». [e] Le ms : «⟨md de Creve⟩ cœur».

NOTES

1. Philibert Orry, contrôleur général des finances (v. 82n7); Masson était son premier commis.

2. Sur le projet de marier la sœur de Mlle Lubert, v. 138n23 et 139n8.

3. Bouvard de Fourqueux (v. 98n28), parent de Desmarest par alliance.

4. François-Antoine Desmarest (v. 122n17).

5. Courtanvaux avait été le «galant» de la marquise de Stainville à Demange (v. 36n28 et les lettres suivantes). Il épousa le 26 mai 1739 Anne-Catherine de Champagne (vers 1714-1742), fille de René-Brandeis de Champagne, marquis de Villaines (mort en 1723) et de Catherine-Thérèse Le Royer.

6. C'est-à-dire que l'affaire a été complètement ébruitée (v. 66n15).

7. Voir le texte de la lettre 134 avant la note 4.

8. Lettre du 29 mai 1739 (G.P., IX, 341-344).

9. Devaux : «Au vray, je suis d'un ennuy que rien ne dissipe. Je meurs de peur de ne sentir plus rien a un certain age. Tenez, par exemple, tout le monde est a la comedie. On jouë *Les Menechemes* et *Le Francois a Londres*. Un acteur nouveau de-

bute, et tout cela ne me tente pas.» (IX, 343.) Pour les deux pièces, v. 53n25 et 135n9.

10. Marie-Thérèse (1716-1782), fille de Louis, marquis de Brancas et d'Élisabeth-Charlotte-Candide de Brancas-Villars (v. 63n17), avait épousé en 1736 Jean-Anne-Vincent de Larlan de Kercadio, comte de Rochefort (mort en 1771). Son salon était célèbre.

11. Mme de Brancas est née en 1679, et Catherine Opalinska, épouse du roi Stanislas, en 1680.

12. Lettre du 1er juin 1739 (G.P., IX, 345-350).

13. «Le 5 de ce mois [soit vendredi, et non pas samedi], les mêmes comédiens donnèrent la comédie *gratis*, en réjouïssance de la publication de la paix. [...] Un charbonnier et un farinier de la Halle, avec les habits de leur profession, accompagnés de mesdames leurs épouses, qui étoient placés sur le théâtre, divertirent beaucoup toute l'assemblée, par diverses saillies à propos, et sans la moindre indécence.» (*Mercure*, juin 1739, p. 1210.)

14. *Monsieur de Pourceaugnac* (1669), comédie-ballet de Molière.

15. *Les Trois Cousines* (1700), comédie en trois actes de Dancourt.

16. Devaux : «[Lubert] etoit de service a la Malegrange. Mde de Tallemont envoya son chocolat devant le feu de l'autre chambre de la reine. On alla le luy dire; elle ordonna a l'exempt [Lubert] de faire retirer les gens de la princesse [de Talmont]. Il obeit. Mde de Tallemont, outrée, envoye prier le roy d'aller prendre chez elle de l'excellent chocolat. Quand il arrive on luy [dit] qu'il n'est pas chaud. Elle le fait porter dans la meme antichambre sans rien dire et on luy fait la meme avanie; on en instruit la princesse devant le roy, elle luy en fait des plaintes tres ameres. Cela n'est-il pas bien malheureux pour notre ami? Car vous m'avouerez qu'il ne pouvoit faire autrement a moins que d'en aller faire la politesse a la princesse, et je crois a la verité qu'il le doit. Ce qu'il y a de plus fascheux la-dedans, c'est que le roy etoit deja aigri contre luy. On pretend qu'en pleine table chez Mr de Villaucourt, il a dit toutes sortes de pouilles des Polonois jusqu'a dire que, s'il etoit le maitre, il les feroit tous pendre. Gourouski m'a assuré que le duc [Ossolinski] en etoit fort choqué. Si cela est, il a grand tort et son imprudence n'est pas pardonnable.» (IX, 346.) La Malgrange était une des résidences des ducs de Lorraine, située à Jarville-la-Malgrange, à trois km au sud de Nancy. Boffrand y construisit un château en 1712, remplacé, sur l'ordre de Stanislas, par une somptueuse demeure aux murs revê-

tus de porcelaine, d'où le nom vulgaire, le Château de faïence. Le bâtiment fut l'œuvre de Héré. Il n'en subsiste aujourd'hui que les communs. Pour la princesse de Talmont, autrement la duchesse de Châtellerault, v. 56n21; pour le maître d'hôtel Villaucourt, v. 130n8.

17. Devaux : «[Mme de Granville] avoit reçu une lettre du Grand, qui luy mande que Madame sera le sept a Marainville, et qu'il ne voudroit pas pour toute chose n'avoir pas vu l'entrevüe des princesses.» (IX, 345). Devaux racontera le 5 juin l'entrevue à Innsbruck d'Élisabeth-Charlotte d'Orléans et de Marie-Thérèse d'Autriche, sa bru (v. 141n24).

18. Devaux : «Qui est Mde de Crevecœur? Pourquoy fait-elle les honneurs de la maison quand la maitresse n'y est pas?» (IX, 348.) Mme de Graffigny avait commencé à répondre, et puis s'est ravisée.

19. Devaux : «Qui est le comte Cul-de-Jatte? Est-ce le Bossu dont vous me parlez? Comment s'appelle-t-il?» (IX, 348.) Pour le comte Cul-de-Jatte (Croissy), v. 126n5, 134n2 et n8. Pour le Bossu (Bussy), v. 130n16 et 135n18. Le frère de Croissy était Jean-Baptiste Colbert, marquis de Torcy (1665-1746), ministre des Affaires étrangères sous Louis XIV.

20. Charles XII (1682-1718), devenu roi de Suède en 1697. Pour *L'Histoire de Charles XII* (1731) de Voltaire, v. 61n43. Signalons que Voltaire avait demandé au comte de Croissy de vérifier certains détails qu'il tenait de seconde main. (Voir Best. D350 du 2 avril 1729 et Voltaire, *Œuvres historiques*, Gallimard, Pléiade, 1957, p. 241.)

21. Devaux : «Vous me dites de dire au Poucet que Mareuil vous a mandé toute son histoire, mais y avez-vous bien pensé? Peut-etre est-ce le Poucet luy-meme qui la luy a dite, et cela pourroit les commettre ensemble. Faites vos reflexions la-dessus. J'attendrai de nouveaux ordres. Pour moy, il me semble qu'il suffiroit que vous gardassiez soigneusement la lettre.» (IX, 348); v. 134n12.

22. Il s'agit du dernier paragraphe de la lettre 134, sur le ménage des Richelieu, auquel Devaux avait répondu : «Je ne vous repons rien sur le dernier article, sinon qu'il m'a fort etonné. Je n'en reviens pas, mais motus.» (IX, 349.)

23. Devaux : «Oh, n'ecoutez pas les cris de ce vilain cœur puisqu'il veut toujours crier. Il vaudroit bien mieux le faire taire de luy fermer l'oreille; mais je scais que cela n'est pas possible; par bonheur que l'autre parti est moins difficile; prenez-le donc, chere amie, et dissipez-vous si bien

que vous ne l'entendiez plus, que quand vous trouverez du plaisir a l'entendre. Mon Dieu, si le Geometre... mais je ne dis mot.» (IX, 349); v. les premiers paragraphes de la lettre 134; le Géomètre est le surnom de Maupertuis.

24. Grichard : «Après ce que j'ai vu de Clarice, quand il m'en devroit coûter tout mon bien, et que toute la terre s'en mêlerait, j'aimerais mieux être pendu, roué, grillé, que d'épouser cette créature» (Brueys, *Le Grondeur*, III, x).

25. Devaux : «Nous rencontrames Mr Daniel qui me chargea encor d'un million de complimens pour vous. Dites-moy donc quelque chose pour luy. Vous scavez que je ne scais pas mentir.» (IX, 347.) Louis-Simon Daniel (1694-1740), conseiller au parlement de Metz, puis conseiller d'État du roi de Pologne.

141. à Devaux

Le mardi matin [9 juin 1739], a Paris

Bonjour, mon cher Panpichon, je prevois que cette lettre sera longue. Reprenons ou nous en etions. Dimanche soir il n'y eut rien de particulier. Hier au matin je causai encore avec ma duchesse. Nous convimmes qu'elle me preteroit des meubles et que dans huit jours je serois dans mon grenier, que ce n'etoit pas la peine d'en chercher un autre pour le peu de tems que je serois encore ici. L'apres-diner nous causames lontems avec le duc de Brancas[1], que tout le monde prend pour un sot et qui est pressisement celui qui devroit le moins avoir ce titre. Il moralisa lontems. C'est pressisement le gros bon sens du D. C'est un vieu bonhomme qui conoit bien le monde. Il m'amusa. Arrive qui[2] la duchesse Du Maine, sa fille, le cardinal de Polignac[3], et qui Fontenelle. Je l'ai donc vu ce grand homme avant qu'il ne s'en aille. J'en ai eté fort aise. Il y avoit trois autres femmes et deux autres hommes qui ne vallent pas l'honneur d'etre nommé. La duchesse me presenta. Je fus saluée de la merre et de la fille. Quelque idée ridicule que l'on m'ait donné de la mere, je l'ai trouvée cent fois au-dela. Cela n'a point de nom. Je ne sais a quoi sert d'avoir de l'esprit quand on est si peu sensée. Tu as peut-etre vu sa figure, mais je ne puis m'enpecher de parler de deux arcs de sourcis peint en noir d'ebene et d'un tour de cheveux haut de quatre doits autour de la tete d'un blon presque roux qui n'a pas son second. On m'avoit tant crié la fille laide, et sa mere l'est tant que je l'ai presque trouvé jolie. C'est vray, elle n'est pas si horrible. Si elle pouvoit aprocher ses levres, qui sont toujours a trois doits de distance, je crois qu'on pouroit avoir une espesse de plaisir a la voir. J'ecoutai beaucoup et je n'entendis rien que ce que tout le monde pouroit dire. J'entendis des cris horribles de la mere parce qu'un monsieur qui portoit son chien, qui est un gredin, alloit se promener. Elle croyoit qu'il fesoit trop froid, qu'il pouvoit s'enrumer lui tant qu'il voudroit, mais pour son chien qu'elle ne le vouloit pas. Je n'ai rien vu de ma vie de si extravagant. Le Berger normant[4] m'a l'air de radotter. Enfin il etoit sept heures. Ma chaise etoit prete. Je suis partie.

J'ai trouvé le D. qui s'en est allé un moment apres pour des affaires. Il devoit revenir apres souper mais il m'a envoyé un billet a onze heures et demie pour me mander qu'il lui etoit impossible, mais qu'il ne partiroit pas aujourd'huy affin de reparer cela. Je l'attems.

Que dis-tu de Md. Babaud dont le pere[5] arrive dans 15 jours et qui loue un appartement en ville? Je ne le souffre pas comme tu peus croire. Je vais tacher de denicher bien vite. Elle me fait des amours sans fin, et tu crois bien que je ne suis pas en reste. Tu sais comme je suis : quand on m'aime une livre, j'en aime deux. Ecris donc quelleque chose pour elle, car elle veut voir. Je ne saurois rien dire. Bonjour, je vais la voir. A revoir tanto.

M'y voici a ce tanto. Le Do. n'est point venus ce matin. J'etois encore a table que Ma Sœur m'attendoit dans ma chambre. J'y suis montée, nous avons causé. Apres qu'elle a eté sortie, je suis dessendue. Un moment apres le D. est arrivé. Je lui ai proposé de me mener voir mon logement. Md. Babaud a voulu y venir. Ah, mon Dieu, qu'il est vilain! L'escallier ne me fait pas peur. Les marches sont tres basses et ne m'ont point fatigué. Mais que cela est vilain! D'abord une petite entichambre coupée en deux. Le deriere est une cuisine. Ma chambre, qui est grande, e[s]t longue surtout, et comme il y a une fenetre deriere le lit, l'hote m'a offert d'y faire une cloison pour en faire une garde-robe ou un cabinet qui a son degagement dans la cuisine, et cette fenetre donne dans la cour de l'hotel de Richelieu. L'arrengement m'en plairoit fort, mais la cheminée est ideuse, les fenetres sont en plomb en compartiment comme les vielles maison et les cassis[6] a proportion. Enfin je ne voudrois pas y mettre les pieds si c'etoit pour un an, mais comme ce n'est que pour trois mois, je crois que je m'y resoudrai. La chambre donne sur la rue St-Louis[7], qui est tres belle. Nous sommes revenus. Le D. est allés a ces affaires et me voici avec mon Penpichon. Ce n'est pas pour lontems. Non, car voila Mr Masson qui vient de monter pour me faire entendre en douceur qu'il ne faut pas souffrir que Md. Babaud loge son pere hors de chez elle. Je ne le voulois assurement pas, mais s'il y avoit a se determiner, cela me determineroit, comme on peut croire. Or sus, voions tes lettres[8].

Je trouve le Poucet bien etourdis. Je reconnois sa tete et j'ai toujours peur de quelque esclandre[9].

Je n'entens pas ce que veux dire, a propos de Therese : «Je n'y retourne plus que de la bonne sorte»[10].

Vraiment oui, j'ai revu Mr de Surgere. Il a eté aussi maussade la seconde que la premiere fois. Mde sa femme[11] y etoit, qui est plus aimable que lui. J'ai vu de ses vers a Cirei qui sont bien plats.

                   Le mercredi apres-diner [10 juin 1739]

J'en etois la hier quand le D. entra. Il n'etoit que sept heures. Nous causames tant[12] qu'on nous envoya apeler pour souper. Ensuite nous jouames au trictrac. Nous gagnames chaqu'un cent sols. Il ne remonta qu'un moment dans ma chambre apres souper parce qu'il etoit fort tard. Ce matin il est encore revenu me dire adieu avant de partir, et le voila retourné a Senlis. Il compte n'y etre que huit jours et que c'est le dernier voyage qu'il y fera, et que le tems qu'il restera a Paris sera tout a moi, ses affaires faites. Je suis bien contante de lui. Il n'a troublé en rien le plaisir de le voir. Chateauneuf[13] est payé. Il t'ecrira de Senlis pour une signification qu'il faut que tu fasses faire a François pour qu'il ne paye plus les arrerages qu'a lui. Je ne sors point de l'etonnement que me cause son activité pour les affaires. Pour t'en donner une idée, je te dis seulement qu'il est a present aussi bon hommes d'affaires que bon moraliste. Il t'aime toujours et te mest partout. Tout ce que je lui conte, il repond toujours : «L'avez-vous mandé a Panpan?» Enfin il est bien genti, bien genti.

Apres diner j'ai joué au trictrac avec Md. Babaud. Il est venu des visites. Je suis remontée vitte. Et la voila qui vient de me dire qu'elle alloit faire une visite a une lieu d'ici chez une dame qui demeure a Berci, ou est le contrauleur general[14]. Mr Masson y va pour raporter des affaires. Je crois que celle de Grosbert passera. Je l'ai demandé a Md. Babaud. Elle m'a fait des pollissonneries et c'est enfuit. Je juge de la qu'elle passe. Je fais dans mes chausses. Si je le sais ce soir, je l'ajouterai a ma lettre. Allons, courage, je vais reprendre les tienes.

Il n'est pas vray, je le parirois sur ma tete, que Md. de Stainville ait donné sujet au Grand de faire des plaisanterie[15], premierement parce qu'elle ne sait rien, et en second lieu c'est que, si elle s'en douttoit, elle m'en auroit parlé, et jamais elle ne m'en a rien dit que sur le ton de l'amitié la plus simple.

La galanterie que je ne voulois pas t'anoncer[16] etoit l'envoye du *Siege de Calais* et de *Mahomet*, parce que je n'etois pas seure que Machi eut le tems de les mettre au coche. Tu les a lus a present et ton plaisir est passé aussi bien que celui des gourmants.

Voici l'histoire de la lettre ouverte[17] ou du moins je le crois. Je t'ai mandé que j'avois vu Risaucour. J'avois ma lettre ecrite dans ma poche. Personne ne partoit pour Paris. Je la tirai et la remis dix fois en pensant... Voila Ma Sœur qui s'en va. Elle m'a interompus plus d'une heure et demie. C'est la premiere fois que j'ai eté fachée de la voir. C'est que je t'aime mieux que tout le monde ensemble. Je remis donc la lettre a ma poche en pensant que qui avoit secoué l'honneur en plusieurs choses pouroit bien n'etre pas fidel dans les petites. Enfin la crainte que tu ne fus en peine en manquant cet ordinaire fit que je la lui donnai. C'est surement lui qui l'a ouverte. Il faut t'en assurer en voiant si ce n'est pas dans la suivante que je te parle de lui[18]. Tu me mande dans ta seconde lettre qu'il n'y a rien qui puisse me faire de la peine. Cela me rassure un peu. Relis-la encore et*a* me mende bien ce qui en est, car il seroit bien homme a en avoir tiré copie.

Pardi, tu est bien de ton païs de ne pas entendre le terme d'«entrant»[19]. Non seulement il est fort d'usage mais tu me l[e]*b* dus entendre dire mille fois. On dit d'un homme caché, fro[id]*b* : «Il n'est point entrant, il a des façon retirées, point entrantes.» Tu es bien loin d'etre au point de me faire des leçons sur les façons entrantes dont je te parles. Cela ne veut dire autre choses sinon qu'il m'adresse quelquefois la parolle et me mest a portée de lui repondre. Quand c'etoit une fois dans trois jours, je me croiois bien favorisée. Tout ce que je t'en ai mandé devoit bien te le faire comprendre. Si mon terme t'a fait bouffer, le peu de liaison que tu mest dans les choses m'a bien plus surprise. Quelques jours auparavant je te cite le comte de Tuffiere[20] et tu crois qu'il me saute au col. Avoue que c'est une betise.

Le rang qu'on a accordé a Md. de Modene[21] est celui qu'elle doit naturellement avoir et que jusqu'ici on lui avoit refusé. Tu as entendu conter mille fois, moi presente, qu'elle avoit eté dans la galerie a Versaille attendre le roi comme une simple particuliere et qu'il l'avoit fort mal recuë. Vas te promener.

Oui, j'ai dit une partie de l'affaire[22] a Constance, fatiguée de sa compation, mais je ne lui ai pas tout dit, car elle croiroit trop n'avoir plus rien a faire.

Malgré l'exes de ta confiance, dont je suis toujours aussi etonnée, j'espere que tu ne te livrera a la merci de personne[23].

Grand merci, mon ami, des nouvelles de l'entrevue de nos gens[24]. Quand le Grand reviendra, embrasse-le pour moi. La duchesse va dans huit jours a Compiene[25]. Je lui donnerai un petit memoire pour qu'elle n'oublie pas ce qu'elle m'a promis. Mais a propos, je n'ai jamais pu savoir du Grand si on m'avoit fait des tracasseries avec le Charlot[26]. Cependant il ne m'en a jamais rien dit et n'a pas voulu me repondre a cette question. Je veux le savoir, car cella ne me fera pas assés de peine pour qu'on me le cache.

Je ne devine point la bagatelle que Md. Thomas ne choisira pas[27]. Dis-le.

Vraiment oui, il faut mettre mon miroir[28] au coche, mais est-il bien emballé?

Bonsoir, mon cher ami, je t'aime de tout mon cœur, tu le sais bien, et je t'embrasse de meme et nos chers bons amis.

On[29] n'a pas parlé de l'affaire. Elle ne se dessidera qu'a Compiene. J'ai mon inquietude de re[s]te. Bonsoir. J'irai demain chez ma duchesse dessider mon logement. Je t'embrasse encore et je vais me coucher.

[*adresse :*] A Monsieur / Monsieur de Vaux le fils / ruë du Chateau / a Luneville

MANUSCRIT

Yale, G.P., XI, 57-60 (D113); 3 p.; orig. aut.; cachet sur cire rouge; m.p. : 8.

TEXTE

ᵃ Le ms : «est». *ᵇ* Déchirure.

NOTES

1. Louis-Antoine de Brancas, duc de Villars (1682-1760), pair de France sur la démission de son père en 1709, comte de Lauragais, colonel d'infanterie en 1701, aide de camp du duc de Bourgogne en 1708, chevalier des Ordres en 1724. Son père, Louis de Brancas, duc de Villars (1663-24 janvier 1739), était le frère consanguin de Mme de Brancas (v. 63n17).

2. Emploi curieux et plaisant du «qui» distributif.

3. Melchior, cardinal de Polignac (1661-1741), membre de l'Académie française.

4. Surnom communément attribué à Fontenelle.

5. Pierre Boesnier (v. 115n14).

6. Forme picarde de châssis (Littré).

7. La rue Saint-Louis constitue la partie de l'actuelle rue de Turenne qui se trouve au nord de la place des Vosges (place Royale). L'hôtel de Richelieu était situé dans l'angle nord-ouest de la place; le logement de Mme de Graffigny devait se trouver près de l'angle de la rue des Foins.

8. Lettres du 2 et du 5 juin 1739 (G.P., IX, 351-358 et 359-362).

9. Voir 140n16. Devaux : «[Le Poucet] nous a enfin expliqué l'affaire de Luber. Elle est a peu pres comme je vous l'ai contée. J'entends celle de la Mallegrange, excepté qu'il n'a point eu d'ordre particulier, mais que la reine luy a commandé

apres coup de dire qu'il en avoit eu. Son procedé a eté admirable, et digne du throsne. Aussi n'est-ce pas sur cette affaire que l'on a eclaté. Au contraire le roy ne luy en a pas dit le mot, et a redoublé de bonne mine. Mais je crois qu'on la luy gardoit bonne. Il y a plus de trois semaines que, soupant chez Mr de Villaucourt, il eut une prise avec Mde de Beauregard, qui denigroit les exempts, et qui disoit qu'un tel ne l'avoit pas voulu etre parce que cela etoit au-dessous de luy. Voila mon petit qui prend feu et qui luy dit mille pouilles horribles, mais en soutenant toujours l'honneur du service de son maitre. Je ne scais plus comment les Polonais furent meslés la-dedans. Il jure qu'il n'a rien dit contre eux en general, et il a offert de donner le dementi a quiconque oseroit le luy soutenir. C'est la a peu pres le fond de l'entretien qu'il a eu avec le duc [Ossolinski] la-dessus. [...] Je ne crains plus qu'une chose, c'est que le Poucet m'a assuré que son ami Luber scavoit celuy qui avoit rendu et defiguré ses propos, et qu'il etoit fort animé contre luy.» (IX, 351-352.) Le Poucet est le surnom de Lubert, mais Devaux essaie de dépister les curieux éventuels. Anne-Constance Zatzieska ou Zasiceka (vers 1700-1782), dame du palais de la reine Catherine Opalinska, était l'épouse de François de Beauregard (mort avant 1755), lieutenant-colonel dans le régiment des Gardes en Pologne.

10. Devaux : «J'ay passé chez le Ron. Le spectacle des preliminaires m'ayant animé, et la chambre de Therese n'etant pas loin, etc. Cet et cetera ne dit pas tout ce que vous pourriez croire au moins. Je n'y retourne plus que de la bonne sorte.» (IX, 352.) Il répondra : «Je ne puis vous faire entendre mon enigme sur Therese sans lascher quelque sottise, et vous n'en voulez point. J'ay fait tout ce qu'on fait quand on ne fait pas tout. Entendez-vous cela?» (15 juin 1739, G.P., IX, 383.) Thérèse est une sœur de Clairon Lebrun. Pendant l'hiver 1740-1741, elle accompagnera Clairon à Paris, où celle-ci accouchera d'un enfant mort-né illégitime.

11. Pour le marquis de Surgères, v. 135n10. Il avait épousé en 1728 Jacquette-Jeanne-Thérèse Fleuriau d'Armenonville (1712-1769), fille de Charlotte-Élisabeth de Vienne et de Charles-Jean-Baptiste Fleuriau d'Armenonville, comte de Morville, ancien ministre des Affaires étrangères.

12. Jusqu'à ce que (v. 34n7).

13. Mme de Graffigny fait probablement un jeu de mots sur le nom de Maisonneuve (v. 139n9).

14. Le contrôleur général est Philibert Orry. Bercy, qui fait aujourd'hui partie du XIIe arrondissement de Paris, était à cette époque une agglomération de maisons de plaisance construites sur la rive droite de la Seine.

15. Devaux : «L'affaire sur laquelle vous craignez les plaisanteries du Grand n'est pas si secrette que vous l'imaginez. Mde de Stainville la luy avoit dite, et c'est sur ce fondement qu'il vous en a parlé.» (IX, 354); v. 138n29.

16. Devaux : «Pourquoy ne me dites-vous pas la galanterie que vous cherchez a me faire?» (IX, 354); v. 135n22.

17. Devaux : «Je recois votre lettre. [...] J'ay peur qu'elle n'ait eté ouverte; ce n'est pas votre cachet.» (IX, 355); il s'agit de la lettre 136, qui a été ouverte et recachetée. Devaux enlèvera le cachet et le renverra à Mme de Graffigny pour qu'elle l'identifie (v. 142n14).

18. Mme de Graffigny a raison (v. 137n1).

19. Devaux : «Je suis bien aise que Mr de Richelieu ait pour vous des façons entrantes, mais mefiez-vous-en, cher amie, les façons entrantes sont dangereuses avec un homme comme lui. Entrantes, pardi, le terme est drole et plaisamment placé! Ou diable l'avez-vous pris? Il m'a fait bouffer de rire.» (IX, 355); v. 136n2.

20. Héros du *Glorieux* (v. 134n14).

21. Voir 136n6.

22. Devaux : «Vous partez donc demain pour Paris selon ce que vous mandez a Javotte. Mon Dieu, cajolez-la bien et mandez-moy exactement comment va cette affaire. A propos de cela, j'ay toujours oublié de vous demander si vous l'aviez dite a Constance.» (IX, 356); v. par. 9 de la présente lettre.

23. Devaux : «Ne riez pas tant de ma fugue avec le Grand. Il a si prodigieusement changé a mon egard que je ne doute pas que je ne fusse heureux avec luy. [...] C'est au vray l'homme du monde a la merci duquel je me livrerois le plus volontiers.» (IX, 356); v. 136n8.

24. Devaux : «En gros, les princes et les princesses ont tous eté tres contents. Le grand-duc et son frere sont enchantés de la cour de Turin. Leur sœur y est adorée, et meneroit son roy par le nez si elle le vouloit et si elle avoit l'esprit de le vouloir. Elle vole de plaisirs en plaisirs. Elle n'a qu'a souhaiter, tout lui obeit.» (IX, 357.) «Madame ne contoit aller qu'a Stockag, et avoit resolu de ne pas passer outre, de peur qu'on ne la fit aller a Florence. Mais la grande-duchesse ne pouvant aller plus loin qu'Inspruck parce qu'on la croit grosse, S.A.R. vint au-devant de sa mere une quarantaine de lieuës pour la determiner a l'aller joindre. Le Grand y devança Madame; il trouva

le grand-duc outré des difficultés qu'on luy faisoit; il luy demanda plusieurs fois qui est-ce qui luy tournoit la teste. Il repondit que c'etoit Madame de Modene qui l'avoit persuadée qu'on la vouloit envoyer a Florence, mais que si on luy donnoit parole du contraire, il ne doutoit point qu'elle n'allat a Inspruck. ‹Mais le croyez-vous? disoit le grand-duc; croyez-vous meme qu'elle viendra jusqu'ici?› Le Grand luy en repondit sur sa teste. En effet Madame arriva. S.A.R. n'osa jamais luy proposer luy-meme d'aller plus loin. Il luy en fit parler par notre prince Charles, qui l'y fit consentir. Jamais joye n'a egalé celle des deux duchesses; elles etoient transportées, s'embrassoient et se caressoient le plus tendrement du monde. Le grand-duc a eu mille attentions tendres et respectueuses pour sa mere. Je ne vous dis rien de Charlot, vous concevez sa joye et ses transports. La seule princesse a eté plus froide que les autres; elle etoit absolument effacée par sa belle-sœur, et l'on pretend que cela n'y a pas nui. Le grand-duc a battu un peu froid par la fin. On dit pourtant qu'il va beaucoup embellir sa cour, et luy donner une troupe et une simphonie. Il fait lever aussi une compagnie de gardes a pied pour Madame.» (IX, 359-60.) Il s'agit du voyage de Madame à Stockach; v. 125n13. Tavannes, qui l'accompagnait, est la source de ces détails. Le grand-duc de Toscane est François-Étienne, ex-duc de Lorraine, et fils aîné de Madame, duchesse douairière de Lorraine. Charlot est le frère de celui-là, le prince Charles-Alexandre, et la princesse «effacée» est leur sœur Anne-Charlotte. La grande-duchesse est Marie-Thérèse d'Autriche. La sœur à Turin est Élisabeth-Thérèse de Lorraine, reine de Sardaigne (v. 66n17). La visite

du grand-duc, de la grande-duchesse et du prince Charles-Alexandre à Turin du 3 au 5 mai, au cours du voyage de Florence à Innsbruch, est rapportée dans la *Gazette de France* du 30 mai 1739 (p. 260-261). Mme de Modène, nièce de Madame, avait ses propres raisons de craindre d'aller en Italie (v. 136n6).

25. La cour de France vient d'aller à Compiègne, où elle restera deux mois (v. Luynes, II, p. 444-446). Mme de Richelieu l'y rejoindra, et compte intervenir en faveur de Tavannes.

26. Le prince Charles-Alexandre.

27. Devaux : «Voila la chanceliere qui vient de m'envoyer demander *Tecserion*. Mareuil m'avoit fait promettre de le luy garder pour ses couches. Je ne croyois pas qu'elles viendroient si tost, je l'ai presté et j'en suis furieux. Je luy ai fait offrir toutes les autres bagatelles que j'ay en ma puissance. Vous devinez bien celle qu'elle ne choisira pas. Aussi ne l'ai-je pas mise sur la liste.» (IX, 360.) La «bagatelle» en question est sa propre pièce (v. la lettre 145). Mme de La Galaizière venait d'accoucher de Marie-Stanislas-Catherine (2 juin 1739-1756), qui sera fiancée à Charles-Guillaume de Pèchepeyroux-Comminges, comte de Guitaut, mais qui sera trouvée morte dans son lit la veille de ses noces.

28. Devaux : «[Hyacinthe] est parti [...], votre miroir est resté. Par bonheur que le plus pressé est en chemin. J'ay peur que vous n'ayez besoin bientost de ce miroir, puisque vous avez un chez vous. Mandez-moy si je dois le mettre au carosse ou attendre la voiture.» (IX, 362); le miroir arrivera le 5 juillet.

29. Mme de Richelieu.

142. à Devaux

Le jeudi soir, 11 juin [1739]

Bonsoir, mon ami. Je ne sais pourquoi il me semble qu'il y a longtems que je ne t'ai ecrit; je ne puis croire que ce n'est que d'hier au soir. Et bien donc, parlons de ce matin. Je devois aller chez la duchesse. Ses intentions ont repondu aux miennes. Elle m'a envoyé dire ce matin qu'elle m'envoyeroit chercher. En attendant je me suis fait plomber deux dents et accomoder les autres, qui sont belles comme le jour, mais qui m'ont fait et me font des douleur presque insuportables. Je ne sais si c'est fluction ou une drogue que l'on m'y a mis, mais j'enrage. J'ai donc eté chez ma duchesse, que j'ai trouvé comerement[1] avec son mari. Nous avons causé.

La grande envie qu'ils ont d'avoir Grosbert fait qu'ils m'ont prié de lui parler encore. J'ai offert d'y aller. On l'a acsepté. J'y ais eté. Je n'ai trouvé personne. J'ai attendus pour ne pas perdre mes pas, si bien que j'ai eté bien deux heures seule chez lui avec une grand-mere italiene, un livre de chansons du Pont-Neuf[2], et mon mal de dents. La femme[3] est enfin revenue. Je l'ai presque determinée a empecher son mari d'aller a Florence. Demain il me fera reponce. Je suis retournée a la Place Roialle et j'ai remarqué que je ne me soussie plus tant de courir les ruees. Je comence meme a trouver ridicule les gens qui regardent avidement comme je faisois il y a un mois. Oh, le monde forme bien les jeunes gens.

A mon arivée j'ai encore causé un peu entre le mari et la femme. Apres est venue l'embassadrisse d'Espagne. Je t'en ai fait un bon conte pendant que j'etois a Cirei[4]. Un moment apres est venue la belle princesse de Rohan[5]. J'ai eu bien du plaisir a la voir et meme a l'entendre. Il s'en faut bien qu'elle ne soit sotte. Elle m'a entendu nomer. Elle a dit a la duchesse de me la presenter et moi de me confondre. Elle a mis son beau visage sur le mien vilain. La duchesse a dit qu'elle avoit sollicité son oncle[6] pour moi. J'ai dit que je le savois. Elle a repondu du ton a me mettre a mon aise et m'a offert toutes ses sollissitation presentes et a venir. Je veux que la duchesse me mene chez elle. Je la trouve charmante de tout point. La duchesse m'a dit que Md. de Brancas me pronoit pour mon maintient et ma dessence et ma façon de parler, car elle [ne] sauroit encore savoir si j'ai de l'esprit. Ma foi, je n'en reviens pas. Je suis comme Menechme, je n'aurois jamais cru etre tant aimée ou du moins si aprouvée[7]. Tu crois bien que j'en suis fort aise. Outre le plaisir particulier de l'amour-propre, je ne suis pas fachée que la duchesse puisse s'aplaudir de son choix. Elle m'a bien baisé et bien fait ces amitiés charmante. Elle a achevé de me donner la pension en me disant que son mari avoit dit que c'etoit bien peu et qu'il faloit mieux faire a Monpelier. En verité je ne sais ou j'en suis d'etre tant fetée. Mon Dieu, tu le sais, on ne m'a point gatée dans mon païs. Le proverbe seroit-il vray[8]?

Je suis restée jusqu'a neuf heur. Elle alloit souper en ville. Je me suis vite enmitoufflée. En arrivant, j'ai eu bien de la peine a souper. Cependant je n'avois point diné. A propos je ne serai point au troisieme, et comme ce n'est pas la peine de louer pour un an, je fais chercher une chambre garnie au Marais. La bonne duchesse en fait chercher une, mais c'etoit un bel apartement chez un baigneur. Je ne l'ai pas voulu, cela n'est pas honnete. J'en trouverai bien un autre[9].

J'ai recu ta lettre[10] comme je montois en carosse pour m'en aller. Je l'ai lue chemin fesant, mais je n'y repondrai que demain. Bonsoir, je veux voir si le someil chassera le mal de dents. Je n'en puis plus.

Le vendredi apres-diner [12 juin 1739]

Je l'ai bien dansé cette nuit. J'ai eu la rage au dents. Je suis assés bien aujourd'huy et je vais souper a une lieu d'ici chez une amie[11] de Md. Babaud, sans que j'aye pu m'en deffendre, quoique j'aye bien peur que cela ne renouvelle mon mal. Je sors d'avec Md. Duvigeon, qui s'en va a St-Ouin[12]. Quoi que je lui ai pu dire, il n'y a pas moyen de voir Du Frene avant. Elle n'y sera que 15 jours ou trois semene et d'abord a son retour nous le verons[13].

Je suis desolée du retard de mes letres. Je ne serai en repos que quand tu les auras toutes reçuees. Je ne connois point le cachet que tu m'a renvoyé, mais puisqu'il n'y a rien, alons[14]. Cependant soions circonspects sur nos petits secret. Il est vray que nous risquons de mettre le public dans nos confidence, comme si nous causions au coin de notre feu.

Je suis enchantée, mon cher ami, du plaisir que tu as eu a recevoir les livres que je t'ai envoyé. C'est la les bons plaisirs pour moi. Je suis assés de ton avis sur *Mahomet* a quelque chose pres, comme le «correct» que tu mest au-dessus de Voltaire, et c'est pressisement par ou il peche[15]. J'ai eté etonnée que l'on trouva cette sorte de versification belle ou du moins qu'on l'ait souferte apres les huée que donnent a celle du Petit ceux qui l'ont vue. Je suis presque comme toi aussi sur *Le Siege de Calais*[16]. Adieu, on va partir. Je te dirai bonsoir ou bonjour demain.

[Le 13 juin 1739]

C'est bonsoir. J'arrive et il est pres de deux heures. Mes dents vont fort bien, mais comme je veux reparer la mauvaise nuit, je ne veux pas avoir l'inquietude de cacheter ma lettre demain matin. Je me suis bien ennuié. J'ai perdu six franc au cadrille. Voila ma soirée. Il y a dans cette maison un nain qui est le frere du maitre de la maison[17]. Les figures grotesque que j'ai vu en estempes sont assurement faites sur lui : les jambes courtes, le corps gros, et la tete et le nez enfoncé comme les doguin[18]. Il se prit une fois de querelle a la porte de la foire avec un fort grand homme. Il vouloit se batre. Ce Mr le prit et le jeta sur le theatre en criant : «Eh, tenez donc, Mr Le Voisin[19], vous laissés courir les rues a vos marionettes. Elles se perdront.»

A propos il est tems que je connoisse l'Aveugle[20]. Je serai dans huit jours dans ma chambre garnie. Vois avec Lubert comment il liera cette connoissance. Bonsoir, mon cher ami. Je vous aime tous tant que je n'en peus plus. Je jemis et gemirai toute ma vie de votre absence.

[*adresse :*] A Monsieur / Monsieur Dauphin / marchand, ruë du / Chateau / a Luné-ville

MANUSCRIT

Yale, G.P., XI, 69-72 (D114); 3 p.; orig. aut.; cachet sur cire rouge; m.p. : 8.

NOTES

1. Adverbe que Mme de Graffigny dérive de «commère», avec le sens de «familièrement, sans façons».
2. On appelle vaudevilles, ou chansons du Pont-Neuf, les chansons communes qui se chantent parmi le peuple avec une grande facilité et sans art (Trévoux, 1743 et 1771). Depuis la fin du règne de Louis XIII le Pont-Neuf est le rendez-vous des chanteurs. On y trouvait au XVIII⁰ siècle de nombreux marchands de chansons.
3. Sur Mme Grobert, v. 69n5.
4. La marquise de La Mina (v. 63n16).
5. Marie-Sophie de Courcillon (1713-1756), fille de Philippe Egon, marquis de Courcillon, et de Françoise de Pompadour, duchesse de La

Vallette, avait épousé en 1732, en secondes noces, Hercule-Mériadec, prince de Rohan (1669-1749).

6. Sans doute le cardinal de Rohan, qui n'est pas l'oncle de la princesse, mais son beau-frère (v. 33n19).

7. Menechme, qu'on prend pour son frère dans *Les Menechmes* de Regnard, s'écrie : «M'aimer sans m'avoir vu, voilà de bonnes âmes! / Je n'aurais jamais cru tant être aimé des femmes.» (III, x.)

8. Nul n'est prophète en son pays : proverbe repris par Montaigne (III, 2) et La Fontaine (VII, 12).

9. Mme de Graffigny finira par prendre une chambre chez le baigneur Ringard (v. 143n8). «Les gens de qualité vont loger chez les baigneurs» (Trévoux, 1743). Les baigneurs tenaient des hôtels garnis où l'on trouvait des commodités pour les soins de propreté. Leurs établissements n'avaient pas tardé à devenir des maisons de rendez-vous clandestins.

10. Lettre du 7 juin 1739 (G.P., IX, 363-366).

11. Non identifiée; elle habite à Bercy (v. 141n14).

12. Saint-Ouen, village au nord de Paris, de nos jours juste en dehors du boulevard extérieur.

13. Il s'agit des efforts pour faire lire la pièce de Saint-Lambert par l'acteur Dufrène (v. 130n9).

14. Devaux : «Oh, pour le coup, chere Abelle, je suis inquiet. Je n'ai point eu de nouvelles aujourd'huy. Voila deux lettres en arriere. Apres l'aventure de ce maudit cachet, vous m'avouerez que je ne dois pas etre tranquille. A propos encore de ce maudit cachet, je l'ai oublié hier comme l'autre fois. [...] Le voila.» (IX, 363.) Voir 141n17; ce sont les lettres 137 et 138 qu'il attend maintenant, et

elles arriveront le 9 juin, «bien cachetées» (IX, 367).

15. Devaux : «Ce *Mahomet* est charmant. Nous l'avons devoré. Je suis dans l'engouement d'une premiere representation. Ainsi pardonnez-moy si j'outre peut-etre les eloges. Le style me paroit plus beau que celuy de V. Il est dans le goust brillant que St-Lambert avoit embrassé, mais il est bien plus correct et plus fort.» (IX, 365.) Il s'agit de *Mahomet second* de La Noue.

16. Devaux : «Nous venons d'achever *Le Siege de Calais*, et je n'ai jamais tant pleuré. Ah, mon Dieu, que la quatrieme partie est belle! Qu'elle est touchante! [...] Ce roman est sans contredit de meilleur goust que *Marianne*, mais j'aimerois mieux avoir fait la derniere; il y a plus d'esprit et plus de finesse de vuë. Vous allez crier haro. Je n'y scaurois que faire. J'aurois bien voulu que vous vissiez tout a l'heure mon visage. Les pleurs dont il etoit inondé faisoi[en]t bien l'eloge du plaisir que vous m'avez procuré.» (IX, 366.)

17. Cette famille n'a pas été identifiée.

18. Doguin : mâle et femelle de petits dogues (Trévoux, 1743). «Le doguin vient du dogue d'Angleterre et du petit danois» (Buffon, cité par Littré).

19. Le Voisin est un des personnages stéréotypés du théâtre de marionnettes, une sorte de confident de Polichinelle.

20. Mariotte. Devaux répondra le 26 juin : «Je n'ai pas vu le Poucet tous ces jours-ci. Il m'a dit dernierement qu'il avoit ecrit pour vous envoyer Mr Mariotte. Je m'en rejouïs. Nous scaurons des nouvelles du Parnasse, et vous scavez combien j'en suis curieux.» (IX, 410.)

143. à Devaux

Le dimanche [14 juin 1739], avant souper

Je ne pus t'ecrire hier, mon cher ami.

Apres souper

Voila tout ce que j'avois pu ecrire depuis hier, mais je ne saurois bien dire pourquoi. D'abord apres diner je jouai au trictrac. Nous n'avions pas fini que Dorante[1] vint me voir et y demeura jusqu'a pres de huit heure, toujours sur le ton de confidence. Il ne m'en a cependant pas fait une que Constance m'a fait. C'est qu'il est l'auteur dire[c]te d'une certain lotterie ou nous croions que Fanchon avoit tant d'argent[2]. C'est un intriguant admirable pour ces sortes de choses. Il est venu ici avec fort peu de choses et il a une maison et un equipage magnifique. Ces gens-la sont tres bons a connoitre, d'autant qu'il a de l'esprit et des sentimens. Ainci j'entretiendrai comerce avec lui tant que je pourai sans le paier de la meme monoye. C'est un grand secret au moins que je te dis la. Apres qu'il fut sorti, je montai pour ecrire. A peine pu-je ecrire une lettre a Gros-Jean[3] que la pauvre parente qui est ici[4] vient me conter ses doleences. Le souper sonne. Apres j'etois si abattue que je ne pus attendre de me coucher.

Aujourd'huy l'abbé, frère du Medecin[5], a diné ici. Dans une minute nous avons eu fait connoissance. Il est tres aimable, plus que le Bouru[6]. Nous avons joué ensuitte. Mon hotesse et moi, nous avons eté humer de la poussiere au Cours[7]. De la aux Tuilleries ou on donnoit un concert gratis au lieu d'operas. Tout y entroit. J'etois si mal vetue que je mourois de peur de rencontrer quelqune des connoissances que j'ai faite, quoique je me tinse dans les allées du fretin. Nous sommes revenue si tard que je n'ai pu achever de lire ta letre qu'apres souper. Je n'y repondrai pas aujourd'huy. Demain j'entre dans mon domicil; j'aurai le tems de jaser avec toi. Ainsi adresse la reponce a celle-ci chez Ringard[8], baigneur, rue St-Antoine. Je n'ai pas vu mon logement. Quel qu'il soit, j'y serai la maitresse et je jouirai de quelques heures de liberté. Mon hotesse a voulu faire mine de me retenir, mais mon hote en a eu si peur qu'il monta dans ma chambre avant-hier pour me dire de n'en rien faire. Je crois te l'avoir mandé. Et hier je dis que je m'en irois lundi. Elle me dit : «Bon. Lundi c'est trop tot.» Je dis : «Eh bien, mardi.» «Eh oui, reprit-il, lundi soir. On a passé la journée. C'est comme si c'etoit mardi.»

Je ne sais plus que penser de l'affaire. La trainerie me desolle. Mon homme[9] s'en va en Italie dans un mois. Tout ira au diable s'il n'est pas ici quand elle finirat. Il ne veut pas rester.

Hiacynthe[10] est venu ce matin avec sa femme pendant que j'etois a la messe. Je ne les ay pas vu et ils n'ont pas donné leur adresse, dont j'enrage, car je veux faire present ici des trois belles jates. Je voulois les faire servir ce soir sans rien dire et je ne sais ou envoyer chercher la caisse.

Embrasse Tavanne pour moi. Dis-lui que je ne puis lui faire reponce que je n'ais fait ses commission. Je suis desolée de sa situation. Ce n'est pas la faute de la comisionaire. La deraison qu'il a trouvé dans sa lettre, c'est celle du chancelier, a qui le diable ne feroit pas entendre raison. Mais, j'irai encore a la charge. Je peux parler moi-meme au fils. Elle est a la campagne pour deux ou trois jours. Voila les contretems qui allongent les affaire[11].

La duchesse ne peut parler a Mr Amelot qu'a Compiene[12]. Elle n'y va que dans huit ou dix jours. Selon la reponce qu'elle me fera demain j'ecrirai ou je n'ecrirai pas a ce comis que je connois un peu. Mon Dieu, pourquoi le pouvoir est-il ireconciliable avec le bon cœur? Je soufre plus que je ne puis te le dire d'etre un amie si sentente[13] et si inutile.

Bonsoir, mon ami, je meurs d'envie de dormir, parce que mes dents m'ont encore un peu tracassés cette nuit. Je n'ai point de mal du tout ce soir; j'espere bien dormir, si la nouvelle de Berline-a-glace [14] ne me reveille pas. Tu ne saurois croire combien j'en suis inquiete. J'avons de l'honneur, nous.

A revoir demain dans ma solitude. Va, je t'ecrirai tant que tu sera saoul de me lire. Nos amis auront beau se moquer de nos lettres, c'est qu'ils ignorent combien les petites choses grandissent aux yeux d'une amitié comme la notre. Tu fais bien de n'etre pas amoureux, mon ami, car tu n'aurois que le depit de voir qu'il ne te feroit pas le meme effet. Et sur ce je te souhaite le bonsoir.

[*adresse :*] A Monsieur / Monsieur de Vaux, le / fils, ruë du Chateau / a Lunéville

MANUSCRIT

Yale, G.P., XI, 65-68 (D115); 2 p.; orig. aut.; cachet découpé, traces de cire rouge; m.p. : 8.

TEXTE

Une partie rectangulaire (9 x 3 cm) de la deuxième feuille a été découpée.

NOTES

1. Le chevalier de Meslé (v. 134n16).

2. Les loteries particulières étaient interdites, mais on avait laissé subsister celles établies par les communautés religieuses dans un but d'assistance, ou celles qu'émettait le gouvernement lui-même, notamment la loterie de l'Hôtel de Ville.

3. Nouveau surnom de Mme de Champbonin, proposé le 4 juin par Devaux : «Appellons Toutron Gros-Jean» (IX, 357). Il répondait à la fin de la lettre 136, et pensait au proverbe «Gros-Jean remontre à son curé» (v. 42n43).

4. Sur les parents non identifiés vivant dans la maison de Mme Babaud, v. aussi 114n15 et 132n1.

5. Le Médecin est le surnom du chancelier de Lorraine, Chaumont de La Galaizière (v. 82n7). L'abbé frère est Henri-Ignace Chaumont, abbé de La Galaizière (1706-1784), qui travaille dans les bureaux du contrôleur général Orry, son beau-frère par alliance. Il sera un des amis les plus constants de Mme de Graffigny, tout en décevant régulièrement ses espérances de faire quelque bonne affaire avec son appui.

6. Mareil, autre frère du chancelier (v. 33n21 et 94n5).

7. Le Cours-la-Reine.

8. Louis Ringard (mort en 1751), maître barbier, perruquier, baigneur, et étuviste (v. A.N., Y15055).

9. Grobert (v. 142, premier paragraphe).

10. Marchand de Lunéville (v. 36n20).

11. Apparemment Mme de Graffigny avait annoncé à Tavannes le peu de succès de son intervention indirecte auprès du chancelier d'Aguesseau. Elle va revenir à la charge en passant par son fils, d'Aguesseau de Fresnes, ami de Mlle Lubert, mais celle-ci est à la campagne (v. 125n8).

12. Mme de Graffigny a déjà parlé à un commis d'Amelot; Mme de Richelieu propose d'intervenir directement quand elle rejoindra la cour à Compiègne (v. le texte de la lettre 130 à la note 16, et le texte de la lettre 132 aux notes 15-17).

13. Sentant : qui a la faculté de sentir (Littré, qui indique que le mot n'est pas reçu dans le *Dictionnaire de l'Académie*).

14. Mme de Graffigny vient de recevoir la longue lettre de Devaux du 9 juin 1739 (G.P., IX, 367-376). Elle y répondra dans la lettre suivante, mais elle tient à exprimer tout de suite son inquiétude à la nouvelle de la grossesse de Berline-à-glace (v. 144n22). L'identité de celle-ci n'a pas encore été déterminée avec certitude.

144. à Devaux

Le lundi soir, 15 juin [1739]

Me voici donc encore une fois changée de gite, mon cher ami, trainant partout mes chers amis, et n'etant vraiment a mon aise que quand je puis m'entretenir avec eux. Je croiois que mon amie m'envoyeroit chercher ce matin. Point du tout. Ma journée a eté destinée de tout eternité au plus profond ennui. Tout le jour[a] c'est passé a attendre le maudit carosse qui n'est point venu. Tu sais comme on est quand on attent : on ne sait que dire, on croit que ce n'est pas la peine de commencer une parolle. Je n'etois plus chez moi. Tout mon equipage, Fanché et Lise, etoient parti. Je perissois. Enfin il a falu rester a souper. Le voiturier m'a porté la caisse l'apres-diner, qui, par parentesse, me coute neuf livres onze sols de port. J'en avois tiré les jattes, je les ai fait servir a souper sans mot dire. On les a assés bien receues. A dix heures un fiacre a eu l'honneur de me conduire ici. Le Franc et Javote ont voulu m'y conduire. Il m'avoit dit avant souper, en faisant le jenti, qu'il etoit bien aise que je restasse encore a souper parce qu'il me diroit quelque chose apres. Juge de mon impatience.

Enfin en fiacre je lui ai demandé ce que c'etoit. Il m'a fait un preembule sur l'affaire et sur les dificultés qui pouvoient s'y trouver et qui sont de vrayes deffaites[1]. Et tout de suitte il m'a enfilé une longue histoire d'une affaire merveilleuse, et si merveilleuse qu'elle est surement infaisable, qu'il pretent qui depend de Damon. Je l'ai laissé narer. Et puis je lui ai dit : «Cela est fort beau en speculation, et comme cela ne sera meur de lontems, nous aurons le tems d'y penser. Mais a present l'affaire essenciele e[s]t celle de G.b.[2] C'est une chose qui doit etre tres indifferente a celui de qui elle depend. Ainci, si vous ne vous senté pas le courage de l'emporter, laissés agir mon amie.» Il a tortillié qu'il m'avertiroit quand il seroit tems de parler, et il n'en fera rien. Je n'ai pas voulu le pousser de crainte de le cabrer, mais j'irai y diner jeudi et je parlerai vivement a Javote. Je parierois bien que cela ne fera rien, mais je ne veux avoir rien a me reprocher. Ce fourbe-la vouloit m'enbaboiner[3] avec son histoire et me faire perdre l'idée de l'autre avec un air de bonne volonté et de gentillesse qui m'a indigné. Je ne laisse pas d'en etre un peu de mauvaise humeur ce soir, et de crainte de te la laisser trop voir, bonsoir, mon cher ami, je t'embrasse de tout mon cœur.

Le mardi [16 juin 1739], a six heures du soir

Me voici dans ma solitude, mon cher ami, et plus maitresse de moi que je ne l'ai eté depuis lontems. Mon premier moment est pour toi, comme de raison. Bien entendu que j'ai ecrit ce matin au D. J'ai couché dans la chambre que l'on m'avoit areté au premier, mais elle est si obscure que j'en ai accsepté une que l'on m'a offert au troisieme. Elle est gaye. Deux croisée avec des balcons sur la ruë la rendent tres amusante et tres bruiante. Je n'ai pas encore entendu une minute ou il n'y passe point de carosse ou charete. Eh, pour le coup j'en convien, les gens de Paris sont fous de courir les ruees sans cesse. J'ai envoyé deux bouteille a Venevaut ce matin. Je ne sais plus si c'est toi toute deux[4].

La duchesse m'a envoyé chercher a une heure. J'ai pris mon caffée et mon petit pain; c'est le diner que je ferai tous les jours. J'ai eté chez elle jusqu'a cinq et demie, qu'elle m'a remise ici. Nous avons eté comerement nous trois et un de leur amis. Je fais toujours de nouveaux progrets dans les bonnes graces du duc et dans sa confiance : tout se dit devent moi. La duchesse a dit qu'elle etoit bien en peine de moi, que je serois seule dans ma chambre, mais qu'elle me recommenderoit a ces amis de façon que c'etoit lui marquer de l'attachement a elle que de venir me tenir compagnie. Elle a comencé par celui qui y etoit, qui est ce Mr de Vilaine qui a presque sauté le clocher de Strasbourg[5]. Pour etre d'un*b* gout singulier, il n'en est pas moins aimable; c'est-a-dire il a l'esprit singulier, resonneur a l'infini, mais amusant, et, dit-on, fort honnete homme. Je ne voudrois pas jurer que nous n'ayons quelque alliance. J'en ai beaucoup entendu parler a ma tante[6]. Il etoit jeune, aimable, et du bon gout dans le tems qu'il a eté dans notre province. Mr le duc m'a offert des livres, faveur la plus singuliere, car il est insuportable la-dessus. Il m'a donné son catalogue. J'ai pris *Les Genies assistants*[7], que je n'ai jamais lus ou que j'ai oublié, et *La Statique des vegeteaux, traduit de l'anglois*[8], et par subrecot[9] le second tomes des Memoires de Mr de Lassé[10]. Ô, tu petille a ce mot! Remets-toi, je crois que ce n'est pas grand-chose. C'est une brochure in-quoirtau*c*. J'en ai lu en arrivant pendant qu'on me preparoit de quoi me deshabiller. Cela est ecrit dans le gout de Montagne. Il faut que je le rende demain matin.

Je vais vite repondre a ta lettre[11] et puis je te copierai ce que je trouverai qui en vaut la peine.

Que je suis bien paiée de mon amitié, mon cher ami, par la façon dont tu la sens! Si elle pouvoit s'ogmenter, elle le feroit. Si elle etoit assoupie, cela la reveilleroit, mais je t'assure qu'elle est par-dela toute vivassité et toute ogmentation. J'en dirois bien d'autre, car je suis bien sentente aussi moi. Mais Mr de Lassé....

L'argent de De Benne n'est pas si pres. La Md. de Nanci me fait un petit chagrin : que fera son assignation? Tu n'as rien a moi. Ou prendra-t-elle[12]? Allons, Mr de Lassé!

Tu as cru que je m'affligois des caquets que l'on a fait sur mon amie et sur moi. Je t'assure que non. Ce n'a eté qu'un tres petit nuage. Aparament que, quand je t'ai ecrit, il c'etoit joint a quelque gros qui t'a fait prendre cela pour une nuée, mais ce n'est rien. Pardi, tu m'etonne bien avec ta question : «Comment les bruit sont parvenus jusqu'a nous?»[13]. Cela est bien simple a imaginer. Un ami de mon amie se trouve dans deux ou trois maison ou on en parle et il l'en averti et moi aussi. Je ne m'accoutume pas au tampons que tu mets a ton esprit de tems en tems. Je te gronderois, je crois, si je n'esperois t'amuser avec Mr de Lassé.

Vous donnez jentiment vos qualités aux autres. Je crois de bonne fois que mes letres ne valent pas grand-chose. Je ne saurois le decider, car tu crois bien que je ne les relis pas, mais il me semble que pour en juger tu te sers de ta curiosité au lieu de ton esprit. Pour moi qui, grace a ton ignorance, ne trouve rien de nouveau dans les tiene, il faut absolument qu'elles soient jolies pour que je le trouve. Ce n'est pas toujours, mais souvent. Celle d'aujourd'huy, par exemple, je peus en faire un court eloge, car il n'y a pas un mot a y repondre. Mais je parie que Mr de Lassé n'ecrit pas si bien.

Eh bien, je ne me serois pas douttée que tu avois pensé a mon projet sur l'affaire dont la Corete me parle[14].

Je ne crois pas t'avoir mandé que Mr de La Faye n'ait point d'esprit : il en a peut-etre trop[15]. Mais du bon sens et du jugement, distingo, Melle[16].

Il ne sauroit bien se decider, ce voyage[17], mais cela roule entre le comencement de septembre et celui d'octobre, plus aparent pour le premier que pour le second. Je t'avoue que si je n'avois pas un cœur, ce voyage ne me feroit pas peur. Au contraire, je sens le plaisir, comme tu dis, de jouer pour inci dire le second role, sans compter les autres avantages que je puis en retirer. Mais c'est bien loin et pour bien lontems. J'en serois bien consolée si le D. ne pouvoit pas venir a Paris de tout ce tems, mais je ne pense pas sans peine que je perdrai le moment de l'y voir et que cela s'arengera peut-etre si mal qu'il en repartira quand j'ariverai. Item : ce ne sera qu'au moi de mai 41. Mais brison la-dessus, cela pouroit bien me faire oublier Mr de Lassé, fut-il un Montagne.

Eh vraiment oui, je passe pour etre vouée au brun, sans quoi je ne serois pas montrable[18]. C'est une chose terible ici, et qui m'effraye, que la depense pour etre mise seulement modestement mais dessament. Il me semble que voila une bonne file d'adverbes.

Fais mon compliment a Torticolis[19]. Je t'envoyerai une comedie par lui[20] le premier ordinaire. C'est que je voudrois la lire. On la dit charmante et je prevois que je ne pourai demain, parce que je vais diner chez Javote, avec qui j'irai a l'ancant de tu sais bien[21]. Mon amie m'a dit aujourd'huy de voir s'il n'y avoit rien qui me convint. Si j'y trouve une chambre, c'est toujours autant. Je crois qu'il faut profiter de sa bonne volonté. Je souperai aussi chez Javote, ainsi je pourois bien ne pas avoir de tems a lire. Tu le veux bien, n'est-ce pas, mon ami?

Je fremis de ce que tu me dis de Berline-a-glace[22]. Ah, mon Dieu, tout est perdu. Serieusement, j'en serois extremement touchée.

Il ne se peut que Mr Bernoulli ait dit qu'il m'avoit vuë. Je parie qu'il parloit de Gros-Jean dont il avoit oublié le nom, que le Grand, croiant que c'etoit moi, m'a nommée, et qu'il a dit : «Oui, c'est elle», sans savoir ny le nom de Gros-Jean ny le mien, ou en les confondant parce qu'on a parlé de moi a Cirei. Il est impossible, a moins qu'il ne soit fou, qu'il dise qu'il m'a vue[23]. En te remerciant des presens, des nouvelles, des tracasseries, tout cela m'amuse. Voila la fin de ta lettre. Alons, Mr de Lassé, dansés.

Il faut que tu sache encore que j'ai bien fait la badaude en t'ecrivant. Je suis aupres de la fenetre et je regarde en sus tout en ecrivant. La reine d'Espagne[24] vient de passer en grand cortege. Je ne l'avois pas encore rencontré. Je n'ai pas vu son visage a cause de l'imperiale de son carosse. Voila ce que je trouve d'incomode pour ma position, mais le train bruiant me dissipe. Je suis bien aise de souper seule encore une fois dans ma vie. Voila mon vin qui est a la glace, car elle ne coute que deux liard la livres. J'aurai un gros pigeon pour mon souper et une petite tarte de cerise et je boirai de l'eau-de-vie a ta santé, car il y a si lontems que je n'ai bu de ce cher amour que j'entamerai la bouteille a moi toute seule. Mon Dieu, que je suis bien logée! Un caffé vis-a-vis, tout ce qu'il faut tout pres : rotisseur, patissier, boulanger, les jesuites[25] a vingt pas pour la messe sans aller courir, et bien du bruit. Adieu, pour le coup ceux qui croyent que je m'ennuie se trompent bien, ils ne savent pas que j'ai deux amis[26] qui ne me quittent pas un instant.

J'ai beaucoup lu et je vais toujours te copier quelque traits. C'est presisement le gout de Montagne. Voici un trait d'un chapitre qui a pour titre : «Comme je suis fait dans la societé» : «Les opinions et les resonemens singuliers et recherchés ne sont point de mon gout. Je n'aime que ce qui est simple et unis. Je pense de meme a l'egard des mets, des ajustemens, et des ornemens d'une maison, et j'ai toujours porté le meme esprit dans mes affaires, etant persuadé que le plus grand ennemis du bien, c'est le mieux[27].»

Apres avoir parlé de sa viellesse et rabaché comme Montagne, il dit : «Dieu, par une grace singuliere, m'a fait trouver une personne aimable et qui m'aime, mais c'est un miracle auquel on ne doit pas s'attendre et dont je ne saurois trop le remercier[28].» Et en apostille de sa main : «En revanche, ma condition est plus malheureuse que celle des autres hommes, car ils ne craignent qu'une mort et moi j'en crains deux[29].» Ensuitte : «Cette personne est Md. de St-Just[30] et voici ce que j'ai fait mettre au bas de son portrait : ‹Marie-Therese de St-Just, chanoinesse de Remiremont, me fut donnée par le ciel dans un age ou je n'envisageois plus que des jours tristes et malheureux. Elle les a rendus les plus doux de ma vie›[31].» Son portrait est trop long pour te le copier. Apres avoir beaucoup dit qu'elle est aimable, il dit : «Du reste elle est femme, legere dans ses pensées et dans ses jugemens, entortilliée de toutes les preventions, et remplie de tous les prejugés qu'on tache inutillement de lui auter. Elle a une facilité a avouer qu'elle a tort et a promettre qu'elle ne fera plus jamais ce qu'elle a fait qui ne peut etre egallée que par celle qu'elle a a manquer a sa promesse des que l'occasion s'en presente[32].» Il la peint comme une ignorante extreme, puisqu'en lui parlant des choses les plus communes, c'est lui parler une langue etrangere[33]. Il finit par dire : «Nous nous faisons faire l'un a l'autre les choses que nous souhaitons mais nous conservons to[u]jours notre maniere de les voir. Nous pouvons tout sur notre volonté mais rien sur notre esprit. Nous nous faisons agir mais nous ne nous faisons point penser. Ceux qu'on fait voir et penser sont plus heureux; cependant le bonheur blesse trop l'amour-propre pour qu'on le souhaite[34].» Et tout de suitte : «Les querelles entre deux personnes qui s'aiment a un certain point ne se doivent regarder que comme quand on n'est pas d'acort avec sois-meme[35].» Il y a des billet qu'il ecrit a sa maitresse qui ne sont deja pas trop jolis.

Ensuitte sont des portraits. Le premier est court. Tu l'auras. «Mr de ... est un des hommes du monde qui a les plus mechantes raisons pour ne se rendre point a celle des autres[36].» Je meurs d'envie de metre le St a la place du nom qui n'y est pas. J'aime assés la fin d'un portrait de femme : «Sa figure, sa santé, son esprit ont été taillés dans la meme piece, qui est d'une etoffe tres mince[37].» Voici un de ses tittre : «Il me prit fantaisie dans un diner de faire le caractere de l'esprit des gens qui le composoient sous le nom des richesse[38].» Voici le premier : «Fontenelle est un grand seigneur qui a des terres en beaucoup d'endroits et une reputation si bien etablie de rependre des richesses partout que, pour peu qu'il en distribue, tout le monde est dans l'admiration, quelques-un touchés par le tour et la delicatesse de ce peu de richesses qu'il debite, et le plus grand nombre sur sa parolle[39].» Un autre de ta connoissance : «Il y a un brillant dans la depense que Mr de Luçon[40] fait de ses richesses qui impose a la multitude. Il les jette avec proffusion. Quoiqu'il en ait effectivement, on lui en croit plus qu'il n'en a[41].» «L'abbé de Vaubrun[42] est né avec des richesses, mais le desir qu'il a toujours eu de ne les depenser qu'avec des gens du bel air fait qu'il a mis son bien a fond perdu[43].» J'aime assés ce tour-la. «La duchesse de Brancas[44] a des chateaux qui ont de grandes et belles vues qui s'etendent de tous cotés et beaucoup de bien. Elle le depense magnifiquement et en a assés pour fournir aux depenses utiles et aux agreables, mais en personne habille elle donne toujours la prefferance aux utiles, et suivant la maxime de Me de La Fayete, superieure a ses richesses, elle ne s'en sert que comme d'outils pour la conduire a ces fins[45].» Retiens bien celui-la.

Il y a un portrait de l'abbé de Sade[46] qui me plait bien, mais qui est trop long. Selon mon tems, je te le copierai. Ensuite un chapitre «Deffinition du gout», qui est assés bien definis. C'est par maximes qui sont belle mais pas nouvelles. En voici une qui me plait assés : «Il faut que les ordures soient dites de facon qu'elles entrent dans l'esprit par l'imagination et jamais par les oreilles[47].» Je crois la tournure neuve.

J'ai repris tout de suitte l'ecritoire sans songer a te dire que j'ai fait un souper delicieux et cependant les larmes s'en sont melées. C'est la premiere fois que je soupe seule depuis que je ne soupe plus avec mes amis. J'etois transportée de plaisir. Je buvois dans le goblet du D. Lise me poussoit, cette pauvre bete qui n'a pas soupé ave[c] moi depuis dix mois. Je vous ai mis tous deux a tables, mes chers amis, et quand j'ai vu que je ne vous voiois pas, j'ai baigné mon pain de mes larmes. Elles ne tarriront jamais, mais elles me sont delicieuse tant qu'elles vous appartienent et qu'elles me sont garant de ma façon de penser. Apres mon souper j'ai fait demander a la fille de mon hotesse[48] une viele dont je l'ai entendu jouer ce matin. J'en ai ecorché quelques airs pour me distraire et je ne me suis guere distraite.

Et puis je me suis remise a transcrire. Me voila a l'endroit ou j'en suis. Je vais encore lire. Si je trouve du digne de toi, tu l'aura. Il n'est pas minuit et j'ai fini le livre en passant un long discours sur la Constitution[49]. Je ne crois pas qu'il soit livré au public, meme en Holande. Il parle trop librement sur la liberté des religions, qu'il admet toutes. Je voudrois pouvoir te transcrire le livre, car il est amusant, mais toujours dans le gout de Montagne, avec cette difference que l'on voudroit vivre ave[c] le bonhomme et que je suis bien aise de n'avoir pas vu Mr de Lassai (car j'ai apris a ecrire son nom). Il est dur et contrariant; je ne l'aime point du tout. Voici le comencement d'une lettre : «Vous voulez, Mr, que je vous rende compte de l'etat de mon esprit, de mon corps, et de mon ame. Je vais vous obeir. Mon corps est dans une si grande foiblesse que je n'ai pas de melieures raison pour me faire croire que je ne vais pas mourir incessament que celle de me dire que je ne suis pas mort depuis deux ans que cela dure. A l'egard de mon esprit, les autres en peuvent mieux juger que moi, mais il ne me paroit pas qu'il soit encore trop baissé. Pour la memoire, il n'en est plus question : je brouille les choses, les tems, et les visages a un point que je n'y comprend plus rien, et le radotage est parfait[50].» Cette lettre est pleine de bon sens. Une suivante comence par cette parodie : ««Radotter est l'emplois de toute ma maison / Et la radotterie en banit la raison[51].› Nous radottons tous et je suis le seul qui en conviene et qui veuille bien qu'on lui dise. Les autres sont de vieux domestiques [qui] se transportent de colere quan[d] on leur en parle. Une belle marque que je radote, c'est que je deviens poete a 84 ans passé. Je fais des vers sans en savoir la premiere regle, ni la cadence ny la mesure. Les voici : ‹Vous faites, ma St Just, le bonheur de ma vie. / Vous rendez mon hivert plus doux que mon printems. / Pour me laisser jouir d'une si tendre amie, / Prolongez, o grand Dieu, la course de mes ans.› Depuis dix ans entiers tous les jours je la vois avec le meme gout que la premiere fois[52].» Il finit une autre lettre par dire : «Je fais imprimer ce billet pour faire voir la situation de mon corps et de mon esprit a 85 passés[53].»

Le reste du livres est un morceau des plus fort contre Md. de Carignant[54] et ses prieres du soir et du matin, moitié deiste et moitié radotteur qui craint la mort[55]. C'est du pur radotage. Alons, courage, je vais te copier cette allegorie qui me plait assés. Il y en a une bien forte sur la religion[56]. Voici l'autre. C'est ensuite des portrait des richesses[57].

«L'abbé de Sade, en entrant dans le monde, avoit pour tout bien un chateau placé sur une haute eminence. Les dehors en etoient ireguliers. On voioit sur le toit de cette maison une grande quantité de girouëttes qui, etant battues par les vents les plus contraires, faisoient un bruit insuportable. Le dedans de ce chateau etoit orné singulierement. On ne trouvoit dans les premeres chambres que la repressentation de l'Amour. On le voyait d'un coté, preparant des fleches qui ne faisoit qu'effleurer les cœurs. Un autre Amour tandoit son arc sur les objets les plus ridicules. La Folie etoit deriere lui qui lui conduisoit la main. Et ce qui rendoit ces portraits encore plus plaisants, c'est que malgré le mauvais succes de ses Amours, on remarquoit toujours un air de gaieté sur leur visages. On entroit ensuite dans un grand salon ou le maitre de la maison recevoit la compagnie. On lui voiöit souvent un air distrait et egaré qui faisoit qu'on lui parloit le plus souvent sans qu'il parut entendre ce qu'on lui disoit et sans faire de reponce. Il voltigeoit de sujet en sujet sans aucune suite et, quoiqu'on senti bien qu'il y avoit beaucoup d'esprit dans sa conversation, on y trouvoit point cette attention aimable qui marque l'interet ny cette politesse douce qui fait le charme de la societé. Et il arrivoit tres souvent qu'on sortoit de ce salon mal contant de lui et de sois-meme. On alloit ensuitte dans un cabinet qui etoit un sejour charmant. La deesse de l'amitié y étoit peinte par les plus grands maitres environnée de tous ses attributs : la sureté, la verité, et la noblesse. Fort peu de gens voyoient ce cabinet. Le maitre de la maison y entroit lui-meme tres rarement. Il se plaisoit davantage dans le reste de son apartement. Mais comme le cateau[58] etoit d'une grande depense et qu'il n'y avoit aucun revenu qui y fut attaché, il fut obligé de l'abbandonner de peur d'y mourir de faim et d'aller chercher une autre habitation dans un autre pais tres eloigné, ou il est presentement. (C'est qu'il etoit grand vicaire a Toulouse.) La maison en est d'une tristesse effroiable. Plus on y demeure, plus on la trouve triste. Les dedans ne representent que l'ennui sous differentes formes. On y voit jamais que des figures noires ou jaunes qui resonnent sur des choses qu'elles n'entendent ny ne comprenent. Le seul endroit suportable de cette maison est un cabinet remplis de livres ou l'on tache de se consoler avec les morts de l'ennui que l'on y recoit des vivants. Les dehors de cette habitation sont remplis de ronces et d'epines. Quand on veut s'egaier la vue un moment, il faut monter au grenier. La, avec une lunette, on voit dans le lointains de belles prairies ou paissent des bœufs et des moutons, qui paroissent sucomber sous le pois de la paresse et de l'abbondance. L'esperance de pouvoir gagner ce beau terein fait suporter sans mourir l'ennui de celui que l'on habite. On seroit sans cesse tanté de l'abandonner, si la porte n'en etoit gardée par une grande figure maigre et pale qu'on apelle la misere, qui vous repousse quand vous voulez sortir et qui vous exorte a prendre patience[59].»

Ma foi, me voila au bout de la miene, mais j'ai voulu te donner une idée de ce livre, que je suis seure que tu meurs d'envie de voir et que probablement tu ne veras pas, dont je suis bien fachée, car il y a de bonnes choses, trois ou quatre resonnemens courts mais plains de sens sur le luxe, sur ce qu'il n'est pas a propos d'etablir que les gens de condition soit dans le comerce, sur ce que notre tems e[s]t melieur que le passé. Surement cet homme-la avoit du bon sens et de l'esprit, mais il dit qu'il n'a jamais eu d'amis et je crois que voila d'ou part le guignon[60] que je prends contre lui. Il connoissoit aussi bien les hommes que nous, mais il n'en faisoit pas si bon usage et ne s'etoit point imaginé qu'il y en avoit qui valussent mieux que les autres. Il dit aussi que de sa vie il n'a rien recu, mais aussi qu'il n'a jamais rien donné. Ah, le vilain homme, les plaisirs les plus parfaits lui etoient inconnus. Je vais tacher d'en trouver un qui me talonne les yeux depuis une heure. Tu le devine, n'est-ce pas, il est une heure. Bonsoir, mon cher ami, je suis bien contante de moi, si je vous ai amusé. Je dis «vous», car si le D. veut voir cest espesse d'extrait, tu le lui montrera. Passé ce soir je ne reverai peut-etre jamais le livre. Bonsoir donc, mais bonsoir donc.

Le mercredi soir, [17 juin 1739]

Encore bonsoir. Je commence comme je finis et je finis comme je comence. C'est un peu mon histoire que cela, au moins a l'egard de mes amis. Venons au detail. Ce matin Venevaut m'est venu voir. Il m'a dit une nouvelle fort nouvelle et fort surprenente. C'est qu'il est marié. En voici l'histoire. Il estoit amoureux depuis dix ans d'une damoiselle[61]. Enfin ils ont pris leur parti de se marier il y a trois semene. Il ont fait la chose si secretement que personne n'en a rien su. Il ne demeurent pas encore ensembles. Il se font meubler une maison ou il ne pouront entrer que dans un mois. Il dit que sa femme est charmante, pense comme lui a tous egard. Il doit me l'amener. Fais-lui ton compliment. J'ai pris un beau fi[acre]*d* de dieu et je l'ai remené chez lui en allant di[ner]*d* chez Javote. Je lui ai dit ma ratelée[62] contre [Le]*d* Franc. Elle m'a fait mille protestations de l'[intérêt]*d* qu'il a que cette affaire passe. Elle a un peu r[animé]*d* mon esperance, mais je ne suis pas fachée [de]*d* lui avoir marqué que je me defiois de sa [lenteur]*d* et de sa timidité a parler. Nous avons eté en[suite]*d* a cet invantaire ou il n'y a que des guenilles, a la reserve d'une chambre de damats jaune bien grande, bien complette et bien crasseuse, mais il y a de quoi en faire une belle mediocre. Elle ira a 15 cent livres. Je verez demain ce que cela deviendra.

Ah, j'oubliois bien le melieur. En entrant chez Javote on m'a donné une lettre du D. qui m'a fait oublier qu'il y avoit des peines dans ce monde. Tu entens bien cela. Il ne reviendra que de demain en huit jours et fera ici tout ce qu'il poura. Il est toujours bien tourmenté d'affaires. J'ai retourné chez Javote ou j'ai lu haut la comedie[63] que je t'envoye par Torticolis. Elle est versifiée bien coulament, mais je n'y vois rien que de bien rebatus. C'est d'un cler de procureur qui n'a que dix-huit ans et qu'on dit qui ressemble a Voltaire en beau.

La duchesse m'avoit envoyé chercher. On vien de me le dire en rantrant, car j'ai aussi souper chez Javote. Elle m'a ramené avec Le Franc. J'ai hier parlé a la duchesse de ce que Tavane me mande. Elle fera tout ce qu'il peut souhaiter quand elle sera a Compiene, mais elle n'y va que dans dix ou douze jours[64]. J'ai envoyé trois fois chez Ma Sœur, qui devoit revenir ce soir et qui n'est pas revenue. Ce n'est pas la peine de lui mander si peu de chose, mais dis-les-lui en l'embrassant pour moi de tout mon cœur. Bonsoir. Si tu trouve ma letre trop courte, tu sera dificile. Tu aime tous les riens. En voici un que j'ai oublié. Le jour que le Dauphin passa sur le boulevar pour aller a Chantilli, le prevot des marchand fit aroser tout le chemin pour abatre la poussiere[65]. Il a falu un peu de vent.

[*adresse* :] A Monsieur / Monsieur Liebaut / professeur d'histoire de / S. M. le roi de Pologne / a Luneville

MANUSCRIT

Yale, G.P., XI, 73-80 (D116); 7 p.; orig. aut.; cachet sur cire rouge; m.p. : 8.

IMPRIMÉ

Showalter, p. 153 (extraits).

TEXTE

a Le ms : «Tout les jours». *b* d'un ⟨dans le⟩ gout. *c* in-quarto. *d* Déchirure.

NOTES

1. Défaite : signifie encore excuse, échappatoire (Trévoux, 1743).
2. Grobert.

3. Embabouiner : amuser quelqu'un de belles espérances, se rendre maître de son esprit (Trévoux,
1743). L'engager à force de caresses à faire ce
qu'on souhaite de lui. Ce mot est populaire. (Trévoux, 1771.)

4. Voir 133, par. 17; Mme de Graffigny se demande si Devaux ne souhaite pas que Vennevaut
pense que les deux bouteilles viennent de lui.

5. Voir 134n7.

6. Mme de Soreau (v. 2n8).

7. *Les Génies assistans et les gnomes irréconciliables,
ou Suite au «Comte de Gabalis»*, par le père Antoine
Androl, (La Haye, 1718). *Le Comte de Gabalis*
(1670), de l'abbé Nicolas-Pierre-Henri de Mon-
faucon de Villars (vers 1635-1673), est un ouvrage
qui dévoile des secrets de la Rose-Croix. Il fit
scandale, et l'auteur fut assassiné.

8. *La Statique des végétaux et l'analyse de l'air*
(1735), traduction par Buffon de *Vegetable Staticks*
(1727) du savant anglais Stephen Hales (1677-
1761).

9. Subrécot : le surplus de l'écot, ce qui reste
à payer au-delà de ce qu'on s'étoit proposé de
dépenser. On le dit aussi familièrement au figuré,
d'une demande qui vient par-dessus les autres, et
à laquelle on ne s'attendoit point. Nous étions
convenus de cela; il m'a demandé telle chose par
subrécot. (Trévoux, 1743.)

10. Une description bibliographique exacte du
Recueil de différentes choses du marquis de Lassay
reste à écrire. La Réserve de la Bibliothèque
nationale en possède trois exemplaires in-4°
(Z1162, Z1163 et Z1164-1165), ne contenant
chacun que la première et la seconde partie de
l'ouvrage. À la fin de chacun des deux premiers
exemplaires (Z1162 et Z1163) on trouve une série
de feuilles hétéroclites qu'on peut classer en trois
catégories : des pages identiques à celles des première et deuxième parties; des cartons destinés à
remplacer certaines des pages précédentes; et des
pages destinées à former une troisième partie.
C'est à cette troisième partie que Mme de Graffigny fait allusion quand elle parle du «second
tomes». Toutes les citations faites par Mme de
Graffigny se trouvent dans Z1163, à l'exception
d'une seule (v. n53 ci-dessous), qui figure dans
Z1162.

11. Lettre du 9 juin 1739 (G.P., IX, 367-376).

12. Devaux : «Puisque De Benne vous promet de
l'argent, vous devriez faire donner quelque chose
a la femme de Nancy. Il y a plus de trois semaines
que j'ay reçu d'elle une lettre fulminante, ou elle
m'annonce qu'elle fait partir en meme temps un

huissier.» (IX, 368.) Il s'agit probablement de Mme
Mathieu (v. 133n11).

13. Devaux : «Le ridicule qu'on veut vous donner, aussi bien qu'a votre protectrice, m'afflige
beaucoup, et je concois qu'il doit aussi beaucoup
vous affliger, mais il me semble, chere amie, que
le prenez un peu trop vivement. [...] Mais
comment ces bruits-la sont-ils parvenus jusques
a vous? Je ne l'imagine pas.» (IX, 368-369); v.
138n15 et le début de la lettre 139.

14. Devaux : «Je me doutois bien que l'ambassade dont vous a chargée Mde de Coreth vous
surprendroit. J'approuve si fort les idées que vous
avez la-dessus que je ne scaurois croire qu'elles
ne sont pas les miennes.» (IX, 370); v. 138n23.

15. Devaux : «Ce La Faye a pourtant passé pour
tres aimable ici. Ne vous en souvenez-vous pas?
On dit qu'il fait joliment les vers.» (IX, 370); v.
138n34.

16. Allusion au *Malade imaginaire* (II, vi).

17. Le voyage des Richelieu en Languedoc. Devaux : «Quand vos lettres en seront dattées, c'est
pour le coup que je croirai que Mde de Sevigné
est ressuscitée pour me les ecrire. Mais quand y
allez-vous donc? Decidez-moy la-dessus. On diroit que vous montez en carosse.» (IX, 373); v.
139, par. 2. Le voyage sera remis jusqu'au 20
novembre, mais Mme de Graffigny restera à Paris.

18. Devaux : «Je n'entends point votre garde-
robbe. Vous etes-vous livrée au brun ou non?» (IX,
373); v. 139, par. 6.

19. Devaux : «Je ne sortis hier que pour aller faire
compliment a Solignac sur son fils, qui venoit
enfin de mourir.» (IX, 374.) Il avait 12 ans (v.
99n24).

20. C'est-à-dire, par son intermédiaire. Pour la
comédie, v. n63 ci-dessous.

21. La vente des meubles du prince de Guise (v.
136, par. 2).

22. Devaux : «Vous souvenez-vous de Berline-a-
glace? Eh bien, tout le monde croit qu'elle est
grosse, et seulement de sept mois. Son frere
meme, qui ne l'avoit pas vue depuis ce temps,
luy a dit en public qu'elle etoit engraissée fort
singulierement, et luy a tenu des propos encor
plus forts. On pretend qu'elle est d'une humeur
execrable, et qu'elle a toute l'encolure de ce qu'on
la soupconne.» (IX, 374); v. 143n14.

23. Devaux : «En passant a Basle, [Tavanes] a vu
Mr Bernoulli, qui, en parlant de Voltaire, luy a dit
qu'il avoit eté a Cyrei, et qu'il y avoit vu une dame
de Lorraine nommée Mde de Grafigni, qui avoit
beaucoup d'esprit, et qui etoit allée a Paris pour
les affaires de Voltaire. Vous vous imaginez que

je tombe des nuës a un pareil propos.» (IX, 375.)
Bernoulli (v. 50n21) passa à Cirey vers le 24
mars, et n'y vit ni Mme de Graffigny, ni Mme
de Champbonin, car celle-ci vint chez Mme de
Graffigny à Paris le 26 mars (v. 109, premier
paragraphe), date à laquelle il était déjà parti de
Cirey (v. Best. D1957). Mais il voyageait avec
Maupertuis, qui y avait vu Mme de Graffigny au
mois de janvier, et qui a dû parler d'elle (v. Best.
D1953n1).

24. Voir 138n8.

25. L'église Saint-Louis-des-Jésuites, construite entre 1627 et 1641, deviendra l'église Saint-
Paul-Saint-Louis en 1802, après la destruction
de l'église paroissiale en 1796. Située au numéro
99, rue Saint-Antoine, elle offre l'exemple le plus
ancien à Paris d'une église de style jésuite. Bour-
daloue y avait prêché, et Mme de Sévigné y avait
eu une logette réservée.

26. Devaux et Desmarest.

27. Lassay, *Recueil de différentes choses*, Seconde
Partie, p. 261-262. Signalons que la section d'où
cette citation est tirée est intitulée «Réflexions que
j'ai faites sur moi». On trouve dans la «Troisième
Partie», une section intitulée «Comme je suis fait
par rapport à la société» (p. 29).

28. III, 43.

29. Apostille absente des exemplaires à la Bibliothèque nationale.

30. Sur Mme de Saint-Just, v. 31n18.

31. *Recueil*, III, 43.

32. III, 46.

33. Paraphrase d'un passage du *Recueil*, III, 46.

34. III, 46-47.

35. III, 47.

36. III, 48.

37. III, 49. D'après une note manuscrite dans
Z1163, il s'agit d'un portrait de Mme de Matignon. Parmi de nombreuses possibilités, il s'agit le
plus probablement de Marie-Élisabeth Berthelot
(vers 1669-1702), fille du financier François Berthelot (1626-1712), secrétaire du roi et commissaire général des poudres du royaume de France,
pour qui, en 1676, l'Île d'Orléans au Canada fut
érigée en comté (seigneurie de Saint-Laurent).
Sa fille épousa en 1681 Charles-Auguste de
Goyon de Matignon, comte de Gacé (1647-1729),
chevalier, gouverneur d'Aunis, lieutenant général,
et maréchal de France, dont la brillante carrière
militaire comprit deux tentatives pour rétablir le
prétendant, Jacques II.

38. III, 50.

39. III, 50.

40. L'abbé de Bussy, évêque de Luçon (v.
64n12).

41. *Recueil*, III, 51.

42. Nicolas-Guillaume de Bautru, abbé de Vaubrun (1662-1746), ancien lecteur ordinaire de Sa
Majesté, et abbé commendataire de deux abbayes
royales avait, selon Saint-Simon, pris le petit collet
pour se cacher : «Il était tout à fait nain [...] avec
cela, beaucoup d'esprit et de la lecture» (v. *Mémoires*, Gallimard, Pléiade, 1950-1953, I, 743-744 et
III, 739-740).

43. *Recueil*, III, 51.

44. Marie-Angélique de Fremyn de Moras (vers
1676-1763), mariée en 1709 à Louis-Antoine de
Brancas, duc de Villars, dit le duc de Brancas (v.
14In1).

45. *Recueil*, III, 51-52.

46. Jacques-François-Paul-Alphonse, abbé de
Sade (vers 1703-1778), vicaire général de l'arché-
vêque de Toulouse, et en 1735 de celui de Nar-
bonne; c'est un oncle du divin Marquis. Le portrait en question se trouve aux pages 53 à 54.

47. *Recueil*, III, 67.

48. À sa mort en 1751, Louis Ringard laissa une
veuve, Louise-Catherine Chevreau, et deux filles
mariées, Anne-Denise Le Blanc et Marie-Thérèse Desmont.

49. Probablement ses «Réflexions sur les affaires
des évêques, des curés et du Parlement» (III, 38-
39).

50. *Recueil*, II, 86-87.

51. Comme l'indique une note imprimée en
marge, parodie de «Raisonner est l'emploi de
toute ma maison / Et le raisonnement en bannit la
raison» (Molière, *Les Femmes savantes*, II, vii).

52. *Recueil*, II, 88-89. Note imprimée en marge :
«Parodie de la tragédie de *Bérénice*. Voir acte II,
sc.ii»; il s'agit des vers 545-546.

53. III, 90 (Z1162).

54. Victoire-Françoise de Savoie (1690-1766),
fille de Victor-Amédée, duc de Savoie (1666-
1732) et de la comtesse de Verrue (v. 37n24), fut
connue sous le nom de demoiselle de Suse. En
1714, elle épousa Victoir-Amédée de Savoie,
prince de Carignan (1690-1741), cousin issu de
germains de son père. D'après Barbier (II, 139),
elle était une «fausse prude» qui faisait «la dévote»
pour mieux exercer son influence sur le cardinal
de Fleury.

55. *Recueil*, II, 84.

56. III, 50-52.

57. III, 53-54.

58. Cateau : c'est le mot *château* prononcé à la
manière picarde et artésienne, que nous avons

adopté en un seul mot, qui est celui de Cateau Cambresis (Trévoux, 1743).

59. *Recueil*, II, 53-54.

60. Guignon : v. 39n2.

61. Anne-Magdelaine Baron (morte en 1768).

62. Ratelée : v. 127n20.

63. *L'École de la raison*, comédie en un acte en vers libres, représentée au Théâtre-Italien le 20 mai 1739. C'était la première œuvre d'un jeune auteur nommé La Fosse, premier commis de la direction générale des monnaies.

64. Voir 143n12.

65. En allant de Versailles à Compiègne, les membres de la famille royale passèrent la nuit à Chantilly, résidence des Condé. Le Dauphin y alla le 13 juin, précédé par le roi le 9 et la reine le 10 juin.

Index des surnoms

Index des locutions

Index général

Les chiffres romains renvoient aux pages de l'introduction et les chiffres arabes aux numéros des lettres; les chiffres imprimés en caractères gras indiquent la présence d'une note explicative étendue.

567

Index général